中国口岸年鉴

（2019年版）

国家口岸管理办公室指导

中 国 口 岸 协 会 主编

中国海关出版社有限公司·北京

图书在版编目（CIP）数据

中国口岸年鉴：2019年版／中国口岸协会主编．—北京：中国海关出版社有限公司，2020.2
ISBN 978-7-5175-0384-2

Ⅰ.①中… Ⅱ.①中… Ⅲ.①通商口岸—中国—2019—年鉴 Ⅳ.①F752.5-54

中国版本图书馆CIP数据核字（2019）第195930号

中国口岸年鉴（2019年版）

ZHONGGUO KOU'AN NIANJIAN（2019 NIAN BAN）

作　　者：中国口岸协会
责任编辑：杨　升　李　多　左桂月
助理编辑：张诗琳
出版发行：中国海关出版社有限公司
社　　址：北京市朝阳区东四环南路甲1号　　邮政编码：100023
网　　址：www.hgcbs.com.cn
编 辑 部：01065194242-7530（电话）　　01065194231（传真）
发 行 部：01065194221/4238/4246（电话）　　01065194233（传真）
社办书店：01065195616（电话）　　01065195127（传真）
www.customskb.com/book（网址）
印　　刷：北京新华印刷有限公司　　经销：新华书店
开　　本：889mm×1194mm　1/16
印　　张：60.5　　字数：1750千字
版　　次：2020年2月第1版
印　　次：2020年2月第1次印刷
书　　号：ISBN 978-7-5175-0384-2
地图审图号：GS（2019）5266号　　地图编制：中国地图出版社
定　　价：300.00元

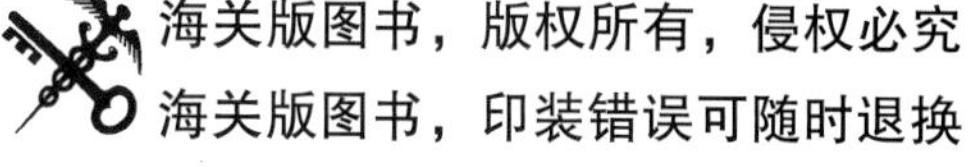

《中国口岸年鉴》（2019 年版）编辑委员会

编辑说明

一、《中国口岸年鉴》（2019年版）是由国家口岸管理办公室指导，由中国口岸协会主编的一部融政策性、指导性、实用性和史料性于一体的大型资料工具书。本书收录了2018年度国家口岸管理工作概要、查验管理工作概要、全国口岸运行情况；全国33个省级行政区（含港、澳地区）及5个计划单列市对外开放口岸建设发展情况和主要数据；全国31个省级行政区（除港、澳地区和台湾省）口岸分布示意图；同时，还收录了全国口岸重要贸易统计数据等内容。

二、本版年鉴资料内容主要由国家口岸管理办公室，国家移民管理局（原公安部出入境管理局、边防管理局），交通运输部海事局，海关总署办公厅、统计分析司等相关部门及各省、自治区、直辖市、计划单列市口岸办公室提供。

三、本版年鉴共分七个篇章，即口岸综合、口岸查验监管、全国口岸运行情况、各地口岸运行管理、口岸相关法规、全国口岸运行主要数据及附录。本版年鉴按类目、分目、条目三个层次进行阶梯设置，内容尽可能条目化。本版年鉴收录的史实内容上限自2018年1月1日，下限至2018年12月31日。

四、本版年鉴与上年相比，变化内容如下：

（一）由于其他原因，未收录台湾省相关文字及数据；

（二）新增各省指定口岸数据表，由各省口岸办及各地海关提供。

五、本版年鉴在编辑过程中，力求精选材料，宏观与微观相结合，做到用事实和数据说话，对各部门、各单位提供的稿件只做技术上修改，不做史实上修改。由于各部门或单位统计口径、范围和方法不同，所以本书中有些同类数据不尽一致，敬请谅解。

六、本版年鉴在编辑过程中得到了各相关部门、查验单位、专家及广大读者的大力支持，使年鉴编辑出版工作得以顺利进行，在此表示衷心的感谢。并恳请各界人士和读者对于年鉴的不足之处批评指正，以便进一步改进和完善，提高年鉴的编辑水平。

《中国口岸年鉴》（2019年版）编辑委员会

2019年9月

序

口岸是国家的门户。党中央、国务院历来十分重视口岸工作。改革开放以来，为满足日益增长的对外经贸、人员往来的需要，国家投入了大量人力物力进行口岸建设，已经形成沿海沿江水运、航空和内陆边境立体化的开放口岸体系。口岸开放与全方位、宽领域、多层次的对外开放格局基本相适应，为促进对外经济贸易和国际交往的发展起到了重要的保障作用。

当前，进一步提高口岸工作效率的要求更为紧迫。经济全球化对口岸工作必然会提出更多更高的新要求，为适应参与国际竞争的需要，我国口岸工作要全面贯彻“三个代表”重要思想，落实十六大提出的“发展要有新思路，改革要有新突破，开放要有新局面，各项工作要有新举措”的要求，结合我国口岸工作的实际，紧紧围绕提高口岸工作效率，加快通关速度，处理好把关与服务的关系，为促进对外经济贸易和国际交往发展作出新贡献。为提高口岸工作效率，国务院曾在深圳进行口岸管理体制改革试点。1998年政府机构改革，对口岸管理体制作了重大调整。2001年，国务院办公厅为推广口岸电子执法系统和提高口岸工作效率相继发出了两个文件。今年5月，国务院批准海关总署等8部门在上海召开了提高口岸工作效率现场会。我国口岸要通过建立“大通关”机制，提高工作效率，改变传统管理模式，整顿和规范进出口秩序，促进口岸管理各部门转变职能、改进服务、提高管理水平，形成适应我国社会主义市场经济发展需要的新的口岸管理和运行机制，提供与发达国家相类似的口岸通关服务。

中国口岸协会从新世纪开始组织编撰《中国口岸年鉴》，是一件很有意义的工作。它不仅直接记录口岸管理运行的资料和数据，而且是在我国加入“WTO”以后，书写中国口岸深化体制改革、努力提高工作效率、为“大通关”服务的历史。

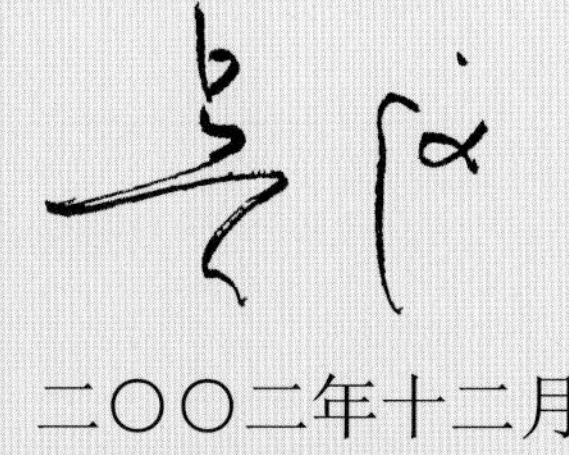

二〇〇二年十二月

中国远洋海运集团着力布局航运、物流、金融、装备制造、航运服务、社会化产业和基于商业模式创新的“互联网+”相关业务。

6+1产业集群

产业集群

航运产业集群

装备制造产业集群

航运金融产业集群

航运服务产业集群

物流产业集群

社会化产业集群

“互联网+”

经营船队综合运力

10 513 万载重吨 1 308艘船

集装箱船队规模

304 万标准箱/497艘

干散货船队运力

4 118 万载重吨/437艘

油轮船队运力

2 514 万载重吨/197艘

杂货特种船队运力

441 万载重吨/162艘

集装箱码头年吞吐能力

12 102 万标准箱

56 个 全球投资码头 集装箱码头超51个

中国远洋海运集团完善的全球化服务铸就了网络服务优势与品牌优势。航运、码头、物流、航运金融、修造船等上下游产业链形成了较为完整的产业结构体系。全球船舶燃料销量超过2 900万吨，居世界前列。集装箱租赁业务保有量规模达380万标准箱，居世界前列。海洋工程装备制造接单规模以及船舶代理业务也稳居世界前列。

※ 数据统计截至2019年6月30日

THE BELT AND ROAD

中国远洋海运集团积极参与“一带一路”建设

作为我国较早“走出去”的中央企业之一，中远海运集团以航线为纽带，建设世界海上运输生命线；以码头为点、努力打造地区交通枢纽；以物流为面、开拓提升陆上延伸服务能力；通过构建“一带一路”沿线的“点、线、面”布局，为畅通沿线国家和地区的贸易流通、增强交通运输等基础设施能力，提供纽带和支点，发挥了重要的积极作用。

中远海运“一带一路”沿线港口经营

中远海运集团在全球投资码头56个，在“一带一路”沿线投资码头18个。

中远海运“一带一路”海上通道

集装箱运输网络

中远海运集团在“一带一路”沿线布局集装箱班轮航线共有174条，投入161.4万标准箱运力。

干散货运输网络

中远海运散运船队运力规模排名世界前列。2018年，中远海运散运公司在“一带一路”沿线国家完成散货吞吐量6 461.2万吨。

油气运输网络

中远海运能源公司2018年承运装港来自“一带一路”沿线国家的货源占公司进口总货量约77.6%。中远海运能源四大海外网点中有三个网点均在海上丝绸之路沿线上。

杂货特种船运输网络

中远海运特运是全球利用北极航线较多的航运公司。2018年，公司继续开展北极常态化、项目化、规模化航行，共完成8个北极航次，创历史新高。2018年，公司累计投入100余艘船舶。

中欧/中亚铁路班列

2018年，中远海运与中国铁路总公司合作新开多条自主运营的中欧班列，在国内开行的外贸铁路线路共计112条、内贸线路152条，到门服务点超过2万个。

中欧陆海快线

以希腊比港为枢纽，依托欧地航线及与铁路公司的深度合作，打造联通远东、欧洲，辐射中欧及至巴尔干半岛的优质、高效的运输服务网络。2018年，中欧陆海快线完成货运量5万标准箱，同比增长27%。

开辟冰上丝绸之路

2013年8月15日至9月10日，永盛轮从江苏太仓港出发，顺利通过东北航道到达鹿特丹，航程7 931海里，成为较早成功经由北极东北航道到达欧洲的中国商船。随后的几年间，中远海运特运成功实施了北极东北航道双向通行，项目化、常态化、规模化多船型营运，目前已派出15艘船舶完成了22次北极航行任务。

中国建设银行股份有限公司简介

中国建设银行股份有限公司（以下简称建设银行）是一家中国优质的大型股份制商业银行，总部设在北京，其前身中国建设银行成立于1954年10月。本行于2005年10月在香港联合交易所挂牌上市（股票代码939），于2007年9月在上海证券交易所挂牌上市（股票代码601939）。截至2018年年底，建设银行市值约为2 071.79亿美元，居全球上市银行第五位。按一级资本排序，本集团在全球银行中排名位居前列。

建设银行为客户提供个人银行业务、公司银行业务、投资理财等全面的金融服务，设有14 977个分支机构，拥有345 971位员工，服务于亿万个人和公司客户。本行在30个国家和地区设有商业银行类分支机构及子公司，共拥有境外商业银行类各级机构200余家；在基金、租赁、信托、保险、期货、养老金、投行等多个行业拥有子公司。本行秉承“以客户为中心、以市场为导向”的经营理念，致力于成为较具价值创造力银行，达到短期效益与长期效益的统一、经营目标与社会责任目标的统一。

截至2019年上半年，建设银行资产负债稳健协调增长。资产总额24.38万亿元，增幅5.00%；负债总额22.31万亿元，增幅5.09%；其中存款18.21万亿元，增幅6.46%。盈利能力持续增强。实现净利润1 557.08亿元，较2018年同期增长5.59%。利息净收入增幅为4.57%，净利息收益率同比下降8个百分点；手续费及佣金净收入较2018年同期上升11.15%。核心指标均衡向好。年化平均资产回报率1.31%，年化加权平均净资产收益率15.62%，资本充足率17.06%，继续保持同行业较高水平。

国际业务概况

近年来，建设银行国际业务规模及客户数持续稳定增长。全球机构布局基本完成，海外资产保持平稳态势，跨境人民币业务稳步发展，金融科技应用陆续落地，服务国家战略、把握政策机遇能力稳步提升。

（一）国际业务稳步发展

2019年上半年，建设银行国际结算量近5 500亿美元；跨境人民币结算量近8 400亿元，同比增速9.18%；贸易融资投放量近5 000亿元；2019年6月末，贸易融资余额约为4 150亿元，同比增速0.87%。截至2019年6月末，英国人民币清算行累计清算量突破36万亿元人民币，保持亚洲以外规模较大的人民币清算行。

（二）客户数量与日俱增

2019年上半年，建设银行国际收支客户数8.4万户，同比增速达6.08%；跨境人民币客户数2万户，同比增速达11.40%，其中跨境人民币结算量在3 000万元以上的大客户在客户总数中的占比为8.06%；截至2019年6月末，“跨境e+”累计签约客户数突破11万，同比增长3.4倍。自2019年4月18日起，建设银行作为首批试点银行在国际贸易“单一窗口”推出金融服务，共计18家一级分行参与试点，“单一窗口”绑定客户共计755户，在同行业中位居前列。

（三）海外布局基本完成

中国建设银行总行国际业务部成立于1988年，自成立以来各项业务取得良好成绩。全球机构布局基本完成，境外机构网络覆盖30个国家和地区，业务牌照涵盖批发、零售、投行多个领域，境外各机构总数215个，商业银行类境外机构195个，其他境外机构20个（投行、证券、信托、保险经纪等），已建成跨时区、跨地域、多币种、24小时不间断的全球金融服务网络。

（四）金融科技快速发展

近年来，建设银行积极推进金融科技战略，在大数据方面，同业首创小微出口企业的线上大数据产品“跨境快贷”协同建设银行风险部实现贸易融资大数据智能风控，搭建国际业务客户大数据精准营销模型。自2018年12月退税贷上线以来，截至2019年9月11日，建设银行试点地区分行完成“单一窗口”金融服务用户绑定客户数超3 000户，建设银行客户在“单一窗口”发起融资贷款近1 500笔，客户数及融资笔数均在对接银行中排名靠前。“跨境快贷”系列产品在“单一窗口”发起申请的企业1 440户，共生成有效授信3.36亿元，支用金额近7 500万。

在区块链方面，2018年建设银行在同行业中较先推出了区块链贸易金融平台，先后释放福费廷、国内信用证、国际保理、物流金融、再保理等功能。截至2019年6月，平台交易金额已超过3 000亿元。此外，建设银行浙江省分行凭借区块链应用福费廷业务案例成功入选了相关部门发布的《2018年中国区块链产业白皮书》。

在人工智能方面，建设银行不断开发OCR识别、知识图谱、机器学习等人工智能手段，开发人工智能审单系统，提高效率。人工智能审单项目在信用证录入、通知、审单等环节已上线试运行。

（五）服务“一带一路”建设，把握政策机遇

建设银行针对服务“一带一路”建设的共商、共建、共享原则，创新“三建客”（建单通、建票通、建信通）系列产品，为“一带一路”建设对外工程承包和装备制造出口提供覆盖全流程的中短期融资服务。通过国外保函业务积极支持中广核、中国化工、中有色、中铝、中国电建等优质企业开展符合国家政策的对外合作，服务“一带一路”建设。开立沿线国家小币种账户14个，为建设银行服务“一带一路”建设奠定了重要基础。

近年，建设银行牵头自贸试验区和特殊经济区业务推进，打造了较先进的自由贸易（FT）分账核算体系，通过标识法支持FT分账核算体系快捷复制。在海南自贸试验区建设中实现相关部门认可的“总分模式”FT分账核算体系，实现利益最大化。霍尔果斯国际边境合作中心等机构的跨境人民币离岸业务和创新业务在同行业排名靠前。推出外贸企业专属金融服务平台——“跨境e+”，与相关部门签订《国际贸易“单一窗口”战略合作协议》。同时，建设银行精准把握跨境电商新业态机遇，“互联网+外贸”快速发展，依托杭州跨境电商综合试验区设立总行级“跨境电商金融产品创新中心”，打造跨境电商金融服务领域产品创新的“示范田”和产品“孵化器”。

（六）国际影响力显著提升

随着业务水平的提高，建设银行的国际影响力显著提升。建设银行担任中英金融服务峰会、中英企业家委员会中方主席单位，并牵头中英两国金融合作。2019年，在伦敦成功承办第三届中英金融服务峰会。积极挖掘、整合多渠道资源，促进实业和金融业深化沟通合作，形成良好的业务外溢效应，被《环球金融》杂志评为“较佳中国银行”“全球贸易金融较具创新力银行”“人民币国际化较佳中资银行”，被《机构投资者》杂志评为“人民币国际化全方位服务钻石奖”，被《亚洲银行家》杂志评为“中国较佳贸易融资银行”“较佳库存管理奖”，被《财资》杂志评为“较佳结构性贸易解决方案提出者”。同时，建设银行的产品创新能力突出，凭借在贸易金融领域较强的创新能力，荣膺《环球金融》（*Global Finance*）“全球贸易金融较具创新力银行”大奖。并连续多年获得中国银行业协会“较佳贸易金融产品创新银行”。

与相关部门及国际贸易“单一窗口”合作情况

一直以来，建设银行与相关部门在财关库银、“单一窗口”金融服务、大数据等方面保持密切合作关系，充分发挥双方合作优势，通过在金融科技、普惠金融等领域加强合作，优化口岸营商环境，提高通关便利化水平。截至目前保持“签约较早、上线较早、功能较全、业务量较大”等优势，金融服务功能种类和业务量均在同行业中位居前列。

（一）签署合作协议

为贯彻落实关于推动外贸回稳向好的决策部署，以及关于《优化口岸营商环境促进跨境贸易便利化工作方案》文件要求，全力推

进国际贸易“单一窗口”建设，提升外贸金融服务质效，进一步促进贸易便利化，2019年2月，建设银行在系统对接银行中较早与相关部门签署《国际贸易“单一窗口”合作对接试点协议》，双方达成了“充分发挥各自优势，进一步优化口岸营商环境，提高通关便利化水平”的合作共识。

（二）财关库银及实名认证

建设银行于2018年6月上线“单一窗口”财关库银功能，进出口企业可通过“单一窗口”选择建设银行作为关税实扣银行，完成在线缴纳进出口关税以及进口环节代征税等海关税费，实现人民银行联动建设银行直接从企业账户扣收关税，税款直接入库，免除纸质税单人工流转，实现系统自动对账，提高业务受理效率。

2018年11月，建设银行作为较早的合作银行上线“单一窗口”企业实名认证功能。企业实名认证功能是指企业在“单一窗口”联动登录建设银行“跨境e+”，验证建设银行客户身份信息并检验安全机制，借助建设银行前期柜面开户及现场身份验证流程，为进出口企业提供通过银行账户完成企业实名认证的系统功能。

（三）“单一窗口”金融服务

2019年4月18日，建设银行作为首批试点银行在国际贸易“单一窗口”为进出口企业提供预约开户、跨境汇出、跨境汇入、跨境快贷-退税贷、实名认证、财关库银等6项服务。

7月8日，建设银行“跨境快贷-出口贷”在“单一窗口”成功上线，这是继“跨境快贷-退税贷”之后，建设银行推出的“跨境快贷”系列第二款纯信用、全线上的大数据普惠金融贸易融资产品。“跨境快贷-出口贷”上线当日吸引过百家企业在线体验，进一步丰富了“单一窗口”金融服务产品范围。

7月24日，为进一步丰富建设银行国际贸易“单一窗口”功能，优化营商环境，提高通关便利化水平，建设银行与“单一窗口”合作开发上线了“保险费代扣”功能，进出口企业可基于建设银行结算账户在“单一窗口”线上投保中银保险等保险公司提供的货物运输险等保险服务。

8月1日，建设银行与“单一窗口”、中信保三方联合推出的“跨境快贷-信保贷”正式上线。小微外贸企业可在“单一窗口”线上投保小微企业“信保易”出口信用保险，随后在“单一窗口”线上发起“跨境快贷-信保贷”融资业务。“跨境快贷-信保贷”通过建设银行与“单一窗口”、中信保三方系统对接，实现投保信息、贷款申请信息数据交互，为小微外贸企业提供全线上、无抵押、低利率的贸易融资服务，进一步优化口岸营商环境，提高通关便利化水平。

截至8月31日，建设银行试点地区分行完成“单一窗口”金融服务用户绑定客户数超3 000户，建设银行客户在“单一窗口”发起融资贷款近1 500笔，客户数及融资笔数均在对接银行中排名靠前。

展望未来

下一步，建设银行将同相关部门一起，进一步扩大“单一窗口”金融服务业务规模，优化客户体验，扩大受理渠道范围，进一步加强与相关部门合作，深化与“单一窗口”大数据平台建设对接，加大金融服务推广力度，做好产品研发工作，优化口岸营商环境，促进进出口企业通关便利化。

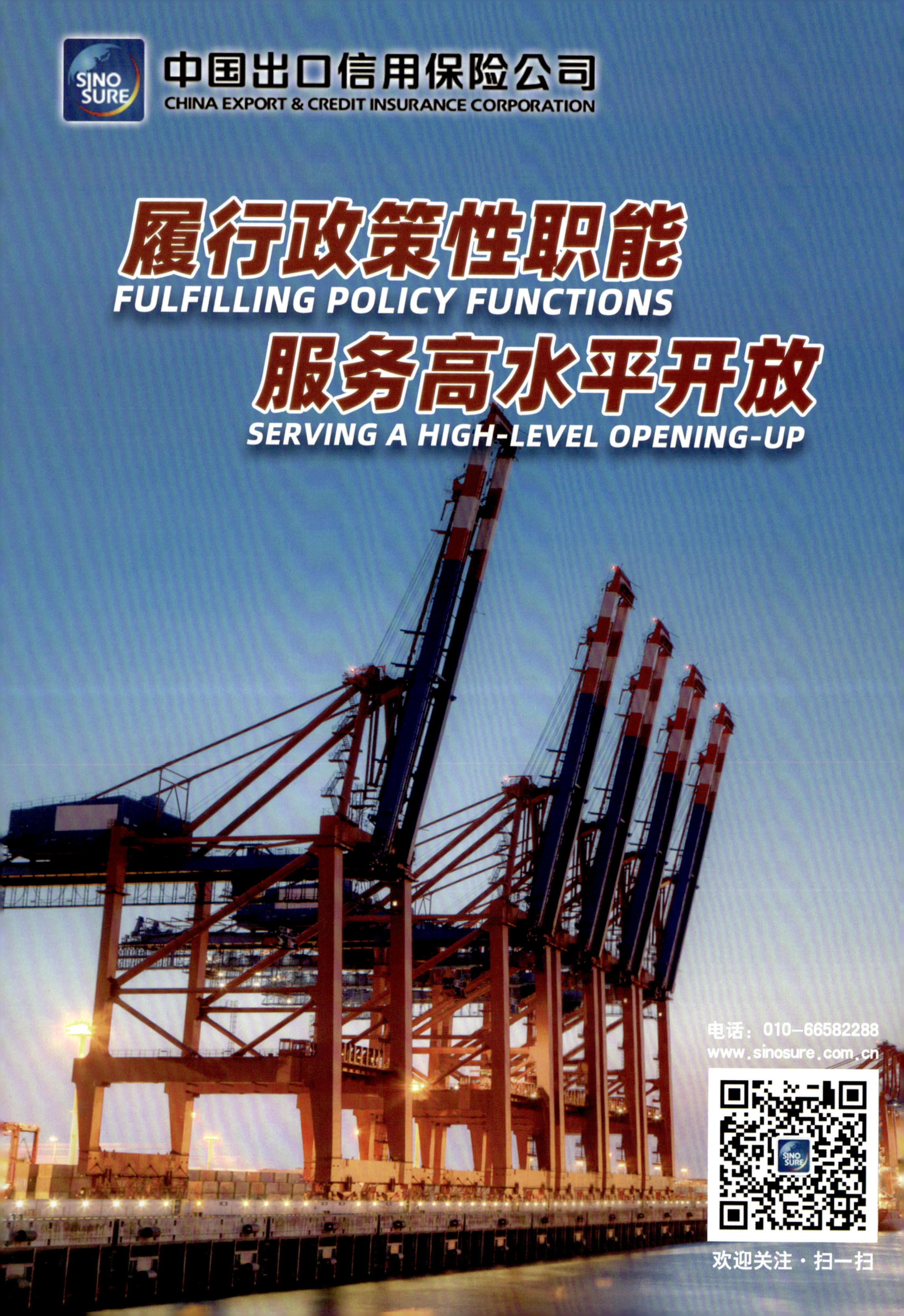

中国出口信用保险公司
CHINA EXPORT & CREDIT INSURANCE CORPORATION
履行政策性职能
FULFILLING POLICY FUNCTIONS
服务高水平开放
SERVING A HIGH-LEVEL OPENING-UP
电话：010-66582288
www.sinosure.com.cn
欢迎关注·扫一扫

中国国际贸易促进委员会专利商标事务所
CCPIT PATENT AND TRADEMARK LAW OFFICE

主要备案商标

CHANEL

N°5

COCO

CHANEL

香奈儿股份有限公司

“我要成为未来的一部分。”香奈儿女士曾如是说。这种雄心壮志与远见卓识的结合，造就了CHANEL这个独特的品牌。从20世纪初创立伊始，香奈儿品牌超越了当代的设计语言，在时尚、香水与美容产品、腕表与高级珠宝各个方面，不断发展传承，直至今日。

最初，香奈儿以一家小小的女帽店起家，然后迅速建立起自己的时尚事业。她所提倡的，是一种全新的“生活方式”，既赋予女性行动的自由，又不失温柔优雅。在她的设计下，时尚进化为现代、年轻、简洁、实用与理性。斜纹软呢外套、2.55包、山茶花、双色鞋等，香奈儿写下一个又一个传奇。

香奈儿的创作跨越了传统概念的“时尚”。她曾说：“我要一款设计过的香水。”在这个概念的引领下，嘉柏丽尔・香奈儿与俄罗斯宫廷调香师恩尼斯・鲍合作推出了一款抽象香调的香水，集合了80多种香氛——这就是传奇的N°5香水。香奈儿女士更以她自由、自主的生活方式，为独立的现代女性设计了实用、有效的美容护肤品。

香奈儿以丰富的创意，不断拓展全新领域。1932年“Bijoux de Diamants”钻石珠宝的设计，为未来的香奈儿腕表和高级珠宝开启无限灵感泉源。2000年，香奈儿腕表将高科技精密陶瓷与香奈儿永恒优雅的气质巧妙地融为一体，推出了第一款黑色J12，接着又在2003年发布了J12白色腕表。自此，J12腕表成为新时代制表的现代经典。

如今，香奈儿以强大的管理及创作团队为后盾，已形成3个独立却相辅相成的业务领域——时装及配饰、香水与美容护肤品、腕表及高级珠宝，传承了嘉柏丽尔・香奈儿优雅的现代精神，在各个领域不断续写新的美丽篇章。

旗下主要产品

服装、手袋、各式小皮具、配饰、
鞋帽、围巾、太阳眼镜、光学眼镜、
香水、彩妆及护肤品、腕表、高级珠宝。

浙江导司律师事务所　地址：中国浙江省宁波市和义路168号万豪中心6楼

联系人：孔勤律师　电话：0574-87165009 传真：0574-87311996

开云·中国

开云集团成立于1963年，总部位于法国巴黎。作为全球大型精品集团，开云汇聚了一系列知名的时装、皮具、珠宝以及制表品牌。旗下品牌包括：古驰（Gucci）、圣罗兰（Saint Laurent）、葆蝶家（Bottega Veneta）、巴黎世家（Balenciaga）、亚历山大·麦昆（Alexander McQueen）、布里奥尼（Brioni）、宝诗龙（Boucheron）、宝曼兰朵（Pomellato）、都都（Dodo）、Qeelin、雅典表（Ulysse Nardin）、GP芝柏表（Girard-Perregaux）、开云眼镜。

古驰于1921年成立于意大利的佛罗伦萨，近年在创作总监亚力山卓·米开理全新视角的引领下，不断追求革新，以独特的现代视野重新演绎与影响时尚演进，重新阐述21世纪精品，巩固其全球精品品牌的地位。古驰创作同时代表了意大利手工艺对细节、品质的重视，呈现浪漫、当代与令人激动的美学理念。

YSL（Saint Laurent 的简称），中文译名圣罗兰，为法国品牌，由1936年8月1日出生于法属北非阿尔及利亚的伊夫圣罗兰先生创立，主要产品有时装、箱包、眼镜、配饰等。

巴黎世家（Balenciaga）是时尚界较有影响力的品牌之一。1919年，克里斯托巴尔·巴伦西亚加(Crist ó bal Balenciaga)成立，1936年落户巴黎，他引领了1930年到1968年之间很多重要的时尚运动。有代表性的成衣系列体现了品牌的身份，皮具、鞋和饰品也取得了全球性的成绩。

葆蝶家（Bottega Veneta），意大利品牌。采用传统意大利皮革工艺制造。产品由最初的皮包扩展至服装、高级珠宝、眼镜、香水、家具及家居用品等不同领域。

主要品牌备案商标

古驰主要的注册商标

GUCCI

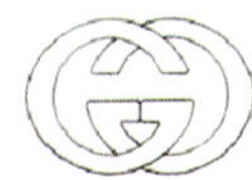

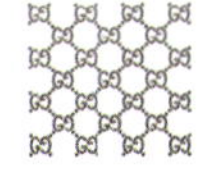

葆蝶家主要注册商标

BOTTEGA VENETA

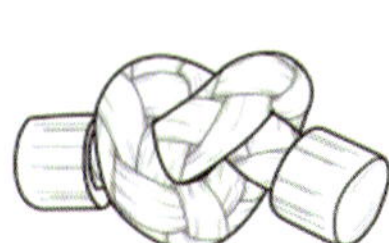

圣罗兰主要注册商标

YvesSaintLaurent

SAINT LAURENT

SAINT LAURENT
PARIS

巴黎世家主要注册商标

BALENCIAGA

FLORABOTANICA
BALENCIAGA

ROSABOTANICA

兴业银行是国内较早开展国际业务的股份制商业银行之一，经过多年持续发展，兴业银行国际业务在市场上形成了较强的竞争优势，市场份额及交易规模始终保持市场前列。在服务网络建设上，兴业银行与全球104个国家和地区的1 400家代理行建立了包括美元、欧元、加币、港币等13个币种的清算合作体系。近年来，兴业银行充分发挥多牌照综合化经营优势，不断加大跨境金融产品和服务创新力度，依托境内分行、境外分行和自贸试验区分行，围绕“本币+外币”“商行+投行”的金融服务理念，不断完善跨境结算、跨境融资、跨境投资、资金交易等在内的国际业务产品体系，为客户提供一站式、全方位的跨境金融服务。

兴业银行拥有完善的跨境贸易金融产品体系，在专业能力、资金价格、在线服务等方面具有竞争优势，致力于为进出口企业提供快捷、高效的全流程跨境贸易金融服务，在提高业务办理效率的同时降低企业交易成本，服务了能源、通信、粮油、装备制造、高新科技等行业的一大批进出口企业。尤其是在线服务方面，企业可通过“兴业单证通”在线国际业务平台全流程办理跨境贸易相关的金融服务，目前兴业银行已通过该平台服务数千家进出口企业，便利高效的跨境在线服务得到企业广泛认可。

基础结算服务
BASIC SETTLEMENT SERVICE

国际结算
INTERNATIONAL SETTLEMENT

国内结算
DOMESTIC SETTLEMENT

票据业务
BILL BUSINESS

兴业银行依托交易银行部高度融合的流程再造，一体化的全流程服务理念，为企业提供境内外、本外币基础结算综合服务。

BY VIRTUE OF HIGHLY INTEGRATED PROCESSING PROCEDURE AND SERVICE CONCEPT OF TRANSACTION BANKING, CIB IS TO PROVIDE ENTERPRISES WITH INTEGRATED SETTLEMENT SERVICES COVERING CROSS-BORDER AND DOMESTIC SETTLEMENT AND DOMESTIC AND FOREIGN CURRENCY.

贸易融资服务
TRADE FINANCING SERVICE

国际贸易融资
INTERNATIONAL TRADE FINANCE

国内供应链融资
DOMESTIC TRADE FINANCE

兴业银行依托领先的产品创新能力，丰富的贸易融资经验，为企业全球化经营及成本控制提供专业解决方案。

TAKING ADVANTAGE OF PRODUCT INNOVATION CAPABILITY AND RICH TRADE FINANCING EXPERIENCES, CIB IS CAPABLE OF PROVIDING PROFESSIONAL SOLUTION FOR ENTERPRISES' GLOBAL OPERATION AND COST CONTROL.

全球融资服务
GLOBAL FINANCING SERVICE

近两年来，随着相关部门全口径跨境融资宏观审慎管理体系的逐步完善，境内企业跨境融资需求快速增长，为支持境内企业跨境获取低成本融资，兴业银行充分发挥香港分行、自贸试验区分行、霍尔果斯分行、境内外代理行等方面的平台优势，以内保外贷、内保F贷、内保直贷等各类产品支持企业跨境融资，同时，为企业提供包括在线融资、账户管理、避险增值等在内的融资配套服务。为降低企业融资成本，兴业银行积极推进系统内分行开展跨境联动，尤其是加大境内分行与香港分行在跨境融资业务方面的联动，香港分行作为兴业银行的境外分行，成立仅三年时间资产已超过2 000亿，为境内企业“走出去”提供了有力支持。

跨境融资服务
CROSS-BORDERARY FINANCING SERVICE

走出去
OUTFLOW

内保外贷

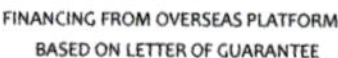

FINANCING FROM OVERSEAS PLATFORMS BASED ON LETTER OF GUARANTEE

内存区贷

FINANCING FROM FREE TRADE ZONE BASED ON DEPOSIT

引进来
INFLOW

外保内贷

FINANCING FROM DOMESTIC BRANCHES BASED ON LETTER OF GUARANTEE

质押直贷

DEPOSITS PLEDGE LOAN

内保直贷

FINANCING FROM OVERSEAS PLATFORMS BASED ON LETTER OF GUARANTEE

境外融资服务
OVERSEAS FINANCING

国际银团贷款
INTERNATIONAL SYNDICATED LOAN

全球授信业务
GLOBAL CREDIT

跨境项目贷款
CROSS-BORDER PROJECT LOAN

跨境投资服务
Cross-border investment services

近年来，兴业银行跨境投资相关的金融服务快速发展，形成了包括跨境并购、境外发债、IPO、国际银团等在内的一系列配套产品体系。兴业银行在境内外债券发行方面具有较强的市场竞争优势，2012至2017年，在境内债券市场连续六年债券承销量位居股份制银行前列，2018年在境内债券市场发行量为全市场前列；境外发债方面，2017年以来，兴业银行参与境外债券承销量在香港中资股份制银行中排名靠前，得到市场广泛认可。

海外债券发行与承销
OVERSEAS BONDS ISSUANCE AND UNDERWRITING

兴业银行凭借强大的承销能力及广泛的分销网络，为企业海外直接融资提供支持。

RELYING ON ITS STRONG UNDERWRITING CAPACITY AND EXTENSIVE DISTRIBUTION NETWORK, CIB CAN PROVIDE SUPPORT FOR DIRECT FINANCING OF ENTERPRISES.

海外并购
OVERSEAS MERGING AND ACQUISITION

兴业银行利用其在投资银行业务领域的先发优势为企业全球并购交易提供全方位、个性化的综合解决方案。

CIB UTILIZES ITS PREEMPTIVE ADVANTAGE IN INVESTMENT BANKING BUSINESS FIELD TO PROVIDE ALL-ROUND AND INTEGRATED SOLUTIONS FOR GLOBAL MERGING AND ACQUISITION DEAL OF ENTERPRISES.

海外上市公司私有化融资
OVERSEAS LISTED COMPANY PRIVITIZATION FINANCING

跨境并购综合融资
COMPREHENSIVE FINANCING OF CROSS-BORDERARY MERGER AND ACQUISITON

代客资金业务
Valet Funds Business

兴业银行紧抓人民币汇率双向波动、企业避险需求强烈等契机，充分发挥银行间外汇市场做市商优势，并通过香港分行、自贸试验区分行连接境外汇率、利率市场，提供境外利率、汇率产品，利用境内外差异化的汇率、利率环境，将代客资金业务由境内外单边业务向境内外综合化、跨境联动化发展，为跨国企业集团提供涵盖境内、境外的综合代客资金业务服务，包括但不限于汇率远期、掉期、期权及利率掉期、货币掉期等代客资金业务。近两年来，兴业银行在该领域多次获评“银行间外汇市场优秀做市商”等荣誉。

资金汇兑服务
FOREIGN EXCHANGE TRADING SERVICE

兴业银行为客户提供高效的兑换体验，满足客户多币种经营的需求。

CIB PROVIDES EFFICIENT FOREIGN EXCHANGE EXPERIENCE, IN ORDER TO SATISFY DEMANDS OF MULTIPLE CURRENCIES EXCHANGE.

汇率避险服务
FOREIGN EXCHANGE RATE HEDGING SERVICE

兴业银行作为外汇市场的主要做市商，全面参与全球主要交易市场，为企业定制个性化的汇率避险方案。

AS THE MAIN MARKET-MAKERS OF FOREIGN EXCHANGE MARKET,CIB IS CAPABLE OF PARTICIPATING IN THE TRADING OF MAJOR FINANCIAL MARKETS, SO WE CAN CUSTOMIZE FOREIGN EXCHANGE RATE SOLUTIONS FOR ENTERPRISES.

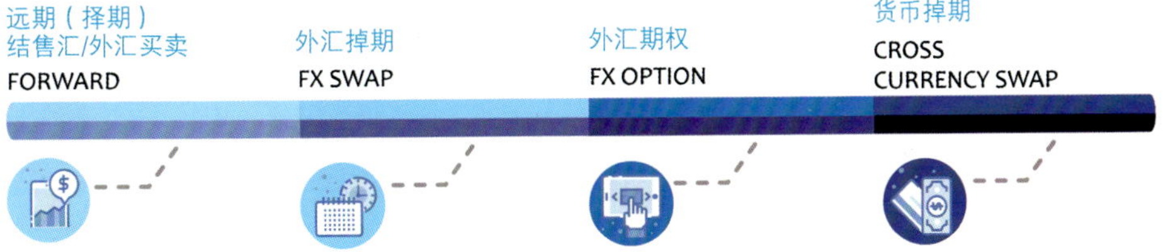

利率避险服务
INTEREST RATE HEDGING SERVICE

作为利率市场的主要参与者，为客户定制本外币利率避险方案。

AS THE MAIN PARTICIPANT OF INTEREST RATE MARKET, WE PROVIDE DIFFERENTIATED FINANCIAL SOLUTIONS FOR THE ENTERPRISES TO MANAGE INTEREST RATE RISK.

积极参与“一带一路”建设

自2013年国家提出“一带一路”倡议以来，兴业银行紧紧把握总部福建省“海上丝绸之路”核心区域优势，结合自身集团化经营优势和业务特色，创新服务模式，以差异化金融服务，促进“一带一路”建设资金融通。积极参与“一带一路”沿线项目建设，延伸在绿色金融、投资银行的服务触角，为沿线项目建设提供综合化融资方案，为“一带一路”建设提供长效资金支持，参与“一带一路”建设项目多达481个。

兴业银行具备完善的国际业务服务体系，拥有丰富的跨境金融服务经验，未来，在中国对外开放及国际经贸合作中，将一如既往地为企业提供优质、便捷的金融服务。

国药控股分销中心有限公司

国药控股分销中心有限公司是一家中央直属企业，公司于2002年在中国（上海）自由贸易试验区注册成立，注册资金20亿元人民币。国药控股分销中心有限公司不仅是国内较大的医药分销企业，同时，也是国内较大的药品进口企业，汇集商业分销及进口业务的创新服务平台。

国药控股分销中心有限公司是国药控股股份有限公司的全资子公司，2011年国药控股成为国内较早突破1 000亿元销售的医药企业，2018年年底，国药控股资产总额达2 357亿元。公司拥有并经营中国覆盖较广、渠道较深的医药健康产品流通配送网络及终端服务体系，连续多年在中国医药商业企业销售额榜排名靠前，2018年世界五百强排名升至194位。

国药控股分销中心有限公司作为国药控股整合全国采购资源、采销一体化的全国运营管理和创新服务平台，现已发展成为中国药品、医疗保健产品分销商和零售商，以及优质的供应链服务提供商，并形成了医药健康领域产品分销配送、零售诊疗、医疗器械、医疗健康服务等多元化业态协同发展的一体化产业链。目前，公司经营品规逾2 200个，上游合作伙伴近1 400家全球知名医药企业，覆盖近1 500家下游经销客户，随着公司业务规模持续增长，营业收入及资产规模不断增加。截至2018年年底，公司资产总值75亿元，销售规模达到156亿元，利润总额3.8亿元。

一直以来，国控分销致力于为外资医药企业提供进口一站式整体解决方案，借力于上海口岸贸易便利化的逐步推进，公司在上海口岸的进口服务能力也得到了稳步提升。公司拥有AEO高级企业认证证书，已率先在外高桥保税区获得柔性通关政策，成为第一批自贸区内先出区后集中征税试点企业，享受了降低企业通关成本、节省人力物力、促进外贸发展等政策。通过进口药检获取优先检验权、提升进口环节释放周期等措施，公司保障行业内进口药品优势、旨在提供更强、更快、更安全的药检服务。目前，国控分销进口板块供应商涵盖了多家跨国药企，产品涵盖生物药、肿瘤药及OTC等多个类别，2018年全年公司药品及医疗器械进口额同比增长30%，入选2018年上海货物进口前20企业名单。

为更好地保障公司业务和市场规模的稳步提升，公司建立了符合GSP及其他合规流程制度，2007年通过了全球第三大德国DEKRA认证，2013年通过 ISO9001 2008版换证认证，2016年通过到期认证。此外，公司长期承担着国家医药储备与应急供应任务，在2008年南方特大雪灾和汶川地震、2017年四川九寨沟地震等危急时刻，履行国家命令，肩负社会责任，坚决完成了储备药品的调拨配送，为保障人民的生命安全与社会稳定发挥了重要作用。

面对全球医药经济行业新态势，国药控股分销中心有限公司将继续秉持“关爱生命，呵护健康”的核心价值观，以“整合、转型、创新、跨越”为发展主题，在做深做精传统分销业务的同时，积极响应国家医疗健康发展新战略，致力于营销创新业务的发展，立足全国医疗终端机构及广阔市场，依托国药控股整体平台，着力打造优质的医药分销服务提供商。未来，围绕“商业分销及进口业务创新服务平台”核心战略，公司将大力开展进口、冷链、分销等创新增值业务，依靠专业化运营和资本驱动，推动市场网络覆盖，通过信息化、标准化、现代化、合规化建设，结合业务创新推进战略实施，实现跨越式发展，成为供应商优质的渠道合作伙伴、医疗机构优质的变革支持者以及零售企业优质的品类服务商，为人类的健康和美好生活持续创造更大的价值。

公司进口能力：

http://www.sinopharmholding.com

企业资质

海关企业资质：AEO高级认证企业

外汇管理企业资质：A+类企业

进口服务

平均药检天数22个工作日

仓储服务

2013年7月，使用14 000平方米现代化保税仓库,现正在扩建27 000平方米。可提供增值服务，例如在保税区内提供贴标服务。

分销服务

中国和亚洲较大的医药分销、零售和相关服务的供应商。

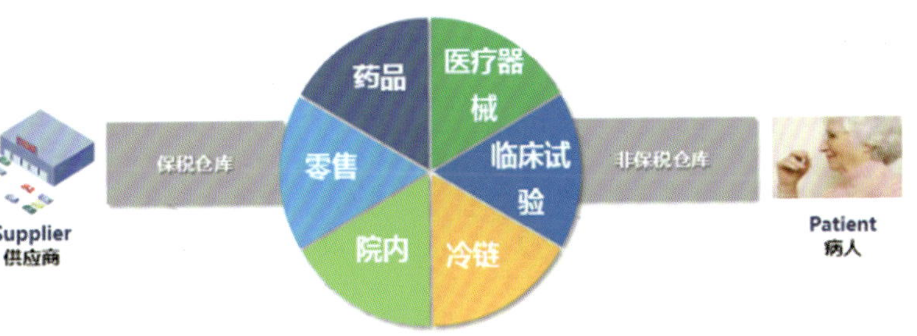

一体化解决方案：

保税

保税仓储、贴标、分装。

仓储

多仓存储、扫码、样品贴签、特殊药品存储、二次包装。

运输

温控运输、逆向物流、样品分发、温度计回收。

增值服务

个性化报表、冷链包装开发、冷链验证、全程可视、供应链设计和优化、供应链金融。

北京中外运运输有限公司

北京中外运运输有限公司隶属于招商局集团有限公司旗下的中国外运股份有限公司，是以客户需求为导向，整合内部成熟的仓储、公路运输、国际货运代理（海运、铁路、空运）、非贸货代(私人物品包装运输)、会展物流、供应链物流业务体系资源，注入现代电子商务理念和技术的综合型物流企业。

北京中外运运输有限公司党委书记、总经理：王智强

海昌大厦

北京外运非贸包装有限公司

北京外运非贸包装有限公司是一家专业从事私人物品包装运输、展览会现场进出馆操作、办公室搬迁、珍品物流、设备搬运与设备包装的特种物流企业。

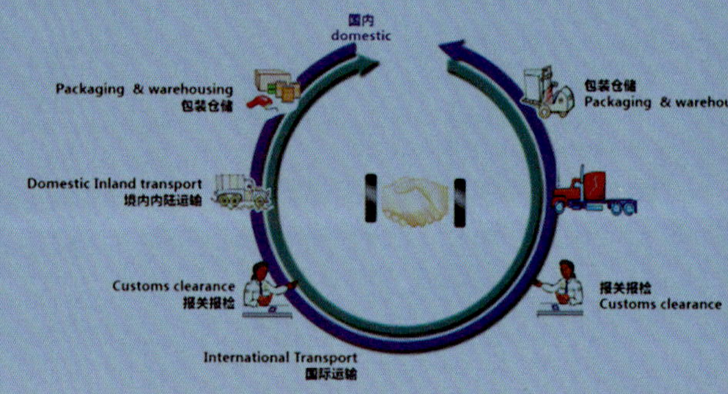

公司现有主要客户为各国驻华使馆、北京奔驰汽车有限公司、中国美术馆、中国文物交流中心、中国民族博物馆、亚以迪国际货运代理（上海）有限公司北京分公司、北京世腾国际物流有限公司等国内外客户。

联系人：马女士　联系电话：13522332508

北京外运国际货运代理有限公司

北京外运国际货运代理有限公司组建之初优化整合了中国外运北京公司各货代板块的优质资产，是北京地区早期从事海运进出口业务的货运代理企业之一。

北京外运国际货运代理有限公司主要从事海运进出口货物代理报关及运输业务，可承接全国范围各口岸的清关、货代及运输业务。公司长期服务于北京奔驰汽车有限公司、SMC（中国）有限公司等大型企业，凭借着数十年如一日的优质服务，赢得了大量客户的肯定和赞誉。公司有着一支专业化的员工队伍，积累了丰富的大客户服务经验，能够时刻为广大客户提供高品质的物流服务体验。

联系人：冀先生　联系电话：13910875939，010-80411586

上海龙飞国际物流有限公司

上海龙飞国际物流有限公司是综合性中日合资国际货运代理企业，于2002年年初获得无船承运人资格。公司可承办国际货运的全部服务项目，包括进出口货物的海运、空运、展运、铁路联运、内河联运、港口接货、订舱、中转、报关、保险、仓储、报险进口集装箱分拨等运输服务及咨询服务，是集船代、货代、仓储、贸易为一体的专业化、多功能、综合性物流企业。

联系人：沈女士　联系电话：021-51538233

北京外运会展服务有限公司

北京外运会展服务有限公司从事展品运输业务至今已有50年的历史，代理过5 000多个来华展览会、出国展览会、技术交流会等不同类型的展会物流业务。公司在北京各大展馆都设有自己的办事机构，可以随时为主办单位和参展商提供优质、便捷的服务。

北京外运会展服务有限公司是中国较早加入国际展览物流商会（IELA）的国际货运代理公司，是目前北京地区具规模的能够承接超大型展览会展品报关运输业务的国际货运代理企业，可为主办单位及参展商提供货物“门到门”的订舱、报关、清关、仓储运输、进出馆操作、留购退运、代办展品ATA单证册等全程优质便捷的服务。

联系人：杨先生　联系电话：18618285436，010-84601638

仓库平面图

北京外运陆运有限公司

北京外运陆运有限公司（简称陆运公司）成立于1972年。是国际货运代理企业，北京市口岸协会副会长单位、中国国际货运代理协会会员、北京物流协会会员。公司总占地面积33.23万平方米，位于北京市丰台区，东临西四环、西邻西五环、南邻丰台总部基地、北临京港澳高速，交通十分便利。

公司拥有各类库房40余栋，总面积达13万平方米，封闭式货场2万平方米，铁路专用线4 500米，各类装卸设备及运输车辆，海关监管区近万平方米，可为客户提供各类货物的仓储、物流配送和国内外发运、到达、中转及相关配套服务。公司是丰台货运口岸运营主体单位，该口岸是北京市拥有陆运、海运通关功能的综合口岸，可一站式办理进出口货物的报关、报检、转关等手续。

联系人：马先生　联系电话：010-63872937

库房货架

北京外运物流中心有限公司

北京外运物流中心有限公司始建于1975年1月，位于北京市朝阳区金盏乡楼梓庄，处于朝阳、顺义、通州三区的交汇处，紧邻东五环。公司占地面积330 000平方米，库房102栋，业务范围覆盖面广，主要包括仓储、装卸、包装、国际货运代理、集装箱运输、普通货运等。

北京外运物流中心园区内24小时监控全覆盖，实施人防、技防的整体结合。库区内使用WMS和TMS系统，武警消防常年驻扎，与物流中心合建共管，是安全防范的坚实保障。

联系人：冯先生

联系电话：13911760277，010-84314177

铁路专用线

北京外运三间房仓库有限公司

北京外运三间房仓库有限公司位于北京市中心东侧，地理位置优越，交通便利，距京津公路4千米、朝阳门约10千米，仓库正南1千米处便是京通快速路及地铁八通线，北临朝阳北路及地铁6号线。仓库占地面积10万平方米，北京外运三间房仓库可为客户提供报关报检、公路运输、存储保管、分拨分拣、装卸劳务、城市配送、快递零担等综合性定制服务；利用信息化仓储软件系统为客户提供快捷、便利、高效的仓储服务；配有专职及义务消防队，电子监控设备分布全库区各个角落，实施24小时监控并有专人监管，保障仓库运行安全。

联系人：刘先生　联系电话：010-65766118

随着当今社会需求的不断变化，北京中外运运输有限公司以市场和客户需求为导向，利用招商局集团和中国外运股份有限公司的网络优势和丰富的行业经验，不断整合资源、拓展物流服务范围、提高综合性服务能力，为客户提供较优化的物流解决方案。

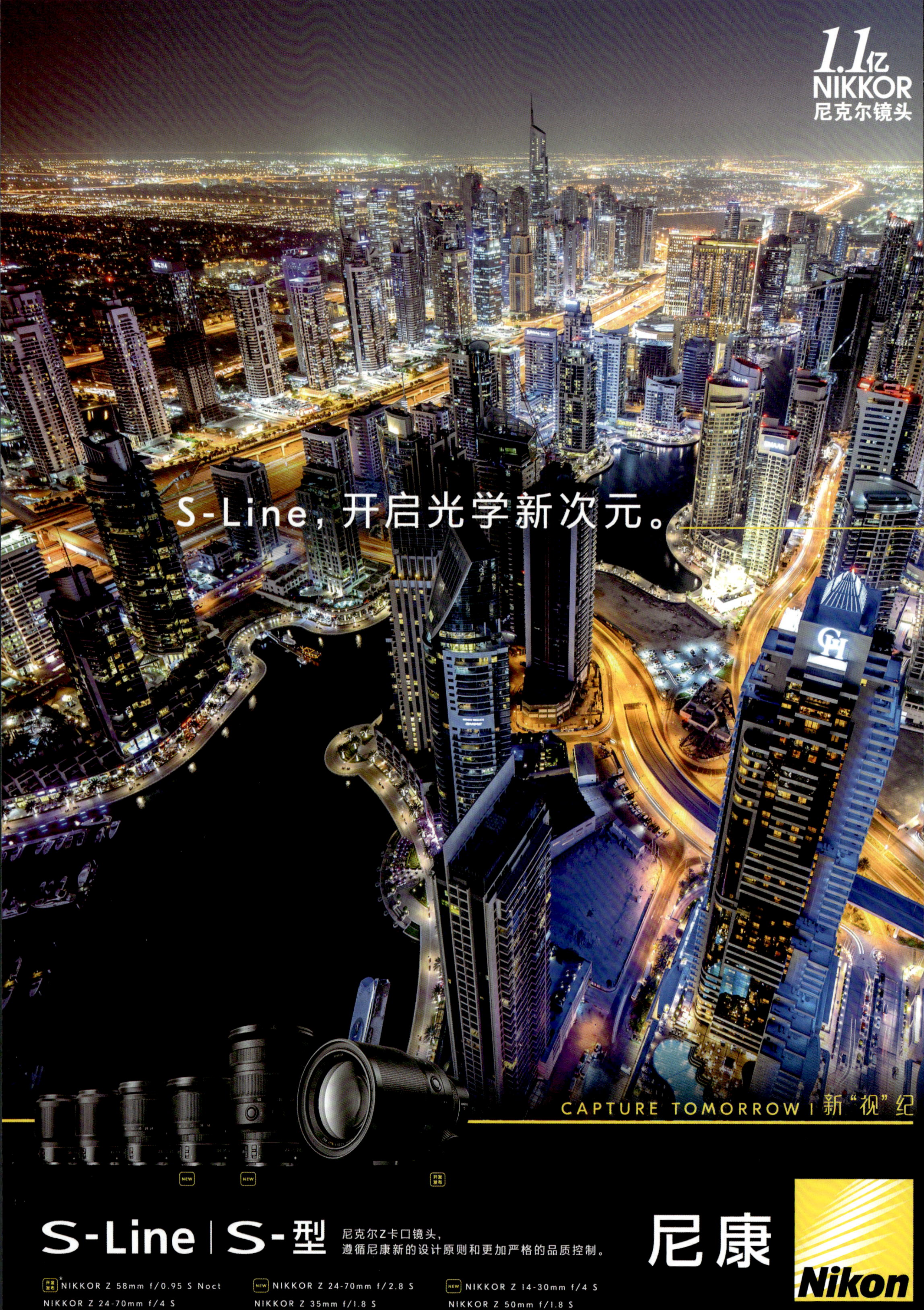
1.1亿
NIKKOR
尼克尔镜头
S-Line，开启光学新次元。
CAPTURE TOMORROW | 新“视”纪
S-Line | S-型
尼克尔Z卡口镜头，
遵循尼康新的设计原则和更加严格的品质控制。
尼康
Nikon
开发发布 *NIKKOR Z 58mm f/0.95 S Noct
NEW NIKKOR Z 24-70mm f/2.8 S
NEW NIKKOR Z 14-30mm f/4 S
NIKKOR Z 24-70mm f/4 S
NIKKOR Z 35mm f/1.8 S
NIKKOR Z 50mm f/1.8 S

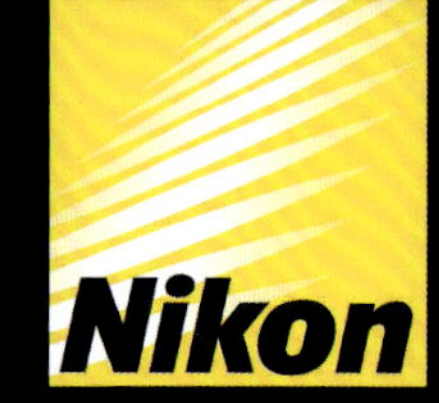

Nikon 尼康

尼康简介

株式会社尼康自1917年创建以来，就一直以“光”为主要产业，作为光学技术的先驱者为世界探索光的可能性。尼康利用半年来积累的光利用技术和精密技术，在全球范围提供多方面的产品和服务。尼康的经营活动从探索影像领域的可能性，拓展到生物科学领域、智能设备领域、精密制造工艺及捕捉数十亿光年以外的星系领域。尼康将继续丰富人类生活，支援将会改变未来的前沿产业，积极应对各种挑战。为了感谢在过去100年来支持尼康发展的各位人士，感谢大家帮助尼康创造一个充满希望的未来，尼康将继续努力以赢得工业、医疗和科学领域客户的更多信赖，为影像领域的客户提供更令人欣喜的体验。

现在，尼康已把中国作为全球较重要的市场之一。在不断发展的中国市场中，完善从市场运作到销售、服务的整套经营体制。在“信赖和创造”的企业方针下，尼康还将通过自身的先进技术，积极推动中国的影像事业，为中国市场带来更多的魅力产品和优质服务。

事业内容、产品介绍

尼康以光利用技术和精密技术为基础，致力于发展应用广泛的先进技术、产品和服务。通过这样的方式，尼康在全球范围内为社会提供支持，推动孕育未来的前沿事业，实现各地人们的梦想。

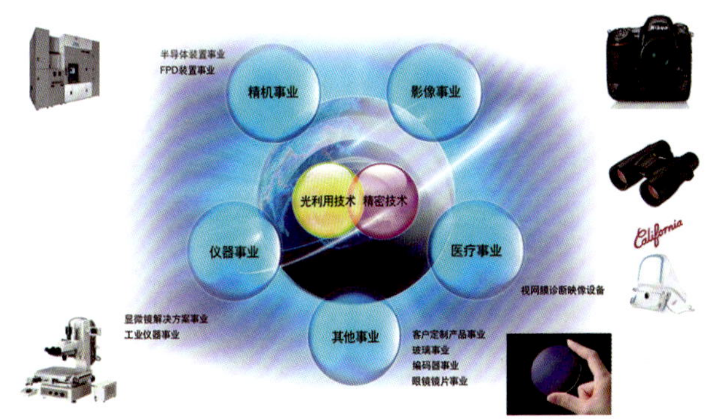

备案商标（商标权利人：尼康株式会社）

尼康	Nikon	
第09类 T2016-44972 第21类 T2011-21668	第09类 T2015-38964 第21类 T2015-38965	第09类 T2014-35132 第21类 T2014-35133

重点监控的侵权产品类别

电池、充电器类　　**镜头形状水杯**

从危险性的角度看，假冒品对消费者的危害大

人体接触类产品，所以会有危害健康的可能性

HDMI®的背景

HDMI® (High-Definition Multimedia Interface) 是指高清多媒体接口，是当下电子业界先进的高清（HD）设备连接技术及标准，各种消费类电子产品如高清电视、个人电脑、相机、摄像机、平板电脑、蓝光播放器、游戏机、智能手机等，都能够发送或接收高清信号。

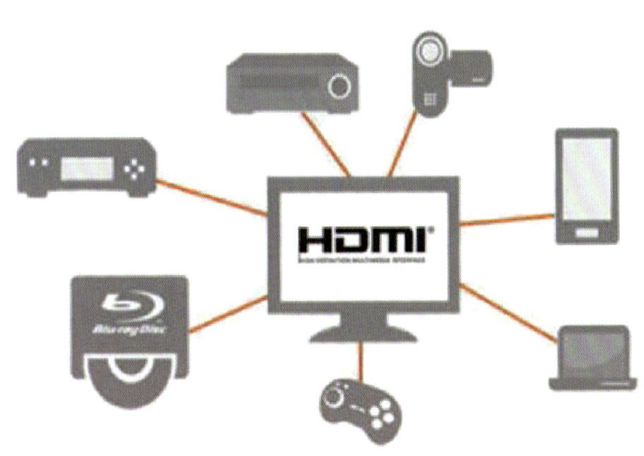

在2002年，7家消费类电子产品制造商日立（Hitachi）、松下（Panasonic）、飞利浦（Philips）、索尼（Sony）、Technicolor公司、东芝（Toshiba）和莱迪思半导体（Lattice Semiconductor）开发并推出一个新的多媒体介面——HDMI®高清多媒体介面。

HDMI®协会于2002年成立，该协会代表以上7家投资公司提供相关授权给有意采用该商标的企业及组织，以及授权HDMI®技术规格，促进及宣传HDMI®技术，提供教育及培训，支持HDMI®采纳，保护HDMI®技术及版权。

此外，HDMI®还支持主要电影制片商和系统运营商，主要电影制片商包括福克斯（Fox）、环球（Universal）、华纳兄弟（Warner Bros）和迪斯尼（Disney），系统运营商包括DirecTV公司、EchoStar的Dish网络和CableLabs。

HDMI®的注册商标

商标	标志	USPTO注册编号	USPTO 国际分类号	国家工商行政管理总局商标注册编号
HDMI 图像商标（或™）	HDMI	3445135	09	10251088
		2898044	35	
HDMI 文字商标（或™）	HDMI®	3268924	09	10251085
		2900587	35	

采用 HDMI®界面的产品

- 传输线
- 电子配件
- 转接盒、分配器、加强器
- 高画质电视
- 桌面电脑、平板电脑、笔记型电脑
- DVD 及蓝光播放器
- 机顶盒
- 游戏机
- 影音接收器、放大器
- 照相机及摄影机
- 行动影音装置
- 卫星信号接收器
- 投影机
- 显示器

确定未授权HDMI®产品的步骤

第一步：中国海关备案系统

第二步：HDMI®网上授权名单（http://www.hdmi.org/learningcenter/adopters_founders.aspx）

第三步：提供查扣货品资料给REACT CHINA及HDMI®协会（customs@HDMI.org）以进行确认

2018年，中国海关致力于保护HDMI®协会的权利，多次查获未经授权的HDMI®产品，在此衷心感谢中国海关的支持及努力。

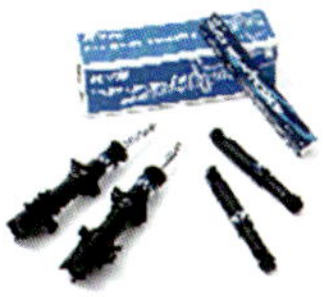

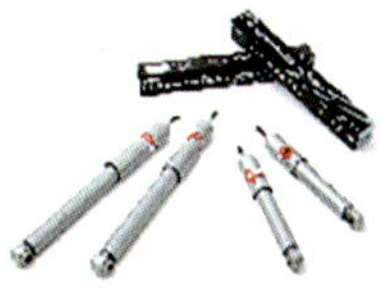

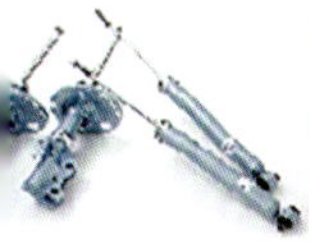

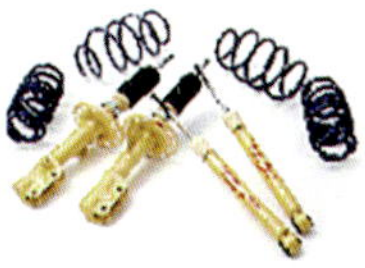

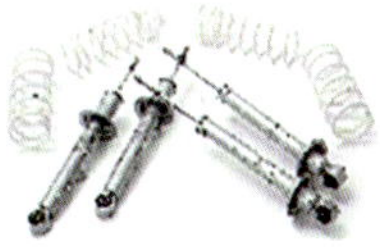

KEIHIN 株式会社京滨

Keihin Corporation

株式会社京滨成立于1956年，总部位于日本东京，是全球性的功能部件生产制造商。京滨不断提高制造技术、专门技能和开发能力，在燃油供给系统及发动机其他功能部件、汽车空调、工业控制阀乃至先进的电子控制装置的广泛领域中开发具有功能的系统技术。

其研发生产的化油器被包括本田（HONDA）、哈雷（Harley）、雅马哈（YAMAHA）、凯旋（Triumph）等世界知名品牌所采用，受到消费者的广泛喜爱。

注册号：1910782

KEIHIN

注册号：18251806

KEIHIN

注册号：1910794

注册号：1482709

南京京滨化油器有限公司

江苏省南京市六合区龙池街道龙华路1号

025-57139039

东莞京滨汽车电喷装置有限公司

广东省东莞市莞城区莞龙路段狮龙路莞城科技园

0769-22658260

京滨（武汉）汽车零部件有限公司

湖北省仙桃市中加科技城中加大道8-3号

0728-3256586

京滨大洋冷暖工业（大连）有限公司

大连市经济技术开发区31号区辽河西二路28号

0411-87301071

京滨电子装置研究开发（上海）有限公司

上海市闵行区紫星路451号

021-34290090

株式会社京滨非常重视知识产权保护
积极参加知识产权保护培训
积极配合相关部门打击一系列侵犯知识产权的行为

京滨关注的被假冒商品

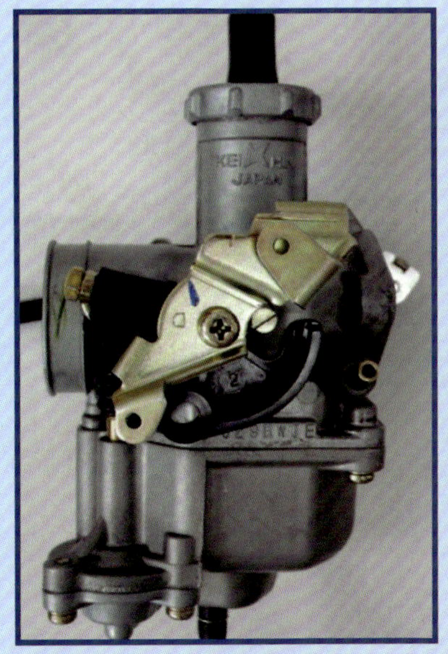

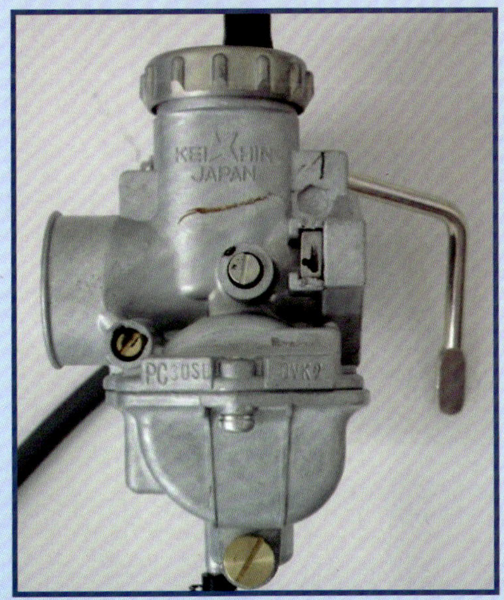

侵权打击

· 2015年3月
相关部门成功查扣假冒京滨化油机2 000个。

· 2015年7月
相关部门成功查扣假冒京滨化油机120个。

代理律师事务所：怡丰律师事务所（联系人：于春生）

地址：北京市朝阳区曙光西里甲5号凤凰置地广场写字楼H座903室

电话：010-84554108

企业简介

科园信海（北京）医疗用品贸易有限公司（简称：科园贸易）成立于2009年，是较早入驻北京顺义空港保税物流中心的专业医药企业，并于同年入驻北京天竺综合保税区。科园贸易是一家集进口保税、医药流通、疫苗服务、跨境电商、供应链延伸服务、市场准入等多元化的大型综合服务型医药企业，业务区域覆盖全国。

公司始终坚持将高品质的服务和产品质量作为第一生命线，2016年1月公司获得GSP认证证书；通过ISO9001管理体系认证，建立了ISO9001：2015与GSP相结合的质量管理体系。并先后通过多家跨国企业的冷链管理国际质量审计。2014年，公司成为AEO高级认证企业，2017年再次通过AEO高级认证，享有较高信誉评级和多项通关便利政策。

此外，随着对外电商的兴起，科园贸易作为医药产品进口企业，依托北京区域及政策优势、结合优良的客户及产品资源，积极尝试开展大健康产品的跨境电商业务。公司在2019年取得医疗器械经营许可证。2019年，公司将更专注于进口及全国业务，拓展进口产品线，为跨国医药企业提供更具有价值的进口供应链一体化解决方案。

核心业务

进口保税一体化服务

随着进口业务的不断拓展，科园贸易凭借丰富的专业经验、先进的管理体系为客户提供集进出口业务、冷链仓储、包装加工等综合性一站式药品经营服务。目前，我们已与30余家进口厂商建立合作，进口药品多达150余个品规，其中包含20余种冷链产品，2018年进口额达108亿人民币。北京口岸作为科园贸易进口的较重要口岸之一，一直与各政府机构保持良好密切的合作关系，为进口环节操作奠定了深厚的基础。

进口保税仓储、物流服务

公司的运营与仓储均采用SAP、WMS系统集成统一管理，目前拥有近3.5万平方米独立专业药品保税仓库，含4个独立专业药品冷库，均符合GSP标准。库内实现现代化作业，24小时温湿度监控系统实时监测、库区无死角监控设施24小时实时监测，采用先进的IT技术，通过无线网络、手持终端、移动射频和条形码识别等高端技术，使仓库管理水平达到国内先进水平。

疫苗实施一票制以来，公司作为疫苗进口商承担疫苗生产商的责任与义务，进口多家国外企业优秀疫苗产品，专业配送到区、县疾控单位，覆盖全国所有省、市、自治区，为多个无竞品高端疫苗所涉疾病的预防控制工作，提供产品层面的全方位服务和保障。

进口保税增值服务

借助保税区内优势及资源，可提供多种进口保税增值服务。

产品贴标：独立操作工作区域，按照客户及国内医药产品流通要求，对产品进行重新贴标。

赋码：设定相关追溯码标准操作流程，专人专项管理。

代办报关报检申报文件：为客户代办进口药品通关单、免税证书等相关文件申报工作，同时依托相关优惠通关政策，提高通关效率，降低供应商运营成本和风险，为客户提供优质高效的进口服务。

发展愿景

未来，公司将牢记健康中国的使命，主动把握改革机遇，保持高端药品、疫苗、医疗器械等全国优势地位，提升专业化、差异化、增值供应链解决方案核心竞争力，致力于成为医疗健康领域产品经销、供应商合作及客户服务较优秀的商业企业；行业效率较佳和创新的先行者。

同时，将以丰富的资源为全球客户提供专业服务，愿与全球客户一起，为成就中国医药健康产业、出色的国际保税物流平台而共同努力。

中国船舶重工国际贸易有限公司

CHINA SHIPBUILDING & OFFSHORE INTERNATIONAL CO.,LTD.

中国船舶重工国际贸易有限公司（简称“中国船贸”）成立以来，紧密围绕中国船舶重工集团有限公司（简称“中船重工”）发展战略，秉持“为客户提供增值服务”的理念，坚持贸易为本、贸融结合、贸工技一体化协同发展，着力打造中船重工“走出去”和国际经济技术合作的平台，实现了持续快速稳定发展。

进入新时代，中国船贸全面贯彻落实新时代中船重工高质量发展纲要，坚持“产生融、融促产、产融结合谋发展”，以客户为中心，依托中船重工的产业资源、市场资源、金融资源和创新资源，以优质的产品和优良的服务，竭诚满足全球客户需求。

公司概况

中国船舶重工国际贸易有限公司（简称“中国船贸”）成立于2003年，是中国船舶重工集团有限公司（简称“中船重工”，2018年在《财富》世界500强排名中位列第245位）“走出去”和国际经济技术合作的平台。中国船贸依托中船重工的科研生产实力，在船舶与海洋工程贸易、军品贸易、机电产品贸易、装备技术国际合作和国际工程承包等领域，为全球客户提供快捷高效的专业服务。

中国船贸与世界知名船东、油气开发商、机电设备制造商保持广泛的合作关系，客户遍及世界80多个国家和地区；与世界知名银行保持良好的合作关系，在中国进出口银行、工银亚洲、新加坡大华银行、法国巴黎银行等均保持较高信用等级；为深入实施全球经营战略，中国船贸在美国、俄罗斯、德国、希腊、巴基斯坦、乌兹别克斯坦、孟加拉、新加坡、尼日利亚、埃及、南非等国家和中国香港地区设有多家分支机构。

展望未来，中国船贸将继续紧密围绕中船重工“建设船舶行业以军为本、军民融合、技术先进、产融一体的创新型企业”的战略目标，致力于以专业高效的服务，与全球客户携手合作，共同为世界经济繁荣发展作出不懈的努力。

机电产品贸易

中国船贸依托中船重工旗下配套企业和研究机构强大的装备制造能力和配套能力，可以为客户提供各类甲板机械和舱室机械等船舶配套设备，并且以船用柴油机、燃气轮机等动力装备为基础，可提供多种能源与动力装备。同时中国船贸积极拓展产业链，使得多种机电设备在各类电站、节能环保、油气化工等工程领域也得到广泛应用。

中国船贸在机电产品的一般贸易、加工贸易、转口贸易、服务贸易和技术贸易等领域拥有丰富的实践经验。可以针对不同项目背景和客户需求，充分利用国家政策和各类国际贸易协定，采取不同的贸易模式，提供较佳的贸易及工程方案。

能源与动力装备

依托中船重工强大的科研、设计和制造能力，进一步整合动力装备产业研发、制造和服务资源。以柴油机、燃气轮机等设备为基础，海陆并举，将产业链向相关多元化方向发展，使得能源与动力装备在海洋平台电站、陆用电站、核电站、油气输送、分布式能源等工程领域得到广泛应用。同时，积极布局新能源产业，具备光伏电站、光热电站多种关键设备配套能力。在“一带一路”建设指引下，紧紧抓住国内外对机电产品需求增加的机遇，着力提高在海内外电站等工程领域的总装集成能力、设备供应能力和技术服务能力。

建设贸易为本、军民融合、贸融一体、产业协同、多元发展的创新型国际化企业

柴油机 依托中船重工旗下拥有6个柴油机生产基地。可提供的柴油发动机涵盖高、中、低速各级别功率。先后引进道依茨-曼海姆、曼恩、MTU、瓦锡兰、三菱、大发等国际优质柴油机品牌的许可证技术，并结合自身的研发与创新，可提供高标准、高品质的动力设备。产品分军品、民品两大主线，多年来在柴油机制造业坚守阵地，努力开拓，产品取得ABS、BV、DNV-GL、CCS、LR、KR、NK等船级社认证。

风力发电设备 中船重工拥有成熟的风电设计、建设和运营维护能力，是拥有近乎完整风电产业链的工业集团。其下属风电总装企业于2004年成立，是国家海上风力发电工程技术研究中心平台建设单位，专业从事风电装备研制及其系统集成、新能源投资开发建设和风电场工程技术服务的高新技术企业。同时，集团内30多家配套企业和研究所形成了具有竞争优势的产业集群，集团内部风电整机配套率达到90%。

技术贸易与合作

作为中船重工技术合作的主渠道，中国船贸致力于为中国船舶工业及相关企业提供国际经济技术合作的创新型服务，主要业务包括高精尖技术引进、专利权转让、专有技术许可证或转让、先进装备联合设计开发、技术进出口等。

军民融合产业

中国船贸致力于在电力建设、交通运输、现代化物流、环境治理、新能源等领域为客户提供融资、设计、装备、施工、系统集成乃至运营维护等综合解决方案，可承揽各类电站、大型钢结构、港口码头、船厂、水处理等工程承包项目。

融资租赁

中国船舶租赁有限公司（简称“中国船舶租赁香港”）、中船重工海疆（天津）融资租赁有限公司（简称“中国船舶租赁天津”）对外统称“中国船舶租赁”，是中船重工旗下专业的融资租赁平台。遵循“金融服务实业”的国家政策导向和中船重工“产融一体”的发展战略，按照“产生融、融促产、产融结合谋发展”的发展思路，依托中船重工强大的设计制造能力、雄厚的资本实力，中国船舶租赁致力于运用现代化的租赁理念，将资本与实业更为紧密地融合链接，为客户提供“中国制造+中国资本”的综合性解决方案，推动科技创新，促进产品销售，加快中船重工从生产型制造集团向服务型制造集团的转型升级。中国船舶租赁香港定位于跨境租赁及投融资交易，中国船舶租赁天津定位于境内租赁交易，两者将共同在海洋装备、非船装备和不动产三大领域为客户提供专业的租赁和金融解决方案。

深圳市盐田港

Shenzhen Yantian Port

机构设置

深圳市盐田港建设指挥部是深圳市政府的派出机构，负责贯彻落实市政府有关盐田港区和大铲湾港区建设的方针、政策和决定，统筹协调两港区及其后方腹地的开发建设。盐田港建设指挥部下设港口建设办公室和地政监察室两个业务管理部门。

口岸建设

1.盐田港区：2019年5月9日，盐田港集团董事长孙波，总裁刘南安，副总裁叶忠孝、乔宏伟，总工程师肖明俊等一行拜访相关部门，与相关部门领导就深化交流合作等事项进行座谈。就新的粤港澳大湾区建设、“一带一路”建设和深圳市全球海洋中心城市建设战略规划中，关于港口和口岸的建设和升级，国际贸易营商环境建设等达成了诸多共识，“关检合一”后的口岸配套建设，盐田港正在大力推进。

2019年4月15日，为全面贯彻国家海洋强国战略和“一带一路”倡议，落实粤港澳大湾区协同发展战略,根据深圳市委市政府建设全球海洋中心城市的决定,加快深港国际航运中心建设,深圳市盐田港建设指挥部与相关部门就共同创建绿色智慧国际性枢纽港，推动盐田港转型升级形成合作共建意向，签署了合作共建备忘录，并着力启动了有关初始项目的规划和建设工作。

2.盐田综合保税区：区港对接闸口成功试行24小时通关运作。在盐田综合保税区服务中心、盐田港建港指挥部等单位的共同努力下，2019年6月起，盐田综合保税区盐田片区南闸口开始试行24小时通关，进一步优化了后方陆域的集疏运体系。

长期以来，盐田港区陆域后方的通关问题一直是物流企业的痛点。从2017年年初开始，盐田港集团领导就专程带队前往相关部门，对盐田港区陆域后方的通关问题进行协调，其中就包括盐田综合保税区盐田片区南闸口试行24小时通关的内容，并积极向属地主管部门递交实施盐田片区南闸口24小时通关的申请报告，均得到了各级相关部门的正面回应。相关部门积极为企业排忧解难，在编制实施计划时综合考虑因开放闸口涉及的人员编制和设施改造等问题，克服重重困难，最终顺利实施了24小时通关新举措。

新举措实施后，最受益的是生产和贸易型出口企业，仓租、压车压柜等成本得到一定程度的降低。据不完全统计，盐田片区南闸口24小时通关功能实施后，在每天所延长的通关时间内至少有30条柜自动验放出闸。这一举措不仅满足了华南地区经盐田港出口商品的疏港需求，减轻了盐田港区后方陆域货车拥堵压力，而且满足了部分香港门店配送业务的及时性，进一步缓解香港目前面临的物流仓库紧缺的现状。由此进而推动了深港两地跨境物流产业的联动发展，提升了盐田片区企业的综合竞争力，为盐田港区后方陆域物流产业的转型升级提供了更加便利的基础条件。

3.大铲湾港区：继内贸货物跨境运输（“中外中”运输模式）之“绥芬河—俄罗斯—盐田港”之后，“绥芬河—俄罗斯—大铲湾港”国际大通道也正式开通了！近日，相关部门明确：同意增加深圳市大铲湾港为黑龙江省内贸货物跨境运输进出境港口。

“中外中”运输模式系指国内贸易货物由我国关境内一口岸启运，通过境外运至我国关境内另一口岸的业务。此次新增大铲湾为内外货物跨境运输进出境港口，是盐田港集团响应国家“一带一路”倡议的实质性成果之一。自集团与绥芬河市签署战略合作以来，相关职能部门和企业相互配合，积极探索，为集团“转型升级、走出去”的战略部署和构建内陆港新格局作出了积极贡献。

2019年4月10日下午，深圳市平行进口汽车滚装船首航抵港仪式在大铲湾港区顺利举行，标志着采用汽车专用滚装船批量运输平行进口汽车的新模式在深圳顺利落地。500辆平行进口汽车列队缓缓从滚装船开出，驶向大铲湾码头汽车专用停车场，宣告了深圳市平行进口汽车滚装船首航顺利抵港，标志着我市平行进口汽车试点取得重大突破，探索出与其他试点城市不同的批量进口模式。据悉，此次进口是我国平行进口汽车业务发展的里程碑之一，将对全国平行进口汽车市场产生重大影响。

大铲湾港区地处粤港澳大湾区战略地理位置，拥有完善的陆路和水路交通网络，可畅通往返珠三角东西部。为有效推进深圳平行进口汽车发展，按照深圳市政府要求，大铲湾港区充分发挥货物仓储运输的独特优势，积极建设汽车整车进口口岸。该口岸于2015年11月29日通过相关部门的联合验收，成为深圳较早的海路整车进口口岸，已成为华南地区重要的汽车进口口岸。下一步，大铲湾港区将努力搭建服务平台，为推动深圳汽车平行进口工作持续发展作出积极贡献。

港口建设

2018年11月2日~3日，《深圳港盐田港区东作业区集装箱码头工程工程可行性研究报告》（以下简称《报告》）专家评审会在深圳召开，为支撑我国经济社会和对外贸易的发展、粤港澳大湾区战略实施和产业转型升级，深圳港集装箱吞吐量仍将持续增长。为适应国际海运船舶大型化、航商联盟化发展趋势，盐田港区仍将依托深水良港的优势，在服务珠江三角洲外贸进出口和集装箱国际转运中继续发挥重要作用。

盐田港区能力缺口主要是15万~20万吨级泊位，东作业区是盐田港区规划中集装箱发展的最后空间，《报告》提出的建设规模为：新建3个20万吨级集装箱泊位，设计年吞吐量300万标箱；建设2.1千米的中、东作业区连接通道；建设东作业区46万平方米空箱堆场；建设相应的港口支持系统保障基地。

盐田国际集装箱码头有限公司、建设单位深圳市盐田港集团有限公司及《报告》编制单位中交水运规划设计院有限公司、上海市政工程设计研究总院(集团)有限公司等单位的代表参加了会议。

2019年6月17日，在《亚洲货运资讯》（Asia Cargo News）主办的亚洲货运、物流及供应链大奖（Asian Freight，Logistics and Supply Chain Awards，简称AFLAS）颁奖典礼上，盐田国际荣获 一项AFLAS大奖。

作为全球较繁忙的集装箱码头，2018年，盐田国际完成了1 316万标箱，同比增长3.6%，创历史新高。2019年在世界经济风起云涌、风险挑战凸显的形势下，盐田国际的月吞吐量仍保持着稳定发展的态势，1~5月吞吐量同比增长4.4%。

港口运营

1.盐田港区：2019年7月23日，迎来目前全球较大运载量的集装箱船——“地中海古尔松”号首航。该轮全长400米、宽62米，可装载23 756个标箱，总吨位230 000吨，是当下全球航运市场较大的集装箱船舶。

“地中海古尔松”号是地中海航运订购的11艘23 000标箱级船舶中交付的第一艘，其他10艘同等级的超大型船舶也将会陆续投入使用。该轮经过优化设计，可减少油耗，降低二氧化碳排放。

“地中海古尔松”号服务于亚欧航线，全程航行约36天。盐田港区是该轮在中国首航的最后一个挂靠港，随后将经马来西亚帕拉帕斯港驶往欧洲。“地中海古尔松”号在盐田国际靠泊期间，全程使用岸电，共装卸约4 200标箱。超大型船舶对于挂靠港的水深条件和装卸能力提出了更高要求，盐田国际作为华南地区天然深水良港，拥有大型集装箱深水泊位20个，天然航道水深达17.6米，全球最大的集装箱船舶可自由进出港区。凭借天然的深水条件、先进的码头设施和突出的操作能力，盐田国际获得全球巨无霸货轮青睐。

为迎接“地中海古尔松”号首航，地中海航运与盐田国际共同举办首航仪式，相关部门、口岸单位以及客户代表等约100位嘉宾出席了仪式，共同见证这个重要时刻。

2.大铲湾港区：2019年1月4日，继GALEX（GLX）西行航线挂靠大铲湾码头后，这条由阿联酋航运（ESL）、宏海箱运集团（RCL）及高丽海运株式会社（KMTC）共同运营的GLX东行航线也开始挂靠大铲湾码头。

GLX航线沿途停靠：大铲湾 —新加坡—巴生港—柯枝 —孟买（那瓦夏瓦）—蒙德拉—苏哈尔—迪拜（杰贝阿里）—巴生港—大铲湾—釜山—上海—宁波—厦门—大铲湾。其中，东行航线每周四挂靠大铲湾码头，西行航线每周三挂靠大铲湾码头。

据了解，GLX东行航线专注于中国、印度次大陆及中东市场，对于中国华南地区的出口商来说，随着此条东行航线挂靠大铲湾码头，中国出口到韩国的货物又多了一种选择。

2014年1月23日，马士基两艘1.8万标箱船舶同时挂靠盐田港。

众城生物识别系列产品和先进技术

1. 众城指掌纹自动识别技术

由于皮肤构造缘故，通常指纹特征所在几何区域随捺印的用力而改变，现场中提取的遗留指纹更因为扭曲或变形而使特征的位置、方向等有很大改变，但各特征点之间的纹线数量是不变的。众城公司技术研究人员在纹线算法基础上研发了超大规模的模糊融合指掌纹比对算法。这种编码方式是融合了特征点算法、纹线算法、深度学习的新一代技术。

实战结果表明：在大数据下的指掌纹识别技术领域，众城系统的比对精度指标较高，实战效果也远超国际同行业的其他系统。2017年9月，在北京举办的国际刑警组织第八十六届全体大会上，众城科技大数据指掌纹自动识别系统作为相关部门认可的中国生物识别技术领域典型案例，向国外用户重点推介展示。

2. 众城动态人脸识别技术

◆ 基于算法实现的三维图像变换技术

众城动态人脸识别系统采用了基于三维图像变换技术的核心识别算法。该算法可将二维照片通过计算机图像模拟技术转换成三维图像。在这种变换过程中，1张人脸图像可以左右和上下旋转，生成不同角度、不同光线下的9张图像，从而大大提高了系统的识别精度。

基准图像

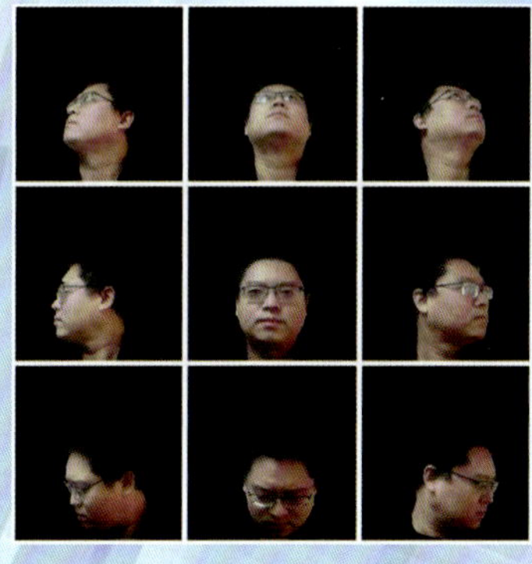

三维图像

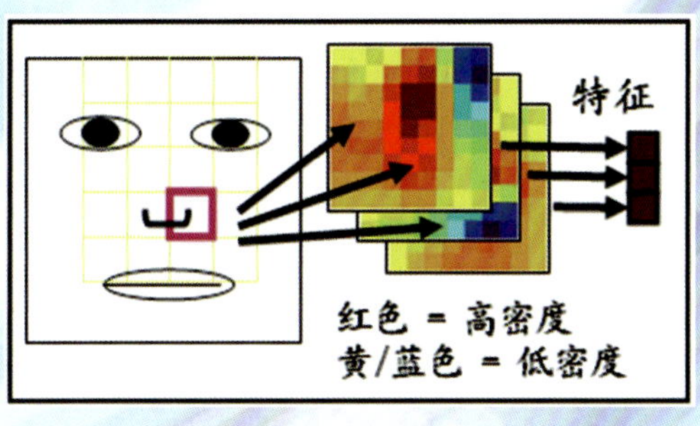

色彩分布融合算法

◆ 基于算法实现的色彩分布融合技术

“色彩分布融合算法”是基于人脸的色彩反光原理，对相似的人脸候选，通过找出其中的不同点来进行排除，从而对于人脸进行准确识别。该技术可有效区分双胞胎和亲友之间的相似人脸。

此外众城人脸识别系统还采用了：基于神经网络概念的“通用面部特征检测和比对算法”、为减少局部表情变化对比对影响设计的“区域自动调节融合算法”等。

◆ 深度学习的技术

人脸识别作为计算机视觉应用领域的一个热点，众城作为世界较早应用于机场、火车客运、汽车客运、酒店、街区和景点的综合性动态人脸监控、布控和轨迹跟踪用途的系统开发商，对于相关部门人脸识别应用场景，特别注重于应用深度卷积神经网络技术对海量动态数据进行分析、归纳和整理，开发出了适合相关部门智能旅检应用的动态人脸识别技术。

多种算法的融合应用确保了众城动态人脸识别技术可以较好地适应相关部门旅检应用中各种相对苛刻的采集环境，其比对精度远远高于其他系统。

实际应用中，众城还可根据用户的实际应用需求采取多生物识别技术复合安全认证技术，如“指纹+人脸”或“人脸+虹膜”等，融合各种技术的优势，提高安全认证等级。

众城生物识别系列产品和先进技术

◆ 实战效果

在拱北闸口各单一通道只安装1~2个监控镜头情况下，每天针对频繁旅客的日均报警数约5 000人次；正确报警率99.99%以上，几乎没有误报。远远超过了所有其他系统的性能指标。2017年11月29日，系统正式试运行，截至2017年12月10日，在不到半个月时间里，查获进境旅客走私违规案件247宗，相比2016年同期增长了65.8%。

3. 众城动态异常表情捕捉和行为分析应用技术

经过真实环境下海量数据的分析和学习，对构建的数学模型不断验证、优化，形成了众城独特的技术特色：

（1）真正基于心理学理论的微表情识别和行为分析AI技术。

（2）毫秒级持续动态分析，不放过任何能采集到的瞬间情绪微小变化；

（3）支持海量人流下的多人同时识别分析，可结合动态人脸识别技术做广域人群情绪分析；

（4）海量人流的人脸检出率（环境因素的拥挤类遮挡，人为因素的口罩、墨镜类遮盖）；

（5）动态瞬间分析：人脸判别分析、肢体判别分析、表情判别分析；

（6）紧张、焦虑、情绪激动的心率和皮肤湿度检测；

（7）表情分析与动态人脸识别技术的融合应用；

2019年2月，众城动态异常表情捕捉和行为分析系统已经在北京首都机场、广州以及深圳等地的相关部门投入实际应用。

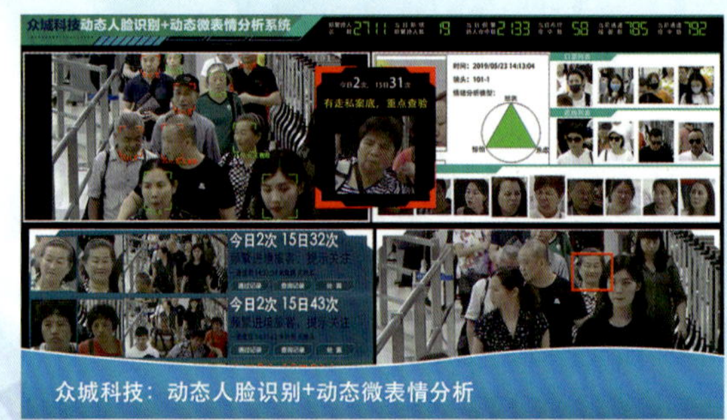

众城科技：动态人脸识别+动态微表情分析

4. 众城虹膜自动识别技术

众城早在2005年就着手开发用于警方的静态虹膜识别技术，是国内较早推出大规模虹膜识别系统的厂商。经过十多年的不懈努力，研发出独特的抗干扰分类网络核心算法和基于深度学习模型的融合算法，在图像噪声和模糊等干扰处理准确率上成为世界上掌握了动态虹膜识别核心算法的厂商之一，同时，众城虹膜识别系统在数据海量化和高速化的系统构建上居世界前列。

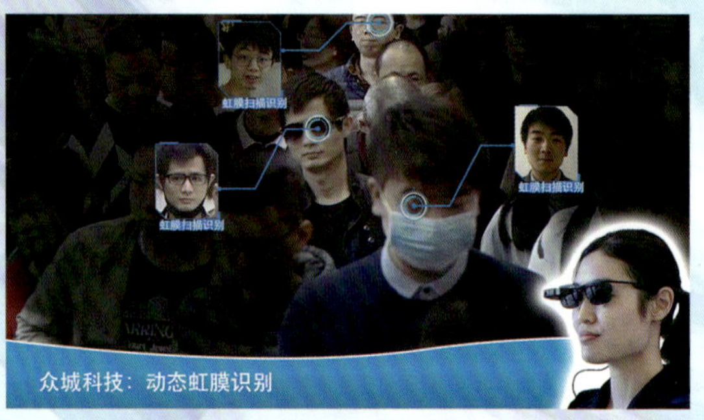

众城科技：动态虹膜识别

众城的动静态虹膜识别技术目前已经可以实现对于移动行走的人员实现非接触的快速采集和识别。在实际应用中可以与动态人脸、动态微表情识别技术相结合，即形成：人脸识别技术和微表情识别技术对高风险人员进行快速筛选，虹膜识别技术对人员身份进行精准确认的应用模式，这种识别模式是目前国际上针对相关部门应用场景下较精确和较有效的技术手段。

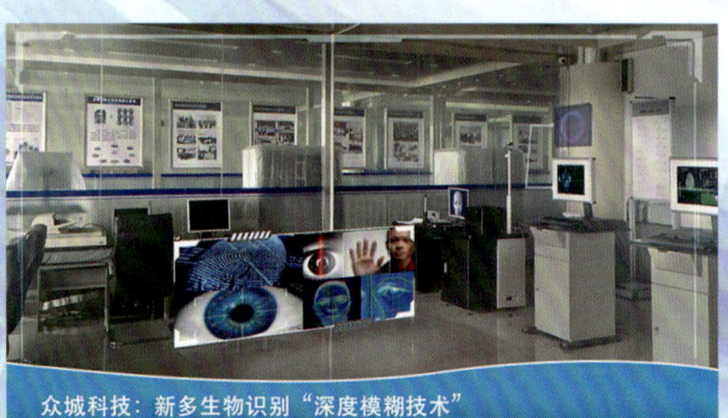
众城科技：新多生物识别“深度模糊技术”

众城科技：智能无干预珠澳快速出境

5. 众城“人车合一”自动识别系统

在目前的相关部门应用场景，对于车辆自动通关的检查方案主要是“自动车牌识别+干预式开窗人脸识别或乘客下车进行人脸识别”的解决方案。

众城“人车合一”自动识别系统可以做到在车辆通关时无需停车，在进行车牌识别的同时，利用人脸采集技术对于车内乘客实现非接触式人脸采集和快速认定，从而实现乘客无需下车或摇下车窗的无人工干预自动识别通行模式。

6. 众城“人脸+物体识别”全方位自动跟踪监控系统

众城目前可以将物体识别技术与人脸识别技术实现融合应用，借助这种技术，可以实现对旅客进入相关部门区域的测温第一区域至接客区域的移动轨迹进行全方位移动跟踪。此外对于旅客领取特定行李以及移动的过程也可进行精准识别和全程轨迹跟踪。从而实现对于领取装有违禁物品行李的旅客进行定位跟踪。如机场的以物找人为例，系统可以与行李检测系统进行无缝对接，对于标注需检查的行李采取RFID电子标签进行定位。然后结合电子围栏以及人脸识别和物体识别技术对于领取该行李的旅客进行定位，然后对提取该行李的旅客进行全程实时跟踪报警，并及时通知相关部门人员对报警旅客进行必要的拦截检查。

众城公司将致力于用较先进的生物识别技术高精度识别走私人员，不放过任何一名犯罪嫌疑人、恐怖分子，为我国“国门之关”搭建安全屏障。

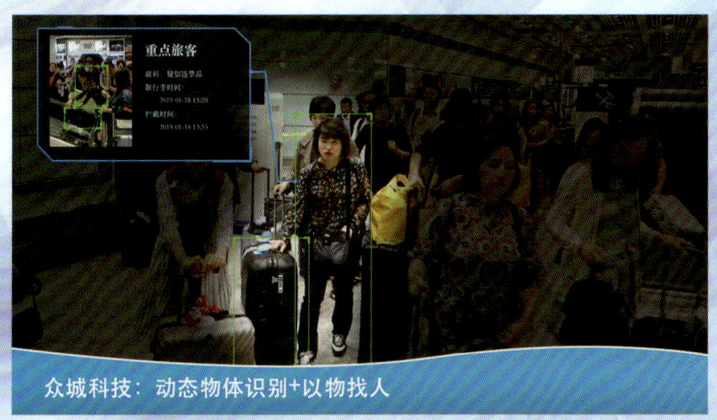

众城科技：动态物体识别+以物找人

众城科技：指掌纹系统的国际刑警流媒体展示

PTYT 普天宜通

深圳市普天宜通技术股份有限公司成立于2006年，是专业从事多媒体融合通信技术和宽带集群通信产品研发、制造、销售和集成服务的国家高新技术企业，致力于为行业客户提供恰如所需的多媒体集群调度系统解决方案以及设备集成、运营维护等行业信息化建设服务。

作为行业先进的多媒体融合通信整体解决方案与服务提供商，普天宜通先后承建了辽源智慧城市北斗可视化执法管控平台、金关二期工程、可视化指挥调度系统等大批大型行业信息化建设项目，并与运营商联合建立一点支撑、服务全国的全网运营平台，为政企、城管、安保、出租车、旅游等众多行业客户提供集群通对讲服务。

一 三大场景应用

1. “国门利剑”行动

缉私3G/4G单警数字化装备管理控制系统与装备，助力全年相关部门每一次“国门利剑”抓捕行动，在“互联网＋（体系化应用）”全新管控机制下，达到以科技技术强化执法的“高效率、高水准、高协调”能力，完成人民赋予缉私警察的神圣执法使命。

2. 监管查验

音视频单兵管理平台与终端，全面在监管查验作业现场部署，实现移动作业信息联动、作业全程可视化，全方位、多角度的监管和指挥，提高现场查控灵活性，提高移动作业人员单兵作战能力。

3. 移动指挥所

已在全国43个直属部门投入使用，在极端恶劣的条件下，现场无任何可利用的通信渠道，可自建小范围无线通信网，使移动指挥所仍可听得到、看得见、指挥得下去。

二 明星终端齐上阵

1. A类音视频单兵PTM9100

在金关二期工程中，为进一步提升监管查验装备现代化和作业信息化水平，切实加强查验监督制约，相关部门开展了移动查验单兵作业改革。

A类音视频单兵PTM9100适用于监管查验、稽查、旅检、缉私等执法过程全流程记录。包括拍照录像、实时视频、语音通话、资料发送。在查验过程中，开箱、抽查、核对品名，所有查验作业过程全部存储进单兵内部，音视频可以在全国范围内跟相关部门连线，执法行为更加规范化。

2. B类音视频执法记录仪PTMZ03

近年，音视频执法记录仪的推广应用也被纳入在移动查验单兵作业改革中。

B类音视频执法记录仪适用于查验、稽查、旅检、缉私等作业现场，具备语音通信指挥强、图像传输效果佳、续航能力优、移动便携易、红外夜视效果好，是新一代智慧型执法设备。将音视频执法记录仪接入监控指挥中心视频监控系统，建立定期执法检查制度，运用“监控指挥中心+音视频实时连线”双指挥方式，实现检查现场与查验作业的“查检合一”。

通过远程连接，将音视频执法记录仪应用功能拓展至机动查验、复查复验领域，加强各部门之间的实时信息交互和问题反馈。

中国石油工程建设有限公司(CPECC)是以原工程建设公司（CPECC）和工程设计有限责任公司（CPE）为基础，重组整合的油气田地面工程专业化公司。公司大力实施专业化、市场化、国际化、一体化、高端化、精细化、创新化发展战略，在国际、国内石油工程建设市场业绩突出，声誉卓著。

公司的业务定位以油气田地面工程、天然气液化工程和海上石油平台工程（海上油气田工程）为主，以油气储运工程和炼油化工施工、检维修工程为辅，拥有全业务链、全生命周期服务能力，积极发展非常规油气工程技术，适度开发非油气及非能源领域的工程能力。

自1994年以来，公司连续23年被美国《工程新闻记录》（ENR）评选为全球较大250家国际工程承包商之一，成为连续入围次数较多的中国承包商。公司总部设有15个职能部门，10个直属机构，下属设计单位8家，施工制造单位3家，海外分（子）公司24家，另外设有海外区域公司2家，海外支持中心2家，海外合资公司3家，造就了功能完善的石油工程建设业务链，建立了遍布全球的服务网络，企业核心竞争力持续获得提高。

公司大力实施“稳定非洲、巩固中亚、突出中东、拓展美洲、布局亚太、进军俄罗斯”的市场战略，业务辐射24个国家和地区，逐步形成了海外五大区域性规模市场和国内以八大炼化基地、主要油气田为主的市场格局。2016年，海外执行项目290项，国内执行项目3 461项。

公司已形成十大优势设计技术、八项集团公司技术利器、五大系列62种科技产业化产品，目前企业核心技术已经达到较高水平。

公司获省部级以上奖励592项，其中科技进步奖61项；中国建设工程鲁班奖6项；“百项经典暨精品工程”3项、优质工程奖119项；勘察设计奖379项；国内EPC代表作有宁夏石化500万吨年炼油开扩建工程等，国际EPC代表作有哈萨克斯坦扎纳若尔油气田处理厂等。

在国际市场经过数年不懈努力，公司成功进入埃克森·美孚、道达尔等石油公司市场，成为中国进入埃克森·美孚市场的工程承包商，开辟了阿联酋、伊拉克等外部高端市场，与Petrofac、Worleyparsons等国际工程公司形成稳定的合资、合作关系，结成了战略同盟或联合体，共同开发市场。

中国免税品（集团）有限责任公司

CHINA DUTY FREE GROUP

三亚国际免税城

中国免税品（集团）有限责任公司（简称中免集团）隶属于中国旅游集团，于1984年正式成立，是经授权在全国范围内开展免税业务的国有专营公司，按照国家赋予的“四统一”管理政策（统一经营、统一进货、统一制定零售价格、统一制定管理规定），对全国免税行业实施统一管理。

经过30余年的快速发展，中免集团先后与全球逾1000家世界知名品牌建立了长期稳定的合作关系，在全国30多个省、市、自治区（包括香港、澳门、台湾地区）和柬埔寨等地设立了涵盖机场、机上、边境、客运站、火车站、外轮供应、外交人员、邮轮和市内九大类型240多家免税店，在大连、上海、青岛、深圳、广州、三亚和香港建有覆盖全国的7大海关监管物流中心，销售渠道覆盖北京机场、上海机场、广州机场、杭州机场、香港机场、澳门机场等国内较大的枢纽机场，拥有全球较大的单体免税店——三亚国际免税城，每年为近2亿人次的国内外游客提供免税商品服务。迄今为止，中免集团已经发展成为世界上免税店类型齐全、单一国家零售网点众多、规模较大的免税运营商。

北京首都机场免税店

2011年，中免集团海南离岛免税业务成功运营，开启了中国免税业的新篇章。中免集团三亚市内免税店是中国第一家离岛免税店，营业后取得了良好的社会效应和经济效应，迅速成为三亚旅游的新名片。2014年9月，总投资超过50亿元的三亚国际免税城建成开业，成为中国免税发展史上的又一座里程碑。免税城以免税为主题，融商业、餐饮、娱乐、休闲、购物于一体，总建筑面积约12万平方米，汇聚了300多个国际知名品牌，涵盖了香水化妆品、服装服饰、皮具箱包、手表首饰、食品百货等众多品类、超10万个时尚单品。免税城旗舰店云集，包括卡地亚（Cartier）、雅诗兰黛（Estee Lauder）、迪奥（Dior）等在内的奢侈品牌都将其店面打造成亚太乃至全球范围的品牌旗舰店。三亚国际免税城的开业，标志着中国离岛免税政策正焕发着更为强大的生命力，标志着中免集团在大规模品牌招商引进、大型零售平台运营管理等方面的能力得到了极大的提升，也让中国免税行业的发展提高到一个新的高度。中免集团遵照国有企业“走出去”战略方针，借鉴国际惯例，致力于开放经营，拓展海外业务。中免集团先后在香港、澳门和台湾地区成立子公司，成功开设金门离岛免税店、外轮供应业务，设立邮轮免税店。同时，成立柬埔寨中免公司，作为海外业务的拓展平台引领中免集团免税业务国际化和多样化经营。2014年12月，柬埔寨国内第一家市内免税店——吴哥免税店正式开业，这是中免集团在大中华以外地区开设的首家市内免税店。2015年12月，中免集团在柬埔寨成功开设第二家市内免税店——西哈努克港免税店，进一步推进了公司的国际化进程。2016年8月，中免集团在柬埔寨开设了第三家市内免税店——金边免税店，完成了在柬埔寨旅游零售市场的全面布局。

香港国际机场免税店

吴哥免税店

近年来，中免集团积极参与国际竞争，业务发展不断取得新突破。2017年，中免集团先后成功中标香港国际机场烟酒标段和首都机场国际区免税经营权，2018年成功获得澳门国际机场为期5年的免税经营牌照、歌诗达大西洋号邮轮免税经营权以及上海虹桥国际机场和浦东国际机场为期7年的免税经营权，并且完成对日上免税行（中国）有限公司和日上免税行（上海）有限公司的收购。2019年，中免集团中标北京大兴国际机场为期10年的免税经营权，并且先后设立了青岛、厦门、大连、北京和上海市内免税店，进一步奠定了中国免税行业的龙头地位，提升了中免集团的国际影响力，为公司依托国内市场继续扬帆出海奠定了更加坚实的基础。

展望未来，依托母公司中国旅游集团强大的旅游资源，中免集团将继续担负起中国免税行业做强、做优、做大的使命，全面整合资源，创新经营机制，稳步推进国际化发展战略，将自身建设成为具有全球竞争力的优质旅游零售运营商。

企业开户用微信
银行伴您打天下

★ 免填单、不排队，手指轻触速开户

★ 零成本、超体验，专属人员来领路

★ 手续少、流程短，极速开户享服务

微账户

微金融

微服务

预约开户

产品一键签约

网点查询及预约

账户管理

二维码对账

微信通知

目　录

内蒙古自治区

辽宁省

吉林省

黑龙江省

上海市

江苏省

浙江省

安徽省

福建省

江西省

山东省

海南省

重庆市

四川省

贵州省

云南省

西藏自治区

陕西省

甘肃省

青海省

宁夏回族自治区

新疆维吾尔自治区

香港地区

澳门地区

第五篇　口岸相关法规

第六篇　全国口岸运行主要数据

第七篇　附　录

各地区开放口岸索引

北京市开放口岸

天津市开放口岸

河北省开放口岸

山西省开放口岸

内蒙古自治区开放口岸

辽宁省开放口岸

吉林省开放口岸

黑龙江省开放口岸

上海市开放口岸

江苏省开放口岸

浙江省开放口岸

安徽省开放口岸

福建省开放口岸

江西省开放口岸

山东省开放口岸

河南省开放口岸

湖北省开放口岸

湖南省开放口岸

广东省开放口岸

广西壮族自治区开放口岸

海南省开放口岸

重庆市开放口岸

四川省开放口岸

贵州省开放口岸

云南省开放口岸

西藏自治区开放口岸

陕西省开放口岸

甘肃省开放口岸

青海省开放口岸

宁夏回族自治区开放口岸

新疆维吾尔自治区开放口岸

第一篇

口岸综合

第一篇

2018年国家口岸管理工作概要

国家口岸管理办公室

2018年，在海关总署党委（党组）的坚强领导下，国家口岸管理办公室（以下简称“国家口岸办”）以习近平新时代中国特色社会主义思想和党的十九大精神为统领，认真贯彻落实习近平总书记重要指示批示精神和党中央决策部署，以及国务院第25次、第26次常务会议和国务院口岸工作部际联席会议第四次全体会议精神，始终坚持马上就办、真抓实干，在优化口岸营商环境、建设国际贸易“单一窗口”（以下简称“单一窗口”）、加强口岸开放管理等方面取得了务实成效。提升世界银行跨境贸易便利化指标排名、压缩货物整体通关时间、简化进出口环节监管证件、降低进出口环节合规成本、提高“单一窗口”主要业务应用率等目标任务均提前完成。

一、党建统领作用进一步强化

国家口岸办按照全国海关全面从严治党工作会议、全国海关党的建设工作会议要求加强党建工作。认真组织学习习近平新时代中国特色社会主义思想和党的十九大精神，注重增强“四个意识”、坚定“四个自信”，坚决维护习近平总书记党中央的核心、全党的核心地位，坚决维护党中央权威和集中统一领导。践行全面从严治党总体要求，严格执行《中国共产党支部工作条例（试行）》，坚持“三会一课”制度，组织参观“真理的力量——纪念马克思诞辰200周年主题展览”“伟大的变革——庆祝改革开放40周年大型展览”等教育活动，不断提升党员干部政治站位和思想觉悟。能够贯彻新发展理念，坚持调查研究，克服形式主义、官僚主义，“补短板、转作风、提效能”专项活动取得实效。队伍战斗力增强，党员干部工作中不讲条件，不怕吃苦，勇于担当，敢于碰硬，能够发挥先锋作用，关键时刻冲在前面。2018年，因工作需要多数同志长期加班加点，保证了重点工作任务的顺利完成。

二、主要工作顺利推进

（一）提请国务院常务会议审议通过优化口岸营商环境促进跨境贸易便利化工作方案

2018年7月24日，海关总署署长倪岳峰向国务院副总理胡春华专门汇报口岸工作。国家口岸办根据胡春华的指示和倪岳峰的要求迅速行动，经深入调查研究、广泛征求意见，起草了《优化口岸营商环境促进跨境贸易便利化工作方案》（以下简称《工作方案》），从减单证、优流程、提时效、降成本4个方面提出20条措施，提请国务院第25次、第26次常务会议审议通过。会后，根据审议意见及时完善《工作方案》，报请国务院于10月13日印发实施。《工作方案》的出台，为当前和今后一个时期做好优化口岸营商环境、促进跨境贸易便利化工作提供了重要指引。

（二）筹备召开国务院口岸工作部际联席会议第四次全体会议并跟进落实会议精神

经紧张筹备，2018年9月29日，国务院口岸工作部际联席会议（以下简称部际联席会议）第四次全体会议在北京召开，国务院副总理胡春华主持会议并讲话。会议聚焦国务院第25次、第26次常务会议精神，对当前口岸重点工作做出部署，同时审议通过了《国际贸易“单一窗口”数据安全管理办法》。是日，海关总署署长倪岳峰主持召开了全国口岸提效降费工作会议、全国海关落实口岸提效降费工作部署会议，及时对全国口岸、全国海关提出要求、明确任务，打出了一套谋划推动口岸工作的“组合拳”。

（三）推动跨境贸易便利化指标排名提升32位

国家口岸办认真落实国务院“放管服”工作部署，积极参与国务院推进政府职能转变和“放管服”改革协调小组，特别是优化营商环境专题组的相关工作，完成年度跨境贸易便利化重点工作。落实2018年年初海关总署署长倪岳峰在提升跨境贸易便利化专项行动部署会上的要求，研究分析世界银行《2018年营商环境报告》，提出18条改进措施，在京津沪三地开展为期2个月的专项行动。协调推动京津沪三地落实改革举措，指导开展专题培训，做好政策宣传工作。加强与世界银行联系，积极回应和采纳世界银行提出的政策建议，及时反映我国跨境贸易改革政策以及取得的成效。10月31日，世界银行发布《2019年营商环境报告》，我国跨境贸易得分从2017年的69.91分提高到82.59分，排名从第97位提升至第65位，跃升32位，提前完成国务院提出的到2021年提升30位的目标任务。

（四）压缩整体通关时间效果明显

国家口岸办认真落实《政府工作报告》提出的整体通关时间压缩三分之一的目标任务，全力推进压缩整体通关时间工作。2018年12月，全国进口整体通关时间42.5小时，与2017年全年相比压缩56.36%；出口整体通关时间4.77小时，与2017年全年相比压缩61.19%。超额完成全年进出口整体通关时间目标任务。

一是建立每月通报和定期监控制度。6月起，每月向各地口岸办、各直属海关通报进出口整体通关时间情况；8月，召集有关直属海关主要负责同志开展个别约谈，督促压缩进度不理想的地区和直属海关加大工作力度；10月，召开部分地区压缩整体通关时间推进会，对可能影响整体通关时间的因素进行分析，提升企业的获得感。

二是加强部门协调。协调商务部下放自动进口许可证审批权限，京津沪三地办理时间压缩至1个工作日；协调交通运输部推进智慧港口示范工程建设，推广应用自动化装卸和运输设备，加快推进港口码头信息化改造；协调国家铁路局简化欧亚大陆铁路运输过境手续，开展与国外铁路电子信息数据交换。

三是推进口岸物流信息化建设。推动实现海运集装箱作业信息电子化流转，进出口企业在统一平台上办理集装箱设备交接、提箱作业计划申报、费用结算等手续；推动实现海运提单、提货单、装箱清单（载货清单）等信息电子化流转，报关环节不再要求进出口企业提交纸质海运提单或提货单。

四是开展整体通关时效第三方评估。协调国务院发展研究中心开展通关时效评估工作。会同国务院发展研究中心拟定《口岸整体通关时效第三方评估工作方案》，协调海关便利化业务专家提供技术支持，注重把握好评估工作的客观性、准确性。2019年1月底，完成评估报告。

（五）监管证件简化和联网核查顺利完成

国家口岸管理办公室开展我国与美国、欧盟、韩国等发达国家（地区）监管证件的对比研究，摸清进出口环节监管证件底数，提出简化监管证件的意见建议。主动与进出口环节监管证件相关的19个主管部门进行沟通，按照“能取消的取消，能合并的合并，能退出口岸验核的退出口岸验核”的原则，多次召开简化监管证件专题会议，制定简化证件和实现联网核查的具体方案。经推动，实现监管证件数量从原有86种减少至46种，提前并超额完成国务院提出的到2018年年底减少进出口环节监管证件三分之一的目标。

为监管证件主管部门“量身定制”数据交换平台、MQ（消息队列）传输、监管证件电子数据录入/导入等多种联网数据交换方案，自2018年11月1日起，除4种监管证件因保密需要等特殊情况外，其余42种监管证件全部依托“单一窗口”实现电子联网。在督促各监管证件主管部门抓紧实现监管证件网上申领和办理的同时，推动农药放行通知单等8种监管证件通过“单一窗口”实现网上申领和取得反馈。

（六）国际贸易“单一窗口”建设深入推进

一是标准版功能进一步丰富，主要申报业务应用率稳步提升。建成标准版12大基本功能，实现与25个部委系统对接和信息共享，提供网上服务事项464项，业务覆盖海运、空运、公路、铁路等各种口岸类型和特殊监管区、自贸试验区、跨境电商综试区等各种区域，以及报关代理、物流商务、金融保险等各类企业。累计注册用户超过150万家，单日申报业务量突破120万票，主要申报业务（货物、舱单和船舶申报）应用率80%以上，提前完成国务院提出到2018年年底主要业务应用率达到80%的目标。

二是统一报关单申报，支持关检业务全面融合。按照《全国通关一体化关检业务全面融合框架方案》要求，完成“4·20”统一以海关名义面向企业服务、企业报关报检资质合并，“6·1”全面取消“入/出境货物通关单”和“8·1”报关单全面切换等重点任务，通过“单一窗口”实现“一次注册、一次申报、一单通关”。2018年9月30日，配合货物领域“查检合一”完成“单一窗口”报关单、运输工具、舱单、展览品等系统的升级改造。

三是加强口岸部门间信息共享、业务协同和作业无纸化。依托“单一窗口”建立数据资源共享目录，上线运行68个跨部门联网项目，截至2018年12月底，累计交换数据超过31亿条。推行“单一窗口”运输工具（船舶）“一单多报”，原72种纸质申报材料仅保留了护照和临时入境许可申请2种，2019年1月1日，在全国水运口岸部署推广。逐步推动海关和中国国际贸易促进委员会（以下简称“贸促会”）原产地证书申领全流程电子化。

四是加强“单一窗口”标准规范建设和运维保障。完成“单一窗口”统一门户建设规范等12项标准的制定并通过专家评审。指导各地完成地方“单一窗口”门户改造工作，充实完善《国际贸易“单一窗口”数据元目录》，建立“单一窗口”数据元动态管理系统，对数据元实施动态化管理。统一运维保障体系，完善中国电子口岸95198统一服务热线，热线接通率达到95%，并实现与地方95198的对接。完善网络基础设施，确保电子口岸和“单一窗口”平台系统的安全、稳定和高效运行，2018年，“单一窗口”系统可用率超过99.9%，问题解决率达99%。

（七）降低口岸收费工作有序开展

国家口岸管理办公室认真贯彻国务院领导关于大力推动口岸降费的决策部署，积极参与财政部牵头的口岸收费清理领导小组工作。研究制定进出口环节收费公示模板，跟踪、收集收费公示情况，推动全国口岸按要求于10月31日前向社会公示公开收费目录清单，所有口岸收费均明码标价，推行“阳光价格”。赴宁波等地开展口岸收费典型调研，了解通关费用情况，查找存在问题，提出政策建议。全面摸查口岸收费水平，基本摸清十大海运口岸常规收费水平，汇总形成了分析报告，提供口岸收费清理领导小组决策参考。

（八）口岸开放管理工作持续加强

一是配合国家周边外交大局和粤港澳大湾区建设加强口岸开放工作。广东广深港高铁西九龙站口岸和港珠澳大桥珠海公路口岸正式建成并投入使用，中国和尼泊尔边境樟木口岸恢复开通工作稳步推进。2018年，经国务院批准对外开放口岸3个（广东广深港高铁西九龙站口岸、浙江舟山航空口岸和云南田蓬公路口岸），扩大开放口岸7个（广西防城港口岸、江苏连云港口岸、湖北武汉港口岸、湖北黄石港口岸、安徽芜湖港口岸、安徽安庆港口岸和黑龙江同江港口岸），完成国家验收口岸15个（天津港、浙江宁波港、广西梧州港、辽宁营口港、福建福州港、福建莆田港口岸、新疆都拉塔公路口岸扩大开放，广西爱店公路口岸、广东广深港高铁西九龙站口岸、广东港珠澳大桥珠海口岸、吉林古城里公路口岸、吉林沙坨子公路口岸、吉林长白公路口岸、吉林集安公路口岸和云南芒市航空口岸对外开放）。

二是口岸退出工作取得突破性进展。落实《口岸准入退出管理办法（暂行）》，商有关部门和地方政府，报请国务院批准关闭吉林大安港、广东东角头港和南澳港口岸，实现了口岸有开有关的动态管理。

三是推动口岸查验机制创新。港珠澳大桥珠海公路口岸珠澳通道实施“合作查验、一次放行”通关新模式：内地和澳门居民办理进出境手续时，只需排一次队、刷一次卡即可完成两地的边防检查手续；内地海关和澳门卫生检疫部门实时共享旅客体温检测信息，进行执法合作；所有客车、货车车道实现“一站式”通关，海关和边检共用“一站式”电子验放系统采集的信息，通过指纹和人脸识别系统对同一辆出入境车辆和驾驶员进行同步验证、自动放行。广深港高铁西九龙站口岸“一地两检”方案顺利实施：前往内地的旅客在西九龙站一经办完两地通关手续，即可前往内地 44 个直达高铁站；去香港的旅客在终点站西九龙站内地口岸区才需要办理出内地、入香港的通关手续，实现了高铁经济社会效益最大化和旅客通关便利化。

（九）口岸国际合作取得积极成果

国家口岸管理办公室顺利筹备召开中俄（中国—俄罗斯）、中哈（中国—哈萨克斯坦）、中越（中国—越南）等双边口岸机制性合作会议，会同外方共同协调解决口岸开放、建设、运行中存在的问题，提高通行效率，促进贸易便利。按照以中国为主的原则，对俄推动黑瞎子岛（大乌苏里岛）公路口岸、同江铁路口岸、黑河公路口岸等重点口岸建设、开放问题以及两国公民自驾 8 座以下小车经部分口岸进出境问题；对哈重点推动霍尔果斯口岸通关便利化、开展国际贸易“单一窗口”交流问题；对越重点推动口岸对等开放、通关便利化、建设“示范口岸”问题。研究制定 2018 年 ~ 2020 年边境口岸开通农副产品快速通关“绿色通道”工作方案并组织实施，中蒙（中国—蒙古）边境二连浩特—扎门乌德口岸 2018 年开通。召开中新（中国—新加坡）海关“单一窗口”联合工作组第二次会议，配合中新两国重大外事外交活动签署《关于国际贸易“单一窗口”合作的框架协议》。

（十）口岸政策解读和宣传力度加大

国家口岸管理办公室通过出席国务院政策例行吹风会、做客中国政府网高端访谈、接受中国海关门户网站在线访谈等，及时对工作方案内容和实施进展情况作全面解读，相关信息媒体转发 100 多万条，新闻通稿同步在央视《新闻联播》、《人民日报》等多家媒体播出或刊登。

2018年国际贸易“单一窗口”建设工作概要

国家口岸管理办公室

2018年，在国务院口岸工作部际联席会议统筹推进下，国家口岸管理办公室会同地方政府、各口岸相关单位认真落实党中央、国务院的决策部署，积极推进国际贸易“单一窗口”建设，取得务实成效。截至2018年年底，国际贸易“单一窗口”标准版已覆盖全国所有口岸，累计注册用户超过150万家，单日申报业务量突破120万票，申报业务总量达2.5亿票，主要业务应用率达到80%以上。

“单一窗口”将大通关流程由“串联”改为“并联”，实现一点接入、一次提交、一次查检、一键跟踪、一站办理的“五个一”功能特色，有效促进了“减优提降”，持续改善口岸环境，促进贸易便利，取得了明显成效，国务院领导同志多次对“单一窗口”取得成效作出批示。世界银行《2019年营商环境报告》显示我国跨境贸易指标排名由97名升至65名，跃升32位。报告特别提到过去一年中国通过实施“单一窗口”，取消行政性收费，增强透明度并鼓励竞争，压缩了跨境贸易的时间和成本，是跨境贸易指标的重要加分项。亚太地区规模最大的美国商会之一——上海美国商会发布《2018贸易环境满意度调查报告》显示，国际贸易“单一窗口”建设获企业好评，85.8%的受访企业对“单一窗口”提高通关效率、降低贸易成本表示认同，是该报告满意度指标排名最高的一项，其中35.7%的企业将“单一窗口”作为对自身业务产生最积极影响的改革措施。

一、标准版基本功能进一步完善，基本覆盖各业务领域

升级完善标准版空运、公路、铁路舱单和运输工具等功能并在全国推广；建设推广展览品申报、加贸保税、跨境电商等功能；新增实现非机电产品自动进口许可证、进口广播电影电视节目带（片）提取单、援外项目任务通知单、音像制品（成品）进口批准单等许可证件申领功能。截至2018年年底，标准版已建成货物申报、舱单申报、运输工具申报、展览品申报、许可证件申领、原产地证申领、企业资质办理、查询统计、出口退税、税费支付、加贸保税、跨境电商等12大基本功能，提供网上服务事项464项，业务覆盖水运、空运、公路、铁路等各类口岸和特殊监管区、自贸试验区、跨境电商综试区等各种区域。

二、跨部门信息交换共享力度不断加大，业务协同和作业无纸化稳步推进

建立数据资源共享目录，建设多边交换的数据共享池。汇集17个成员单位、71类3 429个数据项，累计交换数据超过31亿条。根据《国务院关于印发优化口岸营商环境促进跨境贸易便利化工作方案的通知》（国发〔2018〕37号）要求，自然资源部、农业农村部、商务部、人民银行、市场监管总局、林草局、药监局、密码局等17家部委积极推进监管证件联网核查，除4种因安全保密需要等特殊情况外，其余42种监管证件全部实现电子联网、在通关环节进行自动比对核查，企业不需要再向海关提交纸质监管证件。

开展数据协调、简化和标准化工作，将国际贸易涉及的11 500个数据元合并简化到4 401个，简化率达61.7%；海关总署实施关检融合整合申

报，将货物申报所需各类单证数量由 89 种精简合并为 52 种，精简了 41.6%，并全部实现无纸化提交。海关总署、交通运输部、国家移民管理局共同推行船舶进出境向各部门“一单多报”，变口岸监管部门审核由“串联”为“并联”，原 72 种纸质申报材料除保留护照和临时入境许可申请名单外，其余 70 种纸质材料全部实现无纸化。海关总署推广“单一窗口”新一代税费电子支付和税单版式打印功能，企业可足不出户实时完成税费支付，自行打印《海关专用缴款书》，免去纸质税单流转。

三、建立健全标准体系

统一全国“单一窗口”用户管理和身份认证，实现“一地注册、全国通用”；建成“中国国际贸易单一窗口”统一门户网站，统一界面、统一标识、统一域名规范，实现企业办事“一个入口”；统一数据标准，统一接口管理与发布，各部门系统以“总对总”方式与“单一窗口”一次对接、服务全国；配套“单一窗口”工程实施，制定了涉及接口规范、设计规范、交换规范、安全规范、集成指南等方面共 23 项工程技术标准规范。通过推进标准化建设，有效确保了高质量建设“单一窗口”，初步形成了全国互联互通的一体化“单一窗口”环境。

四、建立全国一体化安全运维保障体系

建立一体化运维保障机制，统一全国服务号码 95198，规范服务标准，完善网络基础设施，加强系统安全运维。2018 年度，“单一窗口”系统可用率超 99.9%，问题解决率达 99% 以上，95198 热线接通率达 95% 以上，极大提升了系统性能，增强了用户体验，确保系统的安全、稳定、高效运行。

五、积极开展国际交流合作

积极开展与联合国贸易便利化与电子商务中心（UN/CEFACT）、世界海关组织（WCO）、亚欧会议（ASEM）、亚太经合组织（APEC）等国际组织，以及新加坡、俄罗斯、蒙古、越南等国家和中国香港、中国澳门等地区交流合作。2018 年，世界贸易组织（WTO）对中国进行第七次贸易政策审议，中国国际贸易“单一窗口”建设成为审议的亮点之一。中国在 2018 年亚欧领导人会议上，成功推出亚欧贸易便利化倡议《推进“单一窗口”建设，促进亚欧互联互通》。中国与新加坡之间的“单一窗口”互联互通进入实施阶段。

六、各地宣传推广有力，积极建设地方特色功能

各地方省委、省政府高度重视“单一窗口”建设和推广工作，将其作为优化营商环境、扩大对外开放的重点任务进行部署。各地方口岸办主动担当作为，积极协调口岸有关各方，共同推动标准版在本地区的推广应用。通过全覆盖宣传培训、“一对一”现场指导、专人收集反馈问题等措施，引导企业应用标准版新功能，不断推动标准版业务上量。2018 年，全国各地累计开展各类免费培训 1 200 多场次，参加培训企业代表 8 万人以上。积极支持标准版危险品申报、中欧班列、中新（加坡）“单一窗口”互联互通等试点项目建设。依托“单一窗口”平台和数据优势，拓展地方特色服务功能，有效支持海南自贸试验区、粤港澳大湾区和云南边民互市等建设。

2018年国家口岸工作大事记

国家口岸管理办公室

1月4日~5日

天津港水运口岸扩大开放高沙岭港区、大港港区和北塘港区通过由海关总署、公安部、交通运输部、国家质量监督检验检疫总局（以下简称“国家质检总局”）组成的联合验收组组织的国家验收。

4月8日

国际贸易“单一窗口”标准版空运舱单申报功能在北京、辽宁、山东、广东（含深圳）、四川等地区上线试点运行。

4月20日

国际贸易“单一窗口”标准版系统完成关检“一次申报”功能升级，实现主要报检功能全覆盖。

按照关检业务全面融合工作统一部署，国际贸易“单一窗口”标准版新增出境包装、出境集装箱适载、场站划拨和尸体棺柩4项报检功能，完成“单一窗口”关检统一标识和规范命名、无纸化报检，以及企业报关、报检资质一次注册等建设任务。

5月25日

国际贸易“单一窗口”标准版特殊监管区域及保税物流申报功能在天津、江苏、广东（含深圳）、重庆等地区上线试点运行。

5月31日~6月2日

中新海关“单一窗口”联合工作组第二次会议在新加坡举行。

6月6日

宁波港水运口岸扩大开放穿山港区（北）通过海关总署委托浙江省口岸办公室牵头组织开展的国家验收。

6月7日

国际贸易“单一窗口”标准版非机电产品自动进口许可证申领功能全面推广应用。

6月13日~14日

广西爱店公路口岸对外开放、梧州港水运口岸扩大开放分别通过由海关总署等单位组成的联合验收组验收。

6月25日

国际贸易“单一窗口”标准版税费支付项目全面推广应用。

6月29日

福建福州港水运口岸扩大开放黄岐港区通过由海关总署、交通运输部、国家移民管理局等单位组成的联合验收组组织的国家验收。

7月10日

国际贸易“单一窗口”标准版空运舱单申报功能全面推广应用。

7月12日

国际贸易“单一窗口”标准版公路舱单申报功能在内蒙古、辽宁、广西、云南、新疆、深圳等地区上线试点运行。

7月20日

国际贸易“单一窗口”标准版全国跨境电商综合服务平台在天津、浙江、山东、湖北、广东（含深圳）等地区上线试点运行。

7月30日

国际贸易“单一窗口”标准版电子账册申报、电子手册申报以及担保申报功能等加贸保税相关项目在福州、济南、广州、深圳等地区上线试点运行。

8月7日

广东广深港高铁西九龙站口岸对外开放通过由海关总署、国家移民管理局、国家铁路局、中国铁路总公司等单位组成的联合验收组组织的国家验收。

8 月 10 日

海关总署、交通运输部、国家移民管理局联合印发《海关总署 交通运输部 国家移民管理局关于在全国口岸推广应用“单一窗口”标准版运输工具（船舶）申报系统的通知》（署岸发〔2018〕162 号）。

8 月 15 日

国际贸易“单一窗口”标准版公路运输工具申报功能在内蒙古、辽宁、广东（含深圳）、广西、云南、新疆等地区上线试点运行。

8 月 20 日

国际贸易“单一窗口”标准版空运运输工具申报功能在北京、上海、广东（含深圳）、重庆、四川等地区上线试点运行。

9 月 17 日

国际贸易“单一窗口”标准版特殊监管区域及保税物流申报功能全面推广应用。

9 月 20 日

国际贸易“单一窗口”标准版贸促会原产地证申领功能在河北、浙江等地区上线试点运行。

9 月 21 日

广东港珠澳大桥珠海公路口岸对外开放通过由海关总署、国家移民管理局等单位组成的联合验收组组织的国家验收。

9 月 26 日

国际贸易“单一窗口”标准版展览品申报功能正式上线运行。

10 月 7 日

辽宁营口港水运口岸扩大开放鲅鱼圈港区、仙人岛港区通过由海关总署、交通运输部、国家移民管理局等单位组成的联合验收组组织的国家验收。

10 月 17 日

吉林沙坨子、古城里公路口岸对外开放通过由海关总署、外交部、国家移民管理局等单位组成的联合验收组组织的国家验收。

10 月 18 日

吉林长白公路口岸对外开放通过由海关总署、外交部、国家移民管理局等单位组成的联合验收组组织的国家验收。

10 月 22 日

海关总署、农业农村部、国家林业和草原局联合印发《海关总署 农业农村部 国家林业和草原局关于〈国（境）外引进农业种苗检疫审批单〉等 3 种监管证件实施联网核查的公告》（公告〔2018〕141 号）。

10 月 24 日

海关总署、市场监督管理总局联合印发《海关总署 市场监督管理总局关于〈特殊医学用途配方食品注册证书〉等 5 种监管证件实施联网核查的公告》（公告〔2018〕142 号）。

10 月 29 日

海关总署、国家卫生健康委员会联合印发《海关总署 国家卫生健康委员会关于〈新食品原料许可证明〉等 2 种监管证件实施联网核查的公告》（公告〔2018〕145 号）。

海关总署、中央宣传部联合印发《海关总署 中央宣传部关于实施〈赴境外加工光盘进口备案证明〉〈音像制品（成品）进口批准单〉联网核查的公告》（公告〔2018〕146 号）。

海关总署、商务部联合印发《海关总署 商务部关于实施〈技术出口许可证〉〈技术出口合同登记证〉和〈援外项目任务通知函〉联网核查的公告》（公告〔2018〕147 号）。

海关总署、国家药品监督管理局联合印发《海关总署 国家药品监督管理局关于〈进口药品通关单〉等 7 种监管证件实施联网核查的公告》（公告〔2018〕148 号）。

海关总署、国家电影局、国家广播电视总局联合印发《海关总署 国家电影局 国家广播电视总局关于实施〈进口广播电影电视节目带（片）提取单〉联网核查的公告》（公告〔2018〕149 号）。

海关总署、自然资源部联合印发《海关总署

自然资源部关于实施〈古生物化石出境批件〉联网核查的公告》（公告〔2018〕150号）。

10月31日

海关总署、工业和信息化部联合印发《海关总署 工业和信息化部关于实施〈民用爆炸物品进口审批单〉〈民用爆炸物品出口审批单〉联网核查的公告》（公告〔2018〕151号）。

海关总署、中国人民银行联合印发《海关总署 中国人民银行关于实施〈银行调运人民币现钞进出境证明〉〈黄金及黄金制品进出口准许证〉联网核查的公告》（公告〔2018〕152号）。

海关总署、科技部联合印发《海关总署 科技部关于实施〈人类遗传资源材料出口、出境证明〉联网核查的公告》（公告〔2018〕153号）。

11月1日

按照国务院第25次、第26次常务会议和国务院口岸工作部际联席会议第四次全体会议部署，海关总署会同19家部委积极推进进出口环节监管证件联网核查工作。11月1日，口岸保留验核的46种监管证件（除4种安全保密等特殊需要证件外）全部依托“单一窗口”实现电子联网，并在通关环节与报关数据进行自动比对验核。

国际贸易“单一窗口”标准版公路舱单申报、公路运输工具申报、空运运输工具申报、电子账册申报、电子手册申报、担保申报、贸促会原产地证申领以及全国跨境电商线上综合服务平台等八项功能全面推广应用。

11月15日

云南芒市航空口岸对外开放通过由海关总署、国家移民管理局、民航局等单位组成的联合验收组组织的国家验收。

12月14日

经国务院口岸工作部际联席会议第四次全体会议审议通过，并报经国务院同意，以海关总署名义印发《国际贸易“单一窗口”数据安全管理办法》（署岸发〔2018〕299号）。

12月27日

国际贸易“单一窗口”标准版快件申报功能在福州、青岛、武汉等地区上线试点运行。

12月27日

新疆都拉塔公路口岸扩大开放通过由海关总署、国家移民管理局等单位组成的联合验收组组织的国家验收。

12月28日

福建莆田港水运口岸扩大开放东吴港区通过由海关总署、交通运输部、国家移民管理局等单位组成的联合验收组组织的国家验收。

12月31日

国际贸易“单一窗口”标准版已建成上线货物申报、舱单申报、运输工具申报等16大类、60个应用项目建设，实现了与生态环境部、交通运输部、商务部等25个部委系统对接和信息共享，提供对外服务事项495项，业务覆盖水运、空运、公路、铁路等各类口岸，特殊监管区域、自贸试验区、跨境电商综合试验区等各类区域，以及生产、贸易、仓储、物流、电商、金融等各类企业，满足企业“一站式”业务办理需求。“单一窗口”累计注册用户已达220多万家，日申报业务量500余万票，主要申报业务（货物、舱单和船舶申报）应用率达80%以上，其中货物申报应用率100%，完成国务院提出的2018年任务目标。

第二篇

口岸查验监管

2018年出入境边防检查工作概要

国家移民管理局边防检查管理司

2018年是我国移民管理发展历史上具有里程碑意义的一年，是国家移民管理局挂牌成立、喜开新局的一年。全国边检机关全面贯彻落实党的十九大精神，认真贯彻落实公安部党委和国家移民管理局党组的工作部署，以国家移民体制改革为契机，紧紧围绕展示中国风范、中国形象的靓丽“国门名片”新目标，面对改革大考和艰巨繁重的工作任务，坚持职能转变、简政放权、制度创新、方法重塑，大力推进全国边检业务融合发展，突出口岸安全管控、边检“放管服”改革、业务规范化工作重点，着力加强政策研究、组织部署、督导落实，指导全国边检机关有力地维护了口岸安全和良好的通关秩序。2018年，全国边检机关共查验出入境人员6.5亿人次，同比增长9.9%；交通运输工具3 505万辆（艘、架、列）次，同比增长13.1%；查处非法出入境人员2 981人次，查处其他违反出入境管理法律、法规人员10.6万人次。

一、深化“放管服”改革新突破，服务经济社会发展

立足国家移民管理局新的职能任务，主动对接国家重点发展战略，先后创新出台多项改革举措，便利了人员通关，降低了企业运营成本，有力地促进了经济开放发展、创新发展、高质量发展。

一是简化边检行政许可申报手续。根据党中央、国务院关于减证便民、优化服务的部署要求，清理边检行政许可审批事项，取消证明类事项4项，同时开展边检行政许可网上窗口建设，推动人员登轮、船舶搭靠证件网上申请、网上办理，运用科技信息化手段便利服务对象。实施国际航行船舶网上申报边检手续，服务对象通过公安出入境网上办事平台或国际贸易“单一窗口”申报出入境船舶、船员等信息，实现无纸化网上申报工作，每年可减少办理手续时间20万小时以上，节约了企业成本，促进贸易便利化。

二是落实海南59国免签入境政策。指导海南边检机关落实海南59国免签入境政策，简化免签人员入境申报手续，推出免签入境人员免填外国人入出境卡措施，已有24万余外国人免签赴海南旅游，同比增长12%。

三是保障重点口岸开放。完成广深港高铁西九龙、港珠澳大桥口岸开通前边检准备工作，确保如期开放。指导深圳、珠海边检总站制定勤务组织和警力调配方案，完善应急处突预案，组织专家赴口岸实地调研检查，指导建立健全珠港、珠澳边境联络机制。

四是支持沿边开发开放。明确中越德天瀑布跨境旅游区边检查验监管措施，指导原广西边防总队制定边检工作方案。研究提出解决尼泊尔司乘人员入境困难的措施，提升中尼边境口岸经贸往来便利化水平。指导原西藏边防总队结合移民管理职责开展边民往来分类管理试点工作。参加对吉林长白、古城里、沙坨子口岸，福建福州港、广西爱店、梧州港口岸，云南芒市机场等口岸开放验收工作。

二、践行以人民为中心发展思想的新作为，通关便利化水平明显提升

坚持人民的主体地位，深入践行以人民为中心的发展思想，创新边检工作，着力解决中国公

民通关排长队的问题，通过创新查验模式及通关措施、建立疏导机制、推进自助通道建设，通关效率大幅提升。

一是创新边检查验模式，提高口岸通关效率。在广深港高铁西九龙站口岸实施“一地两检”查验模式，港珠澳大桥珠澳通道实施“合作查验、一次放行”查验模式，两口岸出入境人员日均达10.6万人次，通关效率明显提高。

二是创新边检通关措施，提升旅客通关效率。推出中国公民出入境通关候检不超过30分钟新举措，通过开设中国公民专用通道、开展大数据预测预警、设置高峰提示线、提前加开通道等措施，重点指导解决北京、拱北、瑞丽、东兴等大型旅检口岸排长队问题，人均查验时间减至45秒，大型口岸高峰期人员通关候检时间缩短约10分钟。建立节假日客流高峰应对疏导机制，印发《节假日旅客高峰期勤务组织运行工作规范》，建立旅客高峰期预测与“两公布一提示”预警机制，提高节假日客流高峰勤务组织科学化、规范化水平，全年发布7次口岸高峰预测提示，保障口岸安全畅通。

三是稳步推进边检自助通关，提高通关信息化水平。积极推动在符合条件的口岸建设自助通道，开展中国边民自助通关试点，合理设置人工通道和自助通道比例，提高自助通关人员比例。全国已有110个口岸边检现场建设自助通道1 700余条，自助通关人员占比超过50%，深圳、珠海毗邻港澳陆地口岸自助通关人员占比超过70%。

三、贯彻总体国家安全观新使命，口岸安全管控水平明显提升

全面贯彻总体国家安全观，准确把握国家安全形势变化新特点、新趋势，忠诚履行维护国家政治安全、保持社会稳定和促进经济发展的职责使命，着力增强国门边境口岸安全的管控能力，有力地维护国家安全和口岸边境稳定。

一是加强顶层设计和总体谋划，强化口岸安全管控工作。按照党中央的决策部署，公安部党委委员、副部长、国家移民管理局局长许甘露同志在全国口岸安全边检管控会议上，对全国边检机关强化口岸安全管控工作进行全面部署，要求进一步提高政治站位，明确责任、强化要求、完善机制，着力提升口岸安全管控能力，有效确保口岸管控安全。

二是统筹推进重大活动安保和专项工作，确保口岸安全管控。加强组织部署和检查督导，制定专项工作方案，建立相关协作机制，共同织牢织密出入境安保管控防线，圆满完成博鳌亚洲论坛、上合组织青岛峰会、中非合作论坛北京峰会、首届中国国际进口博览会等重大安保任务。

三是发挥把关职能和强化专项治理，提升口岸综合管控能力。按照“三非”外国人专项治理部署要求，严密“三非”重点群体、人员出入境检查工作，加强与相关单位协同作战，进一步提高发现和查缉能力，有效提升外国人管控能力。

四、移民管理队伍能力建设新发展，提高边检人员专业化水平

为切实履行好新职能新使命，着力锻造革命化、正规化、专业化、职业化的高素质移民管理队伍。

一是推进队伍专业化建设。研究建立全能型检查员培训考核制度，制定岗位能力标准、培训方案和考核实施办法，明确具体实施步骤，并组织对考核题库进行全面修订，谋划打造全能型检查员。强化处突实战能力建设，部署部分出入境边防检查站组建专业处突力量、建设“小单元”协同作战力量，以重大安保活动为牵引，坚持实战标准开展演练。

二是推进证件鉴别专业化建设。针对各地识别伪假证件水平参差不齐的问题，加大业务骨干

培训力度，分2期对全国边检机关180余名业务骨干进行集中培训，推进全国边检机关证件鉴别力量均衡发展。实施证件研究信息互联互通，部署全国边检机关和出入境管理部门启用联网鉴别系统，为各地提供远程鉴别支持。

三是推进业务规范化建设。深化国家移民管理体制改革，系统梳理边检业务规范，提出推进业务规范化工作意见，对涉及边检业务的规定、规范、标准进行全面梳理，提出废、改、立工作意见。印发《外国人临时入境许可签发工作规范》，部署在上海陆海空港口岸及北京首都、广州白云、深圳宝安、厦门高崎机场等口岸试点启用贴纸式24小时过境免签和紧急类临时入境许可，进一步规范临时入境许可签发管理。

五、对外广泛交流合作新形象，国际合作水平明显提升

向欧盟成员国等国家广泛宣传我国扩大自助通关及打印出入境记录凭证的政策，便利持电子护照自助通关的中国公民前往上述国家。与国际移民组织先后在上海、昆明联合召开自助通关研讨会和证件研究研讨会。参加国际民航组织会议、APEC商务人员流动专家组会议，参与中俄（俄罗斯）、中白（白俄罗斯）、中巴（巴基斯坦）、中蒙（蒙古）、中越（越南）双边会谈会晤。与美国、加拿大等国协作，先后安排其赴烟台、武汉、长沙等边检站开展业务讲座培训，并与芬兰、阿根廷、巴拿马等国进行工作会谈，就商签边检领域协作机制等事宜进行探索研究。此外，派员赴我国香港地区就广深港高铁香港西九龙站实施“一地两检”进行调研，组织人员赴香港交流研修，加强内地边检机关与香港入境事务处交流合作。通过交流合作，密切与有关国际组织协作，强化与相关国家合作交流，宣传了中国边检工作成果和经验，增强了我国在移民管理领域的话语权和影响力，展示了我国移民管理的大国风范、中国形象的靓丽“国门名片”。

2018年海事工作概要

中华人民共和国交通运输部海事局

2018年是贯彻落实党的十九大精神的开局之年，也是改革开放40周年和水监体制改革20周年。全国海事系统坚持以“革命化、正规化、现代化”建设为统领，着力强化水上交通安全监管，持续推进绿色航运发展，主动服务国家战略，不断完善治理体系和提升治理能力，实现了水上交通安全形势基本稳定，各方面工作取得明显成效。

一、坚持综合治理，海事监管更加高效

2018年全年共保障国内航行船舶进出港2 532万艘次、国际航行船舶进出口岸50余万艘次。实施船舶安全检查10余万艘次、船舶现场监督检查29万艘次。组织开展搜寻救助行动1 902起，成功救起遇险人员12 463人、遇险船舶1 295艘次。全国共发生一般等级及以上中国籍运输船舶水上交通事故176件、死亡失踪237人、沉船83艘、直接经济损失2.96亿元，水上交通安全形势基本稳定。

一是安全隐患治理扎实有效。构建风险分级管控和隐患排查治理双重预防机制。强化重点船舶和重点水域监管。开展内河船舶非法从事海上运输治理，查处违法船舶3 162艘次、移送公安机关190人。开展中小型船舶安全管理专项整治，涉及中小型船舶的事故件数明显减少。开展国内航行船舶进出港报告专项整治，船舶虚报、谎报、瞒报等违法违规行为大幅减少。

二是重点项目、重大活动、重要时段保障有力。积极做好重点航道、桥梁工程的安全保障工作。连续9年确保港珠澳大桥建设期间水上交通“零伤害、零污染、零事故”。圆满完成首届中国国际进口博览会、上合组织青岛峰会、海南博鳌论坛年会等重大活动的水上安保任务。扎实做好春运、“两会”、北戴河暑期、国庆等重要时段水上安全监管工作。全力保障春节期间因大雾滞留海南的71万旅客和13万车辆的疏运工作。积极采取措施确保春运期间安全载运水路“大小三通”旅客21万人次。

三是应急处置能力不断提升。举办2018年国家重大海上溢油应急处置演练。长江干线水上搜救责任区实现全覆盖。全力做好“桑吉”轮碰撞燃爆事故应急处置和事故调查，牵头推进事故索赔有关工作。有效应对超强台风“山竹”等极端恶劣天气和自然灾害。

二、加强源头管控，安全基础更加牢固

一是法制体系持续健全。积极推进《海上交通安全法》修订工作，配合全国人大开展工作调研。出台《水上交通安全约谈管理规定》等35项规范性文件和行业标准。发布《船用产品检验规则》等16项船舶技术规范。发布海事执法履职标准，全面推行海事权责清单制度。修订海事行政处罚裁量基准和执法业务流程，规范执法行为。

二是水域通航环境不断优化。深化渤海水域“碧海行动”，打捞碍航沉船12艘。推进沿海和主要内河水域船舶定线制设置及全国沿海港外锚地总体规划制定工作。与农业农村部开展水上交通安全合作，防范商渔船碰撞。开展水上、空中、电子三位一体巡航，全面实施沿海空中巡航救助联动机制。

三是船检管理质量不断提升。制定颁布渔船

检验技术规则和规范，推动船舶检验管理制度融合，确保渔船检验承接工作平稳有序。强化船舶检验监督管理和行业指导，开展检验质量专项治理和检验机构资质复核，组织开展验船师技能培训和资格考试。加强外国驻华验船公司管理。

四是船员管理再上台阶。完善船上培训程序和要求，试行“实船一站式”培训和实操考试。出台港澳台同胞参加内地（大陆）船员培训考试和申请船员证书政策。履行《2006 年海事劳工公约》，妥善处置多起海员境外突发事件，维护船员权益。

五是安全教育持续深化。开展典型事故案例“双进”活动，覆盖航运公司 3 732 家、船员培训机构 92 家。联合行业媒体开设“吴船长讲海事案例”等专栏。制作典型案例视频宣传教育片和案例集并免费发放。开展水上交通安全知识进校园活动，组织开展主题教育和实践活动 5 000 余次，惠及 70 余万中小学生，行业和公众的安全意识不断增强。

三、发挥专业优势，服务大局更加有力

一是为打好污染防治攻坚战贡献力量。开展国际航行船舶防污染集中检查。积极推进船舶大气污染排放控制区政策实施，环渤海、长三角、珠三角排放控制区的船舶硫氧化物、颗粒物排放量相比 2015 年分别下降 33% 和 22%。排放控制区范围调整扩大至沿海及长江、西江干线水域。坚决贯彻长江经济带“共抓大保护，不搞大开发”战略导向，开展长江干线固体废弃物非法倾倒运输环节排查，推进长江水域非航行状态船舶生活污水“零排放”。推动交通运输部与生态环境部、住建部对船舶污染物转移处置实施联合监管。

二是为京津冀协同发展和雄安新区建设提供支撑。统筹规划渤海中西部通航资源布局，出版《京津冀协同发展航运地图集》，促进津冀沿海通航资源共享共用，服务津冀港口协同发展。成立京津冀海事船检联合创新中心，《京津冀 5 米以下营运船舶检验技术规范》列入京津冀交通一体化十大合作项目。在雄安新区白洋淀水域建设 AIS 基站，开展水域扫测，制作《白洋淀景区专题地图集》。

三是为构建长江经济带立体交通走廊提供保障。出台 12.5 米深水航道船舶最大吃水控制标准。全年 5 万吨级船舶进出长江南京以下水域达 1.6 万艘次、15 万吨级船舶达 2 000 艘次。利用长江口深水航道边坡自然水深提升通航效率，累计降低物流成本达 8 亿元。支持江海直达、干支直达和多式联运，制定《特定航线江海直达船舶法定检验技术规则》，2 万吨级江海直达标准型散货船顺利投入运营。开展长江水域非法码头、非法采砂联合整治和水上过驳作业专项整治。

四是为交通强国建设当好先行。起草《中国海事发展纲要》，谋划交通强国海事篇。起草《智能航运发展指导意见》并上报国务院。完成直属海事系统“十三五”发展规划评估和建设规划中期调整，编制三年行动计划实施方案，谋划新一轮发展布局。大力推进北斗系统在内河船舶和导助航设施上的应用。积极支持海南全面深化改革开放，研究海事支持自贸港建设举措，制定《境外游艇进入临时开放水域审批试点工作方案》和《琼港澳游艇自由行方案》。

五是为海洋强国建设提供航海保障。完成南海值守力量入驻，继续推进跨海区水域巡航，妥善处置南沙岛礁船舶搁浅事件，确保南海国际航行通道安全畅通。开展西沙主要岛礁水域扫测，实施西沙、南沙导助航设施巡检。完成海域测量面积 3.3 万换算平方公里，出版港口航道纸海图 305 幅，制作电子海图 252 幅。开展“21 世纪海上丝绸之路”和极地水域序列航行指南编制工作。

四、全面深化改革，职能作用更加彰显

一是供给侧结构性改革多点发力。全面推广国际贸易“单一窗口”建设，试点“一单多报”无纸化，压缩通关时间 80%。船舶证书“三合

一”并联办理等创新举措纳入国务院自贸区可复制可推广经验。完成海事电子政务及电子文书制度建设。在全球率先启用船舶法定检验电子证书。航运公司“符合证明”、船舶“安全管理证书”实现二维码打印查询。完成海员证改版工作。优化旧船进口检验发证和登记程序。

二是“放管服”改革向纵深推进。印发《深化海事“放管服”改革任务分工表》并稳步推进。清理8项海事证明事项。修订《海事政务服务指南》，进一步压缩办结时限和办理流程。加快推行“互联网+政务服务”“最多跑一次”“一网通办”“不见面审批”等便民举措陆续落地。深化服务船员“口袋工程”，惠及150余万船员。完成海事“双随机、一公开”制度建设。开发海事信用信息管理系统，推进信用管理。清理涉企保证金12项，返还涉企保证金3.5亿元。

三是海事体制机制改革蹄疾步稳。贯彻落实《深化党和国家机构改革方案》，完成渔船检验和监督管理职责的承接和人员转隶工作。完成广东、黑龙江船舶检验管理体制改革和航海保障管理关系调整。全面承接交通运输部无线电管理领导小组办公室职责。稳步推进海事公安改革、养老保险制度改革、培训疗养机构改革。

五、加强国际合作，发展空间更加广阔

一是与“一带一路”沿线国家和地区海事合作不断深化。与巴拿马、希腊签署合作文件，与卢森堡签署承认中国海船船员适任证书协议，与中东欧达成海事合作共识。选派船舶安全检查专家参与亚太及“一带一路”沿线海事监管能力建设活动。与越南就落实北仑河口自由航行区航行协定相关章程和制度达成共识。

二是制度性话语权持续提升。高票当选国际航标协会新一届理事会成员。担任IMO货物与集装箱运输分委会、东京备忘录PSC委员会技术工作组会议主席，担任《国际航行船舶岸电系统安全操作导则（草案）》《地效翼船导则》修订起草组主席。首次承担IMO全套规则示范教程——《国际海运固体散装货物规则》教程编制工作。加强国际海事前沿热点研究，向各类国际组织提交提案90份，提供了中国智慧和中国方案。

三是国际合作交流成果丰硕。北斗系统纳入国际搜救卫星系统和全球海上遇险与安全系统取得阶段性进展。加入全球E航海测试平台合作计划。推进西北太平洋行动计划、北太平洋海岸警备机构论坛、全球动议中国项目等框架下的水污染防治区域合作。成功举办中国—东盟海事磋商机制会议、东盟地区论坛渡运安全研讨会、中国—新加坡海事高官磋商会等多双边会议。

六、深化“三化”建设，内生动力更加充沛

一是重点任务有序推进。深入推进全国海事系统“三化”建设，统一海事行政执法视觉形象，全面推进基层执法机构达标建设工作。进一步深化“三化”好形象好品牌建设。深入践行海事核心价值体系。深入开展大学习大调研活动。继续深化海事“结对子”工作。

二是智慧海事稳步推进。推进海事信息系统顶层设计修改和实施方案研究。完成海事共享数据库建设。船舶监督管理系统、PSC管理系统、船舶防污染管理系统等陆续上线运行。构建VTS数据标准化框架，试点共享数据整合应用。

三是装备设施条件持续改善。完成万吨级大型巡逻船、大型巡航救助船建造招标。开展国内首艘海上危险品应急指挥船、大型测量船等船艇建设。新增公务船艇22艘，在建78艘。开展海岸电台改造、遥感溢油监测处理系统等工程建设。

四是内部管理更加规范。建立重大事项请示报告制度。健全保密制度，开展保密检查，筑牢保密防线。开展网络安全攻防演练和网络安全检查。起草海事档案管理实务。推进预算编制规程、海事国有资产管理办法等制度的制修订工作，制订海事系统政府会计制度实施方案。

2018年海关工作概要

中华人民共和国海关总署办公厅

2018年，是海关发展史上极不平凡、具有里程碑意义的一年。在党中央、国务院坚强领导下，全国海关深入学习贯彻习近平新时代中国特色社会主义思想和党的十九大精神，认真落实中央各项决策部署，马上就办、真抓实干，各项工作取得了新的成绩。

一、旗帜鲜明讲政治，坚决贯彻落实习近平总书记重要指示批示精神

牢牢把握政治机关定位，始终将政治建设摆在首位，以迅速有力的实际行动，坚决维护习近平总书记党中央的核心、全党的核心地位，坚决维护党中央权威和集中统一领导。

学习贯彻习近平新时代中国特色社会主义思想和党的十九大精神持续深入。海关总署党委带头第一时间学、持续跟进学、联系实际学、融会贯通学，全年共组织理论学习中心组集体学习6次；各海关单位党组（党委）、基层党组织积极开展多种形式的学习，对7 300余名处级以上干部全部进行集中轮训，不断掀起学习新高潮。海关总署出台贯彻落实党的十九大精神28条重点举措，全国海关认真落实并取得积极成效。

落实习近平总书记重要指示批示精神坚决有力。海关总署党委把习近平总书记对海关的重要指示批示作为行动号令，以最坚定坚决的态度、最迅速的行动、最有力的措施，确保落实落细；每月召开会议专题分析研究、督促落实，在关键时间节点或取得重大进展时及时向习近平总书记报告，确保事事有着落、件件有回音。特别是针对习近平总书记重点关注的洋垃圾入境等问题，加强固体废物装运前检验、口岸布控查验和企业稽核查，组织实施5轮“蓝天2018”专项打击行动，倡议并成功开展“大地女神”第四期国际联合执法行动，立案侦办走私洋垃圾犯罪案件481起，查证各类走私废物155.09万吨，查获23.17万吨，洋垃圾走私猖獗态势得到有效遏制，固体废物进口下降46.5%，得到习近平总书记批示肯定；加强与国内外有关部门和国际组织的协作配合，全年查获象牙等濒危物种及其制品25 671件，增长121%，立案侦办象牙及其制品走私犯罪案件44起、查获800公斤，分别增长4%、18.7%；迅速完成印度、法国、美国、巴拿马、阿根廷等43个国家83种食品农产品的检验检疫准入；开展精准扶贫，因地制宜实施“造血”项目，加大支教力度，打造扶贫亮点；妥善应对中美经贸摩擦，坚决落实加征关税措施，加强宏观经济研究和外贸形势分析研判，相关分析研究报告先后两次获得习近平总书记重要批示。

二、不折不扣落实机构改革任务

将出入境检验检疫管理职责和队伍划入海关总署，是以习近平同志为核心的党中央做出的英明决策。全国海关提高政治站位，增强大局观念，充分认识机构改革的重大意义，以强烈的政治责任感和历史使命感，认真落实中央机构改革部署。

迅速行动有序推进。制定机构改革组织实施方案，明确“时间表”“路线图”，严格按照中央明确的步骤环节和时间节点推进机构改革。2018年4月18日，总署机关实现集中办公。4月20日，2.4万余名新转隶人员在一线旅检、查验和窗口岗位统一上岗、统一着海关制服、统一佩戴

关衔，统一以海关名义对外开展工作；全国306个对外开放口岸统一使用“中国海关”标识。积极争取机构编制资源，海关机构设置更加科学。坚决服从中央部署，克服困难，圆满平稳顺利完成武警海关执勤兵力撤收工作。缉私管理体制调整平稳推进。

深入推进关检融合。按照优化协同高效原则，大力推进关检业务融合，2018年6月1日取消通关单，8月1日报关单、报检单合二为一，申报单证、作业系统、风险研判、指令下达、现场执法实现“五统一”，海关监管、检验检疫两大口岸通关作业环节历史性融为一体。在干部使用上一碗水端平，严格标准、选优配强，72个厅局级领导班子干部全部调整到位。关检融合进展顺利，营造了亲如一家的良好氛围。

机构改革红利持续释放。机构改革后，通关流程和环节大幅精简优化，原报关、报检共229个申报项目合并精简至105个，企业和群众获得感大幅提升，得到地方政府、广大进出口企业、人民群众的好评，各大主流媒体大量宣传报道，中央电视台新闻联播多次播出。海关机构改革的成效得到中央领导同志的充分肯定，海关总署在国务院机构改革推进会上作典型经验介绍。

三、狠抓中央巡视整改

海关总署党组第一时间召开会议，认真学习领会习近平总书记关于巡视整改的重要讲话精神，把巡视整改作为“四个意识”的“试金石”，紧盯不放、持续用力、真改实改，努力做好巡视“后半篇文章”。

强化政治担当，坚决扛起巡视整改政治责任。巡视反馈当天，海关总署党组立即成立巡视整改工作领导小组，全面推进巡视整改。逐条研究中央巡视反馈的问题，将上次巡视没有整改到位的问题一并列入整改清单，制定89项集中整改措施。把巡视整改情况作为总署形势分析及工作督查例会重要内容，摆在重要位置，强化部署推动，压紧压实整改任务。机构改革后，所有人员均纳入巡视整改范围，一体部署、一起推进、一并落实。

坚持全程紧盯、步步发力，以钉钉子精神推动整改落实落地。持续细化实化整改措施，分解整改任务，明确整改责任和时限要求，召开6次整改推进会，一个一个节点推进、一项一项任务抓实。建立整改销账机制，对整改任务对账评估，由分管党委成员审核把关、签字确认，完成一项、销号一项。自觉接受驻署纪检监察组监督，主动开展阶段性“回头看”，制定改进深化的具体措施，持续自我加压，确保整改成效中央满意、群众认可、经得起检验。

举一反三、标本兼治，持续拓展深化整改成效。将当下改与长久立结合起来，统筹抓好集中整改与长期整改，着力防止就事论事、前紧后松。针对巡视反馈的重点问题开展并完成4个方面专项整治工作，取得良好效果。海关总署党委委员牵头组织开展“7+1”项重点课题调研，制定一揽子解决问题的有效措施和长效机制，推动巡视整改成果不断拓展深化。

海关总署党委巡视整改工作得到中央纪委和中央巡视办肯定，被确定为十九届中央首轮巡视中央国家机关唯一整改成效宣传单位，人民日报、新华社、中国纪检监察报等媒体进行了集中报道。

四、全面深化海关改革，强化监管优化服务

海关国际合作服务外交大局展现新作为。以“一带一路”沿线国家为重点，深化国际合作，积极服务高层互访和国家重大主场外交活动，共签署128份国际合作文件，其中52份在习近平总书记、李克强总理的见证下签署。大力支持中欧班列发展，推进AEO互认磋商和原产地规则谈判。深度参与多边和区域合作，主动参与国际规则制定，主办首届世界海关跨境电商大会，牵头制定并推动通过《WCO跨境电子商务标准框架》。完成22种农产品检疫准入磋商，推动市场

对等开放；推动WTO《贸易便利化协定》实施；全力保障首届进口博览会成功举办。

大力优化口岸营商环境。习近平总书记多次强调要改善贸易自由化便利化条件，切实解决进口环节制度性成本高、检验检疫和通关流程繁琐、企业投诉无门等突出问题。李克强总理2018年5月21日考察海关总署时再次强调深化外贸领域“放管服”改革，推动跨境贸易便利化。胡春华副总理多次就优化口岸营商环境进行研究。总署认真落实中央决策部署，在京津沪三地开展专项行动，出台并在全国推广实施18项措施。牵头起草优化口岸营商环境促进贸易便利化工作方案，经国务院两次常务会议审议通过并印发实施。协调推动口岸验核的监管证件由86种精简到46种，除4种因保密等需要外，11月1日前全部实现了联网核查。推动降低进出口环节合规成本，全国口岸均已公开收费目录清单，实现收费明码标价。进口、出口整体通关时间分别压缩56.36%和61.19%，超额完成年内压缩三分之一的目标。我国在世界银行最新发布的跨境贸易营商环境排名由第97位跃升至第65位，提前3年完成国务院提出的目标。

深入推进全国通关一体化。“两中心”“三制度”运转更加高效顺畅，基于“中心－现场”式运行架构的风险管理制度体系初步建立；开展新一代风险作业系统试点，大数据应用扎实推进，综合风险分析防控能力稳步提升，布控更加精准有效。“提前申报”、“先放后检”、“预裁定”、加贸集中审核等改革取得明显进展。“三互”大通关工作机制进一步完善，国务院口岸工作部际联席会议作用充分发挥，口岸各执法部门风险协同处置和联防联控不断深化。国际贸易“单一窗口”标准版拓展至12大基本服务功能，主要申报业务应用率达80%以上，数据交换共享范围不断扩大。

推动综合保税区升级发展。报请国务院常务会议审议通过促进综合保税区高水平开放高质量发展的意见，推动综合保税区建设加工制造、研发设计、物流分拨、检测维修、销售服务“五大中心”。新设6个综合保税区，推动14个出口加工区转型为综合保税区。14项自贸试验区改革创新措施入选国务院第4批改革试点经验，在全国复制推广。

筑牢口岸检疫防线。认真贯彻落实习近平总书记“筑牢口岸检疫防线”的重要指示，构建境外疫情疫病监测体系、口岸检疫防控体系、境内后续保障体系，建立境外监测哨点，提升口岸卫生核心能力，加强口岸疫情防控，口岸查验和体检监测确诊各类传染病2.7万例。强化进出境动植物及产品检疫管理，口岸截获检疫性有害生物7.1万次，境外预检淘汰5.4万余头不合格动物；牵头开展非洲猪瘟口岸防控，及时发布疫情国家的猪及其产品进口禁令，严防疫情从口岸传入传出。同时，实施进口食品安全放心工程，强化源头监管和风险监测，加强口岸把关，退运或销毁来自64个国家（地区）的进口食品1 413批，全年未出现区域性、系统性重大进出口食品安全问题。完善进出口商品风险预警和快速反应监管体系，部署建设5个国家级进出口商品质量安全风险验证评估中心，强化汽车、医疗器械、危险货物等重点敏感商品检验监管，全年检出不合格进出口工业品10.8万批。

深入推进科技创新。机检设备智能审图实用化攻关取得重大突破，分步开展推广应用。监控指挥中心实现常态化业务运行。完成H2010系统和e－CIQ主干系统整合，初步建成新一代海关通关管理系统，构建起以大数据为核心的智慧海关信息系统总体框架。完成H2018工程重点应用项目建设。政务信息系统整合工作取得突破性进展。监管装备设备的配备应用力度加大。海关科研和实验室建设成效明显，成立固体废物属性鉴定实验室联盟，送检工作效率显著提高。“互联网＋海关”一体化网上办事平台上线运行。

实际监管不断强化。深化“双随机、一公开”监管，“查检合一”全面实施，监管场所（场地）整合优化，查获率稳中有升。对煤炭、固体废物、玉米替代品等重点商品和虚假贸易的管控更加有效。全力做好港珠澳大桥、广深港高铁西九龙站口岸开放和监管各项工作。知识产权海关保护成效明显。对跨境电商、市场采购、外贸综合服务企业等监管更加规范高效。税收征管方式不断优化，关税保证保险试点、财关库银横向联网系统全面推开，“自报自缴”范围逐步扩大。深化综合治税，税收入库创历史新高。认真执行降税、税款减让和各项进口税收优惠政策，共减征税款2 858亿元。526项税政建议被采纳。企业信用管理体系进一步完善，对1.9万家失信企业实施联合惩戒。加工贸易监管由控制型向管理型转变。稽核查工作持续加强，“多查合一”“多报合一”稳步推进。“国门利剑2018”联合专项行动战果丰硕，重点领域、重点地区、重点商品走私高发势头得到有效遏制，打私办案各项指标全面提升。反走私综合治理成效明显，地方政府的主体责任和各有关部门的职能作用有效发挥。

五、全面加强准军事化纪律部队建设

一是政治坚定。全面加强理想信念教育、革命传统教育、海关职业精神教育。突出政治标准，调整部分署管干部，领导班子结构更加优化。贯彻落实民主集中制，完善党委议事规则，加强对领导班子特别是主要负责同志的监督管理、综合考评，各级班子的履职水平进一步提升。制定干部交流、优秀年轻干部培养选拔、执法一线科长队伍建设、担当作为、容错纠错等制度文件；推广“三位一体”干部考核评价体系，实干实绩导向更加凸显。

二是业务精通。结合机构改革和新海关建设需要，持续加强队伍素质能力建设，启动海关全面深度融合全员培训，组织海关执法能力学习考试，深入开展全员岗位练兵活动和技能比武，大力培养一专多能、胜任多岗位工作的复合型人才。开展“补短板、转作风、提效能”专项活动，大处着眼、小处着手，以查破题、以改兜底，以小切口解决大问题，积小胜为大胜，实现了全员人人有提高、单位个个有改进的初步效果。

三是令行禁止。总署党委带头、全员参与，组织准军事化大集训，锤炼队伍过硬作风。建立例会制度，研判形势、研究工作、督促落实，强化执行力。组织“海关内务规范强化月”活动，持续加大视频检查和通报力度，指出问题点名到关到岗，有效传导责任压力；对关容风纪、工作纪律、会议纪律进行集中整治，海关内务建设不断强化。

四是担当奉献。坚持严管厚爱，实施“暖心工程”，加大对口支援力度，将支持艰苦地区边关建设22条措施切实落到实处；深入基层谈心谈话，解决干部职工反映强烈的突出问题。举办高级关衔授衔、重大节日升旗和宪法宣誓仪式，增强队伍仪式感、荣誉感。大力培树先进典型，拍摄基层党建和边关风采专题片，评选全国海关先进集体和先进工作者，开展首批扎根艰苦地区边关荣誉表彰。

六、推动全面从严治党向纵深发展

党的建设不断强化。认真落实党中央关于总署党组改设党委的重大决策部署，推进直属海关、隶属海关两级党组改设党委，海关系统党的领导体制进一步理顺。召开全国海关党的建设工作会议，出台系列党建制度文件，对新时代海关党建工作进行全面部署。各级党委（党组）带头抓党建、强党建，层层传导压力，开展党建述职评议考核，党建工作主体责任进一步夯实。严肃党内政治生活，严格落实“三会一课”制度。加强基层党组织带头人队伍建设，选优配强基层党务干部，深入挖掘党建热源，培树100个基层党建品牌，基层党建质量明显提升。

党风廉政建设和反腐败斗争深入推进。认真落实中央纪委二次全会精神，深入运用监督执纪“四种形态”，深化标本兼治、源头治理，召开两次警示教育大会，点名道姓通报典型案例40起，形成强烈震慑。开展形式主义、官僚主义专项整治，严肃查处贴着海关发财、酒驾醉驾等问题，加强日常监督和专项督查，严格落实中央八项规定精神。组织开展新一轮巡视，“巡视利剑”作用有效发挥。加强纪检监察队伍建设，在隶属海关设立411个派驻纪检组。坚持“一案双查”，深化“制度+科技”反腐，整治利益冲突行为，严肃责任追究。

与此同时，法治服务保障作用更加凸显，海关法规“立改废释”进程明显加快，集中修改、废止海关规章122部。督察审计作用有效发挥，对42个直属海关、35个原检验检疫局开展全覆盖专项审计，建立整改长效机制。政务运行高效顺畅，办文、办会、办事效率进一步提高，新闻宣传、信息报送成效明显。财务后勤保障水平不断提升，中央财政支持力度加大，绩效管理、涉案财物管理、政府采购等更加规范。工青妇、离退休工作进一步加强。派出机构、海关院校、出版社、博物馆、海关学会工作取得积极进展。

第三篇

全国口岸运行情况[①]

① 各统计表中：

货运量：指经该口岸直接出入国（关、边）境并引起国内实际物质存量变化且凭进出口货物报关单办结海关手续的货物运输总量。

客运量：指经该口岸直接出入国（关、边）境人员总量。

运输工具运量：指经该口岸直接出入国（关、边）境的运输工具总量。

因查验单位机构代码共享的原因合并统计的口岸暂未排名。

2018 年全国空运口岸运行情况统计表

序号	省份	区域	口岸名称	出入境人员（人次）	排名	进出口货运量（吨）	排名	出入境运输工具（架次）	排名
1	上海	沿海	上海	42 001 486	1	5 028 108	1	2 319 987	1
2	北京	沿海	北京	26 850 230	2	1 895 855	3	1 590 778	2
3	广东	沿海	广州	16 631 149	3	2 017 603	2	957 348	3
4	四川	内陆	成都	5 998 201	4	199 843	4	350 377	4
5	浙江	沿海	杭州	5 479 599	5	156 931	7	292 220	7
6	广东	沿海	深圳	4 953 084	6	133 559	10	336 500	5
7	云南	沿边	昆明	4 090 703	7	59 970	13	296 402	6
8	山东	沿海	青岛	3 951 753	8	63 826	12	242 109	8
9	福建	沿海	厦门	3 898 122	9	140 215	9	240 131	9
10	江苏	沿海	南京	3 662 688	10	194 855	5	200 314	10
11	重庆	内陆	重庆	3 241 067	11	152 784	8	16 363	37
12	天津	沿海	天津	3 020 222	12	165 182	6	175 141	11
13	湖北	内陆	武汉	2 924 568	13	86 715	11	166 783	12
14	陕西	内陆	西安	2 708 980	14	28 144	16	154 517	13
15	湖南	内陆	长沙	2 634 733	15	23 538	17	147 073	14
16	福建	沿海	#福州	2 436 088		13 305	22	15 485	38
17	辽宁	沿海	大连	1 815 650	16	36 677	14	118 783	15
18	辽宁	沿海	沈阳	1 760 841	17	8 531	25	99 916	17
19	河南	内陆	郑州	1 708 634	18	94	45	106 443	16
20	浙江	沿海	宁波	1 425 019	19	11 439	23	74 647	19
21	山东	沿海	济南	1 247 930	20	13 965	21	76 143	18
22	广西	沿边	南宁	1 220 853	21	1 312	28	72 673	21
23	海南	沿海	海口	1 211 417	22	18 053	18	67 577	22
24	江苏	沿海	无锡	1 014 913	23	15 034	20	60 605	23
25	福建	沿海	泉州	857 673	24	49	47	56 746	25
26	山东	沿海	烟台	818 358	25	16 114	19	57 247	24
27	黑龙江	沿边	哈尔滨	812 349	26	844	31	53 289	26
28	江西	内陆	南昌	800 720	27	1 097	29	39 155	28
29	新疆	沿边	乌鲁木齐	750 904	28	9 652	24	73 479	20
30	吉林	沿边	延吉	705 127	29	78	46	41 002	27
31	贵州	内陆	贵阳	677 146	30	266	38	4 994	56

续表 1

序号	省份	区域	口岸名称	出入境人员（人次）	排名	进出口货运量（吨）	排名	出入境运输工具（架次）	排名
32	山东	沿海	威海	616 355	31	1 918	27	32 655	32
33	安徽	内陆	合肥	599 681	32	5 944	26	35 044	29
34	广东	沿海	揭阳	598 929	33	825	32	32 873	31
35	吉林	沿边	长春	517 395	34	934	30	32 939	30
36	江苏	沿海	常州	443 312	35	321	36	21 381	36
37	浙江	沿海	温州	369 463	36	0	50	23 158	34
38	山西	内陆	太原	366 818	37	211	40	24 190	33
39	广西	沿边	桂林	355 429	38	0	50	21 965	35
40	河北	沿海	石家庄	340 777	39	188	41	2 315	64
41	江苏	沿海	扬泰	220 430	40	0	50	10 875	42
42	宁夏	内陆	银川	189 168	41	144	43	12 066	39
43	江苏	沿海	徐州	186 302	42	345	35	10 410	43
44	江苏	沿海	南通	177 783	43	743	33	10 914	41
45	湖南	内陆	张家界	176 640	44	147	42	11 166	40
46	浙江	沿海	*义乌	175 438	45	0	50	9 409	47
47	甘肃	沿边	兰州	174 104	46	113	44	10 334	44
48	内蒙古	沿边	呼和浩特	155 928	47	44	48	1 170	68
49	黑龙江	沿边	牡丹江	125 266	48	0	50	9 444	46
50	江苏	沿海	盐城	103 723	49	285	37	7 195	49
51	江苏	沿海	*淮安	102 637	50	0	50	5 805	53
52	海南	沿海	三亚	96 882	51	32 168	15	4 997	55
53	安徽	内陆	黄山	86 074	52	0	50	7 478	48
54	广东	沿海	湛江	83 020	53	0	50	9 478	45
55	广西	沿边	北海	80 659	54	0	50	4 885	57
56	云南	沿边	丽江	78 640	55	0	50	7 080	50
57	广东	沿海	梅州	73 287	56	0	50	5 634	54
58	河南	内陆	洛阳	57 387	57	0	50	3 254	60
59	湖北	内陆	宜昌	55 755	58	0	50	2 517	63
60	西藏	沿边	拉萨	52 919	59	247	39	6 499	51
61	云南	沿边	西双版纳	47 925	60	0	50	6 040	52
62	黑龙江	沿边	佳木斯	40 752	61	0	50	2 786	62
63	江苏	沿海	*连云港	37 321	62	0	50	3 349	59
64	内蒙古	沿边	满洲里	34 952	63	13	49	3 675	58

续表 2

序号	省份	区域	口岸名称	出入境人员（人次）	排名	进出口货运量（吨）	排名	出入境运输工具（架次）	排名
65	福建	沿海	武夷山	31 630	64	0	50	2 812	61
66	青海	内陆	西宁	23 612	65	0	50	2 280	65
67	内蒙古	沿边	*鄂尔多斯	17 352	66	587	34	1 326	67
68	内蒙古	沿边	海拉尔	7 242	67	0	50	1 799	66
69	黑龙江	沿边	齐齐哈尔	3 697	68	0	50	528	70
70	新疆	沿边	喀什	1 658	69	0	50	621	69
71	甘肃	沿边	*敦煌	0	70	0	50	0	71
72	云南	沿边	*芒市	0	70	0	50	0	71
73	新疆	沿边	*伊宁	0	70	0	50	0	71
74	浙江	沿海	*舟山	0	70	0	50	0	71

表注：标*口岸为国务院批准或验收不满 3 年。
标#口岸出入境人次同福州海运口岸一并统计。

2018年全国海运口岸运行情况统计表

序号	省份	区域	口岸名称	进出口货运量（吨）	排名	出入境人员（人次）	排名	出入境运输工具（艘次）	排名
1	山东	沿海	青岛	307 240 087	1	465 287	9	287 621	6
2	上海	沿海	上海	249 724 936	2	4 159 281	1	1 439 114	1
3	天津	沿海	天津	230 949 331	3	1 147 893	5	405 505	5
4	浙江	沿海	宁波	202 823 339	4	233 823	15	233 820	7
5	河北	沿海	唐山	149 890 943	5	82 123	26	82 066	18
6	山东	沿海	岚山	146 693 594	6	61 189	29	61 189	23
7	山东	沿海	石臼	117 520 263	7	225 201	17	68 129	20
8	辽宁	沿海	大连	109 665 226	8	306 480	13	190 755	8
9	江苏	沿海	连云港	104 681 760	9	315 418	12	122 380	14
10	浙江	沿海	舟山	103 015 414	10	182 697	20	181 595	10
11	广东	沿海	湛江	101 411 067	11	46 008	33	45 450	29
12	辽宁	沿海	营口	84 258 253	12	55 977	30	46 573	28
13	山东	沿海	烟台	83 927 574	13	339 177	11	88 873	16
14	河北	沿海	黄骅	46 100 383	14	4 937	57	4 937	56
15	广东	沿海	盐田	42 235 398	15	183 166	19	182 207	9
16	山东	沿海	龙口	40 982 056	16	0	67	0	68
17	广西	沿边	钦州	39 634 929	17	65 425	27	65 415	21
18	福建	沿海	泉州	39 264 178	18	227 258	16	64 077	22
19	广东	沿海	惠州	37 216 904	19	32 152	36	32 152	32
20	福建	沿海	#福州	36 956 855	20	2 436 088		4 890	57
21	福建	沿海	厦门	32 982 096	21	2 491 373	3	411 385	4
22	海南	沿海	洋浦	24 458 607	22	3 441	59	3 441	60
23	广东	沿海	珠海	23 778 313	23	62 151	28	56 314	25
24	广东	沿海	湾仔	22 480 001	24	146 217	22	135 830	12
25	辽宁	沿海	丹东	18 418 993	25	127 626	24	23 487	35
26	辽宁	沿海	锦州	16 486 058	26	12 180	46	12 180	45
27	广东	沿海	水东	14 403 532	27	19 740	40	19 740	37
28	山东	沿海	莱州	14 371 476	28	10 047	49	10 047	49
29	广西	沿边	北海	13 992 686	29	16 822	43	16 822	42
30	福建	沿海	莆田	13 779 066	30	9 992	50	9 986	50
31	福建	沿海	宁德	13 422 390	31	18 856	41	18 845	40

续表 1

序号	省份	区域	口岸名称	进出口货运量（吨）	排名	出入境人员（人次）	排名	出入境运输工具（艘次）	排名
32	广东	沿海	阳江	9 680 526	32	8 833	52	8 833	52
33	广东	沿海	潮阳	8 543 224	33	15 583	45	15 583	44
34	辽宁	沿海	长兴岛	8 447 775	34	0	67	0	68
35	广东	沿海	潮州	8 235 073	35	6 546	54	6 546	53
36	河北	沿海	秦皇岛	7 336 182	36	51 718	32	22 190	36
37	江苏	沿海	*如东	6 711 264	37	5 802	55	5 802	54
38	浙江	沿海	嘉兴	6 512 359	38	30 657	37	30 657	33
39	江苏	沿海	大丰	6 281 177	39	11 197	47	11 197	46
40	山东	沿海	东营	6 181 009	40	16 065	44	16 021	43
41	浙江	沿海	台州	5 438 065	41	42 041	34	19 520	38
42	山东	沿海	威海	5 146 203	42	294 655	14	47 055	27
43	广东	沿海	汕头	4 748 592	43	24 366	38	24 356	34
44	海南	沿海	八所	3 735 356	44	365	65	365	66
45	辽宁	沿海	盘锦	3 492 933	45	4 824	58	4 824	58
46	海南	沿海	海口	3 238 947	46	90 877	25	42 350	30
47	广东	沿海	汕尾	3 217 353	47	2 221	61	2 221	62
48	山东	沿海	蓬莱	2 643 610	48	5 137	56	5 135	55
49	江苏	沿海	*盐城	2 610 652	49	0	67	0	68
50	江苏	沿海	*启东	2 517 342	50	2 968	60	2 968	61
51	广东	沿海	莲花山	2 377 799	51	383 601	10	71 885	19
52	山东	沿海	潍坊	2 137 679	52	9 253	51	9 253	51
53	山东	沿海	石岛	1 923 173	53	469 948	8	60 014	24
54	辽宁	沿海	葫芦岛	1 571 453	54	1 701	62	1 701	63
55	浙江	沿海	温州	1 445 059	55	22 590	39	10 087	48
56	福建	沿海	漳州	1 152 243	56	18 597	42	18 596	41
57	广东	沿海	深圳	1 031 176	57	647 917	7	102 864	15
58	辽宁	沿海	旅顺新港	950 027	58	198 678	18	82 954	17
59	广东	沿海	揭阳	860 335	59	626	64	626	65
60	广东	沿海	广海	649 822	60	52 543	31	52 543	26
61	山东	沿海	龙眼	645 155	61	10 101	48	10 101	47
62	福建	沿海	*平潭	589 342	62	167 226	21	18 897	39
63	海南	沿海	三亚	368 879	63	6 558	53	3 669	59
64	海南	沿海	清澜	46 131	64	15	66	15	67

续表 2

序号	省份	区域	口岸名称	进出口货运量（吨）	排名	出入境人员（人次）	排名	出入境运输工具（艘次）	排名
65	广东	沿海	万山	28 304	65	685	63	685	64
66	辽宁	沿海	庄河	281	66	0	67	0	68
67	广东	沿海	九洲	6	67	2 303 121	4	134 646	13
68	广东	沿海	大亚湾	0	68	0	67	0	68
69	广东	沿海	梅沙	0	68	0	67	0	68
70	广东	沿海	南沙	0	68	1 043 115	6	519 773	3
71	广东	沿海	西冲	0	68	0	67	0	68
72	山东	沿海	* 滨州	0	68	0	67	0	68
73	山东	沿海	* 董家口	0	68	0	67	0	68
74	天津	沿海	渤中	0	68	0	67	0	68
75	广东	沿海	广州	142 969 245	进出口货运量同虎门内河口岸一并统计	139 411	23	139 410	11
76	广西	沿边	企沙	71 933 147	进出口货运量一并统计	41 357	35	41 351	31
77	广西	沿边	防城			0	67	0	68
78	广西	沿边	江山			0	67	0	68
79	广东	沿海	蛇口	32 878 083	进出口货运量一并统计	4 061 425	2	869 322	2
80	广东	沿海	赤湾			0	67	0	68
81	广东	沿海	妈湾			0	67	0	68

表注：标 * 口岸为国务院批准或验收不满 3 年。
标#口岸出入境人次同福州空运口岸一并统计。

2018 年全国河运口岸运行情况统计表

序号	省份	区域	口岸名称	进出口货运量（吨）	排名	出入境人员（人次）	排名	出入境运输工具（艘次）	排名
1	江苏	沿海	太仓	51 540 877	1	73 777	7	73 772	6
2	江苏	沿海	南京	21 799 476	2	35 766	15	35 766	12
3	江苏	沿海	靖江	10 851 782	3	15 963	23	15 957	17
4	江苏	沿海	常熟	10 743 779	4	26 742	21	26 741	15
5	江苏	沿海	泰州	8 509 214	5	30 186	18	30 186	13
6	江苏	沿海	如皋	8 154 953	6	9 673	26	9 673	24
7	广东	沿海	南海	4 694 704	7	46 895	11	46 895	8
8	广东	沿海	中山	3 034 243	8	1 480 667	1	167 863	1
9	广东	沿海	肇庆	2 323 120	9	28 794	20	28 794	14
10	广东	沿海	新会	923 138	10	13 492	25	13 492	20
11	广西	沿边	梧州	531 925	11	6 561	28	6 561	28
12	广东	沿海	三埠	451 808	12	5 996	29	5 996	29
13	广东	沿海	鹤山	285 253	13	30 539	17	8 989	25
14	黑龙江	沿边	黑河	235 707	14	879 680	2	85 167	3
15	黑龙江	沿边	抚远	197 920	15	116 395	5	12 125	21
16	安徽	内陆	马鞍山	191 268	16	601	34	601	33
17	黑龙江	沿边	同江	184 889	17	45 414	13	14 900	19
18	广东	沿海	斗门	181 245	18	0	41	0	41
19	安徽	内陆	铜陵	105 146	19	409	36	409	35
20	安徽	内陆	芜湖	93 116	20	462	35	462	34
21	广东	沿海	高明	81 392	21	31 005	16	16 653	16
22	湖北	内陆	武汉	80 871	22	390	37	390	36
23	安徽	内陆	池州	79 209	23	350	38	350	37
24	广西	沿边	贵港	59 623	24	1 151	33	1 151	32
25	广东	沿海	新塘	57 400	25	2 289	31	2 289	31
26	黑龙江	沿边	萝北	31 518	26	18 373	22	11 325	22
27	湖南	内陆	城陵矶	3 584	27	0	41	0	41
28	湖北	内陆	黄石	3 167	28	14	40	14	40
29	黑龙江	沿边	富锦	1 952	29	0	41	0	41
30	重庆	内陆	重庆	166	30	0	41	0	41
31	黑龙江	沿边	逊克	89	31	8 835	27	8 536	26

续表

序号	省份	区域	口岸名称	进出口货运量（吨）	排名	出入境人员（人次）	排名	出入境运输工具（艘次）	排名
32	广西	沿边	柳州	1	32	1 444	32	182	38
33	广东	沿海	江门	0	33	56 871	9	38 814	11
34	江西	内陆	九江	0	33	0	41	0	41
35	安徽	内陆	安庆	0	33	0	41	0	41
36	黑龙江	沿边	哈尔滨	0	33	0	41	0	41
37	广东	沿海	容奇	0	33	635 149	3	81 357	4
38	黑龙江	沿边	呼玛	0	33	0	41	0	41
39	黑龙江	沿边	佳木斯	0	33	0	41	0	41
40	黑龙江	沿边	嘉荫	0	33	0	41	0	41
41	黑龙江	沿边	漠河	0	33	33	39	16	39
42	黑龙江	沿边	饶河	0	33	29 743	19	7 999	27
43	黑龙江	沿边	孙吴	0	33	0	41	0	41
44	云南	沿边	景洪	0	33	58 131	8	10 767	23
45	云南	沿边	思茅	0	33	0	41	0	41
46	广东	沿海	虎门	142 969 245	进出口货运量同广州海运口岸一并统计	379 899	4	142 968	2
47	江苏	沿海	南通	11 687 880	进出口货运量一并统计	46 255	12	44 972	9
48	江苏	沿海	张家港			75 672	6	75 672	5
49	江苏	沿海	常州			5 933	30	5 933	30
50	江苏	沿海	镇江			39 036	14	39 035	10
51	江苏	沿海	江阴			53 936	10	53 936	7
52	江苏	沿海	扬州			15 249	24	15 249	18

2018 年全国公路口岸运行情况统计表

序号	省份	区域	口岸名称	出入境人员（人次）	排名	进出口货运量（吨）	排名	出入境运输工具（辆次）	排名
1	广东	沿海	拱北	134 906 392	1	157 020	36	111 367	20
2	广东	沿海	皇岗	92 673 081	2	11 908 680	4	4 537 366	1
3	广东	沿海	罗湖	85 053 301	3	0	59	15 607	43
4	广东	沿海	深圳湾	48 891 323	4	3 431 434	7	1 446 836	4
5	云南	沿边	瑞丽	17 365 962	5	1 625 240	12	3 778 916	2
6	广西	沿边	东兴	12 188 358	6	712 032	20	154 718	17
7	广东	沿海	横琴	9 120 017	7	1 369 177	13	312 004	10
8	广东	沿海	文锦渡	5 869 997	8	5 592 168	5	1 484 200	3
9	广东	沿海	沙头角	3 870 128	9	465 233	26	402 693	8
10	广东	沿海	港珠澳大桥	3 306 737	10	18 639	48	15 798	42
11	广东	沿海	珠澳	2 351 377	11	0	59	16 709	41
12	广西	沿边	友谊关	2 108 664	12	2 407 294	10	295 337	11
13	云南	沿边	磨憨	1 537 068	13	2 481 345	9	252 891	13
14	云南	沿边	打洛	1 306 649	14	154 989	37	537 728	6
15	云南	沿边	孟定	1 126 561	15	650 238	21	218 422	14
16	云南	沿边	畹町	1 047 193	16	213 089	31	132 293	18
17	云南	沿边	天保	988 007	17	198 183	32	67 673	24
18	内蒙古	沿边	甘其毛都	723 284	18	19 072 492	2	504 422	7
19	广西	沿边	平孟	616 942	19	0	59	0	65
20	云南	沿边	腾冲	540 332	20	2 735 640	8	74 616	21
21	广西	沿边	水口	520 998	21	102 414	39	18 347	40
22	广西	沿边	峒中	480 121	22	0	59	10 676	46
23	云南	沿边	金水河	468 020	23	17 961	49	46 635	26
24	内蒙古	沿边	策克	371 476	24	14 178 412	3	286 714	12
25	吉林	沿边	圈河	358 768	25	157 515	35	24 077	37
26	黑龙江	沿边	东宁	278 080	26	536 013	23	49 705	25
27	广东	沿海	福田	255 191	27	502 653	24	210 002	15
28	西藏	沿边	吉隆	154 724	28	140 184	38	30 023	30
29	云南	沿边	都龙	136 435	29	0	59	0	65
30	内蒙古	沿边	阿日哈沙特	118 283	30	4 859	56	4 533	54
31	内蒙古	沿边	珠恩嘎达布其	110 497	31	1 002 469	17	44 013	27

续表1

序号	省份	区域	口岸名称	出入境人员（人次）	排名	进出口货运量（吨）	排名	出入境运输工具（辆次）	排名
32	黑龙江	沿边	密山	105 458	32	30 176	46	6 164	49
33	内蒙古	沿边	满都拉	104 484	33	1 126 318	14	27 551	32
34	云南	沿边	勐康	101 973	34	2 630	58	25 939	34
35	吉林	沿边	长白	85 985	35	97 302	40	7 082	47
36	广西	沿边	龙邦	74 836	36	12 235	50	5 679	50
37	新疆	沿边	塔克什肯	71 853	37	775 748	19	25 537	35
38	内蒙古	沿边	额布都格	54 401	38	425 922	27	29 715	31
39	新疆	沿边	吐尔尕特	45 925	39	481 319	25	42 944	28
40	西藏	沿边	普兰	44 260	40	0	59	1 025	59
41	新疆	沿边	巴克图	36 149	41	173 627	34	14 329	44
42	新疆	沿边	老爷庙	35 118	42	1 715 892	11	34 270	29
43	新疆	沿边	伊尔克什坦	29 365	43	406 294	29	25 324	36
44	新疆	沿边	吉木乃	23 256	44	409 682	28	4 625	53
45	新疆	沿边	都拉塔	23 183	45	273 875	30	19 833	39
46	黑龙江	沿边	虎林	23 154	46	49 501	44	5 341	52
47	吉林	沿边	三合	22 380	47	71 524	43	5 560	51
48	内蒙古	沿边	黑山头	17 567	48	73 574	42	6 906	48
49	新疆	沿边	卡拉苏	14 161	49	191 968	33	11 468	45
50	吉林	沿边	临江	13 844	50	11 275	51	1 260	57
51	吉林	沿边	南坪	12 854	51	6 321	55	708	60
52	新疆	沿边	红其拉甫	12 225	52	47 892	45	4 226	55
53	吉林	沿边	沙坨子	6 121	53	8 765	52	1 038	58
54	吉林	沿边	开山屯	4 562	54	19 670	47	2 564	56
55	吉林	沿边	古城里	3 462	55	6 890	54	412	63
56	内蒙古	沿边	*阿尔山	3 039	56	7 386	53	456	62
57	新疆	沿边	乌拉斯台	1 263	57	0	59	517	61
58	内蒙古	沿边	室韦	289	58	3 165	57	262	64
59	新疆	沿边	红山嘴	220	59	0	59	0	65
60	西藏	沿边	樟木	20	60	0	59	0	65
61	甘肃	沿边	马鬃山	0	61	0	59	0	65
62	广东	沿海	*青茂	0	61	0	59	0	65
63	广西	沿边	*爱店	0	61	0	59	0	65
64	广西	沿边	*硕龙	0	61	0	59	0	65

续表2

序号	省份	区域	口岸名称	出入境人员（人次）	排名	进出口货运量（吨）	排名	出入境运输工具（辆次）	排名
65	吉林	沿边	*集安	0	61	0	59	0	65
66	内蒙古	沿边	*乌力吉	0	61	0	59	0	65
67	新疆	沿边	阿黑土别克	0	61	0	59	0	65
68	新疆	沿边	木扎尔特	0	61	0	59	0	65
69	云南	沿边	*田蓬	0	61	0	59	0	65
70	云南	沿边	#河口	5 482 615		3 551 748	6	326 065	9
71	新疆	沿边	#霍尔果斯	179 372		34 820 208	1	71 569	22
72	新疆	沿边	#阿拉山口	69 453		0	59	23 102	38
73	内蒙古	沿边	#满洲里	1 818 382		937 404	18	196 032	16
74	内蒙古	沿边	#二连浩特	2 440 766		1 005 994	16	627 878	5
75	辽宁	沿海	#丹东	725 798		1 097 274	15	115 803	19
76	黑龙江	沿边	#绥芬河	1 114 129		648 893	22	68 549	23
77	吉林	沿边	#珲春	407 605		74 998	41	27 141	33

表注：标*口岸为国务院批准或验收不满3年。

标#口岸出入境人次同其对应的铁路口岸一并统计。

2018年全国铁路口岸运行情况统计表

序号	省份	区域	口岸名称	出入境人员（人次）	排名	进出口货运量（吨）	排名	出入境运输工具（列次）	排名
1	广东	沿海	*西九龙	5 442 171	1	0	13	26 768	3
2	广东	沿海	广州	3 249 807	2	102	11	154 050	1
3	广东	沿海	东莞	448 386	3	0	13	0	17
4	上海	沿海	上海	109 112	4	0	13	9 472	8
5	广西	沿边	凭祥	71 222	5	188 117	7	20 875	4
6	广东	沿海	佛山	66 435	6	18	12	40 979	2
7	北京	沿海	北京	45 287	7	0	13	5 792	11
8	吉林	沿边	图们	38 118	8	0	13	4 450	13
9	吉林	沿边	集安	8 704	9	10 456	9	5 181	12
10	广东	沿海	深圳	0	10	0	13	0	17
11	广东	沿海	肇庆	0	10	0	13	0	17
12	河南	内陆	郑州	0	10	1 822	10	0	17
13	黑龙江	沿边	哈尔滨	0	10	0	13	0	17
14	云南	沿边	#河口	5 482 615		0	13	1 756	15
15	新疆	沿边	#霍尔果斯	179 372		1 903 282	5	6 151	10
16	新疆	沿边	#阿拉山口	69 453		9 927 649	3	12 709	5
17	内蒙古	沿边	#满洲里	1 818 382		16 668 899	1	11 245	7
18	内蒙古	沿边	#二连浩特	2 440 766		12 269 548	2	12 314	6
19	辽宁	沿海	#丹东	725 798		97 982	8	1 550	16
20	黑龙江	沿边	#绥芬河	1 114 129		9 673 076	4	9 302	9
21	吉林	沿边	#珲春	407 605		1 114 281	6	2 006	14

表注：标*口岸为国务院批准或验收不满3年。

标#口岸出入境人次同其对应的公路口岸一并统计。

第四篇

各地口岸运行管理

北　京　市

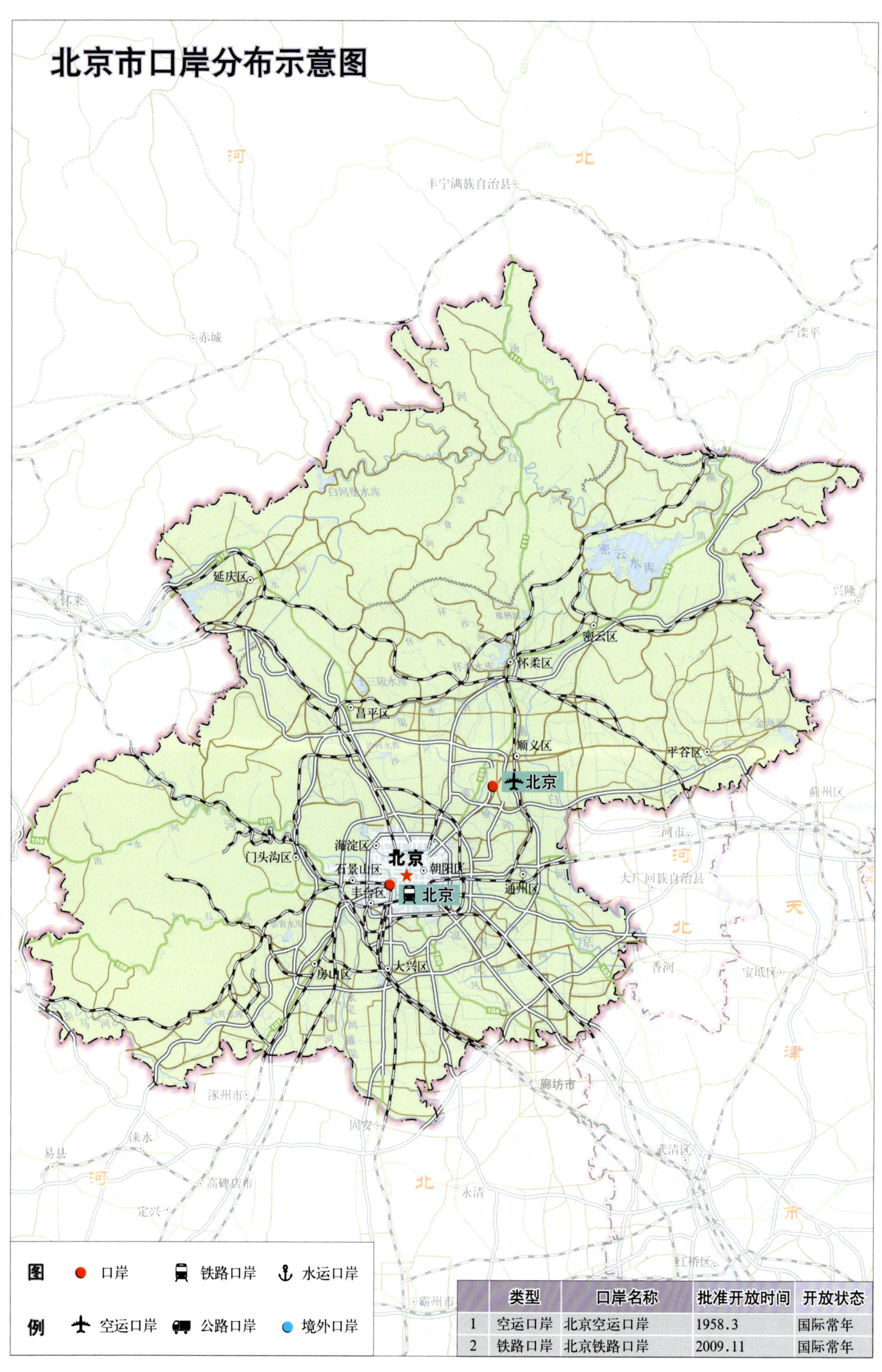

	类型	口岸名称	批准开放时间	开放状态
1	空运口岸	北京空运口岸	1958.3	国际常年
2	铁路口岸	北京铁路口岸	2009.11	国际常年

口岸数量及分布

截至2018年年底，北京市有经国务院批准的对外开放口岸2个，分别为北京空运口岸（北京首都国际机场）和北京陆路（铁路）口岸（北京西站铁路口岸）。

口岸运行数据

2018年，北京口岸出入境人员2 689.5万人次，同比增长6.9%。其中入境1 352.3万人次，同比增长6.8%，出境1 337.3万人次，同比增长7%。北京首都国际机场出入境人员2 685万人次，同比增长6.9%；北京西站出入境人员44 864人次，同比下降5.9%；144小时过境免签旅客达37 697人次，同比增长36%。

北京口岸海关监管进出口货物9 018.01万吨，同比增长17.17 %。其中进口货物8 860.19万吨，同比增长17.43 %；出口货物157.82万吨，同比增长4.20 %。海关征收税款净入库税额678.5亿元，同比下降2.17 %。

口岸综合管理

【全面推进北京大兴国际机场口岸非现场设施项目建设】 北京大兴国际机场口岸非现场设施项目是北京市唯一独立承担的北京大兴国际机场红线内工程，于2017年开工建设，其中边检、海关综合业务用房及口岸疾控中心项目分别于2018年7月底、8月底完成了主体结构封顶，进入二次结构施工、内部装修和机电施工阶段。截至2018年年底，边检综合业务用房项目外装修完成90%，二次结构完成90%，内装修完成80%，机电完成90%，室外工程完成50%；海关综合业务用房及口岸疾控中心项目外装修完成90%，二次结构完成90%，内装修完成80%，机电完成90%，室外工程完成40%。

【全面推进中国（北京）国际贸易“单一窗口”建设及推广应用工作】 按照国家口岸管理办公室工作安排和北京口岸的业务实际需求，积极协调北京海关、北京市税务局等单位，全力做好国际贸易“单一窗口”国家标准版的推广应用工作。截止到2018年12月31日，北京国际贸易“单一窗口”平台上线运行标准版12大类41项功能应用，全年累计业务申报量达到670.83万票，较2017年同期的4.66万票增长了142倍；主要申报业务（货物、航空器、空运舱单等）覆盖率均达到100%，平台用户近3 000家，覆盖进出口企业4万余家；多项业务如航空器、空运舱单、关检融合、税费支付、出口退税等标准版新功能在全国先行先试，为国家全面推广应用打下了坚实的基础。

【全面参与提升跨境贸易便利化和提效降费工作】 为优化营商环境，提升跨境贸易便利化水平，北京市口岸办积极参与其中，并取得了积极成效。

空运口岸方面：北京首都国际机场40%的进口货物实现压时40～80分钟；北京首都国际机场T3航站楼增加11条国际中转免办边检手续自助查验设备，国际中转旅客可通过中转自助查验设备通关；北京首都国际机场海关旅客通关现场实现旅客行邮税缴纳移动支付功能。

陆运口岸方面：北京丰台货运口岸压缩通关时间30%、降低口岸收费10%。

在压时方面：完成了进口压缩1.5小时；出口压缩1.25小时的压减目标。

在降费方面：取消了40尺集装箱管理费100元/箱、车站服务费120元/箱、查验费350元/箱，共计减少收费570元/箱；同比降低收费25.2%。

2018年10月31日，世界银行发布《2019年营商环境报告：为改革而培训》。中国跨境贸易得分从2017年的69.91分提高到2018年的82.59分，排名从2017年第97位跃升至2018年第65位，上升32位，是营商环境改善最为显著的经济体之一。

口岸监管与服务

【北京出入境边防检查总站圆满完成中非合作论坛北京峰会安保工作】 2018 年 9 月 3 日 ~4 日，中非合作论坛北京峰会在北京举行。作为 2018 年我国最重要的主场外交活动，北京出入境边防检查总站牢固树立“四个意识”，把峰会安保工作作为首要政治任务和压倒一切的头等大事，从严从实从细抓好各项工作，高水平、高质量地完成了峰会边检安保与服务保障任务。8 月 10 日 ~9 月 6 日，共检查出入境人员 233.9 万人次（出境 115 万人次，入境 118.9 万人次）；检查出入境交通工具 1 万架（列）次；共为 53 个国家、7 个国际组织的 203 个国家元首、政府首脑、国际组织负责人及部长级代表团 1 998 人次提供入出境礼遇，查验专包机 59 架次，守住了“五个严防、三个确保”的底线，实现了零失管漏控事故、零有效投诉、队伍零违法违纪、零内部安全问题、零负面舆情，确保了口岸安全稳定。

【北京出入境边防检查总站实施提高旅客出入境通关效率新举措】 为确保中国公民出入境通关候检不超过 30 分钟，北京出入境边防检查总站结合北京口岸工作实际，多措并举保障旅客顺畅通关。一是在出入境现场开设中国公民专用通道，“中国公民”与“外国人”分区查验，进一步提高通关效率。二是建立旅客流量预测发布机制，在节假日前期通过北京交通广播、官方微博、官方网站发布节假日期间出境高峰时段预警，提醒广大旅客避峰出行。三是在执勤现场标注“蓝色提示线”，在高峰、次高峰提前开足检查通道。四是提升出入境自助通关人员比例，提高出入境机组员工自助通关使用率及通关效率。五是对现场指示引导标识进一步完善优化，助力旅客快速通关。六是出台“清空检前一米线”“自助通道蛇形排队候检”“专人专区引导”“执勤队领导前置督导”等措施，全面启动机场员工自助通行，开设暑期儿童通道、学生团体通道，建立通关服务保障队，试行高峰时段入境现场提前分流引导措施，测试使用“边检智能机器人”等，进一步提升通关效率和体验感。七是在官方微博、微信上发布通关攻略和便民政策解读，为广大出入境旅客提供持续地通关指引服务。八是开展“百日争先”活动，组建党员突击队，动员民警利用非工作时间对高峰时段北京首都国际机场边检执勤现场进行警力支援。

【北京首都国际机场 3 号航站楼启用 24 小时国际中转旅客信息自助采集通道】 为提高国际中转旅客通关效率，由北京出入境边防检查总站与北京首都国际机场股份有限公司联合研发设计的“24 小时直接过境免办边检手续自助查验系统”于 2018 年 8 月 14 日在北京首都国际机场 3 号航站楼正式启用。该项目整合 API、面相识别、出境航班关联等技术系统，自动完成旅客资料录入采集、身份核验和航班统计工作。改造后的国际中转区域，共有 2 条人工通道，11 条自助查验通道，旅客中转效率提升 3 倍以上，有效缓解 3 号航站楼入境现场中转区域旅客拥堵的问题。

【北京海关做好机构改革关检融合工作】 根据党和国家机构改革方案中关于“出入境检验检疫队伍和管理职能划入海关总署”的决定，北京海关严格按照海关总署关于机构改革的时间步骤要求，按节点、高质量地完成了各项阶段性任务。一是作为海关总署首批试运行单位，完成统一申报单证。二是在全国海关率先实现快件和电商查检布控合一。三是推进统一作业系统、统一指令下达、统一现场执法。四是实现企业报关报检资质优化整合“一窗受理”。2018 年 7 月，完成全国海关首票“单一窗口”关检融合统一申报报关单接单审核工作。8 月，实现业务覆盖率 100%。10 月，北京海关关区成为全国首个运输工具业务“单一窗口”申报覆盖率达到 100% 的关区。8 月 ~ 12 月，关检联合查验作业总票数 1.80 万票，占比 39.50%。

【北京海关继续优化口岸营商环境，促进跨境贸易便利化】 一是推进“互联网 + 海关”建设，实现了监管证件联网核查，通关无纸化比例进一步扩大。二是创新多元化担保模式，在扩大“银关融”增信担保等担保模式的基础上，推出关税保证保险等业务，帮助小微企业解决“融资难”“融资贵”的难题。三是建立归类先例库，推广归类预裁定服务，全年关区归类预裁定申请数量列全国海关第一位。四是优化检验监管流程、压缩审批时限，实施“审单合格评定”，进境食用水生动物、水果查验放行效率大幅提高。2018 年 12 月，北京海关关区进口货物整体通关时间 56.8 小时，较 2017 年压缩 47.3%。出口货物整体通关时间 3.8 小时，较 2017 年压缩 48.6%，进出口压缩比双超 40%。

【北京海关加强口岸监管，做好非洲猪瘟疫情防控工作】 为做好非洲猪瘟疫情防控工作，北京海关加强口岸防控措施，细化工作机制，制定口岸查验、采样、检测、防疫、无害化处理等全流程指导文件 12 份，明确工作职责，规范工作程序。一是严格进境审批，疫区国家（地区）的猪肉及其产品不予批准，新公布疫区已发放的许可证一律撤销；二是加强对来自疫区国家（地区）的货物查验，一旦发现猪、野猪及其产品，一律作退运或销毁处理；三是严格按照布控指令实施查验、抽检工作，开展猪肉产品疫情监测；四是实施日报制度；五是加强现场防控工作检查和指导，成立专项督查组，关领导带队开展全覆盖督查检查，排查生物安全风险重点、敏感点，全流程无盲点、无死角、可追溯、保安全。

截至 2018 年 12 月 31 日，北京海关截获非洲猪瘟疫区猪肉及其制品共计 2 126 批次 4 057 千克，登临检疫航空器 844 架次，查验来自非洲猪瘟疫区快件 2 068 批次，监督销毁截留物、航食垃圾 261 吨，排查相关进出口企业 89 家。

开放口岸

【北京空运口岸（北京首都国际机场）】 北京首都国际机场（简称“首都机场”）是中国地理位置最重要、规模最大、设备最齐全、运输生产最繁忙的大型国际航空港，为全球第二大机场；不仅是中国首都北京的空中门户和对外交往的窗口，还是中国民用航空最重要的航空枢纽，也是中国民用航空网络的辐射中心。

北京首都国际机场地处东经 116°35′04″，北纬 40°04′48″，位于北京市东北方向顺义区境内，距离天安门广场 25.35 千米。首都机场于 1958 年 3 月 2 日正式投入使用，共有 3 座航站楼：1 号航站楼于 1980 年 1 月 1 日启用，建筑面积 7.8 万平方米，年设计旅客吞吐量为 900 万人次；2 号航站楼于 1999 年 11 月 1 日投入使用，建筑面积 33.6 万平方米，年设计旅客吞吐量为 2 650 万人次；3 号航站楼于 2008 年 2 月 29 日投入使用，建筑面积 100.1 万平方米，年设计旅客吞吐量为 4 700 万人次。首都机场拥有远近机位 389 个，1 条 4E 级跑道和 2 条 4F 级跑道。首都机场是中国第一个拥有 3 座航站楼，双塔台、3 条跑道同时运行的机场。此外，还有位于 3 号航站楼西侧的首都机场专机候机楼，以及位于专机候机楼东南侧的首都机场公务机候机楼。

截至 2018 年 12 月 31 日，首都机场拥有覆盖最广的国内及地区航线网络，以及日益强大的国际航线网络，共计 105 家航空公司入驻首都机场运营。其中国内（含港澳台地区）航空公司 36 家，国外航空公司 69 家；通航 65 个国家和地区，具有国内（含地区）航点 160 个，国际航点 136 个。

2018 年，首都机场年旅客吞吐量首次破亿，达 1.01 亿人次，同比增长 5.4%，连续 9 年位列全球第二名，并荣获国际机场协会（ACI）4 000 万级以上机场“最佳机场环境及氛围奖”“最佳机场旅客服务奖”“最佳机场设施及便利奖”等三个奖项；完成货邮吞吐量207.4万吨，同比增长2.2%；保障飞机起降61.4万架次，同比增长2.8%。北京空运口岸出入境旅客2 329.07万人次（不含港澳台），同比增长7.23%，其中出境旅客1 164.87万人次，入境旅客1 164.20万人次。

2018年，首都机场不断完善枢纽功能，转方式、调结构，努力提高枢纽竞争力。着力提升通关效率，实现T3－E国际转国际旅客自助查验，平均通关时间由30秒缩短至10秒；着力推动航线拓展，进一步丰富国际远程航线及“一带一路”沿线国家航线，新增、加频沙巴、哥本哈根等10个国际航点；着力疏解非国际枢纽功能，实现往返200万人次以下旅客吞吐量支线机场的航班架次同比减少1.5%；着力加强政策营销，持续加大144小时过境免签政策营销力度，免签旅客同比增长36%。首都机场国际枢纽功能的定位日益凸显。

【北京陆路（铁路）口岸】 北京西站铁路口岸位于北京市西三环莲花桥以东的莲花池东路，南邻莲花池公园，北接中华世纪坛，地处北京西部的交通枢纽。北京西站铁路口岸经国务院批准于2003年10月1日起临时开放。该口岸运行北京直通香港列车（T97次、T98次），隔日到发各一对，运行时间不到24小时。北京西站铁路口岸拥有1 160平方米的联检大厅，由原来的软卧候车室临时改造而成。

2009年11月24日，国务院正式批复同意北京西站铁路口岸正式对外开放。2012年11月，北京口岸办上报北京市人民政府的《北京西站铁路口岸正式开放实施方案》获批。2014年8月，北京西站铁路口岸正式开放改造工程完成了工程预验收工作。

2018年，北京西站铁路口岸出入境人员共计44 864人次，同比下降5.9%。其中，全年出入境外籍人员2 817人次，同比下降13.6%；出入境港澳台同胞14 070人次，同比下降14.7%；出入境内地居民27 977人次，同比下降0.2%。

原二类口岸

【北京朝阳口岸】 北京朝阳口岸位于北京东南东四环南路与京津塘高速公路交汇处，毗邻北京经济技术开发区，通过京津塘高速公路与天津港相连。1994年10月，朝阳口岸经北京市政府批准正式开放，专门服务于北京地区企业的海运进出口贸易，主要承担北京地区海运集装箱货物进出口通关查验及相关业务，是海关总署批准的北京地区海运进出口货物监管通道，同时也是交通运输部批准的海运集装箱中转站。

朝阳口岸占地782 000平方米，进出口监管仓库16 936平方米，公共保税库3 060平方米，冷藏库960平方米，监管装卸平台3 600平方米，集装箱堆场32 000平方米，设有海关H986集装箱检测系统、检验检疫隔离区及熏蒸处理系统、海关电子闸口及朝阳口岸物流通关服务电子信息平台等。

2009年9月，北京市政府专题会议同意朝阳口岸外移至通州马驹桥物流基地。通州口岸项目是北京市政府确定的重点工程建设项目，也是城市副中心建设重点工程项目，项目于2014年8月取得北京市规划委控制性详细规划的批复，该项目主导功能为规划范围内主要建设“通州口岸”和配套仓储，以及海关、北京市口岸办相关配套管理用房等。项目总占地56.4万平方米，建设用地43.33万平方米，总建筑面积63.7万平方米，预计项目总投资约50亿元，拉动社会投资30亿元，全部建成后，将成为北方地区最大的内陆口岸。项目建设资金全部由项目建设单位自筹，由北控集团下属公司北京北建通成国际物流有限公司开发建设并负责运营，项目共由5块（F15、F19、F13、F18、F14）用地组成，其中4宗物流用地和一宗多功能用地。目前，通州口岸一期项目F15地块已经正式开展运营，百世物流科技（中国）有限公司、京东等电商企业进驻，开展符合首都城市功能定位的相关物流业务，每日订单处理量约30万票。F19地块地上建筑面积19.35万平方米，是口岸用地（海关监管区）。其中1标段9.8万平方米，已于2018年11月达到使用要求。

2018年，朝阳口岸完成海关监管货物124.9万吨，同比增长8.9%，占内陆口岸海关监管货物总量的91.3%，比2017年提高2.4个百分点。

【北京丰台货运口岸】 北京丰台货运口岸是经北京市人民政府批准于1994年5月12日正式对外开放的内陆铁路货运口岸。地处京城西南丰台区内，东距广安门9千米，西离卢沟桥2千米，南傍京广铁路线，北邻京石高速公路，距离全国最大的北京西客站5千米，口岸内建有4.5千米铁路专用线与石景山南站联通。

口岸总占地面积36.6万平方米，基础设施比较完备，拥有包括海关监管库在内的各类库房40栋，其中35栋平库、3栋站台库、2栋楼仓，总面积达13万平方米，年均储存量5 600万吨。

口岸内驻有北京市口岸办西站铁路口岸处、北京海关驻车站办事处等口岸管理和查验机构，口岸同时具有陆运和海运进出口货物通关资质。口岸可一站式完成进出口货物的报关报检手续，以及同空运、海运、非贸、边境口岸之间的转关手续，可实现各类货物的存放与报关前的集货，还可使进出口货物及国内发运、到达货物直接完成装车发运和卸车拆箱。口岸货物可经满洲里、阿拉山口、二连浩特、深圳北、绥芬河、丹东、凭祥等口岸，出口至俄罗斯、蒙古、朝鲜等国家和中国香港等地区，也可经以上口岸进口抵达北京，进口货物可分拨至我国大部分地区。可以根据客户需要开行北京至中亚、欧洲及国内指定站点的往返班列。

2018年，北京丰台货运口岸完成海关监管货物1.83万吨，其中进口货物1.65万吨，出口货物0.18万吨。

【北京平谷国际陆港】 北京平谷国际陆港位于北京东部平谷区马坊物流基地内，是集国际中转、国际分拨、流通加工货物配送、保税仓储等多功能于一体的海陆空铁联运口岸枢纽，服务于北京、天津、河北、山西、内蒙古等地区近300家进出口企业。

2018年12月26日，北京平谷国际陆港与唐山港集团在平谷马坊物流基地举行“唐山港平谷内陆港”签约、揭牌仪式，北京平谷国际陆港将借唐山港向海发展，增加北京出海口，扩大贸易发展，唐山港集团也将把北京平谷国际陆港作为生活物资疏港进京的节点，更好地保障首都分拨配送。此次两地签约合作，是京津冀协同发展在商贸流通领域的探索与实践，双方将利用既有国铁、地铁、公路、基地、港口资源，开展货物运营，探索发展两地铁路钟摆式运输、驼背运输，提高运输效率，降低运营成本，最终实现带动两地发展。

2018年，北京平谷国际陆港完成外贸集装箱吞吐量11 779标箱，货物总重量101 050.04吨，货值54 693.27万美元。其中进口肉类18批次，货重338.23吨，货值154.5万美元。

2018年北京市口岸大事记

2月1日

北京出入境边防检查总站在北京口岸正式启用自助通关出入境记录凭证自助打印。

3月6日

北京市副市长殷勇赴首都机场海关现场调研提升跨境贸易便利化工作。

3月7日

北京市副市长殷勇、国家口岸管理办公室主任张广志调研北京大兴国际机场口岸建设情况。

3月29日

第三届中国机场服务大会在北京举行，大会以“新时代、新航程、新体验”为主题，中国民用航空局副局长董志毅出席会议并讲话。

4月5日

北京—休斯敦—巴拿马城航线首航。该航线是中国第一条通往巴拿马的航线，也是落实“一带一路”倡议的发展要求，促进亚太与拉美地区互联互通的“空中丝路”。

4月11日

海关总署副署长李国到首都机场调研指导海关监管工作。

4月16日

北京市委常委、政法委书记张延昆到首都机场调研指导口岸防控工作。

4月20日

中共中央政治局委员、国务院副总理胡春华到首都机场海关考察调研，海关总署署长倪岳峰，海关总署党组成员、办公厅主任张广志陪同。

4月27日

北京出入境边防检查总站开始实施入境外国人生物信息留存工作。

5月28日

公安部副部长、国家移民管理局局长许甘露到北京出入境边防检查总站调研指导工作。

6月21日

首都机场运行控制中心机坪管制室正式启用，首都机场航空器机坪东区管制职责由民航华北空管局正式移交至首都机场。

7月1日

北京口岸正式启用机场工作人员自助查验通道，改变了机场工作人员通道以人工值守为主的传统查验模式。

7月29日

首都机场口岸出入境人员达9.13万人次，单日口岸客流量首次突破九万人次，创下历史新纪录。

8月14日

首都机场正式启用T3－E国际转国际现场24小时过境免办旅客自助查验通道，步入“自助中转”新阶段。

8月16日

首都机场T3－D安检高效实验通道试运行。该通道集成了双视角X光机、手提行李自动传输设备、面相识别、集中判图等前沿技术。

8月19日

北京出入境边防检查总站在首都机场开展

2018 年中国边检服务品牌集中推介宣传活动暨优化通商旅游民航环境合作协议签署仪式。

8 月 28 日

海关总署署长倪岳峰、副署长张际文在首都机场 T3 航站楼检查中非合作论坛北京峰会保障工作。

9 月 3 日

北京市副市长王宁赴首都机场检查中非合作论坛北京峰会服务保障工作。

12 月 4 日

首都机场圆满完成 01 跑道使用平视显示器（HUD）的跑道视程（RVR）90 米低能见度起飞和 36R 跑道ⅢA 类运行验证试飞，已具备了保障 HUD 的 RVR90 米起飞和ⅢA 类运行能力。

12 月 26 日

北京平谷国际陆港与唐山港集团在平谷马坊物流基地举行“唐山港平谷内陆港”签约、揭牌仪式。

12 月 28 日

首都机场 2018 年度旅客吞吐量突破 1 亿人次，再创历史新高。这标志着首都机场成为中国第一个年旅客吞吐量突破 1 亿人次的机场，也是继美国亚特兰大机场后，全球第二个年旅客吞吐量突破 1 亿人次的机场。

（撰稿人：周海波、方蕾、宋江坤、王娉珊、刘伟姮、张莉、夏倩倩）

2018年北京市口岸流量统计表

口岸类型		口岸名称	货运量（万吨）				集装箱量（万标箱）				人员（万人次）				交通工具（辆、艘、架、列次）			
			出口	进口	合计	同比（%）	出口	进口	合计	同比（%）	出境	入境	合计	同比（%）	出境	入境	合计	同比（%）
空运口岸		北京首都机场口岸	144.39	8 575.09	8 719.48	17.18					1 335.02	1 349.99	2 685.01	6.90			150 539	3.63
空运口岸		分计	144.39	8 575.09	8 719.48	17.18					1 335.02	1 349.99	2 685.01	6.90			150 539	3.63
陆路口岸	公路口岸	北京朝阳口岸	10.42	114.48	124.90	8.88												
陆路口岸	公路口岸	北京平谷口岸	0.29	9.82	10.11	-18.42												
陆路口岸	公路口岸	分计	10.71	124.30	135.02	6.21												
陆路口岸	铁路口岸	北京丰台货运口岸	0.18	1.65	1.83	-2.60												
陆路口岸	铁路口岸	北京西站铁路口岸									2.22	2.26	4.48	-5.88				
陆路口岸	铁路口岸	分计	0.18	1.65	1.83	-2.60					2.22	2.26	4.48	-5.88				

续表

口岸类型		口岸名称	货运量（万吨）				集装箱量（万标箱）				人员（万人次）				交通工具（辆、艘、架、列次）			
			出口	进口	合计	同比（%）	出口	进口	合计	同比（%）	出境	入境	合计	同比（%）	出境	入境	合计	同比（%）
水运口岸	海港口岸																	
		分计																
	河港口岸																	
		分计																
合计			155.28	8 701.04	8 856.32	16.99					1 337.24	1 352.25	2 689.49	8.68			150 539	
同比（%）			4.04	17.25							8.75	8.60					3.63	

（北京市口岸办提供）

2018 年北京市口岸出入境主要数据表

<table>
<tr><th colspan="3">项目</th><th>2018 年</th><th>2017 年</th><th>同比（%）</th></tr>
<tr><td rowspan="13">出入境人员（万人次）</td><td colspan="2">出入境人员总数</td><td>2 689. 50</td><td>2 516. 10</td><td>6. 90</td></tr>
<tr><td colspan="2">入境人员</td><td>1 352. 30</td><td>1 265. 80</td><td>6. 80</td></tr>
<tr><td colspan="2">出境人员</td><td>1 337. 30</td><td>1 250. 30</td><td>7</td></tr>
<tr><td colspan="2">出入境旅客</td><td>2 529. 90</td><td>2 365. 20</td><td>7</td></tr>
<tr><td colspan="2">出入境员工</td><td>159. 70</td><td>151</td><td>5. 80</td></tr>
<tr><td rowspan="5">中国公民</td><td>小计</td><td>1 974. 10</td><td>1 827. 20</td><td>8</td></tr>
<tr><td>内地居民（因公）</td><td>175. 90</td><td>168. 40</td><td>4. 40</td></tr>
<tr><td>内地居民（因私）</td><td>1 666. 10</td><td>1 532. 70</td><td>8. 70</td></tr>
<tr><td>港澳居民</td><td>77</td><td>73. 70</td><td>4. 50</td></tr>
<tr><td>台湾同胞</td><td>55. 20</td><td>52. 50</td><td>5. 30</td></tr>
<tr><td colspan="2">外籍人员</td><td>715. 40</td><td>689. 00</td><td>3. 80</td></tr>
<tr><td colspan="2">从海港出入境人数</td><td></td><td></td><td></td></tr>
<tr><td colspan="2">从陆港出入境人数</td><td>4. 50</td><td>4. 80</td><td>-6. 00</td></tr>
<tr><td></td><td colspan="2">从空港出入境人数</td><td>2 685</td><td>2 511. 30</td><td>6. 90</td></tr>
<tr><td rowspan="5">交通运输工具（辆、艘、架、列次）</td><td colspan="2">总计</td><td>138 360</td><td>134 364</td><td>2. 8</td></tr>
<tr><td colspan="2">船舶</td><td></td><td></td><td></td></tr>
<tr><td colspan="2">飞机</td><td>138 000</td><td>134 000</td><td>2. 8</td></tr>
<tr><td colspan="2">火车</td><td>360</td><td>364</td><td>-1. 1</td></tr>
<tr><td colspan="2">机动车辆</td><td></td><td></td><td></td></tr>
</table>

表注：根据公境检〔2012〕25 号文件，对外提供数据出入境内地居民人数（不分因公、因私，不提供前往某一国家、地区人数）。

（北京出入境边防检查总站提供）

2018 年北京海关主要数据统计表

项目		2018 年	同比（%）
进出口货运量（万吨）	合计	9 018.01	17.17
	进口	8 860.19	17.43
	出口	157.82	4.20
进出口贸易总值（万美元）	合计	7 759 400.08	4.64
	进口	5 500 439.40	7.44
	其中：江、海运输	1 755 035.97	4.82
	铁路运输	37 846.58	-4.03
	汽车运输	10 176.66	60.40
	航空运输	3 659 486.76	8.42
	邮件运输	37 173.42	56.09
	其他运输	720.01	92.62
	出口	2 258 960.68	-1.59
	其中：江、海运输	71 254.28	37.38
	铁路运输	860.37	-18.96
	汽车运输	5 559.90	308.31
	航空运输	2 155 634.10	-1.63
	邮件运输	25 358.91	-49.13
	其他运输	293.12	340.26
税收（万元）	两税合计	6 784 754.06	-2.17
	关税入库	1 238 169.41	-2.77
	进口环节税入库	5 546 584.65	-2.04
货物检验检疫（批次）	本年累计	174 574.00	4.14
	其中：出境	18 090.00	-13.80
	入境	156 484.00	6.71
货物检验检疫金额（万美元）	本年累计	1 146 107.47	-7.05
	其中：出境	98 611.33	5.15
	入境	1 047 496.14	-8.05

（北京海关提供）

2018年北京市指定口岸/查验场统计表

省、自治区、直辖市	序号	指定口岸/指定查验场名称	口岸类别	类别	批复时间	备注
北京市	1	首都机场口岸	空运	整车进口	2012年11月6日	
	2	首都机场口岸	空运	肉类		肉类临时启用
	3	首都机场口岸	空运	进境冰鲜水产品		
	4	首都机场口岸	空运	进境水果	传统口岸	
	5	首都机场口岸	空运	进境植物种苗	2009年12月31日	
	6	首都机场口岸	空运	进境食用水生动物	2016年7月29日	
	7	北京平谷国际陆港	公路	肉类	2014年11月3日	
	8	北京天竺综合保税区	空运、公路	肉类	2018年6月12日	
	9	北京天竺综合保税区	空运、公路	进境冰鲜水产品	2018年6月12日	
	10	朝阳口岸	海运	进境水果	传统口岸	
	11	朝阳口岸	海运	进境植物种苗	2009年12月31日	

（北京市口岸办提供）

天 津 市

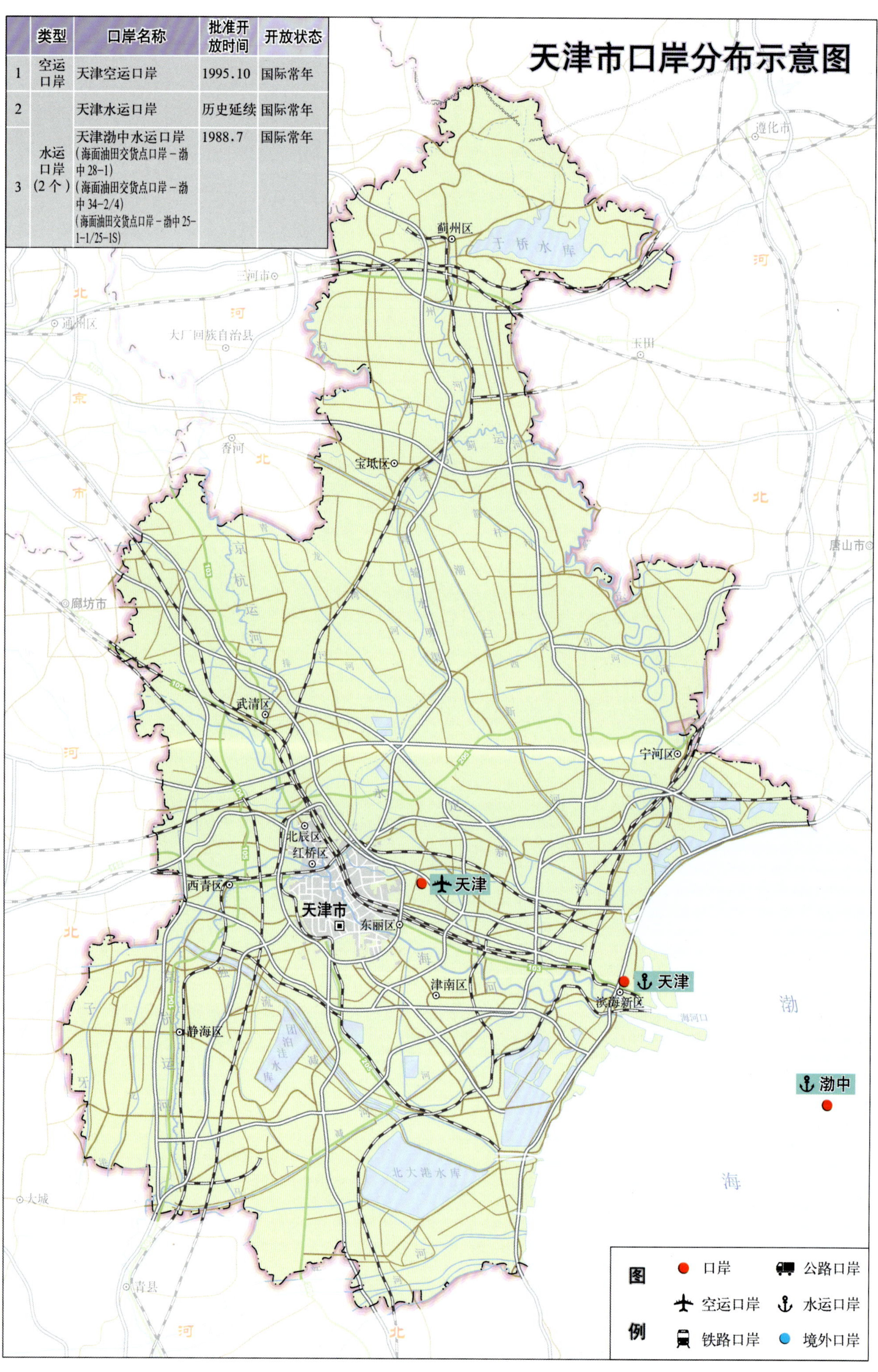

	类型	口岸名称	批准开放时间	开放状态
1	空运口岸	天津空运口岸	1995.10	国际常年
2	水运口岸（2个）	天津水运口岸	历史延续	国际常年
3		天津渤中水运口岸 （海面油田交货点口岸－渤中28-1） （海面油田交货点口岸－渤中34-2/4） （海面油田交货点口岸－渤中25-1-1/25-1S）	1988.7	国际常年

口岸数量及分布

截至2018年年底，天津市有经国务院批准的对外开放口岸3个，分别是天津空运口岸（天津滨海国际机场）、天津水运（海港）口岸、渤中水运（海上石油交货点）口岸。

口岸运行数据

2018年，天津口岸共完成口岸进出口贸易值2 097.80亿美元，同比增长12%。其中，进口1 093.07亿美元，同比增长12.6%；出口1 004.73亿美元，同比增长11.4%。

2018年，天津港货物吞吐量完成5.08亿吨，同比增长1.4%；集装箱吞吐量完成1 600.69万标箱，同比增长6.2%。天津港口岸外贸货物吞吐量2.76亿吨，同比减少1.5%，其中，外贸进口18 893.59万吨，同比增长2.3%；外贸出口8 735.64万吨，同比减少8.8%。口岸外贸集装箱完成804.14万标箱，同比持平。

天津机场货邮吞吐量完成25.87万吨，同比减少3.6%。进出境货邮吞吐量11.70万吨，同比减少9.9%。其中，进境7.22万吨，同比减少11%；出境4.48万吨，同比减少8.1%。

天津口岸出入境人员共416.89万人次，同比增长3.3%。其中，出境209.09万人次，同比增长3.6%；入境207.80万人次，同比增长3%。出入境旅客方面，空运口岸出入境旅客284.70万人次，同比增长18.5%；海港口岸出入境旅客74.09万人次，同比减少22.7%。

2018年，天津空运口岸出入境飞机共23 845架次，同比增长5.3%。海港口岸进出境船舶共15 170艘次，同比减少8.5%。天津国际邮轮母港累计接待国际邮轮116艘次，同比减少59艘次。

口岸综合管理

【天津口岸跨境贸易便利化水平显著提升】以天津港口岸降费提效治乱出清优化环境专项行动、提升跨境贸易便利化水平专项行动为契机，在持续落实2017年实施的天津口岸压缩通关时间35条措施、降低集装箱进出口环节合规成本22条措施的基础上，出台实施提升跨境贸易便利化水平33条措施，在全国率先建立港口收费清单公示和明码标价制度，推动港口物流流程和通关流程综合优化改革，持续提升跨境贸易便利化水平。

天津口岸整体通关时间持续压缩，2018年12月，进、出口货物整体通关时间分别为40.57小时和6.36小时，同比分别压缩65.8%和74%，超额完成“整体通关时间再压缩三分之一”的目标任务，为中国跨境贸易营商环境全球排名提升32位作出积极贡献。

【天津市港口统一收费服务平台上线运行】2018年12月28日，天津市港口统一收费服务平台正式上线运行，成为降费提效治乱出清优化环境的标志性工程之一。平台通过15个业务子系统，238个功能模块，383个对外接口，2个同城双活机房，1个异地灾备机房，18条网络专线，2个天津市区港区服务中心，对接天津国际贸易“单一窗口”、市场监管委、国家税务总局天津市税务局、建设银行、工商银行、中国银行等单位业务系统，在天津市706个服务网点、全国50 585台自助缴费机，以个人网银、企业网银、支付宝、微信、现金、支票、银行承兑等16种支付手段，推出信用证、票据托收及跟单服务、外币汇款、人民币退汇等189种金融优惠措施，为缴费主体和码头、物流、仓储、代理等收费主体提供安全、规范、便捷的公共服务，实现港口缴费24小时全天候一站式服务、一次性办理和一体化管理。

【天津水运口岸实现全线对外开放】 天津水运口岸大港港区、高沙岭港区、北塘港区（中心渔港）等三大港区对外开放顺利通过国家验收，为服务促进天津南港工业区建设世界级重化产业基地、高沙岭港区建设世界级装备制造业基地、中心渔港建设水产物流贸易加工产业基地提供重要支撑。

天津大港港区中石化液化天然气（LNG）码头正式对外开放，顺利停靠 LNG 船舶 2 艘次，为有效缓解华北地区天然气资源短缺，服务民生起到重要保障作用。推动高沙岭港区新兴建材码头通用泊位、大港港区泰奥石化码头、渤化南港码头及中心渔港码头口岸开放。大港港区泰奥液体化工码头、南疆港区远航矿石码头初步具备口岸对外开放条件。

【天津口岸服务京津冀协同发展和“一带一路”建设】 天津口岸积极服务京津冀协同发展国家战略。打造雄安新区便捷出海通道，主动对接雄安新区，建立工作联系，达成合作共识，打造便捷出海口；建成京津冀（天津）检验检疫试验区，通过海关总署验收并揭牌运行，增强服务辐射京津冀能力。

深化跨区域口岸合作。与山西省、甘肃省、青海省、吉林省长春市签署口岸合作协议，开展通关政策宣传和上门服务，推介天津港降费提效新政，服务当地外向型经济发展，进一步增强天津口岸服务辐射作用。进一步优化无水港布局，提高无水港运营质量。2018 年，天津与内陆地区合作建设无水港 25 个，其中 23 个无水港投入运营，无水港运营总量 41.5 万标箱，同比增长 5.3%。天津口岸陆桥运量（过境班列）达到 7.42 万标箱，同比增长 21.43%。

【天津口岸信息化建设不断深化】 天津国际贸易“单一窗口”与国家标准版全面对接，已实现 12 个方面的服务功能，促进贸易便利化。建立运行维护工作机制，全天候 24 小时服务企业，保障部署在 4 个机房的 500 多套软件和硬件安全稳定运行。组织召开 150 多场共有 6 000 多家企业参加的宣讲培训会议，累计解决企业各类咨询问题 20 000 个，保障企业顺畅通关。截至 2018 年年底，中国（天津）国际贸易“单一窗口”货物申报覆盖率 100%，海运舱单申报覆盖率 100%，空运舱单申报覆盖率 100%，海运运输工具申报覆盖率 100%，空运运输工具申报覆盖率 100%，2018 年，累计申报量 1 077.5 万单；跨境电商平台备案企业 233 家，备案商品 72 558 种，订单申报量累计达到 2 322.81 万单，货值 37.98 亿元人民币。目前，国际贸易“单一窗口”直接服务企业数量 6 000 余家，间接服务企业 6.4 万余家，有效降低了企业通关成本，提高了口岸通关效率。

【天津口岸监管服务模式进一步创新】 推进北疆港区物流流程优化，同步推进运抵报关流程设计，实现北疆港区相关码头公司出口集装箱试点直接运抵码头并免费发送运抵报告，进一步降低企业的时间和物流成本，促进营商环境改善。2018 年 12 月 26 日，天津港东突堤新集装箱海关卡口正式切换，集装箱公司、东方海陆公司、五洲国际公司形成一体化运作，实现海关嵌入式监管和顺势监管，全面实现货物直接运抵码头；深化“一次性联合查验”通关模式，关检业务深度融合，实现一次查验；天津海关实现关区通关一体化，全面实施企业自主选择海运现场申报口岸，天津口岸各业务现场实现业务现场通关一体化。

【天津空运口岸服务功能建设不断深化】 进境食用水生动物指定口岸完成国家级验收，进口肉类指定口岸获原国家质检总局批准筹建；服务空港口岸大通关基地规划建设，航空物流区航运服务中心正式运营，实现空港口岸报关报检业务“一站式”服务；实施京津冀 144 小时过境免签政策，服务促进口岸查验配套设施规划建设和 T1 航站楼自助通关设施改造升级。服务保障重大会议活动要客通关，服务保障世界智能大会 27

批次、106 人次，2018 年天津夏季达沃斯论坛 105 批次、1 241 人次与会代表及国内政要代表团 8 批次，34 人次礼遇通关。

口岸监管与服务

【天津出入境边防检查总站提升管理模式和服务水平】 强化口岸管控工作。建立口岸安全管控责任制，组织“全要素”风险隐患排查，严密规范查控、布控，全面强化应急处置。通过实施风险评估，推行信用管理、深化多方共管、制定权力清单、划定口岸限定区域等措施，着力打造集约高效、内紧外松、精准管控的新型港口边检管理模式。

服务重大战略，支持天津经济社会发展和口岸开发开放。落实京津冀 144 小时过境免签政策，在驻天津口岸查验单位中完成“单一窗口”建设，实现“国际航行船舶边检手续网上申报”；正式挂牌成立天津大港、天津北塘边检站，积极争取政策支持，努力推动天津机场口岸 24 小时直接过境旅客免检和直接往返机组人员免办边检手续等政策在天津实施。加快邮轮自助通关建设应用，提升天津东疆口岸自助通关比例。

深化“放管服”改革，提升边检管理服务水平。全面落实口岸通关便利措施，开展客流高峰时段通关情况调研，落实设置高峰提示线、提前加开通道、实行中国旅客分区验放等措施，确保节假日期间口岸通关顺畅。扩大边检“特别通道”服务范围，开设中国公民专用通道，为“两院院士”出入境提供通关便利。为天津夏季达沃斯论坛提供优质通关服务。深入推进“互联网+政务”服务，建设一体化网上政务服务平台，上线运行天津边检总站政府网站移动端，推动移动政务服务向第三方平台拓展延伸。开发建设边检行政许可网上申报平台和手机终端，实现登轮、搭靠证件网上办理和查验管理，实现了边检政务服务“网上办”、边检行政许可“掌上办”、港口边检业务无纸化申报和电子化查验。实施船舶入出境边检手续前置，实现天津口岸国际航行船舶入出境边检手续“只跑一次”，甚至“一次不跑”。优化国际航行船舶检查流程，实现船舶在港作业“零间隙”。推出船员登、离轮手续预约办理措施，实现船员更换“零等候”。

【天津海事局积极提升监管效能，服务口岸开放工作】 积极推动天津大港港区、高沙岭港区及北塘港区（中心渔港）的口岸开放工作，目前，三大港区口岸开放工作已完成国家级验收。

推动完成海事船舶安全监督系统对接“单一窗口”标准版部署工作，组织开展海事船舶安全监督系统应用培训。全面启动国际贸易“单一窗口”标准版运输工具（船舶）申报系统。

扩大实施国际航行船舶联合登临检查工作机制，进一步促进信息互换、监管互认、执法互助，降低查验单位重复登轮检查频次，减少重复检查内容，不断提高执法工作效能。2018 年 7 月 1 日起，各查验单位在天津南港港区扩大实施国际航行船舶联合登临检查工作，为在全港铺开相关工作奠定了基础。

大力推广海事船舶安全监督系统，应用大数据对靠港船舶监管信息进行综合分析评估，运用风险分析理念，对船舶进行分级管理，确定监管重点，运用信息化手段，核查船舶检查项目，减少登船检查时间，进一步提高船舶监管效率。

形成“天津海事局海事规费征收项目清单”，对收费项目、标准和依据、监督电话和邮箱等信息进行公示，做到公开透明，保障依法征收。

【天津海关开展专项行动，加强监管服务能力】 天津海关举全关之力开展跨境贸易便利化专项行动，细化 72 条举措，持续推动落实。深入参与降费提效治乱出清优化环境专项工作，清理通关服务企业以海关名义乱收费问题，消除“制度性利益输送”。开展重点货源商品通关流程再造，实行单证“日清”机制，精准解决影响通关效率的堵点和难点。超额完成“整体通关时间再压缩三分之一”的目标任务，为中国跨境贸易营商环境全球排名提升 32 位作出积极贡献。

针对国际航行船舶的保税维修和跨关区保税油供应等新业态加强制度创新。探索开展保税仓储货物质押融资改革。上线跨境电商质量溯源平台，创新推出“区港联动”服务模式，积极支持天津市武清区跨境电商出口基地建设。2018 年，接受跨境电商进口清单申报 1 960 余万单，同比增长 4.25 倍。

开展“国门利剑 2018”联合专项行动。打击酒水走私案值3.4 亿元，扣押酒水 17.4 万瓶；打击化妆品走私行动查扣涉案货物 31.4 万件；打击冷冻水产品走私案值 5.9 亿元；打击汽车走私案值约 17.1 亿元；打击成品油走私查获走私船 3 艘，扣押成品油 3 100 吨；首次在关区发现非设关地成品油和食糖走私情事。查获近年来关区最大一起濒危物种走私案件。查获走私象牙制品 2 596克，枪支 5 把，毒品大麻 1 444.6 克，Ⅰ、Ⅱ类精神类药品 2 700 片。刑事大要案数量再创新高。“智慧缉私”建设扎实推进，案管中心被列为全国第一批试点单位。

下重拳开展“固废清港行动”。清理完毕 2018 年 8 月 31 日前产生的 493 个集装箱、9 087 余吨历史遗留滞港货物，实现“清理存量”；处置完成新增检验不合格超期货 69 个集装箱、1 686余吨，实现“清零增量”。先后开展 5 轮“蓝天 2018”打击“洋垃圾”专项行动，刑事立案 48 起，查证涉嫌走私固废 1.7 万余吨，查获 3 500余吨，退运涉案固废 5 203 吨。多措并举、精准施策，加强对港区、堆场的综合治理，构筑起拒“洋垃圾”于国门之外的坚实防控网，还天津港以“碧水蓝天”。

加强国门生物安全防控，实施疫区船舶 100% 布控、第一时间登临，综合运用“海关关员—X 光机—检疫犬”查验模式，对来自疫区的旅客携带物 100% 过机查验，共截获禁止进境猪肉及其制品 6 340 千克；隔离检疫进境陆生观赏动物、大中型动物数量位居全国第一，截获进境检疫性有害生物 4 556 种次。加强国境卫生安全防控，检出艾滋病、乙型肝炎、诺如病毒感染等确诊病例 127 例，妥善处置“福伦丹”号邮轮群体性腹泻事件。2018 年，检出进口不合格货物 1.3 万批次、62.4 万吨，退运销毁货物 287 批次、295.8 吨。加强进出口商品监管，检出不合格进口汽车 1.9 万辆，实施退运 322 辆。

开放口岸

【天津空运口岸（天津滨海国际机场）】 天津滨海国际机场口岸位于天津市东丽区，距天津市中心 13 千米，距天津港 30 千米，距北京 134 千米。天津滨海国际机场是我国区域枢纽机场和国际航空物流中心，是国家对外开放口岸。2018 年，天津滨海国际机场航线航班营销成效显著，正班航线共 198 条 14 893 班次，通航城市 142 个，旅客吞吐量 2 359 万人次，同比增长 12.3%。天津滨海国际机场 T1 航站楼进出境人员边检查验通道 28 条，海关出入境申报通道 8 条，检验检疫出境查验通道 1 条、入境查验通道 2 条，设有出入境口岸签证处；公务机出入境查验通道 1 条。天津滨海国际机场飞行区等级为 4E 级，有跑道 2 条，高峰架次为每小时 28 架次，可满足各类飞机起降。天津空运口岸现有一级货站 3 家，库房面积合计 7 万平方米，年货运处理能力 73 万吨。天津空运口岸货物海关查验监管区域共有 7 个。

【天津水运（海港）口岸】 天津水运（海港）口岸是中国北方对外开放门户，位于渤海湾海河入海口，地处京津城市带和环渤海经济圈交汇点。天津港是我国北方最大的人工深水港，拥有集装箱、矿石、煤炭、焦炭、原油及制品、钢材、大型设备、滚装汽车、液化天然气、散粮、国际邮轮等各类泊位 167 个，其中万吨级以上泊位 125 个。2018 年，天津港货物吞吐量完成 5.08 亿吨，集装箱吞吐量完成 1 600.69 万标箱。

【渤中水运（海上石油交货点）口岸】 中国海洋石油渤海公司海面交货点作为国家对外开放口岸，可停靠国际航线船舶，直接出口海面交货点生产的原油。中国海洋石油渤海公司是我国最早从事海上油气田开发、生产的国有大型工业企业。该企业成立于1966年1月7日，是中国海洋石油总公司下属历史最长、规模最大的地区公司。该公司主要负责渤海海域石油天然气资源的勘探、开发、生产、运输与产品销售，并提供基地设施、工程技术和劳务服务。自1980年实行对外合作以来，成功地坚持合作与自营方针，建立了具有渤海特色的现代油气田公司管理体制，能够按照国际惯例组织各类油气田的开发和生产作业。

2018年天津市口岸大事记

1月1日

天津海事局全面推行政务服务一体化，行政相对人可自主选择网上或现场任意一种办理方式，到天津海事局所属的任意一个政务窗口，办理天津辖区内的任意一项海事政务业务。

1月4日~5日

由海关总署（国家口岸管理办公室）会同公安部、交通运输部、国家质检总局等单位组成的国家验收组，对天津水运口岸大港港区、高沙岭港区、北塘港区（中心渔港）对外开放进行了为期两天的验收，同意天津水运口岸三大港区对外开放通过国家验收。

1月5日

天津南港奥德费尔码头10号泊位随大港港区口岸开放顺利通过国家验收，实现正式对外开放，为服务南港壳牌公司生产经营提供专业化口岸物流服务、为南港工业区建设世界级重化基地提供口岸支撑。

1月8日

天津大港港区出入境边防检查站正式成立。

1月18日

天津出入境检验检疫局与天津边检总站签署《全面加强合作备忘录》，建立了信息共享和反馈、协同执法工作及口岸突发事件应急联动三项合作机制，进一步提升执法把关成效和服务发展工作成效。

1月22日

天津静海海关“属地申报、口岸验放”一体化通关模式正式开通运行。

1月24日

天津市政府正式批复同意天津港口岸大港港区中石化天津液化天然气有限责任公司液化天然气（LNG）码头液化天然气（LNG）泊位口岸正式对外开放。

1月30日

天津检验检疫局在天津海吉星国际农产品物流园，对进口肉类和预包装食品货物启动实施“直通进区”检验检疫监管新模式。

2月24日

交通运输部副部长何建中一行来天津开展专项督导检查，其间实地检查中海油天津液化天然气有限公司和天津国际油轮母港，召开座谈会听取有关工作汇报。

3月28日~29日

国家质检总局专家组对天津空港进境食用水生动物指定口岸进行了国家级验收。

4月20日

海关总署副署长、政治部主任胡伟到天津海关调研检查机构改革工作落实情况，现场检查一口对外、一次办理、统一执法情况及现场统一上岗、统一着装、统一佩戴关衔情况，现场慰问原天津出入境检验检疫局同志。

4月24日

天津新港海关物流监控处分别与原天津出入境检验检疫局南疆办事处、临港办事处联合对停靠在天津港埠第二公司G13泊位的“太仓泉州”轮和停靠在临港港区孚宝码头的“索尔”轮进行首次联合登临检查，完成了对该轮的卫生检疫及船存免税烟酒的核对工作，达到了“一次登临、联合检查”目的。

4月26日

天津国际邮轮母港迎来京津冀144小时过境免签旅客通关高峰，天津边检总站所属东疆边检站共为442名外国旅客办理京津冀144小时过境免签手续，创下该政策实施以来单航次人数、单日办理人数、单个口岸办理人数新高。

4月30日

留存入境外国人指纹政策在天津机场、东疆口岸开始全面实施。

5月11日

天津北塘边检站正式挂牌成立。

5月29日

天津港太平洋公司码头靠泊的“马士基慕尼黑”轮上的5个集装箱顺利卸船，并在天津港中化危险品物流有限公司海关查验场完成查验，货值99.77万欧元的奔驰汽车安全带实现便捷通关。

5月31日

京津冀（天津）检验检疫试验区海吉星项目通过验收并正式挂牌运行。

6月7日

天津市口岸办、中国电子口岸数据中心天津分中心、天津海关加贸处、保税区海关联合行动，选择PPG航空材料（天津）有限公司为第一个试点企业，服务指导企业通过国际贸易“单一窗口”标准版特殊监管区域系统，完成用户注册、委托授权、业务申报和数据查询等操作，实现首单申报。

6月18日

中国公民出入境通关排队不超过30分钟新举措在天津口岸正式落地实施。

6月20日

天津市口岸办与中国银行天津分行共同签署战略合作协议，拓展中国（天津）国际贸易“单一窗口”金融服务功能，为外贸企业提供便捷通关及金融服务。

7月28日

天津市政府批复同意天津市财政局关于天津市港口统一收费服务平台项目资金筹措意见。

8月13日

国家移民管理局正式批复同意天津边检总站试点开展港口边检管理改革工作。

9月1日

“国际航行船舶网上申报边检手续”措施在天津口岸正式落地实施。

9月4日

天津口岸区块链验证试点启动会在天津召开，“天津口岸区块链验证试点实验室”建设正式启动，标志着这一国家级口岸改革创新试点项目落户天津。

9月7日

全面实施企业自主选择海运现场申报口岸，天津各关区实现了业务现场通关一体化。

9月13日

天津市口岸办会同天津海关、天津港集团等组成天津口岸服务团，赴吉林省长春市开展对口合作，向当地企业宣讲天津口岸便捷通关政策措施，与长春市商务局（口岸办）签署《天津长春口岸对口合作框架协议》。

9月26日

天津边检总站政府网站综合服务平台上线试运行。

9月29日

天津边检行政许可申报平台正式启用。

11月2日

国际贸易“单一窗口”标准版空运舱单申报功能上线。

11月5日

天津边检行政许可微信申报程序上线运行。

12月3日

天津边检掌上政务平台上线试运行。

12月4日

天津海关关长赵革、党组纪检组组长白莉陪同海关总署纪检监察组组长许罗德、副组长张志学到天津新港海关调研。

12月7日

天津海关关长赵革陪同天津市副市长金湘军到天津蓟州保税物流中心（B型）现场调研，听取蓟州保税物流中心（B型）建设进展及招商运营情况汇报。

12月25日

海关总署署长倪岳峰到天津海关调研打击“洋垃圾”走私工作，就贯彻落实习近平总书记关于打击“洋垃圾”走私重要批示精神，到化矿金中心、机检审像中心、风险防控中心、固体废物查验现场调研。

12月28日

天津市港口统一收费服务平台正式上线运行，为持续提升跨境贸易便利化水平提供了机制保障和平台支撑。

（撰稿人：王洋）

2018年天津市口岸流量统计表

口岸类型		口岸名称	货运量（万吨）				集装箱量（万标箱）				人员（万人次）				交通工具（辆、艘、架、列次）			
			出口	进口	合计	同比（%）	出口	进口	合计	同比（%）	出境	入境	合计	同比（%）	出境	入境	合计	同比（%）
空运口岸		天津滨海国际机场	4.48	7.22	11.70	-9.9%			0.00		151.90	150.40	302.30	18.2%	11 924	11 921	23 845	5.3%
空运口岸		分计	4.48	7.22	11.70	-9.9%			0.00		151.90	150.40	302.30	18.2%	11 924	11 921	23 845	5.3%
陆路口岸	公路口岸																	
陆路口岸	公路口岸	分计																
陆路口岸	铁路口岸																	
陆路口岸	铁路口岸	分计																
水运口岸	海港口岸	天津港	8 735.64	18 893.59	27 629.23	-1.5%	401.18	402.96	804.14	-0.0	57.19	57.40	114.59	-22.5%	7 477	7 693	15 170	-8.5%
水运口岸	海港口岸	分计	8 735.64	18 893.59	27 629.23	-1.5%	401.18	402.96	804.14	-0.0	57.19	57.40	114.59	-22.5%	7 477	7 693	15 170	-8.5%
水运口岸	河港口岸																	
水运口岸	河港口岸	分计																
合计			8 740.12	18 900.81	27 640.93		401.18	402.96	804.14		209.09	207.80	416.89		19 401	19 614	39 015	
同比（%）			-8.8%	2.3%	-1.5%		-1.5%	1.5%	-0.0		3.6%	3.0%	3.3%		-0.7%	0.3%	-0.0	

（天津市口岸办提供）

2018 年天津市口岸出入境主要数据表

<table>
<tr><th colspan="3">项目</th><th>2018 年</th><th>2017 年</th><th>同比（%）</th></tr>
<tr><td rowspan="15">出入境人员（万人次）</td><td colspan="2">出入境人员总数</td><td>416.89</td><td>403.6</td><td>3.3</td></tr>
<tr><td colspan="2">入境人员</td><td>207.80</td><td>201.7</td><td>3</td></tr>
<tr><td colspan="2">出境人员</td><td>209.　09</td><td>201.9</td><td>3.5</td></tr>
<tr><td colspan="2">出入境旅客</td><td>358.7</td><td>336.2</td><td>6.7</td></tr>
<tr><td colspan="2">出入境员工</td><td>58.1</td><td>67.4</td><td>-13.8</td></tr>
<tr><td rowspan="5">中国公民</td><td>小计</td><td>338.4</td><td>324.1</td><td>4.4</td></tr>
<tr><td>内地居民（因公）</td><td rowspan="2">326.3</td><td rowspan="2">313.8</td><td rowspan="2">4</td></tr>
<tr><td>内地居民（因私）</td></tr>
<tr><td>港澳居民</td><td>4.5</td><td>4.5</td><td>持平</td></tr>
<tr><td>台湾同胞</td><td>7.6</td><td>5.8</td><td>31</td></tr>
<tr><td colspan="2">外籍人员</td><td>78.4</td><td>79.5</td><td>-1.4</td></tr>
<tr><td colspan="2">从海港出入境人数</td><td>114.8</td><td>147.9</td><td>-22.4</td></tr>
<tr><td colspan="2">从陆港出入境人数</td><td>无</td><td>无</td><td>无</td></tr>
<tr><td colspan="2">从空港出入境人数</td><td>302</td><td>255.7</td><td>18.1</td></tr>
<tr><td rowspan="5">交通运输工具（辆、艘、架、列次）</td><td colspan="2">总计</td><td>29 400</td><td>28 500</td><td>3.2</td></tr>
<tr><td colspan="2">船舶</td><td>9 200</td><td>9 700</td><td>-5.2</td></tr>
<tr><td colspan="2">飞机</td><td>20 200</td><td>18 800</td><td>7.4</td></tr>
<tr><td colspan="2">火车</td><td colspan="3" rowspan="2">无</td></tr>
<tr><td colspan="2">机动车辆</td></tr>
</table>

（天津出入境边防检查总站提供）

2018 年天津海关主要数据统计表

项目		2018 年	同比（%）
进出口货运量（万吨）	合计	18 626	5.1
	进口	12 236	11.3
	出口	6 390	-5.0
进出口贸易总值（万美元）	合计	20 977 999	12.0
	进口	10 930 668	12.6
	其中：江、海运输	8 323 643	14.4
	铁路运输	11 841	-5.1
	汽车运输	1 101	158.4
	航空运输	2 593 603	7.3
	邮件运输	229	-16.5
	其他运输	250	-24.5
	出口	10 047 331	11.4
	其中：江、海运输	9 008 085	10.8
	铁路运输	73 033	113.3
	汽车运输	7 338	403.7
	航空运输	877 007	11.7
	邮件运输	119	1.5
	其他运输	81 749	27.4
税收（万元）	两税合计	1 495.7	-9.290
	关税入库	376.51	-16.650
	进口环节税入库	1 119.19	-6.520
货物检验检疫（批次）	本年累计	269 761	-13.4
	其中：出境	54 780	-9.3
	入境	214 981	-14.4
货物检验检疫金额（万美元）	本年累计	6 177 369	10.4
	其中：出境	434 183	5.0
	入境	5 743 186	10.9

（天津海关提供）

2018 年天津海事局进出港船舶统计汇总表

船舶类别	进港船舶						
	艘数（艘）	总吨（吨位）	总载重量（吨）	载客量（客位）	船员人数（人次）	货物到达量（吨）	旅客到达量（人）
总计	72 243	368 872 235	484 353 726	412 666	1 370 255	152 952 829	308 011
中国籍船舶	66 871	142 543 579	197 534 851	15 714	1 168 484	45 129 833	30 516
其中外贸船	32 889	71 227 355	104 318 681	13 170	569 430	24 813 798	16 082
船舶类别	出港船舶						
	艘数（艘）	总吨（吨位）	总载重量（吨）	载客量（客位）	船员人数（人次）	货物发送量（吨）	旅客发送量（人）
总计	67 405	354 375 612	463 018 256	411 344	1 292 659	156 982 123	308 162
中国籍船舶	62 096	135 504 587	187 712 534	14 442	1 090 858	113 414 397	29 729
其中外贸船	32 808	69 624 603	100 882 109	13 170	573 275	58 707 388	16 372

（天津海事局提供）

2018 年天津市指定口岸/查验场统计表

省、自治区、直辖市	序号	指定口岸/指定查验场名称	口岸类别	类别	批复时间	备注
天津市	1	天津新港	海运	汽车整车进口口岸	2004 年 5 月	
	2	天津港	海运	进境粮食	2014 年 10 月 2015 年 12 月	
	3	天津滨海国际机场	空运	进口药品	2003 年 11 月	
	4	天津滨海国际机场	空运	进口植物种苗	2012 年 12 月	
	5	天津滨海国际机场	空运	进口冰鲜水产品	2014 年 12 月	
	6	天津滨海国际机场	空运	进境水果	2017 年 5 月	

（天津市口岸办提供）

河　北　省

河北省口岸分布示意图

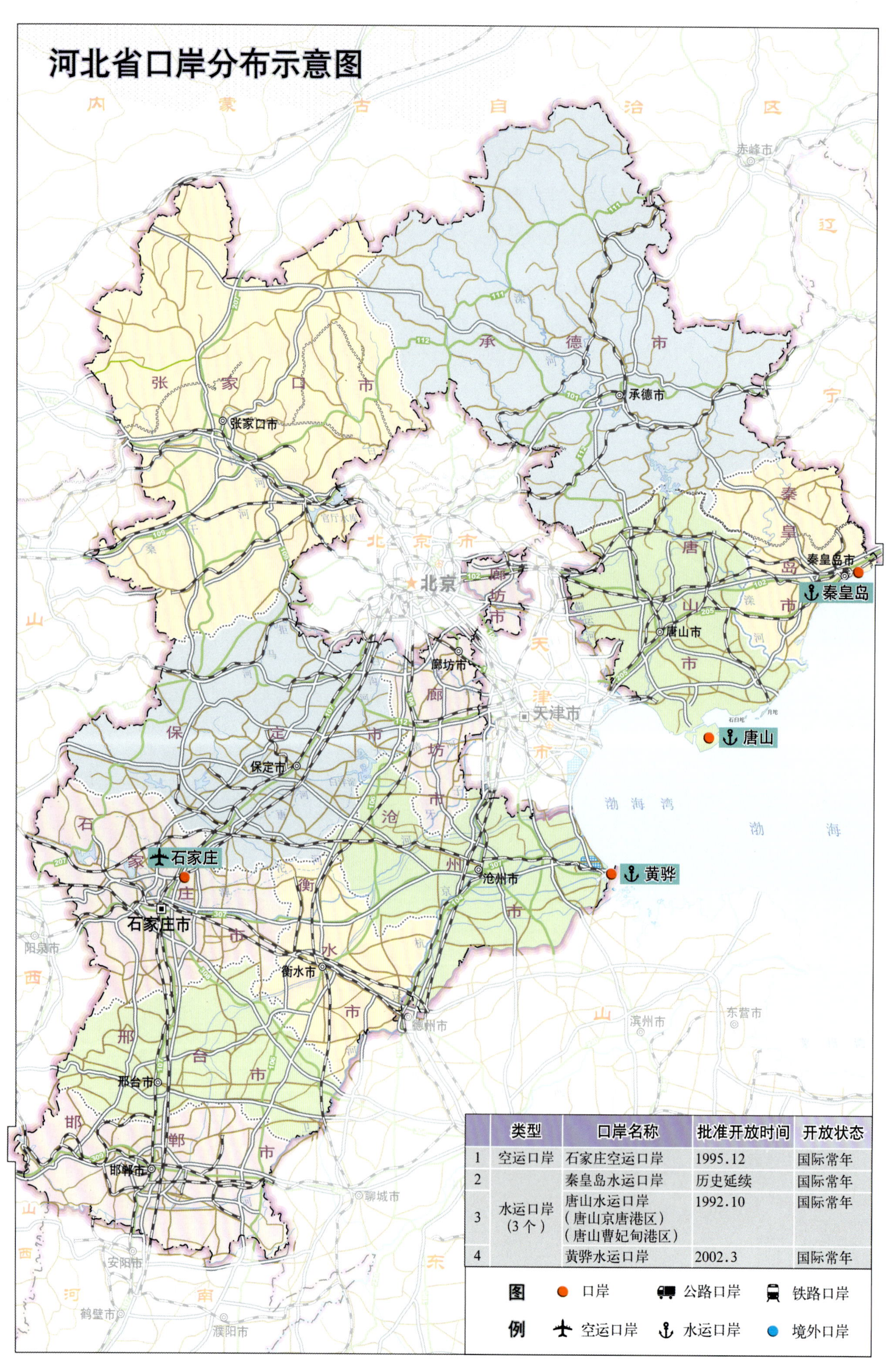

	类型	口岸名称	批准开放时间	开放状态
1	空运口岸	石家庄空运口岸	1995.12	国际常年
2	水运口岸（3个）	秦皇岛水运口岸	历史延续	国际常年
3		唐山水运口岸（唐山京唐港区）（唐山曹妃甸港区）	1992.10	国际常年
4		黄骅水运口岸	2002.3	国际常年

口岸数量及分布

截至2018年年底，河北省共有经国务院批准的对外开放口岸4个。其中，空运口岸1个，即石家庄空运口岸（石家庄正定国际机场）；水运（海港）口岸3个，分别是秦皇岛、唐山、黄骅海港口岸。

口岸运行数据

2018年，河北省港口完成货运量9.61亿吨，同比下降0.76%（秦皇岛港完成2.33亿吨，下降5.7%；唐山港完成6.4亿吨，增长23.07%；黄骅港完成2.88亿吨，增长6.45%）。其中，外贸货运量完成3.2亿吨，同比下降11.2%（秦皇岛港完成795.8万吨，下降40.8%；唐山港完成2.6亿吨，下降8.01%；黄骅港完成4 525.62万吨，增长9.22%）。

2018年，河北省海港口岸完成集装箱吞吐量426万标箱，同比增长34.8%（秦皇岛港58.5万标箱，增长2.7%；唐山港295.8万标箱，增长52.78%；黄骅港集装箱71.7万标箱，增长9.66%）。其中，外贸集装箱完成16.88万标箱，同比下降39.4%；秦皇岛港11.2万标箱，下降54.5%；唐山港5.68万标箱，增长45.05%。

2018年，石家庄空运口岸出入境航班3 752架次，同比增长56%；出入境人次37.4万人次，同比增长33.8%；货邮吞吐量258.2吨，同比增长27.9%。

口岸综合管理

【口岸开放稳步推进】 一是北戴河机场首次实现年内二次开放。为了进一步增加北戴河机场出入境人数，争取早日实现正式开放，2018年，在国家批准北戴河机场一期开放的基础上，积极向国家申请二次开放并获得批准，在原飞独联体航线的基础上增开至日本、韩国、泰国、柬埔寨4条航线。2018年7月，北戴河机场进出港航班达40架次，进出境旅客4 821人次。二是泊位启用取得新进展。全力推动已开放水域新建码头泊位的对外启用工作，在精心组织驻冀查验部门现场验收的基础上，经河北省政府批准，黄骅港口岸综合港区10万吨级散杂货码头、20万吨级矿石泊位先后对外开放并投入使用，河北省水运口岸综合服务能力进一步提升。三是口岸功能不断优化。京唐港、曹妃甸港区整车进口口岸获批运行，新建成秦皇岛、京唐港、黄骅港三个进口粮食指定口岸，秦皇岛、曹妃甸进口水果指定口岸获批，曹妃甸进境肉类指定口岸通过相关部门的验收，进一步拓展了河北省口岸的服务功能。

【口岸协作继续推进】 2018年7月20日，京津冀三地口岸办共同签署《京津冀口岸提升跨境贸易便利化水平（天津）议定书》，对于进一步加强京津冀区域口岸合作、提升京津冀地区跨境贸易便利化水平将起到重要的推动作用。河北出入境边防检查总站扎实推进京津冀144小时外国人过境免签政策实施，编发了《京津冀144小时过境免签工作指导手册》，为过境免签旅客提供便捷服务。

【电子口岸建设】 “单一窗口”功能持续优化。围绕提高“单一窗口”主要功能应用率、推广应用新增功能、平稳实现关检融合统一申报等重点工作，深化“单一窗口”建设，努力扩展增值服务，为企业提供多角度、全方位、便利化服务。一是积极完善应用功能。新增税费支付、原产地证打印、企业资质审批、在线查询等8项功能，建设完成货物申报、运输工具申报、舱单申报、企业资质办理、许可证件申领等10大核心系统，河北省“单一窗口”货物、运输工具和舱单申报等主要功能应用率已接近100%，提前完成国家要求的80%的目标任务。二是全力推进关检融合。按照全国通关一体化关检业务全面融合的统一部署，河北省口岸办会同石家庄海关研究制定了有关“单一窗口”关检融合统一申报工作的方案，采取线上线下多种方式对企业进行培训，并建立了联合办公和应急保障工作机制。

2018年8月1日，按时实现新旧系统平稳切换，新货物申报系统覆盖率现已达到100%。三是加快拓展增值业务。推动河北省电子口岸公司与中国信保河北分公司共同完成了线上“出口信保投保”“信保咨询”“买方资信调查”等金融保险服务，支持河北省电子口岸公司创新增值服务，力争在3年后能够实现市场化运作、自我发展的良性循环。

【口岸辐射能力逐步增强】 围绕融入国家“一带一路”建设，唐山港积极拓展港口腹地辐射服务范围，以蒙冀铁路、林哈铁路开通为契机，在中欧班列沿线加快内陆港布局，在内蒙古（呼和浩特、满洲里、巴彦淖尔、萨拉齐）、新疆（阿拉山口、乌鲁木齐、哈密、奎屯）、山西（大同、安塘）建设的10个内陆港正式投入运营。唐山京唐港区开通至日本门司、博多集装箱航线，曹妃甸港区开通至日本集装箱航线。2018年年底，京唐港区至胡志明、曼谷、林查班航线正式运营。

【贸易便利化水平不断提升】 按照国务院关于优化环境、促进跨境贸易便利化的决策部署，积极推进“提效率、降费用、减单证、优流程”各项工作任务。一是健全机制。成立了以分管副省长为组长的提升跨境贸易便利化联合推进小组，河北省口岸办会同石家庄海关设立联合专班。二是完善措施。出台了《河北省人民政府办公厅关于提升跨境贸易便利化水平的实施意见》（冀政办字〔2018〕130号），提出优化通关流程、推进无纸化和信息化作业、完善通关服务机制等五方面25条措施；《关于优化口岸营商环境促进跨境贸易便利化工作方案的若干措施》已上报省政府。三是强化督导。逐月对河北省各关区整体通关时间进行监测，定期通报各市政府，对压缩进度缓慢、通关时间过长的秦皇岛、唐山、廊坊等重点市开展精准督导，并对当地口岸办和驻地海关领导进行约谈。四是推动降费。2018年10月底，完成了公开公示口岸收费清单工作，要求清单外一律不得收费。目前，河北省提升跨境贸易便利化工作已顺利通过国务院大督查检查，特别是压缩整体通关时间已取得明显成效，10月，进出口通关时间分别较2017年同期压缩64.5%和57%，1月~10月同比分别压缩37.3%和21.4%，2018年年底完成了“整体通关时间再压缩三分之一”的目标任务。

口岸监管与服务

【河北出入境边防检查总站坚持简政放权、优化营商环境】 坚持简政放权，优化营商环境，业务办理“零收费”。扎实开展2018年优化营商环境政策措施的研究制定和第四批自贸试验区改革试点经验复制推广工作，着力提高速度、简化手续、优化流程。积极融入河北省电子口岸建设，全力推广和应用国际贸易“单一窗口”标准版，于2018年9月1日起，实行国际航线船舶网上申报边检手续，不再提交纸质申报单证，积极实行无纸化办公。目前，河北省海港口岸船舶代理公司国际贸易“单一窗口”使用率和出入境船舶网上申报率均达到100%，每艘船舶停泊时间平均减少30分钟，有效提高了口岸通关效率和企业效益。在石家庄机场引入边检自助查验通道，为商务人员往来提供高效通关服务，符合条件的旅客最快6秒即可通关，大幅提高了旅客通关速度。推行边检行政许可标准化文书2018版，取消4项行政许可事项申请材料，细化公开事项，进一步减证便民、优化服务。目前，企业在边检业务办理过程中不需缴纳任何费用。

【河北出入境边防检查总站坚持改革创新、提升通关能力】 坚持改革创新，提升通关能力，船舶通关“零等待”。面对日益严峻复杂的口岸管控形势，改变单打独斗、大包大揽的传统观念，把工作重点放在出入境船舶风险评估、企业诚信管理、协同联动机制建设等方面。各边检站普遍与驻地公安、国安、口岸联检单位建立了联防联控协作机制，注意发挥口岸经营单位、船舶方的自管作用，逐步建立起了边检主导、多方参与、良性互动的综合治理机制，形成了口岸防控合力。出入境船舶代理企业在船舶靠港前就能申报船舶信息，边检机关提前在网上完成预检，船舶靠港后可以立即作业，达到了“到港即可靠泊，靠泊即可作业”的目标。管理模式的改变，在确保口岸安全的同时提高了用警效能，而且为船舶运营企业和代理企业节约了大量成本。

【河北出入境边防检查总站坚持服务大局、提高审批效率】 坚持服务大局，提高审批效率，口岸开放“零推诿”。在现行法规政策框架内探索优化口岸开放审批流程，提高口岸开放审批效率，主动跟进掌握河北省各口岸建设规划情况，提前介入新开口岸、码头、航线规划，跟进做好查验配套设施建设、勤务现场设置、执勤装备配备，真正做到口岸开放到哪里、边检服务就跟进到哪里。2018 年，先后完成黄骅港口岸综合港区矿石码头对外开放、北戴河机场临时对外开放服务保障工作。靠前服务张家口机场北京冬奥会期间临时对外开放有关工作，派员赴张家口实地考察机场建设情况，配合有关部门做好机场临时开放的有关准备工作，确保不因边检工作不到位而影响开放进程。

【河北海事局积极推进“单一窗口”国家标准版使用】 积极推进“单一窗口”国家标准版推广使用工作，派员赴舟山“单一窗口”调研，积累推广经验；组织辖区船舶代理企业就“单一窗口”填写标准及注意事项等内容开展操作培训，整理、解答相对人在使用系统中出现的问题，对于审批过程中不符合要求的情况及时告知，保证申报顺利进行。目前，辖区“单一窗口”推广顺利，已全面实现国际航行船舶进出口岸审批、手续网上申报、审批、自动打印离港证，辖区国际航行船舶 100% 通过“单一窗口”办理船舶进出口岸审批手续，位列全国首位，有效提升了船舶通关效率，极大地便利了行政相对人。

【河北海事局积极落实国家第四批自贸试验区改革试点经验复制推广工作】 一是积极落实船舶证书“三合一”并联办理，国内航行船舶可同时申请办理“船舶国籍证书”“最低安全配员证书”“油污损害民事责任保险证书”，避免相对人多次申请，压缩审批时间，节省相对人运营成本。二是全面落实国际航行船舶联合登临检查工作机制。坚持“信息互换、监管互认、执法互助”三互理念，推进国际航行船舶联合登临检查工作，提高通关效率，减少重复登轮。三是积极跟踪交通运输部海事局针对外锚地保税燃料油受油船舶便利化海事监管模式及国际船舶登记制度创新的进展情况，河北海事局将按照要求在上级文件下发 15 日内开展实施。

【河北海事局大力推进跨境贸易便利化】 河北海事局认真梳理与海事审批、服务相关的工作，在船舶进出口岸查验、船舶进出港交通指挥、港建费征收等方面缩短国际航行船舶通关时间。一是优化船舶进出港交通管理，科学安排船舶进出港，提高航道利用率和船舶进港效率，力争减少船舶锚泊待时。二是继续深化海事集约登轮工作，整合执法力量，将涉及船员、危防、规费稽征、船检质量等需登轮检查的以及交通运输部海事局开展的各类专项活动等需登轮开展的各类检查项目有机结合，统一安排登轮检查工作，不重复登轮。三是加强与各口岸单位的协作，主动与海关、边检部门沟通联系，加快船舶进出口岸审批的工作进度，压缩各项审批时间，提升工作效率。

【石家庄海关全力支持雄安新区规划建设】 推动河北口岸更高质量开放。主动对接雄安新区规划建设，参与雄安新区“1 + *N*”政策体系研究制定，所提 2 条政策建议全部被纳入《支持河北雄安新区全面深化改革扩大开放指导意见》。大力支持河北融入“一带一路”建设，推动 6 条国际集装箱班列相继开通运行；推荐食品农产品企业对外注册，特别是向“一带一路”沿线国家的推荐，已向 8 个国家推荐了 21 家具备相应注册条件的企业，培育对外贸易竞争新优势。推动海关特殊监管区域（场所）建设，支持廊坊出口加工区升级为综合保税区，辛集保税物流中心（B 型）通过验收，曹妃甸保税仓库开展保税混矿业务试点，石家庄综合保税区、秦皇岛出口加工区业务快速增长。推动曹妃甸港进境肉类指定口岸通过海关总署正式验收，进境水果指定口岸获批建设。支持唐山市取得设立跨境电子商务综合试验区资格。支持河北纽康恩食品有限公司肉馅包子出口加拿大，实现我国含肉馅粮食制品首次打入北美市场。支持河北特色优势产品开辟和扩大国际市场，沧州冬枣成功出口智利，河北肠衣产品安全控制体系通过欧盟官方检查。加大国家级重点实验室和公共技术服务平台建设力度，推动国家医学媒介生物监测重点实验室（秦皇岛）、国家儿童自行车检测重点实验室（邢台）通过核查验收。推动进出口食品安全应急检验检测实验室、进口废弃医疗物属性鉴定区域中心实验室（石家庄）获批筹建。加大知识产权保护工作措施、成效。持续加大知识产权海关保护力度，开展出口知识产权优势企业知识产权保护“龙腾”行动（2018），以生产、研发等具备核心竞争力的企业为重点，结合地区产业发展和特色优势，进一步优化、扩充河北省出口知识产权优势企业名单，综合运用风险管理手段，2018年，在市场采购贸易方式下查获侵权案件1起，没收出口侵权自行车904辆，案值约51.77万元人民币。

【石家庄海关实现关检业务深度融合】 积极推进通关业务改革，实现关检业务深度融合。一是稳妥有序组织实施机构改革。石家庄海关认真落实中央机构改革部署，将出入境检验检疫管理职责和队伍划入海关，制定了机构改革组织实施方案，明确“时间表”“路线图”，严格按照中央明确的步骤环节和时间节点推进机构改革。2018年4月20日，新转隶人员在一线旅检、查验和窗口岗位统一上岗、统一着海关制服、统一佩戴关衔，统一以海关名义对外开展工作；对外开放口岸统一使用“中国海关”标识。二是扎实推进关检业务深度融合。印发了《石家庄海关落实〈全国通关一体化关检业务全面融合框架方案〉的工作措施》，明确26项目标任务的主要内容、完成时限和责任部门。整合企业管理，企业只需提交一次注册申请，即可同时取得报关报检资质，实现“一次注册”。推行整合申报，顺利完成整合申报系统切换，试行大宗散货进口环节新型整合申报流程，合并报关报检作业环节和申报要素，实现“一次申报”。针对非洲猪瘟防控、食品检疫、非贸物品监管，开展关检“风险”业务集中办公，在统一风险研判的基础上，统一下达布控指令。推行“查检合一”，整合查验场所、设备、流程，建立关检融合查验施检人员库，统一作业系统，根据系统指令开展联合查验，实行查验结果统一反馈，实现“一次查验”。对报关单修改撤销、关检申报单证审核、业务统计、综合、现场验估、检验检疫签证及抽批未抽中货物合格评定6项工作实施对外统一受理审批，实现统一现场执法。

【石家庄海关全面开展优化口岸营商环境工作】 认真贯彻党中央、国务院关于优化营商环境的决策部署，按照海关总署暨国家口岸管理办公室提升跨境贸易便利化推进会精神以及河北省政府主要领导同志的批示要求，以“提高效率、降低成本、便利企业”为目标，制定了石家庄海关提升跨境贸易便利化实施方案，推进提升跨境贸易便利化水平的各项任务落地见效，进一步优化河北省口岸营商环境，提升跨境贸易便利化水平。一是积极压缩口岸整体通关时间。推广“提前申报”模式，提高进口货物提前申报比例，提前办理单证审核和货物运输作业。深入推进税收征管方式改革，创新税收担保方式，积极推进汇总征税；开展财关库银横向联网工作，推广海关新一代电子支付系统运用，实施税款企业“自报自缴”。对铁矿石等大宗资源性商品实行“先验放后检测”。大幅简化检验检疫作业流程，构建“风险分析+抽批检验+审单放行”检验检疫监管方式，对经审单符合要求的未抽中的货物予以直接放行。完善与口岸海关沟通协调机制，加强与天津海关、大连海关等口岸海关的协作配合，指定专人负责，就报关单的查验、验估等事项进行沟通协调，采取扁平化、快速化、机动化的协调渠道，主动解决非本口岸通关时间较长的问题。严格落实预约通关制度，设置节假日通关业务应急处置岗，并公开该岗位关员联系方式，遇紧急情况做到及时到岗处理，确保节假日的通关效率。2018年12月，河北口岸进口整体通关时间为39.12小时，出口整体通关时间为5.76小时，较2017年分别缩短75.56%和64.38%，压缩比均高于全国平均水平。二是降低口岸收费。清理规范涉企收费项目，在河北省口岸对进出口环节收费进行“阳光收费清单”公示，按期完成降低集装箱进出口环节合规成本100美元以上的目标任务，并于12月开始执行新的降费措施。三是扎实做好精简进出口环节监管证件工作。精简进出口环节监管证件，取消“入/出境货物通关单”，开展检验检疫单证电子化试点，提高检验检疫审单放行比例和无纸化作业率。开展入境强制性产品认证（CCC认证）产品免办及验证工作，实现就地申请、就地领证。四是深入推进“单一窗口”建设。加强与河北省人民政府口岸办公室（简称“河北省口岸办”）、河北省电子口岸发展股份有限公司等单位的联系，明确各方在推广工作中合作的方式和途径。加强与“单一窗口”主管及运营方的沟通联系，2018年4月20日，在“单一窗口”上实现企业报关报检资质合并并统一以海关名义面向企业服务；6月1日，实现通关环节全面取消“入/出境货物通关单”；8月1日，标准版货物申报功能全面升级切换，实现企业“一次备案、一次申报、一单通关”，全年关区主要申报项目（货物、运输工具、舱单）应用率达到100%，提前完成国务院促进跨境贸易便利化工作方案中要求的2018年应用率达到80%的工作目标。联合河北省口岸办、海事、边防等部门通过国际贸易“单一窗口”实现河北省内国际航行船舶进出境通关无纸化，进一步优化河北口岸通关营商环境，提升企业获得感。五是落实“放管服”改革。深入推进“互联网+海关”建设，统筹推进行政审批清单、权责清单、政务服务清单管理，进一步完善行政审批受理“一个窗口”工作机制，推进审批服务便民化的做法和情况。

开放口岸

【石家庄空运口岸（石家庄正定国际机场）】

石家庄空运口岸于1995年2月建成，同年，实现国际通航，1996年3月，正式对外开放。2010年6月，国家民航局与河北省签署的《关于加快推进河北民航发展的会谈纪要》，确定石家庄正定国际机场为国内唯一一个航空大众化试点机场，是首都机场的备降机场和分流机场，是中国联合航空河北分公司、河北航空有限公司、春秋航空公司、中国货运邮政航空公司基地，是河北省重要的空中交通门户和对外开放窗口，现已发展成中国北方重要的国际航空货运中转基地。

石家庄正定国际机场飞行区等级为4E级，跑道全长3 400米，可保障世界各类大型飞机起降，世界最大货运飞机安-225、最大客机A380曾多次飞抵石家庄机场运送货物和飞行展示。石家庄机场T1候机楼面积5.5万平方米，停机坪总面积21万平方米，停机位31个，消防等级达到8级，可满足年旅客吞吐量500万人次需要。即将投入使用的T2候机楼面积15.4万平方米，停机坪面积40多万平方米，停机位38个，货运区面积2.5万平方米，届时石家庄机场年旅客吞吐能力将达到2 000万人次，货邮吞吐能力达到25万吨，综合保障能力大幅提升。

“十一五”期间，石家庄正定国际机场客流量年均增长45%，居全国省会机场第一位。2010年，客流量同比翻一番，创造了中国民航业内独有的“石家庄机场发展模式”。2018年，石家庄正定国际机场客流量突破1 000万人次。

为适应河北省与东亚、东南亚的交流需求，石家庄正定国际机场进一步加大了国际和地区航线的开发力度，先后引进了韩国济州航空、釜山航空、真航空、德威航空以及捷特亚洲航空公司，开通了石家庄—首尔、石家庄—济州、石家庄—釜山、石家庄—襄阳、石家庄—普吉岛、石家庄—曼谷等17条国际和地区客运旅游包机航线。

按照“零距离换乘”“无缝隙衔接”的综合交通枢纽要求，石家庄正定国际机场不断拓宽航空服务范围，构建便捷、畅通、高效的地面交通网络体系，在保定、衡水、邢台、沧州等冀中南8个城市建立了异地城市候机楼，营业部覆盖全省 9 个城市及北京市，开通直达冀中南 7 个地（市）的旅客直通班车，免费接送北京、山西等地团队旅客，2013 年，运送京、晋团队旅客人数达到 20 万人次。

2012 年 12 月 26 日，纵贯南北的京广高铁全线贯通，同日石家庄正定国际机场推出国内第一家由机场主导的空铁联运产品——石家庄机场空铁快线。在这里，旅客不用出站即可办理值机、安检、候机、行李托运等乘机手续，搭乘机场免费摆渡车 3 分钟就可到达候机楼。石家庄正定国际机场正在成为航空旅客进出北京的第二通道。

“十三五”期间，石家庄正定国际机场全力拓展国际货运市场，大力发展独联体国家、欧洲、中东地区国家货运业务，逐步建立覆盖欧洲、俄罗斯、独联体、东亚、东南亚、中东及中国台湾、中国香港的国际和地区货运航线，年货邮吞吐量力争突破 12 万吨。

2018 年，石家庄空运口岸出入境航班 3 752 架次，同比增长 56%，出入境人次 37.4 万人次，同比增长 33.8%，货邮吞吐量为 258.2 吨，同比增长 27.9%。

【秦皇岛水运（海港）口岸】 秦皇岛水运（海港）口岸开通于 1898 年，至今已有 100 多年历史，是以能源运输为主的综合性国际贸易港口，也是当今世界最大的煤炭输出港和干散货港。共有海岸线 11.7 千米，水域面积 222 平方千米，陆域面积 10.8 平方千米。辖秦皇岛港、新开河港、秦山化工港、山海关船厂 4 个港区。

秦皇岛港拥有全国第一家煤炭现货交易市场，形成了集煤炭现货交易服务、信息服务、物流服务及金融服务于一体的市场体系，交易市场发布的环渤海动力煤价格指数已成为全国唯一的、涵盖国内外的煤炭价格指数，煤炭枢纽港的地位得到了巩固。

秦皇岛港东港区以能源（煤炭、油品）运输为主，西港区以杂货、集装箱装卸运输为主。现有泊位 55 个，可停靠 15 万吨级船舶。库场面积 130 多万平方米，拥有专业化的港口设施、高效的装卸机械、先进的生产工艺，可承运各类件、散杂货。集装箱码头拥有 5 万吨级专用泊位 3 个，可接卸第六代集装箱船，码头堆场宽敞。年设计通过能力达 65 万标箱。2 条总长 2 000 米的铁路装卸线，可直达码头和场站，货运成本低廉。具备危险品货物作业资质。集装箱外贸、内贸航线 8 条，外贸航线有日本、韩国和菲律宾三条直达航线，同时有外贸公共内支线中转到达世界主要港口。内贸航线覆盖全国主要沿海港口，以优质的运输服务，形成了秦皇岛口岸液体、散杂货、集装箱运输的竞争优势。口岸集疏港条件优越，各港区均可与京沈高速路、102 国道、205 国道及秦承公路相接。秦山、京山、京秦、京沈、大秦铁路集疏港货物可直达港内堆场、仓库、码头泊位船舶，最大限度地减少物流环节，降低物流成本。经济腹地包括东北、华北和西北各省、市、自治区。

新开河港区，年吞吐能力达到 300 万吨，有 4 个 5 000 吨泊位，主要业务为装卸、货运、仓储、理货、船代、货代等港口相关服务。秦山化工港区，主营液体化工品装卸业务、散杂货物装卸及堆存业务，进出口货物以硫酸、钢材为主。港区内现拥有泊位 5 个。山海关船厂港区以修造船舶为主，兼营少量散杂货物。公司年造船能力 140 万吨，有大型干船坞 6 座，码头 19 个，总长 5 641.6 米。

2018 年，秦皇岛海港口岸货物吞吐量累计完成 2.33 亿吨，同比下降 5.7%。全国重点电厂场存不断刷新历史高位，终端需求不及预期和持续的高库存抑制下游补库热情，煤炭价格持续下调并向港口和产地传导。产地方面，因销量不佳，且为保证年底安全无事故，煤矿不同程度进行减产，致使煤市呈现供需双弱态势，煤炭吞吐量 2.05 亿吨，同比下降 5.6%；受沥青厂停产以及海洋油生产周期性影响，油品生产呈下滑趋势，原油吞吐量 183.57 万吨，同比减少 27.8%；因环保要求，水泥、水渣生产运输受限，受贸易战影响，大豆船舶大幅减少，杂货吞吐量均出现不同程度减量，共完成 2 689.18 万吨，同比下降 4.6%。因港口处在转型升级时期，铁矿石等外贸货种停运，导致外贸进出口同比下降 40.8%，仅完成 795.8 万吨。集装箱吞吐量为 58.5 万标箱，同比增长 2.7%，其中外贸集装箱吞吐量为 11.2 万标箱，因 1 月 1 日取消转关报关后，内支线出口集装箱按内贸计算，导致同比下降 54.5%。口岸出入境旅客 4.3 万人次，同比下降 8.3%，出入境交通工具 900 艘次，同比减少 20.7%。秦仁航线吞吐集装箱 3.2 万标箱，同比增长 14.2%；出入境人员 2.5 万人次，同比增长 50.8%。

【黄骅水运（海港）口岸】 黄骅海港口岸位于沧州市以东约 90 千米处，东经 117°48′、北纬 38°17′，是河北省沿海地区性重要港口，是我国北方主要的煤炭装船港之一。黄骅港由煤炭港区、综合港区、散货港区和河口港区四个港区组成，规划万吨级以上泊位 209 个。目前，已建成万吨级以上生产性泊位 35 个，最大靠泊能力 20 万吨。

黄骅港煤炭港区是由国家能源投资集团（原神华集团）投资建设的国家重点建设工程，现已建成万吨级以上泊位 20 个，其中专业化煤炭泊位 17 个、杂货泊位 2 个、油品泊位 1 个。2018 年，黄骅港煤炭港区共完成吞吐量 2.09 亿吨，同比增长 3.81%。

黄骅港综合港区、散货港区共规划泊位 101 个，现已建成万吨级以上泊位 15 个，其中 5 万 ~ 10 万吨级通用散杂货及多用途泊位 13 个、20 万吨级专业化矿石泊位 2 个。同时，综合港区、散货港区 20 万吨级航道实现满载通航常态化。2018 年 2 月，经河北省人民政府批准，河北冀海港务有限公司 1 个 10 万吨级通用散杂货泊位实现正式对外开放。2018 年 7 月，经河北省人民政府批准，沧州黄骅港矿石港务有限公司 2 个 20 万吨级专业化矿石泊位实现正式对外开放。2018 年 11 月 16 日，沧州黄骅港钢铁物流有限公司 2 个 5 万吨级通用散杂泊位通过市级预验收，并于 2018 年 12 月上报河北省人民政府申请对外开放验收。截至 2018 年年底，黄骅港综合港区、散货港区已实现对外开放泊位共 11 个。

2018 年，黄骅港共完成货物吞吐量 2.88 亿吨，同比增长 6.45%。集装箱完成 71.7 万标箱，同比增长 9.66%。其中，外贸吞吐量 4 525.62 万吨，同比增长 9.22%。

【唐山水运（海港）口岸】 唐山港位于唐山南部沿海，下设京唐港区和曹妃甸港区，是我国北方新兴的极具活力和发展潜力的现代化国际港口。2013 年，唐山港货物吞吐量在全国港口中排名第八位，在全球港口中排名第十位。

唐山港京唐港区位于唐山市东南部，距市区 80 千米，规划面积 88 平方千米，规划建设 6 个港池。于 1989 年启动开发建设，1992 年 10 月，经国务院批准为对外开放口岸，1993 年，正式对外籍船舶通航。目前已建成 1 号、2 号两个港池，3 号、4 号、5 号港池部分完工。现有件杂、散杂、多用途等 1.5 万 ~2 万吨级泊位 35 个，航线通达国内 120 多个港口，与 50 多个国家和地区的港口建立了业务往来关系。运营货种涵盖煤炭、钢铁、矿石、水泥、原盐、粮食、纯碱和集装箱等。

曹妃甸港区，东距京唐港区约 61 千米，北距唐山市区 80 千米，是渤海沿岸唯一不需开挖航道和港池即可建设 30 万吨级大型泊位的天然港址。曹妃甸港区 2003 年启动开发建设，2005 年试通航，2009 年 1 月获得国务院批准扩大开放，2012 年 8 月正式对外开放。依据规划，曹妃甸港区重点建设进口矿石、原油、天然气和煤炭等专业泊化、大型化码头，最终可建成生产性泊位 260 余个，形成 5 亿吨以上的综合通过能力，建成中国北方最大的能源原材料集疏港。2013 年，4 个 25 万吨级矿石泊位、1 个 30 万吨级原油泊位及 22 个 4 万 ~10 万吨级干散货泊位建成并投入试运营。

唐山水运（海港）口岸规划将形成以曹妃甸港区、京唐港区为核心，丰南港区为补充，分工合作、协调互动、共同发展的总体发展格局。曹妃甸港区规划港口岸线长 122.6 千米，可建设各类泊位 428 个；京唐港区规划港口岸线长 44.5 千米，可建设各类泊位140余个；丰南港区规划港口岸线长25千米，可建设各类泊位66个。

截至2018年年底，唐山港共建成矿石、煤炭、杂货、LNG、原油等生产性泊位126个，使用港口岸线长达58.9千米，共68个泊位实现对外开放。2018年，完成货物吞吐量6.37亿吨（其中外贸吞吐量2.9亿吨）；集装箱吞吐量295.8万标箱（其中外贸集装箱吞吐量6.43万标箱），货物吞吐量居全国沿海港口第三位，世界港口第四位。

原二类口岸

【石家庄内陆港】 石家庄内陆港是河北省政府批准建立的内陆港口，河北省第一批物流示范项目。

石家庄内陆港一期工程占地面积27.20万平方米，仓储面积19 322平方米，保税监管区面积14 400平方米，堆场、道路总面积94 744平方米，铁路堆场面积35 000平方米，海关联检大楼面积9 585平方米。

目前，石家庄内陆港已基本具备港口口岸功能、现代物流功能、多式联运功能、管理信息系统应用功能和生产生活服务功能，通过联检大楼一站式服务，开展报关、报检、通关、查验、仓储、堆存、订舱、配货、运输等业务。石家庄内陆港是冀中能源峰峰集团控股的由四家股东组成的股份制公司，公司下设河北冀津国际物流有限公司、河北四诚贸易有限公司、报关行公司三个子公司。石家庄内陆港具有突出的资源优势和发展优势。医药、纺织、粮油、钢铁等支柱产业优势明显，可为内陆港提供丰富的物流资源。石家庄内陆港位于石家庄经济技术开发区，区位优势明显，北临石德线、307国道和石黄高速，西临京珠高速和石环线，南临青银高速，距机场25千米，地理位置优越，交通便利。石家庄市地处华北平原，东有天津港、黄骅港，东南有青岛港，是全国25个物流枢纽中心城市之一，也是“环京津”和“环渤海”经济圈的重要节点。

2018年河北省口岸大事记

1月9日

河北省口岸办向国家口岸办呈报《关于呈报集装箱进出口环节合规成本专项治理行动的报告》（冀政口岸〔2018〕2号）。

1月17日

唐山港京唐港区整车口岸正式启用。

1月22日

唐山港京唐港区—日本门司、博多集装箱班轮航线开通。

2月1日

河北省发展和改革委员会会同石家庄海关、河北出入境检验检疫局、河北省公安边防总队、河北海事局等组成口岸开放验收组，对黄骅港口岸综合港区河北冀海港务有限公司10万吨级散杂货码头（泊位编号为Z117）对外开放前的准备工作进行了检查验收，原则同意该码头对外开放通过验收。

2月9日

河北省人民政府以冀政字〔2018〕5号文件批准同意，河北冀海港务有限公司1个10万吨级通用散杂货泊位正式对外开放。

2月26日

河北省发展和改革委员会向国家口岸办上报了关于申请北戴河机场2018年临时对外开放的请示。4月13日，国家口岸办批准同意北戴河机场临时对外开放，开放期限为2018年5月1日～10月31日。

3月16日

河北省副省长夏延军到河北省电子口岸公司调研，听取了河北省发展和改革委员会副巡视员乔晓林以及河北省电子口岸公司的汇报，全面了解“单一窗口”进展情况。

3月19日

唐山港曹妃甸港区整车口岸正式启用。

3月21日

唐山港曹妃甸港区水果指定进口口岸获批。

3月26日

唐山港曹妃甸港区—乌兰巴托国际班列开行。

4月9日

河北港口集团港口机械公司（以下简称“港口机械公司”）与大连华锐重工国际贸易公司签署战略合作协议，由港口机械公司参与的迪拜哈翔电厂皮带机钢结构制造项目正式开工，标志着港口机械公司制造业第一次迈出国门走向世界。

4月11日

河北省口岸办批复《关于黄骅港口岸综合港区沧州黄骅港矿石港务有限公司矿石泊位临时启用靠泊国际航行船舶的批复》。

4月18日

河北秦皇岛开通“韩国—秦皇岛港—蒙古国海铁联运国际集装箱班列”标志着秦皇岛港转型发展迈出坚实一步，成为秦皇岛市深度融入国家“一带一路”建设、打造全国综合性交通枢纽的城市强力推进器。

4月19日

唐山港阿拉山口内陆港成立。

4月21日

党中央、国务院批复《河北雄安新区规划纲要》，黄骅港被列为雄安新区出海口。

4月26日

唐山港京唐港区—安特卫普国际班列开行。

5月1日

按照《关于印发河北省实施境外旅客购物离境退税政策工作方案的通知》要求，秦皇岛口岸正式实施境外旅客购物离境退税政策。秦皇岛市的离境退税口岸有秦皇岛港和秦皇岛北戴河机场，在秦皇岛市兴龙广缘山海关老龙头店和家惠超市北戴河联峰路店等9家离境退税购物商店购物的境外旅客，可享受离境退税政策。

5月14日

河北省发展和改革委员会《对政协河北省第十二届委员会第一次会议第87号提案的答复》（冀发改办案字〔2018〕132号），得到了省政协委员的满意回复。

5月23日

唐山港内蒙古明华集团内陆港成立。

5月25日

唐山港安塘内陆港成立。

6月4日

秦皇岛新绎旅游公司2艘豪华游轮“寻仙1”和“寻仙2”号成功靠泊大码头4号泊位，标志着河北港口集团招商引资第一个项目成功落地，即将拉开港口海上旅游的序幕。

6月28日

唐山港巴彦淖尔内陆港成立。

6月29日

唐山港呼和浩特内陆港成立。

7月5日

河北省发展和改革委员会会同石家庄海关、河北省公安边防总队、河北海事局等有关部门组成口岸开放验收组，对黄骅港口岸综合港区沧州黄骅港矿石港务有限公司2个20万吨级矿石泊位（编号为S011、S012）对外开放前的准备工作进行了检查验收，原则同意该矿石泊位对外开放通过验收。

7月15日

“世纪之门”——纪念改革开放40周年暨秦皇岛港开港120周年主题展览在秦皇岛港南栈房正式开展。

7月17日

河北省人民政府以冀政字〔2018〕32号文件批准同意，沧州黄骅港矿石港务有限公司2个20万吨级矿石泊位正式对外开放。

7月20日

北京市口岸办、天津市口岸办、河北省口岸办在天津联合召开京津冀深化口岸合作联席会议，共同签署了《京津冀口岸提升跨境贸易便利化水平（天津）议定书》。

7月24日

唐山市获批第三批跨境电商综合试验区。

7月27日

河北省副省长夏延军出席在石家庄海关召开

的河北省海关特殊监管区域建设工作调度会，会议听取各海关特殊监管区域和石家庄市政府工作汇报，分析海关特殊监管区域发展现状、存在的主要问题，研究加快发展的对策意见。

7 月 31 日

唐山港大同内陆港成立。

7 月

河北辖区国际航行船舶办理进出口岸审批及手续开始使用“单一窗口”国家标准版。申报人通过“单一窗口”国家标准版一点接入、一次性提交满足口岸管理和国际贸易相关部门要求的标准化单证和电子信息，实现了共享数据信息、实施职能管理，优化通关业务流程，提升了跨境贸易便利化。

8 月 1 日

“单一窗口”标准版关检融合统一申报系统顺利切换，系统平稳运行。系统切换当天，“单一窗口”主要功能应用率均在 100%。

8 月 15 日

河北省出台《河北省人民政府办公厅关于提升跨境贸易便利化水平的实施意见》（冀政办字〔2018〕130 号）。

8 月 16 日

河北港口集团首次承担的国家级示范工程——京津冀协同下的“一键通”智慧港口物流示范工程建设方案设计，正式获得河北省交通运输厅批复。

8 月 20 日

唐山港奎屯内陆港成立。

8 月 21 日

唐山港乌鲁木齐内陆港成立。

8 月 23 日

唐山港哈密内陆港成立。

8 月 ~ 12 月

“单一窗口”新增 9 项功能，共有 4 个系统，持续推进“单一窗口”标准版新增功能应用推广工作，多次组织培训、利用多种形式宣传，“单一窗口”主要功能应用率保持在 90% 以上。

9 月 14 日

唐山港曹妃甸港区肉类指定进口口岸通过国家验收。

10 月 2 日

河北省委书记、省人大常委会主任王东峰到河北港口集团秦皇岛西港区调研，详细了解码头转型改造情况，指出河港集团有力有序有效推进港口转型升级迈出新步伐，港区“旧貌换新颜”，取得了阶段性成效。

10 月 6 日

国家口岸管理办公室批复同意北戴河机场临时对外开放。开放期限为 2018 年 11 月 1 日 ~ 2019 年 4 月 30 日。

10 月 12 日

唐山港满洲里内陆港成立。

10 月 30 日

《黄骅港口岸进出口环节收费目录清单》向社会公示。

10 月 30 日

停靠在河北港口集团秦皇岛港 23 号泊位的“东照”号轮满载着 3 500 吨蒙古国额尔登特精铜矿发往韩国瑞山港，标志着“秦皇岛港蒙中韩大陆桥海铁过境”项目开始运行，为进一步融入“一带一路”建设开辟了新途径。

11 月 18 日

京唐港区—仁川集装箱班轮航线开通。

11 月 22 日

海关总署副署长李国在海关总署会见河北省副省长夏延军一行，双方就以雄安新区为核心的中国（河北）自由贸易试验区建设、在雄安新区建设“智慧海关”、申建黄骅港综合保税区、北京大兴国际机场临空经济区综合保税区建设交换意见。

11 月 28 日

河北港口集团与邯郸市政府正式签署协议，携手推进武安保税物流中心合作重组项目和邯郸市健康医疗大数据中心项目。

12 月 19 日

曹妃甸港区—乌兰巴托国际班列开行。

12 月 24 日

唐山港嘉峪关内陆港成立。

12 月 26 日

唐山港平谷内陆港成立。

12 月 30 日

河北省人民政府印发《关于优化口岸营商环境促进跨境贸易便利化工作的若干措施的通知》（冀政字〔2018〕72 号）。

（撰稿人：张栋、李琳、卢帆）

2018 年河北省口岸流量统计表

口岸类型		口岸类型	货运量（万吨）				集装箱量（万标箱）				人员（万人次）				交通工具（辆、艘、架、列次）			
			出口	进口	合计	同比（%）	出口	进口	合计	同比（%）	出境	入境	合计	同比（%）	出境	入境	合计	同比（%）
空运口岸		石家庄机场	0. 017 0	0. 008 0	0. 025 0	27. 90			0. 000 0		18. 900 0	18. 500 0	37. 400 0	33. 80	1 868	1 884	3 752	56. 00
		分计	0. 017 0	0. 008 0	0. 025 0	27. 90			0. 000 0		18. 900 0	18. 500 0	37. 400 0	33. 80	1 868	1 884	3 752	56. 00
陆路口岸	公路口岸																	
		分计																
	铁路口岸																	
		分计																
水运口岸	海港口岸	唐山港	867. 000 0	25 905. 000 0	26 772. 000 0	－8. 01	2. 140 5	3. 544 3	5. 684 8	45. 05	3. 727 0	4. 507 7	8. 234 7	－24. 60	2 621	2 790	5 411	5. 50
		秦皇岛港	142. 170 0	653. 630 0	795. 800 0	－40. 80	4. 540 0	6. 610 0	11. 150 0	－54. 50	2. 100 0	2. 210 0	4. 310 0	－8. 30	449	451	900	－20. 70
		黄骅港	15. 990 0	4 509. 630 0	4 525. 620 0	9. 22					0. 868 7	0. 880 4	1. 749 1	－9. 00	400	406	806	－12. 00
		分计	1 025. 160 0	31 068. 260 0	32 093. 420 0		6. 680 5	10. 154 3	16. 834 8		6. 695 7	7. 598 1	14. 293 8		3 470	3 647	7 117	
	河港口岸																	
		分计																
合计			1 025. 177 0	31 068. 268 0	32 093. 445 0		6. 680 5	10. 154 3	16. 834 8		25. 595 7	26. 098 1	51. 693 8		5 338	5 531	10 869	
同比（%）			－23. 90	－6. 50	－7. 20		－43. 09	－99. 96	－99. 95		19. 90	18. 06	14. 80		15. 59	15. 95	15. 78	

（河北省口岸办提供）

2018 年河北省口岸出入境主要数据表

项目			2018 年	2017 年	同比（%）
出入境人员（人次）	出入境人员总数		479 555	405 147	18.37
	入境人员		243 223	202 869	19.89
	出境人员		236 332	202 278	16.84
	出入境旅客		351 087	258 155	36.00
	出入境员工		128 468	146 992	-12.60
	中国公民	小计	375 340	300 383	24.95
		内地居民（因公）	50 067	56 818	-11.88
		内地居民（因私）	312 330	237 837	31.32
		港澳居民	227	145	56.55
		台湾同胞	12 716	5 583	127.76
	外籍人员		104 215	104 764	-0.52
	从海港出入境人数		13 342	149 846	-91.09
	从陆港出入境人数		0	0	0.00
	从空港出入境人数		345 613	255 301	35.37
交通运输工具（辆、艘、架、列次）	总计		7 912	8 006	-1.17
	船舶		5 555	6 251	-11.13
	飞机		2 357	1 755	34.30
	火车		0	0	0.00
	机动车辆		0	0	0.00

（河北出入境边防检查总站提供）

2018年石家庄海关主要数据统计表

项目		2018年	同比（%）
进出口货运量（万吨）	合计	31 490.16	-15.20
	进口	30 417.41	-14.80
	出口	1 072.75	-24.80
进出口贸易总值（万美元）	合计	4 607 482.37	9.20
	进口	3 813 553.23	7.60
	其中：江、海运输	3 766 660.62	7.20
	铁路运输	51.68	-98.50
	汽车运输	4 808.09	346.00
	航空运输	42 032.83	55.30
	邮件运输	0.00	0.00
	其他运输	0.00	0.00
	出口	793 929.14	17.50
	其中：江、海运输	720 035.65	11.40
	铁路运输	1 205.6	4 828.70
	汽车运输	9 650.42	128.70
	航空运输	48 744.22	244.40
	邮件运输	0.00	0.00
	其他运输	14 293.23	29.30
税收（万元）	两税合计	340.11	-11.00
	关税入库	16.25	0.50
	进口环节税入库	323.86	-11.70
货物检验检疫（批次）	本年累计	111 785	-10.38
	其中：出境	95 215	-5.47
	入境	16 570	-30.96
货物检验检疫金额（万美元）	本年累计	3 748 792.88	-30.96
	其中：出境	415 440.88	-3.22
	入境	3 333 352.00	7.54

（石家庄海关提供）

2018 年河北海事局进出港船舶统计汇总表

船舶类别	进港船舶							出港船舶						
	艘数（艘）	总吨（吨位）	总载重量（吨）	载客量（客位）	船员人数（人次）	货物到达量（吨）	旅客到达量（人）	艘数（艘）	总吨（吨位）	总载重量（吨）	载客量（客位）	船员人数（人次）	货物发送量（吨）	旅客发送量（人）
总计	136 965	798 268 598	1 349 163 070	1 040 985	2 006 186	316 990 958	2 633 466	121 342	775 920 079	1 329 426 816	1 020 901	1 855 855	778 522 192	2 322 171
中国籍船舶	133 896	605 677 773	995 731 177	1 040 985	1 944 117	58 823 100	2 633 466	118 349	587 627 373	983 717 995	1 020 901	1 794 245	760 267 893	2 322 171
其中外贸船	222	5 625 830	8 380 078	37 600	6 283	5 660 577	4 195	159	3 503 555	4 589 581	37 224	5142	677 806	3 330

（河北海事局提供）

2018年河北省指定口岸/查验场统计表

省、自治区、直辖市	序号	指定口岸/指定查验场名称	口岸类别	类别	批复时间	备注
河北省	1	唐山港口岸	海运	水果	2018年3月21日	
	2	黄骅港口岸	海运	进境粮食	2017年11月20日	
	3	黄骅港口岸	海运	进境屠宰牛	2017年12月22日	
	4	秦皇岛口岸	海运	进境水果	2016年7月1日	
	5	秦皇岛口岸	海运	进境粮食	2014年10月9日	

（河北省口岸办提供）

固邦（东莞）电器有限公司

KUPOINT (DONG GUAN) ELECTRIC CO.,LTD.

公司位于东莞虎门镇怀德工业区，交通方便、环境优雅，是一家独资企业，海关高级认证企业。主要生产和销售圣诞节日灯饰、灯饰配件、塑胶制品。占地面积20万平方米，拥有员工2 500余人，公司本着“以质量求生存，以效益求发展，以品种求繁荣”的宗旨，自1970年成立至今已取得了飞速的发展，成为灯饰行业中一颗灿烂的明珠。公司已通过ISO及CQC等认证，产品远销欧洲、美国、加拿大等国。

执行副总经理 吴忠志

为了寻求更大的发展，1991年投资100万人民币建立了固邦电器厂，在短短的十年中，固邦电器厂以82%的年增长率飞越式发展，从建厂时一个不到300名职工，占地面积8 000平方米，年营业额200万美金的小厂，到今天拥有近3 000名职工，占地5万平方米，建筑面积达23万平方米，年营业额超过4 400万美金的大型企业，一举成为虎门屈指可数的明星企业。

公司投资建设有配套完善的生产生活设施、园林化的厂区、生活区及多种体育活动场地，极大地丰富了员工的业余生活，并吸引了大批优秀的企业管理、产品开发及生产技术人才。

办公大厅

办公室

公司产品

居安思危，才能立于不败之地，时代在前进，企业要创新，公司领导层高瞻远瞩，在“团结、务实、开拓、创新”的质量方针前提下，极其注重新产品的开发工作，现已拥有比较庞大的专业研发队伍，在现有的UL、GS、CSA、JAPAN等多种规格产品的基础上，公司及时顺应现代产品的多元化及采取复合材料设计产品。强大的研发实力，成为该公司快捷持续发展的强大引擎，保证了产品技术含量在世界上的靠前地位。至目前为止，除了圣诞灯饰，还包括LED灯饰产品、仿真圣诞树（PE、PVC）超过上万种产品。极大地丰富了国际灯饰产品的市场，同时也实现了公司可持续发展的战略目标。

新的世纪，新的目标，公司同仁正以满腔的热情，继往开来，为力争创造优良企业效益而努力奋斗，拥抱明天那轮火热的太阳。

树立中企海外行业标杆

经济全球化浪潮席卷世界，中国企业正以前所未有的规模和深度参与全球化发展。中国“一带一路”倡议发出后，国内企业积极响应，顺势而为，全球布局。森麒麟凭借在青岛工厂成功的智能制造的实践经验，在泰国打造出“一带一路”建设样板工程——森麒麟轮胎泰国智能制造基地，树立轮胎中企海外行业标杆，跻身国际化生产商行列。森麒麟泰国践行“一带一路”倡议秉持的协同联动发展和更好造福各国人民的愿景，在实现社会经济效益的同时，注重与当地社会共同成长：成功实现企业人力资源管理本土化，积极投身当地民生文化事业，得到当地社会的广泛认可，树立了中国企业的良好形象。

轮胎智能制造的开拓者

森麒麟迎挑战、抓机遇，集成互联网、物联网、大数据、云端、智能化等先进技术，率先实现轮胎行业转型升级，打造了全球先进的轮胎智能工厂，开启了技术模式创新、管理模式创新、组织模式创新三位一体的轮胎智能制造新模式。公司连续入选相关部门“2016年智能制造综合标准化与新模式应用”“2017年智能制造试点示范项目”“2018年制造业与互联网融合发展试点示范项目”，连续三年入选相关部门智能制造项目，进一步夯实轮胎智能制造开拓者地位。

助力中国航空工业

在“一带一路”倡议大格局中，中国在互联互通基础设施建设方面不断加强国际合作，而中国航空工业亦迎来崭新的春天。国产大飞机C919的首飞，标志着中国具备了自主设计、制造、维护大型客机的能力；2016年，森麒麟取得相关部门颁发的重要改装设计批准书（MDA证书），实现了我国民用航空轮胎制造领域“零”的突破,标志着公司具备了航空轮胎设计、生产、销售资质，成为国际少数航空轮胎制造企业之一， 为民用航空轮胎领域同时具备产品设计、研发、制造及销售能力的中国民营企业。

中国轮胎世界品牌的塑造者

森麒麟坚持“自主研发，持续创新，着眼未来”的研发理念，陆续推出具有自主知识产权的舒适型防爆轮胎、自修复轮胎、石墨烯轮胎、吸音棉轮胎(超静音)、超低滚阻轮胎以及国际各大赛事专用赛车胎等高精尖产品，多项研发成果处于世界先进水平；公司旗下拥有森麒麟（SENTURY）、路航（LANDSAIL）、德林特（DELINTE）、吉翔速（GROUNDSPEED）四大轮胎品牌，客户网络遍布全球150多个国家和地区，助力中国轮胎产品跻身世界高端产品之列，积极打造中国轮胎世界品牌塑造者形象。

青岛森麒麟轮胎股份有限公司　　网址: www.senturytire.com.cn　　地址: 青岛即墨天山三路5号　　电话: 0532-68968816

百事饮品事业

百事饮料（广州）有限公司

百事饮料（广州）有限公司成立于2003年，历时15年。公司发展至今，有生产线10余条，专注于研发、开发、生产及加工果汁、蔬菜汁、茶饮料及其他运动饮料类产品,主要品牌有果缤纷、佳得乐、纯水乐、都乐果汁、立顿等，产品行销至全国及海外市场。

近年来，公司打造“成为受尊崇的企业”的愿景，秉持“诚实、务实、创新”的经营理念，以可持续发展为目标，始终致力于绿色节能环保。2017年起公司成立专门的ReCon节能小组（Resource Conservation资源保护），以降低水耗、能耗以及减少废弃物为目标。通过在公司内部大力宣传节能理念，深入实施到各生产线以及各部门，使节能行动渗透到公司的日常生产中。2017年，公司全面推行ESG（就是Environment/环境，Soci-ety/社会和Governance/治理，三个单词的首字母缩写）专案，从水电气能源使用量、废气排放量、污水排放量、废物回收量、包装材料使用量等各方面管控，实现能源节省目标。2017年~2018年，公司累计减少能耗消耗26.9万千瓦时，减少费用支出15.3万元。2017年全年采用外购蒸汽，停用锅炉，不再产生二氧化硫、氮氧化物、烟尘等废气物，减少对环境的影响。同年7月，公司完成装机量1 030.32千瓦的光伏发电项目。截至2018年12月，光伏发电量为146万千瓦时，减少电费支出16万元。

河北津西钢铁集团

HEBEI JINXI IRON & STEEL GROUP

津西集团（河北津西钢铁集团），始建于1986年10月，2009年12月，经相关部门核准成立，总部位于北京，并在中国天津、中国香港和新加坡、美国等地拥有境内外控股公司40多家，年实现销售收入超1 000亿元，集钢铁、非钢、金融三大板块为一体的大型企业集团，并于2004年在香港联交所主板成功上市（中国东方集团控股有限公司，股票代码00581，2017年9月4日被纳入港股通）。

连续16年跻身中国企业500强。2018年，名列第169位，中国民营企业500强第42位，中国上市公司500强第181位，中国民企制造业500强第22位。

津西集团认真落实国家产业政策，钢铁、非钢及金融三大板块协同发力，以“两横三纵”战略，率先推进产品和产业转型升级，培育企业发展新动能，实现高质量发展。优化传统产业调结构，钢铁主业打造全球较大型钢生产应用基地，已具备钢板桩绿色工程全产业链，主导型钢产品已形成123个系列、356种规格，成功进入鸟巢、杭州湾跨海大桥等国家重点工程，高铁线杆市场占有率达到90%以上，远销33个国家和地区，连续6年出口量居全国前列，居中国“一带一路”企业影响力50强榜单第27位。进军新兴产业调结构，非钢产业，拥有装配式钢结构建筑研究中心，依托津西型钢优势，形成全国装配式钢结构建筑全产业链；进军高新技术领域，微电子高科技公司承担国家3个02重大研发专项，打造集半导体设备和软件研发于一体的国际高科技企业，推动传统产业转型升级。津西集团已成为省市大力支持和推广的先进典型，并荣获集体荣誉“全国五一劳动奖状”。

“十三五”期间，津西集团认真落实国家产业政策，延伸产业链、扎实推进转型升级，通过一到两个“五年计划”，进入世界500强为奋斗目标，以“两横三纵”产业布局为抓手，坚持高质量发展，为社会经济发展作出更大贡献。

“津西”牌H型钢产品

“津西”牌拉森钢板桩产品

“津西”牌H型钢及拉森钢板桩产品远销33个国家和地区

理文造纸有限公司

理文造纸有限公司（理文造纸）于1994年成立，由一间小型公司发展成为全球具较高地位的箱板原纸及纸浆生产商之一。集团于2003年9月26日在香港联合交易所主板上市（股份代号：02314）。集团主要生产不同级别及规格的包装用牛皮箱板纸及瓦楞芯纸，以迎合不同工业的包装所需。过去数年，我们一直致力于扩充规模及发展涵盖制浆及废纸回收的垂直业务模式，以确保原材料的稳定供应。

集团目前在中国拥有5间厂房，策略性地选址于东莞潢涌、广东洪梅、江苏常熟、重庆永川及江西九江。另外，集团在越南将设生产设施。集团不断投放资源于设置先进机器及研发工作，力求生产较优质及价格相宜的产品。发展至今，我们已成为年产能逾716.5万吨（其中：包装纸年产能约626万吨，浆年产能约18万吨，卫生纸年产能约72.5万吨）的跨国企业。

集团旗下工厂的总面积达10 121亩，配备装机量达o/s751兆瓦的汽电一体热电站，而污水处理站每天亦可处理o/s38万吨废水，集团目前聘用约11 000人。目前旗下已有国内外共6个生产基地，分别为：广东理文、东莞理文、重庆理文、江苏理文、江西理文、越南理文。

除了致力行之有效的业务外，理文造纸亦尽力履行社会责任，其中尤以保护环境方面为甚。因此，集团投放资源并实行合适的环保措施，备受社会认同。同时，集团的厂房屡获品质及环保管理方面的国际认证。

2003年香港联合交易所主板上市（02314）
2016年总产值达750万吨
拥有全自动化纸浆生产基地

http://www.leemanpaper.com

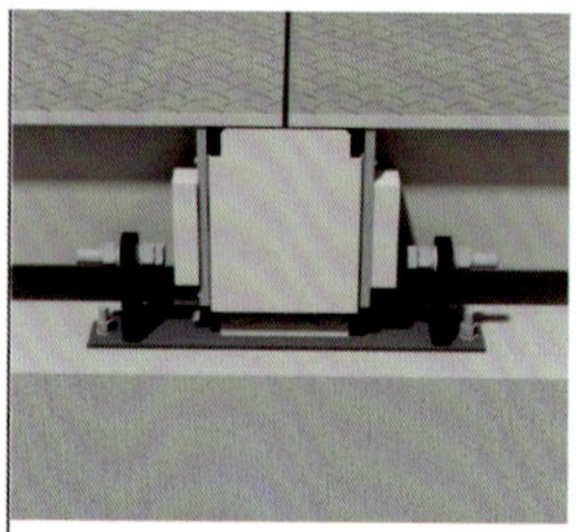

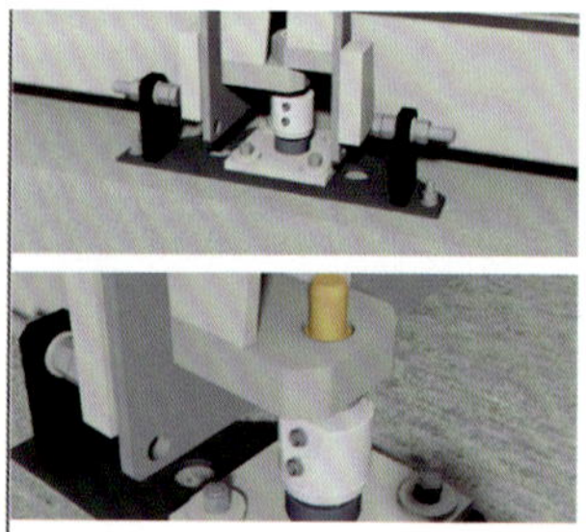

中国电子口岸数据中心乌鲁木齐分中心

2018年是机构改革的关键之年，中国电子口岸数据中心乌鲁木齐分中心以党的十九大精神为指导，增强“四个意识”，坚定“四个自信”，做到“两个维护”，以“五关”建设为抓手，认真落实上级党委各项决策部署，马上就办、真抓实干，推进各项工作取得了新的进步和发展。

在强化科技支撑上求突破，落实科技兴关各项任务。完成金关二期海关特殊监管区域系统试点及与本地版辅助管理系统的对接工作，顺利实现上线运行。同时，积极推进乌鲁木齐关区物流监控系统与金关二期智能卡口系统的对接。

在项目实施建设上求突破，积极助推关区业务改革。完成乌鲁木齐关区视频监控专网接入改造、塔什库尔干县边民互市监管区视频监控及电子卡口建设、都拉塔口岸国门联检区视频监控及电子卡口建设、阿拉山口出境电子卡口建设等重点工程项目，为国门一线监管效能的提升提供信息化支撑。

在提升技术保障上求突破，大力服务改革发展大局。坚持“安全第一”的运行维护准则，认真做好重点系统与核心平台的运维保障工作，确保乌鲁木齐关区信息化系统软硬件平稳运行。积极推进转隶期间各项关检融合工作，高效完成转隶期间技术保障并积极推广应用国际贸易“单一窗口”标准版，确保机构改革工作有序推进。完善中国电子口岸数据中心客户服务中心（乌鲁木齐）的建设，提升热线服务品质，切实保障企业业务需求，为企业咨询做好保障。

乌鲁木齐数据分中心将认真贯彻落实相关部门2019年工作思路，围绕“五关”建设，聚焦新疆工作总目标，戮力同心、砥砺前行，助力推动海关工作开创新局面。

新疆易波特科技有限公司

XinJiang Eport Technology Co.,Ltd

2018年，新疆易波特科技有限公司在党的十九大精神的指引下，以乌鲁木齐关区全面深化改革和信息化建设为核心，以优化服务、强化保障为主线，扎实推进项目开发、工程建设、运维保障和队伍管理等各项重点工作，切实提升经营创收能力。

坚持创新科技研发，主动参与中哈霍尔果斯国际边境合作中心联网监管平台信息共享项目建设及中欧班列集拼集运业务发展，积极服务“一带一路”建设；推进智能监管—寄递物品集中审像系统建设和边民互市辅助监管系统的研发工作，主动服务新疆地区边民互市业务繁荣发展。

坚持提升信息化建设水平，按照相关部门的工作要求，完成乌鲁木齐关区视频监控专网接入改造工程的建设实施，为关区实现高效监管、集中管控提供有效手段。完成新疆跨境寄递物品综合服务平台的开发、测试并正式上线，为新疆跨境寄递物品的高效监管提供有效依据。

坚持优化升级运维技术服务，严抓运维工作的规范性与及时性，积极制定相关制度规范，完成运维工单流转管理系统的上线运行工作，理清运维业务流程，提升响应速度及运维处置效率，探索开发视频监控数据与电子卡口智能分析的管理平台，为智慧运维提供新手段、新途径，不断推进智慧运维建设。

2019年，新疆易波特科技有限公司将持续深入学习宣传贯彻习近平新时代中国特色社会主义思想和党的十九大精神，聚焦新疆工作总目标，加大业务深化改革参与力度，深化大运维体系建设，统筹协调，提升经营创收能力，不折不扣地将海关各项改革任务落实到位，推进各项工作取得新的成绩。

地址：新疆维吾尔自治区乌鲁木齐市新市区北京南路295号　邮编：830011　电话：0991-3627333　传真：0991-3627771

http://www.xjeport.com

浙江·杭州出口加工区

浙江杭州跨境电子商务综合试验区（下沙园区）

浙江杭州出口加工区于2000年4月获相关部门批准，规划面积2.92平方千米，2001年5月封关验收，一期封关面积2.007平方千米。2016年2月19日获相关部门批准建设杭州进口肉类指定查验场。2018年2月13日，浙江杭州出口加工区升级杭州综合保税区获批。2018年，浙江杭州出口加工区以升级杭州综合保税区为契机，紧盯目标、真抓实干，加快推进“产业国际化、建设现代化、管理智慧化”的国际复合型综合保税区建设。2018年全年完成工业总产值92.6亿元，进出口总值32亿美元，其中进口18.8亿美元，出口13.2亿美元。全年跨境进口累计验放包裹6 042万单，交易金额115.3亿元。

目前，杭州综合保税区累计落户企业147家，其中工业企业19家、物流企业5家、跨境电商企业123家，已形成了加工制造、保税物流、跨境电商的产业格局。截至2018年年底，建区累计引进外商投资总额5.5亿美元，累计工业总产值1 763亿元、实现税收83.3亿元、进出口总值366.7亿美元、跨境电商进口交易总金额263亿元。

2014年5月7日，下沙跨境电子商务产业园开园启动，2015年3月7日，中国（杭州）跨境电子商务综合试验区获相关部门批准。在相关部门全力支持下，研究探索形成了“一次申报、一次查验、一次放行”的通关程序和便利化举措，为全国跨境电子商务的规范化发展提供了可复制、可推广的宝贵经验。通过积极探索试点模式、优化服务机制、对接重点项目，实现了3个月实单测试成功，100天开园运作，5个月直邮进口业务启动，6个月园区跨境O2O业务启动，成为全国较早进口业务全覆盖的园区，并在试点业务覆盖、交易规模、模式创新、产业集聚等方面取得明显成效，走在全国前列。业务量从每日出仓500单迅速发展至16万单，同时持续优化整合区内资源，从最初的2.1万平米保税仓库，只有天猫国际、汉达、邮政3家企业试点跨境零售进口业务，发展到2018年园区投入保税仓库使用面积达到32.5万平方米，业务总量6 042万单，交易金额115.36亿元，平台电商和仓储物流服务企业150余家，成为杭州跨境电子商务综合试验区的标杆产业园。

2018年，相关部门积极推动杭州综合保税区规划及验收工作，加快推进园区进口肉类指定查验场、生物医药检验监管等平台建设，优化区域投资环境、推动产业转型升级、增强区域综合竞争力。大力发展服务于杭州经济技术开发区及周边地区的对外贸易、国际采购、分销、配送、国际中转、商品展示等现代化贸易、物流服务体系，探索物流合作新模式，加大跨境贸易、物流产业链的培育，为区域经济发展提供各项服务保障。

园区俯视图

宁波梅山物流产业集聚区

梅山保税港区　国际海洋生态科技城

宁波梅山国际物流产业集聚区位于北仑区东南部，于2010年获批设立，目前总规划面积约333平方千米（其中陆域面积约240平方千米），规划范围涵盖北仑区梅山、春晓、白峰、郭巨四个街道。产业集聚区的核心区域——宁波梅山保税港区于2008年2月24日获批设立。2015年9月，宁波市为积极参与国家“一带一路”建设和长江经济带建设，以产业集聚区为基础，设立宁波国际海洋生态科技城，作为打造“港口经济圈”的核心载体。2017年9月，浙江省相关部门批复设立宁波“一带一路”建设综合试验区，明确以梅山为核心载体。目前，宁波梅山物流产业集聚区与宁波梅山保税港区、宁波国际海洋生态科技城实行“一个机构、三块牌子”管理模式。

梅山产业集聚区建设发展8年来（2011年~2018年），区域年度地区生产总值增长8.7倍；固定资产投资增长4.7倍；财政收入增长15.7倍；限上服务业营业收入增长6.7倍，增长速度和发展效益在全省各产业集聚区中处于前列。2018年，完成固定资产投资155.2亿元；实现财政总

收入151.2亿元，同比增长36.9%，其中一般公共财政预算收入71.8亿元,同比增长30.8%；完成限上商品销售额3609.4亿元，同比增长15.9%；实现外贸进出口总额217亿元，同比增长38.6%；完成集装箱吞吐量425万标箱，同比增长26.1%；完成规上工业产值199.4亿元；各项主要经济指标继续保持快速增长。

衡阳综合保税区

衡阳综合保税区（以下简称“综保区”）总规划面积2.57平方千米，一期围网面积0.66平方千米，已建成标准厂房19栋、总建筑面积约43万平方米，已建成保税仓库2栋、总建筑面积2.1万平方米。衡阳综保区现有注册企业33家，其中加工贸易企业15家，贸易供应链企业15家，物流企业1家，电商企业2家。2014年封关运行累计完成进出口额24.28亿美元，2018年完成进出口额5.64亿美元，实现加贸破零企业3家（顺万伦、宽洋科技和中易顺）。

区内企业产业主要以加工贸易和供应链为主

加工贸易方面：湖南新融创科技有限公司在原有一期6条生产线的基础上实现扩能升级，二期新增6条智能SMT贴片生产线，生产产品类别在原有功能机主板上新增升级智能机主板生产，员工增至320余人，2018年完成加工贸易进出口额3 605万美元。湖南顺万伦电子科技有限公司于2018年3月实现破零，从事无线Wi-Fi拓展设备生产销售，2018年完成加工贸易进出口额3 133万美元。湖南宽洋科技有限公司现有12条手机成品组装线，员工270余人，于2018年8月实现破零，完成加工贸易额1 456万美元。湖南中易顺电子科技有限公司SMT贴片和手机整机制造生产项目投资2亿元，于2018年11月开始试投产，现已完成1万台功能机组装出口。

供应链项目方面：以相关部门平台公司为主导的供应链企业发展趋势较好，现有业务主要为企业进行进口端的原材料代采、一般贸易进口垫税、物流运输、代理关务等服务，2018年已完成进出口贸易额4.61亿美元，未来将继续开辟出口垫税、金融结汇、融资租赁等多种金融服务，以更好服务区内企业，帮助区内企业做大做强。

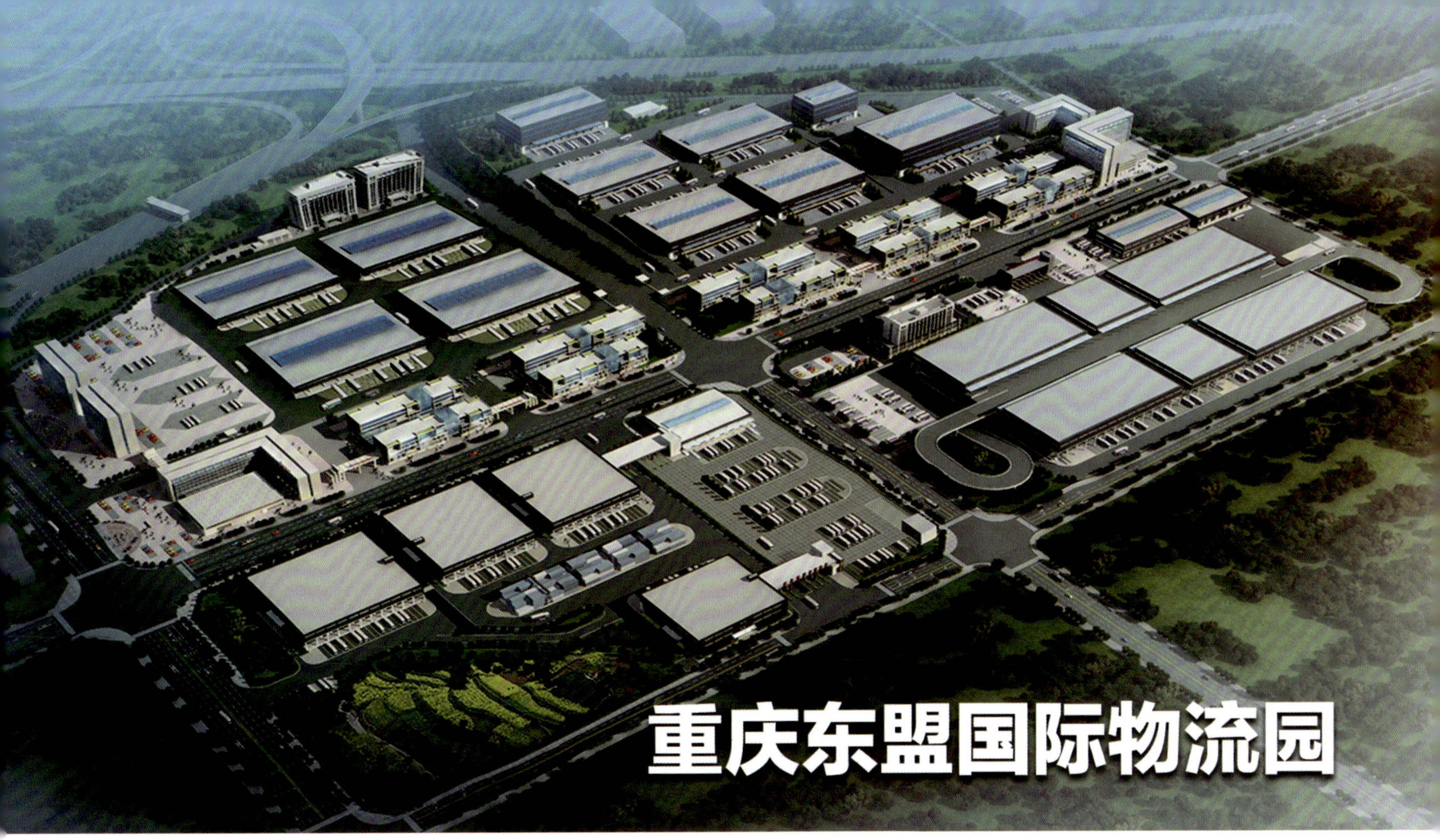

重庆东盟国际物流园

重庆东盟国际物流园（以下简称“园区”）是重庆东盟国际物流有限公司为建设内陆开放高地，助推“陆海新通道”发展，提升重庆作为“一带一路”与长江经济带联结点的功能，以打造星级品牌园区为目标，致力于将园区建设成为西部内陆地区的国际物流分拨中心。

园区位于重庆市巴南区公路物流基地南区，区位交通条件优越，北邻内环高速、南接绕城高速、东连包茂高速（G65）、西邻兰海高速（G75），能与各大高速路实现“无缝”衔接，高速直达重庆水运、航空、铁路枢纽。

园区占地面积约73万平方米，总建筑面积约42万平方米，建设有重庆南部货运枢纽、城市物流（渝南）中转站、重庆南彭公路车检场、重庆南彭公路保税物流中心（B型）四大核心功能板块。同时，配备有高档办公区、休闲区、生活区等，设施完善，功能齐备，能够围绕物流经营开展全产业链服务。

海关监管区

园区内重庆南彭公路保税物流中心(B型)占地面积约13.7万平方米，建筑面积约10.5万平方米，于2017年4月26日正式封关运行。能满足企业出口退税、进口保税、转口贸易、国际中转、跨境甩挂运输、国际物流金融等业务需求，除此之外更有保税商品展示交易、跨境电子商务、保税研发等特色服务。

园区内重庆南彭公路车检场，占地面积约10.6万平方米，总建筑面积约5万平方米。具有“一站式”通关、报检、现场查验等口岸核心功能，可为客户提供更加便捷的服务，提高通关效率，降低物流成本。

招商对象

国内外物流、配送、仓储、运输企业；国际贸易经营企业；从事国际分拨、国际采购、国际配送的物流企业；国际货运代理企业为跨国制造企业承担供应商管理库存（VMI）的经营企业以及与商贸、制造、物流相关的投资咨询、银行保险及担保、报关咨询、法律咨询等服务机构。

重庆市巴南区重庆东盟国际物流园

曾先生 86-23-88965000 18680799766

chris.zeng@cail56.com

www.cail56.com

东方物通科技（北京）有限公司

① 公司介绍

东方物通科技（北京）有限公司于2011年成立，是中国电子口岸数据中心全资子公司。

公司秉承科技创新的宗旨，以口岸信息化服务为基础，以跨境电子商务服务为核心，并承建国际贸易“单一窗口”平台、海关特殊监管区域（场所）系统，数据安全与交换系统，移动应用系统。致力于为政府部门、管委会园区、外贸进出口企业、跨境电子商务有关企业提供咨询规划设计和信息化解决方案。在口岸大通关信息化有关电子政务和电子商务方面，具备丰富的系统规划、建设实施、运营维护等经验。

公司以中国电子口岸物流商务基地为依托，与全国各地42个中国电子口岸数据分中心形成战略联盟，共同服务企业。

资质证书

- **软件产品登记证书**

① 东方物通集成通数据交换软件V2.0
② 东方物通智能视频安全分析系统应用软件V1.0
③ 东方物通智能视频监控管理应用软件V1.0
④ 东方物通智能指挥中心指挥管理应用软件V1.0
⑤ 东方物通区港联动国际物流信息系统应用软件V2.0
⑥ 东方物通智能单兵管理应用软件V1.0
⑦ 东方物通智能移动视频管理应用软件V1.0
⑧ 东方物通智能指挥中心职能管理应用软件V1.0
⑨ 东方物通指挥中心基础管理平台应用软件V1.0
⑩ 东方物通安速通传输软件V1.0
⑪ 东方物通跨境贸易电子商务服务平台V1.0

- **计算机软件著作权登记证书**

① 集成通数据交换软件V2.0
② 区港联动国际物流信息系统应用软件V2.0
③ 智能指挥中心职能管理应用软件V1.0
④ 智能视频安全分析系统应用软件V1.0
⑤ 智能移动视频管理应用软件V1.0
⑥ 智能指挥中心指挥管理应用软件V1.0
⑦ 智能单兵管理应用软件V1.0
⑧ 指挥中心基础管理平台应用软件V1.0
⑨ 智能视频监控管理应用软件V1.0
⑩ 海关特殊监管区域信息化辅助管理系统V2.0
⑪ 安速通传输软件V1.0
⑫ 跨境贸易电子商务服务平台V1.0
⑬ 跨境电子商务安全管理系统V1.0
⑭ 跨境电子商务物流监控辅助系统V1.0
⑮ 跨境电子商务海关监管系统V1.0
⑯ 跨境电子商务综合服务平台V1.0
⑰ 跨境电子商务通关服务系统V1.0
⑱ 跨境电子商务保税展示展销平台V1.0
⑲ 跨境电子商务数据交换平台V1.0
⑳ “单一窗口”系统V1.0

③ 发展大事记

2011年7月 承担《跨境电子商务推进策略和政策研究》项目课题，获得相关部门专家一致好评。
2012年5月 相关部门联合授予“国家跨境贸易电子商务服务试点指定咨询单位”。
2013年8月 协助为郑州、杭州、上海、重庆、宁波5个试点城市编写试点申报方案，并获得相关部门正式批复。
2013年9月 完成郑州跨境电子商务服务试点平台（E贸易项目）建设并上线试运行，作为试点城市中标杆性跨境电子商务试点平台。
2014年7月 承建金关工程二期重点应用软件项目，即全国海关跨境电子商务通关服务平台（一期）系统，率先在广东东莞地区上线。
2014年11月 承建平潭跨境电子商务服务平台项目。
2014年12月 承建吉林电子口岸上线运行并完成验收。
2015年11月 承建福州跨境电子商务公共服务平台项目。

2016年 承建太原跨境贸易电子商务海关监管系统和公共服务平台。

2017年 承建珠海电子口岸跨境电子商务通关服务平台。

2018年 承建兰州新区作业区海关监管场所跨境电商监管中心项目；承建平潭跨境电子商务线上线下融合项目。

4 产品介绍

（1）跨境电子商务通关辅助管理平台

跨境电子商务通关辅助管理平台满足跨境贸易电子商务业务中的保税进口、保税出口、一般出口、直购进口四种模式需求，为四种模式通关提供保障，提供灵活的参数设置，实现相关部门的有效监管。

（2）跨境电子商务公共服务平台

跨境电子商务公共服务平台与跨境电子商务参与企业的联网对接，将企业交易、支付、物流等数据向管理部门传输，实现信息流、资金流、物流三流信息合一，保障交易的真实性。提供企业及商品备案、四种业务模式通关申报及管理、账册管理等业务功能。为地方政府部门提供资讯门户、业务统计等管理功能。

（3）国际贸易“单一窗口”平台

基于“单一窗口”标准版实现口岸政务服务基本功能，并结合本地口岸通关业务特色需求，建设和集成本地口岸政务服务项目。提供口岸物流服务功能，促进各方物流信息共享和业务协同。整合通关物流状态和物流作业信息，形成通关物流状态综合信息库，为企业提供数据服务。以信息和用户集聚优势，在金融、保险、信息技术等方面为国际贸易供应链各参与方提供特色服务，有效支持地方口岸新型贸易业态发展。

（4）数据安全与交换系统

数据安全与交换系统遵循相关部门业务技术规范和数据标准格式。实现企业之间、企业与管理部门的数据安全交换、业务对接协同，实现系统互联互通，安全认证、数据共享整合等服务。

（5）海关特殊监管区域（场所）系统

按照相关部门发布的《海关特殊监管区域辅助管理信息系统基本配置》及金关工程二期特殊区域系统的业务和技术规范。实现保税加工、保税物流、服务贸易、新兴业务（检测、维修、研发等生产性服务业）的辅助管理。实现与金关工程二期特殊区域全国统一版系统无缝对接，为企业及相关单位提供全方位、智能化服务的辅助管理系统。

5 主要客户

☆ 福建省国际电子商务中心

☆ 平潭综合试验区岚台物流有限公司

☆ 兰州新区众聚电子商务有限公司

☆ 河南电子口岸有限公司

☆ 河北省电子口岸发展股份有限公司

☆ 平潭综合实验区港务发展有限公司

☆ 长春兴隆综合保税区投资建设有限公司

☆ 太原武宿综合保税区投资开发有限公司

☆ 深圳市南方电子口岸有限公司

☆ 西安国际陆港保税物流投资建设有限公司

☆ 河南省进口物资公共保税中心集团有限公司

☆ 厦门自贸试验区电子口岸有限公司

☆ 珠海快通达电子商务服务有限公司

☆ 博大世通国际物流（北京）有限公司

☆ 重庆龙工场跨境电子商务投资有限公司

☆ 中远渔业推广示范中心

东方口岸科技有限公司成立于2002年3月，注册资金7 142万元，是中国电子口岸数据中心、中国电信集团和阿里健康（香港）科技有限公司共同出资成立的高新科技企业。目前是中国口岸协会副会长单位、中国物联网应用与推进联盟副理事长单位、中国轨道交通卫星应用产业联盟常务理事单位、中国报关协会理事单位。依托中国电子口岸事业发展，公司积累了大量人才和资源，为政府行政管理部门、金融机构、物流行业、信息安全行业及全国进出口企业用户提供信息化服务和解决方案（产品）。公司致力于提升进出口企业跨境贸易实力，提高企业国际竞争力，为推进全球贸易便利化提供技术支持。

产品架构 Architecture

产品介绍 Product introduction

(一) 数据通产品

国家“单一窗口”解决了全国范围内执法申报的共性化问题，个性化需求需要各地方、企业根据各地实际情况做定制化服务研发工作；口岸公司依据10多年行业经验，针对各地建设地方“单一窗口”、及企业服务的需求，研发推出了“单一窗口”数据通产品，致力于解决数据同步、个性化录入、个性化查询、单证签章、单点登录等地方个性化需求。

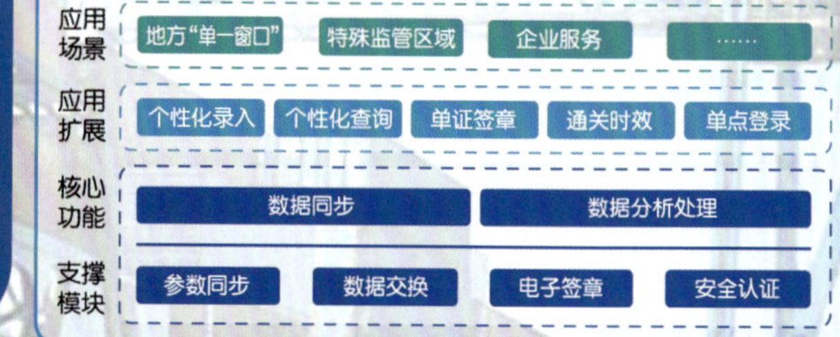

(二) 北斗物流监管服务平台

主要包括监管业务和企业公共服务业务两部分。

监管业务主要针对物流监管业务，为物流链可视化系统提供数据接入等服务，即物流监管过程提供信息共享和综合服务；

企业公共服务业务主要针对企业增值服务，公共服务企业端由智能监控系统、报表统计系统、货运服务系统、备案数据维护系统和系统管理五个子系统组成，能够为企业用户提供货物运输过程中车船实时监控、轨迹回放、预警和处置等功能。

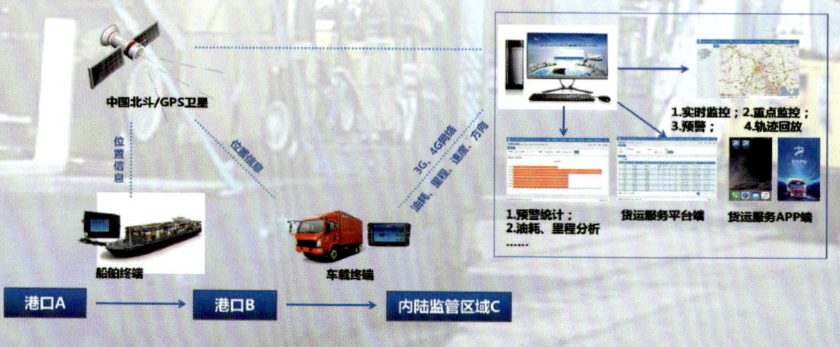

（三）保税产品

之前的以监管为主要内容的建设目标转变为以企业服务和金关工程二期统一版对接以及业务改革创新个性化需求的技术支撑信息平台的建设。该系统是东方口岸公司基于多年服务特殊监管区域及保税监管场所的经验，针对金关工程二期落地后，地方信息平台建设外部环境的变化重新设计开发的新系统。

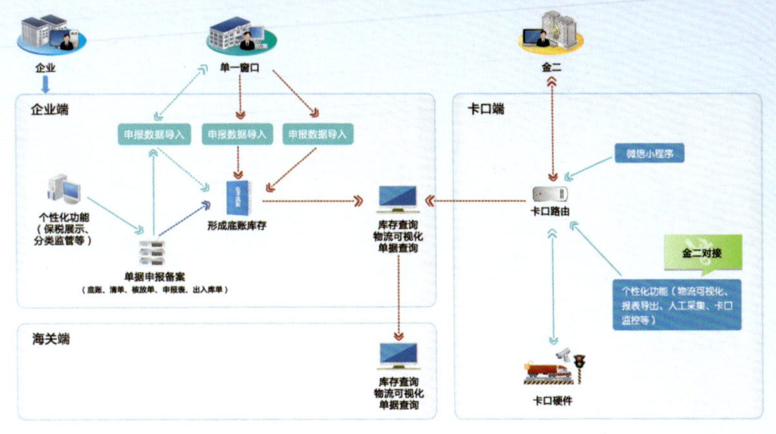

（四）安智通产品

实现企业之间、企业与管理部门之间数据交换、业务协同，增加业务透明度，提高运作效率，降低运营成本。其中包括：数据交换、业务协同、在线应用。

（五）安全产品

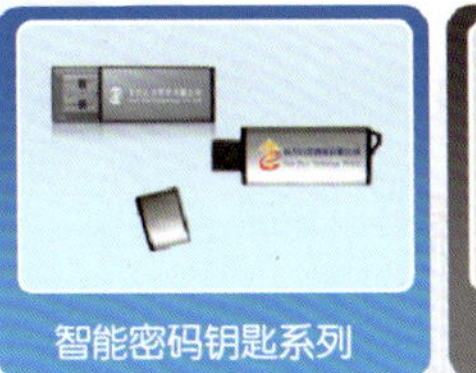
智能密码钥匙系列

指纹密码钥匙

智能TF卡、蓝牙密码钥匙

北斗安全模块

智能关锁
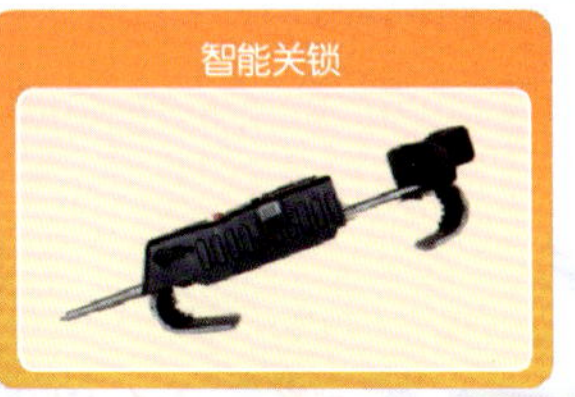

单/双界面读卡器、蓝牙读卡器
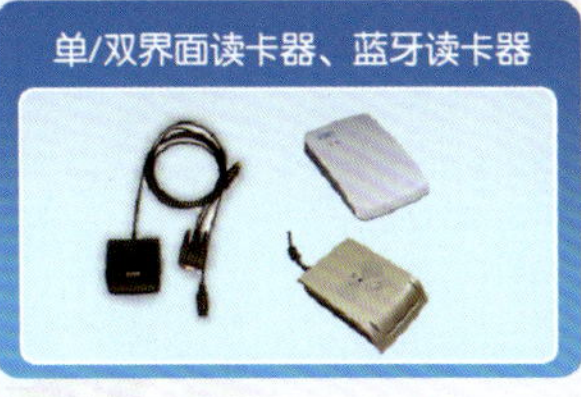

单/双界面IC卡
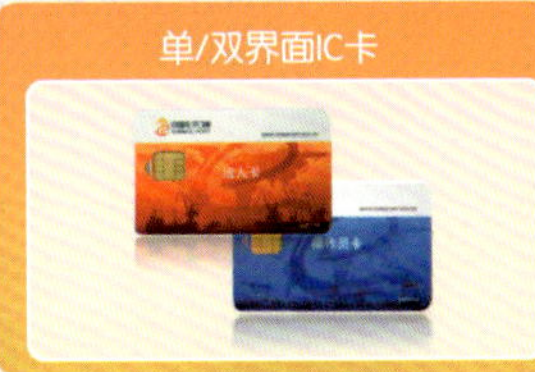

单兵设备

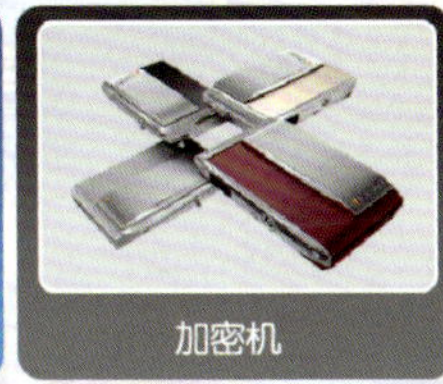
加密机

东方安易维安全数据库

电子签章：该系统将传统印章与电子签名技术结合，采用PKI/CA技术、图像处理技术，对电子文档进行数字签名及签章，以确保文档的真实性、完整性，防止对文档未经授权的篡改，确保签章的不可否认性，达到与传统纸质文件盖章操作同样的效果。

解决方案 Solution

“单一窗口”解决方案：

基于“单一窗口”身份认证功能，实现地方应用平台和“单一窗口”平台身份认证管理的统一，为地方平台的权限管理提供标准化的管理方案。包括：

(1) 身份认证；

(2) 身份数据同步；

(3) 权限管理。

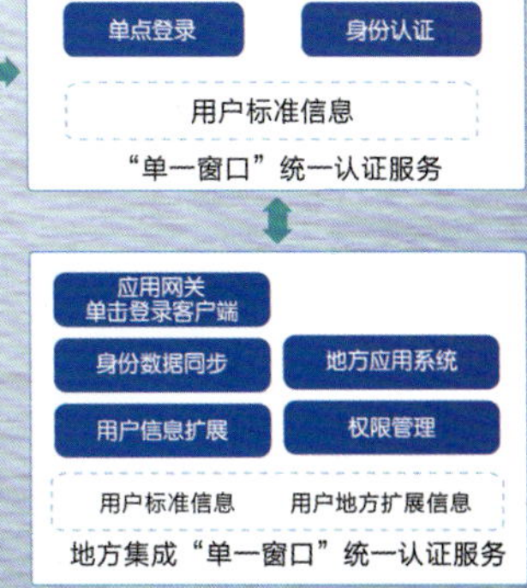

010-65195500

www.east-port.cn
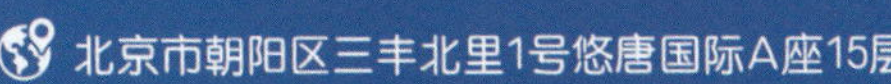
北京市朝阳区三丰北里1号悠唐国际A座15层

上海索广映像有限公司

SHANGHAI SUOGUANG VISUAL PRODUCTS CO.,LTD.

上海索广映像有限公司（简称索广映像，英文简称SSV）成立于1995年12月，是由索尼（中国）有限公司与上海仪电电子（集团）公司合资设立的索尼牌视像产品制造企业。公司总投资为4.102 9亿美元，注册资金1.025 8亿美元。公司位于上海市浦东新区金桥工业区南区，占地面积106 208平方米。

Shanghai SuoGuang Visual Production CO.,LTD. (SuoGuang Visual In short, English short for SSV) was founded in Dec.1995, it is a Joint venture set up by SONY (China) CO.,LTD. and Shanghai Instrument Electronics (Group) company for the SONY brand video products manufacturing enterprise The company total investment of 4.1029 billion US dollars, And the registered capital of 1.0258 billion US dollars. The company is located in shanghai JinQiao Economic and Technologic Development Zone. It covers an area of 106.208 m^2.

索广映像高度重视企业的社会责任，贯彻“给地球关爱”和“以人为本”的理念，致力于建立完善的环境和安全管理系统，生产绿色环保产品，创造优质的产品质量，树立良好的企业形象。先后通过ISO9001质量管理体系的认证、ISO13485：2003证书、ISO14001环境管理体系的认证、OHSMS职业健康与安全管理系统的认证、AEO高级认证企业、全国电子信息行业优秀境外投资企业、免办CCC诚信企业、外汇服务绿色通道企业、上海市文明单位、上海市高新技术企业、上海市创新型企业、上海“快检快放”便捷化监管措施企业、上海外商投资先进技术企业、上海市外商投资双优企业、上海市外商投资销售收入百强企业、上海市外商投资上缴利税百强企业、上海市平安单位、“安全生产先进”企业、上海市厂务公开民主管理工作先进单位、浦东新区企业研发机构、浦东新区先进制造业突出贡献奖、浦东新区社会责任达标企业等荣誉。

The company attaches great importance to corporate social responsibility, and implementing the "Caring for the Earth" and "people-oriented" concept, to establish and improve environmental and safety management systems, produce the best green products, to create first-class product quality, and establish a first-class enterprise image. The Company has passed ISO9001 Quality Management System, ISO14001 Environmental Management System, OHSMS Occupational Health and Safety Management System Certification, it is Pudong New Area social responsibility standards enterprise, and access to national“Product Quality exempting from inspection”certificate，Shanghai city civilization unit，Shanghai high-tech enterprises, national inspection for a class of enterprise management, exempting from CCC certification integrity of the enterprise, the Customs AA enterprise management (senior corporate reputation), “safe production advanced enterprises”, foreign-invested advanced technology enterprises, foreign-invested enterprises Double Excellence in Shanghai, China's foreign trading hundred enterprises and other honors.

企业联系方式：021-58388800　企业邮箱：SSV@sony.com.cn

北京远通信德科技有限公司（简称“远通信德”）成立于2012年，注册资本金1 000万元。目前，公司有近百人，其中技术人员占公司总人数的85%以上，硕士以上学历人员占比18%，本科以上学历人员占比85%，核心技术团队成员均是业界资深专家。

公司定位

远通信德作为相关部门物流作业类核心系统的技术服务商和智慧物流监管领域的重要合作伙伴，积极响应国家“一带一路”倡议，以服务于相关部门物流监管业务为基础，以区域多式联运物流智能协同为主线，以区块链技术在物流领域的创新应用为立足点，是一家专注于打造区域物流协同生态链的创新型科技企业。

主营业务

远通信德的主营业务方向为“区域多式联运智能统筹平台建设与运营”“特殊监管区域管理系统的建设与运营”“物流企业标准化作业系统的建设与运营”“物流作业智能统筹监管平台建设”等四个方面，并在核心能力的支撑下逐步形成了配套的产品体系。

核心能力

远通信德基于多年来在相关部门物流监管领域和物流作业领域的经验积累和技术沉淀，逐步形成了一套适用于物流平台化运营服务的核心能力体系，主要包括深入的业务理解能力、先进的技术实现能力、成熟的软件交付能力和稳定的运营管理能力。

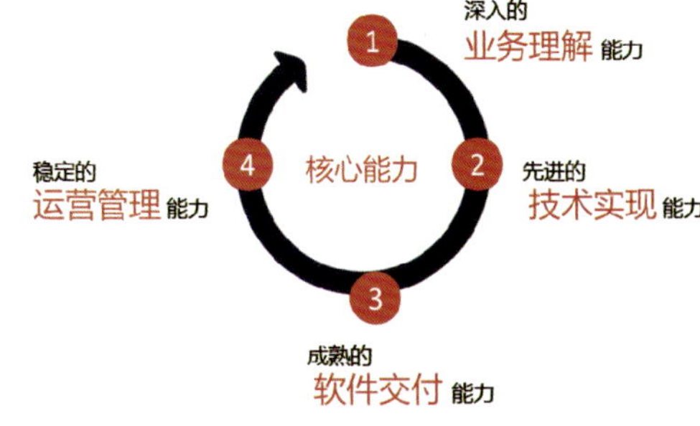

重要案例

作为软件开发服务商，远通信德承担了相关部门多个物流监管类核心作业系统的建设和运维工作，已经全面实现了以先进技术服务能力为立足点，以舱单和多式联运管理业务为核心的物流监管全链条服务能力。主要案例为：“多式联运管理系统、监管场所管理系统、进出境运输工具及舱单管理项目（铁路部分）、税收征管作业平台、关检融合核心作业平台”等。

作为专注于打造区域物流协同生态链的创新型科技企业，远通信德已完成区域多式联运物流智能协同平台、特殊监管区域管理系统、物流企业标准作业系统、物流作业智能统筹监管平台等产品体系的构建。其中，以实现战略通道“陆海新通道”高效协作、互联互通为目标的多式联运物流智能协同平台已在重庆上线运营，并成为了中新（重庆）战略性互联互通重点示范项目。

COMPANY CULTURE

核心价值观：成就、分享、坚韧、担当。

企业使命：提升企业贸易便利化服务，为“一带一路”倡议的推进提供技术服务支撑。

企业愿景：专注于区域物流协同的创新型科技企业。

中国电子口岸 CHINA E-PORT

中国电子口岸是经相关部门批准，由各个部门共同建设的跨部门、跨地区、跨行业信息平台。它依托互联网，将进出口信息流、资金流、货物流集中存放于一个公共数据平台，实现口岸管理相关部门间的数据共享和联网核查，并向进出口企业提供货物申报、舱单申报、运输工具申报、许可证和原产证书办理、企业资质办理、公共查询、出口退税、税费支付等“一站式”窗口服务，是一个集口岸通关执法服务与相关物流商务服务于一体的大通关统一信息平台，并逐步延伸扩展至国际贸易各主要服务环节，实现国际贸易“单一窗口”功能。

1998年，为应对亚洲金融危机造成的国内逃汇、骗汇、外汇储备迅速减少问题，经相关部门批准，中国电子口岸揭开建设序幕。经过20年发展，中国电子口岸不断深化应用，持续提升服务，截至2018年年底，已实现与24个口岸管理部门、14家境外机构，以及23家商业银行的联网信息交换，累计入网企业144.2万家，日均处理单证410余万笔，基本实现了口岸大通关核心环节信息共享，在为相关部门之间信息共享、提高效率、加强监管和为企业提供贸易便利、加快通关速度、降低贸易成本等方面发挥着日益重要的作用，为落实“三互”推动大通关建设奠定了基础，进一步促进了贸易便利化，改善了营商环境。

中国电子口岸的建设成果为中国国际贸易“单一窗口”（简称“单一窗口”）建设奠定了坚实基础。“单一窗口”依托中央和地方两个层面的电子口岸公共平台，旨在通过互联互通，消除信息孤岛，共同打造一体化的国家“单一窗口”环境。

2017年上半年，依托中国电子口岸平台建设的“单一窗口”标准版正式上线运行。截至2018年年底，“单一窗口”已覆盖全国31个省和3个直辖市的所有口岸，货物申报、舱单和运输工具等主要申报业务应用率达到80%以上，累计注册用户153.3万家，累计业务量22 036万票，日均申报量88万票。建

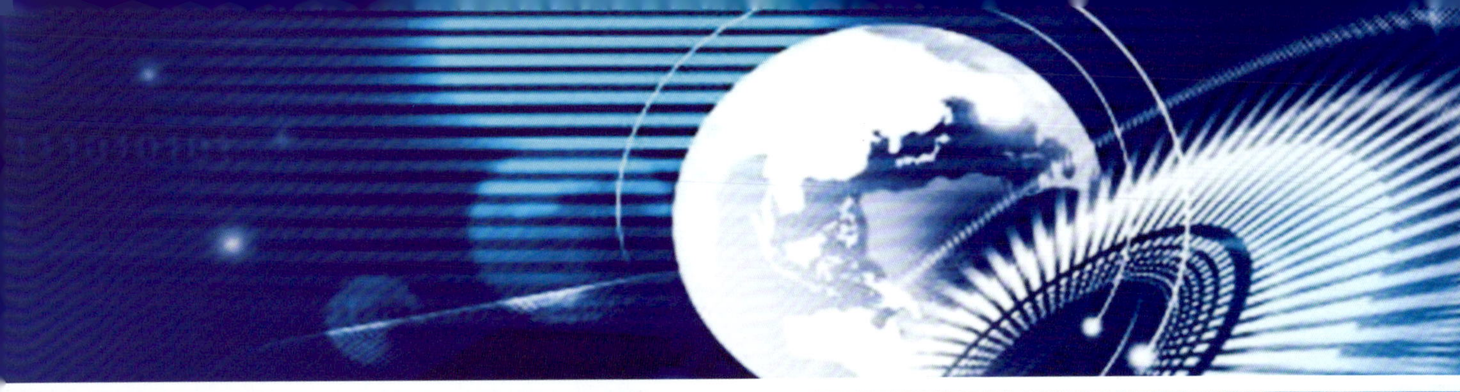

设完成货物申报、舱单申报、运输工具申报、许可证件申领、原产地证书申领、企业资质办理、查询统计、出口退税、税费支付、加贸保税、跨境电子商务、物品通关等12大基本功能，实现了与12个相关部门系统“总对总”对接，提供对外服务事项300多项，有效促进了口岸部门间的互联互通、信息共享、业务协同和作业无纸化，企业通过“单一窗口”一次性提交海关、海事、边检等口岸管理和国际贸易相关部门要求的标准化单证和电子信息，实现了“一点接入、一次提交、一次查验、一键跟踪、一站办理”，通关效率得到大幅提升。

在2018年世界贸易组织（WTO）对中国进行的第七次贸易政策审议中，17家成员对我国持续协调简化海关程序、推进国际贸易“单一窗口”、提升贸易便利化水平等措施及成果予以积极评价。审议会议主席埃洛·劳鲁也在总结中指出：“很多成员高度赞赏了中国推进‘单一窗口’和履行《贸易便利化协定》的实践做法”。“单一窗口”作为推进国际通关便利化的重要措施之一，在推动我国《贸易便利化协定》实施、构建世界多边贸易体制等方面发挥着日益重要的作用。

根据《关于国际贸易“单一窗口”建设的框架意见》，到2020年，中国将实现“单一窗口”功能覆盖国际贸易链条各主要环节，实现与“一带一路”沿线主要国家“单一窗口”互联互通，“单一窗口”将成为我国全面参与塑造国际经济治理新格局的重要贸易基础设施。

http://www.chinaport.gov.cn

中铁集装箱运输有限责任公司
China Railway Container Transport Corp.,Ltd.

公司概况

中铁集装箱运输有限责任公司成立于2003年11月，注册资本39亿元人民币，资产规模221.59亿元人民币，是隶属中国国家铁路集团有限公司的国有大型集装箱运输企业，是中国国家铁路集团有限公司多式联运经营企业，中欧（中亚）班列统一经营服务平台，是中欧班列运输协调委员会秘书处单位，是中国口岸协会副会长单位。

公司主要负责集装箱购置、租赁、维修；铁路箱管理信息系统的开发、维护；集装箱多式联运及国际、国内货运代理；中欧中亚集装箱国际联运班列经营与客户服务等工作。

经营范围：集装箱铁路运输；集装箱多式联运；国际货物运输代理业务；集装箱、集装箱专用车辆、集装箱专用设施、铁路篷布的销售、租赁；货物仓储、装卸、包装、配送服务；与上述业务相关的经济、技术、信息咨询服务；国际海运辅助业务。

公司自成立以来，始终以打造世界优质的现代物流企业为目标，秉承“诚信、担当、和合、创新”的企业精神，坚持“以市场需求为导向、以优质服务为追求、以客户满意为标准”的经营理念，依靠人才和信息化两大基础，积极推进中欧班列、多式联运、箱管箱修三大品牌建设，品牌效应和社会影响力不断扩大。公司先后荣获“AAAAA”级物流企业、中国服务业企业500强、全国先进物流企业和中国物流百强企业等荣誉称号。

主营业务

公司主要依托遍及祖国各地的分公司、营业部、集装箱中心站网络化优势，遍及境内外的子公司、还箱点、经营点国际化优势和多年集装箱运输经营、资产管理专业化优势以及信息化优势，开展中欧（中亚）班列、多式联运、箱管箱修、场站经营等主营业务。

1.中欧、中亚班列

中欧、中亚班列旨在倡导快捷准时、安全稳定、绿色环保的货运方式，促进中国与欧洲、中亚国家间贸易便利化，现已成为亚欧国际物流陆路运输的骨干方式，得到国际社会的广泛好评和沿线各国的普遍欢迎，成为推进中国与沿线国家经贸交流的重要载体、“一带一路”建设的重要标志性成果和旗舰项目。

（1）中欧班列。按照固定车次、线路、班期和全程运行时刻开行，往来于中国与欧洲及“一带一路”沿线各国的集装箱国际铁路联运班列，是较高品质和等级的国际铁路联运列车，按高于客车等级安排。中欧班列日均运行1 300千米；最快10天抵达欧洲，运输时间是海运的1/3。2016年6月8日，中欧班列统一品牌标志正式启用。2017年开行中欧班列3 673列，超出2011~2016年六年开行数量的总和。2018年开行中欧班列6 363列，同比增长73%。截至目前中欧班列累计开行16 000列。目前，国内开行中欧班列的城市超过60个，通达欧洲15个国家40多个城市。

（2）中亚班列。往来于中国至哈萨克斯坦、乌兹别克斯坦等中亚各国的集装箱国际铁路联运班列，分别往来于中国西安、连云港、郑州、青岛、广州、成都、兰州等城市与中亚各国的主要城市之间。

（3）亚欧铁路通道建设。

西部通道。主要吸引中国中西部地区与欧洲及沿线各国间的进出口货源，从阿拉山口（霍尔果斯）出入境，经哈萨克斯坦、俄罗斯、白俄罗斯、波兰到达欧洲地区。西部南通道，从阿拉山口（霍尔果斯）出入境，经哈萨克斯坦、乌兹别克斯坦、土库曼斯坦、伊朗、土耳其（或哈萨克斯坦、阿塞拜疆、格鲁吉亚、土耳其）到达欧洲。

中部通道。主要吸引中国华北、华中地区与欧洲及沿线各国之间的进出口货源，从二连口岸出入境，经蒙古、俄罗斯、白俄罗斯、波兰到达欧洲地区。

东部通道。主要吸引中国华东和华南沿海、东北地区与欧洲及沿线各国之间的进出口货源，从满洲里口岸出入境，经俄罗斯、白俄罗斯、波兰到达欧洲地区。

2.多式联运

公司可为客户提供铁水联运、公铁联运等全程多式联运物流服务，并与国内各大港口、知名船公司、主要大型企业保持密切合作关系，建立了高效的集疏运网络，开发多条广受客户好评的集装箱多式联运班列，打造集装箱公司多式联运品牌。在哈密建立公司首个集装箱无轨站，以无轨站为依托，开行哈密—祥云集装箱公铁联运示范班列。适应长江经济带高质量发展要求，开行成都至上海双向、成都至武汉、成都至宁波等沿江班列。由公司或公司所属单位牵头3项、联合参与4项，共计7个项目成功入选全国第三批多式联运示范工程。

3.箱管箱修

为适应集装箱运输的快速发展，更好地满足不同客户群、不同货物品类集装箱运输的用箱需求，公司围绕集装箱资产经营，在不断加大国际通用集装箱投入的同时，作为中铁铁龙集装箱物流股份有限公司第一大股东，以液态散装货物、干散货物、冷鲜货物三大品类为重点，大力推进特种集装箱的研发和市场培育。

截至2018年年底，拥有30万标箱的20英尺、40英尺国际标准中国铁路通用箱和20英尺新型宽体集装箱，拥有6 000标箱20英尺超高集装箱，拥有三大类十余种约4万余个中国铁路特种集装箱、12万张铁路货车篷布。

中铁集装箱运输有限责任公司
China Railway Container Transport Corp.,Ltd.

经营网络

1. 公司下设18个分公司、36个营业部、4个全资子公司，参股9家公司，陆续建成和投入使用11个集装箱中心站，总部设在北京。

分公司名称（18个） Branch name (18)	所属营业部（36个） The sales departments (36)
中铁集装箱哈尔滨分公司 Harbin Branch of CRCT 电话:0451-86442202	哈尔滨营业部 Harbin Sales Department
	齐齐哈尔营业部 Tsitsihar Sales Department
	牡丹江营业部 Mudanjiang Sales Department
	佳木斯营业部 Jiamusi Sales Department
	满洲里营业部 Manchuria Sales Department
中铁集装箱沈阳分公司 Shenyang Branch of CRCT 电话:0451-86442202	沈阳营业部 Shenyang Sales Department
	大连营业部 Dalian Sales Department
	长春营业部 Changchun Sales Department
	锦州营业部 Jinzhou Sales Department
	吉林营业部 Jilin Sales Department
中铁集装箱北京分公司 Beijing Branch of CRCT 电话: 010-51861645	天津营业部 Tianjin Sales Department
	石家庄营业部 Shijiazhuang Sales Department
中铁集装箱太原分公司 Taiyuan Branch of CRCT 电话:0351-2661585	无 None
中铁集装箱呼和浩特分公司 Hohhot Branch of CRCT 电话:0471-2247696	二连浩特营业部 Erlianhot Sales Department
中铁集装箱郑州分公司 Zhengzhou Branch of CRCT 电话:0371-68358603	洛阳营业部 Luoyang Sales Department
中铁集装箱武汉分公司 Wuhan Branch of CRCT 电话:027-51125595	襄樊营业部 Xiangfan Sales Department
中铁集装箱西安分公司 Xi'an Branch of CRCT 电话:029-82364997	无 None
中铁集装箱济南分公司 Jinan Branch of CRCT 电话:0531-82436090	青岛营业部 Qingdao Sales Department
中铁集装箱上海分公司 Shanghai Branch of CRCT 电话:021-51222132	上海营业部 Shanghai Sales Department
	南京营业部 Nanjing Sales Department
	杭州营业部 Hangzhou Sales Department
	连云港营业部 Lianyungang Sales Department
	蚌埠营业部 Bengbu Sales Department
中铁集装箱南昌分公司 Nanchang Branch of CRCT 电话:0791-87024972	福州营业部 Fuzhou Sales Department
	厦门营业部 Xiamen Sales Department
中铁集装箱广州分公司 Guangzhou Branch of CRCT 电话:020-87654299	长沙营业部 Changsha Sales Department
	广州营业部 Guangzhou Sales Department
	深圳营业部 Shenzhen Sales Department
中铁集装箱成都分公司 Chengdu Branch of CRCT 电话:028-86423677	成都营业部 Chengdu Sales Department
	重庆营业部 Chongqing Sales Department
	贵阳营业部 Guiyang Sales Department
中铁集装箱南宁分公司 Nanning Branch of CRCT 电话:0771-2721782	凭祥营业部 Pingxiang Sales Department
中铁集装箱兰州分公司 Lanzhou Branch of CRCT 电话:0931-4921972	银川营业部 Yinchuan Sales Department
	嘉峪关营业部 Jiayuguan Sales Department
中铁集装箱昆明分公司 Kunming Branch of CRCT 电话:0871-66122642	昆明营业部 Kunming Sales Department
中铁集装箱乌鲁木齐分公司 Urumchi Branch of CRCT 电话:0991-7921982	乌鲁木齐营业部 Urumchi Sales Department
	北疆营业部（阿拉山口） North Xinjiang Sales Department (Alataw Pass)
	南疆营业部（库尔勒） South Xinjiang Sales Department (Korla)
中铁集装箱青藏分公司 Qinghai-Tibet Branch of CRCT 电话:0971-7169605	无 None

2.全资子公司（4个）：

（1）中铁国际多式联运有限公司，电话:010-51875259。

（2）中铁集装箱哈萨克斯坦国际物流有限公司，
电话：+77478111068、+777272590146。

（3）欧洲物流有限公司。

（4）俄罗斯国际物流有限公司。

3.参股公司（9个）：

（1）中铁联合国际集装箱有限公司；

（2）中铁铁龙集装箱物流股份有限公司；

（3）上海铁洋多式联运有限公司；

（4）瑞富行食品商贸有限公司；

（5）捷时特物流有限公司；

（6）上海铁路集装箱中心站发展有限公司；

（7）上海上铁集装箱运输有限公司；

（8）新时速运递有限责任公司；

（9）中铁纪念票证有限公司。

4.集装箱中心站（11个）：

昆明、钦州、重庆、成都、郑州、大连、青岛、武汉、西安、乌鲁木齐、天津11个铁路集装箱中心站。

合资公司

中铁集装箱公司是中铁联合国际集装箱有限公司、中铁铁龙集装箱物流股份有限公司第一大股东。

1.中外合资公司：中铁联合国际集装箱有限公司

中铁联合国际集装箱有限公司是经相关部门批准，并于2007年成立的中外合资企业。在铁路总公司的支持下，中铁联集在全国11个主要交通枢纽城市投资建设了铁路集装箱中心站并投入运营，初步形成了纵横南北、跨越东西的集装箱铁路运输场站网络。这个公司已成为中国优质的铁路集装箱物流公司，为铁路集装箱运输和客户提供优质的服务持续创新，为国家多式联运事业的发展努力贡献力量。

2.上市公司：中铁铁龙集装箱物流股份有限公司

中铁铁龙集装箱物流股份有限公司是专业从事欧亚大陆之间的国际铁路联运、国际海陆联运、国际公路联运等多式联运服务。服务网络遍及中国、中亚地区、蒙古、俄罗斯等国家和地区，承接中国始发及世界各地过境转运至上述国家和地区的货物运输，成长为较早肩负起社会责任的物流企业。

内蒙古电子口岸股份有限公司

INNER MONGPLIA ELECTRONIC PORT CO.,LTD.

内蒙古电子口岸视频指挥系统

COMPANY Profile

公司简介

内蒙古电子口岸股份有限公司成立于2014年7月，公司按照“统一认证、统一标准、统一品牌”的要求，以“政府主导、联合共建、实体运作”的运行模式，负责内蒙古电子口岸平台、中国(内蒙古)国际贸易“单一窗口”建设和运维，主要涉及电子政务、大通关服务、智慧物流服务、跨境贸易电子商务、口岸金融综合服务和口岸企业征信六大平台建设；同时依托电子口岸平台和海量数据，建设外贸、物流、金融大数据中心、信息平台托管中心，服务政府宏观决策，支持进出口企业发展。

新时代 新征程

公司以加强口岸信息化、智慧化建设为导向，同时充分应用区块链、物联网、AI、5G等先进技术，服务于“一带一路”国家智慧化口岸建设，将公司建设成全球优质的电子口岸方案解决商。

内蒙古电子口岸视频指挥系统

策克口岸智能卡口建设

1 公司承建了内蒙古电子口岸视频指挥系统，形成了覆盖自治区16个主要口岸通关业务的自治区级综合性电子口岸视频指挥系统，实现了远程视频监控、视频会议与口岸突发事件的应急指挥，提升了内蒙古自治区口岸管理与服务工作的效率。

2 公司与多家大型银行、保险机构签署综合金融服务战略合作协议，围绕“单一窗口”相关功能，不断优化和创新跨境金融产品，推动“单一窗口”金融功能更加丰富完善，为外贸企业提供更丰富、优质的口岸通关、关税保证保险及金融等服务，提升外贸企业市场竞争力。

3 口岸智能卡口建设是集信息化、 网络化、智慧化为一体的集成管理平台，通过有效整合视频监控、机检查验、指挥中心等功能，实现对进出境旅客及客车查验、货物查验的快速处理；实现智能核放、数据协同，在严密监管的同时也保证了便捷、高效的精细化管理，提升车辆通关效率。其建设内容主要包括RFID、人脸识别及指纹识别系统、车牌识别系统、闸口放行控制系统及通道视频监控系统。

4 公司通过“单一窗口”配套系统的建设，提高国际贸易供应链各参与方系统间的互操作性，优化通关业务流程，提高申报效率，缩短通关时间，降低企业成本，促进贸易便利化。建设内容包括：国家标准版在内蒙古应用支撑系统、在途监管系统、铁路运输工具“单一窗口”系统、特殊监管区公共服务系统、保税展示交易系统。

5 案例：满洲里运输工具“单一窗口”建设系统通过分析卡口通道设施采集的车辆信息，整合相关部门联检单位的审核放行信息，实现对过卡车辆的自动化、智能化核放。通过在满洲里公路口岸的实际应用，大幅取消了纸面单证，改革了以前需要5次盖章4次签字的验放模式，达到了简化通关手续、提高通关效率、减少人工作业、促进阳光执法的目的，同时更便于监督和统计分析。

内蒙古电子口岸股份有限公司

INNER MONGPLIA ELECTRONIC PORT CO.,LTD.

车辆底盘检测系统

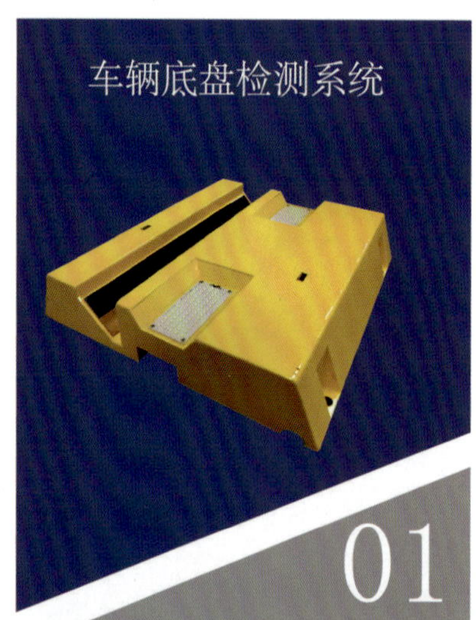

01

在车辆行进过程中无需停车精准采集车辆底盘图像，通过人工智能判别同时结合图像分析，精准识别车底藏人、藏物等违法犯罪手段，系统可以自动适应不同的长度的车辆类型和车辆行驶速度，系统广泛应用于口岸、特殊监管区、临时布控、车辆检测和其他社会治安事项等。

虹膜、智能面部识别设备

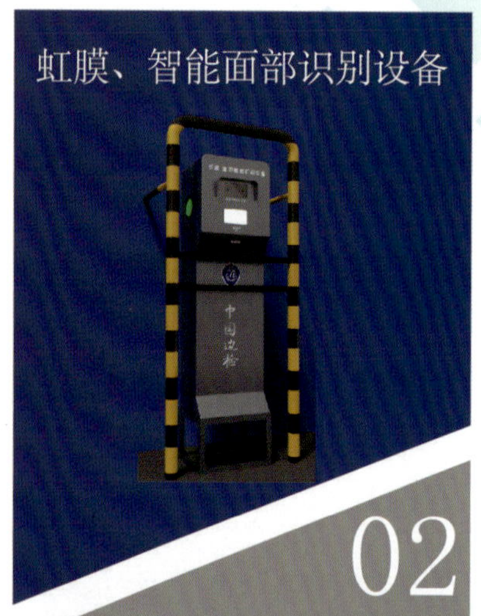

02

虹膜识别机通过虹膜人脸识别系统实现入境建档、入境核对及出境核对三项基本流程，通过识别设备和虹膜人脸数据库的建立，达到对入境以及出境人员的精准监管提高了人员车辆出入境的效率，保障边境的安全稳定。该设备有极高的环境适应性，耐高低温、防沙尘、防强光，可以适用于边境的恶劣环境，极大地解放了人力是提高边境自助化程度的重要组成部分。

申报一体机

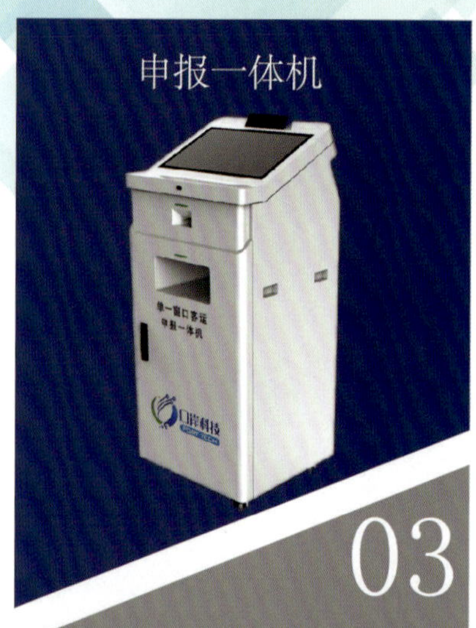

03

客运申报一体机利用红外感应、面部识别、二维码识别等技术，实现了运输工具负责人向口岸监管部门进行自助式无纸化申报。在提高客运通关监管效率的同时，降低申报人的申报难度，节约申报时间，提高人员和车辆出入境的效率，持续优化通关环境。该设备有极高的环境适应性，耐高低温、防沙尘、防强光，可以适用于边境的恶劣环境，极大缓解监管部门工作强度，提高车辆验放效率。

企业科技成果

几年来，公司在软件能力、高新技术、信息安全、质量管理、软件著作权等方面均取得相应的资质和认证，先后取得了14项计算机软件著作权登记证书；同时，公司取得了职业健康安全管理体系认证证书、环境管理体系认证证书、质量管理体系认证证书、信息安全管理体系认证证书、信息技术服务管理系统认证证书、高新技术企业证书、CMMI软件成熟度认证证书等一系列企业资质证书，提升了公司在信息化建设领域的整体竞争力。

内蒙古电子口岸股份有限公司

电话：0471-5200759

地址：内蒙古自治区呼和浩特市新城区大学生创业园11号楼301室

中波公司办公大楼

中远海运散货运输有限公司（以下简称“公司”）是中国远洋海运集团旗下重要直属企业，是全球规模较大的专业化散装货物运输企业，拥有各类散货船400多艘，近400万载重吨，装载铁矿石、煤炭、粮食、散杂货等全品类散装货物，可为全球客户提供传统干散货运输业务、干散货准班轮运输业务、全程物流运输业务、拼装货运输业务和沿海内贸运输业务等多元运输服务。

公司拥有一支数量超过1700人的散货运输经营管理团队和一支逾1.25万人的优秀船员队伍，秉持“安全、诚信、优质、高效”的服务理念，以客户为中心，与世界矿业巨头、国内外知名粮商及电力、煤炭、钢铁等全球大客户建立了良好的合作关系。

公司高度关注客户体验，积极创新散货运输商业模式，在中国干散货运输市场上推出“准班轮”运输业务，为干散货运输行业带来了一次开创性尝试，得到了干散货市场的认可。

公司船队平均船龄7.5年，拥有7种主力船型，分别是小灵便型、大灵便型、巴拿马型、好望角型、23万吨级VLOC、30万吨级VLOC和40万吨级VLOC。其中，40万吨级VLOC是迄今世界较大的超大型散货船。公司是国内较早拥有船岸数据同步系统的航运企业之一，利用数字化技术和丰富的信息资源，打造了以BMS、航标系统、船舶能效管理系统、船货易等为支撑的智慧航运平台，实现船队营运数字化管理，为船队提供全天候、全航程、全方位的岸基支持，营运管理水平与国际先进水平全面接轨。

公司是波罗的海航运交易所重要成员单位，中国船东协会散货运输专业委员会主任单位，上海航运交易所FDI、CBFI指数编委会主席单位，广东省船东协会会长单位。公司认真履行行业责任，积极参与市场规则的制定，努力维护行业良好秩序。

公司秉持“同舟共济”的企业精神，优秀的企业文化获得业界广泛赞誉。公司积极参与海上救助、助学育人、扶贫济困等社会活动，先后荣获“全国五一劳动奖状”“中央企业文化建设第一批示范单位”“全国交通运输企业文化建设品牌单位”“全国交通运输行业文明单位”等荣誉称号。

公司坚持以“一带一路”倡议等为引领，以保障国家干散货战略运输安全为使命，坚持“创新驱动”和“全球营销”战略，全面升级企业价值链，持续提升散货船队的国际竞争力和品牌影响力，努力建设世界优质的干散货航运企业。

为履行中央企业的使命与责任，推进两岸和平繁荣，促进两岸交流合作，迎接海峡两岸“三通”，原中远集团于1993年10月28日正式成立了厦门远洋运输公司。根据相关部门及中远海运集团的相关要求，2017年10月27日，厦门远洋运输公司改制更名为中远海运（厦门）有限公司，简称厦门中远海运。

厦门中远海运是中国远洋海运集团有限公司目前在福建地区唯一的全资二级子公司，公司主要从事对台客货运业务和国际间干散、杂货运输业务，拥有对台小三通高速客船1艘、对台大三通客滚船1艘、散杂兼营船5艘、运木船2艘。同时，公司按照集团部署积极向洲际邮轮平台转型，与中旅集团合资购入1艘豪华邮轮准备在2019年10月投入运营。公司现有职工73人。下属合资合营企业4家。

厦门中远海运长期坚持“安全第一，客户至上”的经营理念，为广大客户提供安全、优质的海上运输服务。在远洋货运方面，公司目前主要经营远东—中美洲等不定期货运班轮运输品牌航线，主要承接设备、钢材、粮食、矿砂、煤炭、化肥、蔗糖等货物运输服务。在发展远洋运输的基础上，公司积极发挥集团的品牌优势和地处海峡西岸的区位优势，在两岸海上交流实践中做了大量首创性工作，于2007年~2009年间作为航运央企开通了对台大、小三通客货运业务。小三通“新五缘”轮经营厦门/金门客运航线；大三通“中远之星”轮经营厦门/基隆、厦门/台中和浙江大麦屿/基隆三条对台客滚直航航线，为扩大两岸人员往来、促进两岸“三通”和闽台经贸合作人员往来、促进两岸融合发展做出积极贡献。

经过多年的发展，厦门中远海运逐渐构建了以“大小三通”海上客货运输为对台航运品牌和以不定期杂货班轮航线为远洋货运品牌的双品牌格局，形成了独具特色的经营管理体系和企业文化，并积极向邮轮等高端航运产业延伸拓展，现已成长为海峡两岸地区具有重要影响力的综合性航运企业。

浙江省海港集团 宁波舟山港集团

2015年8月，浙江省海港集团组建成立，成为国内第一家集约化运营管理全省港口资产的省属国有企业。2016年11月，根据相关部门的决策部署，浙江省海港集团与宁波舟山港集团按“两块牌子、一套机构”运作，是全省海洋港口资源开发建设投融资的主平台。集团先后完成了省内沿海五港和义乌陆港以及有关内河港口的全面整合，形成了以宁波舟山港为主体，以浙东南沿海温州、台州两港和浙北环杭州湾嘉兴港等为两翼，联动发展义乌陆港和其他内河港口的“一体两翼多联”的港口发展新格局。全省港口一体化整合后，有力地促进了港口资源利用集约化、港口运营高效化、市场竞争有序化、港口服务现代化，形成了港口转型发展的新动能,浙江港口的综合实力、整体竞争力和对外影响力明显提升。

目前，集团注册资本500亿元，旗下拥有各类企业310多家，从业人员近3万人，经营板块主要包括港口运营、开发建设、投融资、航运服务等“四大板块”。2018年，集团完成货物吞吐量8.23亿吨，同比增长7.8%；完成集装箱吞吐量2 861万标准箱，同比增长7.7%。截至2018年年底，集团总资产达1 200亿元，净资产741亿元。

作为集团主要经营的港口之一，宁波舟山港是我国大陆重要的集装箱远洋干线港、国内较大的铁矿石中转基地和原油转运基地、国内重要的液体化工储运基地和华东地区重要的煤炭、粮食储运基地，是国家的主枢纽港之一。2018年，宁波舟山港完成货物吞吐量10.8亿吨，同比增长7.4%；完成集装箱吞吐量2 635万标准箱，同比增长7.1%，箱量排名晋级全球三强，在最新的新华 · 波罗的海国际航运中心发展指数排名中，宁波舟山港从全球第18位跃升至第14位。

展望未来，集团以党的十九大精神为指引，贯彻好新发展理念，积极参与“一带一路”建设和长江经济带建设，内联外扩、优化布局，以港口运营、开发建设、投融资、航运服务等“四大板块”发展为抓手，打造国际强港和国际港口集群，加快将集团建设成为以港口为核心的全球优质的综合物流服务商，助推海洋强省建设，促进区域经济发展。

2017年5月24日11时许，新一代全球较大集装箱船载箱量21 413标准箱的“东方宁波”轮顺利靠上了宁波舟山港穿山港区集装箱码头。

2017年8月8日，全球较大的45万吨超大型油轮“泰欧”轮成功靠泊宁波舟山港大榭港区实华二期原油码头。

2016年9月23日，全球较大的40万吨矿船“远见海”轮成功试靠衢山港区鼠浪湖矿石中转码头。

2018年12月18日，宁波—绍兴双层集装箱班列首开。

中天科技光纤有限公司

中天科技光纤有限公司作为高新技术企业，系江苏中天科技股份有限公司控股子公司，成立于2003年，是一家专业从事光纤生产的高科技制造商，位于江苏南通经济技术开发区。公司主营G.652、G.655、G.657等系列光纤，产品广泛用于中国移动、中国电信、中国联通等通信运营商，以及电力广电、交通、教育、国防、航天、化工、石油、医疗等领域，并远销美国、日本、韩国、东南亚、中东、非洲等50多个国家和地区。公司拥有国际先进的制造、检测设备和一支较强创新能力的研发团队，在产、供、销等各个环节采用先进的信息化手段，确保产品品质和效率。

公司注重开拓创新，产品生产管理软件系统使得先进的网络技术应用到生产的每一环节，每道工序都得到严格有效的控制，自始至终严格按照ISO 9001:2008质量管理体系模式和要求进行管理。2007年11月，公司通过英国BSI的质量、环境和职业健康安全管理体系的认证，获得三标体系证书，成为业内同时获得ISO 9001:2008、ISO 14001:2004、OHSAS 18001:2007国际知名审核公司BSI审核通过的现代化企业。

公司积累了丰富的研发及产业项目管理经验，取得了丰硕成果，先后获得“江苏省高新技术企业”“国家高新技术企业”“中国电子信息百强企业”等荣誉；近年来，承担了“大型预制棒拉丝”等3个火炬计划项目；“海洋风电海底光纤复合电力电缆”项目获江苏省科学技术进步三等奖；“高强度大盘长海底光缆用单模光纤”等3个项目获南通市科学技术进步三等奖；“宽带低水峰抗弯曲单模光纤”“新型高带宽多模光纤”两项产品为国家重点新产品；“超低偏振模低水峰非零色散位移单模光纤”等5项产品为江苏省重点新产品。同时，公司承担了多项行业标准的制订及修订工作，如《通信用单模光纤第7部分：接入网用弯曲损耗不敏感单模光纤特性》（标准号：GB/T 9771.7-2012）、《光纤试验方法规范第48部分：传输特性和光纤特性的测量方法和试验程序—偏振模色散》（标准号：GB/T 15972.48-201x 代替 GB/T 18900-2002）等。在知识产权方面，公司获得了1个PCT国际发明专利，26个国家专利，其中发明专利9项、实用新型专利17项，在SCI及国内核心技术期刊发表高水平论文10余篇。

山　西　省

	类型	口岸名称	批准开放时间	开放状态
1	空运口岸	太原空运口岸	1993	国际常年

口岸数量及分布

截至2018年年底，山西省有经国务院批准的对外开放口岸1个，即太原空运口岸（太原武宿国际机场）。

口岸运行数据

2018年，山西空运口岸共出入境人员366 818人次，同比增长3.61%，出入境飞机2 801架次，同比增长3.59%。其中，太原空运口岸出入境人员31.8万人次，出入境飞机2 355架次；大同空运口岸（临时开放）进出境人员2.39万人次，进出境飞机146架次。运城空运口岸（临时开放）出入境人员2.53万人次，出入境飞机298架次。

口岸综合管理

【长治鲜梨首次走出国门】 2018年1月5日，满载2 204箱鲜梨的货运汽车从山西省长治市襄垣县驶出发往美国，实现了长治鲜梨首次出口。美国是全球检验检疫措施最严格的国家之一，为保证鲜梨顺利出口，长治出入境检验检疫局主动帮扶企业办理出口水果备案和生态原产地备案，协助完成美国FDA食品企业注册，带领企业负责人赴河北沧州、山西运城和临汾等地学习当地水果企业开拓国际市场的先进经验和做法，督促企业加强日常管理，有效控制病虫害发生，提高鲜梨品质。

【大同国际陆港等三家公司签署合作协议】 2018年4月19日，大同国际陆港港务有限公司、大同电子口岸有限公司、山西中远海运国际货运有限公司三方正式签署合作协议。

三方签约后，将合作建设“大同国际陆港中远海运集装箱堆场”。项目建成后，可辐射全国的集装箱堆放网络，提供便利、高效的还箱、拼箱及堆放服务。同时，大同电子口岸有限公司与山西中远海运国际货运有限公司进行信息系统相互对接，实现数据共享，构建集装箱国际贸易大数据平台，为企业提供精准数据服务，提升效率。

【700余只澳大利亚种羊入境山西】 2018年8月21日，731只种羊乘包机从澳大利亚抵达山西太原。这是太原海关机构改革及山西省复制推广自由贸易试验区第四批改革试点经验工作以来，首次以“通关一体化，实现跨部门一次性联合查验”模式服务货用包机直接引进种用动物。山西省副省长王一新出席了通关仪式。

【大同国际陆港正式开关运营】 2018年8月28日，大同国际陆港进口肉类指定查验场正式开关，大同电子口岸正式开关运营。

【山西—天津口岸签署跨区域口岸合作框架协议】 为认真贯彻党的十九大精神，落实晋津两地政府合作协议，加强口岸合作，提升贸易便利化水平，促进区域经济发展，2018年9月3日，天津市人民政府口岸办公室党组书记、主任朱振宇带队，组织天津新港海关、天津港集团等口岸单位赴山西省就口岸服务和管理进行调研，并对武宿综保区、中鼎物流园区进行实地走访。调研期间，双方组织召开了晋津口岸合作座谈会，并共同签署了《晋津深化跨区域口岸合作框架协议》。

【山西省副省长王一新主持召开山西省口岸工作领导组会议】 2018年10月19日，山西省副省长、口岸工作领导组组长王一新主持召开山西省口岸工作领导组会议。会议肯定了近年来山西省口岸工作新取得的成绩，分析了存在的问题和差距。王一新指出，要加强口岸建设，重点抓好口岸提效降费工作，提升跨境贸易便利化水平。各有关部门和单位要全面对标对表国家部署和要求，认真落实口岸提效降费各项工作措施，突出抓好降低进出口环节合规成本、压缩通关时间和简化进出口环节审批事项三项工作，确保不折不扣地完成好各项目标任务。

【推进太原铁路口岸临时开放】 2018年10月23日，中鼎物流园铁路口岸正式获批海关监管场所登记证书，为太原铁路口岸获批临时开放打下良好基础。

【忻州五台山机场获批临时开放】 2018 年 10 月 31 日，国家口岸管理办公室批复山西忻州五台山机场临时开放，成为山西省实现对外开放的第四个空运口岸。

【有效开展“口岸签证”业务】 2018 年，共签发一次性有效出入境通行证、外国人签注、台湾居民来往大陆通行证共计 59 枚，服务进出境航班 1 580 架次。

【中欧班列持续上量】 2018 年，共开行山西直达俄罗斯、白俄罗斯、哈萨克斯坦、德国等国家的中欧班列 50 列。

口岸监管与服务

【山西出入境边防检查总站扭住管控关键环节，确保口岸安全无虞】 山西出入境边防检查总站紧盯重大活动期间口岸动态安全，综合分析各项勤务数据和可能影响口岸安全的信息线索，深度梳理摸排在口岸查控、维稳管控、舆情监控等方面存在的风险隐患，严守人证对照、资料录入、证件鉴别前台查验“三条底线”，挑选基层业务骨干成立专职后台核查小组，进一步充实后台核查力量，确保管控查缉万无一失，圆满完成了全国“两会”、上合组织青岛峰会、中非合作论坛北京峰会、中国国际进口博览会（以下简称“进博会”）等重大活动期间的边检安保任务。根据公安部边防管理局统一部署，在太原、大同、运城口岸全部安装了指纹面相采集一体机，按要求实施外国人指纹留存和人脸识别查控，整体推进反恐安全域、出入境综合平台、暴恐音视频查缉终端等软件设备的深度应用，增加执勤现场监控点位，实现了各口岸执勤区域实时可视可控，着力提升查控查缉的精准化水平。完善与安全、反恐、国保等职能部门的协作处理机制及流程，每周派员参加河北省公安厅反恐工作联席会，及时获取涉恐信息，掌握工作主动权。积极协调太原机场和联检单位改造通道设置，防范国际虚拟航班旅客与国内旅客交叉候检的管控风险，推动运城临时口岸和计划新开忻州口岸安检前置，先后与大同、运城机场公安、安检等单位签订了联勤联防协议，不断提升管控合力。

【山西出入境边防检查总站聚焦扩大开放需求，确保服务提质增效】 山西出入境边防检查总站根据国家移民管理局关于“中国公民出入境通关候检不超过 30 分钟”的部署要求，分别对太原空运口岸、大同空运口岸和运城空运口岸（临时开放）的通关效率进行了专题调研，并按照“一口岸一方案”的原则，制定了应对节假日客流高峰勤务工作的方案，进一步加强了对各执勤现场勤务组织的科学调度。同时，在太原口岸入境现场再建 2 条自助查验通道，积极协调机场单位扩大了太原口岸出境现场候检面积，最大程度改善通关环境、满足出入境旅客“快捷通关”需求。自觉将边检工作置于地方经济建设发展大局中谋划推进，积极保障推动大同、运城机场口岸正式开放，定期走访口岸联检、旅行社和机场公司等单位，广泛听取意见建议，主动派员为航空公司和旅行社宣传讲解边检政策法规，举办以“打造‘六型’边检，擦亮国门名片”为主题的边检服务品牌宣传活动，省内多家重要媒体予以了关注报道，刊发转载信息 20 余条，进一步提升了山西边检的社会影响力。努力克服三地执勤的用警压力，积极打造“小单元、大协调”的高效勤务模式，并根据组勤模式同步完善了口岸处突预案，进一步规范了应急处突人员的岗位设置、巡检地点、携带装具等事项，为执勤一线添置补充了应急处突装备，确保用警效能和应急力量建设与执法执勤需求最大化契合。2018 年，总队圆满完成了国民党前主席洪秀柱、前副主席蒋孝严等要客的入出境边检任务，为价值两千余万元的种畜引进包机提供了便捷高效的通关保障服务，得到了友邻单位和服务对象的广泛赞誉。

【山西出入境边防检查总站坚持实战目标导向，确保队伍素质过硬】 山西出入境边防检查总站持续开展“边检业务周课堂”活动，修订完善《边检业务培训手册》，指导各执勤业务科详细制定业务培训周计划，并根据各科学习计划分类分卷出题考核，定期检验官兵日常业务学习和岗位练兵成效，不断提升队伍整体业务水平。2018 年，共集中组织开展边检业务培训 26 期、业务考核测试 10 余次。按照“干什么、用什么、练什么”的原则，围绕边检法律法规、执法装备应用、法律文书制作等内容，结合山西省口岸执法执勤工作实际和常见案情处置实践，组织执勤业务科法制骨干精选执法培训授课内容，认真制作培训课件，细致讲解执法流程，并坚持每月总结梳理边检执法典型案例，全面强化官兵对法律法规的熟悉了解、对执法装备的熟练应用、对办案程序的熟知掌握，有效提升了检查员的法律素养和执法办案能力。2018 年，总队 1 个执勤业务科和 1 名检查员分别获评公安边防部队执法示范单位和执法标兵。着眼口岸反恐维稳形势任务需要，围绕防暴处突、人员控制、组合战法等科目，组织执勤官兵进行针对性、强化性训练，充分结合山西口岸任务特点，完善处突预案，加强应急处突队伍建设，突出对处置流程、反应速度、现场控制等环节的演练训练，着力强化官兵实战意识，提升警务实战技能，为确保执法执勤、口岸查缉等任务安全圆满完成提供了坚强支撑。

【太原海关进一步完善国际贸易“单一窗口”】 太原海关加快推进“单一窗口”业务的全面整合，将功能拓展至海关特殊监管区域。进一步加大“单一窗口”推广应用力度，引导企业使用“单一窗口”标准版功能，山西省“单一窗口”已覆盖 12 大基本功能 37 个应用项目，与 25 个部委实现实时信息对接和共享。大力提升“单一窗口”主要申报业务应用率，2018 年，主要业务覆盖率达到 100%。

【太原海关提升综合保税区、保税物流中心等海关特殊区域场所发展质量和贸易便利化水平】 太原海关积极推动金关二期海关特殊监管区域系统、保税物流管理系统、保税货物流转系统等上线运行，提升信息化管理水平。大力支持跨境电子商务发展，积极做好海关各项监管工作。积极推进“保税展示交易”“分送集报”等创新制度落地实施。2018 年，山西省跨境电商进出口总值 1 888.7 万元，增长 266 倍，太原武宿综合保税区首个保税加工项目顺利落地。

【太原海关深化业务改革，提升通关效率，促进口岸开放】

一是继续落实全国通关一体化改革。太原海关积极推进提前申报等 18 项改革工作，实现了与全国通关一体化改革的对接融合。创新海关税收征管模式，积极推进新一代税费电子支付、自报自缴和汇总征税、关税保证保险等新兴税收担保方式改革，实现财关库银横向联网，稳步推进税单无纸化改革。部署了金关二期海关特殊监管区域管理系统和保税物流管理系统全国统一版。建立完善了相关的管理制度和操作规程 10 余项，落实“两中心、三制度”改革要求，密切与全国海关一级风险防控中心、海关总署税管中心的联系，发挥二级风险防控中心效能，推进隶属海关功能化建设不断深入。结合机构改革，进一步推动通关流程“去繁就简”。二是落实口岸“提效降费”。开展压缩整体通关时间“百日攻坚战”“冲刺 50 天”活动。2018 年，进出口货物整体通关时间分别为 76.16 小时、6.87 小时，较 2017 年分别大幅压缩 36.03%、40.16%，圆满完成“压缩货物整体通关时间三分之一”的工作目标，为山西省进出口企业营造了快捷的通关环境。降低进出口环节合规成本，严格执行收费清单管理制度，配合山西省口岸办做好口岸涉企收费公示工作，主动停收清单内的预录入服务费，不断降低企业制度性成本。三是促进口岸开放。加强实际监管，加大对口岸开放工作的督促指导，指导大同、运城、五台山机场开展口岸标准化建设，确保了大同口岸连续 12 次临时开放，运城口岸连续 4 次临时开放，五台山机场口岸实现首次临时开放。完成中鼎物流园海关监管作业区系统设备联调和信息系统接入海关监控指挥中心。四是促进加工贸易转型升级。总结特殊监管区外保税维修工作，论证“工单式核销”应用成效，设立主板维修账册，不断优化相关监管方案和管理办法。2018 年，山西省加工贸易进出口总值为928.90 亿元人民币，同比增长14.9%，占全省外贸总值的67.8%。

【太原海关多举措优化服务，提升监管效能】 一是扎实推进海关行政许可标准化建设和规范化管理。全面推行审批服务“马上办、网上办、就近办、一次办”。在山西省各级海关机构设立10个行政审批“受理窗口”，实现“一个窗口”受理，并简化审批层级，优化内部核批。推出“关企合作平台”，推广应用海关行政审批网上办理平台，实现行政审批事项“一网通办”。二是优化行政审批程序。全面落实海关行政审批“一个窗口”服务规范，行政审批事项实行“目录管理”“首问负责”“一次告知”“公开公示”等制度措施。三是深入开展“减证便民”。精简进出口环节监管证件，自2018 年11 月1 日起，在进出口环节验核的监管证件从86 种减至46 种，其中，42 种监管证件实现联网核查。同时，要求企业和群众提交的单证材料由132 种缩减至40 种，进一步降低制度性交易成本。四是严格落实“双随机、一公开”。推动“双随机、一公开”作业模式逐步拓展到各执法领域，实现各环节随机审核、随机派单、随机选查，增加海关执法的透明度和有效性。建立健全随机抽查结果公开机制。继续推进“选、查、处”分离，提升“双随机”作业效能。五是加快推进“互联网+海关”建设。推进政务服务“一网、一门、一次”的改革要求，进一步完善“互联网+海关”一体化网上办事平台建设，将出入境检验检疫事项纳入海关政务服务事项清单。充分发挥12360 海关热线作用，建立“企业问题清零机制”，高质量回应企业诉求。

【太原海关优化检验检疫作业，筑牢口岸检疫防线】 减少双边协议出口商品装运前的检验数量。推行进口矿产品等大宗资源性商品“先验放后检测”检验监管方式。创新检验检疫方法，应用现场快速检测技术，进一步缩短检验检疫周期。检验检测扩项223 个，获证认可范围达到了4 699 项。依托大同杂粮检疫检测、运城温带果蔬检疫国家重点实验室，推动当地政府搭建公共检测技术平台。对进出口鲜活食品农产品强化源头监控，优化鲜活产品检验检疫流程，加快通关放行。

严密防控非洲猪瘟，对20 批次疫区肉制品进行了无害化处理。严把口岸公共卫生安全关，在全国内陆口岸首家试点建设智慧卫生检疫系统，截获禁止进境物2 454 批、检出传染病541例。严把国门生物安全关，检出入境动物疫情6批次、44 种次，植物疫情48 批次、81 种次，其中，5 种为全国首次检出。严把进出口商品质量安全关，开展质量提升行动，持续打击侵犯知识产权和制售假冒伪劣商品，检出不合格货物66批、货值1 644 万美元。严把进出口食品安全关，实施“进口食品安全放心工程”“出口食品质量竞争力提升工程”，加强供港澳动物及其产品质量安全管理，处理1 起O 型口蹄疫疫情。

【太原海关保持打击走私高压态势】 认真开展“国门利剑2018”联合专项行动，以查办重点案件为突破，在打击手段、查获走私物品种类、查发渠道等多个方面实现了关区“首次”突破。侦办了大麻叶毒品走私案、摩托车走私案、“烟弹”和化妆品代购走私案，以及高档手表走私案。2018 年，共立刑事案件12 起，同比案件数增长50 %，案值增长30.46 倍，涉嫌偷逃税款增长38.64 倍；立行政一般案件38 起，同比案件数增长72.73%，案值增长118.37%，涉税增长25.13%。

开放口岸

【太原空运口岸（太原武宿国际机场）】 太原武宿国际机场距太原市区13.2 千米。太原空运口岸于2004 年经国务院批复同意扩大对外国籍飞机开放，并于2005 年1 月通过国家正式验收。2007 年11 月，太原武宿机场更名为太原武宿国际机场，为国内省会级干线机场，是北京首都国际机场的备降机场。太原武宿国际机场场区占地面积为588.7 万平方米，飞行区等级指标为

4E 级，跑道长 3 600 米，宽度为 75 米，站坪面积为 34 万平方米，机位 43 个，可起降 B747 机型，同时满足 F 类 A380 备降需要。新建的 T2 航站楼于 2008 年 7 月投入使用，面积为 5.5 万平方米，其中国际厅面积 1.8 万平方米。T1 航站楼经过改造，面积为 2.6 万平方米，并于 2014 年 1 月 1 日启用。新货运楼于 2010 年 4 月投入使用，总建筑面积 12 417 平方米，其中海关监管货运库面积约为 2 000 平方米。

【大同空运口岸（临时开放）】 大同空运口岸（大同云冈机场）于 2006 年 1 月正式通航，占地面积 144 万平方米，飞行区等级指标为 4C 级，可起降 B737－300 及以下机型，跑道长 3 000 米，宽度为 45 米，站坪面积为 2.4 万平方米。2013 年，对 T1 航站楼进行了全面改造，新建了候检大厅，增设了检验检疫、边检、海关等设备设施，新建后的国际厅航站楼新增面积 2 070 平方米，总面积达到 6 325 平方米，能够满足高峰每小时 180 人次客流量需求，达到空运口岸正式开放的基本要求，进一步提升了旅客通关便捷水平和服务质量。

大同空运口岸（大同云冈机场）于 2013 年 7 月 31 日经国家口岸办批准临时开放，2017 年 7 月，大同云冈机场列入国家口岸办印发的《2017 年度口岸开放审理计划》，国家口岸办已启动了正式开放审理程序。

【运城空运口岸（临时开放）】 运城空运口岸（运城张孝机场）位于运城市东北方向 11 千米处陶村镇张孝村，2005 年 2 月建成通航。跑道长 3 000 米，宽 60 米，可起降 B767－300 以下系列机型。机坪面积 6 万多平方米，可同时停放 10 架飞机，飞行区等级为 4D 级。现有两座航站楼，总面积 3 万余平方米，可满足年旅客吞吐量 200 余万人次需求。引进国航、南航、东航、深航、厦航等 5 家航空公司，开辟航线 26 条，通航城市 29 个。目前，运行的航线有 10 条，通航城市有北京、广州、成都等 15 个。

2017 年 4 月 12 日，运城空运口岸（运城张孝机场）经国家口岸办批准临时开放，开通了运城至香港、曼谷和芭堤雅国际和地区航线。2018 年 4 月，运城机场列入国家口岸办印发的《2018 年度口岸开放审理计划》，国家口岸办已启动了正式开放审理程序。

【忻州空运口岸（临时开放）】 忻州五台山机场位于忻州市定襄县宏道镇无畏庄村，距离五台山景区 71 千米，距离忻州市区 38 千米。机场飞行等级为 4C 级，跑道长 2 600 米，宽 45 米，建设有 5 个停机位，航站楼面积 13 340 平方米，可起降 B737－800（含）、空客 A320（含）以下机型。2015 年 12 月 25 日，五台山机场实现正式通航，成为山西省内通航的第六个民用运输机场。机场已开通上海、广州、天津、重庆、银川、海口、桂林、厦门、南京、哈尔滨、昆明、济南、兰州等城市的定期航班。

2018 年 10 月 31 日，五台山机场获批首次临时开放，成为山西省实现对外开放的第四个空运口岸。

海关特殊监管区域

【太原武宿综合保税区】 太原武宿综合保税区位于山西太原经济技术开发区东、武宿国际机场西，规划面积 2.94 平方千米。于 2012 年 8 月 26 日经国务院批准设立，2013 年 12 月，正式封关运营，是山西省首个综合保税区，也是山西省目前唯一的综合保税区，是山西示范区中部产业整合区的一部分。园区总规划面积 2.94 平方千米，一期验收面积 1.75 平方千米。

2018 年，太原武宿综合保税区快速发展，全区共有 34 家跨境电商企业入驻，全年监管进出口货值 370.39 亿元人民币，同比增长 54.01%。2018 年，太原武宿综合保税区跨境电商实现爆发式增长，通过武宿综合保税区跨境电商平台交易的出区货值（销售额）1 910.5 万元，同比增长 268 倍。

【山西方略保税物流中心】 山西方略保税物流中心于 2008 年 12 月经国务院授权，海关总署、财政部、税务总局、外汇管理局联合批准设立，于 2009 年 6 月通过国家正式验收并封关运营，是山西省各类企业开展进出口贸易、加工贸易得以享受保税物流政策、扩大进出口贸易的不可或缺的公共服务平台。它具有进口保税存储，出口退税，入区“一日游”，国际采购分拨配送、中转，流通性简单加工与增值、海关监管运输等重要功能，是山西省政府确立的全省“无水口岸”的试点、大通关的平台以及融入国际市场的“试验田”。

自开通以来至2018年年底，累计为山西省企业办理报关报检5 851票，占侯马关区总票数的95%以上；监管货物1 151万吨，货值17.4亿美元，做到了货物无丢失、票据无差错、税款及商检规费无欠缴；客户有晋城富士康、汇源果汁、蓝星化工、永济新时速、汤荣汽配等100多家企业，辐射至澳大利亚、巴西、印度尼西亚、墨西哥等20多个国家和地区，覆盖铁矿砂、铜精粉、果汁生产线、聚苯醚、医疗设备等20多类150多个品种，累计为企业提供融资30.8亿元，直接、间接汇聚和带动全省绿色税收17亿元；直接、间接带动2 000人以上就业岗位；已使所服务的企业降低物流、交易、融资等综合成本10%以上，通关效率提高15%以上。

【山西兰花保税物流中心】 山西兰花保税物流中心（B型）位于山西晋城市东部，占地面积0.12平方千米，总仓储面积5.16万平方米，其中，有室内仓库4座，面积2.9万平方米，散货堆场2个，面积2.26万平方米，海关查验区和通关服务中心面积各1 000平方米。

山西兰花保税物流中心于2014年10月13日经海关总署、财政部、国家税务总局和国家外汇管理局联合批准设立，2018年3月1日，通过了国家的正式验收，2018年6月19日，正式获得海关总署颁发的保税物流中心（B型）验收合格证书、注册登记证书。2018年9月22日，开展了山西兰花保税物流中心的第一单保税物流业务。

2018年，共为富士康、中国中车、烟台杰瑞等公司开展加工贸易深加工结转、保税进口等业务333单，进出口额达4.88亿元，有效降低了进出口企业的进出口物流成本，为促进富士康加工贸易产能向内地转移承接及晋城市外贸进出口的快速发展起到了积极的推动作用。

2018年山西省口岸大事记

1月5日

满载2 204箱鲜梨的货运汽车从山西省长治市襄垣县驶出发往美国，实现了长治鲜梨首次出口。

3月22日

山西省口岸办在五台山机场组织召开五台山机场空运口岸开放工作第四次工作协调会。

3月29日

山西省口岸办组织各相关单位召开了国际陆港（无水港）工作推进会。各相关部门负责人参加了会议。

4月19日

大同国际陆港港务有限公司、大同电子口岸有限公司、山西中远海运国际货运有限公司三方正式签署合作协议。

4月20日

台北至太原的MU5012号航班降落太原武宿国际机场，太原空运口岸旅检监管现场原出入境检验检疫工作人员统一着海关制服、佩戴关衔，与海关关员统一上岗作业，规范有序地开展卫生检疫、申报、现场调研、查验、处置等各环节监管工作，149名旅客及机组人员顺利通关。

是日

在太原海关指导下，企业通过“单一窗口”填写申请信息并向业务现场提交申请材料办理企业注册手续，即取得报关报检双重资质。这是原山西出入境检验检疫局管理职责和队伍划入太原海关之后，业务整合改革迈出的重要一步，真正实现了企业“一次登记、一次备案”，以前分属关检两个部门办理的注册登记或备案手续成为历史。

7月27日

太原至俄罗斯如科夫斯基直飞航线正式开通。

8月15日

海关总署署长倪岳峰、国家口岸管理办公室

主任张广志一行来山西就贯彻落实国务院常务会议精神、当前外贸进出口形势开展调研。山西省副省长王一新陪同调研。

8 月 21 日

731 只种羊乘包机从澳大利亚抵达太原。这是太原海关机构改革以来，也是山西省复制推广自由贸易试验区第四批改革试点经验工作以来，首次以“通关一体化，实现跨部门一次性联合查验”模式服务货用包机直接引进种用动物。山西省副省长王一新出席了通关仪式。

8 月 25 日

682 头种猪从法国巴黎飞抵太原武宿国际机场，这是太原空运口岸首次从法国引进种猪。

8 月 28 日

大同国际陆港进口肉类指定查验场正式开关，大同电子口岸正式开关运营。

9 月 3 日

天津口岸办党组书记、主任朱振宇带队，组织天津新港海关、天津港集团等口岸单位赴山西省就口岸服务和管理进行调研，并对武宿综合保税区、中鼎物流园区进行实地走访。调研期间，双方组织召开了晋津口岸合作座谈会，并共同签署了《晋津深化跨区域口岸合作框架协议》。

10 月 31 日

国家口岸管理办公室批复山西忻州五台山机场临时开放，成为山西省实现对外开放的第四个空运口岸。

11 月 15 日

根据《山西省机构改革方案》，口岸管理职责由山西省原经信委划入山西省商务厅。

12 月 2 日

山西省首张关税保证保险保单正式通关。

12 月 10 日

山西省商务厅副厅长王宏晋调研运城空运口岸正式开放工作。

（撰稿人：宋晓徽、郑炜、高翔）

2018 年山西省口岸流量统计表

口岸类型	口岸名称	货运量（万吨）				集装箱量（万标箱）				人员（万人次）				交通工具（辆、艘、架、列次）			
		出口	进口	合计	同比（%）	出口	进口	合计	同比（%）	出境	入境	合计	同比（%）	出境	入境	合计	同比（%）
空运口岸	太原空运口岸	5.54	721.75	727.29	325.30					15.989 0	15.761 3	31.750 3	6	1 177	1 180	2 357	3.30
空运口岸	大同空运口岸									1.207 8	1.188 9	2.396 7	-14.70	73	73	146	-15.10
空运口岸	运城空运口岸									1.269 7	1.265 1	2.534 8	4	151	147	298	19
空运口岸	分计																
陆路口岸 公路口岸																	
陆路口岸 公路口岸	分计																
陆路口岸 铁路口岸																	
陆路口岸 铁路口岸	分计																
水运口岸 海港口岸																	
水运口岸 海港口岸	分计																
水运口岸 河港口岸																	
水运口岸 河港口岸	分计																
合计										18.466 5	18.215 3	36.681 8	3.61	1 401	1 400	2 801	3.59
同比（%）																	

（山西省口岸办提供）

2018 年山西省口岸出入境主要数据表

<table>
<tr><th colspan="3">项目</th><th>2018 年</th><th>2017 年</th><th>同比（%）</th></tr>
<tr><td rowspan="14">出入境人员（人次）</td><td colspan="2">出入境人员总数</td><td>366 818</td><td>354 024</td><td>3.61</td></tr>
<tr><td colspan="2">入境人员</td><td>182 148</td><td>177 212</td><td>2.79</td></tr>
<tr><td colspan="2">出境人员</td><td>184 670</td><td>176 812</td><td>4.44</td></tr>
<tr><td colspan="2">出入境旅客</td><td>342 628</td><td>330 341</td><td>3.72</td></tr>
<tr><td colspan="2">出入境员工</td><td>24 190</td><td>23 710</td><td>2.02</td></tr>
<tr><td rowspan="5">中国公民</td><td>小计</td><td>359 753</td><td>346 823</td><td>3.73</td></tr>
<tr><td>内地居民（因公）</td><td>11 948</td><td>11 816</td><td>1.12</td></tr>
<tr><td>内地居民（因私）</td><td>282 208</td><td>273 575</td><td>3.16</td></tr>
<tr><td>港澳居民</td><td>12 816</td><td>12 218</td><td>4.89</td></tr>
<tr><td>台湾同胞</td><td>52 781</td><td>49 214</td><td>7.25</td></tr>
<tr><td colspan="2">外籍人员</td><td>7 065</td><td>7 201</td><td>-1.89</td></tr>
<tr><td colspan="2">从海港出入境人数</td><td></td><td></td><td></td></tr>
<tr><td colspan="2">从陆港出入境人数</td><td></td><td></td><td></td></tr>
<tr><td colspan="2">从空港出入境人数</td><td>366 818</td><td>354 024</td><td>3.61</td></tr>
<tr><td rowspan="5">交通运输工具（辆、艘、架、列次）</td><td colspan="2">总计</td><td>2 801</td><td>2 704</td><td>3.59</td></tr>
<tr><td colspan="2">船舶</td><td></td><td></td><td></td></tr>
<tr><td colspan="2">飞机</td><td>2 801</td><td>2 704</td><td>3.59</td></tr>
<tr><td colspan="2">火车</td><td></td><td></td><td></td></tr>
<tr><td colspan="2">机动车辆</td><td></td><td></td><td></td></tr>
</table>

（山西出入境边防检查总站提供）

2018年太原海关主要数据统计表

项目		2018年	同比（%）
进出口货运量（万吨）	合计	727.29	325.30
	进口	721.75	329.80
	出口	5.54	80.30
进出口贸易总值（万美元）	合计	296 614.25	36.90
	进口	276 955.15	31.60
	其中：江、海运输	203 416.06	48.10
	铁路运输	3 675.61	422.50
	汽车运输	31 166.77	60.40
	航空运输	38 696.71	-26.80
	邮件运输		
	其他运输		
	出口	19 659.10	213.00
	其中：江、海运输	4 640.15	164.70
	铁路运输	5 502.49	369.30
	汽车运输	5 376.65	254.50
	航空运输	4 139.81	125.20
	邮件运输		
	其他运输		
税收（万元）	两税合计	153 001.08	11.07
	关税入库	18 035.13	5.85
	进口环节税入库	134 965.95	11.81
货物检验检疫（批次）	本年累计	15 084.00	-29.763
	其中：出境	13 039.00	-13.815
	入境	2 045.00	-67.780
货物检验检疫金额（万美元）	本年累计	105 170.00	-31.515
	其中：出境	68 793.00	-3.990
	入境	36 377.00	-55.591

（太原海关提供）

2018 年山西省指定口岸/查验场统计表

省、自治区、直辖市	序号	指定口岸/指定查验场名称	口岸类别	类别	批复时间	备注
山西省	1	太原机场口岸	空运	水果	2013 年 6 月 17 日	
	2	大同进口肉类指定查验场	公路	肉类	2017 年 12 月 22 日	

（山西省口岸办提供）

内蒙古自治区

口岸数量及分布

截至2018年年底，内蒙古自治区共有经国务院批准的对外开放口岸18个，其中，空运口岸4个，分别是呼和浩特空运口岸（呼和浩特白塔国际机场）、海拉尔空运口岸（海拉尔东山国际机场）、满洲里空运口岸（满洲里西郊国际机场）、鄂尔多斯空运口岸（鄂尔多斯伊金霍洛国际机场）；陆路（铁路）口岸2个，分别是二连浩特、满洲里铁路口岸；陆路（公路）口岸12个，分别是满洲里、二连浩特、策克、甘其毛都、珠恩嘎达布其、满都拉、额布都格、阿日哈沙特、黑山头、室韦、阿尔山、乌力吉公路口岸。其中，对俄罗斯口岸有4个，对蒙古国口岸有10个。

口岸运行数据

2018年，内蒙古自治区口岸进出境货运量9 133.56万吨，同比增长4.9%。其中，进境货运量6 684.33万吨，同比增长3.2%；出境货运量1 259.53万吨，同比增长22%；转口货运量1 189.7万吨，同比下降0.6%。全区口岸进出境客运量612.15万人次，同比增长4.4%。进境客运量306.05万人次，同比增长4.3%；出境客运量306.1万人次，同比增长4.5%。全区口岸进出境交通工具184.43万列（辆、架）次，同比增长0.5%。进境交通工具91.88万列（辆、架）次，同比增长0.5%；出境交通工具92.18万列（辆、架）次，同比增长0.5%；转口交通工具3 868列次，同比增长2.9%。

口岸综合管理

【稳步推进口岸开放和建设】 额布都格、阿日哈沙特口岸常年开放的验收准备工作就绪，包头空运口岸对外开放列入了国家年度审理计划。鄂尔多斯综合保税区通过验收，呼和浩特综合保税区获批，包头和巴彦淖尔保税物流中心（B型）通过预验收。对《内蒙古自治区口岸“十三五”发展规划》进行中期评估，根据口岸发展实际情况对规划进行调整。2018年，投入4 720万元用于各口岸基础设施建设。聘请第三方机构对2017年内蒙古自治区口岸基础设施建设项目补助资金和新增地方政府债券资金，以及2018年口岸基础设施建设项目补助资金进行审计。

【大幅提升“单一窗口”建设水平】 内蒙古自治区积极推广“单一窗口”标准版应用，“单一窗口”标准版主要功能应用覆盖率在全国口岸名列前茅，关检“统一申报”、公路运输工具舱单申报和税费支付功能使用率达到100%，公路运输工具申报完成国家下达的试点任务，原产地证书申领、企业资质办理、许可证申请等功能推广应用顺利完成。进出口环节监管证件通过“单一窗口”实现联网核查。组织编制《中国（内蒙古）国际贸易“单一窗口”（2018～2020年）三年规划》，并完成5个应用系统建设。云智能卡口系统通过联合验收正式上线，在呼和浩特关区实现全覆盖，进出境载货车辆口岸卡口验放时间压缩到50秒左右。

【维护口岸通关秩序顺畅平稳】 内蒙古自治区口岸办会同有关部门和地方政府，及时与蒙古国沟通，组织召开中蒙常设协商工作组第四次会议和中蒙口岸合作工作组会议，采取有效措施，维护口岸通畅、确保口岸安全。与俄罗斯边界建设署赤塔分局签署了协作计划，明确了各自重点工作。提请国家相关部委研究中蒙、中俄边民自驾8座以下车辆出入口岸限定区域的请示，并照会俄罗斯、蒙古国有关部门。编制完成《内蒙古自治区口岸突发公共事件总体应急预案（初稿）》，明确了口岸安全工作任务，严格了口岸安全管理制度。

【优化口岸营商环境】 内蒙古自治区政府召开全区提效降费电视电话会议部署相关工作。制定了《内蒙古自治区进一步优化口岸营商环境提升跨境贸易便利化水平若干措施（试行）》。完成压缩整体通关时间三分之一的任务，进口整体通关时间36.05小时，同比压缩64.45%；出口整体通关时间0.74小时，同比压缩66.87%。会同相关部门开展口岸收费清理工作，公布口岸收费目录清单，规范口岸服务收费标准，实行收费清单动态管理。满洲里口岸集装箱通关环节合规成本同比下降18%，二连浩特铁路口岸集装箱通关环节合规成本同比下降7%。在二连浩特公路口岸开通中蒙农产品快速通关“绿色通道”。

【谋划推动泛口岸经济发展】 内蒙古自治区口岸办与中国（深圳）综合开发研究院合作举办了“内蒙古自治区沿边经济发展暨通道经济向落地经济转型发展研讨会”，邀请专家学者为内蒙古口岸经济高质量发展献计献策。对赤峰市进口肉类指定口岸申请事宜进行实地调研，积极推进策克口岸进口蒙古国屠宰活羊。牵头政府研究室、联检部门和甘其毛都、策克口岸负责人赴新疆调研，学习口岸开放、建设、运行、管理方面有益经验，了解中欧班列运行情况和中哈边境合作中心国家支持政策。

口岸监管与服务

【内蒙古出入境边防检查总站全力规范勤务建设】 一是注重业务基础调研。先后派出12个工作组，从生物识别签证项目启用、反恐措施落实、口岸限定区域安全管控、勤务制度落实、业务培训考核、梅沙系统运维保障等方面深度查找制约当前边检业务建设的问题隐患。成立业务研究组，建立特约研究员制度，全面加强对边检业务工作深层次、专业性、职业化研究，建立执勤执法典型案例月度汇编机制，突出加强对具有内蒙古自治区特点的涉及变换身份、逾期居留、双重国籍等类型案件的分析研判，切实提高勤务指挥管理水平。派出2个工作组赴内蒙古自治区全区口岸就国家移民管理局部署的重点工作开展联合督察，确保落实到位。二是全面实施生物特征采集工作。举办了口岸生物识别签证系统部署应用专项培训班，提高72名各级执勤业务骨干知识技能。组建3支业务服务队到各旅检口岸开展巡回授课和点对点帮扶，组织全区16名梅沙系统运维人员集中攻关，统一进行生物特征比对服务器的安装、授权、调试和系统升级试点，圆满完成执勤现场291个梅沙系统前台、31台梅沙系统主备服务器、76台生物比对设备的升级调试和数据同步工作，共同解决各类问题80多个。三是不断提升队伍能力素质。举办了内蒙古自治区“边检综合业务培训暨反恐防‘回流’培训班”“梅沙系统运维骨干培训班”“查控业务培训班”。指导各边检站开展全能型检查员培训工作，对执勤人员（区分层级、岗位）进行分级培训考核。组织开展业务量较小的边检站人员向业务量大的满洲里、甘其毛都边检站助勤支援活动，同时提高小站执勤人员专业能力素质。

【内蒙古出入境边防检查总站全力服务经济社会发展】 一是全力支持口岸扩大开放。积极支持内蒙古自治区“十三五”口岸对外开放、扩能改造、国际航线开通加密等长远建设项目，高效完成包头、二连浩特等2个机场口岸临时开放，甘其毛都、策克等4个公路口岸扩大开放的申报审核、调研论证、验收报批工作，有序推进乌力吉口岸边检各项筹备工作，全面做好阿日哈沙特、额布都格升格为常年开放口岸准备。二是全力助推区域经济发展。积极支持满洲里互贸区深度开放并完成俄籍旅客留宿监管设施验收，支持额尔古纳互贸区封关运营和阿日哈沙特、额布都格等互贸区开放建设，密切配合互贸区建设施工进度，延长口岸通关时间、简化施工人员通关手续，及时与俄罗斯、蒙古国边检机关协商解决相关人员、设备、物资及运输工具出入境过程中出现的问题，为进出互市贸易区的旅客提供多元化通关服务。深化与海关等部门联勤协作内涵，积极推动“单一窗口”“一站式作业”“智能卡口”等建设，提升整体通关能力。三是全力服务能源发展战略。推广以“诚信管理、风险评估、动态监管”为主的能源通道勤务模式，在货运量大的公路货运口岸推行预报预检、会晤磋商、饱和验放、差别查验、快捷通关的“星级”车辆检查模式，累计为甘其毛都、策克、珠恩嘎达布其等口岸延长通关时间1 500余小时，增加查验能源运输车辆15万辆次以上。

【内蒙古出入境边防检查总站全力保障顺畅通关】 一是提升信息化应用水平。内蒙古自治区9个边检站建成旅客自助查验通道34条，32条旅客自助查验通道现已启用。在甘其毛都、策克口岸开展“基于虹膜+面相识别技术的陆地口岸货运车辆自助通关研究”，在满洲里、二连浩特、鄂尔多斯等口岸研究部署情感预警分析系统，积极推进满洲里、二连浩特等口岸立体化高清智能周界防范系统建设论证，进一步提升口岸管控能力和“三互”工作水平。二是深化通关便利化举措。进一步提升中国公民出入境通关服务，完备通关场地、查验通道、标识指引等硬件条件，优化警力编成、勤务组织和指挥调度，全面落实“中国公民出入境通关候检不超过30分钟”等政策，针对老弱病残孕、60岁以上老人、两院院士等特殊人群，主动提供引导、咨询、辅助办理手续等服务，开设专用通道体现人文关怀。进一步完善了重大勤务保障机制，为中俄“东方－2018”战略军事演习参演部队和内蒙古自治区对外交往合作重点项目出入境提供了320余次快捷通关服务，救助中外籍病重旅客160余人，为45条“中欧”国际货运班列提供便捷化通关服务。三是加强口岸通关能力建设。与对应俄罗斯、蒙古国边防部门就优化口岸管理、加快通关速度、促进边贸旅游产业发展等磋商交流，推动口岸“双向提速”。深化与海关等部门联勤协作，积极推进“单一窗口”“一站式作业”“并联式通关”等服务。先后购置配发了生物识别签证配套设备291套，指纹验讫章柜20台，外国人指纹面相一体采集设备32台，自助通关凭证打印设备18套，内蒙古出入境边防检查总站及所属边检机关更新了梅沙系统服务器、网络交换机、UPS电源、VPN、发电机等设备，升级了备用网络线路，保障业务工作高效开展的能力进一步提升。

【内蒙古出入境边防检查总站全力打造稳定屏障】 一是全力抓好口岸反恐“防回流”工作。强化“北疆安全屏障”和环京环疆“护城河”使命意识，部署开展全区口岸涉恐隐患排查整治专项行动，开展全要素排查，加强全流程监管，建立全区口岸安全隐患“挂账销号”制度，及时堵塞管理漏洞。圆满完成了全国“两会”、上合组织青岛峰会、中非合作论坛等重大安保任务。二是大力强化人员查控工作。强力推进“小前台、大后台”“前台检查询问，后台审查处理”勤务模式，综合运用照片查控、信息核查、人身及行李物品检查等手段，加强后台分析和综合研判，提升对更换护照、变换身份、非在控涉恐人员的发现能力和处置水平，查布控工作在全国边检机关边控业务培训班上做了经验交流。进一步完善与协查机制，强化重点人员身份核查和涉恐嫌疑排查。三是强化口岸联勤联控能力。深化与国家安全、公安国保、驻地军警、联检联运、俄蒙边检等部门在反恐、通关等方面合作，全力构建了横向联动、纵向呼应、境内境外的口岸立体管控体系，保持对口岸违法犯罪活动的高压严打态势。

【呼和浩特海关着力推进改革强关】 一是扎实推进机构改革。认真落实中共中央关于党和国家机构改革“出入境检验检疫队伍和管理职能划入海关总署”的重要决定，圆满完成各阶段工作任务。关检业务全流程、全要素、全方位深度融合，创新开展“五梳理五整合”，有序推进“五统一”，全部行政审批事项实现线下“一个窗口”受理，企业一次申请、一次提交、一次出证。二是全面落实提效降费。超额完成年内整体通关时间压缩三分之一的目标任务，2018年，进出口整体通关时间较2017年分别缩短82.45%和71.08%，在全国海关整体通关时间排名中进口列第13位、出口列第3位；协助口岸管理部门按期完成收费公示、精简证件等工作。探索实施大宗资源性矿产品境外预检、提前审验、第三方检验结果采信、先验放后检测、改革监管单元等模式，查验效率显著提升。三是卡口智能化水平跻身全国口岸前列。关区5个公路口岸全部实现对货运车辆智能验放，“提前申报、卡口验放”新模式投入运行，率先做到了“三个第一”：第一个在提前审结模式下直接对接海关总署金关二期智能卡口系统，第一个运用内蒙古自治区公共服务平台对接智能卡口系统，第一个在边境小额贸易方式下使用集中申报业务。

【呼和浩特海关着力推进依法把关】 一是坚决筑牢祖国北疆生态安全屏障和安全稳定屏障。全力筑牢检疫防线，积极推进鼠疫等重大烈性传染病疫情防控“关口前移”。开展中蒙、中俄边境疫病疫情联合监测，与解放军军事医学研究院合作开展边境蜱媒传染病监测和病原体基因组分析全力打好非洲猪瘟防控“洋垃圾”走私阻击战。全年检验检疫出入境货物10.69万批，同比增长9.9%。截获和销毁非法进动物产品2 785批40余吨。截获进境植物检疫性有害生物849次，监测到有害生物135种；持续保持打私高压态势，打击“洋垃圾”走私“蓝天2018”专项行动成绩突出，全年共立案走私犯罪案件41起、涉税791.81万元。严厉打击疫区冻品、武器弹药和毒品走私犯罪。首次破获人体藏毒案和国际快件渠道走私大麻案。严厉打击涉税走私，立案侦办走私汽车、植脂末、马肉等走私犯罪案件；不断严密检验监管，严把食品安全关，坚持源头严防、过程严管、风险严控，进、出口不合格食品检出批次同比大幅下降50%、91%，连续5年获得内蒙古自治区食品药品安全委员会办公室通报表扬。加强进口蒙古国熟制牛羊肉产品监管，对细菌和大肠菌群超标的6家蒙古国企业暂停资质。严格危化品安全检验监管，全年进出口危化品实现零退运、零事故。检出不合格商品1.56万批，货值5.21亿美元。二是综合监管效能全面提升。持续强化正面监管，二连浩特公路口岸边民自驾车载货问题治理成效明显。监管作业场所（场地）优化整合全面完成，注销超期或不符合规范场所9家。视频监控实现关区全覆盖。“查检合一”全面实施。煤炭、固体废物等重点管控更加有效。全面推广“海关专用缴款书”企业自行打印改革，全过程无纸化率始终保持在99%以上。积极推进以企业为单元的加工贸易监管改革，联网监管顺利实施。综合治税水平稳步提升。自报自缴、汇总征税、关税保证保险等改革加速推进，财关库银横向联网系统全面推开，汇总征税报关单增长35.92%，新一代电子支付税单占比达93.32%。税收风险排查处置率以及有效率分别达到100%和75.80%，均列全国海关第一位。业务风险防控成效明显，建立贸易领域进出口商品风险防控主题清单38类65种，非贸领域风险防控主题清单32项。拓展风险信息覆盖范围，发布安全准入风险、税收风险预警信息402条。加载涵盖各类安全准入（含准出）预定式风险布控指令734条，预定式布控查验占比85.36%。

【呼和浩特海关着力推进科技兴关】 一是加强科技能力建设，夯实“智慧海关”基础。完善重大烈性传染病防控技术体系建设，生物安全三级（P3）实验室建设纳入海关总署规划。技术中心成为全国海关系统首批认可的非洲猪瘟检测实验室。推动标准制定、修订工作，12项地方标准制定、修订项目获得内蒙古自治区立项，6项成为内蒙古自治区领航标准，4项SN标准通过审定会评审，4项科研课题通过海关总署验收。关区各级实验室全部完成数字化建设。关区监管设备配置水平大幅提升，陆路口岸实现小型H986设备全覆盖。呼和浩特海关二级二类监控指挥中心与隶属关三级二类监控指挥中心全面建成，实现关区数字化视频监控、业务监控、应急指挥一体化、全覆盖。二是搭建信息化平台，提升智能管控水平。开发大数据整合平台，建立全景业务指标展示平台（一期），探索建立并不断完善对煤炭、铜精矿等7大类商品税收风险分析、建模工作。梳理汇总2016～2017年全国海关审计出的数百个问题，提出51个预警指标，并嵌入全景业务指标展示平台（二期），到实时监控。搭建数据交换平台二级节点，并实现与数据中心一级节点的联调测试，为智能卡口系统提供实时报文交换，为下一步关区开展跨境电商业务提供技术支撑。涉案财物处置利用淘宝、京东等网络平台拍卖16次，位居全国海关前列。

【呼和浩特海关高效服务内蒙古自治区外贸高质量发展】 呼和浩特海关出台20项支持服

务措施，相关报告得到内蒙古自治区党委的肯定。“前置查验”“电子放行”“互为一二线”“境外翻译”等便利化措施有效化解二连浩特口岸“中欧班列”拥堵。2018 年，对俄罗斯、蒙古国进出口食品 22.14 万吨，同比增长 54.39%。牵头西部 12 个省区国际旅行卫生保健中心成立“西部保健中心服务‘一带一路’协作组”，协同提升服务能力。拓展与蒙古国、俄罗斯海关国际合作，组织编译俄罗斯、蒙古国技术性贸易措施及技术法规，协助海关总署开展中蒙两国 AEO 互认。中蒙海关联合监管取得实质性成效，全国海关首个对外载货清单电子数据交换项目成功试点。中蒙贸易数据交换全面推广至关区各边境地海关。不断助推内蒙古自治区提升开放层次。围绕进口资源落地加工、进口水产品指定口岸等提出建议 40 余条。深度参与海关总署联合农业农村部组织的蒙古国口蹄疫区域化解禁工作，助推进口蒙古国活羊项目加速实施。促成内蒙古自治区政府出台落实进出口商品风险预警和快速反应工作机制实施方案。指导鄂尔多斯综合保税区正式通过国家验收，策克、满都拉进口肉类指定口岸通过预验收，推动呼和浩特出口加工区转型综合保税区正式获批，包头和巴彦淖尔保税物流中心（B 型）加快建设。大力支持呼和浩特市开展跨境电商业务。主动推进二连浩特口岸跨境经济合作区、边境经济合作区、互贸区“三区”建设。支持包头二里半机场、二连赛乌素机场持续临时开放。积极助力内蒙古自治区优势产业发展。立足农牧业大区实际，指导引进欧洲、北美、大洋洲等地区优良种畜种禽和遗传物质。发挥“蒙古国输华食品企业注册评审办公室”作用，严格蒙古国肉类加工企业评估审核，推动内蒙古自治区成为全国首个进口蒙古国牛羊肉的省份，马肉进口规模持续保持全国首位。培育形成冷冻辣椒、灭菌乳、番茄酱、杂粮杂豆、调味品等一大批优势特色出口产业集群，其中灭菌乳、调味品、螺旋藻、籽仁类产品出口量位居全国首位。推动马铃薯、胡萝卜、沙棘、燕麦、高粱及种苗花卉等优势特色农产品扩大出口。深入落实支持民营企业发展的政策措施，深化商事制度改革，推行“互联网+现场”多种办理模式，企业注册登记仅需 1 份表格即可办理，全年新增注册企业 1 085 家。出口食品生产企业备案审批时限压缩至 20 个工作日，国境口岸卫生许可证办证时限变为即时办理，创新实施低风险生物制品 1 年内 1 次审批、分批核销办法，进境动植物检疫审批工作全部实现网上审批核销，实现当日出证，企业负担大幅减轻。提高原产地证签证效率，实行全区统签、“5+2”、24 小时预约等措施，全年原产地证书签证金额 13.05 亿美元，同比增长 44.68%。加大海关政策推送力度，“企业之家”微信群覆盖企业近 600 家，开展信用培育 42 次，海关高级认证企业增至 8 家，关区 AEO 企业整体质量进一步提升。

【满洲里海关落实重大决策部署】 满洲里海关严厉打击“洋垃圾”走私入境，积极开展“蓝天 2018”专项行动，着力突出“固体废物”进口口岸整治、打击伪报、瞒报和夹藏、管控旅客零星携带等重点，查获走私固体废物进境案件 13 起，退运固体废物 190 吨，查获旅检渠道零星携带固体废物违规情事 268 起。主动服务“一带一路”建设，完善中欧班列通关服务保障机制，推动建立全国首个中俄海关、铁路部门双边四方会谈和协调机制，提高了通关效率。2018 年，满洲里口岸过境中欧班列继续保持快速增长势头，进出境线路达到 52 条，全年开行 1 801 列，同比增长 38.2%，货值 87.27 亿美元，同比增长 15.63%；强化国际海关合作，中蒙海关联合监管、中俄海关监管结果互认、关税互助合作、贸易统计数据交换等合作项目取得积极成果；有效落实国际公路运输公约，服务和保障全国首批 TIR 货物顺利通关。筑牢检疫安全防线，严格防控非洲猪瘟疫情，加大进境猪肉及其制品检查力度，严防疫情传入传出。严把进出口食品安全关，实行“正面清单”和“管检分离”管理，进出口食品安全水平稳步提升，全年关区未发生进出口食品安全事件。

【满洲里海关筑牢国门安全防线】 满洲里海关不断夯实监管基础，加强监管领域制度体系建设；规范关区监管作业场所；完善口岸通关监管安全应急处置机制，应急处置能力有效提升。持续推进口岸核心能力建设，顺利通过 2018 年度复核督导检查。积极参与沿边重点口岸病媒生物专项监测。进一步完善国门生物安全防控体系，2018 年，截获外来有害生物 113 种 1.19 万次，其中在全国口岸首次截获 10 种，动植物疫情风险防范能力不断提升。知识产权海关保护力度持续加大。深入开展“龙腾”专项行动，首次在货运渠道查获侵权案件。税收征管工作不断强化，加强涉税监控指标体系建设，提高税收征管质量，全关税收入库 37.3 亿元；抓好综合治税，组织价格瞒骗专项治理，开展为期 1 年的打击涉税走私专项行动，行邮税征收力度进一步加大。打击走私力度不断增强，开展“国门利剑 2018”专项行动，查获各类案件 264 起，同比增长 45.1%。开展“国门勇士 2018”缉枪专项行动，查获走私枪支弹药案件 9 起。开展打击动植物制品走私专项行动，查获走私动植物制品案件 16 起，其中走私赛加羚羊角案案值近千万元、走私麝香案案值上百万元，被海关总署缉私局列为二级督办案件。

【满洲里海关加大改革创新】 满洲里海关有效落实全国海关通关一体化改革，抓好二级风险防控中心建设；统筹推进隶属海关功能化改造；落实加工贸易和保税监管改革要求，对加贸企业开展精准“画像”；完善进口原油汇总征税业务，征税 1.22 亿元；深化税收征管方式改革，推动多元化税收担保制度改革创新；深入推进“自报自缴”改革，“自报自缴”报关单占比 90.4%，在海关总署税收征管水平评估考核中排名第一。“放管服”改革不断深化，抓好简政放权，下放业务审批权限，优化执法领域内部核批事项。继续深化“双随机、一公开”改革。支持和服务开放平台建设发展，中俄满洲里互市贸易区、综合保税区发展态势稳中向好。加大对粮农、木材、饲料添加剂等优势产业培育力度，助力进境粮食加工、汽车平行进口等新业态发展。加大对辖区各地的决策支持力度，支持民营经济发展；发挥统计数据作用，强化统计分析监测，为地方党政领导决策提供参考。提效降费成效显著，调整大宗商品通关模式，针对高比重商品“量身定做”通关提速措施，在全国率先对进口铁矿、铅锌精矿探索实施“先验放后检测”，为企业节约成本 300 余万元。调整作业流程，形成压缩通关时间整体合力。积极实施进出口环节监管证件联网核查，进一步简化通关手续。推动建立压缩口岸整体通关时间协作落实机制，大力压缩口岸整体通关时间。2018 年 12 月，满洲里海关关区范围内进口、出口货物整体通关时间分别压缩 44.4% 和 63.6%。科技应用效能稳步提升，推进“智慧海关”建设，监管场地与海关总署监控指挥中心实现 100% 联网，集中审像、智能审图工作和智能卡口建设稳步推进，查验管理系统（二期）集中审像子系统等 20 个署级项目全部上线推广，在途监管系统整体建设和 App 开发成功，木材材积在线检测系统进一步优化。推进“互联网 + 海关”建设，政务信息系统整合取得突破性进展。加强实验室建设，疫情防控、检验检测等科技支撑能力有效提升。

开放口岸

【呼和浩特空运口岸（呼和浩特白塔国际机场）】 呼和浩特白塔国际机场位于内蒙古自治区首府呼和浩特市，距市中心 14 千米。1958 年 10 月 1 日，建成通航。1991 年 12 月，国务院批准其对外开放。1992 年 3 月，开通至蒙古国首都乌兰巴托的航线，成为我国起降国际定期航班的机场之一。2004 年，呼和浩特白塔国际机场进行扩建，新建机场建筑面积 37.4 万平方米，可供 35 架飞机同时停放；航站区新建航站楼 5.45 万平方米，设计年吞吐量为 300 万人次，新站坪机位达 32 个，机场飞行区等级为 4E 级。

截至 2018 年年底，呼和浩特空运口岸共计开通 9 个国家和地区的 22 条航线。2018 年，呼和浩特空运口岸进出境客运量 18.97 万人次，同比增长4.6%；进出境航班1 540 架次，同比增长7.1%。

【满洲里空运口岸（满洲里西郊国际机场）】 满洲里西郊国际机场距满洲里市区 9 千米，与中俄国界线最近距离约 7 千米。2004 年 11 月 28 日启用，2005 年 2 月正式通航并于同年实现临时开放。机场候机楼面积 2 万平方米，跑道 2 800 米，机场飞行区等级为4D 级，3 条廊桥，可满足国内国际进出港旅客 200 万人次，高峰小时 1 400 人次的需求。2009 年 2 月 4 日，国务院批复同意满洲里西郊机场对外开放，2 月 24 日通过内蒙古自治区验收组预验收，5 月 22 日通过国家验收组正式验收对外开放。2010 年 9 月，被中俄双方正式纳入了国际航线直飞点。

截至 2018 年年底，满洲里空运口岸开通国际、地区航线 5 条。2018 年，满洲里空运口岸进出境客运量 3.49 万人次，同比下降 9.6%；进出境航班 685 架次，同比下降 12.3%。

【海拉尔空运口岸（海拉尔东山国际机场）】 海拉尔东山国际机场距海拉尔市区 5 千米。1993 年 7 月 6 日，国务院以批复同意海拉尔空运口岸对外开放。1995 年 9 月 15 日，国家口岸管理办公室同意海拉尔空运口岸正式对外开放。经过多年的建设，机场口岸基础设施已日趋完善。海拉尔东山国际机场已经成为内蒙古东部地区规模最大、功能最完善、业务最繁忙的机场，飞行区等级达到4D 级标准，跑道长 2 800 米，可起降波音 767 -300 以下机型的飞机。

2018 年，海拉尔空运口岸开通定期国际航线 2 条，分别为，北京—海拉尔—俄罗斯赤塔，海拉尔—蒙古国乌兰巴托。共进出境航班 297 架次、同比增长200%，进出境人数 7 819 人次、同比增长 85.7%。

【鄂尔多斯空运口岸（鄂尔多斯伊金霍洛国际机场）】 鄂尔多斯伊金霍洛国际机场坐落于鄂尔多斯市康巴什新区东南方 16 千米处，机场占地面积 353.33 万平方米，飞行区等级为 4E 级，跑道长 3 200 米，宽 60 米，可满足波音 747 等大型客货机的起降。2005 年 3 月 25 日，国务院通过批准内蒙古自治区人民政府筹建鄂尔多斯民用机场的申请，2007 年 7 月 26 日正式通航。鄂尔多斯伊金霍洛国际机场是内蒙古自治区唯一由地方全资建设、自主管理的机场。新航站楼工程于 2013 年 1 月 30 日投入使用，航站楼建筑面积 10.03 万平方米，可满足年 1 200 万人次旅客吞吐量需求。

2008 年，鄂尔多斯伊金霍洛国际机场申请设立空运口岸。2012 年，国务院同意将鄂尔多斯伊金霍洛机场补列入国家“十二五”口岸发展规划。2016 年 1 月 18 日，国务院批复同意鄂尔多斯伊金霍洛机场作为空运口岸对外开放。2016 年 11 月 7 日 ~8 日，通过国家验收组对外开放验收。截至 2018 年年底，鄂尔多斯空运口岸开通国际、地区航线 14 条。其中，固定航线 4 条，季节性航线 10 条。2018 年，实现国际旅客吞吐量 7.89 万人次，同比增长 70.4%；进出境航班 618 架次，同比增长 50%；完成国际货运吞吐量 685 吨。

鄂尔多斯综合保税区于 2017 年 2 月 14 日经国务院批复同意设立，2018 年 12 月 28 日通过国家验收。鄂尔多斯综合保税区位于鄂尔多斯空港物流园区内，规划面积 1.21 平方千米，其中一期规划建设面积 0.79 平方千米，二期建设面积 0.42 平方千米。

【满洲里陆路（铁路）口岸】 满洲里陆路（铁路）口岸位于中俄 41 号界标处，与俄罗斯后贝加尔斯克铁路口岸相对应，是我国规模最大的铁路口岸，换装能力8 000万吨，是中俄贸易最大的通商口岸，承担了中俄贸易 60% 的货运量。满洲里陆路（铁路）口岸于 1901 年开通，距今已有逾百年的历史。2002 年，满洲里铁路口岸被国务院确定为重点建设和优先发展的两个铁路口岸之一。现有宽准轨到发编组线 51 条，其中宽轨 24 条，准轨 27 条；口岸站换装线、专用线等线路 90 余条；宽轨列车会让站一个。满洲里陆路（铁路）口岸查验手段先进，通关作业信息化程度高。配有钴 60 火车自动检查系统，列车电子监控系统，放射性检测仪等现代化设备设施。建立了覆盖各监管场区的网络系统，实现了进出口货物远程监控和查验信息的同步传输。各货代报关企业与海关铁路车站实现了微机联网。海关与铁路车站实现了舱单的网络传输。满洲里铁路车站与俄罗斯后贝加尔车站间实现了电子数据交换。配备了多种性能先进的现代化换装设备，能够满足各种进出口货物的换装仓储需求。

满洲里陆路（铁路）口岸进口货物主要有木材、原油、化工、纸类、化肥、铁矿砂、合成橡胶等。货物流向全国 29 个省、直辖市、自治区。出口货物以轻工产品、机电产品、矿产品、石油焦、食品、建材等为主。利用口岸优势，满洲里口岸扩大口岸跨区域合作，形成了以“苏满欧”为代表的 55 条中欧班列线路。2018 年，进出境中欧班列 1 801 列，同比增长 38.2%，其中由满洲里口岸接发中欧班列 174 列，同比增长 20 多倍，完成贸易额 1.9 亿美元。2018 年，满洲里陆路（铁路）口岸进口货运量 1 563.91 万吨，同比增长 5.1%；出口货运量 263.66 万吨，与 2017 年持平；转口货运量 1 189.70 万吨，与 2017 年持平；进出境客运量 2.63 万人次，同比增长 1.9%；进出境列车达 1.53 万列次，同比增长 10.9%。

【二连浩特陆路（铁路）口岸】 二连浩特陆路（铁路）口岸位于内蒙古自治区正北部集二线终端，中蒙 815 号界标附近，与蒙古国扎门乌德市相距 9 千米，是我国与蒙古国接壤的唯一铁路口岸，对应蒙古国东戈壁省扎门乌德铁路口岸。1956 年，随着中、蒙、苏（北京—乌兰巴托—莫斯科）三国国际联运通车，口岸正式对外开放。二连浩特口岸自古就是我国内陆通往北亚、东欧最近、最便捷的通道。通过京包线与天津港相连，是日本、东南亚及其他邻国开展对蒙古国、俄罗斯及东欧各国转口贸易的理想通道，是目前蒙古国走向出海口的最便捷通道，也是我国向北开放的前沿阵地和重要的进出口商品集散地。该口岸主要进出口货物有铁矿石、木材、铜矿粉、原油、水泥等，蒙古国 70% 的果蔬和日用品经由该口岸运入。

二连浩特陆路（铁路）口岸功能齐全，查验设备先进，现有宽准轨线路 169 条，建有世界上最大的散堆装货场、列车换轮库，拥有世界一流的 H986 货运列车检验系统。自 2006 年起，口岸实行 24 小时通关，年吞吐能力 1 200 万吨。建有 4 条旅客自助通道、2 套自助通道信息采集点，方便旅客通关。经二连浩特口岸运行中欧班列线路 26 条，2018 年，进出境中欧班列 1 052 列，同比增长 82.9%；进出境货运量 1 464.73 万吨，同比增长 10.4%；进出境客运量 14.75 万人次，同比增长 3.3%；进出境列车 12 314 列次，同比增长 29.5%。

【满洲里陆路（公路）口岸】 满洲里陆路（公路）口岸于 1998 年投入使用，与俄罗斯后贝加尔边疆区后贝加尔斯克公路口岸相邻，是我国唯一实行 24 小时通关的国际公路口岸。口岸分为旅检区和货检区，旅检通关大楼共分为三层，一层为出入境人员的候检大厅、二层为出境大厅、三层为入境大厅，楼内共开设十进十出人员通道；货检通道北卡口规划 6 进 6 出 12 条通道，南卡口规划3进3出6条通道。2017年，满洲里陆路（公路）口岸新货检通道正式启用，公路口岸年旅客吞吐量达到1 000万人次，进出境车辆100万辆次，货物吞吐量为1 000万吨。货检区出口主要是以蔬菜水果为主，占出口总量的85%，进口主要是以废钢和木材为主，占进口总量的90%，目前我国有29个省、自治区、直辖市的蔬菜水果经由这里出口到俄罗斯，成为我国开拓俄罗斯农产品市场的桥头堡。公路口岸主体建筑有货检大楼、旅检大楼、部队兵营、会晤站，以及相配套的公路口岸交易市场、海关监管区等。公路口岸封闭区集通关、查验、仓储运输、生活服务于一体，可一次性完成报检报关、税费征缴业务。2018年，满洲里陆路（公路）口岸进出境货运量175.12万吨，同比增长10.6%；进出境客运量185.64万人次，同比增长3.4%；进出境车辆19.61万辆次，同比增长5.6%。

满洲里综合保税区于2016年9月13日通过国家十部委联合验收，2016年12月20日正式封关运营，是内蒙古自治区首家综合保税区，规划面积1.44平方千米，政府、企业已累计完成基础设施和项目投资18.91亿元，其中政府基础设施投资5.3亿元，企业项目投资13.61亿元。目前，满洲里综合保税区已落地项目7个，其中保税加工类项目4个，保税物流类项目3个，主要涉及粮食加工、松子加工、芯片加工、宝玉石加工和平行进口汽车、锌精矿保税物流等产业。2018年，满洲里综合保税区进出境货运量5 709万吨，贸易值0.94亿元。

【二连浩特陆路（公路）口岸】 二连浩特陆路（公路）口岸位于中蒙边界815号界标处，与蒙古国东戈壁省扎门乌德隔界相望，二连浩特陆路（公路）口岸旧通道于1992年开通试运营，是在中蒙两国铁路员工通勤通道的基础上改建的，只有一条客货混用通道，基础设施、查验条件非常简陋。2000年6月，为改变二连浩特陆路（公路）口岸的落后面貌，二连浩特扩建公路口岸。2010年~2012年，再次对公路口岸进行了改扩建，实现了客货分流、通关与查验分开，设计年过客能力500万人、过货能力1 000万吨。

2018年，二连浩特陆路（公路）口岸进出境货物191.40万吨，同比增长8.9%；进出境人员225.95万人次，同比增长9.6%；进出境车辆62.77万辆次，同比增长16.8%。

【甘其毛都陆路（公路）口岸】 甘其毛都陆路（公路）口岸位于中蒙第703号界标处，距乌拉特旗政府海流图镇133千米，与蒙古国南戈壁省汉博格德县嘎顺苏海图口岸相对。1989年12月，内蒙古自治区人民政府批准甘其毛道为中蒙边境贸易的临时过货点，1990年2月，实现了首次过货。1992年3月，国务院批准其为双边季节性开放口岸，并于同年7月正式进行首次季节性开关。2007年9月，国务院批复同意甘其毛道口岸更名为甘其毛都口岸，并扩大为中蒙双边常年开放的边境公路口岸。2009年6月，通过了国家常年开放验收。口岸设计年过货能力为3 000万吨，年旅客通行能力为100万人次，拥有完善的查验和检测设施设备。2016年12月，甘其毛都口岸被内蒙古自治区政府批准为自治区级重点开发开放试验区。2018年5月21日，巴彦淖尔市甘其毛都口岸管理委员会成立，甘其毛都口岸上划巴彦淖尔市直管。2018年11月，巴彦淖尔市以口岸开发开放为重点，提高全方位对外开放水平的典型经验做法，在国务院第五次大督查中获通报表扬。

2018年，甘其毛都口岸进出口货运量1 908吨，同比增长4.8%；进出口贸易额233.9亿元，同比增长26.1%；实现税收34.7亿元，同比增长

9.7%；出入境人员70.16万人次，同比下降4.2%；出入境车辆50.56万辆次，同比下降12.3%。

【策克陆路（公路）口岸】 策克陆路（公路）口岸位于内蒙古阿拉善盟额济纳旗中蒙572号界标处，距额济纳旗府所在地达来呼布镇60千米，与蒙古国南戈壁省西伯库伦口岸相对。1992年3月，经内蒙古自治区人民政府批准为对外开放的原二类口岸。2005年6月，国务院批准其为中蒙双边性常年开放口岸。策克口岸是中蒙两国最为重要的贸易通道之一，对外辐射蒙古国南戈壁、巴音洪格尔、戈壁阿尔泰、前杭盖、后杭盖5个畜产品、矿产资源较为富集的省区，这些地区蕴藏着金、铜、铝、铅等多种丰富的贵金属矿藏资源，距蒙古国那林苏海特煤田仅46千米。

2018年，口岸重点项目开工14项，完成投资11.9亿元。口岸进出口货物1 415.9万吨，同比增长6.1%；进出境人员37.19万人次，同比增长9.1%；进出境车辆30.35辆次，同比增长9.1%。

【黑山头陆路（公路）口岸】 黑山头公路口岸位于呼伦贝尔市和俄罗斯后贝加尔边疆区交界的额尔古纳河东岸，中俄边界91号界标处，与俄罗斯后贝加尔边疆区旧粗鲁海图口岸相望，向南连接满洲里口岸，向北与室韦口岸相连，向东距额尔古纳市区62千米，距黑山头镇12千米，距口岸22千米的俄罗斯普里阿尔贡斯克区有公路、铁路通往俄罗斯腹地，口岸临界的俄罗斯后贝加尔边疆区拥有极其丰富的森林、石油、天然气、铅锌矿石、煤炭、木材等矿产资源。1989年4月，国务院批准其为双边性常年开放口岸。1991年，正式实现双边性常年开放。根据当时贸易的需要，采取边开通边建设的办法，口岸过货经历了冰上—木桥—永久性水泥桥过货的发展过程。经过二十多年的发展，逐步形成了以进出口贸易为主，以旅游、服务业为辅的口岸经济发展模式。2009年，黑山头口岸新建口岸联检楼、货检楼，口岸年过货能力达100万吨、旅客吞吐能力达100万人次。

2018年，黑山头公路口岸进出境货运量7.38万吨，同比下降43.1%；进出境人员1.75万人次，同比下降68.9%；进出境交通工具8 865辆次，同比下降67%。

【室韦陆路（公路）口岸】 室韦陆路（公路）口岸位于中俄界河额尔古纳河中游东岸第111号界标处，南距额尔古纳市区168千米，北距莫尔道嘎镇90千米，西隔额尔古纳河与俄罗斯奥洛契口岸相对，两口岸相距1千米，两口岸码头相距仅200米。1989年4月，国务院批准其为双边性常年开放口岸。1991年2月1日，正式对外开放。2001年10月，室韦—奥洛契口岸界河大桥建成，实现了常年通关过货。室韦口岸相对应俄罗斯赤塔州东北部9个市区，矿产资源十分丰富，以黄金开采最为发达，铅、锌、铁、铜等矿产资源也有相当储量，森林资源更为丰富，木材储积量达4.5亿立方米，该地区公路交通发达，距西伯利亚大铁路200多千米，内陆交通也十分便利。

2018年，室韦陆路（公路）口岸进出口货运量0.26万吨，同比下降97.1%；进出境客运量0.02万人次，同比下降98.2%；进出境车辆0.02万辆次，同比下降98.4%。

【阿日哈沙特陆路（公路）口岸】 阿日哈沙特陆路（公路）口岸位于呼伦贝尔市新巴尔虎右旗阿日哈沙特镇境内，中蒙边界1495号界标处，与蒙古国东方省克尔伦县哈比日嘎口岸相对应。1990年，实现了首次过货。1992年3月11日，国务院批准其为双边季节性开放口岸。2015年，由原来的集中延长开关调整为临时常年开放。2017年7月，国务院批复同意其为双边性常年开放公路客货运输口岸。口岸年通过能力为货运量150万吨，客运量50万人次。阿日哈沙特陆路（公路）口岸进口货物主要是铅锌粉、铁矿石和民族工艺品服饰；出口货物主要是农蔬、建材、家电、摩托车、机械设备和日常生活用品。

2018年，进出口货运量3.35万吨，同比下降41.7%；进出境客运量11.78万人次，同比增长14.5%；进出境交通工具2.18万辆次，同比增长15.3%。

【额布都格陆路（公路）口岸】 额布都格陆路（公路）口岸地处内蒙古自治区呼伦贝尔新巴尔虎左旗阿木古郎镇西南18千米，中蒙边界1423界标处，与蒙古国东方省巴彦呼舒口岸隔河相望。1991年5月，经内蒙古自治区批准为边境贸易原二类口岸，1995年，升格为季节性开放口岸。2006年2月，海关总署正式批准额布都格口岸实行全年临时集中开放。2009年2月，国务院批准其为双边季节性公路客货运输口岸，并于2012年9月通过国家验收。2017年7月，国务院批复同意其为双边性常年开放公路客货运输口岸。口岸年通过能力为货运量50万吨，客运量30万人次。额布都格口岸对应的蒙古国东方省石油、盐、畜产品和水产品等资源极为丰富。口岸进口货物以饲草、水产品、煤炭、废旧金属、大庆塔木察格油田设施设备为主；出口货物以副食品、电器、建材、农机产品为主。

2018年，额布都格陆路（公路）口岸进出口货运量44.54万吨，同比下降31.8%；进出境客运量5.47万人次，同比下降28.8%；进出境交通工具3.48万辆次，同比下降30.7%。

【阿尔山陆路（公路）口岸】 阿尔山陆路（公路）口岸位于兴安盟阿尔山市天池镇，距离阿尔山市45千米，在中蒙边境1382号和1383号界碑之间，与蒙古国东方省松贝尔口岸相对应。1992年，内蒙古自治区人民政府批准开放为原二类季节性口岸。2012年3月，国务院批准阿尔山口岸为国际性季节开放口岸，并于2012年12月通过国家级验收。2013年7月15日~10月1日，阿尔山口岸实现首次临时集中开放。2016年，阿尔山口岸实现延长开放，每年4月1日~11月30日开放。阿尔山口岸区位优势明显，规划建设的阿尔山—乔巴山铁路是第四条连接欧亚大陆的铁路大通道，也是连接东北亚地区的重要枢纽。阿尔山至乔巴山铁路已列入中国铁路网中长期规划、中国东北地区振兴规划和蒙古国铁路重点发展规划。开通“两山”铁路，可以形成东起图们，西连蒙古国、俄罗斯，贯通整个东北亚新的欧亚大陆桥。2018年，口岸出入境货物7 385吨，出入境人员3 039人次，出入境车辆1 178辆次。出口货物主要为工程设备、建材等，进口货物主要为铁矿砂。

【珠恩嘎达布其陆路（公路）口岸】 珠恩嘎达布其陆路（公路）口岸位于内蒙古自治区锡林郭勒盟东乌珠穆沁旗嘎达布其镇境内，中蒙边境1046号界标处，与蒙古国苏赫巴托省毕其格图口岸相对应。1992年3月11日，国务院批准其为双边季节性开放口岸。2004年9月，《中蒙边境口岸及其管理制度协定》确认其为国际性常年开放口岸。2006年8月，国务院同意其扩大为国际性常年开放的边境陆路口岸。2008年1月，正式实现国际性常年开放，成为内蒙古自治区继二连浩特、满洲里之后第三个实现常年开放的国际性口岸。珠恩嘎达布其口岸对内辐射东北、华北，具有连接东西，纵贯南北的地缘区位优势。对外辐射矿产和动植物资源极为丰富的蒙古国苏赫巴托省、东方省、肯特省，是蒙古国、俄罗斯等内陆国家便捷的出海口之一，也是京、津、唐地区通往俄罗斯、蒙古国最便捷的通道。珠恩嘎达布其口岸进口货物主要是原油、煤炭，出口货物主要是机械设备、建筑材料。

2018年，珠恩嘎达布其口岸进出境货运量150.30万吨，同比增长9.3%；出入境人员11.55万人次，同比增长4.1%；出入境车辆7.26万辆次，同比下降1.0%。

【满都拉陆路（公路）口岸】 满都拉陆路（公路）口岸位于内蒙古自治区包头市达尔罕茂明安联合旗（简称达茂旗）满都拉镇，中蒙边境757界标处，对应蒙古国东戈壁省杭吉口岸。1992年，满都拉口岸被内蒙古自治区人民政府批准为原二类季节性对外开放口岸。2002年12月23日，实现首次开放。2009年2月，满都拉口岸被国务院批准为双边性季节性开放公路客货运输口岸。2012年12月，满都拉口岸正式通过国家验收。2015年4月，国务院同意满都拉口岸扩大对外开放，口岸性质为双边性常年开放公路客货运输口岸，8月28日通过国家验收，12月1日正式开放。口岸建有“五进五出”货运通道，年过货能力达到1 500万吨。

满都拉陆路（公路）口岸处于呼（呼和浩特）包（包头）鄂（鄂尔多斯）经济辐射圈内，是距内蒙古自治区首府呼和浩特市最近的陆路口岸，区位优势十分明显。口岸对应的蒙古国杭吉口岸位于蒙古国东戈壁省，矿产资源非常丰富，有额勒苏泰铁矿、阿嘎如特铁矿、杭格呼德尔铁矿、艾勒巴音焦煤矿。口岸主要进出口商品有电煤、焦煤、原材料、铁矿石、无烟煤等，出口货物以机械设备、建材为主。

2018年，满都拉口岸进出口货运量312.2万吨，同比增长38.1%；进出口贸易额15.66亿元，同比增长41.98%；出入境人员8.10万人次，同比下降18.2%；进出境车辆4.07万辆次，同比下降13.3%。

【乌力吉陆路（公路）口岸】 2004年，阿拉善左旗开始申报开放乌力吉口岸。2006年7月，乌力吉口岸被列入《国家“十一五”口岸发展规划》。2014年年初，蒙古国政府同意中蒙乌力吉—查干德勒乌拉口岸开放，并照会我国。2014年8月22日，国家主席习近平与蒙古国总统额勒贝格道尔吉在乌兰巴托签署《中华人民共和国和蒙古国关于建立和发展全面战略伙伴关系的联合宣言》，明确提出加快推进乌力吉—查干德勒乌拉口岸开放。2015年4月，在《中蒙边境口岸及其管理制度协定》执行情况第五轮司局级会晤上，中蒙双方同意增设乌力吉—查干德勒乌拉口岸。2015年12月9日，中蒙两国外交部门负责人在乌力吉口岸634界标处对口岸开放位置进行实地踏勘，并磋商和确认根据水源勘探情况确定口岸坐标。2016年1月31日，国务院批复同意乌力吉公路口岸对外开放，口岸性质为双边性常年开放公路客货运输口岸。2016年5月27日，阿拉善左旗人民政府批准成立乌力吉口岸建设指挥部。2018年，实施口岸基础设施重点项目10项，其中续建项目5项，新建项目5项。

2018年内蒙古自治区口岸大事记

3月1日

内蒙古自治区商务和口岸工作会在呼和浩特召开，会议回顾总结2017年商务和口岸工作，全面部署2018年商务和口岸重点工作任务。

3月7日

内蒙古自治区政府副主席张韶春赴阿尔山口岸调研。

3月23日

海关总署副署长、政治部主任胡伟出席满洲里海关关长任职仪式。

4月1日~4日

由内蒙古自治区商务厅副厅长、口岸办主任斯庆为中方组长的中蒙甘其毛都—嘎顺苏海图口岸有关问题磋商前期工作组赴蒙古国乌兰巴托市，与蒙古国对外关系部进行了工作会谈。

4月12日

蒙古国总理呼日勒苏赫访问内蒙古自治区，在巴彦淖尔市与内蒙古自治区党委书记、人大常委会主任李纪恒举行会谈，参观考察了甘其毛都口岸，并经甘其毛都口岸出境返回蒙古国。

4月20日

原出入境检验检疫系统统一以海关名义对外

开展工作，口岸一线旅检、查验和窗口岗位实现统一上岗、统一着海关制服、统一佩戴关衔。满洲里海关辖区内蒙古东部四盟市（呼伦贝尔市、兴安盟、通辽市、赤峰市）原内蒙古出入境检验检疫局相关机构统一以海关名义对外开展工作。

5月8日

根据《国家口岸管理办公室关于印发2018年度口岸开放审理计划的通知》（国岸函〔2018〕52号）文件，包头机场对外开放列入2018年度口岸审理计划。

6月12日

策克陆路（公路）口岸顺利完成全国陆路口岸首个智能卡口通车测试。

6月19日～20日

蒙古国驻呼和浩特领事馆总领事孟赫额尔登到乌力吉口岸和策克口岸现场进行调研。

7月8日

呼和浩特白塔国际机场开通了呼和浩特—莫斯科定期洲际航线。这是内蒙古自治区第一条直飞洲际航线，实现了内蒙古直飞洲际航线“零”的突破。呼和浩特—莫斯科航线由天津航空A330型客机执飞航班，航班号为GS7947/8，每周1班。

7月14日

内蒙古自治区党委书记李纪恒到额布都格口岸进行调研，慰问口岸联检单位职工。

8月25日～30日

由内蒙古自治区口岸办牵头自治区相关部门，在蒙古国乌兰巴托市与蒙古国对外关系部共同召开了中国内蒙古自治区人民政府与蒙古国对外关系部常设协商工作组第四次会议和中蒙口岸合作工作组会议。

8月22日

呼和浩特海关隶属东乌海关由东乌珠穆沁旗迁至锡林浩特市。

8月24日

呼和浩特海关新一届党组成立。

8月25日

满洲里海关副关长王蔚冰陪同国务院督导组司法部副部长甘藏春一行到满洲里公路口岸、互贸区调研。

8月28日～31日

满洲里海关关长齐亚洲赴蒙古国东方省乔巴山市与东方省海关举行工作会谈。

9月4日

国务院批复同意呼和浩特出口加工区经转型升级为综合保税区。

9月7日

中国海关学会会长李克农一行到满洲里公路口岸、互贸区调研。

9月16日

蒙古国部长、政府办公厅主任贡·赞登沙特尔一行到策克口岸参观考察。

9月18日～19日

海关总署署长倪岳峰在呼和浩特海关调研。

9月20日

中国二连浩特和蒙古国扎门乌德公路口岸农产品“绿色通道”正式开通。二连浩特海关与扎门乌德海关、检验检疫局签署《中蒙二连浩特—扎门乌德公路口岸建设开通农产品快速通关“绿色通道”合作协议》，国家口岸管理办公室副主任宋立强、蒙古国扎门乌德市市长那·阿拉达尔巴雅尔等出席开通仪式。

10月5日

内蒙古自治区党委副书记、政府主席布小林一行赴策克口岸调研。

10月12日

内蒙古自治区政府组织召开全区口岸提效降费工作会议。

是日

唐山·曹妃甸港满洲里口岸内陆港揭牌暨战略合作签约仪式在满洲里公路口岸举行。

10月18日

呼和浩特海关隶属额济纳海关荣获“全国海

关系统先进集体”。

10月18日~19日

内蒙古自治区（西部）公路口岸智能卡口运行调度暨策克口岸智能卡口验收评估会在额济纳旗召开，标志着呼和浩特海关关区公路口岸监管作业模式改革取得了圆满成功。

12月4日

满都拉进口肉类指定口岸建成，并通过呼和浩特海关预验收。

12月20日

内蒙古自治区口岸办与中国（深圳）综合开发研究院在呼和浩特市召开“内蒙古自治区沿边经济发展暨通道经济向落地经济转型发展研讨会”。邀请国家有关部委、兄弟省区、区内重点口岸和研究机构就发展口岸经济进行探讨，内蒙古自治区副主席艾丽华出席研讨会。

12月28日

鄂尔多斯综合保税区通过由海关总署牵头组成的联合验收组正式验收。

（撰稿人：崔振杰、董素霞、郑广林、南东海）

2018年内蒙古自治区口岸流量统计表

口岸类型	口岸名称	货运量（万吨）				集装箱量（万标箱）				人员（万人次）				交通工具（辆、艘、架、列次）			
		出口	进口	合计	同比（%）	出口	进口	合计	同比（%）	出境	入境	合计	同比（%）	出境	入境	合计	同比（%）
空运口岸	呼和浩特	0.18		0.18						9.48	9.49	18.97	4.60	0.07	0.08	0.15	7.10
	满洲里									1.75	1.74	3.49	-9.60	0.03	0.03	0.06	-23.10
	海拉尔									0.40	0.38	0.78	85.70	0.015	0.015	0.03	200.00
	鄂尔多斯									3.98	3.91	7.89	70.00	0.03	0.03	0.06	50.00
	包头（临时开放）									1.18	1.17	2.35	—	0.01	0.01	0.02	—
	二连浩特（临时开放）									1.71	1.67	3.38	18.60	0.025	0.025	0.05	0
	分计			0.18						18.50	18.36	36.86	23.20	0.18	0.19	0.37	15.60
陆路口岸 公路口岸	满洲里	139.77	35.35	175.12	10.6					92.92	92.72	185.64	3.40	9.81	9.80	19.61	5.60
	二连浩特	181.07	10.33	191.4	8.9					113.69	112.26	225.95	9.60	31.30	31.47	62.77	16.80
	甘其毛都	13.90	1 894.10	1 908	4.8					35.08	35.08	70.16	-4.20	25.28	25.28	50.56	-12.30
	策克	0.28	1 415.62	1 415.9	6.1					18.59	18.60	37.19	9.10	15.17	15.18	30.35	9.10
	珠恩嘎达布其	43.60	106.70	150.3	9.3					5.58	5.97	11.55	4.10	3.61	3.65	7.26	-1.00

续表

口岸类型		口岸名称	货运量（万吨）				集装箱量（万标箱）				人员（万人次）				交通工具（辆、艘、架、列次）			
			出口	进口	合计	同比（%）	出口	进口	合计	同比（%）	出境	入境	合计	同比（%）	出境	入境	合计	同比（%）
陆路口岸	公路口岸	黑山头	0.00	7.38	7.38	-43.10					0.90	0.85	1.75	-68.8	0.44	0.44	0.88	-67.00
		室韦	0.00	0.26	0.26	-97.10					0.01	0.01	0.02	-98.20	0.01	0.01	0.02	-98.4
		满都拉	2.67	309.53	312.2	38.10					4.11	3.99	8.10	-18.20	2.11	1.96	4.07	-13.40
		额布都格	1.29	43.25	44.54	-31.80					2.75	2.72	5.47	-28.80	1.74	1.74	3.48	-30.70
		阿日哈沙特	2.63	0.72	3.35	-41.70					5.88	5.90	11.78	14.50	1.09	1.09	2.18	15.30
		阿尔山	0.01	0.72	0.73	942.90					0.15	0.15	0.30	30.40	0.06	0.06	0.12	50.00
		分计	385.21	3 823.96	4 209.17	6.70					279.66	278.25	557.91	3.40	90.62	90.68	181.30	0.30
	铁路口岸	满洲里	263.66	1 563.91	3 017.27	2.2					1.32	1.31	2.63	1.90	0.58	0.57	1.53	10.90
		二连浩特	168.26	1 296.47	1 464.73	10.4					6.62	8.13	14.75	3.30	0.62	0.61	1.23	29.50
		分计	431.92	2 860.38	4 482.00	4.80					7.94	9.44	17.38	3.10	1.20	1.18	2.38	2.10
合计			1 259.53	6 684.33	9 133.56						306.10	306.05	612.15		92.00	92.05	184.05	
同比（%）			22.00	3.20	4.90						4.5	4.3	4.4		0.5	0.5	0.5	

表注：1. 满洲里铁路口岸货运量 3 017.27 万吨，出口 263.66 万吨，进口 1 563.91 万吨；其中，转口 1 189.70 万吨和转口交通工具 3 868 列未列入分项表中。
2. 货运量合计数中包括陆港中转货运量 442.20 万吨未列入分项表中。

（内蒙古自治区口岸办提供）

2018 年内蒙古自治区口岸出入境主要数据表

<table>
<tr><th colspan="3">项目</th><th>2018 年</th><th>2017 年</th><th>同比（%）</th></tr>
<tr><td rowspan="14">出入境人员（人次）</td><td colspan="2">出入境人员总数</td><td>6 043 910</td><td>5 834 557</td><td>3.59</td></tr>
<tr><td colspan="2">入境人员</td><td>3 019 782</td><td>2 916 135</td><td>3.55</td></tr>
<tr><td colspan="2">出境人员</td><td>3 024 128</td><td>2 918 422</td><td>3.62</td></tr>
<tr><td colspan="2">出入境旅客</td><td>4 774 336</td><td>4 575 744</td><td>4.34</td></tr>
<tr><td colspan="2">出入境员工</td><td>1 269 574</td><td>1 258 813</td><td>0.85</td></tr>
<tr><td rowspan="5">中国公民</td><td>小计</td><td>788 077</td><td>731 755</td><td>7.70</td></tr>
<tr><td>内地居民（因公）</td><td>88 189</td><td>101 447</td><td>-13.07</td></tr>
<tr><td>内地居民（因私）</td><td>656 929</td><td>599 567</td><td>9.57</td></tr>
<tr><td>港澳居民</td><td>6306</td><td>12414</td><td>-49.20</td></tr>
<tr><td>台湾同胞</td><td>36 653</td><td>33 308</td><td>10.04</td></tr>
<tr><td colspan="2">外籍人员</td><td>5 224 401</td><td>4 304 097</td><td>21.38</td></tr>
<tr><td colspan="2">从海港出入境人数</td><td></td><td></td><td></td></tr>
<tr><td colspan="2">从陆港出入境人数</td><td>5 706 586</td><td>5 493 370</td><td>3.88</td></tr>
<tr><td colspan="2">从空港出入境人数</td><td>337 324</td><td>309 221</td><td>9.09</td></tr>
<tr><td rowspan="5">交通运输工具（辆、艘、架、列次）</td><td colspan="2">总计</td><td>1 846 957</td><td>1 841 988</td><td>0.27</td></tr>
<tr><td colspan="2">船舶</td><td></td><td></td><td></td></tr>
<tr><td colspan="2">飞机</td><td>3 449</td><td>3 510</td><td>-1.74</td></tr>
<tr><td colspan="2">火车</td><td>23 559</td><td>20 801</td><td>13.26</td></tr>
<tr><td colspan="2">机动车辆</td><td>1 819 949</td><td>1 817 677</td><td>0.12</td></tr>
</table>

（内蒙古出入境边防检查总站提供）

2018 年呼和浩特海关主要数据统计表

项目		2018 年	同比（%）
进出口货运量（万吨）	合计	6 012	13.20
	进口	5 863	13.50
	出口	149	4.20
进出口贸易总值（万美元）	合计	952 152	21.80
	进口	785 628	21.8
	其中：江、海运输	106 477	24.40
	铁路运输	232 510	12.10
	汽车运输	435 803	28.10
	航空运输	7 811	-25.80
	邮件运输	5	91.20
	其他运输	3 022	163.30
	出口	166 524	21.50
	其中：江、海运输	3 984	-57.60
	铁路运输	38 723	-11.20
	汽车运输	110 882	53.40
	航空运输	1 284	74.30
	邮件运输	66	16.50
	其他运输	11 584	5.60
税收（万元）	两税合计	903 359	8.08
	关税入库	92 319	19.11
	进口环节税入库	811 040	6.95
货物检验检疫（批次）	本年累计	106 924	9.90
	其中：出境	25 186	6.10
	入境	81 738	11.10
货物检验检疫金额（万美元）	本年累计	624 374	-3.10
	其中：出境	118 625	5.30
	入境	505 749	-4.90

（呼和浩特海关提供）

2018 年满洲里海关主要数据统计表

项目		2018 年	同比（%）
进出口货运量（万吨）	合计	1 675.20	1.60
	进口	1 535.10	1.60
	出口	140.10	0.70
进出口贸易总值（万美元）	合计	394.30	5.10
	进口	242.40	-0.20
	其中：江、海运输		
	铁路运输		
	汽车运输		
	航空运输		
	邮件运输		
	其他运输		
	出口	151.90	15.00
	其中：江、海运输		
	铁路运输		
	汽车运输		
	航空运输		
	邮件运输		
	其他运输		
税收（万元）	两税合计	37.25	-8.60
	关税入库	2.45	-1.41
	进口环节税入库	34.80	-9.07
货物检验检疫（批次）	本年累计	214 243.00	0.37
	其中：出境	41 266.00	1.38
	入境	172 977.00	0.13
货物检验检疫金额（万美元）	本年累计	413 927.00	4.28
	其中：出境	98 308.00	21.71
	入境	315 619.00	-0.18

（满洲里海关提供）

2018 年内蒙古自治区指定口岸/查验场统计表

省、自治区、直辖市	序号	指定口岸/指定查验场名称	口岸类别	类别	批复时间	备注
内蒙古自治区	1	满洲里公路口岸	公路	整车进口	2004 年 5 月 21 日	
	2	满洲里公路口岸	公路	汽车平行进口	2018 年 2 月 1 日	
	3	满洲里铁路口岸	铁路	进境粮食	2014 年 10 月 9 日	
	4	二连浩特陆路口岸	公路、铁路	进境粮食指定口岸（C 类）	2014 年 10 月 9 日	
	5	二连浩特公路口岸	公路	肉类	2010 年	
	6	额布都格公路口岸	公路	饲草	2016 年 12 月 23 日	
	7	阿尔山公路口岸	公路	进境粮食指定口岸（C 类）	2015 年 12 月 25 日	
	8	珠恩嘎达布其公路口岸	公路	饲草	2016 年 12 月 23 日	
	9	满都拉公路口岸	公路	肉类	2016 年 7 月 8 日	
	10	策克公路口岸	公路	肉类	2016 年 7 月 8 日	

（内蒙古自治区口岸办提供）

辽 宁 省

口岸数量及分布

截至2018年年底，辽宁省有经国务院批准的对外开放口岸13个。其中，空运口岸2个，分别是沈阳空运口岸（沈阳桃仙国际机场）、大连空运口岸（大连周水子国际机场）；水运（海港）口岸9个，分别是大连、庄河、旅顺新港、长兴岛、营口、丹东、锦州、葫芦岛、盘锦海港口岸；陆路（铁路）口岸1个，为丹东陆路（铁路）口岸；陆路（公路）口岸1个，为丹东陆路（公路）口岸。

口岸运行数据

2018年，辽宁省口岸货物吞吐量111 395.4万吨，同比减少0.4%。外贸进出口货运量完成29 994.6万吨，同比增长12.2%。其中，外贸进口22 346.7万吨，同比增长17.5%；出口7 647.9万吨，同比减少0.8%。集装箱吞吐量1 925.8万标箱，同比减少1.2%。其中，外贸545.1万标箱，同比减少0.6%。口岸进出口货物总值9 427.24亿元，同比增长14.4%。其中，进口5 279.08亿元，同比增长17%；出口4 148.16亿元，同比增长11.9%。

2018年，辽宁省进出口总值7 545.9亿元，同比增长11.8%。其中，出口3 214.9亿元，同比增长5.7%，进口4 331亿元，同比增长17.2%。

口岸综合管理

【口岸开放工作取得新进展】 2018年，营口海港口岸仙人岛港区通过国家正式验收，至此，营口海港口岸鲅鱼圈港区、仙人岛港区、营口老港区全面实现对外开放，为加快推进辽宁全面深化改革、扩大对外开放和东北老工业基地振兴，进一步完善沿海产业布局，打造新兴沿海特色口岸奠定了坚实基础。盘锦海港口岸已开放水域范围内5个涉外泊位，在驻辽口岸查验机关的支持下正式实现对外运营，为完善辽宁地区性综合运输体系提供了有力保障，对提升盘锦对外开放水平，促进辽宁重大产业布局调整和临港工业发展将发挥着重要作用。葫芦岛海港口岸扩大开放至绥中港区工作正式启动，这将有力地促进辽西地区参与经济全球化，进一步连接国际国内两个市场。此外，口岸临时开放工作在国家部委机关的大力支持下，均顺利实现临时开放，为辽宁开放型经济发展提供了有力支撑。

【口岸通关便利化水平显著提高】 2018年，辽宁省各口岸单位进一步推进通关便利化。建立了口岸“三互”机检中心和“三互”图像联合分析工作室，共建了“一站式”作业场所，开展联合作业，在旅检现场设置了共同查验区；推动了关检融合，实现“查检合一”，统一现场执法，构建业务架构统一、管理统一、系统统一的口岸监管新模式。进一步推广“双随机、一公开”作业模式，“谁查、查谁”都要随机，检查结果要公开；大连海关、沈阳海关签署合力共促辽宁振兴全方位合作备忘录。开展业务系统升级，简化业务流程，不断完善“5+1”工作制、实行7×24小时预约通关制度；完善了“三互”合作机制，实施国际航行船舶联合登临检查。口岸查验部门与大连市、营口市政府分别签署了《共同落实“三互”推动对外开放合作备忘录》。试行“集装箱班轮监管白名单”管理制度，加强事中、事后监管。推进大连海港口岸40万吨矿石码头船舶夜航工作，提升矿石码头核心竞争力。

【中国（辽宁）国际贸易“单一窗口”建设走在前列】 2018年，中国（辽宁）国际贸易“单一窗口”实现货物申报、运输工具、舱单申报等7项主要业务申报覆盖率均达到100%。空运舱单和公路舱单申报被列为全国首批试点省份，公路运输工具申报被列为全国首个试点省份，三项业务试点效果显著，短期内申报率达到100%。按照“政府主导、市场运作、部门参与、高效协同”的原则，强力推进“单一窗口”标准版建设推广工作。一是持续推进“单一窗口”标准版的建设。按照国家口岸管理办公室的部署，中国（辽宁）国际贸易“单一窗口”门户网站和9项基本功能建设均达到国家标准版的要求。二是不断完善地方特色功能建设。陆续完成涉税保函系统、国际邮轮申报及快速通关系统、平行进口车和归类智能导航系统等4项地方特色应用项目上线运行。三是坚持问题导向，统筹把握资源，提前完成各项试点任务。四是开展“单一窗口”标准版培训，全年举办培训33场，宣讲跨境贸易便利化政策及“单一窗口”相关业务，累计培训企业超过1 600家，2 700余人，累计走访企业382家，解决问题1 200个。五是建设完善的客户服务体系，完成本地服务热线95198接入开通工作，提供7×24小时无间断热线服务和工作日在线服务。六是加强政策宣传引导。本着优化资源、全面覆盖、重点突破、多措并举的原则，建立健全市场推广机制，借助电视、报纸、办事大厅窗口、微信群、公众号及企业座谈会等全方位、多渠道的加大政策宣传力度。

【吊装移位仓储费用免除试点工作稳步推进】 2018年，按照《财政部关于下达免除查验没有问题企业吊装移位仓储费用试点资金的通知》（财行〔2018〕270号）和关于请抓紧提出中央财政免除查验没有问题企业吊装移位仓储费用试点资金分配意见的相关文件要求，根据各市口岸免除费用实际情况，结合财政部预拨资金额，制定了资金安排意见。按照《关于报送辽宁省2018年免除查验没有问题外贸企业吊装移位仓储试点经费结算报告的通知》要求，向财政部驻辽宁省财政监察专员办事处报送了辽宁省2018年免除查验没有问题外贸企业吊装移位仓储费用试点经费结算报告。2017年11月~2018年12月，辽宁省（丹东、锦州、营口）各查验场所查验没有问题集装箱：20尺集装箱1 313箱，40尺集装箱428箱，箱式货柜车4 398辆，共免除查验没有问题外贸企业吊装移位仓储费用515.13万元。

【整体通关时间压缩比显著提高】 2018年12月，辽宁省出口整体通关时间（货物运抵海关监管区至报关单单证放行时间）6.79小时，比2017年压缩了59.85%；进口整体通关时间（货物到港至货物允许提离时间）32.84小时，压缩了73.97%，比全国压缩比（56.36%）高17.61个百分点。压缩整体通关时间“百日会战”取得明显效果，完成进出口整体通关时间压缩三分之一的目标任务。全面推广关税保证保险试点，企业出具关税保证保险保单，可实现“先通关、后缴税”，不仅有效压缩了通关时间，而且为企业节约了资金成本；在通关方面大力推广进口货物“提前申报”模式，提前办理单证审核和货物运输作业，非布控查验货物抵达口岸后即可放行提离；推广汇总征税、自报自缴、新一代电子支付、检验后货物“先放行后改单”、大宗资源性商品“先验放后检测”等改革措施；简化企业通关流程，压缩检验检疫流程时长，提高通关时效。

【海关特殊监管区域工作成效显著】 2018年，沈阳综合保税区区块二从浑南中路调整到桃仙机场附近，经过一年多的建设，综合保税区的基础设施和监管设施均建设完成，并一次通过国家验收组的验收，正式封关运营。营口综合保税区自国务院批准设立后，加快建设步伐，并于当年通过国家验收组验收，正式封关运营，综合保税区与辽宁自贸试验区营口片区形成政策叠加效应。

口岸监管与服务

【辽宁出入境边防检查总站全面优化边检服务管理模式，助力口岸发展建设】 一是积极跟进保障口岸对外开放。辽宁出入境边防检查总站立足拉动经济的发展需求，承担长兴岛、仙人岛等口岸临时开放边防检查任务。配合口岸主管部门做好营口海港口岸对外开放国家级验收、盘锦海港口岸新增泊位验收和大连海港口岸22库基础查验设施验收准备工作，圆满完成新建鸭绿江大桥警卫工作。二是持续优化通关服务保障工作。大力支持沈阳、大连开放型经济发展，高效落实沈阳、大连周水子空运口岸144小时过境免签政策，完善通关场地、查验通道、标识指引等硬件设施，妥善做好客流预测预警、对外宣传及舆情应对工作。对所属各旅检口岸实现“中国公民等候办理边检手续时间不超过30分钟”的承诺目标进行逐一评估，并逐级签订责任书，确保兑现对外承诺。同时，落实公安部八项出入境便利措施要求，完成大连、鲅鱼圈、周水子边检站自助查验通道验收工作，满足旅检口岸自助验放需求。扩大“一证通”式登轮证件适用范围，最大限度降低登轮作业单位经营成本、便利人员生产作业。全力做好重大活动通关保障工作，先后圆满完成第五批在韩志愿军烈士遗骸归国、第五批赴马里维和部队入境、朝鲜最高领导人金正恩专机、专列出入境通关保障任务。三是深入落实“放管服”改革工作举措。按照加快移民和出入境领域“放管服”改革工作的有关要求，全面实行国际航行船舶网上申报边检手续，全面履行“无纸化申报”承诺，实现服务对象“零等待”。其间，组织港口企业集中培训12次，走访代理公司205家。大连、大窑湾、大连湾、和尚岛、鲅鱼圈等边检站通过建立微信群、边检QQ群向各代理公司发送公告，第一时间解决服务对象遇到的问题。四是推动辽宁国际贸易“单一窗口”建设。积极参与辽宁省自贸试验区经验复制和国际贸易“单一窗口”建设，率先实现出入境船舶数据申报应用国际贸易“单一窗口”比率达100%，丹东边检站承担“单一窗口”公路版全国试点任务。五是扎实推进口岸基础设施建设。推动大窑湾口岸限定区域划定以政府正式公文形式下发，明确区域范围和管理办法，口岸限定区域实现完整划分。立足各海港口岸管控实际，按照“船方自管、企业协管、边检监管”的原则，建立口岸辖区警地协管机制，提升口岸管控能力。持续加强口岸限定区域管控，采取加装监控点、细化管理办法、加设隔离围网（墙）、增加辅警人员数量、加大智能化设备投入等手段，不断强化口岸管控能力水平。

【辽宁海事局助推口岸通关一体化改革，提升海运贸易便利化水平】 一是积极贯彻落实“三互”大通关，继续开展国际航行船舶联合登临检查工作，全面推进“一站式”作业，实行“零待时”通关工作制，全年每天24小时便捷通关，开通无休服务窗口受理国际航行船舶进出口岸审批、进出口岸查验等工作。二是扎实推进服务辽宁自贸试验区建设相关工作，深入开展海事管理模式创新，出台《辽宁海事局服务辽宁自由贸易试验区建设若干举措》，在自贸试验区相关港区建立海事集约登轮检查制度，开展国际船舶登记制度创新，发挥海事专业优势，取得多项可复制、可推广的创新成果，其中“集装箱班轮风险分级管理制度”及“打造绿泥石《国际海运固体散装货物规则》中国标准”两项服务举措作为第二批全省借鉴推广的制度创新成果案例已在全省推广，“集装箱班轮风险分级管理制度”经辽宁省政府推荐上报国务院，作为国家第五批改革试点经验在全国范围复制推广；制定辽宁海事局助力大连准自由贸易港建设服务举措，支持大连邮轮母港建设，不断优化邮轮通航环境及水上安全监管、口岸查验水平，为大连邮轮产业发展提供便捷高效的海事服务。三是在营口仙人岛水运（海港）口岸扩大开放国家正式验收、锦州海港口岸及盘锦海港口岸已开放范围内涉外码头启用、大连长兴岛海港口岸及两家修船公司码头延长临时开放等方面提出符合海事监管实际的意见；在辽宁港口整合、太平湾管理体制机制创新等地方重点工作项目回复支持意见，提供海事专业服务，服务地方港口经济持续健康发展。四是积极配合参与辽宁国际贸易“单一窗口”建设，推进口岸信息电子化流转，自2018年8月1日起，正式全面启用国际贸易“单一窗口”标准版运输工具（船舶）申报功能应用，应用率达100%。五是组织大连海事大学、大连港引航站以及相关行业专家，就大连矿石码头40万吨级船舶夜航的通航安全进行研究论证，并依据论证结论允许矿石码头40万吨级船舶开通夜航，有效提升矿石码头的核心竞争力，对实现矿石码头成为中国北方矿石分拨中心、东北亚散矿分拨中心的发展目标起到重要的推动作用。六是组织开展危险品码头通航状况普查，对辖区现有的125个危险品泊位通航环境情况进行梳理；组织开展辖区船舶定线制、报告制以及引航员登离轮水域设置评估，并结合港口现状和未来发展、通航环境变化以及引航机构、港航企业、船公司、船舶代理等单位的意见提出优化调整方案；辽宁省海上搜救中心持续推行建立省内三级搜救体系，成立庄河市、盘锦市海上搜救中心。

【大连海关多举措促进地方经济发展】 一是坚持改革创新，积极支持自贸试验区建设。复制推广20项自贸试验区海关创新措施，取得良好成效。以“委内加工”为例，该措施使企业由单向出口变为同时面向国际国内两个市场；在全国率先开展保税混矿业务，创造“大连标准矿”，该项业务创新最终成功入选2017年度中国自贸试验区十大创新案例，在全国复制推广；助力铁矿石期货保税交割业务全面上线，2018年9月19日，国内首票铁矿石期货10 000吨在大连港散货物流中心保税堆场完成仓单交割；支持开展平行进口汽车保税仓储，全年共保税仓储汽车7 968辆，增长12倍。坚持多措并举，不断优化营商环境。二是坚决落实中央部署要求，在关区启动压缩货物整体通关时间“百日会战”，通过推行提前申报、先验放后检测、汇总征税、税收担保、自报自缴等改革措施，实现整体通关时间压缩三分之一的目标。全年进口通关时间为75.69小时，出口通关时间为8.01小时，同比分别压缩37.26%和53.52%；推动提效降费，落实公示收费目录清单和简化进出口环节监管证件工作，全年免除查验没有问题企业相关费用2 083万元。实施检疫证书电子核查等措施，优质水果进出口量位列全国前五。支持大商所期货大豆业务。妥善应对非洲猪瘟对输日稻草冲击，力促3 800余吨滞港稻草顺利通关；认真研究落实《辽宁“一带一路”综合试验区建设总体方案》，完善中欧班列通关便利化措施，全年累计监管班列199列，共1.7万标箱；开展TIR运输并完成全国首票货物启运监管业务。深化“放管服”改革，推广“互联网+海关”网上办事平台，优化海关行政审批“一窗受理”“一网通办”服务水平。其中，查验时效辅助作业系统打通了压缩查验准备时间“最后一公里”，上线以来，查验背箱时间从每票平均35小时，降低到13小时左右。三是坚持主动作为，力促口岸开放验收。大连海关多次召开会议，进行实地调研、检查，主动参与，提出相关要求。参加口岸、港口相关单位集体会议，通过电话、调研、会议等形式与地方有关部门联系。在日常监管和检查中发现问题后，列出整改清单，督促、协助企业进行整改。同时，加强内部沟通联系，争取政策支持，力促营口海港口岸（仙人岛港区）、盘锦海港口岸新建泊位正式开放。四是坚持需求导向，为企业发展提供通关便利。为英特尔公司打造嵌入式贴身监管模式，进口货物从飞机抵港到投入生产耗时仅2个多小时，投资55亿美元的英特尔二期项目从建设到投产仅8个月，创英特尔世界工厂建设最快纪录；积极支持恒力石化公司扩大生产规模，批准设立对二甲苯自用型保税仓库。建立关企互联互通机制，7×24小时全天候预约通关。通关环节实施保金保函保险保税等优惠措施，有效缓解企业资金压力；为大连松下汽车能源有限公司专门成立减免税专家小组，在设备进口环节给予专业指导，累计为该企业减免税款4 700余万元。坚持创新服务，扶持外贸新业态发展。全力支持大连跨境电子商务综合试验区建设，推出保税备货进口零售模式从口岸到特殊区域之间的四种入区方式供企业选择，对跨境电子商务提供7×24小时通关监管服务；创新国际服务外包监管模式，在全国率先构建“信息围网”，服务外包保税监管政策惠及企业进出口业务连续多年在全国保持绝对领先地位。五是坚持高压打私，有效净化口岸贸易环境。聚焦中央关注、社会关切、群众关心的走私突出问题，坚持“破大案、打团伙、摧网络”，开展7次“捍卫”系列行动，整肃油品、白糖、汽车、朝鲜水产品等行业，8起案件被列为海关总署一级挂牌督办案件，3起案件被列为二级挂牌督办案件。

【沈阳海关多措并举，全链条监管有力有效】 沈阳海关加强“扫黄打非”综合治理，2018年共查获违禁印刷品音像制品 5 059 件。查获侵权案件线索 10 起，涉案货物 1 570 余件，案值约 20 余万元。加强风险管理和后续监管，有效发挥二级风险防控中心作用，优化布控查验作业，安全准入风险布控查获率 5.86%，高于全国平均水平；进一步完善“双随机”布控查验，关区随机布控比率达 99.63%。稽核查效能稳步提升，完成关区稽查集约化改革，稽查作业有效率 52.17%，核查有效率 47.45%；推进特许权使用费专项稽查工作，补税 4 382.29 万元。

持续保持打击走私高压态势，开展“国门利剑 2018”联合专项行动等 13 个专项打击行动。一是严厉打击“洋垃圾”走私。参与海关总署统一行动，与南京海关共同查获固体废物富铅渣 1.1 万吨，案值 9 000 万元。二是严厉打击象牙等濒危物种走私。查扣象牙制品 10.07 千克，犀牛角制品 6 千克，梅花鹿角 3.84 千克，红珊瑚制品 2.08 千克。三是严厉打击涉枪涉毒走私。开展“国门勇士 2018”缉枪专项行动，查缴疑似枪支 8 支，军用子弹 70 发，气枪铅弹 1 003 发。查获新型毒品蓝精灵 200 片，冰毒 109.77 克。四是严厉打击重点涉税商品走私。首次查获非设关渔码头走私成品油案件，查获船舶 1 艘，查扣成品油 387 吨，案值约 353.6 万元。与青岛海关联合立案侦办走私贵重金属案，涉案黄金 470 千克，案值 1.3 亿元。五是打击粮食等农产品走私。开展严控非洲猪瘟疫情严打境外疫区动物及其产品走私专项行动，立案侦办走私冻品案，案值 160 万元，在海关总署缉私局统一指挥下参与“6·07”“11·01”专项行动，抓获重要犯罪嫌疑人 4 人。

【沈阳海关结合新海关、新职责，积极筑牢国门安全防线】 一是严把口岸公共卫生安全关。针对埃博拉等国外重点疫情，加大口岸防控力度，全年法定监测体检人员 2.39 万人，检出 HIV 抗体阳性、梅毒、肺结核、肝炎等 4 项重点监测传染病 441 例，检出率达 1.85%。二是严把国门生物安全关。全链条严控非洲猪瘟疫情，严禁疫区生猪及其产品入境，共截获来自疫区动物产品 178 批次，357.08 千克。全年共截获进境植物有害生物 83 种，234 种次，首次截获南洋大兜虫和橘背叉角锹甲。集中开展“绿蕾 4”专项行动，截获非法携带、邮寄进境植物种子种苗 71 批次，检出有害生物 11 种共 21 种次。从水生动物样品中检测出禁用药品氧氟沙星、限用药品恩诺沙星。三是严把进出口商品质量安全关。检出不合格工业品 283 批，货值 18 亿美元，首次检出纸尿裤和洗洁精等民生商品质量安全不合格；在“口岸天平行动”中，针对进口大宗资源性商品加强监管，共检出进口短缺商品 152 批，涉及货物重量 5 428 吨，帮助企业挽回经济损失 1 029 万美元。四是严把进出口食品安全关。开展进口食品、保健食品虚假宣传专项整治，完成进出口食品化妆品检验检疫业务 7 321 批，货值 3.85 亿美元，查获货值超过百万元的不合格进口食品、保健食品，并依法退运处理。

【沈阳海关积极服务辽宁振兴发展，助力辽宁打造国际化营商环境】 一是推动辽沈地区形成全面开放新格局。深度融入共建“一带一路”，切实提高对中欧班列通关服务水平，2018 年，累计监管中欧班列 135 列，12 722 个标箱，监管货运量 10.6 万吨，货值 4.37 亿美元。支持开通沈阳至洛杉矶等 5 条新航线，空运口岸开放水平得到提高。全力推进辽宁自贸试验区（沈阳片区）建设，累计推出 55 项监管创新制度，片区累计新增注册企业 823 家，电子口岸新入网企业 737 家。推进自贸试验区和中德园协同发展，简化无纸通关随附单证等 36 项创新举措落地。继续深入支持和促进跨境电子商务新兴业态发展，支持机场免税店扩大经营。积极推动海关特殊监管区域整合优化，沈阳综合保税区规划调整顺利通过国家验收，铁岭保税物流中心（B 型）正式封关运行。二是大力提升跨境贸易便利化水平。深入推进国际贸易“单一窗口”应用，2018 年主要申报业务应用率达到 100%，通关作业无纸化比率达 97.95%。统筹实施提前申报、“先放行，后改单”、大宗资源性商品“先验放后检测”等便利化措施，推动压缩进口、出口货物整体通关时间，完成年内压缩三分之一的目标任务。发挥备案核批中心集约化优势，企业足不出户可以完成加工贸易电子化手册设立。推行关税担保方式改革，2 家企业签约“银关保”，3 家试点保险公司开出 20 份“关税保证保险”保单，涉及 10 家民营企业，担保额度达到 1.68 亿元。三是以“定向扶持、定制服务、定点突破”为举措，打造精准营商服务保障机制。制定了助力辽宁开放新格局 20 项重点任务和构建“亲”“清”新型政商关系 6 项举措，以汽车制造、国际物流、高新科技等区域优势产业和民营经济为重点对象，提供“定向”扶持；以推行国际海关 AEO 互认合作制度、企业协调员制度、企业信用信息公示制度等为特色举措，提供“定制”服务；以开展企业服务日、企业需求（诉求）台账清零、窗口专项整治行动等为治理手段，保证“定点”突破。沈阳海关选送的沈阳海关积极支持航企发展全力推进辽沈国际开放新格局成为沈阳市八大优化营商环境典型案例之一，并成功入选“中国优化营商环境典型案例”。

开放口岸

【沈阳空运口岸（沈阳桃仙国际机场）】 沈阳桃仙国际机场位于辽宁省沈阳市东陵区桃仙镇，距沈阳市中心 22 千米，为国家民用一级机场。机场于 1985 年开始筹建，1989 年 4 月 16 日正式启用。机场跑道长 3 200 米，宽 45 米，飞行区等级为 4E 级，现有停机位 79 个，其中登机桥位 30 个，远机位 47 个，公务机位 2 个。机场净空条件良好、功能齐全、设备先进，可保障国内外大型客、货机使用。机场现拥有 3 座航站楼（T1、T2 航站楼停用）。T1 航站楼设计年旅客吞吐量 90 万人次。1995 年，开始二期工程扩建，2001 年 12 月，T2 航站楼投入使用，T2 航站楼设计年旅客吞吐量 606 万人次。2011 年，开始 T3 航站楼施工建设，2013 年 8 月，T3 航站楼投入使用，T3 航站楼设计年旅客吞吐量 1 750 万人次。

2018 年，沈阳桃仙国际机场航线共有 226 条。其中，国内航线 195 条，港澳台地区航线 2 条，国际航线 29 条。3 月，恢复直达欧洲的法兰克福航线，每周三班；12 月，开通东北首条直飞美国的航线（沈阳—洛杉矶），每周三班。

2018 年，沈阳空运口岸旅客吞吐量为1 902.7 万人次，同比增长 9.7%，其中，国际和地区出入境旅客为 166.1 万人次，同比增长 16.1%。

【大连空运口岸（大连周水子国际机场）】 大连周水子国际机场位于大连市西北部，始建于 1972 年 10 月，从军民合用机场发展建设成为民用机场。1973 年 4 月开航，1985 年经国务院批准对外开放。该机场距大连市中心 10 千米，距沈大高速公路 5 千米，交通运输网络十分便利，机场占地面积 345 万平方米，飞行跑道长 3 300 米，候机楼面积 13.5 万平方米，停机坪面积 66 万平方米，符合 4E 级 Ⅰ 类国际机场标准，可供除 A380 外各种大型飞机安全起降。2018 年，新引进福川航空、乌鲁木齐航空，新增襄阳、吕梁、博鳌、济洲、大阪、富山等 8 个国内外通航点。目前，大连空运口岸已开通航线 216 条，国内通航城市 101 个，国际和地区通航城市 24 个，国内外 52 家航空公司在大连周水子国际机场运营。大连周水子国际机场已成为通往日、韩、俄的重要门户，东京、大阪、首尔 3 条日韩航线占其国际运量的 80% 以上。

2018 年，大连空运口岸旅客吞吐量 1 850 万人次，同比增长 5.7%；其中，国际航线出入境旅客

178 万人次（不含港澳台），同比增长 22.7%；纯货邮吞吐量 17 万吨，同比增长 3.03%。

【丹东陆路（铁路）口岸】 丹东陆路（铁路）口岸通过中朝友谊大桥与朝鲜新义州口岸相对应。口岸地点设在铁路丹东站，分为客运和货运两部分。1954 年，中朝两国签订了铁路联运协定，开通北京至平壤、平壤至莫斯科往返直通国际联运旅客列车，经停丹东站，每周二、周四、周五、周日出境，周一、周三、周四、周六日入境。2001 年 11 月 24 日，中朝两国签订《中朝边境口岸及其管理制度的协定》，该协定明确规定：铁路口岸允许持有效护照及签证或边境通行证的双方公民、货物和运输工具通过，允许持有效护照及签证的第三国公民、货物和运输工具通过，每日的开放时间按中朝双方之间有关协议中的铁路运行时刻表执行，不受双方规定的节假日和边境口岸每天开放时间的限制。现经中朝协商，每天都有丹东铁路口岸至朝鲜新义州口岸旅客列车。国际联运货物列车每天往返 4 对。2006 年 8 月，铁路丹东站改造建设，2008 年年底，铁路丹东站新站竣工并投入使用。

2018 年，丹东铁路口岸进出口货运量 9.7 万吨，同比减少 5.8%。出入境旅客 20.8 万人次，同比增长 42%。其中，进境 11.1 万人次，出境 9.7 万人次。

【丹东陆路（公路）口岸】 丹东陆路（公路）口岸通过中朝友谊大桥与朝鲜新义州口岸相连。口岸地点设在中朝友谊桥旁。丹东公路口岸是于 1955 年经中朝双方商定批准的对外开放口岸，也是我国与朝鲜半岛接壤的口岸中可通行第三国人员的口岸。丹东公路口岸分为客运和货运两部分。1966 年关闭，1981 年恢复通关。2004 年 6 月，丹东公路口岸扩建改造，2005 年 6 月 20 日改造后的公路口岸正式投入使用。丹东公路口岸公路客运班车由中朝双方共同营运，每天往返两次，主要接送两国边民。公务人员、中外客商、出境游客等大多经过这个口岸进出境。

2018 年，丹东公路口岸进出口货物 106.9 万吨，同比减少 33.6%。出入境旅客 51.8 万人次，同比增长 11.3%。其中，进境 25.3 万人次，出境 26.5 万人次。

【大连水运（海港）口岸】 大连水运（海港）口岸始建于 1899 年，距今已有百余年的历史。1960 年 6 月，经国务院批准正式对外开放。大连港居西北太平洋的中枢，也是正在兴起的东北亚经济圈的中心，也是该区域进入太平洋，面向世界的海上门户。大连港口港阔水深，不淤不冻，自然条件非常优越，是转运远东、南亚、北美、欧洲货物最便捷的港口。大连港开放水域 346 平方千米，陆地面积 15 平方千米；现有港内铁路专用线 150 千米、仓库 30 万平方米、货物堆场 180 万平方米；拥有 45 万吨级原油码头和 30 万吨级矿石码头。大连港业务面向全球，与世界上 160 多个国家和地区、300 多个港口建立了海上经贸航运往来关系，开通集装箱航线 106 条，其中外贸航线 93 条，内贸航线 13 条，航班密度 500 班/月，基本覆盖全球主要航区，东北地区

98.5%以上的外贸集装箱经大连港转运；逐步形成了汽车分拨中心、客货滚装中心、矿石分拨中心、粮食转运中心、散杂货转运中心、油品及液体化工品分拨中心。大连港与美国的奥克兰港、休斯敦港，加拿大的温哥华港，日本的北九州港、横滨港、伏木富山港等港口结为友好港。大连海港口岸以冷链物流为重点的海铁联运，辐射东北、覆盖全国的冷链物流网络逐步形成。大连港按功能划分为6个生产作业区。一是大港区。大连港大港区位于大连市中心区，靠近繁华的人民路地段，是大连港的发源地。拥有生产泊位26个，港区综合通过能力为1 143.4万吨/年，经营货种有杂货、内贸集装箱、邮轮、滚装等，另外还从事客运生产。二是大连湾港区。有杂货泊位8个、客运滚装泊位1个，年通过能力645万吨；主要经营货种为煤炭、玉米、特资、杂货和滚装货。三是大窑湾港区。是我国规划建设的四大国际深水中转港之一，是大连港运输国际集装箱的专业化港区。拥有14个集装箱泊位，码头年设计通过能力420万标箱；汽车滚装泊位3个；年通过能力80万辆。四是鲇鱼湾港区。拥有原油泊位6个，年通过能力6 908万吨，成品油泊位26个，年通过能力2 966万吨；主要经营进出口原油、出口成品油。五是大孤山南港区。杂货泊位1个（15万吨级），主要从事钢铁、玻璃、汽车、矿建材料等货物的装卸；码头通过能力1 000万吨。六是大孤山西港区。主要是货主码头，有泊位24个。其中，北良企业码头有泊位6个，是粮食加工运输专业码头，是东北最大的大米综合利用区、粮食中转筒仓区、物流加工区、粮油食品仓储区、粮油食品加工区、物流配送区、综合物流区、配套服务区等，年通过能力1 000万吨；大连石化公司码头4个泊位，年通过能力1 000万吨；福佳大化石油化工有限公司2个泊位，年通过能力662万吨；逸盛大化石化有限公司3个泊位；大连大洋船舶工程有限公司修造船企业7个泊位；大连东方精工船舶配套有限公司码头2个泊位。

2018年，大连海港口岸货物吞吐量4.67亿吨，同比增长2.6%。其中，外贸货物吞吐量1.61亿吨，同比增长3.2%；集装箱吞吐量976.7万标箱，同比增长0.6%，其中外贸集装箱吞吐量532.3万标箱，同比减少0.5%。

【营口水运（海港）口岸】 营口水运（海港）口岸位于渤海湾东北岸、辽河的入海口。口岸包括沿辽河的营口老港区、鲅鱼圈港区和仙人岛港区3个港区。营口老港区于1861年对外开埠。鲅鱼圈港区是营口港的核心港区，以矿石、煤炭、集装箱、钢材、油品、粮食、商品汽车等运输为主，1984年经国务院批准建设，1988年对外开放。仙人岛港区于2008年经国家批准建设，2018年10月9日对外开放通过国家正式验收，主要以油品、化工品等液体散货和通用散、杂货运输为主，目前30万吨级原油码头已投入运营。

营口港陆域面积3 980万平方米，其中鲅鱼圈港区2 360万平方米，营口老港区190万平方米，仙人岛港区1 430万平方米。营口港现有库房40万平方米，堆场830万平方米，储罐490万立方米，筒仓80万立方米；拥有占地65万平方米的营口港保税物流中心，有集装箱、汽车、煤炭、粮食、矿石、钢材、大件设备、成品油及液体化工品和原油等9大货种专用码头，其中矿石码头、原油码头分别为30万吨级，集装箱码头可以靠泊第5代集装箱船，总通过能力为15 749万吨。

营口港码头岸线长17 107米，现有泊位76个，其中鲅鱼圈港区55个，营口港区14个，仙人岛港区7个，有万吨级以上泊位57个。鲅鱼圈港区现有深水航道宽 270 米，底标深 22 米，长 32 千米，可满足 15 万吨级以下船舶全天候通航，30 万吨级矿石船舶可乘潮通航，7 万吨级以下的船舶可双向通航。仙人岛港区现有 30 万吨级航道，宽 350 米，底标深 22.5 米，长约 27.85 千米。

营口港已经同 50 多个国家和地区 140 多个港口建立了通航业务关系，现有东南亚航线、日本关东航线、韩国釜山航线、韩国仁川航线（国际客货班轮航线）外贸直航航线 4 条，以及通过天津、大连、宁波、上海中转世界各地的外贸内支线 4 条。集装箱内贸航线已覆盖中国沿海 30 个主要港口。散杂货内贸航线主要分布在上海、青岛、江阴、宁波、舟山、温州、泉州、钦州、厦门、深圳、湛江及广州等地。营口港现有到华东、华南的定线船。散杂货外贸航线是韩国、日本、朝鲜、中国台北、新加坡、伊朗、印度等国家和地区，以及澳大利亚、巴西、美国、荷兰、意大利、英国、加拿大等欧美国家及南北美洲部分国家和地区。内外贸航线达到每月 500 班次以上。

营口港交通便捷，沈大高速、哈大公路沿港区而行，长大铁路直通码头前沿，与港内 30 条 1 050米铁路装卸线相连。现已开通营口港至哈尔滨、大庆、长春、德惠、公主岭、四平、松原、佳木斯、牡丹江、绥芬河等 40 多条海铁联运集装箱班列和 6 条经满洲里连接欧亚大陆桥的国际集装箱班列。

2018 年，营口海港口岸货物吞吐量 3.7 亿吨，同比增长 2.7%。其中，外贸进出口货物吞吐量 9 536.8 万吨，同比增长 20.1%。集装箱吞吐量 648.8 万标箱，同比增长 3.4%。其中，外贸集装箱 8.6 万标箱，同比减少 7.5%。

【锦州水运（海港）口岸】 锦州水运（海港）口岸位于渤海西北部的锦州湾北岸，是渤海西北部 400 千米海岸线重要对外开放的国际商港，是辽宁省重点发展的区域性重要港口，是中蒙俄新通道最便捷的出海口。锦州港于 1985 年 12 月经国务院批准建设，1986 年 10 月开工建设，1990 年 10 月正式通航，同年 12 月被国家批准为开放口岸，成为中国第 49 个对外开放口岸。2017 年 9 月 21 日，国务院同意锦州海港口岸扩大开放。锦州港笔架山港区现有水陆域面积5 630 万平方米（仅规划水域，不含航道、锚地），规划陆域面积 2 400 万平方米，已建成陆域面积 1 200万平方米，主要由石化作业区、粮食及件杂货作业区、集装箱作业区、油品作业区、专业化散货作业区、大宗散货作业区、预留发展区等组成。锦州港现有主航道水深 17.9 米，为 15 万吨级单向、5 万吨级双向航道。全港规划码头岸线总长 14 018 米，现有岸线总长 7 345 米，堆场总面积 310.7 万平方米。全港共有各类泊位 27 个，其中生产性泊位 26 个，24 个为万吨级以上深水泊位。目前，锦州港有外贸集装箱内支线 2 条（大连、天津），内贸航线 27 条，同世界上 80 多个国家和地区建立了通航关系。

2018 年，锦州海港口岸完成货物吞吐量 10 960.4万吨，同比增长 4.3%。其中，外贸进出口货物吞吐量完成 1 652.1 万吨，同比增长 41.1%；集装箱运输完成 162.1 万标箱，同比增

长33.1%。

【丹东水运（海港）口岸】 丹东水运（海港）口岸是中国海岸线最北端的国际贸易商港，是天然不冻良港，辖大东港（海港）和浪头港（河港）两个港区。现有生产性泊位29个，拥有粮食、矿石、煤炭、油品、集装箱、客滚、散杂货、通用等专业泊位和配套的专业化、自动化装卸系统及货物存放库场，港口年综合吞吐能力达亿吨。目前已与日本、韩国、俄罗斯、美国、巴西、印度等70多个国家和地区的90多个港口开通了散杂货、集装箱、客运航线。2014年，丹东港步入全国大型港口行列。

2018年，丹东海港口岸货物吞吐量10 066.3万吨，同比减少29.2%。其中，外贸进出口货运量2 004.7万吨，同比增长31.1%。集装箱吞吐量90.8万标箱，同比减少51.3%。出入境旅客10.4万人次，同比增长18.1%。其中，进境5.23万人次，出境5.17万人次。

【葫芦岛水运（海港）口岸】 葫芦岛水运（海港）口岸位于辽宁沿海最西端，海岸线长261千米，始建于1908年，是百年老港。1999年，国务院批准葫芦岛港对外开放，实现了国轮外运。由于老港区发展空间有限，2003年葫芦岛市政府决定把葫芦岛港搬迁至柳条沟，开始重点开发建设柳条沟港区。2007年，国务院批准葫芦岛港对外国籍船舶开放，2010年11月葫芦岛港通过国家口岸扩大开放验收，使葫芦岛港成为辽西地区继锦州港之后第二个全面对外开放的口岸。目前葫芦岛港主要由柳条沟港区、绥中港区、北港港区和兴城港区四个部分组成。

2018年，葫芦岛海港口岸货物吞吐量为2 343.3万吨，同比增长37.3%；集装箱吞吐量4.5万标箱，同比增长221.4%。其中，外贸进出口货运量144.9万吨，同比增长361.5%。

葫芦岛海港口岸柳条沟港区，现拥有码头泊位7个，分别为1个2万吨级散杂货泊位、1个3.5万吨级散杂货泊位、1个5 000吨级液体化工泊位、1个3万吨级成品油泊位和3个5万吨级通用泊位，港区综合设计通过能力725万吨/年。航道全长14.6千米，底标深14.5米，航道宽170米，可满足7万吨级货船单向通航，港区陆域面积约5平方千米。

2018年，葫芦岛海港口岸柳条沟港区完成货物吞吐量1 580.5万吨，同比增长52%；集装箱吞吐量34 709标箱，同比增长320%。

葫芦岛海港口岸绥中港区，拥有货主专用码头5个和公共码头5个，港区综合通过能力2 259万吨/年，已形成陆域面积约6平方千米。

2018年，葫芦岛海港口岸绥中港区完成货物吞吐量300.1万吨，同比增长38.7%；完成集装箱吞吐量15 535标箱，同比增长141%。绥中发电有限责任公司完成货物吞吐量285.8万吨，同比减少8%。绥中36－1原油终端处理厂完成吞吐量842.8万吨，同比减少5%。

葫芦岛海港口岸北港港区是北港工业园区的配套港区。2018年葫芦岛北龙物流集团完成货物吞吐量155.3万吨，同比增长30%；渤海船舶重工有限责任公司完成货物吞吐量24.6万吨，同比增长17%。

葫芦岛海港口岸兴城港区，是葫芦岛港的预留发展港区，目前主要以客运为主。兴城港区现有码头主要是觉华岛陆岛交通码头，在兴城海滨建有7个500吨级陆岛交通码头，年综合通过能力为50万人次。2018年，客运量40.2万人。

【盘锦水运（海港）口岸】 盘锦水运（海港）口岸位于辽东湾湾底，是辽宁沿海地区性重要港口和东北及蒙东地区最近的出海口之一。港口规划利用11.7千米自然岸线，形成陆域面积44.7平方千米、岸线长35.6千米，现有及规划布置泊位共90个，通过能力达2.56亿吨。港口的防波堤、围堰和后方陆域已基本形成。现已建成21个5万吨级泊位（已投入运行16个5万吨级泊位）和60万立方米油品储存罐区，另有12个5万~30万吨级以上泊位正在加紧建设。同时，在现有5万吨级航道基础上进一步疏浚的深水航道工程一标段施工招标已完成。预计到“十三五”期末，盘锦港年通过能力将突破1亿吨。

港口现有2万平方米查验仓库，6万平方米保税仓库、出口监管仓及50万平方米保税物流中心，保税物流中心于2016年10月通过验收，2017年9月正式开展业务。

盘锦海港口岸拥有便利的公路、铁路网络，火车可直接入港。重点发展油品、液体散货、粮食、集装箱等货物运输，将逐步发展成为多功能、现代化的综合性港口。目前，港口主要作业货种有粮食、化工原料及制品、化肥及农药、建材、钢铁等。依托港口优势，盘锦港发展多元产业，构建物流、经贸、燃供、保税、仓单质押、大宗商品电子交易等业务为一体的港口综合服务功能。其中，大宗商品电子交易平台可为客户提供全国沿海各港口的煤炭、玉米、钢材、矿石、化工品、油品等大宗商品市场行情及交易信息，可进行交易、仓储、结算业务，享受税收减免等优惠政策。

为满足外贸货物进出及港口发展的需求，从2011年开始，盘锦海港口岸共完成6次临时对外开放。2015年6月7日，国务院批复同意盘锦海港口岸对外开放。2015年6月16日，盘锦市政府与满洲里市政府签订了口岸合作协议。2015年10月18日，“盘满欧”集装箱国际班列正式开通，发出首列“盘锦港—满洲里—莫斯科”班列。2015年12月3日，盘锦海港口岸对外开放通过省级预备验收。2015年12月21日，盘锦市政府与二连浩特市政府签订了口岸合作协议。2016年9月6日，盘锦海港口岸通过国家级验收。2017年5月10日，盘锦港开通东北首班“辽蒙欧”中欧班列。2018年，盘锦港新增盘锦至大麦屿、太仓、上海3条集装箱航线，航线总数达到16条，已建成通辽、法库、辽中、齐齐哈尔、佳木斯等7个陆港。2018年8月31日，盘锦海港口岸已开放范围内5个涉外码头对外开放通过验收。2018年10月24日，盘锦港进境粮食指定口岸顺利通过大连海关初审并上报海关总署。2018年10月31日，盘锦海港口岸核心能力建设顺利通过海关总署验收。

2018年，盘锦海港口岸货物吞吐量4 090.9万吨，同比增长18.6%。其中，外贸进出口货运量415.1万吨，同比增长101.6%；集装箱吞吐量42.9万标箱，同比增长2.9%。

【旅顺新港水运（海港）口岸】 旅顺新港水运（海港）口岸位于辽东半岛最南端，与山东半岛隔海相望，是天然不冻港，海岸线长169千米；是沟通辽东半岛和山东半岛的“黄金水道”。2006年8月16日，经国务院批准为对外开放口岸，2009年11月20日通过国家验收，2010年1月6日正式对外开放。目前旅顺新港海港口岸有2个开放杂货泊位，辖区内中远川崎船舶工程有限公司、大连今冈船舶工程有限公司、大连滨海船舶修造有限公司码头实现口岸临时开放。

2018年，旅顺新港水运（海港）口岸货物吞吐量3 065.5万吨，同比增长20.1%；其中，外贸进出口货运量120.6万吨，同比减少8.4%。

【庄河水运（海港）口岸】 庄河水运（海港）口岸位于辽东半岛东侧南部，是黄海、渤海沿岸距日本、韩国最近的港口，滨海公路横贯东西，建设中的东北东部边境铁路直达俄罗斯，海岸线总长235千米。目前，港口有泊位10个，分别是庄河港1万吨级杂货泊位1个，5千吨级杂货泊位1个，1千吨级客滚泊位1个，庄河电厂煤码头3.5万吨级泊位1个，陆岛运输码头泊位6个。庄河海港口岸对外开放于2007年9月12日获得国务院批准，2009年11月18日通过国家验收。2010年1月20日，庄河海港口岸正式对外开放。

2018年，庄河水运（海港）口岸货物吞吐量610万吨，同比增长5.6%。

【长兴岛水运（海港）口岸】 长兴岛水运（海港）口岸位于辽东半岛西侧中部，渤海东岸，规划总面积502平方千米，由长兴岛、西中岛、凤鸣岛、交流岛、骆驼岛五个岛屿组成，是中国第五大岛，长江以北第一大岛。2005年11月26日，长兴岛临港工业区管委会和党工委挂牌成立。2010年4月25日，国务院批准长兴岛升级为国家级经济技术开发区。2010年6月13日，辽宁省政府决定在长兴岛设立辽宁省综合改革试验区。2011年7月30日，国务院下发《关于同意辽宁大连长兴岛港口岸对外开放的批复》。目前，长兴岛水运（海港）口岸有公共港区、恒力石化、大连长兴岛30万吨级原油泊位及大连船舶重工修造船基地码头实现口岸临时开放。2016年11月30日，长兴岛水运（海港）口岸对外开放通过省级预验收。

2018年，长兴岛水运（海港）口岸货物吞吐量3 176万吨，同比增长30.1%；其中，内贸1 788万吨，外贸1 388万吨，同比分别增长23.4%、4%。

大连市

【口岸运行数据】 2018年，大连口岸进出口商品总值6 728.75亿元，同比增长13.7%。其中，出口3 388.58亿元，同比增长17.7%，进口3 340.17亿元，同比增长9.9%。完成进出口货物吞吐量11 393.9万吨，同比增长1.3%。其中，出口3 929万吨，同比增长13.5%，进口7 464.9万吨，同比减少4.1%。

【全球最大的LNG船靠泊大连港】 2018年2月28日，全球最大LNG（液化天然气）运输船“阿尔萨姆利亚”号靠泊大连LNG接收站码头，这是继大连港2017年成功靠泊全球最大油轮、最大集装箱船后迎来的又一海上“巨无霸”。“阿尔萨姆利亚”轮船长345米、船宽54米，LNG装载量达26.7万立方米，折合天然气1.67亿立方米，是世界上最大的Q－Max型LNG专用运输船。此次航程，该轮从卡塔尔启程，横跨印度洋，穿越马六甲海峡，行程上万公里后抵达大连。

大连LNG接收站由大连港股份有限公司、中国石油天然气股份有限公司、大连建设投资有限公司共同投资建设，是中国第一座自主设计、自主施工、自主运营的LNG接收站，并荣获国内LNG行业唯一国家优质工程金奖。该接收站码头可装卸1万~26.7万立方米各类LNG运输船型，年接卸能力达1 025万吨，自2011年11月建成投产以来，来自卡塔尔、澳大利亚、马来西亚等15个国家和地区的天然气陆续进驻，且越来越多的国家正不断被列入到采购目录。其中，接卸“一带一路”沿线国家天然气占比达到70%，极大地促进了国际产能合作，在“一带一路”建设中发挥了重要的支点作用。大连LNG接收站作为东北地区天然气调峰重要枢纽和我国最北端的LNG接收站，是国家建设海上油气通道的战略工程，日输气量最大峰值可达2 300万立方米，目前供气范围已覆盖东北全域、华北部分地区和南部沿海及内河流域。

【大连机场公用型保税仓库正式启用】 2018年3月1日，大连机场公用型保税仓库通过验收，并正式启用。该公用型保税仓库建筑面积2 000余平方米，拥有13个独立仓储区，可满足所有航空公司、驻场单位及地区企业的保税仓储需求，有效降低航空公司运营成本，提高机场国际航班保障能力，对于进一步提升大连市临空经济发展具有重要意义。未来，随着国际贸易和跨境采购的不断发展，大连机场公用型保税仓库将充分发挥空运口岸的地域优势，提供专业的多元化服务保障，充分发挥保税仓储、保税物流、出口加工、口岸作业、综合服务等多种外向型功能，带动国际中转、配送、采购、转口贸易和出口加工等业务的迅速发展，更好地服务于大连地区企业。

【“因锡亚”号邮轮首访大连】 2018年4月6日，大洋国际邮轮公司旗下的豪华邮轮“因锡亚”号顺利靠泊大连港国际邮轮中心，完成在大连的“首秀”，这是2018年大连港邮轮季开始以来接待的首艘访问邮轮，同时也是大连港国际邮轮中心开港以来接待的首艘过夜访问邮轮。“因锡亚”号邮轮总重3万吨，本次旅程中满载620名游客，由天津港入境后转至大连港挂靠访问，船上游客分别于4月6日~7日两次下船在大连开展陆地游，相较于以往访问邮轮不同的是，该邮轮在大连过夜，游客有2天时间下船开展深度陆地游，对大连旅游经济的贡献更加突出。在成功接待“因锡亚”号后，2018年，大连港还将迎来3.2万吨的“世鹏旅居者”号、9.3万吨的“宝石”号、4.7万吨的“维京精神”号和8.2万吨的“威士特丹”号抵港访问。

【大连港穆棱内陆港中欧班列正式开通运行】 2018年5月16日，一列来自俄罗斯的货运列车缓缓驶入大连港穆棱内陆港货运场，这标志着大连港穆棱内陆港中欧班列正式开通运营。此趟中欧班列由俄罗斯下诺夫哥罗德州报关始发，经满洲里入中国境内，跨越1万千米欧亚铁路线，历时19天抵达位于穆棱市的大连港穆棱内陆港，将满载的俄罗斯木材、板材提供给园区企业，随即装载园区生产的成品木制家具运往大连港并出口至欧美地区。目前，该班列处在试运行阶段，发运周期为每月两班，实现常态化运行后将达到每周两班。

2013年7月，开业运营的大连港穆棱内陆港位于穆棱经济开发区，由大连港集团与穆棱市共同投资3.6亿元建设，是黑龙江省东部地区最大的海铁联运物流中心，也是大连港集团在黑龙江省投资兴建的第一家“内陆干港”，区内铁路、公路集中交会，区域枢纽地位突出，成为大连港物流产业体系中重要的内陆节点。2017年11月，大连港集团与俄罗斯下诺夫哥罗德州站签订了框架性合作协议，对接俄罗斯中资北欧林业，积极探索从俄罗斯经满洲里进入穆棱的物流新路径，并最终促成大连港穆棱内陆港中欧班列的开通运行。该中欧班列的成功开通在助推穆棱林木产业快速发展的同时，也为大连港及大连港穆棱内陆港带来了货源新增量。作为东北地区唯一纳入国家“一带一路”建设总体规划的港口，大连港一直以来充分发挥“排头兵”和“主力军”的带动作用，大力开展亚欧国际物流大通道建设工作，并积极推进腹地班列的开行及货源开发，不断提高物流综合性价比，让更多的腹地企业和货源走进“一带一路”沿线国家和地区。

【大连港22库口岸查验通关设施通过验收】 2018年6月15日，受辽宁省口岸办委托，大连市港口口岸局在大连港国际邮轮中心2楼会议室组织召开了大连港22库口岸查验通关设施验收工作会议。辽宁省口岸办、大连海关、辽宁省公安边防总队（现为大连边防检查总站）、大连港集团等单位有关领导以及相关业务负责人参加了会议。会议一致同意大连港22库口岸查验通关设施通过验收，从即日起正式启用。正式启用的大连港22库口岸查验通关设施，设边检验证通道12条，海关查验通道3条，将极大缓解大连水运口岸的邮轮通关压力，同时也进一步完善口岸通关监管服务功能，改善查验人员工作、学习环境，对提升大连城市旅游形象，促进大连邮轮旅游经济发展有着积极的推动作用。

【辽宁港口整合正式落地】 2018年11月3日，辽宁省政府在北京与招商局集团举行辽宁港口合作项目增资协议签约仪式，这标志着辽宁港口整合正式落地。辽宁省与招商局港口整合后，将成为我国资产规模和吞吐量规模最大的港口集团之一，这为建设东北亚国际航运中心，提高区域国际竞争力奠定了坚实基础。根据协议，招商局集团将通过增资方式入股辽宁东北亚港航发展有限公司，并取得49.9%的股权，后者是大连港集团和营口港集团的控股股东。招商局集团投资辽宁港航发展有限公司，标志着辽宁省港口资源整合、一体化运作取得实质性进展。

大连港是我国东北地区最大的集装箱枢纽港、最大的油品和液体化工品储运分拨基地、重要的矿石分拨中心和散杂货转运中心、最具竞争力的粮食转运中心、最大的海上客运港以及最具成长性的专业化汽车海运港；营口港是我国东北地区最大的内贸集装箱枢纽港、“一带一路”建设中欧物流海铁联运重要的中转港。招商局集团投资入股后，将与辽宁省政府在港口运营、物流运输、园区开发、金融服务等多个领域开展深入合作，并将“前港—中区—后城”的成功模式在大连太平湾港区落地，建设东北亚“新蛇口”。

2018 年辽宁省口岸大事记

1 月 8 日

公安部边防管理局局长陈定武到辽宁边防总队机关调研指导，并与总队常委进行座谈。

1 月 24 日

中国驻朝鲜大使馆政务参赞孙洪量一行 4 人到丹东出入境边防检查站走访座谈。

2 月 8 日

辽宁省公安厅举办 2017“最美警察·最佳警队”评选揭晓仪式，沈阳出入境边防检查站执勤业务三科荣膺辽宁省“最佳警队”称号。

2 月 28 日

全球最大的 LNG 运输船“阿尔萨姆利亚”号靠泊大连港。

3 月 1 日

大连机场公用型保税仓库通过验收，并正式启用。

3 月 1 日

辽宁省公安边防总队各海港出入境边防检查站受理国际航行船舶网上申报信息应用国际贸易“单一窗口”率实现 100%。

3 月 2 日

辽宁省副省长陈绿平一行到沈阳海关调研慰问。参观沈阳海关关史陈列馆，视察备案核批中心，与关领导进行座谈。

3 月 5 日

辽宁省副省长陈绿平一行到丹东口岸调研指导工作，并亲切慰问丹东出入境边防检查站执勤官兵。

3 月 6 日

辽宁省副省长陈绿平一行到大连出入境边防检查站航运交易市场执勤点调研指导工作，并亲切慰问一线执勤官兵。

3 月 28 日

辽宁省公安边防总队圆满完成第五批在韩志愿军烈士遗骸归国边防检查通关保障工作。

4 月 20 日

营口检验检疫局并入营口海关，鲅鱼圈检验检疫局并入鲅鱼圈海关。

4 月 30 日

辽宁省公安边防总队各旅检口岸全面实施外国人生物特征信息采集和查控比对工作。

5 月 7 日 ~8 日

辽宁省公安边防总队圆满完成朝鲜最高领导人金正恩专机出境、入境边防检查工作。

5 月 18 日 ~25 日

辽宁省公安边防总队圆满完成第五批赴马里维和部队官兵入境通关保障工作。

5 月 24 日

国家民族事务委员会副主任石玉钢一行在辽宁省民族事务委员会主任高炜、丹东市市长孙志浩等领导的陪同下到丹东口岸调研。

6 月 15 日

受辽宁省口岸办委托，大连市港口口岸局在大连港国际邮轮中心 2 楼会议室组织召开了大连港 22 库口岸查验通关设施验收工作会议，会议一致同意大连港 22 库口岸查验通关设施通过验收，并从即日起正式启用。

6 月 18 日

辽宁省公安边防总队各旅检口岸全面实行中国公民出入境通关候检不超过30分钟新举措。

6月20日

辽宁省公安边防总队组织召开全省口岸查控工作协调会，省监察委员会、省人民法院、省人民检察院、省公安厅、省国家安全厅、省国家税务局、省地方税务局及大连市国家税务局相关领导和人员参加会议。

7月20日

盘锦市成立盘锦市海上搜救中心。

7月26日

大连出入境边防检查站执勤业务三科被共青团辽宁省委员会授予“辽宁省青年文明号”称号。

8月20日

辽宁省公安边防总队圆满完成俄罗斯副总理特鲁特涅夫一行3人专机边防检查工作。

8月31日

辽宁省口岸办组织驻省查验单位对盘锦水运（海港）口岸已开放范围内5个涉外码头进行验收。

10月9日

国家口岸办常务副主任宋立强一行到营口鲅鱼圈出入境边防检查站仙人岛分站开展调研工作，营口港仙人岛港区扩大开放正式通过国家级验收。

10月24日

盘锦进境粮食指定口岸顺利通过大连海关初审。

10月31日

盘锦水运（海港）口岸核心能力建设顺利通过海关总署验收。

11月3日

辽宁省政府在北京与招商局集团举行辽宁港口合作项目增资协议签约仪式，辽宁港口整合正式落地。

12月6日

大连大窑湾出入境边防检查站推动完成大窑湾口岸限定区域完整划分，大连市政府及口岸局以正式公文予以明确。

12月13日

交通运输部副部长何建中在《中国交通报》12月11日头版专题报道《制度规范保障权益 中国方案助力发展——辽宁海事局以实际行动支持民企发展》中作出批示“辽宁海事局深化‘放管服’改革，运用法治思维和法治方式破解难题、化解矛盾，为行政相对人增便利、优服务，值得肯定。希望‘打一仗，进一步’，凝心聚力，重塑形象，不断推进辽宁海事高质量发展。”

12月25日

公安部召开公安现役部队官兵集体退出现役命令大会，公安边防部队全部退出现役，现役编制转为人民警察编制，原辽宁省公安边防总队更名为辽宁出入境边防检查总站，所属各出入境边防检查站更名为出入境边防检查站。

12月27日

营口综合保税区通过国家验收。

12月28日

原隶属于丹东边防支队的大台子、太平湾出入境边防检查站分别划转为丹东港、丹东出入境边防检查站分站。

（撰稿人：徐雷、房延海、张冠、贾永楠、吴思夷、李光毅、徐林、赵妍、张学忠、陈京雁、张莹、冀旭）

2018 年辽宁省口岸流量统计表

口岸类型	口岸名称	货运量（万吨）				集装箱量（万标箱）				人员（万人次）				交通工具（辆、艘、架、列次）			
		出口	进口	合计	同比（%）	出口	进口	合计	同比（%）	出境	入境	合计	同比（%）	出境	入境	合计	同比（%）
空运口岸	沈阳	0.5	0.4	0.9	28.6							166.1	16.1				
	大连	2.2	2.0	4.2								169.7	9.3				
	分计	2.7	2.4	5.1	4.0							335.8	12.6			2.3	
陆路口岸 公路口岸	丹东	100.8	6.1	106.9	-33.6							40.2	45.1			11.6	-27.0
	分计																
陆路口岸 铁路口岸	丹东	9.7		9.7	-5.8							19.2	51.2			0.1	
	分计																
水运口岸 海港口岸	大连	5 645.3	10 474.0	16 119.3	2.9			976.7	0.6								
	营口	1 405.2	8 131.6	9 536.8	20.1			648.8	3.4								
	丹东	152.9	1 851.8	2 004.7	31.1			90.8	-51.3								
	锦州	293.7	1 358.4	1 652.1	41.1			162.1	33.1								
	葫芦岛	0.6	144.3	144.9	361.5			4.5	221.4								
	盘锦	37.0	378.1	415.1	101.6			42.9	2.9								
	分计	7 534.7	22 338.2	29 872.9	12.5			1 925.8	-1.2			22.9	8.0			1.3	-13.3
合计		7 647.9	22 346.7	29 994.6	12.2			1 925.8	-1.2			418.1	16.2			15.3	-21.9

（辽宁省口岸办提供）

2018 年沈阳海关主要数据统计表

项目		2018 年	同比（%）
进出口货运量（万吨）	合计	1 895.0	51.0
	进口	1 541.3	74.7
	出口	353.7	-5.1
进出口贸易总值（万美元）	合计	1 642 851.8	49.2
	进口	1 313 987.0	56.6
	其中：江、海运输	1 132 920.8	62.3
	铁路运输	93 936.0	49.6
	汽车运输	1 025.2	
	航空运输	85 925.6	10.3
	邮件运输	172.9	-21.8
	其他运输	6.5	-8.7
	出口	328 864.9	25.7
	其中：江、海运输	218 179.4	19.1
	铁路运输	53 144.9	62.4
	汽车运输	16.7	288.6
	航空运输	37 845.8	8.4
	邮件运输	201.0	-49.3
	其他运输	19 477.0	86.6
税收（万元）	两税合计	156.2	29.1
	关税入库	32.6	14.8
	进口环节税入库	123.6	33.6
货物检验检疫（批次）	本年累计	31 163	-9.3
	其中：出境	21 020	-12
	入境	10 143	-3.3
货物检验检疫金额（万美元）	本年累计	98.3	35.6
	其中：出境	28.1	13.8
	入境	70.2	46.9

（沈阳海关提供）

2018 年大连海关主要数据统计表

项目		2018 年	同比（%）
进出口货运量（万吨）	合计	21 586.0	4.3
	进口	16 160.0	5.2
	出口	5 426.0	1.6
进出口贸易总值（万美元）	合计	12 658 043.5	14.5
	进口	6 686 793.2	14.3
	其中：江、海运输	6 000 268.7	13.2
	铁路运输	5 923.6	24.1
	汽车运输	6 251.0	-90.8
	航空运输	669 949.4	41.4
	邮件运输	882.6	28.5
	其他运输	3 517.8	17.9
	出口	5 971 250.3	14.7
	其中：江、海运输	5 241 683.0	16.2
	铁路运输	34 807.1	-71.4
	汽车运输	118 674.2	-40.6
	航空运输	510 847.0	56.1
	邮件运输	12 054.7	28.3
	其他运输	53 184.4	39.0
税收（万元）	两税合计	635.2	4.6
	关税入库	85.1	-3.5
	进口环节税入库	550.1	6.0
货物检验检疫（批次）	本年累计	288 226	-4.7
	其中：出境	117 283	-5.2
	入境	170 943	-4.4
货物检验检疫金额（万美元）	本年累计	6 471 160.7	5.7
	其中：出境	4 686 573.9	1.5
	入境	1 784 586.8	18.4

（大连海关提供）

2018 年辽宁海事局进出港船舶统计汇总表

船舶类别	进港船舶							出港船舶						
	艘数（艘）	总吨（吨位）	总载重量（吨）	载客量（客位）	船员人数（人次）	货物到达量（吨）	旅客到达量（人）	艘数（艘）	总吨（吨位）	总载重量（吨）	载客量（客位）	船员人数（人次）	货物发送量（吨）	旅客发送量（人）
总计	135 636	838 152 997	990 081 860	15 435 810	2 010 351	302 059 872	7 229 759	129 080	822 383 370	970 061 732	15 327 540	2 006 455	367 765 125	6 675 665
中国籍船舶	126 723	567 979 684	576 629 336	15 207 966	1 863 858	141 484 592	7 112 861	120 207	552 662 007	559 479 183	15 104 381	1 822 352	319 850 836	6 628 141
其中外贸船	337	5 089 671	8 688 743	0	5 347	4 332 612	0	248	2 848 777	4 733 616	0	3 987	894 377	0

（辽宁海事局提供）

2018 年辽宁省指定口岸/查验场统计表

省、自治区、直辖市	序号	指定口岸/指定查验场名称	口岸类别	类别	批复时间	备注
辽宁省	1	沈阳桃仙国际机场口岸	空运	冰鲜水产品	2014 年 12 月	
	2	沈阳桃仙国际机场口岸	空运	食用水生动物	2016 年 8 月	
	3	沈阳桃仙国际机场口岸	空运	肉类	2017 年 1 月	
	4	沈阳桃仙国际机场口岸	空运	水果	2017 年 12 月	
	5	大连港口岸（大窑湾港）	海运	进口固废	2018 年	
	6	大连大窑湾港口岸	海运	进口汽车	2004 年	
	7	大连大窑湾港口岸	海运	肉类	2000 年	
	8	大连大窑湾港口岸	海运	水果	2014 年	
	9	大连周水子国际机场口岸	空运	水果	2016 年	
	10	大连大窑湾港口岸	海运	粮食	2012 年	
	11	大连周水子国际机场口岸	空运	种苗	2009 年	
	12	大连大窑湾港口岸	海运	种苗	2009 年	
	13	大连周水子国际机场口岸	空运	进口冰鲜水产品	2014 年	
	14	大连大窑湾港口岸	海运	进口冰鲜水产品	2014 年	
	15	大连周水子国际机场口岸	空运	食用水生动物	2016 年	
	16	大连大窑湾港口岸	海运	食用水生动物	2016 年	
	17	丹东港口岸	海运、内河	进境粮食	2016 年	
	18	丹东港口岸	海运、内河	进境水生动物	2015 年	
	19	锦州港口岸	海运	进境粮食中转	2015 年 12 月 25 日	
	20	锦州港口岸	海运	全国进境粮食	2017 年 12 月 5 日	
	21	营口港口岸（鲅鱼圈港）物流查验场地	海运	水果	2007 年 11 月 7 日	
	22	营口港口岸（鲅鱼圈港区：中储粮专用码头、营口港粮食分公司专用码头、营口港集装箱码头）	海运	粮食	2014 年 10 月 9 日	
	23	营口港口岸盖州物流查验场地	海运	肉类	2010 年 4 月 10 日	
	24	鲅鱼圈港口岸	海运	轻重烧镁	2004 年 11 月 10 日	
	25	营口老港口岸	内河	轻重烧镁	2004 年 11 月 10 日	

（辽宁省口岸办提供）

吉　林　省

口岸数量及分布

截至2018年年底，吉林省共有经国务院批准的对外开放口岸15个。其中，空运口岸2个，分别是长春空运口岸（长春龙嘉国际机场）、延吉空运口岸（延吉朝阳川国际机场）；陆路（公路）口岸10个，分别是南坪、珲春、圈河、长白、临江、三合、开山屯、古城里、沙坨子、集安公路口岸；陆路（铁路）口岸3个，分别是集安、图们、珲春铁路口岸。中朝边境口岸11个，中俄边境口岸2个。

口岸运行数据

2018年，吉林省口岸进出境货运量366万吨，同比下降24.1%；吉林省口岸进出境人员218万人次，同比下降1.7%；吉林省口岸进出境交通工具12万辆（列、架）次，同比下降48.5%。

口岸综合管理

【中国（吉林）国际贸易“单一窗口”建设取得突破性进展】 一是大力宣传推广使用“单一窗口”平台。会同长春海关、原吉林出入境检验检疫局，分别赴延边州、吉林市、通化市、长春市等市、州组织召开“单一窗口”标准版推广使用培训会议，培训内容包括标准版操作实务、政策解读、现场答疑等环节，重点外贸企业、报关企业500余家、3 000余人参会，培训达到了宣传推广的预期效果。二是多措并举提高“单一窗口”业务覆盖率。积极协调长春海关、原吉林出入境检验检疫局出台了容错机制，对企业使用“单一窗口”报关、报检出现错误予以容错，极大提高了企业申报积极性。协调各地区商务局、口岸办对域内报关、报检重点企业建立企业联系负责人制度。每月定期对各地区使用情况进行排名，并进行内部通报，督促各地区做好宣传、服务保障工作。三是做好国际贸易“单一窗口”运维保障工作。通过建立企业微信群等方式，积极组织运维企业进行答疑、解惑工作，重点解决企业注册、申报以及系统故障简单排查等问题的解答，并就标准版系统升级等通知及时在群里告知。四是超额完成国家指标任务。2018年8月1日起，关检融合申报，所有外经贸企业和代理报关企业均通过国际贸易“单一窗口”进行货物申报，原海关QP系统货物申报功能关闭，现周平均货物申报量为650～700票，实现了100%覆盖率；2018年10月1日起，税费支付业务均通过国际贸易“单一窗口”进行申报，现每天税费支付平均650～700票，实现了100%覆盖率；“单一窗口”空运舱单、企业资质、原产地许可证申请以及加工贸易等功能均可正常使用。五是不断研究丰富国际贸易“单一窗口”功能。加快地方应用项目研发进程，协调各联检部门提供数据支持，物流平台、一站式、视频监控等系统正在安装调试。

【口岸开放取得新成绩】 一是兴隆铁路口岸临时对外开放。国家口岸管理办公室于2018年5月再次批准兴隆铁路口岸继续临时对外开放，开放期为一年，该口岸已连续三年获批临时对外开放，有效保障了“长满欧”国际货运班列稳定运营。二是双目峰公务通道临时对外开放。国家口岸办于2018年5月批准双目峰公务通道临时对外开放，7月5日，首批59名赴朝鲜游客经该通道，前往朝鲜三池渊郡双目峰游览白头山自然风光和人文景观。三是集安公路口岸临时对外开放。国家口岸办于2018年9月批准集安公路口岸临时对外开放，9月28日，首批35名赴朝鲜游客顺利通关。四是中朝防川—豆满江洞水上旅游通道临时开放。国家口岸办于2018年12月批准中朝防川—豆满江洞水上旅游通道临时对外开放，允许中方旅游人员出入境，该通道是中朝图们江上第一个水运通道，实现了延边州对朝公路、铁路、水上口岸类型的全覆盖。五是口岸功能进一步丰富。国务院于2018年10月批复同意兴隆铁路口岸集装箱场站为汽车整车进口口岸，将助力吉林省形成完整的汽车产业链，有效提高长春至欧洲国际运输大通道的货运量；原国家质检总局于2018年3月批复同意图们口岸为鲜活食用水生动物进境指定口岸，为引进海产资源，开展转化利用提供了有效政策保障；2018年，三合口岸、开山屯口岸、南坪口岸通过国家口岸核心能力建设考核，口岸联防联控功能得到提升；中俄珲春—克拉斯基诺口岸互通小型车辆，全年累计成功发出8批44辆自驾游团，为今后中俄互通小型车辆积累了经验；协调海关、药监部门完成长春药品进口口岸向国务院申报工作，待国务院批复后，口岸功能的丰富将进一步促进长春内陆地区外向型经济发展。六是合理优化口岸布局。结合吉林省口岸布局和口岸开放战略部署，同意海关总署向国务院提出大安港水运口岸予以退出的建议，并向国家口岸办提出将大安港水运口岸原有查验机构人员编制，按照吉林省口岸对外开放战略部署统筹使用，目前大安港已正式退出吉林省口岸序列。七是推进口岸验收工作。积极做好长白、古城里、沙坨子、集安公路口岸国家验收准备工作，配合国家验收组开展国家验收，上述四个口岸已经顺利通过国家验收。

【口岸通道建设稳步推进】 一是推进吉林省中欧班列建设进程。协调吉林省财政厅、吉林省发展改革委、长春市政府等相关部门，实现“长满欧”班列恢复运行。2018年，“长满欧”班列进出口货物9 428标箱，货值达31亿元。推进“长珲欧”班列从新西伯利亚克里西哈发出，经珲春铁路口岸发往长春，并在长春清关及分拨配送的测试性运输。二是扩大内贸货物跨境运输业务范围。积极向国家申请增加俄罗斯扎鲁比诺港为中转港，增加珲春铁路口岸为出境港，增加更多的东南沿海港口为进境港，增加商品运输种类，增加外贸货物和内贸货物同船运输方式。国务院于2018年7月批复同意吉林省开展珲春经俄罗斯扎鲁比诺港至中国南方城市的内贸货物跨境运输业务，9月14日，在俄罗斯扎鲁比诺港举行了盛大的首航仪式，吉林省委书记巴音朝鲁出席仪式并致辞。三是“珲春—扎鲁比诺—釜山”航线运行平稳。2018年，该航线共运输7个航次，运输集装箱货物529个标箱，货值2 170万美元，其中9月份由珲春紫金铜业有限公司购买自南美洲秘鲁的4 300吨冶铜原料（货值5 000万元人民币），通过韩国釜山港经俄罗斯扎鲁比诺港转运至珲春，标志着区内企业进口海外原料首单试水成功。四是提高珲春铁路口岸运力水平。珲春铁路口岸继续实行每周7天12小时、12小时以外预约工作制，充分协调原吉林出入境检验检疫局最大限度缩短煤炭待检时间。2018年，珲春铁路口岸进出境货物305万吨，与去年同期相比增长19.6%。五是加快开通边境口岸“绿色通道”。根据国家口岸办相关文件精神，借鉴新疆巴克图口岸农产品快速通关“绿色通道”建设经验，结合吉林省边境口岸实际，拟以圈河—元汀和珲春—克拉斯基诺公路口岸为试点，加强与驻地查验单位、珲春市政府以及朝鲜、俄罗斯边境口岸主管部门沟通协调，做好开通准备工作，争取尽快给予鲜活农产品快速通关“绿色通道”待遇。

【口岸基础设施建设进一步完善】 一是集安公路口岸建设项目已完成2.1亿元投资，项目建设已通过国家验收。二是珲春国际口岸铁路换装站扩能改造项目已完成2.8亿元投资，项目建设基本完成；圈河口岸联检楼及附属设施项目建设加快推进，已完成联检楼、边检中队营房、设备用房的主体工程。三是图们口岸跨境桥新建项目进展顺利，主体工程已基本完成；图们出入境边防检查站业务用房已开工建设，项目主体结构已搭建完成；图们铁路口岸业务用房项目已开工建设。四是三合口岸货检中心和进境食用水生动物检验检疫扣检场已基本完工。五是南坪口岸业务用房及配套设施、古城里口岸出入境边防检查站执勤营房已完成主体工程，南坪口岸监管场地项目已竣工验收。

【提效降费专项行动取得实效】 一是传达国家会议精神。在参加全国口岸提效降费工作会议后，将会议主要内容和国务院副总理胡春华主要讲话精神以及吉林省贯彻落实意见建议以正式文件报省政府。二是召开口岸系统布置和调度会。组织市、州、县口岸办以及运营企业召开提效降费布置和调度会，传达国家会议和《国务院关于印发优化口岸营商环境促进跨境贸易便利化工作方案的通知》精神，进一步摸清吉林省口岸进出口环节收费情况，并对后续工作进行布置。三是做好口岸收费公示环节。会同相关部门全面清理口岸收费，并于2018年10月28日之前在各口岸现场和国际贸易“单一窗口”网站进行公示。经领导小组办公室全面清理后，于2018年11月15日对各口岸收费清单进行全新公示。四是召开全省提效降费部署会议。2018年10月31日，吉林省副省长朱天舒召集各地方政府、口岸办和相关省直部门，召开“全省口岸提效降费工作部署会议”，传达全国口岸提效降费工作会议主要内容和国务院副总理胡春华在国务院口岸工作部际联席会议上的讲话精神，对全省优化口岸营商环境、提效降费工作进行再动员、再部署、再落实。五是印发工作方案。按照省政府关于对《财政部、海关总署、国家发展改革委、交通运输部、商务部、国家市场监督管理总局关于印发〈清理口岸收费工作方案〉的通知》批示精神和全省口岸提效降费工作部署会议要求，经商相关部门同意后，向各口岸所在地政府印发了吉林省清理口岸收费工作方案。六是完成国家部署工作任务。按照国家要求，于2018年11月19日向国家清理口岸收费工作领导小组办公室报送吉林省关于清理口岸收费工作自查情况的报告。按照国家口岸办要求，汇总全省各口岸收费清单，制作完成“吉林口岸收费查询移动App信息采集表”。七是制定实施方案。牵头代省政府起草了《吉林省优化口岸营商环境促进跨境贸易便利化工作实施方案》。八是压缩通关时间工作取得实效。2018年12月，长春关区进口整体通关时间为37.61小时，比2017年全年缩短54.33%，比同期全国平均水平缩短4.89小时；出口整体通关时间为1.72小时，同比缩短71.17%，比同期全国平均水平缩短3.05小时。

【吉林省保税物流中心稳定运营】 一是吉林省保税物流中心通关运营情况。2018年是吉林保税物流中心运行的第二年，在稳定一般货物的进出口贸易，保税仓储、出口退税等功能前提下，2018年新增北沙制药、康乃尔化工等企业先后在保税物流中心办理业务。1月～12月，累计受理报关单317票，监管货重1.32万吨，监管货值2.5亿元。进出口商品包括腈纶丝束、腈纶散纤等纺织类，飞机用发动机、机动小客车用轮胎，西伯利亚松子仁、葡萄酒等食品类，乙丙橡胶、化工仪器等30余种商品。二是跨境电子商务运营中心建设项目进展顺利。2018年7月24日，吉林市跨境电子商务运营中心项目在吉林保税物流中心3号库正式开工建设，监管场地4 000平方米，配套智能分拣线系统、海关阅图室、查验区、机房、跨境电商综合服务平台开发建设。开展业务所需的场地、相关硬件设施、信息化系统的铺设已经完毕，待海关部门验收通过后即可开展跨境电商业务。三是鼓励企业利用互联网平台开拓国际市场。加大宣传培训力度，鼓励和引导企业和阿里巴巴国际站等知名跨境电商平台合作开展跨境电商业务。企业利用互联网平台开拓国际市场的意识不断增强，目前华微电子、正业生物、江机机械、固和泰等众多外贸企业都已上线阿里巴巴国际站等知名电商平台，进行企业产品宣传展示，扩大进出口总量和规模，打造外贸发展新引擎。

【长春市兴隆综合保税区建设成绩显著】 2018年，长春兴隆综合保税区园区业务实现新增长，受理报关单证累计11 582票，同比增长29%。园区总业务额累计76.05亿元，同比增长16%，其中一线进出口额10亿元。口岸业务额24.9亿元，进口额6.5亿元，出口额18.4亿元。一是口岸功能实现新突破。2018年10月9日，兴隆铁路集装箱场站正式被国家批准为汽车整车进口口岸，成为东北内陆地区唯一的整车进口口岸。汽车整车进口口岸申报过程中，综合保税区提前谋划口岸功能，加快完善基础设施建设，目前已经完成检车线设备安装调试；引入了兴隆交通管理服务站、兴隆山税务所、国家汽车质量监督检验中心长春口岸实验室等服务机构，进一步健全了口岸服务功能；与海关等相关部门反复沟通，确定了口岸通关流程；进口肉类指定查验场、冰鲜水产品口岸平稳运营，进境食用水生动物口岸申报取得实质性进展。兴隆铁路集装箱场站顺利实现第二次延期，铁路临时口岸正式进入相对稳定运行阶段。二是平台建设取得新进展。综合保税区跨境电商产业的快速发展有效推动了长春跨境电商综合试验区的获批，也为新业态落位创造了更加便利化的条件。综合保税区跨境电商综合服务平台与珲春、吉林完成对接，承载能力和处理能力大幅提升，达到国内先进水平，综合保税区已成为全省跨境电商综合服务平台。长春市跨境电商综合试验区于7月24日获得批复，跨境电商实现包机飞行29班（往返58架次），出口货物476.5万票，货值2 326.53万美元；跨境电商直购进口业务共开展7批，货值28.6万元人民币；完成了1239监管方式下东北地区首单跨境电商海运保税备货业务。进口商品展示交易中心实现常态化运营，丰富了综合保税区跨境电商的业务类型。三是配套建设取得新提升。保税1号二次变电站完成送电，为综合保税区大型项目用电提供了保障。综合保税区给水加压泵站投入使用。铁路场站二期建设顺利完成，新增场站面积8万平方米，多式联运中心交付使用，兴隆交通管理服务站、兴隆税务所正式运行，整车测试口岸、海关相关系统投入使用。

口岸监管与服务

【吉林出入境边防检查总站紧抓业务建设】 一是强化业务工作指导。总站结合公安边防部队改革和国家移民管理机构改革两个形势，制定《强力推进边防检查业务工作的指导意见》，先后部署开展了全能型检查员岗位练兵、全省验讫章使用管理情况摸底、陆地口岸走私隐患排查、边检队伍形势分析、梅沙系统数据倒查、边检业务视频抽考、“两排查一整治”（边检业务基础大排查，勤务风险隐患大排查，集中整治勤务管理突出问题）等活动，有效提升了边检业务建设水平。二是提高信息化保障水平。先后对上争取200余万元建设边检查验设施，投入100余万元建设、研发查验系统。指导珲春边检站建成启用2条旅客自助查验通道，实现对提前采集通关证件、指纹、面相信息旅客的自主验放，1名旅客通关时间由原来的45秒缩短到5～10秒，最大限度地顺应了快捷通关需求。目前，长春、延吉、圈河边检站6条自助查验通道正在施工建设，预计2019年投入使用。各边检站针对口岸远离市区、供电和网络不稳等实际，自筹资金配置梅沙机房和口岸现场UPS电源、应急发电机、服务器备机，实现无线4G接入和公安双网备份，确保在口岸断电、断网情况下正常验放。三是率先普及生物识别系统。国家移民管理局部署2018年4月底前边检站全部启用生物识别系统。通过生物信息识别技术，边检站可以第一时间查获更换身份信息、更换证件资料的在控不准入出境人员。针对这一情况，总站克服人员、经费不足等困难，第一时间召开全省边检机关生物识别系统培训班，在全省普及推广生物识别系统，指导各边检站与总站同步完成生物特征比对系统安装和梅沙系统升级工作，率先开展边民生物信息采集工作，截至2018年年底，全省边检站通过生物识别技术查获在控人员137人。四是加强边防检查信息（梅沙）系统建设。着力强化梅沙系统硬件建设，总站梅沙系统机房服务器设备增至19台，网络设备增至6台，新装网络核心设备2台，更换网络交换机设备3台，实现了梅沙系统网络在线双备份。认真贯彻落实公安部边控工作规定，组织有权交控单位召开联席会议，共同做好交布控工作；重新规范朝鲜入出境证件信息采集录入规则；完成各边检站对查获在逃人员撤销的授权；开展电子证件安全服务器自查，保证查控工作万无一失。

【吉林出入境边防检查总站推进勤务改革管理】 一是努力提升边检业务管理水平。针对吉林、辽宁两省朝鲜边民证录入规则不一致问题，推动国家移民管理局统一应用英文朝文转换规则录入旅客信息，从整体上堵塞了查控漏洞。指导各边检站全面落实公安现役部队改革要求，主动对标职改制边检站，建立后台核查、重点人员审查、伪假证件识别等专业队伍，盘活一线警力资源，队伍服务开发开放和维护口岸安全稳定能力明显提升。二是深入推进边检机关“放管服”改革。立足全省口岸实际，召开“放管服”改革工作部署会和研讨班，全面推进边检“放管服”工作。2018年9月20日，总站领导专程到吉林省公安厅出入境管理局走访座谈，就“证件签发、边防检查、外国人管理”等工作研究措施，推动形成移民和出入境领域“放管服”合力。各边检站严格通关管理，严守口岸国门防线，延吉边检圆满完成摩纳哥公国元首阿尔贝二世亲王入境边防检查任务，圈河边检站查获吉林省首例冒用双胞胎哥哥证件出境案，长春、延吉、珲春等边检站创新服务做法多次被中央媒体采访报道。三是积极兑现中国公民通关不超过30分钟承诺。下发《进一步推进边防检查工作的指导意见》，要求精简边检站机关，执勤警力下沉一线，客流高峰期参与一线执勤警力保持现有警力的70%以上，达到实时开通全部检查通道的基本条件。各边检站立足实际，加强空港口岸API预报管理，建立流量预报、通关预约机制，提前掌握口岸流量、提示错峰通关，目前吉林省口岸旅客通关排除候检时间全部控制在20分钟以内，远超国家移民管理局限定目标。四是全力配合口岸“一体化”通关改革。认真落实海关总署、公安部、交通运输部、原国家质检总局联合印发的《口岸查验单位一次性联合查验实施方案》，制定7项落实意见，与长春海关联合部署口岸一次性查验工作，共享出入境仪器设备，联合开展口岸缉私，形成口岸管控合力。高度关注支持国务院“三互”通关改革，积极配合吉林省口岸办国际贸易“单一窗口”建设，先后3次派员参加建设研讨会，与口岸联检单位共同研究对接项目，自主研发“单一窗口”辅助系统并上线运行，推动通过项目提前获取出入境旅客、交通运输工具信息，最大限度地方便出入境人员快捷通关。

【吉林出入境边防检查总站规范查验管控】 一是全面落实公安部边控工作规定。2018年11月9日，公安部下发边控工作相关规定。总站第一时间组织吉林省监察委员会、吉林省高级人民法院、国家税务总局吉林省税务局、吉林省国家安全厅、吉林省人民检察院及吉林省公安厅相关局（总队）等11个有权交控单位召开全省边控工作联席会议，提出严格边控信息审核、建立备案核查制度等工作意见，有效规范了交控、接控工作管理。二是严厉打击口岸走私夹带行为。研发口岸大数据分析比对系统，实现涉朝人员、车辆、货物数据的精准分析。下发《关于做好执行安理会2397号制裁决议期间口岸边检缉私工作的通知》，指导边检站严格执行商务部和海关总署公告，针对容易在口岸走私的11种货物、4类人员开展专项打击，有效规范了口岸通行秩序。各边检站查获涉朝走私案件从2017年的172起案值853万元下降到2018年的31起案值104万元，分别下降82%和88%，口岸经济秩序得到进一步规范。三是及时加强涉边民营企业管理教育。针对多数边民群众对执行决议意见较大、部分企业经营受到严重影响、个别人员企图通过口岸走私等手段规避制裁等情况，总站第一时间部署12个对朝边检站，组织口岸经常出入境的115家重点民营企业召开座谈会，教育引导涉边企业服从国家外交大局，严格遵守《出境入境管理法》，杜绝出现抵制对朝制裁、扰乱口岸通行秩序行为。同时表态将一如既往地在职权范围内，为企业排忧解难、减少企业损失。相关工作赢得了边贸企业的信任、支持，稳定了边贸人员情绪，为执行决议创造了有利条件。

【吉林出入境边防检查总站强化保障服务】 一是积极帮助抢运我方受制裁影响的物资。2018年1月6日，国务院公告执行安理会2397号对朝制裁决议。按照相关规定，1月6日～23日为制裁缓冲期，受制裁物资可以在此期间进出口。总站部署12个对朝口岸延长口岸开关时间，方便服务对象执行订单、抢运物资，尽可能减少损失。其间，12个中朝口岸累计延时闭关600余小时，验放出入境人员20 110人次，环比增加23%；验放出入境车辆5 567辆（列）次，环比增加33%；验放进出口货物48 850吨，环比增加98%。据统计，除古城里陆路（公路）、长白陆路（公路）两个口岸边贸企业外，其他对朝口岸贸易订单全部执行完毕，挽回各类经济损失7 000余万元。二是适时加强与俄罗斯、朝鲜边防检查机关的警务协作。充分发挥中俄三级代表机制和中朝公安、安全三级代表机制作用，组织开展双方边防（通行）检查机关口岸顺畅通关活动，在推动提高口岸通关效率、维护口岸通关管理秩序等方面开展务实合作。2018年，先后与俄罗斯、朝鲜边防（通行）检查机关举行会谈会晤44次，直通电话联系169次，紧急求助重伤（病）旅客75人，遣返遣送非法越境人员370人，协调增加开关时间1 500余小时，帮助地方创收5 000余万元，挽回企业经济损失9 000余万元。三是全力支持口岸升级验收和对外开放。针对吉林省长白（陆路）公路、古城里陆路（公路）、沙坨子陆路（公路）口岸基础设施薄弱、查验设备落后等实际，拿出专项资金支持所属边检站加强执勤现场建设，对照国家口岸基础设施建设标准逐一研究，逐项整改。10月15日～18日，国家口岸办开展对上述三个口岸的升级验收工作，总站赢得国家移民管理局验收人员支持，推动验收组一致同意上述三个口岸通过国家验收，进一步拓宽了吉林省对外开发开放渠道。高度关注和支持图们江下游出海工作，先后多次就该问题联合或单独向国家移民管理局提出申请。总站认真研究制定跟进保障措施和工作预案，全力配合既定方案尽快启动。积极跟进吉林省“两江经济带”和图们、龙井、集安、长白四个边境经济合作区建设，指导边检站立足职能，做好对接，推动项目顺利实施。国家移民管理局、吉林省口岸办先后就双目峰陆路（公路）临时口岸对外开放、集安陆路（公路）口岸申请国家验收征求意见，总站均第一时间表态支持。集安、图们等边检站积极跟进驻地跨境电站、国境桥梁建设，派员维护施工区域监护管理秩序，确保了相关项目的顺利推进。

【长春海关深化口岸管理体制改革】 2018年，长春海关准确把握党和国家的总体要求，全面完成阶段性机构改革任务。整合完成行政审批相关事项，顺利完成报关、报检资质合并，完成涉及长春海关、原吉林出入境检验检疫局的31个业务现场业务优化整合。从2018年4月20日起，原吉林出入境检验检疫局统一以长春海关名义对外开展工作。口岸窗口单位实现统一上岗、统一着海关制服、统一佩戴关衔。在全国通关一体化的大框架之下，业务单证及印章统一替换，实现“一口对外，一次办理”。8月1日起，报关单、报检单合二为一，申报单证、作业系统、风险研判、指令下达、现场执法实现“五统一”，海关监管、检验检疫两大口岸通关作业环节融为一体。同时，又相继完成查检合一、整合申报项目、多查合一、化验属地化等一系列改革。8月24日，机构改革后的长春海关新一届党组成立；2018年年底，长春关区处级领导班子和处级干部调整到位。由上至下，定职责、定机构、定编制工作稳步推进。改革以后，长春海关队伍由900余人扩充至约1 600人，内设机构由14个增加至18个。在吉林省各地级区域实现隶属海关机构全部覆盖，隶属海关单位由原来的8个调整为17个。机构改革期间，长春海关先后开展76个班次的关检业务混合培训，参训人员超过8 000人次，加快关检深度融合，迅速提高综合执法能力。

【长春海关筑牢国门防线】 2018年，长春海关各业务现场监管进出口货物796万吨，同比增长21%，货物总值728.3亿元，同比下降3%；进出境运输工具21万辆（列、架）次，同比增长33%；出入境人员224万人次，同比下降2%；监管邮快递物品293万件。全年税收入库141.71亿元，同比增长0.23%，其中审价补税10.03亿元，同比增长501倍；归类补税500万元，同比增长22倍。实施稽查职能与执行分离，后续监管集约化管理，全年办结稽查作业95起，稽查有效率达24%，追补税款10.11亿元，创历史最好成绩。引导重点企业加强自律管理，8家企业主动披露，实现补税10万元。检疫查验出入境人员164万人次，确诊传染病例39人次；对出入境人员健康体检3万人次，确诊传染病病例147人次。截获禁止进境物2 307批次，其中检出有害生物379批次；截获非法携带、邮寄植物种子种苗69批次。检验监管进口煤炭4 900批、285万吨，创历史新高，检出不合格煤炭388批。强化进出口危险货物及其包装管理1 009批次，检出不合格货物16批次。严厉打击“洋垃圾”进境，对固体废物落实最严格的查验制度：凡是配备H986集装箱检查设备的海关查验现场100%过机检查，对环保风险高的集装箱进口废塑料一律逐箱人工彻底查验，对装载进口固体废物的运输车辆实施100%过磅称重。取消了关区4个固体废物进口口岸资格，注销了4家企业进口资质。打击濒危物种及其制品非法贸易，查获象牙、红珊瑚、玳瑁制品125件。开展非洲猪瘟疫情防控，截获来自疫区猪肉制品322批次、523千克。在“扫黄打非”中查获进境违禁印刷品、音像制品2 303件、政治反动宣传品11件、淫秽出版物1 189件。

【长春海关提高通关效率】 长春关区10个业务现场海关通关时间不断压缩。2018年12月，长春关区进口整体通关时间为37.61小时，比2017年全年缩短54.33%，比同期全国平均水平加快4.89小时；出口整体通关时间为1.72小时，缩短71.17%，比同期全国平均水平加快3.05小时。在深化“放管服”改革中，海关验核证件数量从86种减至46种，实现“只跑一次”的群众和企业办事事项达78项。在坚持依法行政的前提下，现场查验率下降，查验质量提高。2018年，长春关区共查验进出口货物报关单5 818份，查验率9.5%，较2017年下降0.9个百分点；查获报关单97份，查获率为1.7%，上升0.9个百分点。其中，查验进口报关单1 899份，查验率6.7%，下降3.4个百分点；查获率2.3%，上升1个百分点。查验出口报关单3 919份，查验率11.9%，上升1.2个百分点；查获率1.4%，上升1个百分点。通关无纸化率保持在较高水平。长春关区共有2 395家企业采用无纸通关，无纸化企业占比达99.79%。2018年，长春关区无纸化报关单10.7万份，占同期报关单总量的99.35%，比全国高0.72个百分点；其中进口6.3万份，占进口报关单总量的98.94%，比全国高1.86个百分点；出口4.4万份，占出口报关单总量的99.96%，比全国高0.67个百分点。依靠改革提质增效。全年汇总征税报关单占比达42%，应税报关单自报自缴率达62%，新一代电子支付税单占比达98.5%，“关税保证保险”担保金额超过5 600万元。截至2018年年底，已有12家企业参与加工贸易“以企业为单元”改革试点。实行加工贸易、减免税集中审核，无纸化手册占比达55%，无纸化“征免税证明”占比达90%。推广“单一窗口”标准版，进出口货物申报应用率达100%。全面取消行政事业性收费，为企业减免检疫处理等费用31万元。2018年，长春关区新配备先进的监管查验设备及检验检测仪器553台套，总值达2.86亿元。加快关区集中审像中心建设、智能审图工作及延吉机场旅检智能通关建设。建成并运行风险防控、监控指挥、审批备案和稽查四个中心，运用现代科技不断地提高海关管理效能。以智慧监管信息平台和监管现场布局、通道合理规划为基础，实施系统、装备的集成互联和“中心—现场”的良性互动，推动海关监管达到“资源调配最优化、指挥调度智能化、物流监控可视化、查验作业规范化、全程留痕可溯化”。

【长春海关创新新兴业态监管方式】 随着跨境电商业务的迅速发展和长春获批建设跨境电商综合试验区，长春海关不断创新监管模式和管理制度。全年监管跨境电商进出口包裹514万件，货值1.83亿元。长春兴隆综合保税区实现网购保税进口、直购进口、一般出口3种模式全覆盖；在珲春出口加工区开通跨境电商业务。积极开展自贸区创新监管制度的复制推广，在长春兴隆保税区开展保税展示交易、对仓储货物按状态分类监管，积极地因应新业态的发展需求。随着“出境加工”业务在边境地区的出现和发展，长春海关在建立相关监管制度并请示海关总署批准的同时，不断加以完善，引导边境地区企业用足用好“出境加工”政策，使“出境加工”从最初的单一服装加工转向多元化发展。仅表芯加工业务 2018 年进出口总值达 4.3 亿元，占全省出境加工总值的 55%。

【长春海关支持扩大开放通道】 长春海关推动长白、沙坨子、古城里、集安 4 个公路口岸通过了国家验收；推动了长春兴隆铁路集装箱场站、安图双目峰公务通道、珲春防川码头临时对外开放、长春汽车整车进口口岸获得国家批准。同时，珲春出口加工区升级为综合保税区、延吉保税物流中心（B 型）2 个特殊监管区优化项目也获得批准。通化国际内陆港监管作业场所也已通过验收。采取高效服务，简化流程，便利进出等措施促进“长春—满洲里—欧洲”中欧班列稳定运行。全年监管班列进出口集装箱 11 658 标箱，货运量 8 万吨，货值 36.8 亿元。经海关积极协调支持，“珲春—扎鲁比诺—中国南方港口”内贸外运跨境运输航线获得批准并实现首航。全年监管中国珲春—俄罗斯马哈林诺铁路进出口货物 299 万吨，同比增长 20%，货值 15.9 亿元，增长 56%。

【长春海关高压打击走私】 2018 年，长春海关大要案侦办量创历史新高。开展“国门利剑 2018”“蓝天 2018”等联合专项行动，全年共立案侦办走私犯罪刑事案件 56 起，案值 2.97 亿元，调查行政案件 420 起，案值 4 272 万元。其中 5 起案件被海关总署缉私局列为挂牌督办案件。海关业务部门与缉私部门协同作战，优势互补。业务部门查发案件线索成案 331 起，其中刑事案件占侦办刑事案件总数的 11%，行政案件占立案调查行政案件总数的 77%。会同吉林省边防总队联合开展打击中朝边境走私专项行动，查办走私案件 69 起，案值 740 万元。在组织开展扫黑除恶、缉毒缉枪专项行动中，向地方公安移交 2 起走私案件涉黑线索，查扣冰毒 2 979 克，破获走私枪支案件 7 起，查扣气动枪支 12 支，气动枪用钢珠 986 粒。开展知识产权保护专项行动，办理知识产权案件 25 起，查获侵权物品 9 897 件。

开放口岸

【长春空运口岸（长春龙嘉国际机场）】 长春空运口岸位于吉林省长春市、吉林市之间，地处长春市九台东湖镇与龙嘉镇交汇处，距长春市和吉林市区分别是 32 千米和 76 千米，南侧紧邻珲乌高速公路，西侧距龙双公路 1.5 千米，北侧距 101 省道和龙家堡火车站 9 千米，东北距饮马河约 2 千米，东南距石头门水库约 6.5 千米。

长春龙嘉国际机场现航站楼经过多次扩建，设有 T1 航站楼和 T2 航站楼，T1 航站楼位于飞行区南侧、跑道中段，平行于跑道，满足年旅客吞吐量 500 万人次，航站楼面积 6.23 万平方米。近机位 9 个，地上 3 层，地下 1 层。一层为到达层，二层为出发层，主要功能是国内的值机办票、国内安检候机。T2 航站楼位于 T1 航站楼东侧，通过连廊与 T1 航站楼连接，可满足年旅客吞吐量 1 100万人次，近机位 23 个，航站楼 12.8 万平方米，地上 3 层，地下 1 层，其中一层为旅客到达和设备层，夹层为旅客到港通道，二层为出发层，地面停车场位于 T1 航站楼和 T2 航站楼的正前方，用地总面积 176 000 平方米，设置私家车位 2 196 个，出租车储车位 291 个。长春龙嘉国际机场为国内干线机场，占地约 306.66 万平方米，飞行等级为 4E 级，跑道长 3 200 米，宽 45 米，可起降大中型客机。航站楼面积 7.49 万平方米，站坪近机位 9 个，远机位 23 个。空运口岸登机桥 2 个，出境通道 10 个，入境通道 8 个。设有海关报关大厅，监管仓库。设计年旅客吞吐量为 650 万人次。设计高峰小时旅客吞吐量 2 520 人次，典型高峰小时飞机起降 24 架次。2004 年 10 月，国务院正式批准长春空运口岸开展落地签证业务。

长春龙嘉国际机场现有境内外7家航空公司共12条航线与7个国家（地区）通航运行。

2018年，长春空运口岸出入境旅客达到51.5万人次，同比增长5.84%；起降航班4 125架次，同比下降2.5%；进出口货运量为1 611.6吨，同比下降51%。

【延吉空运口岸（延吉朝阳川国际机场）】 延吉朝阳川国际机场位于延吉市西南郊区，距市区5千米，机场占地面积37 000平方米。延吉朝阳川国际机场跑道长2 600米，道面厚34厘米，现已达到国际4C级机场标准，可飞行MD—82，波音737、TU—154等大中型飞机，波音747等大型客机可减载飞行。空运口岸国际候机楼面积12 187平方米，功能齐全，查验通道设有出入境各6个通道，基本满足目前每年70余万人次的旅客出入境需求。

目前延吉空运口岸已开通延吉至韩国仁川、青州、釜山，以及至日本大阪定期航班。旺季开通延吉至韩国务安、济州、江原道、大邱，至俄罗斯符拉迪沃斯托克，至朝鲜平壤等国家和地区的包机航班。

2018年，延吉空运口岸出入境旅客达到70.5万人次，同比增长1.50%；起降航班4 585架次，同比增长2.16%。

【集安陆路（铁路）口岸】 集安陆路（铁路）口岸位于吉林省集安经济开发区，对面是朝鲜满浦铁路口岸，有铁路大桥相连，铁路桥全长589.23米（中方324米）。过货品种有木材、水泥、金矿粉、钢坯、钢锭、杂货等。

集安市位于鸭绿江中朝经济合作带的中心位置，东与白山市接壤，东南隔江与朝鲜“一市三郡”（满浦市、慈城郡、渭源郡、楚山郡）相望，西南与辽宁省宽甸县、桓仁县毗邻，西北与通化市、通化县以浑江为界。集安铁路与朝鲜满浦市隔江相望，距朝鲜平壤市400千米，是我国对朝鲜三大铁路口岸之一。口岸工作时间以国际联运发车时间为准，周一、周三、周五为旅客列车，周二、周四、周六为货物列车，周末停运。

【图们陆路（铁路）口岸】 图们陆路（铁路）口岸位于图们市市区内，长白山东麓，图们江下游，城市因口岸而生，临江而建，因图们江而得名，素有“图们江畔第一城”之美誉，对面是朝鲜南阳铁路口岸。主要出口煤炭、粮食、机械设备、水泥等；进口钢锭、生铁、硅铁等。

图们铁路口岸与朝鲜咸镜北道稳城郡隔江相望，距朝鲜罗津港158.8千米，距朝鲜清津港171.1千米，距中俄边境100千米，距日本海130千米，是吉林省发展对朝鲜、对俄罗斯贸易和借港出海的主要通道。口岸工作时间除边境口岸公休日外，4月~9月，北京时间上午8：00~11：30，北京时间下午13：30~18：00；10月至翌年3月，北京时间上午8：00~11：30，北京时间下午13：30~17：00。

【珲春陆路（铁路）口岸】 珲春陆路（铁路）口岸位于珲春边境经济合作区南侧，距市区7千米，对面是俄罗斯马哈林诺口岸。主要出口机械过滤器、鱼类、农副产品；进口煤炭、铁精粉、板材、木制品、纺织品、面粉、厨房用品。

珲春铁路口岸是吉林省唯一对俄铁路口岸。距俄罗斯卡梅绍娃亚铁路口岸23.7千米（境内8千米，境外15.7千米），距马哈林诺口岸约20千米。是继满洲里、绥芬河之后对俄罗斯第三条大通道。口岸工作时间除边境口岸公休日外，铁路口岸现行工作制为每周7天，每天12小时工作制（北京时间7：00~19：00）。

2018年，珲春铁路口岸进出口货物305万吨，同比增长19.6%；出入境人员5 822人，同比增长20.6%；出入境车辆1 978列，同比增长18.9%。

【图们陆路（公路）口岸】 图们陆路（公路）口岸位于图们市市区内，长白山东麓，图们江下游，城市因口岸而生，临江而建，因图们江而得名，素有“图们江畔第一城”之美誉，对面是朝鲜南阳公路口岸。主要出口炼焦煤、建材、生活用品、食品、药、辣椒干、日杂、化肥等；进口钢锭、生铁、硅铁等。

图们公路口岸与朝鲜咸镜北道稳城郡隔江相望，距朝鲜罗津港158.8千米，距朝鲜清津港171.1千米，距中俄边境100千米，距日本海130千米。是吉林省发展对朝、对俄贸易和借港出海的主要通道。

【南坪陆路（公路）口岸】 南坪陆路（公路）口岸位于和龙市东南部，距市区50千米的南坪镇，对面是朝鲜茂山口岸。进口商品主要包括铁矿粉、淀粉；出口商品主要包括矿山设备、日杂、建材、车辆。

南坪公路口岸距离茂山郡12千米，距离朝鲜北部最大港口城市清津市84千米。

【珲春陆路（公路）口岸】 珲春陆路（公路）口岸位于珲春市区东南部，距市区14千米，对面是俄罗斯克拉斯基诺口岸。

2015年3月25日，珲春—扎鲁比诺—釜山铁海联运航线正式开通。主要进口海产品、板材、日用品、辅料、机械设备等；出口服装、轻工产品、调料及食品、粮食、水果、蔬菜、日用品、机械、建材等。

珲春公路口岸是吉林省唯一对俄国际公路口岸，距波谢特港43千米，距扎鲁比诺港71千米，距斯拉夫扬卡港105千米，距符拉迪沃斯托克（海参崴）直线距离170千米（公路里程285千米），距纳霍德卡港340千米，距东方港350千米。

2018年，珲春公路口岸进出口货物19.86万吨，同比增长5.3%；出入境人员40万人，同比减少12%；出入境车辆2.68万辆，同比增长22.4%。

【圈河陆路（公路）口岸】 圈河陆路（公路）口岸位于珲春市区东南部，距市区43千米，对面是朝鲜元汀口岸。主要进口海产品、轻工产品、山菜、手工艺品、木材、电子产品等；出口服装、工业品、生活用品、办公用品、粮食产品、建材、装饰材料、食品、电器、小型轿车、中型轿车等。

圈河公路口岸是我国直接进、出朝鲜罗先特别市的唯一陆路通道。距图们江入海口36千米，距先锋港36千米，距罗津港51千米，距清津港127千米。

【长白陆路（公路）口岸】 长白陆路（公路）口岸位于长白朝鲜族自治县长白镇，对面是朝鲜惠山口岸。进口商品主要包括铜、铅、锌、钼等各种矿产品，板方材等木制品，松子、蓝莓等野山果、海产品；出口商品主要包括大米、白面等粮食，电力，机器设备，机电产品、纺织服装、钢铁制品、建材、装饰材料、各种日用品等。

长白朝鲜族自治县地处鸭绿江开放带的中心地段，是吉林省对外开放的前沿，也是东北亚经济圈的优势据点，发展边境贸易的区位优势十分明显。县城与两江道首府惠山市通过长惠国际公路大桥零公里连接，惠山市有铁路直通平壤、开城、清津和朝鲜最大的工业城市咸兴；有国家级公路直通罗津港、清津港，长白至罗津港口直线距离为196千米，距清津港口140千米，距金策港116千米，距新浦港145千米，距咸兴港口175千米，通过长白口岸与朝鲜腹地相连接，将成为吉林省借港出海的新通道。

【临江陆路（公路）口岸】 临江陆路（公路）口岸位于临江市西南部，对面是朝鲜中江郡口岸。主要进口货物包括木制雪条棒、硫酸、其他矿产品、石英表机芯；出口货物包括日用百货、水泥、小麦细粉、精米、建筑材料、石英表机芯配件。

临江市地处鸭绿江中上游的祖国边陲，是吉林省对外开放的前沿，也是东北亚经济圈的优势据点，发展边境贸易的区位优势十分明显。

【三合陆路（公路）口岸】 三合陆路（公路）口岸位于龙井市东南部，距市区 48 千米的三合镇，与朝鲜咸镜北道会宁市隔江相望，距朝鲜清津港 86.8 千米，对面是朝鲜会宁口岸。进口商品主要包括铁矿石、铁粉、干鱿鱼，出口商品主要包括食品、药品、瓷制品、纺织品、塑料制品、自行车、汽车及配件。

三合公路口岸是从中国进入朝鲜东海、进出日本海和太平洋的理想通道，也是延边州与朝鲜咸镜北道进行人员交往和开展边境贸易的良好通道。

【开山屯陆路（公路）口岸】 开山屯陆路（公路）口岸位于龙井市东部，距市区 37 千米的开山屯镇，与朝鲜咸镜北道稳城郡三峰里隔江相望，对面是朝鲜三峰口岸。进口商品主要包括干鱿鱼、松茸，出口商品主要包括食品、药品、瓷制品、纺织品、塑料制品。

开山屯公路口岸距离罗津港 96 千米，距离朝鲜北部最大港口城市清津市 120 千米，是朝鲜华侨进出咸镜北道的首选通道，被誉为“华侨口岸”。

【古城里陆路（公路）口岸】 古城里陆路（公路）口岸位于和龙市崇善镇，距和龙市区 80 千米，对面是朝鲜三长口岸。进口商品主要包括木材、淀粉、蓝莓、蓝靛果、松子仁、芸豆、红小豆，出口商品主要包括日杂、建材。

古城里公路口岸距朝鲜大红丹郡 24 千米，距朝鲜惠山市 175 千米，是延边州通往朝鲜两江道的唯一陆路口岸。

【沙坨子陆路（公路）口岸】 沙坨子陆路（公路）口岸位于珲春市区西部，距珲春市区 11 千米，对面是朝鲜庆源口岸。主要进口海产品、酒、服装、纸、药品、白垩等，出口办公用品、日用品、服装原料、食品、杂货、建材等。

沙坨子公路口岸是传统的民间贸易口岸，对面为朝鲜柳多岛，是一座天然封闭的图们江江心岛，岛屿地形为平原。此处交通便利，地势平坦，适宜修建市场，便于开展互市贸易及各项工作，现已开通柳多岛旅游线路。

【集安陆路（公路）口岸】 集安陆路（公路）口岸位于吉林省集安市太王镇下解放村，距离市区 7 千米，对面是朝鲜满浦公路口岸。集安公路口岸于 2014 年 12 月 4 日经国务院正式批准对外开放，口岸总占地面积 102 800 平方米，具体分为四个区域，客检场地占地面积 20 000 平方米、货检场地占地面积 68 000 平方米、营房区占地面积约 13 333 平方米、边境国门区占地面积约 1 467 平方米；总建筑面积 12 138.84 平方米，其中，边境国门 1 623.3 平方米，客检大楼4 001.54平方米，货检大楼 1 583.53 平方米，边检营房 3 536.38 平方米，次卡口、查验库房、检查用房、熏蒸房等其他部分 1 394.09 平方米；建设标准为年进出口货物 50 万吨，出入境人员 20 万人次。总投资 1.85 亿元，建设时间为 2015 年 ~ 2017 年。集安公路口岸国门项目，于 2015 年 9 月 7 日正式开工建设，2016 年 10 月 25 日完成正式验收，已经具备正式投入使用的前提条件；客检、货检和边检营房等其他建设项目已完成，目前施工进入室内装修阶段，力争 2018 年年底总体项目竣工并通过验收。

集安市位于鸭绿江中朝经济合作带的中心位置，东与白山市接壤，东南隔江与朝鲜“一市三郡”（满浦市、慈城郡、渭源郡、楚山郡）相望，西南与辽宁省宽甸县、桓仁县毗邻，西北与通化市、通化县以浑江为界。集安陆路（铁路）口岸与朝鲜满浦市隔江相望，距朝鲜平壤市 400 千米，集安市作为吉林省通化地区唯一的边境口岸城市，集安公路口岸的建成，将使集安市成为全国县级城市中拥有口岸数量、类别最多的城市。

【双目峰公务通道】 双目峰公务通道位于吉林省延边朝鲜族自治州安图县境内，对面是朝鲜双头峰边境工作站。双目峰公务通道与朝鲜两江道三池渊郡口岸相对，距长白山天池 20 千米，距安图县二道白河镇 65 千米，距朝鲜三池渊郡 35 千米，是中朝两国边界线上唯一的陆路通道，是《中华人民共和国政府和朝鲜民主主义人民共和国政府关于边境口岸及其管理制度的协定》中所列的 15 个边境口岸之一。

1985 年，双目峰公务通道被国家批准为双边公务通道，只允许中朝双方公务人员和文化体育交流人员通行。2009 年 9 月，双目峰公务通道被国家口岸管理办公室批准为临时口岸，通行范围扩大到允许中朝双方因私旅游人员过境，季节性开放。双目峰公务通道现建有口岸临时联检房一座，建筑面积 300 平方米，通行道路为 8 米宽水泥路面；联检单位工作人员宿舍，建筑面积 450 平方米；已完成 23 千米通信光缆、供电线路的架设；联检通道已封闭，联检单位办公设备、查验设施已安装完毕，可满足联检单位工作的需要。2013 年，该通道申请升级为国家口岸，已被列入国家“十二五”口岸发展规划。

原二类口岸

【老虎哨水运（河港）口岸】 老虎哨水运（河港）口岸位于吉林省集安市榆林镇地沟村，老虎哨电站（渭源电站）大坝下游，距集安市市区 68 千米，对面是朝鲜渭源口岸。过货品种有钢坯、钢锭、机电设备、钢铁制品、硅石、杂货等。

老虎哨位于集安市西南 60 千米处榆林镇境内，这里一面傍山，三面环水，鸭绿江绕老虎哨东、南、西面流过形成纺锤形山脉，九曲回旋鸭绿江在这里形成独特的自然景观。2002 年，被水利部列为鸭绿江国境旅游区，与辽宁省宽甸县、桓仁县毗邻，隔江是朝鲜渭源郡。中朝合资的老虎哨水电站位于老虎哨口岸上游 800 米处，电站归朝鲜运行管理，可向中朝两国供电。

2018 年吉林省口岸大事记

1 月 13 日

长春关区首批跨境电商直购进口商品正式通关。

2 月 8 日

吉林省省长景俊海到珲春公路口岸调研。

5 月 1 日

圈河公路口岸恢复“无周日”通关。经中朝双方再次协商并达成协议，5 月 1 日 ~10 月 31 日，中朝圈河公路口岸再次实行“无周日”通关。

5 月 16 日

吉林省省长景俊海一行 8 人到临江公路口岸调研。

5 月 21 日

原全国政协副主席阿不来提・阿布都热西提同志一行到圈河公路口岸调研。

5 月 22 日

国家民委副主任石玉钢到长白陆路（公路）口岸进行实地调研。

7 月 10 日

圈河陆路（公路）口岸举行了“直通一日游”路线开通仪式。

7 月 20 日

中央改革办协调局局长于培伟一行到珲春口岸开展专项督察。

9 月 6 日

天津市口岸办与长春市口岸办签署《天津长春口岸对口合作框架协议》，同时举办了天津、长春两地相关部门的合作交流座谈活动。

9 月 7 日

珲春—扎鲁比诺—釜山铁海联运航线暨区内企业进口海外原料成功试水首单仪式在珲春铁路口岸举行。

9 月 13 日

珲春、绥芬河、东宁、虎林、密山海关与俄罗斯乌苏里斯克海关在珲春举行边境海关会晤。就滨海 2 号线与“一带一路”建设对接、珲春—扎鲁比诺—南方各口岸内贸货物跨境运输监管、非洲猪瘟防控等当前重点、热点工作进行深入交流研讨。

9 月 14 日

吉林省委书记巴音朝鲁到珲春公路口岸实地调研。

9 月 18 日

经珲春铁路口岸内贸外运航线出口铜板。

9 月 26 日

国务院参事、原国家发展改革委副主任杜鹰到延吉海关辖区开山屯口岸就口岸桥重建和铁路恢复情况进行调研。

10 月 13 日

吉林省省长景俊海到图们公路口岸视察。

10月15日~18日

国家口岸管理办公室副主任白石率国家口岸验收工作组一行6人，对沙坨子陆路（公路）、古城里陆路（公路）、长白陆路（公路）口岸进行了国家级口岸验收。

10月22日

韩国束草市市长金哲秀一行到圈河口岸、沙坨子口岸考察束草航线复航事宜。

11月2日

龙井市三合、开山屯口岸通过国家口岸核心能力建设考核。

11月7日

长春海关正式开通乌鲁木齐—长春卡车航班业务。

11月15日

吉林省省长景俊海到长白公路口岸进行调研。

12月19日

以国家口岸管理办公室、国家移民管理局等相关部委领导组成的国家验收组一行7人，对集安陆路（公路）口岸进行国家级验收。

12月20日

吉林省政协主席江泽林一行到沙坨子陆路（公路）口岸调研。

（撰稿人：王丽春、王文彧、谷杨）

2018 年吉林省口岸流量统计表

口岸类型		口岸名称	货运量（万吨）				集装箱量（万标箱）				人员（万人次）				交通工具（辆、艘、架、列次）			
			出口	进口	合计	同比（%）	出口	进口	合计	同比（%）	出境	入境	合计	同比（%）	出境	入境	合计	同比（%）
空运口岸		长春航空口岸	977.40	634.20	1 611.60	-51.00					258 622	256 204	514 826	5.84	2 075	2 050	4 125	-2.50
空运口岸		延吉航空口岸									359 319	345 808	705 127	1.50	2 292	2 293	4 585	2.20
空运口岸		分计	977.40	634.20	1 611.60	-51.00					617 941	602 012	1 219 953	3.30	4 367	4 343	8 710	-0.10
陆路口岸	公路口岸	珲春口岸	8 420.00	190 195.00	198 615.00	5.30					199 157	200 902	400 059	12.00	13 360	13 393	26 753	22.40
陆路口岸	公路口岸	分计																
陆路口岸	铁路口岸	珲春铁路口岸	6 987.00	3 043 067.00	3 050 054.00	19.60					2 911	2 911	5 822	20.60	989	989	1 978	18.90
陆路口岸	铁路口岸	分计																
水运口岸	海港口岸																	
水运口岸	海港口岸	分计																
水运口岸	河港口岸																	
水运口岸	河港口岸	分计																
合计																		
同比（%）																		

（吉林省口岸办提供）

2018 年吉林省口岸出入境主要数据表

项目			2018 年	2017 年	同比（%）
出入境人员（人次）	出入境人员总数		2 197 275	2 256 421	-2.62
	入境人员		1 101 060	1 125 584	-2.18
	出境人员		1 096 215	1 130 837	-3.06
	出入境旅客		2 036 333	2 001 754	1.73
	出入境员工		160 942	254 667	-36.80
	中国公民	小计	1 511 951	1 768 057	-14.49
		内地居民	1 470 259	1 726 445	-14.84
		港澳居民	14 043	14 383	-2.36
		台湾同胞	27 649	27 229	1.54
	外籍人员		561 977	488 364	15.07
	从海港出入境人数				
	从陆港出入境人数				
	从空港出入境人数				
交通运输工具（辆、艘、架、列次）	总计		123 589	240 346	-48.58
	船舶		0	76	-100.00
	飞机		8 050	8 139	-0.66
	火车		2 343	2 347	-0.17
	机动车辆		113161	229 784	-50.75

（吉林出入境边防检查总站提供）

2018 年长春海关主要数据统计表

项目		2018 年	同比（%）
进出口货运量（万吨）	合计	795.90	20.50
	进口	730.20	27.20
	出口	65.70	-23.90
进出口贸易总值（万美元）	合计	1 076 055.00	-3.30
	进口	880 143.00	1.30
	其中：江、海运输	743 800.00	1.50
	铁路运输	30 967.00	27.00
	汽车运输	43 079.00	-24.50
	航空运输	61 181.00	12.90
	邮件运输	132.00	21.66
	其他运输	983.00	201.90
	出口	195 913.00	-19.70
	其中：江、海运输	57 451.00	19.20
	铁路运输	57 558.00	-30.30
	汽车运输	64 192.00	-32.80
	航空运输	16 240.00	-5.10
	邮件运输	76.00	-52.50
	其他运输	396.00	96.90
税收（万元）	两税合计	1 417 100.00	0.23
	关税入库	402 300.00	-2.33
	进口环节税入库	1 014 700.00	1.29
货物检验检疫（批次）	本年累计	51 671.00	-24.25
	其中：出境	37 567.00	-6.03
	入境	14 095.00	-50.06
货物检验检疫金额（万美元）	本年累计	429 346.00	-8.95
	其中：出境	207 474.00	-4.29
	入境	221 872.00	-12.92

（长春海关提供）

2018 年吉林省指定口岸/查验场统计表

省、自治区、直辖市	序号	指定口岸/指定查验场名称	口岸类别	类别	批复时间	备注
吉林省	1	珲春公路口岸	公路	粮食	2015 年 12 月 25 日	
	2	珲春公路口岸	公路	冰鲜水产品	2015 年 11 月 20 日	
	3	珲春公路口岸	公路	食用水生动物	2016 年 7 月 29 日	
	4	圈河公路口岸	公路	冰鲜水产品	2015 年 11 月 20 日	
	5	圈河公路口岸	公路	粮食	2015 年 12 月 25 日	
	6	圈河公路口岸	公路	食用水生动物	2016 年 7 月 29 日	
	7	长白公路口岸	公路	食用水生动物	2016 年 7 月 29 日	
	8	长白公路口岸	公路	中药材	2005 年 3 月 25 日	
	9	图们公路口岸	公路	冰鲜水产品	2016 年 11 月 10 日	
	10	图们公路口岸	公路	食用水生动物	2018 年 3 月 11 日	
	11	图们公路口岸	公路	中药材	2005 年 3 月 25 日	
	12	古城里公路 口岸	公路	粮食	2015 后 12 月 25 日	
	13	三合公路口岸	公路	中药材	2005 年 3 月 25 日	
	14	集安公路口岸	公路	中药材	2005 年 3 月 25 日	
	15	长春兴隆铁路集装箱场站口岸	铁路	肉类	2016 年 11 月 17 日	
	16	长春兴隆铁路集装箱场站口岸	铁路	冰鲜水产品	2017 年 12 月 15 日	
	17	长春兴隆铁路集装箱场站口岸	铁路	整车	2018 年 10 月 8 日	
	18	珲春铁路口岸	铁路	粮食	2015 年 12 月 25 日	

（吉林省口岸办提供）

黑 龙 江 省

口岸数量及分布

截至2018年年底，黑龙江省有经国务院批准的对外开放口岸25个。其中，空运口岸4个，分别是哈尔滨空运口岸（哈尔滨太平国际机场）、齐齐哈尔空运口岸（齐齐哈尔三家子机场）、牡丹江空运口岸（牡丹江海浪机场）、佳木斯空运口岸（佳木斯机场）；水运（河港）口岸15个，分别是黑河、逊克、萝北、同江、饶河、抚远、富锦、孙吴、呼玛、漠河、嘉荫、哈尔滨、佳木斯、桦川和绥滨河港口岸；陆路（公路）口岸4个，分别是绥芬河、东宁、虎林、密山公路口岸；陆路（铁路）口岸2个，分别是绥芬河、哈尔滨铁路口岸。中俄边境口岸15个。

口岸运行数据

2018年，黑龙江省口岸客货运量分别实现360.1万人次和4 142.3万吨，同比分别增长3.96%和37.1%，全省有10个口岸的货运量、7个口岸的客运量增速高于全省平均水平。口岸达标率实现60%，比2017年提高了12个百分点。口岸压缩整体通关时间位居全国前列，国家贸易“单一窗口”报关、报检业务应用率实现100%。

口岸综合管理

【口岸开放工作】 一是推进新增口岸对外开放工作较为扎实。同江铁路口岸与铁路大桥有望在2019年实现同步对外开放。中俄两国地方政府商定2020年3月1日黑河—卡尼库尔干口岸投入运营。黑瞎子岛—大乌苏里岛公路口岸增加货运功能。二是推进运行口岸扩大对外开放实现预期。东宁口岸推进俄方对应口岸增加一条货检通道；在推动哈尔滨海关等查验部门同意虎林公路口岸现行5天工作制调整为7天工作制的同时，积极协调俄罗斯边界建设署国家政府机构项目建设和使用管理局符拉迪沃斯托克分局要求开展会晤，争取尽早达成共识履行各自上报程序。三是推进优化口岸营商环境效果明显。2018年，国际贸易“单一窗口”报关、报检业务应用率实现100%；黑龙江省口岸压缩整体通关时间连续6个月位居全国前列；取消了全省口岸设施维护费、进出口检验检疫费等全部行政事业性收费；政府性基金收费项目只保留了国家定价的港口建设费1项；地方政府定价国家批准的经营服务性收费只保留了漠河口岸原油进口环节的口岸管输服务费1项。与口岸收费相关的其他行政事业性收费、政府性基金收费、地方政府定价或指导价的经营服务性收费等得到彻底清理。2017年10月，有收费项目的14个口岸全部在黑龙江电子口岸平台公示了口岸进出口环节收费目录清单，初步实现了口岸收费透明化。四是同江港口岸扩大开放东部作业区正在做好国家验收前的各项准备工作。国务院于2017年12月27日批复同意同江港口岸扩大开放东部作业区。同江市政府已按照国家相关建设标准和要求推进完善东部作业区的各项“软硬件”工作，推进同江港口岸扩大开放东部作业区于2018年年底前完成国家验收。五是抚远机场临时对外开放达到预期。抚远机场临时对外开放获批，开通时间为2018年11月1日～2019年5月1日。

【口岸基础设施建设】 黑河—黑龙江大桥口岸联检设施项目建设用地规划、国土、选址、可研编制、立项、征地、项目设计等项工作已全部完成。按照国家机构改革形势需要，确定口岸联检区域由旅检大楼、出境货检楼和入境货检楼3个主体构成，将出入境海关监管库房、X光抽检检查室、地磅查验用房和部分地下停车场等功能区域进行了优化整合，2018年10月末，土石方工程施工场区土石方回填和腐殖土倒运工作全部完成，达到了大桥口岸联检区域建设标准。11月初，完成了部分主体基础土方开挖和越冬防护工作，为2019年春季复工打好基础。绥芬河公路口岸旅检区未完附属配套工程建设已交付使用；旅客出入境自助查验通道及设备已安装调试完毕，待公安部验收后即可使用，货检区道路及场区硬化工程改造已近尾声。萝北口岸对货检区查验系统及配套设施工程进行了改造，对名山港码头进行了改扩建，建成后萝北名山港后方场地面积可达30 000平方米，码头货物年吞吐能力可达100万吨。密山口岸在2017年完成密山口岸现场检查区和生活区改造的基础上，又累计投资500余万元新建密山口岸通勤车车库、海关检验检疫消毒用房、维修边检营房、新建海关进境车辆查验消毒设施、新建口岸危化品待检区等。同江口岸加快口岸基础设施建设步伐，口岸通过能力和查验效率明显提高。一是配合大桥建设部门，积极推进中方一侧工程（含铁路口岸查验设施）。二是国储能源同江项目取得明显进展。完成了国储能源储运园区一期LPG储罐项目的省发展改革委核准，正在办理项目安监评估。完成了哈鱼岛油气码头项目的《可行性研究报告》《项目选址土地预审意见》《规划选址意见书》《社会稳定风险评估报告》，办理港口岸线规划批复手续。三是完成并投入使用口岸联检查验业务用房建设项目。口岸查验能力及服务功能将得到极大的提升。逊克口岸改扩建了码头、联建大楼、购置了装卸设备、运输工具，目前口岸的功能齐全、设施比较完备，是一个成熟的口岸。2018年，冰上和明水期过货预计达到55 000吨，比去年增长152%，边贸过货量是里程碑式的，对逊克口岸将来的发展具有非常积极的意义。饶河口岸货物查验处理区工程项目于2018年7月30日正式开工建设，现已完成边检执勤房的主体砌筑工作，查验监管库房已完成基础和库房框架施工。

【电子口岸建设】 2018年，相关企业使用国际贸易“单一窗口”报关、报检业务应用率实现100%；1月～11月，进口整体通关时间连续6个月位居全国第一，出口整体通关时间位居全国第四。12月，出口整体通关时间位居全国第一。2017年10月30日前，进出口环节有收费项目的14个口岸在黑龙江电子口岸平台公示了收费目录清单，初步实现了口岸收费透明化和非体制性垄断行业经营服务性项目竞争公开化。全省取消了口岸设施维护费、进出口检验检疫费等全部行政事业性收费；政府性基金收费项目只保留了国家定价的港口建设费1项；地方政府定价国家批准的经营服务性收费只有漠河口岸原油进口环节的口岸管输服务费1项。与口岸收费相关的其他行政事业性收费、政府性基金收费、地方政府定价或指导价的经营服务性收费等得到彻底清理。

【切实加强对俄口岸务实合作】 建立省州间口岸工作协调机制，及时解决口岸运行遇到的突发情况。例如，做到了及时通报双方口岸临时关闭情况，防止口岸问题上升为外交事件。通过推动中俄双方互换外交照会，确认设立黑河—布拉戈维申斯克国际步行口岸列入《中华人民共和国政府和俄罗斯联邦政府关于中俄边境口岸协定》。经双方边境地区政府和口岸管理部门努力，完成了黑河—布拉戈维申斯克水运口岸为期1个月（5月15日～6月15日）的同步工作时间试验。协调联检部门向国家申请允许执飞抚远至哈巴罗夫斯克航线的俄籍客运包机从抚远机场出入境。主动开展口岸工作会谈。2018年年初，黑龙江省口岸办与俄远东地区发展部、俄穆尔州外联部先后举行了4次工作会谈，重点传递黑瞎子岛口岸坐标点变更、口岸建设路线图信息；通报黑河公路大桥口岸建设进展情况，讨论开通8座以下小汽车在黑龙江省和阿穆尔州行驶限定区域可行性，推进俄方加林达口岸重建等方面初步达成共识，推进洛古河季节性临时冰上过货通道开通。

口岸监管与服务

【黑龙江出入境边防检查总站紧密聚焦主业主责，着力锻造维护稳定、助力改革的强大战斗力】 一是筑牢全程查缉阵地。黑龙江出入境边防检查总站认真落实国家移民管理局进一步强化口岸管控工作意见，结合实际制定13项落实措施，强化口岸管控。圆满完成重大敏感时期出入境安保任务，2018年，黑龙江省口岸查获网上在逃人员30人，查处违法违规人员331人，口岸查验流程更加严密高效，切实筑牢了反恐维稳的第一道防线和最后一道关卡，确保开放口岸绝对安全。二是打造立体管控体系。深入开展“扫黑除恶”“缉枪治爆”“三打击一整治”等专项行动，深度排查化解矛盾纠纷，严厉打击边防辖区违法犯罪活动。2018 年上半年，共立刑事案件 626 起，破获 246 起，受理治安案件 2 773 起，查处 1 529起，抓获网上逃犯 40 名，打击处理违法犯罪人员 1 737 人，社会治安环境得到有效净化，黑龙江省委常委、政法委书记甘荣坤对总站做法给予批示肯定。三是服务经济发展大局。深入贯彻落实国家移民管理局出台的“放管服”便民措施，研究制定6 方面22 项新举措，确保中国公民排队候检时间不超过 30 分钟、国际航行船舶网上报检等服务举措落地落实。2018 年，全省口岸共验放出入境人员 3 601 358 人次，同比上升 3.96%，交通运输工具222 739 辆（艘、架、列）次，同比上升 15.95%。紧紧围绕国家“一带一路”倡议，靠前服务同江铁路大桥、黑河公路大桥及中俄东线天然气管道等国家重点跨境工程项目顺利实施，圆满完成“冰雪节”“哈洽会”等重要会议、活动期间的通关保障任务，有力服务了沿边开发开放大局。

【黑龙江海事局抓好本质安全提升联检效率】 黑龙江海事局创新信息化手段做好中方船舶安全监督，同时强化企业主体责任、保障本质安全。海事部门充分利用 CCTV、AIS 等现代化信息手段对通关船舶实施远程监控，并做好《船舶安全监督规则》实施以来企业主体责任理念的宣传，督促船方落实开航前自查制度；海事部门则由过去的静态签证向动态执法转变、由事前监管向事中事后监管转变，通过主动作为、确保口岸运输船舶本质安全。加强对到港俄方船舶的安全监管，为黑龙江“陆海丝绸之路”经济带建设保驾护航。海事部门在开展日常现场监督与进出口岸查验工作的同时，继续向俄方船员宣传有关法律法规，有力保障界河航行、停泊和作业秩序，切实维护国家主权、安全。继续推进界河船舶防污染，建设“美丽中国”。海事部门积极发挥“河长制”成员单位作用，与俄籍船舶签订船舶防污染承诺书，严防口岸运输船舶排放污染物。做好浮箱固冰通道搭建与拆解的安全保障工作，服务“四季通关”。海事部门与俄方政府部门、中方各查验单位、地方政府相关职能部门、浮箱固冰通道营运公司做好工作对接，组织做好浮箱固冰通道监管服务一体化。深入推进联合登临检（以下简称“联检”）查机制，提升联检效率。作为船舶联合登临检查召集单位，海事部门定期牵头组织召开联检机制联席会议，强化口岸联检单位之间的工作沟通，从根源上避免重复检查、重复动作，切实压缩通关时间、提高口岸通关查验效率，优化口岸通商环境。

【黑龙江海事局创新服务理念口岸开放更加有力】 黑龙江海事局保障国家重大涉水项目建设。佳木斯海事局全力做好中俄同江铁路大桥施工最后关键节点的水上监护工作。在大桥主跨钢梁架设的关键阶段，海事部门充分发挥专业职能，“量身定制”监管方案；派出海巡 13003 船在施工水域执行监护任务，加强施工区域通航管理，通过多项措施维护界河通航秩序，保障大桥主体工程顺利竣工。黑河海事局在中俄东线天然气管道盾构工程临时口岸方面，加强船舶安全监管，掌握每日进出境人员动态信息，确保工程圆满完成，2018 年，临时口岸进出境船舶 352 艘次，进出境人员 1 434 人；在黑龙江大桥工程方面，严格落实黑龙江海事局“四个一”要求和“六个机制”，加强黑龙江大桥水上施工区域的监控管理，帮助企业做到水上施工“零事故、零污染”，确保施工、通航两不误。坚持“放管服”改革，提升海事效能。简政放权，科学简化通关手续：在具体的船舶进出港报告和船舶安检中，将对俄客船每航次报告简化为每天报告；科学制定船舶安检的选船标准，给船舶打分、对低风险船舶延长安检周期。积极落实自贸试验区经验复制工作，海事集约登轮，整合海事执法力量，做到能够不登轮检查的不再登轮检查，必须登轮检查的事项，一次完成海事监管所有执法检查；“三证合一”，新登记船舶的国籍证书、配员证书、防污染证书申请一并受理，节省相对人时间成本。各口岸海事单位克服困难，全力配合口岸延长工作时间，助力中俄贸易发展和龙江丝路带建设。积极做好黑龙江省电子口岸建设工作。在国家电子口岸“单一窗口”标准版中，及时跟进应用船舶进出口岸许可功能，促进船舶通关便利化。发挥专业优势，服务口岸建设。在口岸优化整合、口岸中长期发展规划、交通运输部推进通关一体化改革提升海事港口服务效率等政策制定过程中给出专业意见；对抚远乌苏镇码头临时对外开放、开辟抚远对俄新航线等方面提供专业指导；积极倡导多式联运，通过水铁联运进一步提升水运口岸作用。

【黑龙江海事局深化交流服务口岸对俄合作】 2018年，以高效联动为原则，海事部门对俄协作更加深入。口岸海事部门与俄港航监督部门加强国际船舶进出口岸查验合作，及时通报、定期交换涉航信息，实现合作常态化、机制化；开展中俄界河应急联合演习，以实际行动进一步推动中俄水运口岸应急力量形成合力。佳木斯海事局与俄罗斯联邦犹太自治州紧急情况事务总局贯彻落实《界河船舶溢油应急协作规程》，建立定期联合巡航机制和应急人员物资保障协作机制，推进界河管理工作迈上新台阶。黑河海事局不断提高与俄罗斯阿穆尔州紧急情况总局协作水平，完善相关信息交流机制。

【哈尔滨海关坚持全面深化改革，机构改革任务顺利完成】 一是机构改革全面完成。哈尔滨海关落实海关总署机构改革方案要求，按照确定的步骤环节和时间节点稳步推进，转隶人员实现了统一上岗、统一着海关制服、统一对外执法。机构设置取得重大突破，黑龙江省13个地市中有12个地市设立了海关机构。46个处级领导班子244名处级领导干部全部调整到位，改革实现了平稳过渡。二是关检融合深入推进。落实关检业务全面融合框架方案要求，整合申报、“查检合一”等业务融合顺利，海关监管、检验检疫两大口岸通关作业环节历史性融为一体。加大关检业务培训力度，参训人数超过7 000人次。党组班子成员走基层、进处室，开展“大谈心”活动，实现全覆盖。关区各级领导干部严格落实谈心谈话“下沉两级”要求。组织开展各类主题活动、文体比赛，正向引导干部队伍思想。三是改革成果初步显现。开展关区业务集中核批、集中审像。“自报自缴”、汇总征税、进境物品税移动支付、关税保证保险等改革落实落地，“银关保”、属地纳税人管理等自主改革进展顺利。推进口岸卫生许可证核发“证照分离”改革。加大改革政策、业务优化宣传力度，社会各界反响良好。

【哈尔滨海关依法履职把关，守护祖国北疆国门安全】 一是实际监管更有成效。哈尔滨海关风险布控有效性不断提高，查验机制持续优化。铁路、公路“舱单归并”范围进一步扩大。海关监管作业场所整合规范，行邮快件、免税商店监管更加完善。深化综合治税，关区税收入库166.2亿元，创历史新高。企业管理水平明显提升，稽、核查后续监管持续加强。业务监控指挥体系建设更加完善。原油、铁矿砂、煤炭、危化品检测全面开展。进口食品安全放心工程扎实推进。知识产权海关保护力度不断加大。二是打击走私成果丰硕。“国门利剑2018”联合专项行动取得实效，刑事、行政案件数量、挂牌督办案件数量均创历史最高。查办3起“洋垃圾”案件，涉案固体废物7 160吨。破获走私毒品、枪支、电子烟弹等系列案件，特别是成功破获虎林口岸特大走私濒危动物制品案，案值1.06亿元，是全国海关近年来查获走私濒危动物制品数量最大的一起案件。三是检疫防线更加牢固。以最严格措施防控口岸非洲猪瘟疫情，全面启动疫情预警和疫情防控一级响应，自2018年8月以来，共截获、销毁禁止携带、邮寄入境肉及其制品647批次3 340千克。动植物疫病疫情监测持续开展，5个口岸顺利通过口岸核心能力复核，口岸病媒生物检测、核生化监测不断加强。

【哈尔滨海关优化海关服务支持黑龙江开放型经济发展】 一是口岸提效降费成效显著。哈尔滨海关优化整合业务环节，落实“提前申报”“先放后检”“先放后税”等12项改革举措，取消进口强制性产品认证目录外确认，配合地方政府建立口岸涉企收费清单。国际贸易“单一窗口”标准版报关覆盖率超过年度目标。全年黑龙江省口岸进、出口整体通关时间排名在全国名列前茅。为省内高校、企业办理审批减免税款2.27亿元，有力支持了黑龙江省科研开发和重大技术装备项目开展。二是服务重大项目能力提升。支持中俄同江铁路大桥、黑河公路大桥建设，对桥头口岸监管区建设提出合理化建议，积极为省政府提供货运量预测分析。为中俄东线管输天然气工程开辟通关“绿色通道”，两条管道穿江工程顺利完工。推动牡丹江保税物流中心（B型）通过国家验收。主动为“一带一路”建设、“中蒙俄经济走廊”建设发展建言献策，开展课题研究，形成了具有前瞻性的研究成果。三是对外贸易支持不断加大。助力黑龙江省农业“走出去”，指导进境粮食口岸建设，服务境外种植粮食、饲草回运进口，全年进口俄罗斯粮食90.3万吨，同比增长76.2%，其中进口大豆80.3万吨，同比增长60.1%。推动杂粮杂豆、禽肉、生鲜乳品等产品加快准入进程。服务中俄博览会、哈洽会等展会经济发展。跨境电商一般出口、网购保税业务和直购进口业务顺利开展。支持北美直航货运包机实现首航。四是科技应用水平再上台阶。参与海关总署智慧海关项目试点，自主研发公路进出境车辆辅助管理平台。关区实验室获得资质检测项目不断增长，向社会提供检测服务4万余批次。建成国内首个管输石油“国家检测重点实验室”，推动俄罗斯修订石油水含量检测标准。技术中心通过海关总署非洲猪瘟初筛实验室资格认定，加入海关总署进口固体废物属性鉴定联盟。五是对俄罗斯海关合作成果丰硕。出访俄罗斯远东海关局开展关局工作会谈，达成双方海关、海关与俄罗斯检验检疫机构多项合作共识。巩固并拓展与俄罗斯乌拉尔、伏尔加河流域海关局的合作。牵头在俄罗斯召开中俄标准计量认证和检验监管常设工作组区域合作小组第四次会议，取得务实成果。统计数据互换、缉私信息交换、中俄海关监管结果互认试点有序开展。加强对俄罗斯等欧亚经济联盟国家技术性贸易措施研究，为进出口企业提供服务。

开放口岸

【哈尔滨空运口岸（哈尔滨太平国际机场）】 哈尔滨空运口岸是1987年7月1日经国务院批准的对外开放口岸，1989年9月22日正式对外开放使用。2003年，成功通过了美国交通部运输安全局（TSA）的安全认证，成为中国大陆继北京、上海、广州之后，第四个可直飞美国的城市。设计全年过客能力225万人次。

2010年8月27日，公安部授权哈尔滨太平国际机场口岸签证处开展口岸签证业务；2015年7月2日，公安部正式批复黑龙江哈尔滨太平国际机场口岸从2015年8月1日起开始对持有有效国际旅行证件和72小时内确定日期、座位前往第三国（地区）联程机票的51个国家的人员实行72小时过境免签政策。哈尔滨成为东北地区继沈阳、大连之后第三个开通72小时过境免签的城市。

2018年，哈尔滨太平国际机场通航国际及地区18个城市。其中，通航俄罗斯莫斯科、叶卡捷琳堡、克拉斯诺亚尔斯克、新西伯利亚、车里雅宾斯克、伊尔库茨克、雅库茨克、符拉迪沃斯托克和哈巴9个城市，韩国首尔、清州2个城市，日本东京、大阪、新潟3个城市，东南亚新加坡、曼谷2个城市，以及中国台北和中国香港2个城市。哈尔滨空运口岸成立30年来，出入境旅客增长32倍，连续多年被省、市政府授予“文明高效口岸”和“支持地方出口突出贡献单位”。

2018年，哈尔滨空运口岸累计出入境旅客758 960人次（其中，出境381 901人次、入境377 059人次），同比增长7.40%；出入境航班6 127架次（其中，出境3 083架次、入境3 044架次），同比增长2.85%；进出口货邮量3 066.3吨（其中，进口946.8吨、出口2 119.5吨），同比减少33.09%。

【佳木斯空运口岸（佳木斯机场）】 佳木斯空运口岸是1992年12月经国务院批准的对外开

放口岸，该机场位于黑龙江省东北部的佳木斯市东郊 9 千米处，2009 年末通过国家正式验收。2010 年，开通佳木斯至韩国首尔临时包机，2012 年，恢复佳木斯至哈巴罗夫斯克航线，2014 年，中韩两国民航部门会谈中，佳木斯至韩国首尔临时包机航班被批准为正式航班，这两条国际航线每周各 2 班。2018 年，佳木斯空运口岸有 2 条国际航线，每周 4 班，分别是韩国首尔 2 班、俄罗斯哈巴 2 班。2018 年 8 月末，韩国首尔航线增加了 1 班，每周达到 5 班。

2018 年，进出口货运量完成 1.12 万吨，比上年增长 49.3%；出入境人员实现 4.75 万人次，比上年增长 11.62%。

【齐齐哈尔空运口岸（齐齐哈尔三家子机场）】 齐齐哈尔空运口岸是 1993 年 6 月 4 日经国务院批准的对外开放口岸，齐齐哈尔空运口岸为军民合用机场，2010 年 1 月通过国家验收。

2012 年～2016 年，连续五年对韩国的首尔、釜山、清州飞行了 107 个国际临时客运航班，累计运送出入境旅客 3.37 万人次。2017 年，由于“萨德”入韩问题，齐齐哈尔空运口岸暂停了对韩国飞行临时国际航班。2018 年 6 月 4 日，正式签约开通齐齐哈尔至俄罗斯符拉迪沃斯托克临时国际航线，是齐齐哈尔空运口岸首次开通俄罗斯国际航线。

2018 年 7 月 10 日～10 月 10 日共飞行了 36 个往返航班，运送出入境人员 3 699 人次。

【牡丹江空运口岸（牡丹江海浪机场）】 牡丹江空运口岸是 1996 年 6 月经国务院批准的对外开放口岸，1998 年 12 月正式对外开通使用。牡丹江空运口岸为军民合用机场，该机场位于黑龙江省牡丹江市区西南部，距市中心约 9 千米。

1998 年 8 月，成功试航牡丹江至俄罗斯符拉迪沃斯托克航线，2000 年 6 月，正式开通牡丹江至符拉迪沃斯托克包机航线，2002 年 1 月，转为定期国际航班，每周飞行 2 班。2003 年 11 月，开通了牡丹江至俄罗斯雅库茨克国际航线，每月飞行 2 班；同时还开通了牡丹江至俄罗斯哈巴罗夫斯克的定期国际航班，每周 2 班。2005 年 9 月，开通了牡丹江至韩国首尔的国际航班，目前每周 4 班，机型为波音 737。

牡丹江机场目前开通 2 条国际航线，分别是首尔和符拉迪沃斯托克。首尔航线每周由南方航空和大韩航空分别执飞 5 班，夏季淡季分别执飞 3 班。符拉迪沃斯托克航线每周由奥罗拉航空执飞 2 班。2018 年 12 月 20 日，牡丹江国际机场货运部分通过黑龙江省口岸办组织的验收。牡丹江空运口岸于 2018 年 7 月 15 日正式恢复牡丹江至符拉迪沃斯托克航班，助力牡丹江社会经济发展形势和对外开放步伐。航班进出境整体上座率 50% 以上。目前，牡丹江至符拉迪沃斯托克航班整体上座率较高，运营态势良好，牡丹江对俄航班的恢复通航对中俄贸易发展、国际旅客互通友谊及文化交流起到推动促进作用。12 月 20 日，牡丹江空运口岸货运作业区通过验收，这标志着牡丹江海浪国际机场成为继延吉朝阳川国际机场之后东北第二家国际客运、货运功能齐全的支线机场，在民航发展史上具有里程碑意义。

2018 年，牡丹江海浪机场客运量完成 12.65 万人次，同比增加 15%。

【哈尔滨水运（河港）口岸】 哈尔滨水运（河港）口岸是 1987 年 7 月经国务院批准对外开放，并经中国与原苏联两国政府确认开通使用的对外开放口岸，1992 年 10 月，又经国家批准开通了国际客运业务。该口岸地处松花江中游南岸，黑龙江省省会哈尔滨市区东北部，是我国东北内河最大的水陆换装枢纽港，年营运期 210 天左右，冰封期约为 150 天，是一个典型的季节性生产港口。由哈尔滨港经松花江、黑龙江水道与俄罗斯的哈巴罗夫斯克、共青城、尼古拉耶夫斯克和布拉戈维申斯克等七个大中城市港口相通。根据中俄两国协议，中方国际船舶可经俄罗斯阿穆尔河段由尼古拉耶夫斯克港出海，再经鞑靼海峡进入日本海，开展国际江海联运业务。

该口岸现有人工直立码头 1 454 米，生产场区陆域面积 53 万平方米，水域面积 14 万平方米。设有 14 个千吨级泊位，其中木材泊位 3 个，库场面积 13.6 万平方米，昼夜通过能力 3 500 吨；矿建泊位4个，库场面积2.4万平方米，昼夜通过能力6 500吨；杂货、粮食泊位各2个，库场面积1.6万平方米，昼夜通过能力1 000吨；外贸集装箱泊位各1个，库场面积6万平方米，昼夜通过能力约2 000吨，港口昼夜综合通过能力1.6万~2.1万吨。现有各类装卸设备90台（组），并有铁路专用线6股5 870延长米，水陆域作业条件较好，设计年通过能力365万吨，核定年通过能力324万吨。担负客运任务的哈尔滨航运大楼位于货运码头上游6千米，建筑面积4 200平方米，有人工防汛梯式码头480延长米，场区陆域面积1.3万平方米，水域面积1.5万平方米。设有轮船泊位3个，年旅客通过能力为10万人次。为适应对外开放需要，还建有查验单位办公楼5 000平方米，现场办公用房750平方米。

近年来，因松花江枯水停航及边贸政策调整影响，该口岸无客货运量。

【饶河水运（河港）口岸】 饶河水运（河港）口岸是1989年4月经国务院批准的对外开放口岸，1993年9月正式开通使用，1994年1月经中俄两国政府确认为双边客货运输口岸。该口岸港口位于黑龙江省东北部边陲饶河县饶河镇南7.5千米，地处乌苏里江中段西岸，为目前中俄乌苏里江流域唯一水运口岸。与俄罗斯哈巴罗夫斯克边疆区比金市波克罗夫卡口岸隔江对应，直线距离只有760米。俄方对应口岸波克罗夫卡地处哈巴罗夫斯克边疆区和滨海边疆区结合部，距两个边疆区首府哈巴罗夫斯克市和符拉迪沃斯托克市分别为263千米和520千米，距比金市也只有35千米，是目前俄远东地区建设规模较大，基础设施较完备的口岸之一。明水期开展水上船舶运输，目前以汽车轮渡运输为主，冰封期开展冰上汽车运输。

该口岸建有可停靠2艘千吨级货轮的码头和适应明水期轮渡运输、冰封期汽车运输的两用码头，还备有2艘大马力轮渡船，年货邮吞吐能力在60万吨以上。同时，建有口岸联检厅4 000平方米、海关监管库6 000平方米，查验配套设施完备。该口岸距离两个最近火车站东方红、换新天大约在137千米和150千米，口岸集疏运主要通过公路运输，经依饶公路和饶建公路可分别抵达双鸭山和佳木斯等中心城市。该口岸开通建设虽晚于周边其他口岸，但客货运输生产发展势头较好。

2018年，该口岸进出口货运量完成0.98万吨，比上年增加217.9%；出入境人员实现3万人次，比上年增长9.8%。

【佳木斯水运（河港）口岸】 佳木斯水运（河港）口岸是1989年7月经国务院批准的对外开放口岸，1991年10月，开通了国际客运航线。该港口位于黑龙江省东北部的佳木斯市市区，地处松花江中下游南岸，是该地区较大的水陆换装枢纽港。年航行期在210天左右，为季节性生产港口。港区现有陆域面积10万平方米，立式码头岸线总长510多延长米，拥有千吨级泊位5个，铁路专用线2条，全长740米，装卸设备43台（组）年吞吐能力为100万吨。口岸建有办公业务用房5 000平方米，生活用房587平方米，现场办公用房及附属设施2 050平方米。

该口岸的国际航行船舶，沿松花江上行可达哈尔滨港，下行可达富锦、同江港。进入黑龙江后可直达俄罗斯的下列宁斯阔耶、哈巴罗夫斯克、共青城等开放港口。根据中俄两国协议，中国国际航行船舶可经俄罗斯的尼古拉耶夫斯克港出海，再通过鞑靼海峡进入日本海，开展国际江海联运业务。交通运输部已确定佳木斯港为江海联运港口，并于1992年7月12日进行了首航。

近年来，因松花江枯水及边贸政策调整影响，该口岸客货运量较少。随着上游大顶子山等航电枢纽工程建设的陆续到位，松花江通航条件将不断改善，该口岸将会得到充分利用。

【富锦水运（河港）口岸】 富锦水运（河港）口岸是1989年7月经国务院批准的对外开放口岸，1993年10月，经国家批准开通了国际客运业务。该口岸位于松花江下游南岸，黑龙江省富锦市城区北部，为松花江干流中型港口。由此沿松花江上行可达佳木斯、哈尔滨等松花江沿岸各港口，下行距中俄界河黑龙江78千米，从三江口入黑龙江（阿穆尔河）可直航俄罗斯的下列宁斯阔耶、哈巴罗夫斯克、共青城等口岸。继续下行可通过尼古拉耶夫斯克入海，进入鞑靼海峡及日本海，江海联运的货物可直达日本、韩国等太平洋沿岸国家和地区。交通十分便利，铁路、公路、水路畅通，福前铁路、哈同公路贯穿该市。

该口岸基础及配套设施建设日趋完善，现有码头岸线长1 000余米，设有简易趸台3处，可同时停靠千吨级驳船5艘装卸作业。港区面积近5万平方米，拥有各类装卸设备近30台（套），日装卸能力3 000吨以上，年货物吞吐量30万吨。港区建有铁路专用线7.62千米，已经形成水铁联运一条龙。该口岸建有查验单位办公、业务、生活及查验设施1万多平方米。

【同江水运（河港）口岸】 同江水运（河港）口岸现由东、西两个作业区组成。西部作业区简称西港，即未扩大开放前的同江水运口岸，是1986年3月经国务院批准的对外开放口岸，同年5月正式开通使用，为改革开放以来黑龙江省最早获准开放和开通使用的口岸，1994年1月经中俄两国政府确认为国际客货运输口岸。该港口位于黑龙江省东北边陲同江市境内松花江、黑龙江交汇处南岸，与俄罗斯犹太自治州对应口岸下列宁斯阔耶隔江相距35千米，与俄罗斯哈巴夫斯克边疆区哈巴罗夫斯克港口水上距离272千米。该港口江面宽阔，水深流缓，是松花江最末端港口，也是中外国际船舶进出松花江河运口岸的必经之路，为江海联运的始发港之一。现有深水泊位5个，可停靠3 000吨级的船舶，通航期6个月。西港港区占地面积17.7万平方米，建有货场及道路2.1万平方米，仓储库房1 260平方米，联检办公用房2 300平方米，备有港口装卸设备23台（套），港内铁路专用线3条共1.81千米，港外铁路专用线2.62千米，年吞吐货物能力70万吨。

2018年，该口岸进出口货运量完成28.3万吨，比上年下降16.8%；出入境人员实现4.5万人次，比上年下降7.3%。

【抚远水运（河港）口岸】 抚远水运（河港）口岸是1992年5月经国务院批准的对外开放口岸，1993年2月正式开通使用，1994年1月经中俄两国政府确认为国际客货运输口岸。该口岸位于黑龙江省东北边陲抚远市抚远镇，为我国最东部的口岸。地处黑龙江、乌苏里江交汇的三角地带，距俄罗斯远东第一大城市哈巴罗夫斯克市航道距离仅65千米。为解决该口岸冬季冰上运输问题，1999年11月，经国务院批准开通抚远口岸乌苏镇至俄罗斯卡杂科维茨沃之间国际客货运输通道。该通道横跨乌苏里江，长达2.5千米，明水期可开展水上船舶运输（含汽车轮渡），冰封期可开展冰上汽车运输，但由于两国政府未能确认，至今尚未开通使用。抚远港为天然深水良港，可停泊和运行千吨级甚至万吨级船舶。由抚远港出境，沿俄罗斯阿穆尔河经哈巴罗夫斯克、共青城、马戈港可驶入鞑靼海峡和日本海，不仅可以使我国国际航行船舶直接出江入海，还可以把抚远同内地及东北亚各国连接起来。

抚远口岸基础及配套设施基本可以满足目前客货运量的需要。货运码头可同时停泊3艘3 000吨级货船，货场条件优越，装卸能力较强，货物吞吐能力可达50万吨。新建客运专用码头日平均接纳俄罗斯游客300余人次，高峰期可达700～800人次，甚至可达千人次。同时建有联检办公楼3 280平方米、海关办公楼2 150平方米、边检办公楼2 460平方米、其他附属设施1 655平方米、现场联检大厅2 560平方米（设4条旅检通道）。该口岸目前对外运输主要依靠水运，对内运输水运和汽运兼有，有2条高等级公路通往佳木斯。该口岸由于距俄远东第一大城市哈巴罗夫斯克很近，对外旅游事业开展得十分活跃。

2018年，该口岸进出口货运量完成19.8万吨，比上年增加42.3%。客运量实现11.6万人次，同比下降7. 9%。

【萝北水运（河港）口岸】 萝北水运（河港）口岸是1989年4月经国务院批准的对外开放口岸，1993年1月，经中俄两国政府换文确认为国际客货运输口岸，同年5月正式对外开通使用，1994年1月，经中俄两国政府再次确认为国际客货运输口岸。该口岸位于黑龙江省东北边陲萝北县名山镇，距县城凤翔镇20千米，东北隔黑龙江与俄罗斯犹太自治州阿穆尔捷特口岸对应。该口岸区位优势独特。一是与俄罗斯方对应的阿穆尔捷特口岸隔江相距仅有1.5千米，明水期乘船只需7分钟，冰封期乘车仅需5分钟。二是在省内各边境口岸中距省会哈尔滨最近，而且有高等级公路直通口岸现场，并开通了鹤岗市至俄罗斯犹太自治州首府比罗比詹的国际汽车直达客货运输。三是处于黑龙江中下游黄金水道有利位置，可以通过江海联运，沿黑龙江（阿穆尔河）出海，开展对第三国的外贸运输。

该口岸基础及配套设施建设齐全，拥有现代化煤炭专用码头、木材专用码头和滚装式轮渡码头各1座，3 000吨级船舶可全航期作业，年吞吐能力达50万吨。其中，煤炭专用码头每小时可装运原煤400吨，是黑龙江沿岸最大的煤炭输出港。口岸查验设施健全，建有口岸办公大楼3 975平方米，联检大楼2 396平方米。旅检大厅设8条旅检通道，为出入境旅客提供快捷服务；货场辟有1万平方米作业区，可同时进行2艘千吨级轮装卸作业。大中型气垫船在此投放运营，为春秋两季黑龙江流冰期人员往来提供便利。

2018年，该口岸进出口货运量完成7.45万吨，同比增加23.3%；出入境人员实现1.8万人次，比上年下降12.4%。

【嘉荫水运（河港）口岸】 嘉荫水运（河港）口岸是1989年4月经国务院批准的对外开放口岸，1993年1月，经中俄两国政府换文确认为国际客货运输口岸，同年5月正式对外开通使用，1994年1月经中俄两国政府再次确认为国际客货运输口岸。该口岸位于黑龙江省北部边陲嘉荫县城朝阳镇，距县城中心9.5千米处的黑龙江南岸，与俄罗斯犹太自治州帕什科沃口岸隔江对应，航道距离14千米。帕什科沃口岸距所属奥布卢奇耶市33千米，距犹太自治州首府比罗比詹200千米，距俄远东铁路干线17千米。

该口岸占地面积9万平方米，建有立壁式码头1座，正常水位可停靠3 000吨级驳船，枯水期也可停靠1 000吨级驳船，并配备了各种装卸设备，修建了通港道路、输变电线路和通信线路，年吞吐量为20万吨。口岸还建有查验单位办公、业务、生活用房及附属设施1万多平方米，以及1万多平方米的海关监管货场、千米仓储库房，还有车检、地中衡、停车场等配套设施。明水期开展水上船舶运输，冰封期开展冰上汽车运输。船舶沿黑龙江上行可达黑河、漠河等港口，下行可达同江、抚远等港口。码头距汤旺河火车站105千米，主要依靠公路集疏运，该县境内有通往伊春、黑河、鹤岗等地的公路贯穿。2013年6月，俄方以加强口岸基础设施建设为由单方宣布关闭该口岸，至今仍未开通。

【黑河水运（河港）口岸】 黑河水运（河港）口岸是1982年1月经国务院批准对外恢复开放，1994年1月，经中俄两国政府确认为国际客货运输口岸。2004年4月，经国务院批准开展口岸签证工作。该口岸位于黑龙江省北部边陲，中俄界河黑龙江上游末端南岸黑河市内，隔江与俄罗斯阿穆尔州首府布拉戈维申斯克口岸相对，双方货运码头相距3 500米，客运码头相距750米，是中俄边境水运口岸中运输距离最近、城市规格最高、通过能力最强的对应口岸。由该口岸经布拉戈维申斯克可与俄罗斯西伯利亚大铁路和贝阿铁路连接，经其空中航线可与俄罗斯国内各大城市相通；由该口岸沿黑龙江水道下行，还可抵达俄罗斯远东各港口直至日本海沿岸各国港口。

黑河水运口岸历史悠久，早在1858年即成为我国对俄贸易口岸，进行民间和官方贸易。现已成为国家贸易、地方贸易、边境小额贸易、边民互市贸易及为对外旅游、国际旅客服务的多功能口岸。口岸运输方式随着季节变换，明水期开展水上船舶运输和轮渡运输，冰封期开展冰上汽车运输，流冰期开展气垫船运输和航空运输，可谓运输方式多元，确保四季运行。近几年，该口岸对基础及配套设施进行了不断改造和建设。现有货运码头、客运码头及明水期汽车轮渡与冰封期汽车运输兼用码头各1处，共有千吨级泊位12

个。货运码头岸线长 612 延长米，场地面积 8 万平方米，仓库面积 1 万平方米，装卸机械 18 台（套），运输船舶 26 艘，年货物吞吐能力 120 万吨。客运码头岸线长 98 延长米，场地面积 8 000 平方米，旅检大厅 3 600 平方米，候船大厅 2 400 平方米，旅检通道 14 条，年过客能力 100 万人次。

2018 年，黑河河港口岸进出口货物共计 57.89 万吨，同比增长 51%，进出境人员 87.97 万人次，同比增长 15.04%。货运量创黑河口岸开通 31 年来历史新高。

【逊克水运（河港）口岸】 逊克水运（河港）口岸是 1989 年 12 月经国务院批准的对外开放口岸，1990 年 5 月正式开通使用，1994 年 1 月，经中俄两国政府确认为国际客货运输口岸。该口岸位于黑龙江省北部边陲，黑龙江中游南岸逊克县城边疆镇，与俄罗斯阿穆尔州对应口岸波亚尔科沃隔江相距 15 千米。波亚尔科沃港口是俄罗斯阿穆尔河（黑龙江）沿岸三大港口之一，口岸设施完善，交通发达，通过铁路、公路与西伯利亚铁路相接，可达俄罗斯国内各大中城市。

该港口被交通运输部批准为江海联运国际航运港口，建有客货运输立壁式码头 3 座，码头岸线长达 120 米，设有机械化、半机械化装卸设备，可以停泊千吨级以上货轮。口岸货物储运方便，建有海关监管仓库和大型货场，仓储面积达 2 万平方米。口岸查验配套设施日趋完善，建有查验单位办公楼 2 200 平方米，货检场地 1 800 平方米，旅检大楼 1 650 平方米，现场封闭围栏、围墙 1 000 延长米，生活用房、战士营房及车库3 000平方米。该口岸明水期开展水上船舶运输，冰封期开展冰上汽车运输，年货物吞吐能力达 20 万吨以上。沿黑龙江上行可达我国黑河港及俄罗斯布拉戈维申斯克港，下行可达嘉荫、萝北、同江、抚远等港及俄罗斯对应开放港。口岸集疏运条件很好，有黑嘉公路贯通，距北黑铁路孙吴站 85 千米，距黑龙江省北部中心城市黑河 153 千米。

2013 年，黑龙江特大洪水后，2015 年逊克口岸启动改扩建工程，历时 4 年时间累计投入 6500 万元。改扩建了码头、联检大楼、购置了装卸设备、运输工具，目前口岸的功能齐全设施比较完备是一个成熟的口岸。

2018 年，该口岸进出口货运量完成 5.55 万吨，比上年增加 154.1%。出入境人员实现 0.88 万人次，比上年增加 151.64%。是 1993 年以来过货量最多的一年。

【孙吴水运（河港）口岸】 孙吴水运（河港）口岸是 1993 年 6 月经国务院批准的对外开放口岸，1994 年 1 月，经中俄两国政府确认为国际客货运输口岸。该口岸位于黑龙江省北部边陲孙吴县，坐落在黑龙江中游南岸的四季镇，距孙吴县城 54 千米，距俄罗斯阿穆尔州对应口岸康斯坦丁诺夫卡 27 千米。上行可达黑河及俄罗斯布拉戈维申斯克港，下行可抵逊克及俄罗斯波亚尔科沃港。

该港口江面宽阔，为天然深水港，枯水期也可停靠千吨驳船。建有综合性客货栈桥式码头及粮食、石油、煤炭、木材专用码头，可同时停靠 5 个千吨级驳船作业，装卸及相关设备齐全，年吞吐量 30 万吨。除明水期开展水上船舶运输外，冰封期可开展冰上汽车运输，流冰期还可开展气垫船运输。口岸集疏运条件较为方便，口岸至县城必需的黑嘉公路已建成水泥路面，黑大公路和北黑铁路通过县城。

由于俄罗斯曾建议暂不开放康坦丁诺夫卡—孙吴口岸，该口岸目前尚未正式开通使用。

【呼玛水运（河港）口岸】 呼玛水运（河港）口岸是 1993 年 5 月经国务院批准的对外开放口岸，1994 年 1 月，经中俄两国政府确认为国际客货运输口岸。该口岸位于黑龙江省西北边陲呼玛县城呼玛镇，与俄罗斯阿穆尔州施马诺夫斯克区乌沙科沃口岸隔黑龙江相望，航道长 19 千米。这里有呼玛至黑河、呼玛至塔河 2 条干线公路贯通，距韩家园铁路车站百余千米。

该口岸基础条件很好，港口码头岸线长4 060 米，砌有青石护坡，可同时停泊千吨货轮 10 艘，已实现机械化或半机械化换装，年货物吞吐能力可达50万吨，旅客通过能力可达20万人次。现场2 200平方米联检楼已续建完工，货检楼、货检场、铁围栏基本建成。该口岸除明水期开展水上船舶运输外，冰封期还可开展冰上汽车运输。

1998年12月，在中俄两国总理定期会晤委员会运输合作分委会口岸工作组第二次会议上，俄罗斯曾建议暂不开放呼玛—乌沙科沃口岸，该口岸至今仍未开通。

【漠河水运（河港）口岸】 漠河水运（河港）口岸是1989年4月经国务院批准的对外开放口岸，1990年3月经中国与苏联两国政府换文确认为国际客货运输口岸，1993年9月正式开通使用，1994年1月经中俄两国政府再次确认为国际客货运输口岸。该口岸位于黑龙江省西北边陲漠河县，同俄罗斯阿穆尔州斯科沃罗季诺区对应口岸加林达隔江相望，相距只有500米。加林达为连接西伯利亚大铁路和贝阿大铁路的小贝阿干线的终点站，距离阿穆尔州第二大城市腾达市300千米。该处江段水流充沛，可停靠千吨级货轮。港口占地面积近万平方米，建有900平方米联检楼、1 104平方米综合楼、635平方米旅检厅、100平方米货检厅，还有1 000平方米全封闭或半封闭仓库各1座，并备有100吨地中衡、8吨和20吨汽车吊各1台，年设计货物通过能力10万吨以上。明水期开展水上船舶运输，由此下行可达黑龙江沿岸中俄港口，冰封期开展冰上汽车运输，有三级公路同黑漠公路相接。口岸距漠河县城西林吉火车站183千米，距最近的长缨火车站113千米。

【绥芬河陆路（公路）口岸】 绥芬河陆路（公路）口岸是1988年12月经国家主管部门批准进行汽车临时过货运输的口岸，1990年3月经中国与苏联两国政府换文确认为汽车运输口岸，1993年1月经中俄两国政府再次换文确认为汽车过往口岸，1994年1月经中俄两国政府确认为国际公路客货运输口岸，2000年9月经国务院批准为对外开放口岸，开展国际客货运输，2003年5月经国务院批准开展口岸签证工作。该口岸位于黑龙江省东南边陲重镇绥芬河市东部，是301国道（绥满公路）的起点，距黑龙江省东部中心城市牡丹江153千米，距省会城市哈尔滨460千米。与俄罗斯滨海边疆区波格拉尼奇内公路口岸相对应，距该口岸所在的波格拉尼奇内区16千米，距陆路交通枢纽乌苏里斯克120千米，距滨海边疆区首府符拉迪沃斯托克210千米，距纳霍德卡和东方港270千米。

2018年，绥芬河陆路（公路）口岸进出口货运量完成64.3万吨，比上年下降2%；出入境人员实现97.2万人次，比上年增加8.6%。

【东宁陆路（公路）口岸】 东宁陆路（公路）口岸是1989年12月经国务院批准的对外开放口岸，1990年3月经中国与苏联两国政府换文确认为双边公路汽车运输口岸，同年5月正式开通使用。1992年11月经中俄两国政府换文确认开展旅客运输，陆续开通了至邻近的俄罗斯城市的旅游业务。1994年1月经中俄两国政府再次确认为双边客货公路运输口岸。该口岸位于黑龙江省东南边陲东宁县三岔口朝鲜族镇，与对应的俄罗斯滨海边疆区波尔塔夫卡公路口岸隔瑚布图界河相望。瑚布图河架有永久性桥梁，连接双方口岸过境公路。这里距俄罗斯十月区政府所在地波克罗夫卡34千米，距俄罗斯滨海边疆区首府、远东最大的海港城市符拉迪沃斯托克154千米，距我国滨绥铁路绥阳站75千米，距绥芬河站45千米。

该口岸封闭监管区占地62 000平方米，建有旅检综合办公楼4 210平方米，内设出境旅检通道6条，入境旅检通道3条，车检通道2条。货检区设出入境检查通道各2条，同时配有查验部门现场办公用房及附属设施。口岸年货运通过能力达120万吨，客运通过能力达60万人次。随着口岸客货运量的增长，该口岸客货通道已经实行6天12小时无午休工作制，正在准备在客运通道实行7天12小时无午休工作制。

2018年，东宁陆路（公路）口岸进出口货运量完成53.8万吨，比上年增加47.7%；出入境人员实现27.8万人次，比上年增加7%。

【密山陆路（公路）口岸】 密山陆路（公

路）口岸是 1989 年 4 月经国务院批准的对外开放口岸，1992 年 10 月经中俄两国政府换文确认为双边公路客货运输口岸，1993 年 5 月正式开通使用。1994 年 1 月经中俄两国政府再次确认为双边客货运输口岸。该口岸位于黑龙江省东南边陲密山市档壁镇，中俄界湖兴凯湖的西北岸 1.5 千米处，距密山市 38 千米，距内陆中心城市鸡西市约 100 千米。与俄罗斯滨海边疆区对应口岸图里洛格隔白棱河相望，相距仅有 1 千米，距最近的俄罗斯城市卡缅雷博洛夫 64 千米，距俄罗斯远东地区重要交通枢纽和贸易中心乌苏里斯克 150 千米，距俄罗斯滨海边疆区首府符拉迪沃斯托克 260 千米。

该口岸基础及配套设施日趋完善，功能齐全。市区建有 2.8 万平方米口岸办公楼及附属设施、2.4 万平方米海关监管仓库。口岸现场占地面积 1.4 万平方米，建筑面积 5 000 平方米，其中锅炉房、餐厅、车库 577 平方米，封闭仓储库 305 平方米，简易库、门卫房 263 平方米，封闭铁栅栏长达 588 米。设有 4 条进出口货物检验通道、2 条出入境旅客查验通道。口岸东侧南北部各设一处 2 000 平方米的停车场，东侧 200 米处建有 2 万平方米的货物仓储区。中俄双方共同在白棱河界河上修建了一座长 33 米、宽 12 米的永久性公路桥梁，可常年过客过货。该口岸年过货能力在 50 万吨以上，年过客能力在 30 万人次以上。

该口岸对外旅游购物开展得十分活跃，成为口岸发展的特色优势。自 2004 年以来，该口岸出入境人员一直保持在 20 万人次以上，2005 年出入境人员实现 28 万人次，比上年增长 43.40% 创历史新高。2016 年，出入境人员实现 15 万人次，比 2015 年增加 265.07%。该口岸进出口货运量最高年份是 2003 年，完成 11.5 万吨，比上年增长 34.50%。

在强化口岸过货量提升的同时，积极发展采取手拎包旅游和互市贸易，确保密山口岸年过客 5 万人次的目标。现密山口岸过客已经实现了年过客 5 万人次的目标。

2018 年，密山陆路（公路）口岸进出口货运量 3 万吨，同比增加 305%；出入境人员 10.5 万人次，同比下降 49.5%。

【虎林陆路（公路）口岸】 虎林陆路（公路）口岸是 1989 年 4 月经国务院批准的对外开放口岸，1992 年 10 月经中俄两国政府换文确认为双边公路客货运输口岸，1993 年 5 月正式开通使用，1994 年 1 月经中俄两国政府再次确认为双边客货运输口岸。该口岸位于黑龙江省东部边陲虎林市区东南 58 千米处的吉祥，与俄罗斯滨海边疆区对应口岸马尔科沃隔松阿察河相望，相距仅有 1 千米，与其所在对应城市列索扎沃茨克市相距 8 千米。在黑龙江省东部沿边扇状开放口岸群中，该口岸位居中心位置。正对面是俄罗斯滨海边疆区和哈巴罗夫斯克边疆区的结合部，分布着 4 市 7 区。俄罗斯著名的西伯利亚复线大铁路和与之并行的远东干线公路贯穿 4 市，由此向北可深入俄罗斯腹地，向南可到达滨海边疆区首府符拉迪沃斯托克和纳霍德卡港，并可通向韩国、日本及东南亚。虎林市国内交通十分便利，既有省级公路贯穿全境，又有哈东铁路由此经过。

该口岸基础及配套设施日趋完善，客货通过能力不断增强。目前建有 2 600 平方米口岸办公楼、1 600 平方米口岸现场办公楼、1 000 平方米旅检厅、250 平方米双向车道货检厅，修建了 1 640延长米二级水泥面口岸过境公路、5 万平方米口岸现场仓储设施、近 8 万平方米海关监管仓库基地、2 万平方米硬化地面露天货场。中俄双方共同在松阿察河界河上修建了一座长 207.08 米、宽 13.96 米，桥下可通航的永久性公路桥梁，使口岸不受季节影响，可全天候过客过货。该口岸年过货能力可达 260 万吨，年过客能力可达 100 万人次。该口岸 1999 年进出口货运量首次突破 10 万吨，2000 年进出口货运量达到 14 万吨，创历史新高。

2018 年，进出口货运量完成 6.75 万吨，比上年增长 59.3%；出入境人员实现 2.3 万人次，比上年下降 36.74%。

【哈尔滨陆路（铁路）口岸】 哈尔滨陆路

（铁路）口岸是1996年9月国务院批准的作为全国第一个内陆铁路货运口岸的试点对外开放的口岸，办理国际集装箱运输业务，1997年8月正式对外开通使用。该口岸位于哈尔滨市道外区先锋路148号，场地宽阔，环境优美。场区占地面积35万平方米，其中国际集装箱作业区7万平方米，拥有6条铁路到发线，装卸作业便利，堆场能力充足，通关功能完善，可办理20英尺和40英尺国际集装箱运输业务，年吞吐能力10万标箱。该口岸铁路专用线与滨洲、滨绥、滨大、拉滨、滨佳等铁路干线衔接，成为四通八达的铁路货运枢纽。距大连水运口岸约950千米，距满洲里边境铁路口岸约943千米，距绥芬河铁路口岸约555千米。

该口岸作为国家对外开放口岸，是沿海、沿边口岸在内陆城市的延伸，具有沿海、沿边口岸的功能，是外贸运输的目的口岸和起运口岸。现场建有2 000多平方米报关、报检大楼，进出口货物报关、报检、报验、结汇等手续均在这里一次进行，沿海、沿边进出境口岸不作重复检验，并为用户提供报关、报检、报验、代理、结汇、保险、签发单证、租船、订舱、中转、仓储、公路、海上运输等“一站式”全方位服务。1997年8月，正式开通了至大连集装箱码头的集装箱“五定”班列，每周二、周四、周六上、下行对开一列，为海运集装箱直接进出内陆地区提供了可靠通道；1998年11月又延伸至满洲里、绥芬河边境铁路口岸，实现了国际集装箱直通过境运输，形成了南接沿海、北连边陲的多式网络，成为黑龙江及周围腹地最大集装箱和铁路货运集散地。

2018年，哈尔滨铁路口岸累计进出口货物537 460吨（进口520 437吨、出口17 023吨），同比增长450.02%；进出口货值38 622.71万美元（进口36 420.32万美元、出口2 202.39万美元），同比减少16.09%；进出口集装箱3 115标箱（进口2 004标箱、出口1 111标箱），同比减少69.45%。

【绥芬河陆路（铁路）口岸】 绥芬河陆路（铁路）口岸建成于1899年6月，1900年绥芬河至俄乌苏里斯克区间开始通车，1903年7月绥芬河至满洲里全线通车，距今已有逾百年历史。1994年1月，经中俄两国政府确认为国际铁路客货运输口岸，2003年5月，经国务院批准开展口岸签证工作。该口岸在黑龙江省东南边陲重镇绥芬河市，位于滨绥铁路与俄罗斯远东铁路的接轨处，是黑龙江省唯一的对俄边境铁路口岸，也是我国对俄罗斯经贸的重要口岸之一。绥芬河站距俄罗斯滨海边疆区对应的波格拉尼奇内铁路口岸国境站格罗捷阔沃26千米，距俄罗斯铁路枢纽站乌苏里斯克123千米，距俄罗斯西伯利亚铁路终点、滨海边疆区首府符拉迪沃斯托克230千米，距俄罗斯远东最大的海运港口东方港（纳霍德卡）369千米；距黑龙江省东部中心城市牡丹江193千米，距我国北方重要水、陆、空交通枢纽，黑龙江省省会哈尔滨540千米。该铁路口岸地处要道，陆海联运可到达日本的新潟、横滨，韩国的釜山，美国的西雅图等地区，处于东北亚经济区中心位置，被黑龙江省人民政府确定为对外经贸的主通道，地缘优势十分突出。

该口岸现在是一等铁路车站，主要办理国际联运货物运输和国际、国内旅客运输，以及自站货物的到发、装卸等业务。设有南、北两个站场，管辖绥阳（二等站）、宽沟两个中间站，年设计综合运输能力为1 000万吨。南站场占地10万多平方米，建有线路40条，其中宽轨27条，准轨13条；建有国内、国际旅客候车室各1座，国内候车室为1899年兴建，是原中东铁路较有代表性历史建筑；国际客运联检大楼为2 800平方米，设有出入境通道16条（出入各8条）；建有国内、国际旅客站台各1个，总面积为4 451平方米；还建有集查验、运输、货代于一体的6 800平方米联合报关报验大楼及铁路口岸电子监控系统，为加快通关速度，提高通过能力，打下坚实基础。

北站场距南站场2.4千米，占地17万多平方米，建有线路44条，其中宽轨14条，准轨30条；设有1组原油换装线、4组机械换装线、17台龙门吊、70余台汽车吊；建有人力站台2个，货物站台1 170平方米，货物仓库697平方米。

该口岸进出口货运量约占全省口岸进出口货运量的80%。1955年，该口岸进出口货物量为133.7万吨，创当时历史纪录。之后相当一个时期，进出口货运量在百万吨左右。随着对俄经贸合作的快速发展，1998年进出口货运量完成156.9万吨，再创历史新高。随后从1999年的203.6万吨到2002年的514.9万吨，每年以100万吨速度增长。2005年，进出口货运量完成742.5万吨，比上年增长22.4%；出入境人员实现55.9万人次，比上年增长4.5%，双创历史新高。

2018年，绥芬河铁路口岸进出口货物1 160.7万吨，同比下降5.3%。其中，进口1 123.7万吨，同比下降4.9%；出口36.9万吨，同比下降14.5%。进出境人员14.2万人次，同比下降18%。其中，进境3.7万人次，同比下降32.8%；出境10.6万人次，同比下降11.2%。

2018年黑龙江省口岸大事记

1月1日

中俄原油管道漠大二线工程正式投入商业化运营，标志着进口俄原油增输正式启动，预计全年进境原油将达3 000万吨。当日，漠河海关共监管进境原油5.88万吨，是2017年日均监管量的1.3倍。

1月2日

黑龙江省人民政府同意哈尔滨铁路货运口岸迁址至哈尔滨国际集装箱中心站（香坊区香明街1号）。

1月4日

哈尔滨多式联运海关监管中心一期建设项目竣工，通过了验收，在哈尔滨国际集装箱中心站正式投入使用。

1月15日

黑龙江省机场管理集团召开2017年度机场工作总结会议暨2017年度先进服务单位表彰大会，哈尔滨出入境边防检查站被评为“2017年度机场服务标杆先进单位”。

1月18日

黑龙江省口岸办副主任孙英杰、抚远市副市长伊志辉、黑龙江航运集团有限公司副总经理韩光巍在佳木斯海事局局长刘峰的陪同下，抵达黑龙江海事局共同商讨抚远市对俄开辟水运新航线等相关事宜，黑龙江海事局局长缪昌文、副局长许彦春率领相关业务处室负责人参与了会谈。

1月25日

绥芬河龙生经贸有限责任公司向哈尔滨海关提交了汇总征税总担保保函，这是哈尔滨海关创新税款担保模式后受理的首份“银关保”保函。

2月24日

哈尔滨海关启动大型集装箱/车辆检查设备联网集中图像分析系统试点工作，全面贯彻落实海关总署关于“监管信息化建设”工作部署。哈尔滨海关业务监控指挥中心、绥芬河海关驻东北沟办事处应用H2010系统、海关机检查验集中审像系统完成首票全流程审像作业。

5月26日

黑龙江省委副书记、省长王文涛到绥芬河口岸调研，了解口岸扩能改造、互联互通基础设施建设和口岸进出口货物、进出境人员情况，并慰问现场关员。牡丹江市委书记马志勇、绥芬河市委书记王兴柱，绥芬河海关主要负责同志等陪同调研。

5月29日

东宁海关为东宁辖区龙江银行办理人民币跨境调运通关手续，龙江银行申报出口人民币1 500万元，收款方为俄罗斯亚洲太平洋银行，这是东宁海关首次办理中俄人民币跨境调运业务。此次人民币跨境调运是黑龙江省首笔本币现钞调运业务，填补了黑龙江跨境调运本币现钞的业务空白，有利于强化中俄之间的经贸往来和经济金融合作，提升人民币的市场地位和国际声誉。

是日

哈尔滨太平国际机场海关对首架来自洛杉矶的北美直航货运包机进行监管。该批进境货物共176件，6 220千克，主要为母婴用品、保健品、锅类、刀具等。该航线的开通将大大节省货物运输时间和费用，对推动哈尔滨国际航空枢纽建设及进一步开放航空口岸具有十分重要的意义。

6月1日

经哈尔滨市政府批准同意，哈尔滨综合保税区纳入哈尔滨铁路货运口岸四至范围。

6月9日

国家民委副主任刘慧赴黑河口岸视察工作，听取索道项目介绍。

7月9日~12日

海关总署办公厅邀请中央电视台综合频道、财经频道、《光明日报》、《法制日报》等中央媒体对哈尔滨海关驻虎林办事处在虎林口岸货运渠道查获的特大团伙走私珍贵动物制品案件情况进行专题采访。

7月10日

由华夏航空公司执飞的G54329次航班搭载着85名旅客及机组人员从齐齐哈尔三家子国际机场起飞，标志着齐齐哈尔至俄罗斯旅游航线正式开通。

7月15日

牡丹江至符拉迪沃斯托克航班复航。

7月17日

中俄东线天然气管道过境段工程第二条隧道管道安装正式开工。该工程由中国石油管道局工程有限公司承建，全部采用俄罗斯进口管材。

8月5日

黑河市委副书记、代市长马里到黑河口岸调研指导，并看望慰问边检执勤官兵。

8月13日

俄罗斯联邦犹太自治州紧急情况总局向佳木斯海事局发来感谢信，感谢佳木斯海事局在防范界河洪涝灾害方面给予的大力协助。

8月24日

哈尔滨综合保税区首批跨境电子商务货物（保税备货模式）入区成功。该批货物为日本进口化妆品，总重12 312.55千克，共1 600箱、合计40 000件，货值168.16万元人民币，经大连海关转关入区，标志着哈尔滨综合保税区跨境电商业务正式运营。

8月31日

黑河市委副书记、代市长马里到逊克口岸调研，并看望慰问边检执勤官兵。

9月14日

2018年度中俄界河组织应急联合演习，交通运输部党组书记杨传堂赴黑河视察。

10月27日

中俄东线天然气管道工程过江段第二条管道焊接安装顺利完工。中俄东线天然气管道工程过江段两条管道焊接安装工作圆满完成，比合同工期计划提前23天，标志着连接中俄东线中国境内段和俄罗斯境内段的“咽喉要道”被彻底打通，为保障2019年年底管道按期投产供气奠定了坚实基础。

12月6日

国家禁毒委委员、应急管理部党组成员、总工程师王浩水，国家禁毒办副主任、公安部禁毒情报技术中心主任韩旭光一行7人，在黑龙江省禁毒委副主任、省政府副秘书长王大为同志，黑河市副市长邓福才同志陪同下莅临黑河口岸实地考察。

12月7日

俄罗斯奥罗拉航空公司HZ9757次航班从俄罗斯哈巴罗夫斯克机场顺利抵达抚远东极机场，标志着“抚远—哈巴”2018年冬季临时客运包机国际航线顺利通航。抚远边检站结合工作实际，采取多项措施圆满完成了机场通航首日边防检查任务。

12月11日

抚远市副市长、市反恐办副主任、公安局局长孟凡涛一行在抚远出入境边防检查站站长张钤和机场领导的陪同下深入抚远东极机场进行调研。

12月25日

哈尔滨边检站执勤现场迎来第80万名旅客，标志着继2016年后哈尔滨出入境边防检查站旅客流量又一次突破80万大关，与2017年同比增长7.5%。

12 月 28 日

中俄东线天然气管道过境段工程全部完工。中俄东线天然气管道工程起点位于黑龙江省黑河市中俄边境，途经黑龙江、吉林、内蒙古、辽宁、河北、天津、山东、江苏、上海 9 个省（市）区，终点为上海市，全长 3 170 千米，年供气量 380 亿立方米，是我国目前口径最大、压力最高的长距离天然气输送管道。

（撰稿人：刘金成）

2018 年黑龙江省口岸流量统计表

口岸	货运量（万吨）						人员（万次）					
	进出口	同比（%）	进口	同比（%）	出口	同比（%）	进出境	同比（%）	进境	同比（%）	出境	同比（%）
合　计	4 142.3	37.1	4 062.4	39.0	79.9	-19.1	360.1	4.0	179.3	3.9	180.8	4.1
大庆（管道）	2 733.4	66.3	2 730.3	67.3	3.1	-72.2						
绥芬河	1 160.7	-5.3	1 123.7	-4.9	36.9	-14.5	111.4	4.3	54.6	5.3	56.8	3.3
铁　路	1 093.9	-5.5	1 079.1	-5.2	14.8	-25.6	14.2	-18.0	3.7	-32.8	10.6	-11.2
公　路	64.3	-2.0	42.2	-0.3	22.1	-5.0	97.2	8.6	50.9	9.8	46.2	7.3
综保区	2.4	35.2	2.4	37.7	0.05	-30.1						
黑　河	57.9	51.0	44.1	68.7	13.8	13.1	88.0	15.0	43.9	15.1	44.0	15.0
东　宁	53.8	47.4	33.6	135.0	20.2	-9.0	27.8	7.0	14.6	3.0	13.2	11.8
哈尔滨	53.9	438.7	52.2	765.6	1.7	-56.5	81.2	7.1	40.4	6.9	40.8	7.4
铁　路	53.7	448.5	52.0	792.5	1.70	-57.1						
机　场	0.2	-10.9	0.2	-19.3	0.03	115.0						
开发区	0.000 1	—	0.000 0	—	0.000 1	—						
同　江	28.3	-16.8	26.3	-12.4	2.04	-49.7	4.5	-7.3	2.2	-8.2	2.3	-6.4
抚　远	19.8	42.3	19.6	45.5	0.2	-52.8	11.6	-7.9	5.8	-8.1	5.8	-7.7
牡丹江	8.7	52.3	8.7	52.4	0.0	-100.0	12.5	20.4	6.1	19.6	6.4	21.2
萝　北	7.4	23.3	7.2	22.5	0.2	52.4	1.8	-12.4	0.9	-12.0	0.9	-12.8
虎　林	6.8	59.3	6.3	53.4	0.48	219.0	2.3	-36.7	1.2	-35.5	1.1	-38.0
逊　克	5.6	154.1	5.6	156.7	0.0	-100.0	0.9	151.6	0.4	151.9	0.4	151.4
密　山	3.0	305.0	2.855 0	4 206.2	0.2	-76.0	10.5	-49.5	5.3	-49.4	5.3	-49.6
佳木斯	1.1	49.3	0.0	-100.0	1.1	59.0	4.1	11.6	2.1	9.7	2.0	13.7

续表

口　岸	货运量（万吨）						人员（万次）					
	进出口	同比（%）	进口	同比（%）	出口	同比（%）	进出境	同比（%）	进境	同比（%）	出境	同比（%）
富　锦	1.0	5 450.8	1.0	—	0.0	-100.0						
饶　河	1.0	217.9	1.0	240.7	0.01	-49.8	3.0	9.8	1.5	9.8	1.5	9.9
齐齐哈尔	0.006	-79.0	0.0	-100.0	0.006	-77.7	0.4	0.0	0.2	0.0	0.2	0.0
漠　河	0.001	—	0.000 4	—	0.000 6	—	0.003	-60.7	0.002	-61.9	0.002	-59.5

（黑龙江省口岸办提供）

2018 年黑龙江省口岸出入境主要数据表

项目			2018 年	2017 年	同比（%）
出入境人员（人次）	出入境人员总数		3 601 358	3 464 280	3.96
	入境人员		1 793 066	1 726 474	3.86
	出境人员		1 808 292	1 737 806	4.06
	出入境旅客		3 226 297	3 128 478	3.13
	出入境员工		375 061	335 802	11.69
	中国公民	小计	1 821 901	1 748 330	4.21
		内地居民（因公）	94 100	88 018	6.91
		内地居民（因私）	1 679 161	1 607 380	4.47
		港澳居民	3 402	6 543	-48.01
		台湾同胞	45 238	46 389	-2.48
	外籍人员		1 779 457	1 715 950	3.70
	从海港出入境人数		813 361	742 174	9.59
	从陆港出入境人数		1 799 578	1 822 405	-1.25
	从空港出入境人数		988 419	899 701	9.86
交通运输工具（辆、艘、架、列次）	总计		222 739	192 740	15.56
	船舶		18 066	15 581	15.95
	飞机		7 754	7 142	8.57
	火车		9 302	8 339	11.55
	机动车辆		187 617	161 678	16.04

（黑龙江出入境边防检查总站提供）

2018年哈尔滨海关主要数据统计表

项目		2018年	同比（%）
进出口货运量（万吨）	合计	4 142	37.1
	进口	4 062	39.0
	出口	80	-19.1
进出口贸易总值（万美元）	合计	1 943 801	60.8
	进口	1 759 173	92.8
	其中：江、海运输	56 662	109.1
	铁路运输	154 590	5.2
	汽车运输	43 179	26.7
	航空运输	28 638	-5.3
	邮件运输	33	-45.5
	其他运输	1 476 073	119.0
	出口	184 628	-37.8
	其中：江、海运输	23 605	-67.5
	铁路运输	35 664	-32.9
	汽车运输	118 148	-28.5
	航空运输	6 703	30.1
	邮件运输	28	-32.3
	其他运输	480	2.1
税收（万元）	两税合计	1 661 800	65.170
	关税入库	54 400	71.740
	进口环节税入库	1 607 400	64.950
货物检验检疫（批次）	本年累计	191 463	-0.6
	其中：出境	45 047	-9.8
	入境	146 416	2.7
货物检验检疫金额（万美元）	本年累计	1 845 161	65.6
	其中：出境	190 147	-12.1
	入境	1 655 014	84.3

（哈尔滨海关提供）

2018 年黑龙江海事局口岸进出港船舶统计汇总表

船舶类别	进港船舶						出港船舶					
	艘数（艘）	总吨（吨位）	总载重量（吨）	载客量（客位）	货物到达量（吨）	旅客到达量（人）	艘数（艘）	总吨（吨位）	总载重量（吨）	载客量（客位）	货物到达量（吨）	旅客发送量（人）
总计	10 117	2 482 395	795 139. 63	299 759	562 784. 98	299 095	10 031	2 450 781	130 460. 34	295 492	128 494. 93	295 127
中国籍船舶	5 108	1 495 548	348 749. 59	160 666	334 721. 02	160 756	5 046	1 474 895	101 154. 34	162 656	99 496. 93	161 901
其中外贸船	6 089	986 847	410 390. 04	139 093	228 063. 96	138 339	4 985	975 886	29 306	132 836	28 998	133 226

（黑龙江海事局提供）

2018 年黑龙江省指定口岸/查验场统计表

省、自治区、直辖市	类别	序号	指定口岸/查验场名称	指定查验场名称	类别	批复时间	备注
黑龙江省	进口冰鲜水产品检验检疫口岸	1	哈尔滨太平国际机场	黑龙江省机场管理集团有限公司货运销售分公司	空港		
		2	同江口岸	同江丰林达进出口贸易有限公司	河港		
		3	绥芬河口岸	绥芬河市鑫东燕经济贸易有限公司	河港		
		4	抚远口岸	抚远江海港国际仓储有限公司	河港		
		5	饶河口岸	饶河佰益佳边民互市商务服务有限公司	河港		进口品种限于：非生食冰鲜水产品
		6	虎林口岸	虎林市口岸服务站冰鲜冷库	陆路		
	进境植物种苗指定口岸	7	哈尔滨太平国际机场		空港		
	进境粮食指定口岸及查验点	8	绥芬河口岸（铁路、公路）	绥芬河铁路口岸货场	C		
		9		绥芬河公路口岸货场			
		10	黑河口岸	黑河口岸货运码头			
		11	东宁口岸	东宁口岸查验货场			
		12	密山口岸	密山口岸大华货场			
		13	同江口岸	同江口岸西港码头			
		14	抚远口岸	抚远口岸莽吉塔深水港码头			
		15	萝北口岸	萝北口岸名山港码头			
		16	虎林口岸	虎林口岸吉祥货场			
		17	逊克口岸	逊克口岸逊克港码头			
	进境食用水生动物指定口岸	18	东宁口岸	东宁口岸查验点	C		
		19	绥芬河公路口岸	绥芬河公路口岸查验点			
		20	抚远口岸	抚远口岸莽吉塔港查验点	B		
	进口肉类指定口岸/查验场	21	第一进境地口岸为大窑湾、天津，故此栏无法填写	黑龙江大庄园指定查验场	公路		

（哈尔滨海关提供）

上 海 市

上海市口岸分布示意图

	类型	口岸名称	批准开放时间	开放状态
1	空运口岸	上海空运口岸 （虹桥国际机场） （浦东国际机场）	1963.11	国际常年
2	水运口岸	上海水运口岸 （黄浦江沿岸） （长江上海段） （杭州湾北岸） （洋山深水港区）	历史延续	国际常年
3	铁路口岸	上海铁路口岸	2009.11	地区（沪港）常年

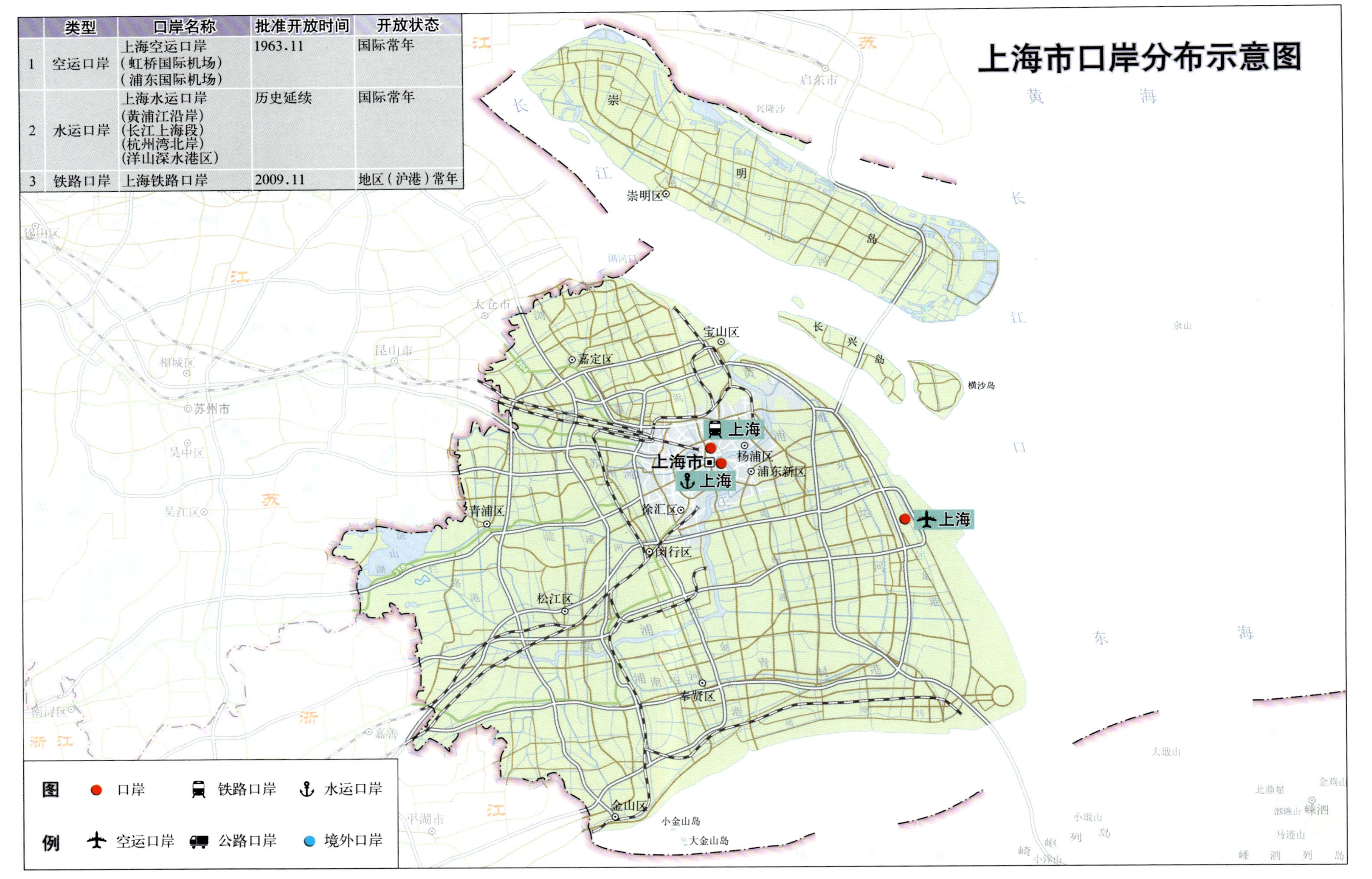

口岸数量及分布

截至2018年年底，上海市共有经国务院批准的对外开放口岸3个，分别是上海空运口岸（上海虹桥国际机场、上海浦东国际机场）、上海水运（海港）口岸和上海陆路（铁路）口岸。

口岸运行数据

2018年，上海口岸进出口货物总值85 317亿元（占全国进出口货物总值305 050.4亿元的27.9%），同比增长7.7%。其中，出口48 913.9亿元，同比增长6.9%；进口36 403.1亿元，同比增长8.8%。上海关区进出口货物总值64 064.3亿元，同比增长7.3%。其中，出口37 099.1亿元，同比增长6%；进口26 965.2亿元，同比增长9.2%。上海市进出口货物总值34 009.9亿元，同比增长5.5%。其中，出口13 666.9亿元，同比增长4.2%；进口20 343.1亿元，同比增长6.4%。

2018年，上海口岸货物吞吐量40 550.7万吨，同比下降2%。其中，水运口岸货物吞吐量40 205.8万吨（占上海港货物吞吐总量7.3亿吨的55%），同比下降2%；空运口岸货邮吞吐量344.9万吨（占上海航空港货邮吞吐总量417.6万吨的82.6%），同比下降0.4%。进出口集装箱吞吐量3 574.8万标箱（占上海港集装箱吞吐总量4 201万标箱的85.1%），同比增长4.6%。

上海口岸出入境人员总数46 269 846人次，同比增长5.8%（出入境旅客总数42 501 425人次，同比增长6.4%）。其中，空运口岸出入境人员42 001 615人次，同比增长7.5%（出入境旅客39 681 632人次，同比增长7.6%，占上海航空港旅客吞吐总量11 763.4万人次的33.7%）；水运口岸出入境人员4 159 119人次，同比下降8.6%（出入境旅客2 720 153人次，同比下降8.4%）；铁路口岸出入境人员109 112人次，同比下降4.5%（出入境旅客99 640人次，同比下降4.8%）。

上海口岸出入境交通运输工具总数277 119辆（艘、架、列次），同比增长3.2%。其中，上海口岸出入境船舶23 908艘次，同比减少4.1%；出入境飞机252 845架次，同比增长4%；出入境列车366车次，同比持平。

口岸综合管理

【上海全力推进优化跨境贸易营商环境】 在中央部委的大力支持下，上海成立由市口岸办、市发展改革委、市商务委员会、市交通委员会、市税务局、上海海关、港务集团等单位成立的专项工作组，认真开展口岸营商环境调研，通过对标国际，找到差距，提出改革路径和举措，持续优化营商环境；同时按照世界银行（以下简称“世行”）方法论，客观研判，支持世行更加充分全面开展评价，提升跨境贸易排名。世行跨境贸易指标分为进口、出口，包括边境和单证的耗时与费用，共8个指标。上海口岸一方面进行通关流程、时限和费用的系统梳理，另一方面广泛走访调研企业，开展较大的规模企业问卷调查，收集企业信息和需求。在对世行8个指标进行方法论分析的基础上，结合上海口岸的实际，逐一对照比较，分析存在的薄弱环节，提出改进工作的措施和建议，形成完善的方案。在海关总署等中央部委和市政府各部门的大力支持下，全力推动2018年度相关改革措施落地落实。

【上海口岸出台优化跨境贸易营商环境若干措施】 围绕世行跨境贸易营商环境报告的8个指标和企业最为关心的效率、费用问题，根据国家口岸管理办公室《提升跨境贸易便利化水平的措施（试行）》的18条措施，结合上海口岸实际，同时也学习借鉴北京、天津的经验和做法，上海跨境贸易工作组单位于2018年3月共同制定和公布了《上海口岸深化跨境贸易营商环境改革若干措施》，提出了17项改革措施。形成3张表：一张进口流程表、一张口岸费用表、一张单证简化表。一是提高进口口岸效率。着重推行口岸通关与物流“并联”作业，由狭义通关环节延伸到整个口岸作业环节，与近年来海关推行的“提前申报”“快速放行”等改革措施相结合，形成综合效应。包括：实现报关、报检“并联”受理；通过单一窗口推送申报需要的相关港航信息，便利企业换单前申报；船公司和船代实行办理进口集装箱交接单发放与海关放行分离，凭提货单即可办理；查验信息发送前移，海关接受申报后即通知企业是否需要查验；与企业共同形成《进口集装箱“并联”（48小时）作业参考流程》，集中帮助一批申报企业、贸易企业、货代（运输）企业开展“并联”作业，并安排专人联系服务企业。二是规范上海口岸跨境贸易费用。上海在进一步规范口岸收费的同时，对照世行费用口径和方法论，梳理上海口岸费用的实际情况，逐项摸清底数。面向300多家贸易和货代企业、行业协会，通过走访和开展问卷，对费用情况进行印证，算出一本明白账，并由第三方（北京睿库贸易安全与便利化中心）再次进行评估论证，于2018年3月公开发布，形成与国际接轨的、公开透明的上海口岸费用项目、费用水平清单。三是进一步便利单证办理。着重是压缩机电类进口许可证、出口原产地证的办理时限，简化申报随附单证的种类和提交方式。在商务部的支持下，汽配进口许可证委托地方审批办理，市商务委审批办理时限由2个工作日压缩到1个工作日。海关（原检验检疫）、贸促会，大幅缩短出口原产地证申领的审核时间，并支持企业自主打印证书。海关还全面推行报关电子委托。此外，还同步推进口岸物流作业无纸化。包括：试点集装箱设备交接单无纸化流转；取消出口货物纸质集装箱装箱单流转；研究推动港口企业、船公司加快实现提货单电子化。

【上海持续推进国际贸易“单一窗口”建设】 按照《上海国际贸易“单一窗口”（2017～2020年）深化建设》方案，2018年上海持续推进国际贸易“单一窗口”建设。一是融合对接国家标准版“单一窗口”。在完成进出口货物申报数据全量切换的基础上，按要求实现海、空运运输工具及舱单数据切换任务，同步实现企业资质、许可等业务通过标准版与国家部委之间的“总对总”办理。二是外贸企业购付汇业务正式上线。在上海外汇管理局的支持下，上海“单一窗口”购付汇业务于2018年6月27日正式上线发布，首批签约银行与“单一窗口”实现系统对接。到2018年年底有6家银行开展业务，184家外贸企业通过“单一窗口”平台成功完成签约和线上跨境购付汇，真正实现购付汇业务的“全程无纸化”及“智能审核”。三是开发上线“信用保险”服务功能。2018年年初，上海“单一窗口”开发上线“信用保险”服务功能，企业通过上海“单一窗口”，可获取风险预警、风险管控、出口信用保险和信保贸易融资等一站式综合服务。同时为积极落实国家支持中小微企业，促进外贸增长和通关便利化等要求，上海“单一窗口”于2018年下半年上线“信用保险服务WE平台”（简称“WE平台”），为小微企业提供包括投保、理赔、资信、融资、咨询等“一站式”风险管理服务。11月14日，“单一窗口”“WE平台”首家企业成功投保。四是出口退税功能全面推广。自2018年2月起，向本市全面推广应用“单一窗口”出口退税功能。截至10月退税申报期，本市15283户“单一窗口”用户企业办理出口退（免）税额908.61亿元，占比逾八成，“单一窗口”已成为本市企业出口退税申报主渠道。累计为企业减少手工录入约2.3亿项填报要素，大大节省了纳税人的人力、物力、时间成本。除核心报税功能外，进一步对接整合市税务局自建的出口退税管理服务平台，向出口企业提供“退税办理进度查询、外部信息查询、退税文书查询、年度退税款对账、年度未申报退税业务提示、通知公告”等增值办税服务，2018年以来，向本市2.6万余户出口退税申报企业精准推送各类定制服务信息近75万条，深受纳税人欢迎和认可。

【上海国际贸易“单一窗口”保障进口博览会展品便利通关】 2018年年初，上海市口岸办会同市商务委、上海海关、上海电子口岸，全力打造“单一窗口”进博会专区，提供展品进出境全流程办理服务。展会期间，通过“单一窗口”办理业务的服务参展商882个，参展商品种类662类，参展国家117个，参展商品货值31 407 377美元。除业务办理，“单一窗口”进博会专区还提供展品从进境到提货整个口岸通关状态信息跟踪查询功能，涵盖展品到港，临时仓库的入库、出库，进出展馆，参展后的留购或回运情况等。同时通过与“中检溯源云平台”的对接，前伸到境外生产企业，后延至仓储、展位，乃至渠道和消费者，实现对参展商品全过程的企业信息、产地信息、质量信息、物流信息的实时抓取，提供展品全程供应链状态查询。

【上海国际贸易“单一窗口”助力营商环境改革】 优化上海口岸跨境贸易营商环境是对标国际通行规则的全新任务，“单一窗口”通过贯通单证流和信息流，便利企业申报和业务办理，推进流程由串联转为并联，实现进口货物48小时并联大通关作业，为营商环境的优化提供了技术保障。世界银行2019年营商环境报告高度评价“单一窗口”在压缩跨境贸易时间和成本中发挥的作用，并向全世界推介上海“单一窗口”的经验做法。2018年3月下旬，实现报关、报检“并联”受理。4月中旬，实现向企业推送包括船名航次、靠泊时间和码头名称等港航信息，便利企业开展提前申报。“通关+物流”跟踪查询应用扩充到移动版，便利用户通过手机随时查询货物到港情况，及时进行申报，并跟踪查询通关流程办理进度。自2018年9月起，取消数据协同增值服务收费，进一步扩大服务覆盖面，提高申报效率，每年可为企业节省600万元。

【上海国际贸易“单一窗口”启动试点关税保证保险】 关税保证保险是借鉴国际惯例将关税缴纳与货物放行分离的一项创新举措，其以进口企业为投保人、海关为被保险人，企业办理保单后，可享受进口货物“先放行后缴税”的通关便利。在海关总署、银保监会的指导下，上海“单一窗口”会同上海太平洋财险于2018年9月启动关税保证保险产品试点工作。9月8日，中国太平洋财产保险股份有限公司上海分公司的第一份保单信息成功通过上海“单一窗口”传入上海海关内部的审核系统，对试点项目的正常运行起到良好的检验及示范作用。

【漕河泾综合保税区通过验收】 2018年11月23日下午，上海市商务委（口岸办）牵头组织上海海关、市发展改革委、市财政局、市税务局、市市场监督管理局、外汇管理局上海分局等单位，召开漕河泾综合保税区验收工作会议。与会各验收单位代表上级中央部委，听取了漕河泾管委会的情况汇报，现场察看了综合保税区查验监管设施的建设情况，一致认为漕河泾综合保税区符合各项验收条件。上海海关与市商务委（口岸办）领导共同签署了验收会议纪要，标志着漕河泾综合保税区正式通过验收。上海其余五家出口加工区也已经提出申请，将会陆续组织开展转型升级综合保税区的验收工作。

【上海孚宝公司码头泊位通过对外开通启用】 上海孚宝港务有限公司码头E1、E3泊位通过对外开通启用验收。2018年12月20日，上海市商务委（口岸办）、上海海关、上海海事局、上海边检总站组成联合验收组，对上海孚宝港务有限公司码头E1、E3泊位进行对外开通启用验收。上海孚宝港务有限公司码头是上海化工区目前唯一的公共码头，此次对外开通启用的E1泊位长76米，设计年通过能力120万吨，E3泊位长60米，设计年通过能力80万吨。

【上海推进长三角区域大通关合作】 一是推进长三角一体化发展。在长三角区域合作办公室指导下，上海市口岸办会同海关等相关单位研究提出《长三角地区一体化发展三年行动计划（2018～2020年）》口岸工作安排，即深化长三角区域大通关建设，并在此基础上进一步细化重点任务分解和提出2018年度工作计划。加强与上海海关、上海海事局和上海边检总站密切沟通，组织召开长三角区域一体化口岸工作座谈会，及时传达市领导指示精神和长三角区域合作办公室相关工作安排，初步建立信息沟通机制，保障双向信息传达及时准确，充分发挥各查验单位参与长三角一体化发展工作作用，体现长三角口岸合作工作重点。二是加强长三角区域交流合作。2018年6月，长三角地区主要领导座谈会召开，三省一市领导现场考察上海国际贸易“单一窗口”并明确提出要建设长三角区域“单一窗口”。市口岸办根据要求，与浙江省、江苏省、安徽省商务厅积极对接，市口岸办领导带队组织亿通公司等单位赴张家港、南通等口岸调研，就长三角区域“单一窗口”建设、电子口岸建设运营、信息互联互通等方面开展多次交流，共同探讨下一步合作方向。三是不断推进试点项目落地。上海“单一窗口”与安徽开展“单一窗口”数据查询和统计的对接。在太仓、昆山、嘉兴、宁波、舟山、芜湖等地区开展跨区域申报试点，推动港航物流信息接入“单一窗口”，以点对点的方式试点推进信息交换共享。与张家港口岸合作开发“通关+物流”信息交换和数据传输通道，于11月实现一家张家港企业在上海“单一窗口”开户并开展业务试点。截至第三季度末，有431家企业通过上海的“单一窗口”向193个外地口岸完成134 013批次货物申报，与2017年全年相比，增长了16倍。

【上海与大连开展对口合作】 按照2018年上海市与大连市对口合作重点工作安排和《上海市与大连市口岸对口合作备忘录》有关要求，2018年，上海市口岸办认真推进落实上海与大连对口合作口岸工作，积极开展上海与大连两地交流互访活动，参加6月19日~21日在沪召开的“2018沪连经贸合作上海·大连周”活动，组织召开上海与大连口岸工作交流座谈会，并安排大连口岸单位考察上海电子口岸、外高桥港区等现场活动。双方继续加强口岸业务交流，深入交流国际贸易“单一窗口”建设和优化跨境贸易营商环境等重点工作，共同探讨提升跨境贸易营商环境相关工作措施，取得很好的交流成果。

口岸监管与服务

【上海出入境边防检查总站全力支持推动上海国际贸易“单一窗口”建设】 为进一步深化“放管服”改革，不断提升服务对象申请办理边检许可证件的便利性和体验度，上海出入境边防检查总站（以下简称“上海边检总站”）启用“上海‘单一窗口’边检许可服务平台”，在全国边检机关行列率先实现国际航行船舶登轮搭靠业务网上办理和登轮搭靠证件电子化，并从2018年10月15日起进一步扩大登轮许可网上申办适用人员范围。据统计，截至2018年年底，“上海‘单一窗口’边检许可服务平台”注册开户单位达到960余家，全年通过线上受理签发上下外轮许可证5.76万份，签发船舶搭靠外轮许可近1 400份，“单一窗口”边检手续办理的便利性进一步凸显。11月1日起，上海边检总站在空港口岸正式启用“上海‘单一窗口’边检航空器申报平台”，线上受理浦东、虹桥国际机场口岸各航空公司提交的客机、货机、公务机和专包机四类航空器的出入境申报，内容覆盖总申报单、旅客名单、机组人员名单、过境人员名单、遣返人员名单、机组换班人员名单，以及航空公司机组人员备案信息等。该平台启用后，上海边检总站于12月1日起，全面取消各类纸质申报表单据，进一步便利航空公司的申报相关信息。

【上海出入境边防检查总站持续加强边检行政执法工作】 一是牢固树立以人民为中心的执法服务理念。严格落实“谁执法谁普法”工作责任制，紧紧围绕中国公民出入境通关排队不超过30分钟、外国人生物信息采集、扩大自助通关使用范围等重大出入境政策的出台，做好配套政策解读和现场推广宣传，第一时间将各项便民利民举措落到实处。通过深化“单一窗口”边检行政许可平台建设，加快实现“让服务对象少跑路、出入境数据多跑路”，有效增强了服务对象的获得感和满意度。二是不断提升执法规范化建设水平。通过举办法制讲堂等形式加强常态化法制培训，有效提升民警的证据意识、程序意识。认真开展执法质量考核评议工作，加大执法监督力度。通过召开航空公司工作例会、对企业边检协管员进行执法培训、与口岸相关执法单位开展共建交流等形式，积极听取相关单位关于口岸治理的意见建议，合力营造和谐、法治的口岸通关环境。三是坚持为中心工作提供法制保障。在首届进博会边检安保工作期间，上海边检总站紧扣安保工作需要，组织各边检站开展执法隐患排查，召开各口岸单位参加的口岸综合治理工作会议，明确遵守出入境法律法规的相关要求，增强口岸单位和人员守法意识。及时向口岸单位通报违法出入境案件的新动态和新趋势，把口岸单位及其工作人员作为及时发现违法、有效处置违法的有力补充，借助社会力量构建全方位安保体系。

【上海出入境边防检查总站为进博会成功举办创造安全口岸环境】 从2018年4月进博会安保拉开帷幕，到11月12日安保任务结束，上海边检总站全力以赴做好进博会边检安保工作，严密口岸查控查堵、严厉打击各类非法出入境活动，全总站近2 800名民警、工人、文职人员在上海9个出入境口岸，以最高标准、最强措施、最严要求，采取超常规举措，确保口岸安全稳定，圆满完成了进博会边检安保任务。为做好进博会安保工作，上海总站制定了详细严密的工作方案与行动计划，对各阶段工作进行精细化部署。坚持全方位联动，与苏浙皖三地边检机关签署安保合作协议，牵头成立由相关单位参加的机场口岸管控联合专班，形成管控合力。安保工作期间，上海边检总站查获1名变换身份潜逃境外23年的进口博览会参展商，经查，其为涉嫌故意伤害致人死亡的网上在逃对象。查获1名持有三本不同国家护照且身份资料信息均不相同的涉恐嫌疑外籍人员。安保工作期间，上海边检总站对所有在港国际航行船舶实施24小时全天候梯口监护，对上下轮人员及其携带的行李物品实行全覆盖查验，确保海港口岸安全。在上海铁路口岸对沪九列车强化检查和监管，并与上海武警总队官兵开展联合执勤。进博会边检安保期间，上海边检总站共检查出入境人员500余万人次，交通运输工具3.3万余辆（艘、列）次。进博会期间，上海边检总站共为参会的300余批重要代表团、2 200余人次重要来宾提供了边检礼遇。包括与会的各国元首、政府首脑代表团30余批、1 100余人次，妥善处理多起突发事件。

【上海出入境边防检查总站持续提升边检通关智能科技化管理水平】 2018年，上海空运口岸出入境客流持续增长，浦东机场日均客流达到10.5万人次，出入境人员数量连续16年位列全国空港口岸首位。面对大客流考验，上海边检总站始终坚持服务国家改革开放大局和上海“五个中心”建设，持续探索边检智能科技化发展道路。以“智慧边检”建设为主线，上海边检总站提出了以数据中心、运维中心、研发中心的“三大中心”建设为引领的总体设计构想，明确了强化基础支撑、便利服务对象、筑牢管控防线、优化勤务组织、科学队伍管理、提高办公效率等六大建设任务，并专门研究出台了《上海边检总站信息化建设实施纲要（2018～2020年）》。不断提升边检勤务工作信息科技化水平，先后建设完成21个重点项目，完成了总站大数据中心、智能辅助查验系统、办公自动化系统以及总站、机场站指挥调度系统建设。大力提升视频监控辅助管控水平，将1 500路勤务现场高清视频纳入总站监控专网，为视频资源的深度应用奠定良好基础。为所有旅检查验通道配备304台生物信息采集一体化终端、176台生物特征自助采集设备，全面开展外国人面相和指纹采集，率先对所有出入境人员实施生物特征比对查控，极大地增强了口岸查堵查控安全管控能力。针对上海口岸出入境客流量持续增长与传统查验手段瓶颈限制的矛盾，上海边检总站持续推进自助通关设施建设。年内，在浦东机场口岸新建并投入使用自助通关41条，上海口岸自助通道数量目前已达183条。截至2018年年底，浦东机场口岸自助通道使用率稳定在35%～40%之间，虹桥机场口岸自助通道使用率稳定在45%～50%之间。2018年，上海口岸有超过1 500万人次旅客享受到了自助通道“10秒快速通关”带来的便利，占出入境旅客总数的35.3%，预计这一占比在未来几年中将持续扩大。信息科技技术的深化应用进一步确保了边检口岸安全管理与口岸通关服务效能的进一步提升。

【上海出入境边防检查总站持续提升旅客边检通关体验度】 上海边检总站主动服务上海邮

轮经济发展，积极参与交通运输部试点邮轮船票制度，并与有关部门合作研究船票码和通关便捷条码合二为一等改革举措，方便旅客在邮轮港区内“一码通行”，持续优化邮轮通关体验。积极推进“互联网+边检服务”新模式，上海边检总站于年内推出“上海边检”App 手机客户端软件，并结合原有的“上海边检”微博、微信公众号以及互联网门户网站等，及时发布、更新政策信息，回应社会关切，更好地建立起与广大出入境人员的线上交流渠道。同时，建立与上海市“12345 市民热线”线上对接，为社会各界更好地了解边检政策规定、办理相关手续、解答各类疑难问题等提供了畅通的渠道。

【上海海事局做好国际贸易“单一窗口”标准版试运行工作】 根据《交通运输部海事局关于做好国际贸易“单一窗口”标准版应用推广工作的通知》要求，上海海事局积极开展国际贸易“单一窗口”标准版试运行工作。前期，对辖区内的船舶代理企业进行宣传，并选取了两家较为典型的船舶代理企业作为试运行的申报单位；组织申报单位和相关分支海事局对国际贸易“单一窗口”标准版申报端及审批端具体操作进行学习。2018 年 10 月 16 日～10 月 30 日，试运行申报单位先后选择并申报了“MAERSK WIESBADEN”（中文船名：马士基威斯巴登）、“SALLY MAERSK”（中文船名：莎莉马士基）和“善能”三艘船舶，申报单位和审核单位双方分别就受理审核同意、受理审核不同意、补正材料等环节进行了试操作，共同完成了上述三艘船舶的进口岸申报审批、进口岸查验手续、出口岸许可等各项业务内容。11 月，上海海事局将试运行过程中发现的问题及建议梳理汇总，上报交通运输部海事局。

【上海海事局推进贸易监管制度创新】 深入推进“放管服”改革。调整下放 6 项行政执法事权。全面推行权责清单制度。试点“双随机”检查，提升事中、事后监管效果。梳理公布 37 项“马上办、网上办、就近办、一次办”审批服务事项。简化办理流程，试行行政审批容缺受理。实施重大审批超前服务、政务窗口导办制度。优化升级网上政务中心，开发运行掌上政务中心，在海事系统率先实现所有 37 个大项 76 个子项业务行政审批事项“一网通办”。建立实施港口建设费“三方监管自动收款”机制，创新推出行政罚款“国库直缴”方式。

【上海海事局服务进博会保障】 2018 年 11 月 5 日～10 日，根据上海市“进博会”安保工作总体方案，结合辖区实际，按照“分区分级，科学管控，进入核查，逢疑必查”的总体思路，稳步、有序落实各项管控措施：一是认真落实交通运输部海事局入沪船舶专项安全监管工作，对入沪船舶进行了核查和专项安检及信息录入，累计开展中国籍船舶专项安全检查 1 069 艘次，核查入沪船舶 38 519 艘次，入沪信息报送平台报送船舶信息 49 715 艘次，船上人员信息报送 39 945 艘次；二是集中力量加强现场查控，累计出动执法船艇 3 953 艘次，执法人员 14 687 人次，执法车辆 1 610 车次，现场检查船舶 3 805 艘次，现场拦截不合规船舶 931 艘次，驱离不合规船舶 447 艘次，与水上公安、地方海事部门联合开展黄浦江水域“零事故、零污染”专项整治工作，与长航公安加强联勤联动，共联合检查船舶 388 艘次；三是加强船载危险货物预防预控，实施核心管控区危险货物运输总量控制，组织危险品船舶现场分段监控 825 艘次，海巡艇护航 324 艘次；四是全面加强现场值守，严格落实领导带班值班和关键岗位 24 小时应急值班制度，10 月 23 日起全员到岗，局领导率先垂范，各级领导干部带班值班、深入一线，抽调精干力量加强一线值守，黄浦江水域日均值守海巡艇 30 艘次，值守人员 180 人次，值守社会力量 80 艘次，有效确保了辖区水上交通安全，成功保障了“11·4”上海国际会议中心重大外事活动的安全。

【上海海事局推动长江口深水航道大型邮轮与大型集装箱船利用边坡交会】 随着 12.5 米深水航道延伸到江苏南京，长江口深水航道船舶流量持续增长，船舶大型化趋势明显，尤其是上海邮轮产业的快速发展以及“邮轮优先”原则的确立，使得深水航道大型重载集装箱船与大型邮轮交会矛盾日益突出。上海海事局率先提出关于利用边坡水域提高深水航道通航能力方案。同时，按照“先理论研究，再实船试验，然后试运行”的总体思路，利用深水航道边坡8米自然水深，优先解决大型重载集装箱船与大型邮轮（“深吃水+浅吃水”）的安全交会问题。2017年8月~10月，分别组织三次利用边坡交会实船试验。通过实船试验，取得了相关通航数据，进一步验证了利用边坡水域提高深水航道通航能力的可行性和科学性。2018年1月1日起，长江口深水航道利用边坡交会开展试运行。试运行以来，通过加强组织协调，优化交通组织，严格落实各项安全保障措施，不断总结和完善试运行工作，使其安全、平稳、有序推进。截至2018年12月31日，长江口深水航道共顺利实施利用边坡交会221次，邮轮和集装箱等船舶准点率大幅提高。据保守估算，全年对邮轮、集装箱及散杂货船舶等航运企业产生直接经济效益约8 900万美元。为配合利用边坡交会工作的开展，上海海事局组织制定了《长江口深水航道编队规则》《长江上海段锚地安全管理规定》。试运行结束后，交通运输部海事局组织开展了试运行情况评估，试运行效果良好。11月14日，交通运输部印发了《关于长江口深水航道大型邮轮和大型集装箱船舶超宽交会常态化运行的通告》，利用边坡交会于2018年12月1日起正式常态化运行。

【上海海事局加快推进江海直达船型标准化提高水水中转效率】 江海直达运输是一种绿色、高效、环保先进的运输方式。按照交通运输部和上海市交通委部署，上海海事局不断深入推进适应上海辖区的船型标准化工作，与中国船级社武汉规范研究所及上海汉唐航运有限公司密切协作，经市场与船东需求调研，指导开发124TEU的江海直达集装箱船型。经中船重工702研究所多次船模试验，已初步形成该箱量的船型。目前按该图纸建造的船舶中，已有两艘完成建造并下水。在这一船型船舶投入营运后，将对该船型的经济性、安全性、实用性指标进行评估，并视情况对船型进行改进与推广。同时还将适时地开发其他箱量的船型，以应对江海直达、河海直达，江海联运的不同需求，从而提高水水中转效率。

【上海海事局推行“四双”服务举措促港口营运效率提升】 在严守航运安全的前提下，深化机制创新，在自贸试验区推出了“双向”通航、“双档”靠泊（即双船并靠）、“双套”作业（即码头前沿水域双船离泊双船靠泊）及“双窗口”离泊（即船舶在顺流、逆流两个时间窗口均可离泊）等“四双”服务举措，有效突破了洋山深水港的通航能力瓶颈，提升了港口营运效率。2018年，共实现“双向”通航512艘次，每次可缩短船舶待泊时间2~3小时，泊位利用率由72%上升至84%；实施双档作业1 145艘次，双套作业1 368艘次，每次作业可缩短船舶待泊时间2~3小时，提高码头利用率近10%；“双窗口”作业372艘次，每次可减少大型集装箱船舶待泊时间3~6小时。2018年，探索将“四双”服务拓展至“全船型、全港口、全窗口”。

【上海海事局做好非洲猪瘟疫情联防联控工作】 根据《交通运输部办公厅关于做好非洲猪瘟疫情联防联控工作的通知》和《交通运输部办公厅关于进一步做好非洲猪瘟疫情联防联控工作的通知》要求，上海海事局积极响应，认真落实。一是密切关注来自国外疫区的船舶，提前掌握疫区始发或过境及拟载运生猪及其制品的船舶动态信息，统一发布进出上海口岸的船舶动态；二是主动对接海关，建立信息通报机制，将相关船舶动态信息通报海关，配合海关做好相关船舶的检疫工作；三是认真履行海事监管职责，强化水路口岸管控，积极配合有关部门将检测、消毒、移动控制等各项防控措施落实到位。

【上海海关深入推进上海自贸试验区建设】 一是统筹深化业务改革，不断丰富制度供给。发挥创新制度“乘数效应”促进物流链高效运作。引导企业综合应用一线“先进区、后报关”“简化随附单证”、区内“自行运输”和二线“批次进出、集中申报”等创新制度，高效整合供应链，通关无纸化率从设区初期的8.4%提升至

94.1%，一线进境货物入区通关时间平均缩短2~3天，货物从一线进境至二线出区的通关时间最快可缩短至4小时内，吸引多家知名企业的亚太及全球分拨中心入驻。着力破解“税单无纸化”难点，率先启动“海关专用缴款书”打印改革，先行先试电子传输保函自动备案模式，企业依托互联网最快仅需10余分钟即可在线完成申报、纳税到放行、自行打印税单的全流程通关手续。推动海关担保事务进一步开放、便捷，引入专业财务、保险企业参与海关事务担保。二是叠加整合创新措施，提升产业发展能级。整合平台资源助力“贸易中心”建设，促进区内专业化保税展示平台、国别（地区）进口商品中心与中国国际进口博览会对接，推动设立区内外联动的“6+365”天常设保税展示展销平台，展览品在进口博览会结束后可结转至自贸试验区作为保税货物继续展销，并利用跨境电商模式拓展进口渠道、扩大进口规模，放大进口博览会的辐射效应。支持“上海油”“上海金”等金融要素市场扩大开放。创新推出期、现货联动的保税交割监管制度，对接标准仓单可质押、可转让和异地交割等业务需求制定原油期货保税交割规范，支持以人民币计价、向国外交易主体开放的原油期货保税交割业务顺利运作。做好黄金交割专用保税仓库监管，发展促进黄金进口与转口贸易功能，提升上海“金融中心”的价格发现能力、资源配置能力和增值服务能力。支持新业态、新模式拓展范围提升能级。深化“区港联动”，依托保税维修功能创新，吸引船舶制造维修全球三强企业入驻，为上海港国际船舶提供设备直达、服务直供的保税维修服务。推进跨境电商保税及直邮进口业务规模化运作，并启动出口业务，丰富“全球买、全球卖”的个性化贸易需求。推广“仓储货物按状态分类监管”模式，帮助企业向内外贸一体化运作的贸易运营结算中心升级。三是全方位加强联动衔接，主动服务国家战略。支持打造服务“一带一路”建设的“桥头堡”。推行保税货物跨关区结转业务，促进上海自贸试验区与西安、成都等“一带一路”建设重点节点城市紧密联动。支持拓展多式联运业务，打通与义乌中欧班列相衔接的海铁联运等贸易新通道。开设重大项目通关“绿色通道”，便利我国企业在“一带一路”沿线国家开展重大项目建设。推进国际自贸协定优惠政策的落地转化。对标WCO贸易便利化协定等国际新规则，改进海关专业技术服务，首创原产地预裁定、原产地自主声明、未再加工证明、受惠无纸化、中转货物信用签证等一系列新制度和新模式，助力国家对外优惠贸易协定作用进一步发挥。全年上海自贸试验区进出口贸易总值1.4万亿元，占同期上海市外贸总值的42.8%。

【上海海关全面深入推进关检融合】 上海海关落实海关总署全面深化改革和关检机构融合要求，报关单、报检单合二为一，229个申报项目合并精简至105个，减少54.1%，整合随附单证，将原报关、报检74项随附单据整合为10项，102项监管证件简化成64项，实现一套随附单据，统一编码，一次提交；全面取消通关单，通关流程和环节大幅精简优化。货物查验、运输工具、行李物品等8个领域的“查检合一”稳步推进，实现申报单证、作业系统、风险研判、指令下达、现场执法“五统一”，海关监管、检验检疫两大口岸通关作业环节历史性融为一体。

【关检业务融合整合申报项目在上海关区顺利落地】 海关总署下发关于全国海关一体化关检业务全面融合整合申报项目实施方案后，上海海关迅速贯彻落实海关总署相关要求，积极主动开展各项工作，推动关检业务全面融合整合申报项目在关区顺利落地。2018年8月1日，切换首日，关区申报新版报关单7.1万票，业务技术运行平稳顺畅。一是全面落实海关总署部署，提前进入备战状态。关党组对此项工作高度重视，召开关区工作推进和动员会，第一时间组织做好对海关总署方案的学习研究，科学制定关区切换工作方案，统筹做好各项工作安排。成立关区整合申报项目工作组，统一指挥、协调推进各项相关具体工作，稳步推动关区申报业务全面切换至新系统。举办关企座谈会，了解企业对切换工作的关切、需求和建议，在工作推进中有机融入企业意见。6月上旬，上海海关已制定完成实施关检业务全面融合整合申报功能改造技术实施计划等具体推进方案，明确了任务要求和时间节点，为各项任务及时落地打牢基础。二是紧锣密鼓推进攻坚，提前做好切换准备。对照海关总署统一标准，抽调专门技术力量改造上海国际贸易“单一窗口”报关申报系统客户端版、网页版、数据协同等相关系统，开发报关申报传输平台系统，实现与“单一窗口”国家标准版对接，各项开发任务均早于计划时限完成。开展试运行工作，细致推进联调测试，对报关单申报传输平台进行4轮次版本升级，优化程序指令近1万条，不断提升系统稳定性。同步做好内、外部准备，对内落实报关、报检“一个窗口”设置要求，做好关员培训，提前调整岗位和人员安排；对外举办大型宣讲会12场，培训企业代表3 200余人次，并派员现场指导，帮助企业顺利完成客户端升级及新版报关单申报测试工作。三是建立应急保障机制，确保项目平稳落地。设立关检融合整合申报项目应急中心，实行业务技术集中应急值守模式，搭建覆盖全关的应急联系体系，以对整合申报项目的试运行、正式切换及切换后业务运行实施全程业务保障，累计组织值守208人次，向海关总署应急保障组上报运行报告16批次，反映问题72项。设置临时监控系统，即时收集用户切换情况、新老通道数据对比、业务量统计等数据，准确掌握业务运行情况。调动地方政府、行业协会等有关各方力量，搭建多渠道、多层次的关企宣传沟通桥梁，及时处置疑难问题。针对切换试点初期退单率较高的情况，迅速开展问题攻坚，按照系统、传输、企业等原因分别施策，有效提高了申报成功率。

【上海海关推动通关流程持续优化】 上海海关大力支持企业“提前申报”，加快报关单修改等业务的办理速度，协调解决系统无法自动放行的问题，为企业“提前申报”创造条件，上海关区进口“提前申报”比率已提升至21%。推进“先放后税”，争取关税保证保险的率先试点，扩大汇总征税覆盖面，为企业降低了资金成本，提高了通关效率。推行“先放后检”，对进口铁矿完成相关现场检验检疫工作并符合要求后，即可提离海关监管作业场所，试点范围内的进口铁矿检验用时从原先的22.66天缩短为4.08天，时长压缩83%；每批次货物为企业节省经济成本100.3万元。

【上海海关优化作业模式提升通关时效】 重点加强时效性商品的通关速度，进境食品审批时间从20个工作日缩短至5个工作日；加强风险分析，进口肉类、水产品现场开箱查验比从100%下降为30%；为冰鲜水产品设立绿色通道，确保7×24小时随到随检。进一步推广“双随机一公开”作业模式，保持“双随机”率在95%以上，全面覆盖查验、稽查和加贸核查等各业务领域，加强结果全面公开，营造透明、稳定、可预期的口岸营商环境。在虹桥机场、浦东机场和吴淞新客运楼实施应用“先期机检”；制定“智能审图”试点工作方案，配合海关总署做好推广和评估工作；高效应用“集中审像”，建立外港、洋山、保税区3个集中审像中心，通过集约化管理提升查验时效。上海口岸进口整体通关时间较2017年压缩50.02%。世界银行发布的最新《营商环境报告》显示，我国跨境贸易营商环境排名大幅提升32位，上海的贡献权重占到55%。

【上海海关大力推动跨境贸易管理大数据平台建设】 自主提出上海跨境贸易大数据管理平台（简称“大数据平台”）的建设构想，依托上海口岸优势，探索用大数据的理念和方法，解决口岸贸易便利和国门安全问题。大数据平台已接入船公司、航空公司、上海港口、进出口企业ERP系统、税务、工商、外汇支付等共计6亿多条数据，建立了“安全准入、税收征管、动卫商食”等三类预警模型，还为服务进博会开发了专门功能模块，提供了订舱、审批、报关、提离等业务的一条龙服务。实践证明，大数据平台可以大幅缩短通关时间和提升通关效率；更重要的是，大数据平台可以带动“放管服”改革措施在海关业务领域全面落地，推动相关政府部门、口岸服务机构和企业信息共享共用，提升上海口岸通关作业数字化、规范化、智能化水平，在更高水平上实现强化监管与优化服务的有机统一。

【上海海关推进国际中转集拼和签证便利化】 鼓励企业用足用好中转货物原产地签证政策，不断完善事前、事中、事后的流程监管和业务扶持机制，创新监管手段，并对重点行业、重点企业等自主品牌以及新兴企业实施重点帮扶，助力企业政策利用率提升。针对转口证书领域不断涌现的新型业态，根据货物来源、实际原产地，探索试行换证、分证、并证操作的管理制度。推动国际中转集拼功能落地，实施境外中转货物 6 位编码简化申报模式，进一步推出更加接轨国际的“舱单申报、舱单核销”模式，助力上海港提升境内外货源的集疏运能力。

【上海海关打造监管服务新模式保障首届中国国际进口博览会】 一是以科技创新为依托，探索构筑数字化、智能化监管链条。运用大数据理念和科技化手段，开发试用跨境贸易管理大数据平台，以平台为基础开发“进口博览会监管服务”模块。全面对接国际贸易“单一窗口”、国家会展中心、国际进口博览局、参展商及代理报关企业数据，以展商展品注册备案数据为基础，完整采集 150 余个国家 3 600 余家参展商的企业、展品和物流信息，依托全口径数据实时开展展品溯源、查询分析、风险预警、线上注册、在线审核工作，形成展前风险干预、现场动态监管、展后核销处置的海关监管闭合回路。通过大数据平台自动建立监管底账，实现展品提前申报、靠泊即提、即时通关，参展企业通过该平台共办理证明函 1 074 份、提前申报 910 票、“靠泊即提” 188 票，主场物流供应商反映企业整体申报时间可压缩 2/3 左右，物流成本有效降低。二是以改革创新为引领，全力做好海关监管服务保障工作。全面落实海关总署出台的税款总担保、扩大展品种类、就近办理行政审批、特殊物品便利进境、展后展品便利处置、支持保税展示交易等 13 项支持首届进口博览会便利措施，在此基础上进一步推出 5 项通关便利化措施和 3 项创新性举措，形成高低搭配、上下结合的制度创新体系。提前发布进口博览会海关通关须知及检验检疫 4 项禁止清单、11 项限制清单，开辟专题网站和官方微信，发放服务指南，为境外参展商、服务商提供详细指引。成立上海海关进口博览会指挥中心，自 2018 年 10 月 15 日起提前进驻国家会展中心开展工作，组建百人团队驻场办理展品通关、临时查检、政策咨询、后续处置等海关业务。设置 92 个物资专窗和 38 条人员专用通道，做好参展嘉宾礼遇、展品快速通关等工作。截至进口博览会闭幕，高效完成对 1 046 批进境展品、保税出区展示展品的监管，总货值约 10 亿元，保障了相关展品顺利展出。三是以国家安全为底线，内外协调坚决守好国门。严密开展进口博览会期间安全保障和口岸检验检疫等工作，提前编制各类应急预案，组织 1 300 人次开展反恐防化、食品中毒、卫生检疫、核生化监测等演练 90 余次。以进口博览会现场为内围核心，将主会场 1 200 路视频监控信号全部接入驻场指挥中心，不间断开展视频监控，组织 1 112 人次现场巡馆，层层设防加强安全保障；以各级现场指挥中心为枢纽，联动开展 24 小时业务监控值守，筑牢口岸安全防线。严格执行检验检疫禁止清单和限制清单，联合卫生、农林等部门对 150 余个参展国的传染病疫情、展销动植物产品疫情开展风险评估，对工业产品开展安全风险监测，严格管控逐级拦截。10 月 29 日 ~11 月 10 日，在上海口岸查获仿真枪、管制刀具、子弹、枪用瞄准镜共 72 件，违禁印刷品、音像制品 2.1 万件；发现传染病有症状人员 227 例，已确诊 7 例；拦截禁止进境动植物产品 1 913 批（含进口博览会物资 1 批）。

【上海海关综合保税区升级发展富有成效】 积极推进特殊监管区域整合优化工作。一是深化合作，推动出口加工区转型升级进程。积极协同上海市政府相关部门走访各区域管委会、主管海关，就土地利用情况、产业规划等问题进行深入了解，并广泛开展与企业间的座谈交流，充分了解企业诉求和发展计划。多次派员陪同上海市政府赴海关总署沟通，配合上海市政府加快进程。

二是加快复制推广，同步推进出口加工区功能拓展。积极落实自贸试验区海关创新制度复制推广工作部署，完善特殊监管区域信息化系统，推进出口加工区功能拓展，为下一步完成整合优化、承载自贸试验区的溢出放大效应和示范作用打好基础。三是加强风险防控，推进加强实际监管与标准化建设。加强特殊监管区域实际监管，推进特殊监管区域“七个标准化”建设，定期组织专项巡查，及时纠正监管工作中的不足。同时，积极推进“智慧海关”建设，完善信息化系统风险防控功能。对卡口、查验场地等重点场所监控设备进行升级改造，实现对10个特殊监管区域视频探头联网工作的全覆盖。漕河泾、闵行、青浦、松江、金桥出口加工区已获批升级为综合保税区，漕河泾、奉贤综合保税区已完成正式验收。

【上海海关加快“双自联动”发展支持科创中心建设】 成立全国海关首个科创促进服务机构，面向全市科创主体提供一体化监管服务，出台支持科创中心建设4类18条具体措施。建设智检通通关体验中心，完成张江跨境科创监管服务中心“自助通关体验中心”和国检小Q机器人建设工作，对集成电路、离岸服务外包等重点产业创新实施全程保税监管，支持“国外研发、国内加工”模式向“智能制造”完整产业链转变，推动集成电路产业设计、制造、材料、装备等全环节产业链深度融合。2018年，为科研院所、外资研发中心、国家企业技术中心办理减免税项目备案71批，减免税款1.6亿元；办理科研用生物材料进境检疫审批1 256批。

开放口岸

【上海空运口岸（虹桥国际机场、浦东国际机场）】 上海空运口岸是中国目前最大的空运口岸，包括虹桥国际机场和浦东国际机场。目前，上海是中国大陆唯一拥有两座对外开放国际机场的城市。截至2018年年底，上海空运口岸形成了虹桥、浦东2大国际机场，3座对外开放航站楼，6条跑道和1个公务机基地的开放格局。

上海虹桥国际机场位于上海西郊，距市中心13千米。虹桥机场始建于1921年，当时主要用于军事用途。1963年11月，经国务院批准上海虹桥机场扩建为国际机场，次年4月开通上海至巴基斯坦卡拉奇国际航线。以后经过多次改扩建。虹桥国际机场拥有2座航站楼（其中T2航站楼为国内航班）、2条4E级跑道、1个国际公务机基地。目前主要开通至日本、韩国等国家 和中国香港、中国澳门、中国台湾等地区航线。2018年，虹桥国际机场起降飞机26. 7万架次，旅客吞吐量4 362. 8万人次，货邮吞吐量30. 7万吨。

上海浦东国际机场位于上海浦东长江入海口南岸滨海地带，占地面积40平方千米，距上海市中心约30千米。1999年，上海浦东国际机场建成通航，并经国务院批准作为上海空运口岸的重要组成部分对外开放。浦东国际机场拥有2座航站楼、4条跑道，3个货运区，是全球首个同时引进FedEx、UPS、DHL三大集成商入驻建设转运中心的机场。2018年，浦东国际机场起降飞机50. 5万架次，旅客吞吐量7 400. 6万人次，货邮吞吐量376. 9万吨，货邮吞吐量连续第十一年位居世界第三。

2018年，上海空运口岸进出口货邮吞吐量344. 9万吨（占浦东、虹桥两大机场货邮总吞吐量417. 6万吨的82. 6%），出入境旅客3 968. 1万人次（占两大机场旅客吞吐量11 763. 4万人次的33. 7%）。出入境飞机25. 2万余架次（占两大机场飞机起降77. 2万架次的32. 6%）。上海口岸公务机出入境航班2 580架次，同比减少5. 4%，随机出入境人员2万人次，同比减少4. 8%。上海航空枢纽在国家“一带一路”倡议中，持续发挥重要作用，在65个“一带一路”沿线国家中，上海已经开通了至35个国家的直飞航线。

【上海水运（海港）口岸】 上海水运（海港）口岸位于中国大陆海岸线中部，长江与东海交汇处，是中国最大海港和常年对外开放水运口岸。

上海水运（海港）口岸最早形成的一批对外开放码头主要分布在黄浦江中、下游东西两岸，改革开放以后，特别是20世纪90年代以来，伴随着浦东开发开放和上海新一轮城市发展规划，上海迈开了建设国际航运中心步伐，一些坐落在黄浦江沿岸的老码头逐步退出和外移，先后在长江上海段、杭州湾北岸和小洋山岛新建了一批新港区、码头并对外开放。1993年11月，上海外高桥港区一期码头建成并对外开放，随后二期至六期码头陆续建成对外开通启用。2002年6月，作为上海国际航运中心建设的核心组成部分——洋山深水港区开工建设。2005年12月，洋山深水港区一期工程竣工正式对外运营，从此结束了上海没有深水港的历史。接着，洋山深水港二期和三期集装箱码头又先后建成并投入运行。2014年12月，洋山深水港区四期工程正式开工建设，于2017年12月10日正式开港运行。目前，洋山深水港集装箱码头总岸线长5 600米、共拥有16个深水集装箱泊位，设计年吞吐能力达930万标箱。截至2018年年底，上海水运口岸形成了包括黄浦江沿岸、长江上海段、杭州湾北岸、洋山深水港区4大开放水域、96座码头、310个泊位的对外开放格局。

2018年，上海海港口岸进出口货物吞吐量4.02亿吨（占上海港货物吞吐总量7.3亿吨的55%）；进出口集装箱吞吐量3 574.8万标箱（占上海港集装箱吞吐总量4 201万标箱的85.1%）。全年进出上海口岸国际航行船舶4.04万艘次，其中进出国际邮轮1 005艘次、出入境邮轮旅客272万人次。自2010年起，上海港集装箱吞吐量已连续9年排名世界第一。

【上海陆路（铁路）口岸】 上海陆路（铁路）口岸位于上海火车站南端。2003年9月，根据CEPA协议，上海设立铁路上海站临时口岸。同年10月1日起，开行上海—香港（九龙）隔日往返直通式旅客列车。2009年11月，国务院批准正式设立上海铁路口岸。2013年4月27日，上海铁路口岸通过国家验收宣布对外开放。上海铁路口岸是长三角地区唯一的陆路出入境口岸。2018年，上海铁路口岸全年出入境列车366车次，出入境旅客9.9万人次。

2018年上海市口岸大事记

1月11日

上海市口岸办与建设银行上海市分行共同签署战略合作协议。双方将建立长期战略合作关系，结合上海国际贸易“单一窗口”建设规划，根据进出口企业实际需求，共同完善和拓展上海国际贸易“单一窗口”与“跨境e+”综合金融服务平台功能，为上海外贸企业提供更加全面、便捷的综合性服务。

3月20日

上海市口岸办会同各相关单位印发《上海口岸优化跨境贸易营商环境若干措施》，围绕推进报检、报关，通关与物流“并联”作业，进一步便利企业申报，推进口岸物流作业无纸化，进一步完善和规范口岸收费，进一步便利单证办理和进一步完善口岸通关服务机制等方面推出17条相关措施。

4月16日

中共中央政治局委员、上海市委书记李强到上海吴淞口国际邮轮港边检执勤一线调研，实地了解邮轮通关服务情况。

4月20日

2018年，上海口岸工作领导小组会议在上海市政府召开，中共上海市委常委、常务副市长、上海口岸工作领导小组副组长周波在讲话中充分肯定了2017年度上海口岸工作所取得的成绩。

5月10日

上海市口岸办会同上海海关在上港集团多功能厅召开政策宣讲会，此次宣讲主要针对上海口岸优化跨境贸易营商环境措施和《海关企业信用管理办法》进行政策解读，上海口岸联合会参与宣讲会协办。

6月8日~10日

上海市口岸办主任张超美、副主任武伟带队，会同上海海关、上海港务集团，专程赴天津口岸、北京口岸交流考察跨境贸易便利化工作。

考察团与天津口岸办、北京商务委（口岸办）围绕近期提升跨境贸易营商环境工作的经验做法和成效进行了深入交流。

7月5日

浙江省副省长朱从玖率省政府办公厅、商务厅、舟山市相关负责同志赴亿通公司考察上海“单一窗口”建设情况，双方就“单一窗口”建设过程中共同关心的问题进行了深入交流。

8月2日

上海市委常委、常务副市长周波赴上海航交所调研上海口岸压缩通关时间工作。上海市口岸办、上海海关（原上海出入境检验检疫局）、中远海运集团、港务集团负责同志汇报了上海口岸压缩通关时间工作及进一步打算等情况。

9月17日

上海市政协经济委员会常务副主任徐海鹰一行5人赴上海空运口岸调研了解中国国际进口博览会期间客商及展品出入境便利顺畅相关工作推进情况。徐海鹰副主任对空运口岸各单位的准备工作高度认同，各方流程有序、领导有力、对策有效，为11月开始的中国国际进口博览会打下牢固基础。

10月18日

国务院发展研究中心副主任隆国强一行就压缩空运货物通关时效、提高通关效率到位于虹桥机场口岸的东航物流股份有限公司进行实地调研。

10月31日

世界银行发布2019年度《营商环境报告》。中国营商环境（跨境贸易）排名（北京占比45%，上海占比55%）提升32位，由97位提升到65位（其中，上海跨境贸易便利度得分83.06，北京跨境贸易便利度得分82.01）。世界银行报告对中国改善口岸营商环境，特别是实施国际贸易“单一窗口”、取消行政收费、提高透明度和鼓励竞争，给予积极评价。

11月30日

上海市商务委（市口岸办）领导班子调整宣布会召开，副市长许昆林出席会议。许昆林对市商务委（市口岸办）相关班子成员的任职表示祝贺，对本市商务、口岸服务工作所取得的成绩表示肯定，并对市商务委（市口岸办）领导班子提出了要求。市商务委（市口岸办）党组书记、主任尚玉英代表领导班子作了表态发言。

12月6日

上海市商务委（口岸办）召开首届中国国际进口博览会总结大会，进一步贯彻落实习近平总书记视察上海时的重要讲话精神，总结经验、表彰典型，凝心聚力、再接再厉、续谱新篇，确保中国国际进口博览会后续工作再创辉煌。

（撰稿人：韩强）

2018 年上海市口岸流量统计表

口岸类型	口岸名称	货运量（万吨）				集装箱量（万标箱）				人员（万人次）				交通工具（辆、艘、架、列次）			
		出口	进口	合计	同比（%）	出口	进口	合计	同比（%）	出境	入境	合计	同比（%）	出境	入境	合计	同比（%）
空运口岸																	
空运口岸	分计			344.90	-0.40							4200.10	7.50			252 845	4.00
陆路口岸 公路口岸																	
陆路口岸 公路口岸	分计																
陆路口岸 铁路口岸																	
陆路口岸 铁路口岸	分计											10.90	-4.50			366	1.10
水运口岸 海港口岸																	
水运口岸 海港口岸	分计			40 205.80	-2.00	1 593.00	1 446.80	3 574.80	4.60			415.90	-8.60		23 908	-4.10	
水运口岸 河港口岸																	
水运口岸 河港口岸	分计																
合计				40 550.70		1 593.00	1 446.80	3 574.80				4 626.90				277 119	
同比（%）				-2.00		5.70	3.50	4.60				5.80				3.20	

表注：集装箱量合计数 3 574.8 万标箱包括内支线 535.0 万标箱。

（上海市口岸办提供）

2018 年上海市口岸出入境主要数据表

项目			2018 年	2017 年	同比（%）
出入境人员（万人次）	出入境人员总数		4 626.98	4 375.26	5.75
	入境人员		2 304.76	2 179.72	5.74
	出境人员		2 322.22	2 195.54	5.77
	出入境旅客		4 250.14	3 994.33	6.40
	出入境员工		376.84	380.93	-1.07
	中国公民	小计	3 342.74	3 107.02	7.59
		内地居民（因公）	—	—	—
		内地居民（因私）	2 974.15	2 745.50	8.33
		港澳居民	135.35	130.57	3.66
		台湾同胞	233.24	230.95	0.99
	外籍人员		1 284.24	1 268.24	1.26
	从海港出入境人数		415.91	455.15	-8.62
	从陆港出入境人数		10.91	11.43	-4.55
	从空港出入境人数		4 200.16	3 908.68	7.46
交通运输工具（万辆、艘、架、列次）	总计		27.71	26.85	3.20
	船舶		2.39	2.49	-4.02
	飞机		25.28	24.32	3.95
	火车		0.0366	0.0362	1.10
	机动车辆		0	0	0

（上海出入境边防检查总站提供）

2018年上海海关主要数据统计表

项目		2018年	同比（%）
进出口货运量（万吨）	合计	19 914.70	1.800
	进口	9 533.30	1.200
	出口	10 381.40	2.400
进出口贸易总值（万美元）	合计	64 061.62	7.327
	进口	26 965.65	9.24
	其中：江、海运输	13 052.46	8.80
	铁路运输	14.57	-6.70
	汽车运输	48.35	3.90
	航空运输	13 820.48	9.56
	邮件运输	5.27	2.13
	其他运输	24.53	315.36
	出口	37 095.97	5.98
	其中：江、海运输	27 924.25	6.99
	铁路运输	4.28	-58.25
	汽车运输	100.56	72.33
	航空运输	8 925.63	2.19
	邮件运输	0.04	-29.57
	其他运输	141.21	40.43
税收（万元）	两税合计	4 267.60	-0.890
	关税入库	908.13	-5.06
	进口环节税入库	3 359.47	0.30
货物检验检疫（批次）	本年累计	172.45	36.30
	其中：出境	14.23	-7.68
	入境	158.22	42.40
货物检验检疫金额（万美元）	本年累计	1 382.35	-6.67
	其中：出境	109.72	25.36
	入境	1 272.63	22.03

（上海海关提供）

2018 年上海海事局进出港船舶统计汇总表

船舶类别	进港船舶							出港船舶						
	艘数（艘）	总吨（吨位）	总载重量（吨）	载客量（客位）	船员人数（人次）	货物到达量（吨）	旅客到达量（人）	艘数（艘）	总吨（吨位）	总载重量（吨）	载客量（客位）	船员人数（人次）	货物发送量（吨）	旅客发送量（人）
总计	155 732	1 222 678 271	1 396 337 263	4 119 148	2 233 340	400 147 134	2 112 910	154 963	1 211 743 603	1 383 194 064	4 002 052	2 185 222	241 251 456	2 074 054
中国籍船舶	136 329	285 929 580	358 793 210	3 064 260	1 344 969	229 784 682	1 176 832	135 573	275 721 349	346 227 961	2 947 052	1 296 029	69 708 338	1 146 129
其中外贸船	765	11 644 958	11 980 626	32 073	17 518	4 207 239	2 992	916	11 003 899	11 451 707	32 418	20 422	2 907 641	3 310

（上海海事局提供）

2018 年上海市指定口岸/查验场统计表

省、自治区、直辖市	序号	指定口岸/指定查验场名称	口岸类别	类别	批复时间	备注
上海市	1	上海浦东国际机场口岸/上海浦东国际机场检验检疫查验场站	空运	食用水生动物	2016 年 7 月 29 日	
	2	上海浦东国际机场口岸/上海西郊国际农产品交易中心查验场站	空运	食用水生动物	2016 年 7 月 29 日	
	3	上海长兴岛渔港口岸 / 上海长兴岛渔港查验场站	海运	食用水生动物	2016 年 11 月 1 日	
	4	外高桥港	海运	进境植物种苗	2009 年 12 月 31 日	
	5	洋山港	海运	进境植物种苗	2009 年 12 月 31 日	
	6	浦东机场口岸	空运	进境植物种苗	2009 年 12 月 31 日	
	7	上海良友（集团）有限公司外高桥良友码头	海运	进境粮食	2014 年 10 月 9 日	
	8	上海洋山港上海西郊国际农产品交易有限公司查验点	海运	进境粮食	2014 年 10 月 9 日	
	9	上海洋山港上海深水港国际物流有限公司查验点	海运	进境粮食	2014 年 10 月 9 日	
	10	上海外高桥依飞驰集装箱储运有限公司查验点	海运	进境粮食	2015 年 12 月 25 日	
	11	外高桥（上海农产品中心批发市场、依飞驰、畅兴、外高桥保税区）	海运	水果		传统贸易口岸
	12	洋山港（上海西郊国际农产品交易中心、深水港物流、洋山保税港区）	海运	水果		传统贸易口岸
	13	上海浦东国际机场（大众、华东空运）	空运	水果	2016 年 2 月 5 日	
	14	龙吴	海运	水果		传统贸易口岸
	15	上海口岸	海运	肉类		传统贸易口岸
	16	机场口岸	空运	肉类		传统贸易口岸
	17	西郊指定查验场	空运、海运	肉类	2015 年 5 月 25 日	
	18	浦东国际机场查验场站口岸	空运	冰鲜水产品	2014 年 11 月 6 日	
	19	上海西郊国际贸易中心查验场站口岸	空运	冰鲜水产品	2014 年 12 月 22 日	
	21	上海港	海运	整车进口	1994 年	
	22	上海港口岸外高桥港区	海运	固体废物进口	2013 年	
	23	上海港口岸洋山港区	海运	固体废物进口	2013 年	
	24	上海钻石交易所海关	空运	一般贸易项下钻石进出口	2001 年	
	25	上海口岸	空运、海运	药品进口	2003 年	
	26	上海口岸	空运、海运	外币现钞进出境	1998 年	

（上海海关提供）

江　苏　省

口岸数量及分布

截至2018年年底，江苏省共有经国务院批准的对外开放口岸26个。其中，空运口岸9个，分别是南京空运口岸（南京禄口国际机场）、盐城空运口岸（盐城南洋国际机场）、无锡空运口岸（无锡硕放国际机场）、徐州空运口岸（徐州观音国际机场）、常州空运口岸（常州奔牛国际机场）、淮安空运口岸（淮安涟水国际机场）、扬州空运口岸（扬州泰州国际机场）、南通空运口岸（南通兴东国际机场）、连云港空运口岸（连云港白塔埠机场）；水运（海港）口岸5个，分别是连云港、如东、启东、大丰、盐城海港口岸；水运（河港）口岸12个，分别是南通、如皋、张家港、南京、镇江、江阴、扬州、泰州、太仓、常熟、常州、靖江河港口岸。

口岸运行数据

2018年，江苏省水运口岸共完成外贸运量47 181.08万吨，同比增长0.36%；集装箱运量达到7 990 205.5标箱，同比增长0.35%。空运口岸出入境旅客5 755 690人次，同比增长22.1%；货运量231 233.1吨，同比增长15.93%。

2018年江苏省水运口岸外贸运输和集装箱运输情况表

	外贸运输量（万吨）		集装箱运输量（标箱）	
	自年初累计	同比增长（%）	自年初累计	同比增长（%）
全省合计	47 181.08	0.36	7 990 205	0.35
连云港水运（海港）口岸	11 884.30	5.74	2 763 015	2.77
南通水运（河港）口岸	4 168.20	-3.30	350 788	-4.50
张家港水运（河港）口岸	5 462.60	-11.20	664 551	15.80
南京水运（河港）口岸	2 233.50	0.00	1 210 000	12.50
镇江水运（河港）口岸	3 913.50	10.64	188 100	-1.11
江阴水运（河港）口岸	4 397.39	28.40	47 000	-17.90
扬州水运（河港）口岸	1 102.00	0.55	214 681	3.61
泰州水运（河港）口岸	1 333.78	-9.60	115 588	9.40
靖江水运（河港）口岸	1 014.70	5.40	无	无
太仓水运（河港）口岸	7 184.24	-6.50	2 133 340	12.20
常熟水运（河港）口岸	1 246.50	-23.60	113 180	-52.20
常州水运（河港）口岸	949.97	37.30	168 286	4.30
大丰水运（海港）口岸	660.91	-30.86	21 674	-14.15
如皋水运（河港）口岸	837.93	-0.58	无	无
启东水运（海港）口岸	214.29	67.91	无	无
如东水运（海港）口岸	663.94	51.30	无	无

2018年江苏省空运口岸出入境旅客及外贸运输情况表

	出入境旅客（人次）	同比（%）	货运量（吨）	同比（%）
全省合计	5 755 690.00	22.10	231 233	15.93
南京空运口岸	3 600 000.00	16.40	212 000	8.60

续表

	出入境旅客（人次）	同比（%）	货运量（吨）	同比（%）
无锡空运口岸	947 010.00	10.90	17 500	464.52
常州空运口岸	417 615.00	103.10	331	28.10
盐城空运口岸	96 533.00	22.50	296	27.20
徐州空运口岸	170 328.00	37.00	425	31.40
淮安空运口岸	102 637.00	71.50	无	无
扬州空运口岸	222 087.00	14.90	无	无
南通空运口岸	165 613.00	63.40	679	34.10
连云港空运口岸	33 867.00	21 334.81	无	无

口岸综合管理

【继续实施沿海开发战略，全面扩大口岸开放，提升完善口岸功能】 江苏省9个机场均实现了对外国籍飞机开放。沿海沿江有17个港口实现对外国籍船舶开放。2018年，全省开放水域内共有14个新建码头、泊位获得江苏省政府批准对外开放。分别是：南通启东广汇能源综合物流发展有限责任公司LNG码头、南京大唐发电厂卸煤码头、江苏新民洲港务有限公司二期工程码头、大丰港三期通用码头内侧泊位、江苏扬子江海洋油气装备有限公司码头、太仓润禾有限公司码头、江苏金陵船舶有限责任公司舾装码头、南京港龙潭集装箱有限公司806～810泊位、江苏国信靖江电厂一期专用码头煤炭泊位、国电谏壁发电厂5万吨码头二号泊位、无锡（江阴）港石利港区丽天石化码头改扩建泊位、江阴阿尔法石油化工码头、张家港海力码头有限公司奔辉码头、连云港港旗台作业区1号液体散货泊位。

随着口岸开放数量的增加和已开放口岸的功能不断挖掘、拓展，全省口岸管理工作更加规范和完善。凡设立口岸的各市地方政府均成立了口岸综合管理部门，各地口岸查验机构设立也比较健全，建立了相应的口岸管理工作机制，强化了对地方口岸工作的管理与协调，制定出台促进外贸发展的有效措施。按照国家和省有关文件要求部署开展文明共建先进单位的评选工作，推动口岸单位之间的合作与互动，多层面促进全省大通关建设协作，不断改善、优化口岸通关环境。

加强省际大通关对接合作，重点推进长三角口岸城市群大通关合作，洽谈对接干支线水水中转新的合作项目。口岸城市间加强了重点项目合作，合作范围涉及口岸大通关协作，口岸港口基础设施建设，临港经济园区建设，航运物流，船务、船代、货代企业引进，航线航班开通等。

口岸监管与服务

【江苏出入境边防检查总站加强管控，筑牢口岸安全防线】 2018年，江苏出入境边防检查机关共检查出入境人员总数6 254 787人次，同比增长20.27%；检查出入境交通运输工具60 020艘（架）次，同比增长7.41%；查获边控对象211人次、同比下降9.44%，不准入境人员10人次、宣布作废证件238人次、网上追逃人员96人次，同比分别增长150%、30.77%、88.24%。

准确把握口岸管控面临的形势，加强自上而下系统谋划，着力解决深层次问题，整体推进口岸管控工作。研究制定江苏出入境边防检查总站贯彻落实国家移民管理局《关于进一步强化口岸管控工作的意见》的具体措施；召开全省边控工作会议，规范建立新增有权交控部门边控办理工作机制；制定下发总站“三非”外国人专项治理工作方案，开展“三非”人员数据建模活动，推动“三非”打击活动向智能化转变，加强“三非”活动高发国家人员检查力度；注重生物信息采集应用，狠抓入境外国人指纹留存工作，推进人脸查控工作。

【江苏出入境边防检查总站优化口岸整体通关效能，夯实执法执勤根基】 江苏出入境边防检查总站制定总站应对节假日客流高峰边检勤务工作方案，强力解决大型口岸高峰期排长队问题，加快推进全省自助通道系统建设，年内验收通过4个单位11条自助查验通道；推进“互联网+边检服务”政务平台建设，创优升级边检“一证通”“V通关”等自主服务品牌，全面提高服务对象线上办证办检效率；指导一线精准掌握执行边检机关“减证便民”新要求。高标准推进国际贸易“单一窗口”标准版全国试点应用，熟练掌握“单一窗口”业务功能；在探索推动“智能通关系统、自助通关系统、智能监管系统”的基础上，启动港口智能化监管可行性研究；研究上报南京机场实施免检政策可行性调研报告，全力争取免检政策在江苏落地实施；制定出台关于加快推进移民和出入境领域“放管服”改革实施意见的工作建议，扎实推进“放管服”改革工作。

研究提出符合江苏口岸实情的空港、海（江）港边检勤务改革意见，部署开展全省边检机关执法执勤风险排查整治百日攻坚活动，制定出台《江苏省公安边防总队边检警务辅助人员管理办法（试行）》，规范统一全省边检警务辅助人员工作职责、权利义务、招录方式、管理使用和待遇保障等；探索研发“E办案”智能执法辅助系统在全省口岸推广应用；协同省电子口岸公司探索研发散客信息预申报系统，稳步提升空港出境预核查能力。

圆满完成各项重大安保工作、紧急边控工作。“上合峰会”安保期间，全省边检机关连续查获在控在逃、疑似危安、变换身份等人员11名，查处涉嫌擅自出境违法行为2起、涉嫌擅自改变航线违法行为1起；中国国际进口博览会安保实战首日（10月23日），南京出入境边防检查站成功查获2名持用伪造英国签证的中国籍偷渡人员；圆满完成第十三届海峡两岸暨香港澳门警学研讨会会务保障工作。

全力保障驻地口岸开发开放。指导地方政府成功建设获批扩大开放码头15座、泊位19个，新增国际航线14条。有力确保盐城机场T2航线楼顺利转场和通州湾港区如期申报口岸开放。

【江苏海事发挥专业优势，助推江苏外贸优进优出】 江苏海事局负责江苏省11个设区市的对外开放水域海事监管工作，辖区通江达海，共有一类水路开放口岸14个，亿吨大港8个，正式开放泊位508个。2018年，辖区船舶内外贸运输量19.6亿吨，同比增长14%，占长江流域的70%，是长江黄金水道中通航条件最好、船舶通过量最大、经济社会效益最为显著的区域，是名副其实的“钻石航区”。

2018年，江苏海事局全面融入国家发展战略，充分发挥专业优势，助力区域流域高质量发展。辖区进出港船舶253万艘次，同比增长2.5%。其中，内河船234万艘次，沿海航行船舶14.7万艘次，同比分别增长2.1%、10.43%；国际航行船舶3.6万艘次，同比下降0.57%。船舶内贸运输量16.6亿吨，同比增长16.27%；外贸运输量3亿吨，同比增长6.42%。开展港口国监督检查735艘次，船旗国监督检查8 925艘次。辖区水上安全形势总体稳定、稳中趋好，事故“四项指标”全面大幅下降。

在综合交通上主动作为。持续深化长江江苏段航路改革，促进长江江苏段通航条件由江港向海港转型升级，共同打造具备“集群化、海港化、国际化”特征的国际海港区，为江苏省开放型经济发展打造出了一条“水上高速公路”。保障长江南京以下12.5米深水航道水文测验、疏浚维护和试运行，保障五峰山过江电缆拆除。出台最大吃水控制标准和受限船舶安全监督管理规定，5万吨级及以上海轮进出江1.6万艘次，15万吨级及以上超大型海轮日均通行5.5艘次，较深水航道开通前增加63%。与省港口集团实施战略合作，服务港口一体化建设，太仓港集装箱吞吐量突破500万标箱。会同省有关部门研究制定“一带一路”交汇点建设、内河集装箱发展及江海河联运等工作方案，推进江海河联运港区建设。保障沪通长江大桥、南京五桥、五峰山大桥等重大项目施工与通航安全。开展重大交通组织42次，保障2万标箱集装箱船、30万吨级油轮、40万吨级矿砂船等17艘高端船舶安全出江。全力投入“度冬保供”，苏冀电煤航线船舶扩容至780艘，保障2.1亿吨电煤供应，南通沿海LNG运输船舶108艘次，接卸量达1 692万方。

【江苏海事在服务发展上创新作为，全面推动开放型经济高质量发展】 以便民利民惠民为宗旨，推进“互联网+政务服务”，开展“美丽政务窗口”建设，创新“5A政务服务模式”，政务受理22.7万件，“不见面”审批率达80%以上。升级“幸福船员”品牌，微信公众号关注人数达27万。组织船员考试1 545期，参加考试人数达6.3万人次，签发船员证件4.2万本，船员“口袋工程”连续三年入选交通运输部为民办实事项目。优化口岸查验和现场监管业务流程，简化监管环节，提高通航服务效率，缩减船舶等候时间。落实交通运输部关于推进通关一体化改革提升海事港口服务效率的意见，全面应用中国（江苏）国际贸易“单一窗口”，实现船舶查验无纸化，促进航运提效降费。深化国际航行船舶联合登临检查机制，江苏海事局所属单位与相关查验机构共开展国际航行船舶联合登临检查近百艘次，有效降低多部门重复登临检查船舶对船方造成的影响，提升了江苏口岸形象。积极推动国家战略和政策落地，助力沿江沿海开放型经济发展，支持南通港通州湾港区扩大开放和沿江、沿海码头对外开放。做好自贸试验区改革试点经验复制推广，推行船舶证书“三合一”并联办理和外锚地保税燃料油受油船舶便利化监管模式，推动开放型经济高质量发展。

【江苏海事在绿色生态上敢于作为，坚决落实“生态优先、绿色发展”】 推动从源头上降低水路危险品运输风险，实施“保护长江”工程，禁止剧毒化学品在内河运输，持续推动危险化学品减类减量。坚决打赢污染防治攻坚战，严厉打击固体废物违法倾倒，全面实施船舶污染排放控制，全省港口大气含硫量同比下降近两成。率先建立船舶污染物“联单”全过程监管，推动港口污染物接收设施建设，推广应用岸电、LNG等清洁能源。建立饮用水源地监管长效机制，全面排查31个水源地安全风险，查处63起船舶违章案件。联合开展污染环境违法犯罪集中打击和固体废物非法转移倾倒运输环节整治行动。全面实施船舶大气污染排放控制，开展船舶燃油质量检查11 115艘次，积极引导船舶在港使用岸电。推动船舶污染防控体系建设，危化品航运公司实施AIS监控覆盖率为100%。执行船舶水污染物排放控制标准，实施船舶污染物接收、转运、处置“大联单”，推进非航行船舶生活污水“零排放”。推进液货船选船机制，淘汰低标准船舶118艘，液货船选船率达80%以上。

【连云港海事局全面推动辖区海港船舶的安全进出】 2018年，连云港海事局全年维护35 662艘次船舶进出港，同比增长14.83%；货物吞吐量2.673亿吨，同比增长2.16%。开展船舶安全监督检查3 193艘次，其中港口国监督392艘次，船旗国监督652艘次，滞留船舶65艘次，纳入重点跟踪船舶19艘次，突破往年纪录。开展巡航2 950艘次，同比增长26%，巡航里程49 786.4海里，同比下降14.2%。实施海事行政处罚531起、658件，罚款总额491.2万元，同比分别增长188.6%、156%和305%。发生水上交通事故33起，16人死亡失踪，11艘船舶沉船，直接经济损失约3 896.5万元，同比分别上升65%、166.7%、120%和63.5%。搜救成功率90.3%，同比下降4.71%。办理各类船舶登记966件次，同比增长6.27%；签发各类船员证件32 141本，同比增长185.1%；开展各类船员培训712期、22 969人次，同比分别增长63.3%、76.3%；组织船员考试834期、24 566人次，同比分别增长91.3%、84.7%，连续五年刷新历史纪录。

【连云港海事局明确辖区引航员引领尺度，陆续推出政务服务措施】 连云港海事局开展船舶配员和船员任解职活动现场检查，集体约谈52家船舶公司。组织完成首批224人次“两员”（船载危险货物申报员和集装箱装箱现场检查员）从业资格考核发证工作。组织完成沉船打捞7艘。开展“碍航养捕”整治联合行动20余次。建立“一档三表”工作法，构建隐患治理和风险管控双重预防机制。印发《连云港海事局平安交通三年攻坚行动（2018～2020年）》，推进水上安全监督管理工作改革发展。追究船检责任18起，其中国际认可组织4起。向公安、海警部门移送案件4起。在灌河海事处设立警务工作站，在赣榆推动成立服务港区指挥部。联合地方政府、驻地公安、边检等部门，开展砂石船整治专项行动80次，查处非法砂石运输船舶161艘，建立起联管、联控、联防、联治的长效化机制。与连云港海关签署《船载危险货物安全监管合作备忘录》，设置联合查验区，建立船载危险货物集装箱监管新模式，船载危险货物谎报瞒报的查处率提高近30%。组织实施海上搜寻救助行动74次。专题信息《连云港市反映沿海海上搜救工作面临的困难及建议》，获得省政府领导阅批。全国首家AIS（船载船舶自动识别系统）智能监测模块在VTS（船舶交通服务系统）系统上线，船舶监督和险情处置能力明显提高。

陆续推出政务服务并联办理、清理涉企收费等10项“放管服”改革具体举措，审批效率提高30%～50%，行政许可平均办结时间比规定减少55%。实行两级审批、“最多跑一次”。复制推广自由贸易试验区经验，推行保税燃料油供油企业信用监管等5项具体措施。启用国际贸易“单一窗口”标准版办理国际航行船舶进出口岸。服务30万吨级航道二期工程建设、徐圩防波堤、盛虹石化等省市重点项目，建立监管联动机制。融入连云港市“高质发展、后发先至”决策行动，支持口岸码头临时开通使用和开放。助力连云港“两个基地”建设，实施联合登轮检查，提升口岸通关效率。指导海州区体检机构开展船员健康证明签发业务，实现主城区船员健康体检“零”的突破。就地方航海教育事业发展和船员培训工作积极献言献策，相关建议得到江苏省政协及连云港市政府领导支持。服务地方旅游产业，牵头编制《连云港市海上旅游游船艇安全管理规定》，推动地方政府立法。安全保障新投入运营的“和谐云港”客货班轮进出港202航次、“辉煌号”豪华邮轮进出港44航次，安全载运旅客16.6万人。开展船舶燃油抽检150艘次。推动码头防污联防体建设，为辖区码头节省经济投入4 000多万元。发布《连云港市防治船舶及其有关作业活动污染海洋环境应急能力建设规划》，修订《连云港市海上溢油应急预案》和《连云港市海上危险化学品事故应急预案》。

【南京海关机构改革稳步实施，实际监管卓有成效】 南京海关严格按照海关总署党委确定的要求、环节和节点，高质量推进关检业务全面深度融合，“4·20”后第一时间建立关、局党组联席会议和过渡期对口联系机制，密切各层级、各领域联系配合；2018年6月1日起，全面取消“入/出境货物通关单”；8月1日起，全面实行关检融合整合申报，将原报关、报检合计229个申报项目精简为105个，减少54.1%；积极探索综合查验改革，8月9日全面实施货物现场“查检合一”过渡期联合作业，截至12月底，联合查验占比已达80%，居全国海关前列。此外，细化“多查合一”相关制度规定，确保过渡期工作平稳有序；推进企业监管体系“无缝对接”，企业通用资质业务全面融合，企业注册登记材料、系统、资质“合二为一”。截至2018年年底，申报单证、作业系统、风险研判、指令下达、现场执法“五统一”全面实现，海关监管、检验检疫口岸通关作业环节融为一体，业务运行平稳顺畅，口岸通关效能明显提升，得到地方党政、广大进出口企业和人民群众的好评。

实际监管卓有成效。主要业务指标稳步增长，监管进出口货运量4.08亿吨，同比增长0.5%；监管进出口总值4 003.37亿美元，同比增长12%；监管运输工具9.09万辆（艘、架、列）次，同比增长 2.9%；监管邮、快递总数 1.09 亿件（票），下降 24%；验放进出境人员 704.34 万人次，增长 19.2%。加大口岸查缉力度，现场查获毒品及精神管制药品 5.3 千克、枪支及配件 200 件、违禁印刷品、音像制品 9 039 件、侵权嫌疑商品 90.65 万件。狠抓监管作业场所安全管理，强化固体废物进口业务场所监管和监管作业场所经营企业的安全管理责任，严格按照《海关监管区管理暂行办法》完成关区所有监管场所的新旧转换。深化综合治税，2018 年，税收入库 1 703.95 亿元，为国家财政收入提供有力保障。保持打私高压态势，“国门利剑 2018”专项行动捷报频传，全年立案侦办走私犯罪案件数创历史新高；大要案查办保持全国领先，“8·29”特大骗取出口退税案获公安部通令嘉奖；成品油、农产品等重点领域、重点商品走私高发势头得到遏制；加强与海警、环保、税务等部门协作，反走私综合治理新格局进一步完善。

【南京海关实际监管卓有成效，口岸检验检疫不断加强】 南京海关妥善应对诸如病毒、甲型 H1N1 流感等重大疫情，成功处置全国首例群发性雪卡毒素中毒事件，口岸卫生传染病疫情防控实现零疏漏、零差错。深化国门生物安全防控，截获检疫性有害生物列全国海关首位；以最严格措施强化非洲猪瘟全链条防控，封存疫区猪肉产品 7.79 吨。实施进口食品安全放心工程，88 批不合格食品、化妆品被拒于国门之外。加强重点敏感商品检验监管，检出不合格工业品 8 595 批，退运、销毁 139 批。

【南京海关深化改革突破见效，服务外贸发展主动有为】 南京海关深入推进全国通关一体化改革，“一次申报、分步处置”新型通关管理模式全面实施，自报自缴、汇总征税等改革全面推广，国际贸易“单一窗口”标准版实现货物、运输工具和舱单申报全覆盖，通关速度明显加快。加工贸易监管集中作业改革运行顺畅，90% 以上的账册设立（变更）业务由系统快速办结；“以企业为单元”的加工贸易监管模式改革深入推进，企业获得感显著增强。大力推进特殊监管区域整合优化，助力连云港出口加工区获批升级综合保税区，徐州、江阴综合保税区顺利通过国务院验收；扩大区内企业增值税一般纳税人资格试点，保税货物进出口货值 111.9 亿美元，非保税货物进出区货值 570.4 亿元，为全省开放型经济转型升级注入新动力。

切实抓好省政府年度十大主要任务百项重点工作的推进落实，支持“一带一路”交汇点建设，拓展中哈（连云港）物流基地功能，促进“日中欧”海铁联运、中欧班列提档升级，全年发运货物 113.9 万吨、货值 178.6 亿元。全力推进口岸提效降费，全面落实简化监管证件工作，进出口环节监管证件从 86 种减至 46 种，除 4 种不能联网外，其余 42 种监管证件全部实现联网核查；推广实施提前申报、关税保证保险、查检合一改革、“单一窗口”标准版应用等相关便利措施，显著提升口岸通关效能；2018 年 12 月，江苏省进出口整体通关时间分别为 52.58 小时、4.9 小时，较 2017 年分别压缩 48.02%、60.07%。主动协调推动全省口岸收费明码标价，停征海关行政事业性收费 100% 执行到位。全面复制推广自贸试验区监管创新制度，大力培育外贸新业态，保税研发、检测、维修等业务扩面增效，跨境电商零售出口总值 2.5 亿元、同比增长 1.2 倍，保税网购进口业务实现从无到有。启用全国海关邮递物品信息化管理系统的出口模块，配合先期自主开发使用的邮递物品监管信息化系统，实现线上查询、线上办理、线上缴税和邮件布控等功能。

【江苏电子口岸全面推进中国（江苏）国际贸易“单一窗口”标准版建设】 2018 年，江苏电子口岸按照国家和省委省政府关于通关一体化的要求，加快口岸信息化和“单一窗口”建设，不断改善通关环境，降低口岸通关成本，营造了良好的口岸营商环境。

江苏省电子口岸围绕全年工作目标，全力推进中国（江苏）国际贸易“单一窗口”标准版建设，不仅圆满完成国家口岸办考核任务，还重点在服务口岸监管部门机构改革、落实国务院提效降费工作要求、建设江苏特色电子口岸、拓宽平台服务功能、打造智能化大数据中心、优化客户服务系统等方面做出了实绩。截至2018年年底，江苏省电子口岸平台注册企业用户总数已累计超过1万家，服务全省近8万家外贸企业，通过该平台共完成包括标准版在内的各类申报超过1 600万单，为企业节约成本累计超过8 820万元。出口退税系统2018年全年注册企业数超过1 600家，月度申报出口退税业务的企业数达300多家，累计实现退税额达2亿元。机场旅客团队系统继续保持稳定运行，全年共实现4 886批次申报服务，惠及209 995名出境游客，为全国各地数十家旅游企业提供了通关便利。

多措并举，确保完成国家口岸办年度考核目标。为增强企业使用国际贸易“单一窗口”标准版，减少新旧系统切换成本，江苏省电子口岸技术团队通过与各业务单位和中国电子口岸的协调沟通，建立起业务技术沟通机制，形成面向企业用户的技术和业务综合服务体系，高效解决企业在标准版申报过程中遇到的问题，有效降低从原有申报系统向标准版切换的技术门槛，切实保障了货物、运输工具和航空器的系统申报率。积极协调监管部门，打通与海关舱单系统的网络传输环节，实现与南京海关物流监控平台的接口对接，保障了海运舱单和空运舱单的系统申报率。通过加强国际贸易“单一窗口”标准版加工贸易申报模块的推广，保障了加工贸易申报量稳居全国前茅。截至2018年年底，实现了标准版相关业务功能在江苏的全覆盖，各主要业务的覆盖率均达到80%以上，其中江苏标准版货物申报、（水运、空运）运输工具、空运舱单业务覆盖率均达到100%，水运舱单业务覆盖率达到86.90%，圆满完成了国家口岸办公室的考核任务。

【江苏电子口岸全面服务监管部门需求，积极优化江苏口岸营商环境】 江苏电子口岸助力改革，服务好口岸监管部门改革需求，全力配合海关、海事、边防等口岸管理部门需求，做好改革服务工作。根据国务院《深化党和国家机构改革方案》工作部署，“单一窗口”标准版自2018年8月1日起实施统一报关单申报。通过全方位的协调和推广，圆满完成了关检融合统一申报更新工作，系统试运行期间，南京关区新版报关单申报数量在全国遥遥领先。

提效降费，推进口岸营商环境进一步优化。围绕国务院常务会议确定的优化口岸营商环境促进跨境贸易便利化的若干措施，江苏省电子口岸发挥口岸信息汇聚点的功能定位，积极与连云港、张家港电子口岸合作，建设了口岸物流通关时效评估系统并成功上线试运行，实现了对我省试点口岸物流通关各环节时效的准确掌握，为压缩通关时间提供了科学决策依据，为监管部门加强风险防控，落实减单证、优流程、提时效、降成本等具体工作提供了支持。

联合共建，积极推动江苏特色电子口岸建设。江苏省电子口岸进一步强化大数据云平台数据交换枢纽的核心作用，与地方电子口岸开展更加紧密的合作，为地方电子口岸提供特色服务：开通运行了常州综合港务区服务平台，部署常州水路联运特色项目，完成靖江信息系统安全自查，协办张家港智慧口岸发展研讨会。同时为地市电子口岸开发数据展示界面，实时在线查看地市口岸报关、船舶系统统计数据。根据关检融合改革要求，帮助完成了南京、扬州、靖江、常州等门户网站涉检信息的整改工作。

对接企业，拓宽江苏省电子口岸平台服务功能。江苏省电子口岸积极贯彻落实国务院印发的《优化口岸营商环境促进跨境贸易便利化工作方案》相关工作要求，迅速开展金融特色服务项目建设，紧锣密鼓地与本地金融服务机构开展对接。11月、12月两个月时间完成了与中国银行、中国出口信用保险公司、建设银行、工商银行、民生银行和太平洋保险、紫金保险等金融机构的洽谈合作工作，在江苏“单一窗口”实现了金融服务功能，进一步拓宽了江苏省电子口岸平台服务功能。同时，技术团队还积极参与银行组织的客户推介会，向企业宣传、讲解和培训“单一窗口”服务功能，为进出口企业提供一站式金融保险服务，深受使用企业好评。

优化平台，打造智能化、可视化大数据中

心。为更好地掌握全省口岸通关业务数据运行情况，为口岸管理部门提供数据分析参考，省电子口岸建设完成了数据实时运行平台及大数据可视化集成共享管理中心，用可视化、可交互的方式实时展示中国（江苏）国际贸易“单一窗口”各项目申报动态，及“单一窗口”主要业务系统统计数据；采用人工智能机器人即时查询单个报关单明细；与各地市口岸部门数据对接，实时查看相关港口进出货物视频动态。大数据中心的建设为省电子口岸数据归集、分析和展示提供了基础平台，为全省外向型经济发展方向及政策制定提供数据分析参考夯实了基础。

上下联动，形成便捷高效智能客户服务系统。随着关检融合统一申报改革、进出口货物税费支付系统在“单一窗口”平台全面切换和出口退税申报系统的全省推广，江苏省电子口岸客户服务工作量从2018 年5 月开始呈爆发式增长。为确保服务质量，做好“单一窗口”各业务的持续保障，客服中心采取线上线下相结合的方式，多渠道解决客户需求，形成一体化服务能力。线上，对接国家口岸办客服中心，开通“单一窗口”全国统一服务热线 95198，与原有呼叫热线有效结合，提高解决客户问题的准确性和时效性；进一步优化客服人员配备，提升工作技能，使话务量超出 2018 年同期 2 倍仍保持畅通，QQ 咨询量超出同期 1.5 倍仍确保及时回复。线下，升级改造客服座席系统，加强对客服人员业务培训；针对用户咨询的热点问题，制作实用性较强的操作手册供用户查询使用；与口岸监管部门相关业务处室建立多渠道支持网络，协调各方技术力量支持解决用户问题。

开放口岸

【南京空运口岸（南京禄口国际机场）】 南京禄口国际机场位于南京市江宁区禄口镇，于 1997 年 7 月 1 日正式通航，是中国重要的干线机场。1997 年 11 月，经国务院批准对外开放。2005 年 4 月，南京禄口国际机场被世界卫生组织（WHO）评为国际卫生机场，2008 年 12 月 5 日通过国家航空安全审计。机场 T2 航站楼于 2014 年 7 月 12 日正式启用，飞行区等级提升至4F 级，可起降包括 A380 在内的所有机型。2018 年，南京禄口国际机场新开辟了圣彼得堡、赫尔辛基、莫斯科等国际客运定期航线，以及南京—纽约国际货运定期航线；深入推进南京禄口国际机场“全国最佳服务机场”建设工作，协调铁路、机场、交通、旅游、财政等部门共同推进南京南站城市候机楼建设，并于 12 月 11 日投入试运行。

2018 年，南京禄口国际机场全年完成出入境旅客 360 万人次，同比增长 16.4%；国际货运量 21.2 万吨，同比增长 8.6%。

【徐州空运口岸（徐州观音国际机场）】 徐州观音国际机场是淮海经济区中心机场，1997 年正式通航，2008 年经国务院批准对外开放。机场位于徐州市东南方向睢宁县双沟镇境内，距离徐州市区 45 千米，南临 104 国道，北靠盐徐高速公路，地面交通十分便利。机场占地面积约 253.33 万平方米，候机楼面积 5.8 万平方米，跑道长 6 800米；机坪面积 14.3 万平方米，停机位 22 个，能够满足年旅客吞吐量 460 万 ~500 万人次需要。机场 T2 航站楼已正式启用；通关环境不断优化，入关智能化查验系统建成运行；进境水果指定口岸项目建设进展顺利，T1 国际航站楼改造及监管仓库建设项目已纳入二期扩建重点工程启动建设。

2018 年，徐州观音国际机场运营航线达到 35 条，其中国际（地区）客运航线 6 条、货运航线 2

条。全年共完成旅客吞吐量252万人次，同比增长36%，其中进出境人数17万人次，同比增长37%；完成货运量10 066吨，同比增长8%，其中国际货运量425.8吨，同比增长31.4%。

【盐城空运口岸（盐城南洋国际机场）】 盐城南洋国际机场始建于1958年，位于江苏省盐城市亭湖区南洋镇境内。1984年，经国务院批准为军民合用机场。1996年，盐城市人民政府新征土地16.67万平方米，自筹资金1.2亿元建设盐城民航站。2000年开通民航班机，2009年正式对外开放。2018年机场T2航站楼建成投入运营。目前，机场飞行区等级4C级，跑道长2 800米，可保障波音737、空客320等中等机型起降。盐城南洋国际机场口岸主要航班航线有韩国首尔等国际航线和中国香港、中国台湾台北等地区航线，以及北京、上海、广州、深圳、西安、天津、重庆、昆明、长沙、武汉、贵阳、烟台、厦门、哈尔滨、石家庄、福州、兰州、乌鲁木齐、郑州、银川、成都、海口、温州等国内航线，国内外通航点达到34个。

2018年，盐城南洋国际机场安全保障航班16 700架次，实现旅客吞吐量182.2万人次，货邮吞吐量6 587吨，同比分别增长27.4%、39.8%和18.9%。其中，安全保障国际航班874架次，出入境人数96 533人次，实现外贸货运量296.89吨，同比分别增长13.8%、22.5%和27.2%。

【无锡空运口岸（无锡硕放国际机场）】 无锡硕放国际机场位于江苏省无锡市东南方硕放镇，距无锡市中心16千米，距苏州市区25千米。始建于1995年，2004年2月18日正式开通民用航班，2007年9月28日启用新航站区。机场飞行等级为4D级，可满足波音757及以下机型全载起降。2009年，实施跑道加厚工程，可满足波音747型飞机减载起降的要求。2015年1月19日，二期新航站楼全面投入运营。2017年12月26日，顺利开通了口岸签证业务。2018年5月18日、10月29日分别开通无锡至德国法兰克福哈恩、无锡至美国辛辛那提、芝加哥洲际货运定期航线。2018年8月27日，机场飞行区指标由“4D”级升级为“4E”级。2018年12月30日，机场老航站楼内部区域改造工程基本完成。截至2018年年底，机场已先后引进中国东方航空江苏有限公司无锡分公司、深圳航空有限责任公司无锡分公司、中国南方航空股份有限公司、四川航空股份有限公司、深圳东海航空有限公司、九元航空有限公司、上海吉祥航空有限公司、云南红土航空股份有限公司、顺丰航空有限公司、圆通货运航空有限公司、广东龙浩航空有限公司、台湾华信航空、台湾立荣航空、台湾中华航空、台湾虎航、泰国泰新时代航空、印尼城市快线航空、新加坡酷虎航空、越南越捷航空、柬埔寨天空吴哥航空、美国阿特拉斯航空、越南捷星太平洋航空、韩国真航空、越南航空、美国动力航空，马印航空等航空公司，航空公司总数累计达到26家，开辟了包括中国台北、中国台中、中国香港、中国澳门、中国高雄、曼谷、大阪、新加坡、西港、暹粒、芽庄、普吉岛、岘港、宿务、巴厘岛、法兰克福、辛辛那提、芝加哥、洛杉矶等21条国际（地区）航线，通达58个国内外主要城市，暑运高峰日航班量最高达170架次，平均客座率80.6%，平均载运率77.1%。

2018年，无锡硕放国际机场共安全保障运输航班起降5.6万架次，完成旅客吞吐量720.9万人次、货邮吞吐量12.4万吨，同比分别增长6.1%、7.8%、15.1%。其中，出入境旅客947 010人次，实现外贸货运量17 500吨，同比分别增长10.9%和464.5%。

【常州空运口岸（常州奔牛国际机场）】 常州奔牛国际机场位于常州市新北区罗溪镇，距市中心20千米，筹建于1985年，1986年3月开通民航航班。2014年2月21日，国务院批准对外开放。常州机场飞行区等级为4E级，可起降除空客A380以外的所有飞机；停机坪面积16万平方米，可停放飞机20架；航站楼建筑面积3.8万平方米，拥有先进、完善的民航、口岸、安全及其他配套设施，口岸通关服务环境良好，设计年旅客吞吐量490万人次、年货邮量20万吨、高峰小时起飞 19 架次，是长三角地区重要的客货运国际机场。常州奔牛国际机场已先后开通了至中国香港、仁川、首尔、中国台北、曼谷、万象、江原道、中国台中、济州、中国高雄、名古屋、甲米、大邱、巴厘岛、清州、暹粒、芽庄、普吉岛、中国澳门、岘港等 20 条国际（地区）航线。

2018 年，常州空运口岸旅客吞吐量 332.77 万人次，同比增长 32.55%；货邮吞吐量 2.82 万吨，同比增长 49.27%；飞机起降 45 676 架次，同比增长 12.79%；国际飞机起降 2 012 架次，同比增长 58.55%；出入境人员总数 43.87 万人次，同比增长 102.81%；出入境旅客 41.76 万人次，同比增长 103.1%；外贸货运量 331.2 吨，同比增长 28.1%。

【淮安空运口岸（淮安涟水国际机场）】 淮安空运口岸位于江苏省涟水县保滩镇，距淮安市中心 22 千米。淮安涟水国际机场于 2009 年 3 月开工建设，2010 年 9 月 26 日正式通航，2012 年 11 月，国家口岸管理办公室批准同意淮安空运口岸实现临时开放；2012 年 12 月 23 日，开通了淮安至香港包机航班；2013 年，淮安涟水国际机场列入国家口岸开放年度审理计划；2014 年 8 月 10 日，国务院下发《关于同意江苏淮安涟水机场对外开放的批复》（国函〔2014〕109 号），同意淮安涟水国际机场作为航空口岸对外开放；2015 年 1 月 6 日，淮安涟水国际机场空运口岸开放顺利通过国家验收。淮安涟水国际机场陆续开通至北京、上海、广州、西安、沈阳、大连、天津、成都、重庆、厦门、哈尔滨、长沙、西宁、中国台北、中国香港、中国台湾、日本、越南、泰国和柬埔寨等 20 余国际（地区）、国内航线。

2018 年，淮安涟水国际机场二期扩建工程进展顺利。主要建设内容为：跑道由 2 400 米延长至 2 800 米、新增 11 个客机位、新建联络道及其他配套工程。4 月 26 日，淮安机场二期扩建飞行区工程竣工并正式投入运行，可满足 A321、B737－800 机型起降要求，具备开通包括乌鲁木齐在内的所有国内航线能力，将有效缓解跑道长度较短、机坪机位紧张带来的安全风险和运行压力，大大提升淮安机场运输保障能力和安全服务水平。

2018 年，淮安涟水国际机场全年共完成旅客吞吐量 151.63 万人次，同比增长 17.87%。其中，出入境人员共计 102 637 人次，同比增长 71.5%。

【扬州空运口岸（扬州泰州国际机场）】 扬州泰州国际机场是由扬州、泰州两市按 8∶2 比例投资合建的民用机场，总投资 20.81 亿元。机场飞行区等级指标为 4E 级，跑道长 3 200 米，站坪机位 13 个，航站楼面积 31 305 平方米，其中国际功能区面积 8 219 平方米，配套建设通信、气象、医疗、消防救援等辅助设施。

2018 年 9 月 15 日，江苏省政府在南京召开东部机场集团挂牌暨集团筹建工作推进会。东部机场集团正式挂牌成立，扬州泰州国际机场公司成为东部机场集团的子公司。10 月 29 日，机场年旅客吞吐量首次突破 200 万人次。10 月 30 日，空客 A330 大型宽体客机在本场成功起降，3 200 米跑道工程项目完成试飞。同日，机场一期扩建工程通过行业验收。12 月 5 日，民航华东地区管理局正式换发扬州泰州国际机场使用许可证，飞行区指标由“4C”级升为“4E”级。

2018 年，扬州泰州国际机场已累计开通国内外航线 45 条，其中国际（地区）航线 13 条。全年完成国际及地区航班起降 1 699 架次，同比增长 34.9%；出入境旅客 22.21 万人次，同比增长 14.9%。

【南通空运口岸（南通兴东国际机场）】 南通兴东国际机场位于南通市通州区兴东街道境内，1993 年正式通航，是江苏省最早通航的民用机场，也是上海周边空域条件最优的支线机场，

民航局总体定位为“上海国际航空枢纽辅助机场”。机场距南通市区 10 千米、距上海虹桥机场 100 千米。在机场西南端 3.5 千米处有沪陕高速和沈海高速入口，贯通苏通大桥和崇启大桥。地面交通设施较为发达，出入机场十分便捷。

机场跑道及平滑道长度为 3 400 米，飞行区等级 4D 级，兼顾 E 类飞机起降要求。配有先进的无线电通信导航系统、双向 I 类进近仪表着落系统、助航灯光系统和飞机供油系统。候机楼面积 1.5 万平方米，站坪面积 25 万平方米，停机位 34 个，满足客运、货运、通用航空、航空会展等各类保障需求。

2015 年 3 月 11 日，国务院正式批准南通兴东机场对外开放。2015 年 10 月 2 日，首航韩国仁川，2016 年 7 月 22 日，南通兴东机场正式更名为南通兴东国际机场。目前，机场通达北京、广州、深圳、成都等国内 30 多个重点经济城市和旅游城市，开通过大阪、曼谷、芽庄、中国台北等 10 条国际（地区）航线。机场开放配套设施进一步完善，2018 年 8 月 24 日，机场免税店完成建设并正式投入运行，跨境电商监管仓库完成建设并投入使用。5.2 万平方米的新候机楼及相关附属设施稳步推进，国际旅检通道、业务用房布局和查验配套设施正在加快建设，预计 2019 年下半年投入使用。

2018 年，机场共起降国际（地区）航班 1 172 架次，完成出入境旅客 165 613 人次，同比大幅增长 63.4%；完成国际货运吞吐量 679.2 吨，同比增长 34.1%。

【连云港空运口岸（连云港白塔埠国际机场）】 连云港白塔埠国际机场位于连云港市东海县白塔埠镇内，1984 年经国务院、中央军委批准使用的军民合用机场，1985 年 3 月 26 日开航，是江苏省内第二家开航的民用机场。机场距连云港市区 27 千米，拥有机场快速路，连通连霍高速，地面交通设施较为发达，出入机场十分便捷。

连云港白塔埠国际机场飞行区等级为 4D 级，跑道全长 2 500 米，可供波音 767 以下大中型飞机起降。停机坪 4.5 万平方米，可同时停放 8 架飞机。候机楼面积 12 378 平方米，其中国内厅 6 078平方米，国际厅 6 300 平方米，设计高峰小时客流量 500 人次、年旅客吞吐量 80 万人次。机场拥有单向仪表着陆系统和全向信标仪、单向 I 类目视助航灯光系统、航管二次雷达和 711 气象雷达等设备设施，具备全天候开放条件。

2015 年 9 月 12 日，国务院正式批准连云港机场对外开放，2017 年 5 月 18 日，通过空运口岸对外开放国家验收，正式成为国家对外开放口岸。2010 年年底，开通了至韩国首尔临时包机航班；2012 年 10 月 29 日，开通了至香港包机航班；2017 年 12 月 29 日，开通中国国际航空公司承运的天津—连云港—泰国曼谷国际航线。目前，机场通达北京、上海、广州、深圳等国内 30 个城市、32 家机场，在运泰国曼谷 1 条国际航线。2018 年 11 月 14 日，连云港机场航空口岸卫生检疫核心能力建设顺利通过海关总署专家考评组考核验收。近些年，连云港市先后投入资金 1 300多万元，对机场国际厅检疫查验、卫生监督、视频监控、应急处置等多项内容进行了建设、配置和升级，有力改善了现场查验和旅客通关、候机条件。

2018 年，该机场共起降国际航班 336 架次，完成出入境旅客 33 867 人次。

【连云港水运（海港）口岸】 连云港水运（海港）口岸地处我国沿海中部，江苏省东北部、黄海海州湾西南岸。港口始建于 1933 年，1956 年对外国籍船舶开放，1973 年开始大规模建设。经过多年的建设与发展，连云港现已成为全国沿海 25 个主要港口、12 个区域性主枢纽港、长三角地区 7 个国家及综合运输枢纽之一。连云港依托独特的区位优势，成为苏北、鲁南及中西部地区最便捷的出海口岸，对外贸易和交通运输的重要通道，是亚欧大陆间国际集装箱水陆联运的重要中转港口。连云港口岸南联长三角，北接渤海湾，隔海东临东北亚，西连中西部地区以至中亚，是“沟通东西、连接南北”的重要战略枢纽。以郑州为起点，中西部到连云港，铁路运距比到青岛近500千米，比到日照近300千米，比到上海近480千米。从连云港经陆桥运输到欧洲，相比原有的陆上运输通道缩短了2 000千米运距，比绕道印度洋和苏伊士运河的水运距离缩短了1万千米。连云港口岸是江苏最早对外开放的口岸。目前连云港拥有一个国家海港开放口岸、50个开放性生产泊位，两翼赣榆、徐圩、灌河港区对外开放获得国务院批复。口岸大通关效率全国领先，口岸功能延伸至中西部及中亚主要地区。

2018年，连云港水运口岸实现港口货物吞吐量23 560万吨，同比增长3. 15%。集装箱吞吐量474万标箱，同比增长0. 74%。其中，外贸运量11 884. 3万吨，同比增长5. 74%；外贸集装箱2 763 015标箱，同比增长2. 77%。出入境船舶7 579艘次，同比增长16. 98%。

【南通水运（河港）口岸】 南通水运（河港）口岸地处长江和沿海“T”形经济发展带的交汇点，是我国发展综合运输的沿海主枢纽港、上海国际航运中心北翼的重要组成部分。1982年，经国务院、中央军委批准对外开放，现与世界上100多个国家和地区的300多个港口通航。

作为长江北岸由海入江的第一港，长江上第一座万吨级泊位、5万吨级泊位、10万吨级泊位均在此诞生。南通港2018年共完成货物吞吐量26 702. 1万吨，比上年增长13. 3%。其中，矿建材料完成货物吞吐量6 450. 4万吨，比上年净增3 267. 2万吨，增长102. 6%，稳居第一大货种；煤炭完成吞吐量5 953. 9万吨，比上年增长6. 1%；金属矿石完成吞吐量5 097. 7万吨，比上年下降16. 3%；石油完成吞吐量2 201. 9万吨，比上年增长28%；水泥完成吞吐量1 839. 7万吨，比上年增长38. 5%；粮食完成吞吐量1 246. 3万吨，比上年下降22. 3%。全年完成集装箱吞吐量125. 39万标箱，同比增长24. 5%。

2018年，南通招商局重工（江苏）有限公司、燕达（海门）重型装备制造有限公司各2个泊位，南通一德实业有限公司1个泊位通过了开放水域内新建码头的省级验收，正式对外开放。截至2018年年底，南通水运（河港）口岸的开放码头经营企业已达到27家，共计48个开放泊位。同时，在省级部门大力支持下，南通港通海港区集装箱码头在2018年8月实现临时启用，这是江苏省首个获批临时启用的码头。

2018年，南通水运（河港）口岸共完成外贸货物吞吐量4 168. 2万吨，同比下降3. 3%；完成外贸集装箱350 788标箱，同比下降4. 5%。

【南京水运（河港）口岸】 南京水运口岸地处长江下游，距吴淞口360余千米，港辖区沿长江两岸分布，南岸全长104. 2千米，北岸全长91千米，航道维护水深至2018年已达12. 5米，可满足5万吨级海轮可直达南京港，10万吨级海轮也可减载抵达。长江南京港是我国沿海25个主枢纽港之一。1986年3月，经全国人大常委会批准，南京港对外国籍船舶开放。2018年，南京港龙潭集装箱有限公司806～810泊位、（南京港龙潭港区四期工程）、江苏金陵船舶有限责任公司舾装码头、大唐南京发电厂卸煤码头正式对外开放。

2018年，完成货物外贸运量2 233. 5万吨，同比持平；外贸集装箱1 210 000标箱，同比增长12. 5%；水运口岸入出境（港）船舶数1 735艘次，同比下降3%。

【张家港水运（河港）口岸】 张家港水运（河港）口岸东距上海吴淞口146. 5千米，西离南京港219. 4千米，南与杭嘉湖地区相连，北通苏北各港。港口面江、傍河、通海，具有水水中转优势。可承接钢材、木材、化工品、粮油、煤炭、集装箱、件杂货等不同货种的中转储运。随着全省大交通格局的形成，港口陆路运输网络不断健全，自港口出发，1小时车程可覆盖苏州、无锡、常州、南通，2小时车程可到达上海、南京、杭州。港口岸线西起长山（与江阴交界），东至东沙（与常熟接界），全长80. 4千米，其中主江岸线长63. 6千米、深水岸线长约40千米。岸线顺通，深水贴岸，不冻不淤，并有江心福姜沙作天然屏障，是得天独厚的避风良港。口岸年平均气温15. 2摄氏度，相对湿度76%，每秒风力3.8米，属亚热带海洋性气候。作为苏州、无锡、常州地区对外开放的重要门户，港口拥有富庶的经济腹地和区港一体的自然条件，是长江内河流域最早对外开放的口岸。

张家港保税港区整车进口口岸全貌

2018年，张家港口岸优化服务举措，强化长江经济带港口间的合作，推进“大船大港大物流”战略，提升口岸服务能力，口岸货运量保持稳中有进。全年完成货物吞吐量2.35亿吨，比2017年减少12.5%，其中金属矿石7 432.9万吨、煤炭6 513.3万吨、钢铁2 487万吨、化工原料及制品1 274.6万吨、粮食1 026.3万吨、木材635.3万吨、石油及制品271.1万吨。张家港海关征收税款213.03亿元，同比减少0.4%。依托进境肉类、整车、粮食、油菜籽进口口岸以及化工品交易中心、纺织原料市场、进口消费品市场等特色载体，张家港口岸全年进口整车6 369辆，红酒3 004.8吨、羊毛18.8万吨、棉花11.6万吨、肉类4.2万吨。整车、羊毛、棉花、肉类等特色货种进口量位居江苏省同类口岸之首。张家港保税港区获批国家非自贸试验区汽车平行进口试点并落地生效，成为近年来新批汽车口岸中综合发展业态较好的口岸之一。永嘉码头获启运港退税政策，成为全国5个新增启运港之一。张家港口岸集中查验中心项目正式施工建设，项目建成后，可满足年均8万标箱的一站式查验和相关配套服务。

2018年，共完成外贸运量5 462.6万吨，同比下降11.2%；外贸集装箱664 551标箱，同比增长15.8%。

【太仓水运（河港）口岸】 太仓水运口岸位于江苏省东南部、长江入海口南岸，距上海、苏州市区均约60千米。太仓港是郑和七下西洋起锚地，地处长江和沿海交汇处，拥有38.8千米长江岸线和深12.5米的深水航道，是难得的天然良港，自1992年开发建设以来，先后被国家定位为上海国际航运中心重要组成部分、集装箱干线港、江海联运中转枢纽港，被江苏省确定为重点建设的“江苏第一外贸大港”、江苏省、苏州市经济社会发展和促进苏南现代化建设的重要依托。太仓水运口岸共规划港口岸线28.20千米，分鹿河、新泾、荡茜、浮桥、茜泾五个作业区，主要功能为：重点服务于长三角及长江沿线地区，以集装箱干线运输和铁矿石、煤炭中转运输为主，相应开展石油化工品中转储运，并兼顾临港产业开发。

截至2018年年底，太仓河港口岸已建成码头泊位91个，其中万吨级以上泊位37个，集装箱泊位10个，设计年吞吐能力1.485亿吨、435万标箱。2018年，太仓港完成集装箱吞吐量507.1万标箱，同比增长12.4%，跃居全省第一、全国第十，增幅列全国十强港口第1位。货物吞吐量2.29亿吨，同口径同比增长6.36%。已开辟各类集装箱航线200条，其中近洋航线25条，挂靠日本、韩国、东南亚和中国台湾地区23个港口；内贸航线52条，覆盖沿海21个主要港口；长江（运河）航线83条，长江沿线7个省（市）50个港口集装箱集并至太仓港出海；开辟了每8小时1班至洋山港五定“太仓快航”，使太仓港至洋山港集装箱班轮航线达到每周40班，实现定时、定航班的“公交化”运营，远洋集装箱集并太仓港后，及时中转洋山港出运。太仓港已基本建成近洋直达集散中心、内贸转运枢纽、远洋中转基地。争取国家发展改革委、财政部、交通运输部同意，执行与上海外高桥港区同等的管理措施和政策，成为全国唯一享受海港管理政策的内河港口。在全省率先开展“先查验、后装箱”拆拼箱监管新模式。获批进口水果、粮食、肉类、食用水生动物指定口岸资质。省政府批准在太仓港开展国际贸易“单一窗口”等4项试点。建成投运了口岸集中查验中心、太仓港电子口岸、危险品堆场，在苏州工业园区、高新区、昆山等地建立“无水港”，与上海港实现通关通检一体化，成为启运港退税扩大试点港口，打造了与上海外高桥港区同等的口岸通关环境。

2018年，太仓河港口岸实现外贸运量7 184.24万吨，同比下降6.5%；外贸集装箱2 133 340标箱，同比增长12.2%。

2018年太仓港集装箱年吞吐量突破500万标箱，跃居全省第一

【常熟水运（河港）口岸】 常熟水运（河港）口岸位于苏州市北部长江南岸，地处我国长江经济带与东部沿海经济带的两条主轴线“T”字结构的交汇处，东倚上海，南连苏州，西邻无锡，北与南通隔江相望，拥有32.1千米长江主江堤岸线，进港航道总长16.5千米。1995年10月，经国务院批准为对外开放口岸，是苏州港重要组成部分，主要为长江沿线及周边地区经济发展和对外物资交流服务，是接轨上海、对接长江经济带建设的重要地带和重要窗口，也是常熟市经济发展和沿江产业布局的重要支撑。

常熟水运（河港）口岸以散货、件杂货、集装箱运输为主，2018年共建有通用件杂、煤炭、多用途、液体化工等码头泊位59个，其中万吨级以上泊位24个，对外开放泊位26个（万吨级以上泊位17个），以钢材、纸浆、木材、化工品为特色货种，是长三角区域重要的钢材进出口中转基地和华东地区最大的纸浆集散基地和物流中心。

2018年，常熟水运（河港）口岸全面建成国际贸易“单一窗口”三期项目并上线运行；深化“常熟服装城市场贸易采购”试点，跨境电商平台完成开发及上线运行，并实现与苏州平台业务对接，截至12月底，常熟服装城市场采购贸易出口9 923票，出口金额9.06亿美元；海关H986项目落地常熟河港口岸兴华港区，12月通过海关总署验收；全力做好口岸提效降费工作，制定完成口岸收费项目清单并按期公示，截至12月底，常熟水运（河港）口岸进出口整体通关时间分别为74.42小时、5.2小时，较上年度分别压缩53.1%、35.3%；继续推进“263”专项整治工作，成效显著；会同相关单位多次开展联合执法，全面完成省、市水上过驳专项整治任务，有效地规范了水上过驳市场秩序，浮吊实现零增长。

2018年，常熟水运（河港）口岸完成货物外贸吞吐量1 246.5万吨，同比下降23.6%；外贸集装箱吞吐量113 180标箱，同比下降52.2%；国际航行船舶2 764艘次，同比下降9.6%。

【常州水运（河港）口岸】 常州水运（河港）口岸位于常州市新北区境内，长江南岸，北隔长江与泰兴相望，上距南京长江大桥167千米，下至上海吴淞口180千米。2001年4月，经国务院批准对外国籍船舶开放。常州港口岸拥有较完善的开放配套设施和良好的口岸通关服务环境，是长江下游地区重要的集疏运进出口通道。截至2018年年底，常州港已建成并实现对外开放的万吨级长江深水泊位10个。其中，有集装箱专用泊位2个，年可接卸集装箱超过30万标箱；有液体化工品专用泊位3个，可接卸液体化工品种类50多个；有散货及件杂货泊位5个，最大的散杂货泊位达10万吨级。

目前，常州港口岸开通至上海洋山及外港的外贸集装箱支线班轮每周多达36班，平均每天超过4班。常州港于2017成功开通常州港口岸至日本直航集装箱班轮，每周进出港1班，运行班期稳定；常州港进境粮食指定口岸于2017年8月9日通过原国家质检总局验收，配套建有先进的查验和实验室设施；常州港口岸已建成大型集装箱检查系统（H986），并于2017年9月4日通过海关总署验收组验收，正式投入海关监管查验运行。

2018 年，常州港口岸至日本直航集装箱班轮靠泊 50 个航次，完成集装箱运量 8 265 标箱；常州港口岸接靠国际航行船舶 593 艘次，同比增长 2.8%。

2018 年，常州港完成货物运输量 4 862.53 万吨，同比增长 3.15%。其中，外贸运输量 949.97 万吨，同比增长 37.3%；集装箱运量 31.24 万标箱，同比增长 23.11%；外贸集装箱运量 168 286 标箱，同比增长 4.3%。

【镇江水运（河港）口岸】 镇江水运（河港）口岸位于长江与京杭运河两条黄金水道的十字交汇处，上距南京 87 千米，下距长江入海口 279 千米。1986 年，经国务院批准对外开放，是我国沿海 25 个主要港口和两岸海上直航大陆 63 个港口之一，是国家主枢纽港、长江三角洲地区重要的对外开放口岸。

镇江市规划港口岸线总长 126 千米，其中深水港口岸线 75.1 千米。截至 2018 年年底，已利用港口岸线 43.4 千米，其中深水岸线 32.8 千米。镇江港拥有码头泊位 176 个，设计年吞吐能力达 1.59 亿吨，其中集装箱通过能力达 100 万标箱。从泊位等级看，万吨级以上泊位 58 个，5 万吨级以上泊位 37 个，最大泊位达 7 万吨级。从泊位性质看，公用码头泊位 87 个，货主码头泊位 89 个。

下辖高资、龙门、谏壁、大港、扬中、高桥、新民洲 7 个港区，主要经营煤炭、矿石、钢材、豆类、植物油、木材等散杂货及集装箱业务，是长江中上游地区大宗物资江海中转效益最佳区段，具有江海直达和海江河转运的区位优势，水深航道深 12.5 米已具备通航能力，5 万吨级船舶可常年通航，具备深水码头成片规模开发建设的条件，具有持续发展的广阔空间。镇江港与沪宁城际铁路、京沪高速铁路等铁路主干线相连接，沪宁高速、扬溧高速、沿江高速、312 国道、104 国道等公路主干线连接各大港区，润扬大桥连接大江南北，泰州长江公路大桥穿越镇江港扬中港区，港口距南京禄口国际机场仅 1 小时车程，集疏运条件畅通便捷，是多种运输方式交汇的中转枢纽港和物流中心港。

镇江河港口岸共有对外开放泊位 48 个，已与世界上 70 多个国家近 300 个港口建立外贸运输业务，建有镇江综合保税区、中远物流保税仓库、金东纸业保税仓库、惠龙港务出口监管仓库、李长荣化工液体化学品保税罐等特殊监管区域。

2018 年，完成货物外贸吞吐量 3 913.5 万吨，同比增长 10.64%，外贸集装箱 188 100 标箱，同比增长 -1.11%。

【江阴水运（河港）口岸】 江阴水运（河港）口岸东距上海 180 千米，西至南京 204 千米，沿江深水岸线长达 35 千米，处于长江 A、B 级航道分界点，是江海河联运、水公铁换装的天然良港，也是无锡地区唯一的出海通道。1992 年 5 月 20 日，经国务院批准，江阴水运（河港）口岸正式实现对外开放，成为国家对外开放的水运口岸。2009 年江阴港跨入亿吨大港行列。截至 2018 年年底，江阴河港口岸建有千吨级以上生产性泊位和舾装泊位 133 个，其中万吨级以上泊位 47 个（10 万吨级码头泊位 5 个），最大靠泊能力达 15 万吨级，年设计货物总吞吐能力约 1.1 亿吨，石化仓储能力近 300 万立方。

2018 年，丽天石化码头改扩建工程、阿尔法石油化工码头 2 个万吨级泊位获江苏省政府批复同意对外开放，联合物流码头对外开放通过省级验收。目前，江阴河港口岸共有 38 个泊位对外国籍船舶开放（扣除黄田港区已退城搬迁开放码头）。

江阴综合保税区规划总面积 3.6 平方千米，其中一期 1.2 平方千米，已建有 10 万平方米保税仓库并全面开展相关业务。2018 年 6 月 14 日，江阴综合保税区（一期）通过国家验收。

江阴河港口岸与上海外高桥和洋山港开通了“天天班”外贸内支线，与世界 100 多个国家和地区的 600 多个港口建立了通航关系，建立起了江海河联运的全方位集疏运网络体系。截至 2018 年年底，江阴港共开通集装箱、件杂货等各类公共班轮航线 64 条。

2018年，江阴河港口岸积极实施通关便利化改革，简化通关流程，建立口岸综合查验、船舶联合登临检查、关税汇协同等新机制，实现了国际贸易“单一窗口”申报全覆盖，符合条件的转港锚泊免重复申报、改扩建码头开放资格免重新验收，实施江阴电子口岸公司运行体制改革，口岸收费项目全面公示，江阴河港口岸通关环境进一步优化。

2018年，江阴河港口岸完成货物吞吐量1.76亿吨，同比增长9.95%；集装箱运量57.39万标箱，同比增长6.13%。其中，外贸吞吐量完成4 397.39万吨，同比增长28.4%；外贸集装箱47 000标箱，同比下降17.9%。

【扬州水运（河港）口岸】 扬州水运（河港）口岸位于江苏中部、长江下游北岸、江淮平原南端，地处长江和京杭大运河交汇处。京杭大运河与长江在扬州南部汇流，构成市域航道主骨，形成了便捷的疏港通道，是长江北岸重要的交通枢纽和货物集散中心。1992年11月29日，扬州水运（河港）口岸经国务院批准成为对外开放口岸。

扬州境内长江岸线有81千米，其中开放岸线近70千米。扬州河港口岸布局为“一港三区”，主港区为六圩港区，江都港区、仪征港区分列两翼，具有广阔的经济腹地和江海河联运的区位优势，共有各类码头泊位45个，其中万吨级以上泊位31个，开放泊位22个。六圩港区现有万吨级泊位8个，以集装箱运输为主，兼顾木材、煤炭、铁矿石等大宗散货；江都港区距扬州市区36千米，现有万吨级泊位13个，以件杂货为主；仪征港区距扬州市区29千米，现有万吨级以上泊位10个，是一个以液体化工为主的专业港区，近年来，港区后方扬州化学工业园区的迅速崛起，众多大型化工项目落户园区。

目前扬州水运（河港）口岸已与全球50个国家和地区的120个港口有货物中转往来，每周有30多个航班从扬州至上海外贸集装箱支线运输，40多个航班从事内贸集装箱支干线运输，通达世界50个国家120个港口，为江苏苏北、苏中地区从“运河经济”迈向“江海经济”架起了金桥。

2018年12月，江都区中海船厂舾装码头通过省级开放验收，中船澄西码头通过市级开放预验收。全年沿江港口货物吞吐量首次达到亿吨，其中外贸货运量1 102万吨，同比增长0.55%；外贸集装箱运量214 681标箱，同比增长3.61%。

【泰州水运（河港）口岸】 泰州水运（河港）口岸地处江苏中部、长江下游北岸，是长江中上游西部地区物资中转运输的重要口岸；是江海河联运，铁、公、水路中转，内外贸运输的节点；是上海组合港中的配套港、国际集装箱运输的支线港和喂给港。

泰州水运（河港）口岸于1992年11月经国务院批准设立，原隶属扬州口岸运行。2001年8月，随着泰州各口岸查验机构的设立，泰州水运（河港）口岸经过批准单列运行。

目前，泰州河港口岸以泰州港高港、泰兴两个港区为主体，共有长江岸线45.38千米，已全线对外开放。泰州河港口岸常年通航靠泊万吨级海轮，与世界上60多个国家和地区的70多个港口有运输往来，可承接钢材、木材、化工品、粮油、煤炭、集装箱、件杂货等不同货种的中转储运，是全国木材、钢材、粮油、化工品等货物的重要中转港和国际贸易商港。

2018年，泰州河港口岸实现港口吞吐量10 274.9万吨，同比增长14.8%；集装箱吞吐量35.60万标箱，同比增长8%。其中，外贸运量1 333.78万吨，同比下降9.6%；外贸集装箱运量115 588标箱，同比增长9.4%。

【盐城大丰水运（海港）口岸】 盐城大丰水运（海港）口岸位于江苏1 040千米海岸线港口空白带的中心位置，利用此海域特有的潮汐通道“西洋深槽”建设深水码头，“西洋深槽”水深稳定，15米等深线宽3千米至4千米，长55千米，与外海深水贯通，可进出10万吨级船舶。大丰海港口岸区位优势明显，集疏运体系完善，是国家交通运输部规划填补沿海港口空白带的项目，是江苏省沿海重点建设的三大港口之一，

2006 年 6 月 13 日，被国务院批准为对外开放口岸，2007 年 9 月 20 日，正式对外开放。

大丰海港口岸目前已建成并对外开放了一期码头、二期码头、大件码头、石化码头、集装箱码头、通用码头等六座码头、18 个万吨级泊位，已开通至韩国仁川港、釜山港、光阳港、平泽港、木浦港的国际集装箱班轮航线，至日本的门司港、博多港航线，至俄罗斯的木材航线，与中国台湾基隆港直航，可经上海港、宁波港中转至世界各大港口的国际航线，并开辟了大丰港至宁波港、上海港、青岛港的外贸内支线。

2018 年，大丰海港口岸完成货物吞吐量 9 097万吨，同比增长 3. 33%，集装箱 45 万标箱，同比增长 12. 57%；外贸运量 660. 91 万吨，同比下降 30. 86%，外贸集装箱运量 21 674 标箱，同比下降 14. 15%。

【如皋水运（河港）口岸】 如皋水运（河港）口岸位于长江三角洲北翼，“长寿之乡”江苏省如皋市最南端，与张家港隔江相望，距上游江阴港 36 千米、南京港 200 千米，距下游南通港 24 千米、上海港 120 千米，距离入海口 223 千米。如皋港现有长江岸线长 48 千米，其中深水岸线长约 17. 56 千米、人工港池岸线长 14. 20 千米。截至 2018 年年底，共有已开放泊位 23 个，其中公用泊位 8 个（散杂货泊位 4 个，集装箱、件杂货泊位 4 个)，化工品泊位 5 个，舾装泊位 8 个，专用材料泊位 2 个。口岸外贸货物运量仍然主要以散杂货和危化品为支撑，散货货种主要为煤炭、金属矿石等，危化品主要货种为基础油、棕榈油等。中林港务集团建有 2 个 15 万吨级公用泊位，2 个 5 万吨级公用泊位，有 4043 式门座式起重机 15 台，大型装载机 18 台，后沿堆场近 70 万平方米，是长江北岸重要的货物集散地，2018 年度散杂货外贸吞吐量 680. 46 万吨，同比增长 10. 13%；危化品吞吐量主要来源于阳鸿石化等四家石化企业，2018 年度危化品外贸吞吐量 155. 78 万吨，同比下降 30. 38%。保税物流中心（B 型）建有 8 万平方米室内仓库和 5 万平方米室外堆场，咖啡、红酒和船用润滑油为主要货种；集装箱先后开辟了多条通往沿海、长江中上游、苏北等地区的内贸直达班轮航线，全年集装箱运量达到 302 859 标箱，同比增长 100. 88%。

2018 年，该口岸实现外贸货物吞吐量 837. 93 万吨，同比下降 0. 58%。

【靖江水运（河港）口岸】 靖江水运（河港）口岸地处长江下游北岸，上海与南京中间地段，江苏沿海与沿江经济带 T 形交汇处，地理位置优越，拥有开放岸线 47. 78 千米，其中宜港岸线 40. 1 千米，分夹港、八圩、新港三个作业区，规划泊位数达 110 个，总通过能力达 2. 1 亿吨。

靖江河港口岸于 2012 年 11 月经国务院批准设立，2013 年 8 月通过国家口岸管理办公室组织的验收后正式对外开放，现有对外开放码头 15 个共 32 个万吨级以上泊位，其中盈利港务、龙威粮油港务分别获批木材和粮食进境指定口岸，口岸形成了船舶修造、粮食、木材、能源、金属、矿石六大产业。2018 年，海关总署批准设立靖江保税物流中心（B 型）。

靖江河港口岸管理服务体系完善。靖江海关、靖江出入境边防检查站、靖江海事处、长江引航中心靖江引航站、长江靖江航道管理处等机构齐全，全面实施了长三角区域通关一体化改革。截至 2018 年 12 月，靖江河港口岸进出口整体通关时间为 46. 98 小时、2. 26 小时，同比分别压缩 82. 29%、54. 12%。

2018 年，靖江河港口岸外贸货运量 1 014. 7 万吨，同比上升 5. 4%；进出境船舶 1 051 艘次，同比下降 10. 1%，进出口岸船舶大型化趋势明显。

【如东水运（海港）口岸】 如东水运（海港）口岸位于江苏东部江海交汇处，地处中国经济最为发达的长三角北翼，距南京约 300 千米，距上海 120 千米，位于上海一个半小时经济圈。陆路距苏通大桥 70 千米，距崇启大桥 84 千米，海上距上海港约 150 千米。随着“一带一路”倡议、“长江经济带”“长三角一体化”“江苏沿海开发”四大国家发展规划全面实施，洋口港以独特的区位优势、强有力的发展态势开启了江苏出江入海的新通道，成为集石油化工、能源开发、装备制造、仓储物流、建筑新材料产业等为一体的多元化产业型港口。

2014 年 8 月，国务院正式同意洋口港口岸开放，对外开放岸线共 6 910 米，15 个泊位，2015 年 11 月 17 日通过国家验收。同时 10 万吨级 LNG 码头、万吨级重件码头正式对外开放。2016 年，洋口港 5 000 吨级液体化工码头通过国家验收，正式对外开放。

2018 年，洋口港完成货物吞吐量 716 万吨，同比增长近 50%。实现外贸运量 663.94 万吨，同比上涨 51.3%，其中，中石油接卸 LNG 船舶 85 艘，接卸量 653.5 万吨，同比增长 49.5%，接卸总量、外输总量、产能利用率 3 项指标均排名全国第一。2018 年，洋口港港区规划方案局部调整获交通运输部及江苏省批复。15 万吨级航道工程顺利通过质量鉴定并交工验收，实现世界最大 LNG 船全天候进出港。洋口港至上海港航线正式开通，进入常态化运营。保税物流中心（A 型）正式获批并加快建设。中俄亚马尔液化天然气等产能合作项目取得明显成效。

洋口港港区全景图

LNG 接收站生产区夜景

【启东水运（海港）口岸】 启东水运（海港）口岸位于江苏东部、长江下游入海口，地处长江、黄海、东海“T”型结合部，由沿海吕四港区和沿江启海港区两部分组成。港区与临海高等级公路、崇启大桥、沪陕高速、336 省道、宁启铁路等相连成网，是承接江海联运和水陆联运的重要枢纽，具备良好的货物集疏运条件。启东水运口岸与上海相距仅 50 多千米，有崇启大桥与之相连，直接纳入上海 1 小时经济圈。2014 年 8 月 10 日，启东水运口岸经国务院批准成为对外开放口岸。

启东海港口岸共有各类开放码头 7 座，开放泊位 8 个，均为业主码头。其中，长江北翼的启海港区是一个以船舶海工修造的专业港区。吕四港区现有大唐电厂和广汇能源两大能源企业的专用开放码头泊位。

2018 年 9 月 30 日，广汇能源启东 LNG 接卸码头通过省级开放验收；11 月 16 日，江苏省政府正式发文批复同意广汇能源 LNG 码头对外开放。全年国际航行船舶进出启东水运口岸共计 188 艘次，同比增长 147.37%；实现外贸吞吐量 214.29 万吨，同比增长 67.91%；广汇能源进口 LNG 92.78 万吨，同比增长 100.04%；大唐电厂进口煤炭 122.48 万吨，同比增长 643.66%。

2018 年江苏省口岸大事记

1 月 17 日

引进上海海华轮船有限公司投入 3 艘 1 020 标箱集装箱船舶新开 1 条近洋航线，该航线提供至日本那霸港和越南胡志明港的周班海运服务。

1 月 21 日

南通机场完成至柬埔寨暹粒复飞包机。

2 月 26 日

江苏检验检疫部门发布消息，南通、张家港、江阴三地港口成为我国首批进口期货大豆指定口岸。

4 月 20 日

太仓出入境检验检疫管理职责和队伍正式划入太仓海关，并从当日起统一以太仓海关名义对外开展工作。

是日

连云港出入境检验检疫管理职责和队伍正式

划入连云港海关，并从当日起统一以连云港海关名义对外开展工作。

4 月 29 日

“辉煌”号邮轮日本航线首航。标志着连云港首条国际邮轮航线正式开通运营，连云港亦成为江苏第一个开通国际邮轮的港口。

5 月 8 日

引进太仓港集装箱海运有限公司增开 1 条东南亚航线，挂港顺序：太仓港—厦门—海防—胡志明—曼谷—林查班—胡志明—太仓港。

5 月 18 日

海安保税物流中心（B 型）正式封关运营。

5 月 31 日

盐城南洋机场 T2 航站楼正式启用。项目建成后，保证满足年旅客吞吐量 300 万人次，飞行起降 3 万架次运行。

5 月 31 日

连云港综合保税区获得国务院批复同意。

6 月 27 日

海关总署、生态环境部正式发文明确太仓口岸作为 18 个限定固体废物进口口岸之一，自 2019 年 1 月 1 日起，太仓口岸成为江苏也是长江流域唯一一个固体废物进口口岸。

6 月 28 日

一列装载着日本货物的集装箱班列，从中哈（连云港）物流基地换装西行，驶向德国汉堡，标志着连云港正式开启“日中欧”国际运输海铁联运新路径，进一步助推连云港亚欧陆海联运通道的建设。

8 月 2 日

首批 94 件国际快件通过洛杉矶航空空运并转中韩轮渡海运到达上合园区连云港保税物流中心内的连云港市领略国际快件物流中心。在海关监管下，这批快件顺利完成通关手续，成为江苏省首批应用空海联运模式的进境国际快件。这批快件的成功通关标志着连云港口岸正式开通了海运快件业务。

11 月 15 日

连云港白塔埠机场空运口岸核心能力建设通过国家验收。

11 月 26 日

“亨通万公里海底光缆交付盛典暨海洋新品发布会”在江苏常熟举行，实现万公里国际海底光缆的交付，这是中国海缆产业的里程碑，也擦亮了“中国制造”在国际海洋通信领域的世界名片。

12 月 8 日

来自中远海运集团的“罗宾亨特”轮顺利靠泊连云港新东方国际货柜码头 29 号泊位。该轮船在装载完集装箱后，开启了南非远洋首航之旅，标志着连云港至南非直航航线开通。

12 月 24 日

举办太仓港 500 万标箱起吊仪式。2018 年，太仓港集装箱年吞吐量突破 500 万标箱，跃居全省第一。

12 月 26 日

连云港口岸两翼港区（赣榆港区、徐圩港区、灌河港区）扩大开放获得国务院批复同意。

（撰稿人：王永忠）

2018 年江苏省口岸流量统计表

口岸类型	口岸名称	货运量（万吨）				集装箱量（万标箱）				人员（万人次）				交通工具（辆、艘、架、列次）			
		出口	进口	合计	同比（%）	出口	进口	合计	同比（%）	出境	入境	合计	同比（%）	出境	入境	合计	同比（%）
空运口岸	南京			21.2	8.60							360	16.40				
	无锡			1.75	464.52							94.701	10.90				
	常州			0.033 121	28.10							41.761 5	103.10				
	盐城			0.029 689	27.20							9.653 3	22.50				
	徐州			0.042 58	31.40							17.032 8	37.00				
	淮安			无	无							10.263 7	71.50				
	扬州			无	无							22.208 7	14.90				
	南通			0.067 92	34.1							16.561 3	63.4				
	连云港			无	无							3.386 7	21 334.81				
	分计			23.123 31	15.93							575.569	22.1				
陆路口岸	公路																
	铁路																
水运口岸 海港口岸	连云港			11 884.30	5.74			276.30	2.77								
	大丰			660.91	-30.86			2.167 4	-14.15								
	如东			663.94	51.30			无	无								
	启东			214.29	67.91			无	无								
	分计			13 423.44	5.18			278.467 4	2.64								

续表

口岸类型		口岸名称	货运量（万吨）				集装箱量（万标箱）				人员（万人次）				交通工具（辆、艘、架、列次）			
			出口	进口	合计	同比（%）	出口	进口	合计	同比（%）	出境	入境	合计	同比（%）	出境	入境	合计	同比（%）
水运口岸	河港口岸	南通			4 168.20	-3.30			35.08	-4.50								
		如皋			837.93	-0.58			无	无								
		张家港			5 462.60	-11.20			66.46	15.80								
		南京			2 233.50	0.00			121.00	12.50								
		镇江			3 913.50	10.64			18.81	-1.11								
		江阴			4 397.39	28.40			4.70	-17.90								
		扬州			1 102.00	0.55			21.468 1	3.61								
		泰州			1 333.78	-9.60			11.558 8	9.40								
		靖江			1 014.7	5.40			无	无								
		太仓			7 184.24	-6.50			213.33	12.20								
		常熟			1 246.50	-23.60			11.318	-52.20								
		常州			949.97	37.30			16.828 6	4.30								
		分计			33 844.31	-0.49			520.553 5	6.75								
合计																		
同比（%）																		

（江苏省口岸办提供）

2018 年江苏省口岸出入境主要数据表

<table>
<tr><th colspan="3">项目</th><th>2018 年</th><th>2017 年</th><th>同比（%）</th></tr>
<tr><td rowspan="14">出入境人员
（人次）</td><td colspan="2">出入境人员总数</td><td>6 709 138</td><td>5 592 522</td><td>19.97</td></tr>
<tr><td colspan="2">入境人员</td><td>3 336 109</td><td>2 788 419</td><td>19.64</td></tr>
<tr><td colspan="2">出境人员</td><td>3 373 029</td><td>2 804 103</td><td>20.29</td></tr>
<tr><td colspan="2">出入境旅客</td><td>5 812 615</td><td>4 739 760</td><td>22.64</td></tr>
<tr><td colspan="2">出入境员工</td><td>896 523</td><td>852 762</td><td>5.13</td></tr>
<tr><td rowspan="5">中国公民</td><td>小计</td><td>5 768 005</td><td>4 712 529</td><td>22.40</td></tr>
<tr><td>内地居民（因公）</td><td>335 300</td><td>327 137</td><td>2.50</td></tr>
<tr><td>内地居民（因私）</td><td>4 727 196</td><td>3 767 219</td><td>25.48</td></tr>
<tr><td>港澳居民</td><td>159 099</td><td>143 021</td><td>11.24</td></tr>
<tr><td>台湾同胞</td><td>546 410</td><td>475 152</td><td>15.00</td></tr>
<tr><td colspan="2">外籍人员</td><td>941 133</td><td>879 993</td><td>6.95</td></tr>
<tr><td colspan="2">从海港出入境人数</td><td>760 099</td><td>716 379</td><td>6.09</td></tr>
<tr><td colspan="2">从陆港出入境人数</td><td>无</td><td>无</td><td>无</td></tr>
<tr><td colspan="2">从空港出入境人数</td><td>5 949 129</td><td>4 876 143</td><td>22.00</td></tr>
<tr><td rowspan="5">交通运输工具
（辆、艘、架、列次）</td><td colspan="2">总计</td><td>64 490</td><td>59 981</td><td>7.52</td></tr>
<tr><td colspan="2">船舶</td><td>28 730</td><td>29 892</td><td>-3.89</td></tr>
<tr><td colspan="2">飞机</td><td>35 760</td><td>30 089</td><td>18.85</td></tr>
<tr><td colspan="2">火车</td><td>无</td><td>无</td><td>无</td></tr>
<tr><td colspan="2">机动车辆</td><td>无</td><td>无</td><td>无</td></tr>
</table>

（江苏出入境边防检查总站提供）

2018 年南京海关主要数据统计表

项目		2018 年	同比（%）
进出口货运量（万吨）	合计	40 839.70	0.50
	进口	33 901.50	1.20
	出口	6 938.20	-2.70
进出口贸易总值（万美元）	合计	40 033 547.86	12.10
	进口	20 410 176.02	11.70
	其中：江、海运输	13 090 854.47	12.70
	铁路运输	29 557.47	-56.20
	汽车运输	507 609.98	23.80
	航空运输	6 780 934.17	9.70
	邮件运输	1 172.15	-13.70
	其他运输	47.79	146.30
	出口	19 623 371.84	12.50
	其中：江、海运输	10 878 662.73	8.10
	铁路运输	334 189.00	-13.20
	汽车运输	960 358.41	45.50
	航空运输	7 445 498.74	17.50
	邮件运输	1 308.99	-40.40
	其他运输	3 353.98	-34.60
税收（万元）	两税合计	13 186 548.98	0.40
	关税入库	11 040.00	-42.80
	进口环节税入库	13 175 508.98	0.40
货物检验检疫（批次）	本年累计	518 958	-14.50
	其中：出境	320 775	-5.85
	入境	198 183	-25.58
货物检验检疫金额（万美元）	本年累计	10 585 332.28	-0.84
	其中：出境	2 007 439.29	4.38
	入境	8 577 892.99	-1.99

（南京海关提供）

2018 年江苏海事局进出港船舶统计汇总表

船舶类别	进港船舶							出港船舶						
	艘数（艘）	总吨（吨位）	总载重量（吨）	载客量（客位）	船员人数（人次）	货物到达量（吨）	旅客到达量（人）	艘数（艘）	总吨（吨位）	总载重量（吨）	载客量（客位）	船员人数（人次）	货物发送量（吨）	旅客发送量（人）
总计	1 269 825	2 118 931 840	2 740 122 195	152 208 700	8 347 653	1 306 501 825	36 455 837	1 262 998	2 068 703 267	2 659 674 537	152 207 607. 5	8 325 594	652 887 781. 8	31 335 287
中国籍船舶	1 253 266	1 763 777 042	2 150 782 384	152 207 995	8 061 801	1 051 527 420	36 409 591	1 246 639	1 716 414 819	2 075 970 658	152 207 607. 5	7 980 570	620 269 699. 3	31 335 287
其中外贸船	14 861	100 566 900	158 442 536	0	190 554	110 172 414. 43	49	14 265	94 764 307	149 956 386	0	185 595	16 342 033. 34	74

（江苏海事局提供）

2018 年连云港海事局进出港船舶统计汇总表

船舶类别	进港船舶							出港船舶						
	艘数（艘）	总吨（吨位）	总载重量（吨）	载客量（客位）	船员人数（人次）	货物到达量（吨）	旅客到达量（人）	艘数（艘）	总吨（吨位）	总载重量（吨）	载客量（客位）	船员人数（人次）	货物发送量（吨）	旅客发送量（人）
总计	35 189	211 141 054	290 364 989	236 861	512 186	151 334 526. 94	548 706	30 059	191 847 902	264 774 612	234 435	444 144	35 031 394. 77	531 655
中国籍船舶	31 528	100 389 280	120 260 476	112 301	435 566	64 886 233. 08	513 543	26 481	84 754 568	100 126 466	109 875	366 129	25 647 347. 31	500 414
其中外贸船	250	4 221 355	5 323 584	30 184	6 555	2 663 983. 79	12 447	199	2 945 754	3 142 320	29 792	5 482	406 491. 66	7 644

（连云港海事局提供）

2018 年江苏省指定口岸/查验场统计表

省、自治区、直辖市	序号	指定口岸/指定查验场名称	口岸类别	类别	批复时间	备注
江苏省	1	大丰港水运口岸	海运	粮食	2015 年 12 月	
	2	镇江港水运口岸	内河	粮食	2014 年 10 月 13 日	
	3	镇江港水运口岸	内河	肉类	2015 年 4 月 20 日	
	4	泰州港水运口岸	内河	粮食	2015 年 12 月 25 日	
	5	靖江港水运口岸	内河	粮食	2015 年 12 月	
	6	南通港水运口岸	内河	粮食	2014 年 10 月	
	7	苏州高新区综合保税区	公路	进口肉类	2016 年 10 月 17 日	
	8	苏州高新区综合保税区	公路	进口冰鲜水产品	2016 年 11 月 10 日	
	9	苏州工业园区综合保税区	公路	进境种苗口岸	2009 年 12 月 31 日	
	10	苏州工业园区综合保税区	公路	食品	2013 年 2 月 20 日	
	11	苏州工业园区口岸	公路	药品	2013 年 10 月 29 日	
	12	吴中综合保税区	公路	食品等	2015 年 1 月 31 日	
	13	常熟东飞仓储直通式监管点	公路	公路运输类	2018 年 3 月 29 日	
	14	张家港保税港区	内河	整车	2012 年 11 月 6 日	
	15	张家港保税港区	海运	冷冻肉类	2009 年	
	16	张家港港水运口岸	内河	粮食	2014 年 10 月 9 日	
	17	张家港港水运口岸	内河	油菜籽	2013 年 7 月 14 日	试验性进口
	18	张家港港水运口岸	内河	肉类	2016 年 6 月 29 日	
	19	太仓港水运口岸	内河	粮食	2014 年 10 月 9 日	
	20	太仓港水运口岸	内河	食用水生动物	2017 年 7 月 17 日	
	21	太仓港水运口岸	内河	水果	2011 年 1 月 12 日	
	22	太仓港水运口岸	内河	肉类	2016 年 10 月 17 日	
	23	南京港水运口岸	内河	粮食	2014 年	
	24	南京港水运口岸	内河	肉类	2009 年	
	25	南京港水运口岸	内河	水果	1995 年	
	26	南京禄口机场口岸	空运	种苗花卉	2012 年	
	27	南京禄口机场口岸	空运	食用水生动物	2014 年	
	28	南京禄口机场口岸	空运	冰鲜水产品	2015 年	
	29	南京禄口机场口岸	空运	水果	2013 年	
	30	连云港港水运口岸	海运	粮食	2014 年	

续表

省、自治区、直辖市	序号	指定口岸/指定查验场名称	口岸类别	类别	批复时间	备注
江苏省	31	连云港港水运口岸	海运	食用水生动物	2016 年	
	32	连云港港水运口岸	海运	植物种苗	2010 年	
	33	连云港港水运口岸	海运	肉类	2004 年	
	34	连云港港水运口岸	海运	水果	2004 年	
	35	连云港港水运口岸	海运	哈萨克斯坦小麦过境指定离境口岸	2016 年	
	36	常州港水运口岸	内河	粮食	2017 年 11 月 20 日	
	37	江苏常州奔牛机场口岸	空运	食用水生动物	2016 年 9 月 27 日	
	38	常州机场口岸	空运	冰鲜水产品	2017 年 10 月 17 日	
	39	无锡空运口岸	空运	食用水生动物	2016 年 7 月	
	40	无锡高新区综合保税区进口肉类指定查验场	公路	肉类	2017 年 3 月 2 日	
	41	江阴港水运口岸	内河	粮食	2014 年 10 月 9 日	
	42	徐州观音国际机场口岸	空运	进境冰鲜水产品	2016 年 9 月	
	43	徐州观音国际机场口岸	空运	食用水生动物	2015 年 7 月	

（江苏省口岸办提供）

浙　江　省

浙江省口岸分布示意图

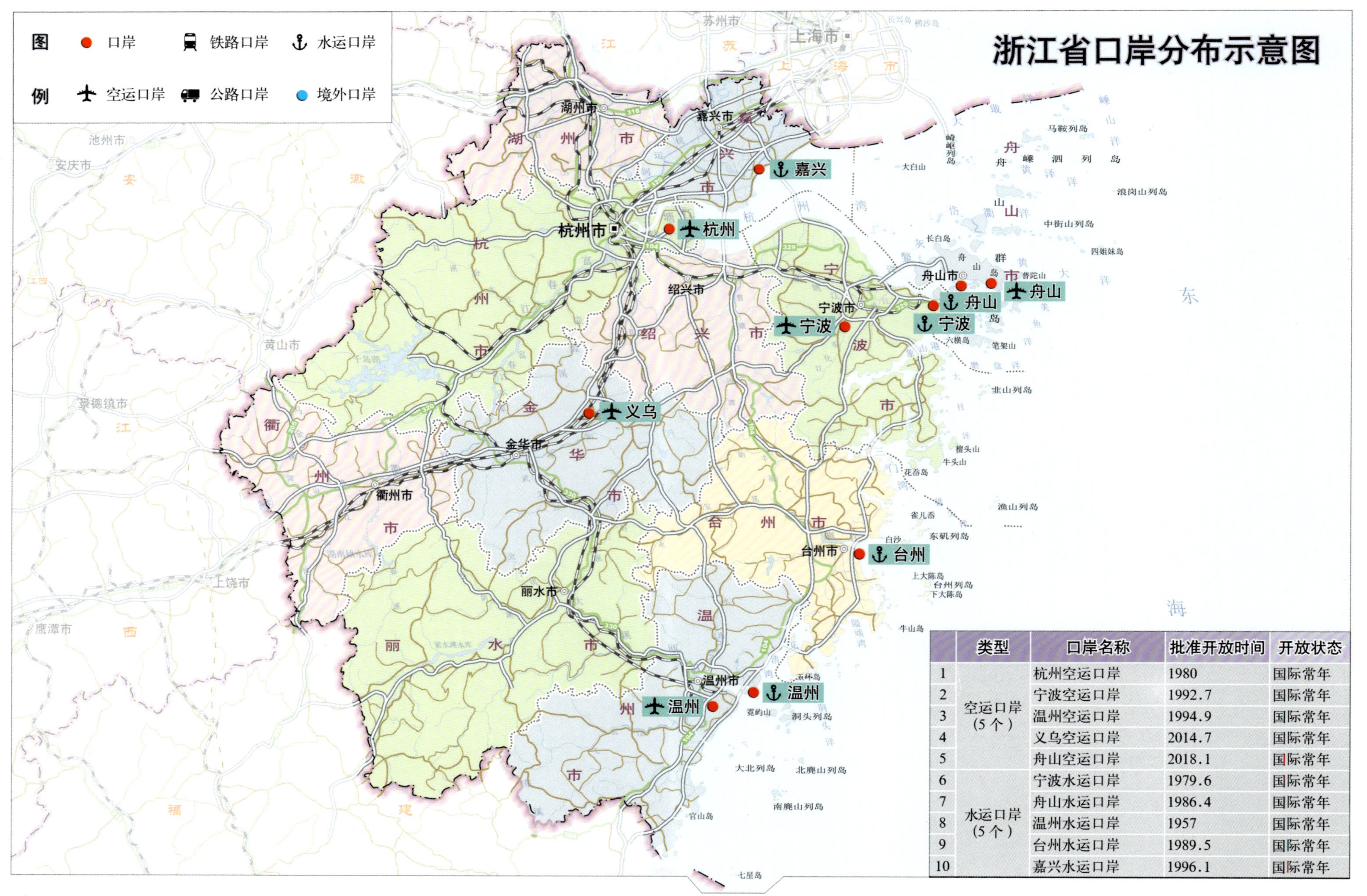

	类型	口岸名称	批准开放时间	开放状态
1	空运口岸（5个）	杭州空运口岸	1980	国际常年
2		宁波空运口岸	1992.7	国际常年
3		温州空运口岸	1994.9	国际常年
4		义乌空运口岸	2014.7	国际常年
5		舟山空运口岸	2018.1	国际常年
6	水运口岸（5个）	宁波水运口岸	1979.6	国际常年
7		舟山水运口岸	1986.4	国际常年
8		温州水运口岸	1957	国际常年
9		台州水运口岸	1989.5	国际常年
10		嘉兴水运口岸	1996.1	国际常年

口岸数量及分布

截至2018 年年底，浙江省共有经国务院批准的对外开放口岸 10 个。其中，空运口岸 5 个，分别是杭州空运口岸（杭州萧山国际机场）、宁波空运口岸（宁波栎社国际机场）、温州空运口岸（温州龙湾国际机场）、义乌空运口岸（义乌国际机场）和舟山空运口岸（舟山普陀山机场）；水运（海港）口岸 5 个，分别是宁波、舟山、温州、台州和嘉兴海港口岸。

口岸运行数据

2018 年，浙江省空运口岸出入境旅客 707.18 万人次，同比增长 16.72%；出入境飞机 47 217 架次，同比增长 13.14%；进出口货运量 25.32 万吨，同比增长 33.76%。其中，杭州空运口岸出入境旅客 518.74 万人次、出入境飞机 32 957 架次、进出口货运量 19.8 万吨，同比分别增长 14.77%、13.03%、39.05%；宁波空运口岸出入境旅客 135 万人次、出入境飞机 10 210 架次、进出口货运量 5.4 万吨，同比分别增长 16.3%、7.15%、18.8%；温州空运口岸出入境旅客 36.95 万人次、出入境飞机 2 909 架次、进出口货运量 1 064 吨，同比分别增长 7.92%、增长 8.22%、减少 17.8%；义乌空运口岸出入境旅客 16.49 万人次、出入境飞机 1 136 架次、进出口货运量 152.01 吨，同比分别增长 367.14%、增长 216.43%、减少 2.62%。

2018 年，浙江省水运（海港）口岸共进出口货运量 50 546.34 万吨，同比增长 3.85%；进出口集装箱 2 203.61 万标箱，同比增长 7.67%；出入境船舶 27 123 艘次，同比增长 2.43%。其中，宁波海港口岸进出口货运量34 274.6万吨、进出口集装箱 2 099.5 万标箱、出入境船舶 11 487艘次，同比分别增长 3.4%、增长 7.6%、减少 2.8%；舟山海港口岸进出口货运量 13 944.77万吨、进出口集装箱 34.02 万标箱、出入境船舶 12 525 艘次，同比分别增长 6.3%、24.4%、16.3%；温州海港口岸进出口货运量 446.72 万吨、进出口集装箱 14.9 万标箱、出入境船舶 843 艘次，同比分别增长 21.73%、增长 3%、减少 0.96%；台州海港口岸进出口货运量 640 万吨、进出口集装箱 8.97 万标箱、出入境船舶 1 313 艘次，同比分别减少 21%、增长 6.5%、减少 39.5%；嘉兴海港口岸进出口货运量 1 240.25万吨、进出口集装箱 46.21 万标箱、出入境船舶 955 艘次，同比分别增长 1.2%、减少 1.05%、增长 8.40%。

2018 年，浙江省陆路（铁路）临时口岸，即义乌铁路口岸（义乌铁路西站），实现“义新欧”中欧班列往返运行 320 班次，同比增长 90.48%；进出口集装箱 25 060 标箱，同比增长 68.8%；进出口货物 122 823.52 吨，同比增长 78.5%。

2018 年浙江省外贸进出口值统计表

	进出口值（亿元）	出口值（亿元）	进口值（亿元）	同比（%）		
				进出口	出口	进口
全省合计	28 519.24	21 182.08	7 337.16	11.4	9.0	19.0
杭州市	5 245.28	3 417.11	1 828.17	3.1	-1.0	11.8
宁波市	8 576.30	5 550.65	3 025.65	12.9	11.4	15.7
温州市	1 507.15	1 302.43	204.72	13.6	12.5	20.9
湖州市	885.13	770.98	114.15	14.6	13.1	25.9
嘉兴市	2 821.20	2 017.33	803.87	14.2	13.6	15.8

续表

	进出口值（亿元）	出口值（亿元）	进口值（亿元）	同比（%）		
				进出口	出口	进口
绍兴市	2 240.29	2 046.10	194.19	12.2	10.5	33.3
金华市	3 769.04	3 658.28	110.76	10.7	10.5	18.1
衢州市	349.15	230.85	118.30	-4.1	-10.9	12.5
舟山市	1 135.55	424.82	710.73	44.9	10.6	78.0
台州市	1 743.00	1 537.60	205.40	10.4	11.5	3.1
丽水市	247.14	225.91	21.23	10.8	10.2	17.4

（杭州海关提供）

口岸综合管理

【大力提升贸易便利化水平，优化口岸营商环境】 深入专题调研跨境贸易便利化。2018年6月起，浙江省口岸办走遍了全省海陆空各口岸，整理出浙江“口岸通关流程”“口岸收费”“口岸单证”三张清单，并重点就压缩整体通关时间进行研究，分析整个通关流程的各个环节，找准耗时偏长原因，针对问题要求口岸相关单位立整立改，取得明显效果。11月底，赴绍兴基层调研，并形成《关于赴绍兴调研跨境贸易便利化的报告》。12月下旬，按照对标一流口岸的要求，调研形成《浙江与上海口岸相关指标比较研究》。这些调研为浙江省不断完善政策举措持续推进跨境贸易便利化工作奠定了扎实的基础。

出台并落实《提升跨境贸易便利化实施意见》和《提效降费减证行动计划》。2018年8月，浙江省口岸办围绕“压缩整体通关时间”“降低货物通关成本”两大主题，广泛征求相关单位意见，形成《关于提升跨境贸易便利化水平的实施意见》（以下简称《实施意见》），主要包括“不折不扣完成国家18条举措＋根据浙江省实际提出15条针对性举措”共33条，于9月底施行。10月起，根据国家对口岸提效降费工作统一部署，按照浙江省省长袁家军“先提一个实施计划”的要求，边调研、边起草、边落实，于10月下旬出台《浙江省口岸提效降费减证行动计划》（以下简称《行动计划》），将工作任务分解为提效、降费、减证三大行动13项具体举措，并对工作保障提出了具体要求。《实施意见》和《行动计划》出台后，浙江省政府成立工作专班，建立通报制度，牵头会同各口岸相关单位狠抓落实，取得明显成效。提效方面，12月进口通关时间为45.32小时，压缩了78.94%，领跑长三角地区；出口通关时间为8.14小时，压缩了66.37%。总体来看，浙江省在超额完成国家要求的“压缩整体通关时间三分之一”的同时，完成了自己提出的“压缩整体通关时间二分之一”的目标。降费方面，截至2018年10月29日，浙江省9个口岸均在各地政府部门或口岸管理部门的网站上公布了口岸收费清单。同时，浙江国际贸易“单一窗口”网站专门开辟口岸收费清单公示模块，汇总各地链接统一上线公示。据初步测算，2018年年底宁波口岸集装箱进、出口合规成本分别已下降到280美元和260美元左右。减证方面，11月1日前，在国家口岸办的统一部署下，浙江国际贸易“单一窗口”按要求实现了所有新功能的对接，进出口环节的监管证件已从86种减少到46种，除保密需要等特殊情况外全部实现联网核查（42种）。

【推进国际贸易“单一窗口”数字化转型，助力“最多跑一次改革”】 推进国际贸易“单一窗口”工作是提升跨境贸易便利化水平工作的重要内容，也是海关、边检、海事、国税、外管等国家垂直管理机构参与浙江省“最多跑一次”改革的重要载体。按照浙江省省长袁家军“要在数字化‘单一窗口’建设上下功夫”的重要批示要求，浙江省口岸办提出了数字“单一窗口”的建设构想并编制了项目建议书，计划通过4年努力，到2021年，建成最便捷、最高效、最透明、最安全的数字化“单一窗口”。数字“单一窗口”已被纳入浙江省政府数字化转型首批重大项目清单，截至2018年年底共有注册用户超23.6万，累计办理各类业务541万余票。一是形成国家标准版加地方版的建设模式。已完成国家标准版开放的十二大功能全对接，实现全功能覆盖。按照国家对标准版主要功能应用率到2018年年底达到70%的要求，浙江省加大推广力度，在2018年上半年的应用率先达到100%。同时根据浙江省实际，建设运营好浙江省自贸试验区保税燃料油加注“一口受理”平台、义乌市场采购贸易联网信息平台、跨境电子商务“一站式”平台3个平台，取得较好效果。二是积极承担国家试点任务，取得明显成效。2018年主动向国家口岸办申请，承担了运输工具（船舶）申报、船舶联合登临检查、贸促会原产地证申报、“义新欧”铁路申报4项标准版功能试点，进展顺利。特别是在舟山试点的运输工具（船舶）申报，有效结合浙江省“最多跑一次”改革，取消了70多种纸质单证，基本实现全程无纸化，申报数据从1 113项压缩到371项，业务办理时间从16小时降低到2小时，企业从来回跑9次变为最多跑1次，形成了“舟山经验”，被国家口岸办向全国推广。三是积极推进“单一窗口”数字化转型。2018年按照流程再造和数据共享的要求，不断优化顶层设计，完成了数字“单一窗口”（2019～2021）项目建议书，梳理形成核心业务流程图，并建立协同模型，共计涉及69个一级模块、222个二级模块、647个一级功能点、1 100余个二级功能点，为通关流程再造提供了支撑。在完善企业申报反馈平台基础上，开发了通关时效评估平台并试运行，可以按月对浙江省海运集装箱货物进行通关时效分析。

【出台《浙江省口岸管理和服务办法》，奠定政策法规基础】 口岸立法是加强口岸管理和服务的基础。《浙江省口岸管理和服务办法》（以下简称《办法》）在2018年年初被列为浙江省政府立法计划一类规章项目，并被确定为需经浙江省委常委会审议的重要立法项目。2018年，浙江省口岸办与省法制办通力协作，通过一系列协调会、专家论证会，经过网上公开征求意见，并与省政协开展立法民主协商听取政协委员对草案的意见和建议，同时向省委作了沟通、汇报。在吸收各方意见的基础上，经过多次修改完善，形成了《办法》并顺利通过了省委常委会和省政府常务会议审议。12月5日，浙江省省长袁家军签发浙江省人民政府令第371号，公布《办法》，自2019年2月1日起施行。

《办法》共26条，主要有六大方面内容：一是明确口岸的定义和管理职责；二是明确口岸开放程序和要求；三是落实并深化“最多跑一次”改革要求，提升贸易便利化水平；四是建立跨区域协作机制，强化重大活动保障；五是完善事中事后监管，加强口岸运行管理；六是细化规范评价措施，提升口岸服务保障水平。《办法》起草过程中结合浙江省实际，突出问题导向，体现时代特征，特别是落实并深化浙江省“最多跑一次”改革要求，在优化口岸营商环境，促进跨境贸易便利化工作方面有着重体现。通过《办法》可有效解决口岸立法长期缺位，口岸创新监管举措没有法制保障，重大活动口岸服务保障无法可依，口岸管理数字化转型缺乏依据等问题。

【深化完善口岸开放格局，由量的扩张向质的提高转变】 推进舟山普陀山机场空运口岸开放。在国家口岸办的大力支持下，2018年1月，舟山普陀山机场对外开放获国务院批复同意，成为浙江省第5个正式对外开放的空运口岸。为保障波音737大飞机项目按时落户舟山，经浙江省口岸办积极争取，舟山普陀山机场在暂不具备正式开放条件的情况下，于2018年10月实现临时开放，波音737待装配飞机于11月2日顺利进入舟山普陀山机场。

推进重点口岸项目的开放和验收。结合国家“放管服”改革要求，经向国家口岸办申请，于2018 年6 月由浙江省级口岸管理部门完成了宁波舟山港穿山北港区口岸扩大开放正式的验收工作。推进舟山海港口岸六横等6 个港区11 个项目扩大开放申报工作。温州状元岙邮轮码头于7 月中旬顺利通过浙江省验收组的开放验收，并于8 月20 日经浙江省政府批准正式对外启用。此外，宁波舟山港穿山港区集装箱码头、戚家山化工码头等在2018 年实现了对外启用。完成台州海港口岸头门港区水陆域范围向有关部门的申报工作。继续做好义乌铁路口岸临时开放工作，保障“义新欧”专列的顺畅运行。

推进杭州空运口岸新航线开辟和24 小时通关。2018 年，杭州空运口岸开辟了杭州至拉脱维亚里加、俄罗斯莫斯科、美国纽约、比利时列日、缅甸仰光5 条国际新航线，浙江全省空运口岸共新开国际航线10 条。根据浙江省副省长高兴夫推进杭州空运口岸24 小时无障碍通关要求，浙江省口岸办会同相关单位，做了大量指导、协调和沟通工作。10 月1 日，杭州空运口岸实现24 小时无障碍通关，有效优化了空运口岸营商环境。12 月下旬，浙江省政府专题研究杭州空运口岸开辟国际航线工作，确立了总体工作原则和工作机制，为杭州空运口岸进一步开辟国际新航线奠定了扎实基础。

【口岸基础设施、配套设施建设】 2018 年，杭州空运口岸完成T1 航站楼和301 ~303 停机位改造，以及B 平滑贯通一阶段工程。杭州机场三期扩建工程破土动工，新建建筑物面积达150 万平方米以上。宁波空运口岸在浙江省内率先启用3 条出境自助查验通道，已投入建设5 条入境自助通道。温州空运口岸针对现有国际航站楼偏小、难以扩容发展问题，启动T1 航站楼改造方案设计，完成工程改造前期各项工作。温州国际商业快件口岸于2018 年4 月19 日获海关总署批准设立，通过改建鹿城跨境电商园部分设施，于11 月中旬正式开展试运营。温州进口产品指定口岸查验存储一体化设施重新选址建设，于11 月初建成投用。义乌空运口岸新临时国际货站工程于11 月13 日通过杭州海关验收投用，项目总建筑面积4 521 平方米，其中临时国际货站占地面积3 867 平方米，可满足30 吨货运包机的需求。义乌进境水果指定口岸设在义乌空运口岸原有国际货站内，项目占地面积2 000 平方米，于10 月完成建设。义乌跨境电子商务监管中心按照快件监管中心建设标准建设，于5 月24 日通过验收投用，项目占地6 000 平方米，建筑面积2 851平方米。舟山普陀山机场新的国内航站楼、国际航站楼、专用联络道等一批重要基建设施顺利启用。

宁波海港口岸梅山港区20 万吨级进港航道工程通过交工验收，建成进港航道18.4 千米，宽度按30 万吨级油轮双向通航预留，水深18.3 米，宽度650 米。北仑港区多用途码头改造工程通过竣工验收，将原北仑港区1 号、2 号煤炭码头改造为5 万吨级多用途码头，改造码头总长515 米。梅山港区6 号集装箱泊位通过交工验收，标志着全国最大的集装箱码头初步建成。穿山港区中宅矿石码头二期工程水上施工正式开工，将新建30 万吨级卸船泊位、5 万吨级装船泊位、3.5 万吨级装船泊位各1 座，新占用岸线长度813 米，并对现有中宅煤炭码头卸船泊位共用结构段按靠泊40 万吨散货船进行加固；新建引桥一座，堆场两处。舟山海港口岸鼠浪湖矿石中转储运基地一期二阶段码头通过对外启用验收，新增开放30 万吨级卸船泊位1 个、10 万吨级装船泊位1 个和5 万吨级装船泊位2 个。温州海港口岸状元岙港区客、货运监管设施完成改造，通过改造状元岙港区7 号泊位码头平台及后方堆场设施，调整港区平面布局、隔离围网及监管设备，最大程度解决了状元岙港区客运、货运业务发展之间的矛盾。温州港三盘港区对台小额贸易口岸重新选址建设，将三盘港区南侧1 号码头改造为专用的对台小额贸易码头，并新建货物监管场所，在码头和监管场所之间设置隔离围网，实现了港口物流全过程封闭管理，解决了对台小额贸易监管难题。

台州海港口岸大麦屿港区对台湾直航新旅检大厅于3月31日正式启用，大厅建筑面积27 861.63平方米。嘉兴港通关服务中心于5月16日正式投入使用，该中心建筑面积2.1万平方米，共15层。

义乌铁路口岸二期于2018年10月19日开工建设，项目占地约39.2万平方米，分为口岸监管区、物流仓储区、配套服务区3个区块。义乌进口肉类指定查验场于2018年1月9日通过原国家质检总局验收投用。义乌冰鲜水产品指定口岸设在义乌铁路口岸内，于9月完成建设，建有低温冷藏库3间，总面积约830平方米，专用查验平台610平方米，配备冷链查验和储存一体化设施。

【义乌陆路（铁路）临时口岸建设】 2018年6月12日，国家口岸办批复同意义乌铁路口岸继续临时对外开放。10月19日，义乌铁路口岸二期项目开工建设。积极开展铁路海关监管区域延伸方案研究，争取引进H 986大型机检设备，进一步加强铁路口岸业务处理能力。2018年，海铁联运共发运45 136标箱，同比增长80.9%。1月9日，义乌进口肉类指定查验场通过验收，5月开展首票进口业务，截至12月，进口肉类集装箱65个、1 625吨。

按照浙江省政府办公厅印发的《推动“义新欧”班列做大做强实施方案》，做强班列拼箱业务，拼箱业务占班列运输总量的15%左右；2月、5月，成功开展两次从义乌至波兰运邮测试，9月实现常态化运邮；建立浙江省“一带一路”国际物流联盟，加强浙江全省货源统筹，打造浙江全省统一中欧班列品牌和完善支撑服务功能。为解决中欧班列无法在“单一窗口”完成申报的问题，围绕企业便捷申报、场站智能作业、口岸协同监管、政府辅助决策和企业综合服务等方面，研究制定中国（浙江）国际贸易“单一窗口”“义新欧”中欧班列特色服务板块功能方案，并报国家口岸办争取试点资格。2018年，“义新欧”中欧班列往返运行320次，运送25 060个标箱，其中去程班列共发运258次，运送21 326标箱，回程班列共发运62次，运送3 734标箱。

【电子口岸建设】 一是推进政府数字化转型，服务全国通关一体化，建设运维中国（浙江）国际贸易“单一窗口”。国际贸易“单一窗口”已成为外贸相关企业享受“放管服”改革红利和国家联检单位参与浙江省“最多跑一次”改革的重要载体。2018年，浙江电子口岸助力“单一窗口”标准版应用全功能覆盖，推广工作提前达标，实现在绍兴、嘉兴、温州等省内重点口岸全覆盖，组织企业培训近50场，覆盖2 000余家。2018年，浙江电子口岸服务4项标准版功能在浙江试点工作，其中舟山运输工具（船舶）申报试点成为全国推广样板，取消了44类、70余种纸质单证，基本实现全程无纸化，简化数据项由1 113项压缩至371项，全流程办理时间从16小时压缩至2小时，提高了申报效率。二是建设运维中国（浙江）自由贸易试验区公共信息服务平台，助力中国（浙江）自由贸易试验区建设。2018年3月，浙江电子口岸建设的浙江自贸试验区保税燃料油加注“一口受理”平台，“一船一供”“一船多供”“多船多供”等业务全上线应用，累计实现359.3万吨的保税燃料油加注。同时，拓展船舶修造、船供系统建设，服务浙江自贸试验区建设国际海事服务基地的目标。此外，浙江电子口岸参与舟山综保区、绿色石化基地、国际航空产业园、中澳现代产业园、智慧海洋等重大项目和试点示范工程的业务和信息化平台规划建设工作，助力自贸试验区建设。三是服务义乌国际贸易综合改革试点工作，建设运维义乌市场采购贸易联网信息平台。2018年，义乌市场采购贸易联网信息平台实现了海关、国税、外汇、商务等部门各项国家政策落地，功能持续优化升级。如在外汇管理方面，通过扩大结汇主体的范围，实现了境外采购商、外商、小微企业的结汇功能。截至2018年12月底，平台已备案商户6.47万余家、组货记录220万余条、外贸公司2 200余家，累计为超过1 410亿美元的出口商品实现增值税免税，自助结汇超过73.59亿美元。四是培育跨境电子商务增长新动能，推进跨境电子商务高质量发展，建设运维中国（杭州）跨境电子商务综合试验区线上综合服务平台。2018年，浙江电子口岸在服务保障综试区线上综合服务平台基础上，重点打造了综试区监管便利化项目。该项目通过协同化的“政府管理体系”，建立面向政府监管、统计监测、电商信用、风险预警、智能物流、公共查询等一体的线上综合服务平台。截至 2018 年 12 月底，平台已接入天猫国际、银泰网、考拉海购等 840 余家电商平台（平台备案电商企业超过 5 000 家、B2B 企业超过 3 200家），银联、支付宝、财付通、连连支付等近 60 家支付平台，中国邮政速递、顺丰速运、菜鸟网络等 90 余家物流企业，汉达、心怡等 130 余家仓储服务企业，融易通、浙江物产电商等近 100 家外贸综合服务企业。

截至 2018 年 12 月底，浙江电子口岸平台累计注册用户超过 22 万个，累计传输报关单超 6 200万票，提单超过 4 900 万份，日均处理电子单证量超 21 万笔，日均处理电子单证交换量超过 1 000 万条。门户网站“政务咨询”栏目回答企业咨询问题超 13.4 万个，服务热线 7×24 小时为企业答疑解惑，累计回答问题超 74.5 万个，平台各系统正常稳定运行率始终保持在 99.9% 以上。

2018 年，宁波地区中国电子口岸入网企业数 1 907 家，同比增长 16.7%，制发卡 20 940 张，同比增长 10.3%，其中，法人卡 9 780 张、操作员卡 10 268 张、报关员卡 892 张。截至 2018 年年底，宁波地区共办理入网企业 44 399 家，制发卡 222 726 张。

【中国（义乌）跨境电子商务综合试验区建设】 中国（义乌）跨境电子商务综合试验区于 2018 年 8 月 7 日获国务院批复设立，这是浙江省继杭州、宁波之后第三个跨境电子商务综合试验区。在现有设立跨境电子商务综合试验区的 35 个城市中，义乌是唯一的县级市。义乌跨境电商综试区涵盖了义乌片区和金义都市片区，辐射带动金华其他县（市、区）范围。12 月 28 日，浙江省政府正式印发了《中国（义乌）跨境电子商务综合试验区实施方案》，明确了“3364”的综试区建设蓝图，即建设跨境电商线上综合服务平台、线下产业集聚平台和网货供应平台三大平台，构建主体培育体系、海外营销体系、仓储物流体系、人才建设体系、信用服务体系和生态优化体系六大体系，推动跨境电商监管创新、税收管理创新、金融服务创新和统计创新四大创新，最终实现三大目标：成为跨境电商全球网货中心、创业创新中心和物流枢纽中心，努力把综试区打造成高水平建设世界“小商品之都”的重要载体，推动义乌建成以大市场、大主体、大通道为核心的小商品新型国际贸易中心。

【特殊监管场所建设】 2018 年 2 月 12 日，杭州出口加工区正式获国务院批复同意整合优化为杭州综合保税区。这是杭州首个综合保税区，也是继舟山港、嘉兴、金义综合保税区之后，浙江省第 4 个综合保税区。杭州综合保税区规划面积 2.007 平方千米，将在原杭州出口加工区的基础上，新建物流作业区，重新规划建设监管服务区、监管仓库区、查验等候区、机检查验区、检疫处理区五大主要功能区，未来将以发挥综合保税区的保税政策和杭州跨境电商综合试验区两大优势为核心，突出向高端制造业、生产服务业、服务贸易业转型发展；并加强口岸联动，积极推进进口肉类指定查验场和生物医药制品查验场建设，完善口岸功能，满足不同产业发展需求。杭州进口肉类指定查验场项目已于 3 月 31 日正式开工建设。该项目占地约为 31 333.33 平方米，前期建成肉类冷链查验及存储一体化设施，查验平台 11 个，冷库容量 1.4 万吨。舟山港综合保税区衢山分区、空港分区通过验收，配套绿色石化基地的保税仓库获批建设。

湖州保税物流中心（B 型）于 2018 年 8 月 6 日获海关总署、财政部、国家税务总局、国家外汇管理局正式批复同意设立。该项目规划选址于铁公水物流园区北侧，规划面积约为 101 333.33 平方米。东至黄芝山路、浙江日新电梯部件有限公司以西，南至浙江日新电梯部件有限公司北边界，西至微宏新能源项目预留发展用地东边界，北至敢山北路，仓储面积57 000平方米。义乌保税物流中心（B型）二期工程于2018年12月建成投用，建有两幢共计6.1万平方米保税仓库。5月11日，首票跨境保税进口业务货物顺利出库。2018年，义乌保税物流中心（B型）进卡4 503标箱，同比增长24.25%。

华东地区唯一一家水陆一体公用型游艇保税仓库于2018年5月2日通过海关验收。该保税仓库总面积3 449.19平方米，分为陆域及水域两个部分，其中，水域部分面积2 650平方米，设立10个泊位，可停靠50英尺以下游艇10艘；陆域面积分为露天堆场和室内仓库两部分，分别为429平方米、370.19平方米。宁波市第一家出口监管仓库于4月17日通过海关验收。该仓库为出口配送型出口监管仓，仓储面积6 000平方米，位于宁波市经济技术开发区现代国际物流园区内。义乌跨境电子商务监管中心于5月24日通过杭州海关验收。该项目按照快件监管中心建设标准建设，占地6 000平方米，建筑面积2 851平方米。

【温州（鹿城）市场采购贸易方式试点正式启动】 温州（鹿城）轻工产品交易中心于2018年9月29日获商务部等七部委批准开展市场采购贸易方式试点，这是浙江省第三个市场采购贸易方式试点地区。试点范围以温州国际鞋博城为中心，向南北两端延伸，往东西方向拓展，东至康盛路，南至金温铁路线，西至山后路及西向排洪工程，北至瓯江，总面积3.6平方千米。温州市围绕市场采购贸易方式运行需求，建立了线上线下相融合的配套服务体系：由浙江电子口岸承建的温州鹿城市场采购联网信息平台于11月15日通过浙江省政府验收；综合服务中心已建成，海关、商务、市场监管、税务等部门和各类外贸服务机构入驻到位；温州港集团根据海关标准要求改造或新建市场采购贸易专用查验设施，并于11月9日完成海关监管场所改造。11月28日，浙江省副省长、温州市委书记陈伟俊宣布温州（鹿城）市场采购贸易方式试点正式启动。同日，首单试点货物顺利从温州金洋集装箱码头通关出口。

口岸监管与服务

【浙江出入境边防检查总站创新通关服务举措】 科学调整通关设施设置，新设中国公民专用通道18条、等候15分钟“蓝色提示线”20条，增设引导标志56个，增配生物信息自助采集设备4台。严格落实“蛇形通道”查验，加强台外引导，提前加开查验通道等制度，全面优化勤务组织。增加27条自助查验通道，完成6条出境自助通道的功能升级，大幅提高旅客自助通关效率。积极应对节假日客流高峰，出入境边防检查总站成立由主要领导任组长的应急指挥部，对出现客流高峰情况的旅检现场实施扁平化指挥调度，提供必要的跨口岸警力支援。边检站主要领导负责一线指挥，合理调整中外籍旅客通道比例，均衡中外旅客候检时间，在优先保障中国公民30分钟内通关的同时，提高外国人通关效率。各空港边检站落实流量数据分析，制定节假日高峰期弹性上台制度，建立更加科学合理、灵活机动的人员警力动态调整机制，提高用警效能，进一步缩短旅客通关等候时间。探索“枫桥经验”[①]在口岸的实践，实行“自管+共管”的监管模式，逐步取消签发海港口岸限定区域通行证，实行备案审核制度，由企业发证，边检机关进行随机抽查，充分发挥企业自我管理的主动性。成功研发空港旅检现场人像动态识别比对系统，通过黑名单预警、白名单管理和人员轨迹分析研判，实现后台实时预警，为前台查验提供有力支撑。

① “枫桥经验”：20世纪60年代初，浙江省诸暨市枫桥镇干部群众创造了“发动和依靠群众，坚持矛盾不上交，就地解决，实现捕人少，治安好”的“枫桥经验”，为此，1963年毛泽东同志亲笔批示“要各地仿效，经过试点，推广去做”。“枫桥经验”由此成为全国政法战线一个脍炙人口的典型。之后，“枫桥经验”得到不断发展，形成了具有鲜明时代特色的“党政动手，依靠群众，预防纠纷，化解矛盾，维护稳定，促进发展”的枫桥新经验，成为新时期把党的群众路线坚持好、贯彻好的典范。

【浙江出入境边防检查总站全力支持浙江省口岸开放】 着眼中央和浙江省委省政府“只进一扇门”“最多跑一次”决策部署，对照“八统一”标准和“四减一免”要求，主动减免申请材料，行政审批由 5 个工作日缩短至 2 个工作日，并在此基础上，积极推进“一网办”“一证办”改革工作，研发了浙江边防手机 App 和网上办事大厅“网上办证”模块，在浙江省各公安警种中率先实现“一网办”。主动跟进宁波舟山港作为“一带一路”重要海上节点的建设需求，配套出台行政许可“一证通”、锚地共享、备案报备等实施办法，打造“一港、一站、一窗、一网”“四个一”服务管控体系。创新推出行政许可“一站办理、多港通用”，实现行政许可事项“异地办”。整合优化 7 个边检站的 14 个对外开放锚地为共享锚地，简化共享锚地船舶出入港手续为移泊手续，有效解决宁波舟山港核心港区锚地紧张的难题，提升锚地使用率的同时也降低了拖轮公司海上交通成本。规范行政处罚自由裁量权，按照“同港同标准，多家如一家”的原则，制定《常见边检行政案件“同行为同处罚”对照标准》，对各类案件做到处罚尺度统一规范，全面提升边检执法公正度和公信力。舟山边检站完成全国首批“单一窗口”标准版试点任务，2018 年 4 月实现国际航行船舶网上申报边检手续，并在全国应用现场会上进行经验介绍，为全国范围内推广使用提供了借鉴，8 月浙江省各边检站进行推广应用。积极协调宁波市口岸办，在宁波国际航运中心设立“一窗受理”服务窗口，解决宁波地区 5 个海港边检站分布分散、联检单位之间距离较远、服务对象报检不方便的实际困难，实现“一次报检，集中通关”。

【浙江出入境边防检查总站严密口岸管控工作】 深入学习贯彻全国边检机关口岸管控工作会议精神，认真分析浙江口岸面临的形势和存在的薄弱环节，研究制定“加强口岸管控 16 条实施意见”和“交布控工作办法”，组织召开浙江全省边检业务工作和全省交布控工作联络会议，部署推进口岸管控工作。严格口岸管控领导责任制，刚性落实边检站主官每周 40 小时现场值班，口岸管控“零报告”“复核”“日清”等制度，压实各级责任，倒逼末端落实。强化“一线检查询问、二线审查处理”双线工作模式，推进后台核查队伍等实体化运作，严格落实重点航班、重点国家旅客、重点可疑证件、过境免签外国人查控措施。与公安反恐等单位建立联勤联动机制，构建联管联控维稳战线。为浙江全省边检站统一配备“反恐利剑”便携式 X 光机、证照智能查验仪、多国语言同声翻译机等查缉查验设备，有效提升查缉能力。加强沿海立体化防控体系建设，研发海港锚地管控系统，实现对沿海船舶的雷达监测、轨迹核查、电子围栏等多项监管手段，并结合边检综合管理信息系统试点应用诚信评定、风险评估和勤务派遣，强化监管预警、研判和处置各个环节，不断增强监管的针对性和有效性。

【浙江海事局全力打造国际贸易“单一窗口”标准版建设“浙江样板”】 在中国（浙江）自贸试验区先行先试，创新突破并固化形成系列可复制推广的经验成果，率先在全国海事系统及口岸联检单位间实现国际贸易“单一窗口”标准版运输工具申报全程“无纸化”通关。自 2018 年 10 月 30 日起，全面启用国际贸易“单一窗口”标准版，实现浙江省辖区“单一窗口”标准版海事业务应用全覆盖。截至 2018 年 12 月 31 日，浙江省辖区通过“单一窗口”成功办理国际航行船舶进口岸申请 8 736 艘次、进口岸查验 7 809 艘次、出口岸许可 7 715 艘次，累计为船舶节约进出口岸通关时间 4 万余小时。

一是内外联动，反复测试，打通海事申报审批 3 个环节。积极争取上级海事政策支持，统筹落实系统应用前电子印章采集、权限授予等相关准备工作。积极主动与口岸办、各查验单位对接，畅通与代理企业、电子口岸等沟通渠道，多渠道汇总测试难点、疑点问题并跟踪解决，为“单一窗口”全面启用创造条件。在测试期间共开展进口岸申请实测 104 单次、进出口岸手续实测 27 单次，协调解决了 20 余项系统技术问题，并于 3 月 5 日顺利完成出口岸审批实测环节，全面打通“单一窗口”运输工具海事业务进出口3个环节申报。

二是改革创新，大胆探索，打造“单一窗口”海事业务申报审批“浙江样板”。积极向上建言献策，促成交通运输部海事局及时修改完善有关规范性文件，打通船舶进出口岸申请和查验手续办理必须核查相关证书证件原件和提交纸质复印件的关键性壁垒。同时基于代理企业实际诉求，经与上级充分沟通，进一步精简有关单证、证书数量，明确在海事各业务系统中可查询到的相应信息均免于上传相关单证。“瘦身”后单证减少量达73.9%，证书减少量达50%，扫描页数减少量达80%，大大减轻代理申报及海事政务窗口执法人员审核压力，提高海事申报审核效能。

三是固化经验，统一标准，将“浙江样板”向全国海事部门推广应用。受交通运输部海事局委托，于3月组织舟山海事局骨干力量编制完成《国际贸易“单一窗口”标准版运输工具海事业务申报操作指南》（以下简称《指南》）和《国际贸易“单一窗口”标准版运输工具海事业务审批应用手册》（以下简称《手册》）。《手册》和《指南》全面覆盖了“单一窗口”海事业务内外部申报审批操作使用要点，5月通过交通运输部海事局组织的专家评审，并在推进福建、河北、深圳等直属海事局推广应用“单一窗口”标准版工作中发挥重要作用；在6月21日国家口岸办组织召开的“单一窗口”标准版运输工具（船舶）系统全国推广应用现场会上，《手册》和《指南》也得到了充分肯定和高度评价，交通运输部海事局表示将在全国海事部门重点推广浙江海事局编制的《指南》和《手册》。

四是综合施策，强化“单一窗口”申报模式下国际航行船舶事中事后监管。制定明确国际航行船舶现场综合执法履职标准，充分发挥综合执法机制作用，实现动静态执法有效联动。同时围绕守信联合激励和失信联合惩戒的原则，对国际航行船舶代理企业施行诚信管理，有效规范代理企业及人员代理行为，提升国际航行船舶动态信息掌控度。

【浙江海事局积极开展“中国单一窗口建设”提案研究工作】 为进一步强化国际便利海上运输公约的跟踪研究，探索在国际舞台将“中国经验”转化为“国际标准”，2018年2月26日至28日，浙江海事局组织便利海上运输履约团队相关人员开展“中国单一窗口建设的路径和实践”提案研究集中办公，系统化梳理了国际海事组织（International Maritime Organization，IMO）便利运输委员会“单一窗口”建设历史沿革，总结提炼了中国国际贸易“单一窗口”标准版建设情况，研讨明确了本次提案的编制思路和框架结构，撰写完成了“中国单一窗口建设的路径和实践”中英文版草案。“中国单一窗口建设的路径和实践”系信息类提案，通过文字表述和图表展示等形式，从中国单一窗口建设背景、建设单一窗口的考虑、中国单一窗口建设概览和将来的打算等四方面充分展示了中国单一窗口建设的路径和实践情况，突出介绍了中国单一窗口建设呈现出的海运“单一窗口”与贸易“单一窗口”有效整合、国家标准与地方特色有序融合等特色亮点，并提出了开展通关效能评估和拓展电子证书应用等未来设想。浙江海事局根据上级意见建议深化完善提案相关内容，并按照规定程序由上级部门将提案提交IMO便利海上运输委员会第42次会议审议，切实在国际舞台上发出中国单一窗口建设“好声音”，为国际上其他国家单一窗口建设提供有力参考。

【浙江海事局全力服务中国（浙江）自由贸易试验区建设】 一是创新国际贸易“单一窗口”国家标准版运输工具申报（海事）全流程“无纸化”通关模式。积极争取上级政策支持，打破船舶进出口岸申请和查验手续办理需要核查相关证书证件原件、提交纸质复印件等壁垒。同时，自2018年3月9日起在舟山辖区全面试点运行中国国际贸易“单一窗口”标准版，在全国海事系统中率先实现国际航行船舶进出口岸全流程“无纸化”通关。截至2018年12月31日，中国（浙江）自贸区国际贸易“单一窗口”标准版运输工具海事业务申报审批量达14 394艘次，其中进口岸申请5 115艘次，进口岸查验4 645艘次，出口岸审批4 634艘次，自贸试验区“单一窗口”应用率已达100%，累计为企业节约时间2万余小时。二是实现宁波舟山港船舶供受油监管“一体化”。按照信息互通、备案互认、监管互助的原则，在宁波舟山港范围内允许船舶油料供受作业单位突破注册地行政区域限制，开展跨港域作业，助力舟山国际保税燃料油供应中心建设成效明显。三是创新自贸试验区供油企业分类分级信用管理机制。建立供油企业“诚信管理”标准，实行守信奖励和失信惩戒机制，对信用评级高的供油企业，提供行政审批绿色通道，允许容缺受理，优先提供公共服务便利、优化安全监管安排等措施，对信用等级差的供油企业，实行严格监管和重点帮扶指导，帮助供油企业提升安全管理水平，切实提升海事监管效率和营造社会多元共治管理格局。四是创新保税燃油外锚地加注“3个一”便利通关新模式。围绕保税燃油加注项目，在通关“零上门”基础上，由常规的3次办理合并为1次办理，实现“一次性申报、一次性审批、一次性办结”且基本不登轮查验的快速通关模式。同时针对外锚地保税油供应船舶实施“开放式”安检，引导供油企业守住“安全底线”，提升安全管理水平。

以上4项制度成果全部入选中国（浙江）自贸区试验周年建设制度创新成果，其中“外锚地保税燃料油受油船舶便利化海事监管模式”“保税燃料油供油企业信用监管新模式”两项制度成果被国务院采纳为“自由贸易试验区第四批改革试点复制推广经验”，占推广经验总数的6.67%（第四批改革试点复制推广经验共30项），占中国（浙江）自贸试验区推广经验入选总量的33.33%（浙江自贸试验区共入选6项）。

【浙江海事局全力服务浙江海洋经济发展】一是全力助推“5211”海洋强省行动①。深化落实《服务保障“5211”海洋强省行动工作举措》和《支持中国（浙江）自由贸易试验区建设若干意见》。创新突破并固化形成4项有力提升浙江自贸试验区开放度、自由度和便利度的前瞻性、引领型制度成果，2项制度成果被国务院采纳为“自由贸易试验区第四批改革试点复制推广经验”。提出国际船舶登记政策需落实配套政策统筹推进实施等意见建议。二是持续推动保税燃油产业发展升级加速。固化保税燃料油供油企业信用监管新模式，2018年共对47家供油单位实施2017年度诚信评级，其中A级单位16家、B级单位15家、C级单位16家。深化外锚地保税燃料油受油船舶便利化海事监管模式，实现保税燃油外锚地加注通关“零次跑”。2018年舟山保税船用燃料油供应量达359.3万吨，同比增长49.71%，跃升国内第一大加油港，并首次跻身全球十大供油港，成为内地保税油供应体量最大、增速最快、竞争最活跃的区域。三是保障国际矿石中转基地安全高速发展。全力助推鼠浪湖一期二阶段码头对外启用，并强化蛇移门航道及配套锚地通航安全监管，深化易流态化货物运输安全业务指导，为鼠浪湖矿石中转码头安全营运提供有力保障。2018年，共保障舟山鼠浪湖矿石中转码头安全靠离泊一程船129艘次，其中40万吨级超级巨轮28艘次，二程船1 206艘次，同比分别增长53%、33%、52%；货物吞吐量达5 024.9万吨，首次突破5 000万吨，同比增长59.2%，其中接卸量2 489.5万吨，出运量2 535.4万吨；混配矿总量达1 296万吨，出运量达1 249万吨，同比分别增长100.2%和251.8%，成为我国长江以南最大的混配矿基地。四是助推舟山江海联运服务中心建设提速增效。全程跟进国内首艘江海直达2万吨级散货船“江海直达1”建造进展，为船舶建造、试航、下水、进出港等提供安全服务保障。开通“绿色通道”

① 浙江省“5211”海洋强省行动：“5”是指统筹推进浙江海洋经济发展示范区、舟山群岛新区、舟山江海联运服务中心、中国（浙江）自由贸易试验区和义甬舟开放大通道建设等五大战略举措。“2”是指海洋强省、国际强港“两强”战略目标，“11”是指十一项重点工作措施。

服务，高效签发“江海直达1”轮船舶登记及配员等相关证书，并指导公司编制“江海直达1”轮的单船特殊操作手册及相关体系文件的修改完善工作。严格落实特定航线江海直达船舶安全监管、安全配员等监管标准，保障江海直达船舶安全营运。自正式投入营运以来，“江海直达1”已完成20个航次的营运，完成货运量42.73万吨，共计节约水水中转费用超过100万元。

【浙江海事局助力浙江口岸发展】 扎实推进浙江口岸开放工作。积极支持、推进宁波穿山北港区扩大开放工作，完成戚家山化工码头、金海船业等项目的对外启用验收工作。同时围绕地方经济发展需求，做好宁波港石浦新港码头、舟山港普陀经贸合作客货滚装码头、台州三门枫叶船厂等项目的临时开放工作。

创新驱动，打造高效便捷口岸。一是深化“放管服”改革，提升口岸通关效率。在“最多跑一次”改革基础上，积极探索浙江海事行政审批“就近跑一次”模式。完成港建费远程申报及电子支付系统的部署工作，缴费人可远程开展港口建设费申报和电子支付。二是全力推进国际贸易“单一窗口”建设。实现“单一窗口”申报全流程“无纸化”通关。精简有关单证数量，单据减少量达73.9%，证书减少量达50%，扫描页数减少量达80%。编制完成“一手册，一指南”，全面指导“单一窗口”海事业务内外部申报审批操作应用，得到国家口岸办高度肯定。三是提升监管效能，压缩船舶非生产性在港时间。深入落实国际航行船舶联合登临检查工作机制，实现口岸查验单位一次登轮、一次受理、现场办结完成口岸查验手续。深化海事“集约式”登轮和“清单式”执法机制，实现一次登轮基本完成海事监管所有执法，降低船舶非生产性在港时间。此外，多次提出将“国际航行船舶联合登临检查”纳入“单一窗口”平台的意见建议，并得到浙江省口岸办的认可和支持。2018年8月15日，与浙江省口岸办、浙江电子口岸等相关单位就“国际航行船舶联合登临检查”纳入“单一窗口”特色版有关功能需求开展专题对接。该项目已被浙江省政府列为政府数字化转型首批重大项目地方试点示范项目，并将在舟山开展试点。

主动担当，打造安全畅通口岸。一是强化水上交通安全保障。强化预防预控和隐患风险排查治理，紧抓源头管理、重点难点监管和应急处置，着力强化水上安全监管体系化管理，保障水上安全形势持续稳定。实施网格化管理和重点水域精细化管理，开展违法砂石运输船、内河船违规参与海上运输等“两船”专项整治，多举措降低商渔船事故隐患，营造良好海上通航环境。二是守护国门安全。严格开展进口岸审批和进、出口岸查验，把好国际航行船舶进口岸“第一关”和出口岸“最后一关”。认真开展港口国监督检查，守好国际航行船舶安全和防污染“最后一道防线”，维护浙江沿海港口权威，守护国门安全。三是密切协作，共保口岸安全。以全国“两会”“上合峰会”等重点时段水上安保和其他相关工作为契机，加强与口岸查验单位的沟通交流，在打击水上非法运输、进出境监管、危险品管理、疫情疫病防控等方面深化合作，不断提升口岸监管互助工作水平。

【杭州海关全面落实总体国家安全观】 一是部署开展“国门利剑2018”联合专项行动。2018年共立案走私犯罪案件128件，案值23.25亿元。立案枪支、毒品走私犯罪案件27起，查获枪支24支、铅弹1 000发，缴获恰特草、大麻等各类毒品121.54千克。坚决打击象牙等濒危动植物及其制品走私，立案29起，查获象牙制品88件。查扣涉嫌侵权货物、物品824批次、397.29万余件。二是坚守国门生物安全底线。严密对进出境人员、货物、物品的监管，2018年截获植物有害生物537种、13 293次。在杭州萧山机场从荷兰进境苗木上检出检疫性有害生物栎树猝死病，属于全国首例。首次退运一批携带未经检疫审批的种苗，获海关总署警示通报。旅检口岸首次截获南洋臀纹粉蚧、李比利氏灰粉蚧和新菠萝灰粉蚧等有害生物。三是保障口岸公共卫生安全。强化传染病疫情防控，针对境外鼠疫、霍乱、登革热、埃博拉出血热、中东呼吸综合征等疫情持续爆发，采取专门措施，在“组织领导、风险评估、检疫查验、个人防护、联防联控、健康宣教”六方面做到“六加强、六到位”。注重核生化反恐体系建设，加强人才队伍和设施设备配置等各项软硬件建设，着力提升核生化应急处置综合能力。2018 年 4 月，杭州邮路口岸集中退运大规模核辐射超标邮件，这在全国邮路口岸属于首次。妥善处置全国口岸首次截获鼠疫杆菌 F1 抗原阳性突发事件。连续在杭州机场口岸排查处置了 7 起群体性消化道感染事件。

【杭州海关全力提升贸易便利化水平】 一是大幅压缩整体通关时间。推进关检业务全面融合，通关作业实现“一次申报、一次查验、一次放行”，整合报关报检企业资质，取消出入境货物通关单，推行提前报关、大宗货物“先验放后检测”等举措。2018 年 12 月，辖区进口整体通关时间为 43.55 小时，出口通关时间为 2.71 小时，较 2017 年分别压缩 67.7% 和 85.1%。二是切实优化通关监管服务。深化“最多跑一次”改革，53 个事项全部实现“最多跑一次”。围绕中美经贸摩擦，加强统计监测预警，得到浙江省委书记车俊等省领导多次批示。落实提效降费，实施“阳光收费”，关税保证保险改革全面落地，为企业减免两税 19.15 亿元，同比增长 33.7%，免收出入境检验检疫费 2.93 亿元、原产地证书签证费及工本费 4 139 万元。深化“口岸天平行动”，短重货物索赔案例为企业挽回经济损失 2 280万元。三是加快国际贸易“单一窗口”建设。支持浙江省口岸办推广“单一窗口”相关工作，涉及海关的主要功能覆盖率均已达 100%。率先实现船舶“一单四报”全流程应用，助推舟山口岸成为全国首个船舶进出境无纸化通关口岸。支持浙江自贸试验区保税燃油供应“一口受理”平台建设，通关时间压缩三分之一。

【杭州海关全力推进提效降费减证工作】 一是大幅压缩整体通关时间。建立专门班底，对浙江省整体通关时间进行摸底调研，及时研究解决难点问题，制定实施提高查验效率、优化送检化验流程等 25 条措施，层层压紧压实责任，促成杭州关区整体通关时间大幅压减。2018 年 12 月杭州关区进、出口整体通关时间分别为 43.55 小时、2.71 小时，比 2017 年压减 85.1%、67.7%，进口整体通关时间压缩比率居主要外贸省市首位。二是坚决执行降费政策和要求。2018 年免收检验检疫费 2.93 亿元、原产地证书签证费及工本费 4 139 万元，配合浙江省财政厅提前完成口岸每个标箱降费 100 美元目标。三是积极推进口岸减证工作。建立进出口货物收发货人注册登记“多证合一”新模式，将原关检 229 项申报项目整合为 105 项，减少国际船舶进出境通关纸质单证 22 份。实现 67 个行政审批“一个窗口”整合，3 项精简单证立法建议被海关总署采纳。

【杭州海关全力服务中国（浙江）自贸试验区建设】 积极落实国务院总体方案和海关总署支持浙江自贸试验区建设的 25 条举措，先后出台 56 项监管创新措施，全力服务中国（浙江）自贸试验区建设。一是支持油品全产业链建设。围绕打造油品全产业链，先后 11 次赴浙江自贸试验区开展专题调研，探索形成保税油品混兑等 12 项监管创新举措，建立国际航行船舶进出境通关“一单四报”模式，实现保税燃油加注“最多跑一次”，为企业节省申报时间约 80%。2018 年保税油供应 359.3 万吨，同比增长 96.5%，供油量居全国口岸首位。二是支持保税混矿业务发展。创新建立“进境保税金属矿产品检验监管制度”，助推保税混矿业务快速发展。2018 年实现保税混矿1 295.8万吨，同比增长 60.6%，总量居全国口岸第 2 位。三是提升浙江自贸试验区通关便利化水平。通过推广应用“单一窗口”“最多跑一次”实践，复制推广“先进区后报关”“批次进出、集中报关”等监管创新制度，通关作业无纸化率大幅提升。2018 年舟山口岸进口整体通关时间较 2017 年压缩近 4 成，出口整体通关时间压缩近 8 成。四是支持重大项目落户浙江自贸试验区。推动舟山普陀山机场空运口岸开放，创新海岛型特殊监管区域验收模式，促成舟山港综保区衢山分区、空港分区通过验收，配套绿色石化基地的保税仓库获批建设。积极支持波音737完工和交付中心建设，做好相关企业海关注册登记、账册设立工作，指导地方建立飞机进境、飞机及货物入区、区内加工及试飞、交付及出区等环节的通关流程，制定相应监管方案，11月9日，首架波音737系列飞机顺利完成进境及入区申报。支持浙江舟山液化天然气（LNG）接收及加注站项目（即新奥LNG项目）正式投产启用。

【杭州海关积极应对中美经贸摩擦】 一是建立关领导企业联络机制，及时跟进分析美方“201调查”“232调查”“301调查”和2 000亿美元清单商品加征关税的影响，深入阿里巴巴等700余家企业调研。帮助企业用好减免税政策，为企业减免两税19.15亿元，同比增长33.7%；促成8项税政调研建议被财政部采纳，每年可为浙江省内企业节约成本4 600万元。用好原产地政策和技贸措施，签发原产地证书102.85万份。二是建成国家级技贸措施研究评议基地2个，指导9家出口食品企业通过国外官方检查，扶持塘栖枇杷、建德草莓苗等特色农产品首次出口。三是促成浙江医药、海盐宇星螺帽等企业获得美方关税豁免。强化统计监测预警，研究分析报告获浙江省领导批示26篇次。

【杭州海关有力推动浙江省口岸监管一体化建设】 一是优化转港转关作业。杭甬两关（杭州海关、宁波海关）实现卡口信息互换，运抵监管互认，改配数据共享。2018年，监管“运抵监管互认”模式出口集装箱24.83万标箱，同比增长12.9%。扩大安全智能锁试点范围，使用安全智能锁货物在杭甬两关可享受自动验封、免除办理转关单核销手续等便利措施，截至2018年年底，金华、义乌到宁波的小商品转关运用安全智能锁的比率达到90%以上。二是深化执法协作。杭甬两关建立“最多跑一次”改革工作联系协作机制，确保两关口径一致。联合开展企业帮扶工作，对浙江省350家企业进行重点帮扶，实现企业帮扶互认，统一给予协调员服务。加强两关税收征管工作交流，协调解决钢瓶、水松原纸、太阳能面板支架、游乐场设施、冰铜、宠物尿裤等6类商品归类分歧。三是促进口岸多元化发展。支持海铁联运、公铁联运等业务发展，推进海港服务功能向陆港延伸。畅通中欧班列国内段通关，全面使用商业封志替代海关封志，支持首趟进境中欧班列（布拉格—义乌）开通。推出“杭州—浦东”跨境商品空陆联程转关模式，完善跨境商品出口“空中通道”，推动“杭州—莫斯科”“杭州—列日”跨境电商专属航线开通及常态化运作，支持义乌跨境包裹转关至宁波口岸出口。助力以上海为龙头的口岸集疏运体系建设，大力支持上海港—湖州内河港集装箱海河联运业务发展，2018年安吉港与上海港完成内河转运国际集装箱5万标箱。支持舟山各大宗商品储运基地辐射范围拓展至整个长三角区域，推动跨地区直供、港外锚地供油、一船多供等8项创新举措落地，2018年，舟山海港口岸保税供油总量359.29万吨，供油量居全国口岸首位。

【杭州海关深入推进浙江省跨境电子商务产业发展】 2018年，杭州海关辖区新增金义综合保税区、义乌保税物流中心（B型）、义乌跨境电子商务监管中心、杭州邮区中心局、舟山港综合保税区等5个现场开展跨境电子商务业务。浙江省跨境电子商务进出口再创历史新高，进出口货值275.6亿元，同比增长44.3%。

一是推进制度创新，构建适应跨境电子商务发展监管体系。全力支持杭州市推进全球电子商务平台（eWTP）建设，开展跨境电商进出口统计试点，先行先试完成杭州市跨境电商货物出口规模测算，为全国规模测算提供样本。推出“杭州—浦东”跨境商品空陆联程转关模式，完善跨境商品出口“空中通道”，推动“杭州—莫斯科”“杭州—列日”跨境电商专属航线开通及常态化运作。二是强化管理创新，推动跨境电子商务规范发展。推动监管场所智能卡口改造，实现杭州关区内跨境电子商务进出境商品智能分拨，在跨境监管现场使用“杭州海关跨境电子商务智能物联网”手持移动设备，采用最新的“图像识别+人工智能”技术，实现海关监管作业的智能化；

推动跨境电商检验检疫监管“2+3”业务体系升级，加强跨境电商产品质量安全风险监测，累计发布风险警示信息 20 期，有效维护群众消费安全。三是推动海关服务创新，支持杭州跨境电子商务综合试验区“六体系两平台”建设。全力应对跨境电商“双十一”监管高峰，当日验放进口商品 574.5 万件，占全国总量的 20.8%；支持杭州跨境电子商务综合试验区“六体系两平台”建设，协助地方政府推进跨境电子商务社会综合诚信体系和风险防控体系建设。

【杭州海关稳步推进“义新欧”中欧班列运行常态化】 一是增加“义新欧”中欧班列集聚效应。扩展多式联运渠道，支持回程货物进入保税物流中心仓储，实现浙江周边省市货物通过“公铁联运二次转关”模式出口至中亚、欧洲。建立与乌鲁木齐海关联系配合常态机制，实现铁路国际联运集装箱“报关无纸化”“转关无纸化”，全面使用商业封志取代海关关锁，有力畅通中欧班列国内段通关。支持中欧班列正式启动运邮业务。二是助推中欧班列牵手跨境电商模式。采取专人办理、“7×24 小时”单证审核、与班列平台企业联合办公等措施，为通过中欧班列进口的跨境电商货物提供查验、转关等一站式通关服务，支持跨境电商货物通过中欧班列运抵义乌后，通过“公铁联运”快速转关至杭州、宁波等跨境电商园区。复制推广“先进区后报关”监管创新制度，准予通过班列回程的跨境电商货物在报关前先行进入杭州综试区，提升通关效率。简化检验检疫流程，推进“预检验”“即报即放、即检即放”“集中检验、分批核销”等便利措施，实现小额小批量商品检验检疫出口“秒通关”。

【宁波海关落实中央决策部署，深入推进机构改革】 第一时间成立领导组织机构，建立关检党组联席会议制度和 9 个专项工作组，召开联席会议 6 次。2018 年 4 月 20 日，原宁波出入境检验检疫局统一以海关名义开展工作、按期完成转隶工作。8 月 1 日，实现申报单证、作业系统、风险研判、指令下达、现场执法“五统一”，海关监管、检验检疫两大口岸通关作业环节融为一体。8 月 24 日，宁波海关新党组成立，8 月 28 日集中办公。9 月 26 日，职能部门集中办公。12 月底，宁波关区“三定”方案在全国率先落地。宁波海关内设包括办公室等 20 个正处级机构，下设包括宁波机场海关等 18 个正处级隶属海关。机构改革后，围绕现场综合业务融合、监管场所整合、查验作业融入等 10 方面工作先行先试，整合对外窗口 186 个、通关现场（报关大厅）16 个、监管作业场所 183 家，联合查验 11 639 票。顺利实施海关总署 H2018 系统、关检融合整合申报系统、风控系统、新查管系统、新运输工具系统、查验异常处置系统等署级关检业务融合项目试点。建立党建工作联席会议机制，联合开展群团活动。统一 12360 热线。

2018 年，宁波海关共审核验放进出口报关单 484.97 万张，同比增长 7.70%；监管进出口货物 1.70 亿吨、货值 16 016.55 亿元，同比分别增长 3.50%、15.80%；实现税收入库 852.86 亿元（含退税入库 72.76 亿元），同比增长 22.45%；检验检疫进出口货物 19.64 万批、货值 584.02 亿美元，同比分别增长 9.60%、25.24%；查验出入境人员 168.39 万人次、运输工具 3.54 万艘（架）次、集装箱 1 453.10 万标箱，同比分别增长 15.40%、0.60% 和 15.60%。中央领导对宁波海关工作批示 5 次，海关总署、浙江省、宁波市领导批示肯定 42 次，有关单位及个人赠送感谢信、锦旗、牌匾 131 封（面）。

【宁波海关不断优化营商环境，助推贸易便利化】 一是全面压缩口岸整体通关时间。2018 年，出台推进口岸跨境贸易便利化 30 项措施，全面实施进口提前申报、提升查验效能、优化进口拼箱拆箱、进口铁矿等矿产品“先放后检”试点模式等重点工作，简化申报要求，拓展口岸服务功能，提高汇总征税比率，优化检验检疫监管流程，提前完成压缩货物通关整体通关时间三分之一的任务。12 月份进口整体通关时间 46.21 小时，较 2017 年全年压缩 72.21%；出口 9.35 小时，压缩 66.16%；进口、出口作业无纸化率分别达 95.57%、99.61%，提前申报率 45.27%。“单一窗口”主要业务应用率均达100%。进出口环节监管证件实现联网验核。55 项海关重点办事项目全部实现“最多跑一次”，22 项办事项目实现“一次都不跑”。落实国家免除口岸查验没有问题外贸企业“三费”改革，免除企业 8.50 万元自然箱费用。二是关税保证保险和汇总征税模式稳步推进。推广汇总征税措施，针对宁波关区企业“一对一”上门开展政策讲解，联合银行开展汇总征税政策推介会，实时跟踪汇总征税保函使用情况，加强对汇总征税货物申报和税款入库的监控管理，确保税收安全。2018 年，汇总征税报关单 28 143 份，占宁波关区应税报关单量的 13.99%。推进关税保证保险试点，2018 年，共审核通过184 份关税保证保险报关单，涉及27 家企业，保单总金额 21.33 亿元。此外，做好税收预测、税收分析、税源管理和年末税收调控工作，坚持开展关税业务执法评估，实现宁波关区税收量质效并举，2018 年税收入库 852.86 亿元(含退税入库 72.76 亿元)，列全国海关第 7 位。提升集中验估效能，实现税收风险错位管理、联防联控，推行“一站对外”便利举措，缩短报关单在验估环节的流转时间，加强集中验估模式规范化、制度化，2018 年向海关总署报送税收风险参指模建议 171 条，归类及审价补税 4.41 亿元。推进“多查合一”改革，开展稽核查补税入库 8 613.59万元。三是推行原产地证快速签证。深化原产地证辅助审单系统建设，优化原产地证辅助审单系统的审单规则，实现对原产地证电子签证数据的自动审核和预警功能，有效提升原产地签证效率，缓解一线签证人员工作压力；推广原产地证快速审签模式，2018 年共计 10.17 万份证书享受便利化签证服务，货值约 30.67 亿美元；积极应对国外退证核查，及时组织各签证机构开展原产地调查和复函，均在规定时限内向对方发函告知核查情况和结果，确保我出口产品顺利通关、享受优惠关税待遇。2018 年，宁波海关新增原产地证备案企业 1 463 家，签发各类原产地证书 49.83 万份、金额 172.99 亿美元，同比分别增长 2.39%、10.99%，其中区域性优惠原产地证书 22.74 万份、金额 67.58 亿美元，同比分别增长 9.22%、18.33%，创历史新高，可为企业减免国外进口关税约 3.38 亿美元。四是促进优惠贸易协定红利释放。梳理各优惠贸易项下原产地法律法规，指导业务现场规范审单审证；进一步扩充宁波关区微信业务群，提高原产地技术小组的业务水平；提高疑问原产地证的对外核查率，实现单证审核和实质核查的结合；强化监控核查，采取报关单实单专项核查方式，全方位梳理宁波关区优惠报关单的税率适用问题。2018 年，宁波关区各项优惠贸易协定项下进口货物货值共 75.02 亿美元，同比增长 27.54%；实征税款 83.23 亿元，同比增长 16.73%；享受税收优惠 30.9 亿元，同比增长 26.27%。

【宁波海关牢固筑立安全防线，严密管控国门安全】 严厉打击“洋垃圾”等走私活动。严格落实固体废物“三个 100%”查验要求，严格实施进口废物原料检验检疫，严厉打击“洋垃圾”走私进境，连续开展 5 轮滚动式打击，共侦办走私废物案件 7 起，查证限制类固体废物 4 300 余吨、禁止类固体废物 1 300 吨；查获固体废物违规情事 102 起，退运 252 批、1.41 万吨，货值 1.89 亿元，退运环保、安全不合格废物原料批次居全国第一。开展打击走私“国门利剑 2018”联合专项行动，共侦办走私犯罪案件 112 起，案值 17.84 亿元，涉税 5.47 亿元，同比分别增长 20%、40% 和 93%。侦办走私国家禁止进口疫区牛皮案 19 起，查获疫区牛皮 4.2 万吨。严厉打击濒危物种走私，查获刺猬紫檀 88.86 吨。严厉打击粮食等农产品走私，侦办白糖、马铃薯粉、活牛等走私案件 11 起，查证走私白糖 3 900 余吨，查获活牛 49 头。严厉打击重点涉税商品走私，侦办成品油、烟酒、木材、废钢等涉税走私案件 53 起，案值 12.54 亿元，涉税 5.12 亿元，查证走私成品油 3 万吨，查证走私出口废钢 6.27 万吨。严厉打击涉枪、涉毒走私，侦办枪支走私案件 2 起、毒品走私案件 5 起，查获枪支 9 支、枪管 4 件，查获可卡因 667 公斤、大麻 100 克、摇头丸 5 颗，其中侦办的“10·16”毒品走私案入选全国海关十大缉私典型案例。严厉打击资源性产品走私，侦办木炭走私案件 6 起，查证走私出口木炭 5 100 余吨。严厉打击出口骗退税等违法行为，查办影响出口退税案件 954 起，案值 6.9 亿元，涉及出口退税额 7 617 万元。与地方公安、烟草部门等紧密合作，对加热不燃烧卷烟行业性走私开展全国范围的专项打击，累计查证走私加热不燃烧卷烟 47 万条。与国税、地方公安等部门联合开展打击骗退税行动，向各地国税部门移交涉嫌骗取出口退税案件线索 8 起，案值 1.84 亿元，涉及出口退税额 3 029 万元。向地方公安部门移交涉嫌骗取出口退税案件线索 3 起，案值 2.67 亿元，涉及出口退税额 3 623 万元。严格做好进口煤炭管控，进口量同比压缩 26.98%。

强化进口食品非洲猪瘟防控。强调“两个 100%、两个所有”的防控要点，规范查验、取样、送检、封存等各个环节工作；强化安全风险排查，每周定期通过视频监控方式检查肉类查存一体化设施运行情况，组织进口肉类冷库专项现场检查，建立非洲猪瘟防控业务档案，做到“层层落实、事事入档”。2018 年，共检验检疫进口猪肉 2 446 批，重量 6.7 万吨，货值 1.36 亿美元，已进行 72 批次进口猪肉的非洲猪瘟核酸检测，结果均为阴性。退运销毁不合格进口食品化妆品 157 批、240.60 吨。同时严防疫情疫病传入，妥善应对埃博拉出血热、霍乱、黄热病等疫病疫情，检出各类传染病症状人员 684 例、确诊传染病 431 例；监测体检发现传染病 101 例；截获输入性病媒生物 530 批次、2 213 只。连续处置空港口岸 4 起输入性聚集性诺如病毒感染腹泻事件。截获植物检疫性有害生物 74 种、1 963 种次，同比分别增长 7.25%、15.54%。开展“绿蕾 4”专项行动，截获非法携带、邮寄进境的植物种子种苗和其他禁止进境物 5 189 批次、有害生物 562 种次。检出不合格进口汽车 364 辆、进出口危化品 1 051 批次、危化包装 249 批次。

加强实验室建设，多个国家级实验室落户宁波。构建技术大中心“一体两翼四现场”实验室管理新格局，打造卫生检疫“一中心四模块”执法技术支撑新体系。宁波国家口岸生物安全三级（P3）实验室基建工程顺利通过验收并试运行，获批筹建“国家进口废化工品属性鉴定重点实验室”，“国家级食品毒理风险验证评价重点实验室”获批为国家级实验室。实验室检测能力大幅增长，新增检测能力 2 621 项，为宁波口岸监管执法提供强有力的技术支撑。

【宁波海关服务新兴业态发展和口岸功能拓展】 服务跨境电商发展。创新监管制度，遵循跨境电商发展规律，实施嵌入式监管，建立全程电子化通关模式，实施跨境电商全链条监管，实现“一线管严、仓储管精、二线优出、风险可控”；优化仓储管理机制，分离查验区和仓储区，允许企业自营仓库承担公共仓储职能，解决跨境电商迅速发展的库容瓶颈，宁波全市跨境仓库面积已由 2014 年的 0.7 万平方米拓展到 2018 年的 51.3 万平方米，增长近 73 倍；加强风险管理，防范安全准入风险，以“神秘买家”等形式对商品抽样送实验室进行检测，对发现不符合我国检疫规定，或因安全、卫生项目检出不合格的，实施退运或销毁处理；强化服务保障，建立大型促销活动服务机制，制定专门监管方案和应急预案，克服人力资源总体紧张的困难，统筹调配人员加班，实施 24 小时验放制度，全力保障电商大促活动开展。2018 年，宁波海关放行跨境电子商务网购保税进口申报清单 8 748 万票，同比增长 86.9%，商品总值 143.7 亿元，同比增长 83%，应征税款 17 亿元，同比增长 80.6%；放行申报清单数、商品总值、征收税款三项指标均位居全国首位。市场采购贸易总额 76.20 亿美元，同比增长 18.70%。

助力宁波邮路口岸稳步发展。合理调整工作流程，将原有关检 17 个监管环节优化为 6 个环节，依托集中办公优势，快速实现报关厅“一个窗口”受理，“单一窗口”货物申报系统平稳运行；整合人力资源，实现“共同上岗、一屏过机、一次查验”，提升监管效能；加强科技应用，更换 CT 机，辅以智能审图系统，对可疑邮件的辨别精度进一步提高，监管能力再次升级。2018年，宁波海关监管进出境邮件 1 472.8 万件，其中，进境邮件 31.4 万件、出境邮件 1 441.4 万件；月均监管量 122.7 万件，月监管量峰值达 164.2 万件；日均监管量达 4 万件，单日峰值超 13 万件，同比分别增加 11%、30%；截获禁止进境物 423 批次，其中，来自非洲猪瘟疫区的猪肉及其制品 27 批次、种子种苗 95 批次、特殊物品 3 批次。

拓展宁波口岸功能。结合企业信用评级制度，优化监管，实施取消仓储时限等贸易便利化举措，大力支持梅山口岸整车进口。2018 年，梅山保税港区进口整车数量共计 10 388 辆、货值 33.3 亿元，同比分别增长 68.5% 和 37%，整车年进口量首次破万，与整车进口业务开展首年 2014 年相比，整车进口数量与货值均增长 5.4 倍。做好宁波关区首家游艇水上保税仓库和出口监管仓库设立审批、验收和监管工作。扩大农产品进口，进口罗汉松继续保持全国第一，进口食用水生动物、新鲜水果、木材等的批次和货值同比均实现大幅增长。保障两批次 3 763 头屠宰牛顺利进口。

【宁波海关促进民营经济高质量发展】 贴近实际开展各项工作，破解民营经济发展难题，提振民营企业发展信心，营造良好发展环境。组织 16 家重点民营企业召开座谈会，面对面开展交流沟通，走访得力集团、宁波江丰电子材料股份有限公司等行业领军企业，开展专题调研；累计发放《宁波关区民营企业意见建议调研表》469 份，座谈走访企业 79 家次，收集企业建议 95 条，帮助企业解决问题和困难 72 个；联合杭州海关对重点企业开展联合帮扶，鼓励企业做大做强，2018 年近百家民营企业纳入重点帮扶名单。加大知识产权保护力度，加强海外侵权打假等方面关企合作，对企业进行个性化指导，普及知识产权海关保护的政策法规，服务企业建品牌、创名牌，积极参与国际贸易供应链竞争。充分发挥海关系统实验室的技术优势，辐射与大宗资源、光电、汽车配件、服装等多个产业有关的民营企业，有效提升民营企业技术研发和产品质量水平，增强企业制标、用标能力，争取国际标准制标话语权。积极引导并充分发挥行业协会、认证机构等第三方社会力量，加强企业质量管理及检测人员培训，加强国外最新技术法规规范培训，引导企业获得 HACCP、BRC 等国际先进的食品安全管理体系认证，为保障和开拓国际市场奠定坚实的基础。2018 年浙江省民营企业进出口 2.1 万亿元，同比增长 12.7%，高于浙江省整体增速 1.3 个百分点，占同期浙江省进出口总额的 71.7%；其中，出口 1.7 万亿元，同比增长 10.6%，进口 3 905.2 亿元，同比增长 22.6%。

【宁波海关支持宁波“一带一路”建设】 服务宁波“一带一路”建设、综合试验区建设。提升浙江省内口岸监管一体化水平，加强义乌陆港与宁波舟山港一体化运行。与杭州海关加强联系配合，持续扩大安全智能锁在出口转关业务中的应用，智能锁应用比率达到 99% 以上，同时对施加智能安全锁的金华/义乌—宁波的出口转关货物实施进卡后自动核销，实现转关作业全程自动化，有效节省在途时间，降低企业物流成本。支持宁波舟山港开展国际转运业务。启用海关总署新舱单系统国际转运模块，简化审批手续，提升通关效率，同时对宁波口岸各集装箱码头间流转的国际转运货物、内支线转码头货物和海铁联运货物全面实施转场审批作业无纸化和自动化，逐步降低国际转运货物转场时间损耗，助力宁波舟山港打造国际转运枢纽。推进国际贸易“单一窗口”标准版的推广应用。顺利完成“单一窗口”标准版货物申报、运输工具申报和舱单申报上线工作，实现国际贸易“单一窗口”标准版海空运输工具、舱单申报全覆盖，运输工具、舱单申报率达 100%。全面推广复制自贸试验区政策。先后复制落地包括“先进区、后报关”“区内自行运输”“原产地管理改革”“一次备案、多次使用”等 21 项创新制度。

实施中国—中东欧国家检验检疫便利化措施 14 项，高质量承办第三届中国—中东欧国家海关检验检疫合作对话会。本次会议以“加强合作，保障安全，促进贸易”为主题，聚焦食品农产品准入、标准互认、贸易畅通和能力建设等议题，涉及中国—中东欧国家食品农产品海关检验检疫合作、保障进出口食品农产品安全、保护生态环境及人类健康、推进国际食品农产品贸易便利化等多方面。会议期间发布《第三届中国—中东欧国家海关检验检疫合作共同愿景》和《中国—中东欧国家海关检验检疫合作三年（2018～2020）行动计划》；中国与中东欧 10 国代表举行双边会谈，签署两项备忘录，达成多项共识；进一步深化中国与“一带一路”沿线国家（地区）及中东欧国家海关检验检疫合作交流，促进贸易便利，实现互通共赢。成功举办世界卫生组织专题论坛和培训班。大榭港区成为国内首个通过复评的国际卫生海港。做好首届中国国际进口博览会服务保障。

【宁波海关助力宁波舟山港业务发展】 优化船舶监管模式，全面整合船舶 AIS、舱单等各类数据，全面升级物流可视化平台，通过落实进口报关单放行规则修改工作要求，压缩船舶抵港申报用时，船舶监控范围从宁波临近海域延展至东海大部，日均在线船舶数量提高至 9 000 余艘次，船舶抵港报的平均申报时间由船舶进境后 6.34 小时缩短为 4.8 小时。强化空箱调配，自主研发使用空箱管理系统，实现企业提前申报、到港后快速放行，同时开辟空箱放行绿色通道，实现企业提前放行，到港后“即到即走”，提升宁波本地与周边的空箱流动调配速度，2018 年北仑口岸共进口空箱 273.2 万箱次，同比增长 3.67%。开展物流作业改革，规范转关运输业务。加强与转关主管地海关的联系沟通，开展转关核销情况常态化监控，及时跟踪解决转关单超期未核销问题，确保实货监管到位；不断提升安全智能锁性能，保障固定式阅读器和手持式施验封设备的稳定性，大力推进安全智能锁的应用；探索实施转关自动核销作业，对海铁联运出口转关货物和施加安全智能锁的市场采购出口转关货物实施自动核销，提高企业获得感；强化风险防控，依托物流可视化系统对转关货物途中运输全程监控，对路线异常、停留异常的货物实施精准布控。2018 年，宁波海关共审放进出口转关货物 35.28 万票，同比压缩 24.63%；核销进出口转关货物 52.40 万票，同比压缩 17.38%；出口转关应用安全智能锁共 29.46 万箱次，同比增长 25 倍；实施转关自动核销 14.36 万票。2018 年，宁波舟山港年货物吞吐量再超 10 亿吨，实现 10 连冠，年集装箱吞吐量首超 2 600 万标准箱，首次跻身世界港口排名“前三强”。

开放口岸

【杭州空运口岸（杭州萧山国际机场）】 杭州萧山国际机场位于杭州市东部，距杭州市中心 27 千米，是国务院确定的国内区域性枢纽机场，是国家对外开放口岸、中国内地十大机场和全球百强机场之一。机场占地面积 10 平方千米，拥有 2 条跑道（北跑道长 3 400 米、宽 60 米，南跑道长 3 600 米、宽 45 米），飞行区等级为 4F，可起降目前世界上最大的民航客机——空客 A380。机场共有 3 座航站楼，总面积近 37 万平方米，值机柜台 201 个、自助值机设备 65 台；机坪面积 218 万平方米，其中客机坪面积 183.3 万平方米，货机坪面积 34.7 万平方米；停机位共 166 个，其中客机位 137 个（包括廊桥机位 51 个、远机位 86 个）、货机位 29 个。

杭州萧山国际机场是由原军民合用的杭州笕桥机场迁址新建，原杭州笕桥机场于 1979 年经国务院同意开通至香港的包机航线，于 1980 年经国务院、中央军委批准正式对外开放。杭州萧山机场于 1997 年 7 月动工新建，2000 年 12 月建成通航。2003 年 9 月，国务院批复同意杭州空运口岸扩大对外国籍飞机开放。2004 年 3 月，杭州空运口岸通过国家验收正式对外开放。2018 年 10 月 1 日起实施 24 小时无障碍通关。10 月，机场三期工程破土动工。

2018 年，杭州空运口岸新增国际（地区）定期通航点 5 个，分别为拉脱维亚的里加（菜鸟网络全货机、俄罗斯航星航空）、俄罗斯莫斯科

（首都航空、依可亚航空）、美国纽约（顺丰航空全货机、阿特拉斯航空）、比利时列日（菜鸟网络全货机、比利时 ASL 航空）、缅甸仰光（四川航空）。截至2018年年底，共有国际（地区）定期通航点52个，其中地区6个，国际46个（含全货机航点5个）。2018年新引进定期营运的国外航空公司3家，分别为柬埔寨 JC 航空公司、比利时 ASL 航空公司、俄罗斯依可亚航空公司，春运期间还引进印尼城市快线、喀里多尼亚航空公司等航空公司。截至2018年年底，共有41家中外航空公司（不包括临时包机航空公司）营运定期国际（地区）航班，其中国内8家、地区6家、外国27家。

2018年，杭州萧山国际机场完成旅客吞吐量3 824.2万人次、货邮吞吐量64.1万吨、航班起降28.5万架次，同比分别增长7.5%、8.7%和5.1%。客、货量增幅均排名中国内地机场第2位，总量位居第10位和第6位。杭州空运口岸出入境人员547.96万人次，同比增长14.67%。其中，出入境旅客518.74万人次（入境258.34万人次、出境260.4万人次），同比增长14.77%；机组员工29.22万人次（入境14.58万人次、出境14.64万人次），同比增长12.97%。出入境飞机32 957架次（入境16 354架次、出境16 603架次），同比增长13.03%。进出口货物量19.8万吨（进口货物量2.5万吨、出口货物量17.3万吨），同比增长39.05%；进出口快件413.9万件（进口快件155.08万件、出口快件258.81万件），同比减少9.7%；进出口货值（含快件）36.94亿美元，同比增长18.47%。

【宁波空运口岸（宁波栎社国际机场）】 宁波栎社国际机场位于浙东鄞西平原，距宁波市中心约12千米，是国内重要的干线机场。机场占地面积近2 503万平方米，现有跑道长3 200米、宽60米，可满足波音747等大型飞机起降。飞行区等级为4E级。机坪占地面积19万平方米，有20个停机位。候机楼总建筑面积4.35万平方米，按年旅客吞吐量380万人次、高峰时1 700人次/小时的要求建设。2018年1月，公务机候机楼通过竣工综合验收，新建建筑面积1 377平方米，改造建筑面积66.4平方米，可满足年公务机起降1 000架次的航班保障能力。

1992年7月，宁波空运口岸经国务院批准正式对外开放；年底，国际航空货运业务开通。2005年4月1日，宁波空运口岸扩大对外国籍飞机开放获国务院批准，9月2日通过国家验收。2016年11月10日成为浙江省首个、全国第11个国际卫生机场。

2018年，宁波栎社国际机场旅客吞吐量达到1 171.84万人次，首次跨入“千万级”机场俱乐部，同比增长24.79%。其中，进港旅客563.96万人次，同比增长26.49%；出港旅客607.88万人次，同比增长23.25%。运送货邮10.56万吨，连续三年实现吞吐量10万吨以上。新增10个国内定期航点，暹粒、金边2个国际正班航点；截至2018年年底共开通80个航点（正班），同比增加12个。运营低成本航空公司达到了17家，运营航班共计15 001架次，运送旅客237.44万人次，分别同比增加39.47%和43.80%；低成本航空市场份额由2017年的17.6%提高到2018年的20.3%。2018年，宁波空运口岸运送出入境旅客135.53万人次，其中，地区旅客72.3万人次，国际旅客63.23万人次。

【温州空运口岸（温州龙湾国际机场）】 温州龙湾国际机场前身是温州永强机场，位于浙江省三大中心城市之一的温州市龙湾区，地处温州东南瓯江口、濒临东海，距离温州市中心约22千米，辐射浙江温州、台州、丽水和福建宁德4个地区约16万平方千米、2 000多万人口，周边300千米范围内没有大型机场，是大陆离台湾空中航距最近的机场，航程只有50多分钟，具备打造对台湾“沟通桥梁”和“跳板城市”的时空条件，具有发展航空运输业得天独厚的区位优势。

温州龙湾国际机场是国家对外开放口岸、国内二类民用机场，于1990年7月12日正式通航。机场飞行区等级为4D，消防保障等级为8级，拥有一条长3 200米、宽45米跑道（含道肩60

米），一条 3 200 米平行滑行道，高峰时可起降 28 架次/小时，可保障 A330－200 及以下机型起降，能够满足年旅客吞吐量 1 500 万人次的容量要求。现有候机楼总面积 12.95 万平方米，其中 T2 国内候机楼 11.6 万平方米，T1 候机楼国际厅 1.35 万平方米；停机坪 53.4 万平方米，停机位 59 个，登机廊桥 29 座。

1994 年 9 月，温州空运口岸获国务院、中央军委批准对外开放（限中国籍飞机飞我国港澳地区）。2011 年 6 月，国务院批复同意温州机场对外国籍飞机开放。2012 年 7 月，温州空运口岸通过国家验收正式对外国籍飞机开放。

2018 年，温州龙湾国际机场完成航班起降量 8.64 万架次、旅客吞吐量 1 121.87 万人次（首次突破千万大关）、货邮吞吐量 8.02 万吨，同比分别增长 15.91%、20.82%、6.17%；温州空运口岸完成出入境旅客 36.95 万人次、出入境飞机 2 909 架次、进出口货运量 1 064 吨，同比分别增长 7.92%、增长 8.22%、减少 17.8%。累计通航城市 133 个，其中国际（地区）城市 29 个；实际营运城市 89 个，其中国际（地区）城市 16 个。营运航线 316 条，其中国际（地区）航线 34 条。在温营运航空公司 49 家（不含分公司），其中国内航空公司有 38 家、国际（地区）航空公司 11 家。

【义乌空运口岸（义乌国际机场）】 义乌国际机场位于义乌市西北，距市中心 5.5 千米，始建于 1970 年，原为海军训练二级机场，1988 年经国务院、中央军委批准为军民合用机场，1991 年 4 月正式开通民用航班。义乌机场历经 5 次改造和扩建。目前飞行区等级为 4D，跑道长 3 000 米，宽 45 米，可起降空客 300、波音 767 等大中型客机及波音 757 货机。停机坪面积 6 万平方米，11 个中型客机机位；国内候机楼 1.66 万平方米，4 个登机廊桥，可满足 1 000 人次同时候机。国际航站楼面积 1.3 万平方米，2 个登机廊桥，设计年旅客吞吐量 30 万人次。

2014 年 7 月 31 日，国务院批复同意义乌空运口岸对外开放；10 月 13 日顺利通过国家验收投用。2018 年恢复义乌到泰国（曼谷）正班航班，新开通义乌到越南（芽庄）正班航班，义乌到柬埔寨（暹粒）、义乌到马来西亚（沙巴）包机航班。2018 年 8 月 14 日，义乌空运口岸年度出入境客流量突破 10 万人次，同比增长 310%，刷新了义乌空运口岸开放以来的出入境历史纪录，同时也提前实现了国家空运口岸的运行目标。2018 年，义乌空运口岸出入境人员 175 438 人次，出入境飞机 1 136 架次，以腹舱带货形式运输国际货物 152.01 吨。

【舟山空运口岸（舟山普陀山机场）】 舟山普陀山机场位于舟山本岛东南面，地处国家级风景区“海岛生态园”朱家尖岛，西距著名渔港沈家门仅 1.2 千米（由跨海大桥连接），北邻“海天佛国”普陀山 2.5 千米（由舟山机场出发到普陀山只需 10 分钟）。舟山机场原名舟山朱家尖机场，于 1995 年 1 月开工建设、1997 年 3 月底建成、8 月 8 日正式通航，1998 年 4 月更名为舟山普陀山机场，1998 年 7 月飞行区等级升至 4D 级，能满足 B757 以下的机型起降，2014 年客流突破 50 万人次，迈入民航中型机场行列。舟山机场总占地面积约 200 万平方米，跑道长 2 500 米，宽 60 米，标高海拔 1.8 米，PCN 值 53，两条双向联络道长 230 米、宽 23 米，停机坪面积 5.2 万平方米，可同时停放中小型飞机 3 架，国内候机楼面积 6 400 平方米，国际候机楼面积 4 200 平方米。

2018 年是浙江省机场资源大整合后开启发展新征程的一年，也是舟山民航历史上具有里程碑意义的一年。2018 年 1 月，国务院正式批复同意舟山普陀山机场对外开放，主要服务于波音项目与航空产业园的发展；新的国内航站楼、国际航站楼、专用联络道等一批重要基建设施顺利启用，圆满完成了首架波音飞机交付保障任务，年客流量突破 120 万人次。

【宁波水运（海港）口岸】 宁波港地处我国大陆海岸线中部、南北海岸线和长江“T”形结构的交汇点上，是中国大陆著名的深水良港，是我国对外贸易的重要水运（海港）口岸。宁波港自然条件得天独厚，内外辐射便捷。向外直接面向东亚及整个环太平洋地区。海上至香港、高雄、釜山、大阪均在1 000海里之内；向内不仅可连接沿海各港口，而且通过江海联运，可沟通长江、京杭大运河，直接覆盖整个华东地区及经济发达的长江流域，是中国沿海向美洲、大洋洲和南美洲等港口远洋运输辐射的理想集散地。1979年6月，国务院正式批复宁波港对外开放。宁波港共有已开放港区7个，分别是：甬江港区、镇海港区、北仑港区、大榭港区、梅山港区、穿山港区、石浦港区（临时开放）。2018年，穿山港区（北）4个码头8个泊位扩大开放正式通过国家验收；北仑港区戚家山化工码头完成开放；大榭港区通过世界卫生组织实地复核测评，成为国内首个通过世界卫生组织实地复核测评的国际卫生海港。截至2018年年底，宁波港已与世界上100多个国家和地区的600多个港口通航，全球排名前20位的国际班轮公司都已登陆宁波海港口岸。

2018年，宁波舟山港完成货物吞吐量10.8亿吨，继续位居世界第一。其中宁波港域完成吞吐量57 651.5万吨，同比增加4.5%，外贸进出口运量34 274.6万吨，同比增长3.4%；宁波舟山港完成集装箱吞吐量2 637.8万标箱，位居世界第三位，其中宁波港域集装箱吞吐量完成2 509.5万标箱，同比增长6.5%，出口1 096.3万标箱，同比增长9%，进口1 003.2万标箱，同比增长6.1%。宁波海港口岸国际航行船舶进出港11 487艘次，同比下降2.8%，其中外国籍船舶9 561艘次，同比下降3.3%。

【舟山水运（海港）口岸】 舟山港地处我国东部海岸线与长江水道的交汇处，背靠长三角经济腹地，面向太平洋，是东部地区和长江流域重要的对外开放海上门户和通道。1981年5月，国务院、中央军委批准嵊泗县绿华山和普陀区黄兴岛为外轮海产品交货锚地，同时开放沈家门港为国轮外贸运输港；1987年4月1日，国务院、中央军委正式批准舟山港对外开放，其中沈家门、老塘山为对外开放作业区；1996年8月20日，国务院、中央军委批准岙山原油中转码头对外开放。2014年10月13日，舟山群岛国际邮轮港正式开港。2016年1月8日，国务院批复同意舟山港口岸扩大开放，这是国务院综合评估上报口岸开放的众多省市口岸贡献及外贸发展情况后，率先对舟山群岛新区给予批准，体现了党中央、国务院对舟山群岛新区建设发展的高度重视和大力支持。舟山海港口岸共有11个已开放港区，分别是定海港区、岑港港区、马岙港区、白泉港区、金塘港区、沈家门港区、六横港区、岱山港区、衢山港区、嵊泗港区、洋山港区。2018年3月13日，白泉港区舟山金海船业有限公司1号码头、2号码头和1号船坞通过浙江省政府验收，对外启用；10月15日，衢山港区舟山港衢黄港口开发建设有限公司鼠浪湖矿石中转码头通过浙江省政府验收，对外启用。鼠浪湖矿石中转基地将实现年矿石吞吐量5 200万吨、年产值超4亿元，产能得到全部释放，为舟山新区建设亚洲最大的铁矿石中转基地提供有力保障。

2018年，舟山港域货物吞吐量达到5.08亿吨，同比增长10.9%；集装箱吞吐量达125.6万标箱，同比增长20.64%。舟山海港口岸进出口货运量达1.39亿吨，同比增长6.3%。其中进口1.32亿吨，同比增长5.8%；出口0.07亿吨，同比增长18.4%。进出口集装箱34.02万标箱，同比增长24.4%；进出境船舶1.25万艘次，同比增长16.3%；外籍船舶修理1 869艘次，同比减少5.4%；办理进出境人员手续20 053人次。实现保税燃油供油量359.3万吨，同比增长96.5%；完成保税油调拨量409.95万吨，同比减少35.9%。

【温州水运（海港）口岸】 温州港处于全国海岸线的中间节点，位于全国最早开放的14个口岸城市之一的温州市，由状元岙港区、乐清湾港区、大小门岛港区3个核心港区，以及瓯江港区、瑞安港区、平阳港区、苍南港区4个辅助港区组成。其中已开放港区2个，分别是状元岙港区、瓯江港区。1957年，温州海港口岸经国务院批准对外开放，1964年8月27日，首艘外轮日本“东宫丸”号抵达温州。“十一五”时期，温州港开始由“瓯江时代”向“东海时代”迈进，实现由河口型港向近海深水港、地区性港向沿海枢纽港、集装箱喂给型港向重要支线港发展的三大历史性转变。“十二五”期间，温州港加快重点项目建设，为温甬沪“三港”深化合作打下良好基础。2014 年 2 月，温州海港口岸扩大开放获国务院批准，这是温州港由“瓯江时代”向“东海时代”全面跨越的重要标志。2014 年 12 月，温州港状元岙港区扩大开放通过国家验收。2018 年 7 月 17 日，状元岙港区国际邮轮码头顺利通过浙江省政府验收，于 8 月 20 日获浙江省政府正式批准对外启用，标志着该码头今后可进行常态化运营；截至 2018 年 11 月中旬，已顺利开航 2 个航次，共搭载旅客 2 351 人，客座率达 98%，旅客满意度达 89.13%，在温州市乃至浙江省都产生了较好的社会影响。经过多年的发展，温州海港口岸已经逐步成为浙西南、赣东、闽北等地区对外交流的重要海港口岸，外贸集装箱航线通过直达及内支线与德国、英国、意大利、俄罗斯、美国、南非、阿联酋、日本、韩国、印度、新加坡、中国香港及中国台湾等 80 个国家和地区开展航运业务，内贸集装箱航线可抵达全国沿海及长江流域港口。

2018 年，温州港完成货物吞吐量 8 238.94 万吨，同比下降 7.7%，其中外贸货物吞吐量完成 446.72 万吨，同比增长 21.73%。完成集装箱吞吐量 67.38 万标箱，同比增长 12.13%，其中台湾集装箱航线完成吞吐量 22 934 标箱，同比增长 28%；东南亚航线完成集装箱吞吐量 6 970 标箱，同比增长 1.43%；外贸集装箱吞吐量止跌回升，完成 14.9 万标箱，同比增长 3%；内贸集装箱吞吐量完成 53.47 万标箱，同比增长 11.7%。出入境船舶 843 艘次，同比减少 0.95%。

【台州水运（海港）口岸】 台州港位于浙江中部沿海，地处我国海岸带中段，是浙中沿海的水运枢纽，海岸线长 745 千米，占浙江省海岸线的 28%。2001 年，交通部批准台州市港口统一更名为台州港，实现“一城一港”、港城同名的发展格局。台州港由海门、大麦屿、健跳、临海、黄岩和温岭 6 个港区组成，其中已开放港区 3 个，分别是海门港区、大麦屿港区、健跳港区（临时开放）。海门港区位于椒江区，1983 年 11 月经国务院批准开展国轮外贸运输业务，1989 年 5 月获国务院批准对外轮开放，1990 年 10 月 1 日通过验收正式对外开放，现有开放泊位 8 个，最大靠泊等级为 5 000 吨级。海门港区开放以来主要以进口固体废物为主，根据海关总署和国家生态环境部 2018 年第 79 号《关于发布限定固体废物进口口岸的公告》，2019 年 1 月 1 日起，台州海港口岸不能进口固体废物。2008 年 4 月 18 日，国务院批准浙江海门港口岸更名为台州港口岸，以及大麦屿港区扩大开放。大麦屿港区位于玉环市，2011 年 9 月通过国家验收，12 月对外开放，现有开放泊位 5 个，最大靠泊能力为 10 万吨级，主要货物为进口煤炭。2014 年 6 月 30 日，大麦屿港区对台湾海上直航客货滚装码头顺利通过验收，并于 7 月 11 日对外启用，大麦屿港区对台湾客货运直航已实现常态化运行。此外，国务院、浙江省政府曾根据台州对外开放需要，先后批准临海红光液化气专用码头、大陈岛海上水产品交货点 2 个原二类口岸并入台州海港口岸统一管理。

2018 年，台州海港口岸实现外贸货物通关量 640 万吨，同比减少 21.0%，其中进口 561.4 万吨，同比减少 22.1%，出口 78.6 万吨，同比减少 12.9%；集装箱进出口 89 730 标箱，同比增长 6.5%，其中进口 44 673 标箱，同比增长 2.5%，出口 45 057 标箱，同比增长 10.9%；出入境船舶 1 313 艘次，同比减少 39.5%；出入境人员 42 448人次，同比减少 7.8%。大麦屿口岸对台湾客货运直航船舶进出港 92 艘次，同比减少 8.0%，查验通关旅客 22 931 人次，同比增长 40.1%。

【嘉兴水运（海港）口岸】 嘉兴港（原名乍浦港），位于浙北地区的杭州湾北岸，地处沪、杭两市中间的嘉兴市境内，是浙江北部唯一的出海门户，是全国海河联运主要港口之一，毗邻上海浦东，陆上距上海95千米、杭州117千米、嘉兴43千米；海上距上海122海里、洋山港区53海里、宁波港74海里。嘉兴港自东向西由独山、乍浦、海盐三大港区组成。其中，乍浦港区1993年3月经批准开办国轮外贸运输业务，1994年5月获批临时接靠外国籍船舶，1996年1月经国务院同意对外国籍船舶开放，2001年4月正式通过国家验收对外开放。2014年12月24日，国务院批复同意乍浦港口岸更名为嘉兴港口岸并扩大开放独山、海盐港区。2016年11月25日，嘉兴海港口岸扩大开放通过国家验收，基本实现全港对外开放（除乍浦港区九龙山区域）。截至2018年年底，乍浦港区共有已开放泊位12个，独山港区共有已开放泊位6个，海盐港区共有已开放泊位4个。嘉兴港已与日本、韩国、俄罗斯、美国、沙特阿拉伯、伊朗、澳大利亚、英国、荷兰、南非等40多个国家和地区的近百个港口建立了运输往来，作为宁波港、上海港的喂给港，嘉兴港集装箱业务可覆盖全球运输网络。

2018年，嘉兴海港口岸完成货物吞吐量9 689.35万吨，同比增长9.75%，集装箱完成172.27万标箱，同比增长19.4%；外贸货物吞吐量完成1 240.25万吨，同比增长1.2%，其中，进口货物吞吐量为876.12万吨，同比下降3.35%，出口货物吞吐量为364.13万吨，同比增长14.51 %；外贸集装箱完成46.21万标箱，同比下降1.05%，其中，进口集装箱19.84万标箱，同比下降14.40 %，出口集装箱26.37万标箱，同比增长12.11%。从进出口货物情况看，嘉兴海港口岸外贸货物以进口为主，出口货物以集装箱运输为主。

宁波市

【口岸运行数据】 2018年，宁波口岸进出口贸易额累计2 427.9亿美元，同比增长18.92%，在全国42个直属海关关区中位列第5位。宁波舟山港完成货物吞吐量10.8亿吨，继续位居世界第一位；集装箱吞吐量2 637.8万标箱，位居世界第三位，其中宁波港域完成集装箱吞吐量2 509.5万标箱，同比增长6.5%。空运口岸出入境航班10 210架次，同比增长7.1%，出入境旅客135万人次，同比增长16.3%。实现跨境电商进出口额1 093.66亿元，同比增长76.97%，年度任务指标完成率达110.74%。其中，进口额144.47亿元，同比增长85.32%，稳居全国第一；出口额949.19亿元，同比增长75.77%，位居全国前列。

【口岸综合管理】 压缩通关时间。2018年先后召开宁波全市口岸提效降费专项行动部署会、市口岸协调委会议，出台《宁波口岸提升跨境贸易便利化水平工作措施》和《宁波市人民政府办公厅关于提升跨境贸易便利化水平的实施意见》，加强协调、督促检查，确保各项贸易便利化措施落实。截至2018年年底，宁波口岸进口整体通关时间（不区分运输方式）46.21小时，比2017年压缩72.21%；出口整体通关时间9.35小时，比2017年压缩66.18%，超额完成国家下达的“压缩口岸整体通关时间三分之一”的工作目标。

开展宁波口岸提效降费专项行动。2018年，宁波市口岸办组成提效、降费和“单一窗口”建设三个专班，分别牵头落实工作任务。联合海关、港口企业共同开展跨境贸易便利化政策宣讲培训，并深入绍兴、义乌、萧山等口岸腹地宣讲。会同财政、价格、商务、交通等部门，指导各行业协会和企业主体，施行收费目录清单对外公示，强化督促检查，进行迎检有关工作。

推进国际贸易“单一窗口”建设。2018年，超额完成国家“单一窗口”标准版试点工作任务，提前5个月完成国家下达的主要项目覆盖率达到70%目标任务，通过“单一窗口”申报业务总量在全国率先达到2 000万票。加快推进地方版“单一窗口”建设，制定出台《宁波国际贸易“单一窗口”功能提升方案》。

完善口岸开放格局。宁波海港口岸穿山港区（北）4个码头、8个泊位扩大开放正式通过国家验收；戚家山化工码头完成开放；大榭港区通过世界卫生组织实地复核测评，成为国内首个通过世界卫生组织实地复核测评的国际卫生海港。宁波机场获批国家级临空经济示范区，并开通 B 类快件业务，国际（地区）航线保持稳定，进出口贸易额稳步增长。宁波国际邮件互换局新项目建设完成立项。

强化口岸服务职能。顺利保障 2 批次澳洲活牛入境，解决进口木材滞留集装箱疏运、废金属滞港、台塑多二码头临时停泊外贸重件船和尼斯嘉年华活动出境货物清运等问题。完善由国际航运服务中心、海港通关中心和空港通关中心（快件中心）构成的“一体两翼”宁波口岸通关服务平台功能，促进“最多跑一次”开展。开展反走私专项治理行动，协调解决走私冻品、活牛和成品油处置问题。加强口岸领域企业诚信体系建设，推进外贸领域高资信企业培育认证工作，开展企业评价、诚信评选等活动，提升企业信用管理水平。

【推进航运产业集聚区建设】 2018 年，宁波市口岸办会同鄞州区积极筛选目标项目，拓展空间资源，组建招商分队，搭建人才平台，兑现产业政策，成功举办“一带一路”口岸合作高峰论坛暨第二届国际航运物流交易会。集聚区产业链培育趋于完善，2018 年实现集聚度达 90% 以上的目标，总部经济规模达到 300 亿元以上，落实产业合作和产业投资意向签约项目 13 个，包括宁波市政府与中国外运全面合作协议，中非论坛“一带一路”海事合作项目——利比里亚海事中国技术中心落户，全球排名领先的挪威船级社成立中国南区营运船中心，以及全球 5 强航运物流综合服务商全球集运 MSC、美集物流 APL 等落户。

【海上丝路系列指数建设成效积极】 2018 年，海上丝路系列指数建设趋于完善，正式向全球发布 16 + 1 贸易指数（CCTI）和“宁波港口指数”，其中 16 + 1 贸易指数（CCTI）成为国家评价中国—中东欧“16 + 1 经贸合作”成绩单的指标。航运大数据中心建设有新的突破，明确了数据资源整合目标和具体任务清单，成功入选国家发展改革委 2018 年数字经济试点重大工程支持项目。

【跨境电商进口发展取得领先】 据海关总署统计，宁波跨境电商进口业务自 2018 年 6 月份跃居全国首位后始终保持领先。2018 年，宁波全市跨境进口商品 8 505.21 万单、货值 144.47 亿元，货值同比增长 85.32%，累计 2 595.95 万人次购买了跨境商品，成为全国首个突破百亿元大关的城市。2018 年“双十一”，宁波跨境进口呈现井喷式增长，在 24 小时内实现跨境进口单量 773 万单、货值 14.48 亿元，同比分别增长 24% 和 30%，占全国总单量的 27.4%，稳居全国之首。

举办 2018 亚马逊“全球开店”卖家峰会。12 月 6 日 ~7 日，宁波市口岸办与亚马逊公司在宁波会展中心联合举办 2018“全球开店”卖家峰会。参会总人数突破 13 000 人次，为全国 400 余家优质制造企业和 1 万余名跨境电商卖家提供了合作平台，达成意向订单累计约 20 亿美元，媒体总曝光量超过 1.8 亿次，是跨境电商发展史上规模最大的专业峰会，有力提升了宁波的开放格局和国际影响力。亚马逊全球高管罗素·高（Russ Grandinetti）首次来华便赴宁波出席活动。

2018 年浙江省口岸大事记

1 月 9 日

义乌进口肉类指定口岸（查验场）顺利通过国家质检总局验收组考核验收。这是义乌首个通过正式验收并投用的进口商品指定口岸，对推动义乌乃至浙中地区肉制品产业和冷链物流业的全链条式升级发展具有重要意义。

1 月 11 日

义乌港海港功能服务大厅启动仪式顺利举行。这是海港功能延伸至义乌港的崭新平台，有利于实现义乌港“全程运输”“无缝物流服务”的新突破，对推进义乌国际贸易综合配套改革试验区建设具有重大意义。

1 月 16 日

杭州萧山国际机场恢复西哈努克港直达航

线，进一步完善了东南亚航线网络，助力“一带一路”倡议的实施。该航线由柬埔寨JC国际航空执飞。

1月24日

中欧班列（义乌至波兰）运邮测试成功发车，标志着中欧班列（义乌）创新经营业态，开辟性价比更高的国际邮包运输新模式取得了新突破。义乌也成为继重庆之后，国内第2个开展中欧班列运邮业务的城市。

1月26日

国务院正式批复浙江舟山普陀山机场作为空运口岸对外开放。

是日

宁波海关顺利验放首趟“渝甬”沿江海铁联运班列，该班列共搭载12个40尺外贸集装箱，货值约2 500万元，目的地为欧美等地。

1月28日

一艘载有1 606头肉牛的远洋轮渡从澳大利亚汤斯维尔港顺利抵达宁波舟山港镇海港区，这是浙江省首次开展肉牛进口业务。镇海港区是我国南方地区首家海运肉牛进口指定口岸。

1月30日

首趟中欧班列（义乌—莫斯科）正式起运。该班列共搭载100个标箱，从满洲里转关出境，全程10 150千米，预计运行时间13天左右。这是义乌继开往车里雅宾斯克之后，又一趟终点为俄罗斯的班列。

2月5日

国家口岸办致信宁波市口岸与打私办，对宁波市国际贸易“单一窗口”标准版试点工作给予高度肯定。

2月6日

义乌—法国杜尔日首趟中欧班列正式启运。该趟班列共搭载82个标箱，从阿拉山口转关出境，途经哈萨克斯坦、俄罗斯、白俄罗斯、波兰、德国后进入法国境内，最终抵达杜尔日，全程11 559千米，预计运行时间18~20天。

2月8日

搭载100件国际邮件的中欧班列（义乌—波兰），经过16天的行驶抵达波兰马拉舍维奇站，2月11日，所有邮件全数投递到位，标志着中欧班列（义乌—波兰）运邮测试成功。

3月7日

杭州海关累计监管义乌国际邮件互换局进出境邮件突破1亿件；宁波海关累计监管宁波国际邮件互换局进出境邮件突破2 000万件。

3月13日

舟山海港口岸白泉港区舟山金海船业有限公司1号码头、2号码头和1号船坞通过浙江省政府验收，对外启用。

3月20日

装载4.48万吨低温丙烷的英国籍“DORSET”（多塞特）轮顺利靠泊宁波舟山港北仑港区戚家山化工码头，标志着该码头正式对外启用。戚家山化工码头是浙江省首个岸线“腾笼换鸟”项目，同时其配套服务的海越新材料也是最大的浙商回归项目。

3月28日

我国首艘江海直达船舶“江海直达1”正式首航。该船从舟山直达马鞍山，中间无须减载、装卸，可将铁矿石等大宗商品直接从舟山转运到长江中上游城市，大大提升长江黄金水道运输效率。

3月29日

交通运输部发布中国港口代码修改公告，将沿海港口代码表中的“宁波－舟山”修改为“宁波舟山”，标志着宁波舟山港港口代码统一工作取得了突破性进展。统一港口代码是推进浙江省口岸监管一体化工作的重要内容，是宁波舟山港一体化发展的重要标志，得到浙江省委省政府的高度重视。

是日

一架图－204货机从杭州萧山国际机场飞往拉脱维亚里加，标志着菜鸟网络洲际定期货运航线正式首航。这是当时全球唯一一条正在运行的电商专用航线，也是杭州空运口岸开通的第三条洲际货机航线。

4月6日

津巴布韦总统代表团一行搭乘专机从杭州机

场离境。杭州边检站高度重视、周密部署，圆满完成了元首专机出境边检任务。

4 月 15 日

宁波舟山港所有集装箱码头正式上线集装箱进口设备交接单无纸化业务，仅凭手机二维码就能一次性办完提重手续，实现了集装箱进口提重全程无纸化，费用结算实时电子支付。宁波舟山港由此成为全国首个全面实现“提重无纸化”的港口。

4 月 21 日

全球首艘第二代 40 万吨超大型矿砂船“远河海”轮在卸完 388 166 吨巴西铁矿石后，缓缓驶离宁波舟山港衢山港区鼠浪湖矿石中转码头，圆满完成首航作业。

4 月 23 日

世界卫生组织航空领域事件管理国际培训班在宁波召开。此次培训班由世界卫生组织和海关总署联合主办，是自 2014 年世界卫生组织《国际卫生条例》（口岸）中国合作中心成立以来，在中国举办的第二个国际培训班。来自世界卫生组织、国际民航组织、欧盟船舶卫生法联合行动委员会、中国民用航空局、海关总署及全球 22 个国家共 33 位代表，以及各直属海关 43 位列席代表参加培训。

4 月 25 日

浙江省政府与中国远洋海运集团在杭州签署战略合作协议，合力推进浙江海洋强省、国际强港建设，打造世界级港口集群。浙江省省长袁家军，中远海运集团董事长、中国口岸协会会长许立荣出席签署仪式。浙江省副省长高兴夫与中远海运集团副总经理孙家康代表双方签署战略合作协议书。浙江省海港集团与中远海运集团签订合作备忘录。

4 月 25 日

国家发展改革委和民航局复函同意宁波创建国家级临空经济示范区。

是日

世界卫生组织港口、机场和陆路口岸网络（PAG Net）论坛在宁波召开。论坛由世界卫生组织、海关总署联合举办，来自世界卫生组织、国际民航组织、欧盟船舶卫生法联合行动委员会及全球 22 个国家共 33 名代表，海关总署、中国民航局、各直属海关 54 名代表参加论坛。

4 月 27 日

大榭创建国际卫生港口顺利通过世界卫生组织的实地测评，成为全国首个通过复核认证的国际卫生海港。

4 月 28 日

舟山市口岸办和驻舟山查验单位联合发布《关于舟山口岸国际航行船舶进出境通关无纸化的公告》，从 5 月 1 日起，舟山海港口岸正式成为全国首个船舶无纸化通关口岸。

5 月 2 日

华东地区唯一一家水陆一体公用型游艇保税仓库顺利通过海关验收。该项目正式运营后将有力推进宁波地区游艇保税仓储物流业务，进而促进华东地区游艇产业链及旅游度假等配套产业的发展。

5 月 3 日

浙江省省长袁家军到义乌国际邮件互换局考察，实地查看进出境邮件分拣作业现场，了解海关监管作业流程，听取义乌海关关于互换局投入使用以来业务发展情况和跨境电商出口情况的汇报，对海关积极服务外贸新业态发展表示肯定。

5 月 8 日

海关总署副署长王令浚到义乌调研。到义乌城市规划展示馆、义乌国际商贸城、进口商品城考察，了解义乌小商品进出口业态发展情况和义乌市对外开放平台建设情况；到义乌港海关监管场所、中国海关知识产权保护展示中心（义乌）、义乌铁路口岸海关监管场所等地考察，看望慰问一线关警员，了解基层机构改革推进落实情况、市场采购贸易方式在义乌实施情况、小商品知识产权保护及宣传情况、中欧班列（义乌）运行情况。

5 月 9 日

浙江省时隔 14 年后再次召开全省对外开放大会。浙江省委书记车俊在大会上宣布 10 项对外开放重大举措。

5月10日

载有25吨加拿大冻猪腿的冷冻集装箱，经宁波海港口岸北仑港区入境后，通过陆路运输抵达义乌铁路口岸（临）进口肉类指定查验场检验和通关。这是义乌市进口肉类查验场正式运营后的首批入境肉类货物，该批货物也是浙江省首批通过内陆口岸通关的进口肉类。

5月11日

在义乌保税物流中心（B型）1号仓库，随着海关办结通关手续，试点企业浙江易镭电子商务有限公司从日本进口的尤妮佳纸尿裤顺利出库，标志着义乌跨境电子商务保税进口业务正式启动。

5月22日

浙江省副省长高兴夫到杭州萧山国际机场调研，考察旅客进出境通关现场，了解机场重点项目建设和旅客通关情况，并参加工作座谈会。

5月24日

义乌跨境电子商务监管中心通过验收。

6月1日

宁波海关正式发布“中国—中东欧国家贸易便利化检验检疫试验区”第二批六项创新措施。

6月5日

根据《国务院关于同意浙江宁波港口岸扩大开放的批复》（国函〔2017〕115号）精神，浙江省海港委（省口岸办）受国家口岸办委托，会同宁波海关、浙江省公安边防总队、浙江海事局和宁波市政府组成验收组，对宁波海港口岸扩大开放穿山港区（北）准备工作进行了检查验收。

6月7日

第三届中国—中东欧国家海关检验检疫合作对话会在宁波举行。来自13个中东欧国家、俄罗斯、乌克兰、欧盟驻华使团、相关国际组织、国家部委、相关企业及直属海关共280余位代表参加会议。

宁波正式向全球发布16+1贸易指数（CHINA - CEEC Trade Index，CCTI）。该指数进一步丰富了海上丝路指数体系，为各国政府评估“16+1合作”倡议实施效果和政策调整提供重要依据。

6月11日

“一带一路”捷克站平台公司浙江华捷投资发展有限公司与捷克铁路货运公司举行合作备忘录签约仪式。双方就捷克洛沃西采站作为“一带一路”捷克站货运场合作站点及后续场站共建事宜达成一致意见。本次签约标志着“一带一路”捷克站货运场项目正式启动。

6月21日

国家口岸办在舟山召开国际贸易“单一窗口”标准版运输工具（船舶）申报系统全国推广应用现场会，将舟山试点经验向全国推广。

6月25日

浙江省副省长高兴夫莅临浙江电子口岸有限公司视察指导中国（浙江）国际贸易“单一窗口”建设工作。

7月6日

美国康尼航空（Kalitta Air）B747 - 400F大型全货机首飞宁波，成为宁波空运口岸引进的首条南美洲货运航线。此班包机由智利起飞，经停美国后入境。

7月17日

温州海港口岸状元岙港区国际邮轮码头正式通过浙江省政府对外开放启用验收，标志着该码头今后可进行常态化运营。

7月18日

宁波关区中国国际贸易“单一窗口”标准版专栏正式上线运行。

7月19日

宁波海关顺利办理首批长江经济带进口联程中转业务。该批进口转关单共2票、19箱货物，从英国费利克斯托始发，由宁波舟山港进境转运至南京港，再从南京港转至马鞍山港。

7月24日

运载着2 192头澳洲活牛的“长顺”轮顺利靠泊宁波舟山港镇海码头2号泊位，这是宁波舟山港成为中国南方地区首个海运活牛进境港口后，宁波海关监管进口的第2批澳洲活牛，该轮的顺利靠泊标志着宁波口岸进口澳洲活牛业务步入常态化运行阶段。

7 月 26 日

由交通运输部海事局和国际海事组织联合主办的东亚峰会促进人船港互联互通研讨会在宁波召开。本次研讨会搭建了中国和东亚峰会各成员在人船港互联互通领域交换信息、分享经验、加强合作的重要平台，加深了中国与东亚峰会各成员之间在促进海上运输便利方面的友好合作和沟通交流，进一步拓展了中国与东亚峰会各成员之间合作内容的深度与广度，促进中国与东亚峰会各成员在海事领域的互联互通，更好地服务“一带一路”倡议推进，建立各方命运共同体。

7 月 31 日

首都航空 JD475 航班从杭州萧山国际机场飞往莫斯科，标志着杭州至莫斯科定期直达客运航线正式开通，将为中俄两国在“一带一路”建设和欧亚经济联盟对接中寻求合作共赢提供更多的便利与支持。

8 月 6 日

海关总署、财政部、国家税务总局、国家外汇管理局正式批复同意设立湖州保税物流中心（B 型）（署加函〔2018〕385 号）。

8 月 7 日

国务院发布关于同意在北京等 22 个城市设立跨境电子商务综合试验区的批复。其中，义乌是全国唯一一个获批的县级市，至此，浙江省已有杭州、宁波、义乌 3 个跨境电商综合试验区。

是日

海关总署、交通运输部、国家移民管理局联合印发《关于在全国口岸推广应用“单一窗口”标准版运输工具（船舶）申报系统的通知》，要求在 2019 年 1 月 1 日前，国际航行船舶业务统一切换至“单一窗口”进行申报，标志着在舟山试点成功的“一单多报”样板经验正式成为全国标准。

8 月 10 日

浙江电子口岸承建的数字“单一窗口”项目通过浙江省委省政府组织的专家评审，被纳入浙江省政府数字化转型首批重大项目清单。

8 月 14 日

义乌空运口岸年度出入境客流量突破 10 万人次，同比增长 310%，刷新了义乌空运口岸开放以来的出入境历史纪录，也提前实现了国家空运口岸的运行目标。

8 月 27 日

浙江海事局和浙江省海港投资运营集团签署《共建海洋强省、打造国际强港发展战略合作协议》。双方围绕建设发展、生产营运、安全管理的主线，明确将紧紧围绕 5 个方面，为助推浙江海洋经济提速换挡，实现“两个高水平”奋斗目标作出更大贡献。

是日

在海关监管下，中石化浙江舟山石油有限公司自马来西亚进境的 4.5 万吨、价值 2 275.32 万美元的两种不同税号的保税油品原料，在中化兴中石油转运（舟山）有限公司油库 C12 油罐内完成混兑，混兑后油品数量 4.5 万吨，每吨增值 1.5 美元。这标志着“不同商品编码下保税油品混兑”创新政策在浙江自贸试验区正式落地，这也是全国首票“不同商品编码下保税油品混兑”业务。

8 月 30 日

温州国际邮轮港迎来 2018 年首艘邮轮“钻石辉煌号”，标志着温州国际邮轮港正式拉开了常态化运营的序幕。

9 月 3 日

宁波麟和塑料有限公司进口申报的关税保证保险报关单完成税款缴纳，标志着浙江省首票“关税保证保险”保单成功核销。

9 月 5 日

一批来自加拿大 7 个柜的近 200 吨冻带骨猪肉经义乌铁路口岸（临）顺利入境，这是义乌进口肉类指定口岸（查验场）运行以来单次批量最大的进口猪肉货物。

9 月 6 日

义乌跨境电子商务监管中心成功完成跨境电商 9610 模式义乌直飞台北的实单出口。这也是继义乌转关上海浦东国际机场、义乌转关杭州萧山国际机场后，义乌跨境电商出口开辟的第三条通道。

9月13日

来自APEC、金砖和“一带一路”沿线国家（地区），共计13个受援经济体的26名外宾学员参观考察宁波航运中心，这是继法国、古巴之后，第三批参与“一带一路”建设培训研修班的外宾学员赴航运中心考察交流。

9月14日

宁波舟山港股份有限公司、吉林省东北亚铁路集团股份有限公司、特洛伊茨海港有限公司三方在俄罗斯扎鲁比诺港签订合作框架协议，共同推动“珲春—扎鲁比诺港—宁波舟山港”航线早日实现常态化运营，促进中俄两国东北亚地区投资和经贸物流互联互通。吉林省委书记、省人大常委会主任巴音朝鲁宣布该航线“海丝路1号”轮首航开始。该航线建设是中俄两国重点合作项目“滨海2号国际运输走廊”的重要支撑，不仅有利于促进中俄东北亚地区经贸合作、产业互补，也有利于促进吉林省与浙江省的对口经贸合作。

9月19日

因上海区域雷雨，由新加坡飞往浦东的SQ830航班（机型为A380－800）临时备降杭州萧山国际机场。该机型翼展达79.8米，是杭州机场通航以来保障的最大翼展飞机。

9月20日

杭州—纽约全货机航线首航，这是继至芝加哥后，杭州萧山国际机场开通的第2个美洲货运航点。该航线由顺丰速运运营，阿特拉斯航空使用747－400F机型执飞，最大载运量110吨。

9月26日

一列装载了含有3 240件国际邮件的邮政专用集装箱的“义新欧”班列顺利从义乌铁路口岸（临）始发运往波兰马拉舍维奇站，正式开启每周一次的常态化运邮。这是“义新欧”班列在技术和运营模式方面的重大创新，是义乌跨境电商物流的重大突破，将有利推动义乌跨境电商综试区建设。

9月26日～27日

中国—新加坡自由贸易协定原产地电子联网专项会议在杭州召开。双方就中国—新加坡自由贸易协定原产地电子联网建设方案进行磋商并达成一致意见，并到业务现场实地了解电子联网系统运行情况。新加坡贸易和工业部、新加坡海关3名代表，海关总署、深圳海关和杭州海关7名代表参会。

9月27日

中共中央政治局常委、国务院总理李克强到舟山考察，在中国（浙江）自由贸易试验区综合服务大厅，现场随机询问数位前来办事的群众和企业人员，求证“最多跑一次”成效。

是日

海关总署署长倪岳峰在台州听取杭州海关工作汇报，并对下一步落实国务院常务会议精神，进一步推进口岸提效降费等工作提出明确要求。

9月28日

义乌—宁波舟山港海铁联运班列单月突破1万箱，成为全国最大的海铁联运外贸班列。

10月1日

杭州空运口岸实现24小时无障碍通关。

10月15日

舟山海港口岸衢山港区舟山港衢黄港口开发建设有限公司鼠浪湖矿石中转码头通过浙江省政府验收，对外启用。

10月17日

海关总署副署长、政治部主任胡伟在杭州调研，参观杭州海关党建成果展，与关党组有关同志和党员干部代表进行座谈，并赴海康威视企业调研。在杭期间，还会见了浙江省副省长朱从玖，就优化外贸营商环境、促进浙江省外向型经济持续健康发展等方面进行交流。

10 月 17 日

海关总署副署长张际文现场观摩舟山口岸入境船舶疫情疫病应急处置预演练，要求按照强化监管、优化服务的要求认真做好口岸防控工作，把好国门；还实地考察了中化兴中石油转运（舟山）有限公司储运基地和舟山国家石油储备基地。

10 月 18 日

海关总署副署长张际文在舟山出席第二届世界油商大会并致辞。张际文在致辞中表示，海关总署将积极落实国家发展战略，继续支持浙江自贸试验区改革创新和开放发展，加大力度促进油品产业发展。

杭州海关在第二届世界油商大会召开期间，正式推出第三批 10 项支持浙江自贸试验区建设的监管创新举措。

10 月 19 日

浙江省扩大有效投资重大项目集中开工仪式在杭州萧山国际机场三期项目建设现场举行。浙江省委书记车俊宣布重大项目开工，省长袁家军作重要讲话，省委常委、杭州市委书记周江勇作表态发言，省委常委、常务副省长冯飞主持仪式。杭州机场三期工程新建建筑物面积达 150 万平方米以上，主要工程计划在 2022 年杭州亚运会前建成投运。三期扩建项目投运后，杭州萧山国际机场将成为华东地区仅次于上海浦东国际机场的第二大航空枢纽。

是日

义乌西站铁路货场扩建工程（铁路口岸二期）正式开工建设，项目总用地约 39.2 万平方米，规划建设肉类、冰鲜水产、整车进口等指定口岸监管区、两个物流仓储区及综合配套服务区。

10 月 25 日

湖州海关在一批进口加拿大木材中截获俄杉天牛。俄杉天牛对针叶木危害较大，我国尚未有分布记录，一旦传入将对我国林业生态安全造成威胁。

11 月 3 日

杭州—比利时列日全货机航线正式开通。该航线是杭州空运口岸开拓的第五条国际全货机航线和第三条欧洲货运航线，由菜鸟网络租用比利时 ASL 航空公司的波音 747－400F 飞机执飞，单次装载能力逾 200 吨。

11 月 9 日

随着东方航空公司 MU5178 次航班的平稳降落，宁波栎社国际机场年旅客运输量首次突破 1 000万人次，正式跨入全国大型繁忙机场行列，成为 2018 年全国首个新晋级千万级机场俱乐部的机场。

是日

舟山海关受理首票“一船多地多供”保税供油业务。该票业务由中国船舶燃料有限责任公司申报，从中化兴中石油转运（舟山）有限公司保税油库出库 3 000 吨保税燃料油，供应至南京海关辖区太仓、南通两港间的多艘国际航行船舶。该供应模式的实现，使得舟山海关原本直供外关区的“一船一地多供”业务拓展为“一船多地多供”。

11 月 11 日

浙江电子口岸圆满完成“双十一”跨境贸易电子商务通关服务平台的服务保障工作。当天，平台处理进口单量达到 606 万票，最高峰值超 59 万票/小时，数据交换量超 1 亿条。

宁波海关共接收跨境电商进口单量 773 万单，占全国总单量的四分之一；货值突破 14 亿元，达到 14.48 亿元，同比去年分别增长 24% 和 30%，位居全国之首。

宁波市委副书记、市长裘东耀在宁波国际航运中心认真查看全市跨境电商进口业务实时数据，并到宁波跨境数据监控中心与现场工作人员连线，了解宁波市跨境电商最新进展和竞争优势，询问跨境物流仓储运行情况，向坚守岗位的工作人员表示慰问，希望大家依托港口物流、口岸通关、贸易政策等综合优势，共同助推宁波市跨境电商进一步繁荣发展。

11月12日

《嘉兴市人民政府办公室关于印发嘉兴口岸建设提效降费减证行动方案的通知》出台。同月出台了《中共嘉兴市委嘉兴市人民政府关于推进工业和开放型经济高质量发展的政策意见》（涉及提升跨境贸易便利化水平24条）。

11月13日

义乌国际机场临时国际货站顺利通过杭州海关验收。

11月16日

浙江电子口岸承建的中国（浙江）国际贸易“单一窗口”三期建设项目通过了浙江省口岸办组织的阶段性验收。

11月23日

随着来自上海的FM9517航班的平稳落地，温州龙湾国际机场年旅客吞吐量首次突破1 000万人次，正式跨入大型繁忙机场行列，成为全国第36个、浙江省第3个千万级机场。

11月28日

浙江省副省长、温州市委书记陈伟俊宣布温州（鹿城）市场采购贸易方式试点正式启动。这是浙江省第3个市场采购贸易方式试点地区，标志着温州新一轮对外开放迈出了具有里程碑意义的一步。

11月29日

宁波出入境边防检查站、宁波舟山港股份有限公司镇海港埠公司、中国检验认证集团宁波有限公司、中化石油浙江有限公司、宁波航姆国际船舶代理有限公司五家单位在宁波市口岸打私办组织下共同签订了国际航行汽柴油船舶边检通关备忘录。

11月30日

宁波海关技术中心毒理实验室获批海关总署国家级进出口食品质量安全风险验证评价实验室。

12月5日

浙江省省长袁家军签发浙江省人民政府令第371号，公布《浙江省口岸管理和服务办法》，并将于2019年2月1日起施行。

12月6日~7日

2018年亚马逊全球开店卖家峰会在宁波举行。本次峰会主题是“智造不凡，品见未来”，由中国（宁波）跨境电子商务综合试验区管理办公室和亚马逊（中国）共同举办。

12月10日

宁波舟山港集装箱吞吐量首次突破2 500万标箱。

12月11日

2018年“一带一路”口岸合作高峰论坛在宁波举行。宁波高端航运物流合作成果集中发布，包括政企合作、航运人才培训及诸多国际机构和跨国企业引进等13个重要航运物流项目完成签约。中国航海学会航运保险专业委员会、北京交通大学留学生宁波实习基地和亚太地区国际航运物流联盟揭牌成立。

12月15日

美国波音公司国际事务总裁马爱仑乘坐的航班号为RDN450的公务机顺利抵达舟山普陀山机场。这是该机场获批对外开放后迎来的第一架真正意义上的境外飞机，马爱仑也成为舟山普陀山机场进关旅客第一人。

12月17日

浙江长龙航空一架载有80多名旅客的A320客机顺利降落在柬埔寨西哈努克国际机场，在机坪接受了航空界隆重的“过水门”欢迎仪式，标志着长龙航空温州直飞西哈努克首航成功。

12月18日

宁波舟山港至绍兴双层集装箱班列成功首发，这是国内首条双层集装箱海铁联运班列线路。因双层集装箱列车对运载线路有较高要求，目前仅有美国、加拿大、澳大利亚等少数国家运营。

12月20日

歌诗达邮轮“新浪漫号”顺利靠泊温州港状元岙港区7号泊位，随后举行了邮轮传统的首航仪式，标志着全球最大邮轮公司嘉年华集团旗下的“歌诗达”邮轮品牌首次引入温州，也预示着温州国际邮轮港常态化运营进入新篇章。

12月25日

宁波舟山港梅山港区6号集装箱泊位通过交工验收，标志着全国最大的集装箱码头初步建成。码头平台全长543.66米，宽59米，码头由1座引桥与陆域连接，引桥宽22米，长430.43米。

（撰稿人：金志华、陈加恩、陈展、徐晋、宋鸿昌、张孔宇、陈滨、王相会、汤军、何正华、陈燕燕、陈嘉诚、陈福喜、赵华明、王登科、魏楷容、翟羽佳）

2018 年浙江省口岸流量统计表

口岸类型		口岸名称	货运量（万吨）				集装箱量（万标箱）				人员（万人次）				交通工具（辆、艘、架、列次）			
			出口	进口	合计	同比（%）	出口	进口	合计	同比（%）	出境	入境	合计	同比（%）	出境	入境	合计	同比（%）
空运口岸		杭州空运口岸	17. 30	2. 50	19. 80	39. 05					275. 04	272. 92	547. 96	14. 67	16 603	16 354	32 957	13. 03
		宁波空运口岸	1. 60	3. 80	5. 40	18. 80					71. 29	71. 21	142. 50	16. 41	4 984	5 226	10 210	7. 15
		温州空运口岸	0. 04	0. 07	0. 11	-17. 80					18. 67	18. 28	36. 95	7. 92	1453	1 456	2 909	8. 22
		义乌空运口岸	0. 02	0. 00	0. 02	-2. 62					8. 75	8. 79	17. 54	354. 73	567	569	1 136	216. 43
		舟山空运口岸									0. 001 5	0. 002 1	0. 003 6		2	3	5	
		分计	18. 95	6. 37	25. 32	33. 76					373. 75	371. 20	744. 95	16. 70	23 609	23 608	47 217	13. 13
水运口岸	海港口岸	宁波港	1 368 8. 60	2 058 6. 00	34 274. 60	3. 40	1 096. 30	1 003. 20	2 099. 50	7. 60	10. 00	13. 38	23. 38	-1. 23	4 906	6 547	11 453	-2. 99
		舟山港	660. 46	13 284. 31	13 944. 77	6. 29	1. 24	32. 78	34. 02	24. 40	8. 60	9. 67	18. 27	-3. 77	3 993	4 453	8 446	18. 33
		温州港	73. 77	372. 95	446. 72	21. 73	9. 16	5. 75	14. 90	3. 00	1. 37	0. 89	2. 26	79. 64	227	90	317	4. 62
		台州港	78. 60	561. 40	640. 00	-21. 04	4. 51	4. 47	8. 97	6. 50	1. 79	2. 41	4. 20	-1. 53	364	964	1 328	-38. 60
		嘉兴港	364. 13	876. 12	1 240. 25	1. 20	26. 37	19. 84	46. 21	-1. 05	1. 51	1. 56	3. 07	11. 66	821	865	1686	10. 34
		分计	14 865. 56	35 680. 78	50 546. 34	10. 02	1 137. 57	1 066. 04	2 203. 61	7. 67	23. 26	27. 92	51. 18	0. 49	10 311	12 919	27 123	1. 26
合计			14 884. 51	35 687. 15	50 571. 66	3. 86	1 137. 57	1 066. 04	2 203. 61	7. 67	397. 01	399. 12	796. 13	15. 50	33 920	36 527	70 447	8. 92
同比（%）			7. 05	2. 59	3. 86		10. 65	13. 61	7. 67		16. 01	15. 00	15. 50		9. 35	8. 53	8. 92	

（浙江省口岸办提供，人员、交通工具数据由浙江出入境边防检查总站提供）

2018年浙江省口岸出入境主要数据表

项目			2018年	2017年	同比（%）
出入境人员（人次）	出入境人员总数		7 961 327	6 892 884	15.50
	入境人员		3 991 194	3 470 510	15.00
	出境人员		3 970 133	3 422 374	16.01
	出入境旅客		7 086 214	6 077 925	16.59
	出入境员工		875 113	814 959	7.38
	中国公民	小计	6 783 068	5 802 060	16.91
		内地居民（因公）	272 688	268 727	1.47
		内地居民（因私）	5 663 357	4 735 459	19.60
		港澳居民	323 002	301 483	7.14
		台湾同胞	524 021	496 391	5.57
	外籍人员		1 178 259	1 090 823	8.02
	从海港出入境人数		511 772	509 276	0.49
	从陆港出入境人数				
	从空港出入境人数		7 449 555	6 383 608	16.70
交通运输工具（辆、艘、架、列次）	总计		70 447	64 676	8.92
	船舶		23 230	22 942	1.26
	飞机		47 217	41 734	13.14
	火车				
	机动车辆				

（浙江出入境边防检查总站提供）

2018 年杭州海关主要数据统计表

项目		2018 年	同比（%）
进出口货运量（万吨）	合计	17 564	3.60
	进口	15 400	2.30
	出口	2 164	13.90
进出口贸易总值（万美元）	合计	11 364 304.10	14.30
	进口	5 336 192.90	16.80
	其中：江、海运输	4 789 558.70	15.40
	铁路运输	25 801.90	55.00
	汽车运输	26 328.20	72.10
	航空运输	494 013.30	27.60
	邮件运输	490.80	-25.50
	其他运输		
	出口	6 028 111.20	12.10
	其中：江、海运输	5 618 727.90	11.00
	铁路运输	114 626.00	91.70
	汽车运输	6 002.70	62.10
	航空运输	259 117.10	17.70
	邮件运输	29 637.50	1.40
	其他运输		
税收（万元）	两税合计	5 178 087.06	13.18
	关税入库	401 445.69	-1.47
	进口环节税入库	4 776 641.37	14.61
货物检验检疫（万批次）	本年累计	65	-14.80
	其中：出境	59	-10.20
	入境	6	-43.00
货物检验检疫金额（亿美元）	本年累计	515.20	10.60
	其中：出境	180.70	4.40
	入境	334.50	10.20

（杭州海关提供）

2018 年宁波海关主要数据统计表

项目		2018 年	同比（%）
进出口货运量（万吨）	合计	16 996.66	3.52
	进口	12 373.72	1.80
	出口	4 622.94	8.40
进出口贸易总值（万美元）	合计	24 275 222.04	18.92
	进口	7 519 283.30	29.12
	其中：江、海运输	7 149 174.19	29.42
	铁路运输	981.17	-10.94
	汽车运输	40 401.14	90.10
	航空运输	328 458.37	18.66
	邮件运输	104.20	37.07
	其他运输	164.23	-23.62
	出口	16 755 938.74	14.85
	其中：江、海运输	16 589 862.75	14.79
	铁路运输	729.69	-37.02
	汽车运输	30 436.39	-11.16
	航空运输	65 173.20	9.89
	邮件运输	65.17	18.01
	其他运输	69 671.54	62.22
税收（万元）	两税合计	7 801 000.81	22.36
	关税入库	638 555.87	11.70
	进口环节税入库	7 162 444.94	23.41
货物检验检疫（批次）	本年累计	196 449	9.60
	其中：出境	84 369	3.50
	入境	112 080	14.69
货物检验检疫金额（万美元）	本年累计	5 840 167.18	25.24
	其中：出境	553 900.68	14.33
	入境	5 286 266.50	26.50

（宁波海关提供）

2018 年浙江海事局进出港船舶统计汇总表

船舶类别	进港船舶							出港船舶						
	艘数（艘）	总吨（吨位）	总载重量（吨）	载客量（客位）	船员人数（人次）	货物到达量（吨）	旅客到达量（人）	艘数（艘）	总吨（吨位）	总载重量（吨）	载客量（客位）	船员人数（人次）	货物发送量（吨）	旅客发送量（人）
总计	879 738	1 921 458 787	2 427 360 345	82 084 094	9 651 233	733 616 256	31 102 582	735 534	1 785 514 325	2 291 995 434	64 153 977	7 978 127	437 023 495	24 176 248
中国籍船舶	861 080	921 022 588	1093 890 344	82 031 704	9 274 244	443 683 434	31 050 767	717 116	793 197 614	971 752 576	64 107 119	7 601 586	354 455 909	24 162 710
其中外贸船	1 106	11 957 522	17 919 444	0	20 185	8 076 721	0	687	6 947 536	11 038 792	0	12 652	478 953	0

（浙江海事局提供）

2018年浙江省指定口岸/查验场统计表

	序号	指定口岸/查验场名称	口岸类别	指定口岸类别	批复时间	备注
杭州市	1	萧山机场	空运	进口植物种苗	2010年4月	
	2	萧山机场	空运	进口冰鲜水产品	2014年12月22日	
	3	萧山机场	空运	进境食用水生动物	2016年8月1日	
	4	萧山机场	空运	进境水果	2017年8月1日	
	5	杭州综合保税区	公路	进口肉类		2018年3月开工建设
宁波市	1	宁波海港口岸	海运	进口水果	2008年3月14日	
	2	梅山港区	海运	进境苗木	2010年4月	
	3	梅山港区	海运	整车进口	2012年11月	
	4	北仑港区	海运	进口植物种苗	2012年12月26日	
	5	北仑港区	海运	进口肉类	2014年5月	
	6	金光粮油公司码头、光明通用码头、第二港埠公司散杂货码头	海运	进境粮食	2014年10月9日	
	7	栎社机场	空运	进口冰鲜水产品	2015年11月	
	8	栎社机场	空运	进境水生动物	2015年11月	
	9	石浦港区	海运	进境水生动物	2015年11月	
	10	北仑港区	海运	进境集装箱粮食	2015年12月	
	11	梅山港区	海运	进口肉类	2016年2月18日	
	12	镇海港区	海运	肉牛进口	2017年5月	
	13	北仑港区	海运	固体废物进口	2018年6月27日	
温州市	1	状元岙港区	海运	进境水果	2013年1月9日	
	2	状元岙港区	海运	进口肉类	2015年9月15日	
	3	龙湾机场	空运	进口冰鲜水产品	2015年9月1日	
	4	龙湾机场	空运	进境食用水生动物	2016年8月1日	
舟山市	1	老塘山港区	海运	进境粮食	2014年10月9日	
	2	舟山港综合保税区	海运	进口冰鲜水产品	2014年12月22日	
	3	舟山港综合保税区	海运	进口肉类	2017年7月18日	
	4	沈家门港区	海运	进境水果	2017年9月29日	
	5	沈家门港区	海运	进境食用水生动物		2018年5月25日通过预考核
台州市	1	海门港区	海运	固体废物进口	2013年1月5日	2019年1月1日作废
嘉兴市	1	嘉兴海港口岸	海运	固体废物进口	2018年6月27日	
金华市	1	金义综合保税区	陆路	进口肉类		2018年3通过预验收
义乌市	1	义乌铁路临时口岸	铁路	进口肉类	2018年1月9日	
	2	义乌铁路临时口岸	铁路	进口冰鲜水产品		2018年9月完成建设
	3	义乌机场	空运	进境水果		2018年10月完成建设

（浙江省口岸办提供）

安　徽　省

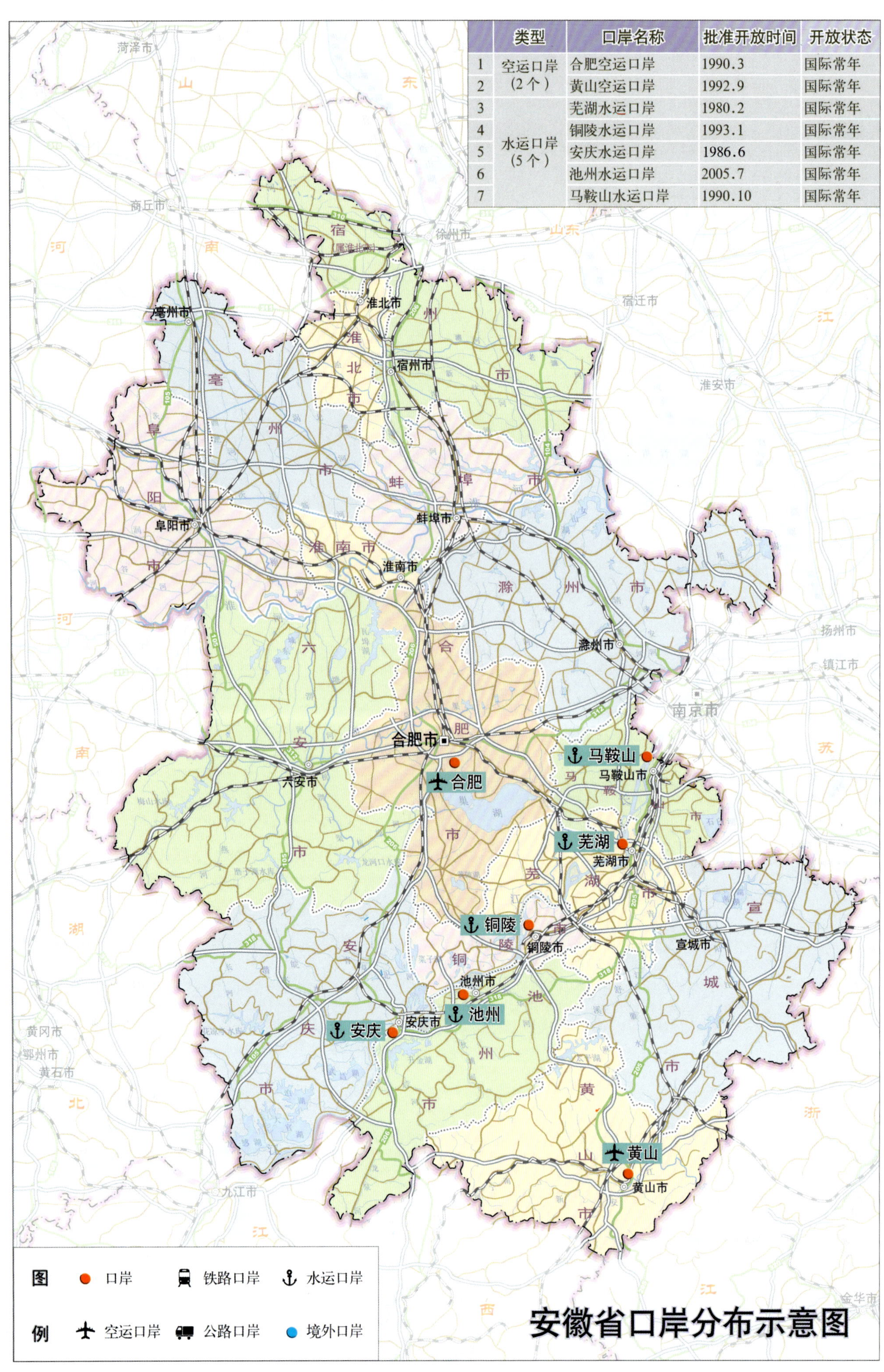

	类型	口岸名称	批准开放时间	开放状态
1	空运口岸（2个）	合肥空运口岸	1990.3	国际常年
2		黄山空运口岸	1992.9	国际常年
3	水运口岸（5个）	芜湖水运口岸	1980.2	国际常年
4		铜陵水运口岸	1993.1	国际常年
5		安庆水运口岸	1986.6	国际常年
6		池州水运口岸	2005.7	国际常年
7		马鞍山水运口岸	1990.10	国际常年

安徽省口岸分布示意图

口岸数量及分布

截至2018年年底，安徽省共有经国务院批准的对外开放口岸7个，其中，空运口岸2个，分别是合肥空运口岸（合肥新桥国际机场）、黄山空运口岸（黄山屯溪国际机场）；水运（河港）口岸5个，分别是芜湖、安庆、铜陵、池州、马鞍山河港口岸。

口岸运行数据

据海关统计，2018年安徽省口岸进出口货运量3 135.31万吨，同比增长1.4%；口岸进出口货值194.57亿美元，同比增长18.57%；国际集装箱运量133.98万标箱，同比增长9.76%（包含中欧班列和铁海联运）。据边检统计，安徽省空运口岸进出境人员68.76万人次，同比增长18.5%；进出境航班4 977架次，同比增长13.3%。

口岸综合管理

【口岸扩大开放和进境指定口岸建设工作】 2018年12月下旬，国务院批复同意芜湖港口岸扩大开放三山港区，安庆港口岸扩大开放长风港区和皖河农场港区。督促铜陵港、池州港口岸扩大开放事项早日上报国务院审批。进境指定口岸开放建设稳步推进，截至2018年年底，安徽省已批准建设进境指定口岸12个，其中合肥空港、马鞍山港、芜湖港、铜陵港、安庆港等8个进境指定口岸已建成运营，并有序开展业务。2018年，安徽省各进境指定口岸共进口货物259批次、3.97万吨，进口额2 481.86万美元。

2018年安徽省口岸进出口（出入境）运量总统计表

类　别	单位	累计运量		
		2018年	2017年	同比（%）
1. 货运量	万吨	3 135.31	3 093.01	1.37
其中：进口	万吨	2 801.92	2 705.37	3.57
出口	万吨	333.39	387.64	-13.99
2. 货值	万美元	1 945 662.65	1 640 922.59	18.57
其中：进口	万美元	1 178 883.41	1 055 041.35	11.74
出口	万美元	766 779.24	585 881.24	30.88
3. 客运量	人次	687 638	580 327	18.50
其中：入境	人次	344 594	292 052	18.00
出境	人次	343 044	288 275	19.00
4. 到港船舶	艘	8 795	8 850	-0.60
其中：外籍轮	艘	142	340	-58.20
5. 集装箱	个	1 339 785	1 220 600	9.76
其中：重箱	个	519 905	615 502	-15.53
6. 飞机	架次	4 977	4 394	13.30
其中：外籍飞机	架次	2 727	2 365	15.30

2018 年安徽省各口岸进出口（出入境）运量统计表

单位：万吨、人次

口岸名称	累计运量								
	2018 年	2017 年	同比（%）	其中直运			其中转关		
				2018 年	2017 年	同比（%）	2018 年	2017 年	同比（%）
马鞍山	1 650. 19	1 890. 68	-12. 7	67. 89	96. 74	-29. 8	1 582. 30	1 793. 94	-11. 8
铜陵	639. 00	479. 10	33. 4	10. 60	6. 30	68. 3	628. 40	472. 80	32. 9
芜湖	553. 02	374. 61	47. 6	380. 54	292. 26	30. 2	172. 48	82. 35	109. 4
池州	100. 06	98. 00	2. 1	19. 51	18. 91	3. 2	80. 55	79. 09	1. 8
安庆	64. 01	80. 14	-20. 1	64. 01	80. 14	-20. 1	0	0	0
蚌埠	82. 76	96. 54	-14. 3	0	0	0	82. 76	96. 54	-14. 3
阜阳	8. 10	7. 11	13. 9	0. 46	0	100	7. 64	7. 11	7. 5
合肥（水运）	15. 34	13. 70	12	0	0	0	15. 34	13. 70	12. 0
合肥（铁路）	22. 83	0	100	22. 83	0	100	0	0	0
合肥（空运）	601 566	505 325	19	—	—	—	—	—	—
黄山（空运）	86 072	75 002	14. 8	—	—	—	—	—	—

2018 年安徽省各口岸进出口集装箱运量统计表

单位：标箱

口岸名称	累计集装箱运量		
	2018 年	2017 年	同比（%）
合计	1 339 785	1 220 600	9.76
马鞍山	100 146	128 643	-22.2
铜陵	11 104	12 723	-12.7
芜湖	803 149	703 975	14.1
池州	8 228	12 193	-32.5
安庆	45 426	42 083	7.9
蚌埠	10 361	9 102	13.8
阜阳	3 658	5 606	-34.7
合肥	357 713	306 275	16.7

【优化口岸营商环境，促进跨境贸易便利化工作】 2018 年 9 月 30 日，安徽省召开了传达全国口岸提效降费工作会议。10 月 17 日，省政府组织召开安徽省实施开放发展行动暨全省口岸提效降费工作会议。按照省政府工作部署，于 2018 年 10 月 30 日向社会公开全省 7 个对外开放口岸进出口收费目录清单，完成国务院要求 10 月底前建立清单并公布的任务。2018 年安徽省进口整体通关时间 50.64 小时，较 2017 年压缩 75.89%，出口整体通关时间 1.18 小时，压缩 86.43%，完成国务院要求“整体通关时间再压缩三分之一”的目标。

【中国（安徽）国际贸易“单一窗口”工作】 按照“政府主导、部门联动、便利企业”原则，拓展数据交换、作业协同、全程跟踪等功能，进一步提升中国（安徽）国际贸易“单一窗口”功能推广和应用。会同相关市口岸管理部门，海关、边防、海事等口岸查验单位，先后在池州、滁州、淮北、马鞍山、宣城等地举办国际贸易“单一窗口”标准版应用培训会议，组织外贸企业、报关报检公司参加培训。2018 年，中国（安徽）国际贸易“单一窗口”标准版累计申报量 366 972 票，其中货物申报 324 297 票、运输工具申报 1 208 票（水运 975 票、空运 233 票）、舱单 1 676 票（水运 165 票、空运 1 511 票）、企业资质申报9 040票、原产地证书申领 14 040 票、许可证申领 938 票（农药 932 票、机电 6 票）、税费支付 14 515票、加工贸易 1 257 票、贸促会原产地证 1 票。货物申报覆盖率达 100%，提前完成国家要求的 2018 年年底主要业务申报覆盖率 80% 的任务。

【加强与长三角区域大通关建设协作】 积极参与长三角区域大通关协作机制，做好长三角区域大通关建设协作工作。2018 年 8 月，赴上海专题报告上海与中部六省大通关合作第十一次联席会议轮值工作和调研学习上海国际贸易“单一窗口”建设和运维工作。10 月，赴江苏连云港考察对接铁海联运项目；11 月，与江苏联合举办 2018 年长三角口岸城市群大通关合作苏皖项目对接会；12 月，赴浙江杭州参加长三角区域中欧班列资源统筹协调会。

【推动海关特殊监管区域扩能升级】 2018 年 2 月 5 日，合肥空港保税物流中心（B 型）通过合肥海关等四部门验收并封关运营。安徽省政府第 7 次常务会议审议原则通过由省口岸办牵头起草的《海关特殊监管区域扩能升级行动实施方案（送审稿）》，并印发《海关特殊监管区域扩能升级行动实施方案》。6 月 13 日，马鞍山综合保税区由海关总署、商务部、自然资源部等国家 8 个部委组成的联合验收组进行实地勘查，全面验收通过，正式封关运营。2018 年，安徽省海关特殊监管区实现进出口额 85.34 亿美元，同比增长 36.8%。

【合肥中欧班列和铁海联运稳步发展】 以加速融入国家“一带一路”倡议为指引方向，以打造内陆开放新高地和新通道为核心目标，以促进国际贸易往来为动能，合肥中欧班列始终保持稳定运行，进出货量稳步提升，货运通道效应日益凸显。2018 年中欧班列累计发运 182 列、16 994标箱，货值 7.6 亿美元。

口岸监管与服务

【安徽出入境边防检查总站保障口岸安全稳定】 2018 年，共检查出入境人员 687 577 人次，交通运输工具 5 094 架（艘）次，其中飞机 4 962 架次、船舶 132 艘次，同比分别增长 17.6%、7%；布控 1 240 人次，核查重点国家人员 12 719 人次，查获违法违规 30 人次，网上追逃 6 人次，不准入境 4 人次，接收境外遣返 5 人次；查处行政案件 6 起，签发“出海船舶户口簿”94 本、“出海船民证”1 606 本，通过“皖警便民服务 e 网通”、国际贸易“单一窗口”受理群众办事项目 1 175 件。

深入贯彻落实国家移民管理局“4·9”会议精神和系列部署要求，圆满完成了“两会”边防安保、2018 世界制造业大会和中国国际徽商大会等重大安保任务。一是突出口岸管控主体责任。出台《关于进一步强化我省口岸安全管控工作的意见》，部署开展执法服务督导和“作风纪律强化年”活动督察，狠抓边检站党委主体责任和站长第一责任。二是细化口岸管控工作措施。修订《空港江港边检勤务常遇问题处置工作指引》，部署开展涉恐隐患排查、梅沙数据清查等活动，顺利完成生物识别签证项目启用和梅沙系统升级工作。各站严格落实《边检机关重点人员查缉工作手册》等相关要求，严守资料录入、人证对照、证件识别“三条底线”，未发生任何漏控错控、漏放错放事件。三是凝聚口岸反恐实战合力。严格落实与反恐、国保、出入境、网安等部门协作机制，强化信息互通共享，密切与海关、安检、机场码头公司的协作，织密防控网络。2018 年，协助地方公安部门先后将 176 名在皖非法务工人员、1 名非法居留人员遣送出境，抓获 2 名刑事案件嫌疑人，排查重点关注对象出入境信息3 500余条。四是强化处突准备。举办小单元合成作战推介会，科学调整勤务方案预案，经常性组织开展防暴防恐袭击、防冲闯关等实战演练 30 余次，官兵依法及时妥善处置各类突发事件能力进一步提升。

【安徽出入境边防检查总站法治边防建设有序推进】 一是全力提升官兵执法素质。邀请省公安厅法律专家为官兵开展新时代法治建设专题授课，积极组织官兵报考 2018 年度执法资格考试。二是健全执法制度和规范。修订《边防检查行政案件示范卷》，并及时根据划转后新机构名称，规范了法律文书式样、三级投诉电话等内容，确保了全省边检机关执法工作无缝衔接。三是严格执法监督管理。部署开展排查整改突出问题深入推进执法规范化建设专项活动、执法突出问题排查整改暨涉案财物清理整治专项行动、“谁执法、谁普法”专项活动等。

【安徽出入境边防检查总站边检服务管理水平再上新台阶】 一是认真落实便民利民新举措。坚决贯彻落实“中国公民出入境通关候检时间不超过 30 分钟”等便民新举措，空港站制定应对出入境旅客高峰期勤务预案，建立旅客候检超时应急机制，大力推进出入境自助通关服务；港口站认真学习公安出入境网上办事平台操作，全面应用国际贸易“单一窗口”，实现国际航行船舶网上申报率 100%。二是优化升级“皖警 e 网通”边防服务平台。指导芜湖站研发“边检服务掌上直通车”子系统，实现“上下外国船舶许可”等3项边检行政许可“不跑腿”，12项便民服务“最多跑一次”，实现外国人临时入境许可实行电子化申请、边检行政案件信息网上实时查询等功能。

【芜湖海事局积极做好口岸审批查验服务】 依据《国际航行船舶进出中华人民共和国口岸检查办法》和《海事执法业务流程（2018）》文件规定，积极履行管辖内国际航行船舶进口岸审批、国际航行船舶进口岸手续和国际航行船舶出口岸审批的行政许可，对船舶代理单位提交申请开展7×24小时主动服务，力求做到外轮随到随办并当场办结。2018年，芜湖海事局实施船舶进出港报告16万艘次，办理船舶登记证书1 760份，开展船舶现场监督8 983艘次，安全检查1 600艘次，查出缺陷1.15万项，滞留船舶24艘次。办理各类船舶口岸审批和查验180艘次，辖区国际航行船舶外贸货物吞吐量25.52万吨，集装箱内支线运输船舶1 941艘次，货运量为67.98万TEU，货物吞吐量为148.1万吨。

【芜湖海事局推动国际贸易“单一窗口”标准版运行】 结合“安徽国际贸易单一窗口标准版”外网平台开展先行先试，积极部署开展船舶代理单位申报许可培训，组织海事内网平台审批数据对接，试行口岸审批无纸化。已实现芜湖、铜陵、马鞍山三市口岸国际航行船舶网上通关便利，网上审批节约通关时间成本约630小时。

【芜湖海事局打造良好的口岸通关环境】 一是积极落实与芜湖、铜陵和马鞍山市口岸办和相关查验单位形成的《国际航行船舶联合登临检查工作座谈会会议纪要》，推进联合登临检查工作机制。主动召集口岸查验单位开展国际航行船舶联合登临检查，大大缩减了船方接受查验以及代理多次往返各查验单位办理通关手续的频次，节省了船舶人力和时间成本，提高了船舶通关效率。2018年共开展联合登临检查31艘次，节约通关时间成本约596小时，节约往返人力成本298次。二是强化安全监管，运用VTS等手段实时监控辖区水域，强化危险品船舶分类分级监管及动态监控，落实小型液货船夜间禁航制度，实施C类船舶“到港三必查”。跟踪维护载运一类危险品船舶207艘次，盯屏维护率、重点水域现场维护率均为100%。建立了港口建设费远程申报电子缴付和代收机制，便民利民。

【芜湖海事局全力支持地方经济发展】 落实服务承诺，主动做好芜湖三山港扩大开放和芜湖二桥、商合杭大桥现场施工维护工作，主动配合市政府协调推进商合杭大桥全面施工，对施工现场实行24小时驻守动态监管。对全辖段实施“船舶进出港动态报告制”，船舶在抵达后24小时内出港的，进出港可同时向拟抵达地海事管理机构报告，减少了报港手续。

【安庆海事局监管能力持续提升】 深入推进“天网”“联动”等“五大工程”实施，落实“碧水保护”“蓝天保卫”等五大攻坚战，当好美丽长江的捍卫者；持续推进辖区渡线优化调整，推动40个渡口公布封渡水位；落实“平安长江2018”行动要求，及时制订台汛等极端天气应对措施，有效扭转了事故险情多发势头。

【安庆海事局强化安全管理】 贯彻落实中央安全生产领域改革发展意见，落实长江航运风险分级管控和双重预防机制。突出源头防控，狠抓船公司监管，推进航运公司安全诚信体系建设，实施差异化管理；优化辖区通航环境，调整吉阳矶横驶区范围，加强渡运安全监管；落实新“116”机制，深化渡船“斑马线”行动，2018年共保障534.5万人次旅客、52.85万车次车辆安全便捷出行。

【安庆海事局不断提升应急处置能力】 推动VTS规范化建设，开展跟船行动，前往上海、南京等局交管中心交流学习，不断提升交管人员综合素质。2018年实施指令巡航2 304次，开展有针对性的各类应急演练642次，成功救助383人次，人命救助成功率99.7%。切实保障货物运输安全畅通，2018年辖区船舶进出港9.78万艘次，同比增长27%；货物进出港11 459.7万吨，同比增长26.7%。

【安庆海事局服务航运企业降本增效】 落

实放管服举措，在长江全线率先实现船舶安全管理体系审核线上电子申请发证，进一步缩短船舶抵押权登记审批办结时限，缓解船企的资金周转压力；推动落实港澳台同胞报名参加内地（大陆）船员考试工作；加强 VTS 信息服务，全年提供安全信息服务 3.3 万余次，纠正船舶违章 1.25 万余艘次；圆满完成上合峰会、进博会期间安保工作，海事服务重大水上活动，赢得社会广泛赞誉。

【合肥海关坚决落实机构改革部署，各项工作稳中有进】 2018 年 4 月 14 日，原国家质检总局出入境检验检疫管理职责和队伍划入海关总署。4 月 20 日起，原安徽出入境检验检疫局统一以合肥海关名义对外开展工作。8 月 24 日，合肥海关党组新班子成立，明确分工并集中办公。自 8 月 1 日起，关检融合一次整合申报在国际贸易“单一窗口”实现，原报关、报检共 229 个申报项目合并精简至 105 个，企业和群众获得感大幅提升。关区“三定”工作全面落地，实现了隶属海关单位在全省 16 个市的“全覆盖”，为更好地服务全省各地开放型经济发展创造了有利条件。

【合肥海关积极主动作为，服务安徽打造内陆开放新高地】 以需求为导向，集中推出一批有分量、符合安徽开放发展实际的新政策新举措。出台《合肥海关支持打造内陆开放新高地工作举措》，制定《合肥海关支持安徽省复制推广自贸区改革若干措施》。马鞍山综保区、合肥空港保税物流中心（B 型）、宣城（皖东南）保税物流中心（B 型）通过验收并正式封关运营。积极对接合肥出口加工区升级为综保区。黄山水果指定口岸获批在建，合肥空港进境食用水生动物指定口岸获批运营，马鞍山郑蒲港肉类指定口岸正式开展业务，口岸功能得以进一步拓展和完善，为安徽省相关产业聚集发展提供有力支撑。

【合肥海关深入开展提效降费工作，大力压缩货物整体通关时间】 2018 年 12 月，进口整体通关时间 50.64 小时，较 2017 年同比压缩 75.89%；出口整体通关时间 1.18 小时，压缩 86.43%。借力“智慧监管”改革，实施“企业自报、自缴税款”，优化税款担保方式、推广汇总征税，实施属地纳税人管理，试点关税保证保险担保通关业务，推进新一代电子支付系统应用，纳税便利化程度不断提升。一是大幅精简海关单证，将要求企业提交单证材料由 132 种减至 40 种，精简率达到 70%，有效提升了管理效能。二是研发“海关 ERP 联网监管”系统，使通关环节做到了“即报、即放、即提”，单票货物的通关时间由过去的几十个小时，缩短至联网监管后的几秒钟，实现了“一键报关”“秒级验放”。

【合肥海关落实总体安全观，坚决维护国门安全】 一是制定合肥海关进一步严禁洋垃圾进境工作实施细则，把打击洋垃圾与打击象牙、犀牛角和冻品等走私一同谋划一同部署，实施精准打击。2018 年共检验进口废纸 3 788 批，检出不合格 490 批。二是扎实开展“蓝天 2018”专项行动，查获走私固废案 5 起，涉及固体废物 6 457 吨，案值 1 840 万元，其中“5·18”走私废布案已纳入海关总署一级督办。三是在防控非洲猪瘟疫情方面，累计截获来自疫区的猪肉制品 8 批次、8.25 公斤，确保无非洲猪瘟疫情从安徽省口岸及监管场所传入传出或扩散蔓延。

开放口岸

【合肥空运口岸（合肥新桥国际机场）】 原为合肥骆岗国际机场，1990 年 3 月经国务院批准对港澳地区开放，2005 年 4 月国务院批准扩大对外国籍飞机开放，2006 年 6 月通过国家验收。2007 年 10 月 15 日，国务院与中央军委正式批复同意合肥迁建骆岗国际机场、新建新桥国际机场，并定位机场性质为国内干线机场。2013 年 5 月 29 日，安全运行 36 年的合肥骆岗国际机场永久关闭，5 月 30 日，合肥新桥国际机场正式启用。合肥空运口岸已建成水果、冰鲜水产品和食用水生动物指定口岸并正常运营。

新桥国际机场位于安徽省合肥市肥西县高刘镇，距合肥市中心 31.8 千米，是国内 4E 级枢纽干线机场，按照满足2020年旅客吞吐量1 100万人次、货邮吞吐量15万吨的需要设计。跑道长3 400米、宽45米；航站楼面积11万平方米；站坪面积36万平方米，共设机位27个，其中廊桥机位19个、远机位8个。航站楼外观呈现自然流畅的弧形整体造型，整个建筑地下一层，地上两层，局部夹层；布局长804米，最大进深161米，屋脊最高点30米；屋面采用金黄色的直立锁边铝镁锰合金面板，规律设置19排屋面采光天窗。俯视整个建筑，宛若金色的展翅大鹏在江淮分水岭上昂首欲飞，既是一张代表合肥形象的新“名片”，也是安徽又一标志性新景观。

新桥国际机场已开通俄罗斯新西伯利亚，日本大阪，韩国首尔，泰国曼谷、普吉岛，越南芽庄，柬埔寨金边，我国澳门地区，我国台北桃园、松山地区等12条客运国际（地区）和包机航线；已开通至美国芝加哥、越南河内全货机航线和欧美国际生鲜货物包机航线。

国际快件监管中心由安徽民航机场集团有限公司投资建设，设在合肥新桥国际机场货站国际区，占地面积1 500平方米，包括X光机和分拣线、核和辐射检测设备、视频监控及辅助监管系统等软硬件设施，总投资约1 300万元。通过国际快件监管中心清关的货物，可提前报关、快速通关，通关手续更加简便，将大幅提高对外贸易和商业活动的效率。

为满足航空业务量增长需要，提升机场保障能力，合肥新桥国际机场机坪改扩建可研报告已完成并上报。项目设计目标年为2023年，满足2023年旅客吞吐量2 000万人次、货邮吞吐量15万吨保障需求。拟建19.4万平方米的客机坪、3万平方米的货机坪。项目计划2019年7月开工，力争2020年上半年完工。

2018年合肥新桥国际机场飞行国际和地区航班4 190架次，同比增长13.6%；出入境60.16万人次，同比增长19%。

【黄山空运口岸（黄山屯溪国际机场）】 1992年9月国务院批准对港澳地区开放，2009年8月国务院批准扩大对外籍飞机开放，2010年9月通过国家验收。

屯溪国际机场始建于1958年，历经5次改扩建，机场占地面积约172万平方米，国内候机楼面积10 000平方米，国际候机楼面积4 600平方米，设计年旅客吞吐量为112万人次，其中国内旅客92万人次、国际旅客20万人次。新建航管楼和塔台面积为2 200平方米。飞行区等级为4D，跑道长2 600米、宽45米，可满足B757及其以下机型起降。主航方向设I类精密进近仪表着陆系统和助航灯光系统。停机坪面积为4.9万平方米，可同时停放8架B－737飞机。

屯溪国际机场已开通至韩国首尔、中国台北等3条客运国际（地区）航线。

2018年，屯溪国际机场飞行国际和地区航班787架次，同比增长11.8%；出入境8.61万人次，同比增长14.8%。

【芜湖水运（河港）口岸】 芜湖港于1980年2月经国务院批准成为对外开放口岸；1991年10月，经全国人大常委会批准为对外籍轮开放港口；2008年11月被国家批准为首批对台直航内河港口。2012年5月，芜湖口岸扩大开放水域获批并纳入国家口岸“十二五”规划，标志着芜湖长江水域全部纳入扩大开放范围。2014年9月1日，芜湖朱家桥港正式启动启运港退税政策，是安徽省首个试行启运港退税政策的皖江港口。2017年7月3日，芜湖进境肉类指定口岸开通运营。2018年12月23日，国务院批复同意芜湖港口岸扩大开放三山港区。

芜湖港是全国28个内河主要港口之一和国家对外开放口岸，是安徽省最大的货运、外贸和集装箱中转运输港，是长江溯江而上最后一个深水良港，可常年通航万吨级船舶；中水期可通航2万～3万吨级船舶，是长江干线较早开展集装箱运输的港口之一，集装箱运量一直位居安徽省第一。

芜湖港辖长江岸线总长193.9千米，其中江北121千米、江南72.9千米，划分为7个长江干线港区和5个支流港区，拥有各类生产性码头泊位144个，其中万吨级泊位9个，年设计货物通过能力达到1.1亿吨，对外籍轮开放泊位6个。

现已基本形成布局合理、能力适度、门类齐全、功能完善、设施先进的良好格局。码头泊位已向规模化、集约化、专业化发展，并形成了煤炭转运、水泥建材发运、集装箱中转、成油品转运、商品汽车滚装运输的特色和优势，已发展成为长江干线重要的能源、水泥、矿石、建材、集装箱运输大港。芜湖港口基础设施日趋完善，远洋货轮可直达日本、韩国、朝鲜、新加坡、马来西亚、泰国、柬埔寨、中国香港、中国台湾等46个国家和地区，口岸运量逐年攀升。目前正在推进三山港区对外开放。

2018年，芜湖港进出口货运量553.02万吨，同比增长47.6%；集装箱运量803 149个标箱，同比增长14.1%；到港船舶5 579艘，与2017年持平。

【铜陵水运（河港）口岸】 1993年1月，国务院批准铜陵港对外国籍船舶开放；1994年8月，通过国家验收；1997年，正式开通国际集装箱内支线航班；2009年，交通运输部确立铜陵港为海峡两岸三通直航港口；2017年12月28日，铜陵进境水果指定口岸正式启动运营。

铜陵港地处长江中下游南岸、八百里皖江中部，素有皖中南及中国古铜都对外开放桥梁之称。这里陆域平坦、岸线顺直、航道宽阔、水深流缓、河床稳定，是交通部《长江干线航道发展规划》确立的万吨级海轮进江终点港。铜陵港地理位置优越，区位优势明显，处在上海—武汉、九江—南京、合肥—黄山以及安徽长江五港的中心点。沿江高速、合铜黄高速、铜宣杭高速、宁铜铁路、铜九铁路和已经在建的宁宜城铁、京福高铁交汇于港区及腹地边际，水陆交通四通八达，是皖中南物流集散中心和长江干线重要港口企业。港口现有15座码头、17个泊位，分布于大通、横港、兴隆、铜陵县城关四大港区，港区岸线29.1千米，其中对外开放码头四座，已开通日本、朝鲜、韩国、中国香港、东南亚及欧美等国家和地区的直达或中转航线，常年可通航和靠泊万吨级海轮。主要从事国际、国内集装箱和件杂散货的装卸、仓储、中转，以及理货、船舶代理、水陆运输、旅游服务等物流服务等业务，是一个多功能、综合性、现代化港口。目前正在加快推进永丰港区对外开放。

2018年，铜陵河港口岸进出口货运量639万吨，同比增长33.4%；集装箱运量11 104个标箱，同比下降12.7%；到港船舶56艘，同比增长64.7%。

【安庆水运（河港）口岸】 安庆港是全国内河28个主要港口之一。1986年6月被国务院批准为国家对外开放口岸，1996年1月对外籍轮开放，2011年7月获准对台直航。2017年5月28日，安庆港汽车整车进口口岸获得国务院批准建设。2018年12月27日，国务院批复同意安庆港口岸扩大开放长风港区和皖河农场港区。

安庆港是长江干线上兼有沿海和内陆双重优势对外开放的重要港口，也是安徽省境内长江北岸唯一深水良港，被称为“皖西南咽喉”。港口岸线总长247千米，占皖江北岸岸线的61%，适合建设港口岸线长105千米，其中深水岸线70千米，安庆至芜湖段长江航道日常维护水深为6米，具有建设5 000～10 000吨级海轮深水泊位的优越条件。境内华阳河、皖河、菜子湖、罗昌河四大水系均为长江左岸一级支流，航道总长724千米，与长江干流形成“一干四支”网络水系。目前，安庆港干线港区有各类码头173座、泊位214个，其中生产性泊位136个，5 000吨级以上泊位11个，港口年通过能力3 864万吨。

安庆港中心港区上自皖河农场，下至枞阳县鲟鱼嘴，岸线长67千米，其中港口岸线长47.6千米。依据《安庆港总体规划》，中心港区规划有：长风铁水联运综合物流基地、马窝散货物流基地、石化油品码头作业区、五里庙集装箱综合物流基地、沙漠洲港口综合作业区、皖河农场作业区。中心港区拥有港口企业25家，各类码头40座，其中：公用码头23座，占58%；企业自用码头17座，占42%。泊位54个，其中：其中生产性泊位39个，5 000吨级以上泊位9个、3 000～5 000吨级泊位4个、3 000吨级以下泊位26个，外贸集装箱泊位2个。拥有公用锚地3

处。码头前沿最大靠泊能力10 000吨，最大起重能力40吨，港口年通过能力2 152万吨，集装箱年设计通过能力6.35万标箱。港口实际年货物通过能力超过了货物吞吐量需求。长江游轮靠港实现常态化。2017年长风港区基础设施大部分已完成建设，皖河农场港区基础设施正在规划建设中。2018年12月下旬，国务院批复同意安庆港口岸扩大开放长风港区和皖河农场港区。

2018年，安庆河港口岸进出口货运量64.01万吨，同比下降20.1%；集装箱运量45 426个标箱，同比增长7.9%；到港船舶870艘，同比增长1.3%。

【马鞍山水运（河港）口岸】 1990年10月国务院批准马鞍山港办理国轮外运业务，2007年9月国务院批准马鞍山港扩大对外国籍船舶开放，2009年7月通过国家验收组验收。马鞍山港是首批对中国台湾地区直航的口岸。2016年7月5日，马鞍山河港口岸扩大开放郑蒲港区集装箱码头1～3号泊位通过国家验收组开放验收正式对外开放。2018年，马鞍山肉类指定口岸正式运营。

马鞍山港位于长江下游南岸的马鞍山市，东经118°279"，北纬31°441"，地处安徽省中部东端，与江苏省交界，是皖江的东大门。上毗芜湖，下邻南京，逆江而上至重庆1 959千米，顺流而下至上海440千米。港辖区上起和县的西梁山，下至乌江的驻马河口，全长41千米。港辖区自采石矶翠螺山至慈湖和尚港，全长15.7千米。马鞍山港是全国内河主要港口，对外籍轮的对外开放口岸，是国家首批确定对台直航的港口。港口拥有生产性泊位160个，其中5 000吨级以上泊位19个，可兼靠万吨级海轮泊位13个，最大可靠20 000吨级船舶。港口以中心港区、郑蒲港区为核心，以慈湖港区、采石矶港区、太平府港区、江心洲港区、乌江港区为骨干，当涂港区、博望港区、和县港区、含山港区为补充，形成“一江两岸，双核九区”的层次清晰、结构合理、功能明确的布局体系。港口规划发展成为以集装箱、矿石、钢铁、能源物资、化工品等运输为主兼顾旅游客运的现代化、多功能、综合性港口。全港拥有长江及支流港口岸线合计62.17千米，已利用港口岸线14.83千米，占比23.85%；未利用47.34千米，占比76.15%。辖区长江段航道36.2千米，常年维护水深9米以上，中洪水位期达10.5米，2万吨级江海轮可常年到港。2017年12月22日，安徽首台H986大型集装箱检查设备配备到天顺港，该系统的使用对进出口通关货物起到严密监管与高效运作的作用，大大缩短通关作业时间，同时将企业的损失和通关成本降到最低。

2018年，马鞍山河港口岸进出口货运量1 650.19万吨，同比下降12.7%；集装箱运量100 146个标箱，同比下降22.2%；到港船舶456艘，同比下降29.7%。

【池州水运（河港）口岸】 池州港是国家对外开放口岸，全国“十佳集装箱港口”，交通运输部长江重点港口，是长江溯江而上南岸最后一个万吨级深水港。2005年7月经国务院批准对外国籍船舶开放，2009年7月通过国家验收。

池州市依江近海，水网发达，长江流经池州市158千米，岸线长162千米，长江池州段水流平稳，岸坡稳定，常年通航5 000吨级船舶，属国家一级航道，江口至梅龙段可建万吨级码头。沿江高速公路贯穿池州，沿江铁路大动脉铜九铁路东接上海、西达重庆，安庆长江大桥连接安庆与池州，池州九华山机场已于2013年7月29日建成通航，发展水陆联运和水铁联运前途广阔。

池州港目前拥有生产性码头泊位9座、工作泊位2座，其中10 000吨级泊位2座、5 000吨级散货泊位2座、3 000吨级件杂货泊位5座，货场总面积31万多平方米，海关监管仓储面积15 000平方米，长江深水岸线2 460米，码头前沿水深11～18米，有各类装卸机械设备180余台，最大起重能力45吨，年货运综合通过能力2 000万吨，年集装箱通过能力5万标箱。池州旅游码头是安徽省唯一停靠涉外游轮的旅游码头，每年停靠涉外游轮约130航次，接待入境游客约3万人次。目前正在加快推进江口港区和牛头山港区对外开放。

2018年，池州河港口岸进出口货运量100.06万吨，同比增长2.1%；集装箱运量8 228个标箱，同比下降32.5%；到港船舶290艘，同比下降4.6%。

原二类口岸

【蚌埠陆路（铁路）口岸】 1993年，经安徽省人民政府批准设立蚌埠铁路口岸。口岸功能相对完备，设有蚌埠海关、蚌埠出入境检验检疫局两个查验单位为进出口企业提供通关服务；设有蚌埠站南货场内海关临时监管点和公路集装箱监管点两个海关监管点。区位交通优势明显，蚌埠外贸货物装卸点连接南北、纵贯东西，具有区域中心优势和地位，可以服务淮南、淮北、宿州、凤阳等地。1996年8月，蚌埠铁路国际集装箱堆场挂牌营运，堆场面积1.5万平方米，年吞吐量25万吨。可办理阿拉山口、满洲里、欧亚大陆桥国际联运和深圳北过轨供港运输及直通式国际集装箱铁海联运业务，并开通蚌埠至上海定时定点快线和蚌埠至宁波铁海联运专线。

2018年，蚌埠口岸进出口货运量82.76万吨，同比下降14.3%；集装箱运量10 361个标箱，同比增长13.8%。

【阜阳陆路（铁路）口岸】 阜阳是全国重要的铁路交通枢纽。是以农业生产、加工制造、商贸物流为主的皖西北中心城市。阜阳口岸于1994年4月经安徽省人民政府批准对外开放。

2018年，阜阳铁路口岸进出口货运量8.1万吨，同比增长13.9%；集装箱运量3 658个标箱，同比下降34.7%。

2018年安徽省口岸大事记

1月3日

马鞍山综合保税区省级预验收。

1月30日

合肥空港进境食用水生动物指定口岸正式获批运行。

6月13日

马鞍山综合保税区由海关总署、商务部、自然资源部等国家8个部委组成的联合验收组全面验收通过，正式封关运营。

7月24日

安徽省口岸办与合肥海关在合肥联合举办中国（安徽）国际贸易“单一窗口”关检融合统一申报培训会。

8月1日

中国（安徽）国际贸易“单一窗口”关检融合统一申报正式切换运行。

9月7日

合肥空港保税物流中心（B型）正式封关运营。

9月30日

安徽省传达全国口岸提效降费工作精神会议在合肥召开。

10月15日

安徽省口岸办赴合肥港对口岸提效降费工作开展调研。

10月17日

安徽省实施开放发展行动暨全省口岸提效降费工作会议在合肥召开。

10月18日

安徽省口岸办赴安庆开展口岸工作调研。

11月23日

江苏、安徽两省口岸办共同主办的2018年长三角口岸城市群大通关合作皖苏项目对接会在常州举行。

12月6日

第四届安徽省水运口岸联盟会议在芜湖召开。

12月23日

国务院批复同意芜湖港口岸扩大开放三山港区。

12月27日

国务院批复同意安庆港口岸扩大开放长风港区和皖河农场港区。

（撰稿人：张禾良）

2018 年安徽省口岸流量统计表

口岸类型		口岸名称	货运量（万吨）				集装箱量（万标箱）				人员（万人次）				交通工具（辆、艘、架、列次）			
			出口	进口	合计	同比（%）	出口	进口	合计	同比（%）	出境	入境	合计	同比（%）	出境	入境	合计	同比（%）
空运口岸																		
		分计	0.28	0.37	0.65	15					34.30	34.46	68.76	18.50			4 977.00	13.30
陆路口岸	公路口岸																	
		分计																
	铁路口岸																	
		分计	24.10	88.94	113.04	9.06			5.20								68.00	—
水运口岸	海港口岸																	
		分计																
	河港口岸																	
		分计	297.83	2 723.79	3 021.62	1.08			128.78								8 727.00	-1.40
合计			322.21	2 813.10	3 135.31	1.40			133.98	9.76	34.30	34.46	68.76	18.50			13 772.00	1.97
同比（%）					1.40				9.76		18.99	17.97	18.50				1.97	

（安徽省口岸办提供）

2018 年安徽省口岸出入境主要数据表

<table>
<tr><th colspan="3">项目</th><th>2018 年</th><th>2017 年</th><th>同比（%）</th></tr>
<tr><td rowspan="15">出入境人员（人次）</td><td colspan="2">出入境人员总数</td><td>6 89 462</td><td>584 811</td><td>17. 89</td></tr>
<tr><td colspan="2">入境人员</td><td>345 099</td><td>293 298</td><td>17. 66</td></tr>
<tr><td colspan="2">出境人员</td><td>344 363</td><td>291 513</td><td>18. 13</td></tr>
<tr><td colspan="2">出入境旅客</td><td>644 990</td><td>543 341</td><td>18. 71</td></tr>
<tr><td colspan="2">出入境员工</td><td>44 472</td><td>41 470</td><td>7. 24</td></tr>
<tr><td rowspan="5">中国公民</td><td>小计</td><td>616 591</td><td>515 905</td><td>19. 52</td></tr>
<tr><td>内地居民（因公）</td><td rowspan="2">498 127</td><td rowspan="2">417 857</td><td rowspan="2">19. 21</td></tr>
<tr><td>内地居民（因私）</td></tr>
<tr><td>港澳居民</td><td>1 540</td><td>6 689</td><td>-76. 98</td></tr>
<tr><td>台湾同胞</td><td>116 924</td><td>91 359</td><td>27. 98</td></tr>
<tr><td colspan="2">外籍人员</td><td>72 871</td><td>68 906</td><td>5. 75</td></tr>
<tr><td colspan="2">从海港出入境人数</td><td>1 822</td><td>4 806</td><td>-62. 09</td></tr>
<tr><td colspan="2">从陆港出入境人数</td><td></td><td></td><td></td></tr>
<tr><td colspan="2">从空港出入境人数</td><td>687 640</td><td>580 005</td><td>18. 56</td></tr>
<tr><td rowspan="5">交通运输工具（辆、艘、架、列次）</td><td colspan="2">总计</td><td>5 110</td><td>4 757</td><td>7. 42</td></tr>
<tr><td colspan="2">船舶</td><td>132</td><td>364</td><td>-63. 74</td></tr>
<tr><td colspan="2">飞机</td><td>4 978</td><td>4 393</td><td>13. 32</td></tr>
<tr><td colspan="2">火车</td><td></td><td></td><td></td></tr>
<tr><td colspan="2">机动车辆</td><td></td><td></td><td></td></tr>
</table>

（安徽出入境边防检查总站提供）

2018 年合肥海关主要数据统计表

项目		2018 年	同比（%）
进出口货运量（万吨）	合计	3 151.9	0.74
	进口	2 799.0	2.00
	出口	352.9	-8.25
进出口贸易总值（万美元）	合计	3 363 431	16.00
	进口	2 037 076	11.40
	其中：江、海运输	1 444 807	6.80
	铁路运输	10 468	778.00
	汽车运输	41 227	93.80
	航空运输	540 540	19.20
	邮件运输	34	198.00
	其他运输		
	出口	1 326 355	23.80
	其中：江、海运输	851 989	15.00
	铁路运输	58 787	84.40
	汽车运输	57 975	93.90
	航空运输	357 604	33.10
	邮件运输	0	—
	其他运输		
税收（万元）	两税合计	1 991 273	6.74
	关税入库	149 512	14.90
	进口环节税入库	1 841 761	6.13
货物检验检疫（批次）	本年累计	72 799	-6.45
	其中：出境	61 629	-3.00
	入境	11 170	-21.83
货物检验检疫金额（万美元）	本年累计	455 196	-11.20
	其中：出境	305 443	4.60
	入境	159 753	-31.20

（合肥海关提供）

2018 年安庆海事局进出港船舶统计汇总表

船舶类别	进港船舶							出港船舶						
	艘数（艘）	总吨（吨位）	总载重量（吨）	载客量（客位）	船员人数（人次）	货物到达量（吨）	旅客到达量（人）	艘数（艘）	总吨（吨位）	总载重量（吨）	载客量（客位）	船员人数（人次）	货物发送量（吨）	旅客发送量（人）
总计	45 959	60 939 008	192 129 824	918 652	239 745	24 901 739	699 531	45 369	60 117 483	190 718 527	360 625	238 375	63 706 473	265 739
中国籍船舶	45 936	60 872 982	192 023 674	918 652	239 475	24 890 707	699 531	45 347	60 053 454	190 615 237	360 625	238 106	63 670 573	265 739
其中外贸船	14	50 601	62 157	0	231	0	0	14	51 082	63 116	0	232	33 000	0

（安庆海事局提供）

2018 年芜湖海事局进出港船舶统计汇总表

船舶类别	进港船舶							出港船舶						
	艘数（艘）	总吨（吨位）	总载重量（吨）	载客量（客位）	船员人数（人次）	货物到达量（吨）	旅客到达量（人）	艘数（艘）	总吨（吨位）	总载重量（吨）	载客量（客位）	船员人数（人次）	货物发送量（吨）	旅客发送量（人）
总计	53 164	88 217 927	144 296 404	5 603 115	308 691	95 195 092	5 603 115	53 517	88 991 662	15 644 860	5 603 115	308 785	132 081 563	5 603 115
中国籍船舶	53 075	87 952 890	143 882 047	5 603 115	307 532	95 154 009	5 603 115	53 421	88 695 321	15 182 493	5 603 115	307 532	131 863 086	5 603 115
其中外贸船	89	265 037	414 357	0	1 159	41 083	0	96	296 341	462 367	0	1 253	218 477	0

（芜湖海事局提供）

2018年安徽省指定口岸/查验场统计表

省、自治区、直辖市	序号	指定口岸/指定查验场名称	口岸类别	类别	批复时间	备注
安徽省	1	合肥新桥国际机场水果指定口岸	空运	水果	2014年12月1日	
	2	合肥新桥国际机场冰鲜水产品指定口岸	空运	冰鲜水产品		
	3	合肥新桥国际机场食用水生动物指定口岸	空运	食用水生动物		
	4	芜湖水运口岸肉类指定口岸	水运	肉类	2015年11月1日	
	5	芜湖水运口岸粮食指定口岸	水运	粮食	2015年12月1日	
	6	铜陵水运口岸水果指定口岸	水运	水果	2015年11月1日	
	7	安庆水运口岸粮食指定口岸	水运	粮食	2015年12月1日	
	8	马鞍山水运口岸肉类指定口岸	水运	肉类	2015年3月1日	

（安徽省口岸办提供）

福　建　省

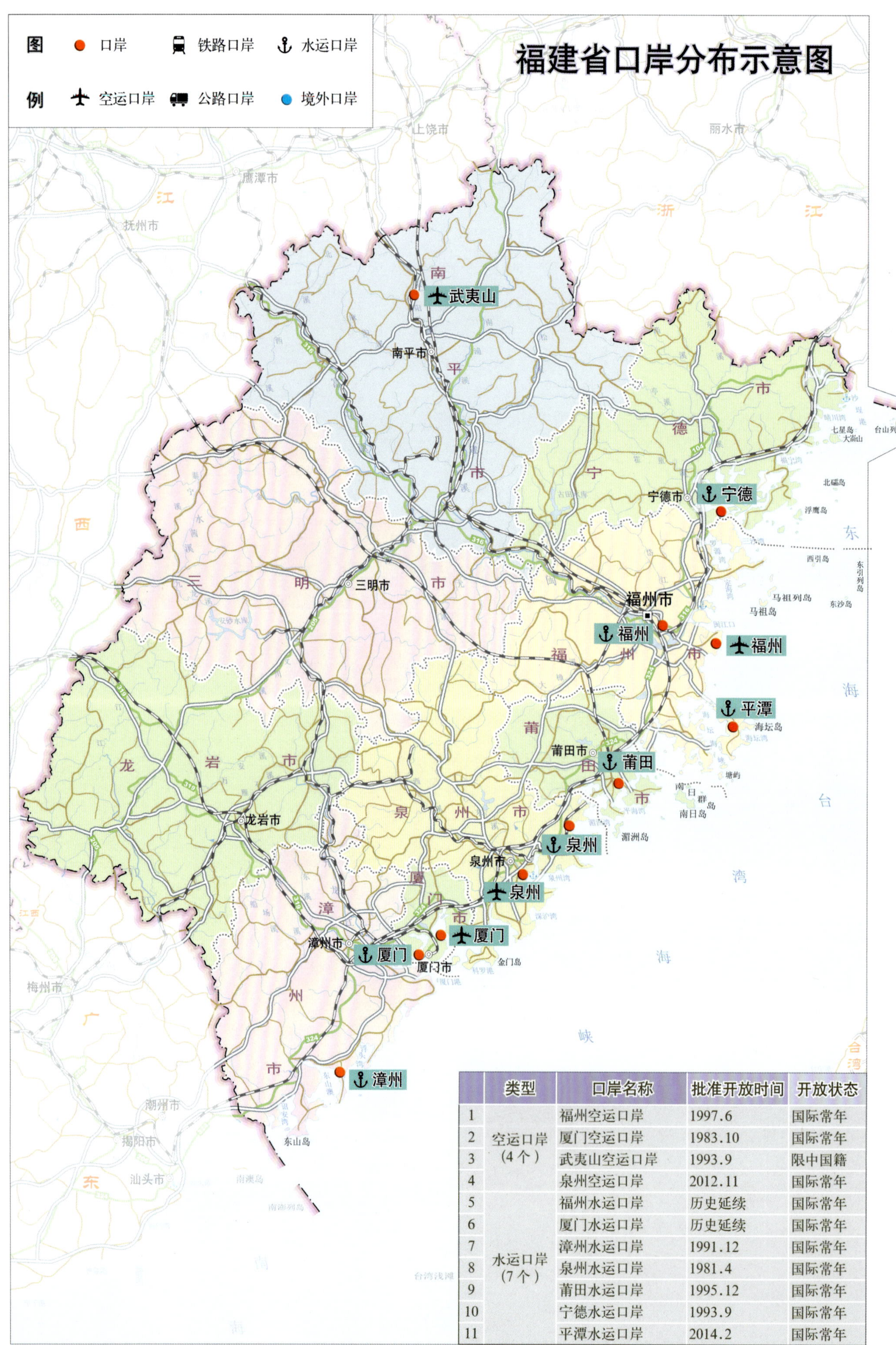

	类型	口岸名称	批准开放时间	开放状态
1	空运口岸（4个）	福州空运口岸	1997.6	国际常年
2		厦门空运口岸	1983.10	国际常年
3		武夷山空运口岸	1993.9	限中国籍
4		泉州空运口岸	2012.11	国际常年
5	水运口岸（7个）	福州水运口岸	历史延续	国际常年
6		厦门水运口岸	历史延续	国际常年
7		漳州水运口岸	1991.12	国际常年
8		泉州水运口岸	1981.4	国际常年
9		莆田水运口岸	1995.12	国际常年
10		宁德水运口岸	1993.9	国际常年
11		平潭水运口岸	2014.2	国际常年

口岸数量及分布

截至2018年年底，福建省共有经国务院批准的对外开放口岸11个。其中，空运口岸4个，分别是福州空运口岸（福州长乐国际机场）、厦门空运口岸（厦门高崎国际机场）、泉州空运口岸（泉州晋江国际机场）和武夷山空运口岸（武夷山机场）；水运口岸7个，分别是福州、厦门、泉州、漳州、莆田、宁德、平潭海港口岸。

口岸运行数据

2018年，福建省水运（海港）口岸累计完成外贸货运量22 384.6万吨，同比增长5.3%。其中，进口15 004.7万吨，同比增长5.9%；出口7 379.93万吨，同比增长4.2%。海运集装箱吞吐箱量累计完成927.9万标箱，同比下降0.9%。其中，进口459.1万标箱，同比下降2.0%；出口468.8万标箱，同比增长0.2%。累计出入境旅客244.8万人次，同比增长15.8%。其中，入境122.1万人次，同比增长15.6%；出境122.7万人次，同比增长16.1%。

同期，空运口岸累计出入境旅客668.9万人次，同比增长15.0%。其中，入境331.7万人次，同比增长15.3%；出境337.2万人次，同比增长14.7%。

对台直航方面，对台海上客运直航运送旅客214.2万人次，同比增长9.3%。全省海港口岸对台进出口货物1 913.0万吨，同比增长3.4%；对台集装箱吞吐量74.4万标箱，同比增长4.0%。

口岸综合管理

【推进口岸对外开放】 福州海港口岸罗源湾港区、莆田东吴港区通过国家验收，正式扩大对外开放。其中罗源湾港区对外开放工作先后突破临时开放时间长，事涉南北两岸、涉渔退养等多方面制约，结束长达10多年临时开放状态。平潭金井港区、厦门刘五店港区对外开放验收前准备工作加快推进。武夷山空运口岸扩大开放获国务院批准。福州江阴港区、莆田秀屿港区的5个开放水域新建码头泊位正式对外开放并启用；罗源湾港区6个、黄岐港2个、环下屿岛港1个共9个码头泊位临时开放延期，交通运输部首次批准福州罗源湾港区环下岛作业区4个泊位临时进靠国际航线船舶。

【启动口岸保税混矿业务】 启用莆田海港口岸罗屿作业区9号和10号泊位新增外贸作业点，开通海铁联运班列。莆田罗屿港区与世界第一大铁矿石供应商巴西淡水河谷公司合作，开展进口保税混矿业务，铁矿及其他散货集疏运交易实现水水中转，降低成本。该港有望建成亚洲地区重要储运和混配矿加工基地、亚太铁矿及其他散货集疏运交易平台，进一步优化口岸经济业态，带动提升吞吐量。

【建设“百强码头泊位”】 设立补助资金，分集装箱泊位、散杂货泊位、化工泊位、客运泊位、船厂泊位5种，着力培育一批、整合一批、退出一批，打造一百个经济效益好、竞争力强、社会影响大的码头泊位，提升口岸吞吐量。

【加快口岸提效降费】 组织开展福建省提升跨境贸易便利化水平专项行动，全面落实国家口岸办提升跨境贸易便利化水平18条措施，出台33条配套措施，出台口岸通关进一步提效降费实施方案。组织开展口岸通关时效专项调研，推广实施“提前报关”等一批便利化通关模式和降费措施，逐一破解换提单时间长、码头作业效率低、隔日申报比重大等一批影响制约通关时效的堵点问题。在全省各口岸实施口岸通关流程、收费和意见投诉服务“三公开”，在《福建日报》公布全省口岸进出口收费目录，明确目录以外不得收费。截至2018年年底，福建省进出口整体通关时间分别压至40.40小时和5.10小时，同比分别压缩63.30%和75.09%，集装箱进出口环节合规成本降低100美元以上，福州、厦门等主要沿海大港收费水平在国内处于低价位。

【提升空港通关便利】 先后在厦门空运口

岸实施旅客入境行李预检、“通程航班”、中转行李“一票到底，行李直挂”等一批通关便利化措施，厦门空运口岸边检自助通关进一步升级扩容。国务院批准厦门实施外国人 144 小时过境免签。福州空港口岸实现国家指定口岸全覆盖，运行 7×24 小时全天候运营通关，并复制厦门空运口岸入境行李预检等一批便利化做法。福州、武夷山空运口岸增辟多条国际航线。

【建设国际贸易“单一窗口”】 建成福建省口岸监控指挥中心。启动建设“单一窗口”3.0 版。对接金融等业务系统和港区作业系统等，上线信用证管理系统，跨境电商综合服务平台，邮、快件系统等，基本实现国际贸易主要业务“一站式”办理，实现数据跨层级，跨部门，跨区域共享。进出口企业 100% 在单一窗口实施货物、船舶申报，超额完成国家口岸办要求的全年 70% 覆盖率目标。福建国际贸易单一窗口参展首届数字中国建设峰会，出口信保功能、“两证合一”项目等一批福建特色功能和先行项目先后推广到全国。

【优化口岸工作机制】 加强工作机制建设，建立通关时效月通报制度等一系列新制度。加强规范化建设，制定《福建省新建、改建码头泊位验收管理办法》，加快推进口岸整合，进一步优化布局，优化达标保留口岸的设施设备和人员等配备，提升监管资源运用效率，推进口岸管理制度化、规范化。加强口岸工作队伍建设，福州市商务局加挂市口岸办牌子，泉州市口岸办机构归口市商务局，南平市口岸办增加专职编制。加强部门协作，驻闽口岸查验主管单位同省口岸办共同签署备忘录合作推进 16 项重点工作。加强业务培训，先后在福州、厦门、莆田、三明等地分别举办多场培训班开展口岸业务政策专题培训和“单一窗口”应用推广培训。加强学习交流，组织开展各类调研 10 多次，通过相互借鉴，将天津口岸“一站式阳光服务清单”、厦门口岸提速增效等做法推广到全省口岸，将厦门空运口岸 7×24 小时通关运营做法推广到福州空运口岸。扩大宣传，发布网站动态信息数百条，在“福建商务”微信公众号发布宣传信息数十篇，在《福建日报》登发《大开放、大通关、大提速，福建口岸运行迈向高质量》《“单一窗口”加减乘除，福建贸易便利化创新路》等文章。

口岸监管与服务

【驻闽口岸查验部门落实口岸机构改革】 根据海关总署决定，从 2018 年 4 月 20 日起，原检验检疫各机构统一以海关名义对外开展工作。驻闽海关全面建设新海关。福州海关和厦门海关为两个驻闽直属关。其中，福州海关辖莆田市、三明市、南平市、宁德市平潭综合实验区，设 1 个副厅级隶属海关单位榕城海关，设 9 个正处级隶属海关单位，分别是福州长乐机场海关、马尾海关、宁德海关、三明海关、莆田海关、南平海关、平潭海关、武夷山海关、福州海关风险防控分局。厦门海关辖厦门市、泉州市、漳州市、龙岩市，设 1 个副厅级隶属海关单位泉州海关，设 13 个正处级隶属海关单位，分别是厦门机场海关、厦门邮轮港海关、东山海关、翔安海关、厦门邮局海关、高崎海关、集同海关、东渡海关、海沧海关、古雷海关、漳州海关、龙岩海关、厦门海关风险防控分局。福建省公安边防总队官兵退出现役，有关边检机构并入厦门边检总站，组建“中华人民共和国厦门出入境边防检查总站”，总站机关位于厦门市，下辖福州机场边检站、福州边检站、福清边检站、高崎边检站、同益边检站、东渡边检站、海沧边检站、漳州边检站、泉州边检站、肖厝边检站、莆田边检站、宁德边检站（含武夷山分站）、平潭边检站 13 个出入境边防检查站。

【驻闽口岸查验部门推动自由贸易改革创新】 厦门边检总站自主研发并上线试运行“边检行政许可办理系统”，推出“边检服务掌上直通车”服务举措，实现边检船舶报检和办证网络化申请、系统化审批、电子化签发、智能化查验的一站式服务。“边检服务掌上直通车”入选国务院自由贸易试验区第四批改革试点经验获复制推广。福建海事局新增6项自贸试验区创新举措，“船舶证书‘三合一’并联办理”在全国推广实施。福州海关3项自贸创新制度被评为全国首创，5项在全国复制推广，4项在全省复制推广。开展48项税政调研，“增列汽车车窗子目”提案被世界海关组织采纳；209项降税建议被国务院税则委员会采纳，每年为福建民生消费降税6 600万元；推动建设跨境电商平台和引进全球质量溯源体系，跨境电商业务剧增4.8倍，平潭菜鸟仓“双十一”通关效率全国领先。厦门海关推出创新监管制度17项，9项被评为全国首创，4项在全国复制推广。创新国际航班电子申报，单个航班申报用时从半小时以上大幅缩减至5分钟左右；推广应用“先放行后改单”，企业平均节省通关时间约17小时；推进船舶吨税申缴无纸化，船舶申报缴税时间缩短30%。推出企业年报“多报合一”、进口货物“水路提货”模式、知识产权海关保护App等创新举措。深化“源头管理、口岸验放”模式改革，推进厦门燕窝、进口酒等平台建设，关区内1家企业被海关总署批准为进口毛燕指定加工企业（全国共2家），进口啤酒继续位居全国第一，进口台湾水果连续11年保持大陆口岸第一、占台湾输大陆水果的8成。

【厦门边检总站助力邮轮经济】 厦门边检总站进一步简化邮轮查验流程，推进邮轮母港入境中国旅客“扫码通关”新举措，改进大型邮轮入境外国人指纹留存工作，极大缩短旅客候检时间。2018年，共查验出入境国际邮轮184艘次，同比增长29.58%，出入境人员44.75万人次，同比增长100.8%，在厦门邮轮保持快速增长、旅客倍增的情况下，有力保障了“歌诗达幸运号”等5艘邮轮以厦门为母港运营。

【福建海事局提升应急处置能力建设】 优化应急工作机制。健全完善海上搜救值班及险情事故后评估工作制度，编印《值班简明工作手册》，进一步夯实海上应急处置基础。强化应急队伍建设，建立完善海上搜救和溢油应急志愿者队伍运行机制，加强对福建省22支志愿者队伍的支持指导。提高VTS功效，建立VTS质量管理体系，规范内部工作流程、制度，全面提升了VTS内部管理能力和水平。全年共接受船舶报告1 897 321艘次，跟踪船舶444 006艘次，提供船舶信息服务388 478次，纠正违法行为147次，实施交通组织205 886次，避免险情419次。全年共发生海上交通事故38起，共组织搜救行动138次，成功救助遇险人员1 000人、遇险船舶92艘，人命救助成功率97.56%，船舶救助成功率86.79%，挽回直接经济损失约3亿元。

【福建海事局建设法治海事】 福建海事局加强执法规范，清理废止9个规范性文件，印发实施《船舶载运污染危害性货物管理规定》等3个规范性文件。宁德海事局实施《执法规范化建设三年行动方案》。严格现场执法，共实施行政处罚5 515件，罚款3 880.12万元，同比分别上升135.9%和89.5%；扣留证书11件，吊销证书2件。实施行政强制54起，其中申请法院强制执行14起。强化执法监督，严格执法人员、法制员和督察员“三员”管理，推行分支局乙级督察员交叉调派机制。印发实施《关于进一步加强海事国际合作事务工作的通知》，举办了两次海事国际事务研究培训。派员参加IMO船舶系统与设备分委会第5次会议，提交的“关于新增下穿通道二氧化碳输送管路布置要求”提案得到推介。

【驻闽海关推动口岸提速增效】 福州海关出台压缩整体通关时间27条措施，与福建省口岸办联合出台压缩整体通关时长13条具体措施，建立关政、关企协作机制，全面优化配套服务，大力推行提前申报，推广报关单“先放后改”改革，对进口货物检验检疫“先验放后检测”模式等，加强舱单运输工具管理，进口、出口整体通关时间分别压缩74.21%和86.02%。厦门海关大力推广出口食品检验监管“即报即放”、进口大宗散货先验放后检测等作业模式，持续推进“自报自缴”、汇总征税、关税保证保险等便利措施。其中，创新实现国际航班电子申报，单个航班申报用时从半小时以上大幅缩减至5分钟左右；推广应用“先放行后改单”，企业平均节省通关时间约17小时；推进船舶吨税申缴无纸化，船舶申报缴税时间缩短 30%；推出企业年报“多报合一”、进口货物“水路提货”模式、知识产权海关保护 App 等创新举措，以“信息跑路”代替“人跑腿”。关区进口、出口整体通关时间同比分别压缩 60.94%、70.48%。

【驻闽海关封堵“洋垃圾”】 按照海关总署部署要求，开展“蓝天 2018”专项行动，实施集中打击。2018 年，福州海关查获“固废”“洋垃圾”2.8 万吨，关区进口废料同比大降 90% 以上，获海关总署检查组肯定。厦门海关将禁止“洋垃圾”进境作为生态文明建设的标志性举措纵深推进，加强固废属性鉴别能力建设，严格执行进口固废“三个 100%”查验要求，滞港固废实现 100% 清退。关区全年进口固废 122.4 万吨、货值 225.7 亿元，同比分别减少 43%、48.3%。

【驻闽海关防控非洲猪瘟】 福州海关加强口岸非洲猪瘟疫情防控，组织各隶属海关、办事处围绕入境交通运输工具、旅客携带物、邮寄物，以及进境肉类检疫监管等工作开展自查，并对辖区福州长乐国际机场、马尾港、江阴港、秀屿港等重点口岸进行督查，确保口岸防控措施落实到位，并监督对来自俄罗斯等非洲猪瘟疫区入境旅客携带物及邮寄物肉类产品的焚烧销毁处理，监督对来自俄罗斯等非洲猪瘟疫区的船舶飞机上的泔水、动植物性废弃物等实施无害化处理。防控非洲猪瘟获国务院督导组表扬。厦门海关成立三级应急处置指挥中心，制定应急处置预案，开展专项培训和防控应急实操演练，加大对来自疫区货物的查验力度，严禁疫区猪肉及其产品进境。全年累计截获旅客携带物、邮寄物 2.4 万批次、36 吨，其中猪肉及其制品 1 828 批、5.1 吨；检疫来自疫区航空器 2 架次、船舶 41 航次，封存运输工具上来自疫区的猪肉制品 20 吨，查获走私猪肉及其制品案件 1 起，关区无疫区猪肉及其制品入境。

【福州海关构筑国门防线】 国门生物安全方面，截获动植物疫情 1.64 万种次，全国口岸首次截获 8 种有害生物，查获濒危植物 6 种，推动外来有害生物防控纳入福建生态文明试验区建设。口岸卫生安全方面，妥善处置 3 起口岸突发公共卫生事件，检出输入性传染病 261 例，在关区口岸首次检出 5 种病例，并积极参与全省大灭蚊活动。产品质量安全方面，发布食品安全风险信息数量连续 8 年居全国第一，退运销毁不合格进口重点敏感商品 10 批次，出口食品被国外通报批次不合格率持续控制在万分之二以下。

【福州海关科技兴关】 科研继续前进。研发物联网病媒生物（鼠类）智能监控系统，填补全球病媒生物监控领域空白。新增国家自然科学基金项目 1 项，5 项成果获省级科技奖励。信息化建设大步向前。建成三大物流监控系统，自主研发海峡两岸食品产品指标查询比对系统。“单一窗口”标准版实现海关主要业务全覆盖，智能审图初具基础。实验室能力进一步提升，保健中心成为全国海关首家第三方医学检验机构，兽医卫生安全控制实验室通过美国农业部检查，2 个实验室通过海关总署验收，2 个实验室获批筹建，检测周期压缩三分之一。鞋类舒适性公共服务平台通过省级验收。

【厦门海关助力建设国际物流大通道】 支持“丝路海运”平台启动运营，助推厦门成功获批集装箱货物过境口岸，推进多式联运和国际中转集拼业务试点，国际中转集拼业务同比大幅增长 5.06 倍。服务通程航班、空运转关等业务发展，助力全国首条跨东南亚六国“一带一路”邮轮航线顺利开通，2018 年，厦门港集装箱吞吐量达 1 070.2 万标箱。

【厦门海关支持发展新兴业态】 推进新兴业态加快发展。探索寄递业务“智慧监管”新模式，开发“互联网 + 身份认证 + 寄递监控”功能，推广应用跨境电商出口统一版系统，支持厦门试行跨境电商“保税备货”模式，2018 年共监管进出境快件、邮件、跨境电商 6 504.05 万件，同比增长 33.24%；其中对台海运快件 22.14 万件，同比增长 3.11 倍。积极推进泉州石狮服装城获批市场采购贸易方式试点，优化航空维修一体化监管模式，支持厦门打造全球一站式航空维修基地。

【厦门海关帮扶企业应对贸易摩擦】 加强对美贸易预警监测和相关贸易统计分析，先后向海关总署和福建省市报送分析报告 18 篇、预警信息 351 条。深入厦门港务集团、恒安集团等重点企业进行实地调研，及时掌握企业所受影响和困难问题，引导企业研究应对贸易摩擦措施。简化加工贸易内销手续，延长手册核销期，为企业应对提供回旋余地。加大出境加工业务推广力度。2018 年，关区出境加工金额 885.23 万美元，同比增长 1.93 倍 。提升税政服务水平，7 项税率调整建议被国务院税则委员会采纳。

开放口岸

【福州空运口岸（福州长乐国际机场）】 福州长乐国际机场是我国航空干线网中的重要干线机场，也是东南沿海地区及对台、对外重要的国际航空港。1997 年 6 月 23 日正式通航。目前有国内外 31 家航空公司在机场运营，是福州航空、厦门航空的基地机场，是中国北方地区前往东南亚的重要中转地之一，被国家民航局确定为“海上丝绸之路”门户枢纽机场。

福州长乐国际机场飞行区等级为 4E，拥有一条长 3 600 米的跑道、30 万平方米的停机坪、总面积 13.7 万平方米的候机楼、建筑面积 1.8 万平方米的航空货站，以及相应的通讯、供油、供水、供电、消防、气象、环保等设施，可起降 B747－400 型等大型飞机。自 2010 年起，启动扩容工程，主要包括候机楼扩容和停机坪扩建，第一轮扩能建设已于 2012 年年底竣工，目前机场拥有 36 个停机位、16 条登机桥、17 个安检通道、5 个国际出发厅和 11 个国内出发厅，机场年保障能力达到 1 300 万人次。2016 年 3 月启动第二轮扩能航站楼工程建设，共新建国际国内通用登机口 26 个、扩建总面积 7.9 万平方米，至此福州机场航站楼总面积达 21.6 万平方米，可满足一年 2 500 万旅客吞吐量的需求。此外，福州市区至福州长乐机场还将规划建设轨道交通 6 号线和长乐机场城际铁路。

自 2008 年 12 月 18 日福州—台北（松山）首次实现空中直航以来，福州长乐国际机场对台航线的快速发展成为一大亮点，目前每周有 26 班对台航班运行。2018 年，福州长乐机场有运行日本（东京、大阪）、马来西亚（吉隆坡、亚庇）、泰国（曼谷、普吉岛）、新加坡、菲律宾（宿务、长滩岛）、印度尼西亚（雅加达、巴厘岛）、澳大利亚悉尼、美国纽约、俄罗斯莫斯科、越南芽庄（包机）、法国巴黎 17 条国际航线和我国香港、澳门、桃园、松山、高雄 5 条地区航线。

2018 年，福州长乐国际机场旅客吞吐量约 14 393 532 人次，同比增长 15.43%。其中出入境旅客 2 051 019 人次，同比增长约 15.2%；出入境航班 15 563 架次，同比增长约 18.7%；进出口货运量 15 860 吨，同比降低 3.15%。

福州长乐国际机场航拍图

福州长乐国际机场候机楼

【厦门空运口岸（厦门高崎国际机场）】 厦门高崎国际机场位于厦门岛的东北端，距厦门市中心 10 千米。1982 年 1 月 10 日破土动工兴建，1983 年 10 月 22 日建成并对外开放。1992 年经国家批准进行了大规模的扩建，扩建后的厦门空港飞行区等级为 4E 级，可起降 B747－800 等大型飞机。驻场营运的航空公司达 44 家，其中国内航空公司 28 家，国际及地区航空公司 16 家，已有航线 171 条（境外 35 条），航线网络已覆盖了中国所有省会城市和主要二、三线城市，搭建了直达欧洲的客、货运航线，两岸直航航班的密度位居大陆地区前3位。现有国际及地区通航城市28个（东南亚12个，我国港澳台地区4个，东北亚4个，欧洲3个，澳洲2个，美洲3个），航线遍及中国港澳台地区、东南亚、东北亚、澳洲、欧洲、美洲，厦门空运口岸已成为华东地区重要的区域性航空枢纽。

2018年，厦门高崎国际机场旅客吞吐量2 655万人次，同比增长8.45%，其中，出入境旅客365.80万人次，同比增长9.57%；货邮吞吐量34.60万吨，同比增长2.03%，其中出入境货邮12.7万吨，同比增长4.57%。

【泉州空运口岸（泉州晋江国际机场）】 2012年11月，泉州空运口岸正式对外开放。2014年10月更名为泉州晋江国际机场。飞行区等级为4D级，能起降波音757等同类机型，可满足年旅客吞吐量400万人次、货邮吞吐量4.4万吨的保障需求。

泉州晋江国际机场已有国内外13家航空公司进场运营，开通国际（地区）、国内客货运航线40条，每周进出港航班约420班次。

2018年，泉州晋江国际机场出入境6 751架次，出入境旅客800 927人次。

泉州晋江国际机场候机楼

【武夷山空运口岸（武夷山机场）】 武夷山机场位于武夷山市南郊、武夷大道东侧，距离市区及武夷山风景区各7千米。1993年9月22日国务院批准在武夷山设立对外开放口岸。

2018年，武夷山机场香港航线航班由每周2班增加到每周3班。根据福建省口岸办《关于武夷山航空口岸临时对外开放的通知》（闽口岸〔2018〕068号）文件精神，国家口岸办同意武夷山空运口岸临时对外开放，允许国内航空公司开通国际航线，并于2018年11月6日开通首条国际航线武夷山—泰国曼谷航线。

2018年，武夷山机场共飞行了339架次航班，完成旅客吞吐量31 486人次，同比增长158.21%。

武夷山机场候机楼全貌

【福州水运（海港）口岸】 福州水运（海港）口岸是全国沿海25个主要港口之一，分为闽江口内港区、松下港区、牛头湾港区、江阴港区、罗源湾港区5个开放港区，以及黄岐港区（2017年获得国务院批复）1个拟开放港区，具备进境肉类、粮食、水果、冰鲜水产品和整车进口指定口岸功能。至2018年年底，共有生产性泊位113个（包含外贸作业点39个和临时进靠国际航行船舶靠泊点3个），其中万吨级以上泊位46个，5万吨级以上泊位21个，10万吨级以上达到16个，最大可靠泊15万吨集装箱和30万吨级散杂货船舶。已开辟至美西、西非、日韩、东南亚、中国台湾、中国香港、内支线39条外贸航线以及“两马”（福州马尾—台湾马祖）、黄岐—马祖2条海上直航客运航线。

2018年，福州海港口岸共完成外贸货物吞吐量5 208.24万吨，同比增长3%；外贸集装箱累计吞吐量179.95万标箱，同比增长3.22%；马尾—马祖客运出入境旅客累计8 625人次，同比下降57.3%；黄岐—马祖客运出入境旅客累计49 406人次，同比下降20.64%；进口外贸整车3 359辆，同比下降64%。

福州海港口岸闽江口内港区青州作业区

福州海港口岸江阴港区整车进口

福州海港口岸罗源港口

【厦门水运（海港）口岸】 厦门水运（海港）口岸是全国25个主要港口，12个区域性枢纽港，9个沿海国际集装箱干线港之一和对台航运重要口岸，范围跨厦门与漳州两个地市级行政区共8港区（其中厦门东渡、海沧、嵩屿、刘五店、客运5个港区，漳州后石、石码、招银3个港区）。

2018年，厦门海港口岸完成货物吞吐量21 719.93万吨，同比增加2.86%；其中外贸货物吞吐量9 225.81万吨，同减少0.49%；集装箱吞吐量1 070.24万标箱，同比增长3.09%；厦金出入境旅客174.5万人次，同比增长6.78%；对台货运直航38.16万标箱，同比增长16.98%，靠泊国际邮轮96艘次，接待出入境旅客24.68万人次。

厦门海沧海通码头

厦门东渡港区全貌

厦门海沧港区全貌

【泉州水运（海港）口岸】 泉州水运（海港）口岸位于福建省东南部，距香港357海里、距高雄港165海里，石井作业区距金门仅5.6海里。唐代泉州开埠，宋元时期，泉州港海外贸易达到鼎盛阶段，公元1087年，北宋设置泉州市舶司，元代，泉州港成为国际重要的贸易港口。1981年泉州港口岸恢复对外开放，1983年泉州港口岸正式对外开放。现建成生产性码头泊位91个，其中万吨级以上泊位25个（最大泊位为30万吨级专用油码头）。泉州海港口岸辖区海岸线427千米，由肖厝、斗尾、泉州湾、围头湾和深沪湾五大开放港区组成，对外开放码头泊位44个。现已开通航线130多条，外贸航线30多条，其中外贸集装箱航线20多条，与中国香港、台湾地区和菲律宾等国家或地区通航；有泉州至金门客运航线1条。

2018年，泉州海港口岸进出口吞吐量完成4 026.45万吨，集装箱进出口完成105 818标箱，泉金客运航线运送两岸旅客16.31万人次。

泉州港石湖港区

泉州港30万吨及专用油码头

【漳州水运（海港）口岸】 漳州水运（海港）口岸自北向南分布有7个港区，分别为石码、招银、后石、东山、古雷、云霄和诏安港区，除诏安港区外，其余6个港区均已全部或部分对外开放。

石码港区：位于龙海市境内、九龙江出海口厦门港南岸。港区内的浮宫码头是对台小额贸易点。历史上的“月港”（即现在的石码港区）曾是福建省著名的对外贸易商港。港区现有万吨级以下泊位共16个，年总设计通过能力189万吨；规划建设500 ~3 000吨级泊位56个，1万 ~3万吨级泊位18个，规划年总设计通过能力约4 258万吨、310万标箱。港区现有44家船舶修造厂，是福建省重要的船舶修造基地。

招银港区：位于厦门湾南岸，距香港、上海港、台中港分别为287海里、564海里和120海里。国家对外开放口岸，对台直航港口，是全国十大木材进口港口、东南沿海最大的木材集散地、粮食中转港和内贸集装箱发展最具活力的码头，被国家发展改革委列为“厦门湾国际物流园区散粮中转基地”，被原国家粮食局评为“第一批全国粮食现代物流建设示范单位”，被原国家质检总局确定为“全国第一批进境粮食指定口岸”。2018年招银港区外贸吞吐量918.77万吨，同比减少33.95%。外贸集装箱吞吐量14标箱，同比增长98.14%。

招银港区

后石港区：位于漳州龙海市港尾镇后石村。2002年1月1日正式对外开放。港区内的后石电厂由著名台商王永庆独资兴建，包括7台60万千瓦火力发电机组及配套建设10万吨级煤炭专用码头和5千吨级综合码头各1座，批复使用岸线长770米，并建有18万吨/座煤炭专用仓库7座，卸煤机4套，年综合通过能力1 000万吨。2018年后石港区外贸吞吐量77.94万吨，同比减少33.41%。

东山港区：东山港区的中心港区位于东山岛东北部的东山湾内，坐标为东经117°31′，北纬23°45′。海路距离厦门77海里、汕头73海里、澎湖98海里，高雄164海里、香港210海里。1992

年12月28日，国务院正式对外公布东山港对外籍船舶开放。港区积极发展散杂货和对台客滚运输，兼顾油品运输。东山港区辖有铜陵、城垵、冬古3个作业区。港区码头岸线总长5.747千米，规划25个泊位，规划通过能力货运1 000万吨，客运130万人次，港区陆域面积233万平方米。铜陵作业区，已对外开放的有1个5 000吨级件杂货泊位，1个5 000吨级集装箱泊位和1个500吨级台轮专用泊位共3个泊位，还有1个3 000吨级液体化工泊位，1个3 000吨级石油专用泊位；城垵作业区建有1个30 000吨级和2个5 000吨级通用泊位，在建的有1个5 000吨级客货滚装泊位；冬古作业区建有1个5 000吨级散货泊位。

2018年外贸吞吐量3.23万吨，同比减少73.50%。外贸集装箱吞吐量4 271标箱，同比减少64.74%。

东山港区

古雷港区：海上距台湾澎湖98海里、高雄165海里，距香港230海里，距厦门77海里，距汕头72海里。水位最深达38米，航道宽1千米以上，规划码头泊位90个，形成码头岸线长约20.3千米，可建30万吨级油品泊位3个，总通过能力约1.87亿吨以上。全年作业天数达320天以上。2018年外贸吞吐量109.08万吨，同比增长3 490.64%。

【莆田水运（海港）口岸】 莆田水运（海港）口岸位于福建省沿海中部，地理坐标为东经118°58′57″、北纬25°13′3″，1999年11月26日经国家批准正式对外开放。2017年9月27日，国务院同意福建秀屿港口岸更名为莆田港口岸并扩大

古雷港区1

古雷港区2

对外开放。目前已与美国、俄罗斯、加拿大、巴西、阿根廷、韩国、泰国、沙特阿拉伯、印度尼西亚、马来西亚，以及非洲、欧洲等世界上的30个国家和地区50个港口建立了海上航运联系，开通了对台海上客货运直航业务。进出口的主要大宗货物有铁矿石、LNG、木材、煤炭、转基因大豆、钢材、粮食、石化、鞋服原辅材料及成品、机器设备等。目前，已建成外贸客货运码头16座。港内设有25万吨级、20万吨级、5万吨级、2万吨级、1万吨级浮筒各1座，避风避险应急锚地1座，设计年货物吞吐量近亿吨、客运20万人次，目前可最大适航40万吨级船舶通航。向莆铁路、沈海高速支线直通港区，可实现无转场铁海联运业务。口岸设有海港进口木材检疫除害处理区，国家重点煤炭、鞋革和木材检验检测实验室。

2018年外贸货运累计完成1 363.95万吨，比去年同期增长19%；其中，进口货运量1 348.17万吨，比去年同期增长19%；出口货运量15.78

万吨，比去年同期增长 13%。集装箱货柜累计完成 24 653 标箱，比去年同期增长 50%；其中，进口货柜 13 125 标箱，比去年同期增长 33%；出口货柜 11 532 标箱，比去年同期增长 75%。

莆田海港口岸秀屿港区罗屿作业区

【宁德水运（海港）口岸】 宁德水运（海港）口岸位于福建省东北部三都澳内，东距台湾基隆港 145 海里，南依省会福州，北距上海 390 海里，南至福州 66 海里，地理坐标为北纬 26°30′～26°45′与东经 119°35′～119°58′之间，距离西太平洋西岸国际主航线 30 海里。共开设外贸作业点 20 个、临时开放点 2 个。对外运输航线有日本、韩国、新加坡、印度尼西亚、菲律宾、秘鲁、澳大利亚和对我国台湾地区直航。进出口货物有煤炭、镍矿、铜精矿进口和水产品、砂石、钢材设备出口，以及外国籍船舶维修。

2018 年完成吞吐量 1 297.55 万吨，同比上升 24.05%，其中进口 1 158.76 万吨，同比上升 32.69%，出口 138.79 万吨，同比下降 19.66%；完成对台直航运量 90.86 万吨，同比下降 7.22%；完成外国籍船舶维修 267 艘次，同比增长 4.30%。进出口岸国际航行船舶 1 209 艘次，同比增长 2.46%；进出口岸船员 18 856 人次，同比增长 8.95%。

【平潭水运（海港）口岸】 平潭水运（海港）口岸地处台湾海峡中北部，距台湾新竹仅 68 海里，是祖国大陆距台湾本岛最近的地区。规划建设有 4 个港区，分别为澳前、金井、草屿、流水港区。澳前港区于 2014 年 7 月 8 日通过国家验收，8 月 18 日正式对外开放，开通平潭至台北、

三都澳港区漳湾作业区出入卡口

三都澳港区漳湾作业区集装箱堆场

三都澳港区漳湾作业区 8、9 号码头

台中 2 条客滚直航航线；金井港区 3 号泊位于 2015 年 2 月获批临时进靠国际航行船舶，开通平潭至高雄、台中、香港、金门、台北等多条直航及“三小通”航线。

2018 年，平潭海港口岸岚台客滚直航航线共往返 550 个航次，出入境旅客 14.9 人次，全口岸外贸吞吐量 46.91 万吨，海港国际集装箱 27 193 标箱。

平潭海港口岸澳前港区全貌

平潭海港口岸澳前港区全貌

平潭海港口岸金井港区全貌

厦门市

【口岸运行数据】 2018 年，厦门海港口岸完成货物吞吐量 21 719.93 万吨，同比增加 2.86%；其中外贸货物吞吐量 9 225.81 万吨，同减少 0.49%；集装箱吞吐量 1 070.24 万标箱，同比增长 3.09%；厦金出入境旅客 174.5 万人次，

平潭海港口岸金井港区全貌

同比增长 6.78%；对台货运直航 38.16 万标箱，同比增长 16.98%，靠泊国际邮轮 96 艘次，接待出入境旅客 24.68 万人次。

厦门空运口岸共保障安全飞行 19.3 万架次，同比增长 3.72%；旅客吞吐量 2 655 万人次，同比增长 8.45%，其中，出入境旅客 365.80 万人次，同比增长 9.57%；货邮吞吐量 34.60 万吨，同比增长 2.03%，其中出入境货邮 12.7 万吨，同比增长 4.57%。

【口岸开放工作】 海港口岸。做好五通三期新候船楼、国际邮轮母港二期航站楼通关通道及办公用房等方案设计。指导刘五店码头和五缘湾帆船游艇码头做好口岸开放相关准备工作。配合邮轮母港建设，助推邮轮经济发展。2018 年厦门国际邮轮主动融入“一带一路”倡议，开辟包括“全国首个跨东南亚六国航线”在内的多条“一带一路”精品航线，成功实践我国首个以邮轮为载体的文化艺术交流活动。出台《关于促进厦门自贸试验区邮轮船供服务业发展的暂行办法》，在支持邮轮母港建设、规范和提升邮轮物供企业行为、规划和培育邮轮物供基地、优化邮轮物供通关环境等方面出台鼓励扶持措施，为邮轮物供产业发展提供新引擎。邮轮保税物供“整进散出”全国首创模式正式启动，根据邮轮运作计划统一采购保税供船物料，申报进境后存放在保税港区仓库中，再按各个航次实际需求分批供船。对推动国际邮轮公司选择厦门母港作为邮轮物资分拨配送中心，促进区域经济发展转型起到重要作用。

空运口岸。加快打造城市国际化品牌，优化厦门机场航班资源，构建覆盖“一带一路”支点城市的国际航线网络，进一步提升厦门国际化水平。在目前厦门机场单跑道、航班时刻紧张情况下，推动厦门航空公司新开“一带一路”沿线国家航线。2018年以来，共新开“一带一路”国际航线3条，分别是厦门—金边，厦门—普吉岛、厦门—沙巴。

政策落地。认真贯彻落实福建省市领导关于组织实施好144小时过境免签政策的批示精神，协调相关单位抓紧落实五通码头三期和邮轮中心场地和通道的改造及配套设施的安装，并于2019年1月1日正式启用。向上争取厦门空运口岸24小时直接过境旅客和直接往返机组免办边检政策，获国家移民管理局批复支持。协调开展机场国际中转封闭隔离区软硬件提升改造工作，简化中转手续，完善通关流程和服务，全面提高中转效率，缩短“国际—国际”MCT（最短中转衔接时间），进一步提升厦门机场国际中转服务竞争力。

【口岸整体通关时间逐步压缩】 2018年，厦门市口岸办与厦门海关、自贸委等相关部门形成协同工作机制，定期召开联席会议，多措并举推进压缩整体通关时间工作。先后制定了《厦门口岸降本增效工作方案》《厦门口岸提高通关效率工作方案》《海港口岸提升进口集拼货物通关时效工作方案》《提升厦门空港口岸货物进出口整体通关时效工作方案》《厦门口岸鼓励进口货物提前报关奖励暂行办法》。充分发挥各部门的专业优势，理清通关前准备、申报后等各环节的工作责任，明确海关与口岸部门的分工和着力点，细化任务分解，逐项推动落实。在充分调研的基础上，分别提出海运、空运及海运拼箱、空运快件等压缩目标，将时间切块下达各口岸部门，责任共担、合力提升作业效率。重点推广提前报关。联合厦门海关、自贸委多次召开企业座谈会、政策宣讲会，发布业务流程微信推送，扩大提前报关的知情面。在提前报关奖励取得良好成效的基础上，扩大进口提前报关奖励范围。对二次运抵海关监管作业场所前申报的进口报关单，按照《厦门口岸鼓励进口货物提前报关奖励暂行办法》规定给予奖励。

根据国家口岸办通报数据，2018年6月份以来，厦门口岸进口通关时间每月逐步压缩，平均每月下降约11小时，已实现全年既定的进出口整体通关时间分别压缩至60小时以内、6小时以内的工作目标，进出口均已达到国务院压缩三分之一的任务目标。

进口方面。根据海关总署通报数据，截至2018年12月，厦门海关当月进口整体通关时间为42.85小时，累计压缩比35.42%，已达到压缩三分之一的任务目标。

出口方面。根据海关总署通报数据，截至2018年12月，厦门海关当月出口整体通关时间为5.78小时，累计压缩比为49.52%，已达到压缩三分之一的任务目标。

【口岸收费进一步降低】 降低进出口环节合规成本。2018年厦门港继续执行降本减负举措，暂缓开征外贸船舶锚地停泊费，减免集装箱口岸查验费，进一步降低货物港务费、港口设施保安费和引航费。2018年以来，仅减免集装箱口岸查验费一项，就为企业节省685.75万元。公开公示口岸收费清单。按照国务院第26次常务会议精神，梳理了《厦门口岸进（出）口收费目录清单》，明确进出口环节各项收费，并在《福建日报》、厦门国际贸易“单一窗口”等平台公示。督促各行业协会、收费主体在各经营场所和“厦门口岸服务经营企业收费信息公开平台”上公开公示口岸收费目录清单。简化进出口环节监管证件。配合厦门海关按照海关总署的统一部署，做好保留的48种证件的验核工作，加大对进出口企业的政策宣讲力度。

在前期工作的基础上，联合厦门海关开展“厦门市优化口岸营商环境企业调查活动”。对上千家进出口企业进行走访调查，准确了解和掌握企业对市政府、厦门海关推出各项改革措施的客观真实评价，发现改革中存在的问题，分析原因，寻找对策，调整或优化企业获得感不强的改革措施，提升企业获得感。

继续认真落实完善免除集装箱查验服务费政策试点工作。配合自贸委、港口、财政等口岸单位分工协作，完善集装箱查验服务费分类管理系统。截至 2018 年年底，通过厦门集装箱查验费分类管理系统与海关数据审核后统计，共为厦门外贸企业减免集装箱查验服务费约 1 028 万元。

根据国务院近期调查结果和第三方阶段性评估，厦门口岸集装箱进出口成本处在全国沿海主要港口最低水平。厦门口岸已完成国务院 2018 年降费要求。

【“单一窗口”标准版业务稳步推进】 召开 20 多场宣讲会、推广会，推进标准版货物申报（报关报检）、舱单申报和运输工具申报工作。截至 2018 年年底，各项试点业务累计 1 000 多万票，国家口岸办考核的四项主要业务指标（报关、报检、运输工具、舱单覆盖率），均已达到国家口岸办 80% 覆盖率的要求。推进关检融合货物申报。2018 年 8 月 1 日，“单一窗口”标准版关检融合整合申报系统实现全面切换，系统整体运行稳定，厦门当日申报量 8 458 票，覆盖率 100%，顺利实现切换。新增新一代海关税费电子支付系统和标准版机电产品进口许可证申领业务，扩大业务功能，进一步便利企业。推进标准版运输工具（船舶）申报系统。推动企业在标准版完成向海关、海事局和边检总站的“一单多报”。

【对台主要工作】 积极落实《厦门 60 条惠台政策》。继续推动建立两岸通关合作机制，简化两岸进出口货物、人员等通关手续。完成《厦金游艇自由行》（讨论稿），同时与旅发委等相关部门共同推动厦金游艇自由行活动，推动由金门始发的台湾游艇来厦为期三天的两岸游艇产业交流之旅厦开展。这是多年来第一次台湾游艇经金门直航大陆，开启了厦金游艇双向对开的序幕，圆满完成 6 艘次厦金帆船游艇活动保障工作。支持大嶝对台小额贸易市场等涉台功能区建设和发展。推动扶持厦门口岸成为对台生鲜冷链物流配送中心，为厦门涉台生鲜类农产品及食品建立特别的快速通关机制。

2018 年福建省口岸大事记

1 月 9 日

福州海关签发首票原产地自主声明。

1 月 13 日

公安部部长赵克志签署命令，为金砖会晤安保工作成绩突出的厦门边检总站记集体一等功。

1 月 16 日

厦门海关启动大数据应用创新项目“关数 e”。

1 月 18 日

福建省口岸通关工作现场会在福州召开，宣布启动建设中国（福建）国际贸易“单一窗口” 3.0 版，建成启用口岸监控指挥中心，福建省口岸办和全省 7 个驻闽口岸查验主管单位共同签署《福建口岸合作备忘录》。

1 月 19 日

石狮国际快件监管中心启动运营。

1 月 20 日

泉州空运口岸开通至越南芽庄航线。

1 月 22 日

福州空运口岸进口肉类口岸通过验收，该口岸成为进口业务种类最全的口岸之一。

1 月 28 日

厦门空运口岸开通至柬埔寨金边航线。

2 月 6 日

福建省首票中国—格鲁吉亚自贸协定项下货物放行。

3 月 18 日

黄岐—马祖航线旅客突破 10 万人次。

3 月 29 日

福州江阴港区开通至越南外贸航线。

3 月 30 日

福建海事局推出“支持台湾船员取得大陆签发的海船船员适任证书，促进台湾船员到国际航运市场就业”等六项服务自贸试验区创新举措。

5 月 1 日

厦门口岸发布“全流程阳光服务”产品，进

一步压缩和合并相关收费项目，对外收费项目价格降低 30%。

5 月 9 日

平潭建成福建省首家 O2O 商场。

5 月 11 日

厦门口岸出台《降本增效工作方案》。

6 月 1 日

福州海关成功受理全国首票取消“入/出境货物通关单”货物申报。

6 月 20 日

厦门空运口岸实施“通程航班”政策，开展厦航中转航班行李直挂业务。

6 月 28 日

厦门海关在国际贸易“单一窗口”和“互联网 + 海关”平台上全面推广应用新一代海关税费电子支付系统。

6 月 29 日

福州海港口岸罗源湾港区扩大开放通过验收，7 月 12 日交通部对外公告。

7 月 9 日

厦门开通至匈牙利布达佩斯中欧直达班列。

7 月 16 日

福州开启海铁联运福州—成都班列。

7 月 19 日

厦门市出台《厦门口岸提高通关效率工作方案》。

7 月 24 日

厦门市出台《提升厦门空港口岸货物进出口整体通关时效工作方案》。

7 月 25 日

武夷山陆地港设立中欧班列装卸站。

7 月 31 日

厦门市出台《厦门口岸鼓励进口货物提前报关奖励暂行办法》。

8 月 1 日

厦门市人民政府下发通通知，进一步降低厦门港部分港口收费标准。

8 月 2 日

厦门市出台《海港口岸提升进口集拼货物通关时效工作方案》。

8 月 7 日

首艘中国台湾游艇“希瑞丝号”在厦靠泊，实现厦金两地游艇年内互访。

8 月 16 日

国家移民管理局同意厦门高崎机场实施 24 小时直接过境免办边检手续政策。

8 月 21 日

莆田罗屿港首趟海铁联运班列发车，目的地为江西，标志着由罗屿港口连接向莆铁路的中西部出海新通道正式打通。

8 月 22 日

中国（福建）国际贸易“单一窗口”跨境电商综合服务平台启用，中国（福建）国际贸易“单一窗口”功能从一般贸易业态拓展至跨境电子商务新兴业态。

8 月 28 日

福建海事局在集美大学开展了首期台湾船员大陆适任证书知识更新培训，17 名台湾船员参加培训并重新取得大陆海船船员适任证书。

9 月 5 日

福建省口岸工作办公室出台提升跨境贸易便利化水平 33 条措施。

9 月 12 日

福建省口岸工作办公室与福州海关联合出台进一步压缩通关时间提高口岸营商环境 13 条措施。

9 月 26 日

福建省面积最大的大宗散货露天保税堆场——罗屿作业区保税堆场正式投入使用。

10 月 22 日

厦门边检总站上线运行行政许可办理系统。

10 月 24 日

福建省口岸工作办公室通报全省及各地 9 月份整体通关时间情况，自此按月进行通报。

10 月 30 日

《福建日报》公布福建省口岸进出口收费目录，明确目录以外不得收费。

11 月 6 日

武夷山空运口岸开通至曼谷航线。

11 月 15 日

福州市商务局印发《福州口岸鼓励进口货物提前报关奖励暂行办法》。

11 月 30 日

福建省人民政府办公厅印发《福建省口岸通关进一步提效降费促进跨境贸易便利化实施方案》。

12 月 2 日

厦门海关微视频作品《海关和你在一起》上榜 2016 ~ 2018 年全国海关十佳微视频作品，厦门海关获评十佳组织单位。

12 月 11 日

福建省委书记于伟国批示肯定福建省优化口岸营商环境工作，要求推动全省口岸营商环境再提升。

是日

福州空运口岸开通至法国巴黎航线。

12 月 20 日

厦门港与赣州国际港同港同价“海上丝绸之路”班列双向对开。

12 月 21 日

福州空运口岸实施 7 × 24 小时全天运行。

12 月 24 日

福建省“丝路海运”开行启动仪式在厦门举行，运营平台——福建丝路海运运营有限公司同期揭牌，厦门港务控股集团发布了港口服务标准，成为国内首个以航运为主题的“一带一路”国际综合物流服务品牌和平台。

12 月 28 日

莆田港口岸东吴港区扩大开放通过验收。

（撰稿人：胡静、喻波、朱华煜、陈润禾、朱洁羚、蔡璐、林键、尹伟平、周颖杰、江木秀、毛蒙恩、何波、张秋钧、吴春演）

2018 年福建省口岸流量统计表

口岸类型		口岸名称	货运量（万吨）				集装箱量（万标箱）				人员（万人次）				交通工具（辆、艘、架、列次）			
			出口	进口	合计	同比（%）	出口	进口	合计	同比（%）	出境	入境	合计	同比（%）	出境	入境	合计	同比（%）
空运口岸		福州机场	0.93	0.66	1.59	-1.30					110.100 0	108.200 0	218.300 0	20.80				
		厦门机场	15.30	6.70	22.00	4.20					185.300 0	182.000	367.300 0	8.80				
		武夷山机场									1.600 0	1.500 0	3.1000	158.20				
		泉州机场									40.100 0	40.000	80.1000	28.80				
		分计	16.23	7.36	23.59	3.90					337.100 0	331.700 0	668.800 0	15.0				
陆运口岸	公路口岸																	
		分计																
	铁路口岸																	
		分计																
水运口岸	海港口岸	福州港	1 771.01	3 437.23	5 208.24	3.00	91.260 0	88.650 0	179.910 0	3.20	2.818 3	2.984 8	5.803 1	-5.10				
		厦门港	4 147.33	5 078.55	9 225.88	-0.49	369.471 7	361.577 8	731.049 5	-1.73	103.647 6	104.052 6	207.700 2	15.49				
		漳州港	579.10	600.29	1 179.39	44.16	0.244 2	0.237 9	0.482 1	-62.68								
		泉州港	695.33	3 371.56	4 066.89	5.20	5.290 6	5.712 5	11.003 1	-18.13	8.301 2	8.016 9	16.318 1	16.04				
		莆田港	15.82	1 348.14	1 363.96	19.05	1.153 2	1.312 5	2.465 7	49.78								
		宁德港	138.79	1 158.76	1 297.55	24.05	0.010 7	0.274 1	0.284 8	40.23								
		平潭港	32.55	10.14	42.69	-18.67	1.368 2	1.351 1	2.719 3	58.55	7.529 9	7.410 2	14.940 1	32.24				
		分计	7 379.93	15 004.67	22 384.60	5.31	468.798 6	459.115 9	927.914 5	-0.92	122.297 0	122.464 5	244.761 5	15.83				
	河港口岸																	
		分计																
合计			7 396.16	15 012.03	22 408.19	5.31	468.798 6	459.115 9	927.914 5	-0.92	459.397 0	454.164 5	913.561 5	15.02				
同比（%）																		

（福建省口岸办提供）

2018 年福建省口岸出入境主要数据表

项目			2018 年（万人次）	2017 年（万人次）	同比（%）
出入境人员（人次）	出入境人员总数		1 018.0	897.0	13.5
	入境人员		505.6	445.6	13.5
	出境人员		512.4	451.4	13.5
	出入境旅客		910.4	802.0	13.5
	出入境员工		107.6	95.0	13.3
	中国公民	小计	869.9	771.0	12.8
		内地居民（因公）	47.1	43.7	7.9
		内地居民（因私）	574.7	495.6	16.0
		港澳居民	52.6	53.5	-1.6
		台湾同胞	195.5	178.2	9.7
	外籍人员		148.0	126.1	17.4
	从海港出入境人数		309.0	265.8	16.2
	从陆港出入境人数				
	从空港出入境人数		709.0	631.2	12.3
交通运输工具（辆、艘、架、列次）	总计		86 010	81 058	6.9
	船舶		37 000	36 000	3.6
	飞机		49 000	45 000	9.6
	火车				
	机动车辆		10	58	-82.8

（厦门出入境边防检查总站提供）

2018年福州海关主要数据统计表

项目		2018年	同比（%）
进出口货运量（万吨）	合计	7 336.1	22.4
	进口	5 790.7	24.1
	出口	1 545.4	16.2
进出口贸易总值（万美元）	合计	3 426 583.2	7.8
	进口	1 643 183.0	2.0
	其中：水路运输	1 501 728.8	1.8
	铁路运输		
	公路运输	9 239.1	9.0
	航空运输	1 272 47.7	3.1
	邮件运输	92.1	-18.1
	其他运输	4 875.3	34.4
	出口	1 783 400.2	13.8
	其中：水路运输	1 680 027.7	12.8
	铁路运输		
	公路运输	16 842.0	35.4
	航空运输	8 215 0.7	27.8
	邮件运输	241.2	-43.9
	其他运输	4 138.6	25 495.2
税收（万元）	两税合计	1 610 155	-6.3
	关税入库	172 649	-21.4
	进口环节税入库	1 437 506	-4.1
货物检验检疫（批次）	本年累计	193 992	0.7
	其中：出境	154 374	0.2
	入境	39 618	2.5
货物检验检疫金额（万美元）	本年累计	3 204 470	25.1
	其中：出境	1 182 870	15.2
	入境	2 021 600	31.8

备注：2018年8月28日起，原泉州、龙岩、东山出入境检验检疫局业务划归厦门海关。该表中的货物检验检疫批次和货物检验检疫金额不包含2018年9月~12月原泉州、龙岩、东山出入境检验检疫局数据，其同比（%）按同期可比口径计算。

（福州海关提供）

2018 年厦门海关主要数据统计表

项目		2018 年	同比（%）
进出口货运量（万吨）	合计	10 246.41	2.84
	进口	6 651.70	-0.82
	出口	3 594.71	10.39
进出口贸易总值（万美元）	合计	13 645 777.54	11.64
	进口	4 696 009.41	18.52
	其中：江、海运输	3 265 411.28	17.32
	铁路运输	1 722.13	0.04
	汽车运输	372 671.78	112.96
	航空运输	1 055 813.55	5.40
	邮件运输	223.63	-8.99
	其他运输	167.04	-3.70
	出口	8 949 768.13	8.34
	其中：江、海运输	7 906 682.29	8.46
	铁路运输	48 652.74	86.15
	汽车运输	319 843.82	-1.15
	航空运输	661 279.05	8.10
	邮件运输	1 122.13	38.29
	其他运输	12 188.10	44.57
税收（万元）	两税合计	4 347 930.81	19.15
	关税入库	400 137.27	7.44
	进口环节税入库	3 947 793.54	20.48
货物检验检疫（批次）	本年累计	256 729	3.44
	其中：出境	158 716	7.89
	入境	98 013	-3.03
货物检验检疫金额（万美元）	本年累计	3 527 519	15.43
	其中：出境	1 155 138	15.50
	入境	2 372 381	15.39

备注：货物检验检疫批次、金额含原泉州、东山、龙岩出入境检验检疫局全年数据。

（厦门海关提供）

2018 年福建海事局进出港船舶统计汇总表

国家（地区）	进港船舶							出港船舶							进出港单船艘数（艘）
	艘数（艘次）	总 吨（吨位）	总载重量（吨）	载客量（客位）	船员人数（人）	货物到达量（吨）	旅客到达量（人）	艘数（艘次）	总 吨（吨位）	总载重量（吨）	载客量（客位）	船员人数（人）	货物发送量（吨）	旅客发送量（人）	
总计	307 469	688 613 921	845 185 021	64 817 726	2 999 935	302 974 080	21 208 130	229 155	621 983 205	773 530 453	44 798 753	9 303 094	140 436 804. 6	1. 4E +07	45 936
中国籍船舶	293 700	323 089 110	398 043 141	63 704 445	2 714 373	199 365 700	20 799 410	215 478	258 197 063	329 137 631	43 689 945	1 947 670	107 222 330. 3	1. 4E +07	37 927
其中外贸船	91 545	106 285 236	135 805 853	19 544 323	858 808	66 590 089. 8	6 513 510	80 631	97 764 785	126 994 845	17 284 648	763 246	39 482 898. 23	5 589 742	11 707

（福建海事局提供）

2018 年福建省指定口岸/查验场统计表

市（区）	序号	指定口岸/指定查验场名称	口岸类别	指定口岸类别	批复时间	备注
福州市	1	福州长乐机场口岸	空运	水果	2012 年 11 月	
	2	福州长乐机场口岸	空运	植物种苗	2012 年 12 月	
	3	福州长乐机场口岸	空运	食用水生动物	2016 年 8 月	
	4	福州长乐机场口岸	空运	冰鲜水产品	2014 年 12 月 22 日	
	5	福州长乐机场口岸	空运	肉类	2018 年 3 月 9 日	
	6	马尾港务公司	海运	肉类		
	7	马尾港务公司	海运	种苗		
	8	马尾港务公司	海运	水果		
	9	福州松下口岸松下码头公司	海运	粮食	2014 年 4 月 1 日	
	10	福州新港国际集装箱码头有限公司、福建江阴国际集装箱码头有限公司	海运	整车进口	2011 年 12 月 31 日	2011 年 12 月 31 日，国务院办公厅正式批准福州港江阴港区成为全国第 6 个整车进口口岸
	11	福州新港国际集装箱码头有限公司、福建江阴国际集装箱码头有限公司	海运	水果	2012 年 11 月 21 日	
	12	福州新港国际集装箱码头有限公司、福建江阴国际集装箱码头有限公司	海运	种苗	2009 年	
	13	福州新港国际集装箱码头有限公司、福建江阴国际集装箱码头有限公司	海运	肉类		申报中
	14	福州新港国际集装箱码头有限公司、福建江阴国际集装箱码头有限公司	海运	粮食		申报中
	15	福州港松下港区元洪作业区	海运	进境水果指定口岸	2017 年 1 月 16 日	筹建中
	16	福州港松下港区元洪作业区	海运	进口肉类	2017 年 3 月 27 日	筹建中

续表 1

市（区）	序号	指定口岸/指定查验场名称	口岸类别	指定口岸类别	批复时间	备注
厦门市	1	东渡港区	海运	集装箱		
	2	海沧港区	海运	集装箱、散杂货		
	3	嵩屿港区	海运	集装箱		
	4	五通港区	海运	客运		对台“小三通”客运码头
	5	国际邮轮码头	海运	客运		邮轮码头
	6	刘五店港区	海运	散杂货		
	7	高崎国际机场	空运	客运、邮快件		
泉州市	1	晋江机场航空口岸	空运	进口食用水生动物指定口岸	2016 年 8 月 5 日	
	2	泉州港肖厝作业区	海运	进口粮谷指定口岸	2015 年 12 月 25 日	
	3	泉州港石湖作业区	海运	进口肉类指定口岸	2018 年 3 月 9 日	
	4	福建闽台农产品市场有限公司	海运	进口肉类指定口岸	2018 年 3 月 9 日	
		进口肉类冷链查验场				
	5	福建万弘海洋生物科技有限	海运	进口肉类指定口岸	2018 年 9 月 4 日	
		公司进口肉类冷链查验场				
	6	泉州港石井作业区	海运	进口冰鲜指定口岸	2014 年 12 月 22 日	
漳州市	1	东山口岸	海运	水生动物	2014 年	
				冰鲜	2016 年	
莆田市	1	莆田秀屿港	海运	原木	2008 年 4 月	加拿大 BC 省原木输华指定口岸
	2	莆田港口岸秀屿港区查验点	海运	粮食	2014 年 10 月 9 日	原国家检验检疫总局核准的第一批进境粮食指定口岸
	3	莆田秀屿港 秀屿港区秀屿综合码头作业点	海运	粮食	2015 年 12 月 25 日	原国家检验检疫总局核准的第二批进境粮食指定口岸
	4	莆田秀屿港 秀屿港区秀屿综合码头作业点	海运	粮食	2017 年 11 月 20 日	原国家检验检疫总局核准的第三批进境粮食指定口岸

续表2

市（区）	序号	指定口岸/指定查验场名称	口岸类别	指定口岸类别	批复时间	备注
宁德市	1	大唐宁德电厂码头	海运	煤	2009年1月	
	2	白马港区14号泊位	海运	矿	2013年6月	
	3	白马港区6、7号泊位	海运	矿	2014年11月	
	4	城澳万吨码头	海运	杂货	2005年10月	
	5	下白石港务码头	海运	杂货	2000年11月	
	6	易和船厂外轮维修点	海运	外轮维修点	2010年9月	
	7	新远船厂外轮维修点	海运	外轮维修点	2006年8月	
	8	马头船厂外轮维修点	海运	外轮维修点	2004年9月	
	9	申银船厂外轮维修点	海运	外轮维修点	2006年8月	
	10	环澳船厂外轮维修点	海运	外轮维修点	2004年9月	
	11	从贸船厂外轮维修点	海运	外轮维修点	2004年9月	
	12	信昌船厂外轮维修点	海运	外轮维修点	2014年4月	
	13	白马船厂外轮维修点	海运	外轮维修点	2004年9月	
	14	长兴船厂外轮维修点	海运	外轮维修点	2010年9月	
	15	牛头山砂石码头	海运	砂石码头	2004年9月	
	16	城澳1号毛角石码头	海运	砂石码头	2004年9月	
	17	城澳3号毛角石码头	海运	砂石码头	2009年1月	
	18	城澳4号毛角石码头	海运	砂石码头	2004年9月	
	19	灶屿海上作业点	海运	海上过驳点	2004年9月	
	20	青山海上作业点	海运	海上过驳点	2004年9月	
三明市	1	三明陆地港	公路、铁路	二类陆运口岸	1994年	福建省人民政府办公厅以1994年10月15日闽政办〔1994〕212号文件批复同意在三明市区设立的二类陆运口岸
武夷山市	1	武夷山市航空口岸	空运	一类	1993年9月22日	1994年4月1日武夷山航空口岸正式对外开放
龙岩市	1	陆地港	公路		2012年11月20日	
平潭综合实验区	1	平潭水运（海港）口岸澳前港区	海运	进口种苗	2018年	
	2	平潭水运（海港）口岸澳前港区	海运	进口食用水生动物	2015年	
	3	平潭水运（海港）口岸澳前港区	海运	进口冰鲜水产品	2014年	

（福建省口岸办提供）

江　西　省

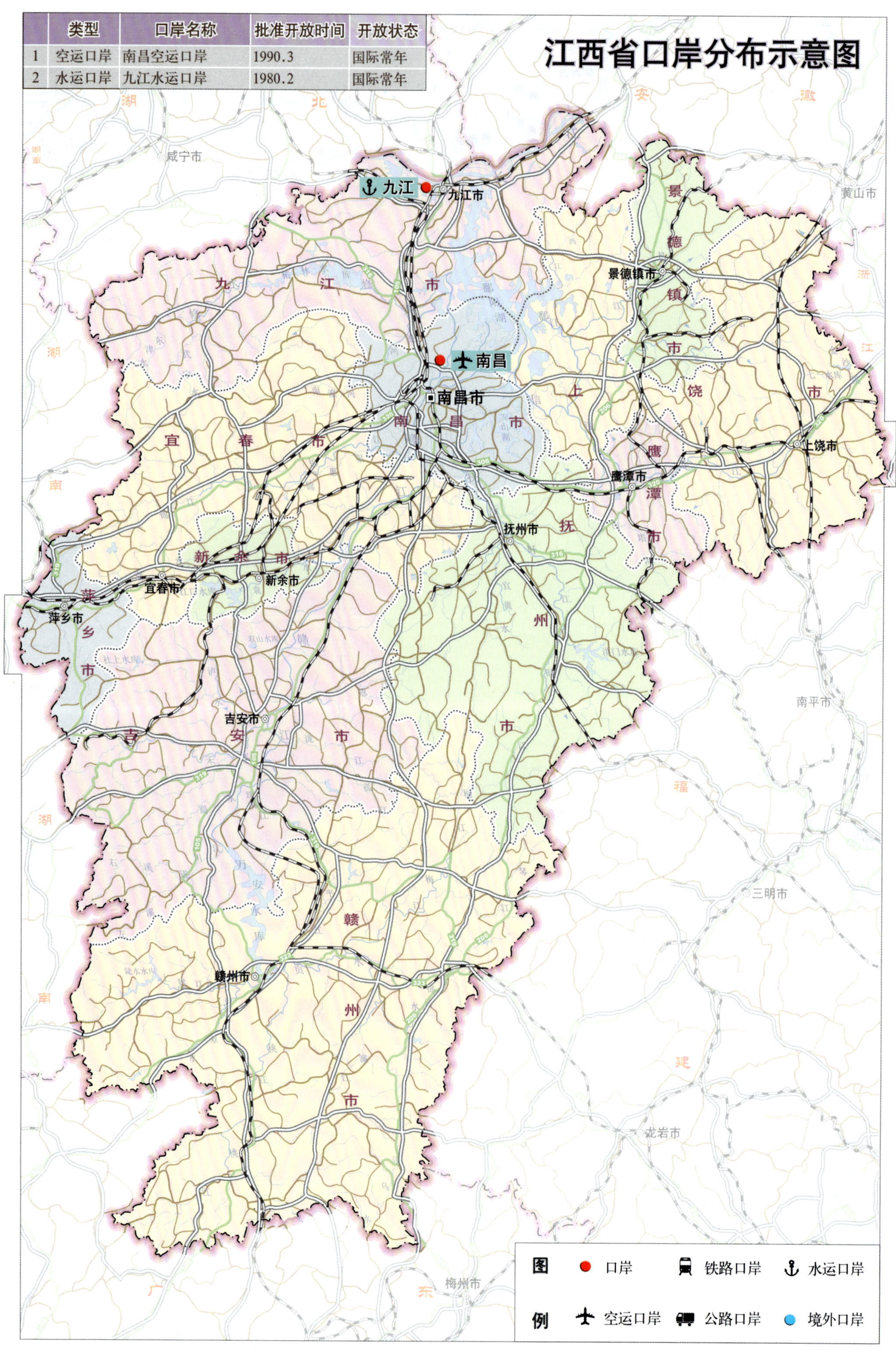

	类型	口岸名称	批准开放时间	开放状态
1	空运口岸	南昌空运口岸	1990.3	国际常年
2	水运口岸	九江水运口岸	1980.2	国际常年

口岸数量及分布

截至2018年年底，江西省有经国务院批准的对外开放口岸2个。其中，空运口岸1个，即南昌空运口岸（南昌昌北国际机场）；水运（河港）口岸1个，即九江河港口岸。

口岸运行数据

2018年，江西省口岸共完成进出口货运量732.13万吨、国际集装箱41.72万标箱，同比分别增长0.9%和3.37%。全省赣欧班列累计开行202列，铁海联运班列开行1 064列。

口岸综合管理

【对接“一带一路”建设】 以“一带一路”建设统领口岸开放，2018年，南昌昌北国际机场旅客吞吐量达到1 352.42万人次，同比增长23.65%，货邮吞吐量8.26万吨，同比增长58.1%，增速位居全国千万级机场前列。通航了俄罗斯、新加坡等“一带一路”沿线国家（地区）的航班，新增南昌至我国香港地区，南昌至比利时烈日等国际（地区）货运航线，南昌至我国香港地区航线加密至每天1班。全年通航国际航点12个、地区航点3个。

【对接长江经济带发展】 以支持九江打造长江经济带区域物流中心为抓手，全力对接长江经济带建设。九江港上至重庆、下至上海的内支线始发班轮稳定开行。2018年，江西省水运口岸进出口货运329.05万吨，同比下降18.42%。其中，九江港水运口岸进出口货运255.74万吨，同比下降21.12%；南昌港进出口货运73.31万吨，同比下降7%。

【铁海联运】 2018年，江西省铁海联运快速班列共开行1 064列，承运进出口集装箱10.62万标箱，有力地促进了全省光伏、电子、机械配件、汽车配件等优势产品出口。其中，上饶（鹰潭）—宁波共开行392列，发送3.88万标箱，同比增长16.67%，连续5年保持“天天班”（2014年4月升级），是全国的明星班列。赣州（吉安）—厦门共开行103列，发送5 986标箱，同比增长39.34%。

【赣欧班列】 2018年，江西省赣欧班列累计开行202列，其中，出境164列，进境38列。赣州开行150列、上饶5列、南昌24列、鹰潭20列、抚州1列、景德镇1列、吉安1列。2018年2月6日，江西省通过满洲里及霍尔果斯口岸的出境班列纳入国家铁路总公司中欧班列运行版图，做到随报随开，极大缩短了产品运输时间。

【口岸平台建设】 2018年3月，赣州肉类指定口岸获准建设，10月，赣州汽车整车进口口岸获准建设。2018年9月，九江出口加工区获国务院批准，整合优化为九江综合保税区，江西省综合保税区数量增至3个（赣州综合保税区、南昌综合保税区）。

【口岸营商环境】 截至2018年年底，江西省进口整体通关时间为24.42小时，同比压缩83.73%；出口整体通关时间为2.64小时，同比压缩89.42%。按照时间节点（2018年10月底前）公示了口岸收费清单，制定了《江西省口岸提效降费责任分工》，全面完成2018年年底前降低100美元的任务目标。2018年1月1日至10月31日，九江城西港集装箱码头合计减免费用63.78万元，受惠企业400家。

【国际贸易“单一窗口”标准版推广工作】 2018年全面推广应用了关检融合一次申报、空运舱单申报、运输工具申报、企业资质申领、原产地证申领、税费支付、加工贸易等功能，开通95198服务热线。全年举办培训12次，培训口岸物流和外贸企业1 000余家，共1 500余人次，节省企业申报时间60%以上。货物、运输工具和舱单申报三项主要考核指标继续保持全国领先，覆盖率均达到100%。

口岸监管与服务

【江西出入境边防检查总站圆满完成各项边

防检查任务】 2018年，江西出入境边防检查总站共检查出入境人员800 720人次，航班4 620架次，同比分别增长21.39%和7.92%，圆满完成了第十六届赣台经贸会、世界VR产业大会、第十届中国绿化博览会，以及博茨瓦纳总统、赞比亚总统专机查验等重大经贸文化交流活动的边防安保任务和通关保障服务。

【江西出入境边防检查总站多举措提升创新服务水平】 一是找准职能定位，树“服务”形象。紧密结合口岸工作实际，充分发挥边检职能优势，主动开展调查研究与数据整理，深入分析口岸2018年出入境旅客数据情况，形成多角度、深层次的出入境数据分析报告，为地方党委政府决策提供精准的数据支撑，受到省委省政府的高度肯定；紧密对接市国际航运发展战略和“文化+”“旅游+”工程，加强与机场各联检单位的协作配合，提升服务保障水平，2018年共计为12个政府、经贸代表团提供礼遇勤务，为100余位国内外政要和重要外宾提供优质服务。二是提高“放管服”水平，树“为民”形象。以“放管服”工作为导向，优化便民服务举措，设置绿色通道为两院院士、60周岁以上人员及重病伤患旅客提供出入境便利；坚持“两公布一提示”公告制度，通过《江西日报》等主流媒体发布旅客提醒，广泛宣传告知旅客节假日期间通关应注意事项，确保节假日期间口岸通关顺畅；完善边检服务咨询台，成立便民服务小分队，公示24小时执勤服务咨询电话，确保问题咨询受理答复及时。全年累计制作宣传易拉宝50余个，发放宣传单2 000余份，接受旅客咨询3 000余次，贴心服务受到旅客的一致好评。三是加大宣传力度，树“品牌”形象。“8·19”边检服务品牌宣传期间，站通过服务分队宣讲新政、共同签署出游倡议等方式强化品牌效应；“12·4”国家宪法宣传周期间，扎实开展一次内部学法、一次送法上门、一次现场宣传“三个一”活动，助推法制宣传教育；T1转场期间，邀请《江南都市报》、南昌电视台等媒体进行采访报道，广泛宣传国家移民管理局的6个方面22条创新改革举措及5项移民和出入境便利措施。

【九江海事局依照管理目标，扎实推进各项工作】 2018年，船舶进出港5.03万艘；长江干线九江段货物吞吐量为9 379万吨，相比2017年的7 670万吨增加22.3%；水路运输集装箱吞吐量为27.32万标箱，相比2016年的30.28万标箱下降9.8%。辖区共发生水上交通事故7件（同比下降50%），其中一般等级事故1起，辖区安全形势明显改善。加强渡运安全管理，安全渡运旅客200余万人次、车辆230余万辆次，渡船连续13年“零险情、零事故、零死亡”。

【九江海事局提高通关效率，大力压缩整体通关时间】 一是国内航行船舶直接通过手机报港，海事也可通过系统了解船舶货物基础信息，可提前制定船舶安检计划，免去船舶到港后申请船舶安检等待时间。同时对于船舶装卸箱业务办理，海事与相关代理积极沟通，并运行港口建设费远程申报电子支付系统，在船舶到港前，完成大量业务工作，提升业务办理效能。二是对国际航行船舶进出口岸业务办理，应用“单一窗口”标准版运输工具（船舶）申报系统，有关企业可通过此系统实现“一单多报”，并实现船舶进出境通关“最多跑一次”。同时建立联合登临机制，提前确定登临时间和人员，极大提高船舶进口岸办理效率，同时减少对船舶船员的干扰。

【九江海事局强化服务意识，积极融入地方经济建设】 积极服务国家发展战略和地方经济发展，发挥专业优势，调派精锐力量为九江长江一桥、合安九铁路大桥等重点国家工程建设提供专项维护。配合九江市口岸办，做好九江口岸外贸经济服务。落实国家“放管服”改革新要求，开通“绿色通道”，在海事行政审批事务中具体化，不断优化一站式服务，提出政务“服务零距离”理念，简化办理流程，积极推进证书文书邮寄、船员证件网上申办、船名核准等4项行政审批“当日办结制”服务举措，同时结合业务服务系统，深入推广电子政务应用。

【九江海事局精准实施通航水域分级监管，严防发生事故】 通过实施重点水域大屏警示、现场监管维护等措施，船艇动起来，警灯亮起来，高频响起来，成为九江海事局实施通航水域分级监管的有效措施，通航水域实施分级监管后，事故总件数下降了20%，碰撞事故下降了20%。通航水域分级管理工作对保障水上交通安全成效明显。

【九江海事局提高监管现代化，提升预防预控能力】 一是建成远程高频VHF系统、视频监控CCTV（固定31个、流动13个）和电子巡航AIS系统，基本实现128千米可听到、可看到、可控到；二是构建视频通信平台，已经建成长江海事局、九江海事局、基层海事处三级视频会议、会商、调度系统；三是正在建设雷达交管VTS系统，实施与电子巡航的双重监控，启动运行后，实现80千米的覆盖面；四是针对马南水道的特点，在彭泽小孤山执法大队和棉外洲尾设置2块大型LED发光警示标志，加强重点水域过往船舶安全警示。

【九江海事局加强水工监督管理，配合政府规范港口生产秩序】 一是严格把关，规范水工行政许可。通过参加九江岸线领导小组会议，掌握水工项目信息，加强与港口、航道等部门的横向联系和沟通，争取通航管理主动权。积极参与航道通航条件影响评价活动，始终把握港口规划、航道评价、岸线批复、施工图审批等水上水下活动许可关键环节。完成安九铁路大桥、红光综合码头等施工许可。二是主动作为，服务沿江经济建设。主动向建设单位、设计单位、施工单位及政府有关部门宣传水工管理相关法律法规，为相对人提供高效便捷服务，对符合港口规划、满足通航条件的工程建设提供优化改进意见。九江海事局指导建设单位科学制度施工方案，实施交通管制，完成张家洲架空电缆和马当架空电缆的维修及湖口风电架空电缆铺设。三是配合地方政府建设最美岸线。配合港口管控岸线，保护原始生态，配合港口部门整治非法码头，制止船舶在非法码头停泊作业，积极配合地方政府和港口管理码头提升完善工作。

【九江海事局保生态护环境，深入促进美丽长江建设】 把好危化船货进出关，C类船舶到港检查率100%。2018年，维护危险品船舶600余艘次。开展对危险品船舶、码头作业和船舶污染物接收单位的日常检查，配合港航部门取缔庐山市某航运公司危险品运输资质。积极宣贯新法新规，开展公司监督检查及宣教。落实船舶载运危险货物安全专项整治、固体废物非法转移倾倒运输排查整治、饮用水源保护区船舶航行作业监督检查、船舶生活污水防治等专项活动。

【南昌海关积极支持融入国家战略，助力江西省口岸开放提升】 南昌海关积极融入“一带一路”建设，全力推动通关提速提效，积极探索实践“进境与沿海同价到港、出境与沿海同价起运、通关与沿海同样效率”。助力赣州港至盐田港“海丝路”班列双向开通，支持赣欧班列双向对开、常态运行，全年监管服务中欧班列202列，同比增长8.18倍；支持江铃汽车、洪都航空等航空、汽车制造和江中药业等生物医药企业“走出去”开展项目共建，参与“一带一路”基础设施建设。2018年，江西省对“一带一路”国家进出口901.9亿元，同比增长15.2%，占全省进出口总值28.5%，比重同比提升2.5个百分点。支持参与长江经济带发展，助推九江打造区域性航运中心，九江综合保税区获批设立，九江口岸获批建设进口肉类口岸；九江粮食口岸的运营，节约了企业15%左右的运输成本和20天左右的供货周期，全年进口粮食3.4万吨，货值6 298万元。支持赣南等原中央苏区加快振兴，指导支持赣州港建设，获批汽车整车进口口岸、进境肉类指定口岸；支持赣州加工贸易梯度转移重点承接地建设，龙南保税物流中心通过国家验收、正式运营，批准设立赣南地区首家公用型保税仓库并正式开办业务，赣州综合保税区全年进出口4.76亿元。在稳定南丰蜜橘、白莲等农产品远销国外的基础上，指导帮助抚州蔬菜顺利出口至俄罗斯。支持南昌市构建开放型经济新体制综合试点试验，继续试点加工贸易自核单耗管理，开展保税展示交易业务并允许采取电子化分段担保方式等5项措施；推动南昌获批建设跨境电子商务综合试验区，加快推进国际邮快件监管中心建设。积极争取海关总署支持，南昌空运口岸获批实施境外旅客购物离境退税政策；支持南昌昌北国际机场新增、加密航线，加快发展航空货运，2018 年监管进出境飞机 4 615 架次，进出境人员 80 万人次，同比分别增长 7.83%、21.49 %。

【南昌海关持续释放海关机构改革红利，优化江西省营商环境】 全力推动江西省 11 个设区市实现海关机构全覆盖，稳步推进关检业务融合，办事服务窗口实现了“一口对外、一次办理”。进出境旅检环节由 11 个整合优化为 5 个，企业通关申报项目由 229 个精减为 105 个，随附单据由 74 项整合为 10 项，监管证件由 102 项归并为 64 项。全力促进口岸提效降费，围绕江西省委、省政府关于口岸开放提升决策部署，研究制定了 5 方面 20 项措施。整合优化通关流程，推动“一次申报、分步处置”“提前申报”“先验放后检测”改革。2018 年 12 月，江西省进口整体通关时间 24.42 小时，当月压缩 83.73%，压缩比居全国第 6 位，出口 2.64 小时，当月压缩 89.42%，压缩比居全国第 9 位。2018 年国际贸易“单一窗口”货物申报率达到 100%；推广“互联网 + 海关”一体化平台，海关行政审批事项全部通过平台申请，企业单证全部通过网上申报；企业 99.75% 的报关单实现了无纸化，98.4%的税费实现了电子支付，排名全国第 10 位，82.2%的税费实现了足不出户、自报自缴，排名全国第 4 位。指导企业充分用好税收优惠政策，全年帮助企业享受税收优惠 25.3 亿元，其中，为江西省企业审批减免税税款 1.8 亿元，帮助 1 156 家出口企业享受国外原产地关税减免约 22 亿元，帮助江西省享受 10 项自由贸易协定优惠进口 4.2 亿美元，实际税款减让 1.5 亿元。集中汇总纳税政策每月为企业节省资金占用约 5.3 亿元，关税保证保险试点每年为企业节省成本 4 000 万元。全力支持民营企业发展，积极扶持培育 118 家民营企业成为 AEO 企业，享受我国与 35 个签署了 AEO 互认安排国家的通关便利措施，查验率平均降低 70%，通关时间平均缩短 50%。提交的“提高甜菊糖苷出口退税率”税政调研建议获得国家采纳，出口退税率由 9% 提高到 13%，每年为赣南相关民营企业增加收益 3 000 余万元。研究欧盟各国对观赏乌龟的技术性壁垒要求，帮助民营企业出口 8 批次 2.5 万只观赏龟到德国、意大利等国。2018 年，江西省民营企业进出口 2 068.5 亿元，同比增长 3%，占全省进出口总值的 65.4%

【南昌海关筑牢国门安全“防护网”，有力维护经济生态社会安全】 维护国门生物安全，严查外来有害生物入侵，帮助江西成为全国首个按照世界卫生组织标准通过消除疟疾终审评估的省份。2018 年截获进境植物有害生物 1 229 批、3 055种次，属江西口岸首次截获的有 10 种次；处置入境群体性突发公共卫生事件 4 起，确诊各类传染病 45 例，同比增长 41.4%。做好“大闸蟹二噁英超标事件”的应对工作，顺利保障大闸蟹输台。维护外贸秩序和社会安全，开展“国门利剑 2018”“蓝天 2018”“禁毒三年大会战”等专项联合行动。立案侦办刑事案件 23 起，案值 1.18 亿元；行政立案 164 起，案值 2.12 亿元。查处走私毒品进境案 3 起，查获大麻 25.56 公斤、冰毒 2 公斤、氯胺酮 1 公斤。立案走私疫区活牛案 2 起，走私疫区生猪案 1 起，查证活牛 1.2 万余头、生猪 300 余吨。强化进出口危险货物检验监管，检出不合格进出口工业品 825 批次。强化固体废物监管，对进口废纸 100% 先期机检，全年立案侦办“洋垃圾”走私案 13 起，其中海关总署一级、二级挂牌督办案件各 1 起，查证涉案固体废物 2.46 万吨，对 1 400 多吨问题矿产品实施退运。严防死守非洲猪瘟疫情，加大口岸查验检疫力度，强化对供港生猪注册养殖场的监督管理，驻场监管加班加点 932 人次，有效保障生猪安全供港 25.2 万头。

【南昌海关充分发挥海关职能优势，加强统计服务和监测预警】 支持妥善应对中美贸易摩擦，综合运用关税和技术性贸易措施，发挥统计监测预警作用，助力江西企业“走出去”。每月跟踪对美贸易监测预警，开展专题调研分析。每月对全省外贸运行进行动态分析研判，积极为江西省委省政府及各地市提供决策参考。为赣江新区、赣南苏区等区域量身定制“一对一”的统计监测预警和分析服务。对江西省铜、钢铁、稀土、光伏、特色农产品等特色优势产业开展统计分析，及时预警国际市场情况。全年报送分析类文章26篇、综合性专报35篇。

【口岸大通关建设】 一是全面优化通关环境。南昌海关以T1航站楼转场为契机，全面加强科技边检建设：出入境各建设7条自助查验通道，通道数量由原来的13条增至26条；启用6个新式智能化验证台，均安装应用生物特征比对系统，配备前置指纹采集机4台，缩短外国旅客一半的通关时间。目前，新执勤现场已达到国内一流边检执勤现场建设水平，为出入境旅客创造了安全、舒适、快捷的通关环境。二是提升货运通关效率。积极对接南昌昌北国际机场区域性智慧空港物流中心建设目标，成立货运查验专项小组，研究制定《国际货运包机勤务方案》，与货运公司建立信息双向通报机制，确保各项工作无缝对接；积极构建一次性联合检查大通关机制，优化流程、整合资源，有效缩短了国际货运航班的停留时间。2018年，共保障南昌—中国香港、南昌—比利时货运航班130架次，助力了南昌昌北国际机场年度8万吨货邮吞吐量目标的顺利完成。三是加强人才队伍建设。为有效应对口岸发展形势，以全能型检查员培训和外出培训工作为抓手，深入推进“四化”边检队伍建设，组建边检业务教官团，统筹推动培训工作开展，有针对性地遴选、培养一批优秀骨干朝着专家型、复合型检查员发展，打造队伍标杆。

开放口岸

【南昌空运口岸（南昌昌北国际机场）】 1990年3月5日，国务院以《国务院关于同意开放南昌机场的批复》（国函〔1990〕19号）批准南昌机场对外开放。南昌昌北国际机场原址在南昌向塘机场，1999年9月搬迁至南昌市新建区境内。南昌昌北国际机场与昌九高速相连，距离市中心23千米，占地面积为15平方千米，跑道3 400米，可起降包括空客A380的所有机型，有46个停机位、近2 000个停车位。T1航站楼为国际候机楼，面积为2.7万平方米。T2航站楼为国内候机楼，面积为9.66万平方米，主楼宽222.4米，进深90米。南昌昌北国际机场在南昌市区设有2个城市候机楼，在九江、抚州、新余、景德镇、上饶等市设有异地城市候机楼，南昌昌北国际机场地空联运网络已基本覆盖机场东、西、北向的主要客源市场。

2018年，南昌空运口岸出入境人员80.07万人次，同比增长21.39%；出入境飞机4 620架次，同比增长7.9%。江西航空旅客吞吐量173.46万人次，运输架次12 862架次，货邮吞吐量8 680.6吨。

【九江水运（河港）口岸】 1980年2月14日，经国务院批准，九江港正式对外开放。九江水运（河港）口岸位于长江中下游结合部南岸、江西省北端的九江市，拥有长江岸线152千米，对外开放口岸线40余千米。

九江水运（河港）口岸现有已开放码头6座、锚地2个。

九江水运（河港）口岸开放码头、锚地一览表

码头名称	类别	开放状态	基本情况
214码头	一类	已开放	多用途5 000吨级泊位1个，年吞吐能力100万吨以上、200万吨以下
三角线码头	一类	已开放	散货2 000吨级泊位各1个，年吞吐能力100万吨
外贸码头	一类	已开放	散杂件、集装箱5 000吨级泊位3个，年吞吐能力90万吨
油品码头	一类	已开放	油品专用5 000吨级泊位6个，年吞吐能力240万吨

续表

码头名称	类别	开放状态	基本情况
中建万佳码头	一类	已开放	液化气专用 3 000 吨级泊位 1 个，年吞吐能力 10 万吨
城西港码头	一类	已开放	5 000 吨级泊位 2 个，年吞吐能力 30 万标箱（2014 年 12 月通过国家验收）
联检锚地		已开放	姚港锚地、新港锚地

2018 年，九江河港口岸外贸进出口运量 1 518.28万吨，同比减少 9.29%。其中水运直接进口 113.02 万吨，同比减少 22.94 %；水运直接出口 142.72 万吨，同比减少 19.62%；水运中转进口 48.15 万吨，同比增加 3.94%；水运中转出口 28.59 万吨，同比减少 25.73%。铁路中转外贸进出口运量 76.10 万吨，同比增加 142.93%。集装箱船舶完成 4 641 航次，同比减少 165 个航次。集装箱吞吐完成 429 274 标箱，同比增加 28.24%。

2018 年，九江口岸集装箱吞吐量完成 16.48 万标箱，同比下降 11.18%。

2018 年，九江河港口岸运行呈现如下特点：一是集装箱吞吐量快速增长，中转箱及本地外贸箱双线拉升，中转箱增长尤为明显。二是集装箱班轮稳定运行。三是航线趋于密集，自九江城西港始发班轮 5 班，其中九江始发至上海洋山港每周 3 班，九江始发至上海外高桥每周 2 班，九江始发至重庆每周 1 班。九江—岳阳—武汉中三角航线每周 1 班。昌九小支线“天天班”。九江至洋山港集装箱班轮运营情况良好，2018 年，九江至洋山港共计运营 139 班，共载货 12 426 重标箱。其中，1 月 12 班，共载货 1 059 重标箱；2 月 9 班，共载货 912 重标箱；3 月 14 班，共载货 1 002 重标箱；4 月 11 班，共载货 1 001 重标箱；5 月 12 班，共载货 952 重标箱，6 月 11 班，共载货 701 重标箱；7 月 10 班，共载货 615 重标箱；8 月 12 班，共载货 1 209 重标箱；9 月 13 班，共载货 1 301 重标箱；10 月 11 班，共载货 1 192 重标箱；11 月 11 班，共载货 895 重标箱；12 月 13 班，共载货 1 587 重标箱。

2018 年江西省口岸大事记

1 月 12 日

江西省委常委、常务副省长毛伟明在《江西省进出口海关初步统计表》上批示：“请商务厅阅并防止趋势性下降。”

2 月 7 日

南昌海关缉私局侦查处被人力资源保障部、海关总署评为“全国海关系统先进集体”。

2 月 24 日

南昌海关被中共江西省委全面深化改革领导小组表彰为 2017 年度江西省全面深化改革工作先进单位。

2 月 28 日

南昌海关被江西省直机关工委表彰为 2017 年度省直机关党的工作“特别优秀单位”。

3 月 13 日

原国家质检总局同意江西赣州港筹建进口肉类指定口岸（国质检食函〔2018〕91 号）。

3 月 15 日

江西省委常委、秘书长刘捷视察龙南保税物流中心。

3 月 16 日

海关总署批复同意龙南保税物流中心（B 型）通过验收。

3 月 26 日

江西省副省长吴忠琼到赣州港及赣州综合保税区调研。

4 月 20 日

原江西检验检疫系统统一以南昌海关名义对外开展工作。

4 月 20 日

南昌海关作出首票海关预裁定。

4 月 28 日

海关总署副署长、政治部主任胡伟在海关总署接见南昌海关“全国五一劳动奖章”获得者张彦敏。

5 月 11 日

南昌海关红谷滩办公区揭牌。

5 月 11 日

江西省顺利通过国家消除疟疾终审评估，成为全国首个按照世界卫生组织标准通过消除疟疾终审评估的省份。

5 月 26 日

海关总署署长倪岳峰视察南昌海关，赴红谷滩办公区调研机构改革情况。

5 月 26 日

海关总署署长倪岳峰视察现场业务处，并到南昌综合保税区报关综合大厅调研。

5 月 26 日

海关总署党组成员、国家口岸办主任、办公厅主任张广志检查指导南昌海关“补短板、转作风、提效能”专项活动开展情况。

6 月 1 日

南昌海关根据海关总署统一部署全面取消“入/出境货物通关单”。

6 月 19 日

龙南保税物流中心（B 型）正式封关运作。

7 月 3 日

国家自然资源部党组成员张德霖一行视察南昌综保区报关大厅。

7 月 13 日

国务院常务会议研究决定，南昌获批设立跨境电商综合试验区。

8 月 1 日

关区实现报关单、报检单合二为一，申报单证、作业系统、风险研判、指令下达、现场执法“五统一”基本实现。

8 月 2 日

江西省政府印发南昌海关牵头起草的《江西省完善进出口商品质量安全风险预警和快速反应监管体系切实保护消费者权益工作实施方案》。

8 月 19 日

江西省副省长吴忠琼到南昌昌北国际机场调研 T1 航站楼改造情况。

9 月 1 日

南昌海关在全国各直属海关中率先实现机关所有部门异地办公、综合部门合署办公。

9 月 4 日

国务院批复同意九江出口加工区整合优化为九江综合保税区（国函〔2018〕114 号）。

9 月 5 日

南昌海关报送的“提高甜菊糖苷出口退税率”税则调整建议被国务院关税税则委员会采纳。

9 月 18 日

南昌海关牵头组织对井冈山出口加工区核减规划面积开展联合验收工作。

9 月 30 日

南昌海关关长张格萍陪同江西省委书记刘奇到南昌综保区调研。

10 月 8 日

国务院办公厅批复同意赣州铁路集装箱场站为汽车整车进口口岸（国办函〔2018〕67 号），系江西省首个汽车整车进口指定口岸。

10 月 15 日

赣州海关辖区首家保税仓库建设完毕，经审查验收合格，准予注册登记。

11 月 2 日

江西省政协副主席、抚州市委书记肖毅到南昌海关调研。

11 月 3 日

海关总署批复同意井冈山出口加工区核减规划面积验收结果。认为该加工区经核减后 0.48 平方千米围网范围内基础和监管设施符合有关规定和要求，同意通过验收。

11 月 3 日

南昌海关技术中心被海关总署评为首批具备非洲猪瘟监测资质的海关系统实验室。

11 月 6 日

南昌海关关税保证保险试点工作在关区落地。

11 月 7 日

南昌海关缉私局刘平同志被评为第七届“江西十大法治人物”。

11月12日

江西省委副书记、省长易炼红到南昌口岸视察。

11月13日

南昌海关缉私局党总支、现场业务处党支部被海关总署党委评为全国海关基层党建示范品牌、培育品牌。

11月19日

江西省委书记刘奇到赣州综保区、赣州港考察调研。

11月19日

江西省全面推广“海关专用缴款书”企业自行打印改革，企业可通过互联网自行完成税单打印。

12月12日

国际快件监管中心开工建设。

12月13日

海关总署副署长、政治部主任胡伟到赣州海关调研。

12月14日

海关总署下发《海关总署关于南昌海关职能配置、内设机构和人员编制规定的通知》，核定南昌海关设立14个隶属海关、9个派驻纪检组，实现隶属海关全省各地市全覆盖。

12月25日

经江西省政府申请并报财政部、海关总署和国家税务总局备案，南昌空运口岸获批境外旅客购物离境退税政策。

（撰稿人：江斌、彭洁、朱翌华、吴钊）

2018 年江西省口岸流量统计表

口岸类型		口岸名称	货运量（万吨）				集装箱量（万标箱）				人员（万人次）				交通工具（辆、艘、架、列次）			
			出口	进口	合计	同比（%）	出口	进口	合计	同比（%）	出境	入境	合计	同比（%）	出境	入境	合计	同比（%）
空运口岸		南昌昌北机场			8. 260 0	58. 060 0							80. 070 0	21. 390 0			4 620	7. 900 0
		分计																
陆路口岸	公路口岸	公路口岸作业区	260. 229 9	92. 256 4	352. 486 3	63. 610 0	7. 167 8	7. 506 3	14. 674 1	31. 690 0								
		分计																
	铁路口岸	铁路口岸作业区	109. 193 3	6. 259 2	115. 452 5	9. 700 0	5. 9 405	4. 698 6	10. 639 1	5. 780 0								
		分计																
水运口岸	海港口岸																	
		分计																
	河港口岸	九江港	142. 715 5	113. 024 9	255. 740 4	－21. 120 0	9. 240 0	7. 240 0	16. 480 0	－11. 180 0								
		分计																
合计																		
同比（%）																		

（江西省口岸办提供）

2018年江西省口岸出入境主要数据表

<table>
<tr><th colspan="3">项目</th><th>2018年</th><th>2017年</th><th>同比（%）</th></tr>
<tr><td rowspan="13">出入境人员（人次）</td><td colspan="2">出入境人员总数</td><td>800 720</td><td>659 613</td><td>21.39</td></tr>
<tr><td colspan="2">入境人员</td><td>399 936</td><td>328 236</td><td>21.84</td></tr>
<tr><td colspan="2">出境人员</td><td>400 784</td><td>331 377</td><td>20.95</td></tr>
<tr><td colspan="2">出入境旅客</td><td>761 565</td><td>622 794</td><td>22.28</td></tr>
<tr><td colspan="2">出入境员工</td><td>39 155</td><td>36 819</td><td>6.34</td></tr>
<tr><td rowspan="5">中国公民</td><td>小计</td><td>766 921</td><td>634 629</td><td>20.85</td></tr>
<tr><td>内地居民（因公）</td><td>1 120</td><td>5 550</td><td>-79.82</td></tr>
<tr><td>内地居民（因私）</td><td>652 383</td><td>512 531</td><td>27.29</td></tr>
<tr><td>港澳居民</td><td>19 047</td><td>19 482</td><td>-2.23</td></tr>
<tr><td>台湾同胞</td><td>94 371</td><td>97 066</td><td>-2.78</td></tr>
<tr><td colspan="2">外籍人员</td><td>33 799</td><td>24 984</td><td>35.28</td></tr>
<tr><td colspan="2">从河港出入境人数</td><td>0</td><td>13</td><td>-100.00</td></tr>
<tr><td colspan="2">从空港出入境人数</td><td>800 720</td><td>659 600</td><td>21.39</td></tr>
<tr><td rowspan="3">交通运输工具（辆、艘、架、列次）</td><td colspan="2">总计</td><td>4 620</td><td>4 282</td><td>7.89</td></tr>
<tr><td colspan="2">船舶</td><td>0</td><td>1</td><td>-100.00</td></tr>
<tr><td colspan="2">飞机</td><td>4 620</td><td>4 281</td><td>7.92</td></tr>
</table>

（江西出入境边防检查总站提供）

2018 年南昌海关主要数据统计表

项目		2018 年	同比（%）
进出口货运量（万吨）	合计	1 792.2	12.73
	进口	1 580.5	14.13
	出口	211.7	3.32
进出口贸易总值（万元）	合计	31 649 306	5.11
	进口	9 407 929	17.29
	其中：江海运输	5 629 344	9.77
	铁路运输	35 343	70.38
	汽车运输	2 690 358	61.81
	航空运输	1 052 715	-12.94
	邮件运输	166	48.54
	其他运输	3	-91.63
	出口	22 241 377	0.68
	其中：江海运输	18 201 414	1.05
	铁路运输	195 660	-12.14
	汽车运输	2 984 356	3.54
	航空运输	858 763	-11.62
	邮件运输	3	-81.26
	其他运输	1 181	1.36
税收（万元）	两税合计	993 585	15.58
	关税入库	67 204	-1.22
	进口环节税入库	926 381	17.02
货物检验检疫（批次）	本年累计	60 865	-2.80
	其中：出境	53 020	5.70
	入境	7 845	-35.00
货物检验检疫金额（万美元）	本年累计	394 425	-3.10
	其中：出境	266 700	7.90
	入境	127 725	-13.90

（南昌海关提供）

2018 年九江海事局进出港船舶统计汇总表

船舶类别	进港船舶							出港船舶						
	艘数（艘次）	总吨（吨位）	总载重量（吨）	载客量（客位）	船员人数（人次）	货物到达量（吨）	旅客到达量（人）	艘数（艘）	总吨（吨位）	总载重量（吨）	载客量（客位）	船员人数（人次）	货物发送量（吨）	旅客发送量（人）
总计	51 012	83 672 188	48 687 459	2 510 930	659 585	39 240 015	1 508 000	49 654	80 592 992	63 208 843	369 240	642 156	54 553 945	1 517 500
中国籍船舶	51 012	83 672 188	48 687 459	2 510 930	659 585	39 240 015	1 508 000	49 654	80 592 992	63 208 843	369 240	642 156	54 553 945	1 517 500
其中外贸船	无													

（九江海事局提供）

2018年江西省指定口岸/查验场统计表

省、自治区、直辖市	序号	指定口岸/指定查验场名称	口岸类别	指定口岸类别	批复时间	备注
江西省	1	九江港	内河	粮食	2015年12月25日	
	2	九江港	内河	肉类	2016年9月19日	
	3	赣州港	铁路	肉类	2018年3月13日	
	4	赣州港	铁路	整车	2018年10月9日	

（江西省口岸办提供）

山　东　省

口岸数量及分布

截至2018年年底，山东省共有国务院批准的对外开放口岸18个。其中，空运口岸4个，分别是青岛空运口岸（青岛流亭国际机场）、济南空运口岸（济南遥墙国际机场）、烟台空运口岸（烟台蓬莱国际机场）和威海空运口岸（威海大水泊国际机场）；水运（海港）口岸14个，分别是青岛、烟台、石臼、威海、龙口、岚山、蓬莱、莱州、石岛、龙眼、东营、潍坊、董家口（暂未启用）、滨州（暂未启用）海港口岸。

口岸运行数据

2018年，山东省水运（海港）口岸货物吞吐量151 919.4万吨，同比增长8.09%。外贸进出口货物86 225.37万吨，同比增长7.58%。其中，进口69 987.01万吨，同比增长6.21%；出口16 238.36万吨，同比增长13.90%。国际集装箱吞吐量2 266.57万标箱，同比增长6.58%。其中，入境1 106.58万标箱，同比增长5.12%；出境1 159.99万标箱，同比增长8.00%。从进出口大宗货物看，进口运量最大的是铁矿石，为24 899.17万吨，同比下降3.36%；进口增幅最大的是化肥，为179.39万吨，同比增长24.68%；出口运量最大的是钢铁，为678.23万吨，同比增长3.63%；出口增幅最大的是铁矿石，为417.45万吨，同比增长1 181.31%。

2018年，山东共有空中国际（地区）客货航线76条，其中新增12条。国际航线出入境飞机44 720架次，同比增加13.78%。山东各口岸积极开辟新的国际航线，增加航班密度。全年出入境旅客768.39万人次，同比增长21.62%。其中，入境382.23万人次，出境386.16万人次。空运口岸出入境旅客648.98万人次，同比增长22.67%；其中，青岛空运口岸出入境旅客395.18万人次，济南空运口岸出入境旅客117.18万人次，烟台空运口岸出入境旅客78.41万人次，威海空运口岸出入境旅客58.21万人次。

2018年山东省各市进出口统计表

	进出口		出口		进口	
	金额（亿元）	同比（%）	金额（亿元）	同比（%）	金额（亿元）	同比（%）
总值	19 302.5	7.7	10 569.6	6.1	8 732.9	9.7
济南市	870.5	13.7	564.7	11.1	305.7	19.0
青岛市	5 316.1	5.8	3 167.1	4.8	2 149.0	7.3
淄博市	950.7	35.9	416.8	12.0	533.9	63.0
枣庄市	105.5	5.4	98.5	11.8	7.0	-41.4
东营市	1 627.2	20.2	368.2	10.3	1 259.0	23.5
烟台市	3 047.6	-1.3	1 767.0	1.9	1 280.6	-5.4
潍坊市	1 623.4	11.1	1 036.3	9.6	587.1	13.9
济宁市	423.8	3.4	218.6	-7.6	205.2	18.4
泰安市	157.5	4.6	124.2	7.3	33.2	-4.4
威海市	1 389.8	-1.1	911.7	6.9	478.1	-13.5
日照市	894.9	-1.5	405.7	16.1	489.2	-12.5
莱芜市	111.0	4.2	72.0	3.0	39.0	6.4
临沂市	673.8	1.2	532.4	8.3	141.5	-18.8

续表

	进出口		出口		进口	
	金额（亿元）	同比（%）	金额（亿元）	同比（%）	金额（亿元）	同比（%）
德州市	292.8	19.3	187.7	4.5	105.1	59.6
聊城市	487.0	6.2	243.2	4.0	243.8	8.3
滨州市	818.4	21.5	303.9	12.5	514.5	27.6
菏泽市	512.5	26.5	151.6	-3.2	360.9	45.2

表注：按行政序列排序。数据来源于青岛海关网站。

口岸综合管理

【口岸管理规范化建设不断增强】 一是加快推进口岸开放管理制度化、规范化建设。承办国家口岸办组织的全国口岸业务培训班，全国各省、自治区、直辖市和计划单列市口岸系统 60 余人，山东省口岸系统和查验单位 120 余人参加培训。严格按照“四个办法、一个标准”依法依规推动口岸开放和“单一窗口”建设，开展部门规范性文件和口岸行政权力事项清理。梳理涉及口岸、打私工作规范性文件 7 个，经研究宣布失效 2 个，继续执行 5 个。梳理省级口岸行政权力事项 6 项，其中“一次办好”事项 3 项，行政处罚权力事项 3 项，并及时进行公示。二是以规范化为保障，顺利实现一批码头泊位对外启用。做好开放范围内新增涉外作业点正式对外启用工作，全年完成 3 个港口、12 个泊位对外启用。做好开放范围内码头临时对外启用工作，协调推动日照港岚山港区 30 万吨级原油码头二期工程、岚桥港 30 万吨级矿石专用泊位、石臼港区南作业区 5 号和 6 号通用泊位对外临时启用。做好口岸临时开放工作，完成 2 个机场、3 批次临时开放审查报批，实现 2 个港口、2 批次，共 56 个泊位临时开放。推动口岸正式开放前准备工作。积极沟通协调相关查验单位，推动解决青岛董家口港开放、烟台港口岸扩大开放存在的难点堵点。指导滨州港对外开放和日照石臼港、岚山港整合扩大开放准备工作。协调推进临沂机场开放准备工作，启动了正式开放申请报批程序。三是做好肉类等特定商品指定口岸申建工作。指导完成济南维尔康进口肉类指定查验场、潍坊进口澳大利亚肉牛项目、临沂综合保税区进口肉类指定查验场验收申请工作，积极推进青岛胶东国际机场进口肉类指定口岸的申建。部署做好非洲猪瘟防控工作，各口岸建立联防联控机制，加强口岸检查检验，强化沿海非设关地检查。

【优化口岸营商环境专项行动取得显著成效】 一是整体通关时间得到有效压缩。深化通关改革，优化作业流程。推动通关环节“串联”改“并联”，全面推进货物监管“查检合一”，实施关检场地、人员、设备、卡口、业务、物流“六个整合”，相关业务流程由 12 个环节缩减至 6 个，提高作业效率 30%。在山东省所有港口全面推行海关、边检、海事一次性联合检查。取消青岛港出口集装箱限时集港模式，卡口 24 小时面向出口企业开放，出口货物实现直接集港。大力推行提前申报，青岛海运口岸进口提前申报比率由以往不足 3% 上升至 15.9%。推动承诺作业时限。青岛港承诺进口货物提离时间控制在 30 分钟以内；关港合作实施“411”查验作业机制，做到查验指令发出后 4 小时内查验集装箱到位，落箱后 1 小时内实施查验作业，查验完毕 1 小时内集装箱移出查验区。推动相关单证简化和无纸化。做好监管单证简化和联网核查工作，需在口岸验核的单证由 86 种减少为 48 种，除 4 种特殊单证之外全部实现联网核查。2018 年 12 月，全省进口整体通关时间 47.01 小时，压缩比 53.39%；出口整体通关时间 6.94 小时，压缩比 68.15%，提前完成国务院“到 2021 年年底，整体通关时间比2017年压缩一半”的目标任务。二是建立机制，进出口合规成本得到有效降低。规范公示，营造公开透明收费环境。组织编制并公布了《山东省口岸进出口环节收费目录清单（政府性基金、政府定价和政府指导价部分）》；规范港口经营人收费项目清单，推动企业在作业现场和“单一窗口”公示口岸收费清单，公示范围涵盖全省所有口岸和通关作业环节（海运、航空、铁路场站）。大力推动口岸降低收费标准。青岛港在2018年年初下调集装箱装卸作业包干费95元的基础上，9月份调整21项收费，同时推出“全程物流阳光价格”，两项措施综合测算每箱降费319元，按一年计算可降费3亿余元。青岛口岸场站、船公司（船代）跟进降低部分项目收费标准。青岛空运口岸将货站地面服务收费26项压减为14项。济南机场公司针对空运货物实行4~9折优惠减免。山东高速国储物流场站中欧班列基本操作费实行4折左右的优惠减免。减负增效，搞好政策性费用减免。在山东省继续推进免除海关查验没有问题集装箱吊装移位仓储费用全面试点，全年为外贸企业免除费用近1亿元，惠及企业近2万家。海关在关检合并后继续执行停征、减征检疫处理费、实验室委托检测费等措施。三是依法规范，口岸市场秩序得到有效改进。着力整治口岸垄断收费、强制收费、变相收费等价格违法行为。价格监督部门共派出执法人员430人次，检查各类口岸经营服务企业180余家。青岛市全面排查口岸涉黑涉恶线索，梳理2017年以来涉港警情和案件101起，开展海上联合执法58次，清理船只371艘。

【国际贸易“单一窗口”建设全面加快】 一是顺利实现“单一窗口”关检融合统一申报改革。针对通关体制改革关检融合实施新报关单改革的新形势，推动平台于2018年8月1日按期顺利切换。协同青岛海关、济南海关在山东省17市分片轮训，实现企业培训“全覆盖”，建立“单一窗口”关检融合整合申报应急保障机制，保障改革在全省平稳顺利实施。二是不断拓展“单一窗口”申报功能。“单一窗口”标准版应用系统达到17个，涵盖信息申报、企业资质、许可证办理、税费支付四大类跨境贸易功能。进一步规范“单一窗口”界面、参数和用户管理，坚持全面监控、实时跟踪、安全运维。开通“单一窗口”全国统一服务热线“95198”，确保系统全天候不间断运行。三是积极推进“单一窗口”推广应用。组织依托各市口岸部门力量，大力推进“单一窗口”标准版推广，全年共组织17市分片轮训122场次、6 544家企业、8 174人次。通过建立微信工作群等方式，及时听取一线企业和有关部门意见建议，不间断发布“单一窗口”试点统计日报。中国（山东）国际贸易“单一窗口”注册企业1.4万余家，服务外贸企业近9.2万余户，货物申报、船舶申报、海运舱单和空运舱单申报4项主要申报功能覆盖率达到100%。四是创新实施山东电子口岸特色服务功能。开发口岸物流协同系统。发挥山东电子口岸的身份认证优势和青岛港物流信息平台优势，在全国首次创立通关环节提货单和集装箱设备交接单2个关键物流单证电子化流转新模式，改变企业以往人工多次“跑单”状况，实现通关物流环节“只跑一次腿”，节省通关时间80%以上。实现船舶无纸化申报功能。除船员证等极个别证件外，在全省所有水运口岸实行国际航行船舶通关无纸化，共取消51类、79个纸质申报单证。试运行查验集装箱统计系统。针对关检融合带来的变化，迭代提升海关查验无问题集装箱免除吊装、移位、仓储费用统计系统，在全省试运行。另外还开发上线山东口岸统计监控系统，规划危化品进出口申报监管系统等。

口岸监管与服务

【山东出入境边防检查总站全警全力做好峰会安保工作】 一是指挥体系务实高效。设立边检安保指挥部，加强对边检安保工作的统筹谋划、统一领导和集中指挥，围绕边检查控、礼遇通关两大任务，研究制定30余项具体措施，确保边检安保工作有序推进和圆满完成。健全内设机构，完善工作制度，抽调青岛机场等 8 个边检站骨干力量，成立综合协调、信息研判、业务指导、梅沙保障等职能组，制定实施视频点调等工作措施，实现峰会边检安保工作快速决策。二是专包机服务精益求精。组建专包机特勤队，按照“一国一方案”标准细化勤务流程，编印“一人一手册”明确责任分工，确保逐人定岗定责。推行证件交接“四个一”模式，提供“流水线、一站式”服务，展现勤务精细化水平。加强与外交、警卫等部门对接，开展全要素、全流程演练，畅通联络渠道，理顺工作流程。三是梅沙系统运维保障有力。筹建梅沙专家服务队和梅沙应急装备库，加强技术保障和硬件支持。组建 6 人梅沙服务队开展全省巡检，对全省梅沙硬件设备进行全面摸底，集中更换超期设备。邀请广州、深圳总站专家对主备降机场边检站梅沙系统进行重点检查，增设备用数据传输线路，更新梅沙主备服务器，为勤务提供“双保险”。四是加强预警防范，强化协作配合，及时排查消除安全隐患。

【山东出入境边防检查总站聚力创战时勤务模式，打赢实战本领显著增强】 一是坚守边检阵地，稳控“三区”。紧盯口岸限定区。部署开展净港、清零行动，梯次收紧管控措施。加强入鲁入青船舶检查监护，对入鲁船舶严格实施人证对照和船体检查，对省内入青船舶派员随船监护，确保实时动态掌控。在边检执勤现场架设“鹰眼”全景监控和“人脸识别”系统，协调机场公安提前审核口岸限定区域通行资格。做强通关查验区。高标准建设主备降机场专包机查验场地，确保主降、备降勤务“双保障”。完善执法办案区。统一边检询问室、候问室、人身行李物品检查室等场所设置，全面推进执法办案场所智能化升级改造，配备启用 4G 执法记录仪、4G 智能移动警务终端，全程同步录音录像，实现对预查控报警对象、在控对象全程可视监管。二是坚持练好内功，建强“两队”。打造边检服务队。举办两期安保专题培训班，邀请北京总队等业务专家，围绕重大勤务组织、专包机要客检查等内容开展集中培训。派出 16 名业务骨干赴北京总站、海南总队跟班学习，组织两批、57 人参加青岛会务礼宾培训。锤炼核查办案队。培养专兼职核查骨干 30 名，从核查、业务、技术、培训等方面集聚优势力量。三是坚持精准高效，提质实战型指挥中心。在青岛机场边检站整合接入视频会议、视频监控、无线通信、梅沙系统等平台，强化工作对接协调等功能。海港边检站引入船讯网及港口、渔政、轮驳公司等社会资源，通过多种信息化手段对港区、船舶动态实施巡控。空港边检站引入民航航班入出港信息系统，准确掌握飞机和人员动态，实现特殊情况预报预警。

【山东出入境边防检查总站牢树建强基础业务指向，基层基础工作提质增效】 一是抓实基础要素管控。扎实开展边检基础要素管控大清查，组织全省边检官兵深入港区企业、码头一线、执勤现场，摸排登记各类管控要素，初步建成分类精准、信息完备、动态调整的基础要素资源库。试点研发基础要素智能管控系统，搭建智能查询一体化、勤务日志、要素管理等模型，为精密布防、精准研判、精确打击提供信息支撑。二是全面启动全能型检查员培训。落实全能型检查员培养新要求，研究制定培训方案，区分集中培训、专项研讨、实践交流等不同阶段，设立 5 个边检业务协作区，逐步推进实施。部署开展“1 + N”定向交流对口支援，科学调配协作区内警力资源，支援业务量较大边检站勤务，缓解执勤警力紧张问题，提升业务培训实效。三是强化基础业务建设。做大做强旅检、船检两个实训基地，定期召开实地业务研讨会，下发海、空港常遇勤务问题工作指引等规范，为正确处理各类常遇业务问题提供可参照模板。建立边检业务“零报告”制度。完善交叉督查和视频点兵两项机制，升级“边防云”系统梅沙服务器数据定期抓取功能，加大业务考评、网上督导、勤务通报力度，促进各项部署、规定落地落实。

【山东出入境边防检查总站精准对接全省发展战略，持续发力彰显边检作为】 一是加快推进“放管服”改革。研究出台《贯彻落实山东省全面展开新旧动能转换重大工程动员大会精神边检服务六项举措》，积极营造良好口岸营商环境。深化国际贸易“单一窗口”应用，全面实施国际航行船舶无纸化申报，船舶抵港即可作业，为外贸和运输企业提供出入境便利。按照“能联尽联”的原则，实施跨部门一次性联合检查，压缩查验环节和通关时间，实现“串联执法”向“并联执法”转变，提升口岸通关效能。规范行政许可审批，按时启用新版边检机关行政许可标准化文书，切实做到没有法律法规规定的证明事项一律取消。二是大力提升口岸通关效率。加强旅检口岸出入境流量预测分析，系统梳理导致旅客排长队的问题和原因，配套出台《边检机关应对节假日客流高峰工作规范》等制度，探索建立警力出入境互备、高低峰调配、勤务跨区支援机制，实现“警力跟着勤务走”。为全省118台旅检通道安装外国人生物信息采集终端，外国人入境流量较大口岸边检站采购30台自助采集设备，提升通关效率。三是全力支持口岸开放规划。抓住国家重新修订出台口岸准入退出、验收管理、查验基础设施建设标准的有利时机，完善口岸开放会商机制，规范对接审批程序，畅通交流沟通渠道，提高口岸开放审批效率，改善老口岸通关环境，推动边检基础设施和勤务保障标准升级上档。主动跟进对接董家口、海阳港及临沂、滨州、胶州机场等重点项目建设，积极提出警力调配、检查场地等边检配套设施建设意见，力求口岸各项要素尽快达标、尽早启用，全力支持保障岚山、潍坊、蓬莱等7个新增、19个临时开放泊位，6条新增加密航线对外开放。

【山东海事局发挥职能优势，持续优化口岸营商环境】 持续优化完善内部运行机制和政务办理流程，推行“船舶到港零待时”，加大事中事后监管力度，国际航行船舶由“一次申报、二次办理、三次跑腿”变成“无纸申报、数据共享、远程打印、零次跑脚”。一是以国际贸易“单一窗口”建设为抓手，提高信息化通关水平。山东海事局主动调整海事业务流程，在“单一窗口”平台下，开发船舶作业外网申报系统、危险货物申报系统、山东海事政务服务系统和服务热线，积极融入山东“电子口岸”建设。二是以行政相对人需求为导向，推动海事业务流程再造。2018年10月，山东海事局在调研的基础上，全面精简单证数量，规范简化网上申报受理材料，争取辖区所有13个对外开放的口岸全部获准使用电子印章，实现国际航行船舶进出口岸业务“无纸化”办理和船方代理“零跑腿”。三是提升疏港效能，推行船舶“在港零待时”。携手港口、港航、引航等单位全力打造“安全高效港口”，开通“绿色通道”，对大型船舶、重点物资船、LNG船舶、集装箱班轮等优先安排进出港，青岛、日照、烟台等重点港口疏港效能同比提高37%。四是落实“三互”大通关要求，提升国际航行船舶查验效率。建立“联合登临”和“集约登轮”制度，跨部门联合检查成为常态，有效缩短船舶迎检时间和成本。山东海事局与海关、检疫、边防部门联合印发《关于落实国际航行船舶联合登临检查工作机制的通知》，对国际航行船舶全面实施联合登临检查，对进出境运输工具、货物实施“联合查验、一次放行”，不断探索提升口岸通关效率。

交通运输行业推进“交通强国”建设座谈会

【山东海事局多措并举，助推邮轮和海上旅游产业加快发展】 出台《服务国家战略助力山东经济社会发展若干举措》，从平安海区建设、客运安全管理、海事服务保障、绿色航运发展、船员品牌建设和对外交流服务等方面精准施策，助力新旧动能转换，着力推动港航企业转型发展。扶持青岛邮轮母港加快发展，专门出台《服务邮轮和海上旅游休闲产业八项举措》，从港口建设、进出港、客乘人员培训、船舶安全检查和海上休闲旅游等方面，大力助推邮轮和海上旅游产业加快发展。青岛国际邮轮母港开港 3 年来共运营邮轮 287 艘次，接待旅客近 35 万人次，9 月份迎来开港以来首艘 10 万吨级、载客 3 000 人的歌诗达“幸运号”，标志着青岛邮轮旅游进入“大船时代”，11 月运营邮轮 15 艘次，接待旅客超过 3 万人次，创下开港以来单月入境邮轮旅客历史新高，威海港也首次成为国际邮轮始发港，实现新的突破。

【山东海事局圆满完成上海合作组织青岛峰会海事保障工作】 坚持目标上万无一失、部署上一清二楚、行动上一往无前“三个一”总体要求，强化组织、安全、服务“三大保障”，落实海域管控、海上交通管制、船舶专项监管、应急处置准备和海上交通安全整治“五大任务”，圆满完成上海合作组织青岛峰会海事保障工作。活动期间共出动执法人员 21 368 人次，巡航 1 577 次，实施水上交通组织 13 836 次，实现管控不封控、限航不禁航，安全、畅通“两确保、两不误”。

交通运输部督导检查上海合作组织青岛峰会交通运输安全保障工作

【青岛海关优化通关模式，积极支持地方发展】 2018 年，青岛海关以机构改革为契机，不断优化通关模式。出台 13 方面、29 条措施，协助山东省出台提升跨境贸易便利化水平 17 条措施，推广实行进口提前申报、港区预处理指令自动发送、单证电子化等措施，建立通关服务直通车，及时协调处置通关疑难问题，12 月青岛关区进、出口整体通关时间分别降至 48.64 小时、7.51 小时，同比分别缩短 49.63%、65.02%。建成并启用全国水运货物安全准入风险信息数据库，开发“全球港口船舶监控预警平台”，实现对全球商业港口、码头、泊位及船舶的查询展示和监控预警。与中远海运集装箱运输有限公司签署合作备忘录，联合防控危化品伪瞒报等口岸安全风险。顺利完成整合申报业务切换，全面完成运输工具“查检合一”试点推广工作，将查验业务相对集中的区域划分为 26 个查验片区，实行关检混编联合作业，率先在关区海运、空运现场开展新一代查验管理系统试点，对 904 个检验检疫作业场地建立优化整合台账。“智慧监管”1.0 版项目群上线运行，在物流链数据实时获取、作业手续精简压缩等方面取得阶段性成果。积极服务“一带一路”倡议，开展多式联运监管模式改革试点，关区开行国际班列 12 条，监管国际班列 377 列、3.04 万标箱，同比分别增长 94.33%、99.12%。对进口铁矿等 5 个矿种推行“先验放后检测”模式，加快口岸验放效率。简化检验监管工作流程，探索第三方检验结果采信。积极服务海洋强省建设，对海洋科研项目在减免税设备共享、修理返运等方面给予个性化支持。助推港口功能完善，建立“入境检验监管 + 出区验核放行”的保税混矿监管模式，完成保税混矿检验 2 200万吨，居全国首位。支持青岛港海铁联运做大规模，在全国率先开展国际中转集拼业务。加强进境食品农产品指定口岸建设，山东新获批指定口岸 3 个，累计达 25 个，实现各类指定口岸全覆盖。青岛大港、烟台空港和海港、威海空港和海港 5 个口岸高分通过口岸核心能力动态复核。

【青岛海关全面落实总体国家安全观】 青岛海关坚持依法把关，严格履行实货监管、后续管理、综合治税、打击走私、海关统计及口岸公共卫生安全、国门生物安全、进出口商品质量安全、进出口食品安全等职责，当好国门安全守卫者。全力打好非洲猪瘟疫情防控国门保卫战，启动一级应急响应，压实责任，联防联控，严防疫情从国门传入。从严把好口岸公共卫生安全关，认真做好中东呼吸综合征、输入性传染病防控等疫情防控工作，共检出流感、疟疾、诺如病毒感染等病例334例，妥善处置6起口岸突发公共卫生事件。强化动植物检疫，保障进出口商品安全，开展“口岸天平”行动，深入推动进出口食品农产品质量提升，力促山东出口食品农产品过千亿元，连续20年位居全国首位。切实提高风险布控有效性和精准度，强化分析布控、实货查验、规范录入3个环节协同配合，实现查获率持续稳步提升。狠抓口岸实货监管，组建机动巡查小分队，推动机动巡查工作规范化、常态化开展，研究制定全面加强查验领域风险防控工作实施方案，深入开展规范现场查验秩序专项整治。强化综合治税，密切跟踪监测税收进度，定期监控关区欠税情况，确保税收安全。

【青岛海关圆满完成上海合作组织青岛峰会服务保障任务】 建立三级指挥体系，强化监管和应急演练，在检疫防控、供会食品农产品安全、反恐、防爆等关键环节履职尽责，举全关之力保障上海合作组织青岛峰会重大活动圆满成功，获评全省服务保障工作先进集体，被青岛市委、市政府授予二等功1人、三等功3人，17人获评山东服务保障工作先进个人。

【济南海关加强通关监管，成效突出】 固废监管成效突出。固废监管得到海关总署通报表扬，口岸核心能力持续提升，检验防线日益严密，圆满完成上海合作组织青岛峰会安保、中国首届进口博览会备降机场保障等重点任务，加工贸易轮胎专项行动问题查发率达98%。自主开发税况上报系统，建立500万元以上税单提前报备机制，全年税收入库创历史新高。2018年，济南关区监管进出口货运量1.3亿吨，同比增长5.7%；税收入库344亿元，同比增长25.8%，2018年全年实现税收入库344亿元，同比增长25.8%；监管运输工具10 383架艘次，监管进出境人员127.4万人次，同比分别增长27.4%、45.9%；监管行邮物品和快件384.7万件，同比增长32.6%。

【济南海关机构改革业务融合顺利推进】 严格按照海关总署明确的步骤环节和时间节点推进工作，2018年4月20日按期完成人员转隶、换装、授衔，完成各类监管场所、办公场所的改造和标志标牌更换，各现场统一以海关名义对外工作。顺利完成8个业务领域“查检合一”任务，现场关检综合业务融合作业有序推进。实现申报单证、作业系统、风险研判、指令下达、现场执法“五统一”。落实“三定”规定，职能部门组建到位，5个办事处调整为隶属海关，并正式挂牌。

青岛海关、济南海关、原山东出入境检验检疫局机构改革工作第一次联席会议

【济南海关多措并举服务区域经济发展】 大力压缩通关时间。进出口整体通关时间同比分别压缩91.63%和95.49%，分别居全国海关第6位和第8位，创历史最高，跃居全国前列。自主开发通关时效监控分析系统，“提前申报”比率超过40%，高资信企业进口通关时间由20小时压缩至不到1小时。着力为企业提效降费。提报32项提高出口退税率建议，指导企业合理运用原产地规则。启动关税保证保险试点，为36家企业备案271份保单，节约资金占用52.6亿元。助力技术改造和科学研究，为辖区企事业单位免税8.1亿元。关区新增原产地证备案企业2 803家，企业享受税款优惠2.1亿元。“单一窗口”主要申报业务应用率达100%。进出口环节验核监管证件从86种减至46种。助力打造对外开放新高地。促进“齐鲁号”欧亚班列健康发展，全力支持滨州港开放，助力济南、潍坊获批进境食用水生动物和冰鲜水产品、进口肉类等指定口岸。保

障济南至巴黎客运航班、济南至比利时货运航班如期开通。推进海关特殊监管区域整合优化，济南综合保税区获准迁建，潍坊综合保税区北区通过验收。助推潍坊国家农业开放发展综合试验区发展，推出“简化企业备案注册登记”等 5 项支持措施。妥善应对韩国、欧盟对农产品的技术贸易壁垒，惠及省内近 3 亿元的农产品出口。指导 15 家企业通过美国、加拿大、韩国、欧盟检查认证。2018 年，关区宠物食品出口量稳居全国首位，肉类、蔬菜出口量再创新高，分别占全国出口量的 1/6 和 1/8。提升统计服务决策水平，上报监测预警信息 224 篇，连续 5 年获海关总署通报表扬，《改革开放 40 年山东省外贸发展》等课题获省领导批示肯定。

海关总署署长倪岳峰到浪潮集团调研

关税保证保险试点暨在线管理平台启动会

开放口岸

【济南空运口岸（济南遥墙国际机场）】 济南空运口岸位于济南市遥墙，距市中心 33 千米。1992 年 10 月经国务院批准对外开放。机场拥有 3 600米跑道、等长滑行道各 1 条，飞行等级为 4E 级。2018 年济南空运口岸共有 48 家国内外航空公司执飞 182 条航线，其中国内航线 160 条，通往 81 个城市。全年共起降航班 126 828 架次，完成旅客吞吐量 1 661. 18 万人次、货邮吞吐量 113. 63 万吨。21 家航空公司在济南空运口岸开通运营国际（地区）客货运航线 22 条，分别通往洛杉矶、莫斯科、大阪、首尔、新加坡、巴厘岛、曼谷、普吉岛、清迈、甲米、金边、暹粒、芽庄、岘港、茹科夫斯基、芭堤雅、巴黎、西港、列日 19 个国际城市以及中国台北地区、中国香港地区。2018 年，济南空运口岸出入境航班 8 354架次，出入境人员 124. 79 万人次。

【青岛空运口岸（青岛流亭国际机场）】 青岛空运口岸（青岛流亭国际机场）位于青岛市北部城阳区，离市中心约 23 千米，建于 1958 年 7 月，1992 年 9 月 4 日经国务院批准对外开放。飞行等级为 4E 级，拥有 3 400 米跑道 1 条，客机停机坪 44 万平方米，停机位 41 个；货机坪 3. 20 万平方米，停机位 4 个；登机桥 14 部。机场候机楼分国内、国际两个航站楼，左右对称，总建筑面积 17. 10 万平方米。青岛空运口岸有 47 家航空公司投入运营，山东航空公司青岛分公司、东方航空公司山东分公司和青岛航空公司为基地公司。国际（地区）航线通达世界 15 个国家和地区的 23 个城市，每周航班往返 472 架次；直达韩国首尔、釜山，日本东京、大阪、福冈、名古屋、冲绳，新加坡，泰国曼谷，柬埔寨暹粒、金边，越南芽庄，印度尼西亚雅加达，马来西亚吉隆坡，印度新德里，英国伦敦，德国法兰克福，俄罗斯莫斯科，美国旧金山、洛杉矶，澳大利亚墨尔本、悉尼，加拿大温哥华，以及中国香港、澳门和台湾地区。青岛空运口岸具有进境种苗、食用水生动物、冰鲜水产品和进境水果 4 种特殊商品进境口岸资质。

2018 年，青岛空运口岸飞机起降 18. 19 万架次，同比增长 1. 78%。旅客总吞吐量 2 453. 57 万人次，同比增长 5. 71%。出入境飞机 2. 49 万架次，同比增长 7.10%。出入境人员 395.18 万人次，同比增长 16.29%。其中，入境 196.18 万人次，同比增长 16.24%；出境 198.99 万人次，同比增长 16.33%。完成货邮吞吐量 22.45 万吨，同比下降 3.2%。国际及地区旅客吞吐量 363.8 万人次，同比增长 16.3%。

青岛胶东国际机场为新机场建设项目，位于青岛市所辖胶州市，距市中心约 39 千米。2018 年，工程建设快速推进，航站区结构性施工全部完成，精装、安装进度过半，行李系统安装完成 90%。飞行区东西跑道全面贯通。综合管廊、红线内水电气等线路管网工程完成大面施工，房建工程先期启用的 3 个楼座已经具备入驻条件，其他 17 个楼座转入安装装饰阶段。综合交通重点项目快速推进，机场 GTC（综合交通换乘中心）完成主体结构验收和进入精装施工阶段，济青高铁已于 2018 年 12 月 26 日正式通车并率先下穿航站楼。

【烟台空运口岸（烟台蓬莱国际机场）】 烟台空运口岸位于烟台市蓬莱市潮水镇，为面向日韩及东北亚的前沿城市口岸，距烟台市中心约 43 千米，距威海市中心约 110 千米，距青岛市中心约 240 千米，距潍坊市中心约 250 千米，荣乌高速直达候机楼，国道 206、省道 302 线通过机场连接线与机场相通，同时与烟大铁路轮渡、龙烟铁路、烟台港西港区和沈海、威乌高速公路相互依托，构成海、陆、空交通枢纽。市场覆盖烟台全市范围，兼顾威海，最大辐射范围至青岛北部、潍坊东部，与青岛流亭国际机场遥相呼应，并与济南遥墙国际机场、青岛流亭国际机场一起，成为山东省民用航空三大干线机场。

2018 年，共运行至韩国首尔、釜山，日本大阪、名古屋、福冈、静冈，泰国曼谷、清迈（包机），新加坡，越南富国岛、芽庄，菲律宾卡利博，中国香港、台湾等 15 条国际（地区）正班或包机客运航线，至韩国首尔 1 条国际货运航线。进出口货物主要为电子元器件类、快件类、服装及辅料、跨境电商等产品，其他为机械产品、日用品等产品。

2018 年，烟台蓬莱国际机场共起降国际航班 7 841 架次，同比上升 18.23%。出入境旅客 78.41 万人次，同比增长 23.37%，其中出境旅客 40.06 万人次，同比增长 26.06%，入境旅客 38.35 万人次，同比增长 20.68%。出入境货物 2.81 万吨，同比增长 19.57%，其中出境货物 0.94 万吨，同比增长 27.03%，入境货物 1.87 万吨，同比增长 16.15%。

【威海空运口岸（威海国际机场）】 威海空运口岸位于文登区大水泊镇，地处威海市域中心地带，距威海市区 45 千米，距文登区、荣成市均为 19 千米。威海机场于 1996 年 1 月正式投入运营，2004 年 9 月经国务院批准对外开放。2005 年 3 月，威海国际机场开通至韩国首尔、釜山国际航线。2010 年 7 月，开通威海至俄罗斯哈巴罗夫斯克国际旅游包机航线。2011 年新国际候机楼投入使用。2013 年 12 月，实现对台直航。2014 年 5 月停航进行适应性改造，同年 10 月恢复通航。2017 年，威海国际机场成为山东省内第 4 个旅客吞吐量超过 200 万的机场。截至 2018 年年底，威海国际机场有国际及我国港澳台地区航线 2 条，每周共计 36 班。2018 年，运送出入境旅客 58.2 万人次，同比增长 15.71%。

【青岛水运（海港）口岸】 青岛水运（海港）口岸位于山东半岛南岸的胶州湾内，始建于 1892 年。青岛港是太平洋西海岸重要的国际贸易口岸和海上运输枢纽，是沿黄流域及其腹地外贸物资、能源和原材料运输的重要口岸，是我国重要的大宗原材料进口港、集装箱运输干线港和山东半岛及其腹地重要的物流中心，主要从事集装箱、原油、铁矿石、煤炭、粮食等各类进出口货物的装卸、储存、中转、分拨等物流服务和国际客运服务，具有冰鲜水产品、粮食、肉类、水果、种苗、食用水生动物等 6 种特殊商品进境口岸资质。

2018 年，青岛港货物吞吐量 5.42 亿吨，比 2017 年（下同）增长 6.30%，货物吞吐量居全国第 5 位。青岛海港口岸外贸进出口货运量 3.91 亿吨，增长 6.18%。其中，进口货运量 2.76 亿吨，增长 3.66%；出口货运量 1.15 亿吨，增长

12.80%。外贸运量占港口吞吐量的72.15%。集装箱吞吐量1 931.54万标箱，增长5.50%。其中，外贸集装箱1 407.38万标箱，增长1.28%。

青岛海港口岸由大港港区、前湾港区、黄岛油港区等组成。青岛老港区以一般散杂货物和内贸集装箱为主，兼顾少量液体化工品和成品油运输；开通有青岛至韩国仁川的客货班轮航线；加快建设邮轮母港，建成运营可停靠世界最大的22.5万吨级邮轮专用码头。黄岛油港区以接卸外贸进口原油和成品油、液体化工品为主，是我国大陆沿海最大的油品运输、中转、储存基地。前湾港区以国际集装箱干线和铁矿石、煤炭等大宗散货中转运输为主，拥有可停靠2万标准箱船舶的最大集装箱码头和20万吨级矿石码头、10万吨级的煤炭码头等专业化大型码头，是青岛水运（海港）口岸目前现代化程度最高、规模最大的生产性港区，承担了青岛港50%以上的吞吐量。青岛水运（海港）口岸开放范围内建成运营泊位86个，其中，大港港区29个泊位，前湾港区44个泊位，黄岛油港区13个泊位，与世界上180多个国家和地区的700多个港口有贸易往来。

董家口港区为正在开发建设的新港区，承载着青岛港转型升级，向“第四代”港口跨越的历史重任，以大宗散货、液体化工品及杂货运输为主，逐步发展港口现代物流及港口物流与临港产业的联动。港区位于青岛市黄岛区泊里镇，深水岸线及港口资源丰富，规划面积72平方千米，码头岸线长约35.7千米，共规划建设112个泊位，其中，琅琊台湾作业区和董家口嘴作业区规划建设79个泊位，全部建成后港口设计通过能力为3.6亿吨/年。目前，董家口港已建成泊位26个，设计通过能力达1.2亿吨/年，其中17个泊位取得外贸作业资质，全年靠泊外贸船舶1 134艘次，货物运量8 588万吨。

2018年青岛水运（海港）口岸运输货种统计表

类别	港口吞吐量（万吨）	外贸运量			
		外贸运输总量（万吨）	同比（%）	进口（万吨）	出口（万吨）
合计	54 250.24	39 142.20	6.18	2 766.64	11 475.77
煤炭	2 726.66	840.47	16.9	475.36	365.11
原油	9 522.99	8 737.40	12.7	8 545.64	191.76
成品油	787.84	433.14	65.6	130.25	302.89
铁矿石	1 259.53	8 955.24	-5.7	8 948.87	6.37
钢铁	545.09	161.55	-26.9	30.26	131.30
水泥	42.40	11.01	428.5	11.01	0
木材	128.61	128.61	4.2	128.58	0.03
非金属矿	5.67	1.21	-97.1	0.74	0.47
化肥	75.28	74.51	-36.3	44.38	30.13
粮食	611.67	596.47	-26.7	589.18	7.29
食盐	47.54	47.54	48.4	47.54	0
其他	21 940.94	15 759.30	8.9	5 569.26	10 190.05

（青岛市口岸办提供）

【烟台水运（海港）口岸】 烟台水运（海港）口岸位于渤海湾南岸，扼渤海湾入海口，靠近航运主航道，面向日韩及东南亚地区，背靠京津鲁豫广阔的经济腹地，居于连接环渤海经济区的最佳中转港位置，拥有陆海双向、辐射内外的广阔发展空间。开放岸线范围为自平畅河至养马岛东北端两点间之岸线。2018年，烟台市基本完成了烟台海港口岸扩大开放国家验收前各项准备工作，并启动了验收程序。截至2018年年底，共有开放泊位58个，临时开放泊位19个。主要进出口货种有矿石、铝矾土、油品、粮食等。2018年，烟台海港口岸出入境船舶3 329艘次，同比略有下降，其中出境1 627艘次，入境1 702艘次。出入境旅客25.11万人次，同比增长13.98%，其中，出境12.56万人，入境12.55万人。进出口货物8 486.25万吨，同比增长22.50%，其中，出口货物1 571.35万吨，同比增长64.24%，进口货物6 914.90万吨，同比增长15.81%。进出口集装箱53.71万标箱，同比增长7.55%，其中，进口铝矾土5 300万吨，同比增长10.1%。烟台港已经连续6年据全国铝矾土进口港口第一位，山东省市场占有率持续稳定在75.4%以上，其中魏桥市场占有率达87.8%。

烟台港成为全国第一个走出国门建设经营海外码头的港口，几内亚博凯内港两个港区全部投产。2018年，烟台沌原油进口量1 393.7万吨，同比增长39.80%。2018年，启动中国重汽出口墨西哥项目。发运通用赛欧7.9万辆，同比增长117%。完成商品车外贸运量11.7万辆，同比增长60.3%。

烟台保税港区于2009年9月7日经国务院批复设立，是全国第13家、全省第2家保税港区，规划控制面积6.21平方千米，分为两个区块：东区位于烟台港芝罘湾港区，面积3.95平方千米；西区位于烟台经济技术开发区，面积2.26平方千米。目前保税港区东区有企业149家，依托烟台港，培育形成了汽车和手机部件加工、仓储物流，以及跨境电商、外贸综合服务等产业；西区有企业51家，依托富士康工业园，培育形成了电子加工产业链和保税物流业态。全区外贸进出口在全国14个保税港区排名一直位居前列，2018年完成进出口总值820亿元，在全国14个保税港区中与天津、重庆、上海、深圳并列百亿美元方阵，在全省10个海关特殊监管区中排名第一，在全市对外开放中发挥着重要窗口作用。积极复制推广自贸试验区改革创新经验，已推动35项自贸试验区政策落地实施。2018年4月，启动保税港区东区西迁置换，即将东区从芝罘区迁到开发区，拟在八角港区和国际机场分别设立两个功能区，形成“海港+空港”双核格局。加快从传统加工贸易向新兴服务贸易转换升级，初步形成融资租赁、国际商品展示、跨境电商、外贸综合服务四大特色产业功能平台。保税港区与烟台港“区港联动”效应日益凸显，在保税港区政策带动下，港口外贸吞吐量逐年增长，2018年完成1.2亿吨，同比增长13.9%。海阳港区口岸开放现场查验设施及配套工程项目已建设完毕，进入各项验收阶段。

【威海水运（海港）口岸】 威海水运（海港）口岸位于山东半岛东端，北临黄海，东与朝鲜半岛、日本列岛隔海相望，水路距大连港93海里、青岛港200海里、韩国仁川港136海里。港深域阔、不淤不冻，地理和自然条件十分优越。1985年4月1日，经国务院批准威海港正式对外开放。1990年9月16日，开通全国第一条对韩客货班轮航线。2010年12月21日，在全国率先试点中韩陆海联运汽车运输项目，开启了“门对门”货物直通的物流运输模式。2013年6月27日，威海港整体业务搬迁到南港区（威海湾港区），于2015年10月27日正式通过省政府对外启用验收。2013年7月，威海海港口岸三进船业码头作业区通过省政府对外启用验收。2016年10月，威海海港口岸张家埠港区通过省政府验收正式对外启用。2017年9月15日，威海海港口岸查验服务中心正式启用，实现了进出口集装箱的集中申报、集中查验、集中放行，优化完善了口岸资源。截至2018年年底，威海海港口岸共有11条国际班轮航线，每周19班，与80多个国家和地区的港口建立了贸易往来，基本形成了直达东北亚区域、辐射世界各地的航运体系；共有开放泊位33个，其中万吨级以上泊位22个，码头功能齐全，公路铁路集疏运完善。

【龙口水运（海港）口岸】 龙口水运（海港）口岸始建于1914年，地处渤海南岸、胶东

威海港

半岛西北部，与辽东半岛隔海相望，是距离黄河三角洲最近的 15 万吨级以上船舶出海口，烟台市和烟台港集团规划建设的三大核心港区和两个亿吨港区之一，首批对台开放直航港口、国内首家拥有原油仓储资质的港口企业、国家规划建设的北煤外运装船港。1984 年 12 月被批准为开放口岸。目前龙口海港口岸辖龙口港集团有限公司、龙口胜利码头、龙口渔港码头和龙口南山屺母岛港发展有限公司，主要进出口业务在龙口港集团有限公司。龙口港集团有限公司码头岸线 15 000余米，占地面积 6 平方千米，生产泊位 30 个，其中 15 万吨级 1 个、10 万吨级 7 个、5 万吨级 4 个、万吨级 7 个，核定通过能力 6 000 万吨以上，主航道等级 10 万吨，水深 16 米，底宽 300 米。港区库场面积 330 万平方米，液化品仓储能力 206 万立方米，粮食罐存储能力 26 万吨。龙口胜利码头有 6 个生产泊位，以 1 号、2 号船舶维修泊位为主。龙口渔港码头有 12 个生产泊位（监管条件尚未达到要求，暂无外贸业务）。龙口南山屺母岛港发展有限公司有 1 个 15 万级通用泊位。

龙口海港口岸地处环渤海经济圈的中心区域，港湾自然条件良好。北有东西长 8 千米的连岛天然沙坝为屏障，南有金沙滩环抱，不冻不淤，全年作业天数在 300 天以上，史有“稳油盆”之称。屺坶岛端部自然水深 16 米以上，最大水深 22 米，后方陆域土地广阔，具备优越深水泊位的建设条件。港口直接经济腹地包括龙口市及周边市县区、黄河三角洲地区，自然资源丰富、工农业发达、外向型经济活跃、加工制造业发展势头强劲，是我国经济发展较快的区域之一。龙口海港口岸交通条件十分便捷，从此启航可直达全国各港口及世界各地。以大莱龙、益阳、胶济、寿平铁路为骨架，以威乌、济青、东青、滨博、龙青等高速公路为脉络，以青州“无水港”为货源集散中心，以寿光、大家洼、羊口等站点为节点，以环渤海港口至龙口港的转水航线为呼应的集疏运网络将龙口港与腹地客户紧密相连。德龙烟、黄大铁路贯通后，龙口港的发展空间将更加广阔，不仅可承担“三西”煤炭下海出口分流的任务，同时港口的货源腹地还将向甘、宁、陕、晋、冀等地区延伸，构成一条连接西北、横贯山东境内的沿海铁路大通道。

烟台海关驻龙口办事处、龙口出入境边防检查站、龙口出入境检验检疫局（2018 年 4 月并入海关）、烟台龙口海事处承担龙口港口岸查验监管任务。2018 年，驻龙口口岸查验单位围绕龙口市产业和企业需求靶向整改提升，积极推进优化口岸通商环境，提高通关便利化水平。

龙口水运（海港）口岸拥有 70 多条国内外航线，与世界 50 多个国家和地区的港口有贸易往来，龙口港现有集装箱航线 13 条，其中，环渤海航线 8 条。具体航线情况见下表。

龙口港航线一览表

航线名称	挂港顺序
环渤海大连支线	龙口—大连，内外贸同船。 外贸：通过大连中转世界各地。 内贸：大连集发箱——接大连及大连中转丹东、营口、锦州、秦皇岛、曹妃甸辐射东北区域。 中谷箱——大连中转江浙、长江内河、福建、广东及广西各港。 中远海箱——大连中转江浙、福建、广东及广西各港。
中创青岛支线	龙口—烟台—青岛，内外贸同船。 外贸：在青岛中转世界各地。 内贸：安通箱——通过青岛中转福建、广东、广西、海南各港。 中远海箱——通过烟台中转福建、广东、广西各港。 中谷箱——通过青岛中转福建、广东、广西、海南各港。

续表

航线名称	挂港顺序
合德京唐线	龙口—京唐港，内贸。中转锦州、盘锦两港，辐射东北区域及江浙、福建、广东各港口。
港通锦州线	宁波—葫芦岛—龙口—宁波，可中转福建各港。
安通青岛支线	龙口—青岛，内贸。中转福建、广东、广西、海南各港口。
中谷青岛支线	龙口—青岛，内贸。中转福建、广东、广西、海南各港口。
信风营口线	龙口—潍坊—锦州—营口循环。
龙口寿光支线	龙口—寿光。

港口主要经营铝矾土、煤炭、液体化工、客滚、铁矿石、粮食、木材及木片、集装箱等业务。拥有“大包水泥效率”“中非杂货班轮”“木材全程物流服务”“港口现代物流融资支持平台”“环渤海黄金水道集装箱运输服务”5个山东省级服务名牌。2018年龙口海港口岸实现吞吐量9 228.9万吨，其中外贸吞吐量3 808.6万吨，集装箱75万标箱。

龙口港主要货种吞吐量

货种名称	吞吐量情况
铝矾土	3 366.6万吨
液体化工	1 230万吨
煤炭	1 573.5万吨
粮食	232.6万吨
铁矿	116.5万吨
木材（木片）	172.8万吨
化肥	84万吨
其他	2 452.9万吨
集装箱	752 358标箱

（龙口市口岸办提供）

【日照水运（海港）口岸】 改革开放后，国家批准日照设立石臼港和岚山港两个对外开放口岸。其中，石臼港口岸于1986年5月对外开放，岚山港口岸于1989年9月对外开放。2016年12月份，国务院批复同意将石臼港口岸和岚山港口岸合并为日照海港口岸，并扩大开放石臼南作业区和岚山北作业区，共25个泊位、1.54万米岸线。日照水运（海港）口岸位于山东半岛东南侧，是国家重要的能源和原材料运输口岸、煤炭装船港和沿海集装箱运输支线港，主要从事铁矿石、煤炭、原油、粮食、集装箱等各类进出口货物的装卸、储存、中转、分拨等物流服务，是国家重点发展的沿海主要港口，是新亚欧大陆桥的东方前沿地。截至2018年年底，日照海港口岸共有生产性泊位73个，总设计年通过能力2.38亿吨，其中开放泊位60个，已与世界100多个国家和地区通航。石臼港区位于我国海岸线中部，东临黄海，北与青岛港、南与连云港比邻，隔海与日本、韩国相望。1982年正式开工建设，1986年实现对外开放，是我国重点发展的沿海20个主枢纽港之一。包括东港区、北港区、西港区，至2018年年底已开放煤炭、通用、矿石、散杂、油品、木片、集装箱等泊位38个，开通日照至韩国平泽客箱班轮航线等30余条内外贸集装箱航线。岚山港区位于黄海海州湾北岸，是1977年作为山东省“七五”重点建设项目而兴建的地方港口，1989年实现对外开放，包括南作业区、中作业区、北作业区，至2018年年底已开放油品、液化、通用、散杂等泊位22个。

2018年，港口货物吞吐量完成4.38亿吨，同比增长8.89%，其中外贸货物吞吐量2.95亿吨，同比增长5.59%。集装箱吞吐量401.71万标箱，同比增长24.07%，其中，外贸集装箱16.46万标箱，同比增长15.75 %。金属矿石、原油及其制品、煤炭、木材、粮食等6个货种吞吐量超过千万吨，其中，进口原油及其制品6 874.10万吨，同比增长5.09%，约占2018年全国原油及其制品进口总量的14.16%。全年进出口外贸船舶0.74万艘次，同比增长1.37%。进出境旅客103 706人次，同比增长5.84%。

2018年港口建设不断加强。港口第3个30万吨级原油码头通过竣工验收并投入运营，新增通过能力1 750万吨；石臼港区东煤南移，日照至京博、岚山至莒县两条输油管道，山钢成品码头等工程顺利推进；集装箱改造二期工程基本建设完成。岚山港区北作业区规划调整报告上报。大船锚地用海申请已报自然资源部。海港口岸扩大开放加快推进，编制完成了查验及配套设施规划建设方案并组织实施；肉类指定口岸的各项硬件设施完成。新建码头泊位对外临时启用取得新突破，对已经建成但尚不具备对外启用的 4 个码头泊位，申请临时对外启用。日照综合保税区得到国务院批复。“东煤南移”、铁路货运“南进南出”稳步推进，日照港新开至日本九州等集装箱航线 9 条、至莫斯科等集装箱班列 6 条、无水港 5 个。

【石岛水运（海港）口岸】 石岛水运（海港）口岸位于山东半岛的最东端，与日本、韩国隔海相望，1988 年 12 月经国务院批准正式对外开放。2001 年 8 月石岛新港正式对外启用。2014 年 1 月，石岛海港口岸扩大开放至好当家和俚岛港区，获国务院批准，2016 年 10 月正式对外启用。辖石岛新港、蜊江港、朱口港、好当家码头、三星码头、伽耶码头、荣喜码头、远通码头、和兴码头 9 个作业港口、码头。石岛新港码头沿线总长 5 480 米，对外启用泊位 20 个，万吨级以上泊位 10 个，年货物吞吐量 1 000 多万吨。石岛新港有 20 万平方米的集装箱堆场和散货场、3 000 平方米进出口货物海关监管仓库、3 000 平方米的国际候船厅、1 400 平方米的跨境电商海关监管场所。下设国际物流、船舶代理、报关报检、外轮理货、货物装卸运输等专业化服务部门。主要从事货物装卸储运、旅客运输服务、港机设备租赁、港口拖轮经营、船舶港口服务等业务。石岛新港开通石岛至韩国仁川、群山 2 条客货班轮航线，至韩国釜山，日本门司、博多、关东、关西及我国青岛、泉州等多条国际国内全集装箱航线。2018 年 4 月，石岛至群山线增班“新石岛明珠号”客滚船入线，与“石岛号”客滚船实行双向对开运营，成为全国唯一一条中韩双向对开客滚航线。2018 年 8 月，旅检现场新装 2 条旅检自助通道，实现 4 条自助通道同时放行，单名旅客自动化通关时间在 15 秒内。

石岛海港口岸进出口货物以集装箱、煤炭、钢铁、非金属矿和散杂货为主，2018 年石岛海港口岸出入境船舶 2 018 艘次，进出口货运量 559 万吨，进出口集装箱 17.34 万标箱，出入境旅客 40.99 万人次。

2011 年 11 月启用石岛港中韩陆海联运汽车货物运输通道，实现了快速直达运输。2014 年 12 月石岛港获批进口冰鲜水产品检验检疫口岸，2015 年 8 月石岛港进境食用水生动物指定口岸通过验收对外启用，2016 年 9 月石岛新港进口肉类指定口岸通过验收，2017 年 1 月首单 27 吨巴西冷冻去骨肉在石岛新港通关，2016 年 10 月石岛新港通过评估验收获批进境澳牛屠宰口岸，2017 年 2 月和 11 月共进口 2 批次、3 142 头屠宰用澳牛。2015 年 10 月荣成市中韩海运跨境电商工作方案正式获青岛海关批复，11 月对韩海运跨境电子商务出口第一单商品在石岛新港荣成海关跨境电商监管中心顺利通关。2016 年 1 月 1 日，率先推行查验配套服务费改革试点政策，4 月 6 日起全面执行山东省出台对进出口环节海关查验没有问题的外贸企业免除吊装移位仓储费用政策，2018 年荣成海关共查验没有问题集装箱 20 英尺 520 个、40 英尺 1 748 个。普及推广国际贸易“单一窗口”标准版，召开表彰推进会和专题培训 4 场次，共计培训 300 多家企业、380 多人次，货物报关指标覆盖率达到 100%。2018 年 9 月，石岛新港获青岛海关批准筹建海运快件监管场所。2018 年 10 月，开展清理口岸收费工作，17 家口岸收费企业在国际贸易“单一窗口”平台、网站、集装箱场站进行公示公开。好当家港区由 4 个作业码头组成，开放岸线长 1.13 万米，由 6 段不相连的岸线组成，对外启用 26 个泊位。其中，好当家老港岸线长 1 800 米，启用开放泊位 8 个，新港岸线长 1 100 米，在建泊位 3 个；荣喜码头岸线长 4 600 米，共 5 个泊位、2 个船台，启用泊位 2 个；远通码头岸线长 1 700 米，启用泊位 6 个；和兴码头岸线长 1 400 米，启用泊位 7 个、船台 3 个。俚岛港区由三星码头和伽耶码头组成，开放岸线长 7 200 米，启用泊位 6 个。

石岛新港远景图

“新石岛明珠号”首航仪式

石岛水运（海港）口岸航线

分类	航线名称	开通时间	航班情况
客货	石岛—仁川	2002 年 7 月	每周三班（星期二、星期四、星期日）
	石岛—群山	2008 年 4 月	每周三班（星期一、星期三、星期六）
集装箱	石岛—釜山	2003 年 4 月	每周一班（星期五）
	石岛—日本门司、博多	2003 年 6 月	每周一班（星期一）
	石岛—平泽	2007 年 6 月	每周一班（星期五）
	石岛—日本关西	2005 年 9 月	每周一班（星期日）
	石岛—日本关东	2005 年 10 月	每周一班（星期一）
	石岛—日本东京	2016 年 10 月	每周一班（星期五）
外贸内支	石岛—青岛	2005 年 3 月	每周三班（星期三、星期五、星期日）

（荣成市口岸办提供）

【东营水运（海港）口岸】 东营港始建于 1984 年，位于山东省东营市北部。1995 年 12 月国务院批准东营港为开放口岸，1997 年 12 月正式对外开放。目前，东营港有已建成泊位 56 个，其中，26 个泊位实现了对外开放。

2018 年，港口吞吐量 5 825.22 万吨，出入境外轮 890 艘次，进出外轮 960 艘次，货物 615.1 万吨，货值 225.2 亿元，同比分别增长 39.9%、40.6%、9.7% 和 36%。其中，进口原油 540.2 万吨，货值 189.2 亿元，同比分别增长 5.9% 和 40.2%。东营港是环渤海地区以石油化工货物运输为主，兼顾散杂货、客货滚装、集装箱运输的区域特色港。

2018 年，东营海港口岸推进关检业务深度融合，加快审批备案速度，积极推进汇总征税、自报自缴和查验异常“先放行、后改单”等改革举措，实施出口货物运抵前申报和进口货物先行办结放行手续措施，口岸营商环境不断优化。2018 年 12 月份，进口整体通关时间为 8.1 小时，出口 1.28 小时，同比分别压缩了 69.2% 和 41.6%。19 家口岸收费企业的 3 项政府定价、4 项政府指导价、15 项市场调节价收费项目，符合《港口收费计费办法》要求，并严格落实收费清单公示制度。东营海港口岸出入境船舶管理服务平台项目投入正式运行，进出境货物监管服务平台项目建设纳入“智慧东营”项目范围，开始一期项目建设，东营港 EDI 中心完成了系统开发建设和投用。

【蓬莱水运（海港）口岸】 蓬莱水运（海港）口岸包括蓬莱新港区和栾家口港区两部分，分别于 1996 年 7 月、2003 年 6 月经国务院批准对外正式开放。2018 年 7 月蓬莱海港口岸新增 4 个正式对外开放泊位。截至 2018 年年底，共有正式对外开放泊位 25 个。

2018 年蓬莱港口货物吞吐量 1 816 万吨，同比增长 20%。其中，外贸进口 161 万吨，外贸出口 62 万吨。出入境船舶 206 艘。蓬莱海港口岸共提供查验办公用房 8 000 平方米，主要用于货物监管、船舶办检、证件办理等。拥有监管区出入卡口通道 9 条、封闭式查验场房 1 400 平方米、平台式查验场地 1 200 平方米、扣留货物仓库 2 400平方米、执勤岗亭 18 平方米、视频监控室 100 平方米、视频监控探头 278 个、熏蒸处理库 60 平方米。

蓬莱东港区，全称为烟台港集团蓬莱港有限公司，位于山东半岛最北端，黄渤海交界处，终年不冻不淤、浪小涌缓，拥有天然的深水航道，是中国少有的天然良港，是烟台港四大港区之一。1992 年 3 月开工建设，1995 年 12 月 28 日竣工投入使用，1996 年 7 月被国家批准为开放港口，1997 年 12 月 28 日正式对外开放。该港区拥有 8 个泊位，其中 5 万吨级通用泊位 1 个，3.5 万吨级木材专用泊位 1 个，3 万吨级散杂货泊位 1 个，10 000 吨级、5 000 吨级、2 000 吨级通用泊位各 1 个，5 000 吨级客滚专用泊位 2 座。港池航道水深为 11.8 米，能满足 5 万吨以下船舶进出港。港口拥有码头岸线 1 445 米、库场面积 55 万平方米、港口机械设备 20 余台（辆），年设计吞吐能力 410 万吨。港口主要业务以客滚运输和散杂货运输为主。客滚运输目前开通了蓬莱至大连航线，现有山东渤海轮渡有限公司的“兴鲁”“大华”“英华” 3 艘船舶在线营运。散杂货运输主要以煤炭、木材、水泥为主要货源，港口煤炭运输和木材运输市场已逐步形成特色装卸业务。

栾家口港区，全称为山东蔚阳栾家口港务股份有限公司，1998 年 5 月经山东省政府批准，是由 5 家法人企业共同发起设立的股份制企业，是山东省首家发起式股份制企业。其前身是山东蔚阳栾家口货主专用码头，始建于 1994 年。主要从事港口装卸、仓储、船舶代理、维修等，并取得“水路运输服务许可证”“危险货物作业许可证”。1995 年 4 月，山东蔚阳集团总公司经省计委批准，在原渔港的基础上，完成了栾家口港万吨级港口的建设。港口拥有万吨级泊位 2 个，5 000吨、3 000 吨、1 000 吨、500 吨级泊位各 1 个，5 000 吨级滚装码头 2 个，年设计吞吐量 200 万吨。1999 年，港口经山东省交通厅批准使用。2000 年 12 月，山东省人民政府批准同意栾家口港口岸水域对外开放；2001 年 3 月，国家交通部批准实行对外开放；2003 年 2 月 28 日，正式对外开放。目前港口拥有生产泊位 14 个，其中万吨级以上的 5 个，年设计吞吐量 700 万吨。

【莱州水运（海港）口岸】 莱州水运（海港）口岸位于山东省烟台市莱州市三山岛街道，主要是为山东省潍坊、淄博、东营、滨州、济南、聊城、德州及莱州相关工业企业服务。莱州海港口岸于 1991 年启动建设，1996 年 12 月经国务院批准为对外开放口岸，1997 年 12 月经原交通部（现交通运输部）批准正式对外开放。莱州港是国家“八五”重点工程，位于山东半岛、鲁东与鲁中、黄河三角洲结合部和陆路交通中段位置，近岸自然水深约 10 米，常年不冻不淤，没有持续性雾，大风天气较少。依托由荣乌高速、G206 和德龙烟铁路大莱龙段、莱昌输油管道构成陆向集疏运体系，成为鲁中、黄河三角洲高效生态经济区、鲁西北地区大宗物资进出口综合物流效率最高、成本最低的 10 万 ~ 15 万吨级深水出海通道。莱州海港口岸现有 12 个生产性泊位，已全部对外开放，均位于烟台港莱州港区三山岛作业区西一泊位区，由中海港务（莱州）有限公司经营。

2018 年，莱州海港口岸出入境船舶 539 艘次，装卸进出口货物 1 453 万吨，同比增长 14.44%。其中，装卸各类进口货物 1 386 万吨，同比增长 16.3%；装卸各类出口货物 67.2 万吨，同比下降 13.7%。装卸进出口石油及液体化工品 858.8 万吨，同比增长 23.32%；装卸铝矾土等干散杂货 594.2 万吨，同比增长 3.66%。

莱州海港口岸泊位一览表

泊位类型	泊位号	投产日期	靠泊等级（万吨）		设计通过能力（万吨/年）
			核定	调整	
石油及液体化工品泊位	1	2012 年 10 月	1	2	202
	2	2012 年 10 月	0.1	0.5	71.6
	3	2012 年 10 月	0.1		71.6
	4	2012 年 10 月	0.3	0.5	71.6
通用泊位	5	2005 年 1 月	0.3	1.5	30
	6	2005 年 1 月	0.3		30
	7	2008 年 7 月	1	2	47
石油及液体化工品泊位	8	2012 年 6 月	10	—	400
	9	2006 年 12 月	5	—	150
	10	2006 年 12 月	5	—	150
通用泊位	11	2008 年 7 月	3.5	7	74
	12	2008 年 7 月	5	7	104

（烟台市口岸办提供）

海关、海事、边检和港航等口岸管理机构，在口岸区域均设有驻港办事机构，建设有油化矿实验室等检验设施，实现全高清视频监控和业务系统互通互联，通关条件较为完善、便捷。

【龙眼水运（海港）口岸】 龙眼港位于山东半岛最东端，紧邻著名的海上之路——成山头，与日本、韩国隔海相望，距国际主航道仅 5 海里。1999 年 8 月经国务院批准正式对外开放，是全国第一家村办对外开放港口，也是中国距韩国最近的一个港口。

龙眼海港口岸对外启用泊位 10 个，其中，5 万吨级泊位 3 个；5 千吨级以上泊位 5 个；集装箱专用泊位 2 个；拥有 160 吨汽车吊 1 台；4 000 马力拖轮 3 条、10 万平方米货场、3 万平方米港口仓库、10 万立方成品油库，并配有大型国际货运集装箱车队、箱站、货代、船代、物流保税库、豪华的国际候船厅。龙眼港港池面积百万平方米，航道广阔，无暗礁、无浅滩，水深 30 ~ 40 米，船舶在夜间、雾天航行安全无险。2001 年 10 月开通至韩国平泽港的客货航线，是中韩两国客货航程最短、最具优势的航线。2006 年建设了 5 万吨级和 8 万吨级 2 座干船坞。2009 年建设龙眼港东区，新建 15 万吨和 20 万吨级 2 座干船坞，新建 829 米防波堤，新建 8 万吨顺岸式舾装码头 314 米、10 万吨突堤式舾装码头 482 米，泊位 4 个，配套建设其他附属设施 10 万平方米，开放后可承修 20 万吨级以下各类型船舶，年修船能力将达到 200 艘次、1 000 万载重吨，成为山东省最大的修船基地之一。2011 年 1 月国务院正式批准开展口岸签证业务，同年 11 月开通了龙眼港中韩陆海联运汽车货物运输通道，可实现“门到门”直达运输。2014 年 12 月获国家质检总局批准为进口冰鲜水产品检验检疫口岸，2015 年 4 月龙眼海港口岸实现首单冰鲜鱼通关。2015 年 8 月进境食用水生动物指定口岸通过国家质检总局验收正式对外启用。2016 年 1 月 1 日，率先推行查验配套服务费改革试点政策，4 月 6 日起全面执行山东省出台对进出口环节海关查验没有问题的外贸企业免除吊装移位仓储费用政策。经过 10 多年运行，龙眼港已成为集修造船、国际航运、港口物流、成品油经营等多种功能一体的重要人流、物流集散地。

龙眼海港口岸进出口货物以钢铁、粮食、煤炭和散杂货为主。2018 年口岸出入境船舶 1 618

艘次，进出口货运量 173.0 万吨，进出口集装箱 3.03 万标箱。

龙眼水运（海港）口岸海运航线

分类	航线名称	开通时间	航班情况
客货	龙眼—平泽	2001 年 10 月	每周三班（星期三、星期五、星期日）

龙眼港

【潍坊水运（海港）口岸】 潍坊港为国家对外开放口岸，中港区是潍坊港的主体港区，主要建设万吨级以上泊位，是以散杂货运输为主、临港工业所需原材料及产成品运输为辅的综合性港区。主要进出口货物有铁矿粉、煤炭、盐、非金属矿、原油等。2018 年正式对外启用 2 个 3 万吨级新建液化品泊位，这是潍坊市对外开放的第一个液化品码头。港口现共有生产性泊位 26 个（包括对外开放泊位 24 个），其中，5 万吨级泊位 6 个、3 万吨级泊位 8 个、2 万吨级泊位 3 个、1 万吨级泊位 2 个、5 千吨级泊位 2 个、3 千吨级泊位 5 个，码头岸线 3 011 米，设计通过能力 1 585万吨。

2018 年，潍坊海港口岸外贸吞吐量达到 211 万吨，同比增长 47.5%；国际集装箱出入境箱量达到 40 000 标箱，同比增长 245.4%；出入境船舶累计 602 艘次，同比增长 30.3%。

青岛市

【口岸数量及分布】 截至 2018 年年底，青岛市有经国务院批准的对外开放口岸 3 个，其中，空运口岸 1 个（青岛流亭国际机场），水运（海港）口岸 2 个（青岛港、董家口港）。

【口岸运行数据】 2018 年，青岛港货物吞吐量 5.42 亿吨，同比增长 6.30%。货物吞吐量居全国第 5 位。青岛海港口岸外贸进出口货运量 3.91 亿吨，同比增长 6.18%。其中，进口货运量 2.76 亿吨，同比增长 3.66%；出口货运量 1.15 亿吨，同比增长 12.80%。外贸运量占港口吞吐量的 72.15%。集装箱吞吐量 1 931.54万标箱，同比增长 5.50%。其中，外贸集装箱 1 407.38 万标箱，同比增长 1.28%。青岛空运口岸货邮吞吐量 22.45 万吨，同比下降 3.24%，其中，外贸货邮量 8.34 万吨，同比下降 1.17%。青岛口岸进出口总值 12 196.82 亿元，同比增长 9.70%，其中，进口总值 5 458.29 亿元，同比增长 13.90%，出口总值 6 738.53 亿元，同比增长 6.50%。

2018 年，青岛空运口岸飞机起降 18.19 万架次，同比增长 1.78%。旅客总吞吐量 2 453.57 万人次，同比增长 5.71%。出入境飞机 2.49 万架次，同比增长 7.10%。出入境人员 395.18 万人次，同比增长 16.29%，其中，入境 196.18 万人次，同比增长 16.24%，出境 198.99 万人次，同比增长 16.33%。货邮吞吐量 22.45 万吨，同比下降 3.2%。国际及地区旅客吞吐量 363.8 万人次，同比增长 16.3%，位列全国机场第 9 位，较去年同期排名上升 1 位。

【扩大口岸开放】 完成董家口水运（海港）口岸现场查验配套设施建设，加强综合协调，保障董家口港 18 个新建泊位涉外作业 8 500 万吨。加快前湾港自动化码头等新建码头启用准备。做好新机场转场口岸开放验收相关准备，科学设置胶东国际机场旅客、货物通关流程，整合监管资源，促进共享共用。实现了“青凭越”国际班列直通式过境运输，出境通关时间由原来的 2 ~ 3

天缩短至半小时。年内海铁联运完成115.4万标箱，同比增长48.7%。

【优化口岸营商环境】 口岸通关全面提速。创新“411”查验模式，查验作业时间压缩了47%，进口提前申报率由3%上升至16%。主要业务实现通过“单一窗口”申报全覆盖，口岸物流协同平台试运行，实现集装箱提货单、设备交接单全国首例电子化流转。推行承诺作业时限，进口货物提离时间控制在30分钟内，取消出口集装箱限时集港，卡口24小时面向企业开放。据统计，截至2018年12月底，青岛市进、出口货物整体通关时间分别降为48.9小时和7.3小时，较2017年分别压缩49.4%和65.9%，圆满完成了年内整体通关时间压缩三分之一的目标任务。

口岸收费全面规范。海港口岸实施“全程物流阳光价格”清单，聚焦场站、船代等物流中间环节调整21项收费，全年为企业节省物流成本逾3亿元。建立收费目录公示制度，口岸经营服务企业全面公示收费清单，近200家口岸经营服务代表企业在山东“单一窗口”网站公示。空运口岸国际货站地面服务费由26项减少为14项。初步测算，20英尺集装箱进、出口环节收费较2017年平均减少约140美元。口岸经营秩序全面提升。开展联合执法专项行动，将涉港企业全部纳入监测范围。开展口岸扫黑除恶专项行动，海上联合执法62次，口岸综合环境大为改善。发布首批8家青岛口岸航运诚信企业，公开14家失信口岸服务企业名单，不断强化正面激励和舆论监督。

【重大活动保障】 圆满完成了上海合作组织青岛峰会等保障任务。组织制定了2018年上海合作组织青岛峰会通关保障方案，确定通关礼遇政策，建立联络沟通机制，累计保障出入境航班42架次，为8个成员国、4个观察员国、10个国际组织代表团共1 511人次提供了便捷通关服务，展示了青岛口岸良好形象，为上海合作组织青岛峰会的成功举办增光添彩。

2018年山东省口岸大事记

4月21日

济南—比利时（列日）全货运航线开通，是山东第一条洲际货运航线。执飞机型为波音747－400，是山东目前运营的最大机型。

5月23日

交通运输行业推进“交通强国”建设座谈会在山东海事局召开。交通运输部党组书记杨传堂参加会议。

5月29日

交通运输部部长李小鹏到青岛督导检查上海合作组织青岛峰会交通运输安全保障工作。

7月3日

山东省政府召开优化口岸营商环境座谈会，副省长任爱荣出席会议并讲话，对做好下一步工作提出要求。

7月9日

济南—巴黎客运航线开通，实现了济南市与西欧直航。

7月31日

山东省政府办公厅印发《山东省优化口岸营商环境专项行动方案》，对全省各口岸通关便利化工作作出具体部署。

8月6日

“中华泰山号”国际邮轮在威海海港口岸首航。

10月16日

山东省政府召开优化口岸营商环境专题会议，学习贯彻国务院常务会议和国务院口岸工作部际联席会议精神，推动全省口岸进一步加大提效降费工作力度，确保完成任务目标。山东省委副书记、省长龚正，副省长任爱荣出席会议并讲话。

10月17日

山东省政府常务会议审议通过《关于推动全省欧亚班列统筹发展的实施意见》（简称《意见》）。《意见》提出，由山东高速集团牵头统筹整合现有各运营主体，组建全省统一运行主体，推动实现统一品牌、统一班次、统一平台、统一支持、统一对外宣传营销。

10 月 22 日

山东省委常委、青岛市委书记张江汀一行到青岛边检站邮轮母港执勤现场视察工作，慰问执勤一线官兵。

10 月 31 日

“齐鲁号”欧亚班列在济南、青岛、淄博、临沂四地同步首发，山东实现全省欧亚班列资源整合。山东省副省长任爱荣出席在济南主会场举行的开行仪式，山东高速集团作为全省统一运营主体的牵头单位做了表态发言。

11 月 16 日

山东省人民政府印发《关于进一步优化口岸营商环境的通知》（鲁政发〔2018〕27 号），对落实《国务院关于印发优化口岸营商环境促进跨境贸易便利化工作方案的通知》（国发〔2018〕37 号）进行部署安排。

12 月 4 日

山东省委书记、省人大常委会主任刘家义，省委常委、省委秘书长王清宪，副省长任爱荣视察济南边检站执勤现场，看望慰问一线执勤官兵。山东边检总队政委孙鸿滨、副总队长孙治涛陪同参加有关活动。

12 月 7 日

山东省省委常委、青岛市委书记张江汀一行到青岛边检站邮轮母港执勤现场视察工作，慰问执勤一线官兵。

（撰稿人：赵明伟、赵鑫、刘欣然、刘逸忱、赵倩、徐峰、杨东炜、周丽萍、杜宏亮、张一鸣、杨栋、李新锋、王树平、李艳荣、刘楠楠）

2018 年山东省口岸流量统计表

口岸类型	口岸名称	货运量（万吨）				集装箱量（万标箱）				人员（万人次）				交通工具（辆、艘、架、列次）			
		出口	进口	合计	同比（%）	出口	进口	合计	同比（%）	出境	入境	合计	同比（%）	出境	入境	合计	同比（%）
空运口岸	青岛	0	0	0		0	0	0		198.99	196.18	395.17	16.29	12 479	12 501	24 980	6.79
	济南	0	0	0		0	0	0		62.95	61.84	124.79	52.54	4 178	4 176	8 354	41.57
	烟台	0	0	0		0	0	0		41.82	40.01	81.83	20.39	3 595	3 585	7 180	11.04
	威海	0	0	0		0	0	0		30.82	30.81	61.63	15.30	1 931	1 926	3 857	12.61
	分计	0	0	0		0	0	0		334.58	328.84	663.42	22.17	22 183	22 188	44 371	13.24
海运口岸	青岛	11 475.80	27 665.50	39 141.30		986.11	945.43	1 931.54	5.50	19.57	23.63	43.20	-1.75	4 032	5 959	9 991	-15.84
	烟台	1 571.50	6 893.00	8 464.50		114.26	102.72	216.98	13.53	16.95	16.96	33.91	10.20	1 620	1 692	3 312	-2.04
	威海	1 228.00	1 156.70	2 384.70		37.39	36.75	74.14	1.10	13.82	15.64	29.46	-1.67	704	766	1 470	-8.64
	日照	827.81	12 233.70	13 061.51		10.03	9.97	20.00	40.65	5.53	11.36	16.89	-5.11	1 336	1 451	2 787	0.25
	东营	0	625.88	625.88		0	0	0		0.78	0.83	1.61	130.00	429	461	890	41.27
	潍坊	92.32	76.51	168.83		1.93	1.62	3.55	241.18	0.67	0.26	0.93	-19.83	431	171	602	30.30
	岚山	462.70	16 435.00	16 897.70		0	0	0		2.75	3.37	6.12	1.49	1 336	1 599	2 935	0.55
	龙口	233.90	3 575.20	3 809.10		0	0	0		1.47	1.34	2.81	-15.87	790	708	1 498	-16.92
	石岛	215.20	343.80	559.00		8.66	8.68	17.34	7.48	23.56	23.43	46.99	24.94	1 008	987	1 995	15.38
	龙眼	69.10	103.90	173.00		1.61	1.41	3.02	15 025.50	0.48	0.53	1.01	87.04	401	469	870	25.90
	蓬莱	62.03	161.24	223.27		0	0	0		0.24	0.27	0.51	-46.32	131	139	270	-48.28
	莱州	0	716.58	716.58		0	0	0		0.52	0.49	1.01	5.21	281	258	539	-0.37
	分计	16 238.36	69 987.01	86 225.37		1 159.99	1 106.58	2 266.57	6.58	86.34	98.11	184.45	6.13	12 499	14 660	27 159	-6.15

（山东省口岸办提供）

2018 年山东省口岸出入境主要数据表

<table>
<tr><th colspan="3">项目</th><th>2018 年</th><th>2017 年</th><th>同比（%）</th></tr>
<tr><td rowspan="14">出入境人员（人次）</td><td colspan="2">出入境人员总数</td><td>8 568 956</td><td>7 171 722</td><td>19. 50</td></tr>
<tr><td colspan="2">入境人员</td><td>4 259 792</td><td>3 585 167</td><td>18. 82</td></tr>
<tr><td colspan="2">出境人员</td><td>4 287 751</td><td>3 586 553</td><td>19. 60</td></tr>
<tr><td colspan="2">出入境旅客</td><td>7 468 869</td><td>6 135 797</td><td>21. 70</td></tr>
<tr><td colspan="2">出入境员工</td><td>1 099 727</td><td>1 035 925</td><td>6. 16</td></tr>
<tr><td rowspan="5">中国公民</td><td>小计</td><td>6 167 464</td><td>4 976 523</td><td>23. 93</td></tr>
<tr><td>内地居民（因公）</td><td>500 146</td><td>467 330</td><td>7. 02</td></tr>
<tr><td>内地居民（因私）</td><td>5 344 472</td><td>4 187 965</td><td>27. 60</td></tr>
<tr><td>港澳居民</td><td>93 327</td><td>93 242</td><td>0. 09</td></tr>
<tr><td>台湾同胞</td><td>229 519</td><td>227 986</td><td>0. 67</td></tr>
<tr><td colspan="2">外籍人员</td><td>2 394 875</td><td>2 195 197</td><td>9. 10</td></tr>
<tr><td colspan="2">从海港出入境人数</td><td>554 480</td><td>587 847</td><td>-5. 68</td></tr>
<tr><td colspan="2">从陆港出入境人数</td><td></td><td></td><td></td></tr>
<tr><td colspan="2">从空港出入境人数</td><td>1 846 647</td><td>1 607 368</td><td>14. 89</td></tr>
<tr><td rowspan="5">交通运输工具（辆、艘、架、列次）</td><td colspan="2">总计</td><td>73 475</td><td>68 143</td><td>7. 82</td></tr>
<tr><td colspan="2">船舶</td><td>28 755</td><td>28 839</td><td>-0. 29</td></tr>
<tr><td colspan="2">飞机</td><td>44 720</td><td>39 304</td><td>13. 78</td></tr>
<tr><td colspan="2">火车</td><td></td><td></td><td></td></tr>
<tr><td colspan="2">机动车辆</td><td></td><td></td><td></td></tr>
</table>

（山东出入境边防检查总站提供）

2018 年青岛海关主要数据统计表

指标		2018 年	同比（%）
货运量（万吨）	合计	55 340	7.2
	进口	46 105	7.0
	出口	9 235	8.0
进出口总值（亿美元）	合计	3 294.6	13.7
	进口	1 692.8	17.6
	出口	1 601.8	10.0
报关单（万份）	合计	467.6	0.4
	进口	106.7	1.5
	出口	360.9	0.1
集装箱量（万标箱）	合计	1 144.3	4.1
	进口	565.6	4.1
	出口	578.7	4.2
进出境运输工具（艘、架次）	合计	68 627	11.8
	船舶	27 013	-2.2
	飞机	36 634	8.4
入库税款（亿元）	合计	1 440.5	4.1
	关税	112.3	-8.6
	进口环节税	1 328.2	5.4
备案加工手册（份）		21 952.0	-8.6
手册备案金额（亿美元）		126.5	3.0
进出境人员（万人次）		730.6	13.6
行邮物品（万件）		754.6	91.5
货物检验检疫（批次）	合计	880 452	-2.0
	进口	178 764	-0.4
	出口	701 688	-2.4
货物检验检疫货值（亿美元）	合计	1 808.6	24.6
	进口	1 466.0	31.3
	出口	342.6	2.3
出入境交通工具检疫（船舶）艘次		27 488	-2.3
出入境交通工具检疫（飞机）架次		44 458	13.3
集装箱检疫（万标箱）	合计	350.0	-30.4
	入境	257.3	-34.0
	出境	92.7	-18.1
出入境人员查验（万人次）	合计	837.4	19.4
	入境	417.9	19.1
	出境	419.5	19.7

（青岛海关提供）

2018年济南海关主要数据统计表

指标		2018年	同比（%）
进出口货运量（万吨）	合计	13 262.3	5.7
	进口	12 138.7	5.2
	出口	1 123.6	11.2
进出口贸易总值（万美元）	合计	5 347 598.8	19.2
	进口	3 194 447.5	23.3
	其中：江、海运输	3 083 382.5	23.4
	铁路运输	2 968.4	104.3
	汽车运输	393.2	752.1
	航空运输	107 610.9	19.8
	邮件运输	46.1	-21.5
	其他运输	46.4	-89.7
	出口	2 153 151.3	13.5
	其中：江、海运输	2 045 637.1	11.1
	铁路运输	14 446.8	383.7
	汽车运输	6 989.4	219.6
	航空运输	85 961.3	69.6
	邮件运输	106.2	-11.3
	其他运输	10.5	397.1
税收合计（万元）	合计	3 440 062.3	25.8
	关税入库	152 637.5	5.9
	进口环节税入库	3 287 424.8	26.9
货物检验检疫（批次）	合计	211 323	-11.9
	其中：出境	199 255	-9.6
	入境	12 068	-38.2
货物检验检疫金额（万美元）	合计	1 394 404.4	5.3
	其中：出境	727 699.1	-11.4
	入境	666 705.3	32.4

（济南海关提供）

2018 年山东海事局进出港船舶统计汇总表

船舶类别	进港船舶							出港船舶						
	艘数（艘）	总吨（吨位）	总载重量（吨）	载客量（客位）	船员人数（人次）	货物到达量（吨）	旅客到达量（人）	艘数（艘）	总吨（吨位）	总载重量（吨）	载客量（客位）	船员人数（人次）	货物发送量（吨）	旅客发送量（人）
总计	281 086	1 388 596 466	1 783 023 730	18 076 271	3 200 647	691 807 703	8 596 127	266 555	1 324 547 062	1 713 051 756	16 735 450	3 058 362	313 287 643	8 098 050
中国籍船舶	262 182	568 732 774	565 745 875	17 135 766	2 769 019	184 731 137	8 176 165	247 877	518 425 352	517 553 000	15 788 507	2 569 334	239 471 719	7 698 425
其中外贸船	935	14 282 813	22 659 811	0	15 081	11 978 621	78	729	9 135 824	13 827 652	0	11 615	1 001 942	41

（山东海事局提供）

2018 年山东省指定口岸/查验场统计表

省、自治区、直辖市	序号	指定口岸	指定查验场名称	口岸类别	指定口岸类别	批复时间	备注
山东省	1	青岛港		海运	进境水果	传统口岸	
	2	黄岛		海运	进境水果	传统口岸	
	3	青岛流亭机场		空运	进境水果	2017 年 12 月 8 日	
	4	荣成龙眼港口岸	荣成泰广进出口有限公司冷库	海运	进口冰鲜水产品	2014 年 11 月 6 日	
	5	青岛口岸	青岛天驰仓储有限公司	海运	进口冰鲜水产品	2014 年 12 月 22 日	
	6	威海口岸	威海金琳水产有限公司冷库	海运	进口冰鲜水产品	2014 年 12 月 22 日	
	7	荣成石岛口岸	石岛集团有限公司第一冷藏厂	海运	进口冰鲜水产品	2014 年 12 月 22 日	
	8		荣成泰广进出口有限公司冷库	海运	进口冰鲜水产品	2014 年 12 月 22 日	
	9	青岛机场口岸	中外运（青岛）空港物流有限公司冷库	空运	进口冰鲜水产品	2014 年 12 月 22 日	
	10	威海机场口岸	威海海纳食品有限公司	空运	进口冰鲜水产品	2016 年 11 月 10 日	
	11	烟台机场口岸	烟台国际机场集团货运销售有限公司冷库	空运	进口冰鲜水产品	2016 年 11 月 10 日	
	12	青岛港		海运	进境种苗	2009 年 12 月 31 日	
	13	烟台港		海运	进境种苗	2009 年 12 月 31 日	
	14	青岛流亭机场		空运	进境种苗	2009 年 12 月 31 日	
	15	青岛港	青岛港（集团）有限公司大港分公司查验点	海运	进境粮食	2014 年 10 月 9 日	
	16		青岛前湾集装箱码头有限责任公司查验点	海运	进境粮食	2014 年 10 月 9 日	
	17		青岛港国际股份有限公司物流分公司查验点	海运	进境粮食	2014 年 10 月 9 日	
	18		董家口通用码头有限公司查验点	海运	进境粮食	2017 年 11 月 20 日	
	19	烟台港	烟台港集团有限公司 41 号、42 号泊位查验点	海运	进境粮食	2014 年 10 月 9 日	
	20		烟台港集团有限公司关检联合查验平台	海运	进境粮食	2014 年 10 月 9 日	

续表 1

省、自治区、直辖市	序号	指定口岸	指定查验场名称	口岸类别	指定口岸类别	批复时间	备注
山东省	21	石臼港（日照港）	日照港（集团）有限公司裕廊码头查验点	海运	进境粮食	2014 年 10 月 9 日	
	22		日照港集团岚山港务有限公司查验点	海运	进境粮食	2014 年 10 月 9 日	
	23		日照港集装箱发展有限公司	海运	进境粮食	2017 年 11 月 20 日	
	24	龙口港	龙口港集团有限公司 11 号粮食码头查验点	海运	进境粮食	2014 年 10 月 9 日	
	25	青岛流亭国际机场	中外运（青岛）空港物流园区查验点	空运	进境食用水生动物	2016 年 7 月 29 日	
	26	青岛港口岸黄岛前湾港区	青岛前湾西港联合码头有限责任公司	海运	进境食用水生动物	2016 年 7 月 29 日	
	27		85 号泊位查验点	海运	进境食用水生动物	2016 年 7 月 29 日	
	28	青岛港口岸大港港区	中外运场站（韩国滚装船指定场站）查验点	海运	进境食用水生动物	2016 年 7 月 29 日	
	29	龙眼港口岸	荣成市龙眼港港区查验点	海运	进境食用水生动物	2016 年 7 月 29 日	
	30	威海港口岸	威海港集团有限公司查验点	海运	进境食用水生动物	2016 年 7 月 29 日	
	31	石岛港口岸	石岛新港集装箱场站检验检疫专用区查验点	海运	进境食用水生动物	2016 年 7 月 29 日	
	32	山东威海航空口岸	威海机场查验点	空运	进境食用水生动物	2018 年 1 月 30 日	
	33	山东烟台航空口岸	烟台国际机场集团有限公司查验点	空运	进境食用水生动物	2018 年 1 月 30 日	
	34	山东省烟台港口岸	山东省烟台市芝罘区芝罘湾港区查验点	海运	进境食用水生动物	2018 年 1 月 30 日	
	35	黄岛前湾港口岸	青岛联合华通贸易有限公司	海运	进口肉类	2008 年 10 月 1 日	
	36		青岛师帅冷链物流股份有限公司	海运	进口肉类	2017 年 11 月 1 日	
	37		青岛港怡之航冷链物流有限公司	海运	进口肉类	2008 年 10 月 1 日	

续表 2

省、自治区、直辖市	序号	指定口岸	指定查验场名称	口岸类别	指定口岸类别	批复时间	备注
山东省	38	黄岛前湾港口岸	青岛天驰仓储有限公司	海运	进口肉类	2012 年 6 月 1 日	
	39		青岛冠宇生态农业有限公司	海运	进口肉类	2011 年 10 月 1 日	
	40		青岛新大地冷藏有限公司	海运	进口肉类	2014 年 11 月 1 日	
	41		青岛远洋鸿池物流有限公司	海运	进口肉类		
	42	烟台港口岸	烟台嘉鸿食品有限公司	海运	进口肉类	2017 年 9 月 1 日	
	43		烟台龙大食品有限公司	海运	进口肉类	2010 年 11 月 1 日	
	44	威海港口岸	威海金琳水产有限公司	海运	进口肉类	2016 年 10 月 1 日	
	45	石岛新港口岸	石岛新港港务股份有限公司	海运	进口肉类	2016 年 10 月 1 日	
	46		荣成泰广进出口有限公司	海运	进口肉类	2016 年 10 月 1 日	
	47	岚山港	山东岚山进境原木检疫处理区	海运	木材检疫处理		
	48	济南机场冰鲜水产品指定口岸		空运	冰鲜水产品	2018 年 1 月 17 日	
	49	济南机场水果指定口岸		空运	水果	2016 年 2 月 11 日	
	50	济南机场食用水生动物指定口岸		空运	食用水生动物	2018 年 1 月 17 日	
	51	济南机场药品指定口岸		空运	药品	2018 年 6 月 29 日	原质检总局批复
	52	潍坊综合保税区		海运	肉类	2018 年 2 月 25 日	

（青岛海关、济南海关提供）

河　南　省

河南省口岸分布示意图

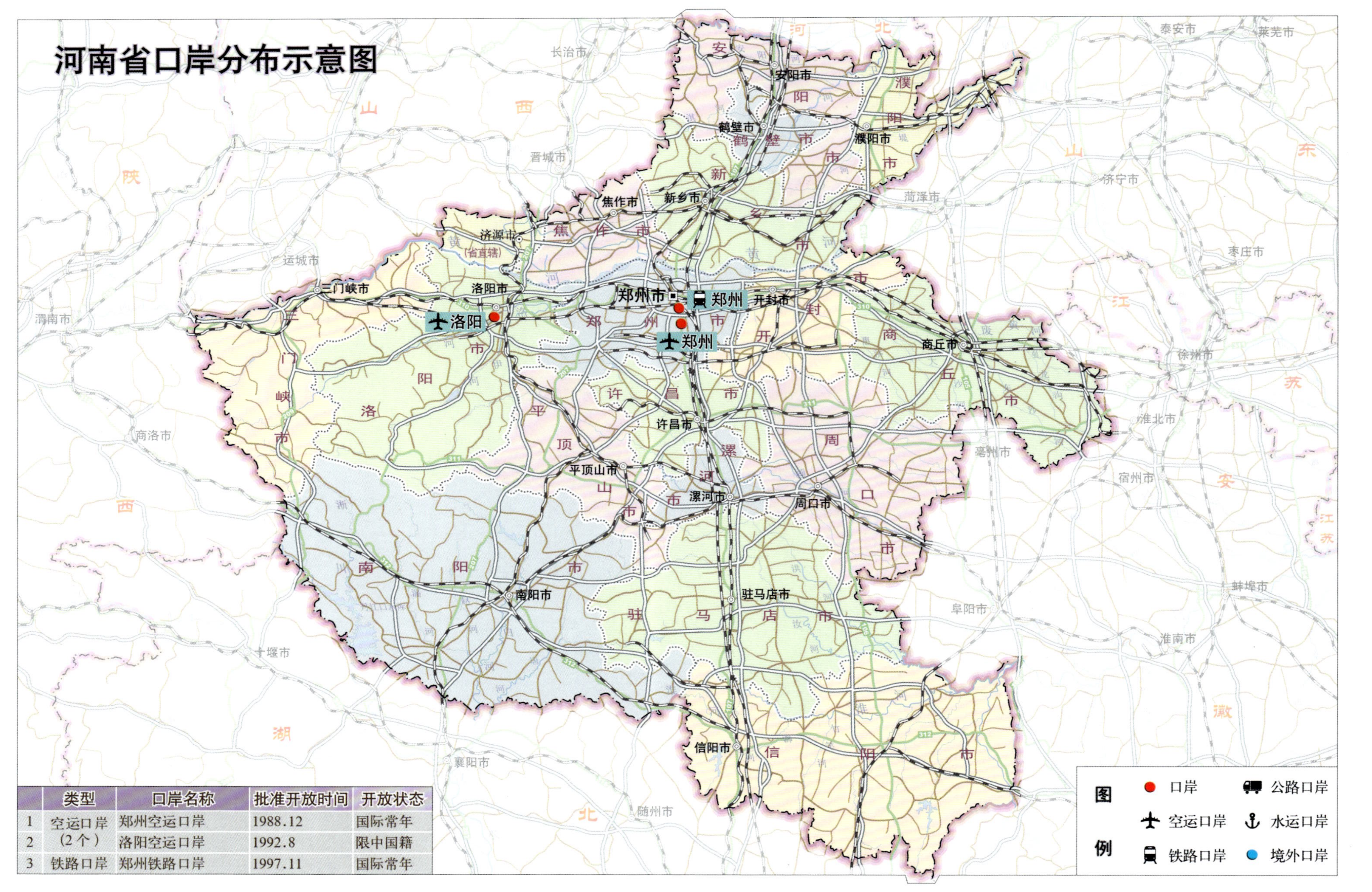

	类型	口岸名称	批准开放时间	开放状态
1	空运口岸（2个）	郑州空运口岸	1988.12	国际常年
2		洛阳空运口岸	1992.8	限中国籍
3	铁路口岸	郑州铁路口岸	1997.11	国际常年

口岸数量及分布

截至2018年年底，河南省共有经国务院批准的对外开放口岸3个。其中空运口岸2个，分别是郑州空运口岸（郑州新郑国际机场）、洛阳空运口岸（洛阳北郊机场）；陆路（铁路）口岸1个，即郑州铁路口岸。

口岸运行数据

2018年，河南省全年外贸进出口总值实现5 512.7亿元人民币，同比增长5.3%。其中，出口3 579亿元，增长12.8%；进口1 933.70亿元，下降6.2%。一般贸易进出口1 856.1亿元，增长16.3%，占同期外贸总值33.7%。加工贸易进出口3 563.5亿元，同比增长1.8%，占同期河南省进出口总值64.6%。

2018年，郑州机场空运口岸出入境旅客171.5万人次，同比增长33%；完成国际地区货邮吞吐量32.9万吨，同比下降2.2%，占郑州机场货运总量的63.88%，带动郑州机场货运总量达到51.5万吨。开通国际地区航线55条（其中客运航线26条、货运航线29条），通达首尔、曼谷、温哥华、东京、芝加哥等多个境外城市，基本形成横跨欧亚美三大经济区、覆盖全球主要经济体的枢纽航线网络。洛阳空运口岸常态化运行有洛阳至香港、洛阳至曼谷两条国际（地区）航线，2018年出入境旅客6.08万人次，同比下降15.45%。

2018年，郑州铁路口岸集装箱运量达79 140标箱。中欧班列（郑州）全年开行752班（416班去程，336班回程），总累计货值32.39亿美元，货重34.90万吨。截至2018年12月31日，总累计开行1 760班（1 007班去程，753班回程），总累计货值84.65亿美元，货重84.91万吨。

口岸综合管理

【加强口岸建设统筹谋划和协同推进】 着眼推动河南省口岸体系建设和培育口岸经济发展新优势，召开省口岸工作部门联席会议，研究协调口岸建设重大问题。制定实施《2018年河南省口岸建设重点工作推进方案》《2018年推进中欧班列创新发展方案》《2018年中国（河南）国际贸易“单一窗口”建设方案》，口岸管理、财政、交通、邮政等部门研究制定中亚班列配套扶持政策及《中国（河南）邮政枢纽口岸建设发展规划》，明确任务分工，强化部门协作，定期开展评估，统筹推进各项具体任务落实。

【清理规范口岸收费】 实行口岸收费目录清单制度，收费项目和收费标准向社会公开，清单之外不得收费。郑州空运口岸、郑州铁路口岸按国家要求在业务场所和“单一窗口”平台公示全部收费目录及收费标准度，实现进出口企业的口岸收费公开透明。严格执行行政事业性收费清单管理制度。未经国务院批准，一律不得新设涉及进出口环节的收费项目。清理规范口岸经营服务性收费，推动降低报关、货代、物流、仓储等环节经营服务性收费；加强对口岸收费项目、收费标准以及收费行为的监管，严禁巧立名目及捆绑式收费行为，一经发现，按照有关程序予以处罚。

【压缩整体通关时间】 开展压缩整体通关时间“百日行动”。采取一系列行之有效的措施，提高进口货物抵达口岸前的提前申报比例，非查验货物抵达口岸后即可以放行提离，抵港即可以提离；推进关税保证保险的改革，可以在关税保证保险的前提下“先放行后缴税”；加快大宗和时效性商品通关速度，推行铁矿石等矿产品“先验放后检测”，开通农副产品、鲜活产品快速通关的“绿色通道”等，取得明显成效。2018年12月，河南口岸进口整体通关时间46.03小时，出口时间0.84小时，分别比去年压缩56.38%和88.66%。

【提升中国（河南）国际贸易“单一窗口”服务水平】 按照国家部署要求，口岸相关单位共同建设中国（河南）国际贸易“单一窗口”。落地应用国家“单一窗口”标准版10大功能，业务涵盖一般贸易、加工贸易、服务贸易、跨境电商等领域。实现空运口岸、铁路口岸和 18 个省辖市全覆盖，累计入驻企业 3 000 余家，服务上下游企业万余家。截至 2018 年年底，平台累计完成货物和舱单申报 86 万票，原产地证书申领 3 296 单，税费支付 1.3 万票，全省通关申报业务覆盖率达到 90% 以上。通过“单一窗口”办理通关业务，时间最快可从 3 天缩短到 2 个小时，真正实现“数据多跑路、企业少跑腿”。

【促进中欧班列（郑州）高质量发展】 推进“一体两翼”国际货运班列体系建设。在加密郑州至汉堡和慕尼黑货运班列的同时，推动新开行至比利时列日和中亚阿拉木图、塔什干的班列线路，拓展东向和南向海铁联运国际通道，稳步运行新乡至中亚班列，扩增海铁联运班列线路，在全国中欧班列中的地位不断巩固提升。

口岸监管与服务

【河南出入境边防检查总站加强立体管控体系建设】 推进“扫黑除恶”、“三非”外国人治理等专项行动，建立落实领导责任制、“零报告”、典型案例共享等机制。举办口岸安全管控工作现场会，强化口岸应急处突骨干培训班，全省边控工作协作交流会；完善“八位一体”查缉处突战法，严格限定区域管理、武装巡逻巡检，严格执行人证对照、证件识别、资料录入。高标准完成全国“两会”、上合组织青岛峰会、上海进博会、中非合作论坛北京峰会等重大会议的安保任务。

【河南出入境边防检查总站加强智慧边检能力建设】 建设应用生物识别签证系统，实施外国人指纹留存工作，年内共采集外国人指纹信息 2.3 万人次。组建首个边检数据核查中心，全面增强后台核查能力。加强口岸智能管边控边能力建设，配备暴恐音视频查缉终端、爆炸物品检测仪、指纹面相一体自助采集终端等 10 余种新型智能化装备，更新核查设备、单警处突装备及证研设备，提升科技信息化保障支撑效能。

【河南出入境边防检查总站加强全能型执勤力量建设】 分阶段推进理论培训、上机培训、实战培训、异地实践，加强领导干部、机关民警、非旅检岗位检查员、士兵转改检查员的培训练兵。坚持紧贴实战抓备战，做好口岸突发事件应急处置各项工作，增加疑似生化武器袭击、查获涉恐人员挟持人质等口岸处突发新情形，区分岗位、任务、时段，采取办班集训、基层自训、拉动演练、定期考核等形式，狠抓带班领导和一线执勤民警实战练兵，持续提升第一时间、第一现场处置能力。

【河南出入境边防检查总站大力实施“快速通关”工程】 围绕郑州国际货运枢纽和物流中心建设，组建首个货机专职检查科队，建立包括电子产品、机器零部件、服装服饰以及冰鲜肉类等特种商品在内的各类货物边防检查标准。打造“一站式”服务平台，提前实现“7 × 24 小时”随到随检，通关速度提升 60%。推广自助通关，完善自助通道防尾随、人脸补光等设施手段，旅客整体通关时间持续缩减。

【郑州海关参与空网陆“丝绸之路”建设】 落实完善《郑州海关与河南机场集团共同推进郑州国际航空枢纽发展战略合作备忘录》。总结梳理“空中丝绸之路”建设一周年成效及制约郑州机场口岸发展的困难和问题，与机场集团会商形成《提请海关总署支持“空中丝绸之路”建设 10 项措施》。开展跨境电商强化正面监管，协助缉私部门侦破一系列跨境电子商务领域重大案件；印发《郑州海关跨境电商零售进口正面监管工作指引》和《郑州海关关于加强跨境电子商务零售进口正面监管工作的指导意见》。创新监管模式，支持集装箱拆拼、大型设备分装、冷链运输等业务开展，实现国际邮政包裹搭乘中欧班列（郑州）出口。

【郑州海关支持河南自贸试验区建设】 推进总体方案试点任务落实，建设自贸试验区监管服务体系，复制推广全部 25 项海关监管创新制度。首创的原产地证书“信用签证”管理模式入选全国“十大案例”，推出 4 项跨境电商监管创新措施。2018 年，河南自贸试验区实有进出口企业 2 378家，实现对外贸易总值人民币 343.7 亿元。

【郑州海关支持郑州邮政口岸发展】 试点开展进境邮件“一点通关、分拨全国”业务。支持邮政企业开展跨境电子商务和商业快件业务，研究制定邮政包裹搭乘中欧班列（郑州）进出口监管方案，上线运行“互联网 + 关邮 e 通”系统，基本实现了线上办理、线下通关。业务平均办理时间缩短约 50%。2018 年，监管进出境邮递物品 5 482.9 万件，与上年同比增长 58.8%（其中进境邮件 220.2 万件，占总量的 4.0%，出境邮件 5 262.7 万件占总量的 96.0%），日均监管量约为 15.0 万件。

【郑州海关优化口岸监管资源配置】 加大非侵入检查科技设备的投入，在铁路东站口岸配置大型集装箱检查设备，让监管更加高效、快捷。在机场海关、综合保税区海关、驻东站办事处海关配发移动查验单兵设备，实现在口岸查验的全程无纸化操作，提高口岸通关效能。健全各个口岸视频监控中心功能，推动监管作业场所和查验场所视频接入全覆盖，推动实现 24 小时可视化监控，提升海关监管的规范化、系统化、实用化水平。

开放口岸

【郑州空运口岸（郑州新郑国际机场）】 郑州空运口岸于 1988 年 12 月经批准开放，当时只限中国籍飞机出入境，2002 年 5 月经国务院批准可供中国籍和外国籍飞机出入境。1997 年建成并通航的河南郑州新郑国际机场位于郑州市东南，距市区 27 千米，占地约 466.67 万平方米，飞行区等级 4E，跑道长 3 400 米，可满足波音 747 机型的顺利起降，是国家对外开放口岸和中国国内干线运输机场，是国家民航局确定的全国八大区域性枢纽之一。建设有高速公路直达机场，交通条件优越。2007 年 T1 航站楼进行了一次改扩建，扩建后航站楼建筑面积达到 12.89 万平方米，客机坪 18.25 万平方米，货机坪 7.6 万平方米，机位 43 个，年旅客和货邮保障能力可达 1 200 万人次、15 万吨。2013 年 12 月 19 日郑州机场二期扩建工程开工建设，2015 年 9 月 30 日完成竣工，同年 12 月 19 日郑州机场 T2 航站楼启用并开始试运行，郑州机场正式步入“双航站楼双跑道”时代。T2 航站楼建筑面积 48.6 万平方米，南北长约 1 128 米，四角拥有 4 条指廊，可以增加 79 个机位，客运吞吐能力 3 000 万人次/年、货运吞吐能力每年达 30 万吨。其中，国际区域建筑面积为 5.5 万平方米，设计满足近期国际旅客 320 万人次、高峰小时国际 1 280 人次，远期国际旅客 400 万人次、高峰小时国际 1 440 人次的使用要求。国际区域主要包括四层国际办票区、国际出发联检厅；三层国际候机厅；二层国际到达联检厅、国际行李提取厅及国际到达通道；一层国际远机位候机厅等。同时国际查验通道还包括国际同程航班查验通道及国际贵宾离到港查验通道。T2 航站楼国际值机岛设置 28 个行李托运柜台及 2 个开包间。采用开放式值机，海关及检疫在后台对国际旅客托运行李进行监控。

【洛阳空运口岸（洛阳北郊机场）】 洛阳空运口岸于 1992 年 8 月 1 日经国务院批准为对外开放口岸，同时批准建立洛阳海关、洛阳出入境边防检查站、洛阳卫生检疫局、洛阳动植物检疫局。洛阳空运口岸成为河南省第二个国家对外开放口岸（只限中国籍飞机出入境）。

洛阳是中国古都之一，也是河南省的主要工业城市，具有古文化、重化工、高科技和自然资源等优势。尤其是洛阳古老的文化和悠久的历史对国外旅游者有很大的吸引力，一年一度的洛阳牡丹花会，使洛阳对外联系和交流不断扩大，先后与日本冈山市、须贺川市及法国团尔市等结为友好城市，并与 70 多个国家和地区开展了经济、技术、文化交流活动。

洛阳机场位于洛阳市北部，距市中心 9 千米。该机场净空条件优越，各种设施、设备齐全，可起降 B737、B767、MD82 等大型客机，是北京机场、郑州机场理想的备降机场。机场候机楼面积 17 000 平方米，其中国际部分 12 000 平方米。

【郑州陆路（铁路）口岸】 郑州陆路（铁路）口岸位于郑州铁路东站，1991 年 3 月经河南省批准为原二类铁路口岸，1994 年 12 月开通了郑州东站至香港九龙的直达集装箱专列，1997 年 11 月 28 日被批准为国家对外开放口岸。2014 年新建了 10 660 平方米的铁路口岸联检大楼和 50 000平方米的监管查验场地及设施。

郑州铁路口岸所在地——郑州铁路集装箱中心站是全国规划建设的 18 个集装箱中心站之一，目前具有年办理 36 万标准集装箱的承载能力，并正在扩建铁路专用线线束，预计到 2020 年具有年处理 120 万标准集装箱的承载能力。郑州铁路口岸毗邻的郑州圃田站是全国铁路特等货运站，被铁道部确定为国际大型集装箱中转站，是国内在新亚欧大陆桥最大的铁路货运站和集装箱集散地。目前，河南依托郑州铁路口岸，建成运行汽车整车进口口岸（一期工程）和进境粮食口岸，正在加快建设汽车整车进口口岸（二期工程），拓展跨境电商等业务，为郑欧班列进一步提供有效货源支撑。

2018 年河南省口岸大事记

2 月 11 日

三门峡进口铜精矿国检试验区获得国家质检总局批复设立，这是河南省首个国检试验区，也是内陆地区首个进口铜精矿国检试验区。

3 月 20 日

河南“单一窗口”货物申报业务量突破 10 万单。

3 月 28 日

中欧班列（新乡号）首班开行，自新乡塔铺站出发，途经太原、银川、中卫、乌鲁木齐，经阿拉山口过境至哈萨克斯坦。

5 月 18 日

中欧班列（郑州）开通至中亚塔什干线路，全程 5 000 多千米。

6 月 13 日

郑州—芝加哥—埃德蒙顿—郑州的跨境电商货运包机试飞成功 。

7 月 13 日

中国海关总署监管司复函中国邮政集团批准郑州作为中欧班列运邮试点城市，郑州成为继重庆、东莞、义乌之后中欧班列的第四个、中部第一个运邮试点城市。

9 月 11 日

全国棉花交易市场首批棉花入储商丘保税物流中心。

9 月 26 日

首班进口粮食货运专列顺利抵达河南进境粮食指定口岸，我国内陆第一家进境粮食指定口正式运营。

10 月 24 日

中欧班列（郑州）比利时列日线路开通，列日成为中欧班列（郑州）在继汉堡、慕尼黑之后的欧洲第三站点。

11 月 12 日

首批澳大利亚进口羊驼抵达活牛口岸，开启河南活体动物进口新时代。

11 月 17 日

由埃塞俄比亚航空公司执飞的 B777 全货机，经亚的斯亚贝巴抵达郑州机场，标志着郑州经非洲至南美洲的首条包机货运航线正式开通。

11 月 20 日

“中欧班列（郑州）运邮开行仪式”在郑州铁路口岸举行，河南国际邮件陆路运输通道正式打通。

11 月 23 日

国务院印发《关于支持自由贸易试验区深化改革创新若干措施的通知》，支持郑州机场在对外航权谈判中利用第五航权，允许外国航空公司承载经郑州至第三国的客货业务。

11 月 28 日

国家药品监督管理局专家组对河南省申请增设郑州为药品进口口岸进行现场评估考核，11 月 30 日宣布现场评估考核通过。

12 月 7 日

“中欧班列（郑州）至东盟越南首班开行仪

式”在郑州铁路口岸举行。

12 月 21 日

河南航投航空设备租赁有限公司向光大金融租赁公司购买附带租约的全新 B737－800 型客机，在境外公海区域上空完成产权交割，河南首单公海交付跨境飞机转租赁业务落地。

（撰稿人：范会卿）

2018 年河南省口岸流量统计表

口岸类型		口岸名称	货运量（万吨）				集装箱量（万标箱）				人员（万人次）				交通工具（辆、艘、架、列次）			
			出口	进口	合计	同比（%）	出口	进口	合计	同比（%）	出境	入境	合计	同比（%）	出境	入境	合计	同比（%）
空运口岸		郑州			32.90	-2.2					86.97	85.71	171.5	33	7452	7054	14506	18.90
		洛阳									2.89	2.85	6.08	-15.45	186	186	372	-10.58
		分计									89.86	88.56	177.58	17.55	7638	7240	14878	17.93
陆运口岸	公路口岸																	
		分计																
	铁路口岸	郑州	27.32	10.80	34.90	-3.5	4.32	3.59	7.91	57.90								
		分计					4.32	3.59	7.91	57.90								
水运口岸	海港口岸																	
		分计																
	河港口岸																	
		分计																
合计					67.8	-5.7	4.32	3.59	7.91		89.86	88.56	178.42	32.89	7638	7240	14878	17.93
同比（%）																		

表注：空运口岸 32.9 万吨为货邮吞吐量

（河南省口岸办提供）

2018 年河南省口岸出入境主要数据表

<table>
<tr><th colspan="3">项目</th><th>2018 年</th><th>2017 年</th><th>同比（%）</th></tr>
<tr><td rowspan="14">出入境人员（人次）</td><td colspan="2">出入境人员总数</td><td>1 784 142</td><td>1 342 521</td><td>32. 89</td></tr>
<tr><td colspan="2">入境人员</td><td>885 476</td><td>663 928</td><td>33. 37</td></tr>
<tr><td colspan="2">出境人员</td><td>898 666</td><td>678 593</td><td>32. 43</td></tr>
<tr><td colspan="2">出入境旅客</td><td>1 673 311</td><td>1 252 973</td><td>33. 55</td></tr>
<tr><td colspan="2">出入境员工</td><td>110 831</td><td>89 548</td><td>23. 78</td></tr>
<tr><td rowspan="5">中国公民</td><td>小计</td><td>1 580 784</td><td>1 189 805</td><td>32. 86</td></tr>
<tr><td>内地居民（因公）</td><td>5 579</td><td>4 414</td><td>26. 39</td></tr>
<tr><td>内地居民（因私）</td><td>1 428 113</td><td>1 058 250</td><td>34. 95</td></tr>
<tr><td>港澳居民</td><td>27 514</td><td>23 727</td><td>15. 96</td></tr>
<tr><td>台湾同胞</td><td>119 578</td><td>103 414</td><td>15. 63</td></tr>
<tr><td colspan="2">外籍人员</td><td>92 527</td><td>63 147</td><td>46. 53</td></tr>
<tr><td colspan="2">从海港出入境人数</td><td></td><td></td><td></td></tr>
<tr><td colspan="2">从陆港出入境人数</td><td></td><td></td><td></td></tr>
<tr><td colspan="2">从空港出入境人数</td><td>1 784 142</td><td>1 342 521</td><td>32. 89</td></tr>
<tr><td rowspan="5">交通运输工具（辆、艘、架、列次）</td><td colspan="2">总计</td><td></td><td></td><td></td></tr>
<tr><td colspan="2">船舶</td><td></td><td></td><td></td></tr>
<tr><td colspan="2">飞机</td><td>14 878</td><td>12 616</td><td>17. 93</td></tr>
<tr><td colspan="2">火车</td><td></td><td></td><td></td></tr>
<tr><td colspan="2">机动车辆</td><td></td><td></td><td></td></tr>
</table>

（河南出入境边防检查总站提供）

2018 年郑州海关主要数据统计表

项目		2018 年	同比（%）
进出口货运量（万吨）	合计	1 233.2	-8.70
	进口	1 148.1	-10.80
	出口	85.10	33.90
进出口贸易总值（亿美元）	合计	725.30	4.90
	进口	285.50	-2.70
	其中：江、海运输	39.47	-0.40
	铁路运输	13.45	47.30
	汽车运输	14.91	225.90
	航空运输	217.69	-9.40
	邮件运输	0.00	
	其他运输		
	出口	439.80	10.60
	其中：江、海运输	25.10	6.70
	铁路运输	18.30	34.20
	汽车运输	5.25	0.60
	航空运输	391.11	10.10
	邮件运输	0.00	
	其他运输		
税收（万元）	两税合计	2 316 894.7	-17.79
	关税入库	124 756.8	15.64
	进口环节税入库	2 192 137.9	-19.13
货物检验检疫（批次）	本年累计	71 946	3.13
	其中：出境	43 913	-9.55
	入境	28 033	32.14
货物检验检疫金额（万美元）	本年累计	1 895 816	-14.13
	其中：出境	371 740	6.89
	入境	1 524 076	-18.26

（郑州海关提供）

2018年河南省指定口岸/查验场统计表

省、自治区、直辖市	序号	指定口岸/指定查验场名称	口岸类别	类别	批复时间	备注
河南省	1	郑州航空口岸	空运	冰鲜水产品	2014年12月22日	
	2	郑州航空口岸	空运	冰鲜肉类	2013年12月30日	
	3	郑州航空口岸	空运	进口水果	2008年1月14日	
	4	郑州航空口岸	空运	澳洲活牛	2015年4月17日	批准建设
	5	郑州航空口岸	空运	食用水生物	2015年9月22日	验收评估
	6	郑州航空口岸	空运	邮件经转口岸	2011年5月26日	郑州国际邮件互换局和交换站挂牌成立
	7	郑州航空口岸	空运	药品进口口岸	2018年11月30日	宣布现场评估考核通过
	8	郑州铁路口岸	铁路	进境粮食	2014年12月12日	
	9	郑州铁路口岸	铁路	整车进口	2014年7月1日	
	10	肉类口岸漯河查验区	空运、公路	冰鲜肉类	2013年12月30日	
	11	三门峡进口铜精矿国检试验区	铁路、公路	铜精矿	2018年2月11日	

（河南省口岸办提供）

湖　北　省

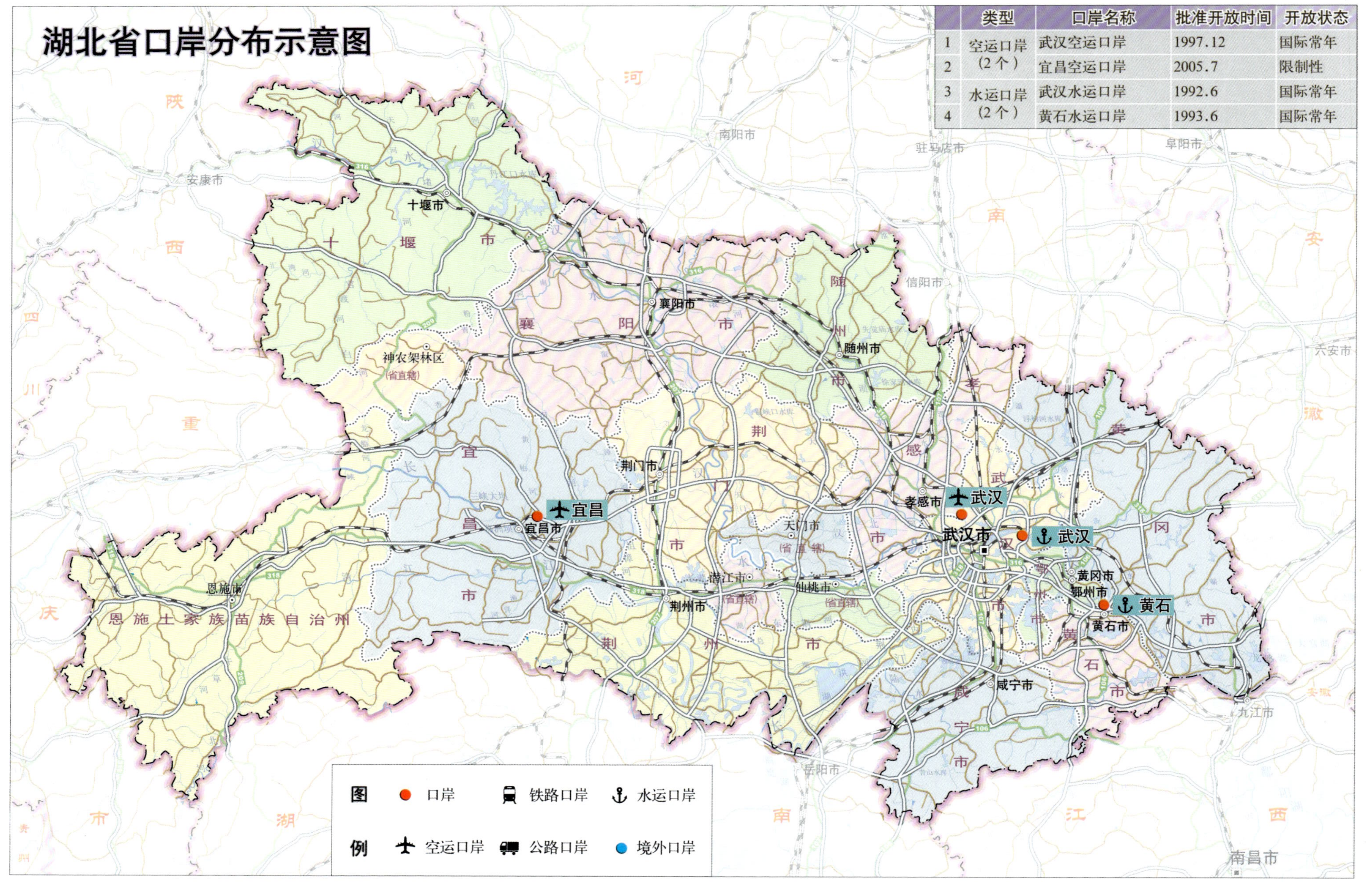
湖北省口岸分布示意图

	类型	口岸名称	批准开放时间	开放状态
1	空运口岸（2个）	武汉空运口岸	1997.12	国际常年
2		宜昌空运口岸	2005.7	限制性
3	水运口岸（2个）	武汉水运口岸	1992.6	国际常年
4		黄石水运口岸	1993.6	国际常年

图例
口岸
铁路口岸
水运口岸
空运口岸
公路口岸
境外口岸
武汉
武汉
宜昌
黄石
十堰市
襄阳市
随州市
孝感市
武汉市
黄冈市
鄂州市
黄石市
咸宁市
荆门市
天门市
潜江市
仙桃市
荆州市
宜昌市
恩施市
神农架林区
(省直辖)
恩施土家族苗族自治州
南阳市
驻马店市
阜阳市
信阳市
六安市
安康市
岳阳市
九江市
南昌市

口岸数量及分布

截至2018年年底，湖北省共有经国务院批准的对外开放口岸4个。其中，空运口岸2个，分别是武汉空运口岸（武汉天河国际机场）、宜昌空运口岸（宜昌三峡机场）；水运（河港）口岸2个，分别是武汉水运（河港）口岸、黄石水运（河港）口岸。

口岸运行数据

2018年，湖北省进出口货运量2 125.65万吨，同比增长1.29%。其中进口货运量1 601.76万吨，同比增长2.20%；出口货运量523.88万吨，同比下降1.40%。分运输方式，水运进出口运量2 080.54万吨，同比增长1.0%，占进出口总运量的97.88%；铁路进出口运量33.91万吨，同比增长19.10%；公路进出口运量1.83万吨，同比增长1.90%；空运9.38万吨，同比增长12.00%；邮运24吨，同比增长20.00%。

空运口岸出入境飞机18 236架次，同比增长2.16%，其中入境9 111架次，出境9 125架次。出入境人数298.07万人次，同比增长4.12%，其中入境人数148.13万人次，出境人数149.94万人次。

口岸综合管理

【口岸开放】 2018年3月2日，国家口岸办批复同意外籍客运飞机、外籍维修飞机从湖北宜昌三峡机场临时进出境，时间为2018年3月24日至2018年9月24日。7月19日，国家口岸办再次批复同意外籍客运飞机、外籍维修飞机从湖北宜昌三峡机场临时进出境，时间为2018年9月25日至2019年3月25日。4月24日，国家口岸办批复同意国际航行船舶临时进出黄石棋盘洲港区8、9号泊位，时间为自批准之日起6个月。12月23日，国务院正式批复同意武汉港口岸扩大开放汉南港区、花山港区、金口港区、黄州港区和鄂州港区。12月27日，国务院正式批复同意黄石港口岸扩大开放棋盘洲港区。

【口岸平台建设】 武汉出口加工区获国务院批复整合优化为武汉经开综合保税区，成为湖北省第三家获批的综保区，自此武汉成全国第二个拥有3个综保区的副省级城市。仙桃保税物流中心（B型）顺利通过验收并封关运营，这是湖北省第四个、江汉平原第一个保税物流中心（B型），面积0.236平方千米，包括海关查验区、海关监管仓库、综合服务楼和配套服务区等。武汉铁路口岸汽车整车进口指定口岸通过验收并投入运营，实现武汉关区整车首次进境。截至2018年年底，湖北省特殊商品进境指定口岸达到15个，分别是：天河机场进境种苗、水果、食用水生动物、冰鲜水产品、肉类指定口岸，阳逻港进境粮食、水果、肉类指定口岸，宜昌港、荆州港进境粮食指定口岸，阳逻港、天河机场、武汉铁路集装箱中心站药品进境指定口岸，武汉铁路口岸汽车整车进口指定口岸，东湖综保区进口肉类指定查验场。除武汉天河机场进境肉类指定口岸尚在建设之中，其他14个均已正式开通运营。

【口岸基础设施及配套设施】 2018年2月19日，国务院、中央军委批复同意新建湖北鄂州民用机场（顺丰机场）。标志着湖北国际物流核心枢纽项目建设迈出了关键一步，机场性质为客运支线、货运枢纽机场，场址位于鄂州市鄂城区燕矶镇杜湾村附近。湖北国际物流核心枢纽项目将打造成全球第四个、亚洲第一的航空物流枢纽，是湖北“一带一路”建设和长江经济带发展的重要抓手。鄂州市“武汉长江航运中心鄂州三江港区国际物流铁水公空一体化多式联运示范工程”入选全国第三批多式联运示范工程，是第三批项目中唯一将铁、水、公、空四种交通方式联通的项目。港区已建成4.30千米的进港铁路，直通武九铁路，与武鄂、鄂黄等多条高速公路相连，30千米的快速通道直达正在建设的鄂州机场。黄石新港口岸六大建设项目顺利实施，1.5

亿元的口岸联检服务中心于 4 月 1 日正式投入使用；3 500 万元的海关集装箱查验设备安装到位，海关查验时间进入“秒”验时代；1 600 万元的口岸信息化及保税物流中心“金关二期”改造升级项目顺利完成，智慧口岸建设更近一步；1 000 万元的进境粮食指定口岸配套设施建设完成，为进境粮食指定口岸申报打下基础；900 万元的棋盘洲保税物流中心跨境电商通关服务平台正式运营，在省内地级市中率先开展跨境电商零售直购进口业务；新港码头二期工程、集装箱堆场二期工程按期启动建设。武汉铁路集装箱中心站完成了进出口货物机检设备机房、控制室和设备调试工作，并达到运行要求。

【口岸营商环境】 加快优化口岸环境，提升跨境贸易便利化水平。扎实开展湖北省口岸提效降费工作，推动出台了《省人民政府办公厅关于印发湖北口岸压缩整体通关时间工作方案的通知》《省人民政府办公厅关于印发湖北口岸提效降费工作实施方案的通知》等系列文件。采取多种措施压缩通关时间，推动一体化通关，实现了中欧班列（武汉）回程木材专列一体化通关、水运口岸省内一体化通关；省内所有口岸实行预约通关，天河机场实现 7 × 24 小时通关；阳逻港一、二、三期整合提升，港口运行效率提升。2018 年 12 月份，湖北省出口整体通关时间为 1.36 小时，与 2017 年全年相比压缩 93.42%；进口整体通关时间为 78.27 小时，与 2017 年全年相比压缩 56.89%，圆满完成 2018 年整体通关时间压缩 1/3 的工作目标。推动口岸收费清理工作，组织完成对国家批准的省内口岸所有收费项目的核对排查，指导省级口岸同步完成清理核对，在所有口岸现场进行收费公示。推动免除经查验没有问题的外贸企业吊装移位仓储费用工作，切实为外贸企业减负。从 2017 年 12 月 1 日至 2018 年 11 月 28 日，共减免收费集装箱数量 2 113 箱，减免费用共计人民币 157 万元，受惠外贸企业 944 家。

【海关特殊监管区域安全生产】 严格落实安全生产隐患报告制度，全面掌握相关单位安全生产工作推进落实情况和安全生产状况。重大节日、高温、主汛期及重要敏感时期，严密组织安全生产专项检查督导，最大限度消除安全隐患。严把国门安全，防控非洲猪瘟，部署了非洲猪瘟的防控工作，并联合相关单位对东湖综保区进口肉类指定查验场和天河机场进行了专项检查。

【国际贸易“单一窗口”】 湖北国际贸易“单一窗口”自开工建设以来，陆续上线了 53 个应用子系统，注册企业累计超过 5 000 家，通过“单一窗口”平台办理的各类通关业务累计超过 60 万单（票），货物申报业务覆盖率达 100%。已建成的项目数量和办理的业务总量均在中西部地区位居前列，其功能模块基本涵盖了进出口全部业务，实现了“网上办、一站办、秒办结、零误差”。“单一窗口”特色应用项目亮点突出，部分应用成为全国首创，与湖北省税务局合作，将出口退税申报功能纳入“单一窗口”，在第三批自贸试验区中是首家，出口退税最快可以实现“当日申报、当日到账”；与武汉海关合作，依托“单一窗口”建立了华中地区首个加工贸易边角料交易平台。开发“验放综合服务平台”，企业可以随时随地进行查验预约、提货预约、货物实时状态查询，集装箱的查验放行业务做到“移动式、全天候”。

【中欧班列（武汉）】 中欧班列（武汉）已打通阿拉山口、满洲里、二连浩特、凭祥、霍尔果斯五大通关口岸，通达俄罗斯、捷克、波兰、德国、法国等“一带一路”沿线 28 个亚欧国家，覆盖 60 余个城市。全年共开行 424 列，累计运输 3.66 万标箱，班列数同比增长 14.0%，标箱数同比增长 10.2%。其中，发送 173 列、1.53 万标箱，分别同比增长 7.5%、3.8%；到达 251 列、2.13 万标箱，分别同比增长 19.0%、15.4%。班列重箱率位居全国首位，达 97.65%，是全国唯一回程货量高于去程货量的班列。“襄汉欧”“十汉欧”铁路国际货运班列开行，“宜汉欧”班列稳定运营，木材（回程）专列、棉纱（回程）专列、水果专列实现常态化运营。武汉海关落实“车边验放”监管工作，实现班列进口货物即到即取，每批次可为企业节省提货时间72小时以上。

【内河和近洋航线】 阳逻港——上海洋山港点对点“江海直达航线”实现班轮化运行，“泸汉台”快班运行平稳。湖北省至东盟、日韩等近洋航线持续优化，直航业务取得突破性进展，武汉港直航达28艘次，货运量首次突破10万吨、货运值4亿元人民币。

【航空运输网络】 武汉天河机场新开通直飞伦敦、毛里求斯客运航线，直飞卢森堡、列日、仁川货运航线。航空进出口货运量达9.4万吨，同比增长12.0%。宜昌三峡机场新开通宜昌至芽庄和柬埔寨包机客运航线。湖北省国际和地区航线达到61条。其中，武汉共有国际客运航线53条、货运航线6条；宜昌共有国际客运航线2条。通达城市分布北美洲、欧洲、大洋洲、亚洲，武汉天河机场的区域性航空枢纽地位不断巩固。

口岸监管与服务

【湖北出入境边防检查总站圆满完成年度工作】 2018年，湖北出入境边防检查总站全年共检查出入境人员2 980 728人次、交通运输工具18 265架（艘）次，同比分别增长4.12%和2.29%。查获一批在控、在逃和违法违规人员，部队持续保持零事故、零案件、零投诉复议的“三零”目标，群众满意率始终保持在99.9%以上，树立了湖北省对外开放口岸的良好形象。

【湖北出入境边防检查总站服务地方经济建设】 紧跟国家“一带一路”“长江经济带”发展等大政方针，对接湖北省外向型高新技术企业进出口需求，研究分析培育欧美货运新航线可行性，制定货运航线勤务保障方案，促成了武汉首条美国国际货运航线正式开通。深入推进“放管服”工作改革，制定并下发《关于加快推进边检领域“放管服”改革的实施方案》。主动融入湖北省对外开放战略，跟进恩施、鄂州、襄阳机场申请临时开放和阳逻港、黄石新港、三峡机场口岸扩大开放工作，就口岸执勤现场规划、基础设施建设等提供针对性、具体性意见建议。推进江海直航工作取得历史性突破，2018年共查验出入境船舶29艘次，为前10年总和，业务量居于长江中游首位，边检工作多次得到省市领导批示肯定，翻开了湖北长江口岸对外开放通江达海的新章。

【湖北出入境边防检查总站立足本职完成重大安保任务】 2018年4月27日、28日，印度总理莫迪在湖北武汉与习近平主席举行非正式会晤。湖北出入境边防检查总站提前周密部署，制定专项勤务工作方案，层层落实责任，圆满完成了印度高访代表团的入、出境边防检查任务。9月3日至4日，中非合作论坛北京峰会召开，加蓬、几内亚总统专机分别从武汉、三峡机场口岸出境，总站主官亲临执勤一线，指导检查专机查验工作，武汉、三峡机场边检站严密组织、认真履职，顺利完成了专机出境检查工作。

【湖北出入境边防检查总站提升口岸通关效率】 深入推进口岸智能化、自助化建设，投入专项经费在三峡机场边检执勤现场进行自助通道建设并顺利获批启用。实现了湖北省空港口岸智能、自助通关全覆盖，对省内所有自助查验通道进行升级改造，加强设备维护和标识标牌设置，增设出入境凭证自助打印设备，满足旅客快速通关需求。落实国家移民管理局便民利民新举措，确保全省口岸无条件实现“中国公民出入境通关排队不超过30分钟”“两院院士可经边检‘特别通道’通行”等便民新政。通过对节假日客流高峰的科学预测和对外发布预警，使出入境旅客能够错峰出行，保障节假日期间口岸通关顺畅安全。

【湖北出入境边防检查总站筑牢口岸安全防线】 投入专项经费，升级口岸信息系统，配发各项设施设备，举办外国人生物特征比对系统部署应用培训班，做好生物识别签证项目启用的前期部署。在执勤现场设置入境外国旅客生物信息采集公告、温馨提示和引导标识，实时跟进系统运行情况，及时排除故障，确保系统运行稳定。自2018年4月29日正式启用以来，入境外国人指纹留存工作开展顺利，进一步提升了口岸管控水平。依托国家反恐办、公安部、湖北省公安厅各个信息应用平台，开展口岸出入境信息综合研判工作，加强对涉恐疑点人员的数据筛查和后台核查，不断提升对涉恐疑点人员和线索的发现能力，确保了全省开放口岸的安全稳定。

【长江海事局积极参与国际贸易“单一窗口”建设】 指导武汉海事局办理单一窗口进口岸审批第一单；落实国家“放管服”要求，坚持“让数据多跑路，让群众少跑路”原则，做到船舶进出口岸申报网上全程办理。2018 年收到国际航行船舶进出湖北省水运口岸申报 32 艘次，100% 通过“单一窗口”申报。

【长江海事局全面推行联合登临检查工作机制】 长江海事局落实“三互”大通关建设改革要求，整合执法力量，联合海关、边防实施国际航行船舶登临检查工作，对到港船舶实现一站式登轮检查。目前在湖北省境内有国际航行船舶的武汉、黄石口岸已开展集中登轮检查工作，提升了口岸船舶检查和通关效率。对运输外贸货物的内河船舶开展现场检查的时间安排在船舶装卸货物期间，不额外增加船舶检查项目及时间，提高船舶现场检查效率；对安全信誉良好的“江海直达”进出港船舶按照交通运输部海事局诚信船舶管理机制简化检查要求，大幅提升了船舶通关效率。

【长江海事局助力沿江口岸建设】 长江海事局在口岸开放认证过程中，提供口岸开放水域确定、锚地划定、通航安全核准、危管防污建设等方面的专业建议，同时积极为口岸建设中的岸线与码头选址、水上水下工程施工作业、施工船舶管理、施工水域交通组织等方面出谋划策。在口岸开放工作中，指导局属分支局助推地方政府扩大开放。武汉水运口岸花山、金口、汉南、黄州、鄂州港区和黄石水运口岸棋盘洲港区扩大开放已获得审批，指导局属单位做好口岸扩大开放验收相关事宜；优化各项许可审批流程，开辟绿色通道，为口岸开放提供优质快捷服务。

【长江海事局打造“平安长江”】 加强安全预警，提高水上安全预防能力。加强与气象、水文和地灾等部门的沟通协作，健全合作共建机制，强化预警服务；落实恶劣天气等条件下船舶禁限航管理规定，落实后续管制措施，提高水上安全风险预防预控能力。加强巡查管控，维护水上良好通航秩序。完善电子巡航系统，扩大监管覆盖水域，强化现场巡查；通航水域分级标准及相应监管措施，优化一、二级水域监管资源和应急力量配备，强化现场管控；强化桥区、施工区、锚泊区等水域的监管巡查，严防走锚、断缆和碰撞事故发生，为船舶航行提供良好通航环境。

【武汉海关推进关检融合】 2018 年 4 月 20 日开始，湖北省原出入境检验检疫系统统一以海关名义对外开展工作。关检融合后，武汉海关实现了办事窗口“一口对外、一次办理”，口岸通关“一次查验、一次放行”，报关报检“一次申报、一单通关”，有序推进整合申报、申报前监管服务、监管场所优化整合、风险布控、口岸现场“查检合一”、后续监管“多查合一”等关检融合业务改革。科学合理规划关区机构设置和布局，关区机构改革平稳落地。

【武汉海关支持地方外贸发展】 促进湖北优质农产品进出口，2018 年办理进境水果、烟叶、杂粮杂豆、科研用禁止进境物等检疫审批 60 余批次；优化流程，平均办理时限由 5 天压缩至 2 天；2018 年进口植物及植物产品检验检疫通关时间约 5.2 天，较 2017 年压缩 81.28%；完成《食用菌质量安全全程控制规范》地方标准制定并送审，促进湖北省食用菌出口质量提档升级；组织多家单位开展农业“走出去”国别政策研究，服务“一带一路”农产品贸易。配合湖北省电子口岸中心完善国际贸易“单一窗口”平台功能，完成运输工具申报、舱单申报、货物申报、跨境电商申报等功能上线试点，推动国际贸易“单一窗口”主要业务申报覆盖率稳定在 100%。落实“放管服”改革，优化口岸营商环境，制定了《武汉海关关于推进海关放管服改革的落实措施》。全面清查梳理权力事项，编制权力清单和责任清单，绘制权力运行流程图并对外公布。扎实开展“双随机、一公开”，减少日常监管次数，全年派出近60人次对24家备案蛋禽养殖场、2家出口水生动物养殖场等开展“双随机”抽查，监管结果全部对外公示。

【武汉海关创新特殊物品监管模式】 2018年共办理特殊物品审批306批次，不予受理113批次，不予许可6批次。实施报检7 623批次，货值4 987.56万美元，同比增长0.4%和40.36%，截获不合格案例27批次。武汉海关聘请专家，根据特殊物品风险等级，开展风险评估。2018年10月顺利完成中科院武汉病毒所申请的埃博拉病毒、尼帕病毒等高致病性病原微生物入境专家评估会的组织工作，在确保安全的情况给予通关便利。

【武汉海关打造智慧海关】 武汉海关智慧动植检监管平台包含动植检人力资源库、业务文件库、疫情监测、移动监管、隔离检疫、数字标本馆等多个功能模块。其中，外来疫情监测模块的应用是一项开创性的工作，可以通过手机移动端App现场采集昆虫、杂草、病害等有害生物野外监测数据，实现疫情监测工作数字化管理，提高监测工作的智能化、科学化水平。上线以来，自动获取野外植物疫情地理分布情况，实现1 192种有害杂草图像识别和快速鉴定；采集汇总监测信息3 500余条，智慧分析研判外来有害生物发生趋势和扩散风险，实时指导关员对疫点进行跟踪铲除，取得明显成效。在有害生物监测工作方面，启用了新研发系统，通过移动终端采集疫情监测信息，自动获取野外植物疫情地理分布，实现有害生物图像智能识别和快速鉴定，进而分析研判外来有害生物发生趋势和扩散风险，指导关员对疫点进行跟踪铲除，有效防止外来有害生物入侵。实施物流监管信息化建设，为口岸作业无纸化、标准化、高效化奠定了基础。主导开发建设“9+1”个系统，水、陆、空、特、寄“五位一体”物流监控信息化平台初见雏形，水运、寄递、跨境辅助系统正式投入使用，空运、铁路辅助系统试运行，实现了内外贸集装箱同船运输、转关监管运输工具及货物的智能化，快件和跨境电商通关作业无纸化、个人身份信息验核电子化、全程物流监控可视化。信息推送和验放服务系统开展试点，为企业提供通关节点信息的展示、查询、推送和办理等服务。行邮移动支付全面升级，联合关税、财务等部门推行主动扫码缴税，支持所有移动支付方式，为旅客提供方便快捷的缴税通道。

【武汉海关维护口岸公共卫生安全】 制定口岸公共卫生应急处置预案，推进多部门间疫情通报及联防联控机制。定期与地方卫生部门组织传染病风险防控研判，在口岸及公共场所开展疟疾、艾滋病、食品安全专题宣传活动，提高出入境旅客健康意识。2018年8月在天河机场开展了中东呼吸综合征应急处置演练，梳理应急处置流程，提升口岸突发公共卫生事件应急能力。湖北口岸出入境人员检疫查验全年共发现有症状者451人次，确诊病例22例，同比增长1.1%、61.5%。3月28日~30日，武汉天河机场海关妥善处置2起共计9例的群体性诺如病毒病事件，有效防止了重大烈性传染病传入。湖北国际旅行卫生保健中心出入境人员监测体检32 119人次，艾滋病监测30 077人次，发现传染病1 434例，实施预防接种22 383人次，全年未出现过接种安全事故。

【武汉海关维护国门生物安全】 强化全过程监管，把好准入关，不达标一律不得注册登记或备案，2018年新注册登记饲料生产企业10家，水生动物养殖场1家，备案蛋禽养殖场3家；把好年审关，对不能持续符合要求的企业取消注册登记或备案。2018年共取消备案蛋养殖场4家、供港注册猪场5家。制订并下发全省进出口食用农产品和饲料安全风险监控计划、进出口水生动物疫病监测计划以及出口蛋品安全风险监测监控计划。2018年，共监控进出境水生动物、供港活猪活牛、进出口饲料等农产品74份，风险物质632次，全部结果为阴性；完成出口水生动物疫病监测4次，均无阳性检出样品。狠抓植物疫情检出，进境植物疫情截获有害生物142种、37 667

种次，其中检疫性有害生物9种、75种次，截获有害生物种类数同比下降59.66%，截获种次数同比增加18.88%。开展“绿蕾4”专项行动，共截获相关禁止进境物13 601批，同比增长57.8%；截获有害生物23 833种次，其中检疫性有害生物55种次，从种子种苗中截获检疫性有害生物3种次。保障进出口农产品质量安全，全年进出口植物及植物产品1.79万批、17.54亿美元，其中进口不合格246批、5 726.99万美元，出口不合格8批、7.5万美元。

开放口岸

【武汉空运口岸（武汉天河国际机场）】 武汉天河国际机场空运口岸位于武汉市黄陂区，于1995年投入使用，1997年获批对外国籍飞机开放，2003年获批开展落地签证业务，2015年在中部六省首家获批实施72小时旅客过境免签政策。2017年，天河机场所有的国际、国内航班全部转入T3航站楼运行。自2019年1月1日起，武汉空运口岸实现7×24小时常态化通关。现场口岸联检单位为机场海关、武汉邮局海关、武汉出入境边防检查站。天河机场具备进口水生动物、冰鲜水产品、种苗、药品、水果、肉类（正在建设）等特殊商品进境口岸功能和邮政快件业务。自机场T3航站楼启用以来，武汉空运口岸进一步扩大对外开放，截至2018年年底已开通国际客货运航线59条，通达世界五大洲52个国际通航点。

【宜昌空运口岸（宜昌三峡机场）】 宜昌空运口岸于2005年7月获得国务院批准对外开放，2007年11月25日通过国家正式验收。口岸位于湖北省宜昌市猇亭区，距宜昌市中心26千米，距三峡大坝55千米，北接宜黄高速公路，南临长江黄金水道，东临焦枝铁路。2018年，三峡机场空运口岸完成国际航班334架次，同比增加2.04倍，其中入境165架次、出境169架次；全年国际旅客吞吐量首次突破5万人次，共计55 755人次，其中入境27 631人次，出境28 124人次。圆满保障了几内亚共和国、加蓬共和国总统专机出境飞行任务，完成了柬埔寨澜湄航空公司3架以及香港快运航空公司1架飞机维修业务及执行直飞香港急救任务公务机的通关保障。2018年宜昌机场与包机商创新合作模式，采取绩效考核的方式，有效调动了包机商的航空市场开发积极性。年内先后开通宜昌至芭堤雅、普吉、曼谷、芽庄、暹粒的国际航班，其中普吉与暹粒航线为新增航线。

【武汉水运（河港）口岸】 1991年，武汉港获批水运开放口岸。目前，武汉水运口岸阳逻港港区（位于武汉市新洲区）共有11个集装箱泊位，年吞吐能力达220万标箱。现场口岸联检单位为武汉新港海关、汉口出入境边防检查站。阳逻港已具备进口水果、粮食、肉类、药品等特殊商品进境口岸功能。2018年12月23日，武汉市汉南、花山和金口三个港区作为武汉港扩大开放港区正式获国家批准，目前正在抓紧建设。

【黄石水运（河港）口岸】 黄石港于1980年9月经国务院批准开办国轮对外贸易运输业务，1993年6月15日经国务院批准对外国籍船舶开放，是湖北省两个国家水运开放口岸之一。2018年12月27日国务院批复同意黄石港口岸扩大开放棋盘洲港区。黄石口岸棋盘洲港区位于黄石市长江水道右岸、阳新县韦源口镇棋盘洲，上距黄石市约29千米、距省会武汉市143千米，下距九江99千米、距上海982千米。2015年，黄石市成功引进深圳盐田港建成长江中游流域一流的黄石棋盘洲新港，2016年黄石棋盘洲新港集装箱码头投入运营，2017年黄石棋盘洲新港多式联运项目入选国家第二批多式联运示范工程，2018年黄石棋盘洲保税物流中心率先在省内地级市中建成跨境电商通关平台。黄石口岸工作以推动大通道、大平台、大通关建设为抓手，努力营造便捷、高效的通关环境，不断完善口岸平台建设，已形成港口、口岸、保税物流中心三位一体的对外开放格局。

黄石河港口岸平台建设不断加强，棋盘洲保税物流中心，黄石新港口岸相继建成，进境粮食口岸相关配套建设也已基本完成。黄石新港已开通4班始发至上海洋山、外高桥的始发班轮，加上原有挂靠班轮，黄石新港班轮已实现“天天班”，彻底由原来的“中转港”转变成为“始发港”。日韩国际直航线路持续优化，基本实现常态化运行。棋盘洲新港黄—蓉、黄—渝铁水多式联运线路相继开通，棋盘洲新港与鄂州顺丰机场的规划对接工作已启动，黄石新港逐渐成为长江中游铁水、公水、空水多式联运中转型外贸枢纽港。

2018年，黄石河港口岸进出口货运量258.3万吨，同比增长33.3%。其中进口货运量236.3万吨，同比增长32.8%；出口货运量22万吨，同比增长38.9%。

【武汉铁路口岸（临时开放）】 2015年，武汉铁路中心站铁路口岸获批临时对外开放，位于武汉市东西湖区吴家山铁路集装箱中心站。是全国18个铁路集装箱中心站之一，可实现集装箱班列整列到发。武汉汉欧国际物流有限公司是武汉市政府设立运行中欧班列（武汉）的平台公司，由武汉港航发展集团所属武汉新港建设投资开发集团有限公司投资设立。现场口岸联检单位为汉口海关。铁路口岸具备汽车整车进口指定口岸功能。通过铁路口岸运行的中欧（武汉）班列，在新亚欧大陆桥、中蒙俄、中国－中亚等国际经济走廊上已打通经阿拉山口、古满洲里、二连浩特、凭祥、霍尔果斯等五大口岸通关的交通通道，搭建起“一主多辅、多点直达”的国际物流跨境班列网络，延伸至34个国家、76个城市。

2018年湖北省口岸大事记

1月12日

湖北省口岸办与建设银行湖北分行签署合作协议，共同推进中国（湖北）国际贸易“单一窗口”和建设银行“跨境e+”综合金融服务平台的深度融合。

2月23日

国务院、中央军委批复同意新建湖北鄂州民用机场。

3月26日

中国（湖北）国际贸易“单一窗口”实现首单运输工具（船舶）申报。

3月28日

中欧班列（武汉）首开“襄汉欧”（襄阳—武汉—欧洲）国际货运班列。

4月19日

中国（湖北）国际贸易“单一窗口”业务量突破10万单。

4月20日

湖北省实现“关检合一”，原出入境检验检疫系统统一以海关名义对外开展工作。

4月27日~28日

应国家主席习近平邀请，印度总理莫迪从天河机场航空口岸入境，到湖北武汉与习近平主席举行非正式会晤。

5月9日

中国（湖北）国际贸易“单一窗口”邮快件辅助管理平台正式上线运行。

5月14日

湖北省首个汽车整车进口口岸通过正式验收。

5月16日

仙桃保税物流中心（B型）通过正式验收。

5月30日

武汉天河机场空运口岸正式开通直飞伦敦航线。

6月1日

汉欧中亚棉纱回程专列开启常态化运行。

6月11日

中国（湖北）国际贸易“单一窗口”正式开通“95198”客户服务热线。

7月1日

阳逻港水运口岸开通直达韩国浦项港的货船。

7月11日

宜昌空运口岸开通宜昌至柬埔寨航线，这既是柬埔寨JC航空执飞的首条飞往湖北省的航线，也是宜昌三峡机场继泰国、越南之后新开通的东南亚区域第三条国际航线。

8 月 12 日

武汉天河机场空运口岸正式开通直飞毛里求斯航线。

10 月 10 日

武汉至比利时物流枢纽列日的货运航线正式开通，这是湖北继芝加哥、卢森堡之后开通的第三条洲际全货运航线。

11 月 1 日

人保财险湖北省分公司签发湖北省首单“关税保证保险”，标志着武汉海关担保模式创新试点——关税保证保险正式启动。

11 月 6 日 ~9 日

武汉天河机场口岸、宜昌三峡机场口岸顺利通过海关总署口岸核心能力复核验收，湖北口岸核心能力建设水平稳步提升。

11 月 19 日

国务院正式批复同意武汉出口加工区整合优化为武汉经开综合保税区，成为湖北省第三家获批的综合保税区。

湖北省海关通关实现全部单证无纸化和全流程线上办理。

11 月 23 日

中国（湖北）国际贸易“单一窗口”跨境电商暨寄递物品综合服务平台正式上线。

11 月 29 日

湖北省首个汽车整车进口口岸圆满开展首次业务，首批进口整车经中欧班列运抵武汉临空港经济技术开发区。

12 月 10 日

中欧班列（武汉）首开“十汉欧”（十堰—武汉—欧洲）国际货运班列。

12 月 23 日

国务院正式批复同意武汉河港口岸扩大开放汉南港区、花山港区、金口港区、黄州港区和鄂州港区。

12 月 27 日

国务院正式批复同意黄石河港口岸扩大开放棋盘洲港区。

（撰稿人：周妍君、柯卫申、祝愿、卢其、陈宇翔、余碧云、魏玉军）

2018 年湖北省口岸流量统计表

口岸类型	口岸名称	货运量（万吨）				集装箱量（万标箱）				人员（万人次）				交通工具（辆、艘、架、列次）			
		出口	进口	合计	同比（%）	出口	进口	合计	同比（%）	出境	入境	合计	同比（%）	出境	入境	合计	同比（%）
空运口岸																	
	分计	6. 993 1	2. 382 3	9. 375 4	12. 00					149. 942 2	148. 130 6	298. 072 8	4. 12	9 125	9 111	18 236	2. 16
陆路口岸 公路口岸																	
	分计	1. 123 8	0. 701 9	1. 825 7	1. 90												
陆路口岸 铁路口岸																	
	分计	8. 652 2	25. 257 1	33. 909 3	19. 10												
水运口岸 海港口岸																	
	分计																
水运口岸 河港口岸																	
	分计	507. 111 9	1 573. 423 5	2 080. 535 4	1. 00									26	3	29	480. 00
合计		523. 881 0	1601. 764 8	2 125. 645 8	1. 29					149. 942 2	148. 130 6	298. 072 8	4. 12	9 151	9 114	182 65	2. 29
同比（%）		−1. 40	2. 20	1. 29						4. 50	3. 75	4. 12		2. 54	2. 04	2. 29	

（湖北省口岸办提供）

2018年湖北省口岸出入境主要数据表

项目			2018年	2017年	同比（%）
出入境人员（人次）	出入境人员总数		2 980 728	2 862 688	4.12
	入境人员		1 481 306	1 427 819	3.75
	出境人员		1 499 422	1 434 869	4.50
	出入境旅客		2 811 024	2 697 619	4.20
	出入境员工		169 704	165 069	2.81
	中国公民	小计	2 621 735	2 515 966	4.20
		内地居民（因公）	106 141	84 536	25.56
		内地居民（因私）	2 314 548	2 239 551	3.35
		港澳居民	60 853	57 804	5.27
		台湾同胞	140 193	134 075	4.56
	外籍人员		358 993	346 722	5.53
	从海港出入境人数		404	62	551.61
	从陆港出入境人数				
	从空港出入境人数		2 980 324	2 862 626	4.11
交通运输工具（辆、艘、架、列次）	总计		18 265	17 856	2.29
	船舶		29	5	480.00
	飞机		18 236	17 851	2.16
	火车				
	机动车辆				

（湖北出入境边防检查总站提供）

2018 年武汉海关主要数据统计表

项目		2018 年	同比（%）
进出口货运量（万吨）	合计	2 125.65	1.29
	进口	1 601.77	2.20
	出口	523.88	-1.40
进出口贸易总值（万美元）	合计	2 984 178.70	11.18
	进口	1 605 237.30	23.31
	其中：江、海运输	866 058.58	15.51
	铁路运输	39 359.52	-7.49
	汽车运输	205 503.29	-7.25
	航空运输	493 953.88	71.74
	邮件运输	286.28	54.05
	其他运输	75.76	16.34
	出口	1 378 941.40	-0.25
	其中：江、海运输	867 849.66	1.67
	铁路运输	93 175.66	5.97
	汽车运输	117 000.13	-26.88
	航空运输	300 563.99	7.06
	邮件运输	317.18	86.30
	其他运输	34.78	14 392.54
税收（万元）	两税合计	1 648 426.00	9.07
	关税入库	199 484.00	-7.73
	进口环节税入库	1 448 942.00	11.87
货物检验检疫（批次）	本年累计	83 991	-20.92
	其中：出境	68 177	-22.66
	入境	15 814	-12.40
货物检验检疫金额（万美元）	本年累计	542 013.00	-31.99
	其中：出境	343 275.00	-37.03
	入境	198 738.00	-21.07

（武汉海关提供）

2018 年长江海事局进出港船舶统计汇总表

船舶类别	进港船舶							出港船舶						
	艘数（艘）	总吨（吨位）	总载重量（吨）	载客量（客位）	船员人数（人次）	货物到达量（吨）	旅客到达量（人）	艘数（艘）	总吨（吨位）	总载重量（吨）	载客量（客位）	船员人数（人次）	货物发送量（吨）	旅客发送量（人）
总计	1 587	4 658 245	5 972 617	0	13 659	1 665 011. 28	0	1 533	4 570 466	5 857 408	0	13 217	2 019 595. 71	0
中国籍船舶	1 567	4 600 808	5 886 033	0	13 391	1 663 073	0	1 515	4 517 469	5 778 368	0	12 976	2 003 424. 14	0
其中外贸船														

（长江海事局提供）

2018 年湖北省指定口岸/查验场统计表

省、自治区、直辖市	序号	指定口岸/指定查验场名称	口岸类别	类别	批复时间	备注
湖北省	1	武汉天河机场口岸	空运	水果	2015 年 7 月	2015 年 7 月 2 日获质检总局立项，2017 年 10 月 24 日验收
	2	武汉天河机场口岸	空运	食用水生动物	2016 年 7 月	2016 年 7 月成为首批进境食用水生动物指定口岸
	3	武汉天河机场口岸	空运	植物种苗	2009 年 6 月	2009 年 6 月正式获批
	4	武汉天河机场口岸	空运	冰鲜水产品	2015 年 11 月	2015 年 11 月正式获批
	5	武汉天河机场口岸	空运	药品	2004 年 5 月 1 日	2004 年 5 月 1 日获食药监总局和海关总署批准
	6	武汉天河机场口岸	空运	肉类	2017 年 12 月 18 日	2017 年 12 月 18 日质检总局来函同意筹建，目前在建
	7	武汉阳逻港口岸	内河	水果	2014 年 11 月	2014 年 11 月获质检总局批准，是中西部首个可直接进口水果的内河水运口岸
	8	武汉阳逻港口岸	内河	粮食	2014 年 10 月	2014 年 10 月作为符合条件的第一批进境粮食指定口岸获批
	9	武汉阳逻港口岸	内河	肉类	2015 年 2 月	2015 年 2 月获质检总局立项，2017 年 6 月 1 日正式验收，9 月 30 日正式运营
	10	武汉阳逻港口岸	内河	药品	2004 年 5 月 1 日	2004 年 5 月 1 日获食药监总局和海关总署批准
	11	武汉东湖综保区	查验场	肉类	2015 年 2 月	2015 年 2 月获质检总局立项，2017 年 6 月 1 日正式验收，9 月 30 日正式运营
	12	武汉铁路集装箱中心站	铁路	进口整车	2017 年 5 月 28 日	2018 年 5 月 14 日通过验收后投入运营
	13	武汉铁路集装箱中心站	铁路	药品	2018 年	2015 年获国家口岸办批准作为临时口岸对外开放，2018 年武汉海关来函同意作为进口药品指定口岸
	14	宜昌港	内河	粮食	2016 年 1 月	2015 年 8 月通过质检总局现场考核，2016 年 1 月正式批复
	15	荆州港	内河	粮食	2016 年 1 月	2015 年 8 月通过质检总局现场考核，2016 年 1 月正式批复

（湖北省口岸办提供）

湖　南　省

湖南省口岸分布示意图

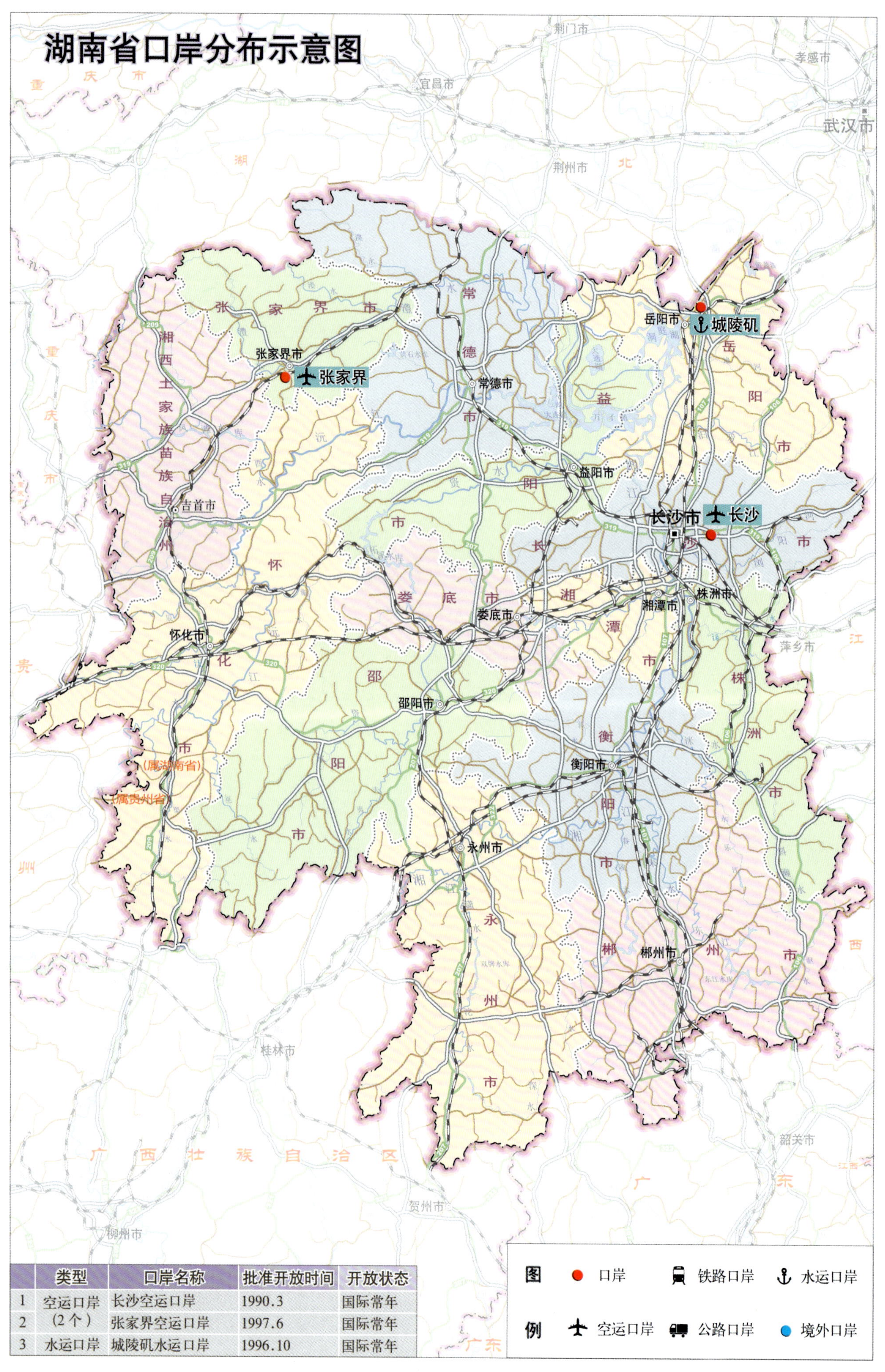

	类型	口岸名称	批准开放时间	开放状态
1	空运口岸（2个）	长沙空运口岸	1990.3	国际常年
2		张家界空运口岸	1997.6	国际常年
3	水运口岸	城陵矶水运口岸	1996.10	国际常年

口岸数量及分布

截至2018年年底，湖南省共有经国务院批准的对外开放口岸3个。其中，空运口岸2个，分别为长沙空运口岸（长沙黄花国际机场）和张家界空运口岸（张家界荷花国际机场）；水运（河港）口岸1个，即城陵矶水运（河港）口岸。

口岸运行数据

2018年，湖南省进出口总值3 079.5亿元，同比增长26.5%。其中，出口2 026.7亿元，同比增长29.5%；进口1 052.8亿元，同比增长21.2%。

按贸易方式分，湖南省一般贸易进出口2 270.9亿元，增长33.8%，占同期湖南省进出口总额的73.7%，较上一年度提升4个百分点。其中出口1 561.8亿元，增长38.7%，进口709.1亿元，增长24.1%。同期，加工贸易进出口749.6亿元，增长7%，占24.3%。

从主要贸易伙伴看，湖南省对中国香港贸易额为441.6亿元，增长15.3%；对美国贸易额357.2亿元，增长22%；对韩国贸易额165.8亿元，增长48.8%。同期，湖南省对“一带一路”沿线国家贸易额802.6亿元，增长36.5%；对欧盟贸易额为395.3亿元，增长28.1%；对东盟贸易额381.5亿元，增长40.3%。

2018年，湖南省口岸出入境人员281.14万人次，同比增长11.67%，出入境交通运输工具1.79万架（艘）次，同比增长14.49%。其中，长沙空运口岸出入境人员263.47万人次，同比增长10.3%；张家界空运口岸出入境人员17.66万人次，同比增长37.22%。全省口岸出入境旅客为265.31万人次，同比增长11.73%。

口岸综合管理

【口岸平台加快提质升级】 认真落实“对接自贸区、提升大平台”专项行动，加快推进口岸开放平台建设。一是对外开放口岸提质升级：长沙空运口岸完成国际指廊扩建、国际流程优化和国际货站改建；岳阳城陵矶口岸新港二期多用途泊位、滚装码头建设进展顺利，平行进口汽车检测中心投入使用；张家界指定口岸综合查验场、公共保税仓、保税直购中心建设完工。二是口岸平台进一步完善：长沙霞凝铁路口岸作业区二期建设基本完工；湘西公路、怀化铁路口岸作业区验收并封关运营；邵阳、永州、益阳等市州新设“两仓”8个。三是口岸开放功能不断丰富：直接进口汽车2 847台、粮食29.4万吨、肉类5 454吨，同比分别增长525.7%、37.9%、14.7%；空运口岸叠加了离境退税功能，实施了保税航油政策，累计加注国际航班4 224架次、保税航油5.5万吨，实现进出口额约4 700万美元。

【国际通道持续拓展】 全方位统筹推进国际物流体系优化，畅通对接“一带一路”的国际大通道。一是国际航线建设取得突破。新开国际航线9条（全货机航线3条、洲际客运航线1条、亚洲客运航线5条），在飞国际定期航线47条。航空口岸进出境人数281.14万人次，同比增长11.67%；国际货运吞吐量2.76万吨，同比增长126.2%；4条国际全货机航线共执飞191趟次，运输货重1.14万吨、货值3.09亿美元。二是江海航线提速增效。通过鼓励发展江海直航、置换高效船型、减少沿途停靠，提高航线准班率和运营时效，累计完成江海运输3 975航次，全程运输时间压缩15%以上；积极引导周边货源向城陵矶港集聚，岳阳水运口岸集装箱吞吐量突破50万标箱大关，达到50.5万标箱，同比增长19.3%；长沙霞凝、常德盐关口岸集装箱吞吐量分别达到15万标箱、1.8万标箱，同比分别增长7.6%、43%。三是湘欧快线稳步发展。新开长沙—蒂尔堡、怀化—明斯克线路，加快筹备株洲、岳阳省内延伸线，持续拓展国际班列运输覆盖范围。全年发运191列、货值7.67亿美元，同比增长7.9%、10.4%。

【海关特殊监管区域跨越发展】 海关特殊监管区域（含保税物流中心）完成外贸进出口90.3亿美元，同比增长102.3%。积极推广复制自贸区试点经验13项。郴州出口加工区升级为综保区，开展“增值税一般纳税人资格”试点。湘潭综保区在全国率先开展“金关二期”建设试点，并建设6个海外仓。

【国际贸易“单一窗口”功能开发和推广应用取得突破】 依托湖南省电子口岸信息平台，全面部署对接国际贸易“单一窗口”国家标准版，新增关检融合统一申报、陆路舱单、陆路运输工具、保税区加工贸易、税费支付等6项子系统，应用功能模块达到12项。新一代税费电子支付功能模块上线，湖南省内大部分银行对接开通全省支付权限。累计服务收发货企业6 508家，申报15万票，周平均综合业务覆盖率稳定在90%以上。组织推广培训会26场，累计培训近万人次。

【口岸通关协调服务进一步加强】 加强与上海口岸、海关、港务部门合作，妥善解决一体化滞港集装箱转运问题。协调海关、机场等单位，保障至北美等国际全货机航线稳定运营。积极服务保障食餐会、湘台经贸论坛、矿博会、中非投资论坛、国际农博会等重大涉外经贸活动6项；现场组织全货机航线开行、北美种猪进口、枭龙战机维修转运、口岸设施建设使用等协调会17次；累计提供人员通关礼遇35批次、通关便利8批次、货品通关协调7批次。

【推进口岸通关系列重大改革，压缩整体通关时间取得积极进展】 按照国家口岸办部署安排及《湖南省优化口岸营商环境促进跨境贸易便利化工作实施方案》要求，实行台账管理、半月调度、逐月通报，扎实推进口岸提效降费各项工作。一是压缩整体通关时间年度目标超额完成。整体通关时间压缩比从10月起持续达标；12月份，整体进口、出口通关时间压缩到38.98小时、2.45小时，分别较2017年压缩78.8%、73.3%，超额完成全年压缩整体通关时间三分之一的目标任务。二是全面完成口岸收费清理公示。组织对三个对外开放口岸和重点原二类口岸等共计11个口岸场所收费进行全面清理，制订“一站式阳光价格清单”，在口岸现场和国际贸易“单一窗口”进行公示。三是扩大免除查验相关费用政策覆盖范围。从对外开放口岸延伸到口岸作业区、综保区和保税物流中心，从海关查验环节扩展到检验检疫环节。

口岸监管与服务

【湖南出入境边防检查总站大力优化通关服务】 根据国家移民管理局工作要求，研究出台加快推进移民和出入境领域“放管服”改革实施方案，明确18项工作措施，改进服务管理模式，完善重大专项勤务保障方案，建立客流高峰应对机制，口岸通关更加顺畅高效。2018年，秉承“宾至如归、热情周到”的服务理念，圆满完成外国驻港澳领事团访湘、中国（湖南）矿博会、第四届对非投资论坛等重大涉外活动通关保障工作，先后为362名外交人员和1 400余名符合快捷通关人员提供礼遇，为10余批急救旅客和陪护人员开通特别通道服务。2018年9月和11月，湖南省委书记杜家毫两次亲临长沙口岸执勤现场，对边检通关服务保障工作给予高度认可。

【湖南出入境边防检查总站积极建言献策】 围绕推进开放崛起战略，主动谋划，积极作为，先后提交远程国际客货运航线建议、申请授予张家界口岸实行对部分外国人旅游团队6天入境免签政策等10余项意见建议，全力支持向国家层面申报常德机场临时对外开放和衡阳机场纳入“十四五”开放规划。定期向省直有关部门通报口岸数据和出入境游客相关分析数据，报送意见建议报告10多份，为精准定位湖南扩大开放提供有力参考。认真贯彻落实全省打私禁毒工作要求，深入参与扫黑除恶、“三打击一整治”、缉枪治爆、打击整治赌博违法犯罪、“禁毒2018两打两控”“百日安保会战”等专项行动部署，统筹推进口岸管控“固边5号”专项行动，充分发挥边防部门职能作用。

【湖南出入境边防检查总站不断提升通关能力】 深入贯彻落实国家口岸通关降费提效要求及国家移民管理局各项便民利民措施，针对口岸流量快速增长、管控压力加大、编制警力有限的实际，加大科技投入，完成外国人指纹采集、生物特征自动比对和自助通道升级等项目建设，推行旅客出境自助通关。目前，湖南省边检自助通关人数接近50%。运用动态引导标识、语音提示、蛇形通道和“蓝色提示线”，灵活设置中外旅客候检区和通道比例，助力精准分流，实现了中国旅客通关边检排队不超过20分钟。调动岳阳边检站全部执勤警力跨站支援长沙口岸，同时精简机关、招聘辅警，最大限度保障一线需求，全力维护口岸顺畅通关。2018年未发生口岸拥堵和负面舆情。

【长沙海关有序推进机构改革】 一是按时完成转隶工作。第一时间成立领导小组和8个专项工作组，研究细化转隶任务，明确责任部门，扎实推进转隶人员换装、人事档案接收、关衔测算、系统信息转入、标识标牌更换、资产清核、专项审计、集中办公等改革任务落实，按时完成职责、机构、人员转隶。二是优化完善机构设置。长沙海关设立正处级隶属海关16个，原有办事处升格为海关的3个，实现湖南省各市州海关机构全覆盖，全面补齐湖南海关机构布局及数量短板，得到湖南省委书记杜家毫的批示肯定。

【长沙海关持续深化业务改革】 一是深入推进关检业务全面融合。实施报关报检资质融合，顺利切换整合申报系统，取消通关单，企业注册、报关更加高效。在行邮、快件、跨境电商、监管场所管理、运输工具检查、风险布控、查验放行等领域开展业务融合先行先试，36个综合业务现场（大厅）整合为18个，“查检合一”“多查合一”等改革有效落地。二是持续推进全国通关一体化改革。深化“一次申报、分步处置”改革，检验检疫业务逐步融入各海关业务环节。深化税收征管方式改革，企业集团财务公司担保、企业增信担保、关税保证保险等改革全面推开，“自报自缴”、汇总征税、税费电子支付、电子担保等改革持续深化，归类、审价、原产地作业以及滞纳金减免、减免税审批无纸化全面推进，企业实现税单自行打印，打通无纸化“最后一公里”。上线运行金关二期保税系统，实现关区加工贸易监管业务通关一体化。成功复制推广31项自贸区海关监管创新制度。三是深入推进“放管服”改革。持续优化行政审批，全部行政服务大厅均实现“一个窗口”受理，海关企业注册备案融入地方一网通办改革事项，行政审批事项实现“一网通办”。持续深化“减证便民”，根据海关总署部署将企业和群众提交的单证材料由132种缩减至46种，将海关年报与市场监管部门年报合并申报。全面实施“双随机、一公开”，随机布控整体水平达到99.43%，“双随机”由布控查验拓展至关税、稽查、加贸、检验检疫等业务领域。

【长沙海关全面提升监管效能】 2018年进口货物查验率为3.52%、出口查验率为1.48%。加强货到前风险分析，加大对侵权、伪瞒报风险的布控，禁限物品监管严密有效，查获毒品、枪支弹药、制刀、非法出版物等共749件；进一步筑牢口岸检验检疫安全防线，做好埃博拉出血热、黄热病、中东呼吸综合征、登革热等传染病疫情口岸防控，保障口岸公共卫生安全。2018年，共从出入境人员中发现发热或有传染病症状人员825人次，确诊各类传染病218例，首次在口岸从入境人员中检出HIV合并梅毒感染病例。强化外来有害生物监测，全年共截获禁止进境物13 573批，截获有害生物99种类331种次，切实保障国门生物安全。严格注册、备案准入，全年对1 995批次进口食品化妆品、4 739批次出口食品化妆品实施合格评定，检出不合格食品33批、货值6.93万美元，均按规定处置，有效保障进出口食品安全。严格进出口商品监管，检验进出口商品货物检验5万批、19亿美元，其中进出口危险化学品（含烟花爆竹、打火机）4.2万批、10.0亿美元，全年检出不合格商品422批。强化综合治税，全年入库税收118.08亿元，增长13.2%。扎实开展专项稽查，追补税款1.45亿元，增长57.6%。

【长沙海关坚决落实中央决策部署】 坚持把严禁“洋垃圾”进境作为生态文明建设的标志性举措来抓，严格执行进口固体废物“三个100%”查验要求，掏箱检验率提高至50%，2018年查验退运固体废物2批1008吨；强化后续监管，共对关区21家进口固体废物企业开展专项稽查，查发8家企业存在涉嫌违法违规情事，涉及进口固体废物数量2.9万吨、涉案货值1.4亿元；始终保持打击“洋垃圾”、濒危物种及其制品走私高压态势，侦办固体废物走私犯罪案件4起，打掉走私犯罪团伙3个，查证固体废物1.1万余吨；侦办野生鲸牙走私犯罪案1起，查获野生鲸牙7.43千克。采取最严格措施防控非洲猪瘟，从8月以来共对3.78万头供港澳活猪，9 758吨出口猪肉产品实施严格检疫监管，完成2批次1 858头进境种猪隔离检疫，全力保障猪肉产品平稳供港澳。

【长沙海关打击走私战果丰硕】 紧扣“三关”突出走私问题，认真组织开展“国门利剑2018”联合专项行动，全力打好“洋垃圾”、象牙等濒危物种、粮食等农产品、重点涉税商品、涉枪涉毒等违禁物品走私“五大”攻坚战，切实巩固查证率、提高查获率。全年共刑事立案34起，案值4.93亿元，涉税2 811万元，采取强制措施118人次，移送检察院审查起诉26起56人，被海关总署缉私局列为一级挂牌督办案件4起；关区行政立案242起，案值11.26亿元，涉税1 302万元，办结242起，罚没收入313万元。扎实推进指挥案管、情报信息、侦查办案“三个中心”建设，智慧缉私迈上新台阶。强化“全员打私”，加强组织协调，反走私综合治理持续深化。落实“打得准、叫得响”要求，全年在央视及省级主流新闻媒体累计报道46次，反走私社会影响力进一步提高。

开放口岸

【长沙空运口岸（长沙黄花国际机场）】 长沙空运口岸设于长沙黄花国际机场，位于长沙县黄花镇，距长沙市中心24.2千米，1990年开放空运口岸，目前飞行区等级为4E级，是湖南省规模最大的民用机场，也是湖南首个开放口岸。机场每周航班执行密度超过2 300架次，航班可供座位数每周超过30万个。长沙空运口岸实行24小时通关，推行无纸化通关、“属地报关、口岸验放”、风险分级管理等措施及“10－5－3－1”边检服务法（10步远时面带微笑，5步远时主动问候，3步远时引导提示，1步远时热情服务）、4S（微笑Smile、真诚Sincerity、规范Standard、满意Satisfaction）服务模式。

2018年，开通国际客货运航线8条。新增长沙至英国伦敦、菲律宾公主港、泰国清莱和罗勇、老挝琅勃拉邦5条国际客运航线；新增长沙至达卡、北美（芝加哥/哈利法克斯）、马尼拉3条国际货运航线。截至2018年年底，长沙机场共有航线282条，其中国际及地区46条，国际旅客吞吐量预计为247万人次，同比增长10.7%；国际货邮吞吐量约3.2万吨，同比增长130%。

长沙黄花综合保税区于2016年5月获批设立，规划面积1.99平方千米，一期建设0.77平方千米，是湖南省唯一临空综合保税区。仅6个多月时间，建成通关大楼、综合大楼、监管仓库等房建建筑面积近20万平方米，拉通巡逻道、保税大道、综一路等市政道路12千米，2017年6月25日正式封关运行。

【张家界空运口岸（张家界荷花国际机场）】 张家界空运口岸地处湖南张家界，是湖南第二个空运口岸。张家界地处湖南西北部，武陵山腹地，拥有第一个国家森林公园、世界自然遗产、世界地质公园、国家5A级旅游景区等多项桂冠，旅游资源富集，是国内外重要的游客集散地，首批国家旅游综合改革试点城市之一。1997年经国务院批准设立张家界空运口岸，1999年4月正式对外开放，1999年4月16日实现口岸首飞。

张家界空运口岸是实现湖南东西开放、两翼齐飞空运口岸布局的重要组成部分，承载着张家界“旅游胜地梦”，架起了湖南西部和武陵山区通向世界的“桥梁”。2018年，张家界空运口岸运营至曼谷、河内、胡志明、釜山、香港、台北6条定期航线（新开3条）、雅加达包机航线1条，平均上座率70%以上。出入境航班1 400架次、出入境旅客17.664万人次，同比增长47.52%、37.28%，位居中部省份非省会口岸第一。国际货物吞吐量154吨（货值240万美元），口岸免税店营业额191.2万元，口岸落地签证5.4367万人次

【城陵矶水运（河港）口岸】 岳阳城陵矶水运（河港）口岸位于岳阳城陵矶港，1996年获国务院批准正式对外籍船舶开放，是目前湖南唯一的水运开放口岸。处于长江与洞庭湖交汇处的城陵矶港是“长江八大良港”之一，距岳阳市中心区7.5千米，主航道通航水深4.5米，全港岸线22 340米，堆场总面积45万平方米，各类泊位15个，其中3 000～5 000吨级深水泊位5个。2005年，城陵矶被交通部列为全国主要内河港口；2008年，被国家定为内河对台水运直航口岸；2009年城陵矶松阳湖新港正式开港运营；2010年，长江干线武汉至城陵矶河段海轮航道开通；2011年，开通至宁波、上海等港口“五定”始发班轮航线，并开启宜昌、川江、重庆等地货物在城陵矶新港中转的新模式；2012年，城陵矶口岸至香港澳门直达航线正式开通，成为长江中上游首条直达港澳航线；2013年，岳阳城陵矶进口肉类指定口岸获批建设，2014年11月3日，获准正式投入运营；2014年10月9日，岳阳城陵矶口岸的新港码头、老港码头、华粮码头3个查验点获批为湖南第一批进境粮食指定口岸，2015年，进口粮食实现高效运营；2014年7月5日，国务院正式批复岳阳城陵矶综合保税区建设，2015年12月22日，通过国家十部委的正式验收，即将封关运营；2015年7月1日，国务院批准同意岳阳城陵矶港口岸为汽车整车进口口岸，2015年12月30日，首批38台平行进口汽车抵达城陵矶口岸，开创了我国内陆水运口岸平行进口汽车的先河；2015年1月7日，城陵矶固废进口指定口岸获批建设，2015年4月30日，通过验收投入运营；2015年4月23日，城陵矶口岸至上海洋山港直航开通，启运港退税政策正式落地实施；2015年5月23日，岳阳—东盟接力航线正式开通；打造了一条湖南与东盟国家、东南亚航运物流的“高速路”；2015年12月28日，省政府批示同意在城陵矶设立岳阳航运交易所；2015年11月15日，岳港公司两艘本土江海轮“岳港017”“岳港018”正式下水投入港澳直航运营，开启了岳阳新的航运历史；2016年9月20日，130台平行进口车由岳阳本土江海轮“岳港017”运达城陵矶口岸；2017年4月21日，岳阳海事、边检、海关、检验检疫等部门的执法人员一起登上装载62个标准集装箱烟花鞭炮的“岳港017”船舶，首次完成对港澳直航船舶联合登临检查，年内完成粮食进口超过百万吨，成功迈入“百万粮港”；2018年，经积极对接，城陵矶港至洋山港直航实现常态运营，港澳直航常态运营正在筹备推进当中。

岳阳城陵矶综合保税区于2014年7月5日经国务院正式批复设立，规划面积2.98平方千米，于2016年8月9日正式封关运营。

2018年湖南省口岸大事记

1月12日

郴州综合保税区获批企业增值税一般纳税人资格试点。

1月

商务部等8部门批复同意在岳阳城陵矶港开展汽车平行进口试点。

2月2日

湖南省副省长何报翔一行到长沙北站“湘欧快线国际陆港中心”慰问。

2月7日

印尼狮子航空集团公司中国区首席代表王成一行访湘，商谈开通张家界至印度尼西亚等东南亚国家航线事宜。

2月8日

长沙空运口岸快件中心正式启动运营。

3月22日

郴州进口肉类指定查验场通过国家质检总局验收。

3月23日

长沙空运口岸开通长沙—伦敦往返航线。

5月21日

张家界空运口岸开通张家界—河内往返航线。

6月2日

湖南天心种业公司从美国直接引进的1 018头种猪在长沙航空口岸顺利通关。

6月4日

张家界空运口岸开通张家界—雅加达往返航线。

6月8日

湘西州公路口岸顺利通过验收，正式对外开放。

6月11日

国务院总理李克强来到衡阳综合保税区考察承接东部产业转移情况，希望衡阳以及整个湖南省当好承接东部产业转移的“领头雁”。

6月12日

国家药品监督管理局、海关总署批复增设长沙空运口岸为药品进口口岸。

6月28日

怀化铁路口岸作业区通过验收。

6月29日

“湘欧快线”怀化—明斯克线路首发，怀化成为湖南省第二个开通“湘欧快线”的市州。

7月1日

张家界空运口岸开通张家界—胡志明市往返航线。

是日

长沙空运口岸正式实施保税航油政策，当日为国内离境航班、外航航班加注保税航油228.8吨。

7月10日

永州农副产品集中验放场试运行，首次开通香港直通车，搭载着经湖南农副产品集中验放场口岸联检单位直通验放的供香港蔬菜运往香港。

7月21日

湖南首条洲际全货机航线正式开通，线路为长沙—美国芝加哥—加拿大哈利法克斯—长沙。

是日

“湘欧快线”长沙往返德黑兰线路实现常态化运行。

8月1日

湖南国际贸易“单一窗口”实现关检融合申报。

8月15日

岳阳城陵矶综合保税区与台湾新金宝集团年产1 300万台喷墨打印机项目正式签约，项目投产后预计将实现年进出口额20亿美元。

8月17日

“湘欧快线”长沙—蒂尔堡线路首发。

9月5日

长沙空运口岸开通长沙—达卡国际全货机定期航线。

9月11日

湖南省省长许达哲主持召开省政府专题会议，研究长沙跨境电子商务综合试验区建设，要求加大跨境电商全货机航线开通力度。

9月21日

长沙空运口岸开通长沙—马尼拉国际全货机定期航线。

9月28日~30日

湖南省政府口岸办联合长沙海关在长沙联合举办全省综保区创新发展培训班。

10月15日

湖南省省政府召开专题会议，部署全省口岸提效降费工作。副省长何报翔出席会议并讲话。

11月13日

湖南省省长许达哲主持召开省政府常务会议，研究优化口岸营商环境等工作。

（撰稿人：罗专、段凌）

2018 年湖南省口岸流量统计表

口岸类型		口岸名称	货运量（万吨）				集装箱量（万标箱）				人员（万人次）				交通工具（辆、艘、架、列次）			
			出口	进口	合计	同比（%）	出口	进口	合计	同比（%）	出境	入境	合计	同比（%）	出境	入境	合计	同比（%）
空运口岸		长沙航空口岸											263.473 3	10.30			16 534	12.32
空运口岸		张家界航空口岸											17.664 0	37.22			1 400	47.52
陆路口岸	公路口岸																	
陆路口岸	公路口岸	分计																
陆路口岸	铁路口岸																	
陆路口岸	铁路口岸	分计																
水运口岸	海港口岸																	
水运口岸	海港口岸	分计																
水运口岸	河港口岸	岳阳城陵矶水运口岸							50.50	19.30								
水运口岸	河港口岸	分计																
合计			206.00	2 680.50	2 886.50	5.40			50.50	19.30			281.137 3	11.67			17 934	14.46
同比（%）																		

（湖南省口岸办提供）

2018 年湖南省口岸出入境主要数据表

项目			2018 年	2017 年	同比（%）
出入境人员（人次）	出入境人员总数		2 811 373	2 517 494	11.67
	入境人员		1 398 204	1 257 664	11.18
	出境人员		1 413 169	1 259 830	12.17
	出入境旅客		2 653 134	2 374 540	11.73
	出入境员工		158 239	142 954	10.69
	中国公民	小计	2 129 359	1 909 039	11.51
		内地居民（因公）	47 603	52 224	-8.85
		内地居民（因私）	1 864 745	1 627 675	14.57
		港澳居民	28 415	26 495	7.25
		台湾同胞	188 596	202 645	-6.93
	外籍人员		682 014	608 455	12.09
	从海港出入境人数		0	37	-100.00
	从陆港出入境人数		0	0	—
	从空港出入境人数		2 811 373	2 517 457	11.68
交通运输工具（辆、艘、架、列次）	总计		17 934	15 668	14.46
	船舶		0	3	-100.00
	飞机		17 934	15 665	14.49
	火车		0	0	—
	机动车辆		0	0	—

（湖南出入境边防检查总站提供）

2018年长沙海关主要数据统计表

项目		2018年	同比（%）
进出口货运量（万吨）	合计	2 886.4	5.4
	进口	2 680.5	5.3
	出口	206.0	6.3
进出口贸易总值（万美元）	合计	2 138 874.2	14.5
	进口	1 205 894.5	17.1
	其中：江、海运输	648 063.1	5.3
	铁路运输	16 646.8	32.1
	汽车运输	364 564.8	32.3
	航空运输	175 917.1	38.7
	邮件运输	48.3	56.0
	其他运输	654.4	360.9
	出口	932 979.7	11.3
	其中：江、海运输	473 196.3	5.2
	铁路运输	69 850.2	22.8
	汽车运输	301 083.1	13.5
	航空运输	88 786.4	33.2
	邮件运输	32.7	27.0
	其他运输	31.1	259.5
税收（万元）	两税合计	1 180 772.5	13.2
	关税入库	143 979.2	8.6
	进口环节税入库	1 036 793.2	13.9
货物检验检疫（批次）	本年累计	87 708	7.8
	其中：出境	80 454	11.5
	入境	7 254	-21.6
货物检验检疫金额（万美元）	本年累计	460 029	-11.2
	其中：出境	326 009	3.5
	入境	134 020	-34.0

（长沙海关提供）

2018 年湖南省指定口岸/查验场统计表

省、自治区、直辖市	序号	指定口岸/指定查验场名称	口岸类别	类别	批复时间	备注
湖南省	1	长沙进口肉类指定查验场		进口肉类	2017 年 2 月 8 日	
	2	长沙航空口岸	空运	进口食用水生动物	2017 年 3 月 9 日	
	3	长沙航空口岸	空运	进口冰鲜产品	2017 年 11 月 14 日	
	4	长沙航空口岸	空运	进口水果	2018 年 2 月 11 日	
	5	长沙航空口岸	空运	进口药品	2018 年 6 月 12 日	
	6	张家界航空口岸	空运	进口水果	2018 年 2 月 11 日	
	7	岳阳城陵矶水运口岸	水运	进口粮食	2014 年 10 月 9 日	
	8	岳阳城陵矶水运口岸	水运	进口肉类	2014 年 11 月 3 日	
	9	岳阳城陵矶水运口岸	水运	进口整车	2014 年 7 月 23 日	
	10	岳阳城陵矶水运口岸	水运	进口固体废物	2015 年 1 月 14 日	
	11	湘潭进口肉类指定查验场		进口肉类	2017 年 2 月 8 日	
	12	郴州进口肉类指定查验场		进口肉类	2017 年 2 月 8 日	

（湖南省口岸办提供）

广 东 省

口岸数量及分布

截至2018年年底，广东省有经国务院批准的对外开放口岸59个。其中，空运口岸5个，分别是广州空运口岸（广州白云国际机场）、深圳空运口岸（深圳宝安国际机场）、揭阳空运口岸（揭阳潮汕国际机场）、梅州空运口岸（梅县机场）、湛江空运口岸（湛江机场）；陆路（铁路）口岸6个，分别是深圳、广州、佛山、东莞、肇庆、广深港高铁西九龙站铁路口岸；公路口岸11个，分别是文锦渡、沙头角、皇岗、罗湖、深圳湾、福田、拱北、横琴、珠澳跨境工业区、青茂、港珠澳大桥珠海公路口岸；水运（海港）口岸25个，分别是广州、南沙、莲花山、蛇口、赤湾、妈湾、盐田、西冲、梅沙、大铲湾、珠海、九洲、湾仔、万山、汕头、惠州、大亚湾、汕尾、潮州、广海、阳江、湛江、水东、潮阳、揭阳海港口岸；水运（河港）口岸12个，分别是新塘、斗门、虎门、江门、新会、三埠、鹤山、中山、南海、高明、容奇、肇庆河港口岸。

口岸运行数据

2018年，广东省口岸出入境人员4.3亿人次，同比增长5.7%，其中入境21 473.9万人次，同比增长5.7%，出境21 496.6万人次，同比增长5.7%；出入境交通工具2 005.6万辆（艘、列、架）次，同比下降1.4%。其中入境1 002.9万辆（艘、列、架）次，同比下降1.4%。出境1 002.7万辆（艘、列、架）次，同比下降1.4%；进出口货运量4.6亿吨，同比下降2.1%。其中进口3.1亿吨，同比增长0.1%，出口1.5亿吨，同比下降6.4%；港澳供水出口13.01亿吨；进出口集装箱总量2 897.7万标准箱，同比增长2%。其中进口1 371万标准箱，同比增长2.5%。出口1 526.7万标准箱，同比增长1.4%；海关征收入库税款4 457.8亿元，同比增长8%。

广东省2018年口岸运行主要特征：一是出入境人员实现较大幅度增长，新开口岸运作畅顺。在2017年度突破4亿人次较高基数基础上，增长5.7%，幅度为近3年最高。其中内地公民因私出入境增加2 277万人次，增幅明显；香港居民出入境减少88万人次，澳门居民出入境增加98万人次，连续两年负增长；外国人出入境增加43.8万人次。广深港高铁、港珠澳大桥口岸受热捧，西九龙站口岸出入境人员541.7万人次，日均5.16万人次，最高峰9.56万人次；港珠澳大桥珠海公路口岸出入境人员330万人次，日均4.92万人次，最高峰8.56万人次。二是进出口集装箱小幅增长，货运量轻微下滑。进出口集装箱维持小幅增长，深圳港和广州港口岸集装箱量吞吐量居全国第三、四名。受国际形势影响，7月份开始，货运量持续下降，全年下降2.1个百分点，其中出口下降6.4%。三是铁路口岸客流高速增长，枢纽空运口岸、邮轮母港客流量保持快速增长态势。受广深港高铁开通带动，铁路口岸出入境人员达919.8万人次，增长138.9%；广深港高铁开通两个月通关量即超过广州东站全年325万人次的通关量，广九直通车同期下降超过30%。广州白云机场1 567.4万人次，增长9.4%；深圳宝安机场461.7万人次，增长27.3%。广州南沙邮轮母港48.1万人次，增长20.3%；深圳蛇口邮轮母港36.5万人次，增长92.9%。

口岸综合管理

【落实粤港澳大湾区口岸基础设施建设】 一是推进完成港珠澳大桥珠海公路口岸查验配套设施建设、珠澳口岸“合作查验，一次放行”通关模式改革创新落地、落实大桥跨界车辆信息交换以及组织开展口岸运行测试等各项工作，确保口岸如期开放运营；二是充分发挥内地与港方建立的“三级”对接机制作用，推进落实广深港高铁“一地两检”安排和口岸查验监管配套设施建设等各项工作，确保高铁如期开通启用。三是推进深圳莲塘口岸申报及建设等各项工作，牵头与港方建立口岸启用工作机制。四是推进青茂口岸规划设计及查验配套设施清单梳理等各项工作的落实。五是组织研究深化新横琴口岸搬迁建设、深化内地与澳门“三互”大通关改革事项并上报，国务院原则同意澳门莲花搬迁至新横琴口岸、采用“合作查验、一次放行”通关模式进行规划建设。

（2018年9月22日10时，香港特别行政区行政长官林郑月娥与广东省省长马兴瑞在香港西九龙站主持广深港高速铁路香港段开通仪式）

【推进口岸提效降费促进跨境贸易便利化措施落地实施】 广东省优化口岸营商环境工作取得新成效。一是拟定广东省优化口岸营商环境促进跨境贸易便利化具体措施上报广东省政府审核，同时积极推进相关措施先行落地实施，取得先期成果；二是推进落实清理规范口岸收费降成本工作，按时完成口岸收费目录清单公示并汇总统一在“单一窗口”进行公布；三是牵头建立政府购买来往港澳小型船舶公共信息平台有关服务机制，每年可减轻企业负担约3 000万元；四是继续推进落实免除查验没有问题外贸企业吊装移位仓储费用试点工作，累计免除费用1.78亿元。据第三方机构评估，广东省重点口岸集装箱进出口合规成本实现较大幅度下降，其中广州港下降81美元/20尺、112美元/40尺，深圳港下降109美元/20尺、139美元/40尺；五是多措并举推进压缩整体通关时间，在全省17个地级以上市、103个水运口岸码头推广口岸通关时效评估系统，全省进口整体通关时间18.59小时，比去年压缩了56.73%。出口整体通关时间4.76小时，比去年压缩了59.79%，均达到年度压缩整体通关时间三分之一的目标。六是全力支持中央驻粤单位落实“减单证”，实现海关在进出口环节进行联网验核的监管证件从86种减至46种。

【推动“一带一路”建设】 一是牵头研究推动中欧班列稳定发展政策措施；推动广州大朗班列借助南沙保税港区保税、枢纽功能和海运优势将东南亚货物集拼后经中欧班列运往欧洲；推动石龙班列“东盟—广东—欧洲”公铁海河多式联运及运邮测试。二是促进新开和加密国际航线。广州白云机场、深圳宝安机场分别新增国际客运航线18条、15条并加密部分国际航班，继白云机场后深圳机场航线网络实现欧美澳全覆盖；广州港新增国际集装箱班轮航线12条，全省主要港口集装箱班轮航线共351条。

【加强电子口岸建设】 巩固提升国际贸易“单一窗口”标准版推广和广东电子口岸平台建设，促进提升整体效能。一是提升“单一窗口”业务覆盖率。已上线11大项共35个业务应用，累计申报5 676.3万票。二是推进完善省市两级运维体系。接入开通全国统一客服热线95198，及时梳理汇总企业合理化建议，配合国家项目组完善各项业务应用，持续提升“单一窗口”运维管理水平和企业用户满意度。三是继续开展粤港“单一窗口”对接合作交流。推进粤港澳大湾区跨界车辆信息管理综合服务平台建设，探讨推进大湾区“单一窗口”建设。四是完成平台总体规划设计及标准规范的编制，完善全省口岸通关大数据库建设并开展统计分析，初步实现口岸数据统计分析可视化展示。

【促进通关模式改革创新】 在港珠澳大桥珠海公路口岸珠澳旅检通道率先实行“合作查验、一次放行”。将原来两次排队、查验两次改为一次排队、一次查验，通关时间平均12秒。在车检通道实行车辆“一站式”查验模式，往来珠港、珠澳的车辆只需一次停车，就可完成边检、海关的同时处置、联合验放，提升通关效率。

【推进重点口岸项目开放建设和口岸资源整合】 一是协调落实白云机场T2航站楼如期开放启用，5个港口口岸新（迁）建项目通过验收正式对外开放运行；二是跟进“十三五”重点口岸规划项目建设及审批进展，协调推进汕尾港、阳江港、珠海港、湛江港口岸扩大开放项目建设及申报工作。跟进揭阳港、茂名港口岸等扩大开放项目在国家层面审批进展，按反馈意见要求做好相关协调工作；三是务实推进口岸资源整合，落实东角头港口岸、南澳港口岸退出后续工作。推动珠海港口岸通过扩大开放整合全市现有5个一类港口口岸和7个保留运作的二类港口口岸。推进佛山滘口口岸搬迁至顺德新港了哥山港区。

【强化安全防范和检查督导确保口岸通关安全】 一是贯彻落实“管业务必须管安全、管行业必须管安全”的要求，把口岸通关安全作为长期基础性工作统一研究部署。二是指导督促各地建立健全口岸通关安全管理、节假日通关疏导等各项规章制度和应急处置预案，不断提高安全管理水平和应急处置能力。三是坚持在春节、国庆等重大节假日前，领导带队到重点口岸开展安全检查，指导督促各口岸落实安全责任、制度和工作措施。四是协调处置口岸受“山竹”等强台风影响的防范和灾后恢复运作工作，以及灾后供澳门物资在珠海口岸快速通关。

口岸监管与服务

【广州出入境边防检查总站保障旅客通关更加顺畅】 全年检查出入境人员2 100万余人次、交通运输工具16万余艘（架、列）次。落实“中国公民出入境通关候检不超过30分钟”举措，建立出入境旅客高峰预测预警和对外发布机制，精准确定高峰等级，开足开满查验通道，确保高效、快捷验放旅客出入境，缩短旅客候检时间，提高口岸通关效率。2018年，中国公民人均查验时间减少至45秒，白云等口岸高峰期旅客候检时间环比缩短10分钟，达到国际先进水平。大力推行边检自助通关，加强自助通道建设，增派引导人员，全年为700多万名中外出入境人员提供自助通关便利。落实24小时直接过境免办边检手续和72小时过境免签政策，配合推动144小时过境免签政策在广东落地，便利外籍人员过境广州口岸。实施特殊旅客通关便利措施，主动指引、优先安排两院院士、老人儿童和其他行动不便旅客由特别通道通关，营造温馨便捷的通关环境。

【广州出入境边防检查总站推动港口边检管理更加精细】 开展港口边检管理改革，优化边检勤务机制，在全国率先研发启用港口边检管理信息系统，通过数据化、自动化、可视化边检管控手段全天候、全方位对入出境船舶实施有效的检查管理，提升口岸管控能力。完善出入境船舶风险评估、码头安全等级评定、船舶代理诚信等级评定机制，细化不同风险等级船舶在不同安全等级码头的检查管理措施，实施精准管控、分类服务。推进国际贸易“单一窗口”建设，落实“国际航行船舶网上申报边检手续”便利措施，全面取消申报纸质单据，实现无纸化申报、一次性入出境申报和联网核放，简化境外船舶在境内港口间移泊边检手续。

【广州出入境边防检查总站服务经济社会发展更加有力】 紧贴粤港澳大湾区、广东自贸试验区等战略，聚焦广州国际航空枢纽、国际航运中心等重大建设项目，坚持“一项目一专班一方案”，主动对接，靠前服务，当好服务者、促进者。全程参与广州白云国际机场T2航站楼建设，合理规划边检区域，配齐配强查验设施，组建新执勤队担负T2航站楼边检任务，优化勤务组织模式，圆满完成T2航站楼启用相关边检工作。跟进南沙国际邮轮母港建设和游艇会对外开放工作，落实粤港澳游艇自由行政策，对港澳籍游艇实行定点停靠、就近联检，支持旅游业、邮轮经济发展。

【深圳出入境边防检查总站深化“放管服”改革】 深圳边检总站积极回应人民群众对高质量公共服务的需求，研究制定24项总站“放管服”改革举措，不断提升口岸通关效率和旅客通关体验，全面落实上级部署的“所有口岸中国公民出入境通关排队不超过30分钟”的新举措，警务评议中旅客对总站落实30分钟新举措的满意率为99.3%，前台旅客评价满意率为97.5%。健全高峰客流疏导5项制度，通过总结年内历次节假日客流高峰工作经验做法，建立边检站站长客流高峰期驻守一线制度，边检站站值班领导和勤务指挥领导每日“双排班”制度，客流高峰预测和等级预警制度，蓝色提示线和高峰疏导线“双线”提示制度，跨口岸、跨场地、跨建制队、跨班次警力支援制度，实现警力跟着客流走、跟着警情走。实施自助通关5项措施，扩建改造旅客自助通道和车辆“快捷通”，推行客班轮乘客实名制购票，开展外国人出境自助通关技术测试，试点实施自助信息前台采集备案，引入智能机器人为自助通关旅客提供引导服务，全年出入境人员自助通关率达70.12%。创新便民利民5项举措，创新设置“长者优先通道”，为60周岁以上长者提供自助通关便利；创新设置中国公民“e家行”专用通道，便利携带儿童出行家庭安全通关；实施特殊旅客通关便利措施，为两院院士、紧急救援旅客提供特别通道通关便利；实施国际航行船舶网上申报边检手续便利措施，启用国际贸易“单一窗口”标准版，累计免收纸质单证1.29万余份；实施贴纸式24小时过境免签和紧急类临时入境许可签发工作，累计签发贴纸式临时入境许可7 600余份。2018年，深圳边检总站查验出入境人员2.5亿余人次，同比增长4.24%；查验交通运输工具1 551万余辆（艘、架、列）次，同比减少3.36%；查获偷渡人员275人次，查获其他违法违规人员5.6万余人次。2018年9月23日，广深港高铁西九龙站口岸开通，年内共查验出入境人员539.7万人次，检查监管列车1.5万余列次。

【深圳出入境边防检查总站加大现代科技应用】 深圳边检总站坚持把新科技作为提高效率的新增长点，在全国口岸率先完成生物识别项目配套相关查验系统升级，率先将新技术通讯应用于口岸网络安全防范，积极研发部署新型自助通道防尾随系统、视频侦控报警系统、人车分离视频侦测系统、虹膜指纹生物识别系统、全息成像引导系统、海港综合管理系统等科技成果，有效破解制约警务整体效能的瓶颈性问题。在2018年公安基层技术革新专项活动评比中，总站自主研发的双胞胎自动识别系统获评一等奖，邮轮3D人脸核对仪、快速查验智能取景器项目获评三等奖。边检技术研发支持（深圳）中心副主任刘卫荣获广东省“五一劳动奖章”，深圳市总工会授牌成立“刘卫劳模创新工作室”。

【深圳出入境边防检查总站推进口岸安全联防联控】 深圳边检总站牢固树立总体国家安全观，把反颠覆、反渗透、反恐怖工作作为口岸安全防控工作的重中之重，将边检反恐处突工作纳入深圳市治安防控体系同谋共策，推动建立口岸开展常态化巡逻、口岸重大案件协作查堵工作机制，会同有关部门开展打击藏匿车体偷渡和制售伪假往来台湾通行证专案行动，配合海关查获涉嫌走私枪支人员4人、走私犀牛角入境人员3人、携带大麻出境人员1人；配合广东省公安机关侦办“6·20”特大提供伪造出入境证件专案，抓获犯罪嫌疑人18人。坚持不懈抓好口岸安全隐患排查，加强口岸关闸期间监管和巡查工作，推行口岸限定区域工作人员和车辆电子化管理，协调推动陆路口岸安检设立和口岸医务室建设工作，在深圳湾口岸推行出境小汽车乘客下车查验工作，努力消除口岸安全管理风险。修订台风暴雨天气应急响应规定，成功应对超强台风“山竹”正面侵袭，确保台风期间人员生命财产安全和口岸通关安全有序。

【深圳出入境边防检查总站深入开展边检管理改革】 深圳边检总站聚焦服务粤港澳大湾区建设战略，面对新口岸开通、执勤任务加重、编制人员紧张的工作压力，坚持内部挖潜，优化勤务组织模式，按照“效率优先、强度均衡，能合则合、能简则简”的工作思路，推进罗湖、皇岗、深圳湾大型旅检口岸勤务调度精细化、执勤强度均衡化，优化深圳机场边检站“空海联勤”

勤务组织模式，在蛇口、盐田、大铲湾边检站实施勤务改革，实行“定岗定人、一人多岗、按需调整”岗位设置模式和“站队合一”的勤务组织模式，在主要旅检口岸引入义工为老弱病残孕幼及有需要的旅客主动提供引导和咨询服务，有效提升用警效益。

【珠海出入境边防检查总站认真完成口岸监管与服务工作】 2018年，根据机构的调整，珠海出入境边防检查总站下辖拱北、九洲、横琴、湾仔、高栏、万山、斗门、茂盛围、港珠澳大桥、中山、湛江、江门、开平、新会、台山、阳江、茂名17个正处级边检站。总站主要承担驻地口岸出入境人员、交通运输工具的检查、监护和口岸限定区域管理等职责，囊括海、陆、空边防检查工作任务，是一支重要的公安行政执法力量。珠海边检总站坚决贯彻落实国家移民管理局工作部署，全面强化口岸安全防范工作，先后研究制定强化口岸安全管控一系列具体落实措施，制定督导机制，确保各项措施落到实处；加强口岸管控动态分析预警及情报线索收集研判，密切与珠海市相关部门的沟通协作，积极配合地方公安机关开展扫黑除恶专项斗争。珠海边检总站坚持问题导向，创新服务举措，提高通关效率，努力为珠海经济发展和粤港澳大湾区建设做出贡献。成立专项工作组，开展全面细致调研，组织压力测试，运用大量数据评估论证，找准制约拱北等大型旅检口岸通关效率提升的关键障碍；在拱北口岸增建了50条自助通道，协调延长拱北口岸新厅开放时间，深化各口岸边检勤务改革，确保了中国公民出入境通关排队时间不超过30分钟；认真贯彻落实国家移民管理局部署，组织高栏、湾仔、九洲等港口边检站全面推广使用公安出入境网上办事平台和国际贸易“单一窗口”，实现船舶网上申报边检手续，有效地提高了口岸通关效率，节约了企业运营成本；全面简化自助通关备案旅客换发证件后的信息变更手续，旅客无须到边检窗口办理手续即可实现自动延期；允许持中国电子普通护照旅客在拱北、横琴等对澳口岸经自助通道出境，扩大了自助通关人员范围，大大缩短了旅客的通关时间；积极推进大桥口岸边检查验设施设备建设和安装调试，提前完成警力抽调和岗前培训，加强数据监测和客流疏导，确保港珠澳大桥珠海公路口岸顺利开通和安全运行，“合作查验，一次放行”新型查验模式顺利实施，真正实现旅客只排一次队，接受一次集中检查就可完成内地与澳门双方的出入境边检查验；认真配合粤澳两地政府做好青茂口岸、横琴永久性口岸规划建设，积极推进横琴口岸通关模式创新、粤港澳游艇自由行、港珠澳大桥东人工岛旅游开发、港澳私家车经港珠澳大桥进入内地等重大政策的研究论证工作；周密组织准备，顺利完成第十二届中国国际航展相关边防检查工作。

【广东海事局坚持严字当头，安全基础更加牢固】 一是严管态势持续加强。落实安全监管“六严”要求，加强现场监管“三个结合”，开展“平安交通百日行动”，做好“四类重点船舶”严查严控。深化珠江口海事监管协作，实施采砂船“归巢”“固巢”有力措施，整治内河船非法参与海上运输专项行动取得阶段性成果。开展国内航行船舶进出港报告专项整治，组织亚太港口国监督备忘录MARPOL附则VI集中检查会战，完成入青入沪船舶专项安全监管。全年开展PSC检查933艘次、FSC检查15 256艘次。开展中小型船舶专项整治，率先实施片区安全管理工作交流机制，广东籍中小型船舶滞留数量同比下降29.7%。深入推进船舶大气及水污染防治，全年对4 000艘次船舶开展燃油抽检。深化粤桂琼闽海事部门合作，开展粤桂海事“平安西江”、北部湾联合巡航，以及粤闽海事东海联合巡航。与水利、环保、公安等职能部门联手打击珠江口、雷州半岛偷采砂行为。积极整治固体废物水上非法转移倾倒行为。全年实施行政处罚15 273宗，同比上升38.1%；二是安全基础不断夯实。开展安全大巡察“隐患清零”行动，整改问题隐患2 442项，完成率达98.7%。广东辖区一批困扰水上交通安全多年的“顽疾”得到治理：如汕头局推动拆解销毁“贝壳船”5艘；梅州局推动拆解老旧旅游船 30 艘；韶关局推动拆解“三无”砂石船舶 182 艘；清远局推动将无动力船整治纳入“河长制”考核；云浮局推动全面清除云安区沿岸餐饮船；河源局推动取缔万绿湖游船非法供受油作业。深入推进“平安西江”共建活动，西江（广东段）水上交通事故率同比下降 50%。启动“平安北江”共建活动。联合省交通运输厅完成防范船舶触碰桥梁专项治理，推动 150 余座桥梁规划建设防撞预警系统，其中 11 座已建成并投入使用，推动珠海市安排桥梁防撞专项资金达 4.8 亿元，推动桥梁通航安全防护纳入肇庆、潮州、清远等政府专项治理工程。推动全省 19 个地市出台防治船舶及其有关作业活动污染水域环境应急能力建设规划。2018 年，广东辖区港口吞吐量 24.15 亿吨（其中危险品 4.09 亿吨），同比增长 3.8%；集装箱 3 667.33 万标箱，下降 8.2%；船舶进出港 441.45 万艘次，增长 11.7%；旅客运送量 1.46 亿人次，增长 37.8%。全年列入统计的水上交通事故四项指标同比全面下降，其中事故宗数 38 起，下降 32.1%；死亡失踪 45 人，下降 2.2%；沉船 12 艘，下降 36.8%；直接经济损失 5 952.45 万元，下降 47.6%，安全形势总体平稳；三是应急能力经受考验。按照“赶、锚、固、守、救”五字方针，成功防御影响我省海域的 6 个热带气旋，尤其是防御强台风“山竹”，实现全省水域船舶防台“三零”佳绩，得到了广东省委书记李希、省长马兴瑞、副省长叶贞琴、副省长陈良贤，交通运输部部长李小鹏、副部长何建中等领导的肯定。整理分析近十年中小型船舶事故情况，发布辖区年度事故白皮书。印发《加强商用船舶防抗台风工作指导意见》，上报《广东省海上应急救助力量建设方案》《广东省船舶防台应急锚地规划建设方案》。成功救助巴拿马籍“恒辉”轮 21 名遇险船员。妥善处置“樱桃”与“辰昌 332”轮碰撞等事故。“海巡 31”船三次赴东海执行“桑吉”轮现场驻守任务 76 天。全年共组织开展搜救行动 375 起，获救遇险人员 2 905 人，人命救助成功率 97.0%。

【广东海事局坚持放管结合，海事服务不断优化】 一是发挥专业优势，积极助力粤港澳大湾区建设。全力保障港珠澳大桥顺利开通，实现大桥 9 年建设期水上“三零”目标。加强大桥营运期通航安全监管，制定港珠澳大桥通航安全管理规定。扎实做好深中通道、虎门二桥、海上风电示范项目等通航安全保障。由广东海事局牵头编制的涉水项目施工期通航安全保障费用计算方法已纳入新修订的公路工程建设项目投资估算和预算编制办法。粤港澳游艇自由行在广州南沙落地实施。联合承办 2018 年粤港澳三地海上搜救联合演习。成功协办 2018 年“中国海博会”。全年与香港开展海上搜救合作 113 次。召开粤港海事机构第 26 次定期会议，与香港环保署、海员工会开展业务交流。承办粤澳水上交通安全及航道管理第三次联席会议。举办 2 期澳门海事人员来粤交流培训活动和 1 期香港海事人员来粤交流活动。做好港澳人员在粤船员培训、考试和发证工作；二是注重便民利民，严格落实放管服要求。积极参与“三互”大通关建设，推广应用国际贸易“单一窗口”。深圳海事局依托前海蛇口自贸试验区平台，全面深化海事管理改革创新，实现国际航行船舶进出口岸审批“无纸化”“零待时”。复制推广南沙自贸试验区第三、四批改革试点经验。推进国际航行船舶登临检查信息系统建设，公布“并联办理”“绿色通道”等事项清单，完成 4 艘中资方便旗船回归登记。修订珠江水系内河船舶配员标准。代部海事局制定海船船员适任考试改革方案。广州局率先利用人脸识别技术验证船员考生身份。完成清远船员远程考试考场建设。潮州局全力做好“凤城之光—光影秀”水上交通安全保障工作。茂名局牵头实施国际航行船舶联合登临检查 75 次，进出口岸通关时间同比压缩 50% 以上。扎实推进结对帮扶精准脱贫工作，全局累计捐赠 40.8 万元用于定点帮扶。三是依托“智慧海事”，持续提升监管服务水平。大力推进智能卡口等“西江可视化”工程，内河水域首个小型雷达监管系统在佛山启动建设，渡口渡船气象精准服务在佛山率先试点。

“智慧西江”工程纳入肇庆市智慧城市建设顶层设计规划，地方投资估算2亿元。成立西江无人机应用联合实验室。开发微信小程序。升级推广港建费便利缴费系统，实现网页版、手机端、银行端等便利缴费服务。开展内河小型船舶配备简易版本研究。启用海巡船舶管用养修信息系统和专用航标行政许可信息系统。

【广东海事局坚持履职尽责，积极推进精准执法】 一是法治体系不断完善。制定并公布广东海事局权责清单。开展广东辖区船舶安全航行规定后评估。代部海事局起草海事行政执法电子文书与电子证据管理办法、海事行政复议工作程序、海事行政应诉指导意见、海事重大执法决定法制审核办法。协助部海事局研究制定水上交通事故调查处理与沉船沉物打捞清除条例。出台“三无”船舶处置工作指引。印发航标设置方案编制要素指南。推动颁布肇庆市乡镇自用船舶安全管理办法、清远市加强渡口渡船安全管理规定、清远市渡口渡船权责清单。联合海南海事局研究制定琼州海峡滚装船舶安全监督管理规定。结合海事公安体制改革，建立海事行政执法与刑事司法“两法”衔接工作机制。编印《海事行政执法500问》，开通“海事法规文库”微信公众号，实施法律顾问和公职律师制度；二是精准执法不断推进。正式运行海事电子行政处罚系统，运行行政处罚裁量标准模块307个，实现处罚流程信息化控制，办案时间平均压缩67%，立案处罚宗数同比增加48%。应用船载危险货物信息比对系统，精准打击瞒报谎报行为。开展近5年船舶进出港数据可视化分析研究。完成国内航行自卸砂船、老旧运输船和“四类重点船舶”船检数据分析。2018年累计网上核查船舶进出港报告信息100多万艘次，纠正船舶未按规定进出港报告等违规行为3 600多起。严厉打击船员使用假资历办证违法行为。

【广东海事局坚持开放共享，对外交流再谱新篇】 成功主持第十二届中国－东盟海事磋商机制会议。成功承办马六甲和新加坡海峡海洋溢油监视监测及风险评估研讨、澜沧江－湄公河海事搜救培训、中国－东盟国际海事劳工公约履约合作、东盟与南亚国家非公约船舶安全管理培训、第二届东盟地区渡运安全研讨等活动。与澳大利亚、挪威海事管理机构主要负责人开展业务会谈。在IMO作“中国渡运安全实践与经验”专题演讲。开展中国－东盟海事管理法律对比、中国－澳大利亚海事管理对标研究。珠江口水域担杆水道船舶定线系统顺利通过IMO批准。船检分委会向IMO提交16份提案，其中广东海事局完成的修订SOLAS公约救生筏配备标准新增计划提案和修订主管机关授权RO协议范本船检履约提案获得IMO通过。

【深圳海事局全面上线运行国际贸易“单一窗口”标准版，提升贸易便利化水平】 积极落实国务院“口岸通关时间压缩至少1/3”要求，大力推进国际贸易“单一窗口”标准版系统建设，通过全面梳理国际航行船舶进出口岸审批所需材料，精简相关单证证书上传项目，完成系统开发，实现国际航行船舶进出口岸“无纸化”审批和“零待时”；组织开展系统上线运行试点和系统应用培训，在试点成功基础上，于2018年9月1日起率先在深圳港全面上线运行国际贸易“单一窗口”标准版系统，截至2018年12月31日，通过“单一窗口”办理国际航行船舶进出口岸查验16 000余艘次，“单一窗口”办理率达到100%（超过国家口岸办提出的80%办理率要求），大幅提升国际航行船舶通关效率，提升口岸贸易便利化水平。

【深圳海事局优化口岸营商环境，规范口岸开放管理】 一是加强口岸部门协作，推进跨部门联合检查，根据《关于实施国际航行船舶联合登临检查有关事项的通知》（深海船舶〔2017〕44号），按需要对深圳港国际航行船舶实施联合登临检查，提高查验效能。二是配合深圳市口岸办，全面公开公示口岸收费标准，进一步规范进出口环节收费，切实降低国际航行船舶通关成本。三是规范口岸开放管理，联合口岸相关部门，推动完成深圳港盐田西、蛇口、赤湾、妈湾港区、机场客运码头等共计19个2002年以来新建泊位全部通过对外开放启用验收，口岸开放规范化管理工作取得阶段性成果。

【深圳海事局创新口岸监管服务，促进地方经济发展】 一是为有效解决船舶大型化、深圳西部港区通航资源不足的问题，建立起“超大型邮轮及集装箱船进出自贸试验区港口绿色通道”制度，成立专项工作小组做好港航企业协调，安排专职船艇和人员 24 小时待命，提供高效现场交通组织，咨询业内专家并联合深圳引航制定超大型船舶航行限制条件，明确航行气象海况要求，有效保障超大型邮轮和集装箱班轮按计划顺利靠离港口，提升港口安全性和竞争力，该项创新制度获得“前海蛇口自贸片区 15 项 2018 年标志性制度创新成果”。二是开通邮轮和游艇进出口岸审批“绿色通道”，推进“粤港澳游艇自由行”，促进深圳市邮轮游艇经济快速发展。三是连续十二年支持“中国杯”帆船赛及深圳国际游艇展期间口岸临时开放，并牵头做好临时开放期间外国籍和中国香港籍参赛船艇进出口岸查验工作，保障展览和赛事的顺利进行，服务地方海洋经济发展。

【海关总署广东分署（以下简称广东分署）落实重大决策部署，服务广东构建开放型经济新体制】 广东分署根据上级的部署要求，充分发挥职能作用，协调推进“三互”大通关改革，广东国际贸易“单一窗口”国家标准版应用项目覆盖率达到 70% 以上。协调广东省内海关积极参与广东自贸试验区建设，评估出台 5 项创新制度将在广东复制推广，积极参与粤港澳大湾区建设，认真做好港珠澳大桥和广深港高铁西九龙站等重点口岸开放工作。助推与香港海关“多模式联运转运货物便利计划”对接项目，目前广东省内海关清关点已基本覆盖大湾区内所有城市；积极牵头广东省内海关开展非洲猪瘟、埃博拉出血热等口岸检疫防控工作，展现出良好的精神面貌和专业水平。

【广东分署发挥综合协调职能作用，支持重点口岸项目建设，优化口岸布局】 注重加强与国家口岸办、广东省口岸办及广东省内海关的沟通联系，发挥综合协调职能作用，积极配合国家口岸办、广东省口岸办开展港珠澳大桥、青茂口岸，广深港高铁及深圳莲塘国家及广东省重点工程所涉口岸的建设、开放工作。从国务院正式批准《珠海口岸查验机制创新试点方案》之后，广东分署高度重视，多次派员赴珠海市迅速配合拱北海关落实《珠海口岸查验机制创新试点工作实施方案》及派员赴深圳落实协调及开展西九龙内地口岸区、深圳莲塘口岸的设置工作，积极参加国家组织对重点口岸调研及相关会议，落实国家和广东省政府对重点口岸工作的部署，协调相关海关步调一致，力促重点工程所涉口岸建设按期完成，使广深港高铁西九龙口岸和港珠澳大桥珠海公路口岸如期对外开放及开通。2018 年，积极配合做好国家及广东省口岸办口岸布局的优化工作，及时向广东省政府提出广东省内设立、调整或撤销开放口岸的建设性意见，做好对外开放码头、车检场以及新建码头的征求意见的反馈和检查验收工作；支持江门市高沙、外海两口岸整合迁建码头及将澳门路氹城边境站（莲花口岸）搬迁至横琴口岸，积极落实国家启动退出工作的部署，支持国家口岸办、广东省口岸办关闭一批不达标口岸，协调广东省内海关，成功促使关停汕头南澳港口岸、深圳市东角头不达标口岸，促进广东口岸健康发展。全年制发广东省内海关口岸管理意见函及反馈广东省口岸办及广东省相关部门涉口岸管理意见约 68 份。参加国家及广东省组织口岸调研、验收会、协调会及协调口岸事务 87 次。办理专用码头口岸、航空口岸、车检场开放验收等项目 7 个、实施临时对外开放运作 3 个项目约 5 批次。

【广东分署落实国家发展战略，服务粤港澳大湾区建设】 一是开展调查研究，为粤港澳大湾区建设建言献策。参加国务院办公厅、海关总署、国家移民局等部门开展的“关于推进粤港澳大湾区建设”联合调研，就推进大湾区通关便利问题形成专题报告通过专报上报国务院领导。做好粤港澳大湾区建设实施方案涉及海关方面的文件起草工作。二是优化粤港澳三地海关合作机制，协调推进内地海关跨境快速通关与香港海关“多模式联运转运货物便利计划”通关便利项目对接，2018年1至10月此模式共验放174 847批（车）次，同比增长104.82%。推广供港澳蔬菜溯源管理系统，全面实现供港澳食品直通放行，有效保障供港澳食品优质、安全。探索实施粤港赛马跨境检疫一体化，与港方联合开展疫病监测，突破进口饲草饲料准入许可管制，对急需进口饲草饲料实行特许审批，马匹全程运输时间从6小时降到4小时。三是支持国家和广东省重点工程项目建设，积极配合国家口岸办和广东省口岸办推进莲塘/香园围口岸、青茂口岸等重点新建口岸开放工作；落实习近平总书记“用好管好大桥，为粤港澳大湾区建设发挥重要作用”的重要指示，推进改革创新，与公安交管部门合作妥善解决大桥跨境车辆通行和备案等问题，并在港珠澳大桥珠澳口岸率先实行旅检智能化监管，实现客车、货车“一站式”通关，与澳门卫生局实施“合作查验、一次放行”的粤澳卫生检疫合作查验新模式；签署《海关总署与香港海关、澳门海关开展港珠澳大桥口岸合作互助项目备忘录》，研究全面放开香港机动车经港珠澳大桥珠海口岸入出内地海关政策，向广东省省政府提交专题报告。目前，广深港高铁西九龙站海关正式开关，“一地两检”通关模式运作顺利，口岸通关秩序良好。

【广东分署加强跨区域执法合作，加大保护海关知识产权的力度】 积极按照海关总署的要求，高度重视“两法衔接”工作，完善复议应诉工作机制，认真办理行政复议案件，协调指导广东省内海关行政应诉工作；完成修订了《海关法》3个专项课题研究，发挥公职律师等法律人才的作用，并对在查办进出口侵权违法行为过程中发现的涉嫌犯罪案件或者相关线索及时向公安机关进行通报或者移送案件或线索40起，组织开展“龙腾”和保护外商投资企业知识产权专项行动及粤港澳知识产权保护跨境联合执法行动，均取得积极成效。2018年5月、8月和10月开展粤港、粤澳海关保护知识产权联合执法行动，打击经广东部分重点口岸涉及中国香港、“一带一路”沿线国家和地区的重点侵权货物，并以快件、货运及海运渠道作为重点监控渠道，通过研判以往涉港侵权案件信息，明晰侵权风险点，提高风险布控的精度和准度，全面提高对存在侵权风险的输港货物的查验比例。行动中，联合执法行动共查扣侵权嫌疑货物160批次，涉及侵权嫌疑货物60万件，案值人民币超190万元。广东分署牵头广东省内海关开展与香港、澳门海关在知识产权保护方面紧密合作，通过开展定期会晤、建立重大案件即时通报、一般侵权案件月度通报的案件信息沟通机制、坚持开展集中打击重点区域、重点环节进出口侵权货物的专项联合执法行动等有力措施，重点针对通过海运、陆运、邮递快件渠道来往于粤港澳三地以及经港澳地区转口至俄罗斯、和涉及国际足联商标或足球赛赞助商商标有关的侵权货物采取措施。行动期间，参与行动海关共采取知识产权执法措施101次，查获涉嫌侵犯“FIFA”商标权和世界杯赞助商商标专用权货物35.4万件，案值约126.7万元，取得显著成效。据统计，2018年1月至12月，广东省内海关共采取知识产权执法措施3 699次，涉及侵权嫌疑货物3 326.5万件，货值4.6亿元人民币，阻止了侵权货物在中国与108个国家或地区之间流通，保护了660家（个）权利人的知识产权，有效遏制了进出口侵权违法活动。

【广东分署优化营商环境，提升通关便利化水平】 认真落实“年内整体通关时间再压缩三分之一”的工作目标。落实进口大宗资源性商品装运前检验制度及货物进出境“提前申报”，研究实施“先放后税”模式，积极推广关税保证保险试点。“两中心、三制度”等全国海关通关一体化改革在广东关区全面推开，“一次申报、分步处置”“企业自报、自缴税款”“属地纳税人管理”“创新担保、汇总征税”等各项改革措施正逐步释放红利。积极配合广东省口岸办推动国际贸易“单一窗口”标准版口岸和应用项目全覆盖，推进港口和通关作业全流程无纸化。深化“互联网+海关”改革，加速推动“线上”平台和“线下”窗口的升级融合，通关监管、行邮、跨境电商等领域已全面“上线”。全面实施“双随机、一公开”制度，实施精准监管，在确保监管到位前提下努力降低查验率。积极参与广东省“多证合一”改革，开展企业信用信息归集共享工作，截至2018年10月交换海关信用数据共26.37万条。

【广东分署加强统筹推进，大力支持广东自贸试验区建设】 根据党中央、国务院关于自贸试验区建设的部署要求，在海关总署的指导下，广东分署会同广州、深圳、拱北海关发挥好广东自贸试验区海关“1+3”协调机制作用，坚持制度创新、可复制推广、高水平对外开放等要求，全力支持广东自贸试验区深化改革开放和创新发展。2018年前10月，广东自贸试验区内海关累计注册企业11 666家，累计注册企业总数同比增长21.8%；广东自贸试验区注册企业外贸进出口值2 301.1亿元，同比增长25 %。围绕广东自贸试验区建设总体要求，广东分署发挥好广东自贸试验区海关牵头单位的职能作用。积极跟进广东自贸试验区改革创新诉求，坚持将顶层设计和基层探索相结合，进一步支持广东自贸试验区深化改革开放，配合广东省自贸办制定了《广东自贸试验区重点争取政策事项》（主要涉及横琴口岸通关查验机制创新、拓宽分线管理政策2项）、《广东自贸试验区制度创新重点事项》及有关专项方案（主要涉及进出口商品全球质量溯源体系、粤港澳自贸通、创新特殊区域管理3项）等，支持广东省研究确定“牵一发动全身”的自贸试验区重点改革事项。支持以南沙港为母港在全国建立33个无水港，形成辐射内陆腹地的物流体系，支持南沙国际航运枢纽建设、南沙邮轮母港建设，优化邮轮旅客通关模式，港澳地区邮轮母港通关旅客规模跃居全国第三。推进粤港跨境货栈项目，实现香港机场与南沙保税港区一站式“空陆联运”，物流时间压缩1/2以上。实施关区AEO2000计划，帮助南沙企业在AEO互认国家（地区）享受便利通关待遇。

【广东分署认真履行把关职能，切实维护国门安全】 强化“装运前检验”“到货法定检验检疫”“口岸监管查验”“后续稽查”“侦查办案”的全链条监管，构筑正面监管、后续监管、逆向监管等多条防线。一是优化整合海关查验作业流程，对进口固体废物实施“一次查验”，严格落实“3个100%”查验要求；二是发挥鉴别机构技术支撑作用，加强固体废物属性鉴别工作；三是对不符合环控标准的固体废物一律实施退运，2018年广东海关办理固体废物退运522票，主要来自日本、美国、英国等国家，合计59 721.6吨；四是开展风险分析，锁定“洋垃圾”走私风险重点，加大布控力度，提升布控指令精准性和有效性，全年广东省内各关共对33家固体废物加工利用企业开展专项稽查，查发问题4起，涉及货值759.13万元；五是对违法进口固体废物的企业及时采取信用管理措施，及时将失信企业名单提供相关部门实施联合惩戒，开展重新认证或移交稽查、风控部门处理。为履行海关在维护政治安全、经济安全、社会安全、文化安全、生态安全等方面的职责，进一步提升口岸管控能力，广东分署牵头成立广东省省内海关应急防控协调领导小组，有效实施非洲猪瘟Ⅰ级响应措施，开展非洲猪瘟防控口岸应急演练，严格进境猪产品检疫监管，加强国际运输工具、国际邮件、跨境电商产品、出入境旅客携带物的查验和检疫力度，严防疫情传入传出。

【广东分署坚持守土有责、守土尽责，保持打私高压态势】 2018年，广东分署加强统筹协调，发挥缉私战区优势，完善指挥模式和联合作战方法，组织、协调各成员局开展联合行动。一是积极协助海关总署做好“国门利剑2018”打私专项行动部署落实工作。推进“国门利剑2018”联合专项行动深入开展，完善与海关监管、审单、风险、稽查、加贸等业务部门的联系配合机制，围绕打击重点开展联防联动、联查联控，充分发挥正面监管、后续监管和逆向监管的作用，实现海关打私效能最大化。针对涉税案件指标同比下降情况，开展了案件数据分析研判和督导工作；二是加强对刑事案件的协调跟进，为执法办案提供法制保障。认真落实海关总署挂牌督办案件通报机制，向广东省级检法机关通报挂牌督办案件共84宗。与广东省检察院、省高级法院就建立“侦查指定管辖的提前协商制度”形成了有效的工作机制。加强对执法疑难问题的收集与研究，2018年共计参与战区成员局28宗重点案件执法疑难问题的沟通协调；三是积极开展打击洋垃圾“蓝天2018”专项行动。广东分署与广东省打私办、广东省海警总队建立三部门打击“洋垃圾”合作机制，统筹协调战区各局开展五轮打击洋垃圾专项行动，2018年，在广东分署协调下，广东省内海关缉私部门在“蓝天2018”专项行动中共刑事立案613宗，其中破坏国内资源类185宗、破坏生态环境类210宗、破坏生态文明类218宗。查证走私进境固体废物约132.5万吨，查扣16.01万吨；查证涉案冻品6 428吨，其中来自疫区的冻品355.6吨，现场查扣冻品6 308吨；查证象牙、犀牛角、穿山甲鳞片、红珊瑚等珍贵动植物及其制品一批。2018年，广东省省内海关共立案走私犯罪嫌疑案件1 450起，案值231.48亿元，涉税33.65亿元；立案调查走私行为案件16 022起，案值11.23亿元，涉税1.85亿元；立案调查违规及其他违法案件36 612起，案值131.05亿元。

【广东分署加强综合治税，力促广东税收应收尽收】 坚决贯彻落实海关总署党委决策部署，加强税收征管工作协调指导，开展纳税人属地管理专项调研，认真指导广东省内各关开展税收工作。广东口岸2018年外贸进出口10.88万亿元，比去年同期（下同）增长7.3%。其中，广东口岸应税进口货值2.35万亿元，同比增长7.5%。广东口岸外贸进出口保持较大幅度的增长，特别是应税进口货值保持较大幅度的增长，为广东海关税收增长奠定坚实的基础。据统计，2018年，广东省内海关税收入库4 457.74亿元，同比增长8.01%，比去年同期增收了330.58亿元。税收前三位的深圳、黄埔、广州海关，税收入库分别为1 911.65亿元、1 398.29亿元和682.30亿元，同比分别增长12.30%、6.58%和3.40%。

【广东分署扎实推进大数据应用，创新职能发挥辅助决策作用】 不断拓展数据来源渠道，建成大数据实验室，搭建大数据应用支撑平台，通过信息交换和数据采购等渠道，不断充实广东分署“大数据池”。运用专业分析工具开展广东外贸质量监测、口岸状况评估、战区情报分析、内港数据对比、督审分析等5个领域的大数据应用，成效显著，初步实现“小而精、小而强、小而特”的预期目标。广东分署与广东省口岸办联手，引入地方口岸数据，加强口岸业务运行状况分析，定期通报全省21个地市压缩整体通关时间情况，协调各方力量，压紧压实地方政府责任，推动形成优化营商环境的合力。根据海关总署授权，广东分署与香港特别行政区政府统计处开展双边贸易统计数据交换，通过比对分析研究走私潜在风险，分析两地数据差异变动的基本趋势及原因，研判非正常贸易动态，如：套利贸易、虚假贸易等异常贸易行为，建立虚假贸易数据监测、预警分析机制，分析重点商品走私态势，为打击管控虚假贸易提供数据支持。利用大数据做好进出口危化品的监测预警工作，组织广东省内海关对广东省所有涉及危化品经营、仓储、运输的进出口企业和货物监管情况进行监测，为广东省内海关危化品的风险处置和决策分析提供了依据；并利用大数据分析开展自贸试验区（广东）贸易便利化指数评估，加强与港澳海关大数据合作，建立每月车牌数据交换机制并作比对分析；利用大数据加强对中美贸易摩擦研究分析，及时反映广东外贸的运行状况，向广东省委省政府提供100余批次数据服务，报送专题报告20余篇，为各级领导决策提供了重要的参考依据。

【深圳海关全力推进口岸建设】 2018年度深圳海关监管进出境旅客2.5亿人次（占全国38.7%），进出境运输工具1 479万辆（艘、节、架）次（占全国39.7%），进出口货运量8.5亿吨（占全国19.1%），处理违规案件20 237宗（占全国海关33.7%），罚没收入4.1亿元（占全国海关 13.5%），立案走私案件 11 421 宗（占全国海关 44.7%），案值 97.5 亿元（占全国海关 16.2%），立案涉罪案件 597 宗（占全国海关 16.6%），案值 93 亿元（占全国海关 16.1%）。关区进出口贸易值 4.9 万亿元（占全国 16.1%）、监管进出境快件超过 1 亿件（占全国 17.5%）、进出境邮递物品 1.23 亿件（占全国 14.6%）、进出口报关单 1 301.5 万票（占全国 16.2%），征收税款入库 1 911.7 亿元（占全国 9.7%）。西九龙站海关顺利开关，“一地两检”监管模式平稳落地，日均监管人员 5.2 万人次，达到设计量 65%。莲塘口岸“一站式”监管模式建设有序推进。为保障港珠澳大桥顺利开通，首创“深圳备案—大桥验放”车辆监管模式。老口岸改造稳步推进。皇岗、文锦渡、深圳湾等口岸场所改造工作有序推进。开展深圳口岸功能化分工研究，为提升口岸竞争力提供参考。

【深圳海关严厉打击“洋垃圾”走私】 开展“蓝天 2018”专项行动 5 轮集中打击，立案 27 宗，同比增长 1.45 倍，查证固体废物 10.11 万吨、废旧冷机 5 000 台，查获废物 661.41 吨。其中，查办“使命 2018－2”走私废物案。加强固体废物监管，取消 30 家进口废料贸易代理企业进口废料资质，完成蛇口和大铲湾港口废物原料查验场地达标整改。2018 年年内，共检验检疫进口废物原料 6 419 批、182.41 万吨，同比分别下降 53.98% 和 54.39%，检出检疫不合格 870 批、27.69 万吨。首次检出来自美国的环保不合格废纸 546.4 吨并作退运处理。实施固体废物属性鉴别 886 批，其中 449 批鉴定为固体废物。

【深圳海关推动口岸营商环境持续优化】 聚焦单证、时间、成本等要素，推出促进跨境贸易便利化 33 条措施、口岸提效降费 20 项举措。制定落实“放管服”改革 45 项重点工作，在通关、查验、稽查等作业环节全面实现“双随机、一公开”。积极推广国际贸易“单一窗口”，主要申报业务应用率均达 100%。大力推进减证便民，落实进出口环节需验核监管证件由 86 种缩减为 46 种，取消业务随附单证 153 种，随附单证精简率达 64%。持续压缩通关时间，2018 年 12 月深圳海关进出口整体通关时间分别压缩 47.2% 和 48.7%。

【深圳海关积极服务“一带一路”建设】 深化“一带一路”沿线国家贸易合作，推进 6 个项目 16 轮次原产地谈判。推动构建“4 小时国际航空交通圈”，支持深圳增开“一带一路”沿线国家客运航线 5 条、货运航线 3 条。助力深圳中东欧电商物流中心与展示馆开设。2018 年，深圳市对“一带一路”沿线国家进出口贸易值达 6 216.8 亿元，同比增长 9.9%。

【深圳海关大力支持自贸创新发展】 支持建设“国际海运中转分拨集拼中心”，每年可为企业节约 4 000 万美元运输成本。推动打造“离港空运服务中心”，实现航空货运一体化，为企业节省 30% 成本。助力深圳打造国际枢纽港，推出“同船运输”“整船换装”等改革举措，提高船舶运载量 20% 以上。2018 年，深圳港集装箱吞吐量排全国第三。探索“保税＋社区新零售”试点，推动消费体验和结构升级。跨境电商进出口实现大幅增长。创新“保税＋邮轮物料供应”，为企业节约近 30% 成本。试点粤港澳游艇自由行，成功实施“定点停靠，就近联检”管理模式。建立平行进口汽车“港口—保税港区”联网核放新模式，入区效率提高 50%。全国首创入境维修“1＋2＋3”检验监管新模式，推动深圳地区入境维修产业快速发展，2018 年入境料件货值突破 4 亿美元，实现三年翻两番的目标。

【深圳海关落实机构改革部署】 根据十三届全国人大一次会议审议通过的《国务院机构改革方案》，原出入境检验检疫管理职责和队伍划入海关总署。企业报关报检实现“一次注册”“一次申报”和现场业务“一口受理”，进出口收发货人注册登记作业时间由 8 天压缩到 1.5 天，全年共有近 1 万家企业同时取得报关报检资格。完成关检融合整合申报，申报项目由 229 个合并精简至 105 个，新系统申报覆盖率达 98.96%。风险防控在快件和跨境电商、客运车辆、海运空箱、供港蔬果等业务领域，率先实现初步融合。

货物监管在全国率先试点“查检合一”，实货监管由12个环节整合为7个环节，海运查验吊柜平均时间压缩30个小时。率先建成公路、水路关检场地（场所）整合优化“样板间”，建设全国首个全封闭冷链查验台。在全国率先推出进口涉危化学品资料预审制度，研发全国首个危化品查验机器人，提高通关效率。

【深圳海关安全准入防线进一步筑牢】 检疫发现传染病症状入出境旅客1.9万人次，检出确诊病例4 540多例。全球传染病疫情监测信息报送数和被采纳数，均居全国首位。首次在进口淡水小龙虾中检出白斑病。供港蔬菜连续23年未出现“毒菜”事件。全力防控非洲猪瘟疫情，保障进口冰鲜猪肉和供港活猪安全稳定供应。2018年4月~7月，共在9批苹果中检出有“苹果癌症”之称检疫性真菌“苹果牛眼果腐病菌”；在2批苹果中全国首次截获“新丛赤壳属真菌”，按照规定对11批220吨苹果进行退运处理。加强煤炭等资源性商品监管，严格实施检验，确保符合相关规定。保障进口食品安全，大宗敏感食品未发生系统性、区域性安全风险。检出入境放射性超标事件213起，均妥善处置。加大知识产权保护力度，对2 443万件涉嫌侵权货物采取保护措施，同比增长74%。

【深圳海关打击走私效能进一步提升】 2018年立案侦办走私犯罪案件599宗，案值93.05亿元、涉税15.44亿元，立案调查走私行为案件11 344宗，立案调查违规及其他违法案件20 152宗，均居全国第一。“智慧缉私”改革有力推进。试点集成建设情报、指挥、办案、案管“四个中心”，打造“智慧缉私”样板间。其中，情报作战子系统已整合数据300多亿条，查发关区走私罪案111宗，案值76.5亿元，涉税12.3亿元。“使命2018”系列行动战果丰硕。打掉3人以上走私团伙76个，案值66.9亿元，涉税11.48亿元。重点领域打私不断强化。严厉打击象牙等濒危物种及其制品走私，全年侦办象牙等濒危物种走私罪案42宗，同比增长82.6%。其中查获象牙制品107.02公斤。严厉打击枪支弹药、毒品等走私，查获枪支、仿真枪192支、毒品1 293.69千克。查堵非法政治性出版物13万余件，其中“问题地图”8.2万余件，守好意识形态“南大门”。

【黄埔海关全力推进关检业务深度融合】 贯彻落实党中央、国务院关于将国家质量监督检验检疫总局的出入境检验检疫管理职责和队伍划入海关总署的机构改革部署，设立业务执法、队伍建设、综合保障、监督检查4个工作组，跟进海关总署层面先后印发的177份文件，建立了30项任务分解台账，制定落实通关一体化关检业务全面融合框架方案中的6类17项实施意见。对关区所有隶属单位和监管作业场所对应的原出入境检验检疫部门进行全面梳理，明确通关、登临、旅检、邮件、快件、跨境电商、辐射探测、窗口等8大类业务的22项具体整合操作要求。全面推进监管场所、业务现场、风险防控、后续监管等业务流程的融合升级，全力推动海关和检验检疫业务的深度融合，实现关检业务现场职能优化和业务流程再造。制订工作方案，建立应急处置协调机制，研究制定机构合并过渡期监管通关业务制度体系，确保了2018年4月20日统一海关标识、统一业务流程、统一以海关名义对外开展工作。提升“单一窗口”覆盖率，实现企业的“一次申报”。整合6大类33项现场综合业务，实现“一个窗口”全面受理。推进关检融合整合申报项目，实现报关报检一次申报、一号到底、一单到底。通过优化完善系统、政策解读宣传、现场业务咨询等方式，引导企业使用“单一窗口”申报，实现了每日货物申报模块覆盖率均超过99.5%。推进查检合一，整合优化监管资源，统筹完成岗位人员编组。以现有隶属海关及监管作业场所为基础，划分查验片区，根据查验片区成立查验协调组，实行双组长制。改革监管业务流程，实现“查检合一”联合作业。进一步优化查验货物调拨和查验作业流程确保严格执行一次查验。按照海关总署统一部署在黄埔关区全部海运现场有序推进进出境运输工具查检合一，整体通关效率大幅提高。开展运输工具一次登临检查，减少登临检查时间。成立“船管中心”，整合船舶卫生检疫、船舶水尺鉴定等业务，对进出境船舶统一监管，一次登临检查。2018年6月1日起全面取消纸质通关单，监管作业场所经营单位统一凭海关放行办理企业货物提离手续。推动实现关检业务流程再造，制定关检业务流程再造实施方案，通过将检验检疫现场作业融入全国通关一体化“一次申报、分步处置”现场作业流程中，从监管作业场所管理、运输工具监管、货物检查检疫检验等3个方面推进关检业务全面融合。

【黄埔海关深化改革提升监管水平】 全面落实“两中心三制度”等全国通关一体化改革部署，在安全准入风险防控和税收征管机制改革的基础上，将检验检疫作业融入全国通关一体化“一次申报、分步处置”基本框架和流程中，推动关检业务在风险防控、查验检验、企业资质、后续稽查、现场综合等领域的深度融合。探索属地纳税人管理，已为关区116户重点税源企业建立税收档案，税收风险画像涵盖6个维度72项指标。推进“自报自缴”改革和税收担保模式创新取得重要进展。探索开展黄埔区海运口岸24小时通关模式，应用提前申报、货到分流通关模式，创新“厂港联动”和“场港一体”两种出口流程，完善关港信息交互平台，以“智慧监管”系统为基础，改造5个试点码头和1个试点车检场的设备和系统，升级推出“粤港澳大湾区水上货运巴士”，优化通关作业流程，实现企业24小时报关、口岸24小时通关和船舶24小时通航。选取43户生产型企业作业首批试点，并逐步向全关复制推广。推进“互联网+海关”建设，统一对外服务信息系统入口，升级叠加功能应用，完善网上办理和全程公开。“互联网+海关”在线进出口货物报关单达99.5%，在线快件和跨境电商报关单达100%，在线磋商报关单占全部磋商报关单总数的85%以上。“互联网+稽查”引入电子签章系统，实现稽核查作业资料补充和企业主动披露的在线办理，法律文书的在线制发、在线发送和在线签收。“互联网+缉私”在全国首推行政、刑事在线查询。“互联网+查验”及时在网上发布查验作业信息，实现企业在互联网上办理查验业务，掌握查验实时动态，减少现场办理环节，构建贯穿查验通知、查验预约、查验实施、查验结果处置的查验管理新模式。推进“智慧监管”，成功开发建设关港信息交互平台、智能地磅、智能卡口、智能装卸、视频监控设备集中管理系统，推动完善新沙汽车智能监管系统、准装准卸无纸化功能，推广湾区同船货运巴士，打造出黄埔仓码头和集司码头两个示范点，初步形成卡口、地磅、泊位、查验场联动的智慧监管体系。

【黄埔海关落实推进口岸提效降费】 加快推进口岸通关环节提效降费，助力跨境贸易便利化水平加快提升，持续改善进出口营商环境。落实国务院提出的整体通关时间再压缩三分之一的要求，大力压缩整体通关时间，推行“提前申报、抵港放行”通关模式，通过海关作业前置，大幅缩短整体通关时间。整合准装准卸环节、取消进出口“准卸/装通知书”。探索“假定合格、问题追溯”检验方式、提升预裁定和案件处置效率、完善通关时效监控通报机制等系列举措，持续压缩整体通关时间。主动加强与地方政府、口岸联检单位沟通，积极开展落实跨部门一次性联合登临检查。规划小船临时停泊水域、优化管理小船抵港时间。在关区海运现场全面推广口岸通关时效评估系统，建立报关单时效监控管理机制，定期集中清理超长时间报关单。运用技术手段增加对整体通关时效的监控。2018年12月，黄埔关区进出口整体通关均达到海关总署压缩整体通关时间三分之一的工作目标。加强与兄弟海关、交通、港口企业和船运公司等单位的联系配合，制定措施指引关区内同船运输业务健康有序开展。开通内外贸、进出口双向同船运输业务，促进驳船运输降本提速增效。2018年内外贸同船运输业务量占广东省内海关该项业务量的九成以上。扩大关税保证保险改革试点范围至一般信用及以上企业。配合做好口岸降费工作，主动加强与地方政府、口岸联检单位的沟通，配合地方口岸推进降低进出口环节合规成本的举措，加快推进口岸通关环节提效降费，持续改善进出口营商环境。主动联系督促关区内黄埔港和东莞港主要码头运营企业公示港口收费项目，落实港区“一站式收费阳光清单”。严格按照有关文件要求对我关事业单位及经济实体的经营服务性收费进行全面梳理。2018年10月31日前已在门户网站和申报大厅等显著位置公示海关行政事业性收费政策和文件，在所属企事业单位经营场所公示经营服务性收费项目、标准、依据，做到门户网站和业务现场“双公示”，并建立投诉举报和监督检查机制，公开“12360海关热线”投诉举报电话。截至2018年10月底，黄埔海关辖区内的所有口岸收费均已明码标价和对外公示。

【黄埔海关支持全面开放新格局构建】 积极融入全面开放新格局建设，参与配合做好广东省及广州市、东莞市政府贯彻落实《粤港澳大湾区发展规划纲要》实施意见、行动计划、专项规划、重大事项的研究制定工作。立足辖区制造产业基础和港口资源优势，推出“厂港联动”、“场港一体”、口岸智慧监管、湾区货运“水上巴士”、海运口岸24小时通关等5项支持粤港澳大湾区建设项目。立足关区在粤港澳大湾区中的区位特点，坚持政策体制不变、着眼流程操作优化，“模拟自贸试验区、比照自贸港”，以企业、场所、区域、港口“四位一体”联动为核心，以智能卡口、智能地磅、智能审像、智能装卸为支撑，叠加内外贸同船、进出口同船、驳船水运中转、国货跨境运输监管模式，实现“厂（场）港联动”、海运口岸进出口24小时“通报通受、通关通航”，助力辖区融入粤港澳大湾区物流一体化格局。加大推广同船运输业务力度，创新湾区水上货运巴士监管模式。支持“一带一路”建设，制定落实推进“一带一路”建设3年规划，从贸易便利、风险防控、能力建设等方面全方位深化与“一带一路”沿线国家（地区）的合作。对内坚持极点辐射带动，把广东（石龙）铁路国际物流基地作为重要极点，依托“东盟－广东－欧洲”公铁海河多式联运示范工程，促进区域物流一体化。结合粤港澳大湾区建设规划，推广应用国际贸易“单一窗口”。建立业务量每日发布通报机制，强化实时监测，鼓励引导企业使用批量导入提高报关使用率。2018年8月1日起正式切换运行国际贸易“单一窗口”标准版整合申报模块，自2018年8月起“单一窗口”货物申报模块覆盖率超过99.5%，顺利完成海关总署要求的年底前主要申报业务覆盖率超80%的目标。指导企业通过“单一窗口”应用办理海关企业注册备案、变更、注销及资质补录等注册备案业务，进一步优化企业注册备案流程。推进精简单证与全程网上办理，实现5种单证材料的联网核查。

【黄埔海关推动保税监管改革】 结合关区保税业务量大的特点，大力推动保税监管改革创新。2018年7月正式启动加工贸易及保税监管改革，提出29项具体改革任务，推动企业进出数据自报、内销税款自缴、成品耗料自核、经营问题自查、简单违规自纠等改革举措落地。逐步消除传统监管模式手续繁、环节多、要求高等隐性门槛，进一步为加工贸易企业松绑减负，助力加工贸易转型升级、创新发展。推进“以企业为单元”加工贸易监管改革，开展扩大“以企业为单元”加工贸易监管改革试点工作，618户企业取得改革试点资格，试点企业加工贸易进出口总值约954亿美元，占黄埔关区加工贸易企业进出口总值70.4%。支持规范跨境电商新业态发展，为京东及其配套的物流报关企业“量身定制”通关服务，协调监管中心和特殊监管区域出区卡口优化出区路线，确保放行货物“7×24”小时出区，支持京东“211”货物送达物流时效需求。制定电商峰值业务期间海关监管系统运维和处置预案，保障特殊监管区域内电商企业大促活动顺利完成。主动对接苏宁国际、威时沛运等企业，配合开展“网购保税＋实体新零售”业务可行性研究。尊重企业的自主选择权，为跨境电商企业提供三种系统联网对接方式。2018年，黄埔关区跨境电商网购保税业务出区进口清单533.67万份，出区进口零售商品总值10.19亿元，同比分别增长656%和64%。推进特殊监管区域整合，优化保税物流监管格局。立足广州保税区发展的实际问题，坚持问题导向和目标导向相统一，促进广州保税区发展。配合地方政府开展广州出口加工区整体退出工作，提供政策指引，跟进地方各级政府批复意见，督促出口加工区按规定程序办理相关手续。推动东莞虎门港综合保税区筹备建设及封关运作，指导推动虎门港综保区建设。制定入区项目指引，细化验收标准，制定基础和监管设施、信息网络、电子卡口验收标准。优化和完善特殊监管区域准入退出机制，支持广州市黄埔区融入广州自由贸易港申报，推动东莞虎门综合保税区的申报工作，打造改革开放新高地。建立海关特殊监管区域、保税监管场所设立审批指标体系和发展绩效评估制度，配合地方政府开展广州出口加工区整体退出工作，推动符合条件的海关特殊监管区域整合为综合保税区。

【黄埔海关严密防控非洲猪瘟】 做好辖区进出境非洲猪瘟防控工作，防止非洲猪瘟疫情通过辖区口岸传出、传入。持续跟踪非洲猪瘟疫情发展态势，及时组织风险研判，根据海关总署有关风险警示，科学设定风险控制规则。密切关注境内非洲猪瘟疫情发展动态，注意收集农业农村部发布的疫情信息，特别关注辖区疫情动态。制定防控工作手册和疫情应急预案。设立 8 个专业工作组，负责指导、应对和处置关区非洲猪瘟防控工作。8 个专业工作组逐一对各个工作环节进行了风险梳理排查，全面加强对来自非洲猪瘟疫区的货物、交通运输工具、行李物品的查验力度。严厉打击了走私冻肉活动。自 2018 年 8 月 3 日疫情暴发后，共排查进口肉类指定冷库 3 家，进口水产品备案冷库 3 家，进出口含猪肉制品企业原料冷库 9 家；旅检口岸截获猪肉制品 157 批，约 201.79 千克，疫区猪肉产品 3 批，跨境电商渠道截获猪肉制品 1 批，约 0.77 千克。保障供港猪肉制品 345 批，共 2 391.74 吨。消毒处理疫区船舶 12 艘，封存疫区的冻肉产品 5 批，共 232.1 千克。黄埔海关缉私部门查获走私冻肉 3 155 吨，其中大部分是疫区产品。根据广东省电视电话会议要求，启动Ⅰ级响应，在进口方面按要求提高进口猪肉、猪肠衣产品及相关饲料现场查验比例、开展截获疫区猪肉产品的非洲猪瘟检测。组织开展进口肉类指定冷库风险排查，发放《防疫安全告知书》。加大对旅客行李及快件、邮件、跨境电商的检查，对来自疫区的物品实施 100% 布控，对疑似猪肉及猪肉产品的 100% 的查验。对于截获的疫区产品，按要求进行抽样送检。加大进境运输工作登临检查力度，对来自疫区的船舶 100% 登临检查，100% 进行防疫消毒处理，并严厉打击疫区活猪及其产品走私违法活动，保持打击疫区走私冻肉高压态势。在出口方面加强对供港猪肉制品食品企业的风险排查，发放《防疫安全告知书》，签署《防疫安全承诺书》。加强与地方政府的联系，建立通畅的疫情讯息互通机制，加强与农业、林业、边防、市场监管局等部门的合作，及时沟通信息，做好联防联控。派员参加地方联防联控会议 16 次，参与地方联合打私 2 次，完成 6 次非洲猪瘟应急演练，派出专家参加国家组织的非洲猪瘟联合溯源调查工作。

【汕头海关全面深化改革蹄疾步稳】 一是机构改革有序推进。以强烈的政治责任感和历史使命感推进机构改革，整个机构改革在海关总署规定时间内完成。关检业务融合后，进口货物提离时间缩短超 50%，进出境旅客通关时间缩短近 30%，报关报检资质申办周期由 3～4 天缩短到半天。二是业务改革持续深化。2018 年 8 月份起，报关单 100% 通过国际贸易“单一窗口”申报；“一次性联合检查”实现关区口岸全覆盖；通关无纸化率达 99.9%。汕头保税物流中心（B 型）封关运作，“保税区＋保税物流中心”政策叠加效应和“入区退税”功能得以发挥。积极推动以企业为单元的加工贸易监管模式改革，促进企业转型升级。三是深入拓展科技应用。综合运用远程监控、GPS、电子标签等物联网技术，建立“现场—隶属—职能”三级可视化、远程监督体系；推行关企交流、政策法规宣传、政务公开“二维码化”。纺织品、食品、玩具检测等 7 个国家重点及区域性中心实验室 2018 年受理完成项目 461 939 个，新扩项目 91 个，服务范围辐射粤东粤北及闽南、赣南地区；检验进口煤炭 2 001.5

万吨。

【汕头海关维护国门安全有力有效】 一是“国门利剑2018”联合专项行动打出声势。坚决贯彻落实习近平生态文明思想，查获全国最大一宗固体废物走私案，查证涉及固体废物约40万吨，案值约43亿元；汕头贵屿镇实施“禁废令”取得的成效，得到联合国副秘书长埃里克·索尔海姆的高度赞誉；破获“307”走私鹦鹉等珍稀鸟类动物入境案，查扣珍稀鹦鹉蛋383颗、各类珍稀鸟类动物513只；采用无害化焚烧方式，销毁处理涉案冻品238吨。2018年查获案件466宗、案值48.68亿元、涉税额1.07亿元，刑事立案85宗，创历年新高。其中，总署一级挂牌督办案件3宗，查获成品油案件125宗，缴获成品油2 100吨，查获涉嫌走私枪支案4宗，缴获疑似枪支12支；二是口岸检验检疫防线有效筑牢。以最严格举措加强非洲猪瘟口岸防控，严格供港澳活猪及其产品检疫。推进口岸核心能力建设，开展全球传染病疫情信息监测和预警，强化国际旅行卫生保健中心的技术支撑，维护口岸公共卫生安全；2018年检疫出入境人员71.3万人次，检出传染病119例。强化动植物及其产品进境前、中、后的检疫管理措施，2018年共检验检疫出入境货物5.9万批。加强国门生物安全防控，在口岸截获全国首例刺缘玛蠊，以及广东首例绯胫纹蝇和双色妙蝇；2018年截获有害生物432种次，其中检疫性有害生物70种次。落实“四个最严”要求，制订加强进出口食品安全监管22项措施，保障供港澳食品安全零事故。2018年检出不合格进口食品化妆品298批次、不合格进出口危险化学品37批次；三是反走私综合治理深入推进。建立“智慧缉私”大数据支撑体系，形成“以数挖线、以人找案、以案扩案”智慧新战法，连续两年查获全国海关最大宗固体废物走私案件，多项应用成果得到海关总署领导充分肯定，并在全国缉私警察成立20周年荣誉仪式上介绍汕头海关智慧缉私经验。多元共治继续完善。以“六个一”工程（依托一部条例、制定一个方案、抓好一个示范点、签订一部备忘录、组建一支多方参与的巡查队、成立一支整体联动的宣传队）为抓手，粤东反走私齐抓共管的良性格局逐步形成；承办内地与香港、澳门海关情报交流研讨会并高效完成工作任务。

【汕头海关强监管优服务同步推进】 一是整体通关时间持续压缩。深化“放管服”、行政审批制度改革，着力压缩内部核批层级和时限，精简业务单证42项；试点开展行政处罚简易程序案件、简单案件移动扫码支付罚款等；落实报关单“日清工作制”，取得良好效果。2018年12月进口整体通关时间4.89小时，出口整体通关时间0.93小时，分列全国海关第1位和第6位。按规定为查验正常的企业免除吊装、移位、仓储等费用95.97万元，涉及8 094个标箱，惠及企业755家。推行“提前申报”模式，节约企业成本；优化进口矿产品等大宗资源性商品检验流程，进口煤炭整体通关时间从300小时压缩到50小时以内；设立液化天然气、鲜活农产品等进出口货物的快速通关“绿色通道”，实现最快速度提离；二是监管能力全面提升。提升正面监管效能。2018年审结报关单24.8万份、货运量约2 587.5万吨；加大港口空箱体查验力度，注销9个不符合设置规范的监管作业场所，对危化品监管场所开展整改规范和量化管理；非侵入式查验优势大幅提升，关区口岸安全准入查获率4.54%，同比提高29.0%，实现“双随机、一公开”在常规稽查、保税监管等全领域、全过程覆盖应用；推广“主动披露”，构建关企良性互动合作，对63家违法失信企业采取惩戒措施；三是综合治税深入推进。2018年征收税款46.19亿元；税款入库平均时间为1.7天，优于全国海关平均水平，继续保持零欠税。启动“关税保证保险”改革试点，全面推广电子支付、自报自缴、汇总征税业务，税收征管便利化水平逐步提升。制订技术中心属地化验工作流程，关区实验室在纺织、煤炭等化验归类领域基本实现自主检测。《海关专用缴款书》企业自行打印、减免税、担保作业无纸化操作等改革精准落地，全国财关库银横向联网系统全面推广；四是法治建设质效提升。全面梳理规范性文件，对外发布权责清单和业务流程图，实现全关所有科室工作职责、工作流程上墙。注重执法能力素质培养，组织全关1 728人完成执法能力学习考试；公职律师人数在广东省内海关名列前茅；加大知识产权保护力度，关区15家企业入选海关总署“龙腾”行动（2018年）重点企业目录。

【汕头海关构建全面开放新格局有力有效】 一是全力服务“一带一路”建设。汕头—明斯克国际货运班列开通运行，开辟粤东国际物流新通道。扩大AEO互认合作覆盖面，关区一般认证以上企业占比达5.1%。牵头制定1项检验检疫行业标准，为纺织品服装企业开拓“一带一路”市场提供专业技术指引。推动关区特色产品畅销“一带一路”沿线国家和地区，2018年经汕头关区与“一带一路”沿线国家进出口449.5亿元，其中进口171.6亿元，同比增长10.5%；二是全力优化营商环境。深入学习贯彻落实习近平总书记视察广东重要讲话精神，对接粤港澳大湾区建设，主动参与打造现代化沿海经济带重要发展极。成功复制推广自贸试验区海关监管创新经验77项。积极推动华侨经济文化合作试验区建设，推动广澳码头通过进境集装箱粮食指定口岸考核，助推汕头海通货柜码头正式对外开放验收，支持汕尾港口岸、梅县机场扩大开放。推出关区进一步改善营商环境、促进跨境贸易发展20条举措，推进通关提效降费的举措，被汕头市政府推介为“第二届中国营商环境研究与实践高峰论坛”的“最佳实践案例”。推动深汕特别合作区项目落地，主动服务潮州饶平发展对俄贸易、揭阳大南海石化园区等项目建设。精准扶持汕头跨境电商监管中心业务提质增量，推进梅州、揭阳普宁加快建设跨境电商监管场所。推动玩具税号由12个简化为7个并于2018年1月1日起施行，惠及全国玩具出口产业。2018年签发各类原产地证书174 804份，为企业减免关税14.5亿元；为粤东地区企业减税6 226.1万元，为出入境人员和食品从业人员减免体检费用约101.7万元；三是全力强化贸易摩擦监测预警。提出的“印度玩具新政”议题被国家采用并提交世贸组织例会，为我国玩具外贸出口打开新通道。对国外技术性贸易措施通报提出评议意见72项，多次被海关总署采用；主持参与俄罗斯、哈萨克斯坦、玻利维亚、哥伦比亚等国家的口蹄疫疫区解禁评估工作；加强宏观经济研究和外贸监测预警，2018年相关分析报告获海关总署采用44篇次。

【江门海关贯彻落实机构改革部署】 2018年，江门海关贯彻落实党中央对机构改革的决策部署，严格按照海关总署规定的时间节点完成了旅检监管、通关作业申报查验放行“三个一”，邮件监管、快件监管等监管业务领域优化整合，关检融合整合申报，货运监管业务现场关检联合作业，统一风险布控等工作，2018年4月20日，江门海关辖区原出入境检验检疫系统统一以海关名义对外开展工作，关区口岸一线旅检、查验和窗口岗位实现了统一上岗、统一着海关制服、统一佩戴关衔。8月1日，江门海关关检融合整合申报项目正式切换，关检融合新报关单正式启用。机构改革后，江门海关共有各类正处级机构27个，其中内设机构15个、其他工作机构3个、隶属海关单位9个。

（2018年4月20日，原出入境检验检疫系统统一以海关名义对外开展工作首日，江门海关各业务现场运行顺畅）

【江门海关推进通关一体化改革】 2018年，江门海关继续推进国际贸易“单一窗口”建设，关区报关单自2018年8月起全部转用“单一窗口”标准版申报。11月已实现报关覆盖率、舱单覆盖率100%，完成国务院要求2018年年底应用率达到80%的目标。扎实推进隶属海关功能化建设，江门关区各项业务集中审核改革稳步推进：快件集审改革成效凸显，审核快件、跨境电商报关单510.1万份；集中审像系统建设稳步推进，实现H986设备全覆盖，涉及11 512个标箱；保税监管业务集审效能提升，手册结案及时率100%。

【江门海关力促口岸提效降费】 制定落实“全国口岸提效降费工作部署会”工作要求任务分解表，细化了7个方面19项工作事项。与地方政府建立健全紧密联络协调管理工作机制，积极配合推进提效降费工作。研究制定压缩整体通关时间工作方案，建立关区整体通关时间“紧盯机制”，完成整体通关时间压缩三分之一的任务。2018年，江门关区9月到12月连续4个月单月进口、出口整体通关时间压缩比超过三分之一。12月份，该关区进口整体通关时间为15.46小时，与2017年全年79.19小时相比压缩80.48%；出口整体通关时间为2.3小时，与2017年全年5.15小时相比压缩55.4%。积极推广“先放行、后改单”通关模式、“进出口货物检验检疫时长优化模式”，优化作业流程；精简进出口环节监管证件至46种；降低进出口环节合规成本，坚决执行检疫处理降费政策，完成口岸收费目录清单的对外公示，建立常态化的收费公示机制。

【江门海关推动关区外贸高质量发展】 2018年，完成江门首个保税物流中心（B型）设立申请初审并上报海关总署审批，积极参与地方推进高新区公共码头建设，有效推动优化口岸营商环境。大力服务“一带一路”建设，成立领导小组，制定落实2018年服务“一带一路”建设的工作要点，关区企业对“一带一路”沿线国家进出口351.2亿元，增长5.6%。坚持“促管结合、规范发展”，支持促进关区跨境电商的健康发展，监管直购进口跨境电商商品174.2万票。支持地方商务部门推进与广州花都皮革市场的市场采购贸易试点对接工作，推动实现了江门市市场采购贸易零的突破，关区19家企业在广州海关以申报市场采购贸易方式出口报关单7 707票，货值2.87亿美元。

【江门海关监管通关管理严密规范】 以“明目录、防‘影子’、严查验”强化固体废物正面监管，将打击“洋垃圾”走私作为“一号工程”，查获禁止、限制类固体废物案件20宗，数量5 815吨，其中“809”案查证走私进口废塑料共4 830吨，中央广播电视总台《新闻联播》等多个栏目予以报道。研究制定了通关监管现场反恐怖工作细则，每月分析反恐怖工作形势，持续强化通关监管环节反恐防范能力建设。做好重大监管设备安装工作，高新区码头、鹤山港H986项目顺利通过海关总署验收组验收。组建关区临时二级业务监控指挥中心，累计监控1 500多个小时，启动5个专项监控。推广“先期机检”至所有可适用货物，对12 884个标箱实施“先期机检”，机检率达到海关总署不低于50%的目标要求。推进设备智能审图工作，关区H986应用比例提高至75%。2018年关区监管进出口货运量1 680.7万吨，监管进出口货值1 362.8亿元，增长1.3%。年内共出口活鳗2 182批、4 934吨、16 096万美元，增长33%、31.4%、87.6%。强化口岸核心能力建设，关区3个口岸高分通过海关总署口岸核心能力复核督查组复核。监管进出口食品7万批次、76.9亿元，完成1 520批样品共6 538项次的抽样检验和风险检测。对197家出口食品备案企业进行监督检查或核查335次，开具不符合项808个并跟踪整改合格。关区出口食品备案企业接受美国FDA检查4次，港澳官方检查2次，均顺利通过。监测体检检出传染病72例，其中检出HIV感染6例，保持艾滋病检出高水平。加强口岸核生化监测，在入境寄递物中检出生物有害因子（肉毒素针剂）1批次共2瓶100单位，其他特殊物品4批次。截获进境生物疫情共108种、1 581次，其中该关区首次截获7种有害生物。检验进出口工业品1.7万批次、16.1亿美元，完成进出口商品风险监测121批，不合格率28.09%。推行进口铁矿“先放后检”，压缩通关时长85.3%。

【湛江海关保障口岸通关畅顺严密筑牢安全藩篱】 2018年，湛江海关监管进出口货物

（2018 年 7 月 6 日，江门海关隶属阳江海关助力“一带一路”建设，提供优质服务快速验放出口货物）

9 097.9万吨，检验检疫出入境货物 4.11 万批；税收入库 230.75 亿元，增长 13.59%；缉私立案 192 宗，减少 7.69%，案值 12.48 亿元，增长 1.44 倍。一是严格把控卫生检疫和食品安全。抓好口岸公共卫生安全能力建设，湛江港口岸以 96.19 高分通过口岸核心能力建设复核；保障供港供澳食品安全稳定，未发生任何质量安全事故；加强国境卫生检疫把关，开展口岸伊蚊专项监控测查，登革热等重点传染疫病得到有效防控；健全国门生物安全查验机制，湛江口岸截获进境植物检疫性有害生物 32 种、451 批次，茂名口岸检疫性有害生物 10 种次、一般有害生物 49 种次；二是提升风险防控水平。建成关区二级风控中心数据库，全年布控有效率 14.51%，提升 5.1 个百分点；严格把控非贸渠道安全准入风险，在快件和跨境电商渠道查获涉枪爆、反宣品等安全准入情事 75 起，在快件渠道查获全国首例进口子弹模具案。

【湛江海关规范强化实际监管】 一是推动“智慧监管”建设。推进关企、关港联网项目，创建关检业务视频联合监控模式，实现对进出境物流关键环节的信息化可视化监控；推进 CT 智能审图，实现对毒品、爆炸物等违禁品及重点监管物品的自动识别。首次在旅检渠道查获氯胺酮 2.92 千克；二是加强监管场所管理。做好危化品监管场所整改，完善关区监管场所卡口建设，推进视频监控网格管理精细化建设，完成关区监管场所视频的全面清理；三是提升监管专业化水平。加强 H986、辐射探测等查验装备的配备使用，强化外勤监管作业监控，全面开展查验录证工作；推动技术中心顺利通过国家检验检测机构资质认定（CMA）、中国合格评定国家认可委员会（CNAS）复评审考核，可开展检验检测项目达 1 421 项，增长 64%，基本实现关区重点商品检测项目的全覆盖；四是加强后续监管。抓好企业统一注册备案管理，扎实开展 AEO 企业认证工作，完成企业认证及重新认证 29 家，调整企业信用等级 19 家；落实常规稽查“双随机”要求，稽查补税入库 165 万元，稽查作业有效率达 50.7%；五是发挥外贸统计监测预警作用。湛江海关统计分析文章被总署采用 32 篇，被中办、国办采用 9 篇，其中党中央和国务院领导批示 3 篇；六是强化虚假贸易管控。联合开展虚假贸易高风险企业核查，上报总署 28 家虚假贸易高风险企业，32 家注册信息不实企业。

【湛江海关效提升征管水平】 坚持依法征管，税收入库实现连续 3 年正增长，圆满完成年度税收预算目标。强化与税管中心联系配合，加强归类数据逻辑比对提升归类纠错处置效率，归类补税同比大幅增长 1.4 倍。重点做好牛皮、铁矿砂等专项商品的低价治理工作，进出口商品审价补税 3.11 亿元，同比增长 39.65%。扎实推动征管改革，新一代税费电子支付系统和旅检现场进境物品进口税移动支付顺利推广使用，电子支付税单比例达到 82.5%，比去年提升 20.1 个百分点，自报自缴应用比例达到 68.4%，成功办理全国首票海油无纸化减免税业务。

【湛江海关保持打私高压态势】 一是开展“国门利剑 2018”专项行动。紧盯走私重点领域开展针对性打击，打团伙破大案成效明显，多次得到倪岳峰署长等署领导批示肯定。其中，“801”走私濒危动物制品系列案查获涉案鹦鹉螺壳、豹皮等 14 万余件、总重 725 吨、案值约 6 亿元；“404”走私濒危动物制品案现场查扣涉嫌走私的穿山甲鳞片等濒危动物制品近 70 吨，案值 1.4 亿元，涉税 3 000 余万元；侦办 3 年来第一宗毒品走私案，查获氯胺酮（“K 粉”）1.97 千克；二是稳步推进智慧缉私“四个中心”建设。完成国家级打击烟草走私情报中心立项申报工作，顺利上线运行案管系统；三是不断深化反走私综合治理。主动加强与海警、边防等部门的执法联动，全年共接受地方执法部门移交案件88宗，案值2 359万元；联合湛江市烟草专卖局集中销毁走私卷烟近80万条。

【湛江海关优化口岸营商环境】 一是落实“减单证”。进出口环节验核监管证件从86种减至46种，除保密以外的全部实现联网核查；二是做好“优流程”。对进口铁矿、出口水产品等商品实施“先验放后检测”检验监管方式，运用该模式进口铁矿石1 673万吨，每批平均放行时间缩短160小时；推动实现在线打印税单，打通了通关全程无纸化和全流程在线办理的“最后一公里”；扩大汇总征税、多元化担保等征管便利政策措施覆盖面，为企业提供“先放行后缴税”便利，开立全国石化行业首票企业集团财务公司关税保函；三是全力“提时效”。2018年12月关区进口、出口整体通关时间比2017年平均水平分别压缩71.89%和67.87%，超额完成压缩三分之一的目标。“单一窗口”建设成效明显，项目应用覆盖率达到100%要求；四是切实“降成本”。主动向社会公示收费目录清单，认真落实免除查验没有问题集装箱费用工作，免除450家企业相关费用约76万元；积极推广税收优惠政策，全年审核确认减免税款2.61亿元；引导企业用好优惠贸易协定，全年享惠进口79.5亿元，税款减让4.37亿元，关区优惠贸易协定项下进口货物申报无纸化比例达到100%。

【湛江海关服务现代物流发展】 一是支持港口建设发展。支持中科炼化专用码头、大唐国际雷州电厂码头等港区加快建设开放，优化完善粤西口岸布局；二是促进口岸物流发展。支持湛江港打造原油期货集散地和华南铁矿石分销中心，推动全国首批原油期货保税交割，拓展保税监管场所简单加工业务，铁矿石简单加工规模达到438万吨，同比增加2.7倍，新增铜矿石简单加工业务；三是服务空港经济建设。跟进机场迁址扩建工程，支持湛江机场开展海鲜直航进口业务，谋划建设现代化空港枢纽。

【湛江海关支持大项目建设和特色产业发展】 一是支持发展现代临港产业。服务以钢铁、炼化、造纸等为龙头的现代产业集群发展，积极对接巴斯夫项目，全方位研究所涉及的海关业务类别，及时掌握项目整体规划、推进进度；支持宝钢利用富余产能开展全国钢铁行业首例球团加工贸易；二是支持发展海洋经济产业。支持加快推进水海产品加工、海洋装备制造等产业发展，成功助力粤西水产企业重获对俄出口“绿卡”。提高对虾产品出口退税率的税政调研建议被国务院税则委员会采纳，预计每年可为粤西对虾加工企业增收5 300余万元、减轻资金压力约2 650万元；三是扶持特色优势农业发展。引导和帮扶本地特色农产品申请国家生态原产地产品保护，帮助茂名柑橘果园取得出境水果果园注册登记资格，首次成功出口国外市场；四是支持外贸新业态发展。吴川粤西跨境电商国际快件监管中心和茂名市外星人跨境电商清关中心顺利通过验收，全年关区跨境电商进口清单41.15万份，同比增长374倍，货值1.77亿元，同比增长311倍；推动市场采购贸易方式试点成功落地湛江，全年出口货值21亿元，成为拉动外贸出口增长的又一重要引擎。

开放口岸

【广州空运口岸（广州白云国际机场）】 广州白云国际机场位于广州市白云区人和镇以北、花都区新华镇以东交界处，距市中心海珠广场30.7千米，是我国首个按中枢理念规划建设的航空港，大型国际航空枢纽，国内三大枢纽机场之一，华南地区最大的空运口岸，是中国南方连接国内各省市及世界各地，特别是中国至东南亚各国的航空交通枢纽。2004年8月5日正式投入使用，现有3 800米×60米跑道两条、3 600米×45米跑道一条。是国内第三个拥有3条跑道运营的机场，飞行等级为4F，可满足A380飞机在内的各类大型飞机全载起降。机场将采用两楼运作模式，一号航站楼已具备口岸功能，建筑面积50

万平方米；二号航站楼 2018 年 4 月正式投入使用。商务航空服务基地于 2017 年 12 月建成启用，国际旅客设计容量为每年 2.5 万人次。按设计要求，一号航站楼、二号航站楼和商务航空服务基地具备口岸功能，可以满足约 50 万架次、8 000 万旅客量和 250 万吨货邮量的运营需求。

广州白云机场综合保税区于 2010 年 7 月 3 日获国务院批准设立，批复面积 7.385 平方千米（包括中区、北区、南区三个区块），一期建设规划面积 1.645 平方千米，已于 2014 年 4 月 17 日通过国家验收，2014 年 7 月 29 日正式封关运作。2016 年 6 月 1 日起，白云机场综合保税区开展免除进口环节海关部门查验没有问题外贸企业吊装移位仓储费用工作，属全国空港范围首创。2018 年 1 月，国务院批复同意白云机场综合保税区整合方案，核减后规划面积 2.943 平方千米，分为中区和南区 2 个片区。

2018 年进出境旅客 1 740 余万人次、国际航线飞机起降 11 万余架次，分别同比增长 9%、6%；24 小时临时入境 7 万余人次、72 小时临时入境约 0.6 万人次、24 小时直接过境 78 万余人次。白云机场新增国际及地区通航点 6 个、累计达到 88 个。

【深圳空运口岸（深圳宝安国际机场）】 深圳宝安国际机场位于深圳市宝安区，距深圳市南山区前海市中心 20 千米，距深圳福田区市民中心 32 千米，配套水陆交通运输网络 ，是集海、陆、空、铁于一体的空运口岸。深圳宝安国际机场是我国第一家以地方投资为主兴建的机场，一期工程于 1989 年 5 月动工兴建，1991 年 10 月正式开通国内航线。1992 年 2 月经国务院批准正式对外开放口岸。深圳宝安机场拥有中国现代化程度最高的航空货站和 24 万平方米的货运停机坪，货站内建有现代化的立体散货及集装货处理系统，启用了货物存放、存取机械化自动系统，并配备了电脑自动化语音查询系统，可提供规范、流畅、便捷的服务。口岸开放时间为 7：00 至次日凌晨 2：00（国际航班 24 小时通关）。

2018 年深圳市口岸办牵头对申请设立宝安国际机场空运进口肉类指定口岸一事进行了调研论证，并于 7 月由深圳市政府已正式报送相关请示至国家海关总署。

2018 年，深圳机场新增了 15 个条国际客运航点，目前总计开通国际客运航点 45 个以及港澳台地区航点 4 个，航线网络实现欧美澳全覆盖；新增莫斯科、金奈 2 个全货机航点，目前共开通全货机航点 34 个，其中国内 19 个、国际 14 个、地区 1 个。

2018 年，深圳空运口岸出入境旅客 458.36 万人次，同比增长 27.4%，国际空运货物 30.07 万吨，同比增长 6.3%。

【揭阳空运口岸（揭阳潮汕国际机场）】 揭阳空运口岸是根据国务院、中央军委《关于同意新建广东潮汕民用机场的批复》（国函〔1999〕16 号），随着揭阳潮汕国际机场建设，为承接原汕头外砂机场口岸出入境业务需要，于 2011 年 12 月 15 日以临时开放的形式与机场同步投入使用，汕头外砂机场口岸原有查验机构转设入揭阳空运口岸；2013 年 12 月 16 日，获国务院批准对外开放；2014 年 7 月 10 日通过国家验收，正式对外开放；2014 年 9 月 12 日，“揭阳潮汕机场”更名为“揭阳潮汕国际机场”。

揭阳潮汕国际机场位于揭阳市空港经济区登岗镇，地处汕头、揭阳、潮州三市中心，距离揭阳、汕头、潮州市区分别为 22 千米、28.5 千米、24 千米，服务总面积 3 万多平方千米的粤东地区，辐射闽南、赣南部分地区，与台湾隔海相望，是直飞台湾距离最近、客源较多的机场之一。机场占地 339 万平方米（含场外 8.34 万平方米），定位为国内中型机场，规划以 2020 年为目标年，飞行区等级指标为 4E 级，本期按 4D 级标准建设，现有长 2 800 米、宽 45 米的跑道 1 条，配备双向 I 类精密进近助航灯光系统和 I 类仪表着陆系统，停机坪面积 16 万平方米，停机位 21 个（其中廊桥机位 12 个），航站楼面积 5.5 万平方米（其中国际区域面积约 1.25 万平方米），值机柜台 39 个，安检通道 14 条，行李转盘 5 座，可满足 B767 型等级飞机的起降要求和年旅客吞吐量450万人次使用需求（其中可满足年吞吐量100万国际旅客场地需求）。

揭阳空运口岸查验配套设施由航站楼旅客出入境查验现场、国际货运站查验设施、口岸查验综合办公楼三部分组成：（1）航站楼旅客出入境查验现场位于航站楼东侧，分为三层。第三层为国际出发厅，按照出境检查流程顺序，设置检验检疫、海关、边检检查区域。其中：检验检疫候检区面积约250平方米，工作用房面积约120平方米，查验通道6条；海关候检区面积约为350平方米，工作用房面积约210平方米，查验通道7条；边检候检区面积约390平方米，工作用房面积约110平方米，查验通道8条。第二层和第一层为国际到达厅，按照入境检查流程顺序，设置检验检疫、边检、海关、动植物检疫检查区域。其中：检验检疫候检区面积约330平方米，工作用房面积约150平方米，查验通道6条；边检候检区面积约380平方米，工作用房面积约390平方米，查验通道10条；海关候检区面积约1 200平方米，工作用房面积约300平方米，查验通道5条；动植物检疫工作用房面积约210平方米，查验台2个，配有检疫犬用房。（2）国际货运站查验设施位于揭阳潮汕机场西北侧，分为二层。首层为国际到港、国际出港查验区，设有海关、检验检疫现场业务用房。其中：海关监管仓库为独立封闭区域，面积1 400平方米，设置集中查验场地、特殊物品仓库、海关暂扣物品仓库等监管设施；安装了X光机、地磅等配套查验设备。检验检疫出入境查验现场查验用房5间93平方米，设置入境查验房、药械房、入境监管仓、出境查验房、出境监管仓等监管设施；配置查验平台2个97平方米，卫生处理区180平方米。二层为海关、检验检疫申报大厅，面积约260平方米，其中海关、检验检疫申报大厅面积各约90平方米，办公用房各约40平方米。（3）口岸查验综合楼及附属楼位于揭阳潮汕机场西南侧，建设用地1.44万平方米，建筑面积1.34万平方米，总投资4 929.26万元，为海关、边检、检验检疫三个查验单位的办公、业务、生活及配套场所，各查验单位面积平均约4 472平方米。

2018年5月，揭阳潮汕国际机场启动跑道延长及站坪扩建工程，按“5+4”骨干机场布局建设。一是延长跑道400米，总长达到3 200米，提升机场等级到4E，满足波音747、波音777等E类飞机的运行，为中长途航线和大型飞机提供保障；二是扩建站坪，增加货机位，站坪面积由16万平方米增加到34万平方米；机位总数由目前的21个，增加到44个（其中货机位4个），项目计划在2019年9月底验收建成投产。截至2018年12月31日，开通国内外定期航线71条，运营航空公司23家。其中国际及地区定期航线8条（中国台北、新加坡、曼谷、吉隆坡、金边、济州、西港、暹粒）。

2018年出入境国际及地区旅客54.70万人次，同比增长49.5%，国际及地区航班5 510架次，同比增加93.2%，国际及地区货邮量1 458吨，同比增长42.8%。

【梅州空运口岸（梅县机场）】 梅县机场位于梅州市梅江区三角镇境内，地处闽、粤、赣三省交界处，1985年6月动工兴建，1987年9月建成投入使用。梅县机场占地面积约118.33万平方米，停机坪面积20 400平方米，机场跑道为2 400米长，45米宽，飞行区等级为4C级，可以满足A320、B737-800等主力机型的起降要求，停机坪设有5个机位（3个B型和2个C型），机场规模设计为每年旅客吞吐量30万人次，飞机起降4 860架次，货邮吞吐量450吨。梅县机场分国内、国际候机楼。

梅州空运口岸于1989年3月经国务院批准对外开放，1989年11月正式通航，起初仅有梅州至香港直航包机航线。2014年梅县机场进行全面维修升级改造，国际候机楼也由原来的出入境单向通道改为出入境同时验放双向通道。近年来，梅州空运口岸不断提升口岸开放水平，目前，已开通中国香港、中国台湾台中、中国高雄、泰国芭堤雅、曼谷、柬埔寨暹粒等6条国际（地区）航线。2018年5月，梅州机场分别开通了季节性临时包机柬埔寨暹粒—梅州、高雄—梅州的国际与地区航线。

2018年，梅州空运口岸出入境人数7.3万人次，同比增长161.3%；飞机820架次，同比增长86.4%。

【湛江空运口岸（湛江机场）】 湛江空运口岸位于广东、广西、海南的交界处，是连接广东、广西和海南的重要交通枢纽。湛江机场始建于1936年，系当年的法国殖民者侵占和租用“广州湾（1943年8月22日定名湛江市）”时兴建，距今83年；1953年国家民航局批准“中国民用航空湛江站”成立；1987年7月7日国务院批准湛江机场对外开放。湛江机场飞行区等级标准为4D级，拥有2个停机坪，总面积4万平方米；货运中心面积2 700平方米，年处理货物能力10万吨；口岸国际联检厅面积2 868平方米，综合业务楼4 616平方米。2018年湛江机场新增湛江—南京、宁波、西安等17条航线，参与运营航空公司15家，湛江与国内通航城市43个，旅客吞吐量255万人次。

湛江—香港航班每周7个航班往返，出入境旅客46 193人次、增长3.1%，货邮行428.3吨、增长4.5%；湛江—曼谷航班每周3个航班往返，出入境旅客13 900人次，货邮行123.3吨；湛江—金边国际航线每周3个航班往返，出入境旅客10 217人次，货邮行77吨。2018年5月25日，湛江机场口岸顺利完成首票直航进口货物业务测试，标志着湛江机场口岸已具备开展直航进口货物能力。

2018年湛江机场口岸出入境旅客72 901人次，与2017年比增长8.3%。

【广州陆路（铁路）口岸】 广州陆路（铁路）口岸是广州直通香港九龙的对外开放口岸。广九直通车于1979年经国务院批准在原流花车站开通。1991年，广州市政府和广铁集团共同投资6.8亿元，在天河新建广九直通车站，并于1996年9月28日正式启用。位于广州市天河区中心地带，有大型地铁、公交车站等公共交通配套设施，规模大、设备先进、建筑新颖。口岸现日发广九线列车12对，旅客检查手续分别在2个出入境大厅办理，其中出境大厅有13个人工通道、9个自助通道；入境大厅有13个人工通道、9个自助通道。2018年广九直通车开行7 964趟、出入境旅客326.06万人次。

2016年8月28日大朗铁路货运站顺利开通首趟中欧班列，2018年，中欧班列共开行65趟、2 984个40尺集装箱，货值4.5亿美元。

【广深港高铁西九龙站陆路（铁路）口岸】 广深港高铁西九龙站口岸位于香港特别行政区境内，为国际性常年开放铁路客运口岸，于2018年9月23日正式对外开放。西九龙站内设立香港口岸区和内地口岸区，按照“一地两检”模式进行出入境查验，由双方分别按照各自法律，进行出入境监管查验。广深港高铁西九龙站口岸共有四层地下楼层，总建筑面积为38万平方米。地下一层为售票大厅，地下二层为抵达层，地下三层为离港层，地下四层为列车站台，口岸日设计通关流量为20万人次。内地口岸区总建筑面积约10.9万平方米，香港口岸区总面积约2.41万平方米，口岸运行时间为6：30时至23：30时，每天运行17小时。

广深港高铁西九龙站口岸的设立和开放，不仅提高了通关便利化水平，同时也丰富了“一国两制”实践，为内地同香港深化合作，使香港特别行政区能更好地融入国家发展大局，尤其是对粤港澳大湾区的创新实践提供了有益借鉴。

目前广深港西九龙站口岸内地口岸区共有96条查验通道（其中人工查验通道36条，自助查验通道60条）。2018年，广深港西九龙站口岸出入境旅客541.3万人次，日均5.47万人次。

【佛山陆路（铁路）口岸】 佛山铁路口岸是1993年批准的对外开放口岸，位于禅城区文昌路12号，开设的固定班次为九龙至佛山以及佛山至九龙的直通列车。

2018年，经佛山铁路口岸出入境旅客数为25 456人次，其中入境旅客15 743人次，出境旅客9 713人次。

【肇庆陆路（铁路）口岸】 肇庆铁路口岸是由肇庆市人民政府投资6 000万元建设，设计年通过能力60万人次，是粤西地区唯一对外开

（2018 年 8 月 7 日，国家口岸办副主任白石率队赴广深港高铁西九龙口岸组织口岸验收）

放陆路口岸。1994 年 8 月 6 日经国务院批准开放（国函〔1994〕78 号文），1995 年 3 月 28 日建成并开通肇庆至香港九龙客运直通列车，途经佛山、广州、东莞口岸，每天对开一个班次，单程行车时间约 4 小时。

肇庆至香港九龙客运直通车（Z805/806 次）从 2012 年 12 月 21 日起更换电动新车底，同时微调列车运行时刻，开车时间：Z805 次每天上午 10：52 从九龙始发，下午 14：55 到达肇庆；每天下午 15：30 从肇庆开出，晚上 19：26 到达九龙。更换新车底后直通车以全新的面貌投入运行，大大地提升了直通车档次，使广大旅客旅途更加舒适、快捷和安全。

按照肇庆市委、市政府建设肇庆火车站综合体的工作部署，肇庆铁路客运口岸须在该综合体建设期间暂时停运。2018 年期间，根据国家口岸办 2016 年 12 月 23 日下发《国家口岸办关于同意广东肇庆铁路客运口岸暂停运行的复函》（国岸函〔2016〕152 号），肇庆铁路客运口岸在口岸改造期间暂停运行。

【东莞陆路（铁路）口岸】 位于东莞市东部的常平镇内，地处京九、广梅汕、广深准高速铁路三线交汇点，是我国南方新兴的铁路交通枢纽，是东莞市对外开放的重要通道之一。1994 年 8 月国务院批准开设东莞常平铁路客运口岸，10 月正式对外开放。1997 年 5 月至 2003 年 9 月经国务院批准，京九、沪九直通旅客列车经停东莞常平铁路客运口岸，并在此办理出入境手续。1997 年 12 月国务院批准常平铁路客运口岸更名为东莞铁路口岸。

口岸现场设在东莞火车站新综合大楼 3 楼对开的铁路跨线桥上，总建筑面积 3 450 平方米，出境和入境查验场地的面积均为 720 平方米，出、入境旅客候车室各 240 平方米。设有进出境通道各 10 条。东莞铁路口岸 1994 年 10 月 28 日正式开通。开通初期每日经停广州至九龙的直通旅客列车进出境各 1 趟，每趟列车安排 1 节车厢 80 座席在常平上落；1995 年 10 月 8 日增停肇庆至九龙的直通旅客列车；1997 年 5 月 19 日北京至九龙、上海至九龙直通旅客列车在东莞陆路（铁路）口岸进行查验；2000 年 8 月再增停广九线开行的“新时速”列车；2001 年 6 月 28 日开始承担东莞至九龙假日直通旅客列车的查验和监管任务，假日直通旅客列车在周五、六、日和香港公众假期开行，每趟车 8 节车厢，共 586 个座席。2012 年 6 月 7 日铁路总公司将东莞站更名为常平站，广深线新建的石龙站命名为东莞站。目前每天停靠广九直通车“10 进 10 出”共 20 班，铁路部门提供给常平的票额每班车是 1 至 2 节车厢，每天共 2 145 座席。

2015 年 9 月，东莞石龙铁路国际物流中心实现临时对外开放。广东省、东莞市对石龙基地项目高度重视，拟将其打造成为助推广东融入“一带一路”倡议、构筑竞争发展新优势的重要基地。2017 年东莞中欧班列铁路场站项目被纳入《国家口岸发展“十三五”规划》。2018 年，东莞铁路口岸贯彻落实“一带一路”建设部署，常态化开通“粤满俄”“粤新欧”国际班列，国际班列货运量大幅度提升，尤其是“粤满俄”班列业务大幅增长，同时火车运邮完成测试。发展多式联运通关模式，协调推动多式联运管理系统在广东（石龙）铁路国际物流基地启用。

2018 年，经东莞铁路口岸出入境 44.8 万人次，同比增长 11.2%。

【罗湖陆路（公路）口岸】 罗湖公路口岸位于深圳罗湖商业中心区南侧，与香港新界一河之隔，深港两地由一座双层人行桥和一座铁路桥相连。罗湖公路口岸是改革开放前深圳仅有的两个陆路口岸之一。1887 年九龙海关正式建立，1949 年九龙关起义，新中国成立初期主动后撤至现在位置。现联检大楼于 1984 年 1 月开始动工兴建，1985 年 6 月 14 日竣工启用。占地面积 9 106 平方米，主楼高 12 层（含地下一层），南、北附楼各 3 层，总建筑面积共 70 623 平方米。楼内地下 B 层和一层为入境（北行）查验场地，建筑面积 18 107 平方米；二层和三层为出境（南行）查验场地，建筑面积 17 558 平方米。具体设置如下：地下 B 层设为港澳旅客入境检查通道，一层为非港澳旅客入境检查通道，二层为非港澳旅客出境检查通道，三层为港澳旅客出境检查通道。该口岸出入境验证通道共有 195 条，其中人工查验通道 81 条，自助查验通道 114 条。口岸设计通过能力由 20 世纪 80 年代每天 20 万人次，提高到 2002 年以来每天 40 万人次。

2018 年对罗湖口岸进行了能源管理综合节能改造项目，并于 2018 年上半年组织节能公司开展了竣工验收前有关收尾工作和维护工作。

罗湖公路口岸开放时间为每天早晨 6：30 时开闸，晚上 24：00 时关闸，运行 17.5 小时。2018 年，罗湖陆路口岸出入境旅客 8 503.0 万人次，日均 23.30 万人次，同比上升 4.2%。

【皇岗陆路（公路）口岸】 皇岗公路口岸位于深圳市福田区南端，与香港新界落马洲隔河相望，口岸南面的皇岗—落马洲大桥横跨深圳河连接深港两地。

皇岗公路口岸是配合广深高速公路建设开设的口岸。1985 年 5 月开始建设，1988 年 11 月 30 日经国务院批准对外开放，1989 年 12 月 29 日货运部分启用通车，1991 年 8 月 8 日客运部分开通使用。1994 年 11 月 3 日起，开辟两条货检通道试行 24 小时通关，并设置了空车验放专用通道。1997 年 3 月 20 日开通了皇岗—落马洲穿梭巴士服务，为方便旅客过境开辟了一条新的途径。1999 年 10 月，实行货车自然分流通关，即除部分货物、车辆按照有关规定维持现行做法从指定口岸进出境外，其他行走文锦渡、沙头角陆路口岸的货车在原行走口岸晚上关闸以后，可行走皇岗陆路口岸 24 小时通关的货车通道。2003 年 1 月 27 日零时起，皇岗陆路口岸实行旅检通道 24 小时通关。2003 年 10 月 8 日始，允许持有文锦渡、沙头角陆路口岸两地牌的私家车、公务车和商务车在零时至 6：30 时从皇岗陆路口岸出入境。

皇岗公路口岸区域占地面积 101.6 万平方米，其中监管区 65.3 万平方米，生活区 6.8 万平方米，商业服务区 29.5 万平方米。监管区分东、西两个场地，东场为货检场地，西场为客车和旅检场地。货检场东侧为入境查验场，西侧为出境查验场；旅检大厅东西向排列，东侧为入境大厅，西侧为出境大厅，大厅两侧为客车通道。共设有出入境小汽车、客车检查通道 10 条（出入境各 5 条），货车检查通道 40 条（出入境各 20 条）；旅客检查通道 88 条（人工通道 31 条、自助查验通道 57 条）。设计通过能力为每日车辆 5 万辆次（标准车）、旅客 5 万人次。

2018 年，皇岗公路口岸出入境旅客 3 183.5 万人次，日均 8.72 万人次，同比下降 0.7%，出入境车辆 822.2 万辆次，日均 2.25 万辆次，同比下降 4.8%。

【文锦渡陆路（公路）口岸】 文锦渡公路口岸是以供港鲜活产品及进口水果通关为特点的客、货运综合性公路口岸。位于深圳市罗湖区南面、香港新界北面，由一座公路桥与香港新界相连。

文锦渡公路口岸是改革开放前深圳仅有的两个陆路口岸之一。1978 年经国务院批准对外开放。改革开放前，文锦渡只是供港鲜活商品的贸易口岸，1978 年 10 月建成公路桥，1985 年 2 月新建一座公路桥，实行出入境车辆分桥行驶。配合治理深圳河工程，原出入境桥被拆除，新建一座出入境双向桥于 2005 年 2 月正式投入使用。口岸区域占地面积 13 万多平方米。

2010 年，文锦渡公路口岸开始进行旅检场地改造。从 2010 年 2 月 22 日零时起，文锦渡公路口岸客运区域改造期间实行临时关闭。原从文锦渡公路口岸出入境的客车（含过境巴士、私家车、公务车及商务车），按其已选择的口岸出入境。2013年8月26日，文锦渡公路口岸客运区域改造完成并恢复运行。目前共有40条旅客查验通道（其中人工查验通道20条，自助查验通道20条）。

文锦渡公路口岸每日7时开闸，22时关闸，运行15小时。2018年，文锦渡公路口岸出入境旅客587万人次，同比下降2%，出入境车辆166.6万辆次，同比下降10%。

【沙头角陆路（公路）口岸】 沙头角公路口岸位于深圳市盐田区沙头角西面，东接沙头角保税区和盐田港，北邻梧桐山公路隧道。

1984年9月经国务院批准对外开放，1985年3月建成使用，2005年1月28日启用新的口岸跨境大桥。口岸管理区占地面积约4.2万平方米，其中出入境旅客查验场地5 700平方米，出入境货物查验场地3.6万平方米。旅检大厅设在口岸区中间，东侧是出境货检场，西侧是入境货检场。共设有出入境车辆检查通道10条（出入境各5条），查车台15个；出入境旅客检查通道24条（其中人工查验通道14条，自助查验通道10条）。此外，还建有专门供香港灵柩入境的检查服务设施，为港澳同胞前往大鹏湾“华侨墓园”办理安葬和扫墓活动提供方便。设计通过能力每日车辆1 500辆次、人员1 500人次。

沙头角口岸重建项目已列入深圳口岸发展“十三五”规划和深圳市政府投资项目计划，2018年再次完善沙头角口岸重建项目的工程可行性方案，并多次与市发展改革委协调工程可行性报批事宜，目前已完成口岸重建项目工程可行性研究工作。

沙头角公路口岸旅检和货检场地的通关时间均为每日7：00时开闸，22：00时关闸，运行15小时。2018年，沙头角陆路口岸出入境旅客346.1万人次，日均9 482人次，同比上升1.2%，出入境车辆79.1万辆次，日均2 167辆次，同比下降5.5%。

【深圳湾陆路（公路）口岸】 深圳湾公路口岸位于深圳市南山区蛇口东角头，经深圳湾跨海大桥连接香港鳌勘石。口岸于1997年12月获国家批准立项，2003年8月奠基，2007年7月1日正式开通启用，是经全国人大授权、国内首个实施“一地两检”查验新模式的现代化、智能化口岸，深港双方口岸区域均在深圳境内，双方口岸查验单位均在一栋大楼内完成查验工作。口岸占地117.9万平方米，其中深方为76.3万平方米，港方为41.6万平方米，口岸联检大楼建筑面积5.4万平方米，其中深方2.9万平方米，港方2.7万平方米。

深圳湾公路口岸原设计通关时间为24小时通关，经深港双方商定，从2007年口岸开始运行起，通关时间暂定为6：30时至24：00时，每天共17.5小时。口岸设计通过能力为每日车辆5.86万辆（其中货车4.32万辆次、小汽车1.39万辆次、大客车1 500辆次），设计旅客流量为每天6万人次。

目前深圳湾公路口岸共有129条旅客查验通道（其中人工查验通道37条，自助查验通道92条）。2018年，深圳湾公路口岸出入境旅客4 743.9万人次，日均12.99万人次，同比增长8.4%；出入境车辆472.6万辆次，日均1.30万辆次，同比增长3.9%。

【福田陆路（公路）口岸】 福田公路口岸位于福田区裕亨路（福田保税区东侧），工程建设于2004年12月正式开工，2007年8月15日开通启用。总占地面积62 962平方米，总建筑面积84 198平方米。福田公路口岸由人行通道桥和旅检大楼组成，人行通道桥连接福田陆路口岸联检大楼和香港九广铁路落马洲管制站，桥长240米，深方116米，港方124米，桥宽16.5米，上下两层，单向行走，桥内有自动步行梯（深圳一方每层有一部长80.5米的自动步行梯），分别供深港出入境旅客使用（上层为出境，下层为入境）。旅检大厅面积约12 000平方米，二层为入境旅检大厅，三层为出境旅检大厅。设计日过境旅客通过能力为25万人次。设计通关时间为每日 6：30 时至 24：00 时。经深港双方商定，从 2007 年口岸开始运行起，通关时间暂定为每日 6：30 时至 22：30 时，运行 16 小时，与深圳地铁的运营时间相衔接。

目前福田公路口岸共有 168 条查验通道（其中人工查验通道 59 条，自助查验通道 109 条）。2018 年，福田公路口岸出入境旅客 5 584.4 万人次，日均 15.30 万人次，同比下降 6.3%。

【拱北陆路（公路）口岸】 拱北公路口岸地处珠海经济特区境内，距市政府所在地 9 千米，东临港珠澳大桥公路口岸，西南临湾仔口岸，南与澳门相连。1849 年，葡萄牙人在拱澳之间建筑城墙设置闸口，闸口北面称为上关闸，南为下关闸。1887 年 4 月 2 日，清朝政府在拱北设置海关，新中国成立后接管该关。1999 年 10 月 2 日，迁建后的拱北口岸作为广东省政府迎澳门回归重点工程之一，建成投入使用。

拱北公路口岸占地 16.2 万平方米，口岸建设总投资 8.3 亿元，建筑面积 12.8 万平方米。其中：联检楼（三层半）3.5 万平方米，改扩建联检楼（四层，含负一层）4.32 万平方米，免税商场及走廊 1.3 万平方米，进境查验场 5 000 平方米，出口报关楼及货物查验场 1 万平方米，其他配套设施建筑 2.18 万平方米。拱北口岸设计通关能力为 50 万人次/日，车辆 8 000 辆次/日。拱北口岸设有出入境旅客通道共 280 条［联检楼出境大厅 66 条，其中人工 14 条，自助 52 条；联检楼入境大厅 76 条，其中人工 18 条，自助 58 条；新联检楼出境大厅一层 45 条，其中人工 8 条，自助 37 条；新联检楼出境大厅二层 14 条（均为人工通道）；新联检楼入境大厅一层 53 条，其中人工 6 条，自助 47 条；新联检楼入境大厅二层 16 条（均为人工通道）；出境随车人员验放厅 4 条，其中人工 2 条，自助 2 条；入境随车人员验放厅 6 条，其中人工 4 条，自助 2 条］。“一站式”客车通道共 13 条，其中出境 7 条（包括工作人员通道 1 条），入境 6 条。

拱北公路口岸设有闸口海关、出入境边防检查站两家查验单位及广东省公安厅出入境签证办事处。经营单位主要有中国银行、珠海免税、岐关车路、口岸中旅等 10 多家服务单位。近年，随着粤港澳大湾区建设的不断推进，澳门与内地经济、人员的往来联系日益紧密，拱北口岸以其优越的地理位置和便捷的通关环境，成为越来越多的中外旅客入出我国内地的首选口岸。十多年来经拱北口岸出入境的客流量迅猛增长，由 1999 年的 3 000 万人次大幅增加到 2018 年 1.35 亿人次，约占全国年出入境人员总数的 30%，旅客通关量跃居全国之首，成为世界上最繁忙的旅检口岸之一。据统计，近年经拱北口岸出入境旅客均达 37 万人次/日。根据拱北口岸的实际情况及通关需求，口岸（含客车通道）开放时间定为上午 6：00 至次日凌晨 1：00 时，鲜活产品通道 6：00 至 10：00 时。新联检楼出境一层大厅开放时间为 7：00 至 12：00，新联检楼入境一层大厅开放时间为 16：00 至 21：00。每逢重大节假日和客流高峰期，都会适当延长出入境大厅验放时间和开放新出入境二层大厅，便于旅客出入境。

2018 年，经拱北公路口岸出入境旅客 1.35 亿人次，比 2017 年增加 5.4%；出入境车辆 311.08 万辆次，同比增加 0.45%。2019 年 4 月 6 日，当日经拱北口岸出入境旅客突破 46.61 万人次，创单日历史纪录。

【港珠澳大桥珠海陆路（公路）口岸】 港珠澳大桥跨越伶仃洋，东接香港特别行政区，西接广东省珠海市和澳门特别行政区，是在“一国两制”框架下粤港澳三地首次合作共建共管模式的超大型跨海交通工程，是形成粤港澳大湾区城市群空间结构的重要骨架，对提升粤港澳大湾区综合竞争力、促进经济社会协调发展、保持港澳的长期繁荣稳定具有重大战略意义。

港珠澳大桥项目包括海中桥隧主体工程、香港连接线及香港口岸、珠海连接线及珠海口岸、澳门连接线和澳门口岸，总长约 55 千米（其中珠澳口岸到香港口岸约 41.6 千米），珠海连接线约 13.4 千米，其中主体工程由粤港澳三方共建，三地口岸和连接线工程由三方各自负责建设。项目总投资约 1 239.57 亿元，其中主体工程投资

480.68亿元，香港口岸及连接线487.54亿元，澳门口岸及连接线110.62亿元，珠海连接线91.53亿元，珠海口岸工程69.2亿元。港珠澳大桥珠海公路口岸是全国唯一陆路同时连接内地、香港和澳门的枢纽口岸，是粤港澳大湾区城市群互联互通的关键节点。珠澳口岸人工岛填海工程于2009年12月正式开工，填海总面积为2.09平方千米，分为大桥管理区、珠海口岸管理区、澳门口岸管理区三个功能区。珠海口岸区总用地面积约为1.07平方千米。珠海口岸工程投资的概算批复为53.44亿元，建筑面积为32.7万平方米，顶棚面积为15.2万平方米。其主要建设内容包括口岸区、市政配套区和口岸交通配套区；其中口岸区包括境出、入境货检区、旅检区和口岸办公区。

珠海口岸旅检大楼主要设施为：地下一层设置停车库，以及预留轨道交通的接驳空间；地面一层分别设置客货车出入境查验场所，穿梭巴士、长途巴士、公交巴士、专线巴士、巴士、出租车等各类公共交通配套的候车厅、站场；二层分别设置来自香港和澳门的入境大厅，以及随车验放厅；三层分别设置通往香港和澳门方向的出境大厅。珠海口岸设计通关流量为：珠海与香港之间，出入境旅客15.33万人次/日，大客车3 350辆/日，小客车1.44万辆/日，货车通关量1.73万辆/日；珠海与澳门之间，出入境旅客10万人次/日，大客车60辆/日，小客车3 000辆/日。

（2018年10月24日，国家口岸办副主任白石赴港珠澳大桥珠海公路口岸开通启用现场检查通关工作）

港珠澳大桥珠海公路口岸2018年10月24日正式开通，至12月底，出入境旅客330.36万人次，货运量5 795吨，进出口总值19 659万美元，出入交通工具71 497辆，关税环节税571万元。

【横琴陆路（公路）口岸】 横琴公路口岸位于珠海市横琴经济开发区十字门东南侧，与珠海莲花大桥相接，与澳门路氹隔海相望。珠海横琴口岸于2000年3月建成并投入使用。横琴口岸经过三期工程的建设，目前横琴过渡期口岸总建筑面积约4.2万平方米，占地24万平方米。主要建筑物有临时联检楼，内设出入境各16条人工验放通道和28条自助验放通道（其中出境16条，入境12条）。出入境客货车查验通道各10条，出入境货检场、报关楼及附属配套设施等。三期工程过渡期口岸于2014年12月18日建成并投入使用，2014年12月18日实行24小时通关，投资为65 900万元。口岸的通关设计能力为旅客8万人次/日，车辆为2万辆次/日。目前横琴口岸的人流量日均为22 361人次/日，车辆为2 402辆次/日。正在建设的新横琴口岸用地面积34.51公顷，总建筑规模1 310 640平方米，其中计容建筑面积84.4万平方米，建成后日通关量可达22.2万人次，主要涵盖三大功能体系：口岸功能区、综合交通枢纽功能区、口岸综合开发区。

2018年10月12日，国务院函复澳门特区政府，原则上同意澳门莲花口岸整体搬迁到横琴，并采取“合作查验、一次放行”通关模式。目前，该项工程正在抓紧施工建设。

2018年，横琴公路口岸出入境客运量9 120 011人次，同比增加11.7%，出入境交通工具970 883辆次，同比增加10.7%，货运量1 471 809吨，同比减少15.5%，进出口总值195 039万美元，同比增加6%，关税环节税14 180万元，同比增加3.40%。

【珠澳跨境工业区陆路（公路）口岸】 珠澳跨境工业区专用口岸地处前山水道内港，东与澳门相接，北临石角咀水闸，西临前山水道，东侧临近拱北口岸。2003年12月5日，国务院正式批准建设珠澳跨境工业区；2003年12月9日，珠澳跨境工业建设；2005 年，珠澳跨境工业区专用口岸开始建设；2006 年 6 月 28 日，珠澳跨境工业区珠海园区专用口岸通过国务院五部委联合验收；2006 年 9 月 22 日，珠澳跨境工业区珠海园区通过海关总署、国家发展改革委、国土资源部等九部委联合验收；2006 年 12 月 8 日，珠澳跨境工业区及专用口岸正式开通启用；2007 年 4 月 8 日，海关总署颁布的《中华人民共和国海关珠澳跨境工业区珠海园区管理办法》正式实施。珠澳跨境工业区专用口岸项目投资投入资金 3 000多万元，用地面积为 27 863 平方米，总建筑面积 3 350 平方米，2014 年 12 月 18 日跨境工业区专用口岸临时扩大开放正式通关，扩大开放项目的建筑面积约为 1 579 平方米，其中新扩建旅客查验厅 326 平方米、旧旅客查验厅改造 423 平方米，出入境风雨廊及配套建筑约 800 平方米。改造后出入境查验通道共 16 条，其中出境人工 2 条、自助 6 条，入境人工 2 条，自助 6 条，出入境客、货车通道各 1 条，实行 24 小时开放，跨境工业区专用口岸根据国务院规定，旅检通道每天 0 时至 7 时临时向社会开放，每天 7 时至 24 时仅对园区工作人员开放，客、货车车辆进出专用通道 7 时至 24 时仅供在跨境工业区备案的车辆进出专用。跨境工业区专用口岸是珠海市对外交往的门户之一，对珠海、广东省乃至全国的经济发展起着重要的作用。

2018 年，跨工区口岸出入境客运量2 351 377 人次，同比增加 9.9%，出入境交通工具39 587 辆次，同比减少 8%，货运量 74 544 吨，同比增加 2.1%，进出口总值 1.58 万美元，同比减少 29.80%，关税环节税 6 608 万元，同比增加 10.70%。

【广州水运（海港）口岸】 广州水运口岸历史悠久，早在 2 000 多年前的秦汉时期，广州古港就是中国对外贸易的重要港口，是中国古代“海上丝绸之路”的起点之一。1 300 多年前的唐宋时期，“广州通海夷道”是世界上最长的远洋航线。至清朝，广州成为中国唯一的对外通商口岸和对外贸易的最大港口。改革开放以来，社会经济飞速发展使广州港发展成为国家综合运输体系的重要枢纽和华南地区对外贸易的重要口岸。广州海港口岸地处珠江入海口和我国外向型经济最活跃的珠江三角洲地区中心地带，濒临南海，毗邻香港和澳门，东江、西江、北江在此汇流入海。通过珠江三角洲水网，广州港与珠三角各大城市以及与香港、澳门相通，由西江联系我国西南地区，经伶仃洋出海航道与我国沿海及世界诸港相连。广州港由内港港区、黄埔港区、新沙港区、南沙港区和珠江口水域组成。

2018 年新增国际集装箱班轮航线 12 条、达到 103 条；新增内陆港或办事处 3 个、达到 36 个；新增友好港 4 个、达到 45 个。2018 年，南沙累计靠泊国际邮轮 94 艘次，到离港旅客 48.12 万人次，旅客吞吐量同比增长 19.23%。

【南沙水运（海港）口岸】 南沙水运口岸于 1992 年 2 月正式对外开放，2005 年 4 月 28 日新客运码头投入使用。位于珠江的入海口河段西侧低岸，虎门大桥以南 1.6 千米，西临南沙蒲洲高新技术开发图、南沙会议展览中心，南依五星级的南沙大酒店。距香港 40 海里，距澳门 41 海里，航程 70 分钟，设计标准为年客运量 160 万人次，设计旅客聚集量 1 600 人，为二级国际客运港。南沙客运港“叠浪”呈造型，建筑群包括主楼和副楼，基地面积 67 264 平方米，主楼建筑面积 10 712 平方米，设计高度 21 米，副楼建筑面积 2 230 平方米。口岸出入境检查大厅设置验证通道 14 条，码头设顺岸式客船泊位 3 个，码头岸线长 292 米，每天往返香港 6 个航班。

2018 年，南沙水运口岸出入境人员 91.6 万次，同比增加 12%，出入境交通工具 3 343 艘次，同比下降 7.1%。

【莲花山水运（海港）口岸】 莲花山水运客运口岸 1985 年 6 月正式对外开放，属双边性口岸（广州与香港），位于广州市番禺区石楼莲花山联围村。拥有岸线 171 米，水深 5 米，泊位 2 个，码头吨位 1 200 吨，该口岸是广东省最早开放的粤港水陆口岸之一，距香港 61 海里，先进豪华、安全舒适的双体高速客轮四艘，往返香港航程只需1小时45分，每天往返7个航班，其中莲花山港至香港中港城码头4个航班、莲花山港至香港机场3个航班。

2018年，莲花山港口岸出入境人员38.4万次，同比下降4.2%，出入境交通工具8 192艘次，同比下降7.3%。

【盐田水运（海港）口岸】 盐田水运口岸位于深圳大鹏湾海域西北部，南与香港九龙半岛隔海相望，分为盐田港区、下洞港区和广东大鹏液化天然气（LNG）专用码头，共有32个对外开放泊位。

盐田港区于1990年6月经国务院批准对外国籍船舶开放，1994年7月正式开港。该港区位于距深圳市区13公里，距大鹏湾口12海里。岸边水深15米至20米。由于大鹏半岛与九龙半岛天然的屏障掩护，湾内水深浪小，无淤积，大型船舶可以自由进出锚地，是少有的天然良港，并被列为中国沿海重点发展的四大国际深水港之一。盐田港区划分为西、中、东三个港区，共有20个对外开放泊位。2018年，盐田港集装箱吞吐量1 316.0万标箱，同比增长3.59%。

下洞港区位于大鹏湾畔，为深圳市东部石油、液化气等危险品码头专用作业区。2002年12月国务院批准下洞港区作为盐田水运口岸危险品作业区对外开放，港区内共建有3个独立的栈桥式码头共9个对开开庭泊位。

广东大鹏液化天然气（LNG）专用码头位于深圳东部大鹏半岛秤头角，是“十一五”期间广东省口岸发展规划中主要建设项目之一。2007年3月经国务院批准盐田水运口岸大鹏液化天然气专用码头对外国籍船舶开放。LNG码头建有1个靠泊能力为8万吨级的LNG船专用的栈桥式码头泊位和1个5 000吨级的工作船舶。

深圳液化天然气项目（迭福站址）是深圳市政府与中国海洋石油总公司战略合作重点内容，列入深圳市“十二五”能源基础设施重大建设项目。该项目位于深圳东部大鹏湾东北岸迭福片区，毗邻广东大鹏LNG项目，接收站占地约27公顷，项目总投资规模为80.7亿元，达产后天然气年周转量为400吨，项目配套建设1座可靠泊8－26.6万立方米LNG船舶的专用码头。2016年11月18日，深圳液化天然气专用码头通过了由广东省口岸办牵头组织的对外开放前准备工作验收，2016年11月21日对外开放。

【大铲湾水运（海港）口岸】 大铲湾港区位于珠江口伶仃洋矾石水道东南部，深圳西部妈湾港区以北的大铲湾内。港区地理位置优越，水、陆路交通便捷，水路南距香港20海里，北至广州40海里；陆路通过广深高速、机荷高速、107国道以及在建的广深沿江高速公路联系腹地。大铲湾港区岸线总长为11.6千米，陆域面积为10.28平方千米，设计年吞吐能力为1 250万标箱，总投资约450亿元人民币。港区整体工程分四期建设。其中，大铲湾港区集装箱码头（一期）工程于2005年9月正式开工兴建，其建设规模为5个10万吨级集装箱专用泊位，设计年吞吐能力为250万标箱。2009年5月，经国务院批准深圳港口岸大铲湾港区对外国籍船舶开放。2011年11月通过了国家验收，2011年12月正式对外国籍船舶开放。

2018年，大铲湾港区集装箱吞吐量123.0万标准箱，同比下降7.12%。

【大亚湾水运（海港）口岸】 大亚湾核电站专用码头位于深圳市东部大亚湾畔的大坑村麻岭角。距深圳市直线距离约45千米，距香港岛约50千米。大亚湾核电站是由广东核电投资有限公司和香港核电投资有限公司合营组成的广东核电合营有限公司负责建设和经营。经国务院批准大亚湾核电站专用码头于1986年1月1日起对外国籍船舶开放。1987年3月和1989年6月，核电站专用码头和相关配套设备相继竣工投入使用，该码头建有4个泊位（该口岸由大亚湾核电站专用，不对外经营）。

【梅沙水运（海港）口岸】 梅沙水运口岸位于深圳东部梅沙旅游区内，西距深圳市区30千米。1984年7月经国务院批准为对港、澳地区旅游专用口岸，同年8月实现对外开放。梅沙水运口岸专用码头水深4米，建有4个泊位，可靠泊高速气垫船和飞翔船。梅沙水运口岸因客源不足等原因，于 1985 年 5 月暂停使用至今。

【蛇口水运（海港）口岸】 蛇口水运口岸由招商局蛇口工业区公司投资兴建，于 1981 年 1 月经国务院批复对外开放，是我国改革开放初期第一个由企业自筹资金建设、管理和经营的对外开放口岸，目前已发展成为集铁路、公路、水路等运输方式为一体的大型综合性的客货运港口口岸。蛇口口岸共有 31 个对外开放泊位，其中 10 个集装箱专用泊位。

蛇口水运口岸位于珠江口东岸、深圳市西部南头半岛南端。东临深圳湾，南与香港隔海相望，西邻珠海、澳门及深圳机场，北靠南山内陆腹地。陆路距深圳市区 27 千米；水路距香港 22 海里。陆路可与广深、广惠公路干道以及广深高速公路、平南铁路进而由广深线、广九线与国内衔接。

招商港务（深圳）有限公司客货运码头。该码头拥有陆域面积 75 万平方米，岸线总长 4 100 米（其中客运岸线 1 050 米），是拥有 35 个客、货运泊位的中国沿海大型综合性港口，港口年货物通过能力 2 000 万吨，集装箱 100 万标箱，客运 500 万人次，成为珠三角及华南地区重要的海上门户。

蛇口集装箱码头。该码头建有 10 个泊位，其中，一期工程建设规模为 2 个集装箱专用泊位，年设计吞吐能力为 100 万标箱，于 1991 年 8 月建成投产，蛇口集装箱码头二、三期工程项目，于 2001 年上半年动工兴建，共建成 8 个集装箱专用泊位，其中二期工程 2 个集装箱专用泊位，已于 2003 年建成并投入使用，三期工程 6 个集装箱专用泊位于 2010 年 3 月前建成并陆续投入使用。

太子湾邮轮母港。该邮轮母港是由招商局蛇口工业区控股有限公司于 2011 年 12 月正式动工建设。邮轮码头建设 22 万吨级邮轮泊位 1 个、10 万吨级邮轮泊位 1 个，新建 800 吨级客轮泊位 12 个（其中港澳线泊位 6 个），2 万吨级客货滚装泊位 1 个，共计 15 个泊位，其中 8 个对外开放泊位。蛇口邮轮中心大楼工程占地面积约 4.26 万平方米，总建设面积为 13.8 万平方米。出境大厅位于二层，边检出入境查验通道包括 16 条人工查验通道（出入各 8 条）和 20 条自助查验通道（出入各 10 条）。邮轮母港于 2016 年 9 月项目工程建设基本完工，于 2016 年 10 月 11 日通过由广东省口岸办牵头组织的对外开放前准备工作验收，2016 年 10 月 12 日正式对外开放。2016 年 10 月 31 日起蛇口客运码头搬迁至太子湾邮轮母港客运码头运作。

香港友联船坞（深圳）有限公司专用码头。该码头为中外合资公司投资建设的，可为中外客商提供 30 万吨级的修船业务，是深圳市西部港区唯一的修船基地，目前建有 4 个泊位（其中 2 个干船坞、2 个浮船坞）。目前孖洲岛修船专用码头运作正常，2016 年修船数量 166 艘（其中外国籍船舶 147 艘）。

2018 年，蛇口港区集装箱吞吐量 624.48 万标准箱，同比增长 1.82%。

【赤湾水运（海港）口岸】 赤湾水运口岸位于广东自贸试验区前海蛇口片区范围内，位于珠江口东岸、深圳市西部的南头半岛西南端。东连蛇口港，位于蛇口港西侧；南面向伶仃洋，与香港、澳门、珠海隔海相望；西接妈湾电厂和妈湾港区；北靠南山半岛。陆路距深圳市中心 30 千米，可与广深、广惠公路干道以及广深高速公路、平南铁路衔接；水路与香港、澳门、珠海均在 20 余海里范围。

赤湾码头于 1982 年 8 月动工兴建，1983 年 10 月建成一个 1 万吨级泊位并开港，1984 年 5 月经国务院批准对外国籍船舶开放。赤湾港区共有 13 个对外开放泊位，其中 6 个集装箱泊位。赤湾水运口岸是中国主要的散装化肥及粮油进出口中转基地之一，是深圳西部港口群中规模仅次于蛇口港，功能集铁路、公路、水路等运输方式为一体的大型综合性口岸。

2018 年，赤湾水运口岸 CCT 港区全年进出境船舶业务数据：班轮 4 630 艘次、进出口集装箱业 271.5 万标准箱，集装箱货物重量共计1 871.52万吨；驳船（来往港澳小型船舶）18 106 艘次，进出口集装箱 69.2 万标箱，货物重量共计 708.33 万吨。

【妈湾水运（海港）口岸】 妈湾水运口岸位于广东自贸试验区前海蛇口片区范围内，地处珠江口东岸，深圳市西部的南头半岛西侧，东接赤湾港，南面向伶仃洋，与珠江口主航道对接，西邻深圳机场，北以南山半岛为腹地。陆路距深圳市区 24 千米，可与广深、广惠等公路干道以及广深高速公路、平南铁路衔接。水路距香港、澳门、珠海 20 余海里。

妈湾水运口岸于 1987 年开始建设，1990 年 7 月建成第一个 3.5 万吨级多用途泊位，1990 年 2 月经国务院批准对外国籍船舶开放。码头岸线总长 3 877 米，该港区现有泊位 11 个，其中集装箱专用泊位 3 个，煤码头专用泊位 2 个。

2018 年，妈湾口岸入出境驳船（来往港澳小型船舶）1.1 万艘次，集装箱吞吐量 32.66 万标箱，货物吞吐量 294.48 万吨。进出境班轮 1 563 艘次，集装箱吞吐量 136.78 万标箱，货物吞吐量 695.95 万吨。

【九洲水运（海港）口岸】 九洲水运口岸是客、货运综合性口岸，位于珠江口西岸，距香港 36 海里，距澳门 4 海里。1981 年 9 月经国务院批准对外开放，客、货运口岸分别于 1982 年和 1984 年建成通航。

九洲水运口岸客、货运码头全长 1 442.58 米，其中客运码头长 436.70 米，港池直径 275 米，航道长 10.5 海里，水深 5.5 ~ 6.5 米，港区航道设有灯光等标志，日夜均可通航，可供 8 艘大型双体快速客船同时靠泊，设计年客运量为 200 万人次；货运码头长 1 005.88 米，港池水深 5.5 ~ 6.5 米，可供 2 艘 5 000 吨货轮同时靠泊。港区东面有一条长达 450 米的防浪堤，西南面有呈月牙形 6 千米长的海岸线保护着港池，是船舶停靠的良港。

目前，九洲水运口岸香港航线日进出航班 36 班次（其中九洲港至香港国际机场 8 班次），逢节假日视情况增加航班，最多一天可达 60 多班次。因城市发展需要，九洲港口岸货运业务已于 2015 年转至洪湾港。

2018 年，九洲水运口岸出入境人员 230.3 万人次，同比增加 10.1%，出入境船舶 1.35 万艘次，同比增加 13.2%。

【珠海水运（海港）口岸】 珠海港高栏港区（原名珠海港口岸）于 1994 年 6 月经国务院批准设立，1996 年 7 月 28 日正式对外开放。高栏港区地处珠海市西部，位于珠江三角洲西侧、黄茅海东部沿岸及高栏列岛海域，东距澳门 23 海里，至香港 45 海里。该口岸地理优势得天独厚，处于珠江出海口的虎跳门、崖门和鸡啼门之间，外临南海，靠近国际航线大西水道仅 1 海里，内通西江，具备发展江海联运、南北航运和近远洋运输的优越条件，主要进出口贸易有石化、液化气、集装箱、煤炭、铁矿石、先进装备等业务。

珠海水运口岸目前已启用的码头 15 个，泊位 36 个，包括珠海国际货柜码头（高栏）有限公司码头、珠海华南联合石油有限公司码头、新海能源（珠海）有限公司码头、珠海一德石化有限公司码头、珠海恒基达鑫国际化工仓储有限公司码头、龙华集团有限公司码头、珠海发电厂码头、珠海粤裕丰钢铁有限公司码头、中化珠海石化储运有限公司码头、珠海港鑫和码头有限公司码头、广东珠海金湾液化天然气（珠海 LNG）有限公司码头、珠海港弘码头有限公司码头、神华粤电珠海港煤炭码头有限责任公司码头、珠海巨涛海洋石油服务有限公司码头、中海福陆重工有限公司码头。

2018 年，高栏港区监管进出口货物 1 954 万吨，同比下降 7.8%；进出口货物总值 103.73 亿美元，同比上涨 22.1%；征收税款 58.53 亿元，同比上涨 11.6%；监管集装箱 16 万标箱，同比下降 6.1%，进出境船舶 3 852 艘次，同比下降 3.1%。

【湾仔水运（海港）口岸】 湾仔水运口岸位于珠海市湾仔镇西南面，与澳门一水相隔，水面距离只有几百米。湾仔水运口岸于 1984 年经国家批准开设，1984年12月23日正式通航，2016年1月17日因建筑危房报国家批准临时关闭。

2018年，湾仔水运口岸出入境客运量139 618人次，同比下降25%；出入境交通工具15 681辆次，同比下降23%；货运量22 756 610吨，同比下降29%；进出口总值1 459 451万美元，同比下降5.5%；关税环节税325 859万元，同比下降6.30%。进出口集装箱共37.6万标箱次（其中西域码头19.1万标箱次、洪湾码头18.5万标箱次），比去年同期减少7%。

【汕头水运（海港）口岸】 位于广东省东部沿海，潮汕平原的南部，居福州至广州黄金海岸中央，东临台湾海峡，距高雄214海里，西距香港187海里，扼韩江、榕江、练江之出海口，素有“岭东之门户，华南之要冲”的称誉。

汕头水运口岸是中国华南地区对外贸易的重要口岸，是沿海25个国家级主要港口之一，是广东省东翼的主要港口。汕头港历史悠久，是中国最早对外开放的港口城市之一，于1861年开埠，是一个有150多年的历史老港。至今已与世界57个国家和地区的268个港口有货物往来，汕头港主航道通航水深为9.5米，全港岸线总长9 444米，堆场总面积126万平方米。拥有500吨级以上泊位79个，其中万吨级以上泊位18个，综合通过能力2 690万吨，集装箱吞吐能力73万标箱。近年来，汕头市大力发展港口物流和海运业，与中国香港、泰国、日本等地有集装箱定期货运班轮。

汕头港的直接经济腹地是汕头、潮州、揭阳、梅州4市所辖14县的广大地区，其间接腹地包括闽西南及赣南部分地区。腹地经本港吞吐的主要货物有煤炭、石油、钢铁、水泥、化肥、木材、粮食等。

2018年，汕头水运口岸入出境船舶2 667艘次，人员3.8万人次。

【惠州水运（海港）口岸】 位于南海大亚湾西北隅，地处我国华南沿海经济中心珠江三角洲东部，毗邻港澳，面对东南亚和台湾，处在以香港为核心的航运中心地带，是华南沿海便捷的海上门户和京九铁路的出海口。惠州港拥有超大型原油接卸泊位和具有可建大型干散货泊位的自然条件及丰富的土地资源，对发展石化、电力等能源型临港工业有独特优势。惠州港于1993年4月16日正式对外国籍船舶开放，包括荃湾港区、东马港区、港口碧甲作业区和亚婆角作业区。现有开放码头17座（其中亚婆角码头按二类口岸运作）共52个泊位，设计吞吐能力10 013万吨、90万标箱，其中万吨级以上泊位19个。荃湾港区是惠州港的起步港区，是多功能综合性港区，以承担大宗散货物资转运和集装箱运输为主。东马港区是惠州港的大型石化港区，建有30万吨级和15万吨级石化泊位各2个，主要承担大亚湾石化区内生产企业的原材料及产成品装卸和广石化原油接卸服务，同时也为周边地区提供石化货物运输服务以及为海上石油钻井平台提供物资输送服务。

2018年1月12日，广东省口岸办牵头组织驻粤有关查验单位组成验收组，对惠州港中海炼油东联码头新建泊位（包括1个3万吨级和2个5千吨级成品油泊位，设计年吞吐能力为440万吨）进行了验收，同意正式对外开放。港口碧甲作业区主要为临港工业区提供港口配套服务，以承担临港工业所需的工业煤炭、矿石等大宗散货接卸任务为主。亚婆角作业区现为沿海砂石出口作业点，主要提供矿建材料和非金属矿石等装卸服务。惠州港开通有香港、台湾货运航线。

2018年，惠州水运口岸入出境人员3.2万人次，出入境船舶2 176艘次。

【汕尾水运（海港）口岸】 汕尾水运口岸位于广东省汕尾市城区，距太平洋国际航线只有12海里，水路距香港仅81海里、澳门112海里、广州179海里，水、陆交通四通八达。是我国政府首批公布对外开放口岸之一。

2018年，汕尾海港口岸出入境人员0.2万人次，同比下降44.5%；船舶127艘，同比下降53%。

【广海水运（海港）口岸】 广海水运口岸

1985年10月经国务院批准正式对外开放，该口岸位于台山市广海湾华侨投资开发试验区，面临南海，原址在台山广海镇海港码头，距澳门52海里、香港96海里。客运于1988年8月开通香港客运航线，年客运量曾超过10万人次，1996年11月该口岸客运迁往公益港，2007年起暂停运行。货运于1996年规划迁建可靠泊万吨级轮船的鱼塘货运港区，目前该港区基本完成了码头泊位、堆场及进港道路等主体工程。2014年，台山市政府根据大广海湾的发展规划，拟将该港区规划调整升级为建设5万吨级泊位、规模更大的广海湾货运港区，现正进行前期设计调整工作。广海海港口岸开放水域范围增开的国华粤电台山电厂进口煤专用码头，于2012年12月获准正式对外开放，该码头位于台山市广海湾东侧铜鼓湾内，建有2个5万吨级泊位（水工设计为10万吨级），港口接卸能力达到1 300万吨，2018年进口煤28万吨。

【湛江水运（海港）口岸】 湛江水运口岸位于中国大陆最南端的雷州半岛，是汉代“海上丝绸之路”始发港，是中国大陆通往东南亚、非洲、欧洲和大洋洲海上航程最短的港口，已与世界100多个国家（地区）通航。自1956年开港以来，历经60多年的建设，已成为全国沿海12个战略枢纽港和原油、铁矿石物流集散中心，是西南沿海港口群的龙头港和我国中西部地区货物进出口的主通道，是广东省连接东盟自由贸易区的最佳海上物流平台，是国家建设“一带一路”重要支点口岸，是中国大陆的重要远洋门户，在亚太经济圈中具有重要的战略地位。湛江海港口岸主要包括霞山港区、调顺港区、霞海港区、宝满港区、东海岛港区、南海西部石油公司专用码头等港区和5个原二类口岸，拥有对外开放码头泊位43个，年设计吞吐能力1.53亿吨。

霞山港区岸线6 387米，陆域纵深1 500米，用地面积3.93平方千米，生产性泊位29个（其中万吨级以上泊位26个、30万吨级陆岸原油码头2个、25万吨级陆岸铁矿石码头1个）。开通航线主要是原油运输航线（中东航线、非洲航线、新加坡中转航线）、铁矿石运输航线（东盟航线、南亚航线、非洲航线、美洲航线）。进出口货物有铁矿石、原油、成品油、集装箱、杂矿、化肥、粮食、钢材、木材等。

调顺港区岸线1 315.4米，陆域纵深660米，用地面积79.5万平方米，生产性泊位6个，开通航线主要是煤炭运输航线（东盟航线、非洲航线），进出口货物有煤炭、杂矿等。

霞海港区拥有对外开放码头泊位5个，开通航线主要是湛江—香港货运班轮及东盟航线，进出口货物有散货、集装箱等。

宝满港区岸线10 290米，陆域纵深1 000米，用地面积67.2万平方米。规划重点发展集装箱运输业务，已完成一期工程，建成2个5万吨级集装箱专用泊位，年设计吞吐能力80万标箱。2018年集装箱外贸航线15条（东南亚航线、东北亚航线，经香港、南沙和蛇口等港中转全球驳船航线），其中直达东南亚航线8条，2018年新增“泰国—湛江”等航线。

东海岛港区岸线34 110米、泊位27个，系湛江钢铁基地和中科合资广东炼化一体化项目生产配套的港区，已建成生产性泊位6个（其中30万吨级泊位、25万吨级泊位各1个，7万吨级泊位2个、5万吨级杂货泊位和1万吨级杂货泊位各1个），以大宗能源、原材料运输为主。

南海西部石油公司专用码头岸线384米，陆域纵深584米，用地面积17.5万平方米，生产性泊位5个，主要业务是进口大型海上钻井平台配件。

2018年，湛江海港口岸进出口货运量7 655万吨，同比下降2.9%；集装箱进出口运量20万标箱，同比下降0.5%；出入境交通工具5 906艘（架）次，同比下降2.2%；出入境人员12.96万人次，同比增长1.4%。

【潮州水运（海港）口岸】 潮州港位于广东省东南部沿海，是广东省最东端的一个天然良港，它包括三百门、西澳、金狮三个港区，海岸线总长136千米，港区规划水域面积230平方千米，1994年11月国务院同意将三百门港更名为潮州港，并列为独立对外开放口岸，2003 年 12 月 28 日经广东省政府（受国务院委托）验收合格正式对外开放。对外开放水域 115 平方千米。潮州港可利用建码头、泊位岸线 39 千米，其中可建 10～30 万吨级码头、泊位岸线 10.4 千米，目前已拥有对外开放码头 5 座，分别是：三百门港务公司码头、广东大唐潮州三百门电厂 5 万吨级专用煤码头、华丰 5 万吨级和 2 千吨级油气专用 2 个码头、潮州港亚太通用码头。

2018 年，潮州海港口岸吞吐量达 1 492.07 万吨，同比增长 27.4%。共查验进出口货物 769 万吨，增长 7.6%，货值 11 亿美元，验放船舶 367 艘次，检查出入境人员 6 546 人次。

【水东水运（海港）口岸】 水东港区是茂名港的主要港区之一，在清道光年间已成为粤西地区的重要商埠。在清咸丰和民国年间，曾两度对外通商贸易，但由于自然条件受限，现代意义上的港口开发较晚。1958 年广东省航运厅投资在水东湾建成 50 吨级泊位 6 个，至 20 世纪 80 年代中期，由于湾内港池航道逐年淤浅，30～50 吨木船需乘潮进港，1987 年前仅有停靠 30～50 吨木帆船的小码头 300 多米，年吞吐量约 14 万吨，港口发展较为落后。20 世纪 80 年代末，茂名石化产业的发展和对外经济交往的需要为水东港区的发展带来契机，1987 年茂名市和电白县联合在水东湾口西侧兴建 500 吨级泊位码头 2 座，仓库 16 座；1991 年茂名石化公司投资在水东湾口炮台岸段建成一座 3 万吨级成品油泊位，是当时粤西地区最大的重力式码头，并逐步建设数个千吨级杂货和成品油泊位，奠定了水东港区的基本格局。1994 年茂名石化公司在北山岭建设了我国唯一的 25 万吨级单点系泊装置及配套储油库，从此茂名港具有了大型深水泊位。1988 年，经国务院批准水东港成为对外开放口岸，1998 年经交通部批准，水东港更名为茂名港。进入 21 世纪以来，在港口规划指导下，水东港区陆续建成多个 5 000 吨级～3 万吨级泊位，港口规模稳步提升。

茂名港现建有水东、博贺、博贺新港等三个港区，全港已形成码头岸线 2 345.5 米，共有各类生产性泊位 19 个，码头货运通过能力总计 2 217万吨/年，客运 15 万人次/年。其中，原油单点系泊泊位一个，通过能力 1 100 万吨/年；成品油泊位 6 个，通过能力 640 万吨/年；液体化工泊位 1 个，通过能力 50 万吨/年。

水东港区是现有茂名港的主体，港区以成品油、液体化工品运输为主，兼顾散杂货及集装箱运输，是具有一定规模的综合性港区。水东港区利用水东湾潮汐通道水深和掩护条件，通过人工开挖和围填，沿通道两岸形成各类生产性泊位 14 个，建有 3 000 吨级～3 万吨级油气码头 7 个，500 吨级～3 万吨级通用码头 7 个，港区年综合通过能力 1 106 万吨。港区库场总面积 38 万平方米，其中仓库 11 座，面积约 6 万平方米；件杂货堆场 27 万平方米；集装箱堆场 5 万平方米。港区拥有煤油、柴油、汽油、液体化工品等储罐共 60 万立方米，并有 38 千米长的成品油管线连接码头与后方石化企业，港区拥有配套完整的港口起重运输机械及港作车船。

博贺新港区建于 1994 年，拥有 30 万吨级单点系泊装置 1 个，该装置是我国首套海上单点原油接卸系统。该装置通过 14.5 千米海底管线和 63.8 千米输油管线将单点系泊装置与茂石化炼厂连接，陆上配套建有 272 万立方米罐区，泊位设计年接卸能力为 1 100 万吨。2012 年～2016 年，先后启动博贺新港区粤电煤炭码头工程、防波堤工程、通用码头工程的建设，其间历时近 5 年，防波堤工程于 2018 年 7 月正式完工，粤电煤炭码头、通用码头主体工程也基本建成。随着防波堤工程的建成投产，博贺新港区深水大港雄姿初现。

博贺港区位于博贺渔港南侧，现有 4 个旅游码头，年综合通过能力 11 万吨、15 万人次，主要服务于放鸡岛旅游运输。博贺渔港为广东省三大渔港之一，是茂名市海洋捕捞业的重要基地，拥有渔业码头岸线 800 米，渔业泊位 31 个。

2018 年，水东海港口岸货物吞吐量达 2 540.49万吨，集装箱 9.03 万标箱。

【揭阳水运（海港）口岸】 位于惠来县神

泉镇，距离惠来县城南7.5千米处，西临南海，背靠文昌山，是历史上闻名遐迩的对外通商港口，汇集县内龙江河、雷岭河、盐岭河三大河流，系粤东地区最大的天然良港，被广东省列为一级渔场，是国家一级渔港，也是揭阳市主要出海港口和粤东重要港口之一。2010年12月9日获国务院批准对外开放（国函〔2010〕149号）；2017年2月7日，通过国家验收，实现正式开放。神泉港区主体工程项目为中海油粤东LNG项目15万吨级专用码头，可靠泊8－26.7万立方米液化天然气船舶的泊位及1 000吨及重件泊位各1个，配套管线工程由“一干两线”组成，总长约180千米，战场8座，阀室4座，覆盖汕头、揭阳、潮州。该项目主要为满足液化天然气（LNG）的装卸作业及气化输出，按照设计要求，项目LNG来源全部从国外进口。2017年4月25日，装载进口天然液化气的首艘境外货轮顺利停靠中海油粤东LNG码头，中海油粤东LNG码头投入正式运营。2018年，共进口天然气13航次85.73万吨。

【阳江水运（海港）口岸】 1993年3月9日，经国务院（国函〔1993〕13号）批准设立。阳江海港口岸主要港区海陵湾港区位于广东省沿海的阳江市西南平冈镇，处于海陵湾的中部，水路东距香港180海里，距澳门140海里，距珠江口190海里，西距湛江110海里，海口160海里，北距广州220海里。陆路至广湛公路（325国道）25千米，广州256千米，湛江230千米，是广湛水陆交通线的中心点，在广州港、湛江港两个主枢纽港之间，与主枢纽港一起构成层次分明的水运体系，成为粤西中部和内陆地区重要出海门户，地理位置十分优越。

海陵湾港区现有对外开放码头6个，其中，通用码头1个（码头岸线长608米，已建成1万吨级泊位2个，3.5万吨级泊位1个，设计年吞吐量395万吨）；粮食码头1个（码头岸线长300米，已建成3万吨级泊位1个，设计年吞吐量180万吨）；公用散杂货码头1个（码头岸线长510米，已建成5万吨级泊位2个，设计年吞吐量381万吨）；油气专用码头1个（码头岸线长140米，已建成3 000吨级泊位1个，设计年吞吐量24万吨）；溪头装卸点1个（码头岸线长130米，已建成200吨级泊位2个，500吨级泊位2个）；闸坡装卸点1个（码头岸线长170米，已建成7 000吨级泊位1个，3 000吨级泊位1个）。设计年吞吐能力共980万吨。

（阳江港区）

东平港区现有对外开放码头1个，即东平装卸点。码头岸线长120米，已建成100吨级泊位1个，500吨级泊位1个。

阳江港主航道水深12米，港池和码头前沿水深8.5～14.5米。目前已按10万吨级航道进行疏浚改造，可满足载重7万吨船舶航行。2018年往来航线主要有马来西亚、菲律宾、阿拉伯联合酋长国、伊朗伊斯兰共和国、印度、印度尼西亚、美国、巴西、南非共和国、莫桑比克、马普托、俄罗斯、新喀里多尼亚、澳大利亚等14个国家和地区。进出口货物总类主要有镍矿、铁矿、煤炭、黄大豆等。

2018年广东（阳江）国际贸易“单一窗口”国家标准版建设推广，实现货物申报、水运舱单申报、运输工具申报、税费支付和出口信用保险业务等应用项目在“单一窗口”上线运行，业务量共19 872票，货物申报和舱单申报覆盖率分别达到100%和83%。2018年阳江海港口岸进口和出口整体通关时间分别为24.29小时和3.38小时，比2017年全年分别压缩70.96%和68.78%，圆满完成了国务院“整体通关时间再压缩三分之一”的工作目标。

2018年，阳江海港口岸进出口货运总量为

1 006. 71万吨，同比下降12. 1%，其中进口993. 68万吨，同比下降12. 6%；出口13. 03万吨，同比增长59. 3%。进出境船舶423艘次，出入境人员8 833人次。

【中山水运（河港）口岸】 中山港1985年建成通航。2016年8月10日，中山河港口岸扩大开放通过国家验收，其中，中山港区、神湾港区（含盛世游艇码头）对外籍船舶开放，小榄港区、黄圃港区对国内船舶开放。经过30多年的发展，已初步形成东部有中山港区、南部有神湾港区和盛世游艇码头、北部有黄圃港区、西北部有小榄港区的环型码头布局。

中山港港区。对外籍船舶开放。该港区位于中山市火炬开发区，水路距香港54海里、距澳门51海里，向东进入伶仃洋与国际航线相通，内河接珠江水网，公路以广珠东线、京珠高速公路为骨干线，中山港港区河宽平均400米，水深7～10米，现可通航3 000吨级江海轮。港区内设客运码头1个，经营方为中港客运联营有限公司；公共货运码头2个，分别是中山港航运码头和中外运码头，经营方分别是中山港货运联营有限公司和中山中外运仓码有限公司。中山港港区已开设的固定航线有：中山港—香港、中山港—深圳、中山港—南沙，已发展为集客货运一体、年均入出境旅客100多万人次、进出口货物600多万吨的综合性水运口岸，服务区域覆盖了全市各个镇区及中山周边城市。2018年，中山港区进出口货物328. 01万吨，其中集装箱51. 7万标箱，客运口岸进出境旅客128. 77万人次。

神湾港区。对外籍船舶开放。该港区位于中山市南部神湾镇，陆路距中山港区48千米，水路距香港52海里，主要辐射神湾、三乡、坦洲、板芙等4个镇区。神湾港区内设公共货运码头1个和游艇码头1个，货运码头经营方为中山市神湾港货运联营有限公司；游艇码头为盛世国际游艇码头，位于神湾镇磨刀岛磨刀门水道东岸，经营方为广东盛世游艇会有限公司。该码头拥有齐全的查验配套设施供游艇进出境查验使用，2016年11月23日举行了游艇自由行开通仪式，标志着中山与澳门游艇自由行正式通航。2018年神湾港进出口货物47. 36万吨，其中集装箱8. 8万标箱。

小榄港区。对国内船舶开放。该港区位于中山市西北部的小榄镇，陆路距中山港区35千米，水路距香港75海里，主要辐射中山市小榄、南头、古镇、东凤、黄圃、阜沙、东升等7个镇以及顺德区等周边地区。小榄港码头岸线长度364米，建有1 000吨级货轮泊位8个，经营方中山市小榄港货运联营有限公司。2018年小榄港进出口货物105. 4万吨，其中集装箱31. 3万标箱。

黄圃港区。对国内船舶开放。该港区位于中山市北部的黄圃镇洪奇沥水道南岸，主要服务于中山市北部五镇区，同时辐射佛山市顺德区和广州市番禺区。年设计吞吐能力190万吨，其中集装箱9万标箱、件杂货100万吨，经营方中山市黄圃港货运联营有限公司。

2018年，中山河港口岸进出口货物50. 49万吨，其中集装箱运输96. 28万标箱；口岸进出境旅客128. 77万人次。

【南海水运（河港）口岸】 南海河港口岸三山港区于1996年经国务院批准将南海客运港与三山装卸点合并为客货运口岸，位于南海区三山港经济开发区，港区码头岸线长420米，3 000吨级泊位7个，港区总面积42万平方米，堆场面积23万平方米。开通接驳航线有南海—香港/蛇口/赤湾/南沙/大铲等班轮；港区配备CCTV、X光机货物查验系统、闸口集装箱自动识别系统等查验设备；进出口货物种类主要为废五金、木材、家电、汽车零配件等；口岸实行“6＋1”工作制（即星期一至星期六正常上班，星期天预约上班）。现由黄港口南海有限公司与佛山市南海瀚和投资有限公司共同投资设立的南海国际货柜码头有限公司负责经营。

2018年进出口货运量224. 08万吨，其中出口货运量39. 087万吨，进口货运量184. 99万吨，集装箱吞吐量22. 91万标箱。

【容奇水运（河港）口岸】 容奇水运（河港）口岸位于顺德大良德胜河板沙尾，东经

111.3度，北纬22.3度。距香港62海里，陆路距广州和佛山各40千米，距东莞50千米，珠海90千米，城际轻轨经港口而过，水路、陆路交通十分便利。1986年经国务院批准开设，1987年12月通过国家验收正式对外开放。1995年9月，经广东省政府批准（粤府口函〔1995〕114号），将容奇港搬迁至现址并易名为顺德港。港口岸线长260米，港区占地72 800平方米，建筑面积29 300平方米，现建成有10条自助查验通道建设及一套信息采集系统。容奇河港口岸是佛山市内最大的水路客运口岸，平均每天有8个以上航班往返顺德港和香港中港城码头，全年进出境航班3 038航次。

2018年经容奇河港口岸出入境旅客为553 792人次，其中入境旅客313 733人次，出境旅客321 416人次。

【高明水运（河港）口岸】 位于佛山市西翼的西江之滨，分为高明港客运口岸、高明外贸货物装卸点。高明港客运口岸是国务院于1992年12月14日批准的对外开放口岸，位于高明区荷城沿江路303号，水路距香港101海里。驻高明港口岸海关、边检、海事等检查检验单位齐全，现由佛山市高明区明珠客运联营有限公司负责经营。高明客运口岸现有直接通航航点（航线）到香港中港城。

2018年通过高明河港口岸入出境人员3.1万人次，出入境船舶2 248艘次。

【虎门水运（河港）口岸】 位于珠江口东岸，处于广州—东莞—深圳—香港城市发展轴带的中间和珠三角经济区中心位置，拥有珠江口53千米的深水岸线，海域面积79平方千米，航道水深13米，包括虎门港（太平）客运口岸和虎门港货运口岸。目前，客运口岸开通虎门至香港机场航线，每日“5进5出”共10个航班2 863个座席。虎门河港口岸的开放范围自北向南包括：麻涌、沙田、沙角和长安四个港区，纳入虎门港口岸对外开放的一类货运码头有24座，泊位51个。

虎门港货运口岸1997年6月27日经国务院批准对外开放，2003年9月28日正式对外开放。麻涌港区为大宗散杂货码头港区；沙田港区为虎门河港口岸的主港区，主要规划建设多功能大型集装箱码头和石化码头，配合虎门港保税物流园区和后方加工贸易区以及石化工业园的同步发展；沙角港区主要配合虎门河港口岸太平客运码头和虎门镇威远岛整体规划的发展，逐步使威远岛发展成为旅游休闲度假区；长安港区主要远期规划建设大型深水集装箱码头。2010年3月正式开通对台航线。口岸已实现“区港联动”通关模式，拓展了虎门港码头的功能和范围，既节省通关成本，又提高通关效率。2018年3月5日协调推动东莞中外运石龙码头正式开展对接港澳的外贸业务，促进“水铁联运”业务开展；2018年协调东莞港务集团发展近洋运输，开通了一条越南海防直航。

（虎门港集装箱码头）

太平客运码头1982年6月24日经国务院批准开通，1984年7月2日正式通航，恢复了中断20多年的太平至香港客运航线。太平客运码头位于东莞市西南部的虎门镇，地处珠江口东侧，是“广州—深圳—香港”和“广州—珠海—澳门”这两条经济走廊的交汇点，是连贯珠江三角洲、连接穗港澳的交通枢纽。港口地理位置条件优越、交通网络发达：南往深圳20千米，香港47海里，澳门48海里；北至广州90千米，距东莞市区29千米；西与番禺隔河相望。水陆交通四通八达，公路干线连接广深高速公路和107国道，港并通过虎门大桥连番禺通往珠海、广州等地。

太平客运码头是广东省最早开通的客运口岸

之一，由码头和入出境客运大楼两部分组成，入出境现场总面积达 2 337.14 平方米。现有入出境查验通道共 12 条（其中入境 6 条、出境 6 条），各种检查检验仪器设备，较完备的各种标志牌、电子显示屏、告示牌和闭路电视监控系统。2010 年对口岸出入境大堂、旅客候船厅及预办登机服务大厅等场地进行重新装修升级改造，更换大厅的空调设备，增设标准化航空值机柜台 11 张，自动化行李处理线路 9 条。目前，太平客运码头设趸船泊位 2 个，长 38 米，宽 6 米，面积 228 平方米，设计水深 3 米，实际水深 2 米。2003 年 9 月 29 日，太平客运虎门至香港国际机场航线正式开通，每日对开 10 个航班（五进五出），一些具有国际影响力的航空公司可在太平客运口岸为广大旅客办理值机服务，旅客在乘船转机之际便可直接领取登机牌和办理行李托运手续，抵达香港国际机场过安检后便可直接登机，无须再办理任何手续。

2018 年，虎门河港口岸入出境人员 29.7 万人次，同比增长 1.4%；船舶 15 683 艘次，同比下降 6.9%。外贸集装箱吞吐量 3.7 万标箱。

【斗门水运（河港）口岸】 斗门河港口岸于 1991 年 1 月 28 日建成，并开通了斗门至香港的客运航线。斗门港占地面积 38 万平方米（含客、货运区），码头岸线长 970 米，旅客联检大楼 4 700 平方米，使用 252 座豪华快速双体喷射客轮。目前，斗门港至香港每日进出 2 个航班。

1993 年，经省政府批准斗门河港口岸新环装卸点为对外开放的原二类口岸，1994 年 6 月 18 日建成试航，主要从事港区内货物装卸、仓储，道路货物运输（集装箱）业务，为客户提供珠海地区到香港乃至世界各地的门到门全程陆路、水路联运服务。2005 年 10 月，货运码头由珠江船务发展有限公司独资经营。货运码头目前拥有岸线 203 米，4 个 1 000 吨级泊位，堆场面积达 11 万平方米，进出口仓库面积 3 726 平方米，以及一大批大型的、先进的装卸、运输设备。扩建工程完成后港口的通过能力大幅度提高，集装箱年通过能力由 6 万标箱增加到 15 万标箱，货物年通过能力由 60 万吨增加到 100 万吨。

2018 年，斗门河港口岸出入境客运量 12 033 人/次，同比下降 58.2%，出入境交通工具 760 辆/次，同比增长 6.9%，进出口货运量 275 534 吨，同比增长 0.8%，总值 705 310 万美元，同比增长 26.9%，税收 70 683 万元人民币，同比增长 22.80%。

【江门水运（河港）口岸】 江门港客运码头是广东江门五邑地区具有百年悠久历史的客运口岸（通航香港澳门），原位于江门北街，1997 年 6 月迁至西江河段江门外海大桥下游 1.5 千米处新港，江门市江海区金瓯路 1 号。水路距香港 75 海里、距澳门 38 海里。口岸占地面积 8 万平方米，码头长度 133 米，500 吨泊位 3 个，设计年客运通过能力 100 万人次。查验综合大楼建筑面积 4 万平方米，大楼内出入境查验通关大厅、候船厅、免税商场、地下车库等口岸功能设施齐全，港口广场及绿化面积 6.5 万平方米。新中国成立以来，该口岸大部分时段保持通航澳门，1982 年 5 月扩大开放通航香港。江门港原有的唯一船舶“蓬莱湖”于 2017 年 12 月 29 日报废，新船于 2018 年 8 月底投入营运，客位 199 个，与珠海斗门港挂港联运，日常每天 2 个航班往返于江门至香港，直航单程只需 2 小时 50 分钟左右，节假日进出境客流高峰时，每天进出航班会增开到 4 个。2018 年出入境旅客 18 064 人次，同比下降 71.8%。

2018 年，江门河港口岸入出境人员 5.9 万人次，入出境船舶 5 219 艘次。

【新会水运（河港）口岸】 新会河港口岸包括天马货运港区及口岸开放水域范围的双水发电厂进口煤专用码头、银湖船舶维修专用码头、宜大化工品专用码头和客运码头（2003 年暂停运行）。

天马货运港区位于潭江下游的银洲湖左岸，新会今古洲江裕路 2 号。其航道经崖门出南海，天然水深 8 ~ 13 米，是少有的内河优良建港水域，交通便利，水路距香港 98 海里、距澳门 47 海里，陆路紧靠广东西部沿海高速公路和广珠铁路。2001年12月该港首期全面建成并获准开放，可靠泊外国籍船舶。目前，3 000吨级海轮可全潮、5 000吨级海轮可乘潮进出港。待第二期航道浚深工程完工后，5 000吨级海轮可全潮、10 000吨级海轮可乘潮进出港。首期建成使用的港区占地面积12.80万平方米，基本设施建有长323米的码头，含5 000吨级泊位2个、500吨级泊位1个，仓库4 800平方米，集装箱及件杂货堆场共5万平方米，建筑面积近4 000平方米的综合联检办公大楼，进出港道路为6车道一级水泥公路。港口运作配套设施较先进齐备，装卸运输设备主要有门座起重机4台（最大起重能力45吨），各型集装箱牵引车、叉车和运输车50多辆，港口作业船1艘。目前已投入使用的港区，设计年货物吞吐能力86万吨，其中集装箱10万标箱。2018年，该港区进出口货物134.7万吨，下降7.5%；入出境人员1.3万次，入出境船舶1 753艘次。

【鹤山水运（河港）口岸】 鹤山河港口岸位于广东省鹤山市西江河段、325国道九江大桥侧的沙坪河口与西江的汇合处（通航香港），鹤山沙坪镇口岸路，1988年4月27日经国务院批准对外开放，1989年1月28日开通鹤山至香港的水路客运航线。港区岸线长260米，码头长48米、泊位1个，建有旅检大楼3 000平方米，内设6条旅客进出境通道，候船厅、免税商场、停车场等设施齐备。目前，该口岸由佛山高明港高速客轮挂港联运，每天一进一出共2个航班，每航次约需2小时30分钟。2018年，该口岸出入境旅客23 004人次，同比下降48.1%。

【三埠水运（河港）口岸】 三埠河港口岸位于广东省开平市三埠镇长沙港口路7号、潭江中下游左岸，距香港146海里，澳门80海里，于1984年4月建成并开放使用，通航港澳。港区陆域面积54 087.75平方米，岸线537.4米，拥有4个1 000吨级泊位，包括有三埠港货运码头装卸点和三埠港客运码头。三埠港客运码头年客运量曾达到20多万人次，2007年9月起因客运量不足，取消直航航班，通过与中山港合作开展“三埠—中山—香港”水陆联运模式接送旅客。2009年6月起，暂停客运业务。三埠港货运码头装卸点内有3座仓库，面积共1 613平方米，车辆查验台215平方米，查验场1 085平方米，堆场6 394平方米，查验单位业务用房面积2 980平方米，现有三埠—香港，三埠—南沙、蛇口等两条进出口货运航线。2018年，三埠河港口岸出入境人员6 000人次，出入境船舶821艘次。

原二类口岸

【容奇港装卸点】 地处西江下游的容桂水道，位于广珠公路容奇大桥东侧，距香港63海里，距深圳48海里。现有泊位10个，码头岸线长636米，港区面积为12万平方米，年吞吐量80万标箱，300万吨散货。每天有多班往来香港的集装箱船、件杂货船和多班往来深圳、南沙的进出口直航驳船。码头内还设有进出境货运车辆查验场。容奇水运（河港）口岸于1987年12月18日通航。2018年，容奇港全年进出口货运量520 393吨。

【北滘港装卸点】 位于北江顺德水道的北岸，105国道三洪奇大桥东面，碧桂路西面的北滘工业园内。于1992年10动工兴建，1994年12月28日通过验收投入使用，2011年完成扩建。港口泊位岸线长800米，港区面积31万平方米。设计年吞吐能力280万吨集装箱货物和60万标箱。港区内设有进出境货运车辆查验场。2018年，北滘港全年进出口货运量1 827 199吨。

【勒流港装卸点】 地处顺德区北江水道南岸的稔海—黄连段，距香港70海里，距深圳55海里，距广州黄埔港68海里。1999年经广东省人民政府口岸办公室批准为原二类口岸。现有泊位9个，码头岸线长600米，港区面积为30万平方米，年吞吐量25万标箱，150万吨散货。港区内设有进出境货运车辆查验场。2018年，勒流港水运口岸全年进出口货运量1 634 732吨。

【佛山新港装卸点】 佛山新港装卸点内设新港码头，是1993年批准对外开放的原二类口岸，位于禅城区港口路39号，货物年吞吐量350万吨，集装箱吞吐量28万标箱。进出口货源主要是机械产品、塑料原料、棉纱和钢材。从货源结构看，轻工医药类、制造业的产品占佛山新港进口货源的80%以上，矿建性材料及机械设备占佛山新港出口货源近80%。2018年，佛山新港进出口货运量245.09万吨，其中出口货运量218.05万吨，进口货运量27.04万吨，集装箱吞吐量为14.77万标箱。现由佛山市航运有限公司与香港珠江船务（企业）集团有限公司合资设立的佛山新港码头有限公司负责经营。

【澜石装卸点】 澜石装卸点内设澜石码头，是1979年批准对外开放的原二类口岸，位于禅城区前进路88号，码头岸线长440米，有驳船装卸泊位7个，年吞吐量250万吨，集装箱30万个。进口货源以原材料（包括塑料粒、棉纱、纸等，货源占比85%）和食品（包括水果、冻品等，货源占比10%）等为主，出口货源以陶瓷（货源占比90%）和建材为主。2018年，佛山澜石港进出口货运量142.66万吨，其中出口货运量104.41万吨，进口货运量38.25万吨，集装箱吞吐量为7.85万标箱。现由新加坡吉宝电讯与通运有限公司与广东外运有限公司合资成立的吉宝物流（佛山）有限公司经营。

【滘口装卸点】 滘口装卸点内设滘口码头，是1981年批准对外开放的原二类口岸，位于滘口大街28，码头岸线长200米，2 000吨级码头泊位3个，设计年吞吐能力50万吨。出口的集装箱主要以瓷砖和中药材为主，散货以钢材、铸管、小五金茶叶等为主；进口集装箱以藤枝和花卉苗木为主，散货以少量杂货为主。目前滘口码头已暂停运作。2017年12月经省口岸办批准滘口口岸搬迁至顺德区了哥山港。

【九江装卸点】 九江装卸点内设九江码头，1979年批准设立，位于南海区九江镇东南段。现有45吨轨道门座机5台，集装箱龙门吊4座，码头岸线长440米，驳船位6个（其中2个为3 000～5 000吨级泊位），集装箱年吞吐量达80万标箱。2018年进出口货运量260.01万吨，其中出口货运量182.62万吨，进口货运量77.39万吨，集装箱吞吐量为19.55万标箱。现由佛山中外运仓码有限公司经营。

【平洲装卸点】 平洲装卸点内设南港码头，于1986年批准设立，位于南海区永安路1号，港区码头岸线长230米，3 000吨级泊位4个，集装箱堆场面积1万平方米，散货堆场面积2.6万平方米，进出口货物种类主要为废五金、废塑料、木材、家电、钢材等；口岸实行“6+1”工作制（即星期一至星期六正常上班，星期天预约上班）。2018年，进出口货运量65.83万吨，其中出口货运量14.78万吨，进口货运量51.05万吨，集装箱吞吐量为7.64万标箱。现由佛山南港码头有限公司经营。

【北村装卸点】 北村装卸点内设北村码头，于1986年批准设立，位于珠江口水道广州珠江大桥上游，码头岸线长200米，设有1 000吨级的集装箱泊位1个，500吨级的散货船泊位2个，集装箱堆场面积8 200平方米，仓库面积650平方米；口岸实行“6+1”工作制（即星期一至星期六正常上班，星期天预约上班）。2018年进出口货运量29.99万吨，其中出口12.7万吨，进口17.29万吨，集装箱吞吐量1.77万标箱。由珠江内河货运码头有限公司与广东省南海食品进出口有限公司组成中外合作企业佛山北村珠江货运码头有限公司负责经营。

【高明装卸点】 高明装卸点内设珠江货运码头与食出码头。珠江货运码头于1992年批准设立，位于高明区荷城沿江路11号，建有4个3 000吨级泊位。2018年进出口货运量340.8万吨，集装箱吞吐量为308.8万标箱。现由香港珠江船务发展公司全资控股的佛山高明珠江货运码头有限公司负责经营。食出码头位于高明区荷城沿江路253号，于1985年批准设立，码头设有1 500吨级泊位1个，集装箱堆场1.6万平方米，拥有物流仓库4 000平方米，保税仓出口监管仓1 200平方米，冷冻仓库400平方米。2018年进出口货运量8.3万吨，集装箱吞吐量为0.8万标箱。现由港资企业海晏（广州）国际货运代理有限公司负责经营。

【三水港装卸点】 三水港装卸点内设三水港码头，于2000年投入使用，位于西江马口段，年外贸集装箱吞吐能力30万标箱，进出口货物种类主要为电器及电子产品、铝材、机械设备、纺织品、塑料、陶瓷、机电、食品饮料等。2018年，三水港进出口货运量198万吨，其中出口货运量173万吨，进口25万吨。现由佛山市三水港吉宝物流有限公司负责经营。

【西南装卸点】 西南装卸点内设西南码头，于1986年批准对外开放的原二类口岸，位于北江下游东平水道左岸，年吞吐量18万标箱。进出口货物种类主要为陶瓷、机电、铝材等。2018年，西南码头进出口货运量0.95万吨。现由佛山三水三港集装箱码头有限公司负责经营。

【韶关新港装卸点】 位于市区南郊9千米处，占地65 000平方米，300吨船泊位3个，岸线180米，监管仓库500平方米，堆场30 000平方米，办公大楼2 800平方米，配备设备40T吊机一台，叉车一台，120吨地磅一台，年吞吐能力30万吨。

【惠州红海装卸点】 惠州红海港装卸点是1985年11月5日经广东省人民政府批准开设的原二类口岸，是东江流域的重要河港口岸之一。1998年10月经省人民政府、海关总署确认为继续保留运作的原二类口岸，2005年作为新开口岸项目列入《国家"十一五"口岸发展规划》。该装卸点包含恒盛集装箱码头和宏兴码头，2010年6月，经广东省人民政府审核后定名为"博罗港口岸"（含红海港区和宏兴港区），并上报国务院审批。其中恒盛集装箱码头位于博罗县石湾镇江滨路，设有500吨级泊位2个，设计年吞吐能力为60万吨；宏兴码头位于博罗县龙溪镇，始建于1998年10月，建有500吨级泊位10个，设计年吞吐能力为500万吨。经广东省口岸办组织验收合格，宏兴港区从2013年3月6日起对来往港澳国轮开放启用，仍按原二类口岸模式运作。

【湛江港长桥装卸点】 由霞山长桥码头、渔业公司旧码头和富多石油液化气专用码头3个码头组成。霞山长桥码头、渔业公司旧码头于1982年经广东省政府口岸办"粤府〔1982〕30号"批准设立的原二类口岸。霞山长桥码头为湛江口岸对台小额贸易点。湛江港长桥作业区位于湛江市霞山区。

【湛江港北潭装卸点】 1993年经广东省政府口岸办"粤府口函字〔1993〕81号"批准设立的原二类口岸装卸点，1998年广东省政府列为暂停运作需进行调整的口岸装卸点。2003年广东省政府批准恢复运作。湛江港北潭作业区位于雷州半岛西北部的英罗湾。

【湛江港营仔装卸点】 1993年经广东省政府口岸办"粤府口函〔1993〕82号"批准设立的原二类口岸装卸点。1998年广东省政府列为暂停运作需进行整顿的口岸装卸点，2004年经广东省政府批准恢复运作。湛江港营仔作业区位于雷州半岛北部。

【湛江港流沙装卸点】 1989年经广东省政府口岸办"粤府口〔1989〕95号"批准设立的原二类口岸装卸点。1998年广东省政府列为暂停运作需进行整顿的口岸装卸点，2004年经广东省政府批准恢复运作。湛江港流沙作业区位于雷州半岛西南端。

【湛江港海安装卸点】 1981年经广东省政府口岸办"粤口函（81）40号"批准设立的原二类口岸装卸点，1995年广东省政府批准为对越南小额贸易试点口岸。2008年改扩建1 000吨级件杂货综合性码头，并于2015年1月8日被广东省口岸办公室批准为海安作业区新址，1月28日该作业区开通"湛江—海安—香港"集装箱航线，正式开展对外业务。湛江港海安作业区位于祖国大陆最南端。

【肇庆三榕港装卸点】 三榕港水运（河港）口岸包括三榕作业区和20号码头作业区。肇庆港装卸点于1963年批准开设，原址在7号、8号码头，后因场地限制迁移至三榕港和20号码头。三榕作业区位于肇庆市区西郊，1990年2月12日经广东省政府批准开设，1991年6月28日建成使用。距香港145海里，港口建设规模大，配套齐全，原港区面积 25.4 万平方米，堆场 10 万平方米，仓库 1.5 万平方米，生活、办公设施7 300平方米，码头岸线长 130 米，港池水深 4 米，1 000吨级泊位 2 个，设计年吞吐能力 100 万吨，集装箱年通过能力 10 万标箱，是目前肇庆市颇具规模的、功能较为全面的集装箱货运港口。2012年9月，三榕港二期码头正式投入使用，码头岸线长度扩展到了 316 米，港区面积达 25 万平方米，集装箱通过能力突破 50 万标箱，货物吞吐量达到700 万吨，港区占地面积 28 万多平方米，拥有堆场 18 万多平方米、仓库 15 000 平方米，实现了“再造一个三榕港”的目标，三榕港成了珠三角乃至西江流域名副其实的内河大港。

2018 年，三榕港出入境船舶 952 艘次，进出口集装箱 53 983 标箱，进出口货物 875 293 吨。

【肇庆新港装卸点】 位于鼎湖区广利镇塘口村，由珠江船务发展有限公司控股的肇庆新港码头有限公司经营，于 2010 年 7 月 22 日开放成为原二类货运口岸。该装卸点距香港 130 海里，码头岸线 264 米，前沿水深常年在 6 米以上，航道水深在 11 米以上。港区占地面积约 16 万平方米，5 000 吨级泊位 2 个，可同时靠泊 4 艘 2 000吨级轮船；堆场面积约 9.2 万平方米，前沿设计通过能力 30 万标箱，后方堆场通过能力 35 万标箱，货物通过能力可达到 200 万吨。是交通部确定的全国 28 个内河主要港口之一，是 3 000 吨级以上江海轮能够到达的西江最上游港口。2018年，肇庆新港出入境船舶 516 艘次，进出口集装箱 30 355 标箱，进出口货物 389 347 吨。

【肇庆高要装卸点】 高要港区南岸装卸点位于高要市南湾路 48 号，与肇庆港区三榕作业码头隔江相望。现在由肇庆高要珠江物流有限公司经营。港区面积 7.6 万平方米，业务办公面积6 000 平方米，堆场 5 万多平方米，口岸距香港144 海里，码头岸线长 54 米，港池水深 6 米，500 吨泊位 1 个，设计年吞吐能力 20 万吨。1985年 5 月 17 日经省政府批准开设，1990 年 8 月 20日建成启用。口岸配套设施齐全，是高要区重要的对外开放口岸。2018 年，高要港全年出入境船舶 1 332 艘次，进出口集装箱 43 268 标箱，进出口货物 855 366 吨。

【肇庆康州港装卸点】 康州装卸点位于西江上游德庆县城西江北岸著名的三元塔旁，现由肇庆康州珠江货运码头有限公司经营，康州装卸点 1987 年 3 月 21 日经省政府批准开设，1989 年12 月 28 日建成投入使用，口岸距香港 213 海里，堆场 33 000 多平方米，经扩建码头岸线长由 63米增加到 101 米，港池深度 5 米，经两期扩建改造，设计年吞吐能力由原来 8 万吨扩大到 60 万吨，拥有 1 000 吨级泊位 3 个。

【肇庆马房装卸点】 马房装卸点位于北江下游——绥江与北江的汇合处，于 1988 年 4 月22 日经省政府批准开设，1997 年 3 月 28 日建成使用。该口岸距香港 123 海里，港区占地面积67 000平方米，堆场 47 000 多平方米，码头岸线长 120 米，港池水深 4 米，设 2 000 吨级码头泊位 2 个，设计年吞吐能力 120 万吨 ，2012 年通过货物 92 万吨，113 000 标箱。港口设施齐备，功能齐全。2018 年，四会港全年出入境船舶3 358艘次，进出口集装箱 91 378 标箱，进出口货物837 566 吨。

【清远港装卸点】 位于北江中下游清远市市区，1993 年 4 月经广东省人民政府口岸办公室批准设立为清远港进出口货物装卸点（粤府口函〔1993〕54 号），1998 年经省人民政府、海关总署确认为继续保留运作的原二类口岸（粤府〔1998〕69 号），2015 年被广州海关评定为 A 类监管场所，由清远珠江货运码头有限公司经营。码头岸线长280 米，1 000 吨级泊位 4 个，45 吨和 35 吨集装箱岸吊及装卸设备一批，设计年吞吐能力为 120 万吨。现开通清远港往返香港、澳门小型船舶运输以及外贸内河中转运输航线。进出口货物种类主要为塑料粒、牛皮、食品、橡胶、硼钙石、锆英砂、高岭土、陶瓷、纸巾等。2018 年进出口货运量 50.07 万吨，同比增长 24.61% 。

【揭东泰丰侨金属制品有限公司泰围码头】 2002 年 3 月 13 日，经广东省对外贸易经济合作厅批准设立（粤外经贸港函〔2002〕19 号），建成2 000吨级码头1座，设计吞吐能力为货物30万吨/年，码头对外开放于2012年4月列入《国家“十二五”口岸发展规划》，省政府于2016年2月已上报国务院审批。

【云浮装卸点】 云浮装卸点下设外贸作业区和六都内贸作业区两个港区，位于西江中游南岸云安区六都镇，地处两广航运节点，且航道水深优良，水陆铁交通十分便利。下达广州113海里、珠海149海里、香港177海里；上溯广西梧州60海里。陆路与国道324线相连，距广梧高速公路云安区出口7.5千米、云浮市区18千米、广州178千米，是连接沿海与内地、连接珠三角与大西南的交通要冲，是云浮建设两广（广东、广西）交通纽带的重要节点。口岸现场操作时间长、效率高，上午8点到凌晨1点，每天长达17小时的作业时间。

云浮装卸点现有开通至香港、深圳蛇口、广州南沙、珠海高栏等港口的船舶往来航线，在“云浮—香港”定期航班的基础上，开通了“云浮—南沙”出口航线。开通梧州赤水—云浮装卸点内支航线及云浮装卸点—梧州大利口航线。2018年云浮装卸点新增云浮水运（河港）口岸—梧州赤水港内贸转外贸出口航线。云浮装卸点进口主要货物种类有石材、不锈钢、纸浆等；出口主要货物种类有石材、陶瓷、电池、硫铁矿等。2018年新开展的货物种类有空气弹簧减震器、钛矿。

2018年云浮海关相继推出“全国通关一体化”“税收汇总征收”“露天保税仓”等一系列优惠措施，吸引本地企业回流。2018年进口平均通关时间只需3.84小时，出口平均通关时间0.86小时，进出口通关平均时长达到了2.69小时。内贸码头完成升级改造项目，产能提升，效率提升。经海关允许，6月28日起在外贸港区临时经营内贸业务，缓解内贸操作压力。11月，经海关同意，外贸港区的临时内贸作业区面积从约7 000平方米增加至约10 000平方米。

2018年，云浮装卸点进出口货物221.83万吨，同比下降19.9%；进出口集装箱13.15万标箱，同比下降18%。

（云浮装卸点一角）

【韶关铁路货运口岸】 位于韶关市区南郊3千米处，占地25 640平方米，内设有一座500平方米封闭式仓库、一座3 000平方米的低温仓库、300平方米的停车场，铁路专用线、站台465米，可同时停靠8个火车皮，地面仓库及附属建筑4 153平方米，年吞吐能力150万吨，主要开展铁海联运业务。2018年全年，通过韶关铁路货运口岸“铁海联运”共运输3 090标箱，受国际贸易大环境影响，运量有所下降，同比2017年减少了896标箱，下降22.5%。

【乐昌铁路货运口岸】 位于乐昌市环城中路，距离韶关车检场65千米，占地21 700平方米，有专线500米，年吞吐能力20万吨。

进出境货运车辆检查场（以下简称车检场）

【佛山车检场】 佛山进出境货运车辆检查场于1991年投入使用，位于禅城区五峰三路，占地面积16 000平方米，仓库面积1.96万平方米。进出口货物有电子元件、家电、家私、玩具、文具、服装等。2018年，佛山车检场进出口货运量7.11万吨，其中出口货运量6.61万吨，进口货运量0.50万吨。现由佛山口岸发展有限公司经营。

【高明车检场】 佛山高明车检场于1993年开设，2006年通过验收，设于高明珠江货运码头内。占地面积约2 000平方米，通关的车辆以出口转关车为主。出口的货物基本为纺织品、成衣、日常用品、食品。自2018年1月1日起佛山高明车检场停止使用。

【三水车检场】 佛山三水车检场于1995年批准开通使用。位于城区贤兴路，占地面积约1.33万平方米，货柜车候检场5 000平方米，设计日检车能力50辆次。2018年，车检场进出口货运量1.22万吨。现由三水区口岸服务公司负责经营。

【南海桂江车检场】 佛山南海口岸桂江车检场1992年投入使用，位于南海大沥桂和路口，场内共设有5个独立仓库，20个货柜车查验车位，设计日检车能力200辆次。目前桂江口岸已由转关业务转向跨境电商业务，以进口为主，自2018年5月11日开展第一批电商业务开始，截至2018年12月31日，共进入车辆482台，进口电商票数456票，货值1.75亿元，税款1 900万元（含增值税、消费税）。主要以日用消费品、奶粉、化妆品、小家电、鞋帽衣服类等为主，海关抽检率约为8%，每日检验流水线能达到10 000件。现在电商运营商为“佛山市南海帮帮淘国际货运代理有限公司”，该公司按要求取得BFT账号，即国际快递经营资质等运营资质，并已在海关备案。

【南海官窑车检场】 佛山南海官窑车检场于2001年投入使用，位于南海区狮山镇官窑官和路沙墩尾，占地约3.27万平方米。场地内共设有2个独立仓库，16个货柜车查验车位，设计日检车能力200辆次。2018年进出口货运量12.37万吨，其中出口9.86万吨，进口2.51万吨，集装箱吞吐量为3.48万标箱。

【韶关车检场】 位于韶关市区南郊6千米的广韶公路旁，占地9 500平方米，设有建筑面积2 400平方米的三层报关大楼，800平方米19个停靠候检车位的查验平台和5 000平方米的停车场并配套设有500平方米的监管仓，年吞吐能力90万吨。

【乐昌车检场】 位于乐昌市乐城镇环城中路，距离韶关车检场65千米，占地1 600平方米，设有3条人工查验通道，年吞吐能力10万吨。

【饶平车检场】 位于饶平县黄冈镇龙眼城，1995年建成投入使用，项目占地4 000平方米，工程总投资500万元，其中车辆检查场3 338平方米，设计日可查验运载进出口货物车辆30部。2018年，该场全年共查验进出境交通工具1 210辆次。

【肇庆大旺车检场】 大旺陆路口岸（肇庆高新区大旺进出境货运车辆检查场）是经广东省口岸办（粤府口陆函〔2007〕237号）批准设立，由肇庆大旺珠江物流有限公司经营，车检场位于肇庆高新技术开发区临江工业园，北江与绥江交汇处，于2009年初建成投入使用。车检场首期已投入使用的海关监管场地4万多平方米，场内可同时停靠50～70辆货柜车待检。车检场最大检验能力为每年16万标箱。场区设计合理，配有专业设备，为进出境货运车辆提供待检、查验货物、装卸等服务。综合业务大厅设有海关、检验检疫、报关服务公司等窗口，可在业务大厅一次完成报关、通关业务。企业进出境货物可于大旺车检场内报关，转关至广州、深圳、香港等码头进出口，而无须在当地申报，节省通关成本。根据广东省人民政府口岸办公室关于整合肇庆市口岸车检场资源的意见精神，从2011年6月18日起，肇庆车检场、四会车检场与肇庆高新区进出境货运车辆检查场三场合一，车检业务统一合并在肇庆高新区大旺进出境货运车辆检查场办理。2018年，全年累计查验车辆2 424辆次，出入境货物157 279吨，其中入境货物24 125吨，出境货物133 154吨。

【揭阳市港澳车检场】 1990年4月25日，经揭阳县编委批准设立（揭编〔1990〕第8号），并报省口岸办备案。该场总面积6 800平方米，配套停车场1个（面积3 000平方米），仓库1座（面积150平方米），查验台20个，设计年通过能力2.4万辆次。

【普宁市车检场】 1991年6月25日，经普宁市人民政府批准设立（普府办〔1991〕92号），并报省口岸办备案。该场总面积8 800平方米，配套停车场1个（面积6 000平方米），仓库2座（面积共2 000平方米），查验台28个，设计年通过能力7.2万辆次。

【惠来车检场】 2001年1月，经海关总署批准设立（海关总署〔2001〕1号）。该场总面积2 000平方米，配套停车场1个（面积1 800平方米），仓库1座（面积120平方米），查验台8个，设计年通过能力2万辆次。

深圳市

【口岸概述】 深圳已拥有经国务院批准对外开放口岸15个。其中，陆路（公路）口岸6个，分别是罗湖、文锦渡、皇岗、沙头角、深圳湾、福田口岸；陆路（铁路）口岸1个，广深港高铁西九龙站口岸；水运（海港）口岸7个，分别是盐田、大亚湾、梅沙、蛇口、赤湾、妈湾、大铲湾海港口岸；空运口岸1个，为深圳空运口岸（深圳宝安国际机场）。

罗湖口岸是我国目前客流量最大的旅客入出境陆路口岸之一；皇岗口岸是目前我国货车入出境数量最多的客货综合性公路口岸，也是我国率先实行24小时通关的口岸；深圳湾口岸是我国第一个按照“一地两检”查验模式运作的客货综合性公路口岸；文锦渡口岸是我国最早对外开放的口岸之一；福田口岸是我国首个内地与香港无缝接驳的地铁口岸；广深港高铁西九龙口岸是在中国香港境内第一个按照“一地两检”查验模式运作的铁路口岸，于2018年9月23日正式投入运营；盐田口岸是我国四大国际中转深水港之一；蛇口口岸是第一个由企业自筹资金建设、管理和经营的海港口岸；赤湾口岸是第一个中外合资港口企业建设和经营的海港口岸；深圳宝安国际机场是我国第一家以地方投资为主兴建的机场，2018年旅客吞吐量位列全国第五。

【口岸运行数据】 2018年，经深圳各口岸出入境人员2.52亿人次，日均69.0万人次，同比增长4.2%；出入境车辆1 542.1万辆次，日均4.2万辆次，同比下降2.8%；深圳海港口岸集装箱吞吐量2 573.6万标准箱，累计同比增长2.09%；进出口货物18 735.4万吨，累计同比下降0.22%。深圳空运口岸出入境旅客458.3万人次，累计同比增长27.4%，国际空运货物30.0万吨，累计同比增长6.3%。

2018年广东省口岸大事记

1月1日

广澳海关、潮阳海关驻海门港办事处正式对外办理业务。

1月3日

湛江海关多措并举助力首票“优惠贸易协定通关无纸化”报关单申报成功。

1月3日

国务院办公厅批复同意南沙保税港区规划范围调整。

1月10日

广东省口岸办吴军主任在广州市珠岛宾馆参加粤澳合作联席会议，就口岸工作与澳门方交换了意见。

1月29日

广东省口岸办吴军主任与澳门警察总局马耀权局长在珠海共同主持召开港珠澳大桥粤澳口岸开放专责工作小组第五次会议。粤澳双方通报了口岸建设进展情况以及“合作查验、一次放行”查验设施安装调试情况、确认了珠澳通道口岸通关时段及通关人员查验安排、商议了人工岛澳门区域司法及行政管辖权移交、粤澳口岸开通前联合应急演练工作相关事宜。

2月1日

按照公安部统一部署，珠海边检总站在拱北、九洲港、横琴、珠澳跨境工业园区等4个口岸为自助通关旅客提供出入境记录凭证自助打印服务。

2月1日

深圳海关缉私局联合香港海关、地方公安部门开展“使命2018－1”查缉行动，破获一个利用无人机“飞线”走私电子产品的犯罪网络，案值约5亿元，涉税逾1亿元。

2月2日

广东省口岸办吴军主任率队赴国家口岸办汇报广东省落实广深港高铁“一地两检”实施及内

地口岸区建设有关进展情况，海关总署党组成员、国家口岸办主任张广志会见吴军主任一行，就内地口岸区建设需国家层面支持的事项及下一步要加快推进的工作进行了研究讨论。

2 月 5 日

广东省委常委、深圳市委书记王伟中带领市委市政府有关领导到福田口岸调研春运期间口岸出入境客流疏导工作，深圳边检总站副总站长、皇岗边检站站长陈宏军等陪同。

2 月 7 日

广东省委常委、常务副省长林少春一行到罗湖口岸调研指导工作，深圳边检总站总站长李长友等陪同。

2 月 8 日

广东省口岸办主任吴军与香港特区政府保安局副秘书长黄少珠在香港共同主持粤港口岸合作专责小组会议。粤港双方通报了近年来口岸运行情况，并就推动粤港澳大湾区重点口岸建设、口岸通关便利化合作以及创新粤港货物及人员通关模式等进行了研究和探讨。

是日

深圳海关缉私局民警马家庚获评广东省“扫黄打非”先进个人荣誉称号。

2 月

江门海关制发《江门海关监管领域音视频执法记录工作管理规范（试行）》，要求对现场监管执法活动进行全过程音视频记录，并对相关音视频资料的保存、管理、运用进行规范。

2 月

湛江海关“霞光青年”服务队荣获广东省“学雷锋最佳志愿服务组织”称号。江门海关詹文被广东省妇联评为“三八红旗手”。

3 月 2 日

广东省商务厅（口岸办）副厅长符永革会见澳门交通事务局局长林衍新一行，双方就粤澳直通客运车辆管理和口岸通行等事宜进行商谈并交换意见。

3 月 14 日 ~15 日

广东省口岸办主任吴军与澳门警察总局局长马耀权在澳门共同主持召开港珠澳大桥粤澳口岸开放专责工作小组第六次会议。粤澳双方通报了口岸建设进展情况，并就珠澳口岸通关前应急演练、珠澳通道 24 小时通关落实、伤重病人的交接方案、大桥因紧急情况封闭后往返珠澳车辆管理方案及联络机制等问题进行了研究并达成共识。双方还在人工岛澳门区域司法及行政管辖权移交后赴港珠澳大桥澳门口岸进行实地考察。

3 月 26 日

广东省口岸办主任吴军陪同省政府副秘书长林积赴港召开广深港高铁西九龙站口岸事宜两地联合协调会议。双方就内地派驻单位设备运输安装费用、赴港演练通勤、应急指挥中心和医疗点建设等问题，以及下一阶段需双方共同加快推进等工作进行了深入研究并达成共识。会前，双方还赴现场实地检查了西九龙站内地口岸区建设进展情况。

3 月 28 日

广东省口岸办吴军主任陪同广东省马兴瑞省长考察广深港高铁西九龙站内地口岸区。

3 月

深圳机场边检站一队、湛江海关缉私局侦查处侦查科被共青团广东省委命名为 2016 ~2017 年度广东省青年文明号。深圳皇岗边检站十四队、深圳湾边检站五队、蛇口边检站一队被认定为 2016 ~2017 年度广东省青年文明号。湛江海关张江可、彭少波同志荣获 2016 ~ 2017 年度广东省“青年岗位能手”称号。

4 月 2 日

汕头海港口岸汕特海通码头新址对外开放启用。

4 月 10 日

湛江海关首个金关二期智能卡口通道顺利完成实车实货测试。

4 月 12 日

海关总署缉私局在梅州市举办内地与澳门海关高级执法合作交流活动。

4 月 13 日

湛江海关首次实现行邮现场税款移动支付。

4 月 17 日

中央政治局委员、广东省委书记李希，时任广州市委书记任学锋陪同海南省考察团到广东自贸试验区南沙片区考察。

4 月 19 日

深圳海关顺利完成原检验检疫标识标牌统一更改更换工作。

4 月 20 日

零时，深圳海关准时统一以海关名义对外开展工作。首日关区各口岸现场通关秩序良好，各口岸一线执法人员均按要求统一着海关制服、佩戴关衔，申报台、X 光机审图岗、查验台、各窗口岗位等执法场所标志全部更换完毕。湛江海关推进关区内原检验检疫机构转隶，实现统一以海关名义对外开展工作。

是日

汕头关区原广东出入境检验检疫相关部门、单位统一以海关名义对外开展工作。

是日

江门海关辖区原出入境检验检疫系统统一以海关名义对外开展工作，关区口岸一线旅检、查验和窗口岗位实现了统一上岗、统一着海关制服、统一佩戴关衔。

4 月 22 日 ~25 日

广东省商务厅（口岸办）副厅长符永革陪同商务部副部长高燕率领的调研组在广东省开展粤港澳大湾区调研。其间，调研组分别赴深圳、广州、珠海等口岸调研，并于 24 日上午召开粤港澳大湾区座谈会。

4 月 26 日

广州白云国际机场二号航站楼启用暨首航。

4 月 28 日

深圳海关在沙头角口岸入境旅客携带物中首次截获香蕉穿孔线虫，为该关近三年来首次截获我国禁止入境的一类检疫性有害生物。

4 月

深圳海关技术处、深圳皇岗海关缉私分局福田缉私科、黄埔海关 H986 集中审像中心、江门海关人事教育处被授予“全国海关系统先进集体”称号，深圳湾海关宋芸同志被授予“全国海关系统先进工作者”。江门鹤山海关、广州出入境边防检查总站白云边检站八队荣获“广东省五一劳动奖状”。广州出入境边防检查总站白云边检站九队民警于歌、深圳边检总站民警刘卫荣荣获“广东省五一劳动奖章”。

4 月

中山监管通关信息平台通过了综合验收。该平台运行后，共取消 9 个作业环节，6 份单证，3 枚印章；货物停留在码头时间平均减少 5 小时以上；一般进出口企业、大型生产企业货物平均流转时间缩短 10 个小时和 5 个小时，通关效率分别提升 27.1%、56%。

5 月 3 日 ~4 日

港珠澳大桥珠澳口岸开放专责工作小组第七次会议在珠海召开。粤澳双方对“合作查验、一次放行”查验设施设备安装调试和港珠澳大桥珠澳口岸建设事宜进行了研究，商议了珠澳口岸突发事件联合演练工作安排，对下一步需双方共同推进的相关工作达成了共识。

5 月 7 日

汕头口岸首次截获国内未见分布的植物性害虫——红毛丹眼粉蚧，系从揭阳潮汕国际机场口岸一名来自新加坡旅客携带的一批红毛丹中查获。

5 月 8 日

深圳海关缉私局民警张笑秦被公安部评为“2017 年全国缉枪治爆专项行动成绩突出个人”。

5 月 17 日 ~19 日

广东省商务厅（口岸办）副厅长符永革随同广东省人民政府副秘书长林积赴香港参加国务院港澳办与国家口岸办联合召开的广深港高铁西九龙站内地口岸区建设协调会。

5 月 22 日

汕头海关“1801”打击走私固体废物专案开案行动。共出动警力 289 人次，在汕头、广州、佛山、清远等多地同时开展查缉行动，现场搜查涉案公司、仓库、住宅 43 个，抓获犯罪嫌疑人 24 名，查扣废铝等废五金近千吨，扣押书证以及电子证据材料一大批，冻结涉案账户 19 个 3 200 万元，打掉走私团伙 6 个，一举摧毁郭某、戴某等团伙利用他人“固体废物进口许可证”走私废五金等固体废物进境的犯罪网络。经初步查证，该案涉及固体废物约 20 万吨，案值人民币约 22 亿元，是“蓝天 2018”专项行动以来全国海关查获的最大一宗废物走私案。

5 月 23 日

汕头保税物流中心（B 型）正式封关运营。

5 月

湛江海关杨素丽家庭、江门海关梅悦敏家庭被全国妇联评为“2018 年度全国最美家庭”称号。共青团湛江海关委员会荣获2017～2018 年度“广东省五四红旗团委”荣誉称号。

5 月

湛江海关成功办理全国首票进口铁精粉球团加工贸易业务。

6 月 5 日

广东省商务厅（口岸办）副厅长符永革带队参加省政府副秘书长林积与香港特区政府运输与房屋局局长陈帆共同主持召开的广深港高铁西九龙站口岸事宜两地联合协调第二次会议，双方就上次会议讨论事项及当前重点工作进行回顾总结，并就下一阶段双方需加快推进工作展开深入研究和广泛讨论。

6 月 6 日

广州开发区华南生物材料出入境公共服务平台正式揭牌运营，生物材料通关时间缩短至 1 天。

6 月 15 日

香港入境事务处助理处长戴志源一行到访深圳边检总站，与深圳边检总站总站长李长友等进行会谈。

6 月 19 日

深圳海关隶属皇岗海关赵毓伟家庭获得全国妇联“全国五好家庭”表彰。

6 月 29 日

湛江海关完成新一代海关税费电子支付系统下首票税款征收业务。

7 月 3 日

湛江海关完成首票海洋石油无纸化减免税货物通关业务。

7 月 3 日～4 日

海关总署党组成员、广东分署党组书记、主任李书玉到汕头海关调研。

7 月 5 日

深圳海关缉私局民警陈斯龙被海关总署和国家烟草专卖局评为“2017 年度全国烟草打私工作成绩突出个人”。

7 月 6 日

根据国务院的批复精神以及国务院港澳办、国家口岸办和省政府关于扎实推进广深港高铁内地口岸区建设的有关部署要求，为检查落实口岸开放启用前的各项准备工作，广东省商务厅（口岸办）副厅长符永革率队组织海关总署广东分署、深圳海关（原深圳检验检疫局）、深圳边检总站、中铁广州局集团、深圳市口岸办、深圳铁路公安处、深圳市口岸管理服务中心等有关单位，赴香港对广深港高铁西九龙站口岸对外开放进行预验收，同时邀请施工组织单位及项目建设单位香港路政署、港铁公司参加预验收活动。

7 月 11 日

海关总署党组成员、广东分署主任李书玉到湛江海关开展工作调研。

7 月 12 日

海关总署党组成员、广东分署主任李书玉一行到分署驻村扶贫点徐闻县北海村开展扶贫调研。

7 月 20 日

广东省商务厅（口岸办）副厅长符永革赴香港参加港珠澳大桥三地联合工作委员会第二十四次会议，与港澳方就大桥口岸开通工作进行了沟通。

是日

开启国外货物通过海运经南沙保税港区至大朗货运站，由中欧班列运抵欧洲的“海铁联运”新通道，使中欧班列由“公铁联运”拓展为“海铁联运”“海公铁联运”。

7 月 24 日

公安部党委委员、副部长、国家移民管理局党组书记、局长许甘露在国家移民管理局副局长尹成基、曲云海和深圳边检总站总站长李长友、副总站长陈宏军的陪同下，到福田口岸调研指导工作。

7 月 25 日

国家反恐办主任、公安部党委委员、反恐专员刘跃进在公安部反恐局、禁毒局，广东省公安厅，深圳市公安局等有关领导陪同下到罗湖口岸调研指导工作，深圳边检总站副总站长郭毅波等陪同。

8 月上旬

江门关区报关单全部转用“单一窗口”标准版申报，报关覆盖率实现 100%。

8 月 1 日

江门海关关检融合整合申报项目正式切换，关检融合新报关单正式启用。

8 月 6 日 ~8 日

根据《国务院关于同意广东广深港高铁西九龙站口岸对外开放的批复》（国函〔2018〕33 号）精神，国家口岸办会同国家移民管理局，国务院港澳办交流司，海关总署监管司、通关业务司，铁路局综合司，铁路总公司办公厅，军委国防动员部边防局组成验收组，赴香港对广深港高铁西九龙站口岸对外开放进行验收。广东省口岸办、中央驻粤口岸各相关查验单位、深圳市政府、市口岸办、中国铁路广州局集团有限公司、深圳铁路公安处等单位派员参加。同时还邀请香港特区政府运房局、施工组织单位及项目建设单位香港路政署、港铁公司参加验收工作。

8 月 10 日

深圳海关缉私局干部郑充获评“全国青年岗位能手”称号。

是日

广州海关牵头的联合验收组对南沙保税港区二期完成验收，成为省内首次采取简化程序完成验收的海关特殊监管区。南沙保税港区历时 5 年完成规划范围调整和二期验收并实现封关运作。

8 月 14 日

湛江海关周建勇家庭荣获第十三届广东省“十大优秀书香之家”称号。

8 月 17 日 ~20 日

湛江海关做好印度尼西亚海军风帆训练舰访湛期间监管工作。

8 月 19 日

深圳边检总站按照国家移民管理局统一部署，在罗湖、皇岗、福田、深圳湾、蛇口、文锦渡、机场、盐田、沙头角、大铲湾 10 个口岸现场同步开展中国边检服务品牌集中宣传活动。

8 月 30 日

深圳海关顺利实现现场关检综合业务融合，开通原检验检疫相关作业系统，实现在一个窗口统一接受企业递交单证并办理相关业。

9 月 4 日

深圳海关缉私局“正义 15”专案组获公安部记集体一等功表彰。

9 月 7 日

湛江海关高效保障我国首批原油期货保税交割顺利开展。

9 月 11 日

摩尔多瓦财政部海关署署长维塔列·弗拉比耶一行到大鹏海关参观调研。

是日

在委托会计师事务所出具清算报告，完成银行、税务、财政、车管所等部门注销手续后，民政局批复同意江门报关协会注销。

9 月 11 日 ~12 日

公安部党委委员、副部长，国家移民管理局党组书记、局长许甘露到珠海边检总站考察指导工作，先后前往港珠澳大桥珠海公路口岸、拱北边检站进行考察调研。

9 月 15 日

超强台风“山竹”正面袭击粤西沿海地区，给珠海造成严重的风雨浪潮影响。经有关部门与澳门方沟通，9 月 15 日午间开始，珠海各港口口岸全面停航；16 日凌晨 1 时起，拱北、横琴、珠澳跨境工业区等旅检口岸临时关闭。台风过境后，珠海边检总站迅速完成重建恢复工作，拱北、珠澳跨境工业区专用口岸于17日早晨8时恢复正常通关秩序，横琴口岸于17日中午12时准时开关，九洲港口岸在17日下午18时恢复往返香港的航班，迎来台风“山竹”过后的首批出入境旅客。

9月19日

香港特别行政区行政长官林郑月娥和广东省委常委、深圳市委书记王伟中到西九龙站内地口岸区调研。

9月21日

港珠澳大桥珠海公路口岸对外开放准备工作通过了由国家口岸办组织的验收工作。

9月23日

广深港高铁西九龙站口岸开通启用，设置“内地口岸区”和“香港口岸区”，实施“一地两检”通关模式。西九龙边检站认真谋划，精心准备，严密组织，圆满完成开通首日各项出入境边防检查工作。

9月26日~28日

湛江海关积极做好澳大利亚皇家海军“墨尔本”号护卫舰访湛期间的监管与服务。

10月11日

广东省商务厅（口岸办）副厅长符永革在广东省口岸办会见澳门交通事务局局长林衍新一行，沟通交流粤澳跨境运输车辆规管和口岸通行等相关工作。

10月15日

副厅长符永革赴珠海参加国家发改委副主任胡祖才同志组织召开的港珠澳大桥专题会议，并赴港珠澳大桥珠海公路口岸现场督查口岸运行测试情况。

10月18日

副厅长符永革牵头组织粤方相关单位与澳门特区政府保安司办公室顾问古绮勤牵头的澳门相关单位，在珠海进行专题会议，沟通、协商和研究澳门莲花口岸搬迁至新横琴口岸的有关规划建设及深化查验机制创新等工作。

10月21日~28日

湛江海关采取措施做好参加中国－东盟“海上联演－2018”外国军舰的监管工作。

10月23日

习近平总书记在港珠澳大桥珠海公路口岸查验大厅宣布港珠澳大桥开通启用。

10月24日

港珠澳大桥珠海公路口岸正式开通启用。珠海边检总站在大桥开通前后3日内，先后在中央电视台《24小时》《新闻直播间》《新闻联播》《东方时空》《生活提示》5个栏目精彩登场，宣传报道了珠海边检工作和“合作查验，一次放行”新型查验模式等重大便民举措。中央和地方各级主流媒体刊播刊发新闻累计达1 100余篇次。

10月30日

“三国四地”毒品数据库工作组交流会在深圳海关召开。香港海关、澳大利亚边境执法署和新西兰海关代表参加会议。

10月31日~11月1日

海关总署副署长邹志武到汕头海关调研。召开关检融合座谈会，重点调研汕头海关机构改革、打私工作等情况。

11月5日

湛江关区推动该关首票关税保证保险单签约生效。

11月8日

江门海关隶属新会海关迎来首辆通过港珠澳大桥入境的货柜车辆。该车运载价值33.6万港币的李锦记商标招纸4 475.59千克从香港抵达新会港，全程用时一个半小时。

11月20日

中央政治局委员、广东省委书记李希、省长马兴瑞等在西九龙站口岸调研。

11月22日

湛江海关保障全国首票经港珠澳大桥跨直属海关跨境快速通关业务顺利通关。

11月28日~29日

海关总署副署长王令浚在湛江海关调研。

11月

江门海关政工办被海关总署评为“海关基层党建示范品牌”。

12 月 10 日

深圳市公安边防支队皇岗、长岭、沙头、安乐、福永、沙井、大新、姑婆角、东山、葵涌、坝光、揹仔角 12 个边防工作站划转移交深圳边检总站交接仪式在总站机关举行。

12 月 15 日

湛江空运口岸获海关总署批准设立进境食用水生动物指定口岸。

12 月 17 日

广东省商务厅（口岸办）副厅长符永革参加省港澳办与澳门特区政府土地工务运输局共同组织召开的粤澳新通道第十二次双方工作小组会议。

12 月 20 日

深圳海关隶属文锦渡海关缉私分局党总支、惠州海关缉私分局侦查科党支部分别获得“全国海关缉私部门基层党建品牌示范点”“全国海关缉私部门基层党建品牌培育点”称号。

是日

湛江海关水运现场运输工具监管领域“查检合一”全面启动。

12 月 21 日

根据国家移民管理局有关通知和批复精神，汕头边检总站并入深圳边检总站，原汕头边检总站机关撤销，所属潮汕机场、龙湖、潮阳、惠来边检站直隶深圳边检总站管理。

12 月 25 日

广东公安边防总队惠州、汕尾、潮州、梅州边检站，办证中心、深圳通信信息站划转深圳边检总站交接仪式在总站机关举行。

是日

湛江海关服务茂名养殖企业首次对澳门供应活猪。

12 月

湛江海关启用新一代查验管理系统成功办理首次查验业务。湛江海关缉私局 1 名警员被评为全国海关缉私系统“缉私先锋”，所属茂名海关缉私分局党支部被评为“全国海关缉私部门基层党建品牌示范点”。

（撰稿人：沈锐、庾勇辉、刘杨、凌虹、黄毅、林舫、李富周、蔡玮、张冰慧、刘洋、叶嘉骏、王枣、林逸风、陈艳）

2018 年广东省口岸流量统计表

类别	口岸名称	合计				入境				出境			
		人员合计（万人次）	同比（%）	交通工具合计（万辆、艘、架、列次）	同比（%）	人员小计（万人次）	旅客（万人次）	员工（万人次）	交通工具（万辆、艘、架、列次）	人员小计（万人次）	旅客（万人次）	员工（万人次）	交通工具（万辆、艘、架、列次）
公路口岸	罗湖口岸	8 503. 64	4. 20	0. 00		4 303. 49	4 303. 49	0. 00	0. 00	4 200. 15	4 200. 15	0. 00	0. 00
	皇岗口岸	3 637. 71	-1. 40	790. 95	-5. 70	1 729. 88	1 507. 11	222. 78	390. 77	1 907. 83	1 676. 87	230. 96	400. 18
	文锦渡口岸	586. 95	-2. 00	166. 57	-10. 00	277. 86	204. 06	73. 80	82. 88	309. 08	234. 46	74. 62	83. 69
	沙头角口岸	387. 01	0. 30	83. 38	-4. 60	193. 91	170. 58	23. 33	44. 94	193. 11	176. 16	16. 94	38. 44
	深圳湾口岸	4 889. 13	8. 40	473. 25	3. 90	2 455. 01	2 381. 44	73. 56	238. 44	2 434. 13	2 363. 01	71. 12	234. 81
	福田口岸	5 629. 60	-5. 30	0. 00		2 774. 82	2 774. 82	0. 00	0. 00	2 854. 78	2 854. 78	0. 00	0. 00
	福田保税区	25. 52	-4. 20	23. 95	-5. 50	12. 83	2. 33	10. 50	12. 00	12. 69	2. 19	10. 50	11. 95
	拱北口岸	13 490. 65	5. 30	318. 11	2. 70	6 863. 35	6 859. 56	3. 79	156. 88	6 627. 30	6 619. 95	7. 35	161. 24
	横琴口岸	912. 00	11. 70	97. 09	10. 70	446. 01	428. 86	17. 15	50. 64	465. 99	451. 94	14. 05	46. 44
	港珠澳大桥	330. 36		7. 15		172. 48	171. 65	0. 83	3. 74	157. 88	157. 15	0. 73	3. 41
	珠澳跨境工业区口岸	235. 14	9. 90	3. 96	-8. 00	116. 76	115. 83	0. 92	2. 06	118. 38	117. 63	0. 75	1. 90
	合计	38 627. 70	4. 00	1 964. 41	-1. 50	19 346. 40	18 919. 74	426. 66	982. 36	19 281. 30	18 854. 29	427. 01	982. 05
铁路口岸	广州客运东站	324. 98	-3. 10	0. 79	-0. 70	162. 43	154. 73	7. 70	0. 40	162. 55	154. 85	7. 70	0. 40
	笋岗铁路口岸	1. 56	489. 00	0. 27	1 109. 00	0. 78	0. 00	0. 78	0. 14	0. 78	0. 00	0. 78	0. 13
	西九龙	541. 74		0. 05		262. 12	262. 00	0. 12	0. 03	279. 62	279. 54	0. 09	0. 03
	东莞常平铁路口岸	44. 84	11. 20	0. 00		21. 58	21. 58	0. 00	0. 00	23. 26	23. 26	0. 00	0. 00
	佛山铁路口岸	6. 64	-10. 80	0. 45	-18. 60	3. 56	1. 57	1. 98	0. 22	3. 08	0. 97	2. 11	0. 23
	肇庆端州铁路口岸	0. 00	-100. 00	0. 00	-100. 00	0. 00	0. 00	0. 00	0. 00	0. 00	0. 00	0. 00	0. 00
	合计	919. 77	138. 90	1. 57	12. 20	450. 47	439. 89	10. 59	0. 78	469. 29	458. 61	10. 68	0. 79

续表 1

口岸名称		合计				入境				出境			
		人员合计（万人次）	同比（%）	交通工具合计（万辆、艘、架、列次）	同比（%）	人员小计（万人次）	旅客（万人次）	员工（万人次）	交通工具（万辆、艘、架、列次）	人员小计（万人次）	旅客（万人次）	员工（万人次）	交通工具（万辆、艘、架、列次）
航空口岸	广州白云机场	1 663.11	9.10	11.57	6.30	828.69	780.87	47.82	5.78	834.42	786.51	47.91	5.79
	深圳机场	495.31	27.20	4.14	17.40	244.49	227.65	16.84	2.07	250.82	234.01	16.81	2.07
	梅州机场	7.33	161.30	0.08	86.40	3.65	3.37	0.28	0.04	3.68	3.40	0.28	0.04
	湛江机场	8.30	7.00	0.12	28.30	4.09	3.62	0.47	0.06	4.21	3.74	0.47	0.06
	揭阳潮汕机场	60.37	57.20	0.42	77.60	29.85	28.35	1.50	0.21	30.52	29.02	1.49	0.21
	合计	2 234.42	13.80	16.32	10.50	1 110.77	1 043.85	66.92	8.16	1 123.65	1 056.68	66.97	8.16
港口口岸	广州莲花山港客运口岸	38.36	-4.20	0.82	-7.30	17.20	13.73	3.47	0.38	21.16	17.45	3.71	0.44
	广州南沙港客运口岸	91.61	12.00	0.33	-7.10	45.95	26.19	19.76	0.18	45.65	26.15	19.51	0.16
	黄埔港口岸	12.39	70.40	1.22	68.60	6.09	0.00	6.09	0.61	6.30	0.00	6.30	0.61
	洲头嘴口岸	1.04	-9.50	0.15	-7.50	0.60	0.00	0.60	0.09	0.45	0.00	0.45	0.07
	新塘口岸	0.23	-32.00	0.03	-32.40	0.16	0.00	0.16	0.02	0.07	0.00	0.07	0.01
	广州开发区口岸	0.00	-100.00	0.00	-100.00	0.00	0.00	0.00	0.00	0.00	0.00	0.00	0.00
	蛇口口岸	406.14	14.30	6.21	-1.00	185.18	141.78	43.40	3.15	220.96	177.43	43.53	3.06
	福永码头	62.76	-17.40	0.84	-40.60	29.71	25.58	4.13	0.42	33.05	28.93	4.12	0.42
	珠海九洲港客运口岸	230.31	10.10	1.35	13.20	115.09	108.36	6.72	0.67	115.22	108.48	6.74	0.68
	珠海湾仔客运口岸	13.96	-25.00	1.57	-23.00	6.37	0.19	6.17	0.72	7.59	0.19	7.41	0.85
	珠海斗门港客运口岸	1.20	-58.20	0.08	6.90	0.63	0.32	0.31	0.04	0.57	0.26	0.31	0.04

续表 2

口岸名称		合计				入境				出境			
		人员合计（万人次）	同比（%）	交通工具合计（万辆、艘、架、列次）	同比（%）	人员小计（万人次）	旅客（万人次）	员工（万人次）	交通工具（万辆、艘、架、列次）	人员小计（万人次）	旅客（万人次）	员工（万人次）	交通工具（万辆、艘、架、列次）
港口口岸	汕头港	2.40	129.40	0.19	-20.30	1.00	0.00	1.00	0.08	1.40	0.00	1.40	0.11
	潮阳港	1.47	42.90	0.08	6.60	0.67	0.00	0.67	0.04	0.80	0.00	0.80	0.04
	惠州港	3.22	-43.80	0.22	-45.80	1.41	0.00	1.41	0.09	1.81	0.00	1.81	0.12
	东莞太平口岸	29.72	1.40	0.56	9.20	11.32	8.25	3.08	0.29	18.40	15.45	2.95	0.27
	中山港	148.07	2.60	1.89	-8.50	72.77	64.40	8.37	0.94	75.30	66.89	8.42	0.95
	江门港	5.69	-45.00	0.52	-9.80	2.77	0.89	1.88	0.25	2.92	0.91	2.00	0.27
	三埠港	0.60	10.70	0.08	12.00	0.28	0.00	0.28	0.04	0.32	0.00	0.32	0.04
	鹤山港	3.05	-47.50	0.13	-38.90	1.53	1.08	0.45	0.06	1.52	1.08	0.45	0.06
	高明港	3.10	-48.90	0.22	-36.80	1.46	0.69	0.76	0.10	1.64	0.74	0.90	0.12
	南海港	4.69	-12.80	0.64	-8.70	2.63	0.00	2.63	0.36	2.06	0.00	2.06	0.28
	顺德港	63.51	0.80	0.90	-9.10	31.37	27.28	4.09	0.45	32.14	28.10	4.04	0.45
	肇庆港	2.88	-17.40	0.37	-14.40	1.81	0.00	1.81	0.23	1.07	0.00	1.07	0.14
	揭阳港	0.06		0.00		0.03	0.00	0.03	0.00	0.03	0.00	0.03	0.00
	合计	1 126.47	5.30	18.41	-7.30	536.02	418.74	117.28	9.24	590.45	472.04	118.41	9.17
总计		42 908.35	5.70	2 000.70	-1.50	21 443.66	20 822.21	621.45	1 000.53	21 464.68	20 841.62	623.06	1 000.18

（广东省口岸办提供）

2018 年广州市口岸出入境主要数据表

项目			2018 年	2017 年	同比（%）
出入境人员（万人次）	出入境人员总数		2 154	2 020	6.61
	入境人员		1 071	1 004	6.65
	出境人员		1 083	1 016	6.57
	出入境旅客		1 966	1 832	7.28
	出入境员工		188	188	0.03
	中国公民	小计	1 565	1 442	8.45
		内地居民	1 389	1 264	9.81
		港澳居民	128	131	-2.28
		台湾同胞	48	47	1.63
	外籍人员		590	578	2.02
	从海港出入境人数		161	162	-0.21
	从陆港出入境人数		326	334	-2.75
	从空港出入境人数		1 667	1 524	9.39
交通运输工具（万辆、艘、架、列次）	总数		16.3	15.8	3.52
	船舶		4.1	4.2	-3.59
	飞机		11.5	10.8	6.60
	火车		0.8	0.8	-0.48
	机动车辆		0	0	

（广州出入境边防检查总站提供）

2018 年深圳市口岸出入境主要数据表

项目			2018 年	2017 年	同比（%）
出入境人员（万人次）	出入境人员总数		25 190	24 164	4.24
	入境人员		12 481	11 957	4.38
	出境人员		12 709	12 207	4.11
	出入境旅客		24 229	23 171	4.56
	出入境员工		961	993	-3.20
	中国公民	小计	24 492	23 486	4.28
		内地居民（因公）	338.9	338.5	0.14
		内地居民（因私）	9 270	8 096	14.50
		港澳居民	14 656	14 823	-1.12
		台湾同胞	227	228	-0.45
	外籍人员		698	679	2.76
	从海港出入境人数		489	453	7.95
	从陆港出入境人数		24 206	23 322	3.79
	从空港出入境人数		495	390	27.15
交通运输工具（万辆、艘、架、列次）	总计		1 551.3	1 605.3	-3.36
	船舶		8.5	9.3	-8.08
	飞机		4.1	3.5	17.43
	火车		0.6	0	—
	机动车辆		1 538.1	1 592.5	-3.42

（深圳出入境边防检查总站提供）

2018 年珠海市口岸出入境主要数据表

<table>
<tr><th colspan="3">项目</th><th>2018 年</th><th>2017 年</th><th>同比（%）</th></tr>
<tr><td rowspan="14">出入境人员（万人次）</td><td colspan="2">出入境人员总数</td><td>15 219.67</td><td>14 074.84</td><td>8.13</td></tr>
<tr><td colspan="2">入境人员</td><td>7 723.69</td><td>7 161.32</td><td>7.85</td></tr>
<tr><td colspan="2">出境人员</td><td>7 495.98</td><td>6 913.53</td><td>8.42</td></tr>
<tr><td colspan="2">出入境旅客</td><td>15 141.34</td><td>13 993.25</td><td>8.20</td></tr>
<tr><td colspan="2">出入境员工</td><td>78.33</td><td>81.59</td><td>-3.99</td></tr>
<tr><td rowspan="5">中国公民</td><td>小计</td><td>15 049.48</td><td>13 912.43</td><td>8.17</td></tr>
<tr><td>内地居民（因公）</td><td>140.83</td><td>140.64</td><td>0.14</td></tr>
<tr><td>内地居民（因私）</td><td>9 206.12</td><td>8 257.00</td><td>11.49</td></tr>
<tr><td>港澳居民</td><td>5 603.72</td><td>5 421.03</td><td>3.37</td></tr>
<tr><td>台湾同胞</td><td>98.16</td><td>93.76</td><td>4.69</td></tr>
<tr><td colspan="2">外籍人员</td><td>170.19</td><td>162.41</td><td>4.79</td></tr>
<tr><td colspan="2">从海港出入境人数</td><td>251.21</td><td>235.85</td><td>6.51</td></tr>
<tr><td colspan="2">从陆港出入境人数</td><td>14 968.46</td><td>13 838.99</td><td>8.16</td></tr>
<tr><td colspan="2">从空港出入境人数</td><td>0.008 9</td><td>0.003 3</td><td>169.70</td></tr>
<tr><td rowspan="5">交通运输工具（万辆、艘、架、列次）</td><td colspan="2">总数</td><td>429.73</td><td>405.30</td><td>6.03</td></tr>
<tr><td colspan="2">船舶</td><td>3.34</td><td>3.66</td><td>-8.64</td></tr>
<tr><td colspan="2">飞机</td><td>0.002 1</td><td>0.000 5</td><td>320.00</td></tr>
<tr><td colspan="2">火车</td><td></td><td></td><td></td></tr>
<tr><td colspan="2">机动车辆</td><td>426.38</td><td>401.64</td><td>6.16</td></tr>
</table>

（珠海出入境边防检查总站提供）

2018年广东海关主要数据统计表

项目		2018年	同比（%）
进出口货运量（亿吨）	合计	13.01	5.12
	进口	3.11	0.09
	出口	9.90	6.81
进出口贸易总值（亿美元）	合计	12 864.00	9.5
	进口	5 438.59	15.5
	出口	7 425.41	5.5
税收（亿元人民币）	两税合计	4 457.75	8.00
	关税入库	567.13	-3.30
	进口环节税入库	3 890.62	9.88

（海关总署广东分署提供）

2018 年深圳海关主要数据统计表

项目		2018 年	同比（%）
进出口货运量（不含水，单位：万吨）	合计	11 528.90	8.90
	进口	6 129.50	22.30
	出口	5 399.40	-3.20
进出口货运量（含水，单位：万吨）	合计	85 134.60	12.40
进出口贸易总值（万美元）	合计	74 551 220.47	11.30
	进口	29 174 930.60	21.10
	其中：江、海运输	3 942 886.20	45.10
	铁路运输	1.93	-95.10
	汽车运输	24 357 823.53	18.30
	航空运输	534 841.39	23.50
	邮件运输	617.08	-3.40
	其他运输	338 760.47	-0.50
	出口	45 376 289.87	5.70
	其中：江、海运输	22 932 139.78	4.20
	铁路运输	2 694.63	-68.90
	汽车运输	21 306 757.89	7.00
	航空运输	580 073.72	20.20
	邮件运输	6.17	-64.30
	其他运输	554 617.68	9.20
税收（亿元）	两税合计	1 911.70	12.30
	关税入库	117.90	-8.70
	进口环节税入库	1 793.80	14.00
货物检验检疫批次（万批）	本年累计	73.71	1.53
	其中：出境	41.79	2.02
	入境	31.92	0.89
货物检验检疫金额（亿美元）	本年累计	415.90	4.41
	其中：出境	133.62	-7.90
	入境	282.27	11.46

表注：表中进出口货运量“含水”“不含水”为供港饮用水。

（深圳海关提供）

2018年黄埔海关主要数据统计表

项目		2018年	同比（%）
进出口货运量（万吨）	合计	7 677.21	-8.21
	进口	5 659.05	-9.61
	出口	2018.16	-3.8
进出口贸易总值（万美元）	合计	23 183 753.93	4.37
	进口	12 408 010.44	7.98
	其中：江、海运输	5 749 688.06	10.00
	铁路运输	8 879.71	18.51
	汽车运输	6 538 580.84	5.36
	航空运输	110 861.83	116.31
	邮件运输		
	其他运输		
	出口：	10 775 743.49	0.51
	其中：江、海运输	4 803 017.76	-10.46
	铁路运输	52 307.43	19.06
	汽车运输	5 781 849.06	10.61
	航空运输	101 301.05	89.32
	邮件运输		
	其他运输	37 268.19	13.99
税收（亿元）	两税合计	1 398.29	6.58
	关税入库	278.05	-4.11
	进口环节税入库	1 120.24	9.61
货物检验检疫（批次）	本年累计	466 667	-2.22
	其中：出境	249 120	-5.66
	入境	217 547	2.05
货物检验检疫金额（万美元）	本年累计	4 501 919.34	6.04
	其中：出境	963 730.90	9.86
	入境	3 538 188.44	5.05

（黄埔海关提供）

2018 年汕头海关主要数据统计表

项目		2018 年	同比（%）
进出口货运量（万吨）	合计	2 587.6	-5.7
	进口	2 356.6	-5
	出口	231	-12.4
进出口贸易总值（万美元）	合计	1 691 829.9	-2.7
	进口	559 297.3	6
	其中：江、海运输	391 977.6	12.6
	铁路运输	—	—
	汽车运输	164 648.4	-7.2
	航空运输	2 513.6	21.2
	邮件运输	75.3	-36.5
	其他运输	82.4	—
	出口	1 132 532.7	-6.5
	其中：江、海运输	906 358.8	-7.7
	铁路运输	10.7	-79.8
	汽车运输	224 931.9	-0.8
	航空运输	1 228.6	-47.8
	邮件运输	2.7	-91.6
	其他运输	—	—
税收（万元）	两税合计	479 643.7	-13
	关税入库	42 001.6	-19.9
	进口环节税入库	437 642.2	-12.3
货物检验检疫（批次）	本年累计	59 441	-19.8
	其中：出境	54 161	-21.3
	入境	5 280	-1.3
货物检验检疫金额（万美元）	本年累计	538 928	14.1
	其中：出境	298 078	-1.4
	入境	240 850	41.6

（汕头海关提供）

2018 年江门海关主要数据统计表

项目		2018 年	同比（%）
进出口货运量（万吨）	合计	1 680.7	-9.2
	进口	1 253	-13.8
	出口	427.7	7.7
进出口贸易总值（亿元）	合计	1 264.446 9	1.758 5
	进口	352.002 1	-2.632 5
	其中：江、海运输	310.967 4	-2.744 1
	铁路运输	无	无
	汽车运输	38.787 1	1.832 8
	航空运输	2.244 7	-38.653 7
	邮件运输	0.002 9	-89.595 2
	其他运输	无	无
	出口	912.444 9	3.560 1
	其中：江、海运输	769.720 4	4.961 1
	铁路运输	无	-100
	汽车运输	119.015 1	-4.735 6
	航空运输	0.000 9	-99.623 9
	邮件运输	无	无
	其他运输	23.708 5	5.055 9
税收（亿元）	两税合计	42.4	-20.5
	关税入库	5.3	-25.9
	进口环节税入库	37.1	-19.6
检疫查验出入境人员（万人次）	入境	7.69	-37.13
	出境	7.82	-34.72
进出境动植物及其产品检验检疫	进口（批次）/货值（亿元）	5 942/71.77	8.08/1.03
	出口（批次）/货值（亿元）	38 185/72.18	7.41/21.09
进出口食品	进口（批次）/货值（亿元）	2 520/18.8	21.6/30.5
	出口（批次）/货值（亿元）	68 472/58.1	8.8/16.2
进出口工业品	进口（批次）/货值（亿美元）	7 878/7.92	-34.94/-32.87
	出口（批次）/货值（亿美元）	9 392/8.23	-20.57/-0.33

（江门海关提供）

2018 年湛江海关主要数据统计表

项目		2018 年	同比（%）
进出口货物量（万吨）	合计	9 097.88	-1.29
	进口	8 528.66	-1.80
	出口	569.22	7.08
进出口贸易总值（万美元）	合计	2 862 994.8	21.7
	进口	2 388 444.7	23.1
	其中：江、海运输	2 380 125.6	23.8
	铁路运输	0.0	0.0
	汽车运输	6 369.9	150.5
	航空运输	1 949.2	-88.1
	出口	474 550.1	15.5
	其中：江、海运输	469 269.6	19.4
	汽车运输	5 140.8	9.4
	航空运输	139.7	-98.9
税收（万元）	两税合计	2 307 523.30	13.59
	关税入库	68 501.84	-10.40
	进口环节税入库	2 239 021.46	14.53

注：按海关总署统计口径，表中进出口货物量为接受申报的货运量。

（湛江海关提供）

2018 年广东海事局进出港船舶统计汇总表

船舶类别	进港船舶							出港船舶						
	艘数（艘次）	总吨（吨位）	总载重量（吨）	载客量（客位）	船员人数（人）	货物到达量（吨）	旅客到达量（人）	艘数（艘次）	总吨（吨位）	总载重量（吨）	载客量（客位）	船员人数（人）	货物发送量（吨）	旅客发送量（人）
总计	294 401	1 293 366 968	1 519 924 405	40 512 093	4 527 428	735 245 800	16 906 087	251 561	1 160 565 108	1 387 599 226	33 832 698	3 953 162	273 062 291	15 004 198
同比（%）	8. 11	2. 27	－0. 84	15. 22	9. 79	－4. 57	35. 53	－5. 13	－7. 09	－8. 12	－4. 93	－2. 23	－19. 91	13. 35
中国籍船舶	283 383	889 865 715	954 858 958	40 116 691	4 221 655	534 705 581	16 799 825	240 658	759 726 100	826 844 848	33 433 660	3 647 620	238 749 996	14 916 008
其中外贸船	57 312	143 697 452	145 429 657	11 062 363	801 313	77 376 208	3 803 689	54 957	135 022 655	148 542 188	10 031 844	778 344	31 278 679	3 772 693

（广东海事局提供）

2018 年深圳海事局进出港船舶统计汇总表

船舶类别	进港船舶							出港船舶						
	艘数（艘）	总吨（吨位）	总载重量（吨）	载客量（客位）	船员人数（人次）	货物到达量（吨）	旅客到达量（人）	艘数（艘）	总吨（吨位）	总载重量（吨）	载客量（客位）	船员人数（人次）	货物发送量（吨）	旅客发送量（人）
总计	197 339	872 270 270	966 896 207	9 011 633	1 138 973	94 423 514	2 420 836	182 013	828 842 945	923 151 083	8 480 577	983 806	144 542 879	2 319 892
同比（%）	8	-6	-9	-22	-32	-11	-30	-2	-12	-14	-27	-44	12	-39
中国籍船舶	186 194	122 543 770	295 222 003	8 802 622	859 283	60 466 801	2 397 904	171 064	190 547 299	266 725 107	8 271 766	708 202	104 702 134	2 296 048
其中外贸船	26 185	21 154 305	22 195 045	2 208 750	347 709	5 455 226	507 912	26 449	21 493 692	22 010 818	2 373 032	225 201	4 238 116	629 212

（深圳海事局提供）

2018 年广东省指定口岸/查验场统计表

地区	序号	指定口岸/指定查验场名称	口岸类别	类别	批复时间	备注	
深圳市	1	深圳湾口岸	公路	食用水生动物	2016 年 7 月 29 日		
	2	文锦渡口岸	公路	食用水生动物	2016 年 7 月 29 日		
	3	皇岗口岸	公路	食用水生动物	2016 年 7 月 29 日		
	4	深圳国际机场口岸	空运	食用水生动物	2016 年 7 月 29 日		
	5	盐田港口岸海鲜作业点码头	海运	食用水生动物	2016 年 7 月 29 日		
	6	蛇口港/进口植物种苗指定入境口岸，进口罗汉松特定口岸	海运	进境植物种苗	进口植物种苗指定入境口岸 2009 年 12 月 31 日发文（2010 年 4 月 1 日起实施）；进口罗汉松特定口岸 2014 年 7 月 1 日批复	蛇口港进口植物种苗指定入境口岸 2009 年 12 月 31 日发文（2010 年 4 月 1 日起实施），2010 年 12 月 23 日取消资格，2014 年 7 月 1 日批复，恢复资格	
	7	沙头角口岸/进口植物种苗指定入境口岸，进口罗汉松特定口岸	陆运	进境植物种苗	进口植物种苗指定入境口岸 2009 年 12 月 31 日（2010 年 4 月 1 日起实施）；进口罗汉松特定口岸 2014 年 7 月 1 日批复		
	8	蛇口港	海运	粮食	2014 年 10 月 9 日		
	9	赤湾港	海运	粮食	2014 年 10 月 9 日		
	10	盐田港	海运	粮食	2014 年 10 月 9 日		
	11	深圳湾口岸	公路	水果	2009 年 1 月 8 日		
	12	大铲湾口岸	公路	水果	2009 年 1 月 8 日		
	13	文锦渡口岸	公路	水果	2004 年 6 月 17 日		
	14	沙头角口岸	公路	水果	2004 年 6 月 17 日		
	15	皇岗口岸	公路	水果	2004 年 6 月 17 日		
	16	深圳福田保税区口岸	公路	水果	2006 年 9 月 20 日		
	17	蛇口口岸	海运	水果	2004 年 6 月 17 日		
	18	盐田口岸	海运	水果	2004 年 6 月 17 日		

续表

地区	序号	指定口岸/指定查验场名称	口岸类别	类别	批复时间	备注	
深圳市	19	深圳宝安国际机场口岸	空运	水果	2004年6月17日		
	20	盐田口岸	海运	肉类	无批复时间		
	21	蛇口口岸	海运	肉类	无批复时间		
	22	大铲湾口岸	海运	肉类	2012年9月21日		
	23	文锦渡口岸	公路	冰鲜水产品	2014年11月6日		
	24	皇岗口岸	公路	冰鲜水产品	2014年12月22日		
	25	深圳湾口岸	公路	冰鲜水产品	2014年11月6日		
	26	深圳机场口岸	空运	冰鲜水产品	2014年11月6日		
惠州市	1	惠州港荃湾港区	海运	冰鲜水产品	2009年		
	2	惠州港荃湾港区	海运	冻肉	2012年		
	3	惠州进出境货运车辆检查场	公路	粮食	2015年		
湛江市	1	湛江机场口岸	空运	进境食用水生动物			
	2	湛江港口岸	海运	进境粮食、水果、冻肉			
潮州市	1	潮州港	海运	肉类			

（广东省口岸办提供）

广西壮族自治区

口岸数量及分布

截至2018年年底，广西壮族自治区（以下简称广西）共有经国务院批准的对外开放口岸20个。其中，空运口岸3个，分别是桂林空运口岸（桂林两江国际机场）、南宁空运口岸（南宁吴圩国际机场）、北海空运口岸（北海福成机场）；陆路（公路）口岸8个，分别是友谊关、东兴、水口、龙邦、平孟、爱店、峒中、硕龙公路口岸；陆路（铁路）口岸1个，为凭祥铁路口岸；水运（海港）口岸5个，分别是防城港、北海（含石头埠）、钦州、江山、企沙海港口岸；水运（河港）口岸3个，分别是梧州、贵港、柳州河港口岸。

口岸运行数据

2018年，广西壮族自治区口岸进出口货运值4 987.3亿元，同比增长18.2%。进出口货运量1.19亿吨，同比增长13.95%。其中，进口1.02亿吨，同比增长14.2%；出口0.17亿吨，同比增长12.5%。口岸出入境人员2 175.1万人次，同比增长26.5%。其中，出境1 088.5万人次，同比增长26.69%；入境1 086.6万人次，同比增长26.32%。出入境交通工具164.7万辆（艘、架、列）次，同比增长104.6%。其中，出境82.7万辆（艘、架、列）次，同比增长103.69%；入境82万辆（艘、架、列）次，同比增长105.51%。水运口岸集装箱吞吐量56.37万标箱，同比增长4.79%。其中，入境26.62万标箱，同比增长0.46%；出境29.75万标箱，同比增长9%。

口岸综合管理

【口岸开放工作全面推进】 2018年，广西扎实有序推进口岸开放和升格工作。防城海港口岸扩大开放、柳州白莲机场临时对外开放获得国家批复。积极推动东兴口岸北仑河二桥临时对外开放、龙邦口岸升格为国际性口岸并扩大开放、推动新设南宁铁路口岸。此外，爱店口岸升格、梧州河港口岸扩大开放先后通过国家验收并正式启用，同时完成钦州海港口岸大榄坪南作业区6~8#泊位、北1~2#泊位验收。

【口岸基础设施建设进展顺利】 2018年，重点推动友谊关口岸、东兴口岸北仑河二桥、水口口岸、峒中口岸、硕龙口岸等口岸基础设施建设，边境口岸通关条件进一步改善。

【广西国际贸易“单一窗口”建设扎实推进】 2018年，广西国际贸易“单一窗口”实现全区开放口岸全覆盖。广西国际贸易“单一窗口”关检融合统一申报率达到100%，海港口岸运输工具通过“单一窗口”申报达到100%，货物申报、运输工具申报及舱单申报等主要业务覆盖率超过90%。在全国先行先试公路口岸“单一窗口”，实现行车许可申报、公路舱单申报、跨境运输车辆以及驾驶员备案等业务。此外，原产地证明、企业资质、关税支付、贸易许可等多项重要功能已全面推广应用。“单一窗口”服务热线95198已于2018年9月底前开通。依托国际贸易“单一窗口”组织开发了口岸通关效能系统，加强口岸通关效率的实时监管，该系统已于2018年12月下旬通过验收上线试运行。

【促进区域口岸通关合作】 2018年，大力推进“国际陆海贸易新通道”建设发展。一是陆海两大主干线迅速实现稳定规模化运行。2018年，北部湾港海铁联运主干线从2017年渝桂班列1条线路拓展至连通西部6省区市的5条线路，2018年累计开行班列1 154列。并通过“渝新欧”“蓉欧”等中欧班列实现“一带一路”的无缝连接。二是综合物流成本明显下降、通关便利化水平持续提升。经过西部省份跨区域合作、协同铁路运价下浮、北部湾港降费优服等措施，实行“一口价”“一票制”，渝桂班列整体运价从8 000元/标箱降至5 000元/标箱，与传统江海联运基本持平。运输时间比传统的江海联运缩短15天以上，具备了较强的市场竞争力。南宁与重庆、贵阳、兰州海关实现“属地申报、口岸验放”和无纸化通关，广西出台《关于优化通关环境畅通陆海新通道的若干措施》，采取20条优化通关措施。广西口岸进口、出口整体通关时间较2017年分别压缩60.58%、89.48%。三是一批重大基础设施建设陆续启动。广西制定了2018—2020年陆海新通道重大基础设施建设三年行动计划，启动建设一批关键性重大项目。着力将北部湾港打造成中国沿海主要港口和国际集装箱干线港。四是陆海新通道的战略定位不断提升。2018年11月，中新（新加坡）两国政府正式签署“陆海新通道”建设合作谅解备忘录，陆海新通道成为中新两国政府合作推动的重大项目，并在其中明确了广西沿海港口作为国际陆海联通的重要交汇点的重要定位。

口岸监管与服务

【优化口岸通关环境】 采取积极措施压缩口岸整体通关时间。南宁海关推行“进口提前申报”“先验放后检测”监管方式，同时整合进出口货物关检申报，报关、报检74项随附单据合并整合成10项，102项监管证件合并简化成64项；广西海事局已在钦州、北海、贵港等水运口岸试点开展国际航行船舶联合登临工作，查验时间从4小时左右压缩至40分钟；广西公安边防总队大力推广人员、车辆自助通关，协调越方共同实施口岸通关平衡验放措施。2018年，先后建成启用人员自助通道40条、在建2条，已覆盖除龙邦口岸外的所有国家级旅检口岸，在爱店口岸、弄尧通道建设了4条车辆自助查验通道。推动重点口岸延长货物通关时间，从2018年6月1日开始，友谊关口岸实行周六、周日及节假日正常通关。同时，广西海事部门已在全部水运口岸实行双休日及节假日船舶正常通关。持续开展免除查验没有问题外贸企业吊装移位仓储费工作。2018年，共免除查验没有问题的外贸集装箱（车辆）相关费用5 829箱（辆），惠及外贸企业956家，进一步降低了企业经营成本。多方协调推动口岸通关降费。2018年6月以来，广西壮族自治区南向通道办、口岸办、物价部门联合开展了北部湾港“阳光口岸”降费优服专项行动。钦州国际物流商会所属企业率先将报关费用由1 000元每票降低至200～300元每票。北部湾国际港务集团全面梳理集装箱进出口各操作环节作业成本，2018年10月将南向通道海铁联运作业包干费下降50.7%、拆装箱作业费下降30%。从2018年12月1日开始，又推出20项集装箱作业项目优惠费率，平均优惠幅度12%。切实加强口岸收费管理。按时于2018年10月底前完成了全区开放口岸及主要互市贸易区（点）的收费公示工作。自治区商务厅联合相关部门制定出台了北部湾港“阳光价格”收费清单并进行了公示。2018年，自治区商务厅与自治区发展改革委（物价）、财政厅等部门联合对全区口岸收费公开公示、经营服务性收费的督查督办，进一步规范了各经营服务企业的收费行为。

【广西出入境边防检查总站全力服务对外开放发展】 2018年，广西出入境边防检查总站聚焦边检主业主责，以落实国家移民和出入境管理重点工作部署、重大改革举措为抓手，创新边检服务举措，着力适应新常态、体现新作为、展现新气象。一是深化制度保障。围绕强化口岸安全管控和通关保障、“放管服”改革、边检勤务创新管理研究出台5个指导性意见规定，严格落实边检工作站长负责制，实行陆地口岸24小时站领导带班，刚性要求边检站军政主官每周在口岸现场工作45个小时以上，边检工作向制度化、规范化迈进。二是强化口岸管控。在全区旅检口岸启用生物特征识别比对系统，推行前置采集、三级分流、常旅客标识等办法，提前启动外国边民信息采集，实现入境外国人生物信息留存率100%。加强重点边检站后台审查力量建设，推广运用大数据分析技战法，口岸防控能力显著增强。三是优化通关环境。严格落实国家移民管理局通关服务新举措，实行“一站一策”“一时一策”，协调投入1 600万元治理东兴口岸拥堵问题，东兴边检站研发启用旅游团队预约通关系统，通关状况实现改观，中国公民通关排队不超过30分钟常态落地，国家移民管理局刊发简报予以肯定。协调将推广人员、车辆边检自助通关模式纳入自治区《优化通关环境畅通南向通关若干措施》，建成启用51条自助通道，覆盖全区80%旅检口岸，边检通关效率大幅提升。四是提升服务能力。协调启用国际贸易“单一窗口”标准版，全面推行国际航行船舶网上报检，实现船舶出入境并联审批和无纸化通关，边检“放管服”改革深入推进。主动服务自治区重大开放项目，圆满完成第14届东博会等重大活动通关保障任务，边检工作先后27次得到自治区、地市两级党政领导批示肯定。五是提高业务水平。对标新时代移民管理队伍素质标准，开展边检岗位业务能力测查，启动全能型检查员系列培训，建立出入境边防检查站与边境检查站结对帮扶机制，整体业务水平稳步提升。

【广西海事局支持口岸开放，服务广西经济发展】 广西海事局协助交通运输部完成了对北海口岸扩大开放的验收工作，并根据授权，对外发布了《中华人民共和国广西海事局关于北海港口岸铁山港区1#2#泊位和 中石化北海 LNG 码头对国际航行船舶开放的公告》。受交通运输部海事局委托完成了广西壮族自治区人民政府上报国务院的防城海港口岸扩大开放申报材料审查，推动了防城海港口岸扩大开放的提速。指导了中船钦州项目、梧州赤水港开放预验收工作。完成钦州港、北海港新建对外开放码头（泊位）的验收工作，推动北部湾新增开放码头（泊位）12处。

【广西海事局开放合作持续深入】 代表交通运输部海事局承办中越落实北仑河口自由航行区自由航行协定第二轮磋商和中新海事高官磋商会第十次会议。与梧州、钦州、防城港、南宁等市政府互访，推动战略合作框架协议的签署和有关工作的落实。深化滇黔桂三省区共管库区水上交通安全监管联席会议机制，对接北部湾港口管理局等单位合作开展防治船舶污染应急能力建设和船用燃油质量监督检查；深化与广东海事局、南海救助局战略合作，合力打造粤桂海事合作示范区。

【广西海事局加强水上交通安全监管】 一是抓责任严落实。推动自治区政府开展全区水上安全专项治理，借助自治区党委督查平台开展水上安全专项督查，助推水上交通安全管理工作纳入地方年度安全生产目标考核。加强与涉水单位联动协作，辖区水上安全管理共建共治格局不断完善。二是抓隐患严整治。实施安全隐患排查治理清单定期更新公布制度，建立水上交通安全风险管理制度。组织开展隐患“清零”行动，排查治理水上交通安全隐患675项，辨识和评估重要风险89项。三是抓源头严管理。加强船公司审核监督和船舶安全检查，全面推进船舶和检验质量监督。大力开展船员服务资历真实性核查、船员实操检查、船员违法记分工作，狠抓船员培训、考试发证质量，加强源头治理。四是抓现场严执法。加强电子巡航和现场巡航，与广东海事在北部湾和西江航运干线开展联合巡航。强化水工活动事中事后监管，优化通航环境。探索现场执法新模式，梧州长洲枢纽现场综合执法点顺利运行，对违法行为处置持续保持高压态势。五是抓整治破难题。围绕“平安交通”建设，统筹开展渡运安全月、中小型船舶专项整治、船舶进出港报告等专项活动，广泛开展水上交通安全知识进校园、防范商渔船碰撞等宣传教育活动，组织开展系列“猎狐”行动，加强内河船舶非法从事海上运输专项治理。完成船舶载运危险货物安全综合治理工作，严厉查处6艘非法跨省转移倾倒固体废物船舶。2018年，辖区共监管进出港货物4.16亿吨，旅客4 616万人次；发生一般等级水上交通事故10起，死亡失踪10人，沉船3艘，直接经济损失814万元，同比分别下降50%、60%、40%、19.68%。

【广西海事局提升应急搜救管理能力】 一是应急管理机制更加健全。制（修）定内河船舶防汛应急预案等一批预案制度。推动地方政府部署充实内河应急力量，大力扶持社会救助力量。协调确立广西北部湾海域6个救助直升机临时起降点。二是强化值班值守和预防预警，严格执行

24小时值班和节假日领导带班制，开展值班“三抽查”工作，现场巡航监管与指挥联动得到强化。三是演习演练广泛开展。开展多科目应急搜救演练120次，组织年度搜救后评估，举办全区海（水）上搜救志愿者搜救技能培训和演练，提升应急能力。四是应急处置科学有效。成功组织防御“贝碧嘉”“山竹”等台风，台风期间无伤亡、无沉船、无污染。成功处置“安吉8899”货轮横压梧州西江大桥桥墩承台、7万吨级散货船“新五洲1”搁浅、“柳州鸿运638”船沉船溢油等险情，有效处置长洲水利枢纽枯水期船舶滞航等事件。全年共组织开展搜救行动98次，救助遇险船舶95艘、遇险人员338人，人命救助成功率达96.75%。广西海事局指挥中心、防城港海上搜救中心办公室荣立自治区应急管理系统集体二等功。

【广西海事局服务地方经济发展】 一是全力服务国家和区域重大战略。落实广西海事服务广西面向东盟参与“一带一路”有机衔接重要门户建设“15条措施”，全力助推“一带一路”“交通强国”战略实施及“国际陆海贸易新通道”建设。全力做好钦州港东航道扩建工程、大藤峡水利枢纽等自治区重大项目监管服务。助力防城海港口岸扩大开放获国务院批准，协助完成梧州赤水港、北海铁山港区国投北海电厂码头开放。加强“单一窗口”建设，提升通关效率，完成广西国际贸易“单一窗口”海事业务功能与国家标准版的对接升级，国际航行船舶进出口岸申报单证已全部实现无纸化。与交通运输厅联合印发了《贯彻落实交通运输部办公厅推进通关一体化改革提升海事港口服务效率工作方案》。二是深化“放管服”改革。启动“V蓝政务”服务文化品牌创建，推进“一事通办”改革，开展服务模式创新试点，完善“四统一”服务标准体系，公布服务清单。三是保护绿色江海。助力环保攻坚，积极参与河（湖）长制工作，代表自治区完成对钦州、来宾、河池三市全面建立河长制工作中期评估核查，落实推动砂石船、餐饮趸船、水上船舶修造拆解点等突出问题整治。四是保障重大水上活动安全开展。加强第15届中国—东盟“两会”、自治区成立60周年庆祝活动等水上安保，为自治区党委书记鹿心社、政府主席陈武、中国法学会会长王乐泉等领导考察邕江做好服务。

【南宁海关全面深化改革成效明显】 一是通关一体化改革不断深化。整合边境风险防控资源，二级风险防控中心作用有效发挥，综合绩效位列全国海关第一梯队。新一代海关税费电子支付系统全面切换，自报自缴率达63.7%，高于全国平均水平（33.5%），汇总征税使用比例不断扩大；全面推广关税保证保险试点，备案担保金额达2.27亿元；《海关专用缴款书》企业自主打印已实现关区全覆盖。“单一窗口”标准版报关单申报率提前达到100%。二是改革“自选动作”成效显现。实现南宁关区沿海、沿江片区海关H986集中审像与智能判图，行邮领域试点CT机智能审图查发多起违禁品走私案件；实施保税监管集中审核改革，低风险企业加工贸易电子化手册备案流程由7个简化至3个；查验存证系统和查验信息公开系统上线运行，节约企业查验准备时间1/3；在全国率先实现互市“查检合一”信息化作业，“1+N”新型查验模式拓展应用；缉私“案管中心”证据采集及时率达99%以上。三是科技应用不断拓展。监控指挥系统实现南宁关区物流链数据实时采集、风险预警、指令处置反馈等功能。建成关区“大数据池”一期，开发应用“关区时空信息一张图”系统。开发上线钦州物流可视化监控系统。推进卡口系统集约化管理，港口码头作业、海事船舶轨迹与海关物流监管等数据实现互联互通。南宁关区实验室新扩展商品归类化验、固体废物属性鉴别等项目1 700多项，参与承担2个国家能力验证项目，热带病监测重点实验室通过核查验收。

【南宁海关精准监管效能不断提升】 一是监管效能不断提升。2018年累计入库税收277.2亿元，同比增长18.6%。5项税政调研建议被总署采用并实施，预计每年为企业减负超5 000万元。进口煤炭管控有力，实现进口量“只减不增”。“双随机、一公开”向全执法领域拓展。推进查管二期、移动单兵作业和查验异常处置系统全覆盖。落实国家边民互市政策，推动互市贸易健康、可持续发展。强化稽查后续监管，办结主动披露作业增长70.83%、追补税增长35.58%。2018年，南宁海关共监管进出口货物1.2亿吨、货值4 987.3亿元，同比分别增长14%、18.2%；监管邮递快件物品730.05万件，增长3.4倍。查验报关单11 613份，查验率2.88%；查获报关单384份，查获率3.31%，高于全国平均查获率。二是风险防控更加精准。南宁海关查获率持续高于全国平均水平并稳步提升，通过分析布控查获伪瞒报禁止、限制类固废案件31起5 782.3吨，两起固体废物案例入选全国海关15起风险分析经典案例。口岸防线更加牢固。全年检疫查验出入境人员1 130万人次，检出传染病386例，截获有害生物3.3万次，排全国海关第7名。特别是全力防控非洲猪瘟疫情，为广西壮族自治区未出现疫情作出重大贡献。检验进出口食品化妆品6.12万批，检出不合格且未准入境商品106批，列全国海关第7名。检验进出口工业品1.67万批，检出不合格工业品1 230批。开展“口岸天平”行动，对外索赔成功案例57件、增长72.73%，为企业挽回经济损失3 024万美元、增长62.86%。

【南宁海关高压打击走私战果丰硕】 开展“国门利剑2018”行动，2018年全年南宁海关立案查办各类走私违法案件1 979起、案值44.03亿元、涉税3.55亿元，同比分别增长31.58%、49.2%和20.34%。其中，立案侦办“GN”系列走私大要案30起，“GN1820”走私珍贵动物制品案被列为海关缉私十大典型案例，广西打私绩效稳居沿边海关第1名。海关总署缉私局在南宁海关设立“全国反走私综合治理调查研究中心”。深化“大协同多锁链”反走私综合治理体系建设，推动各级地方政府落实综合治理主体责任。与越南三省海关局进行7次“零公里会晤”，对越交涉及执法协作成效明显。通过中央电视台等媒体开展反走私宣传报道300余次。

【南宁海关全力服务广西发展成效突出】 一是大力优化营商环境。出台南宁海关促进跨境贸易便利化42条措施，配合自治区制定优化营商环境“1+14”文件。扎实推进口岸提效降费，将进出口环节验核监管证件从86种减至46种，降低企业各项检疫处理收费标准10%至50%。2018年南宁海关进、出口整体通关时间分别压缩38.77%和82.97%，在全国排名第4和第7。落实自治区“一事通办”改革，公布98项依申请政务服务事项3张清单。落实信用联合激励、惩戒措施，公布90家失信企业名单。举行中国越南“两国四方”第五次会晤。全力保障15届中国-东盟博览会成功举办。二是支持服务陆海贸易新通道建设。协助全国政协、海关总署完成新通道建设专题调研，与成都海关签署合作备忘录，完成渝桂黔陇四关互联互通系统一期建设。继续支持国家重点开发开放试验区、跨境经济合作区、跨境旅游合作区建设，推动梧州、爱店等口岸开放通过国家验收，推动钦州港、钦州保税港、防城港30个码头泊位开放运营。三是支持口岸开放发展。推动爱店口岸、梧州口岸扩大开放通过国家正式验收，积极协助和推动东兴口岸、龙邦口岸扩大开放。推动建成全国首个进口毛燕指定口岸（查验场）及指定加工场所，待国家与马来西亚签约后正式运营。支持和指导凭祥铁路口岸申报进境水果指定口岸，积极跟进北海进境食用水生动物指定口岸和钦州进口屠宰肉牛口岸建设。推动口岸基础设施建设，实施凭祥口岸延长通关时间，缓解边境口岸拥堵问题。配合自治区理顺电子口岸运维与管理，实现“原广西电子口岸”与广西国际贸易“单一窗口”整合发展，广西电子口岸公司组建进展顺利。

开放口岸

【桂林空运口岸（桂林两江国际机场）】 桂林空运口岸位于桂林市西南方向临桂区境内，距市中心26千米。2012年桂林空运口岸被国家质检总局授予《世界卫生组织口岸核心能力建设达标单位》，成为广西首个符合《国际卫生条例》

要求的空运口岸。目前已开通国际（地区）定期航班 13 条（新加坡、马来西亚吉隆坡、日本大阪、泰国曼谷、泰国廊曼、韩国首尔、韩国济州、韩国釜山、韩国大邱、韩国清州、中国台北、中国高雄、中国香港）。2018 年，桂林空运口岸出入境人员 35.54 万人次，同比下降 8.5%，出入境飞机 2 700 架次，同比下降 3.9%；进出口货物 4.81 万吨，同比下降 3.6%。

【南宁空运口岸（南宁吴圩国际机场）】 南宁吴圩空运口岸位于南宁市良庆区，距南宁市区 32 千米。目前，南宁机场已开通 21 条国际（地区）航线。2018 年，南宁吴圩空运口岸出入境人员 122.08 万人次，同比增长 3.63%；出入境飞机 9 119 架次，同比增长 2.2%；进出口货物 3.48 万吨，同比下降 72.88%。

【北海空运口岸（北海福成机场）】 北海空运口岸位于北海市银海区，占地面积约 373.33 万平方米。机场飞行区等级为 4D 标准，可全天候起降 B737、A320 等同类机型。北海机场新航站楼投资 3.08 亿元，面积 2.7 万平方米，三层，高度 24M，值机柜台 6 个，VIP 候机室 6 个，廊桥 5 个，远机位 2 个，行李传送系统 1 套，设计旅客吞吐量 270 万人次/年，高峰小时吞吐量 1 350人次。2018 年，北海空运口岸出入境人员 7.59 万人次，同比增长 164.35%；出入境飞机 536 架次，同比增长 126.36%。

【友谊关陆路（公路）口岸】 友谊关陆路（公路）口岸距离凭祥市区 18 千米，距离越南谅山 18 千米，与越南友谊口岸相对，为常年开放的国际性口岸。1951 年开通，1979 年一度关闭，1992 年 4 月经国务院批准恢复对外开放。2017 年 2 月国务院批复同意友谊关口岸扩大开放浦寨、弄尧 2 个通道。友谊关口岸货运通道从 2018 年 6 月 1 日起实行节假日正常通关，进一步提升了友谊关口岸通关效率，确保了中新互联互通项目陆海新通道快捷畅通。2018 年，友谊关口岸进出口货物 253.07 万吨，同比下降 6.98%；出入境人员 216.23 万人次，同比增长 0.84%；出入境车辆 29.44 万辆次，同比增长 25.29%。

【东兴陆路（公路）口岸】 东兴陆路（公路）口岸位于东兴市繁华市区，地处我国西南陆地边境线与大陆海岸线的汇合处，在中越边境的最东端，东南濒临北部湾，北面背靠十万大山，通过北仑河大桥和越南芒街口岸连接，为常年开放的国际性口岸。1958 年经国务院批准对外开放，1978 年一度关闭，1994 年 4 月 17 日恢复对外开放。2011 年国务院批准设立东兴开发开放试验区，东兴口岸同东盟各国的贸易、旅游交流将进一步发展。2013 年 11 月，自治区公安厅口岸签证处入驻东兴口岸现场，东兴口岸正式启动外国人口岸签证业务，成为广西第一个陆路口岸签证处。2017 年 6 月国务院批复同意东兴口岸扩大开放北仑河二桥。2018 年，东兴公路口岸进出口货物 43.77 万吨，同比增长 15.16%；出入境人员 1 218.94 万人次，同比增长 22.64%；出入境车辆 4.71 万辆次，同比增长 30.46%。

【水口陆路（公路）口岸】 水口陆路（公路）口岸位于龙州市的西端中越边界西路中越边界 943（1）号界碑处，水口镇境内，距龙州县城 34 千米，与越南驮隆口岸仅一河之隔，为常年开放的双边性口岸，1978 年曾一度关闭，1992 年 10 月，经国务院批准恢复对外开放。水口公路口岸主要进出口货物有冻海产品、腰果、核桃、机电配件及日用品等。2013 年完成水口口岸联检楼改扩建工程的主体工程建设。2016 年 7 月国务院批复同意水口口岸扩大开放。2018 年，水口公路口岸进出口货物 11.03 万吨，同比增长 207.5%；出入境人员 49.17 万人次，同比增长 37.04%；出入境车辆 1.74 万辆次，同比下降 9.75%。

【龙邦陆路（公路）口岸】 龙邦陆路（公路）口岸位于百色市靖西县龙邦镇，地处中越边境 741～742 号界碑，与越南茶岭口岸对应，距靖西市区 42 千米，距越南茶岭县城 5 千米。2003 年 1 月，国务院批准龙邦口岸对外开放。2007 年 10 月，龙邦口岸通过验收正式对外开放。龙邦口岸进出口货物主要有腰果、核桃、冷冻海产品、铁矿、锰矿、钢筋、搅拌机、打谷机、电器、电子产品、照明装置等。2018 年，龙邦公路口岸进出口货物3.9万吨，同比下降53.6%；出入境人员7.48万人次，同比下降39.87%；出入境车辆5 378辆次，同比下降10.64%。

【平孟陆路（公路）口岸】 平孟陆路（公路）口岸位于中越边界第647号界碑处，与越南朔江口岸相对应，是广西最西端的陆路口岸。2011年10月9日，国务院正式批复平孟公路口岸对外开放，口岸性质为中国和越南双边公路客货运输口岸。2016年3月，平孟口岸正式对外开放。平孟口岸进出口货物主要有水果、海鲜、中药材、纺织品、建材、土特产品、矿产品和小五金等。2018年，平孟公路口岸进出口货物16.27万吨，同比下降0.18%；出入境人员46.62万人次，同比增长7.14%；出入境交通工具33.905万辆次，同比增长13%。

【爱店陆路（公路）口岸】 爱店陆路（公路）口岸位于中越边境1223～1224号界碑处，与越南谅山省禄平县峙马口岸相对应。爱店口岸历史悠久，1649年开始爱店就有清兵驻隘守卡，1896年清朝政府设峙马汛，民国政府设“对汛署”，负责口岸管理工作，1957年国家批准爱店口岸升格为边境陆路原二类口岸，2015年1月国务院批准爱店口岸升格为国家陆路双边性对外开放口岸，2018年6月爱店口岸对外开放通过国家验收。爱店口岸进出口的主要商品有带鱼、鱿鱼、木薯、香蕉片、花生、茶叶、机电产品、中草药、纺织品、塑料制品以及日用品等。2018年，爱店公路口岸进出口货物24.92万吨，同比下降24.94%；出入境人员8.25万人次，同比下降23.11%；出入境交通工具3.34万辆次，同比下降24.24%。

【峒中陆路（公路）口岸】 峒中陆路（公路）口岸位于广西防城港市防城区峒中镇旧街，中国越南边境1317（1）号界碑处，处于防城区最西端，距离防城区124千米，北靠十万大山，西南与越南广宁省平辽县横模关口接壤。峒中口岸于20世纪50年代就已对外开放，1979年一度关闭，1991年恢复贸易往来。2009年中越两国政府在签订的《关于中越陆地边境口岸及其管理制度的协定》中同意“峒中—横模”口岸在条件具备时开放。2013年底广西壮族自治区政府向国务院申请将峒中口岸正式开放。2014年2月峒中口岸申请开放里火通道。截至2017年6月16日，国务院正式批复峒中口岸（含里火通道）升格为国家对外开放口岸，口岸性质为双边性常年开放公路客货运输口岸。峒中口岸主要从越南进口农副产品以及海产品和药材，出口我国广西以至华南地区的日用五金百货产品和轻工机械建筑材料等产品。2018年，峒中公路口岸进出口货物总量41.39万吨，同比增长4.54%；出入境人员为9.18万人次，同比增长9.8%；出入境交通工具1.197 3万辆次，同比下降0.5%。

【硕龙陆路（公路）口岸】 硕龙陆路（公路）口岸位于广西崇左市大新县硕龙镇，中越边境847号界碑处。距大新县县城45千米，距靖西龙邦口岸150千米，距龙州水口口岸130千米。西与越南高平省接壤，距越高平市105千米，距高平省重庆城38千米，下琅县城30千米，对应越方里板口岸。该口岸于1954年作为原二类口岸对越开放，1978年一度关闭，1991年恢复贸易往来。2009年中越两国政府在签订的《关于中越陆地边境口岸及其管理制度的协定》中同意“硕龙—里板”口岸在条件具备时开放。2015年4月，向国家申请口岸升格为双边性口岸并扩大开放岩应通道。2017年10月8日，国务院就广西硕龙公路口岸对外开放作出批复，同意位于中国和越南边境的广西硕龙公路口岸对外开放，口岸性质为双边性常年开放公路客货运输口岸。硕龙口岸出境货物主要有化肥、农药、布匹、服装以及其他生活日用品、建材、机电产品等，入境货物主要有锰矿石、林木、果类、中草药材等。2018年，硕龙公路口岸出入境人员9.62万人次，同比增长9.08%。

【凭祥陆路（铁路）口岸】 凭祥陆路（铁路）口岸位于凭祥市南区，与越南同登口岸相对应，为常年开放的国际性口岸，于1953年经国务院批准对外开放，是湘桂铁路的终点，也是广西唯一的一个铁路口岸。凭祥铁路口岸站区内设立 40 股道标准轨，窄轨铺轨总长 13.2 千米，站线铺轨 21.61 千米，占地 1.8 平方千米，货物站台 3 500 平方米，旅客站台 3 840 平方米，候车室 280 平方米，货仓 420 平方米，准轨客车 1 397辆，窄轨客车 142 辆，换装能力 111.8 万吨。2013 年 9 月凭祥铁路口岸顺利通过世界卫生组织口岸核心能力达标单位检查验收。2018 年，凭祥铁路口岸进出口货物 18.52 万吨，同比增长 7.3%；出入境人员 7.13 万人次，同比下降 0.56%；出入境火车 1 665 列次，同比增长 5.78%。

【防城港水运（海港）口岸】 防城港水运（海港）口岸位于广西南部沿海北部湾北岸，是我国沿海 11 个主要港口之一及西部第一大港。1983 年 7 月经国务院批准对外国籍船舶开放，为常年开放国际性口岸。口岸地理位置和建港条件得天独厚，北靠云、贵、川，南濒北部湾，东邻粤、琼、港、澳，西接越南，地处华南经济圈、西南经济圈与东盟经济圈的结合部，是中国通往东盟、南亚、西亚、欧洲、非洲、大洋洲及南美洲海上运距最短的口岸。经过 40 多年的发展，口岸所在港口防城港已经拥有泊位 41 个，其中万吨级以上深水泊位 26 个，泊位最大靠泊能力为 20 万吨级，是广西港口中码头泊位最多，功能最齐全的港口。防城港 20 万吨级矿石码头两边均能靠船，是国内唯一的前沿吃水最深，既可卸船又可装船的 20 万吨级码头。防城港硫磷专用码头是全国目前唯一一个现代化硫磷专用泊位。铁路、高速公路直达港口，各类仓储和装卸设备齐全。与 100 多个国家和地区的 250 多个港口有业务往来。防城港口岸进口产品主要有煤炭、铁矿石、黄豆、化工、农林产品等；出口产品主要有煤炭、铁矿石、非金属矿石、化肥及农药等。2018 年，防城港口岸进出口货物 6 809.65 万吨，同比增长 7.05%；出入境人员 4.14 万人次，同比下降 11.11%；集装箱 1 073 标箱，同比下降 94.34%；出入境船舶 2 062 艘次，同比下降 77.04%。

【北海水运（海港）口岸】 北海水运（海港）口岸位于广西南端、北部湾东北部的北海半岛西段北岸，以环北部湾的中心城市北海为依托，水域地域宽广，背靠大西南，面向东南亚，南与海南隔海相望，西濒越南，处于“一城系四南”的中枢位置，为常年开放的国际性口岸。现有 9 个泊位，其中 2 个万吨级泊位，1 个 2 万吨级，1 个 3.5 万吨级；设计吞吐能力 215 万吨。1998 年 4 月，经广西壮族自治区政府同意开通北海至越南下龙海上旅游航线业务，2013 年 6 月，北海港客运口岸联检大楼投入使用。2018 年，北海海港口岸进出口货物 1 378.91 万吨，同比增长 24.96%；集装箱吞吐量 1.14 万标箱，同比下降 37.36%；出入境人员 1.89 万人次，同比增长 19.76%；出入境船舶 972 艘次，同比增长 3.74%。

【钦州水运（海港）口岸】 钦州水运（海港）口岸于 1994 年 6 月经国务院批准设立，1997 年 6 月 18 日通过验收正式宣布对外开放，是常年开放的国际性口岸。钦州港位于广西钦州市境内，北部湾顶端的钦州湾内，处于广西南部沿海南（宁）北（海）钦（州）防（城）沿海经济区的中心位置，面向东南亚，背靠大西南，三面环山，南面向海，是天然的避风良港，水深，港池宽，潮差大，回淤少，建港条件优越，是大西南地区通向东南亚最便捷的出海口之一。钦州海港口岸出口货物种类主要有化肥、碳电极，磷酸、磷酸氢钙等化工原料，进口货物种类主要有铁矿、锰矿等金属矿石、原油、煤炭、淀粉、生牛皮、机械设备等。2018 年，钦州海港口岸进出口货物 4 037.8 万吨，同比增长 33.14%；出入境人员 6.8 万人次，同比增长 18.47%；集装箱 49.15 万标箱，同比增长 17.13%；出入境船舶 3 704 艘次，同比增长 15%。

【江山水运（海港）口岸】 江山水运（海港）口岸于 1994 年 10 月经国务院批准对外开放，1995 年 2 月通过验收正式对外开放，为仅限中国籍和越南籍船舶开展运输业务的常年开放的口岸。江山海港口岸位于防城港市防城区江山半岛西南端，其东北部是防城港，西南与越南隔海相望，海路距越南鸿基不足80海里，陆路距防城区38千米，是一个水深、避风、不淤积的天然良港。江山港边地贸口岸开放以来，凭借其距离越南较近，航道状况良好，水路便利等优势，主要进口越南的煤、菅草、木材等货物，出口产品主要有钢材等。

【企沙水运（海港）口岸】 企沙水运（海港）口岸于1994年10月经国务院批准对外开放，1995年5月通过验收正式对外开放，为仅限中国籍和越南籍船舶开展运输业务的常年开放的口岸。企沙海港口岸位于防城港市港口区的企沙镇内，地处北部湾西北部的企沙半岛南端，东面和南面濒临北部湾，东北面与钦州港相邻、西面为防城港，北面背靠大西南。企沙港口岸现有5个业主码头，建有泊位37个。口岸进口货物主要是矿产品、无烟煤、原木，出口货物主要是白水泥、石膏、建筑用玻璃和机电产品。2018年，企沙海港口岸进出口货物17.02万吨，同比增长56.26%；出入境人员0.19万人次，同比增长121.36%；出入境船舶98艘次，同比增长28.95%。

【石头埠水运（海港）口岸】 石头埠水运（海港）口岸于1994年10月经国务院批准对外开放，1995年4月通过验收正式对外开放，为仅限中国籍和越南籍船舶开展运输业务的常年开放的口岸。

【梧州水运（河港）口岸】 梧州水运（河港）口岸位于广西东部，是广西乃至西部地区毗邻粤港澳地区最近的口岸，地处珠江流域中游的桂江、浔江、西江交汇处，与粤港澳一水相连。经梧州沿江而上，可至贵港、南宁、柳州、桂林、百色等地，连接资源丰富的大西南地区；经梧州沿江而下，可达广州、深圳、珠海、香港、澳门，连接沿海经济发达地区，因而梧州口岸素有“广西水上门户”“两广咽喉”之称。梧州口岸具有百年通关历史，据《梧州市志》记载，早在1897年梧州便作为通商口岸对外开放，凭借着天然水运优势，与130多个国家和地区有经贸往来，成为广西最大的内河港口，是常年开放的限制性内河水运口岸。梧州口岸进出口货物主要包括船舶、人造宝石、电池、松香及其深加工产品、钛白粉、纺织品、服装、玩具、回收固体废料、电子设备、机电产品及配件等。2018年，梧州河港口岸进出口货物57.41万吨，同比下降20.43%；出入境人员6 560人次，同比下降9.43%；集装箱4.7万标箱，同比下降33.36%；出入境船舶806艘次，同比下降7.57%。

【贵港水运（河港）口岸】 贵港水运（河港）口岸于1992年3月经国务院批准对外开放，1994年1月通过验收正式对外开放，是常年开放的限制性内河水运口岸。贵港口岸位于广西贵港市珠江干流西江中游黎湛铁路与西江航道的交汇处。目前罗泊湾码头作业区堆场面积16万平方米，仓库面积20 500平方米，码头岸线长900米，5股道专用线长5 000米。拥有3个2 000吨级集装箱泊位、4个1 000吨级件杂货及多用泊位，年通过集装箱20万标箱和件杂货180万吨能力。2013年3月开通贵港至香港定期班线。贵港口岸主要出口商品是胶合板、办公家具、白砂糖等；主要进口商品是柴油发动机零配件、小型挖掘机零配件、废纸等。2018年，贵港河港口岸进出口货物163.69万吨，同比增长32.8%；出入境人员1 135人次，同比下降52.23%；集装箱0.63万标箱，同比下降40.87%；出入境船舶158艘次，同比下降48.87%。

【柳州水运（河港）口岸】 柳州水运（河港）口岸于1988年经国务院批准对外开放，1990年5月通过验收正式对外开放，是常年开放的限制性内河水运口岸。柳州河港口岸位于广西柳州市区内，距离西南出海通道口约400千米，距离中越边境约450千米，交通运输十分方便。鹧鸪江码头是目前柳州口岸唯一对外开放的监管场所。由于鹧鸪江码头升级改造，该监管区从2011年年初开始拆除重建。2013年恢复通关业务，在鹧鸪江码头作业区恢复建成口岸简易通关监管设施，并按原国家质检总局的标准要求完成口岸卫生检疫核心能力建设，顺利通过考核组的验收。2018年，柳州河港口岸进出口货物263.08万吨，同比增长79.42%；出入境人员1 444人次，同比增长

802.5%；出入境船舶 18 艘次，同比增长 50%。

原二类口岸

【平而关陆路（公路）口岸】 平而关陆路（公路）口岸位于广西崇左市凭祥市西北端，中越边境 1036（1）号界碑处，距凭祥市区 23 千米，西南面与越南隔河相望，与越南平宜口岸对应，平而关口岸是凭祥市唯一的公路、水路口岸。1979 年一度关闭。1991 年恢复贸易往来。2009 年中越两国政府在签订的《关于中越陆地边境口岸及其管理制度的协定》中同意“平而关—平宜”口岸在条件具备时开放。2017 年中越陆地边境口岸管理合作委员会第五次会议双方同意进一步研究平而关—平宜口岸开放。

【科甲陆路（公路）口岸】 科甲陆路（公路）口岸位于广西崇左市龙州县武德乡，中越边境 911 号界碑处，与越南高平省下琅县山水相连，距龙州县城 39 千米。与科甲口岸对应的是越南的下琅口岸。科甲口岸于 1953 年对越开放，1978 年一度关闭，1991 年恢复贸易往来。2009 年中越两国政府在签订的《关于中越陆地边境口岸及其管理制度的协定》中同意“科甲—下琅”口岸在条件具备时开放。科甲口岸进出口的货物主要是农产品、土特产品、日用品和药材等。2018 年，科甲公路口岸出入境人员 0.78 万人次，同比下降 65.64%。

【岳圩陆路（公路）口岸】 岳圩陆路（公路）口岸位于广西百色市靖西市，中越边境 791 号界碑处，离靖西市区 28 千米，与百色市相距 209 千米，距首府南宁 258 千米。岳圩口岸与越南重庆县相连，对应越南坡标口岸，分别与越南重庆县城、高平市、首都河内相距 22 千米、72 千米、342 千米。岳圩口岸于 1952 年 10 月对越开放，1979 年一度关闭，1991 年恢复贸易往来。2009 年中越两国政府在签订的《关于中越陆地边境口岸及其管理制度的协定》中同意“岳圩—坡标”口岸在条件具备时开放。岳圩口岸进出口货物主要有水泥、饲料、锰矿、药材等 50 多种。2018 年，岳圩公路口岸进出口货运量 3.92 万吨，同比增长 37.03%；口岸出入境人员 11.79 万人次，同比下降 1.29%。

【南宁内河水运外贸货物装卸点】 1987 年正式对外开放，位于南宁市邕江河段。上溯左江可达龙津港，溯右江可通百色；下航可抵贵港、梧州、广州、香港、澳门等地。1992 年有码头泊位 23 个，年吞吐能力 115 万吨，港口有铁路专线与南宁火车站相接。随着南宁市的逐步发展，南宁内河水运外贸货物装卸点现有的软硬环境设施已逐渐不能满足南宁市水运业发展的需要，南宁港码头已于 2008 年下半年拆除，南宁内河水运外贸货物装卸点因为码头拆迁而暂停业务。“十三五”期间，广西申请新开南宁水运口岸，口岸新址定于南宁港六景港区八联联营厂作业区。

2018 年广西壮族自治区口岸大事记

1 月 3 日

广西海事局印发《关于实施服务广西面向东盟参与“一带一路”有机衔接重要门户建设若干措施的通知》，11 项举措助推“一带一路”有机衔接重要门户建设。

1 月 8 日

海关总署副署长王令浚在南宁调研中国 - 东盟信息港。

广西壮族自治区副主席张晓钦出席国泰港龙航空公司开通南宁至香港新航线首航仪式。

1 月 9 日 ~10 日

海关总署副署长王令浚到东兴口岸、钦州保税港区调研。

1 月 11 日

广西海事局、自治区交通运输厅联合印发《广西壮族自治区船舶污染事故应急处置预案》，进一步建立健全广西船舶污染事故应急处置工作机制。

1 月 17 日

中欧班列（钦州—波兰马拉舍维奇）在广西钦州保税港区顺利首发。

1月22日

广西壮族自治区副主席张晓钦在南宁海关主持召开2018年自治区口岸工作第一次联席会议。

1月25日

北海海港口岸国投北海电厂码头正式通过对外开放验收。

2月23日

广西壮族自治区主席陈武到平孟公路口岸考察调研。

2月24日

广西壮族自治区副主席费志荣到东兴公路口岸及东兴互市区调研。

2月28日

中越人民币现钞跨境调运启动仪式在凭祥友谊关口岸举行。

2月

广西口岸办副主任谭秀洪（左一）赴龙邦口岸调研。

3月5日

广西壮族自治区副主席黄伟京到凭祥铁路口岸调研。

3月7日

广西壮族自治区党委常委、组织部部长喻云林到岩应互市点调研。

3月12日

越南邮政主席范英俊率越南邮政代表团到南宁综合保税区参观。

3月14日

广西壮族自治区政协副主席黄道伟到爱店口岸调研。

交通运输部南海救助局副局长张贵平一行拜访广西海事局，双方就北部湾沿海救助直升机临时起降点选址和“南海救201”进入北部湾海域值守相关事宜进行商议，广西海事局局长黄军根参加座谈。

3月15日

中欧班列（凭祥—河内）跨境集装箱直通运输班列首列在凭祥开行。

3月20日

南宁海关与越南广宁省海关局在东兴举行零公里边境会晤。

交通运输部南海航海保障中心副主任王平一行拜访广西海事局，双方就北部湾沿海和西江干线AIS信号覆盖情况及AIS基站选址相关事宜进行讨论。广西海事局局长黄军根、副局长林奎参加座谈。

3月21日

交通运输部水运科学研究院院长李杨到广西海事局进行科技工作调研，广西海事局局长黄军根、副局长宋国锋参加座谈。

4月20日

原广西出入境检验检疫局职责和队伍整体划入南宁海关，统一以南宁海关名义对外开展工作。

4月26日

国家邮政局副局长赵晓光到南宁综合保税区调研。

5月3日

广西壮族自治区副主席费志荣到广西海事局调研水上交通安全监管工作。

5月4日

生态环境部副部长赵英民、广西壮族自治区副主席李彬到南宁海关技术中心调研。

广西海事局局长黄军根带队深入梧州港航企业开展工作调研并座谈。同日，梧州市委书记全桂寿、副市长马辉、副市长姜云飞在梧州会见黄军根局长、陈佳云组长。

5月7日~21日

广西海事局在沿海辖区开展代号为“孟夏猎狐”的专项执法行动，坚决打击砂石船舶、水上水下施工船舶违法行为。

5 月 15 日 ~16 日

广西壮族自治区党委书记鹿心社到凭祥、水口调研外贸发展情况。

5 月 24 日

爱店公路口岸对外开放验收通过海关总署检查预审。

5 月 31 日

全国政协副主席刘奇葆率队到凭祥口岸开展“政协系统党的建设工作”专题调研工作。

6 月 11 日

广西海事局发现 1 艘疑似装卸危险废物船舶，第一时间依法采取紧急处置措施，及时通报有关部门，迅速开展专项排查，成功查获其他 5 艘非法转运危险废物船舶，协助安全转移危险废物 7 166 吨，避免了重大污染事故的发生。

6 月 13 日

爱店公路口岸对外开放通过国家验收。

6 月 13 日 ~15 日

广西海事局副局长吕文伟率自治区水上安全专项治理第三督察组对南宁市水上安全专项治理工作情况开展督查。

6 月 14 日

梧州河港口岸赤水作业区扩大开放通过国家验收。

6 月 26 日

南海航海保障中心与广西海事局签订《南宁通信中心管理关系交接协议书》，自 7 月 1 日起，南宁通信中心移交南海航海保障中心直接管理。

6 月 29 日

经交通运输部海事局批准，《广西海事局权责清单》印发实施并向社会公布。

7 月 4 日

中越友谊关—友谊口岸治理堵车推进通关便利化会谈在凭祥召开。

7 月 9 日

海关总署副署长邹志武率边境贸易调研组到凭祥口岸调研。

7 月 19 日

全国人大常委会副委员长吉炳轩到凭祥口岸调研。

7 月 20 日

由商务部下达，上海商学院承办，上海海事大学协办的“2018 年巴拿马海事合作研修班”的巴拿马海事官员及相关企业管理人员共 25 人到广西海事局参观考察，广西海事局局长黄军根会见研修班师生一行并致欢迎词。

8 月 1 日

按照交通运输部海事局调整航海保障行政职能有关要求，广西海事局承担辖区内航海保障行政管理和执法职责。

8 月 9 日 ~10 日

上海海事局局长陆鼎良到广西海事局开展交流调研，黄军根局长陪同调研，在此期间，与钦州市常务副市长举行三方座谈。

8 月 16 日

广西海事局圆满完成 2018 年第 16 号台风“贝碧嘉”（热带风暴级）防抗工作。

8 月 31 日 ~9 月 1 日

中国海员建设工会全国委员会巡视员张景义一行到广西调研内河船员职工队伍建设和权益保

障问题，广西海事局局长黄军根、副局长宋国锋先后参加会见。

9月3日

中国交通报社党委书记、社长蔡玉贺带队到广西海事局开展工作交流，广西海事局局长黄军根、副局长宋国锋参加会见。

9月10日

中国爱店—越南峙马双边性口岸通车仪式现场双方领导共同见证通车。

9月13日

海关总署副署长李国在东兴公路口岸调研。

9月17日

广西海事局圆满完成台风“山竹”防御工作，广西辖区未发生船舶造成的水域污染以及船舶沉没、水上人员伤亡险情。16日晚，自治区人民政府副主席费志荣到广西海上搜救中心、广西海事局检查防台风防汛工作。

9月19日

广西壮族自治区党委书记鹿心社（右三）到龙邦边民贸易互市区调研指导工作。

10月8日

广西海事局公布第一批政务服务“最多跑一次”事项清单，涉及各类海事政务服务事项主项14项、子项26项，公开承诺通过网上咨询、网上申请、邮寄申请、邮寄送达等多种方式，减少行政相对人跑动次数，对纳入清单的政务服务事项实现从提交申请到证书送达“最多跑一次”。

10月9日

广西壮族自治区党委常委、南宁市委书记王小东带队，相关部门、各城区主要领导陪同，乘“海巡1011”船对南宁邕江河段沿江综合整治和开发利用工作进行深入调研。

10月16日

广西壮族自治区人民政府应急管理办公室、广西壮族自治区人力资源和社会保障厅联合发文，给予广西海事局指挥中心、防城港海上搜救中心办公室记自治区应急管理系统二等功集体表彰。

10月22日~24日

中国—新加坡海事高官磋商会第十次会议在广西南宁举行，广西海事局圆满完成会务工作。

11月6日

东兴公路口岸进出境人次数首次突破千万大关。

11月14日

广西壮族自治区党委副书记、自治区政府主席陈武带队，自治区党委常委、南宁市委书记王小东，南宁市委副书记、市长周红波，广西海事局党组书记、局长黄军根及相关部门主要领导陪同，乘坐“海巡1011”船深入南宁邕江河段调研两岸综合整治和开发利用工作。

陈凤翔（前排左三）

11 月 20 日 ~21 日

交通运输部海事局副局长李宏印率督查组对广西海事局海事权责清单制定及实施情况进行专项督查。

11 月 22 日

广西壮族自治区党委常委、宣传部部长范晓莉率队到凭祥口岸督导自治区成立 60 周年庆祝活动筹备情况。

11 月 23 日 ~26 日

广西、广东海事局开展 2018 年北部湾海域联合巡航执法，合力保障海上交通安全，服务“一带一路”“国际贸易陆海新通道”建设。出动执法人员 48 人、海事执法船艇 4 艘，巡航里程共 500 余海里，巡航检查船舶 37 艘，查处违法行为 5 起，其中查处内河船舶非法从事海上砂石运输 2 起，发现处理航标移位安全隐患 1 起。广东海事局局长陈毕伍、副局长黄斯深和广西海事局局长黄军根、副局长林奎带队。

12 月 6 日

广西壮族自治区党委书记鹿心社，自治区党委副书记、自治区主席陈武和自治区政协主席蓝天立乘坐“海巡 1011”船深入考察邕江综合整治和开发利用工程，对海事部门全面履职、主动服务地方社会经济发展给予了充分肯定。

鹿心社（前排右二），陈武（前排右三）

12 月 13 日

中共中央政治局委员、国务院副总理孙春兰率中央代表团二分团赴钦州中马产业园及钦州保税港区看望慰问。

12 月 16 日

中国法学会会长、中央政治局原委员、政法委副书记王乐泉，原广西政协副主席、政协党组副书记温卡华乘“海巡 1011”船深入考察邕江综合整治和开发利用工程，对海事履职表示肯定。

12 月 17 日 ~18 日

中越落实北仑河口自由航行区航行的协定第二轮磋商会在南宁召开，交通运输部海事局副局长李世新作为中方代表团团长参加了磋商会。广西海事局圆满完成了本次会务工作。

12 月 18 日

友谊关口岸年出入境旅客人数突破 200 万人次。

12 月 21 日

广西壮族自治区副主席杨晋柏到东兴公路口岸调研。

12 月 24 日

广西海事局与中国铁塔股份有限公司广西壮族自治区分公司签署战略合作框架协议。双方各自发挥通信（安全监管）基站配套设施资源优势，为对方实现基础设施规划布局提供硬件支持，探索海事安全监管基站配套设施与企业通信铁塔资源共享新模式，树立合作共赢样板，共同推进区域经济社会快速发展。

12 月 31 日

广西海事局发布第二批政务服务“最多跑一次”事项清单，共有 36 项事项、82 项子项实现“最多跑一次”，占全局全部业务的 90. 2% 。

（撰稿人：秦慧、方中群、韦思维、梁力丰、谭青青）

2018 年广西壮族自治区口岸流量统计表

口岸类型		口岸名称	货运量（万吨）				集装箱量（万标箱）				人员（万人次）				交通工具（辆、艘、架、列次）			
			出口	进口	合计	同比（%）	出口	进口	合计	同比（%）	出境	入境	合计	同比（%）	出境	入境	合计	同比（%）
空运口岸		桂林港	4. 57	0. 24	4. 81	-3. 60			0. 00		18. 18	17. 37	35. 54	-8. 50	1 350	1 350	2 700	-3. 90
		南宁港	1. 23	2. 25	3. 48	-72. 88	0. 28	0. 35	0. 64	-87. 48	61. 24	61. 18	122. 42	3. 64	4 563	4 556	9 119	2. 2
		北海港	0. 00	0. 00	0. 00				0. 00		3. 82	3. 77	7. 59	164. 35	268	268	536	126. 16
		分计	5. 80	2. 48	8. 29	-53. 43	0. 28	0. 35	0. 64	100. 00	83. 23	82. 32	165. 55	3. 59	6181	6174	12 355	3. 40
陆运口岸	公路口岸	友谊关	130. 70	104. 90	235. 60	-13. 40			0. 00		108. 95	107. 28	216. 23	0. 84	147 184	147 184	294 368	25. 29
		东兴	25. 73	18. 04	43. 77	38. 01			0. 00		609. 53	609. 42	1 218. 95	22. 64	23 528	23 528	47 056	30. 46
		水口	13. 64	5. 13	18. 77	423. 48			0. 00		25. 17	25. 24	50. 41	40. 48	9 100	9 058	18 158	-5. 88
		龙邦	1. 16	2. 74	3. 90	-53. 60			0. 00		3. 734 3	3. 74	7. 48	-39. 87	2 687	2 691	5 378	-10. 64
		平孟	5. 59	10. 68	16. 27	-0. 18			0. 00		23. 31	23. 31	46. 62	7. 14	169 525	169 525	339 050	13. 00
		爱店	1. 14	23. 78	24. 92	-24. 94			0. 00		3. 19	5. 07	8. 26	-23. 02	16 693	16 693	33 386	-24. 24
		峒中	25. 94	15. 45	41. 39	4. 54			0. 00		5. 88	3. 3	9. 18	9. 80	5 230	6 743	11 973	-0. 50
		硕龙	0. 00	0. 00	0. 00	0. 00			0. 00		4. 957 1	4. 667 4	9. 62	9. 08	0	0	0. 00	0. 00
		分计	203. 90	180. 73	384. 62	-6. 23	0. 00	0. 00	0. 00		784. 73	782. 03	1 566. 75	21. 33	373 947	375 422	749 369	12. 84
	铁路口岸	凭祥	16. 74	1. 78	18. 52	7. 30			0. 00		3. 84	3. 29	7. 13	-0. 56	841	824	1 665	5. 78
		分计	16. 74	1. 78	18. 52	7. 30			0. 00		3. 84	3. 29	7. 13	-0. 56	841	824	1 665	5. 78

续表

口岸类型		口岸名称	货运量（万吨）				集装箱量（万标箱）				人员（万人次）				交通工具（辆、艘、架、列次）			
			出口	进口	合计	同比（%）	出口	进口	合计	同比（%）	出境	入境	合计	同比（%）	出境	入境	合计	同比（%）
水运口岸	海港口岸	防城港	549.34	6 260.31	6 809.65	7.05	0.10	0.01	0.11	-94.34	2.04	2.09	4.14	-11.11	1 030	1 032	2 062	-77.04
		北海港	141.77	1 237.14	1 378.91	24.96	0.73	0.41	1.14	-37.36	0.93	0.96	1.89	19.76	476	496	972	3.74
		钦州港	818.90	3 218.90	4 037.80	33.14	25.75	23.41	49.15	17.13	2.99	3.81	6.80	18.47	1 630	2 074	3 704	15
		江山港	0.00	0.00	0.00	0.00			0.00		0.00	0.00	0.00	0.00	0	0	0	0.00
		石头埠港	0.00	0.00	0.00	0.00			0.00		0.00	0.00	0.00	0.00	0	0	0	-100.00
		企沙港	0.3	16.719 2	17.02	56.26			0.00		0.094 3	0.094 3	0.19	121.36	49	49	98	28.95
		分计	1 510.31	10 733.07	12 243.38	16.50	26.58	23.82	50.40	10.36	6.06	6.95	13.02	24.36	3 185	3 651	6 836	-48.60
	河港口岸	梧州港	36.97	20.44	57.41	-20.43	2.48	2.22	4.70	-33.36	0.35	0.31	0.66	-9.43	417	389	806	-7.57
		贵港港	157.29	6.41	163.69	32.80	0.41	0.23	0.63	-40.87	0.07	0.04	0.11	-52.23	105	53.00	158.00	-48.87
		柳州港	2.5	260.58	263.08	79.42			0.00		0.073 7	0.070 7	0.14	802.5	9	9	18	50
		分计	196.76	287.43	484.18	41.10	2.88	2.45	5.33	-34.40	0.50	0.42	0.91	-4.20	531	451	982	-16.90
合计			1 933.51	11 205.49	13 138.99	7.07	29.75	26.62	56.37	13.12	878.36	875.00	1 753.36	34.31	384 685	386 522	771 207	16.38
同比（%）			38.89	13.13	16.30		9.00	0.46	4.79		20.11	18.50	19.30		11.33	11.55	11.44	

（广西壮族自治区口岸办提供）

2018 年广西壮族自治区口岸出入境主要数据表

项目			2018 年	2017 年	同比（%）
出入境人员（万人次）	出入境人员总数		2 182.6	1 737.8	25.60
	入境人员		1 090.3	869.4	25.41
	出境人员		1 092.3	868.4	25.78
	出入境旅客		2 005.9	1 634	22.76
	出入境员工		176.7	103.8	70.23
	中国公民	小计	1 226.3	880.9	39.21
		内地居民	1 200.7	856	40.27
		港澳居民	5	4.8	4.17
		台湾同胞	20.6	20.1	2.49
	外籍人员		956.2	856.9	11.59
	从海港出入境人员		13.1	13.7	-4.38
	从陆港出入境人员		2 003.6	1 563.3	28.16
	从空港出入境人员		165.8	160.8	3.11
交通运输工具（万辆、艘、架、列次）	总计		164.85	81.05	103.39
	船舶		0.74	0.73	1.37
	飞机		1.24	1.19	4.20
	火车		0.17	0.15	13.33
	机动车辆		162.7	78.98	106.00

（广西出入境边防检查总站提供）

2018 年南宁海关主要数据统计表

项目		2018 年	同比（%）
进出口货运量（万吨）	合计	11 939.50	13.95
	进口	10 205.19	14.21
	出口	1 734.31	12.48
进出口贸易总值（万美元）	合计	7 480 909.81	22.95
	进口	3 612 602.57	16.50
	其中：江、海运输	2 581 242.89	17.30
	铁路运输	481.77	-3.40
	汽车运输	973 954.06	13.34
	航空运输	45 769.60	70.34
	邮件运输	10 909.88	227.94
	其他运输	241.24	-97.22
	出口	3 868 307.23	29.59
	其中：江、海运输	835 209.53	33.93
	铁路运输	46 729.45	-56.52
	汽车运输	2 923 041.50	30.54
	航空运输	61 621.72	368.27
	邮件运输	1 085.84	0.61
	其他运输	182.98	
税收（万元）	两税合计	2 771 831.51	18.57
	关税入库	184 565.04	-0.18
	进口环节税入库	2 587 266.47	20.19
货物检验检疫（批次）	本年累计	130 170.00	8.73
	其中：出境	73 912.00	-2.70
	入境	56 258.00	28.56
货物检验检疫金额（万美元）	本年累计	3 058 371.26	13.76
	其中：出境	557 283.95	1.22
	入境	2 501 087.31	16.99

（南宁海关提供）

2018 年广西海事局进出港船舶统计汇总表

国家（地区）	进口岸船舶							出口岸船舶						
	艘数（艘次）	总吨（吨位）	总载重量（吨）	载客量（客位）	船员人数（人）	货物到达量（吨）	旅客到达量（人）	艘数（艘次）	总吨（吨位）	总载重量（吨）	载客量（客位）	船员人数（人）	货物发送量（吨）	旅客发送量（人）
总计	45 626	197 028 661	296 133 665	4 868 618	549 574	138 996 964	3 413 884	40 979	186 455 192	284 029 174	4 179 352	487 738	63 888 039	2 901 865
中国籍船舶	42 451	100 882 164	134 569 785	4 868 618	487 870	66 073 045	3 413 884	37 779	90 303 145	122 519 815	4 179 352	425 396	53 659 736	2 901 865
其中外贸船	13 973	30 861 888	39 541 055	1 758 368	153 614	20 151 000		13 829	30 272 172	38 689 721	1 745 806	151 390	16 938 693	

（广西海事局提供）

2018 年广西壮族自治区指定口岸/查验场统计表

省、自治区、直辖市	序号	指定口岸/指定查验场名称	口岸类别	类别	批复时间	备注
广西壮族自治区	1	凭祥友谊关口岸	公路	水果	2009 年	
	2	桂林两江机场	空运		2010 年	
	3	防城港口岸	海运		2015 年	
	4	钦州保税港口岸	海运		2017 年	
	5	东兴口岸	公路		2017 年	
	6	钦州港口岸	海运	粮食	2014 年	
	7	梧州港口岸	内河		2014 年	
	8	防城港口岸	海运		2015 年	
	9	北海港口岸	海运		2015 年	
	10	凭祥友谊关口岸	公路		2015 年	
	11	水口口岸	公路		2015 年	
	12	龙邦口岸	公路		2015 年	
	13	贵港口岸	内河		2018 年	
	14	凭祥友谊关口岸	公路	冰鲜水产品	2015 年	
	15	水口口岸	公路		2015 年	
	16	东兴口岸	公路	食用水生动物	2016 年	
	17	南宁吴圩机场	空运	整车进口	2017 年	
	18	钦州保税港口岸	海运	固体废物进口	2009 年	
	19	梧州港口岸	内河	肉类	2018 年	
	20	北海港口岸	海运		2010 年	
	21	钦州保税港口岸	海运	种苗花卉	2015 年	
	22	东兴口岸	公路		2013 年	

（南宁海关提供）

海　南　省

海南省口岸分布示意图

	类型	口岸名称	批准开放时间	开放状态
1	空运口岸（2个）	海口空运口岸	2003	国际常年
2		三亚空运口岸	1994	国际常年
3	水运口岸（5个）	海口水运口岸	1957	国际常年
4		三亚水运口岸	1984.7	国际常年
5		洋浦水运口岸	1990.5	国际常年
6		八所水运口岸	1988.9	国际常年
7		清澜水运口岸	1996	国际常年

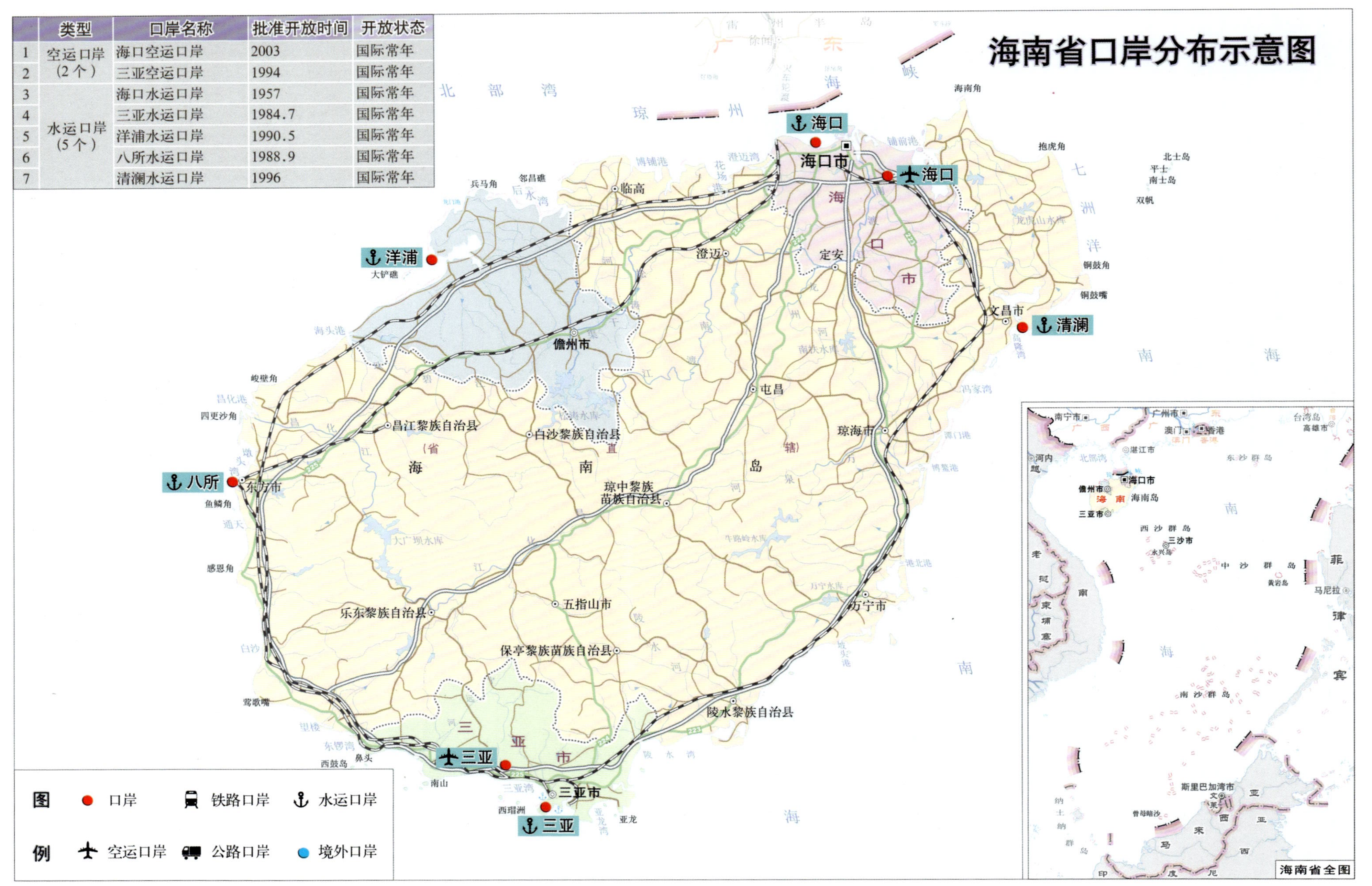

口岸数量及分布

截至 2018 年年底，海南省共有经国务院批准的对外开放口岸 7 个。其中，空运口岸 2 个，分别为海口空运口岸（美兰国际机场）、三亚空运口岸（凤凰国际机场）；水运口岸 5 个，分别为海口、三亚、洋浦、清澜、八所水运（海港）口岸。

口岸运行数据

2018 年，海南口岸共有出入境人员2 099 428 人次，同比增长 16.00%。其中，入境1 040 556 人次，同比增长 16.00%；出境 1 058 872 人次，同比增长16.10%。出入境船舶4 396 艘次，同比增长 11.80 %。其中，入境船舶 2 220 艘次，同比增长 12.30 %；出境船舶 2 176 艘次，同比增长 11.20 %。出入境飞机 14 896 架次，同比增长 10.70 %。其中，入境飞机 7 450 架次，同比增长 10.90 %，出境飞机 7 446 架次，同比增长 10.60 %。进出口货物 3 009.28 万吨，同比增长 3.20 %。其中，进口货物 2 573.97 万吨，同比增长 8.40 %；出口货物 435.31 万吨，同比下降 19.5 %。出入境集装箱 156 893 标箱，同比下降 0.60 %。其中，进口 70 571 标箱，同比下降 3.60%；出口 86 322 标箱，同比增长 2.00 %。出入境邮轮 141 艘次，同比增长 76.3 %。其中，出境 70 艘次，同比增长 70.70 %；入境 71 艘次，同比增长 82.10 %。出入境游艇 63 艘次，同比增长 57.5 %。其中，出境25 艘次，同比增长38.90 %；入境 38 艘次，同比增长 72.70 %。离岛免税购物 96.78 亿元，同比增长 20.67 %；销售离岛免税品 1 320.03 万件，同比增长 25.71 %；购买人数 285.15 万人次，同比增长 22.17 %。

口岸综合管理

【扩大口岸开放】 2018 年 2 月 24 日，洋浦海港口岸小铲滩码头通过对外启用验收。2018 年 3 月 6 日，海南省人民政府批复同意洋浦海港口岸小铲滩码头对外启用，标志海南对外开放口岸又增新成员。

推动博鳌机场临时对外开放。为做好博鳌亚洲论坛年会口岸通关服务保障工作，扩大海南空港对外开放，国家批准博鳌机场临时对外开放，期限 2018 年 1 月 1 日 ~4 月 31 日。

继续向国家交通部申报海南省 8 个海上游览景区对境外游艇临时开放工作。目前国家已连续第十次批准海南省上述 8 个海上游览景区对境外游艇临时开放，期限延长至 2019 年 7 月 16 日。

【推进口岸通关改革】 一是全面实施提前 120 分钟上岗制度，对部分密集航班时段实施提前 180 分钟开闸措施，有效缓解现场通关压力，确保高效通关和航班正常率。二是海口美兰机场于 2018 年 7 月 31 日正式成为海南航空第三个提供国际通程值机服务的机场，进一步提升了空港口岸通关服务保障水平。三是国际贸易“单一窗口”平台功能覆盖到空港口岸，业务申报覆盖率达 100%。四是实现压缩出口整体通关时间三分之一的目标，整体通关时间由原来 130 多小时缩减至 69.39 小时。海南口岸 2018 年 12 月份进口通关时间 52.05 小时，比 2017 年（126.94 小时）压缩 58.99%；2018 年 12 月份出口通关时间 3.48 小时，比 2017 年（108.41 小时）压缩 96.79%。五是三亚凤凰机场国际快件监管中心于 2018 年 8 月通过验收开始运营。

【加强口岸设施建设】 一是海口美兰机场边检增加出入境各 3 条自助通道，凤凰机场边检增加出境 3 条、入境 5 条自助通道，极大提升了空运口岸通关效率和保障水平。二是按照海口美兰机场二期国际区面积 4.5 万平方米、国际旅客吞吐量 420 万人次的规划方案，结合自贸区（港）建设需求，推动口岸规划建设。截至 2018 年 10 月，美兰机场二期 T2 航站楼国际区主体工程基本完工。三是推进海口海关和美兰机场公司在海口美兰机场建立犬基地。

【深化口岸区域合作】 协调广东省口岸部

门和驻广东、海南两省的查验单位、向交通运输部和国家有关部委沟通汇报，保障南方电网第二回联网工程外籍船舶进入琼州海峡非开放水域进行施工的申请得到了及时批复，期限自 2018 年 11 月至 2019 年 4 月；先后协调新开、加密和恢复境外航线 35 条。其中，新开航线 26 条，配合恢复航线 6 条，加密航线 3 条。区域合作取得明显成效。

【服务保障口岸通关】 圆满完成了博鳌亚洲论坛 2018 年年会、上海合作组织成员国文化部部长第十五次会晤、2018 第五届诺贝尔奖获得者医学峰会、2018 海峡科技论坛、2018 年“一带一路”媒体合作论坛国际狮子会第 57 届远东暨东南亚年会（中国狮子联会海南代表处首次承办）、世界小姐总决赛、第 9 届环海南岛大帆船赛及世界青年帆船赛等国际性赛事等重大活动通关服务保障任务。落实 59 国免签政策相关工作，通过协调海南 59 国免签入境旅游人员免填外国人入出境卡（平均耗时约 2 分钟/人）和通关现场展开单飞未申报外国旅客办理临时申报或落地签等相关业务工作，督促边检机关强化新业务（指纹采集）的培训和宣传，提高通关效率，减少旅客通关时间。交通运输部批复同意国际航行船舶临时进入我省陵水、万宁、文昌等非开放水域装运鱼苗出口，期限自 2018 年 2 月 1 日至 2018 年 6 月 30 日。2018 年共出口鱼苗 550 万尾，创汇 2 213 多万美元。

【加大口岸信息化建设】 2018 年 4 月开通“单一窗口”标准版“95198”服务热线，为本地外贸企业提供通关申报业务 7×24 小时客服；2018 年 7 月至 11 月分期组织“单一窗口”关检融合统一申报、特殊监控区申报业务、自主打印专用缴款书等业务培训班，召开推广应用座谈会并多次赴海口、三亚机场现场指导企业使用“单一窗口”运输工具申报业务，实现“单一窗口”货物申报、空运舱单业务覆盖率达 100%；2018 年 9 月至 10 月份与海南省政府金融办公室、中国信保以及海口各大银行对接，在“单一窗口”标准版实现银行购付汇服务、风险信息、资信调查、信保通服务等金融服务功能。截至 2018 年 12 月底，基本实现“单一窗口”标准版全部 12 项功能，覆盖海港、空港通关业务，完成标准版“单一窗口”覆盖率达 80% 以上的工作任务。其中，货物申报、水运运输工具、空运运输工具、空运舱单等主要业务申报覆盖率达 100%。

【推进游艇产业发展】 按照习近平总书记“4.13”讲话和中央 12 号文件关于“放宽游艇旅游管制”的要求，牵头组织修改《海南省游艇管理办法》，完成修改稿并报省政府；与海南省文体厅、海南省旅游委研究制定印发了《海南省帆船运动旅游管理暂行办法》，鼓励开展游艇租赁经营，提出了从人、机、环境、应急措施和保险等五个方面规范管理及保障我省游艇租赁和帆船运动旅游业安全发展的要求；在全国倡导在沿海市县开展游艇特色小镇建设，清水湾游艇特色小镇建设布局规划项目，海南省政府同意挂牌建设；简化游艇入境手续，对境外游艇自由行入境试行关税保险政策，并在此基础上积极探索推动试行免担保政策，牵头起草《中国（海南）自由贸易试验区琼港澳游艇自由行实施方案》获国家批准并组织实施；推动《海南省帆船运动旅游暂行管理办法》出台；按照海南省政府百日大招商的部署安排。向全球游艇业界广泛介绍海南发展游艇产业的自然优势、政策优势、投资和营商环境，成功推动厦门杰鹏游艇会与华彩华邑酒店签订战略合作协议，并于 2018 年 7 月 15 顺利入驻华彩华邑酒店码头展开合作经营。

【推进自由贸易试验区总体方案工作任务落实】 联合口岸查验单位出台《海南省口岸查验单位一次性联合检查实施方案》和《国际航行船舶联合登临检查工作方案》；推进海关特殊监管区域外“两头在外”航空维修业态实行保税监管工作；加强口岸动植物疫病疫情监测，形成多部门协作的疫病疫情和有害生物联防联控局面；在洋浦保税港区试行“一线放开、二线高效管住”的货物进出境管理制度；提升贸易便利化水平，在洋浦保税港区试行“一线放开、二线高效管住”的货物进出境管理制度；在三亚选址增设海关监管隔离区域，开展全球动植物种质资源引进和中转等业务；研究在三亚红糖湾海域建设中转基地选址工作。

口岸监管与服务

【海口出入境边防检查总站紧扣主题主线，以海南自贸试验区（港）建设为重点，服务国家改革开放大局】 一是掀起学习习近平总书记4·13重要讲话精神热潮边检工作融入海南自由贸易试验区建设大盘。成立参与海南自由贸易试验区建设工作领导小组，制定专项方案，加强与省委省政府的沟通协调。二是2018年4月17日至20日，参加海南省委省政府组织的赴陕西西安、河南郑州的自贸试验区考察学习团后，从边检角度出发向海南省委提出工作建议和意见。向海南省委、省政府汇报公安部副部长许甘露在海南调研情况和59国免签政策落实情况。原海南省委常委、政法委书记肖杰，海南省副省长、公安厅厅长范华平分别带队到海口出入境边检总站开展工作调研，均充分肯定总站在深入贯彻实施海南59国免签政策，确保安全顺畅的口岸出入境秩序等方面取得的成绩，对总站在海南自由贸易试验区建设过程中主动担当、积极作为给予高度评价。10月23日，海南省委副书记、省长沈晓明同志听取海口出入境边检总站汇报，充分肯定了海口出入境边检总站历年来工作成绩，提出边检机关在服务海南和推进深化改革开放事业中应发挥“领头雁”作用。三是强化边检责任担当。海南省委省政府明确海口出入境边检总站作为其中11项任务的责任单位有序推进落实。目前，59国免签政策、“单一窗口”建设已落地实施，“公海游”等工作任务有序推进中，海口出入境边检总站提出的美兰国际机场T2航站楼边检查验设施建设、59国免签边防检查管理服务系统及配套设施建设、邮轮游艇查验监管设施建设及海港立体化防控体系建设等四个建设项目需求，已列入海南省发改委的重大推进项目库。

【海口出入境边防检查总站聚焦主责主业，以落实总体国家安全观为核心，严守口岸管控防线】 一是严格落实全国边检机关强化口岸安全管控视频会议精神和公安部《边控工作规定》。充分发挥边控工作对服务国家反腐、反恐工作大局的重要作用，加强同各交控单位的沟通协调，规范做好海南口岸查控工作。2018年，受理交控单位交控资料700余起，其中通过对交控对象身份信息核查，甄别核查错漏交控信息100余起，及时通过情况反馈单反馈给交控单位予以核实更正，有效避免因交控信息错漏引起的错控、漏控事件。专题研究制定《强化口岸安全管控工作十四条措施》，下发各边检站参照执行，确保了国家移民管理局口岸安全管控工作意见的有效落实。二是坚决落实口岸管控工作措施。严格落实“双百”（人证对照和资料录入准确率达到百分之百）要求，严守人证对照、证件识别和资料录入“三条底线”，加强前台查验和后台核查，准确采集人脸、指纹生物信息。三是口岸查缉成果明显。2018年总站查获各类在控在逃人员得数量比2017年增长40%，各边检站在口岸管控工作方面战果显著。凤凰边检站充分发挥新疆驻口岸工作组协查作用，继2017年查获2名涉恐人员后，2018年再次查获1名涉恐嫌疑人员及3名携带暴恐音视频入境人员。美兰边检站通过数据分析查获三名涉嫌电信诈骗人员。秀英、三亚、八所、洋浦、马村边检站通过与联检单位情报协作，先后查处27起船舶擅自出境案件（同比2017年增长350%）。四是完善突发事件处置预案，加强处突力量建设。指导各边检站结合口岸实际，优化防暴恐袭击、防技术故障、防舆论热点的处置办法，完善各类应急处置预案，提高处突预案的精准性和实效性。统筹警力资源，建立专职处“小单元”，配齐配强处突装备，健全应急机动支援机制。2018年组织总站、各边检站、队组织处突演练80余次，提高了处置口岸突发事件的能力水平。

【海口出入境边防检查总站认真做好海南59国人员入境旅游免办签证边防检查工作】 2018

年 5 月 1 日，海南 59 国人员入境旅游免签政策正式实施。一是细化预案，严密管控措施落实。研究制定《海口总站 59 国来琼免签人出境查验工作预案》，对申报模式、查验程序、政策实施可能出现的有关问题进行了细化明确，加强对来自重点国家入境人员进行后台核查，一旦发现可疑人员，立即启动核查程序，确保执行到位、处理及时，确保口岸安全。二是细化服务措施，提高口岸通关效率。按照国家移民管理局通知精神，细化 59 国免签政策边检工作措施，协调海南省相关部门上报国家移民管理局，免填写、扫描出入境卡，规范、简化查验流程，并积极为执勤一线配发翻译机，加强现场沟通引导，服务旅客有序候检。三是加强信息通报，强化工作协作。与省公安厅、省旅游委保持密切协作，及时通报情况。针对政策落地初期外国旅客理解不到位、造成一定舆论影响的情况，积极协商海南省政府采取应对措施，对未提前申报的 59 国入境旅客做好解释工作，规范和统一对外说辞，避免出现负面舆论。

【海口出入境边防检查总站启用自助通道查验系统，提升口岸通关效率】 海口出入境边检总站组成工作专班，在美兰机场和凤凰机场口岸全力推进出入境自助通道建设。2018 年 4 月 3 日确保了系统安全上线，如期投入博鳌年会服务保障工作，优化口岸通关环境，提高通关效率。

【海口出入境边防检查总站落实“放管服”措施，提高服务保障水平】 一是认真落实“八项出入境便利措施”。对照公安部 2018 年 2 月 1 日起施行 8 项出入境便利措施，加快推进自助通关通道建设，在各口岸安装出入境记录凭证自助打印设备，为旅客提供查询往来港澳台签注剩余次数服务。二是提高节假日客流高峰勤务组织科学性、规范性。国家移民管理局应对节假日客流高峰工作相关规范下发后，总站迅速开展节假日客流高峰预警预报工作，在劳动节、端午节期间，科学预警出入境流量高峰时段，通过在微信公众号、检查现场液晶屏提前公布，增加警力支援等措施，保障旅客顺畅出行。三是统筹调配警力，保障“30 分钟新举措”不打折扣。国家移民管理局公布实行中国公民排队不超过 30 分钟新举措后，海口出入境边检总站组织机关工作组进驻美兰机场和凤凰机场，落实开设中国公民专用通道、设置高峰提示线、提前加开通道等措施。确保通关候检不超过 30 分钟新举措不打折扣，不出现波动。四是全面贯彻落实放管服举措，积极服务地方经济发展。根据国家移民管理局统一部署，9 月 1 日起，在海南口岸实行国际航行船舶网上申报边检手续，进一步优化船舶及人员查验流程，取消收取《总申报单》《船员名单》《旅客名单》等纸质单据，为企业节约大量时间和经济成本，有效提高口岸通关效率和企业效益。

【海南海事局做好“单一窗口”建设及使用工作】 一是梳理“单一窗口”数据连通路径，将“单一窗口”全面接入“船舶安全监督系统”，确保涉及数据流转的各个结点清晰连贯、业务流程合规。实现网络申报、内网审批无缝对接。同时为了方便企业申报，保留了窗口申报、通过“船舶安全监督系统”网上申报两个渠道。二是海南海事局各业务网点申请制作“船舶进出口岸核准专用电子印章”15 枚（包括三沙海事局预备的 1 枚），在船舶办妥海关、边检等业务后，企业能够自主生成并打印“办妥通知单”或“离港许可证”，不再需要到各业务办理点领取证书，实现不见面审批。三是加强宣贯，积极做好业务推广。海南海事局在海口、洋浦、八所等分支局专门组织了推广会，组织基层执法人员和相关代理企业从业人员现场培训，现场示范应用、解答问题，使海事执法人员、企业都能够迅速熟练应用“单一窗口”系统。四是将“国家‘单一窗口’标准版推广应用率”纳入年度工作目标考核，按照交通运输部海事局的要求，自发文之日起，要达到 70% 的目标。2018 年共办理口岸手续 4 665 艘次，其中通过“单一窗口”办理 2 898 艘次，办理比例 62%。自 9 月 18 日交通运输部海事局正式发文推广，共办理口岸手续 1 352 艘次，其中通过单一窗口办理 1 344 艘次，办理比例为99.4%，在全系统领先。

【海南海事局积极压缩货物通关时间，实现了办理口岸查验手续“零等待”、货物通关“零待时”】 一是通过船舶在抵港前实行船舶网上预报预检，实现船舶在抵港前通过系统进行预报，各业务窗口24小时办理口岸查验业务。船方或其代理人在船舶抵达口岸前已经办妥进口岸手续的，船舶抵达后即可装卸货物；船方或其代理人在船舶抵达口岸前未办妥进口岸手续的，在办妥海关、检验检疫、边检业务后，海事部门即可开具办妥通知单，船舶即可装卸货物。货物卸船及一般货物装船后，海事局不再对货物进行监管，危险货物主要在装船过程中进行监管，都对货物通关时间没有影响，实现了办理口岸查验手续“零等待”、货物通关“零待时”。二是建立联合执法机制。在收到船舶进口岸申请后，海事部门第一时间汇总边检、海关及原检验检疫部门登轮检查的需求及船舶靠泊相关计划，确定联合登轮检查的时间，在船舶靠泊完成后，共同登轮开展各自查验工作。联合检查过程中，海事部门查验时间在10分钟之内。三是搭建船舶进出口岸电子申报微信群，随时掌握代理公司申报的船舶进出港信息，通过微信平台办理船舶进出口岸业务，有效提高通关效率。

【海南海事局服务口岸开放，支持地方发展】 一是推动境外游艇临时进出海南省8大水域、鱼苗船临时进出海南省部分水域的临时对外开放工作。二是按照《海南省帆船赛事组织服务管理办法（暂行）》，参与环岛大帆赛的进出口岸协调组织与安全保障工作，做好境外参赛帆船进出口岸通关保障工作。三是参与新增开放码头的开放验收工作。四是境外游艇临时开放审批试点工作。2018年12月份代海南省政府起草了《关于呈报海南省人民政府对境外游艇开展临时开放水域审批试点工作方案（代拟稿）的报告》《海南省人民政府关于上报对境外游艇开展临时开放水域审批试点工作方案的函》《海南省人民政府对境外游艇开展临时开放水域审批试点工作方案（代拟稿）》《海南省人民政府对境外游艇开展临时开放水域审批试点工作方案起草说明》。五是配合参与琼港澳自由行工作、“无目的港邮轮航线试点”实施方案工作，对进出口岸管理等提出工作建议。

【海口海关支持海南省用好用足国家重大开放政策】 一是全力以赴助推海南全岛建设自由贸易试验区、探索建设中国特色自由贸易港。成立关长任组长的支持海南自贸区（港）建设工作领导小组和自贸办，抽调业务骨干组建5个专项工作组，举全关之力支持海南自贸区（港）建设。强化调查研究，选派12名关、处领导赴全国11个自贸区调研，多轮次参与全国人大、全国政协、国家发改委等来琼实地调研活动，编印《自贸区、自贸港知识手册》，配合海关总署开展自由贸易港海关监管制度前瞻性研究，起草《中国特色自由贸易港海关监管框架方案（讨论稿）》。发扬基层首创精神，对照《中国（海南）自由贸易试验区总体方案》，对11个牵头事项、46个协办事项进行分解细化，研究形成全球动植物种质资源引进中转基地设施建设和体制机制两项研究成果，启动关税保证保险改革试点，进一步规范简化博鳌乐城国际医疗旅游先行区临床急需医疗器械安全监管，推动医药公用型保税仓库投入运营，助力自贸区（港）先导性项目实施。二是大力支持海南省全面融入国家“一带一路”倡议。大力支持海南加强与“一带一路”沿线国家交流合作，推动三亚凤凰机场国际快件中心正式运营，推动平行进口车保税仓储优惠政策落地实施，推动跨境电商网购保税、航空保税维修等新兴业务做大做强，支持海口美兰机场开展国际航空中转旅客“通程航班”业务，2018年保障海南省空运口岸增开航线21条、同比增长23.5%。全年监管进出港航班1.7万架次、进出境旅客210.9万人次，同比分别增加14.5%和18.6%。三是全力推动国际旅游岛开放政策实施。助推海南建设国际旅游消费中心，保障离岛免税政策第五次调整顺利实施，提前研究乘轮船离岛旅客监管模式和开发信息监管系统，实现免税购物政策对离岛旅客的全覆盖，加强对免税进口食品化妆品安全和商品质量把关，对 4 批检出安全卫生不合格食品实施监督销毁，2018 年监管离岛免税店销售免税品 97.4 亿元，同比增长 21.5%。

【海口海关支持海南省加快培育外贸发展新动能】 一是发挥好海关特殊监管区域新优势。积极发挥海关特殊监管区域功能优势，支持探索推出包括创新发展跨境电商、总部经济等 10 项内容的海南自贸试验区建设任务清单并得到国内、省内媒体高度关注并予以刊载。推动海口综合保税区招商引资工作，截至 2018 年 12 月底，区内注册企业达 211 家，其中包括 6 家央企及全国第三大电商企业“唯品会”。创新开展跨境电商直邮和“网购保税 + 实体新零售”（即线上下单、线下即提）新型业务，综合叠加保税仓储和离岛免税政策优势，通过“保税转免税”模式将园区保税加工的钻石珠宝产品转离岛免税店销售。二是培育好海南省外贸产业新亮点。全力支持海南邮轮游艇产业发展，在海口港邮轮码头实施电讯检疫及人员直通模式。支持海南特色产品扩大出口，优化食品农产品出口通关流程，支持红心火龙果、无核荔枝、无籽蜜柚、雪茄烟叶实现首次出口，海南新鲜热带特色水果实现出口欧美市场的历史性突破。2018 年，海南外贸进出口总值 849 亿元，同比增长 20.8%；口岸进出口总值 1 150.6 亿元，增长 28%。三是谋划好海关建言献策新作为。积极配合海关总署、海南省委省政府开展海南全岛建设自由贸易试验区、探索建设中国特色自由贸易港各项前瞻性研究，向海关总署报送 5 项税政调研建议，其中游乐场娱乐设备、游艇降税建议首次被国务院税则委员会采用并执行；率先完成海南建省办经济特区 30 周年外贸发展白皮书并被海关总署《改革开放 40 年中国对外贸易发展报告》采编，全年上报各类监测预警分析报告 137 篇。

【海口海关推动海南省口岸贸易实现安全与便利】 一是全力以赴压缩通关时间助力口岸提效降费。紧紧围绕“整体通关时间再压缩三分之一”的目标，开展口岸贸易专项调研，出台指导意见，已开例会专题分析，创新开发移植统计数据智能化应用平台，实现通关时效及报关单各环节动态监控。与企业签订《关企合作备忘录》，明确通关各环节责任和任务目标，加强与口岸通关单位联系配合，2018 年 12 月进口整体通关时间 52.05 小时、压缩 59%；出口整体通关时间 3.48 小时、压缩 96.8%，明显快于全国同期水平。应用推广国际贸易“单一窗口”标准版，货物、运输工具、空运舱单申报率达到 100%。深入推进口岸执法领域“放管服”改革，推进布控查验“双随机、一公开”，全年随机布控查验占比达到 99.73%。推进口岸查验单位跨部门一次性联合检查，大力实施“免除查验没有问题外贸企业吊装移位仓储费用”改革，惠及辖区外贸企业 308 家次、集装箱 1 289 个；推广《海关专用缴款书》企业自行打印改革，全年企业自行下载、打印税单占同期关区打印税单的 95% 以上，有力支持企业减负增效，推动海南加快构建国际化、法治化、便利化的营商环境。二是全方位强化海关实际监管。发挥风险防控先导作用，实行监控指挥中心与风险防控中心一体化运作，加大对禁限管制、侵权、伪瞒报风险的布控，1－12 月关区查验率 2.52%，查获率 5.99%，均优于全国平均水平。2018 年截获禁止进境物 10 135 批次、8 756 千克，截获有害生物 1 597 批次、165 种类、2 201 种次。深入开展“绿蕾 4”专项行动，在旅客进境、邮寄等渠道等截获禁止进境物 6 242 批次、5 453 公斤。强化对疫情严防严控，检出有传染病症状者 438 例，同比增加 35.60%，确诊 124 例。检出不合格货物 75 批、7 710 万美元。持续开展“口岸天平”行动，检出进出口大宗资源性短重商品 4 639.54 吨，货值 294.64 万美元，12 例进口天然气短重案例受海关总署全国通报表扬。推进关检融合“多查合一”，开展医药、椰果、煤炭等行业专项稽查，查发率达 100%。加大知识产权海关保护力度，查获侵权案件 3 起，涉案侵权物品 2 000 件。强化对虚假贸易管控，年内核查处置存在虚假贸易嫌疑进出口报关单 20 份、涉及金额 12.5 亿元人民币。三是全方位打击走私维护贸易秩序。深入落实党中央、国务院及海关总署关于打击洋垃圾、成品油走私的决策部署，全力开展“国门利剑2018”“蓝天2018”“禁毒三年大会战”等专项联合行动，年内侦办出口走私钢铁废碎料系列案件31宗，查证钢铁废碎料居全国海关第3位；侦办走私“洋垃圾”案件3宗，成功将1 376吨废橡胶退运出境；开展“1·23”“3·21”案集中收网，打掉海上偷运走私成品油团伙8个，抓获犯罪嫌疑人75名，查扣走私成品油2 800余吨，全案案值约5.7亿元，涉税约1.9亿元，该案被评为2018年海关缉私十大典型案例第四位。连续查获走私新型毒品入境案件，查获“巧克力”“糖”等新型毒品约3.9千克，查证一个在全国28个省市走私的犯罪网络。2018年查发案件316宗，其中刑事立案68宗、案值约11.5亿元、涉税2.24亿元，立案数和涉税同比分别增长61.9%和3.1%；行政立案248宗、案值2 778.7万元、涉税384.5万元。

【海口综合保税区监管建设有关情况】 一是强化监管优化服务，切实提高通关监管效能。按照“管得住、通得快”的要求，强化安全监管、顺势监管，加强风险分析研判，提高监管效能。2018年共受理报关单（办结）936份；监管进出口货物212.44万吨，货值67亿元人民币；监管进口集装箱（标准）1 422箱次；监管进出境运输工具238艘次，同比增长25.26%；收税款3.4亿元人民币，同比增长8%，超额完成年度税收任务。二是持续推动海口综合保税区跨境电子商务发展。截至2018年12月底，共监管放行“跨境电商货物”商品清单10 879票，涉及货值人民币231.2万元，税款人民币26.6万元。创新开展跨境电商直邮和“网购保税+实体新零售”新型业务，选取海南高培乳业有限公司作为实体新零售试点企业，截至2018年12月，共销售货物39票，货值1万元。三是积极复制推广自贸区创新监管制度，做大做强新兴业务。推动自贸区可复制推广的创新监管制度在海口综合保税区落地。在目前已复制推广的16项创新制度基础上，结合实际需求，进一步推行“先进区、后报关”、境内外维修、保税混兑调和油等创新监管制度。综合叠加保税仓储和离岛免税政策优势，通过“保税转免税”模式将园区保税加工的钻石珠宝产品转离岛免税店销售，截至2018年12月底，海口海关共办理“保税仓储转离岛免税”货物77票，货值3 491万元；做好平行进口汽车政策研究，制定联系配合办法，2018年11月首批4家平行进口汽车试点企业入区注册，并于11月16日办理首票平行进口汽车入区保税仓储业务；自海关总署批复同意上海海关与海口海关开展海关特殊监管区域间钻石通关业务试点以来，截至2018年12月底，海口海关共办理钻石通关23批次，监管钻石7 784.06克拉，货值4 833万元，税款138万元。

【洋浦保税港区监管建设有关情况】 一是强化正面监管，提高监管效能。深入推进通关一体化改革，全力推广国际贸易“单一窗口”标准版，货物申报、运输工具覆盖率均达100%。推动加贸及保税监管等与全国海关通关一体化的对接，加快实施全领域通关一体化。深入推进贸易许可证件通关作业和减免税审批无纸化改革。首次引入社会中介机构协助开展稽查工作，深化“多查合一”和企业主动披露改革，2018年稽查追补税款1 584.88万元，较上年度增长2倍；核查追补税款239.61万元，较上年度增长11倍。二是助力洋浦口岸提效降费。深化“放管服”改革，落实统一申报、查检合一、电子汇总征税保函、税费电子支付等改革举措，切实提升贸易便利化水平。大力压缩整体通关时间。2018年为37家次查验没有问题的外贸企业免除吊装移位仓储费用12.3万元。三是全力助推地方外贸发展。支持洋浦港航国际港务有限公司小铲滩码头通过验收；创新“一次检验，出罐分批审单核销”监管模式，助推全国首家LNG保税仓库设立并实际运营；积极落实国家税收优惠政策为企业减负增效，2018年1～12月，共审批减免货值1.9亿美元、同比增长47.9%，减免税款2.9亿元、同比增长40.3%。2018年1～12月洋浦外贸进出口总值为396.8亿元，增长1.9%，占海南外贸进出口总值的46.7%。

开放口岸

【海口空运口岸（海口美兰国际机场）】 海口美兰国际机场位于海口市美兰区演丰镇，占地面积583万平方米。1999年建成使用，2003年正式对外开放。国际航空4E级标准园林式机场，跑道长3 600米、宽45米，可满足波音747－400等大型飞机全载起降要求，设计年客运能力930万人次、货物15万吨。机场航站楼总面积9.93万平方米，站坪总面积38.40万平方米，站坪机位33个，已启用的新国际航站楼占地面积1.32万平方米，可满足年出入境旅客吞吐量105万人次。2018年，共执飞航线303条，同比去年新开航线85条；通航境内外城市达到157个，比去年同期增加26个。其中，开通境外航线46条，通航境外城市43个，网络布局辐射18个国家及地区37个热点城市。2018年，海口空运口岸（美兰国际机场）出入境旅客114.85万人次，同比增长28.89%；进出境飞机8 504架次，同比增长11.3%。

2018年，海口美兰国际机场荣膺国际机场协会“2017年度全球最佳机场1 500－2 500万规模组ASQ第一名”、国际机场协会“2017年度全球最佳机场（亚太区）ASQ第二名”、SKYTRAX中国最佳区域机场奖（BEST REGIONAL AIRPORT－CHINA）、“2018年全球机场服务质量卓越成就奖”，顺利通过国际机场协会ACA机场碳排放（Airport Carbon Accreditation）一级认证和国际机场协会APEX卓越机场安保评估。

【三亚空运口岸（三亚凤凰国际机场）】 三亚凤凰国际机场位于三亚市凤凰镇，占地面积约66.67万平方米，航站楼总面积8.5万平方米（其中，国内T1航站楼4.2万平方米、T2航站楼2万平方米、贵宾航站楼1.3万平方米）。1994年建成使用，1995年正式对外开放。三亚凤凰国际机场为国际航空4E级标准热带海岛滨海花园式机场，跑道长3 400米、宽45米，可满足波音747、空客340等大型飞机全载起降的要求，停机坪可同时停放66架大中型客机。2018年，共执飞航线249条，相比去年同期增加18条；通航境内外城市达到139个，比去年同期增加21个。2018年，三亚空运口岸（凤凰国际机场）出入境人员888 277人次，同比增长3%；进出境飞机6 392架次，同比增长10.1%。

2018年，三亚凤凰国际机场荣获国际机场协会（ACI）2016年度全球1 500－2 500万旅客吞吐量机场ASQ旅客满意度第二名，荣膺SKYTRAX2017年全球机场TOP100中第78名、最佳区域机场（亚洲）TOP10中第9名、最佳区域机场（中国）TOP10中第5名。

【海口水运（海港）口岸】 海口水运（海港）口岸位于海南省海口市北部，地处南海航运中枢，是交通运输部规划的25个沿海主枢纽港之一，由海口港区和马村港区组成。其中，海口港区1957年对外开放，是海南进出货物的重要集散地，素有琼州门户之称，主要经营大宗散杂货、集装箱、车客滚装运输等。海口港现有码头泊位37个，其中5万吨级集装箱泊位2个，万吨级散杂泊位3个，5 000吨级以下杂货泊位13个，其他车客滚装泊位19个，开通海口—香港、海口—越南集装箱固定航线2条。海口港现与东亚、东南亚、西亚等二十多个国家和地区有贸易运输往来；开通海口—越南邮轮旅游航线；国内主要开通海口至海安、北海、广州等车客滚装运输航班以及海口至广州、湛江、北海等集装箱航线。马村港区位于海南岛西北部，琼州海峡澄迈湾之西，在省级开发区—海南澄迈县老城经济开发区内，2005年对外开放，马村港水深浪平，拥有得天独厚的自然条件。马村港区现有4个锚地，13个泊位。其中，3.5万吨级泊位2个，2万吨级泊位5个，5 000吨级泊位5个，500吨级泊位1个。2018年，海口海港口岸出入境旅客48 490人次，同比增长88.7%；出入境集装箱吞吐量113 101标箱，同比下降2.2%；出入境船舶386艘次，同比增长2.4%；出入境货物352.15

万吨，同比下降4.9%。

海口综合保税区位于海南老城经济开发区内，占地面积1.93平方千米，2008年12月22日经国务院批准设立，海口综合保税区是海口保税区转型发展、区位调整升格获国务院批准设立的开放层次更高的海关特殊监管区域。海口综合保税区依托省会城市海口、海南老城开发区、马村港口岸等地理区位优势，重点发展具有海南特色、轻型的外向型加工业、物流业，为海南旅游业、航空航天产业、热带高效农业、水（海）产品出口加工业服务配套的专业园区，形成以口岸为依托的高度开放的加工贸易和现代物流园区。一是海口综合保税区创新跨境电商外贸新模式。推动跨境电子商务综合试验区获批，开展保税备货模式（B2B2C）业务拓展跨境直购模式（B2C），2018年1～12月，监管放行“跨境电商货物”商品清单10 879票。其中直邮模式7 893票，涉及税款人民币21.2万元，货值人民币189万元；网购保税模式2 986票，涉及税款人民币5.4万元，货值人民币42.2万元。唯品会、高培、坤牧等50多家电商企业入驻跨境电商产业园。在全国率先实现“跨境电商＋新零售”模式，高培跨境电商体验店、香港新毅国际、海南君和君美等5家线下实体店已正式开业。二是完成复制推广自贸区“保税货物分类监管”“保税展示”等创新监管制度13项。深入推进沪琼两地海关特殊监管区间钻石通关试点业务，2017年4月获准该试点业务延期进行，实现与上海钻石交易所海关办事处之间单证数据“点对点”传输，减少单证来回邮寄传递的时间成本和经营成本，提高企业通关效率；扶持企业晋升高级认证企业（AEO），放大钻石通关试点政策红利；进一步拓展“保税仓储转离岛免税”业务范围，在原钻石及其饰品的基础上，海口综合保税区奶粉、钙粉等保税货物也顺利上线离岛免税平台销售；2018年度，办理“保税仓储转离岛免税”新兴业务，钻石通关试点报关单21票，监管钻石7 784.053克拉，货值约5 055万元，税款187万元；办理“保税仓储转离岛免税”的钻石及饰品5 072件，货值946万元。

【三亚水运（海港）口岸】 三亚水运（海港）口岸位于海南岛南端三亚市内，以国际客运为主、货运为辅，自古以来是著名的盐海港口，1953年改为商港，1984年对外开放，是海南省东南部对外贸易和游客往来的主要口岸，与世界三十多个国家和地区通航。三亚港口岸现有客运泊位：15万吨级邮轮泊位2个，8万吨级邮轮泊位1个。货运泊位有7个：2个5 000吨级泊位，2个3 000吨级泊位，1个1 500吨级泊位，2个500吨级泊位。目前主要为客运口岸。2018年，三亚海港口岸出入境旅客19 701人次，同比下降47.80%；出入境船舶143艘次，同比下降4.67%；游艇出入境63艘次，同比增长57.5%。

【清澜水运（海港）口岸】 清澜水运（海港）口岸位于海南省东岸北部，文昌市清澜镇内，1996年对外开放，是海南省东北部唯一的对外开放窗口。主要经营矿产、天然气、海产品、航天发射、文昌鸡以及椰子产品进出口等，也是三沙市主要的保障基地。清澜港拥有渔业码头1座，10 000吨级泊位2个，5 000吨级泊位3个。目前已开通航线8条，主要通往内地、香港、澳门、台湾及东南亚等地区。清澜新港码头港口设计吞吐量50万吨。3 000吨货轮可安全进出，5 000吨货轮可乘潮水满载进出。按照文昌市清澜港总体规划，文昌清澜港占地面积为142.4万平方米。其中，清澜新港首期建设用地41.01万平方米，码头岸线长942米，已建5个5 000吨级码头，包括油气码头1个，通用码头2个，旅游码头1个，火箭发射场设备运载码头1.5万吨1个。2018年，清澜海港口岸出入境船舶73艘次，同比增长4.28%；出入境货物4.85万吨，同比增长4.75%。

【洋浦水运（海港）口岸】 洋浦水运（海港）口岸位于海南岛西北部洋浦经济开发区境内，是规划与建设中的区域国际航运枢纽和物流中心，由洋浦、神头等两大港区组成，开放海域面积扩大到55平方海里，开通国内外航线20多条。其中，洋浦港区1991年对外开放，素有

“天然深水良港”之称，以集装箱和通用件杂货为主。洋浦港区：国投洋浦港已建成码头泊位9个，其中2万吨级通用散杂货泊位5个，1个3.5万吨级集装箱泊位，2个2万吨级多用途泊位，1个3千吨级工作船泊位。神头港区位于洋浦湾内，北依洋浦开发区，南面隔海与白马井港区相望。神头港水深浪平，拥有很好的自然条件，是海南省的重要能源进出口港口，2012年正式对外开放。神头港区现有3 000吨级至30万吨级码头泊位26个。2018年，洋浦海港口岸出入境船舶3 652艘次，同比增长14.8%；集装箱4.38万标箱，同比增长3.79%；出入境货物2 282.81万吨，同比增长3.65%。

洋浦保税港区位于海南省洋浦经济开发区内，占地面积9.2063平方千米，2007年9月24日经国务院批准对外开放，是我国在华南地区设立的首个保税港区。主要规划为4个区：港口作业区、仓储物流中转区、出口加工区、研发加工制造区，具有口岸、物流、加工三大功能。洋浦保税港区制定《洋浦保税港区产业发展规划》。立足实际已复制推广自由贸易试验区海关监管创新制度3项。推广应用安全智能锁和智能卡口管理系统；完成保税港区的视频监控升级改造；加快洋浦保税港区外贸堆场建设，并于2017年6月投入使用。巩固清理规范进出口环节收费成果，加强与查验单位、港口企业和外贸企业三方面的协调配合，落实对查验没有问题的外贸企业免除吊装、移位、仓储等费用政策。积极应用国际贸易“单一窗口”标准版，完善“单一窗口”信息互换平台功能，拓展关检“三个一”“一站式作业”“监管互认”等合作，扩大进口货物无纸化放行范围，积极实施出口货物无纸化放行。

【八所水运（海港）口岸】 八所水运（海港）口岸位于海南省西部东方市八所镇境内，北黎湾的西南部，1958年对外开放。八所港是海南省重要的工业港，集装卸、仓储、运输、配送、贸易为一体、功能齐全的综合性深水良港，也是环北部湾经济圈主要的贸易港口，主要输出海南铁矿石。现有3个作业区共12个泊位，万吨级以上泊位9个，千吨级以上2个，年设计综合吞吐能力1 263万吨。开通国内、国际、港澳台航线，与国内沿海各港口以及20多个国家和地区通航。2018年，八所海港口岸出入境船舶142艘次，同比下降9.00%；出入境货物369.47万吨，同比增长9.16%。

2018年海南省口岸大事记

1月8日

海口出入境边防检查总站美兰边检站顺利通过中央精神文明建设指导委员会复查，继续保留“全国文明单位”荣誉称号。

1月9日

海口海关驻清澜办事处举行揭牌仪式并正式对外办理业务。

1月18日

海口出入境边检总站吴薇薇、龚安东两名民警家庭获评2017年海南省“最美家庭”。

1月22日

海口海关所属洋浦经济开发区海关、海口港海关获评“第五届海南省文明单位”称号。

1月23日

海口海关破获一宗走私成品油大案。该案涉案柴油共21 650吨，案值1.5155亿元，涉税4 979.5万元。

2月5日

海口海关组织完成对海南省第一家医药类保税仓库海南德广润药业有限公司博鳌医药公用保税仓库的验收。

2月10日

三亚国际免税城博鳌机场提货点正式投入运营，首日海口海关共监管离岛旅客免税购物32人次、购物件数135件，购物金额14.2万元。

2月11日

海口出入境边防检查总站秀英出入境边防检查站荣获第五届海南省文明单位。

2月22日

海口海关驻清澜办事处为博鳌乐城国际医疗

旅游先行区内首家保税仓库办理注册手续，该仓库是关区首家公用型医药保税仓库。

2 月 23 日 ~3 月 4 日

海口出入境边防检查总站完成世界上规模最大，距离最长的业余环球帆船赛事——克利伯环球帆船三亚赛段的出入境边防检查任务。

三亚边检站执行克利伯环球帆船赛三亚赛段的出入境边防检查任务

2 月 24 日

洋浦海港口岸小铲滩码头通过对外启用验收。

3 月 28 日

海南省委副书记、省长沈晓明到海口出入境边防检查总站美兰机场和博鳌机场执勤现场检查博鳌亚洲论坛年会准备工作，并体验美兰机场自助查验通道。

3 月 31 日

超级医院在博鳌乐城国际医疗旅游先行区（乐城先行区）开业，海口海关为首批进口的 10 套、货值 43 万美元人工耳蜗植入系统办理通关手续。

4 月 3 日

海南省口岸首批边检自助查验通道在美兰国际机场式式启用，并如期投入博鳌亚洲论坛 2018 年年会保障工作。

4 月 7 日

中共中央政治局委员、中央政法委书记郭声琨和国务委员、公安部部长赵克志到博鳌机场检查指导博鳌论坛年会出入境边防检查工作。

4 月 8 日

中央纪委委员、财政部部长刘昆同志一行到海口出入境边防检查总站美兰边检站调研指导工作。

首位旅客使用自助通道

4 月 13 日

海口海关牛新宁同志作为全国五一劳动奖章获得者在海南建省办经济特区 30 周年成就展现场受到国家主席习近平接见。

4 月 17 日

人力资源社会保障部、海关总署授予海口海关所属八所海关“全国海关系统先进集体”称号。

4 月 20 日

海南省委副书记、省长沈晓明到海口海关视察调研，听取海关支持推进海南建设自由贸易试验区和中国特色自由贸易港情况汇报，海南省委常委、常务副省长毛超峰陪同视察调研。

5 月 1 日

国家移民局推出 59 国来琼免签政策。

59 国来琼免签旅客随邮轮“维京猎户座”抵达秀英港，享受免签快速便利通关

5 月 2 日

海口海关所属洋浦经济开发区海关监管国内首家 LNG 保税仓库首票液化天然气顺利入仓，共 6.92 万吨，涉及货值 2 792.2 万美元。

5 月 3 日

海关总署署长倪岳峰在北京会见海南省省长沈晓明一行，双方就落实党中央国务院《关于支持海南全面深化改革开放的指导意见》、支持海南全岛建设自由贸易试验区和探索建设中国特色自由贸易港工作进行交流。

5 月 3 日

海口海关助力海南红心火龙果首次出口加拿大，经检验检疫合格的 300 千克、货值 2 700 加币的红心火龙果在加拿大顺利通关。

5 月 16 日

海口海关查获一起走私新型毒品入境案，在上海海关协助配合下，在上海浦东国际机场查获“巧克力”（主要成分大麻酚）、“糖”（主要成分亚甲基二氧基苯丙胺）、“邮票”（主要成分麦角酸二乙酰胺）、大麻油、大麻胶囊和未明胶囊等多种已拆除外包装的新型毒品，净重 2.433 千克。

5 月 21 日

海口海关主动服务支持 1 批重 635 千克、货值 15 494 美元的海南雪茄烟叶输往多米尼加，实现中国雪茄烟叶首次出口。

5 月 24 日

海关总署副署长李国在海口会见海南省省长沈晓明，双方就支持海南自贸区（港）建设、推动海南进一步扩大开放交换意见。李国副署长还先后到海南省数据大厅、博鳌乐城国际医疗旅游先行区、马村港和海口综合保税区调研，实地了解相关企业、项目建设运营情况，听取相关意见建议。

5 月 30 日

海口海关相关负责人陪同海南省省长沈晓明在海口综合保税区调研，听取海口综合保税区管委会推进海南自贸区（港）建设情况汇报，视察海口海关所属海口综合保税区海关业务大厅，了解海关相关业务办理情况并慰问现场关员。

6 月 4 日

海口海关在广州、石家庄、厦门、南宁海关以及当地公安机关的配合下开展“4·3”走私废钢系列案集中收网行动，对该系列案件的 5 个走私团伙、36 名抓捕目标、18 家公司开展抓捕、搜查和查扣工作。截至 5 日，共抓获涉案人员 51 人（其中预定抓捕目标 34 人，强制传唤涉案对象 17 人），查扣涉案货物 4 300 吨，涉案书证等材料一批。初步冻结涉案账户 51 个，金额 1 736 万元。

6 月 20 日

海口海关助力 1 批重 1.12 吨、货值 5 万元、单价高出普通荔枝 1 倍的无核荔枝从海南输往新加坡，实现我国无核荔枝首次出口。

6 月 21 日

海口海关缉私局谢宁同志被国家禁毒办评为“2017 年度全国毒品案件管理先进个人”。

7 月 2 日

公安部党委委员、副部长、国家移民管理局局长许甘露到海口出入境边检总站调研指导边防检查工作。

7 月 2 日

海口海关所属海口综合保税区海关跨境电子商务“网购保税 + 实体新零售”试点业务顺利实施，共监管 8 票商品，均为进口新西兰奶粉。

7 月 4 日

海口海关缉私局黄文林同志被评为 2017 年度全国烟草打私工作成绩突出个人。

7 月 13 日

海口海关办理关区首票电子汇总征税保函，申请企业为海南金海浆纸业有限公司，保函金额 4 000 万元。

7 月 26 日

自当日起，两院院士（含退休院士）、两院外籍院士及其随行人员出入境时可凭有效出入境证件和两院制发的“院士证”“外籍院士证”经海南省边检机关“特别通道”通行。

7 月 31 日

海口海关顺利完成海南首班“通程航班”出

境监管任务，监管从北京出发经海口中转飞往悉尼航班旅客23名、行李32件。

8月15日

海口海关曾婕同志被共青团中央、人力资源和社会保障部授予“全国青年岗位能手”称号。

10月23日

海南省委副书记、省长沈晓明同志提出边检机关在服务海南和推进深化改革开放事业中应发挥“领头雁”作用。

10月24日

海口海关机关工会被全国总工会授予“全国模范职工之家”荣誉称号。

11月5日

海口海关与动植司联合助力中国竹鼠首次出口日本，经检疫合格20只、2.48万元竹鼠在日本东京顺利通关。

11月6日

海口海关成功开展关税保证保险业务，受理并备案中国人民财产保险股份有限公司海南分公司、中国太平洋财产保险股份有限公司海南分公司出具的首份“关税保证保险单”，担保额度合计14.6万元。

（撰稿人：吴丽蕾、王婷、陈勋晓、梁文辉、伍志超）

2018 年海南省口岸流量统计表

口岸类型		口岸名称	货运量（万吨）				集装箱量（万标箱）				人员（万人次）				交通工具（辆、艘、架、列次）			
			出口	进口	合计	同比（%）	出口	进口	合计	同比（%）	出境	入境	合计	同比（%）	出境	入境	合计	同比（%）
空运口岸		海口			0.240 7						57.462 0	56.834 0	114.296 0	29.40	4 239	4 265	8 504	11.3
		三亚			0.033 7						45.054 5	43.773 2	88.827 7	3.00	3 207	3 185	6 392	10.1
		分计			0.274 4						102.516 5	100.607 2	203.123 7	16.40	7 446	7 450	14 896	10.7
水运口岸	海港口岸	海口	55.390 0	296.760 0	352.1 500	-4.90	5.709 7	5.600 4	11.310 1	-2.20	2.390 0	2.459 0	4.849 0	88.70	210	176	386	2.4
		八所	21.630 0	347.840 0	369.470 0	9.20									71	71	142	-9.0
		三亚	0.000 0	0.000 0		-100.00					0.980 7	0.989 4	1.970 1	-47.80	66	77	143	-4.7
		洋浦	353.440 0	1 929.370 0	2 282.810 0	3.70	2.922 5	1.456 7	4.379 2	3.70					1791	1 861	3 652	14.8
		清澜	4.850 0	0.000 0	4.850 0	4.80									38	35	73	4.3
		分计	435.310 0	2 573.970 0	3 009.280 0		8.632 2	7.057 1	15.689 3		3.370 7	3.448 4	6.819 1	7.40	2 176	2 220	4 396	11.8
	河港口岸																	
		分计																
合计			435.310 0	2 573.970 0	3 009.554 4		8.632 2	7.057 1	15.689 3		105.887 2	104.055 6	209.942 8		9 622	9 670	19 292	
同比（%）			-19.50	8.40	3.20		2.00	-3.60	-0.60		16.10	16.00	16.00		10.71	11.24	10.98	

（海南省商务厅提供）

2018 年海南省口岸出入境主要数据表

项目			2018 年	2017 年	同比（%）
出入境人员（人次）	出入境人员总数		2 340 191	2 002 246	16.878
	入境人员		1 161 396	993 552	16.893
	出境人员		1 178 795	1 008 694	16.863
	出入境旅客		2 100 865	1 809 257	16.118
	出入境员工		239 326	192 989	24.010
	中国公民	小计	1 315 572	1 090 174	20.675
		内地居民（含因公、因私）	922 076	717 468	28.52
		港澳居民	212 878	213 880	-0.47
		台湾同胞	180 618	158 826	13.721
	外籍人员		1 024 619	912 072	12.340
	从海港出入境人数		186 874	149 313	25.156
	从陆港出入境人数				
	从空港出入境人数		2 153 317	1 852 933	16.211
交通运输工具（辆、艘架、列次）	总计		19 875	17 152	15.876
	船舶		4 934	3 690	33.713
	飞机		14 941	13 462	10.986
	火车				
	机动车辆				

（海口出入境边防检查总站提供）

2018年海口海关主要数据统计表

项目		2018年	同比（%）
进出口货运量（万吨）	合计	3 217.94	-1.7
	进口	2 718.46	7.2
	出口	499.47	-32.5
进出口贸易总值（万美元）	合计	1 274 051.76	22.8
	进口	825 242.33	37.4
	其中：水路运输	392 691.50	4.1
	铁路运输	0.00	0.0
	公路运输	24 590.84	150.4
	航空运输	407 770.37	90.6
	邮件运输	0.51	-95.3
	其他运输	189.11	0.0
	出口	448 809.43	2.8
	其中：水路运输	413 130.08	-1.2
	铁路运输	1 125.72	390.3
	公路运输	5 987.47	346.5
	航空运输	19 969.86	177.5
	邮件运输	0.00	0.0
	其他运输	8 596.31	-11.12
税收（万元）	两税合计	952 671.48	27.8
	关税入库	95 323.05	-3.3
	进口环节税入库	857 348.42	32.5
货物检验检疫（批次）	本年累计	18 424	-0.19
	其中：出境	9 602	2.4
	入境	8 822	-2.86
货物检验检疫金额（万美元）	本年累计	978 935.38	18.92
	其中：出境	208 783.48	4.3
	入境	770 151.9	23.62

（海口海关提供）

2018年海南海事局进出港船舶统计汇总表

船舶类别	进港船舶							出港船舶						
	艘数（艘）	总吨（吨位）	总载重量（吨）	载客量（客位）	船员人数（人次）	货物到达量（吨）	旅客到达量（人）	艘数（艘）	总吨（吨位）	总载重量（吨）	载客量（客位）	船员人数（人次）	货物发送量（吨）	旅客发送量（人）
总计	172 304	393 721 449	218 238 769	35 551 159	2 229 984	97 782 050. 51	14 758 237	138 287	331 999 260	189 924 533	28 831 245	1 844 972	69 686 148. 11	12 258 860
中国籍船舶	170 160	366 402 397	177 125 915	35 461 788	2 176 407	75 089 806. 33	14 739 843	136 210	304 990 112	149 284 694	28 741 874	1 792 191	63 730 856. 54	12 240 049
其中外贸船	397	2 096 046	3 077 255		5 183	1 321 727. 83		320	1 841 653	2 786 132		4 177	618 598. 54	

（海南海事局提供）

2018 年海南省指定口岸/查验场统计表

省、自治区、直辖市	序号	指定口岸/指定查验场名称	口岸类别	类别	批复时间	备注
海南省	1	洋浦港	海运	粮食进口	2015 年 12 月 25 日	
	2		海运	肉类进口	2016 年 10 月 18 日	
	3	海口港	海运	整车进口	2014 年 7 月 1 日	
	4		海运	药品进口	2003 年 11 月 19 日	
	5	三亚凤凰国际机场	空运	食用水生动物进口	2016 年 7 月 29 日	允许进境类别：鱼类、甲壳类、软体类
	6	海口美兰国际机场	空运	植物种苗进口	2012 年 12 月 27 日	
	7		空运	药品进口	2003 年 11 月 19 日	
	8	八所港	海运	水果进口	2010 年 10 月 22 日	新鲜水果

（海南省商务厅提供）

重 庆 市

重庆市口岸分布示意图

	类型	口岸名称	批准开放时间	开放状态
1	空运口岸	重庆空运口岸	1994	国际常年
2	水运口岸	重庆水运口岸	2010	限中国籍

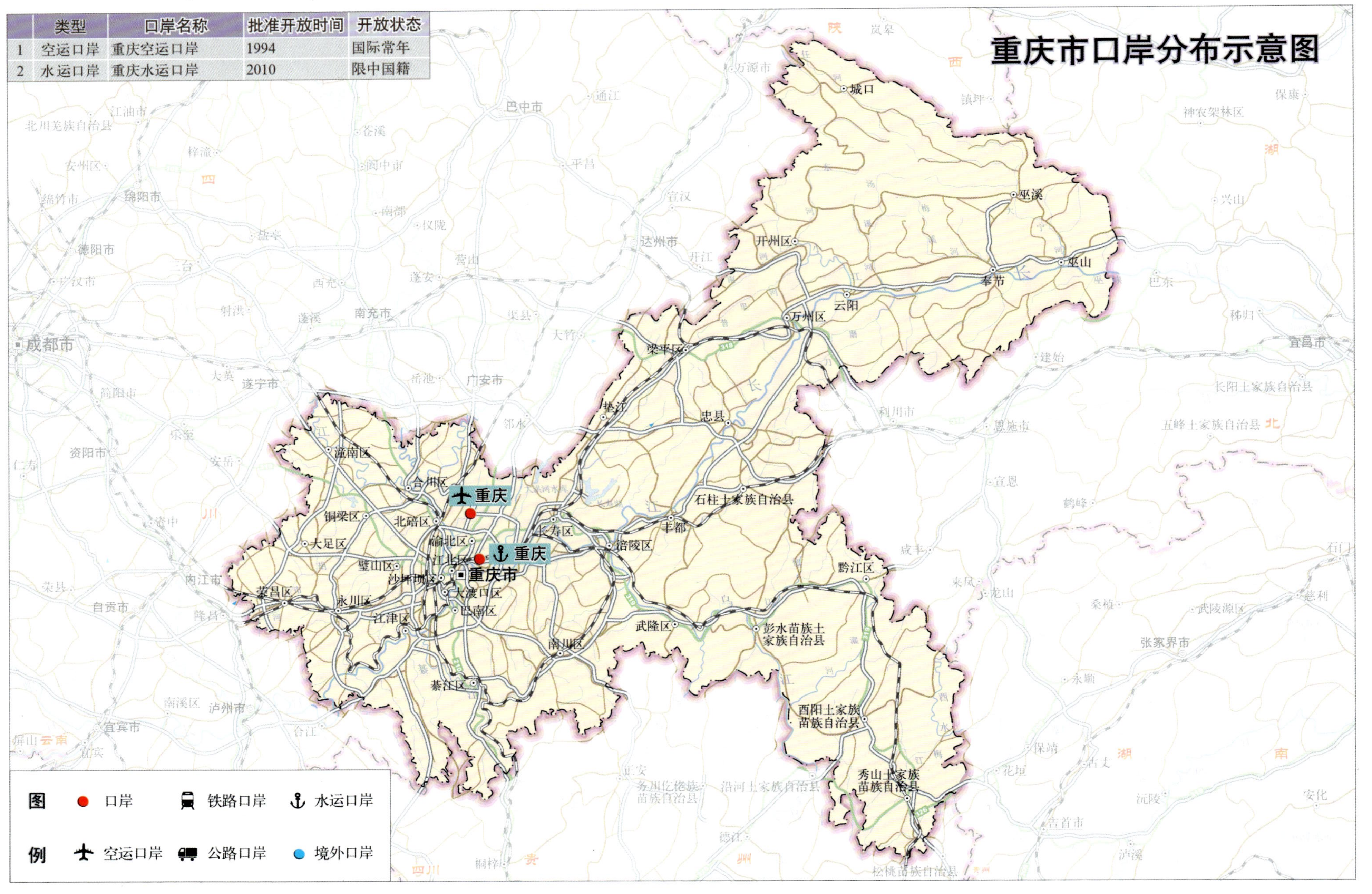

口岸数量及分布

截至2018年年底，重庆市有经国务院批准的对外开放口岸2个，分别是重庆空运口岸（重庆江北机场）、重庆水运（河港）口岸。

口岸运行数据

2018年，重庆市各口岸各项业务指标快速增长，口岸规模不断扩大。

空运口岸方面，累计开通国际（地区）航线总数82条（客运68条，货运14条）。重庆空运口岸（重庆江北机场）出入境人员324.11万人次，同比增长12.95%，占机场整体吞吐量的7.79%，仅次于成都、昆明，位居中西部地区第三位；检查出入境航班22 157架次，同比增长17.21%。出入境货物总值276.6亿美元，同比增长36.5%；国际货邮吞吐量14.74万吨，同比增长10.6%；监管免税品销售额1.85亿元人民币，同比增长236.1%。

重庆水运（河港）口岸完成外贸集装箱运输45万标箱，同比下降32%。其中，寸滩港完成39.6万标箱，同比下降16%。

重庆陆路（铁路）口岸完成外贸集装箱运输14.14万标箱，同比增长99%。中欧班列（重庆）开行超过1 000列。“渝黔桂新”南向铁海联运通道开行609列（去程307列、回程302列），完成外贸集装箱运输9 283标箱。汽车整车进口1 710辆、同比下降48%。

重庆国际贸易“单一窗口”累计申报量128.78万票，其中货物申报109.83万票，舱单申报12.45万票，运输工具申报2.82万票，原产地申领0.24万票，许可证件申领0.016万票，企业资质办理0.60万票，税费支付1.43万票，加工贸易1.40万票。地方版注册用户1 199家，比2017年增加530家；访问总量累计近295万次，其中船舶区域计数累计近290万次。

跨境电商公共服务平台进口突破2 000万单，共计交易2 288.55万单，交易额47.74亿元人民币，征收税款5.71亿元人民币，同比分别增长80.65%、48.77%和46.94%；出口共计交易731单，交易额63.91万元。

口岸综合管理

【积极推进口岸开放重点工作】 一是积极对接国家有关部委，继续推进重庆港水运口岸扩大开放果园港区。二是继续实施万州机场临时开放，当前已经连续9次实现临时开放。2018年5月顺利开通重庆万州—泰国芭堤雅客运包机航线，目前包机航线每周稳定往返开行，2018年共执飞出入境航班74班、出入境人员13 523人次（含机组）。三是积极推进丰都港、万州港水运口岸开放前期相关工作，协助推进南彭公路车检场验收等后续工作，进一步促进公路物流基地功能发挥。

【着力提升跨境贸易便利化水平】 按照国务院《关于印发优化口岸营商环境促进跨境贸易便利化工作方案的通知》和全国口岸提效降费工作会议有关要求，重庆市政府口岸物流办制定并提请以重庆市政府办公厅名义先后印发了《重庆口岸提升跨境贸易便利化若干措施（试行）》和《重庆市优化口岸营商环境提效降费促进跨境贸易便利化实施方案》，推进更高水平跨境贸易便利化，营造公平便利的口岸营商环境；同时，牵头制定实施《重庆航空口岸生鲜货物进口通关作业便利化措施（试行）》，切实缩短生鲜货物进口通关和机场地服作业时间，提高生鲜货物存活率，力争生鲜货物在国际（地区）航班抵达后1小时内提离，为生鲜货物快速通关提供有力保障。

【持续压缩整体通关时间】 重庆市政府口岸物流办会同重庆海关通过集中工作、跟班作业、抽样调查、现场座谈等多种方式，对重庆口岸整体通关时间情况进行深入调研分析，找准问题症结，迅速出台了一系列措施：明确各口岸运抵报发送系统的提取时间节点，解决运抵报时间采集不合理的问题；鼓励企业“提前申报”“到港即报”；推行通关物流“并联”作业，督促及时理货报关，等等。上述措施立竿见影，2018 年 9 月重庆口岸出口整体通关时间压缩比由负转正。2018 年 10 月压缩比达到 53.45%。

为巩固前期压缩整体通关时间取得的成效，重庆市政府口岸物流办牵头，针对影响整体通关时间的 7 大类 23 个问题，提出了完善口岸基础设施建设、推行口岸作业单证电子化流转、做好口岸通关协调、出台激励奖惩机制等整改方案，并以重庆市政府办公厅名义印发《压缩重庆口岸整体通关时间工作任务分工》，明确责任单位，要求限时整改；同时研究出台及时报关提前报关奖励办法，积极协调上海、阿拉山口、钦州港等地口岸单位对重庆转关进口货物优先操作作业、及时通关流转，会同口岸联检部门、口岸经营单位和相关企业加快推进通关物流“并联”作业、口岸作业单证电子化流转和重庆智慧口岸建设。

截至 2018 年 12 月，重庆口岸出口整体通关时间为 0.94 小时、绝对时间排全国第 4 位，压缩比 93.81%；进口整体通关时间为 82.6 小时、绝对时间排全国倒数第 2 位，压缩比 65.49%，完成了 2018 年年内整体通关时间压缩 1/3 的目标任务。

【大力降低集装箱进出口环节合规成本】 按照财政部等六部委《关于印发〈清理口岸收费工作方案〉的通知》要求，重庆市政府口岸物流办会同有关部门和单位对我市空运口岸、水运口岸、陆运（铁路）口岸进出口环节收费情况进行全面摸排，并会同重庆市财政局多次牵头召开工作推进协调会进行部署，明确责任、压实任务，采取不同方式对支线船公司、船代企业、报关货代企业及口岸经营单位开展引导，督导企业合理适度降低收费标准：一是全面公示，严格执行“一米”阳光价格；二是引导企业归并减少收费项目；三是引导企业合理降低收费标准；四是严格取缔不合规收费；五是主动扩大清理规范范围。通过上述措施，重庆水运口岸进出口环节合规成本明显降低。截至 2018 年 12 月，重庆水运口岸进口收费项目由 58 项降至 34 项，减少 24 项；费用由 2 664 元/标箱降至 2 200 元/标箱，降低 464 元，降幅 17.4%。出口收费项目由 62 项降至 36 项，减少 26 项；费用由 3 427 元/标箱降至 2 937 元/标箱，降低 490 元，降幅 14.3%。进出口环节合计降费 954 元，完成了 2018 年年内集装箱进出口环节合规成本降低 100 美元以上的目标任务。

此外，经重庆市政府口岸物流办多方协调、积极争取，印发了《重庆市人民政府口岸管理办公室关于扩大我市免除查验没有问题外贸企业吊装移位仓储费用试点范围的通知》，将重庆市查验没有问题外贸集装箱吊装移位仓储费用试点范围从重庆港水运口岸寸滩港区扩大到铁路口岸、保税港区和综合保税区，免除费用由市财政统筹解决，进一步减轻了外贸企业负担，优化了口岸营商环境。

【不断强化口岸通关保障能力】 认真落实重庆口岸实行 7×24 小时通关保障措施，协调推进口岸经营单位联动保障通关工作，全天候保障航空口岸进出境航班、旅客和鲜活产品等通关通检。重庆机场集团实行 7×24 小时作业，重庆港务物流集团、中铁联集重庆分公司、重庆铁路口岸公司等口岸经营单位在非工作时间和节假日及时安排工作人员，同步配合监管部门开展通关查验工作，口岸监管部门对国际航班及其载运的旅客和货物随到随检随放，对水运口岸、铁路口岸的紧急外贸货物随到随检随放，及时提离。7×24 小时通关服务推行以来，重庆空运口岸通关时长大幅下降。2018 年，重庆江北机场海关共安排加班 1.5 万人次，对需查验的空运货物做到即到即查即放，保障生鲜 1 小时内提离，肉类产品以及海关特殊监管区域进出口货物快速放行，做到全天候实时通关。

【加快推进重庆“单一窗口”建设】 一是牵头重庆“单一窗口”运维保障工作，会同重庆海关等单位建立“两级三线”服务请求和联合运维服务体系，由专人成立的运维团队负责处理企业日常遇到的问题，建立及时响应机制。截至

2018年年底，023－95198和客服热线上线至今，累计受理呼入和呼出话务量5 000余个。二是加大重庆“单一窗口”培训推广力度，会同重庆海关、市商务委联合开展面向重庆全关区和38个区县（自治县）的全覆盖培训，累计培训20场次，培训人数超过3 800人，其中报关、物流企业120家1 600余人，外贸企业950家2 000余人，海关、税务和其他成员单位约200余人。三是根据企业需求提供了地方版特色服务，包括积极拓展跨境结算创新服务，在国内率先实现“单一窗口”在线收付汇；针对三峡大坝拥堵情况，建立三峡船舶流量预测；针对进口转关货物，一键订阅转关核销数据。

【加快推进智慧口岸建设工作】 认真贯彻落实重庆市委市政府“八项行动计划”要求，进一步提高口岸管理服务科技化智能化水平。一是积极推进智能口岸信息平台立项工作。重庆市政府口岸物流办经广泛征求重庆海关、机场集团、港务集团等相关单位意见，形成智慧口岸信息平台需求说明书，并按市级政务信息化管理要求报重庆市发展改革委进行立项。二是形成《重庆智慧口岸建设总体规划设计方案》。在方案编制过程中，会同口岸查验和经营单位多次座谈，赴果园港、团结村集装箱中心站等地的实地考察，以及与口岸相关近30家企业及行业协会代表等座谈交流，系统梳理了重庆口岸经营单位、监管部门、相关企业等的业务发展及信息化建设情况，总结出现有口岸运营中存在的不协同、不协调、导致口岸运行效率不够高的40多个问题和30余种纸质单证，把握各单位在口岸服务、口岸管理等方面的主要诉求。突出以问题为导向，从机制和流程优化、硬件设施改造、软件系统开发3个方面提出重庆建设智慧口岸的重点任务，加强重庆口岸智慧化改造建设，从而达到提效降费、顺势监管、无感通关、智能智慧的效果。三是协调落实智慧口岸建设项目。协调重庆海关以及重庆港务物流集团、重庆机场集团、重庆铁路口岸公司等单位，积极推进相关口岸区域内智慧口岸建设项目落实。2018年5月31日，重庆关区所有作业现场海关查验均已装备移动单兵系统，海关执法人员可通过运用手持式移动智能终端设备进行现场执法作业；6月16日，重庆江北机场T3A航站楼出境大厅边检自助通关通道正式启用，通过该通道最快9秒即可完成通关。果园港在全国内河率先实现港区信息网络全覆盖，建成投用了进港卡口及交通智能监控系统、智能闸口系统。

【积极推进指定口岸功能发挥】 2018年，重庆空运口岸进口冰鲜水产品400批次，1066.5吨，货值1084.5万美元，同比分别增长117.39%、118.50%和116.16%；进口食用水生动物849批次，755.9吨，货值638.1万美元，同比分别增长5 480.91%、1 181.18%和1 314.85%；进口水果9批次，9.2吨，货值11万美元，同比分别增长800%、736.36%和511.11%。重庆水运口岸进口粮食23批次，2.076万吨，货值663万美元；进口肉类214批次，0.439万吨，货值783万美元。重庆铁路口岸进口整车64批次，531辆，货值4 109.44万美元。

【重庆市人民政府口岸和物流办公室挂牌成立】 2018年10月25日，重庆市人民政府口岸和物流办公室正式挂牌成立。按照《重庆市机构改革方案》要求，将重庆市经济和信息化委员会的物流管理职责，重庆市政府办公厅的口岸管理职责，重庆市发展和改革委员会组织拟订现代物流业发展战略、规划和计划，协调解决现代物流业发展重大问题的职责等整合，组建重庆市人民政府口岸和物流办公室，作为重庆市政府直属机构。

口岸监管与服务

【重庆出入境边防检查总站切实推进便民利民举措】 根据国家移民管理局统一部署安排，研究拟定下发总站《提升服务管理水平确保旅客通关顺畅便利工作实施方案》，实施中国公民和外国人分区验放。拟定实施《应对节假日客流高峰工作规范》，切实兑现了中国公民出入境通关排队不超过30分钟的服务承诺。完善自助通关功能。正式启用出入境30条自助查验通道，极大缓解了检查员执勤压力，提高了旅客通关效率。积极配合重庆市政府口岸办“单一窗口”“智慧口岸”建设，探索机场口岸人脸比对身份识别系统建设，进一步简化出境旅客通关流程。科学优化勤务组织，形成晚班2倍警力倾斜用警模式，进一步减少警力虚耗。

【重庆出入境边防检查总站执法服务再上新台阶】 在2018年国际机场协会公共服务ASQ认证中，涉及重庆边检工作3项指标（是否有礼貌和乐于助人、等候时间、护照及身份证检查），在全球22个2 500万到4 000万同层级参评机场中位居第1位。

【重庆海事局强化船舶安全、防污染监管】 一是严把船舶登记和现场监督关。对集装箱运输船舶，特别是参与外贸运输的船舶，在办理船舶登记时严格把关，从源头上杜绝非标准型集装箱船舶参与货物运输（外贸运输）；在现场检查时把好关，杜绝不适航船舶参与运输，从源头上确保水路外贸货物运输的安全。2018年，重庆海事局共收到集装箱船舶进出港报告4 578艘次；安全运送集装箱89.5万标箱。对集装箱运输船舶开展安全检查231艘次，查出并督促整改缺陷1 454项，确保了集装箱货物的运输安全。二是严管船舶防污染作业，有效实施了船舶载运危险货物申报、集装箱现场检查和集装箱诚信管理制度，有效打击了船载危险货物瞒报、谎报、漏报、错报现象。为避免海事部门实施集装箱现场检查影响船舶通关效率，重庆海事局按照申报单位和装箱单位信誉等级实施分类管理，对信誉等级较低的单位实施重点抽查，这样既增强开箱检查的针对性，又尽可能降低开箱检查对通关效率的影响。2018年，重庆海事局共办理载运危险货物船舶进出港申报手续4 608艘次，保障安全运输危险货物集装箱1 103标箱。

【重庆海事局出台相关通航安全管理规定，净化船舶通航秩序】 为保证辖区寸滩、果园港等外贸运输港口及相应的通航水域安全畅通，重庆海事局先后出台了《三峡库区蓄水、高水位运行及消落期大型船舶安全操作指南》等规定，规范船舶航路，维护了良好的通航秩序；同时强化外贸港口水域内航行作业船舶动态监管，确保了船舶通航安全和畅通有序。

【重庆海事局执行“放管服”，落实各项便民利民服务措施】 为降低和减少三峡船闸和葛洲坝船闸检修等原因对外贸集装箱运输的影响，重庆海事局积极向上级申请，将外贸运输集装箱船舶纳入重点物资运输船舶进行对待，优先通行；同时及早掌握外贸集装箱班轮船期信息，及时放行，大幅减少了外贸集装箱船舶待闸时间。

【重庆海关深入推进查验作业模式改革】 一是配发查验单兵作业设备78台，进一步优化双人查验作业模式，着力提升查验资源应用效能；二是加大对H986设备、货检X光机的使用力度，要求现场部门查验集装箱的机检比例不低于50%，不断强化机检查验在防范安全准入风险和执法风险方面的作用；三是推动铁路口岸H986检查设备正式启用，结合关区监管工作实际，采取“先期试点、阶段评估、稳步推进”的方法，分三个阶段在全关区逐步推广上线查管系统（二期），实现科技代人增效，完善“顺势监管”的作业流程和实现方式；四是充分发挥业务监控指挥中心作用，建立完善通关一体化业务监控指挥协调工作机制，切实提升两级监控指挥中心以及各现场监控处置、整改的工作效能，制发《重庆海关关于建立通关一体化业务监控指挥协调机制的通知》。自2018年8月20日起，在关区二级监控指挥中心开展过渡期查检联合作业常态化监控，负责每日对关区联合作业场地视频联网进行全覆盖检查及通过移动查验单兵系统与现场关员实时连线检查作业开展情况，切实推动查检联合作业各项工作要求落实到位。

【重庆海关全面推动提效降费工作落地】 一是口岸收费清理工作成效显著。主动降低口岸环节合规收费，全面停征所有出入境检验检疫行政事业性收费，检疫处理相关业务收费降低10%，进口废纸检疫处理收费降低50%；加快推进关检融合推动口岸降费，通过整合项目申报，报关报检代理费降费比例约三分之一；实施“查检合一”，查验代理费降低约一半；实施作业场所整合和作业流程优化，企业物流成本降低200至500元/车。二是进出口环节监管证件联网核查力度加大。按照海关总署的统一部署，对于需在海关通关环节保留验核并联网核查的46种证件。

【重庆海关全力助推国际贸易大通道建设】 一是积极推动东向传统长江黄金水道发展，完善果园港、寸滩港等港口海关监管设施，支持中欧班列（重庆）从果园港始发，主动参与果园港多式联运中心的研究和规划。二是积极推动西向中欧班列（重庆）业务发展，在全国海关率先开展以安全智能锁和数据交换平台为基础的“关铁通”中哈合作试点，实现两国海关监管货物信息、非侵入式查验设备扫描图像和查验结果等的数据交换；推动中欧班列（重庆）在全国率先实现铁路承运国际邮包，支持铁路口岸建设智能化国际邮件处理中心并在2018年7月验收投入使用，推动落实广东、浙江国际邮件总包转关重庆搭乘渝新欧班列出口业务。三是积极推动陆海新通道发展，建立关际监管协作机制，及时沟通解决企业通关中的疑难问题，保障陆海新通道运行班列常态化运行；四是积极推动重庆国际航空货运通道体系发展，打造内陆地区国际航空门户和枢纽，在全国率先开展国际航班境内续驶段混载业务试点，2018年6月海关总署下文在全国推广。

【重庆海关全力配合完成压缩整体通关时间工作目标】 一是及时研究出台《重庆海关优化口岸营商环境促进跨境贸易便利化十六项工作举措》，涵盖5方面16项举措，为实现目标任务提供政策支撑。二是强化监管服务制度创新，实现通关流程再造，全面推行一次申报和提前申报，加快推进国际贸易“单一窗口”平台，报关单覆盖率由2018年年初30%提升至100%，已实现进出境运输工具和舱单申报覆盖率100%。三是协同技术部门及时开发上线通关时效监控平台，实现重庆整体通关实时监控查询和处置；上线“互联网+海关”一体化网上办事平台，在重庆关区江北国际机场空运口岸货物即到即查即放的基础上，全面实行其余口岸7×24小时网上预约通关，海关特殊监管区域已放行货物7×24小时进出区，跨境电商已放行包裹7×24小时自主出区。

【原重庆检验检疫局统一以海关名义对外开展工作】 按照《深化党和国家机构改革方案》工作部署，原重庆出入境检验检疫局管理职责划归重庆海关。一是在4月20日前，对辖区内检验检疫标识情况进行摸底，统计辖区内需整改的监管现场标识数量，共完成全关区1 206块检验检疫标识标牌拆除，253块检验检疫标识更换。同时定制了47种对国内使用的新版海关证单、对国外使用的58种新版海关证单及27种原产地证书分发各部门。二是自4月20日起，正式启用新版对内、对外海关证单及原产地证书，同时封存、作废相应旧版海关证单及检验检疫证单、旧版证书。回收并废止各类检验检疫专用章138枚，分发并启用新章44枚，继续留用各类专用章89枚。将企业报关报检资质进行了合并，企业在所有备案点均可同时取得报关和报检资质。三是从通关、查检合一、行邮监管三个方面全面梳理通关综合业务、货物口岸查验及施检、快件监管、跨境电子商务监管、行邮物品监管等业务流程和具体工作内容，优化整合作业流程。四是积极开展关检业务深度融合，推动实现各口岸现场查验统一办公地点、统一工作时间、统一查检人员、统一查验作业、统一查验场地。五是取消通关单及实施检验检疫单证电子化；统一申报单证，积极派员参加总署组织的关检融合整合申报项目培训班并切实组织好对进出口企业培训推广和对外宣传工作。六是推进作业场所（场地）优化整合，完成原检验检疫作业场所（场地）与总署监控指挥中心视频联网工作，制发《重庆海关作业场所（场地）优化整合“查检合一”实施方案》。

开放口岸

【重庆空运口岸（重庆江北国际机场）】 重庆江北国际机场位于中国重庆市渝北区两路街道，距离市中心 19 千米。于 1990 年 1 月 22 日正式建成通航；1987 年开通香港包机航班；1995 年，国务院批准对外国籍飞机开放，重庆空运口岸正式开放。

重庆江北国际机场为 4F 级民用国际机场，于 2005 年 10 月完成二期扩建工程，2010 年 12 月完成三期扩建工程，2017 年 8 月完成四期扩建工程。现拥有 T1、T2、T3 航站楼共 3 座，共计 73 万平方米；跑道 3 条，长度分别为 3 200 米、3 600 米、3 800米；停机坪 166 万平方米、机位 209 个、货运区 23 万平方米，可保障年旅客吞吐量 4 500 万人次、货邮吞吐量 110 万吨、飞机起降 37.3 万架次。

【重庆水运（河港）口岸】 寸滩港水运（河港）口岸地处长江上游，位于重庆市江北区寸滩镇，重庆朝天门下游约 6 千米的长江北岸。港区水域条件优越，陆域开阔，通过重庆内环快速干道与成渝、渝黔、渝遂、渝临、渝宜、渝武等多条高速公路相连，紧邻渝怀铁路唐家沱铁路货运站，距重庆江北国际机场约 16 千米，是长江上游内河深水港区。重庆水运口岸（寸滩港）始建于 2003 年；2010 年获批对外开放。

临时开放口岸

【重庆空运口岸（万州五桥机场）】 重庆万州五桥机场（简称万州机场）位于重庆市万州区长江南岸毡帽山顶，距万州城区直线距离约 5 千米，公路距离约 15 千米。万州机场于 1997 年 11 月由国务院、中央军委批准立项，2000 年初正式开工建设，2003 年 5 月 29 日建成通航，2015 年 3 月 1 日首次获批临时对外开放。

万州机场按 4D 级规划，按 4C 级建设。海拔高程为 567 米，属高挖高填类机场，飞行区长 3 000 米，宽 300 米。机场跑道全长 2 400 米，宽 45 米，停机坪 19 200 平方米，停机位 5 个，可满足 A320、B737 同类及其以下机型的起降，航站楼面积 5 780 平方米，设计年吞吐旅客 50 万人次。

【重庆陆路（铁路）口岸】

重庆陆路（铁路）口岸前身是团结村铁路集装箱中心站，建于 1975 年，2013 年 12 月 25 日由国家口岸办批准作为口岸临时对外开放。站址位于重庆市沙坪坝区土主镇，离襄樊站 867 公里，离重庆站 32 千米，规划建设口岸作业区 50 万平方米、铁路综合保税区 3 平方千米。

2018 年重庆市口岸大事记

1 月 8 日

马来西亚航空公司开通每周 1 班重庆—吉隆坡—印度货运航线。

1 月 16 日

重庆航空公司开通每周 4 班重庆—河内客运直飞航线。

1 月 23 日

首趟重庆至宁波（渝甬）沿江铁海联运国际班列始发。

3 月 6 日

重庆国际贸易“单一窗口”完成首票在线收付汇业务。

3 月 21 日

中欧班列（重庆）越南国际班列顺利抵达越南河内安圆货运站。

4 月 2 日

重庆航空公司开通每周 3 班重庆—胡志明客运直飞航线。

4 月 20 日

重庆出入境检验检疫局统一以重庆海关名义对外开展工作。

是日

“渝黔桂新”班列进境货物首次换装至中欧班列（重庆）出境。

8 月 17 日

柬埔寨 JC 航空公司开通每周 3 班重庆—西

哈努克客运直飞航线。

10 月 25 日

重庆市人民政府口岸和物流办公室挂牌成立。

11 月 21 日

中欧班列（重庆）首趟回程运邮测试班列抵渝。

12 月 19 日

海南航空公司开通每周 2 班重庆—巴黎航线客运直飞航线。

是日

中国（重庆）自由贸易试验区调解中心成立并举行揭牌仪式。

（撰稿人：李颜、蒋馨、邓诗、卞鹏森、彭宇、汪宏达）

2018 年重庆市口岸流量统计表

口岸类型		口岸名称	货运量（万吨）				集装箱量（万标箱）				人员（万人次）				交通工具（辆、艘、架、列次）			
			出口	进口	合计	同比（%）	出口	进口	合计	同比（%）	出境	入境	合计	同比（%）	出境	入境	合计	同比（%）
空运口岸			15.42	3.59	19.01	13.29					162.97	161.14	324.11	12.96	11 145	11 012	22 157	17.21
		分计	15.42	3.59	19.01	13.29					162.97	161.14	324.11	12.96	11 145	11 012	22 157	17.21
陆路口岸	公路口岸		1.42	4.46	5.88	48.48												
		分计	1.42	4.46	5.88	48.48												
	铁路口岸		20.24	30.36	50.60	152.75	8.30	7.28	15.58	50.31								
		分计	20.24	30.36	50.60	152.75	8.30	7.28	15.58	50.31								
水运口岸	海港口岸																	
		分计																
	河港口岸		279.09	464.73	743.82	-11.63	21.97	12.39	34.36	-15.27					135 509	136 675	272 184	20.59
		分计	279.09	464.73	743.82	-11.63	21.97	12.39	34.36	-15.27					135 509	136 675	272 184	20.59
合计			316.17	503.14	819.31	-7.15	30.27	19.67	49.94	-1.92	162.97	161.14	324.11	12.96	146 654	147 687	294 341	17.21
同比（%）			9.09	-15.09	-7.15		-4.87	3.00	-1.92									

表注：空运口岸集装箱量重庆海关没有准确数据，无法填写。

（重庆市口岸办提供）

2018年重庆市口岸出入境主要数据表

项目			2018年	2017年	同比（%）
出入境人员（人次）	出入境人员总数		3 241 072	2 869 491	12.949
	入境人员		1 611 360	1 426 501	12.959
	出境人员		1 629 712	1 442 990	12.940
	出入境旅客		3 044 490	2 697 227	12.875
	出入境员工		196 582	172 264	14.117
	中国公民	小计	2 910 520	2 587 572	12.481
		内地居民（因公）	81 445	89 536	-9.037
		内地居民（因私）	2 572 940	2 269 220	13.384
		港澳居民	80 665	77 751	3.748
		台湾同胞	175 470	151 065	16.155
	外籍人员		330 552	281 919	17.251
	从海港出入境人数				
	从陆港出入境人数				
	从空港出入境人数		3 241 072	2 869 491	12.949
交通运输工具（辆、艘、架、列次）	总计		22 157	18 903	17.214
	船舶				
	飞机		22 157	18 903	17.214
	火车				
	机动车辆				

（重庆出入境边防检查总站提供）

2018年重庆海关主要数据统计表

项目		2018年	同比（%）
进出口货运量（万吨）	合计	819.31	-7.15
	进口	503.13	-15.09
	出口	316.18	9.07
进出口贸易总值（万美元）	合计	7 924 656.64	18.99
	进口	2 766 243.96	15.23
	其中：江、海运输	1 057 026.58	3.31
	铁路运输	35 757.29	17.34
	汽车运输	347 608.26	20.96
	航空运输	1 325 587.03	25.23
	邮件运输	11.82	-14.86
	其他运输	252.98	-75.32
	出口	5 158 412.69	21.10
	其中：江、海运输	2 719 929.20	14.04
	铁路运输	265 532.08	10.78
	汽车运输	197 461.90	25.60
	航空运输	1 975 119.26	33.71
	邮件运输	350.60	15.16
	其他运输	19.65	-83.60
税收（万元）	两税合计	1 550 464.45	1.60
	关税入库	181 210.12	-17.00
	进口环节税入库	1 369 254.33	4.70
货物检验检疫（批次）	本年累计	39 593.00	-2.87
	其中：出境	22 113.00	16.47
	入境	17 480.00	-19.72
货物检验检疫金额（万美元）	本年累计	643 646.02	74.26
	其中：出境	487 942.18	209.57
	入境	155 703.84	-26.46

（重庆海关提供）

2018 年重庆海事局进出港船舶统计汇总表

船舶类别	进港船舶							出港船舶						
	艘数（艘）	总吨（吨位）	总载重量（吨）	载客量（客位）	船员人数（人次）	货物到达量（吨）	旅客到达量（人）	艘数（艘）	总吨（吨位）	总载重量（吨）	载客量（客位）	船员人数（人次）	货物发送量（吨）	旅客发送量（人）
总计														
中国籍船舶	136 675	648 019 144	151 218 709	33 838 033	1 407 752	134 386 680	22 674 604	135 509	630 841 275	118 212 320	18 122 083	1 395 742	105 006 447	10 458 117
其中外贸船														

表注：重庆未区分中国籍、外贸船舶。

（重庆海事局提供）

2018 年重庆市指定口岸/查验场统计表

省、自治区、直辖市	序号	类别（指定口岸功能名称）	指定口岸/指定查验场名称	口岸类别	批复时间	备注
重庆市	1	进口汽车整车	重庆铁路口岸	铁路	2014 年 7 月 1 日	
	2	肉类	重庆两路寸滩保税港	内河	2012 年 12 月 7 日	
	3	水果	重庆江北国际机场	空运	2014 年 12 月 30 日	
	4	水果	寸滩水运口岸	内河	2014 年 12 月 30 日	
	5	进口冰鲜水产品	重庆江北国际机场	空运	2014 年 9 月 1 日	
	6	食用水生动物	重庆江北国际机场	空运	2015 年 12 月 1 日	
	7	金伯利进程（毛坯钻石）	重庆江北国际机场	空运	2017 年 3 月 14 日	
	8	粮食	重庆港	内河	2017 年 11 月 20 日	

（重庆市口岸办提供）

四 川 省

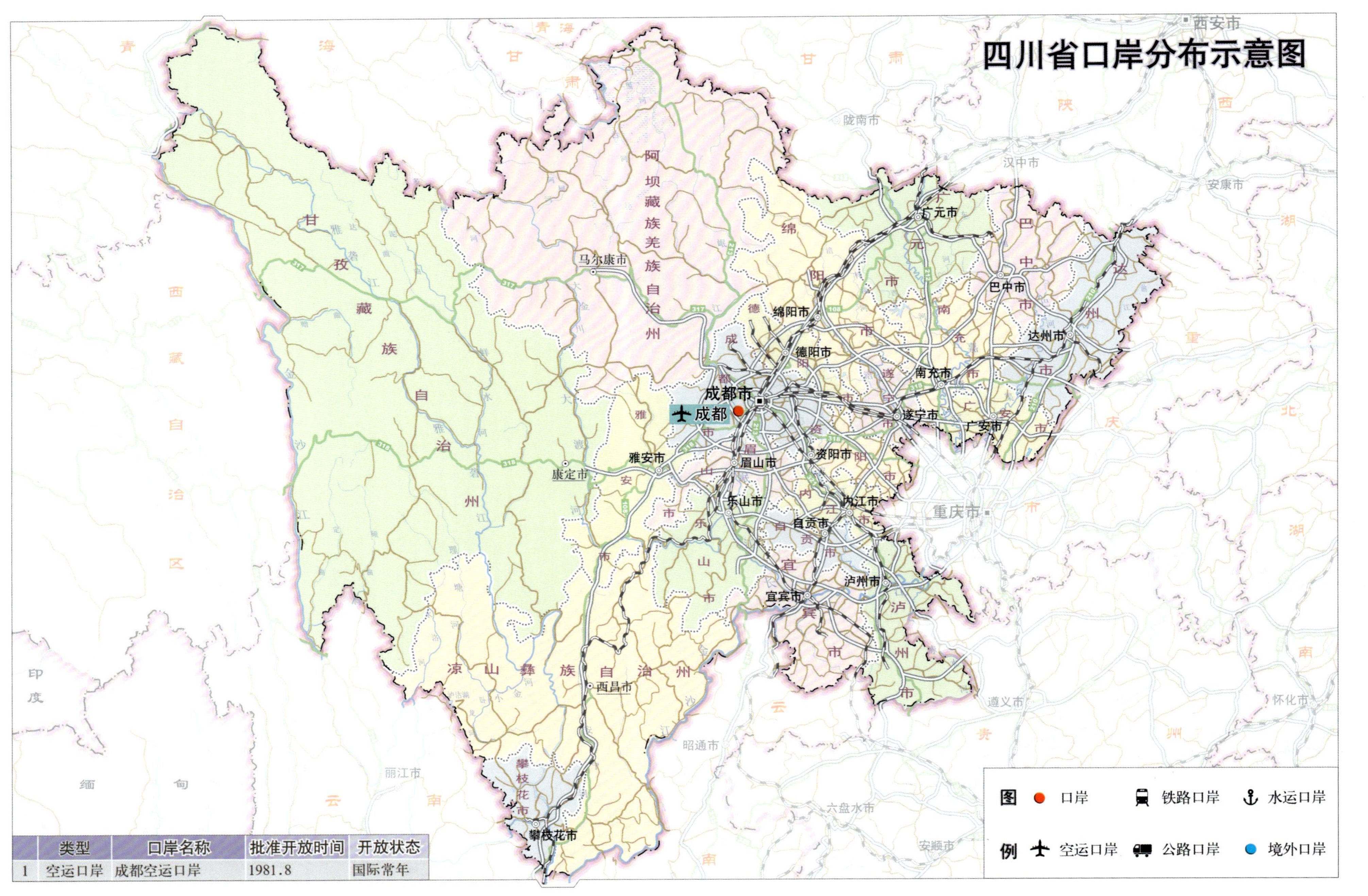

	类型	口岸名称	批准开放时间	开放状态
1	空运口岸	成都空运口岸	1981.8	国际常年

口岸数量及分布

截至2018年年底，四川省有经国务院批准的对外开放口岸1个，即成都空运口岸（成都双流国际机场）。

口岸运行数据

2018年，成都空运口岸已开通国际（地区）航线114条，共验放入出境飞机及国际航班3.35万架次，同比增长10.22%；共验放和运送国际旅客599.82万人次，同比增长11.10%；国际货邮吞吐量44.84万吨，同比增长6.20%。办理台湾居民来往大陆通行证（一次入出境有效）651人次、同比增长15.63%，办理外国人72小时过境免签694人次、同比增长9.81%。

成都国际铁路港2018年共查验、运输进出口货物280.35万吨，同比增长45.62%；国际集装箱116 814个标箱，同比增长43.38%。

2018年，泸州港、宜宾港共验放进出口货物65.53万吨，同比增长6.77%；国际集装箱48 947个标箱，同比增长17.75%。

口岸综合管理

【加快建设口岸服务体系】 成都天府国际机场已完成国际旅检大厅流程和口岸查验功能设计工作；九寨黄龙机场口岸功能、旅检流程设计工作已经全面完成，即将启动机场改扩建工程；泸州港、宜宾港获批外贸船舶临时进出部分泊位；成都双流国际机场航空肉类指定口岸建设加快推进；成都国际铁路港获批汽车整车保税仓储业务，建成进境粮食指定口岸；四川自贸试验区川南临港片区获批筹建进口肉类指定查验场。与此同时，泸州港申建汽车整车进口指定口岸，泸州港、宜宾港申建全国进境粮食指定口岸系列工作正有序推进。截至2018年年底，四川省已建成开放口岸1个、临时开放口岸3个，进境产品指定口岸功能8类。

【积极拓展口岸物流通道】 航空物流能力提升，成都双流国际机场2018年新增9条客运航线及1条全货机货运航线。截至2018年年底，成都国际（地区）航线数量达114条，成都双流国际机场完成旅客吞吐量5 295万人次，出入境人员599.82万人次，国际货邮吞吐量44.84万吨。“蓉欧+”战略稳步实施，南向新开通经广西凭祥（云南河口）至越南的“蓉欧+”东盟铁路班列。成都国际班列已通达24个海外城市，国内联通14个城市。2018年，成都国际班列共开行2 619列，累计开行4 330列，中欧班列共开行1 591列，累计开行3 088列。航运资源进一步优化配置和协同发展，泸州港、宜宾港集装箱班轮航线从武汉、南京、上海拓展至中国台湾、日本、韩国等国家和地区，2018年，两港口进出外贸船舶4 284班次、完成外贸货物吞吐量65.53万吨。

【切实优化口岸营商环境】 深入推进通关一体化建设，出台《四川国际贸易“单一窗口”建设推进方案》，四川国际贸易“单一窗口”成功对接国家标准版并纳入国家试点城市，2018年8月1日起，单日报关覆盖率连续稳定在100%。认真抓好清费降费工作，按照国家要求提前完成各现场收费目录清单公示目标任务，在今年国家明确中西部地区不被纳入考核的情况下，四川省各口岸进出口环节收费较2017年依然有所降低。进一步压缩货物整体通关时间。出台压缩进出口货物整体通关时间工作方案，大力推广“提前申报”和一体化通关模式，2018年四川省各口岸进出口整体通关时间较2017年同期均有不同程度缩短，压缩比超过50%，圆满完成货物整体通关时间压缩三分之一的目标任务。

【积极深化口岸物流开放合作】 会同四川省发展改革委、中铁成都局集团有限公司等推进川渝、川桂、川甘、川港合作，分别与渝桂甘港签署《深化川渝合作深入推动长江经济带发展行动计划（2018～2020年）》《深化川桂合作共同推进南向开放通道建设框架协议》《经济社会发展合作行动计划（2018～2022年）》《深化物流通道建设框架协议》。首次在境外成功承办高规格大规模会议“共建川港物流新通道·共享合作发展新机遇——四川构建陆海联运通道打造西部国际门户枢纽”推介会，四川省人民政府口岸与物流办公室与香港特别行政区政府运输及房屋局签署深化物流通道建设框架协议。成功组织召开2018中国西部国际口岸物流开放发展大会、中国（四川）国际物流博览会。

【扎实推进口岸安全工作】 口岸管理和查验执法单位、运输服务部门（企业），高度重视口岸安全和管理。成都海关保持打击走私高压态势，严厉打击口岸走私和毒品犯罪，严控各类病毒、疫情输入。四川出入境边防检查总站加强口岸管控措施，严控偷渡、潜逃人员进出境，妥善处置突发性事件。四川省机场集团重视机场安保工作，加强口岸安检和空域管控。各部门加强应急值班，及时处置各类突发性事件，确保全省口岸安全运行。

【深入考察调研】 2018年，四川口岸管理单位组织多批次查验执法、省机场集团、运输服务部门（企业）相关人员赴上海、广州等口岸物流企业考察，学习借鉴口岸监管开放经验。深入省（市、州）相关单位、航空、铁路、水运、公路口岸、物流企业调研，听取口岸建设管理和物流业发展的意见建议，协调解决问题。

口岸监管与服务

【四川出入境边防检查总站始终坚持优质高效服务，树立四川文明开放良好形象】 2018年，共验放出入境航班3.35万余架次、出入境人员599.82万余人次，仅次于上海浦东机场、北京首都机场、广州白云机场，继续稳居全国对外开放空运口岸第4位、中西部第1位。

四川是支撑“一带一路”建设和长江经济带联动发展的战略纽带和核心腹地。总站主动跟进四川省、市党委、政府“四向拓展、全域开放”和“全面建成国际门户枢纽城市”的战略部署，推出了“围绕服务对象诉求，抓好需求服务；围绕大型盛会，强化保障服务；围绕政府决策，搞好信息服务；围绕航空枢纽建设，提供法律政策服务”的边检服务新举措和工作配套措施，先后为奥地利总统范德贝伦、塞纳加尔总统马基·萨夫勒等外国政要和中非民间论坛、“5·12”汶川特大地震十周年纪念活动、第五届旅博会和中印“携手—2018”反恐联训等大型国际盛会、活动的参会嘉宾代表提供了优质高效的通关服务；支持新开了成都直飞圣彼得堡、哥本哈根、特拉维夫、开罗、芝加哥等10条国际定期客货运航线，截至2018年年底，成都空运口岸国际、地区航线达到114条，与94个国家和地区城市实现了通航，四川通联世界的能力进一步增强，成都作为全国第四大航空枢纽的地位更加凸显；为3.09万名外国籍人员办理了24小时和72小时过境免签手续。

【四川出入境边防检查总站始终坚持优化通关环境，提升出入境旅客获得感】 成都空运口岸已全面实现7×24小时通关“不打烊”，国际旅客往来更加频繁，对口岸通关便利化提出了新的更高要求。总站坚持以人民为中心的发展思想，采取团队旅客零散通关、迟到免排、分类查验等“小单元”执勤模式，最大限度提高处置勤务问题的效率和质量；调整执勤模式，优化警力资源配置，实行24小时值班备勤，100%确保口岸正常航班和突发备降航班随到随检、旅客即到即走；树立大数据理念和“互联网+”思维，大力推行入境自助查验通关，符合条件旅客通关时间缩短至10秒，2018年，共有100.59万余名旅客享受了该便利措施，占全年出入境旅客总数的16%，下一步将推行出境自助查验通关，进一步缩短旅客出境验放时间；开通特殊旅客绿色通道，为“两院”院士提供优先通行便利，并将“特别通道”通行人员范围中“老年人”年龄起点标准由65岁调整至60岁，扩大了政策覆盖面；出台了开设“蓉港通”快速通道、口岸限定区域证件办理“只跑一次”等12条改进服务管理的新举措，加速释放改革红利。特别是按照国家移民管理局要求，自2018年6月18日起，在成都空运口岸设置了中国公民通道、兑现了“中国公民排队候检不超过30分钟”的服务承诺。总站按照《边检机关应对节假日客流高峰工作规范》要求，提前谋划部署、科学组织勤务，兑现了“说到做到”的庄严承诺，提升了中国公民的获得感、自豪感，受到国家移民管理局通报表扬，切实擦亮了天府国门名片，社会各界纷纷“点赞”。

【四川出入境边防检查总站始终坚持严密查堵封控，筑牢四川社会政治稳定国门屏障】 总站牢固树立总体国家安全观，坚持将边检工作融入平安四川建设之中，着力强化底线思维和反恐“防回流”主战场意识，以“数据导侦、要素查缉、全程管控”为指针，突出抓好“四个严格”（严格查布控工作、严格把握勤务关键环节、严格重点人员查验甄别、严格口岸限定区域管理），突出抓好外国人生物特征采集和人脸识别查控，进一步密切与公安、安全、口岸联检单位、区域边检总站等的协作合作，构建起了“小口岸、大管控”的勤务工作格局和全过程、全方位、全要素的查缉管控体系，坚决将暴恐分子等查在国门、堵在境外。2018年，总站共查获偷渡人员18人次，阻止入境“三非”外国人20人次，查处各类违法违规人员1 251人次，切实筑牢了稳定的国门屏障。

【成都海关全力助推四川扩大对外开放，服务四川外贸发展迈上新台阶】 2018年，四川外贸进出口总值5 947.8亿元，创历史新高，居全国第十、中西部第一，同比增长29.2%，远远高于全国9.7%的增幅。

一是全力服务四川建设更多开放平台和开放通道。助推成都高新西园综合保税区和天府新区成都片区保税物流中心（B型）获批设立；助推泸州港、宜宾港获批临时开放，积极指导并推动天府新机场加快口岸功能建设。大力拓展现有口岸进口冰鲜水产品、水生动物、种苗、肉类、水果、粮食、整车等8类指定口岸功能。成都双流国际机场进口冰鲜水产品指定口岸成为我国四大冰鲜三文鱼进口口岸之一。截至2018年年底，四川已批建自贸试验区1个、综合保税区2个、出口加工区1个、保税物流中心（B型）5个、开放口岸4个。同时，与南宁海关建立合作新机制，全力支持四川建设南向开放大通道，四川水陆空“三位一体”的立体开放格局基本形成。同时，积极推动绵阳出口加工区完成整改，全力支持成都国际铁路港、宜宾、泸州、德阳综合保税区申建。

二是全力服务现有开放口岸发展。支持成都打造航空“第四城”。截至2018年年底，双流机场已开通国际地区航线114条，全年共监管进出境航班3.35万架次、增加10.22%，监管进出境人员599.82万人次、增加11.1%，成为中西部地区通往全球的最大门户枢纽。支持青白江铁路口岸建设“内陆国际铁路第一港”。2018年，成都国际班列共开行2 619列，累计开行4 330列，中欧班列共开行1 591列，累计开行3 088列，开行数量居全国第一，成为辐射“一带一路”沿线国家（地区）最广、开行线路最多、频率最稳定的中欧班列。支持川南临港片区建设南向开放门户。支持泸州港、宜宾港开行通达日本、韩国等的近洋国际（地区）班轮，实现与青白江铁路口岸的水铁联运，全年两港进出境货运量65.53万吨。

三是全力服务现有开放平台功能发挥。全力支持中国（四川）自由贸易试验区建设，紧紧围绕制度创新这一核心任务，大胆试、大胆闯、自主改，目前国家支持四川自贸试验区发展总体方案中涉及成都海关的33项措施已全部落地，特别是结合四川省实际，主动争取、大胆创新，着力解决了一直以来企业需求迫切的飞机发动机境内外维修和平行进口车保税仓储拓展到保税物流中心（B型）发展等问题，改革红利已逐步显现。全力支持成都高新综合保税区打造全国最强综合保税区，全年实现进出口3 521.1亿元，在全国综合保税区中排名第1，增长28.9%，占2018年四川外贸进出总值的59.2%。全力推动特殊区域功能拓展，成功试点区内融资租赁A330全动飞机模拟机，关区特殊监管区域融资租赁实现零突破。全力支持保税物流体系作用进一步发挥，2018年四川省4个保税物流中心（B型）进出境货物119.4亿元。

四是全力服务新兴贸易发展。大力支持跨境电子商务发展，正式开展保税备货模式业务，支持中欧班列（成都）运输跨境电商商品。支持成都跨境电商综合试验区建设，全力推动将成都纳入跨境电商零售进口监管过渡期政策适用扩大范围，2018年共监管跨境电商进出口货值4.89亿元，申报清单165.9万份，分别增长6.9倍和8.8倍。全力助推成都市获批市场采购试点城市，成都海关荣获成都市"新型贸易方式发展促进工作先进单位"称号。全力支持企业用准、用足、用好进出口税收优惠政策，2018年审核确认减免税货值27.3亿美元，增长1.1倍，减免关税和增值税共计13.4亿元，增长15.5%。

五是全力服务重点行业重点产业发展。全面贯彻落实省委省政府关于促进民营经济健康发展的意见，努力为民营、中小微和创新企业营造更加良好的发展环境；开展"一市一特产"品牌创建行动、"三个一"企业培育行动和"出口农产品质量提升"专项行动，加大对出口名牌产品、出口龙头企业帮扶力度，12种四川优势特色农产品首次出口到17个国家和地区，促进了四川特色优势食品农产品扩大出口。签发各类原产地证书24 601份，签证金额20.34亿美元，分别上升6.12%和48.72%，为企业减免进口方关税8 087.32万美元。

【成都海关扎实推进各项改革，持续提升通关便利化水平】 一是稳步推进海关机构改革。坚决贯彻落实党中央、国务院关于机构改革相关部署要求，讲政治、顾大局，全面推进机构改革工作在成都关区落地。严格按照海关总署党委确定的时间节点，顺利完成了原四川检验检疫局队伍转隶，办公场所、监管场所挂牌，关检集中统一办公，业务融合，三定方案制定，干部配置等工作。通过机构改革，关区机构设置更加优化、职责设定更加科学、人员配置更加合理、通关效率进一步提高，广大干部职工思想平稳、队伍稳定，企业和群众对海关改革的反响好、评价高。与此同时，积极配合省委省政府向海关总署党委争取，将原有的达州、广元两个检验检疫分支机构改设海关，特别是在改革开放40周年之际，以机构改革为契机，成功争取在改革开放总设计师邓小平同志的故里设立广安海关，在社会上产生良好反响。省政府领导对相关工作给予了肯定性批示。

二是全力推进优化口岸营商环境改革。大力推进"提效降费"。研究制定并出台实施成都海关推进"口岸提效降费"20条具体措施，多管齐下全力推动压缩关区口岸整体通关时间。2018年12月，关区进、出口整体通关时间分别为51.05小时和1.16小时，同比分别压缩57.81%和68.39%，完成了压缩货物整体通关时间三分之一的目标要求。全面整合压缩监管项目和证件。以机构改革业务整合为契机，将原报关、报检共229个申报项目精简至105个，关检21项岗位职责整合为14项，进出口申报随附单据由原报关、报检的74项合并成10项，监管证件由原来的86种压缩至48种。持续深化通关一体化改革。研究取消关区"区港联动"及"多点报关、多点放行"模式，积极指导企业优化物流模式，平稳渡过改革阵痛期。大力推动国际贸易"单一窗口"标准版试点，目前四川"单一窗口"对所有业务覆盖率均达100%。积极推进与"一带一路"沿线国家海关合作交流。圆满承办亚欧会议海关与商界对话会及工作组会议，中国东盟自贸区原产地规则工作组会议，成功开展与波兰罗兹海关"点对点"直接合作，成为全国首个与其他国家海关开展"关际合作"的内陆海关。

三是全力推进"智慧海关"建设。积极推进"互联网+海关"建设。全面实现企业申报、单证审核、货物放行等通关作业及海关相关事务审批与备案的全部网上办理。大力推进"智能审图"研发及实用化试点。作为全国唯一一个在空港旅检现场开展智能审图试点的海关，不断优化审图算法和审图流程，智能审图识别率和有效性持续提升，目前已形成成都海关经验在全国海关推广。全面开展科技研发创新。全年成都海关荣获四川省科研项目立项5项，推荐申报2019年四川省科研项目18项；承担行业标准制定6项，完成行业标准方法验证项目17项，大熊猫检疫技术总则等16个标准获得“中国标准创新贡献奖”。

【成都海关全面落实国家总体安全观，切实守好国门安全】 一是不断强化实际监管。进一步加强海关监管场所管理，关区监管作业场所规范化管理水平有效提升；积极推进关区口岸监管业务运行监控指挥中心建设，推广金关二期智能卡口、物流链可视化管理系统、查验单兵作业系统应用，不断提高关区监管智能化水平；加强快件监管，坚决遏制快件监管违纪违法问题易发、多发势头；深入开展“扫黄打非”工作，查获非法宣传品和出版物12 048件。加强知识产权海关保护，开展四川出口知识产权优势企业“龙腾行动”，为“万企出国门”保驾护航。

二是持续加强综合治税。积极推进税收征管方式改革，创新税款担保模式、优化汇总征税制度、扩大“自报自缴”范围；不断强化税收风险防控，有序开展税收征管、归类、审价、原产地等关税业务的监督评估工作。2018年，关区税收入库179.1亿元，同比增长9.4%，创历史新高。

三是始终保持打击走私高压态势。积极开展“国门利剑”2018联合专项行动，全年，共立案侦办各类走私犯罪案件40起，案值1 735万元；立案调查行政案件420起，案值16.95亿元，涉税676.07万元。其中，立案侦办走私大米案2起，查证涉案走私大米600吨；2018年，查获口岸走私毒品案13起，涉案各类毒品3.7千克；联合地方公安查获各类枪支31支、枪支配件7件、BB弹1 600余发。

四是坚决守住卫生防疫、动植物检验检疫和进出口食品安全防线。加强疫情疫病防控，2018年，共监测出入境人员传染病25 995次，检出传染病379例。成功应对埃博拉、尼帕病毒、登革热、裂谷热等传染病疫情，确保重大疫情零输入，一般疫情零传播。全力贯彻落实国务院关于以最强措施做好非洲猪瘟疫情防控工作的部署要求，严防非洲猪瘟疫情从口岸传入传出。加强对有害生物的防控工作，2018年，共查获进境植物有害生物183种、1 374种次；截获禁止携带、邮寄进境物6 471批次、9.35吨。加强食品检验工作，2018年，共检出不合格进口食品149批，增长34.1%。监督检查进出口食品经营企业531家次，监督抽检2 610批次产品。责令企业整改44家次，标签技术整改41批次，注销备案标签28个。加强对生化安全产品的管控。

开放口岸

【成都空运口岸（成都双流国际机场）】 位于成都市双流区，距离成都市中心16千米。机场设有直达成都市各城区的地铁和专用公交、通往省内主要城市的长途汽车、旅游景区直通车和出租车服务站，成绵乐城际列车与机场无缝衔接。成都双流国际机场正努力推进国家级国际航空枢纽建设。机场现有2条平行跑道，其中西跑道长3 600米，宽45米，飞行区等级为4E级，具备Ⅱ类着陆标准；东跑道长3 600米，宽60米，飞行区等级为4F级，按Ⅲ类A着陆标准建设，可供A380等大型飞机起降。机场现有2座航站楼，面积50万平方米，设有登机廊桥74条，候机楼内安检通道共计60条，值机柜台204个。成都空运口岸的国际旅检现场设在T1航站楼A指廊，设有8个廊桥登机口，6个远机位登机口（含一个虚拟航班登机口），国际值机柜台58个，边检出境通道28条（12条自助查验通道，16条人工查验通道），入境通道18条（8条自助查验通道，10条人工查验通道）；海关出境通道5条（2条无申报通道，1条申报通道，1条外交礼遇通道，1条工作人员通道），入境通道11条（含8条自助通关闸机通道，1条无申报人工通道，1条外交礼遇通道，1条工作人员通道）；检验检疫出境4条通道（含1条工作人员通道），入境4条通道（含3条旅客通道，1条外交礼遇/无障碍/工作人员通道）。2018年，成都双流国际机场旅客吞吐量达到5 295.1万人次，位居中国大陆机场第4位。截至2018年年底，成都双流国际机场通航航线335条（其中国内203条，经停国内转国际18条，国际地区114条）。2018年，成都双流国际机场货邮吞吐量为66.5万吨，位居中国大陆机场第5位。机场建有3座航空货运站，货站库区总面积约10万平方米，年处理货物能力达130万吨，其中，机场货站库房及营业用房面积达7.1万平方米，是中国中西部较大、功能完善、实行国际货物全天候通关的综合货运站。2014年1月29日，成都空港保税物流中心（B型）获批建设，10月23日，正式通过国家验收，对外服务。2014年12月22日，国家质检总局批准成都双流国际机场口岸为“进口冰鲜水产品检验检疫口岸”。2016年7月29日，国家质检总局下发《质检总局关于实施进境食用水生动物指定口岸制度的公告》，成都双流国际机场口岸成为“进境食用水生动物口岸”。2016年10月27日，成都双流国际机场进境水果指定口岸通过国家质检总局验收，11月24日，成都空港进境水果指定口岸对外开放，2017年7月14日获国家质检总局批复筹建。

【成都陆路（铁路）口岸（临时开放）】 成都铁路口岸于2010年5月由四川省人民政府批准设立，位于成都市青白江区（距离成都30余千米），毗邻成都铁路集装箱中心站，口岸占地面积约22万平方米，总建筑面积3.7万平方米，2011年10月通过验收，2012年4月正式封关运行。2014年4月21日，经国家口岸办批复同意为临时口岸对外开放。2015年6月获批多式联运海关监管中心。口岸拥有标准化的监管场所、一流的监管环境、无缝对接的物理卡口，通过与铁路、海关的深入合作，实现海关、铁路物流信息资源的有效共享。成都铁路口岸是四川省“贯通南北、连接东西、通江达海”辐射整个西部的国际化平台，承担了成都范围内70%的进出口货物通关。成都铁路集装箱中心站是原铁道部在全国范围内规划的18个中心站之一，是亚洲规模最大的铁路集装箱中心站，于2008年开工建设，2010年建成投入使用。占地约142.67万平方米，总投资11亿元。近期设计年吞吐量100万标箱，远期400万标箱，规模为亚洲第1位。班列已开通成都至上海、深圳、武汉、厦门等14个城市的货运五定班列，全方位打通了新丝绸之路经济带与长江流域经济带的海铁、水铁、公铁多式联运通道。国际端现已拓展24个城市：罗兹、纽伦堡、蒂尔堡、莫斯科、马拉、伊斯坦布尔、明斯克、斯莫根、阿拉木图、布拉格、维也纳、托木斯克、塔什干、根特、米兰、伊尔库茨克、布拉茨克、新西伯利亚、河内、杜伊斯堡、布达佩斯、不来梅、汉堡、布列斯特。通道方面，成都经铁路至钦州并通过海铁联运方式至东南亚的通道已于2017年11月3日正式开通，标志着成都通往泛东南亚的南下物流通道打开了新大门，从成都向西至欧洲、向北至俄罗斯、向南至东盟的“Y”形国际物流通道实现了互通。2014年9月，获批进口肉类指定口岸，2016年3月，通过原国家质检总局组织的正式验收。肉类口岸建有1 000平方米冷冻（冷藏）集装箱堆场、3 450平方米冷链查验和储存一体化设施，贮存能力达3 000吨。2015年1月，获批汽车整车进口口岸，2015年11月通过海关总署等部委正式验收，铁路口岸内规划了约3 000平方米的进口汽车海关专用存放监管区，同时配备2条检测线，满足进口车检测需求。成都铁路保税物流中心（B型）项目总投资约3.6亿元，占地面积约18.33万平方米，仓储面积6.5万平方米，2016年9月通过由海关总署、财政部、国家税务总局、外汇管理局四部委组织的正式验收，2016年11月封关运行。

原二类口岸

【泸州外贸货物装卸点】 泸州港国际集装箱码头位于泸州市龙马潭区高坝工业园区长江畔，总占地面积约66.67万平方米，可利用岸线643米、战备码头岸线170米，距成都251千米。泸州外贸货物装卸点是全国28个内河主要港口之一，是全国内河第一个铁路直通堆场的集装箱码头，第一批进境粮食指定口岸、国家多式联运示范工程项目，是国家“两大发展战略”（丝绸之路经济带和长江经济带）的物流节点，是四川内陆开放的水上门户，是四川自贸试验区的对外窗口，是四川唯一的百万标箱大港，第一家水运开放口岸。在国务院《关于依托长江黄金水道推动长江经济带发展的指导意见》中，泸州被确定为全国重要区域性综合交通枢纽（节点城市），泸州港被确定为长江上游重点建设的主要港口。泸州港现已累计投资超10亿元，现已建成6个3 000吨级兼顾5 000吨级直立框架式多用途泊位，堆场面积近40万平方米，已形成集装箱100万标箱/年、商品车滚装30万辆/年、散杂货300万吨/年的吞吐能力，最大单件吊装能力120吨。成自泸赤高速公路与港区毗邻，进港铁路专用线直达港区堆场，铁公水多式联运无缝连接，港区内部功能完善，外部集疏运体系健全。泸州港现已开通了泸州—昆明、成都、攀枝花等经济腹地的铁水联运班列10班左右/周（泸州港现已开通泸州港—成都、攀枝花等11条内贸铁水联运班列，已设立昆明、成都、攀枝花、德阳、乐山等5个内陆无水港）；开通了泸州—武汉、南京、上海的集装箱班轮航线40班左右/周，其中“天天直航快班”直发南京、太仓、上海，沿途不挂靠或最多挂靠1~2个港口，运行时间缩短为8~10天；开通了泸州—武汉—台湾、泸州—南京—韩国、泸州—南京—日本等近洋航线（中远、中海、民生、长航、太平洋等多家船公司在港开通了泸州至武汉、上海集装箱班轮内支线和泸州—武汉—台湾、泸州—南京—韩国、泸州—南京—日本、泸州—福州、厦门、泉州、黄浦、汕头等江海联运航线。丹麦马士基、法国达飞、中国台湾阳明、东方海外、中国远洋、中国海运、中国外运等20家世界级海船公司的集装箱到港中转。现班期密度达10余班/周）。2014年10月9日，国家质检总局批准泸州水运口岸为国家进口粮食指定口岸，并通过国家验收，对外开放。2014年10月13日，海关总署等部门批准设立泸州港保税物流中心（B型），2015年11月19日，正式通过国家验收，对外开放。2018年2月15日启动进口肉类指定查验场建设工作，并于同年9月13日顺利通过成都海关预验收。2018年，泸州外贸货物装卸点共验放进出境货物60.8万吨，同比增长117.4%，监管进出境集装箱2.6万标箱，同比下降3.6%。

【宜宾外贸货物装卸点】 宜宾外贸货物装卸点位于四川省南部地区，地处四川宜宾港志城作业区，长江上游北岸，距离成都市242千米。依托长江黄金水道，促进四川省及川滇黔区域开放型经济发展，2007年7月经省政府批准，在宜宾港安阜作业区设立了宜宾二类水运口岸，2011年1月，宜宾水运口岸由安阜作业区迁至新建的宜宾港志城作业区，2012年12月正式对外开放。口岸总投资3 150万元，按照二类口岸建设标准全面建成口岸隔离围网、卡口、查验平台、监控系统等基础设施和监管设施。2014年，为支持宜宾市名优白酒产业和饲料加工业的发展，又投资上千万元建设进境粮食指定口岸，2014年10月9日，获得国家质检总局批准，宜宾水运口岸成为国家进口粮食指定口岸，并通过国家验收，对外开放。2015年12月17日，海关总署等部门批准设立宜宾港保税物流中心（B型）。2016年7月15日，正式通过国家验收，对外开放。2016年9月19日，宜宾港保税物流中心（B型）正式投入运营。宜宾水运口岸有以下的特点：一是港口条件优良。宜宾港是国务院《关于依托黄金水道推动长江经济带发展的指导意见》确定的长江十大加快建设港口之一，位于长江、岷江、金沙江三江汇合处，有“万里长江第一港”之称，划分为4个港区，11个作业区，可利用岸线75.7千米，规划到2030年货物吞吐量达7 537万吨，其中集装箱吞吐能力达400万标箱。宜宾港主港区——志城作业区为四川省最大的港口作业区之一，由宜宾市政府与上海国际港务集团共同出资建设，2012年建成投运，有1 000吨级（兼顾3 000吨级）多用途泊位4个，年吞吐能力达到集装箱50万标箱、件杂货190万吨；重载滚装泊位3个，通过能力30万辆；额定起升能力1 000吨重大件泊位1个，年吞吐能力33.8万吨；

在建 1 000 吨级（兼顾 3 000 吨级）散货泊位 3 个，年通过能力 588 万吨。是长江上游唯一同时具备集装箱、重大件、滚装、散货、杂件装卸作业功能的现代化综合枢纽港。二是集装箱班轮、航线开行良好。目前宜宾港每周开行 15 班集装箱班轮，其中，宜宾—南京、上海直航班轮 5 班，宜宾—重庆中转班轮 16 班；自开港以来，先后与上海港、南京港、武汉港、重庆港合作开行了 8 条集装箱航线，其中，内支线 4 条，近洋内贸航线 1 条，近洋外贸航线 3 条。三是口岸辐射范围广阔。宜宾水运口岸是成渝经济区连接南贵昆、长江中下游地区的重要“节点”，其辐射范围以四川省、云南省东北部、贵州省西北部、甘陕地区为主。其中，直接辐射川南经济区、成都经济区、攀西经济区；间接辐射滇东北、黔西北地区，远期随着综合交通运输网的完善将辐射至滇黔以及陕、甘、藏、青等西部六个省区的部分地区。四是口岸条件较为完善。宜宾水运口岸严格按照《中华人民共和国海关监管场所设置标准》《国家对外开放口岸出入境检验检疫设施建设管理规定》进行规划和建设，全面建成口岸隔离围网、卡口、验货场、查验平台、查验仓库、外贸货物专用堆场、出入境货物检疫处理区及配套设施、监控系统、办公楼、实验室、网络和计算机管理系统等基础和监管设施，开通了口岸查验和数据上传系统。2018 年，宜宾外贸货物装卸点共验放进出口货物 21.11 万吨，同比增长 7.27%，国际集装箱 1.25 万个，同比增长 8.7%。

【绵阳外贸货物装卸点】 绵阳外贸货物装卸点位于四川省绵阳火车北站（货站）。距离成都市 93 千米，服务川西北地区外向型经济发展，是川西北地区通往世界的门户。拥有出口加工区（现整改申建综合保税区）、综合监管平台（含出口监管仓和公共型保税仓库）等海关监管场所 2 处。该口岸基础设施、设备完善齐全，可满足川西北地区外贸货物进出境查验、验放的需求。2014 年 4 月，四川省人民政府批准绵阳铁路口岸由绵阳火车货站搬迁至涪城区新皂镇。2018 年，绵阳外贸货物装卸点共验放运输进出口货物 5.81 万吨，同比下降 15.16%；货值 263 505 万美元，同比增长 415.8%；国际集装箱 0.83 万标箱，同比增长 196.29%。

【攀枝花外贸货物装卸点】 攀枝花外贸货物装卸点位于川南地区攀枝花市渡口火车站，地处川滇结合部，距离成都 637 千米。是四川通往东南亚沿边、沿海口岸的最近点，为“南方丝绸之路”上重要的交通枢纽和商贸物资集散地。其独有的地域位置，凸显了其在四川建设西部综合交通枢纽和发展开放型经济、建设面向东南亚“桥头堡”的重要使命。该口岸查验、监管设施、设备、堆场面积、监管仓库等基础设施、设备完善齐全，可满足攀西地区外贸货物进出口查验、验放的需求。2018 年，攀枝花外贸货物装卸点共验放进出口货物 227.7 万吨，同比增长 13.9%。

【乐山外贸货物装卸点】 乐山外贸货物装卸点位于四川省川南地区，乐山市夹江县火车站，距离成都 136 千米。货场面积 32 160 平方米，仓库面积 1 150 平方米，集装箱门吊 3 台，叉车 6 台。

【成都外贸货物装卸点】 成都外贸货物装卸点位于成都市龙泉驿区成都（国家）经济开发区物流中心内（成都经开区南四路 325 号），距离成都市中心 20 千米。该口岸总占地约 15.47 万平方米，总建筑面积约 12 万平方米，包括 3.8 万平方米联检大楼、3 进 3 出智能卡口、2.4 万平方米集装箱堆场、5 000 平方米海关查验平台，3.2 万平方米公共保税仓库，以及 2 400 平方米货车服务站，设计年货物吞吐量约 40 万标箱。2015 年 7 月 29 日，海关总署批准同意设立成都海关驻龙泉驿办事处。2016 年 8 月 30 日，成都公路口岸正式封关运营，成都海关驻龙泉驿办事处同时入驻。2016 年 11 月 21 日，成都市龙泉驿区人民政府连续 3 年购买成都公路口岸国际业务操作服务，减免企业通过成都公路口岸合法通关报检的全部操作费用，优化口岸通关环境，促进区域外向型经济发展。2017 年 4 月 18 日，成都海关批准设立了公路口岸公共保税仓，完善了保税仓储功能，沃尔沃等汽车企业使用仓库开展汽车零部件保税仓储业务。2017 年 11 月 1 日，正式启动“单一窗口”标准版的推广应用工作，沃尔沃成为四川省首批“单一窗口”报关接口开发试点企业。2017 年 11 月 21 日，海关总署批准成都海关驻龙泉驿办事处为综合性海关。2017 年 12 月，成都海关批准开展跨境电商业务，国加电商公司等平台公司入驻成都公路口岸开展跨境电商直邮业务，2018 年共开展跨境电商直邮业务 7.5 万票，货值 2 614 万元。成都公路口岸 2018 年共监管进出口货物 31.4 万吨，同比增长 25.7%；货值 338.7 亿元，同比增长近 1.5 倍；监管进出境集装箱 64 882 标箱，同比增长 31.8%。

【成都国际邮件】 成都国际邮件下辖 2 个海关监管场所：成都国际邮件互换局、成都双流国际快件中心。位于成都市双流区航空港经济开发区、机场高速公路旁，距成都双流国际机场 5 千米。成都国际邮件互换局，独立的海关监管区域，实施封闭式管理，面积 3 200 平方米。成都国际邮件互换局是支撑全省特快、普邮等所有进出口国际邮件的清关、转运口岸，主要产品有进出口 EMS、出口 E 邮宝、E 特快、E 包裹、进出口国际函件、进出口国际小包、进出口国际包裹。并同新加坡、韩国、日本、美国、英国、德国、俄罗斯 7 个国家和中国香港地区建立了国际及地区邮件直航直封关系，其余国家和地区通过北上广互换局中转进出口。成都双流国际快件中心，经成都海关批准，将位于成都双流航空港黄河中路 389 号 2 号仓库其中 3 500 平方米作为成都双流国际快件中心非邮国际快件和跨境电商监管场所，旨在为非邮国际快件以及跨境电商提供国际快件通关服务平台。2018 年，成都国际邮件互换局、成都双流国际快件中心共交换、查验国际邮件约 1 089 万件，同比增长 56.48%。

2018 年四川省口岸大事记

1 月 11 日

威斯腾西部铁路物流园铁路专用线（即中国西部现代物流港铁路专用线）工程顺利通过竣工验收，标志着威斯腾西部铁路物流园铁路专用线向开通营运迈出了坚实的一步。

1 月 26 日

四川航空公司开通成都直飞圣彼得堡国际航线。

2 月 13 日

海关总署批复成都国际铁路港开展汽车整车保税仓储业务。

2 月 23 日

成都海关与乌鲁木齐海关签署合作备忘录。在双方代表的见证下，成都海关关长王文喜和乌鲁木齐海关关长赵革签署了《乌鲁木齐海关 成都海关关于加强协作服务“一带一路”建设合作备忘录》。

3 月 16 日

交通运输部下发《交通运输部关于外贸船舶临时进出泸州港和宜宾港部分泊位期限的批复》，同意外贸船舶临时进出四川省泸州港集装箱码头 1#、2#、3#水运专业泊位和宜宾港志诚作业区 4#水运专业泊位。

3 月 25 日

四川省副省长朱鹤新调研泸州港保税物流中心（B 型），听取川南临港片区挂牌以来成果汇报。

4 月 10 日

四川省委书记彭清华调研铁路口岸。实地调研铁路中心站、海关监管堆场及铁路港“单一窗口”政务中心，了解中欧班列（成都）开行情况及四川自贸试验区铁路港片区建设情况。

4 月 12 日

中欧班列（蓉欧快铁）成都至维也纳首发仪式在青白江成都铁路港举行。奥地利总统亚历山大·范德贝伦、总理塞巴斯蒂安·库尔茨，四川省副省长朱鹤新出席首发仪式。

5 月 10 日

四川省政府口岸物流办在成都召开四川省国际贸易“单一窗口”标准版试点阶段性总结会议。

5 月 23 日

第九次亚欧会议海关与商界对话会在成都召开。成都海关王文喜关长、成都市副市长刘筱柳一同会见中国海关代表团团长、海关总署国际司副司长胡兰及中外海关、商界参会代表。

6 月 5 日

四川省委书记彭清华到宜宾港实地调研宜宾港重装码头运行情况，听取宜宾市委、市政府主要负责人汇报宜宾港保税物流中心（B 型）业务运行情况。

6 月 6 日

四川省委书记彭清华到泸州港实地调研泸州港国际集装箱码头、泸州港保税物流中心（B 型），听取泸州市委市政府主要负责人汇报四川自贸试验区川南临港片区建设发展情况及泸州港保税物流中心（B 型）业务运行情况。

6 月 8 日

四川省副省长彭宇行到成都空港保税物流中心（B 型）实地考察贵金属保税库，详细了解成都空港保税物流中心（B 型）、贵金属保税库业务发展及项目运营情况，了解该项目服务地方经济情况和发展前景。

7 月 9 日

海关总署党组成员、副署长李国一行实地调研了成都高新综合保税区，参观英特尔、莫仕、鸿富锦公司生产线，了解高新综合保税区发展情况、区内企业生产经营情况，与四川省人民政府、成都市人民政府有关领导召开了座谈会。

7 月 19 日

海关总署署长倪岳峰在成都调研，分别与成都海关党组班子谈话，视察了高升桥办公区实验室、机场海关等，并与四川省委、省政府以及成都市相关领导就进一步深化海关改革、支持四川自贸试验区建设、提升四川口岸管理运行和开放合作水平等交换了意见，表示将一如既往地支持四川开放型经济发展。

10 月 11 日

四川省政府副省长李云泽组织召开全省口岸提效降费工作会议。

11 月 7 日

2018 年“川港合作周”首场活动“共建川港物流新通道 共享合作发展新机遇——四川构建陆海联运通道打造西部国际门户枢纽推介会”在港岛香格里拉酒店举行。此次推介会是 2018 年 5 月川港高层会晤暨川港合作第一次会议以来川港两省区政府间首场高规格合作交流活动。四川省委书记彭清华、香港特别行政区行政长官林郑月娥、香港中联办副主任杨建平出席会议并致辞。

12 月 19 日

四川省人民政府召开新闻发布会，宣布自 2019 年 1 月 1 日起成都航空口岸实行 7×24 小时通关保障，所有国际航班、国际旅客和进出口货物实现随到随检、快速通关。

（撰稿人：李从坤、杨凯钧、杨梅、黄涛）

2018 年四川省口岸流量统计表

口岸类型	口岸名称	货运量（万吨）				集装箱量（万标箱）				人员（万人次）				交通工具（辆、艘、架、列次）			
		出口	进口	合计	同比（%）	出口	进口	合计	同比（%）	出境	入境	合计	同比（%）	出境	入境	合计	同比（%）
空运口岸	成都航空口岸	17.8	27.0	44.8	6.2					301.9	297.9	599.8	11.1	16 835	16 756	33 591	10.2
铁路口岸	青白江国际铁路港	40.12	64.12	104.24	168.7	5.74	4.19	9.93	90.6					667	924	1 591	57.2

表注：2018 年入境总量 2 978 926 人次，出境总量 3 019 276 人次，入境航班 16 756 架次，出境航班 16 835 架次。

（四川省口岸办提供）

2018 年四川省口岸出入境主要数据表

<table>
<tr><td></td><td colspan="2">项　目</td><td>2018 年</td><td>2017 年</td><td>同比增长（%）</td></tr>
<tr><td rowspan="15">出入境人员（人次）</td><td colspan="2">出入境人员总数</td><td>5 998 202</td><td>5 398 680</td><td>11. 10</td></tr>
<tr><td colspan="2">入境人员</td><td>2 978 926</td><td>2 694 376</td><td>10. 56</td></tr>
<tr><td colspan="2">出境人员</td><td>3 019 276</td><td>2 704 304</td><td>11. 65</td></tr>
<tr><td colspan="2">出入境旅客</td><td>5 647 825</td><td>5 078 487</td><td>11. 21</td></tr>
<tr><td colspan="2">出入境员工</td><td>350 377</td><td>320 193</td><td>9. 43</td></tr>
<tr><td rowspan="5">中国公民</td><td>小计</td><td>5 265 077</td><td>4 707 300</td><td>11. 18</td></tr>
<tr><td>内地公民（因公）</td><td>205 401</td><td>180 351</td><td>13. 89</td></tr>
<tr><td>内地居民（因私）</td><td>4 671 576</td><td>4 133 947</td><td>13. 01</td></tr>
<tr><td>港澳居民</td><td>191 058</td><td>172 072</td><td>11. 03</td></tr>
<tr><td>台湾同胞</td><td>208 189</td><td>220 930</td><td>-5. 77</td></tr>
<tr><td colspan="2">外籍人员</td><td>733 125</td><td>691 380</td><td>6. 04</td></tr>
<tr><td colspan="2">从海港出入境人数</td><td></td><td></td><td></td></tr>
<tr><td colspan="2">从陆港出入境人数</td><td></td><td></td><td></td></tr>
<tr><td colspan="2">从空港出入境人数</td><td>5 998 202</td><td>5 398 680</td><td>11. 10</td></tr>
<tr><td rowspan="5">交通运输工具（辆、艘、架、列次）</td><td colspan="2">总　计</td><td>33 591</td><td>30 474</td><td>10. 23</td></tr>
<tr><td colspan="2">船　舶</td><td></td><td></td><td></td></tr>
<tr><td colspan="2">飞　机</td><td>33 591</td><td>30 474</td><td>10. 23</td></tr>
<tr><td colspan="2">火　车</td><td></td><td></td><td></td></tr>
<tr><td colspan="2">机动车</td><td></td><td></td><td></td></tr>
</table>

（四川出入境边防检查总站提供）

2018年成都海关主要数据统计表

项　目		2018年	同比（%）
进出口货运量（万吨）	合计	6 705 269	47.2
	进口	5 503 701	52.4
	出口	1 201 568	27.3
进出口贸易总值（万元）	合计	54 848 236	35.5
	进口	29 238 659	41.0
	其中：江、海运输	—	—
	铁路运输	—	—
	汽车运输	—	—
	航空运输	—	—
	邮件运输	—	—
	其他运输	—	—
	出口	25 609 577	29.8
	其中：江、海运输	—	—
	铁路运输	—	—
	汽车运输	—	—
	航空运输	—	—
	邮件运输	—	—
	其他运输	—	—
税收（万元）	两税合计	1 791 154	9.4
	关税入库	210 066	-24.9
	进口环节税入库	1 581 088	16.4

（成都海关提供）

2018年四川省指定口岸/查验场统计表

省、自治区、直辖市	序号	指定口岸/指定查验场名称	口岸类别	类别	批复时间	备注
四川省	1	成都航空口岸	空运	药品（药材）	2003年12月30日	
	2	成都航空口岸	空运	植物种苗	2009年12月31日	
	3	成都航空口岸	空运	冰鲜水产品	2014年12月22日	
	4	成都航空口岸	空运	食用水生动物	2016年7月29日	
	5	成都航空口岸	空运	水果	2016年10月27日	
	6	成都铁路口岸	陆运	整车	2015年11月17日	
	7	成都铁路口岸	陆运	肉类	2016年3月28日	

（四川省口岸办提供）

贵 州 省

贵州省口岸分布示意图

	类型	口岸名称	批准开放时间	开放状态
1	空运口岸	贵阳空运口岸	1992.9	国际常年

口岸数量及分布

截至2018年年底，贵州省有经国务院批准的对外开放口岸1个，即贵阳空运口岸（贵阳龙洞堡国际机场）。

口岸运行数据

2018年，贵州空运口岸出入境人员共计678 641人次，同比增长29.6%，其中出入境旅客638 574人次，出入境机组员工40 067人次。贵阳空运口岸（贵阳龙洞堡国际机场）、遵义新舟机场以及铜仁凤凰机场临时开放口岸共查验出入境航班5 004架次，同比增长17.16%。其中，出境2 496架次，同比增长20.06%，入境2 508架次，同比增长14.42%。

海关监管进出口货值286.61亿元，申报报关单25 180份。检验进出口货物共计3 993批、货值8.19亿美元；截获禁止进境物5 707批次，截获有害生物242批次，检疫有害生物100批次。

口岸综合管理

【贵州省空运口岸综合实力稳步提升】 2018年，贵州省空运口岸综合实力进一步增强。贵阳空运口岸（贵阳龙洞堡国际机场）持续发挥国际枢纽作用，航班保障与现场监管执法水平不断提升，开通国际及地区航线22条，通航点21个，新增贵阳至莫斯科定期洲际航线，T3航站楼改扩建工程开工，全面启动国际卫生机场创建工作。遵义新舟机场获批延长临时对外开放期限至2019年6月，开通甲米、巴厘岛、芽庄、金边4条航线，2018年出入境航班403架次、人员65 871人次，分别增长73.71%和103.26%，首次突破出入境5万人次大关，已纳入国家2018年度口岸开放审理计划，国家口岸办正在按程序办理。铜仁凤凰机场获批延长临时对外开放期限至2019年3月，于2018年8月正式开通铜仁至曼谷国际航班航线，完成出入境航班35架次、人员6 280人次，贵阳海关率先在铜仁机场试点航空口岸大数据智能分析平台，探索推进智慧航空口岸建设。

【遵义综合保税区正式封关运行】 2018年5月29日，遵义综合保税区举行封关仪式，随着第一辆海关监管货物运输车驶入主卡口，标志着遵义综合保税区正式封关运行。遵义综合保税区位于成渝和黔中两大经济圈的结合部，2014年2月按照“边申报、边建设、边招商”启动申建工作，2017年7月1日获国务院批准设立，2018年4月24日通过国家验收，规划建设面积1.11平方千米，围网面积1.01平方千米。遵义综合保税区围绕保税加工、保税物流、保税服务“三大业务”，重点发展以大数据为引领的智能终端产业、以绿色生态为特色的轻工产业、以航天航空配套为主的装备制造业等“三大产业”。2018年8月16日，贵州省人民政府印发《关于支持遵义综合保税区创新发展的意见》（黔府发〔2018〕25号），从支持管理体制机制创新等七大方面全力支持遵义综合保税区创新发展。

遵义综合保税区封关运行

【深化中国（贵州）国际贸易“单一窗口”建设】 2018年，贵州省坚持以“信息互换、监管互认、执法互助”为原则，不断加快现代化口岸监管方式的探索，推进贸易便利化、通关一体化改革。中国（贵州）国际贸易“单一窗口”已开通企业资质办理、许可证申请、原产地证申请、空运舱单申报、货物申报、加工贸易、跨境电商、税费办理及公共查询等9项功能，制定下发《中国（贵州）国际贸易“单一窗口”运行管理办法》，建立运维知识库，开通95198服务热线，为企业提供全方位服务。按照机构改革方案和国家统筹部署，2018年8月1日贵州省圆满完成关检融合统一申报系统接入，原有报关、报检系统顺利更替，贸易企业实现平稳过渡。截至2018年12月底，贵州省国际贸易“单一窗口”累计完成各类申报及业务41 078票，主要业务（货物申报）同期覆盖率达100%。

【加快推动南向通道合作共建】 2018年，贵州省以融入“一带一路”、深化区域间合作、形成陆海内外联动、东西双向互济的开放格局为目标，不断推进南向通道项目建设。2018年4月20日，贵阳至钦州测试班列运行；5月21日，贵阳至防城港测试班列运行；8月5日，钦州至遵义上行测试班列运行；9月25日，贵阳至钦州南向通道测试班列与重庆、甘肃、广西南向通道班列同时发出；11月1日，重庆、贵州、广西三地南向通道班列贵州加挂测试顺利完成。结合贵州省实际，由省政府口岸办会同省发展改革委、省财政厅、省交通运输厅、贵阳海关，贵阳市、贵阳南站等单位研究制定南向通道班列开行支持政策和补贴办法。2018年9月8日，在贵阳市举办中新互联互通项目南向通道推介暨现代商贸物流研讨会，邀请国家部委领导、行业专家及贵州省内外企业代表共谋现代商贸物流商机，共推内陆开放型经济高质量发展。

南向通道贵州段测试班列顺利开行

【贵阳陆运（铁路）口岸申建筹备工作有序推进】 随着国家“一带一路”倡议深入实施，贵州省被确定为“内陆开放型经济试验区”，目前，因缺少对外开放的铁路口岸平台支撑，对国内外货物的物流运输仅有通道优势，尚未转化为经济优势。为进一步完善贵州省核心区域物流功能，加快整合国内沿线货运资源，加强与“一带一路”沿线国家的经贸往来，将铁路枢纽、通道优势转化为经济发展优势，推进贵州对外开放，根据《国家口岸发展“十三五”规划》明确要求，着重在贵阳改貌集装箱货运站打造贵阳中欧班列铁路场站和南向通道场站，启动申报建设贵阳陆运（铁路）口岸工作。2018年8月7日，贵州省副省长卢雍政赴贵阳改貌货运站调研指导，就贵阳市申报建设铁路口岸提出要求，安排部署相关工作。贵阳市按照“一口岸，两作业区”规划全力推进相关工作。2018年10月31日，贵州省、贵阳市相关部门对贵阳陆运（铁路）口岸（改貌作业区）概念性规划方案和平面布置图初稿、项目建议书进行研究会审，编制可研报告，全面铺开申建筹备工作。

【稳步推进优化口岸营商环境工作】 贵州省认真贯彻落实《国务院关于印发优化口岸营商环境促进跨境贸易便利化工作方案的通知》（国发〔2018〕37号）等文件精神，不断压缩货物整体通关时间，持续优化口岸营商环境，积极推动通关作业无纸化、减免税无纸化改革，推广汇总征税、电子支付、自报自缴改革，同时，按照机构改革方案，顺利推进关检融合，实行一次查验。贵州省人民政府口岸办公室会同贵阳海关、省发展改革委、省交通运输厅、省财政厅、省市场监管局等有关单位和贵州省机场集团公司组成贵州省口岸提效降费工作专班，深入推进口岸提效降费专项工作，全面开展口岸收费项目自查清理，按时在省商务厅官网、贵阳海关官网、贵州省电子口岸以及口岸现场公开公示口岸收费目录清单，以透明方式形成竞争机制。同时，按照国务院关于优化口岸营商环境促进跨境贸易便利化工作方案的要求，为不断优化贵州省口岸营商环境，提升跨境贸易便利化水平，研究制定《贵州省优化口岸营商环境促进跨境贸易便利化工作实施方案》（黔府办函〔2018〕208号）。

口岸监管与服务

【贵州出入境边防检查总站拓展保障职能】 2018年，贵州出入境边防检查总站积极保障黔台会（贵州・台湾经贸交流合作恳谈会）、国际酒博会、大数据博览会、国际生态论坛会等重大经贸文化交流活动的圆满完成，为1 300多名政商要客和嘉宾提供了优质通关服务保障；抽调警力保障遵义新舟机场、铜仁凤凰机场临时口岸开放。

【贵州出入境边防检查总站不断提升服务水平】 贵州出入境边防检查总站持续深化提高边检服务水平工作，优质高效服务旅客通关。2018年，实现“顺畅通关零等待、便民服务零距离、服务对象零投诉”的工作目标；抓好“提服回头看”“边防法制讲堂”等活动，精心组织边检业务练兵，先后派出80余人次赴陕西、广州、江西、四川等地跟班学习，借鉴他山之石，不断增强检查员队伍服务水平和履职能力。通过“8・19”边检警营开放日，持续推进服务品牌和阳光国门形象宣传推广工作，通过赠送出入境人员纪念品、制作文明使者展板等方式，积极树立贵阳边检服务品牌形象。

【贵州出入境边防检查总站筑牢维稳防线】 2018年，贵州出入境边防检查总站严格落实关于防范打击恐怖主义的指示要求，定期对口岸面临的各类风险进行分析评估，出台相关制度手册，健全完善反恐风险评估体系和应对举措。以“大后台”建设为重点，抓好口岸维稳管控，成立总站专家人才库，组建后台核查工作队、证研工作队、梅沙系统运维工作队、执法办案服务队，制定完善相关制度规定。严格落实应对国家发生重大突发事件响应工作及口岸突发事件应急处置规定，协调地方公安机关、国保等单位建立警务合作机制，将口岸应急反应机制纳入地方反恐维稳体系。

【贵州出入境边防检查总站紧盯边检主业保卫国门安全】 2018年以来，贵州出入境边防检查总站牢牢把握边检业务工作的“中心”“主业”地位，严格落实口岸管控领导责任制和每日报告制度。划出“中国公民出入境通关排队不超过30分钟”蓝色提示线，开展前台录入“零差错月”整改活动和打造展示中国风范中国形象的“国门名片”主题活动，定期清理行政许可事项，不断深化执法规范化和放管服改革。邀请珠海总站、白云边检站业务骨干及地方礼仪培训专家开展大讲堂授课。通过协调贵州省商务厅（省政府口岸办）支持及自身解决，顺利完成首批勤务辅警和文职辅警招录，投入资金完成贵阳空运口岸（贵阳龙洞堡国际机场）限定区域管理软硬件建设，并依法实施管理。

【贵州出入境边防检查总站从严治警保稳定】 坚持依法从严治警，保证改革时期队伍高度集中统一、安全稳定。总站各级党委牢固树立总体国家安全观、科学践行安全发展理念，毫不动摇地坚持依法从严治警方针，严格落实改革期间队伍管理教育各项要求。深入开展“学条令、保稳定、促改革”专题教育、从严治警教育整顿、安全大检查、执法突出问题排查整治等活动。定期召开工作分析讲评会，狠抓“九条铁规”和公安现役部队改革各项规章制度刚性落实，逐级签订承诺书。加强警务辅助人员日常管理。充分发挥督察职能作用，通过周检查、月通报、季讲评，实行全方位、无死角督导检查，有效保证了改革之年队伍高度集中统一和内部安全稳定。

【贵州出入境边防检查总站综合保障能力持续增强】 2018年，贵州出入境边防检查总站瞄准保障职能，努力提高综合保障能力。一是坚持开源节流，聚焦保障中心。根据贵州内陆开放型经济试验区建设和口岸发展建设需要，努力克服机构编制限制，警力严重不足、车辆保障困难、工休矛盾突出等问题，积极协调协警增配、优化勤务组织，全力服务和保障遵义、铜仁临时口岸的出入境边防检查工作，用实际行动全力推动遵义机场申报正式口岸，铜仁临时口岸常态化通航。经总站协调努力，遵义、铜仁口岸边检预留用地的红线划定工作初步完成，遵义、铜仁市政府给予解决边检勤务保障经费，两地边检营区用地和执勤经费得到进一步保障。二是落实暖心惠警工程，营造了拴心留人良好环境。投入资金建成了勤务中队营房 6 308 平方米、公寓住房 52 套 3 865 平方米、综合训练场 3 654 平方米及 160 个标准停车位等综合配套项目；投入资金购置家具家电、更新执勤车辆，改造、建成了警营文化园、球场、健身房、娱乐室、队史馆。全面实行食堂、保洁、营区警卫社会化保障，积极协调地方有关部门解决转业安置、家属就业、子女入学入托等现实困难。

【贵州出入境边防检查总站大力提升通关效率】 2018 年，柬埔寨景成国际航空公司、马来西亚马印航空公司新增贵阳至柬埔寨金边、马来西亚兰卡威和沙巴等直航和包机航线，俄罗斯皇家航空公司开通贵阳首条洲际固定航线，极大程度丰富了贵阳龙洞堡国际机场直达国际（地区）客运航线。虽然航线没有显著增多，但同一航线的航班密集程度明显提升，且上座率较高，越南芽庄、柬埔寨暹粒、马来西亚兰卡威等航线 7～9 月每周开通 12 架次，基本实现每日 1 班，同比增加 1 倍有余，内地居民出入境流量持续攀升。自 2018 年 4 月 2 日国家移民管理局成立以来，在加快推进移民和出入境领域“放管服”改革工作中，贵州出入境边防检查总站优化勤务组织，进一步改进流程设置，强化动线管理，提升查验管理水平和科技信息化运用水平，推进边检自助通关和建设，不断提高通关效率，实现“中国公民出入境通关排队不超过 30 分钟”，内地居民通关方式的多元化、便捷化给广大出入贵州省口岸的旅客营造了“快速、高效、安全”的通关环境。

【贵州出入境边防检查总站助力贵州省对外开放】 2018 年，遵义新舟机场临时口岸在半年时间内完成临时开放的出入境人员基础达标量，实现了 6.5 万人次的新突破；全年外国籍出入境旅客达 1 118 人次，打破临时开放口岸外国籍入境零的“尴尬”。铜仁凤凰机场临时口岸首条国际航线（铜仁至曼谷）正式开通，继贵阳空运口岸（贵阳龙洞堡国际机场）、遵义新舟机场临时口岸开放后，贵州又迎来第三条沟通世界的空中走廊，标志着贵州省对外开放进程又迈出重要一步。贵州出入境边防检查总站克服两个临时口岸无编制、无警力、距离远、任务重的困难，从贵阳口岸抽调精干警力，提前谋划、严密组织、统筹协调，并多次派出工作组与贵州省人民政府口岸办公室、省机场集团公司、航空公司等进行协调会商，认真研究旅客通关服务需求，向国家口岸办、国家移民管理局及时反馈口岸开放意见，为口岸建设积极提供建议，全力支持贵州省经济社会发展。

【贵阳海关有序推进机构改革】 贵阳海关认真落实党中央机构改革精神和海关总署党委统一部署，紧扣时间节点，按时完成人员转隶、“三定”、业务整合、集中办公等工作，实现机构改革平稳有序推进。选择机场办、遵义海关、现场业务处 3 个不同类型业务现场开展业务融合试点。组织开展“学习海关业务，推动全面融合”专项活动，举办业务融合培训、“海关 e 课堂”等培训 20 期，累计培训人员达 1 900 余人次。搭建 12 个文体协会的活动平台，举办新海关首届关区运动会，促进干部职工情感沟通和深度融合。组织开展海关执法能力学习考试，做到应考尽考。机构改革以来，贵阳关区各项业务运行顺畅，机构设置和监管布局得到进一步整合优化。

【贵阳海关扎实开展业务改革】 全力落实提效降费工作要求，取消进口汽车登检换证手续，推行无纸化审批，取消通关单，联合中国人保财险开展“银关保”创新担保，开通进境物品进口税移动支付，实现“海关专用缴款书”企业自主打印，无纸化申报报关单、电子支付税款、自报自缴比例分别达 99%、97% 和 74%。“整合申报、查检合一”等多项改革全面铺开。建立关区业务形势分析会制度，完善关区业务考核指标体系，促进关区整体业务质效提升。稽核查工作新模式磨合运转、特许权专项稽查、企业主动披露等方面取得较大进展，补税 143 万元，全年稽查完成率 100%。《贵阳海关“减证、提速、降费”新模式，努力打造一流口岸营商环境》获贵州省直机关创新奖一等奖。

【贵阳海关严守国门安全】 贵阳海关将“把好国门”作为最基本、最重要的职责，持续保持打私高压势头，扎实开展打击“洋垃圾”走私“蓝天 2018”专项行动，首次查获贵州某公司“以废充旧”进口 144 台“旧复印机”固体废物案。严厉打击大米等农产品走私，除全案告破海关总署一级挂牌督办案件“0303”走私大米系列案件外，新立案侦办涉嫌走私大米案件 6 起，查证涉嫌走私大米 2 580 余吨，案值约 980 余万元，斩断一条走私大米非法入黔的犯罪链条。强化贵州省打私办职能作用发挥，将反走私纳入全省社会治安综合治理考核指标。坚决履行好检验检疫职责，把好口岸公共卫生安全关、国门生物安全关、进出口商品质量安全关、进出口食品安全关。制定贵阳海关加强非洲猪瘟全链条防控工作的最严格措施和贵阳海关出口猪肉制品生产企业监督检查监管方案，成功申报非洲猪瘟初筛实验室认定资格，开展了关区出口食品生产企业猪肉原料监管督查工作，并对出口含猪肉产品进行抽样送检，关区内进出口含猪肉产品未检出非洲猪瘟病毒。

【贵阳海关致力服务贵州对外开放】 2018 年，贵阳海关推动海关总署与贵州省签署新一轮的《海关总署 贵州省人民政府合作备忘录》，成为海关机构改革后海关总署与地方政府签署的第一个合作备忘录，为内陆开放型经济试验区建设和发展构建了框架平台，提供了助推动能。支持新开国际客运航线 5 条，全年监管进出境人员 67.64 万人次，同比上升 27.18%。全面推进“单一窗口”标准版运行，主要业务功能已实现 100%覆盖。支持建设水果、生鲜、肉类、种子种苗进境指定口岸，推进保税航油业务申办，全力支持国际陆海贸易新通道建设。遵义综合保税区通过验收并封关运行，贵阳、贵安综合保税区业务种类和规模不断拓展，贵阳市获批跨境电子商务综合试验区城市。支持配合贵州借鉴海南“离岛免税”经验，开展“离园免税”的政策研究。结合贵安新区获批深化服务贸易创新发展试点契机，提出相关支持措施和意见 18 条。支持重大技术装备和技术引进，解决多彩贵州航空、华夏航空等公司在飞机进口通关过程中的具体困难。支持华为、汉能等重点项目落地，为企业量身定制个性化创新服务。

【贵阳海关支持创新口岸建设】 贵阳海关利用贵阳大数据产业优势，打造人工干预最少、智能化程度最高的“智慧航空口岸”。组织成立贵州省智慧口岸建设项目组，开展新技术应用研究，与地方公安、边检等单位建立数据共享机制，落实海关总署各业务系统数据在贵阳海关的本地聚集工作。布置 CT 机等先进监管设备，在铜仁凤凰机场进行智慧口岸建设先期试点，通关时效大幅提升。同时，贵阳海关在“智慧缉私”“金关工程”二期、检验检疫试验区等项目建设方面均取得了新的成效，科技创新力度进一步加大，科技应用和业务改革进一步深度融合，监管效能得到进一步提升。

【贵阳海关组织反恐防暴应急演练】 2018 年 2 月 4 日，贵阳海关驻机场办事处联合边检部门开展反恐防暴应急演练，确保“两会期间”安全监管工作。一是演练开展之前精心策划、周密部署，做好演练各项准备工作；二是演练中确保实战性和针对性，提高口岸各单位应对暴恐突发事件的综合处置协调能力；三是通过演练活动，进一步增强和提高口岸各部门现场一线工作人员的政治敏锐度和安全警惕心，切实做好“两会”期间口岸的维稳和安全保障工作。

【贵阳海关承办海关专员俱乐部“贸易便利化”专题研讨会】 2018 年 4 月 25 日 ~27 日，由中国海关发起成立的海关专员俱乐部在贵阳举办俱乐部“贸易便利化”专题研讨会，来自澳大利亚、比利时、法国、波兰、芬兰、瑞典、加拿大、新西兰、日本、以色列、印度、印尼、泰国等 15 个国家的驻华海关专员，中国海关总署国际司以及厦门、深圳、贵阳、乌鲁木齐海关共 30 余人参加研讨。4 月 26 日会议当天，贵阳海关关长沈扬到会致辞，代表中国海关和海关专员俱乐部秘书处，对俱乐部轮值主席澳大利亚、比利时驻华海关专员倡议、主办此次研讨会表示祝贺。

贵阳海关综合业务处负责人代表贵阳海关，作了题为“国际贸易便利化与海关监管效能化”交流发言。同日，贵州省人民政府副省长卢雍政会见了国际海关专员俱乐部专题研讨会参会代表，双方就推进“贸易便利化”进行了深入交流。会议期间，会议代表还参观了贵州大数据综合试验区展示中心、赛峰飞机发动机（贵阳）有限公司。

【贵阳海关严把国境卫生检疫关】 贵阳海关2018年共检疫查验出入境旅客61.53万人次，同比上升30.12%；排查不适症状及可疑人员139例，同比下降17.26%；实验室阳性确诊47例，同比上升27.03%。出入境人员检疫查验传染病发现率和确诊率分别为0.02%万和33.81%。完成出入境人员健康检查5 063人次，发现病例1 189人次，其中传染病40人次；实施艾滋病监测5 031人次，预防接种3 415人次。

【贵阳海关扎实推进卫生监督工作】 一是口岸食品和服务行业卫生监督。2018年，贵阳海关在国境口岸共监管企业143家，同比增加16.2%。其中食品生产2家、餐饮37家、食品经营46家、二次供水1家、服务行业57家。新（换）发卫生许可证63份。二是口岸出入境航空器卫生监督。贵阳海关2018年对703个航班架次开展航空器卫生监督工作，对贵阳机场口岸入出境航空器3 826架次进行卫生处理监管，下达卫生处理通知书15份。

【贵阳海关加强口岸媒介生物监测】 2018年，贵阳海关认真组织开展国境口岸鼠、蚊、游离蜱监测，放置1 600个鼠夹，200个鼠笼，36个诱蚊灯，900个诱卵器，监测游离蜱6次，布放布旗12张，其中捕获鼠类2只、蚊类30只，蚊类阳性诱卵器26个（诱卵指数2.9%），游离蜱0只。

开放口岸

【贵阳空运口岸（贵阳龙洞堡国际机场）】 贵阳龙洞堡国际机场位于贵州省贵阳市东郊，海拔高度为1 139米，距离市区11千米，交通便利。机场于1997年5月28日正式投入运行，是中国西部地区重要航空枢纽、区域枢纽机场、西南机场群成员。该机场占地面积约4平方千米，机场跑道长3 200米、宽45米，3条快速脱离道和2条端联络道，可接受波音747、空中客车A330等同类及其以下机型的全重起降，具有先进导航系统和设施的4E级现代化机场。机场管理机构为贵州省机场集团有限公司。

贵阳龙洞堡国际机场

截至2018年年底，贵阳机场共有航线242条，其中国内始发航线176条，国内经停航线44条，国际地区航线22条，遍及国内近70个大中城市及俄罗斯、日本、韩国、新加坡、泰国、马来西亚等14个国家。

2018年9月5日，贵阳龙洞堡国际机场三期扩建工程T3航站楼项目正式开工建设。该项目分为地上四层、地下一层，建筑高度37.08米，建筑面积16.7万平方米。楼内新设普通值机柜台66个、自动值机柜台24个，新设国内出港安检通道30条。贵阳龙洞堡国际机场三期扩建工程是贵州省“十二五”期间规划的重点建设项目，工程按2025年旅客吞吐量3 000万人次、货邮吞吐量25万吨、飞机起降量24.3万架次的目标设计，将新建一条长4 000米的跑道、T3航站楼一栋及其他配套设施。

贵阳龙洞堡国际机场旅客吞吐量逐年攀升，继2013年突破1 000万人次、2016年突破1 500万人次、2017年突破1 800万人次之后，于2018年再创新高，突破2 000万人次大关，全年吞吐量达2 009.5万人次，在全国235个机场中排名第21位，同比增长11%，跻身全国2 000万级大型繁忙机场行列。

2018年贵州省口岸大事记

2月27日

贵州省副省长卢雍政主持召开贵州省口岸工作联席会议，对2017年口岸工作进行全面总结，研究部署2018年口岸建设发展工作计划。

3月31日

贵阳海关与原贵州出入境检验检疫局召开落实机构改革专项工作会议。

4月12日

贵阳关区关检网络联网调试完毕，海关管理网至国检业务网通过电信高速数据专线联网成功，关检信息化融合工作完成了关键第一步。

4月20日

原贵州检验检疫局正式以贵阳海关名义对外开展工作。

贵阳至钦州第一班测试班列运行，标志着贵州省参与中新（中国、新加坡）互联互通南向通道项目进入新阶段。

4月23日

遵义综合保税区顺利通过海关总署、国家发展改革委、财政部、自然资源部、商务部、税务总局、市场监管总局、外汇局组织的联合验收。

4月26日

贵州省副省长卢雍政会见了来贵阳参加国际海关专员俱乐部“贸易便利化”专题研讨会的代表，双方就推进“贸易便利化”进行了深入交流。

5月29日

遵义综合保税区举行封关运行仪式。

6月12日

贵阳至莫斯科洲际航线正式通航，这是贵州首条全年直飞的洲际航线。

6月27日

贵阳综合保税区跨境电子商务保税进口业务开通暨项目签约仪式在贵阳举行，标志着贵州省跨境电商保税进口业务跑通“第一单”，跨境电商业务全面启动。

7月2日

贵州省副省长卢雍政主持召开会议，专题研究贵阳龙洞堡国际机场创建国际卫生机场有关事宜。

贵阳海关关区第一单“财关库银”电子支付在遵义海关测试成功，标志关区进入新一代电子支付时代。

7月18日

贵州省政府口岸办与贵阳海关、中国银行贵州省分行共同举办关检融合整合申报项目暨2018年中国（贵州）国际贸易“单一窗口”培训。

8月7日

贵州省副省长卢雍政赴贵阳改貌集装箱货运站，对贵阳铁路口岸建设、中新互联互通南向通道、多式联运等工作情况进行调研。

8月21日

铜仁凤凰机场临时口岸首条国际航线（铜仁至曼谷）正式开通，成为继贵阳空运口岸（贵阳龙洞堡国际机场）、遵义新舟机场临时口岸开放后贵州第三条沟通世界的空中走廊。

8月22日

海关总署副署长李国在海关总署会见贵州省副省长卢雍政，双方就推动贵州开放型经济发展有关事项进行了交流。海关总署办公厅、监管司、加贸司相关负责人，贵阳海关主要负责人陪同座谈。

9月8日

中新互联互通项目南向通道推介会暨现代商贸物流产业研讨会在贵阳举行，来自全国各地的专家学者、企业家以及西部省区市政府相关负责人汇聚一堂，共同探讨南向通道的发展。

9月20日

贵阳海关缉私局法制处联手贵州省公安厅治安总队参加公安部组织的全国公安机关在146个城市同步开展的以“治枪爆、除祸患、报民安”为主题的统一销毁非法枪爆物品活动。

10月17日

海关总署与贵州省人民政府签署合作备忘录。

海关总署党组书记、署长倪岳峰与贵州省委副书记、省长谌贻琴代表双方签字。其间，倪岳峰还会见了贵州省委书记孙志刚等地方主要领导。

11 月 2 日

贵州省人民政府口岸办公室（贵州省创建国际卫生机场领导小组办公室）组织贵阳海关、贵州省机场集团公司等 10 个创卫成员单位，对贵阳龙洞堡国际机场创建国际卫生机场工作进行调度。

11 月 24 日

贵州口岸 2018 年出入境人员验放量突破 60 万，相比去年同期增长 29.69%。

12 月 5 日

贵阳海关、湛江海关共同签署合作备忘录。签署合作备忘录是两地海关提高沿线货物运输通关效率和跨境贸易便利化水平，助推黔粤两地开放型经济合作发展的重要举措。

12 月 25 日

武警贵州省边防总队接中央军委命令，集体退出现役，至此结束了 1992 年至今共 26 年现役制历史使命。2019 年 1 月 1 日起，单位名称更改为贵州出入境边防检查总站。

12 月 29 日

贵阳龙洞堡国际机场 2018 年旅客吞吐量突破 2 000 万人次，这是继 2013 年突破 1 000 万人次、2016 年突破 1 500 万人次、2017 年突破 1 800 万人次后，贵阳机场运输生产指标第 4 次实现的又一历史性跨越，也标志着贵阳龙洞堡国际机场跻身全国 2 000 万级大型繁忙机场行列。

（撰稿人：曾居焕、郑义生、王万涛、沈星啸、张异星）

2018 年贵州省口岸流量统计表

口岸类型		口岸名称	货运量（万吨）				集装箱量（万标箱）				人员（万人次）				交通工具（辆、艘、架、列次）			
			出口	进口	合计	同比（%）	出口	进口	合计	同比（%）	出境	入境	合计	同比（%）	出境	入境	合计	同比（%）
空运口岸		贵阳空运口岸	0.024 6	0.056 2	0.080 8	－39.10					33.848 9	34.015 2	67.864 1	29.60	2 496	2 508	5 004	17.16
		分计	0.024 6	0.056 2	0.080 8	－39.10					33.848 9	34.015 2	67.864 1	29.60	2 496	2 508	5 004	17.16
陆路口岸	公路口岸																	
		分计																
	铁路口岸																	
		分计																
水运口岸	海港口岸																	
		分计																
	河港口岸																	
		分计																
合　计			0.024 6	0.056 2	0.080 8	－39.10					33.848 9	34.015 2	67.864 1	29.60	2 496	2 508	5 004	17.16
同比（%）			－18.80	－45.10	－39.10						29.63	29.56	29.60		20.06	14.42	17.16	

（贵州省口岸办提供）

2018 年贵州省口岸出入境主要数据表

<table>
<tr><th colspan="3">项　目</th><th>2018 年</th><th>2017 年</th><th>同比（%）</th></tr>
<tr><td rowspan="14">出入境人员（人次）</td><td colspan="2">出入境人员总数</td><td>678 641</td><td>523 655</td><td>29.60</td></tr>
<tr><td colspan="2">入境人员</td><td>340 152</td><td>262 534</td><td>29.56</td></tr>
<tr><td colspan="2">出境人员</td><td>338 489</td><td>261 121</td><td>29.63</td></tr>
<tr><td colspan="2">出入境旅客</td><td>638 574</td><td>487 949</td><td>30.87</td></tr>
<tr><td colspan="2">出入境员工</td><td>40 067</td><td>35 706</td><td>12.21</td></tr>
<tr><td rowspan="5">中国公民</td><td>小　计</td><td>628 179</td><td>474 592</td><td>32.36</td></tr>
<tr><td>内地居民（因公）</td><td>8 425</td><td>9 517</td><td>-11.47</td></tr>
<tr><td>内地居民（因私）</td><td>539 273</td><td>373 328</td><td>44.45</td></tr>
<tr><td>港澳居民</td><td>19 874</td><td>32 107</td><td>-38.10</td></tr>
<tr><td>台湾同胞</td><td>60 607</td><td>59 640</td><td>1.62</td></tr>
<tr><td colspan="2">外籍人员</td><td>50 462</td><td>49 063</td><td>2.85</td></tr>
<tr><td colspan="2">从海港出入境人数</td><td></td><td></td><td></td></tr>
<tr><td colspan="2">从陆港出入境人数</td><td></td><td></td><td></td></tr>
<tr><td colspan="2">从空港出入境人数</td><td>678 641</td><td>523 655</td><td>29.60</td></tr>
<tr><td rowspan="5">交通运输工具（辆、艘、架、列次）</td><td colspan="2">总　计</td><td>5 004</td><td>4 271</td><td>17.16</td></tr>
<tr><td colspan="2">船　舶</td><td></td><td></td><td></td></tr>
<tr><td colspan="2">飞　机</td><td>5 004</td><td>4 271</td><td>17.16</td></tr>
<tr><td colspan="2">火　车</td><td></td><td></td><td></td></tr>
<tr><td colspan="2">机动车辆</td><td></td><td></td><td></td></tr>
</table>

（贵州出入境边防检查总站提供）

2018 年贵阳海关主要数据统计表

项　目		2018 年	同比（%）
进出口货运量（万吨）	合计	236.24	-40.36
	进口	225.58	-38.41
	出口	10.66	-64.32
进出口贸易总值（万美元）	合计	454 823.89	-7.75
	进口	190 722.98	7.09
	其中：江、海运输	38 123.27	-6.72
	铁路运输	2.24	-77.99
	汽车运输	112 097.19	2.63
	航空运输	40 500.27	45.06
	邮件运输		
	其他运输	0.00	—
	出口	264 100.91	-16.14
	其中：江、海运输	64 032.89	6.20
	铁路运输	698.72	30.06
	汽车运输	167 286.35	-26.52
	航空运输	32 058.18	21.27
	邮件运输		
	其他运输	24.76	
税收（万元）	两税合计	80 217.34	-0.84
	关税入库	7 845.89	107.15
	进口环节税入库	72 371.45	-6.12
货物检验检疫（批次）	本年累计	3993.00	0.73
	其中：出境	3 306.00	7.79
	入境	687.00	-23.41
货物检验检疫金额（万美元）	本年累计	81 924.00	-44.89
	其中：出境	53 320.74	-52.23
	入境	28 603.26	-22.76

（贵阳海关提供）

2018 年贵州省指定口岸/查验场统计表

省、自治区、直辖市	序号	指定口岸/指定查验场名称	口岸类别	类别	批复时间	备注
贵州省	1	贵阳空运口岸	空运	进境植物种苗	2015 年 1 月 19 日	启用，未产生业务
	2	贵阳空运口岸	空运	进口冰鲜水产	2017 年 9 月 30 日	批复筹建
	3	贵阳空运口岸	空运	肉类	2017 年 12 月 18 日	批复筹建
	4	贵阳空运口岸	空运	水果	2017 年 8 月 1 日	批复筹建

（贵州省口岸办提供）

云　南　省

口岸数量及分布

截至2018年年底，云南省有经国务院批准的对外开放口岸19个。其中，空运口岸4个，分别是昆明空运口岸（昆明长水国际机场）、西双版纳空运口岸（西双版纳嘎洒国际机场）、丽江空运口岸（丽江三义国际机场）、芒市空运口岸（德宏芒市国际机场）；陆路（铁路）口岸1个，即河口铁路口岸；陆路（公路）口岸12个，分别是瑞丽、畹町、孟定清水河、腾冲猴桥、打洛、磨憨、勐康、河口、天保、金水河、都龙、田蓬公路口岸；水运（河港）口岸2个，分别是景洪、思茅河港口岸。

口岸运行数据

2018年，云南省口岸进出口额首次突破200亿美元，达到244.1亿美元，同比增长30.4%；口岸货运量突破3 800万吨大关，达到3 883万吨，同比增长23.7%；口岸出入境人员首次突破4 500万人次大关，达到4 584万人次，同比增长9.9%；出入境交通工具达到987万辆（艘、架、列）次，同比增长15.3%。具体来看：

云南省对越南口岸进出口额完成34亿美元，同比增长11.6%，占云南省口岸的13.9%；口岸货运量完成432万吨，同比下降30.8%，占云南省口岸的11.1%；出入境人员达到713万人次，同比增长14.1%，占云南省口岸的15.6%；出入境交通工具达到44万辆（列）次，同比下降5.0%，占云南省口岸的4.5%。

云南省对老挝口岸进出口额完成21.5亿美元，同比增长2.2%，占云南省口岸的8.8%；口岸货运量完成256万吨，同比增长20.4%，占云南省口岸的6.6%；出入境人员达到164万人次，同比增长4.5%，占云南省口岸的3.6%；出入境交通工具达到45万辆次，同比下降2.4%，占云南省口岸的4.6%。

云南省对缅甸口岸进出口大幅增长，进出口额完成136亿美元，同比增长52%，占云南省口岸的55.7%；口岸货运量共计完成1 903万吨，同比增长49.7%，占云南省口岸的49%；出入境人员共计达到2 700万人次，同比增长3%，占云南省口岸的58.9%；出入境交通工具共计达到677万辆次，同比增长0.5%，占云南省口岸的68.6%。（备注：口岸运行数据中云南省口岸指标与流量统计表中的差额，是其他非口岸通道的数量。）

口岸综合管理

【科学布局，规划构建立体口岸集群】 一是积极向国家口岸办汇报，争取条件成熟的原二类口岸和重要通道实现开放。通过各级口岸部门不懈努力，国务院于2018年2月13日批准云南文山田蓬口岸转为新开对外开放口岸。二是结合《国家口岸发展“十三五”规划》，进一步修改完善了《云南省口岸“十三五”发展规划》。积极向国家口岸办汇报，争取将列入《云南省口岸“十三五”发展规划》的原二类口岸、重要通道纳入国家口岸发展规划。三是结合云南省口岸发展现状，着力发展铁路口岸、优化陆路公路口岸、拓展空运口岸和水运口岸。积极向国家口岸办汇报，争取将中欧班列昆明铁路场站、瑞丽和磨憨铁路场站、腾冲机场列入国家口岸发展规划。积极协调云南省外办，乘中缅两国修改双边协定之机，将对缅6个原二类口岸纳入双边对等开放协议内容，共同推动对缅6个原二类口岸转新开口岸。积极协调云南省相关州市、省直有关部门做好口岸具体规划，优化口岸布局，构建布局更为科学的口岸集群。四是结合海关总署、公安部等四部委出台的《非口岸区域和限制性口岸临时开放管理办法（试行）》等，对云南省边民通道进行全面梳理，对能申请开放的通道，向国家口岸办汇报申请纳入规划，对能纳入“一口岸多通道”管理模式管理的通道尽可能纳入口岸管理模式进行管理。同时，加强对已开通进出货物及车辆的重点通道的联检查验基础设施建设，进一步规范边民通道管理。

【有序推进口岸重点基础设施建设】 一是指导协助云南省西双版纳州、文山州持续做好勐满通道、关累港、田蓬口岸的口岸联检查验基础设施建设，指导协助迪庆州做好香格里拉机场空运口岸国际联检查验设施规划及功能布局设计等工作。二是推进云南省重点口岸基础查验设施和相关配套设施建设，持续推进磨憨—磨丁口岸货运专用通道建设，指导天保、腾冲猴桥、畹町口岸货运专用通道建设等。指导协助红河州将河口铁路口岸申建为整车进口口岸。三是持续推进勐满、勐龙和弄岛通道开放为偶蹄类活体动物进口指定通道及通道查验场所规划建设工作，已完成三个通道查验区域、隔离区、屠宰区规划编制及功能布局工作。四是指导协助瑞丽、河口、磨憨、腾冲口岸建设进出口危化品查验场所，协助四个州市协调海关、安监、公安、消防等部门给予支持。五是指导昆明市进一步健全完善昆明铁路场站口岸联检查验设施建设。六是指导协助口岸相关州市按照“培育市场、富裕边民、规范管理、财政增收、打击走私”的原则和《云南省边民互市贸易市场（区）建设标准》的要求，抓好口岸、重点通道规范的边民互市场所建设。通过采取一系列扎实有效的措施，加快推进重点项目建设进度，提升口岸通关便利化水平。

【持续推进口岸开放工作】 强化协作，有序推进口岸及非口岸区域开放工作。结合云南省口岸发展现状，着力发展空运口岸、优化公路口岸、拓展铁路口岸和水运口岸，推进已列入国家口岸发展规划的田蓬、勐满、关累、香格里拉机场和昆明铁路场站等口岸申报开放工作进程。通过各级口岸相关部门的努力，芒市机场空运口岸已于2018年11月通过国家级验收，实现口岸正式运行；都龙口岸已于2017年8月12日通过正式开放前国家级验收，并于2018年1月31日外交换文实现正式开放运行；田蓬口岸已于2018年2月13日获国务院批准转新开口岸对外开放。关累港改扩建口岸联检查验设施已基本完成，申报开放已进入国家部委审核程序；列入国家口岸发展规划的香格里拉机场空运口岸初设和可行性研究已完成，通过评审专家组评审，通过相关部门审查，为空运口岸开放打下坚实基础；勐康口岸扩大开放已征求意见并报送省政府；大理机场、腾冲机场正在抓紧改造建设口岸联检查验设施，拟申请临时开放。

【积极开展优化口岸营商环境工作】 一是出台《云南省优化口岸营商环境促进跨境贸易便利化工作实施方案》。二是按时限完成云南省口岸收费公示。2018年10月30日前，在云南省所有口岸现场及中国（云南）国际贸易“单一窗口”上对云南省各口岸的收费明细进行公示。三是截至2018年年底，云南省口岸进口整体通关时间为28.41小时，比2017年减少55.92小时，压缩66.31%，比全国同期快14.09小时（全国为42.50小时）；出口整体通关时间为1.17小时，比2017年减少1.09小时，压缩48.21%，比全国同期快3.6小时（全国为4.77小时）。

【口岸合作机制有实效】 云南省与毗邻国家的口岸国际交流合作取得较大突破。一是应越南老街省口岸工作组委会邀请，组织昆明海关、云南出入境检验检疫局共同出访越南，建立中国（云南）—越南（老街）联络机制，与越南有关省的口岸管理部门、边防、海关、交通运输等相关单位广泛深入地磋商，实地解决当前存在的问题。二是组织昆明海关和昆明长水国际机场有限责任公司等出访缅甸、越南、孟加拉国、尼泊尔等国家，加强与大湄公河次区域的国际通关便利化交流协作。三是赴越南参加中越陆地边境口岸管理合作委员会会议，加强对越口岸交流合作顶层设计。四是通过中国云南省—老挝北部合作工作组会议、中国云南—缅甸合作论坛等平台，推动解决双边口岸通关便利化实际问题。2018年12月28日启动中越边境河口—老街口岸农产品快速通关“绿色通道”试运行，启动建设中越边境河口—老街“示范口岸”。

【稳步推进国际贸易“单一窗口”建设】 一是结合云南边民互市贸易实际和发展需要，在中国（云南）国际贸易“单一窗口”平台上，创新开发建设了“全省边民互市管理系统”，于2018年3月26日上线运行，并在云南省逐步推开。二是组织了中国（云南）国际贸易“单一窗口”关检融合统一申报培训、新增功能培训和全省边民互市商务端培训。同时，安排人员开展分片区培训、口岸现场培训、上门“一对一”培训，对云南省各级商务（口岸）、海关、边防、交通运输等单位和外贸进出口企业、物流企业、报关行、报检公司等进行宣传推广。截至2018年年底，已累计培训100余批次共2 000余人次，实现对所有口岸管理单位和企业的“全覆盖”。

【积极开展边境贸易，推进兴边富民工作】 2018年，云南省口岸办会同昆明海关、云南省税务局等部门继续推进金水河、勐满等口岸边民互市贸易场所规范建设，进一步完善互市贸易方式，实施快速便捷通关，延长口岸通关时间。通过共同努力，口岸边民互市贸易快速发展。全年，云南省边境小额贸易完成32.8亿美元，同比下降2.3%，占对东盟贸易总额的23.8%。其中，边贸出口19.3亿美元，同比增长3.2%；边贸进口13.5亿美元，同比下降9.3%。同期，云南省边民互市贸易完成36.8亿美元，同比增长25.1%，折合人民币243.5亿元。其中，出口6.3亿美元，同比增长49.2%，折合人民币41.8亿元；进口30.6亿美元，同比增长16.3%，折合人民币202亿元。

【积极推进跨境经济合作区建设】 2018年，为加快推进中老、中越、中缅跨境经济合作区建设开展以下工作。一是加快跨境经济合作区双边政府间协议签署和总体规划的编制实施，合理确定合作区的功能定位，探索建立双方共同建设、共同管理、共同受益的合作机制，统筹协调建设进度，实现基础设施互联互通和标准统一，把合作区打造成为基础设施完善、成本优势突出、投资贸易便利、先进技术聚集、充满创新合力的国际化产业基地。二是修改完善并上报《中老合作区需要国家支持的政策》，争取获得国家批准实施。三是制定中老磨憨—磨丁经济合作区管理体制机制改革建议方案。四是配合海关制定《中国老挝磨憨—磨丁经济合作区（中方区域）一期围网标准》。为加快推进中老磨憨—磨丁经济合作区中方区域开发建设工作，在条件成熟的地块先行围网实施封闭式管理。

口岸监管与服务

【云南出入境边防检查总站紧跟开放发展战略，全力助推沿边开发开放】 云南出入境边防检查总站紧紧围绕国家“一带一路”建设和云南面向南亚东南亚辐射中心建设，定期分析云南省口岸（通道）边检执法执勤工作形势和任务。突出服务和保障职能，先后向云南省委省政府及其相关部门提出开放发展工作意见和建议180余条，创新提出服务跨境（边境）经济合作区、开发开放试验区等新型经济形态发展保障措施130余项，办理人大代表建议和政协委员提案100余件。主动对接国家“十三五”口岸发展规划，加强与云南省沿边州（市）口岸管理部门的工作衔接，多次派员深入边境一线考察调研。根据口岸开发开放相关规定和边检执法执勤需要，严格按照口岸开放标准及要求，配合云南省口岸办推动芒市机场、都龙和田蓬口岸获国务院批准对外开放，全力助推大理、腾冲、香格里拉、瑞丽姐告滨江通道和畹町芒满通道等申报对外开放。

【云南出入境边防检查总站创新边检服务举措，优化通关服务保障能力】 云南出入境边防检查总站积极深化移民和出入境领域“放管服”改革工作，围绕边检主责主业，制定出台15项“放管服”措施，研究提出服务经济社会发展配套保障措施79项，积极服务南博会、旅交会、边交会等大型经贸活动及国内外政府代表团和重要旅客出入境，圆满完成2018“国际双城”自行车赛、中国红河—越南老街“两国一赛”国际自行车赛、2018中缅瑞丽—木姐国际马拉松出入境边防检查专项勤务。广泛开展边检服务外部评价活动，收集各方意见577条，针对性制定便利措施161项，严格落实中国籍旅客通关候检时间不超过30分钟工作标准。主动开设生鲜食品（花卉）快速通道 5 148 次，为企业节省资金逾 4 000 万元。紧急开通生命绿色通道 627 次，救助急重病人 724 人，并为 6.2 万人次跨境学童提供快速通关服务。自筹 1 750 万元在云南省口岸（通道）新建自助查验通道 50 条，为经济社会发展提供了优质高效的口岸通关服务。

【云南出入境边防检查总站高位谋划口岸智能管控系统，信息化服务实战能力大幅提升】 云南出入境边防检查总站按照革命化、正规化、专业化、职业化的高素质队伍建设工作思路，部署开展全覆盖式边检业务专项学习活动，配套采取陆港、空港、河港业务混合统考形式组织全体一线执勤民警开展边检执勤岗位基本业务能力考核、移民管理业务知识测试，以考促学打造“四化”边检队伍；部署开展梅沙运维、证件研究、后台核查跟班培训和重点人员检查核查培训，适时组织重点岗位业务骨干前往沿海总站跟班学习。同时，持续推进边检“智库”建设，及时更新边检专家人才库，部署开展重点课题研究，优选专家骨干组建 24 小时远程帮扶队伍，全面服务和指导云南省边检机关证件真伪认定和梅沙系统故障处理，多措并举提升边检队伍政治、专业知识、查验、管控和服务五大核心能力，实现边检机关在编在职领导干部及民警普遍具备总站内跨口岸、跨岗位查验工作能力。2018 年，云南省边检机关组织开展专题授课 362 次、集中业务培训 102 次 4 471 人、业务考核 2 198 次，边检队伍专业素质得到显著提升。

【云南出入境边防检查总站着力规范边检勤务，树立全国边检工作标杆】 云南出入境边防检查总站严格落实新时期边检工作标准要求，研究出台各类规范性文件，按季度召开边检勤务工作讲评会，梳理讲评各单位边检工作开展情况，建立总站、边检站、分站三级勤务质量监控制度，完善省级单位间 24 小时全天候联动协查机制，持续推动云南边检勤务规范化建设。以“大勤务、小单元”旅检勤务模式为发展方向，推动全省边检机关建立“大轮班、小单元”现场勤务、“小分队、大协调”警力增援、“分专业、大综合”后台保障的三位一体勤务运行模式，实现在管理理念、勤务组织、信息化建设、资源配置、综合管控等方面取得实质性突破，推动边检勤务模式改革创新，为提升边检机关管理服务能力奠定了坚实基础。

【昆明海关创新口岸物流监管新模式】 2018 年，昆明海关针对云南边境地区情况复杂、反恐维稳形势严峻情况，改革口岸物流监管作业模式，积极运用科技信息化手段建设关区物流监控平台，并实现平台与海关总署金关二期智能卡口系统直接对接。

一是因地制宜，探索关区物流监控作业新模式。坚持问题导向，关注现场需求。针对昆明关区水、空、公、铁、管道业务类型齐全，业务需求不同的特点，昆明海关分成 7 个片区派员实地调研进出口货物、运输工具物流监管情况，了解不同业务现场的监管难点和改革需求。积极与海关总署职能管理部门联系，借鉴海关总署金关二期智能卡口系统的设计理念，结合昆明海关实际，如针对关区存在因农产品、木材、矿产、替代种植返销需要采取“一单多车”验放模式，经过深入调研、反复讨论、征询意见，实现一单一车及空车由海关总署智能卡口自动验放，而海关总署智能卡口系统不支持的“一单多车”验放及两场联动，由昆明海关物流平台参照总署智能卡口验放逻辑，凭总署预定数据进行后台比对后自动验放。运用云南省口岸建设资金建成运行昆明海关无纸化通关（物流监控信息化管理）平台，积极推进监管作业场所卡口系统建设及联网工作。

二是真抓实干，实现昆明关区物流监控模式跨越式发展。以督促改，推进关区监管作业场所达标化建设。通过依法注册登记、注销、停止运营等方式完成整改，昆明关区 18 个口岸在运行的 26 家货运监管作业场所已全部完成达标化建设，口岸监管作业场所建设滞后问题得到有效改善。以改促干，规范关区卡口操作流程及标准。明确卡口建设标准，制定操作指引，理顺卡口通关验放流程，实现关区卡口无干预全自动智能验放。多次组织召开昆明关区物流监控规范操作集中工作，加强对各隶属单位的培训指导，确保关区卡口操作规范有序。以干促进，稳步提升关区物流监控信息化管理效能。将卡口运用率不低于95%的指标要求纳入关区关长会议督办事项，每月开展卡口运用绩效指标考核并将考核结果予以通报，关区监管作业场所已全部实施卡口联网运行，昆明关区卡口运用率已达到98%，有效杜绝监管作业场所人为随意抬杆风险。选取在口岸型、后置货场型海关完成与海关总署智能卡口系统对接试点工作，开展智能关锁在途监控、口岸货场与后置货场联动试点，在昆明关区推广物流链可视化和物流底账系统，促使昆明关区物流监控工作跃上信息化管理的新高度。

三是提质增效，促进昆明关区口岸物流监控水平持续优化。发挥智能化监管优势，构筑廉洁高效执法防线。将口岸人工签单放行切换为卡口管理自动验放后，统一了关区口岸物流监控作业模式，作业环节“进系统、留痕迹、可追溯”，现场关员对进出口岸的货物种类、重量等信息了然于心，进一步减少人为因素对放行过程的干预，有助于构筑廉洁高效的执法防线。打破信息碎片化藩篱，优化口岸通关环境。通过创新物流监管方式，努力营造稳定、公开、透明、可预期的通关环境，改变了企业多地点、多部门签章及多次办理口岸通关手续流程，实现了“统一地点、一次放行”，卡口车辆验放通行时间从原来的3分钟缩短为25秒，时间缩短86.1%，提高了通关效率，降低了通关成本，企业通关实际体验感、获得感显著增强。

【昆明海关采取多项措施迅速贯彻落实口岸提效降费工作】 一是高效服务云南省口岸提升通关便利化水平。大力压缩海关通关时间，把压缩海关通关时间作为政治任务抓紧抓好，在2017年压缩成果的基础上，采取口岸监管场所升级改造，强化查验科技设备装备应用，提高非侵入式查验占比，稳妥降低出口查验率等措施持续压缩通关时间。2018年，昆明关区进口、出口整体通关时间分别为47.26、1.24小时，较2017年分别压缩43.96%、45.13%，压缩比全国排名分别为第5位、第19位，超额完成“压缩整体通关时间三分之一”的工作要求。优化海关监管流程和作业方式，推进实施全国海关通关一体化改革，前推后移口岸通关环节的作业，缩减货物口岸滞留时间。全面推广通关无纸化改革，目前昆明海关通关无纸化率已达99.6%，检验检疫单证电子化覆盖率已达96%。同步推进税收征管方式改革，推行汇总征税、税费电子支付、多元化税收担保、“财关库银”横向联网等便捷措施，有效降低企业经营成本。积极配合云南省口岸办推进“单一窗口”建设运用，不断拓展完善系统功能，推广边民互市等地方特色项目。推行“先验放后检测”检验监管方式，自2018年8月1日起，对进口铁矿石实行“先验放后检测”，平均放行时长由原来的10天左右缩短至0.5天左右，每批次为企业节省约2 000元仓储费用、节约1天货物调运周期。推广第三方采信制度，在食品出口技术评审中将HACCP认证等第三方认证结果引入采信依据。开展压减监管证件试点，在海关总署、国家濒危物种管理办公室的牵头推动下，已先期实现野生动植物进出口证书联网核查。按照机构改革有关部署要求，8月1日起，正式启用新版报关单，原报关单、报检单“合二为一”，229项申报要素缩减至105项，减少54%，实现了“一次申报、一单通关”，统一申报单证、统一作业系统、统一风险研判、统一指令下达、统一现场执法“五统一”扎实推进，进一步提高通关效率，降低通关成本。定制推出快速通关服务措施，服务和培育云南进出口差异化竞争优势，支持云南高原特色农产品发展，相继推出农产品进出口绿色通道、“5+2”节假日值班工作制、鲜活易腐货物“24小时预约通关”服务、集中申报等一系列通关便利化措施。在玉溪试点设立“检验检疫服务窗口”，有效压缩通关时间和企业经营成本。优化鲜活产品检验检疫流程，对鲜切花、烟草等商品实施分类监管，加快低风险品种的验放速度；上调水果进境检疫批次重量，压缩审批法定工作时限；开启松茸出口“绿色通道”，保障出口鲜松茸快速通关；在瑞丽探索建设专业化监管试验区，实现进口水果、水产品等口岸检验检疫通关环节“零滞留”。

二是全面清理进出口环节收费项目。根据海关总署统一部署，昆明海关积极采取措施，逐步取消和停止报关单数据传输及处理、出入境检验检疫费等收费项目，向企业免费提供电子政务平台服务，严格执行国家规定的收费范围及收费标准，落实海关总署正面收费清单管理要求，积极配合推进“免除查验没有问题外贸企业吊装移位仓储费用”试点工作。截至 2018 年年底，昆明海关无行政性收费项目；同时根据海关总署统一部署，严格按要求公开公示口岸收费项目，广泛接受社会和群众监督，确保无不合规收费项目。规范检疫处理管理，严禁超范围处理，严格执行检疫处理指征和处理范围要求。

三是优化升级业务流程推动口岸效能提升。按照“优化协同高效”的要求，以机构改革为契机深化全国通关一体化改革，进一步优化海关监管流程和作业方式，同步强化监管、优化服务。简化进出口环节监管证件，落实海关总署明确的原则，将通关环节保留验核证件数量减至 48 种，对需在口岸验核的监管证件原则上全部实现联网，在通关环节对比核查，并进一步加大对进出口企业的政策宣讲力度。推广应用“提前申报”模式，推动海关通关作业前置，提前办理单证审核和货物运输作业；实施关税保证保险改革，通过保险担保实现货物“先放行后缴税”，在降低企业资金占用成本的同时，有效压缩货物提离的时间；将“先验放后检测”检验监管方式推广至其他大宗资源性进口商品，大幅缩短货物堆放时间，减少储存装卸费用；继续完善鲜活产品“绿色通道”建设，优化检验检疫流程，全力配合加快斗南花卉市场驻场监管工作。继续优化通关流程和作业方式，配合推进跨部门一次性联合登临检查。推广建设专业化监管试验区，推动检验检疫处理“前推后移”；实施原产地证申报“一地备案、多地签证”，为在多个口岸有出口业务的企业节约时间和成本。努力提升口岸管理信息化、智能化水平，继续争取海关总署支持，加大对云南省重点口岸科技设备投入；继续推进口岸海关监管货场、海关特殊监管区域信息化系统推广与功能升级，加快推进昆明海关智慧监管中心等重点项目的建设运行，积极推进“互联网＋海关”建设，加快推广“先期机检”“智能识别”“集中审像”等实际应用；继续配合推进“单一窗口”建设，将应用功能覆盖至特殊监管区、跨境电商综合试验区等区域。

【昆明海关多措施打造边关智慧监管电子网】 一是全面推进昆明关区监管作业场所达标建设。以卡口联网建设为重点，协调云南省口岸办解决建设资金，立项建设“云南省通关一体化智能卡口及数据交互平台项目”，昆明关区实际开展海关业务监管作业场所实现了卡口联网运行 100% 全覆盖，卡口管理以人工为主的落后监管手段从根本上得以改变和优化，口岸通关效率大幅提升；严格落实海关总署令第 232 号要求，按照既定的时间表、路线图，通过周报、月报、实地督导等方式，21 个场所（占在运行场所总数的 90%）完成信息化改造工作，并依法完成监管作业场所注册登记，口岸基础监管作业场所建设滞后问题得到根本改变。监管作业场所整改完成后，口岸进出口物流通过电子卡口实现职能化控制，海关查验和放行电子指令通过信息化系统实现与场所卡口对接，最大限度地减少了关员的人为干预，在加快口岸通关效率的同时，有效维护了公平、公正的通关秩序。

二是建成并正式启动集中审像中心。按照海关总署要求和关区业务实际，昆明海关自 2016 年年底成立审像中心建设筹备组，启动审像中心建设。在一无经验、二无范本的情况下，筹备组积极协调各方成员，边摸索边建设，关区瑞丽海关等 5 个隶属海关在用 5 台大型 H986 设备已按照海关总署要求全部接入集中审像系统。在试运行基础上，又结合海关总署要求和昆明关区实际特点，逐步确立了集中审像作业模式、业务流程、工作规范、岗位职责、联系配合办法，实施质量监控方法等，完成审像中心全部硬件建设。

2018 年 3 月，按照总署全面推广集中审像系统要求，昆明海关成立了审像中心虚拟机构，正式启动审像中心运行。集中审像中心的正式启用使得传统的各现场自行分散作业审图模式向集约化、智能化、专家化的运作模式转变。在新的作业模式下，各业务现场机检作业由后台专家集中审图，机检转人工查验指令由专家团队统一下达，在降低现场审图误差风险的同时有效集约现场查验监管人力，在有效规范现场海关查验执法的同时，也在一定程度上提升了口岸通关效率。

三是分期全面推广查验管理系统（二期）运用。2018 年 3 月，以系统应用、移动查验作业终端（PAD）设备操作、试点现场实地观摩等方式，组织完成关区 21 个有货运查验业务的隶属单位业务培训，明确系统运用的工作要求。结合昆明关区实际，采取查管系统和 H2010 查验作业并行的方式，自 2018 年 3 月 27 日起至 5 月 1 日，分两期在关区范围内全面启动推广查管系统二期运用，全面提升昆明关区查验作业科技运用水平。通过对现场查验作业过程进行视频、图像录证，有效监督一线关员查验执法过程，有效保护进出口企业合法权益，同时移动单兵系统的广泛使用，使查验、录证、签字全过程都实现电子无纸化，传统查验作业流程得以有效精简，海关口岸执法和企业通关效率也得以进一步提升。

四是推动构建监管作业全程可视化视频平台。昆明海关高度重视监管作业现场摄像头联入海关总署监控指挥中心的相关工作，严格按照海关总署时限要求，完成昆明关区所有监管作业现场摄像头联入总署监控指挥中心和 HGIS 系统数据采集工作。着眼昆明关区视频监控摄像头存在的图像模糊、视频不稳定、点位不足等突出问题，自 2018 年 3 月以来，以实时联入、运行稳定、图像清晰、点位正常为要求，以监管作业全程可视化为目标，分批组织关区各业务现场开展集中工作，现场分析、查找存在的问题，制订整改措施，限定时限、责任人，限期整改，并确保整改效果，关区监管作业全程可视化运用水平稳步提升。监管作业现场视频监控摄像头与海关总署监控指挥中心联网后，海关各业务现场执法通过实时的视频链接得到有效监督。

开放口岸

【昆明空运口岸（昆明长水国际机场）】 昆明空运口岸位于昆明市官渡区大板桥街道长水村，1955 年经国务院批准对外开放。昆明长水机场国际旅客吞吐量居西南地区第 2 位，国际航线开通数量位居全国第 7 位，是我国面向东南亚、南亚和连接欧亚的国家门户枢纽机场，也是全国继北京首都机场、上海浦东机场、广州白云机场之后第四家实现双跑道独立运营模式的机场。长水机场工程建设规模为飞行区按照 4F 标准规划。

昆明空运口岸

2018 年，昆明机场口岸国际（地区）旅客吞吐量为 487.1 万人次，国际（地区）旅客占比达到 10.3%。截至 2018 年年底，已开通至巴黎、温哥华、旧金山、悉尼、莫斯科 5 条洲际航线。国际通航点有 51 个，覆盖东南亚 10 国（越南、老挝、柬埔寨、缅甸、泰国、马来西亚、新加坡、印度尼西亚、文莱、菲律宾）、南亚 5 国（尼泊尔、孟加拉国、印度、斯里兰卡、马尔代夫）、东北亚 2 国（韩国、日本）、西亚 2 国（沙特阿拉伯、阿联酋）、西欧 1 国（法国）、东欧 1 国（俄罗斯）、北美 2 国（加拿大、美国）；地区通航点 4 个，主要集中在中国台湾和中国香港。国际货运方面，开通昆明至达卡、德里、孟买、河内、马德拉斯、班加罗尔、加尔各答、迪拜8条国际货运航线。航班频次方面，根据OAG数据，2018年，昆明机场每周国际（地区）航班达385班，平均每天近55班，其中320班为昆明始发至南亚、东南亚航班，占其国际（地区）航班总量的83%。

【西双版纳空运口岸（西双版纳嘎洒国际机场）】 西双版纳空运口岸位于景洪市郊，1990年4月建成通航，1995年12月3日经国务院批准为对外开放口岸，1996年12月10日通过国家验收，1997年1月1日正式对外开放。设计年旅客吞吐量350万人次，货物吞吐量1.09万吨。飞行区指标为4D，可满足B767、A300系列类型飞机，配有I类灯仪表着陆系统及夜航灯光设备。在飞国内外航线30余条，其中国际航线3条（西双版纳—琅勃拉邦、西双版纳—清迈、西双版纳—清莱）。2018年，出入境人员4.76万人次，出入境航班763架次，同比分别增长646.1%、265.1%。随着西双版纳州社会经济的不断发展，航空业务量的不断增长，机场进行了三次扩建，西双版纳国际机场已成为国内重要的干线机场和连通东南亚、南亚的中型枢纽机场。

西双版纳空运口岸

【丽江空运口岸（丽江三义国际机场）】 丽江空运口岸位于丽江市古城区七河乡，距离市区约28千米，2012年5月31日正式通航。机场占地面积120万平方米，机场飞行区等级为4D，跑道长3 000米、宽45米，成南北向，可供波音737－700型及以下机型起降；国际候机楼建筑面积5 300平方米，有3座登机廊桥。机场拥有平行滑行道一条、仪表着陆系统、助航灯光等通信导航设备，可保障A300/B767－300同类型及以下的机型起降机场。2011年11月11日，国务院正式批准丽江机场对外开放。目前，开通了至中国香港和泰国两条航线，中国东方航空公司和四川航空公司经营这两条航线。

丽江空运口岸

【芒市空运口岸（德宏芒市国际机场）】 芒市空运口岸位于德宏州芒市坝子中部，距芒市6.6千米。2016年5月17日，国务院正式批准芒市机场对外开放。芒市机场始建于1937年，是著名的“驼峰航线”主要起降机场之一，曾起降过C46型战斗机、C47型运输机，抗日战争胜利后停飞荒废。1990年4月10日，经国家民航局批准，芒市机场正式运营通航。通航后，芒市机场于2009年年底完成第一次改扩建，机场等级由3C升格为4C级，机场占地面积约174万平方米，机坪面积56 400平方米，航站楼总面积达13 000平方米。随着西部大开发和瑞丽国家重点开发开放试验区的建设，机场航班量迅猛发展。为确保德宏芒市机场航班安全，开辟更多航线，更好地为地方经济发展提供服务，芒市机场于2016年5月启动改扩建工程，2018年10月改扩建工程完成。2018年11月芒市机场空运口岸通过国家验收，实现正式开放。

芒市空运口岸

景洪港水运口岸

【景洪水运（河港）口岸】 景洪水运（河港）口岸属国际客货水运口岸，是澜沧江·湄公河国际航道上重要的港口口岸，1993 年 7 月 24 日经国务院批准为对外开放口岸，2001 年6 月13 日通过国家正式验收，2001 年 6 月 21 日宣布对外开放，2001 年6 月交通部批准对外国籍船舶开放。港口与老挝、缅甸、泰国多个港口开通了散杂货、集装箱、客运航线，是一个可以辐射 3 个以上国家的国际性口岸。辖景洪港区中心码头和勐罕、关累两个开放码头。景洪港区中心码头位于景洪市区澜沧江北岸，占地面积 9.8 万平方米，设计规模年货运量40 万吨，客运量150 万人次，共有 6 个泊位（2 个客运泊位、4 个货运泊位）；关累码头是景洪港重要的货运码头，是中、老、缅、泰四国政府签署的《澜沧江·湄公河商船通航协定》中开放港口之一，是国家“十二五”规划新开放口岸，设计规模年货运量 20 万吨，客运量 10 万人次；勐罕码头位于澜沧江与上湄公河结合部，距离景洪港中心码头约 28 千米，是中、老、缅、泰四国政府签署的《澜沧江·湄公河商船通航协定》中开放港口之一，设计规模年货运量100 万吨，客运量40 万人次，共有6 个泊位（2 个客运泊位、4 个货运泊位）。

2018 年，景洪河港口岸进出口货运量为 16.06 万吨，同比增长 27.9%；进出口货值为 2.31 亿美元，同比增长 13.9%；出入境人员为 5.81 万人次，同比增长 13.3%；出入境船舶为 4 113艘次，同比增长 10.2%。

【思茅水运（河港）口岸】 思茅水运（河港）口岸位于普洱市思茅港镇，距离普洱市区 87 千米，1993 年 7 月经国务院批准为对外开放口岸，2001 年 4 月 1 日起正式对外国籍船舶开放。思茅港是澜沧江—湄公河国际航运中国境内的第一港，可达老、缅、泰、柬、越 5 个国家，是东南亚地区最便捷的一条黄金水道，是云南乃至大西南通往东南亚的重要通道。港口规模为年货运量 30 万吨、客运量 10 万人次。有大小船只 43 艘，国际航运船只 31 艘，载货能力3 000吨，客位 449 个，查验设施配套齐全。思茅港出入境边防检查站、思茅海关、普洱出入境检验检疫局承担口岸的监管任务。由于修建国家重点项目——小白塔电站，从 2005 年 1 月起暂停航运。

思茅港水运口岸

【瑞丽陆路（公路）口岸】 瑞丽公路口岸位于云南省西部、德宏傣族景颇族自治州的西南，与缅甸木姐口岸对接，边境线长 141.4 千米。距云南省会昆明 750 千米，距缅甸木姐市 4 千米、腊戌 160 千米、仰光 900 千米，是中缅铁路通道（昆明—大理—瑞丽—腊戍—曼德勒—印度洋）、中缅公路通道（昆明—瑞丽—仰光）和中缅陆水联运大通道（昆明—瑞丽—八莫港）上的重要口岸。瑞丽公路口岸还是中国唯一一个实行“境内关外”（入境：货物、车辆可入境不入关；出境：货物、车辆出关不出境）特殊管理的口岸。

瑞丽公路口岸是云南省较早开放的对外开放口岸，1978 年经国务院批准开放，1985 年经德宏州政府批准为边境贸易区。1991 年 2 月，云南省政府批准瑞丽姐告设立边境贸易经济区。1992 年 6 月经国务院批准为沿边开放城市。1993 年撤县设市，国务院特区办批准在瑞丽口岸设经济合作区。2000 年经国务院批准按照“境内关外”的方式设立“姐告边境贸易区”，2001 年 10 月 26 日经国务院批准瑞丽口岸对第三国人员开放，2010 年国务院将瑞丽批准为瑞丽开发开放试验区。

瑞丽口岸

瑞丽公路口岸是中缅边境口岸中人员、车辆、货物流量最大的口岸，其东、南与缅甸棒赛、木姐、南坎 3 个城市相毗邻，东有畹町经济开发区对外开放口岸，西有章凤原二类口岸。姐告是起于上海的 320 国道的终点，是昆瑞公路与缅甸的史迪威公路相接点，是云南省实施国际大通道战略的试验区和示范区，是中国大西南沿边开放的主要城市，是通往南亚、东南亚的重要门户。瑞丽公路口岸边民互市贸易、边境小额贸易、一般贸易发展迅速，出口商品达 2 000 多种，进口 200 多种，中国商品通过缅甸转口到孟加拉国、泰国、新加坡、印度和中东国家，国外各种商品也源源不断地通过瑞丽口岸进入中国内地。

【畹町陆路（公路）口岸】 畹町公路口岸位于云南省西部德宏傣族景颇族自治州南部。畹町于 1932 年设镇，1938 年滇缅公路通车，畹町成为驰名中外的军事重镇；1950 年 4 月 29 日和平解放，1952 年年初政务院批准设立县级镇，同年 8 月 17 日政务院批准为新中国首批对外开放口岸；1985 年 1 月，国务院批准设立县级市；1992 年 5 月国务院批准为沿边对外开放城市，同年 9 月国务院特区办批准设立 5 平方千米的国家级边境经济合作区；1999 年 1 月区划调整，国务院批准撤销畹町市，并入瑞丽市，设立畹町经济开发区。畹町南与缅甸相邻，西北与瑞丽隔江相望，与缅甸的九谷口岸对接，两国村寨相望，山水相连，国境线长 28.6 千米。

畹町口岸

畹町是中国历史上较早通向东南亚、南亚的主要贸易通道，是“南方丝绸之路”的重要驿站。抗日战争时期，滇缅公路通车后，成为当时中国大后方对外联系的唯一的国际陆运口岸。1993 年，畹町—九谷新桥建成，畹町口岸的优势得到进一步发挥。从畹町口岸出境，可直达缅甸中部，水、陆、空设施齐全的曼德勒市。由昆明经畹町、曼德勒至仰光和印度的加尔各答运距要比从昆明经广州绕马六甲海峡到仰光和加尔各答分别缩短4 651 千米和4 331 千米，是中国大西南通往东南亚、南亚和西亚的捷径。

【河口陆路（公路）口岸】 河口公路口岸位于红河哈尼族彝族自治州河口瑶族自治县，与越南老街口岸对接，国境线长 193 千米。2011 年 7 月，国务院批准河口公路口岸对外开放。河口公路口岸具有“口岸就是县城，县城就是口岸”的天然优势，是滇越铁路、昆河公路、红河航道与越南乃至东南亚地区铁路、公路、航道连接的交通枢纽，距昆明市 469 千米，距越南首都河内 296 千米，距出海口——越南北方最大的海防港 416 千米，是中国西南进入东南亚、南太平洋的便捷通道。在中国—东盟自由贸易区和“昆明—河内—海防”经济走廊的规划中，处于“咽喉”的重要地位，是西南地区与东南亚国家发展对外贸易的窗口，是云南省建立国际大通道中越铁路、中越公路 4 条出境通道上的重要口岸。目前，河口口岸联检楼、公路口岸北山配套查验场已建设完成并投入使用。中国河口—越南老街跨境经济合作区、国际物流园区、河口口岸免税商品城、海产品交易市场等项目已经建成。

河口公路口岸

【磨憨陆路（公路）口岸】 磨憨公路口岸属于国际客货公路运输口岸，是中国与老挝双边协议口岸。其位于云南省西双版纳州勐腊县南端，中国老挝磨憨—磨丁经济合作区内，是中老两国最大的公路口岸，是我国连接中南半岛的关键节点，是中国—东盟自由贸易区的最佳结合部，也是中国通往东南亚各国重要的昆曼国际大通道出境的起点，正在建设的泛亚铁路中线将由磨憨口岸出境，贯穿老挝、泰国，直达新加坡。1992 年 3 月，经国务院批准为对外开放口岸，是首批列为国家沿边开放的地区之一。1993 年 12 月 22 日，中老两国共同宣布正式开通磨憨—磨丁国际口岸。2000 年 6 月，云南省人民政府批准磨憨口岸为边境贸易区，并赋予优惠政策。2004 年 9 月 6 日，国务院批准磨憨口岸开展口岸签证工作，并对第三国人员实行开放。2016 年 3 月 4 日，国务院批准设立中国老挝磨憨—磨丁经济合作区。磨憨口岸是集一般贸易、边境小额贸易、边民互市贸易、过境贸易、境外罂粟替代种植和对外经济技术合作等多种经济形式并存的综合型贸易口岸。进口货物主要有水果、粮食、坚果等农副商品，出口货物主要有水果、蔬菜、花卉、百货、建材、机电产品、金属及制品、化工产品等。

2018 年，磨憨公路口岸进出口货运量为 543. 34 万吨，同比增长 33. 3%；进出口货值为 21. 15 亿美元，同比增长 1. 9%；出入境人员为 141. 92 万人次，同比增长 1. 1%；出入境车辆为 42. 45 万辆次，同比下降 1. 0%。

磨憨口岸

【金水河陆路（公路）口岸】 金水河公路口岸位于红河哈尼族彝族自治州金平苗族自治县城

西南 38 千米的金水河镇。金水河公路口岸于 1954 年 12 月 17 日经中越双方会谈同意正式开放为边民互市口岸，1978 年 12 月关闭。1993 年 2 月 25 日国务院批准设立对外开放口岸，1993 年 11 月 10 日正式对外开放，允许中越双方人员、车辆持有效证照通行。

金水河公路口岸与越南莱州省封土县马鹿塘口岸相对接，东、南、西三面临藤条河、藤条江，距金平县城 33 千米，距红河州府蒙自市 160 千米。距越南封土县城 18 千米，距越南莱州省省会莱州市 51 千米，距越南奠边省奠边府市 206 千米，距老挝丰沙里省勐迈县 270 余千米（经越南奠边府市西南行 30 余千米，通过越南西庄口岸和老挝丰沙里省勐迈县班岗口岸可进入老挝），是国家西南战略安全节点的重要组成部分，云南省主要对越通道和红河州对越开放“桥头堡”之一。金水河公路口岸重点开展以进口玉米、木薯、稻谷、茶叶、咖啡为主的对外贸易。从金水河口岸出境，可达越南西北部旅游重镇奠边府和沙巴，充分领略越南的异国风光，开展中越民俗旅游文化交流和品尝越南风味饮食。

金水河口岸

【天保陆路（公路）口岸】 天保公路口岸位于云南省文山州麻栗坡县南端，距麻栗坡县城 40 千米，与越南河江省清水河口岸对接，口岸距越南河江省省会河江市 23 千米，距越南首都河内 341 千米，距海防港 441 千米。该口岸于 1954 年 3 月 1 日开通，1960 年 12 月关闭。1963 年 3 月，口岸恢复对外开放。1978 年，口岸关闭。1993 年 2 月 25 日，经国务院批准，天保公路口岸恢复正式对外开放。2011 年 6 月 12 日，国务院同意天保公路口岸扩大对外开放，口岸性质为国际公路客货运输口岸。2013 年 12 月，天保公路口岸扩大对外开放通过国家级验收。天保公路口岸联检楼及查验货场等基础设施已建成并投入使用。

天保公路口岸

【腾冲猴桥陆路（公路）口岸】 腾冲猴桥公路口岸位于腾冲市猴桥镇的槟榔江畔，距腾冲城区 65 千米，距中缅边界南 4 号界桩 19 千米，与缅甸甘拜地口岸对接。口岸距缅甸北部重镇密支那 133 千米，从该口岸经密支那到西印度雷多（里多）仅 687 千米。1991 年 8 月，云南省政府批准腾冲为原二类口岸。2000 年 4 月经国务院批准为对外开放口岸，2003 年 1 月正式对外开放。该口岸是历史上“南方丝绸之路”的重要通商口岸，是抗日战争时期史迪威公路的枢纽，是云南省通向南亚的大通道之一。腾冲还有经云南省人民政府批复的重点通道 3 条（滇滩、自治、胆扎通道），有腾冲—密支那、腾冲—板瓦两条二级国际公路通往缅甸克钦邦。作为云南省五大重点口岸之一，腾冲猴桥公路口岸是中国连接南亚、东南亚的重要门户和节点，是中缅贸易的重要前沿，战略位置突出，区位优势独特。随着腾冲公路、航空、铁路三位一体的立体化口岸开放格局的逐步形成，猴桥公路口岸在中缅两国经贸发展和人员交往中的促进作用日益显现，在对外开放中发挥着越来越重要的窗口和支撑作用。

腾冲猴桥口岸

【孟定清水河陆路（公路）口岸】 孟定清水河公路口岸位于耿马傣族佤族自治县孟定镇人民政府所在地，与缅甸掸邦第一特区接壤，边境线长47.35千米，与缅甸清水河口岸对接。口岸距耿马县城83千米，平均海拔510米。该口岸是我国西南地区通往缅甸和东南亚的重要陆路通道，面积350平方千米。1957年孟定口岸正式对外开展边境贸易进出口业务，1991年8月被省政府批准为原二类口岸，2004年10月经国务院批准为对外开放口岸。2007年11月8日经国家验收正式对外开放，允许中国和缅甸双方人员、车辆持有效证、照、签证或边境通行证通行，并对各种贸易货物开放。目前，孟定清水河公路口岸联检楼和配套查验货场已建成投入使用。口岸得天独厚的地理位置优势、热带的自然风光、古朴文雅的民俗风情、丰富的旅游资源和热带经济作物使孟定口岸有“黄金口岸”之称。孟定口岸边境贸易辐射面广，公路通往国内外，交通十分便利。从清水河到缅甸重镇户板、滚弄分别为15千米和24千米，到缅北重要商品集散地腊戌161千米，到缅甸仰光1 136.9千米；从盘姑公路到昆明750千米。孟定清水河公路口岸自建成投入使用以来，一直是国内外经济贸易活动的窗口，对缅甸边境贸易的辐射面主要是第一特区、第二特区、清水市、滚弄镇区、户板镇区、腊戌、佤城、仰光等5省1市10个镇区，经营方式也由以易货贸易发展为边境贸易、转口贸易、一般贸易。

孟定清水河口岸

【打洛陆路（公路）口岸】 打洛公路口岸位于云南省西双版纳州勐海县西南端打洛镇，距勐海县城66千米，与缅甸掸邦东部第四特区勐拉县接壤，国境线长36.5千米。由打洛出境经缅甸，可达泰国、越南、马来西亚、新加坡、印度等国家，距缅甸掸邦东部首府景栋86千米，经东枝到仰光1 270千米，到泰缅边界重镇大其力240千米，距泰国清迈550千米，是云南省国际大通道的重要口岸之一。1950年11月，成立海关打洛支关；1956年，打洛口岸正式对外开展边境小额贸易进出口业务；1991年8月10日云南省人民政府批准打洛为原二类口岸，1992年被列为国家首批沿边开放的地区之一。1997年3月25日，中国和缅甸签订《关于中缅边境管理与合作的协定》，中国打洛—缅甸勐拉口岸被列为对第三国人员开放的口岸；2007年11月13日经国务院批准为对外开放口岸。截至2018年年底，打洛口岸联检楼、查验货场、出入境车辆快速通关系统、电子监控综合应用系统、货运专用通道及边民互市场等查验设施已改扩建完成并投入使用。

2018年，打洛公路口岸进出口货运量为48.70万吨，同比增长69.6%；进出口货值为1.4亿美元，同比增长39.1%；出入境人员为130.39万人次，同比增长16.7%；出入境车辆为58.88万辆次，同比增长38.6%。

打洛口岸

【勐康陆路（公路）口岸】 勐康公路口岸位于云南省普洱市江城县，与老挝丰沙里省兰堆口岸对接。距老挝约乌县城52千米、丰沙里186千米、首都万象830千米，是云南省通往老挝及通向东南亚最便捷的陆路通道，是普洱市对外开放的重要“桥头堡”。2011年7月24日国务院批准勐康口岸对外开放，口岸性质为双边公路客货运输口岸，2013年11月12日勐康口岸通过国家级验收。结合“一城连三国”的特殊区位优势，江城县提出把江城建成云南省对越南、老挝开放的黄金前沿门户，普洱市面向东盟的商贸流通基地，努力构建以江城为中心，辐射老挝、越南三国边境经济圈的发展战略，加快勐康口岸、龙富通道建设，实现口岸活县。目前，勐康口岸联检楼、查验货场已建设完成，口岸物流配套设施正在规划建设中，口岸正成为中老边界上一个集边境贸易、生态休闲、民俗文化为一体的边境旅游小镇。

勐康口岸

【都龙陆路（公路）口岸】 都龙公路口岸位于云南省马关县都龙镇茅坪村委会东南面、中越边境线二段5号界碑老国门处，距茅坪村委会近2千米，距都龙镇政府所在地23千米，距马关县城47千米，距文山州府文山97千米，距昆明市390千米。距越南箐门县城40千米、河江省省府河江市200余千米、首都河内500余千米，是马关县通往越南的重要通道。

1953年8月25日，中越两国政府在北京签订了《关于开放两国边境小额贸易的议定书》，双方同意开放中国都龙—越南箐门和漫美边境通商口岸，并于1954年3月正式开通；1974年，都龙口岸关闭。中越关系正常后，两国政府于1991年签订《临时协定》，决定在条件具备时逐步开放21对陆地出入境口岸，中国都龙—越南箐门口岸就是其中之一。2015年1月12日，国务院正式批准都龙口岸开放为国际性常年公路客运货运口岸。

都龙口岸

【田蓬陆路（公路）口岸】 田蓬公路口岸于1954年3月1日对外开放，与越南苗旺、同文两县接壤，国境线长60千米。对内距富宁县城80千米、文山州府235千米、昆明680千米距广西南宁市480千米、北海港750千米；对外距越南同文县24千米、苗旺县35千米、河江省会110千米、河内451千米。通道有公路通往国内外，交通便利。1979年口岸关闭。1996年9月27日经云南省政府批准对外开放。2016年被纳入国家“十三五”口岸发展规划。2018年2月13日，国务院批复同意田蓬公路口岸对外开放，为双边常年开放公路客货运输口岸。

田蓬口岸

【河口陆路（铁路）口岸】 河口铁路口岸位于云南省东南端，与越南老街省山水相邻，国境线长193千米。河口铁路口岸具有“口岸就是县城，县城就是口岸”的天然优势，是滇越铁路、昆河公路、红河航道与越南乃至东南亚地区铁路、公路、航道连接的交通枢纽。距昆明市469千米，距越南首都河内296千米，距出海口——越南北方最大的海防港416千米，是中国西南进入东南亚、南太平洋的便捷通道。在中国—东盟自由贸易区和“昆明—河内—海防”经济走廊的规划中，处于“咽喉”的重要地位，是西南地区与东南亚国家发展对外贸易的窗口。河口历史上就是我国与越南、东南亚各国进行经济文化交流的门户和咽喉，是“南方丝绸之路”的第二条通道。1895年河口被辟为商埠，1910年，随着滇越铁路的建成通车，云南省进出口物资有80%以上经河口口岸进出，河口成为中国西南对外商贸的最大集散地。1992年，河口被国务院批准为沿边开放县，同年12月国务院特区办批准在河口设立4.02平方千米的边境经济合作区。1996年，河口口岸复通，河口迎来了千载难逢的发展机遇，进出口贸易焕发出勃勃生机与活力，带动了河口经济社会事业快速发展。

河口铁路口岸

原二类口岸

【片马陆路（公路）口岸】 片马公路口岸位于怒江傈僳族自治州泸水市正西66千米的片马镇人民政府所在地，地处高黎贡山西麓，属边境陆路通道，与缅甸大田坝口岸对接，边界线长64千米。距泸水县城96千米，距缅甸北部城市密支那224千米，通道有3条公路通向国外，交通十分便利。1991年8月10日经云南省人民政府批准对外开放，是中缅边界北段10号至47号界碑638千米长的边界线上唯一的通道，成为中国滇藏两省、区通往南亚的一个重要通道。片马是中国古西南丝绸之路的重要组成部分，边境贸易源远流长。

片马口岸

【盈江陆路（公路）口岸】 盈江公路口岸位于云南省德宏傣族景颇族自治州西部的盈江县城，与缅甸拉咱口岸对接，属边境陆路通道，与缅甸克钦邦第二特区接壤，国境线长214.6千米。距缅北八莫150千米、密支那180千米、仰光1 200千米，距印度雷多540千米。口岸有公路通往国内外，交通十分便利，成为西南地区通往缅甸的一个重要通道。1991年8月10日经云南省人民政府批准对外开放。自对外开放以来，成为国内外经济贸易活动通道，对缅甸边境贸易的辐射面逐步扩大，由原来边境一线的集镇，发展到八莫、密支那、仰光和印度雷多等重镇，形成以边境贸易、一般贸易、对外经济技术合作和转口贸易等多种贸易相结合、多渠道并举的大经贸新格局。

盈江口岸

【章凤陆路（公路）口岸】 章凤公路口岸地处德宏傣族景颇族自治州陇川县人民政府所在地章凤正西 4 千米的拉影，与缅甸雷基（洋人街）口岸对接。距缅甸重镇八莫 80 千米。章凤自古以来就是南方丝绸之路上的重点门户之一，1991 年 8 月 10 日经云南省人民政府批准对外开放。章凤通道是中缅两国重要的陆路通道之一，也是缅甸政府唯一指定进口棉纺织通道。

章凤口岸

【南伞陆路（公路）口岸】 南伞公路口岸位于云南省临沧市镇康县南伞镇，与缅甸掸邦第一特区接壤，国境线长 47 千米。距缅甸首都内比都 750 千米、第一大城市仰光 1 142 千米、第二大商业城市曼德勒 484 千米、缅北重镇腊戌 197 千米、掸邦果敢自治区老街仅 9 千米。距昆明 784 千米、临沧 232 千米、保山市龙陵县城 238 千米。北上保山，南往普洱，公路四通八达，是通往南亚、西亚的内陆通道之一。1991 年 8 月经云南省人民政府批准对外开放，1996 年列为边境经济开发实验区。2002 年开始把通道建设纳入新县城规划统筹进行建设，逐步改善了基础设施和联检部门办公条件。

南伞口岸

【孟连陆路（公路）口岸】 孟连公路口岸位于普洱市孟连县西南部，地处南马河与南卡江的汇合处，以南卡江心为界，江东岸为中国，江西岸为缅甸。距云南省会昆明 690 千米，距普洱市 230 千米，距孟连县城 51 千米。通道与缅甸掸邦第二特区政府（佤邦）邦康市隔江相望，自然条件优越，地理位置独特，区位优势明显，从邦康市经丹阳、腊戌、曼得勒达缅甸原首都仰光约 1 300 千米。勐阿是普洱市客、货吞吐量最大的通道，对缅贸易占全市的三分之二以上，是中缅两国交往的通道之一，也是我国通往东南亚各国的陆路通道之一。1991 年经云南省人民政府批准对外开放。孟连通道具备较为完善的联检查验功能和设施，金融、通信、市政、交通等配套设施齐全，通道人流、物流通关顺序流畅。中缅双边友好往来频繁，边民互市、经贸交流与合作不断深入，孟连县对外贸易得到了迅猛发展。进口货物以木材、矿产品为主，出口货物以建材、百货、成品油、机电产品、生活用品等为主。

孟连口岸

【沧源陆路（公路）口岸】 沧源公路口岸位于临沧市沧源县，1996 年 9 月 27 日经云南省人民政府批准对外开放，有芒卡和永和两个出境通道。与缅甸掸邦第二特区接壤，国境线长达 147.08 千米。芒卡贸易区位于沧源县南腊乡人民政府所在地，中缅边界 146 号界碑处，距县城 110 千米，距缅甸佤邦南登特区 4.07 千米。永和贸易区距县城 14 千米，距缅甸佤邦绍帕区 3 千米，永和连接着班歪—龙潭—中国西盟、班歪—营盘—邦康—大其力或瓦城、班歪—勐冒—腊戍等境外公路干线，是云南省通往缅甸的通道之一。两个贸易区都有公路通往国内外，交通十分便利，是中国西南地区通往东南亚的一个重要通道。

沧源永和口岸

2018 年云南省口岸大事记

1 月 22 日 ~25 日

越南外交部国家边界委员会副主任、越中陆地边界委员会越方首席代表阮英勇到访云南，围绕边境管理、口岸开放、跨合区建设等问题与中方进行交流。

1 月 22 日 ~26 日

中老边界委员会第十五次会议召开。

1 月 23 日

越南外交部复照中国外交部同意中越都龙—箐门口岸对外开放。

2 月 13 日

国务院批复云南田蓬公路口岸对外开放。

2 月 26 日

云南省副省长张国华到关累港检查指导工作，实地查看边民互市场、集装箱码头和肉类冻品仓库建设情况。

2 月 28 日

云南省副省长张国华到勐康口岸调研全国通关一体化、第三国货物进出口情况。

3 月 20 日

云南省副省长张国华到云南跨境电商产业园、滇中新区和昆明综合保税区调研。

4 月 2 日 ~10 日

缅甸商务部副部长昂图受云南省人民政府邀请赴云南考察边境经济合作区建设。

4 月 3 日

云南省委书记、省人大常委会主任陈豪到金水河口岸调研。

4 月 8 日

云南省政协副主席黄毅一行到片马口岸调研。

4 月 11 日

全国政协副主席郑建邦在云南省政协副主席李正阳等的陪同下到磨憨口岸调研。

4 月 17 日

公安部副部长、国家移民管理局局长许甘露在云南省副省长、公安厅厅长任军号和总站政委张海峰等的陪同下到瑞丽口岸调研。

4 月 19 日

云南省副省长张国华在瑞丽市委书记龚云尊等的陪同下到瑞丽口岸调研。

5 月 4 日

云南省副省长李玛琳到河口口岸调研。

5月10日

云南省省长阮成发在西双版纳州州长罗红江等的陪同下到磨憨口岸调研。

商务部副部长钱克明在瑞丽口岸调研口岸通关及“单一窗口”建设情况。

5月11日

中国驻缅甸曼德勒总领事馆总领事王宗颖到南伞口岸调研。

5月14日

全国打私办常务副主任、海关总署缉私局局长刘晓辉与云南省副省长李玛琳就云南省边境地区反走私综合治理座谈。

云南省政协副主席黄毅到河口口岸调研。

5月16日

国务院参事张元方率调研组一行到河口口岸调研。

6月22日

公安部党委委员、部长助理王俭调研组一行到打洛口岸考察调研。

云南省委常委、常务副省长宗国英到金水河口岸调研，实地察看口岸建设情况。

7月2日

民进中央副主席、全国政协常务委员和副秘书长朱永新到孟连口岸调研。

7月15日

全国人大常委会委员、环境与资源保护委员会副主任龚建明一行到清水河口岸调研。

7月18日

中央编办副主任牛占华到打洛口岸考察调研。

7月20日

海关总署副署长王令浚一行到瑞丽口岸视察调研。

7月20日~24日

昆明机场口岸提前谋划、周密部署、全警动员、多措并举，圆满完成由昆明飞往麦地那共计5架1 436人出境朝觐包机出入境边防检查任务，受到广大穆斯林群众及组织单位的高度赞誉。

7月23日~24日

泰王国玛哈扎克里诗琳通公主率泰王国五世王尉官学院代表团一行109人到云南省访问，并于7月24日从丽江机场口岸出境。

7月24日

国家民委副主任石玉钢到勐康口岸边检站调研民族团结进步示范创建工作。

7月26日

云南省副省长张国华在昆明机场口岸调研云南省跨境电商工作。

8月6日

云南省委副书记李秀领一行到永和口岸调研。

8月18日

云南省副省长、省公安厅厅长任军号到天保口岸调研指导工作。

8月27日

云南省委常委、省委组织部部长李小三到金水河口岸调研。

9月26日

外交部部长助理李惠来到金水河口岸调研口岸基础设施建设、进出境业务和边民互市发展情况。

10月16日

国务院参事刘燕华率调研组到河口口岸调研。

10月26日

云南省委常委、纪委书记冯志礼在德宏州委书记王俊强等的陪同下到瑞丽口岸调研。

10月31日

国家安全委员会副局长王中华一行到清水河口岸调研。

11月8日~9日

云南省副省长、省公安厅厅长任军号深入普洱孟连、西盟等边境一线调研指导队伍建设、扫黑除恶、边境重点整治和立体化防控体系建设工作，看望慰问基层民警。

11月12日

云南省政协副主席黄毅一行在腾冲市委书记赵碧源等的陪同下到猴桥口岸调研。

11 月 21 日

云南德宏芒市机场对外开放通过国家开放验收组验收。

11 月 26 日

海关总署副署长张际文一行在昆明海关关长靳延勇、瑞丽站站长徐云波的陪同下到瑞丽口岸调研。

11 月 28 日

海关总署副署长张际文到昆明机场口岸调研，实地查看口岸综合业务、货运、快件、旅检等业务现场工作情况。

11 月 29 日

国家禁毒办常务副主任、公安部禁毒局局长梁云率工作组到南伞口岸调研边境禁毒工作。

12 月 4 日

云南省副省长张国华在省商务厅副厅长寇杰、红河州委书记姚国华、州长罗萍等的陪同下，到河口口岸调研。

12 月 6 日

外交部边海司司长易先良一行到清水河口岸检查指导工作。

12 月 11 日 ~13 日

中国云南省与越南河江老街莱州奠边省联合工作组第 7 次会议召开。

12 月 16 日

国家移民管理局副局长曲云海到昆明边检站调研工作。

（撰稿人：杨镇宇、黄红霞、孙语蔚）

2018年云南省口岸流量统计表

口岸类型		口岸名称	货运量（万吨）				人员（万人次）				交通工具（辆、艘、架、列次）			
			出口	进口	合计	同比（%）	出境	入境	合计	同比（%）	出境	入境	合计	同比（%）
空运口岸		昆明机场	5.23	1.00	6.23	46.90	205.34	203.73	409.07	15.90	16 979	16 963	33 942	23.60
		西双版纳机场	0.00	0.00	0.00	0.00	2.46	2.34	4.80	651.30	383	380	763	265.10
		丽江机场	0.00	0.00	0.00	0.00	3.88	3.98	7.86	121.30	365	367	732	128.00
		芒市机场	0.00	0.00	0.00	0.00	0.00	0.00	0.00	0	0	0	0	0.00
		分　计	5.23	1.00	6.23	46.90	211.68	210.05	421.73	18.07	17 727	17 710	35 437	26.58
陆运口岸	公路口岸	瑞　丽	132.38	1 271.84	1 404.22	78.10	859.00	877.59	1736.59	-1.80	2 144 402	1 950 584	4 094 986	-5.90
		畹　町	1.63	20.61	22.24	-28.50	50.68	54.04	104.72	16.10	87 701	86 678	174 379	-60.10
		磨　憨	117.88	130.28	248.16	22.90	76.82	76.89	153.71	5.40	211 626	208 185	419 811	-2.10
		金水河	1.02	0.75	1.77	51.70	23.32	23.48	46.80	8.60	23 181	23 483	46 664	33.00
		河　口	163.13	192.21	355.34	-32.70	278.54	284.81	563.35	19.70	163 346	163 353	326 699	-6.40
		天　保	2.61	17.24	19.85	-19.20	49.31	49.49	98.80	-7.90	33 886	33 821	67 707	-15.30
		腾冲猴桥	39.36	232.71	272.07	-2.30	26.63	27.40	54.03	22.80	96 344	95 420	191 764	30.40
		孟定清水河	24.53	37.98	62.51	11.80	54.60	58.06	112.66	22.60	141 235	137 523	278 758	29.30
		打　洛	10.03	3.87	13.90	66.20	65.65	65.02	130.67	27.90	295 724	292 916	588 640	54.90
		勐　康	4.86	2.68	7.54	-27.10	5.03	5.17	10.20	-7.10	16 757	16 736	33 493	-5.50
		都　龙	0.00	0.00	0.00	0.00	6.67	6.97	13.64		4	0	4	
		田　蓬	0.00	0.00	0.00	0.00	0.76	0.91	1.67		0	0	0	
		章　凤	3.69	8.32	12.01	-17.20	68.26	75.52	143.78	24.70	246 054	275 551	521 605	35.50
		孟　连	25.47	44.30	69.77	15.90	64.75	65.44	130.19	-18.40	102 329	102 233	204 562	-37.20
		南　伞	7.79	20.05	27.84	50.20	91.28	91.88	183.16	27.20	165 334	164 739	330 073	16.80
		沧　源	2.56	7.85	10.41	139.30	12.56	12.85	25.41	0.20	48 739	51 597	100 336	-2.30

续表

口岸类型		口岸名称	货运量（万吨）				人员（万人次）				交通工具（辆、艘、架、列次）			
			出口	进口	合计	同比（%）	出境	入境	合计	同比（%）	出境	入境	合计	同比（%）
陆运口岸	公路口岸	盈　江	0.59	3.59	4.18	135.80	32.64	33.00	65.64	0.50	111 473	109 040	220 513	524.80
		片　马	1.27	2.45	3.72	-62.80	6.48	6.62	13.10	-8.50	32 163	31 717	63 880	-9.20
		分　计	538.80	1 996.73	2 535.53	23.98	1 772.98	1 815.14	3 588.12	5.56	3 920 298	3 743 576	7 663 874	0.01
	铁路口岸	河　口	32.15	22.90	55.05	-12.90	1.41	1.41	2.81	-8.90	877	880	1757	-8.90
		分　计	32.15	22.90	55.05	-12.90	1.41	1.41	2.81	-8.90	877	880	1757	-8.90
水运口岸	海港口岸													
		分计												
	河港口岸	景洪港	9.03	7.04	16.07	27.90	2.81	3.01	5.81	-2.10	2 072	2 038	4 110	-0.40
		思茅港	0.00	0.00	0.00	0.00	0.00	0.00	0.00	0.00	0	0	0	0.00
		分　计	9.03	7.04	16.07	27.90	2.81	3.01	5.81	-2.10	2 072	2 038	4 110	-0.40
合　计			585.21	2 027.67	2 612.88	22.95	1 988.88	2 029.61	4 018.49	6.72	3 940 974	3 764 204	7 705 178	0.11
同比（%）			13.87	25.84	22.95	22.95	6.85	6.58	6.72	6.72	0.35	-0.15	0.11	0.11

（云南省口岸办提供）

2018年云南省口岸出入境主要数据表

<table>
<tr><th colspan="3">项　目</th><th>2018年</th><th>2017年</th><th>同比（%）</th></tr>
<tr><td rowspan="19">出入境人员（人次）</td><td colspan="2">出入境人员总数</td><td>45 841 648</td><td>41 702 392</td><td>9.93</td></tr>
<tr><td colspan="2">入境人员</td><td>23 187 647</td><td>21 176 394</td><td>9.50</td></tr>
<tr><td colspan="2">出境人员</td><td>22 654 001</td><td>20 525 998</td><td>10.37</td></tr>
<tr><td colspan="2">出入境旅客</td><td>37 014 016</td><td>36 111 640</td><td>2.50</td></tr>
<tr><td colspan="2">出入境员工</td><td>8 827 632</td><td>5 590 752</td><td>57.90</td></tr>
<tr><td rowspan="5">中国公民</td><td>小　计</td><td>9 958 982</td><td>8 317 931</td><td>19.73</td></tr>
<tr><td>内地居民（因公）</td><td>229 643</td><td>235 592</td><td>-2.53</td></tr>
<tr><td>内地居民（因私）</td><td>9 477 896</td><td>7 829 630</td><td>21.05</td></tr>
<tr><td>港澳居民</td><td>100 010</td><td>113 590</td><td>-11.96</td></tr>
<tr><td>台湾同胞</td><td>151 433</td><td>139 119</td><td>8.85</td></tr>
<tr><td rowspan="5">持边民证人员（包含中国边民与外国边民）</td><td>小计</td><td>34 140 190</td><td>31 209 256</td><td>9.39</td></tr>
<tr><td>中国籍</td><td>5 498 926</td><td>4 580 177</td><td>20.06</td></tr>
<tr><td>缅甸籍</td><td>23 899 411</td><td>23 033 602</td><td>3.76</td></tr>
<tr><td>越南籍</td><td>4 071 516</td><td>3 012 278</td><td>35.16</td></tr>
<tr><td>老挝籍</td><td>670 337</td><td>583 199</td><td>14.94</td></tr>
<tr><td colspan="2">外籍人员</td><td>30 383 740</td><td>28 804 284</td><td>5.48</td></tr>
<tr><td colspan="2">从海港出入境人数</td><td>58 131</td><td>59 275</td><td>-1.93</td></tr>
<tr><td colspan="2">从陆港出入境人数</td><td>41 566 249</td><td>38 200 937</td><td>8.81</td></tr>
<tr><td colspan="2">从空港出入境人数</td><td>4 217 268</td><td>3 442 180</td><td>22.52</td></tr>
<tr><td rowspan="5">交通运输工具（辆、艘、架、列次）</td><td colspan="2">总　计</td><td>9 871 860</td><td>8 561 158</td><td>15.31</td></tr>
<tr><td colspan="2">船　舶</td><td>4 744</td><td>4 120</td><td>15.15</td></tr>
<tr><td colspan="2">飞　机</td><td>35 437</td><td>28 360</td><td>24.95</td></tr>
<tr><td colspan="2">火　车</td><td>1 756</td><td>1 922</td><td>-8.64</td></tr>
<tr><td colspan="2">机动车辆</td><td>9 829 923</td><td>8 526 756</td><td>15.28</td></tr>
</table>

（云南出入境边防检查总站提供）

2018 年昆明海关主要数据统计表

项　目		2018 年	同比（%）
进出口货运量（万吨）	合计	3 034	22.70
	进口	2 427	25.10
	出口	607	14.00
进出口贸易总值（万美元）	合计	2 441 003	30.40
	进口	1 392 000	46.10
	其中：江、海运输	51 737	-25.50
	铁路运输	3 942	-19.30
	汽车运输	311 715	2.40
	航空运输	59 909	73.60
	邮件运输	5	-28.60
	其他运输	964 692	78.70
	出口	1 049 003	14.10
	其中：江、海运输	17026	14.90
	铁路运输	10 851	20.30
	汽车运输	728 355	10.50
	航空运输	216 081	16.50
	邮件运输	2	-86.70
	其他运输	76 688	50.90
税收（万元）	两税合计	972 600	59.60
	关税入库	24 300	-13.83
	进口环节税入库	948 300	63.16
货物检验检疫（批次）	本年累计	250 511	13.70
	其中：出境	55 936	21.28
	入境	194 575	11.70
货物检验检疫金额（万美元）	本年累计	14.56	-7.14
	其中：出境	4.53	-18.67
	入境	10.03	-0.79

（昆明海关提供）

2018 年云南省指定口岸/查验场统计表

省、自治区、直辖市	序号	指定口岸/指定查验场名称	口岸类别	类别	批复时间	备注
云南省	1	昆明长水空运口岸	空运	进境食用水生动物指定口岸	2015 年 12 月 16 日	
	2	昆明长水空运口岸	空运	进境种苗指定口岸	2009 年 12 月 31 日	
	3	昆明长水空运口岸	空运	进境水果指定口岸	2015 年 11 月 9 日	
	4	畹町口岸	公路	进境食用水生动物指定口岸	2017 年 11 月 9 日	
	5	畹町口岸	公路	进口冰鲜水产品检验检疫口岸	2014 年 12 月 22 日	
	6	畹町口岸	公路	进境粮食指定口岸	2014 年 10 月 9 日	
	7	河口口岸	公路	进口冰鲜水产品检验检疫口岸	2016 年 11 月 10 日	
	8	河口口岸	公路	进境种苗指定口岸	2013 年 7 月 5 日	
	9	河口口岸	公路	进境粮食指定口岸	2015 年 12 月 25 日	
	10	河口口岸	公路	进境水果指定口岸	传统水果口岸	
	11	天保口岸	公路	进口冰鲜水产品检验检疫口岸	2016 年 11 月 10 日	
	12	天保口岸	公路	进境粮食指定口岸	2014 年 10 月 9 日	
	13	天保口岸	公路	进境水果指定口岸	传统水果口岸	
	14	磨憨口岸	公路	进口冰鲜水产品检验检疫口岸	2017 年 12 月 15 日	
	15	磨憨口岸	公路	进境种苗指定口岸（罗汉松特定口岸）	2015 年 1 月 19 日	

续表

省、自治区、直辖市	序号	指定口岸/指定查验场名称	口岸类别	类别	批复时间	备注
云南省	16	磨憨口岸	公路	进境粮食指定口岸	2015年12月25日	
	17	磨憨口岸	公路	进境水果指定口岸	传统水果口岸	
	18	关累口岸	内河	进口肉类指定口岸	2018年5月31日	
	19	瑞丽口岸	公路	进境种苗指定口岸	2009年12月31日	
	20	瑞丽口岸	公路	进境粮食指定口岸	2014年10月9日	
	21	瑞丽口岸	公路	进境水果指定口岸	传统水果口岸	
	22	孟定口岸	公路	进境粮食指定口岸	2015年12月25日	
	23	腾冲猴桥口岸	公路	进境粮食指定口岸	2015年12月25日	
	24	腾冲猴桥口岸	公路	进境水果指定口岸	2017年5月2日	
	25	章凤口岸	公路	进境水果指定口岸	2014年9月26日	
	26	打洛口岸	公路	进境水果指定口岸	传统水果口岸	

（昆明海关提供）

西藏自治区

西藏自治区口岸分布示意图

	类型	口岸名称	批准开放时间	开放状态
1	空运口岸	拉萨空运口岸	1993.6	国际常年
2	公路口岸（3个）	普兰公路口岸	1961	国际常年
3		吉隆公路口岸	1961	国际常年
4		樟木公路口岸	1961	国际常年

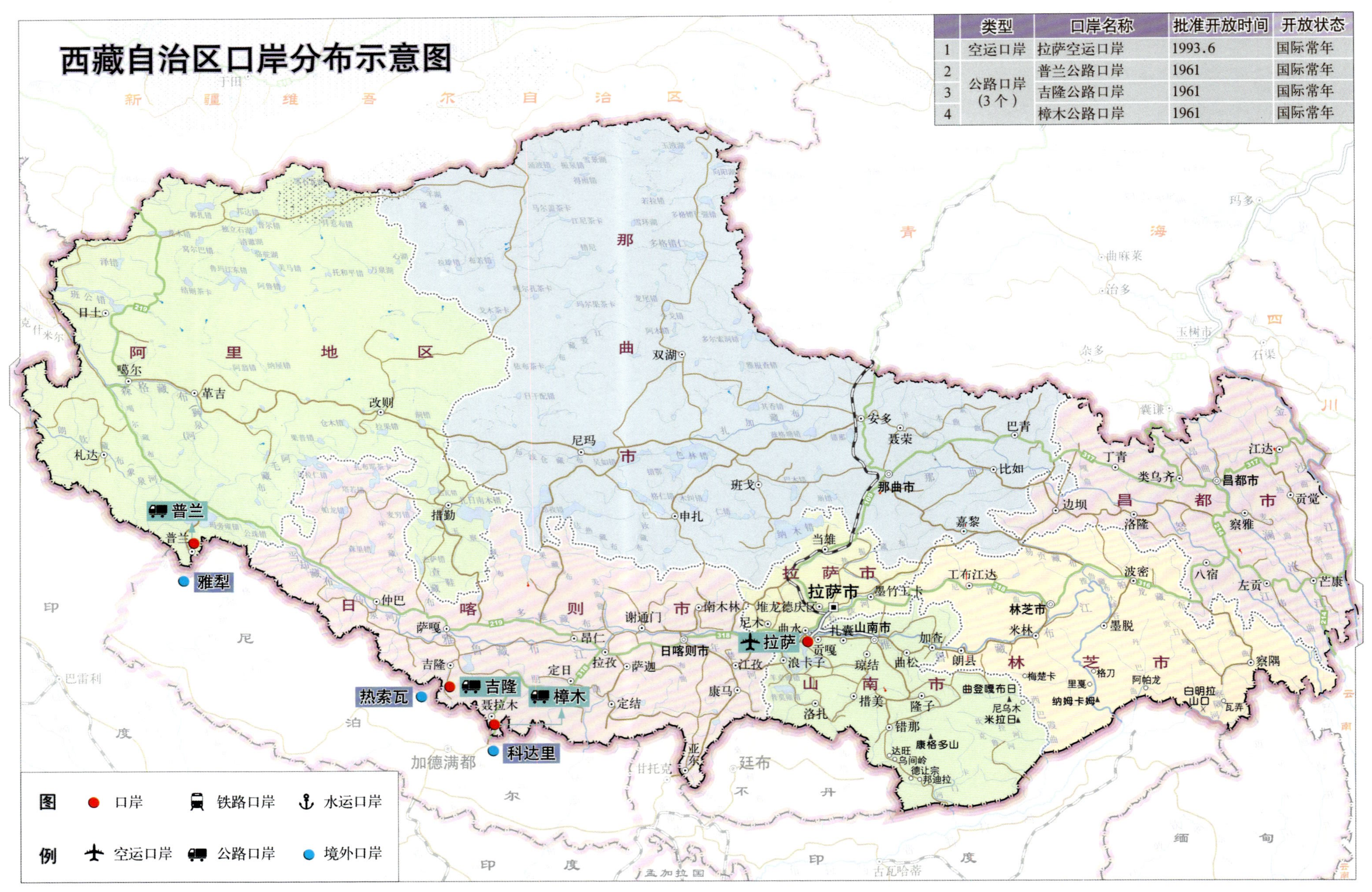

口岸数量及分布

截至2018年年底，西藏自治区有经国务院批准的对外开放口岸4个。其中，空运口岸1个，即拉萨空运口岸（拉萨贡嘎机场）；陆路（公路）口岸3个，分别是樟木、吉隆、普兰公路口岸，均为中尼边境口岸。

口岸运行数据

2018年，西藏自治区口岸出入境货运量为14.32万吨，同比增长21.72%。其中，进口0.30万吨，同比增长219.87%；出口14.02万吨，同比增长20.11%。同期，出入境货值53.12亿元，同比增长25.57%。其中，进口18.43亿元，同比增长20.54%；出口34.69亿元，同比增长23.67%。出入境人员27.34万人次，同比增长25.08%。其中，入境13.05万人次，同比增加18.96%；出境14.29万人次，同比增加31.24%。出入境交通工具4.03万辆（架）次，同比增长20.76%。其中，入境2.01万辆（架）次，同比增加20.28%；出境2.02万辆（架）次，同比增加21.23%。

口岸综合管理

【口岸发展规划】 2018年4月25日，经西藏自治区口岸建设管理和边境贸易发展领导小组2018年第1次会议审议通过《西藏自治区日屋—陈塘口岸发展规划（2016—2025）》和《西藏自治区里孜口岸发展规划（2016—2025）》印发执行。

【口岸开放】 根据国家口岸开放计划，完成里孜口岸开放申报材料准备工作并经西藏自治区人民政府审定同意上报国务院。国家口岸办已经启动审批程序。2018年10月15日，向国家口岸办申请将陈塘（日屋）口岸列入2019年开放审理计划，推动形成全方位对外开放新格局。

【口岸基础和配套设施建设】 2018年，各口岸查验及配套设施进一步完善，口岸通关条件不断提升。争取中央对外开放口岸补助资金2.01亿元用于吉隆、里孜、陈塘口岸查验基础设施建设，争取西藏口岸发展专项资金0.3亿元用于普兰、吉隆、阿里机场口岸和亚东边贸通道口岸及查验附属设施建设，争取计划外口岸查验设施修复资金1.4亿元专项用于樟木口岸恢复货运通道功能。

【“单一窗口”建设】 在吉隆口岸大力推广国际贸易“单一窗口”，不断减少企业申报时间成本，提高企业申报效率，提升便利化水平。截至2018年12月28日，西藏自治区通过国际贸易“单一窗口”报关1 175单，检验检疫电子底账为1 115单，公路舱单为2 249单，企业资质申报计297单，税费支付计625单，货物申报业务覆盖率达100%。

【持续推进通关改革】 一是积极推进落实压缩货物通关时间工作。2018年口岸进口整体通关时间为33.89小时，压缩比为56.23%；出口整体通关时间为3.89小时，压缩比为65.95%，超额完成年内压缩三分之一的任务目标。二是积极贯彻落实国务院关于口岸提效降费的要求，在口岸开展收费自查并公示，实行口岸收费目录清单制度，创造优质的口岸通关环境。三是积极推动解决吉隆口岸尼司助人员入境困难事宜。在国务院办公厅支持协调下，相关部委同意放宽边民证认证范围，尼方中尼边境地区居民持边民证均可从吉隆口岸入境，实施期限为一年。

口岸监管与服务

【西藏自治区出入境边防检查总站提升口岸通关服务效能】 西藏自治区出入境边防检查总站不断优化勤务组织，通关服务更加便捷高效。2018年，各口岸边检站严格执行中国公民出入境通关候检不超过30分钟、节假日客流高峰预测与等级预警等新举措，同时兼顾提高外国人通关效率，有效解决了客流高峰期口岸拥堵问题。

【西藏自治区出入境边防检查总站全面加强口岸管控】 西藏自治区出入境边防检查总站深入贯彻2018年4月9日全国边检机关口岸安全管控工作视频会议精神，坚决守住出入境管控防线和口岸安全底线。严格落实国家移民管理局《关于进一步强化口岸管控工作的意见》和总队“7·30”打击非法出入境专项行动部署要求，不断建立健全责任制度，细化完善工作措施，巩固提升能力建设，强化内外协调联动。严格出入境边防检查，严格勤务制度，强化协同配合。主动加强与尼泊尔军警部门的执法合作，不断完善协作配合机制，强化口岸重点区域巡逻管控和日常应急处突训练演练，有效防范应对各类不法分子从口岸潜入潜出。

【西藏自治区出入境边防检查总站支持地方外经贸发展】 西藏自治区出入境边防检查总站指导拉萨、吉隆边检站优质完成2018年9月召开的第四届“藏博会”外宾及保障参展商品入出境服务。

【西藏自治区出入境边防检查总站做好外国人指纹留存工作】 西藏自治区出入境边防检查总站为扎实开展入境外国人指纹留存工作，提升口岸通关服务效能，为各边检站配齐生物信息采集设备。亚东边检站积极克服仁青岗边贸市场基础设施建设滞后的实际困难，全力做好梅沙系统网络搭建、生物信息采集设备维护管理等工作，进一步优化印度官方香客查验模式，不断提高信息采集、比对、核查能力，推动通关验放更加精准高效、手续流程更加简便优化。

一是推动拉萨综合保税区申建工作取得阶段性成果。协助申建部门就入区企业的可行性研究提供政策咨询与支持，推动企业入驻园区，并为更好地发挥海关职能作用做好准备。二是创新做好第四届“藏博会”监管服务工作。在吉隆口岸和拉萨空运口岸分别开通“绿色通道”；首次安排专人提前3天驻会，全力做好监管服务工作并加强海关政策宣传。三是精准对接地方发展需求，帮助企业用足用好税收优惠政策。年内审批减免税总货值稳步增长。四是顺利完成“十二五”期间西藏自治区自用物资进口关税返还工作。“四方合作”长效机制逐步构建，自2017年10月正式启动以来，审核21家企业纸质报关单3 248份，返还3 008.19万元。五是开展“十三五”期间的进口自用物资关税返还工作。已完成15家企业纸质报关单874份，返还税款共计613.15万元。六是有力支持“西藏好水”出口。依托西藏国家级矿泉水检测重点实验室平台，持续为自治区天然饮用水企业提供全面优质的检测服务。

【创新通关监管模式】 拉萨海关加快海关监管作业场所规范化建设进程。完成H986大型集装箱检查系统在吉隆口岸安装使用，附属配套设施建设全部到位；吉隆海关出口货物查验场智能化卡口建设取得积极进展。

【拉萨海关推动口岸通关改革】 一是落实海关机构改革工作。2018年4月20日起统一以海关名义对外开展工作，实现“一口对外、一次办理”；6月1日同步完成取消通关单；8月1日报关单、报检单合二为一，原报关、报检共229个申报项目合并精简至105个，口岸通关作业环节融为一体。二是确保海关业务改革工作推进到位。监管领域“查检合一”工作深入推进。2018年，关区各行邮现场全部实现进境物品进口税移动支付工作；新一代税费电子支付年内全面推广，支付率为91.37%；“自报自缴”税单使用率上升明显，占同期进口报关单的51.64%。口岸货运渠道安全准入风险实时监控分析与布控正常有序，查验率、查获率均高于全国平均水平。“多查合一”“多证合一”“一照一码”等改革工作与全国同步推进。

【拉萨海关加强口岸规范化管理】 一是监管质效持续提升。以查堵各类违禁品等为监管重点，对进出境行李物品、邮递物品进行100%过机查验，对重点可疑物品进行100%开包开箱查验。加强现代化查验设备配备力度，在各现场配发X光机等8类监管查验设备。加大对毒品、枪支、有毒有害物品及爆炸物等的查缉力度。2018年关区未发生一件影响国门安全情事。二是综合治税工作稳步推进。强化综合治税能力，狠抓税收征管，调整进境物品进口税税收征管职责，构建原产地管理进出口新格局。全年征收税款2.15亿元。三是稽查、企管工作绩效大幅提升。组织实施“特许权使用费”“进口固体废物”专项稽查工作。年内开展企业稽查16起，其中专项稽查10起，专项稽查有效率达到70%。四是打私工作成效显著。落实海关总署打私工作要求，以“四个中心”作为智慧缉私建设的重要抓手，依托“缉私战区”强化内联外合，开展“国门利剑2018”、“国门勇士2018”缉枪、“蓝天”打击洋垃圾等一系列打击走私专项斗争和联合行动，严厉打击濒危物种、农产品、重点敏感涉税商品、涉枪涉毒走私活动。强化缉私和行邮渠道走私象牙及其制品查缉，年内在邮递渠道查获象牙制品1.12千克。五是疫病疫情防控扎实有效。落实疫情防控工作要求，持续做好当前改革形势下卫生检疫监管工作。共完成出入境人员健康检查和艾滋病监测各464人次。以吉隆、普兰口岸为重点区域，共体检口岸从业人员422人，查出乙肝表面抗原阳性、梅毒抗体阳性等32例。口岸市场卫生监督查获过期、三无食品共计102批1 100余件。针对印度尼帕病毒、非洲猪瘟等人类和动物传染病毒风险，采取有效手段加以防控，确保关区内未发生一起尼帕病毒病、非洲猪瘟疫情和其他传染病疫情传入情事。六是国门生物安全行动有力。全面开展国门生物安全监测工作，共建美丽生态。分别在拉萨市区、贡嘎机场、樟木、亚东、林芝、吉隆及中尼边境尼泊尔境内一侧5千米范围内设立实蝇监测点120个，各点监测诱捕各类实蝇775头，实蝇监测工作成绩显著。开展“绿蕾4”专项行动，有害生物远程鉴定系统在贡嘎机场、吉隆、亚东、普兰等地安装到位。各口岸累计截获禁止进境动植物产品共计842批次，检疫出植物有害生物6批次，维护国门生物安全工作有条不紊。七是商品检验监管不断加强。把好进出口商品质量安全关，开展2018年进出口商品风险监测工作，共针对63个风险监测样品，涉及39批合格样品和24批不合格检验项目。2018年共出动执法抽查750人次，对7家代理报检企业申报的进出口目录外商品实施随机抽查检验359批次，共随机抽查检验不合格13批次。继续推进进出口商品质量调查分析工作，形成首份完整的《中尼进出口商品质量安全分析报告》。八是切实把海关总署对边关的支持保障措施用好用足，法治海关建设持续深入。加强知识产权海关保护，深入推动2018年“龙腾”行动等4项专项行动，在出口货运渠道查获涉嫌侵犯知识产权案件17起，立案15起，查获涉嫌侵权货物4 600件5.99万元，罚没侵权货物3 828件4.61万元，切实维护了“中国制造”声誉。

开放口岸

【拉萨空运口岸（拉萨贡嘎机场）】 拉萨空运口岸位于西藏自治区山南市贡嘎县甲竹林镇，距西藏自治区首府拉萨市60千米，是西藏自治区唯一对外开放的机场。拉萨空运口岸以人员出入境为主，2018年出入境人员5.29万人次，同比减少10.40%，其中出境2.85万人次，入境2.44万人次；出入境飞机431架次，其中入境210架次，出境221架次；进口货运量1 856吨，同比增长639.40%；进出口货值18.00亿元，同比减少26.3%，其中进口17.98亿元，同比减少26.4%，出口212万元。

【樟木陆路（公路）口岸】 樟木公路口岸位于西藏自治区日喀则市聂拉木县樟木口岸，与尼泊尔科达里口岸相对，距日喀则市470千米，距拉萨市780千米。樟木口岸在2015年“4·25”地震前是我国最大的中尼陆路口岸，但受尼泊尔“4·25”地震波及，樟木口岸损毁严重，被迫中断运行，中尼经贸合作严重受挫。2018年，海关总署和西藏自治区人民政府双牵头的协调领导小组多次召开专题会议研究部署工作，各成员单位多次单独或联合赴樟木口岸调研督促工作落实。2018年3月31日~4月4日，国家口岸办、海关总署监管司等单位组成樟木口岸工作督导组，赴樟木口岸开展了督查工作。9月1日~4日，受西藏自治区政府副主席罗梅委托，政府副秘书长刘萱带领中方相关单位，与尼泊尔驻拉萨总领馆总领事戈宾德·巴哈杜尔·卡尔基率领的尼相关部门组成联合工作组，赴樟木—科达里口岸开展实地调研并举行会晤。2018年，按照《樟木口岸科学恢复开通方案》，樟木口岸道路恢复重建、地质灾害治理、水利防汛治理、联检设施恢复等工作按照时间节点紧张推进。

【吉隆陆路（公路）口岸】 吉隆公路口岸位于西藏自治区日喀则市吉隆县吉隆镇，距日喀则市560千米，距拉萨市830千米。吉隆口岸自古就有商道、官道、战道之称，历史上曾是西藏与尼泊尔最大的陆路通商口岸之一，是中尼双方政治、经济、文化交流的主要通道，也是中尼间的传统边贸市场。2015年国务院正式批准吉隆口岸扩大开放，2017年通过验收并正式启用。2018年，西藏自治区继续完善吉隆口岸功能，投资中央预算内口岸专项资金1.26亿元，用于吉隆口岸海关监管仓库二期、二线联检查验区基础设施、国际旅行保健中心、海关应急保障中心、综合保障设施项目；投资西藏口岸发展资金859.42万元，用于口岸附属设施建设，口岸功能进一步完善。

2018年，吉隆公路口岸进出口货物14.1万吨，同比增长20.1%；进出口货值35.12亿人民币，同比增长23.9%；进出境人员15.47万人次，同比增长30%，其中入境7.31万人次，同比增长29.6%，出境8.17万人次，同比增长30.1%；出入境交通工具3.01万辆次，同比减少7.6%，其中入境1.50万辆次，同比减少7.9%，出境1.51万辆次，同比减少7.8%。

【普兰陆路（公路）口岸】 普兰公路口岸位于西藏自治区阿里地区普兰县普兰镇，县域西南与印度毗邻，南与尼泊尔接壤。普兰口岸与尼泊尔和印度两国接壤，对尼为正式开放的国际性口岸，对印为印度官方香客朝圣和边民互市贸易通道。2018年投资西藏口岸发展资金1 120万元，用于口岸附属设施建设。

2018年，普兰公路口岸进出口货物0.03万吨；进出口货值77万人民币，同比增长164.1%；进出境人员3.89万人次，同比减少4%，其中入境2.00万人次，同比增长3.1%，出境1.93万人次，同比减少5%。

2018年西藏自治区口岸大事记

4月10日

西藏自治区口岸建设管理和边境贸易发展领导小组召开2018年第1次会议。

9月1日~4日

受西藏自治区政府副主席罗梅委托，政府副秘书长刘萱带领中方相关单位，与尼泊尔驻拉萨总领馆总领事戈宾德·巴哈杜尔·卡尔基先生率领的尼相关部门组成联合工作组，赴樟木—科达里口岸开展实地调研并举行会晤。

10月30日~11月3日

在吉隆口岸成功举办以“追忆中尼古道，重塑南亚通道”为主题的“2018吉隆县首届边贸文化旅游节”。边贸文化旅游节设有巴基斯坦、尼泊尔、国内商会、区内各大企业和6个乡镇展销点共400余个，展销商品有各乡镇特色产品、非物质文化遗产实物和外贸商品等500余种，交易额实现2 227.8万元。此次边贸文化旅游节的举办带动了吉隆县旅游文化产业、边民互市贸易等方面的蓬勃发展，扩大吉隆县与南亚城市的双向投资贸易和城市文化推介的交流与合作。

11月20日

根据《中共西藏自治区委员会、西藏自治区人民政府关于西藏自治区机构改革的实施意见》，西藏自治区口岸管理办公室在区商务厅正式挂牌。

（撰稿人：张文鹏、蒲永刚、李春、色珍、达瓦次仁、谢昆帆）

2018 年西藏自治区口岸流量统计表

口岸类型		口岸名称	货运量（万吨）				集装箱量（万标箱）				人员（万人次）				交通工具（辆、艘、架、列次）			
			出口	进口	合计	同比（%）	出口	进口	合计	同比（%）	出境	入境	合计	同比（%）	出境	入境	合计	同比（%）
空运口岸		拉萨空运口岸	0.000 0	0.185 6	0.185 6	639.40					2.847 7	2.438 9	5.286 6	-10.400	221	210	431	-25.00
		分计	0.000 0	0.185 6	0.185 6	639.40					2.847 7	2.438 9	5.286 6	-10.400	221	210	431	-25.00
陆路口岸	公路口岸	吉隆口岸	13.984 6	0.118 6	14.103 2	20.10					8.166 1	7.306 3	15.472 4	30.000	15 128	15 008	30 136	-7.600
		樟木口岸	0	0	0.000 0	—					0.001 0	0.001 0	0.002 0	—	0	0	0	0.00
		普兰口岸	0.031 7	0	0.031 7	—					1.925 2	1.950 6	3.875 8	-4.000	0	0	0	0.00
		分计	14.016 3	0.118 6	14.134 9	20.40					11.441 4	10.607	22.048 4	38.24	20 036	19 916	39 952	22.50
	铁路口岸																	
		分计																
水运口岸	海港口岸																	
		分计																
	河港口岸																	
		分计																
合　计			14.016 3	0.304 2	14.320 5						14.289 1	13.045 9	27.335 0		20 257	20 126	40 383	
同比（%）			20.11	219.87	21.72						31.24	18.96	25.08		21.23	20.28	20.76	

（西藏自治区口岸办提供）

2018年西藏自治区口岸出入境主要数据表

项目			2018年	2017年	同比(%)
出入境人员(人次)	出入境人员总数		273350	221 549	23.40
	入境人员		130 459	104 697	25.00
	出境人员		142 891	116 852	22.00
	出入境旅客		122 350	106 231	15.00
	出入境员工		6 499	8 288	-21.50
	中国公民	小计	44658	47 605	-6.20
		内地居民(因公)	815	846	-3.60
		内地居民(因私)	43 398	46 332	-6.30
		港澳居民	361	352	2.50
		台湾同胞	84	75	10.70
	外籍人员		77 692	58 626	32.50
	从海港出入境人数		0	0	0.00
	从陆港出入境人数		220 484	162 499	35.60
	从空港出入境人数		52 866	59 050	-10.40
交通运输工具(辆、艘、架、列次)	总计		40 383	34 408	17.30
	船舶		0	0	0.00
	飞机		431	573	-24.70
	火车		0	0	0.00
	机动车辆		39 952	33 835	18.10

(西藏出入境边防检查总站提供)

2018 年拉萨海关主要数据统计表

项　目		2018 年	同比（%）
进出口货运量（万吨）	合计	16.78	39.40
	进口	2.76	1 013.10
	出口	14.02	18.90
进出口贸易总值（万人民币）	合计	475 188.03	-18.99
	进口	189 490.32	-35.43
	其中：江、海运输		
	铁路运输		
	汽车运输		
	航空运输		
	邮件运输		
	其他运输		
	出口	285 697.71	-2.52
	其中：江、海运输		
	铁路运输		
	汽车运输		
	航空运输		
	邮件运输		
	其他运输		
税收（万元）	两税合计	21 461.16	21.54
	关税入库	3 785.33	57.10
	进口环节税入库	17 675.83	4.46
货物检验检疫（批次）	本年累计	2 777	19.96
	其中：出境	230	78.29
	入境	2 547	16.51
货物检验检疫金额（万美元）	本年累计	19 781	15.49
	其中：出境	529	2.17
	入境	19 252	15.91

表注：进出口贸易总值含边民互市贸易。

（拉萨海关提供）

2018 年西藏自治区指定口岸/查验场统计表

省、自治区、直辖市	序号	指定口岸/指定查验场名称	口岸类别	类别	批复时间	备注
西藏自治区	1	樟木口岸	公路	中药材进口	2005 年 3 月 25 日	
	2	吉隆口岸	公路	药材进口	2018 年 1 月 25 日	
	3	普兰口岸	公路	药材进口	2018 年 1 月 25 日	

（西藏自治区口岸办提供）

陕 西 省

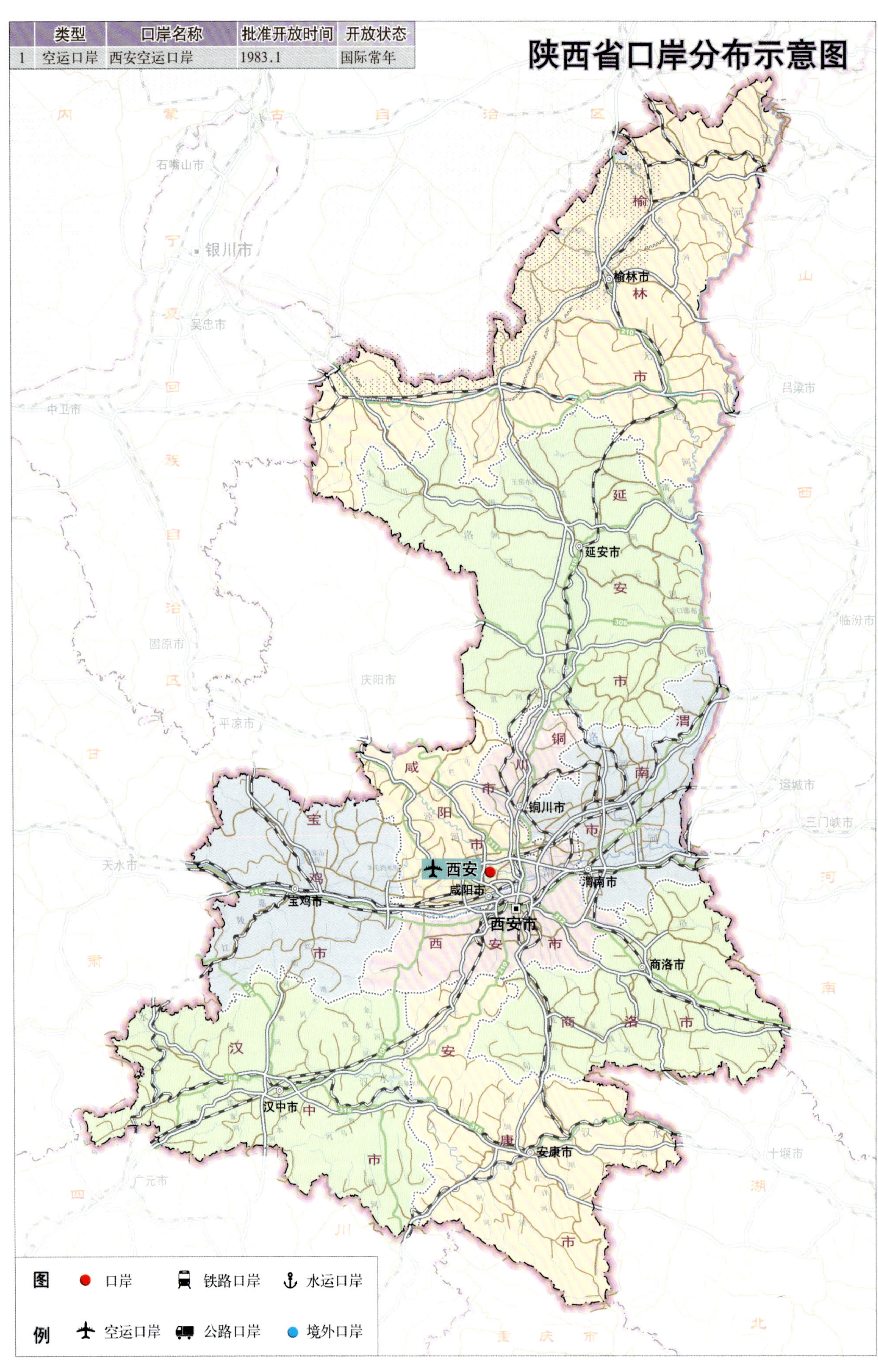

陕西省口岸分布示意图
	类型	口岸名称	批准开放时间	开放状态
1	空运口岸	西安空运口岸	1983.1	国际常年
内蒙古自治区
宁夏回族自治区
甘肃
山西
河南
湖北
四川
重庆市
石嘴山市
银川市
吴忠市
中卫市
固原市
庆阳市
平凉市
天水市
广元市
吕梁市
临汾市
运城市
三门峡市
十堰市
榆林市
延安市
铜川市
咸阳市
西安
西安市
宝鸡市
渭南市
商洛市
汉中市
安康市
图例
口岸
铁路口岸
水运口岸
空运口岸
公路口岸
境外口岸

口岸数量及分布

截至2018年年底，陕西省有经国务院批准的对外开放口岸1个，即西安空运口岸（西安咸阳国际机场）。

口岸运行数据

据西安海关统计数据，2018年，西安海关共验放监管运输进出口货物260万吨，同比增长57.1%；货物总值3 121亿元，同比增长33.4%。

2018年，西安空运口岸（西安咸阳国际机场）共验放出入境飞机及国际航班包机1.86万架次（海关统计数据），同比增长21.3%；共验放和运送出入境人员271.4万人次（边防统计数据），同比增长33.37%；进出口货运量4.2万吨，同比增长28%。

西安陆路（铁路）口岸（临时开放）集装箱中心站办理量达到239 964标箱，同比增长73.43%。其中发送112 213标箱，同比增长109.2%；到达117 483标箱，同比增长68.21%。2018年共开行中欧班列（长安号）1 235列，运送货物总重120.2万吨，其中中亚方向共发送595列，去程518列，回程77列；中欧方向共发送640列，去程227列，回程413列。

榆林空运口岸（榆阳机场）（临时开放）自2018年12月8日开放，截至2018年年底累计起降进出境客运飞机55架次，发送进出境旅客8 725人次，客座率达77.99%。

口岸综合管理

【加速推动国际航线发展，提升国际通达能力】 2018年新开通了西安至圣彼得堡、伦敦、马德里、洛杉矶、澳门、仰光、曼德勒等国际（地区）航线，加密了西安至暹粒、普吉、清迈等国际航线，复飞了西安至万伦、冲绳、莫斯科、赫尔辛基等国际航线，继续提升国际通达能力。截至2018年年底，西安咸阳国际机场空运口岸累计运营国际（地区）航点53个，客货运航线64条。全年累计完成出入境航班19 973架次，同比增长23.1%；出入境旅客271.4万人次，同比增长33.37%；进出口货运量4.2万吨，同比增长28%。

【有力保障通关礼遇，维护空运口岸工作秩序】 一是随着“一带一路”建设的不断深入，越来越多的外国首脑政要来陕西交流访问，圆满完成了法国总统马克龙、巴拿马总统夫人卡斯蒂略、瑞士联邦委员兼外长卡西斯、国际农业发展基金总裁洪博、韩国地方高级公务员代表团等政要首脑来陕的口岸通关礼遇，以及“2018丝博会”等口岸通关协调保障工作和各项空运口岸临时应急任务。2018年共发送通关礼遇和通关便利函件42次。二是认真对国际（地区）航班飞行计划进行把关，2018年共向联检单位发送航班通知281次，做好国际（地区）航班的保障工作。多次就加快陕西省国际空运口岸软硬件建设、航空客货运发展、重大通关活动及新开航线的航班保障工作等与联检单位和机场方面进行协调。

【积极开拓中欧班列，推进陆路口岸发展】 积极谋划，多措并举，主动协调铁路、交通等部门发展多式联运，采取“一线一企运营”思路指导西安国际港务区创新运营模式，确保不同企业运营不同线路。同时，加强口岸合作，减少通关环节，简化通关流程，实行“运单一体化”“统一运单电子化”，有力推动了沿线口岸管理部门信息互换、监管互认、执法互助，有效提高了口岸联检单位现场查验效率，极大地促进了“长安号”国际货运班列的高效运行。2018年全年中欧班列共发送1 235列，运送货物总重120.2万吨，“长安号”的重载率、货运量、实际开行量居全国第一。

【推动西安陆路（铁路）口岸汽车整车进口口岸封关运行】 2018年4月26日，西安陆路（铁路）口岸汽车整车进口口岸完成海关总署及商务部备案，正式封关运行。在两周时间内，完成了验收工作方案制订和报批、组织预验收、现场验收、召开验收论证会、联合签署验收纪要、以省政府名义函报国家部委、获得海关总署和商务部审核通过，创造了整车口岸验收、开通、封关运行速度全国之最。在陕西省委、省政府推动下，吉利集团将西安陆路（铁路）口岸确定为欧洲沃尔沃轿车进口中国的整车口岸。西安整车口岸正式封关运行对陕西省进一步扩大对外开放、深度融入“一带一路”建设发挥了重要的促进作用。

【推进陕西电子口岸建设和国际贸易“单一窗口”推广应用】 一是抓好国际贸易“单一窗口”已上线项目的运维工作，通过陕西省各地市的“单一窗口”微信服务群和95198 服务热线，及时答复解决企业在应用中存在的各种问题。二是按照国家口岸办的统一要求，改版了中国（陕西）国际贸易“单一窗口”版面。三是扩大宣传推广力度，通过省电视台、口岸信息微信群等多种形式，积极推进国际贸易“单一窗口”推广应用工作。四是做好关检融合统一申报工作，联合省商务厅、西安海关、中国电子口岸西安数据分中心，在各地市举办 15 场培训，培训陕西省外贸企业 709 家、主要业务人员 1 058 人，确保陕西省关检融合统一申报工作平稳过渡。五是做好2018 年 10 月 1 日陕西省实施的“单一窗口”税费支付推广工作，引导企业顺利完成税费支付系统切换。截至 2018 年年底，陕西省外贸企业推广应用了“单一窗口”标准版全部 8 项功能，并完成报关约 25 万单。

【不断优化通关流程，降低通关成本】 一是出台了提升跨境贸易便利化的政策措施。2018 年7 月 11 日，以陕西省政府办公厅名义印发了《陕西口岸提升跨境贸易便利化若干措施（试行）》，从便利单证办理、压缩通关准备和货物提离时间三分之一以上、降低集装箱进出口环节合规成本10%以上、建立公示制度、完善口岸配套服务 5 个方面，提出了 14 条具体措施。二是开展了清理口岸收费工作。依据国务院、国家部委有关会议和文件精神，成立陕西省口岸清理收费工作领导小组，制定印发了陕西省口岸提效降费、清理口岸收费两个工作实施方案，印发了《关于公示航空口岸铁路口岸进出口环节场站收费目录清单的公告》，全面推行口岸收费目录清单制度，并会同市场监督、财政部门深入口岸一线监督检查，确保清单以外一律不得收费。三是完成了压缩整体通关时间三分之一的目标任务。截至 2018年年底，陕西省进口整体通关时间为 28.28 小时，压缩率为 68.76%；出口整体通关时间为2.99 小时，压缩率为 53.23%。

【不断拓展和完善口岸功能】 在各有关部门的共同努力下，西安咸阳国际机场空运口岸已获批设立进口冰鲜水产品、进境食用水生动物、进境水果指定口岸，进口肉类指定口岸正在等待验收；指导西部机场集团和杨凌示范区管委会联合申请设立进境植物种苗指定口岸。在西安铁路口岸相继获批设立了进境粮食、进口肉类指定口岸和汽车整车进口指定口岸，铁路口岸功能得到进一步增强。

【协调推进设立综合保税区和开放空运口岸】 在调研沟通的基础上，推动加快设立宝鸡综合保税区、陕西西咸空港综合保税区。积极协调海关、商务等部门推进西安航空基地综合保税区项目建设和西安出口加工区 B 区更名为西安高新综合保税区（北区）、西安高新综合保税区更名为西安高新综合保税区（南区）等工作。2018 年 6 月 6 日和 7 月 3 日，陕西省口岸办会同榆林市、延安市政府分别就榆林机场口岸、延安机场口岸临时开放事项向国家口岸办作了专题汇报。国家口岸办原则同意在榆林国际煤博会期间临时开放榆林空运口岸，在 2019 年清明公祭轩辕黄帝典礼期间临时开放延安空运口岸。9 月 30 日，国家口岸办正式批准中外籍客运飞机从榆林榆阳机场临时出入境，时间为 2018 年 12 月 8 日至 2019 年3 月 7 日。12 月 8 日，榆林榆阳机场空运口岸临时开放正式通航，榆林榆阳机场成为陕西省首个实现空运口岸开放的支线机场，目前已开通 2 条国际航线。

【协调推进口岸通关合作】 一是加强区域口岸通关合作。协调西安海关会同西安国际港务区赴满洲里口岸就压缩“长安号”查验率、实现舱单归并进行了对接，与铁路部门就过境铁路车板保障和换装效率提升进行了协商。赴首都机场口岸和乌鲁木齐、阿拉山口、霍尔果斯铁路口岸及青岛港口岸商讨建立口岸通关联合协作机制。二是推进落实口岸合作协议。推进西安国际港务区全方位落实与上海港、天津港、青岛港、宁波港、连云港等14个国内港口签署的港区口岸战略合作协议，与6家港口企业签署的全国首个服务国家“一带一路”建设多式联运企业联盟合作框架协议，进一步提高了口岸通关效率，强化了口岸公共卫生安全保障能力。

口岸监管与服务

【陕西出入境边防检查总站扎实开展专项行动，维护口岸安全稳定】 2018年，陕西出入境边防检查总站扎实开展“固边5号”系列专项行动，在认真做好基础查验工作的同时，通过前台询问、形态识别和活动轨迹察看等环节发现异常情况，实施重点检查、询问和信息采集推送，利用口岸视询机制做好口岸反恐排查工作，严防重点人员失控漏管，确保口岸绝对安全畅通。根据国家移民管理局要求，开展“三非”外国人专项治理工作，加强入境管控，严密出境检查，坚持问题导向，实施动态管理，有效防控“三非”活动，切实维护出入境秩序。

【陕西出入境边防检查总站发挥数据预警作用，强化口岸管控能力】 依托API预报信息、旅游团预报信息做好重点人员的提前摸排、提前锁定，对高度可疑对象进行预警。对入境的重点国家人员安排专人在其到达验证台前开展全面信息审查。充分利用多种公安数据资源，穷尽手段方法，排查发现涉嫌变更身份的涉恐人员。2018年，总站先后从25万条数据中排查出26名高度疑似“漂白身份”信息的在逃人员。6月5日查获一名刚果（金）籍非法出入境人员，并通过数据排查成功发现其同行人，将该信息发布全国口岸后，7月16日该人持用伪假瑞士居留卡出境时被上海机场边检站查获。11月10日排查出一名变换身份的网上追逃人员，将该信息及时发布全国口岸，4天后该人在厦门同益口岸出境检查时被查获。

【陕西出入境边防检查总站全力服务地方经济，打造边检服务品牌】 认真贯彻国家移民管理局加快推进移民和出入境领域“放管服”改革工作视频会议精神，服务经济社会发展、促进改革开放、便利中外出入境人员。总站2018年共完成国务院副总理孙春兰、法国总统埃马纽埃尔·马克龙、土耳其大国民议会议长比纳利·耶尔德勒姆等中外领导人、元首和政要的入出境专（包）机礼遇检查任务3批次135人次；完成了赴老挝执行押解电信诈骗犯罪嫌疑人回国包机的出入境边防检查任务，为第三届丝绸之路国际博览会暨中国东西部合作与投资贸易洽谈会、戊戌年清明公祭轩辕黄帝典礼等活动嘉宾共114人次提供了通关便利。全年为海南、长龙、东方等航空公司及康辉、海外旅游公司等服务对象提供业务咨询和培训服务20余次；为咸阳机场、地勤公司、机场海关等单位授课培训5次。

【陕西出入境边防检查总站创新便民服务举措，助推口岸临时开放】 总站与陕西省旅发委联合发文，增加旅游团提前申报量；走访驻西安咸阳国际机场各航空公司，对预申报的航空公司开展一对一帮扶，采取优化自助通道标志标识、加装语音提示、拍摄使用指南视频、加强各航空公司和旅行社预申报旅客信息等一系列措施，推行边检自助通关。安置出入境记录凭证自助打印机，使自助通关的旅客可自行打印出入境凭证，截至2018年年底，采取自助通关的旅客已达到符合自助通关条件旅客的50%。2018年4月30日起正式实施西安空运口岸留存入境外国人指纹工作，截至年底已核验留存外国人指纹近12万人次。落实国家移民管理局发布的“承诺中国公民等候办理边检手续时间不超过30分钟”的要求，设置中国公民通道，对出入境候检场地实施中外旅客分区候检，着力解决高峰时段中国公民排队长问题。进行节假日客流高峰预测4次，做到提前预警、有效应对。成立总站榆林、延安口岸临时开放工作领导小组，与榆林、延安两市领导和相关部门积极对接，选派业务、技术骨干多次前往两地，为其航空口岸临时开放申报和国际厅建设工作提供帮助。

【陕西出入境边防检查总站推进基础信息化和执法规范化建设】 积极协调陕西省发展改革委专项资金，加大边检查验硬件设施建设与优化，拟将出境现场现有2条人工通道改造为4条自助通道，并购置6台外国人生物信息采集一体机、20台前置机，进一步提高外国人通关效率。同时，函请西安咸阳机场制订勤务督导台改造方案，一是在出、入境督导台各架设4台监控屏幕，其中2台显示旅客实时验放数据，2台显示出、入境现场实时监控画面；二是在督导台旁设立封闭复核等候区域等。截至2018年年底，共开展执法案卷评查12次，检查、评查行政案件102起，各类台账6本，发现执法问题、瑕疵13个，对查找出的突出问题，当场制定整改措施，当场确定整改责任人，限期整改，确保各项工作措施落到实处。

【陕西出入境边防检查总站紧跟行动号令，打击走私成效显著，筑牢口岸监管屏障】 “国门利剑2018”等专项行动深入开展，智慧缉私效果显现，主要办案指标大幅增长。查获走私毒品案件5起，共缴获毒品海洛因约22.24千克、毒品苯丙胺和咖啡因毛重34.31克、恰特草枯叶约20.4千克。破获建关以来最大一起走私进口毒品案，缴获海洛因17公斤，抓获犯罪嫌疑人4名，中央电视台专题报道，国家禁毒委专门致电祝贺。开展“蓝天2018”专项行动，破获涉嫌走私国家禁止进口货物案2起，案值113万元，查扣旧机电产品11台；查获象牙等濒危物种及其制品案8起，其中2018年1月查获西安关区数量最大的一起涉嫌走私象牙制品案，查获象牙制品276件，重3.6千克，抓获犯罪嫌疑人1人。加强监测预警和税政调研，4篇报告被国务院税则委员会采纳。

【西安海关深入推进关检业务全面融合】 一是改革过渡期间关检密切配合、无缝衔接。2018年4月20日起统一以海关名义对外开展工作，阶段性目标全面完成。“五下五上”修改完善西安海关“三定”方案，12月24日各部门单位领导班子和人员全部调整到位；隶属海关机构布局不断优化，加强请示汇报积极争取海关总署支持，新设关中、车站、邮局、汉中、商洛5个隶属海关和1个风险防控分局，隶属海关机构由原来的5个一次性增加到11个，基本实现陕西辖区海关机构全覆盖。二是按照“两变两不变”要求、“五统一”目标，深入推进关检业务全面融合。6月1日全面取消通关单，8月1日正式启用新报关单。11月19日实现《海关专用缴款书》企业自行打印。“查检合一”全面（部）实现，旅检监管“一次过机”，货物联合查验比率达100%；“多查合一”大力实施，首批59项监管业务纳入改革。风险要素统一研判、风险指令统一加载、业务风险统一防控。执法规范更加统一，修订制度13个，废止54个。12月5日顺利完成办公场所的整体搬迁，实现总关机关集中办公，12月底实现了全关区隶属单位的集中办公。

【西安海关综合治税取得明显成效】 税收征管“量质效”并举。税收入库41.2亿元，较2017年增收2.2亿元，电子支付率达到99.6%，关税保证保险在全国海关系统中首票通关；减免税款5.2亿元，审批保持零差错。实际监管不断加强。全面推广查验管理系统（二期）和查验异常处置系统，建立应用3个大数据模型，布控查验更加精准有效；后续监管不断巩固，核查有效率提升7.9个百分点。

【西安海关筑牢口岸检疫防线，有力保障国门安全】 一是商品食品安全管控更加强化。口岸公共卫生保障能力持续提升，检疫查验出入境人员270万人次，传染病监测体检2.3万人次，确诊各种类传染病552例。国门生物安全防控着力加强，截获检疫性有害生物85种次、禁止进境动植物及其产品7 000余批次。重点敏感商品检验监管不断加强，进口强制性产品认证实现网上办理，进出口食品安全保持平稳。检测能力不断提升，检测项目覆盖49大类2 220项。二是以最严格措施防控非洲猪瘟。截获非洲猪瘟疫区猪肉制品 158 批 267 千克；编印了 2 万字的《非洲猪瘟防控内部资料》和《非洲猪瘟现场排查手册》，对全体关员进行非洲猪瘟防控培训 3 次，举办技术专项培训 5 次，召开专题会议 8 次，发布文件和通知 10 多次。坚持问题导向，将防控的重点放在入境口岸，采取严密应对措施。修订了重大动物疫情处置应急预案；在国际机场和国际港务区先后组织召开非洲猪瘟联合防控工作会议，在机场海关进行了防控演练，按照海关总署飞行检查 45 项内容，对隶属海关对照检查，制订入境航空器废弃物卫生监督实施方案，对航空垃圾和餐厨垃圾有效监管。充分发挥 CT 机、X 光机、红外低温探测等设备的使用效能，现有监管工作用犬（原检疫犬）全部上岗辅助开展工作，确保在检疫犬的有效工作时间内实现对来自俄罗斯（莫斯科、茹科夫斯基、圣彼得堡，换冬季航线后均已停飞）、捷克布拉格、意大利罗马 5 条非洲猪瘟疫区直航航线旅客携带物的 100% 查验。

【西安海关推进口岸提效降费，增强企业获得感】 一是落实口岸提效降费部署坚决有力。第一时间召开专题研究，5 次召开专题会推进落实，积极推动陕西省口岸办出台《陕西省口岸提效降费工作实施方案》。结合陕西口岸实际，提出全面推广提前申报、试点“先验放后检测”模式、推广转场作业、降低进出口环节合规成本、公开公示口岸收费 5 个方面 16 项具体举措。全面推行“互联网 + 预约通关”，推广“汇总征税”作业模式，充分发挥减少企业税款压力、“申报即可秒放”的优势。每日实时监控通关时间超长报关单，第一时间协调督促有关部门、单位抓紧办理通关手续。2018 年进、出口整体通关时间分别压缩 68.8% 和 53.2%，超额完成压缩三分之一的目标。国际贸易“单一窗口”主要业务覆盖率达到 100%。推动口岸依法依规公示收费，联合开展督查检查。二是助推自贸试验区和海关特殊监管区域建设成效明显。自贸工作在陕西省督查排名第 2 位，首创“舱单归并”等 3 项措施复制推广。海关特殊监管区域进出口值增长 34.1%，占比超七成，西安航空基地综合保税区获批建设。口岸开放不断扩大，全力支持中欧班列（长安号）跨越发展，开行量、进出口货值和货运量分别增长 6 倍、8 倍和 10 倍，实际开行量 1 235 列。榆林空运口岸获批临时对外开放，西安空港进口肉类指定口岸通过预验收，进境种苗指定口岸启动申报。

【西安海关进一步提升口岸技术保障能力】 作为唯一的西部地区海关参与 H2018 工程建设，完成 3 项开发任务。科研制标工作有序推进，2018 年科研课题立项 7 项，制定陕西省地方标准通过复审 9 项，“智慧旅检”启动建设。外贸发展新亮点不断涌现，西安获批跨境电子商务综合试验区，文化艺术品首次开展保税展示拍卖。圆满承办上海合作组织成员国跨境动物疫病联合防控合作会议，西安海关与哈萨克斯坦阿拉木图州、市国家收入局关际合作积极开展。擀面皮、猕猴桃等陕西特色产品走出国门。

开放口岸

【西安空运口岸（西安咸阳国际机场）】 西安咸阳国际机场位于陕西省西安市西北方向的咸阳市渭城区，距西安市区 25 千米，为 4F 级民用国际机场，是中国八大区域枢纽机场之一、国际定期航班机场、世界前百位主要机场。2014 年 6 月成为西北第 1 个、中国第 8 个实行 72 小时过境免签政策的空运口岸。西安咸阳国际机场于 1991 年 9 月 1 日正式建成通航；2003 年 9 月 16 日完成二期工程建设，T2 航站楼启用；2012 年 5 月 3 日完成二期扩建工程，T3 航站楼开始使用。在“十三五”期间，西安咸阳国际机场将启动三期扩建工程，新增国际通航点 40 个，形成联通国内主要城市和国外 50 多个城市的 280 多条航线网络，建设空中丝绸之路。截至 2018 年年底，西安咸阳国际机场空运口岸累计运营国际（地区）航点 53 个，开通国际航线 64 条，全货运航线为 17 条，货邮吞吐量为 30.47 万吨，同比增长 20.1%，增速位列全国十大枢纽机场第一位。全年累计完成出入境航班1.86万架次，同比增长21.3%；出入境旅客271.4万人次，同比增长33.37%；进出口货运量4.2万吨，同比增长28%。

【西安陆路（铁路）口岸（临时开放）】 2014年10月28日，国家口岸办正式批准位于陕西省西安市国际港务区内的铁路车站作为临时口岸对外开放，成为我国西部内陆地区继重庆、成都之后第三个获批对外开放的铁路口岸，也是陕西省继西安咸阳国际机场之后第二个获得国家批准对外开放的口岸。2018年中欧班列（长安号）全年共开行1 235列，其中欧洲方向开行640列，中亚方向595列；运送货物120.2万吨，货值17.2亿美元，是2017年全年的8.7倍，常态化运行干线已达11条，基本覆盖中亚、中东及欧洲主要货源地。进口指定口岸建成并投入运营，整车口岸已有1 242辆沃尔沃汽车抵达西安港；进境粮食指定口岸年度累计完成粮食进口2.5万吨；进境肉类指定口岸完成进口肉类420吨；冰鲜水产品指定口岸进口加拿大三文鱼、龙虾、冰鲜金枪鱼等水产品50多批600多吨；食用水生动物指定口岸进口南美白虾等30多批次，货重约8 000千克。集装箱中心站办理量达到239 964标箱，较2017年增加101 598标箱，同比增长73.43%。其中，发送112 213标箱，较2017年增加58 572标箱，同比增长109.2%；到达117 483标箱，较2017年增加47 639标箱，同比增长68.21%。

【榆林空运口岸（榆林榆阳机场）（临时开放）】 榆林榆阳机场位于陕西省榆林市，2008年4月10日正式通航，是陕西省第二大航空港，也是2009年全国增长速度最快的地市支线机场。榆林榆阳机场发展迅速，旅客和货邮吞吐量日益增长。2012年12月8日，榆阳机场当年旅客吞吐量突破100万人次，成为西北五省（区）第二个年旅客吞吐量超过100万人次的支线机场（第一个是喀什机场）。2018年9月30日经国家口岸办正式批复，同意2018年12月8日至2019年3月7日中外籍客运飞机从陕西省榆林榆阳机场临时出入境，开通了榆林至越南芽庄、泰国曼谷两条国际航线。临时国际厅面积为2 000平方米，修建了边检、海关的业务通道和办公用房，配置了必要的查验设备。截至2018年年底，榆林榆阳机场累计起降进出境客运飞机55架次，发送进出境旅客8 725人次，客座率达77.99%。

2018年陕西省口岸大事记

1月8日

陕西出入境边防检查总站完成法兰西共和国总统埃马纽埃尔·马克龙代表团入境边防检查任务。

1月12日

陕西出入境边防检查总站完成公安部押解电信诈骗犯罪嫌疑人回国包机出入境边防检查任务，共检查出入境人员329人次，其中涉嫌电信诈骗嫌疑人63人次。

2月1日

西安咸阳机场海关旅检现场实现税款电子支付，进境旅客可通过微信、支付宝、刷卡等方式缴纳税款。

2月14日

陕西省副省长魏增军一行到西安口岸督导检查春节安保维稳工作。

4月20日

西安海关举行西安海关含光路办公区揭牌仪式。

5月10日

智能服务机器人“关关”在西安咸阳机场海关旅检现场“上岗”。

6月13日

中欧班列“长安号”（根特—西安）沃尔沃整车进口专列接车仪式暨西安港整车口岸运行启动仪式在西安铁路集装箱中心站举行。首趟整车进口专列共装载160辆沃尔沃汽车，于5月8日从比利时发车，6月4日运抵西安汽车整车进口口岸。

7月24日

国务院正式批复西安市为第三批跨境电子商务综合试验区。

9 月 30 日

国家口岸办正式批复，同意 2018 年 12 月 8 日至 2019 年 3 月 7 日中外籍客运飞机从陕西省榆林榆阳机场临时出入境，开通了榆林至越南芽庄、泰国曼谷两条国际航线。

10 月 10 日

陕西省人民政府常务副省长梁桂一行到西安口岸出入境边防检查勤务现场视察工作。

10 月 24 日

陕西省口岸办召开陕西省口岸工作联席会议第 2 次全体会议暨全省口岸提效降费工作会议。

10 月 30 日

西安市“单一窗口”全国标准版系统应用报关覆盖率达 100% 。

西安国际港务区举行中欧班列（西安）2018 年开行 1 000 列活动仪式。

11 月 22 日

西安咸阳机场海关验放首批泰国产的进境水果，为西安咸阳机场获批国家进境水果指定口岸后，首次以海外直采、产地直达模式引进进口水果。

11 月 26 日

西安海关党组书记、关长孙世和，陕西省商务厅副厅长唐宇刚一行赴商洛调研陆路口岸建设工作。

12 月 7 日

土耳其大国民议会议长耶尔德勒姆代表团一行 33 人由西安空运口岸入境。

12 月 8 日

榆林榆阳机场举行临时对外开放口岸首航仪式。

12 月 14 日

海关总署批复设立了车站海关、邮局海关、关中海关、汉中海关、商洛海关，实现海关机构全省全覆盖，不断强化陕西省口岸通关能力。

12 月 20 日

西安国际港务区开行了中欧班列“长安号”日通专列。此次总货值超过 1 700 万美元，成为中欧班列长安号开行以来单列货值最大班列。

12 月 31 日

原陕西省公安边防总队正式退出武警现役部队，西安口岸出入境边防检查勤务由新组建成立的陕西出入境边防检查总站担负。

（撰稿人：韩 丰、杨 晨）

2018年陕西省口岸流量统计表

口岸类型		口岸名称	货运量（万吨）				集装箱量（万标箱）				人员（万人次）				交通工具（辆、艘、架、列次）			
			出口	进口	合计	同比（%）	出口	进口	合计	同比（%）	出境	入境	合计	同比（%）	出境	入境	合计	同比（%）
空运口岸																		
		分计									136.4	134.9	271.4	33.37				
陆路口岸	公路口岸																	
		分计																
	铁路口岸																	
		分计																
水运口岸	海港口岸																	
		分计																
	河港口岸																	
		分计																
合计			66.1	193.9	260.0	57.1					136.4	134.9	271.4	33.37				
同比（%）			70.80	53.04							33.46	33.17						

（陕西省口岸办提供）

2018 年陕西省口岸出入境主要数据表

项　目			2018 年	2017 年	同比（%）
出入境人员（万人次）	出入境人员总数		271.4	203.5	33.37
	入境人员		134.9	101.2	33.26
	出境人员		136.4	102.2	33.49
	出入境旅客		255.9	191.8	33.40
	出入境员工		15.4	11.7	32.85
	中国公民	小　计	227.3	160.9	35.74
		内地居民（因公）	3.9	3.8	2.09
		内地居民（因私）	205.0	147.9	36.51
		港澳居民	7.7	6.1	25.45
		台湾同胞	10.6	9.4	12.53
	外籍人员		43.6	36	20.98
	从海港出入境人数				
	从陆港出入境人数				
	从空港出入境人数		271.4	203.5	33.37
交通运输工具（辆、艘、架、列次）	总　计		1.5	1.1	29.03
	船　舶				
	飞　机		1.5	1.1	29.03
	火　车				
	机动车辆				

（陕西出入境边防检查总站提供）

2018 年西安海关主要数据统计表

项　目		2018 年	同比（%）
进出口货运量（万吨）	合计	260.0	57.1
	进口	193.9	52.9
	出口	66.1	71.0
进出口贸易总值（亿元）	合计	3 120.8	33.4
	进口	1 343.9	32.2
	其中：江、海运输	191.0	-0.5
	铁路运输	26.3	400.0
	汽车运输	0.6	-25.0
	航空运输	1 125.4	38.9
	邮件运输	0.1	0.0
	其他运输	0.5	400.0
	出口	1 776.9	34.3
	其中：江、海运输	68.7	-10.8
	铁路运输	88.3	650.0
	汽车运输	3.6	-33.3
	航空运输	1 615.3	31.6
	邮件运输	1.0	-28.6
	其他运输	0.02	100.0
税　收（亿元）	两税合计	41.2	5.5
	关税入库	8.1	1.2
	进口环节税入库	33.1	6.7
货物检验检疫（批次）	本年累计	27 584	-1.1
	其中：出境	20 722	5.2
	入境	6 862	-16.2
货物检验检疫金额（亿美元）	本年累计	15.2	-32.1
	其中：出境	8.2	-4.7
	入境	7.0	-49.3

（西安海关提供）

2018年陕西省指定口岸/查验场统计表

省、自治区、直辖市	序号	指定口岸/指定查验场名称	口岸类别	类别	批复时间	备注
陕西省	1	西安咸阳国际机场口岸/西安咸阳国际机场口岸查验点	空运	进口冰鲜水产品	2014年12月22日	
	2	西安咸阳国际机场口岸/西安咸阳国际机场口岸查验点	空运	进境食用水生动物	2017年2月17日	
	3	西安咸阳国际机场口岸/西安咸阳国际机场口岸查验点	空运	进境水果	2017年11月3日	
	4	西安铁路临时开放口岸/西安国际港务区集装箱货场	铁路	进境粮食	2015年12月25日	
	5	西安铁路临时开放口岸/西安国际港务区集装箱货场	铁路	进口肉类	2017年1月7日	
	6	西安铁路临时开放口岸/西安国际港务区集装箱货场	铁路	汽车整车进口	2018年4月19日	

（陕西省口岸办提供）

甘　肃　省

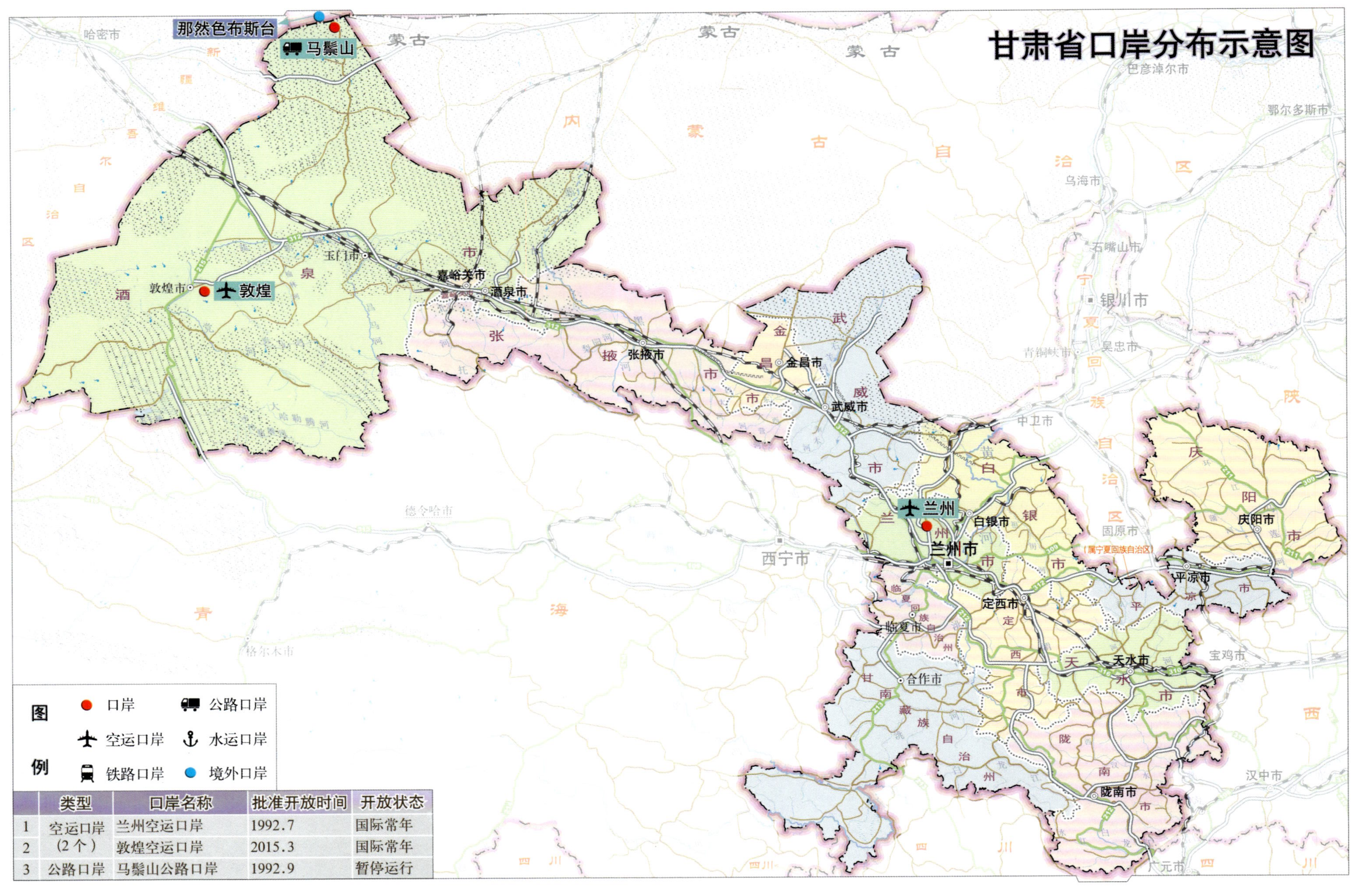

	类型	口岸名称	批准开放时间	开放状态
1	空运口岸（2个）	兰州空运口岸	1992.7	国际常年
2		敦煌空运口岸	2015.3	国际常年
3	公路口岸	马鬃山公路口岸	1992.9	暂停运行

口岸数量及分布

截至2018年年底，甘肃省共有经国务院批准的对外开放口岸3个，分别为兰州空运口岸（兰州中川国际机场）、敦煌空运口岸（敦煌机场）、马鬃山陆路（公路）口岸。

口岸运行数据

据兰州海关统计，2018年，兰州海关监管货运量165.8万吨，货值273.3亿元，货值同比增长18.9%；检验检疫出入境货物2.36万批，货值172.5亿元，同比批次增加44.9%、货值增长20.3%。按口岸类别来看，2018年兰州空运口岸出入境人员166 540人次，同比增长8.13%；出入境航班1 119架次，同比增长6.67%。其中，出境人员83 088次，同比增长7.49%；出境航班554架次，同比增长6.54%；入境人员83 452人次，同比增长8.77%；入境航班565架次，同比下降6.81%。敦煌空运口岸积极组织旅游包机，培育航空市场，2018年5月8日，国家口岸办正式批复同意中外籍客运飞机从甘肃敦煌机场临时出入境，6月4日敦煌至香港旅游包机开始执飞，共执飞52个架次，共计出入境7 564人次。2018年，兰州国际陆港（兰州集装箱场站）累计发运中欧国际货运班列174列7 793车，货重12.46万吨，货值37 349.26万美元；发运中亚国际货运班列66列3 061车，货重5.23万吨，货值14 754.85万美元；发运南亚货运班列103列4 492车，货重6.61万吨，货值22 460万美元；发运陆海新通道国际货运班列30列799车，货重2.58万吨，货值3.85亿元人民币；中欧国际货运班列回程5列240车，货重0.62万吨，货值134.41万美元；陆海新通道国际货运班列回程2列44车，货重1 358吨，货值1 215万元。

口岸综合管理

【口岸运营不断加强】 一是国际货运班列稳定增长。兰州国际陆港两个作业区坚持“发运特色班列，打造精品线路”的工作理念，走出了一条“有特色、重实效、能多赢”的班列发运之路，新开辟兰州至伊斯兰堡货运班列，2018年共发运南亚国际货运班列103列，是2017年的2.2倍。二是肉类口岸加快运营。兰州新区综合保税区肉类指定口岸2018年共进口10批222吨牛肉，货值约1 000万元人民币，肉类加工销售情况良好，指定口岸逐步实现常态化运营。三是木材指定口岸开始运营测试。2018年6月26日武威市举办第四届中俄木材贸易投资大会，积极推动木材加工业招商和木材口岸运营。2018年10月，武威国投公司组织发运1列中欧木材回程班列，运载1 500方板材，货值200万人民币。四是冰鲜水产品及进境水果指定口岸起步运营。2018年12月24日，举行了兰州至曼谷、河内国际货运定期航线和兰州中川国际机场进口冰鲜水产品及进境水果指定口岸开通仪式，两班首航包机载运水果、冰鲜水产品31吨，货值96万元。

【口岸提效降费取得实效】 全面梳理收费清单，公示收费项目，压缩通关流程，优化作业方式，减少不合规收费，减轻企业负担，促进跨境贸易便利化。2018年10月30日前完成对进出口环节收费项目公示工作，口岸通关环节经营服务性收费下降幅度在10%以上，个别降费达到50%。召开了压缩整体通关时间推进会，制订完善各部门压缩整体通关时间的工作方案，2018年12月当月，兰州海关出口整体通关时间较2017年度压缩98.75%，压缩比排名全国海关第1位；进口整体通关时间较2017年度压缩82.62%，压缩比排名全国海关第7位。

【国际贸易“单一窗口”建设持续推进】 积极推广应用国际贸易“单一窗口”标准版，以拓展新功能、提高覆盖率为目标，在2017年开通货物申报、原产地证、企业资质办理等申报功能的基础上，2018 年推动税费支付、非机电产品许可证、自动客户端导入、空运舱单等功能上线，对甘肃省 460 多家企业 560 多名业务人员进行全覆盖培训，指导金昌、兰州、酒泉、白银等市州开展业务培训，主要业务覆盖率不断提升。2018 年共申报 3.2 万票，是 2017 年的 12 倍，报关业务覆盖率达到100%。推进国际贸易“单一窗口”地方特色功能建设，编制完成中国（甘肃）国际贸易“单一窗口”项目可行性研究报告和初步设计方案，通过省发展改革委的审核，完成了建设项目的招标工作。加强技术服务支持，依托国家“单一窗口”呼叫中心，于 10 月份开通了甘肃省 95198 国际贸易“单一窗口”服务热线。

【加强跨区域口岸合作】 甘肃省在与浙江、西藏自治区、新疆维吾尔自治区、青岛市、连云港市等地签署合作协议的基础上，2018 年 9 月 5 日，甘肃省口岸办和天津市口岸办签署了《天津市口岸办 甘肃省口岸办深化跨区域口岸合作框架协议》，旨在加强津甘跨区域口岸合作，推动津甘大通关建设，优化服务，不断提升津甘跨境贸易便利化水平，促进甘肃外向型经济发展。2018 年 3 月，甘肃省人民政府、天津市人民政府联合印发《关于全面深化区域合作发展的意见》，为共同推进实施区域协调发展战略，搭建津甘两地口岸政府服务平台，加强津甘跨区域口岸合作注入了新的动力。

【口岸经济务实推进】 2018 年 10 月 17 日，甘肃省人民政府办公厅印发《关于加快发展口岸经济的意见》，明确甘肃省将抢抓“一带一路”建设重大机遇，充分发挥承东启西、连接欧亚的重要战略通道和综合枢纽优势，抢占文化、通道、技术、信息、生态 5 个制高点，以口岸为载体，进一步扩大对外开放，加快构建集物流、人流、资金流、信息流于一体的跨国界、跨地区、跨部门的口岸经济体系。2018 年以来，甘肃省建成和新获批一批指定口岸，口岸建设迈上新台阶，建成兰州新区肉类指定口岸，实现进口牛肉 10 批 222 吨 1 000 万元；建成并启动运营兰州中川机场水果及冰鲜水产品指定口岸；建成武威肉类和木材指定口岸，已通过中欧班列进口 1 500 方板材；获批建设兰州铁路集装箱场站汽车整车进口、粮食进口指定口岸。国际航空运营节节攀升，新开通了兰州至泰国曼谷、越南河内的国际航空货运航线；澳大利亚至兰州种羊航空货运包机顺利通关。全年全省口岸出入境飞机 1 171 架次，出入境人员 17.4 万人次，同比增长 10.36%。多部门联动开展口岸提效降费工作，通关时间大幅压缩，收费进一步规范，有力支持开放型经济发展。

口岸监管与服务

【全力保障穆斯林朝觐及中国赴刚果（金）维和部队通关】 兰州空运口岸（兰州中川国际机场）是我国穆斯林信众赴沙特朝觐出入境最重要的口岸之一。2018 年度，兰州海关、甘肃出入境边防检查总站共监管穆斯林朝觐包机出入境各 8 架次，保障甘肃、青海、山西、西藏等省区穆斯林群众 3 080 人出入境。兰州海关、甘肃出入境边防检查总站及兰州中川国际机场制订了口岸朝觐人员出入境保障方案，制作了印刷宣传板、宣传册等，开展有针对性的宣传和教育咨询，并召开专题会议，组织开展应急演练活动，通过多项措施保证朝觐工作顺利进行。兰州海关认真开展朝觐体检及预防接种工作，分别赴朝觐群众集中的地区上门服务，避免朝觐穆斯林同胞往来奔波。2018 年 9 月 21 日，兰州空运口岸各联检单位通力协作圆满完成了刚果（金）维和分队第 21 次轮换首批维和官兵入境监管任务。

【兰州边防确保口岸安全】 兰州出入境边防检查站不断创新服务举措，优化边检勤务组织模式，积极践行便民服务承诺，圆满完成了春节、“两会”“六四”“七五”等敏感节点和博鳌亚洲论坛 2018 年年会、2018 年上合青岛峰会、中非合作论坛、敦煌文博会等重大活动的边防安保工作，以及越南岘港、芽庄，泰国曼谷、甲米、普吉，柬埔寨暹粒，中国台北等地至兰州旅游包机等的出入境边防检查任务，共查处 2 起持用伪假证件出境案和3起航空公司未按规定预报案，确保兰州口岸安全稳定，赢得了广大出入境旅客的肯定和认可，树立了兰州边检的良好形象。

【兰州海关机构改革促通关流程优化】 2018年4月20日办事窗口实现了“一口对外、一次办理”，现场通关实现了“一次申报、一次查验、一次放行”；6月1日全面取消通关单，8月1日整合申报系统上线，真正实现了一次申报、一单通关；落实国务院“减证便民”要求，精简单证材料92种；推进关区“多证合一”“多报合一”改革工作，“单一窗口”覆盖率达100%。

【兰州海关综合治税成效明显】 2018年，兰州海关完成税收23.4亿元，同比增长1.2倍，税收入库增幅列全国直属海关第1位。内销征税7.18亿元，同比增长4.8倍。自报自缴、关税保证保险等系列税收征管改革措施顺利运行。全年自报自缴税单778票，同比增加3.6倍；税款为4 589万元，同比增长3.8倍。汇总征税征收税款1.4亿元，同比增长2.8倍。11月关区首票“关税保证保险担保”报关单实现了“即报即放、先放后税”的担保通关。稽查补税1 531.09万元，同比增长224%。深入开展税政税则调研，提高羰基镍粉出口退税率的调研报告被国务院税则委采用，每年为企业节约支出900多万元。

【兰州海关有效维护国门安全】 2018年查获各类违禁印刷品和音像制品393份，旅检渠道首次查获入境航班旅客携带大量非法宣传物品事件1起，共查获书籍、画册图片、卡片、收音机等物品计196件。妥善处置甘肃口岸首次入境旅客群体性腹泻公共卫生事件，在入境的旅客中首次检出诺如病毒和沙门氏菌。强化进境种子检疫监管，开展苗期和成株期田间跟踪调查，检出检疫性病害4种。开展“绿蕾4”专项行动，对兰州国际陆港及其沿线外来杂草进行调查，筑牢国门生物安全“防火墙”。完成对进出口食用农产品和饲料80份样品1 436个单项的安全卫生风险监控任务。完成进出口食品75个样品147个项次的抽检任务，15个样品供港蔬菜专项监测任务，保障213吨进口冷冻牛肉、19吨进口冷冻水产品分别从指定查验场（口岸）入境通关，进出口食品未发生任何食品安全事故。开展进出口商品风险监测和缺陷消费品调查，加强对进出口危险化学品、出口危险货物包装等重点商品的检验监管，发现入境不合格货物13批次，出境不合格货物6批次。

【兰州海关持续保持打私高压态势】 深入推进“国门利剑2018”“蓝天2018”系列打私联合专项行动，组织开展打击食糖、濒危物种、芬太尼类毒品、虚开骗税违法犯罪等多个专项行动。2018年刑事立案6起，同比增长2倍，抓获犯罪嫌疑人6名；行政立案35起，案值2.3亿元，涉税1 036万元，同比分别增长52.3%、12%、15倍，罚没入库67.92万元。侦破“2·06”走私毒品系列大麻案，被列为公安部毒品目标案件和海关总署二级督办案件，查获毒品大麻23.8千克、毒资25.9万元。开展“国门勇士2018”缉枪专项集中行动，协同地方公安联合经营作战，发现并核查9条涉枪线索。

【兰州海关积极服务甘肃融入“一带一路”建设】 落实渝桂黔陇省区市合作备忘录及四地海关合作备忘录，支持“南向通道”国际货运班列常态化运行和中欧班列扩大运行。支持甘肃“三大陆港、三大空港”建设，指导甘肃（兰州）国际陆港兰州保税物流中心（B型）项目申报建设工作，推进进境木材检疫处理区项目署级验收进度。积极参与敦煌空运口岸建设，敦煌空运口岸旅检作业现场已完成建设并投入使用，全年共保障进出境航班52架次，验放进出境人员7 564人次。圆满完成丝绸之路（敦煌）国际文化博览会、兰洽会等国际会展的服务保障工作。推动指定口岸建设并投入使用，中川机场进口冰鲜水产品及进境水果指定口岸、兰州新区综合保税区肉类指定查验场正式运营，兰州至曼谷、河内国际货运航线正式开通，推动兰州铁路集装箱场站汽车整车进口口岸建设。指导甘肃省创建10个国家级出口食品农产品质量安全示范区、3个省级有机产品认证示范区、2家国家级出口质量安全示范企业。帮扶苹果等甘肃特色产品出口5.33

亿美元。签发各类原产地证书 5 330 份，为甘肃产品减免进口国关税 3 003 万美元。推动跨境电商业务落地，累计办理跨境电商直购订单 279 票、网购保税订单 18 票。

开放口岸

【兰州空运口岸（兰州中川国际机场）】 兰州中川国际机场位于甘肃省兰州市兰州新区中川镇，距市区 75 千米，飞行区等级 4E，是西北地区主干机场之一，甘肃省省会兰州市的空中门户、西北地区的重要航空港、国际备降机场。兰州中川国际机场始建于 20 世纪 60 年代末，于 1970 年 7 月正式建成通航，定名兰州中川机场；2001 年完成一期扩建工程；2013 年正式提升为空运口岸，更名为兰州中川国际机场。2015 年年初完成二期扩建工程。为了更好地打造西部区域枢纽机场，促进甘肃省对外贸易的快速发展，省委、省政府于 2017 年正式启动兰州中川国际机场三期扩建工程，该项目是列入国家重点基础设施建设三年滚动计划（2018—2020 年）的重点实施项目、国家民航“十三五”发展规划的区域枢纽机场扩建项目和省列重大建设项目。截至 2018 年 12 月 31 日，兰州中川国际机场完成运输起降 10.89 万架次，旅客吞吐量 1 385.82 万人次，货邮吞吐量 6.15 万吨，较 2017 年分别增长 6.14%、8.13% 和 0.89%。共开通国际（地区）航线 23 条，运营国际（地区）客运航线 13 条。

【敦煌空运口岸（敦煌机场）】 敦煌机场位于甘肃省酒泉市敦煌市，机场设施齐备，功能完善，是乌鲁木齐国际机场的主要备降场。敦煌机场始建于 1982 年 2 月，按能起降 An－24 及以下飞机建造，1982 年 7 月试飞成功，机场等级为 3C 级，之后机场不断扩建，2015 年 3 月 6 日，国务院下发《国务院关于同意甘肃敦煌机场对外开放的批复》，标志着敦煌空运口岸获批临时对外开放。T3 航站楼扩建工程于 2015 年 12 月 31 日开工，2016 年年末完工，其中新建航站楼 10 200平方米，跑道向东延长 600 米至 3 400 米，飞行区等级由 4C 提升为 4D 并满足 E 类飞机备降，总投资达 10 亿元。2018 年 5 月 8 日，国家口岸办批复同意中外籍客运飞机从甘肃敦煌机场临时出入境。

【马鬃山陆路（公路）口岸】 马鬃山陆路（公路）口岸位于甘肃省酒泉市肃北蒙古自治县马鬃山镇，西邻新疆维吾尔自治区，南接酒泉玉门市、酒泉瓜州县，东靠内蒙古自治区的额济纳旗，西北部与蒙古国戈壁阿尔泰省相连，边境线长约 65 千米。马鬃山陆路口岸是甘肃省唯一对外口岸，向西约 300 千米与新疆维吾尔自治区哈密老爷庙口岸相邻。向东 350 千米与额济纳旗策克口岸相邻，1992 年 9 月，国务院批准马鬃山陆路口岸正式对外开放，1993 年 8 月，由于蒙古国单方面原因，关闭了那染色布斯台口岸，致使马鬃山陆路口岸关闭至今。甘肃省委、省政府和外交部特别重视甘肃省马鬃山陆路口岸的复通工作，全力推动马鬃山陆路口岸早日复通。目前，马鬃山陆路口岸复关还在积极争取当中。

2018 年甘肃省口岸大事记

1 月 16 日

甘肃出入境检验检疫局组织对甘肃（武威）国际陆港进境木材检验检疫集中监管区进行预验收。

1 月 30 日

中新互联互通国际陆海贸易新通道首趟返程班列抵达甘肃（兰州）国际陆港。

2 月 8 日

兰州空运口岸（兰州中川国际机场）进境水果指定口岸顺利完成国家质检总局考核验收。

3 月 27 日

甘肃（武威）国际陆港进口肉类指定查验场通过国家质检总局审批。

4 月 3 日

甘肃出入境检验检疫局妥善处置兰州空运口岸（兰州中川国际机场）首次口岸群体性腹泻事件。

4月18日

甘肃省委书记、省人大常委会主任林铎在甘肃（兰州）国际陆港专题调研融入“一带一路”建设情况。

4月25日~26日

中国民用航空局局长冯正霖在甘肃调研中小机场建设运营及安全管理情况。

5月8日

国家口岸办同意中外籍临时客运飞机从甘肃敦煌机场进出境。

6月4日

甘肃敦煌机场T2国际航站楼正式启用。

7月2日

首趟进口返程中欧班列抵达甘肃（兰州）国际陆港。

7月9日

兰州新区综合保税区进口肉类指定查验场正式启用。

7月25日

甘肃省商务厅与兰州海关联合举办中国国际贸易“单一窗口”关检融合统一申报培训视频会议。

8月21日

甘肃省商务厅印发《甘肃省商务厅优化营商环境工作方案》，方案中明确了改进口岸通关服务具体措施。

8月27日

甘肃省口岸办组织兰州海关、甘肃省公安边防总队、民航甘肃安全监督管理局等单位对敦煌空运口岸（敦煌机场）对外开放进行了省级预验收。

8月29日

海关总署署长倪岳峰到兰州新区综合保税区调研。

8月31日

甘肃省委书记、省人大常委会主任林铎深入敦煌机场，详细了解机场建设及运营工作情况。

8月31日~9月4日

兰州空运口岸（兰州中川国际机场）查验单位顺利完成8架次朝觐包机入境监管工作。

9月21日

兰州空运口岸（兰州中川国际机场）查验单位顺利完成赴刚果（金）维和分队第21次轮换首批维和官兵入境监管任务。

10月9日

国务院办公厅批复同意兰州铁路集装箱场站为汽车整车进口指定口岸。

10月17日

甘肃省人民政府办公厅印发《关于加快发展口岸经济的意见》。

11月14日

兰州空运口岸（兰州中川国际机场）查验单位顺利完成澳大利亚种养包机入境监管工作。

11月29日

甘肃省人民政府办公厅印发《关于推动国际货运班列和航空货运稳定运营的意见》。

12月24日

兰州空运口岸（兰州中川国际机场）进口冰鲜水产品及进境水果指定口岸正式启用。

（撰稿人：杨雯菲、金赟、甘振杰）

2018 年甘肃省口岸流量统计表

口岸类型		口岸名称	货运量（万吨）				集装箱量（万标箱）				人员（万人次）				交通工具（辆、艘、架、列次）			
			出口	进口	合计	同比（%）	出口	进口	合计	同比（%）	出境	入境	合计	同比（%）	出境	入境	合计	同比（%）
空运口岸											8.69	8.72	17.41		580	591	1 171	
		分计																
陆路口岸	公路口岸																	
		分计																
	铁路口岸																	
		分计																
水运口岸	海港口岸																	
		分计																
	河港口岸																	
		分计																
合　计			6.400 0	195.400 0	165.800 0													
同比（%）			-32.30	-25.80	-26.10						9.60	11.30	10.30				8.80	

（甘肃省口岸办提供）

2018 年甘肃省口岸出入境主要数据表

项　目			2018 年	2017 年	同比（%）
出入境人员（人次）	出入境人员总数		174 104	157 762	10. 36
	入境人员		87 227	78 561	11. 03
	出境人员		86 877	79 201	9. 69
	出入境旅客		163 769	148 275	10. 45
	出入境员工		10 335	9 487	8. 94
	中国公民	小　计	170 842	155 493	9. 87
		内地居民（因公）	3 691	3 161	16. 77
		内地居民（因私）	140 532	135 210	3. 94
		港澳居民	6 957	4 899	42. 01
		台湾同胞	19 662	12 223	60. 86
	外籍人员		3 262	2 269	43. 76
	从海港出入境人数				
	从陆港出入境人数				
	从空港出入境人数		174 104	157 762	10. 36
交通运输工具（辆、艘、架、列次）	总　计		1171	1 076	8. 83
	船　舶				
	飞　机		1 171	1 076	8. 83
	火　车				
	机动车辆				

（甘肃出入境边防检查总站提供）

2018 年兰州海关主要数据统计表

项　目		2018 年	同比（%）
进出口货运量（万吨）	合计	165.8	-26.1
	进口	159.4	-25.8
	出口	6.4	-32.3
进出口贸易总值（万美元）	合计	330 544.8	1.7
	进口	282 323.7	8.4
	其中：江、海运输	120 788.6	56.4
	铁路运输	96 467.2	13.9
	汽车运输	4 529.3	153.5
	航空运输	43 205.1	-28.6
	邮件运输		
	其他运输	17 333.4	-52.2
	出口	48 221.1	-25.2
	其中：江、海运输	4 965.6	361.5
	铁路运输	13 238.8	-39.4
	汽车运输		
	航空运输	30 016.7	-27.5
	邮件运输		
	其他运输		
税　收（万元）	两税合计	234 093.8	123.5
	关税入库	625.2	-26.8
	进口环节税入库	233 468.7	124.7
货物检验检疫（批次）	本年累计	23 568	44.9
	其中：出境	12 675	93.8
	入境	10 893	12.0
货物检验检疫金额（亿美元）	本年累计	25.5	20.3
	其中：出境	19.6	21.0
	入境	5.9	18.0

（兰州海关提供）

2018年甘肃省指定口岸/查验场统计表

省、自治区、直辖市	序号	指定口岸/指定查验场名称	口岸类别	类别	批复时间	备注
甘肃省	1	兰州中川机场口岸	空港	进境植物种苗	2010年4月1日	
	2	兰州中川机场口岸	空港	进口冰鲜水产品	2016年1月14日	2017年12月15日公布运行
	3	兰州中川机场口岸	空港	进口水果	2016年1月14日	2018年4月2日公布运行
	4	兰州新区综合保税区	公路	进口肉类	2016年1月14日	2017年11月28日公布运行
	5	兰州铁路集装箱场站	铁路	进口粮食		已验收，正在整改
	6	兰州铁路集装箱场站	铁路	整车进口	2018年10月9日	正在建设
	7	甘肃（武威）国际陆港	公路	进口肉类	2016年1月14日	2018年3月23日公布运行
	8	甘肃（武威）国际陆港	公路	进境木材	2016年3月11日	已建成，正在申请国家验收

（甘肃省口岸办提供）

青 海 省

青海省口岸分布示意图

	类型	口岸名称	批准开放时间	开放状态
1	空运口岸	西宁空运口岸	2008.3	国际常年

口岸数量及分布

截至2018年年底，青海省有国务院批准的对外开放口岸1个，即西宁空运口岸（西宁曹家堡机场）。

口岸运行数据

2018年，青海省口岸出入境人员为23 612人次。保障国际（地区）航班218架次（出境108架次，入境110架次）。

2018年，保障朝觐航班28架次，其中出境14架次，进境14架次；保障朝觐进出境人员4 402人次（出境2 201人次，入境2 201人次）。

口岸综合管理

【强化合作，有效提高口岸通关效率】 一是充分发挥口岸联席工作机制的作用，切实做好口岸管理和协调工作，充分发挥口岸优势，整合口岸资源，提高通关效率和服务水平。青海省人民政府口岸办组织西宁海关、青海出入境检验检疫局、青海公安边防总队、青海省出入境管理局、青海机场公司等单位召开口岸通关协调会，研究解决口岸建设、管理、运行中出现的问题，推动口岸建设、管理工作有效开展。二是贯彻落实国务院口岸工作部际联席会议办公室关于印发《压缩货物通关时间的措施（试行）》的通知，继续执行青海省政府口岸办关于《青海省压缩货物通关时间措施工作方案》要求，紧紧围绕“减环节、优流程、压时限、降成本、提效率”的总体目标，结合当前新形势、新要求，优化已定的工作任务，以更加高效的通关模式、更加便捷的通关服务，实现了货物通关时间压缩三分之一的目标。三是开展全面清理口岸收费专项工作，成立青海省清理口岸收费领导小组，结合青海省口岸收费实际，制订了《青海省清理口岸收费工作方案》，并按时限要求开展了自查自纠、建立清单公示、专项督查等工作。

【中国（青海）国际贸易单一窗口正式上线运营】 中国（青海）国际贸易单一窗口（地方版）于2018年11月1日正式上线运营，实现了货物申报、企业资质申报、原产地申报等功能。为提高“单一窗口”的覆盖率，调动企业使用的积极性，青海省口岸办组织海关、外贸企业、银行等60家单位，开展了“单一窗口”关检融合统一申报业务培训，详细讲授了关检融合申报业务改革、填制规范、参数代码、随附单证等最新报关要求，全力做好“单一窗口”标准版推广应用保障工作。截至2018年年底，已在中国国际贸易单一窗口（标准版）上完成2 736票业务申报。成功与西宁海关、曹家堡保税物流中心（B型）等相关部门实现对接联网，为青海省外贸企业提供了网上申报一次录入和随附单证上传等便利，已有118家外贸企业在地方版注册并进行业务申报。

【开展与支援省市、沿海沿边省区口岸合作交流】 为推动青海省与沿海沿边地区口岸合作交流，青海省口岸办组织相关单位分别赴青岛、上海、新疆、西藏、天津等地考察学习，探索开展跨区域“内陆无水港”建设和通关一体化合作。与青岛市口岸办、天津市口岸办分别签署了“口岸跨区域合作框架协议”，在“一带一路”建设中，充分利用口岸资源开展跨区域大通关合作。通过建设内陆港，共建国际物流港，利用天津、青岛的区位和港口物流等优势与青海丰富的能源资源，携手建立大通关区域合作机制，创新合作模式，取长补短，优势互补，为促进两地间的经贸、投资与合作做出努力。

口岸监管与服务

【青海出入境边防检查总站推进“放管服”改革工作见效落实】 一是强化组织领导。按照国家移民管理局要求，青海出入境边防检查总站第一时间成立“放管服”工作专班，主管亲自研究，并结合实际出台《关于加快推进移民和出入境领域“放管服”改革的实施方案》，强化工作措施，细化任务分解，周密组织实施，确保兑现改革承诺。二是狠抓责任落实。加强对业务工作的学习指导，利用总站首长办公会、交班会、业务科学习会等契机，分层级组织对“放管服”总体部署和5项重点举措及移民局成立以来相关业务文件进行学习和部署，督导民警熟练掌握上级政策和文件精神。严格落实中国公民出入境通过排队不超过30分钟、应对节假日客流高峰工作规范等规定，出台总站应对节假日客流高峰工作实施方案，开展口岸客流量预测预警分析评估，签订承诺书，确保为旅客提供高效便捷顺畅的通关环境。召开总站“放管服”领导小组办公室会议，对首批5项移民和出入境便利措施专题部署，进一步明确要求，强化领导，确保首批改革措施顺利推进。三是加强舆论宣传引导。总站利用口岸执勤现场大屏、宣传栏等持续滚动播放“5项措施”，及时发布改革信息和政策解读。同时，密切关注舆情动态，积极回应出入境旅客需求，营造良好的宣传氛围。

【青海出入境边防检查总站主动服务地方政府，圆满完成朝觐出入境边防检查任务】 总站圆满完成2018年朝觐工作，共计验放出入境朝觐人员4 402人次，验放朝觐航班16架次。一是加强组织领导，召开勤务研讨会，总结2017年朝觐航班工作经验，分析2018年朝觐航班面临的新形势，研究制定出有针对性和可操作性的工作措施，制定总站朝觐航班勤务保障方案，明确各工作岗位人员职责和勤务组织流程，确保勤务组织的严密有序。二是提早谋划，认真做好备战工作。提前获取朝觐航班承运人员信息资料、出入境时间、宗教部门的相关需求等情况，结合口岸执勤工作实际，对勤务方案进行完善和细化，积极与省公安厅、民航交警、省民宗委、航空公司等保障单位协调，加强朝觐航班风险预判，并形成航站楼外围接送人员管控、要道交通管控及核心朝觐人员出入境边防检查等方案预案，确保勤务不出问题。三是以人为本，制定多项便民措施。成立便民服务小分队，为需要帮助的朝觐旅客提供跟踪式服务。根据朝觐航班出入境人员相对集中情况，及时加开通道，有效缓解旅客候机、候检的拥堵现象。安排懂民族语言的干部为出入境旅客提供出入境帮助和引导。根据伊斯兰教风俗，不断规范检查员文明服务用语、执勤规范手势、证件检验等勤务细节，避免发生民族矛盾。四是加强宣传，营造良好的舆论氛围。充分利用报刊、电视、广播、网络等新闻媒体，大力宣传总站在服务朝觐群众工作中的好做法和好经验，弘扬民警爱岗敬业、无私奉献的良好精神风貌。在执法执勤现场电子屏幕上滚动播放中国公民出境文明游温馨提示，不断扩大总站的社会影响力，树立“国门卫士”良好形象。

【青海出入境边防检查总站加强业务培训、队伍能力建设】 一是大力开展岗位练兵活动。积极开展检查员“微讲堂”、精品课件授课等岗位练兵活动，开展边检业务技能竞赛活动，通过以考促学，努力提升检查员的业务能力。按照国家移民管理局关于边检机关全能型检查能力标准要求，出台总站全能型检查员培训工作方案，开展边检基本理论、机场技能及业务系统使用等7个课程共计15个课时的专题授课。二是走出去。安排8名执法执勤人员赴南京、无锡出入境边防检查站开展交流学习，重点对勤务组织、后台检查、证件鉴别、执法办案、“放管服”便民利民先进经验做法等方面进行学习，提升了总站业务水平。三是建立奖惩机制，激发队伍活力。检查周测月考制度，重点对移民局2018年以来部署的重点工作内容开展考核，及时公布成绩，不断完善总站检查员考评机制，将检查员日常考核与干部量化考核、评先评优挂钩，进一步调动干部学习业务的积极性、主动性，不断提升业务素质和能力。

【西宁海关积极推动口岸提效降费】 一是与青海省口岸办加强联合督促监管，重点推进曹家堡航空口岸收费公开公示工作，目前已在西宁海关门户网站公示口岸收费目录清单。二是全面压缩通关时间。持续加强通关时间、通关效能职能管理和监控核查，简化监管流程。2018 年青海省出口整体通关时间同比压缩一半，进口整体通关时间同比压缩四成，全面完成压缩任务。三是清费降本政策有效落实。多次开展涉企收费清理规范工作，大力推进新一代支付形式签约，降低企业交易成本，及时办理税款类保证金及时清退等，目前已无行政性涉企收费项目。

【西宁海关积极推进国际贸易“单一窗口”建设】 一是对接青海省口岸办和承建单位，将原产地综合服务平台及中国出口食品生产企业备案管理系统等内容作为地方版特色纳入国际贸易“单一窗口”建设。二是落实国际贸易“单一窗口”标准版关检融合整合申报应急保障方案，积极推进关检融合申报项目整合，实现进出口报关“一张单子、一次申报、一道手续”的改革目标。三是组织省内 60 余家企业参加自贸协定原产地签证操作实务培训班，分专题讲授青海国际贸易“单一窗口”应用操作，获得一致好评。2018 年，青海省国际贸易“单一窗口”主要申报业务应用率、出口检验检疫申请应用覆盖率均达到 100%，出口原产地证“单一窗口”申报覆盖率达到 68.3%。

【西宁海关继续支持对外开放平台建设】 一是积极支持西宁综合保税区建设，成立推进综合保税区建设领导小组，对青海省《设立西宁综合保税区可行性研究报告》提出多项意见和建议，首次通过数据分析对拟入区项目开展评估。同时，加强与海关总署主管司局的沟通联系，争取支持；邀请海关系统专家为青海省相关部门及企业专题授课，会同省商务厅在上海海关学院为青海省 34 家企业举办了首届外贸政策培训班，取得了良好效果。二是支持西宁空运口岸扩大开放，助力“西宁—长沙—吉隆坡”新航线开通，深化“监管前移，集中申报”“先期机检”监管模式，结合机构改革进一步简化通关流程，旅客出入境由原有 8 个环节整合优化为 5 个。三是支持曹家堡保税物流中心（B 型）运营。组织关区报关企业负责人到曹家堡保税物流中心调研，加强对入驻企业的业务指导，促进“保税 +”模式发展。四是优化中欧班列监管方案，整合调配人力资源，全力保障德令哈至俄罗斯巴尔瑙尔中欧班列顺利开行，监管货运量 1 644.92 吨。

【西宁海关坚决维护口岸国门安全】 一是全力保障西宁机场口岸卫生安全。按照《国际卫生条例（2005）》规定严格进行自查整改，确保西宁机场口岸顺利通过 2018 年度全国口岸核心能力复核督导检查。积极做好穆斯林朝觐包机监管和卫生防疫，共监管出入境航朝觐包机 28 架次、朝觐群众 4 402 人次，查获管制刀具 143 把，截留禁止进境携带物 151 批次，检出呼吸道病毒感染阳性 15 例，首次检出冠状病毒 HKU1 型、冠状病毒 NL63 型及副流感病毒 3 型各 1 例。二是加强口岸非洲猪瘟防控工作。下发《西宁海关关于做好非洲猪瘟疫情防控工作的通知》，加强对航空器废弃物、餐厨垃圾、泔水等的监管，监督机场垃圾处理站对其进行无害化处理。联合省反恐、环保、卫生等 8 个部门在西宁机场进出境通道现场开展口岸核辐射涉恐暨传染病突发事件应急处置联合演练，切实增强了口岸突发公共卫生事件应对机制和处置能力，有效防控了非洲猪瘟传入风险。三是维护口岸生物安全。继续开展“绿蕾护航”行动，积极开展检疫性实蝇监测和外来杂草监测，在全省范围内布置实蝇监测点 80 个，有效防控实蝇和检疫性昆虫、外来杂草和有害生物入侵，筑牢生态安全屏障。

2018 年，西宁海关共监管青海曹家堡保税物流中心（B 型）进区货物 45 票，货值 7 920 余万美元；监管出区货物 38 票，货值 6 420 余万美元。主要进出口货物为“激光焊接机”“锂电池涂布机”“葡萄酒”“光纤预制棒制造设备”等。

西宁海关共监管西宁曹家堡机场口岸出入境航班 928 架次；进出境旅客及机组人员 27 843 人次；抽查进境人员 1 093 人，查验率为 9.38%。

累计征收行邮税38票，共计118 911.06元人民币。

西宁海关认真落实中西部展会税收优惠政策，在监管藏毯展会期间，共为来自巴基斯坦、尼泊尔、印度、伊朗、德国、阿富汗等27个参展国的73家参展商出具了14份“进出口货物征免税证明”，减免税货值58.4万美元，审核确认减免税款26.99万元，有力提升青海藏毯国际展会“含金量”。

开放口岸

【西宁空运口岸（西宁曹家堡国际机场）】 西宁曹家堡国际机场距市中心28千米，坐落在湟水河畔、小峡之中。西宁曹家堡国际机场是国内4E级干线机场，是青藏高原重要的交通枢纽和青海省主要对外口岸。

西宁机场通航城市68个，累计开通航线108条；运营航空公司为21家，运营西宁至中国台北、中国香港、曼谷、吉隆坡、东京、暹粒及朝觐包机7条国际（地区）航线。

2018年青海省口岸大事记

7月20日

青海省口岸办组织各进出口企业及报关行参加国际贸易“单一窗口”关检融合统一申报培训会。

7月25日~9月11日

保障西宁—麦地那国际航线。

9月6日~7日

天津市人民政府口岸服务办公室主任带领天津新港海关、天津口岸办、天津港（集团）有限公司集装箱部、天津港集团物流发展公司负责人，来青海开展口岸跨区域合作考察调研，双方签署了《跨区域口岸合作框架协议》。

11月1日

青海省国际贸易“单一窗口”建设项目竣工并通过验收。

11月14日

开通西宁—暹粒国际航线。

（撰稿人：陈彬）

2018 年青海省口岸流量统计表

口岸类型		口岸名称	货运量（万吨）				集装箱量（万标箱）				人员（万人次）				交通工具（辆、艘、架、列次）			
			出口	进口	合计	同比（%）	出口	进口	合计	同比（%）	出境	入境	合计	同比（%）	出境	入境	合计	同比（%）
空运口岸											1.182 5	1.178 6	2.361 1		108	110	218	
		分计									1.182 5	1.178 6	2.361 1		108	110	218	
陆路口岸	公路口岸																	
		分计																
	铁路口岸																	
		分计																
水运口岸	海港口岸																	
		分计																
	河港口岸																	
		分计																
合计											1.182 5	1.178 6	2.361 1		108	110	218	
同比（%）											-17.47	-18.49	-17.98					

（青海省口岸办提供）

2018年青海省口岸出入境主要数据表

项目			2018年	2017年	同比（%）
出入境人员（人次）	出入境人员总数		23 611	28 787	-17.98
	入境人员		11 825	14 328	-17.47
	出境人员		11 786	14 459	-18.49
	出入境旅客		21 332	26 010	-17.99
	出入境员工		2 279	2 777	-17.93
	中国公民	小计	21 271	25 994	-18.17
		内地居民（因公）	1	0	
		内地居民（因私）	19 038	23 335	-18.41
		港澳居民	6	3	100.00
		台湾同胞	2 218	2 656	-16.49
	外籍人员		61	16	281.25
	从海港出入境人数		0	0	
	从陆港出入境人数		0	0	
	从空港出入境人数		23 611	28 787	-17.98
交通运输工具（辆、艘、架、列次）	总计		218	212	2.83
	船舶				
	飞机		218	212	2.83
	火车				
	机动车辆				

（青海出入境边防检查总站提供）

2018 年西宁海关主要数据统计表

项目		2018 年	同比（%）
进出口货运量（万吨）	合计	0. 67	-18. 80
	进口	0. 33	-22. 80
	出口	0. 34	-14. 60
进出口贸易总值（万美元）	合计	72 717. 50	10. 90
	进口	25 707. 00	11. 00
	其中：江、海运输		
	铁路运输		
	汽车运输		
	航空运输		
	邮件运输		
	其他运输		
	出口	47 010. 50	10. 80
	其中：江、海运输		
	铁路运输		
	汽车运输		
	航空运输		
	邮件运输		
	其他运输		
税　收（万元）	两税合计	9 658. 31	-5. 40
	关税入库	774. 67	131. 70
	进口环节税入库	8 883. 64	-10. 10
货物检验检疫（批次）	本年累计	571. 00	-41. 10
	其中：出境	454. 00	28. 40
	入境	117. 00	-65. 20
货物检验检疫金额（万美元）	本年累计	14 679. 50	-45. 80
	其中：出境	4 395. 80	-24. 90
	入境	10 283. 70	51. 50

（西宁海关提供）

宁夏回族自治区

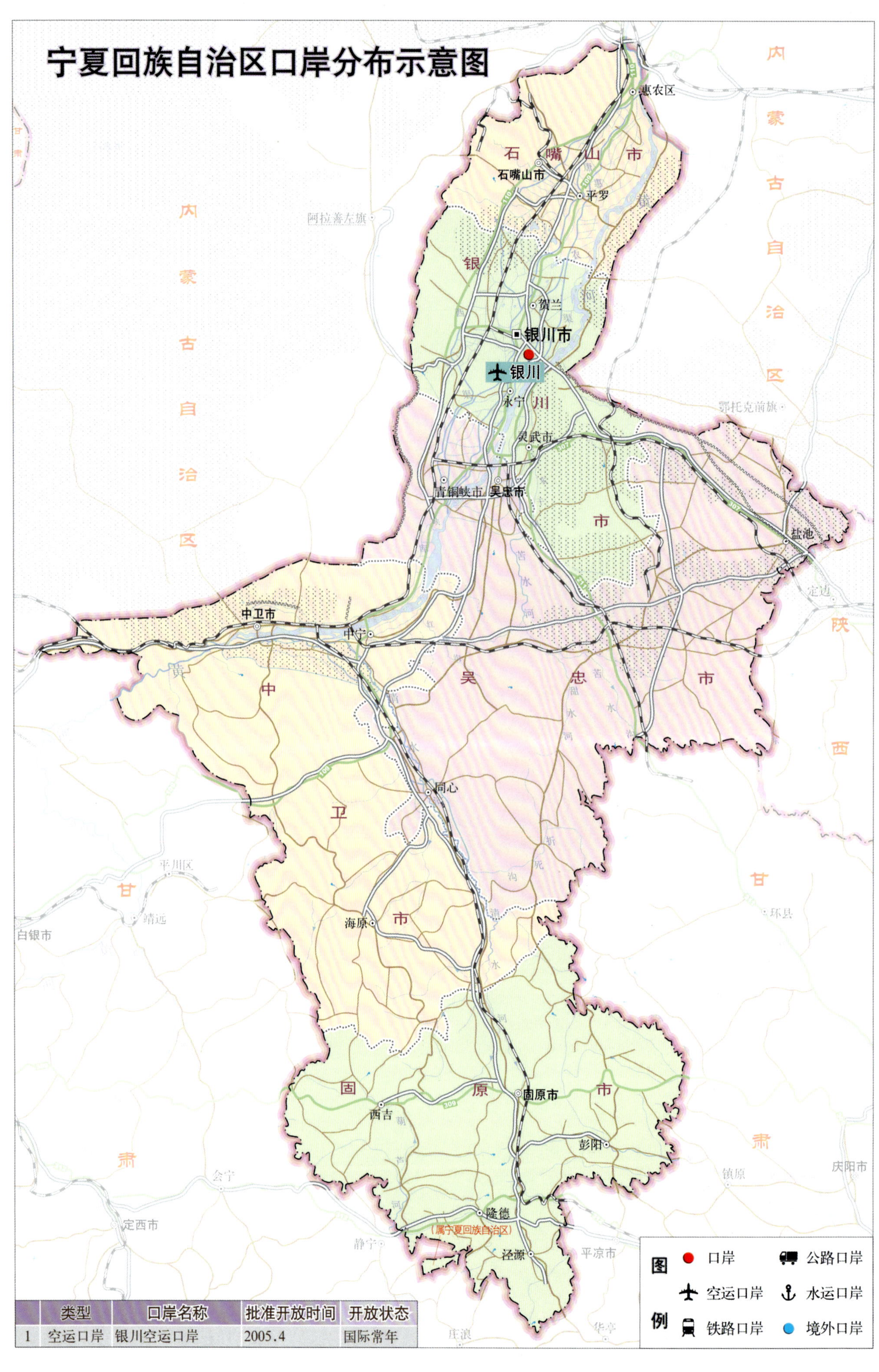

	类型	口岸名称	批准开放时间	开放状态
1	空运口岸	银川空运口岸	2005.4	国际常年

口岸数量及分布

截至2018年年底，宁夏回族自治区有经国务院批准的对外开放口岸1个，即银川空运口岸（银川河东国际机场）。

口岸运行数据

2018年，银川空运口岸进出口总值为101 207万美元，同比下降32.8%。其中，进口66 439万美元，同比下降35.6%；出口34 768万美元，同比下降26.8%。当年出入境人员189 168人次，同比下降7.2%。其中，入境人员94 975人次，同比下降7.4%，出境人员94 193人次，同比下降7.1%；出入境旅客177 102人次，同比下降7.1%，出入境员工12 066人次，同比下降9.0%；出入境交通工具（飞机）898架次，同比下降9.0%。进出口货运量为227.8万吨，同比增加33.1%。其中，进口221.7万吨，同比增加33.5%；出口6.1万吨，同比增加19.9%。

口岸综合管理

【协调保障航空口岸平稳运行】 会同银川海关、宁夏出入境边防检查站等联检单位及自治区公安厅出入境管理局、西部机场集团宁夏机场公司等相关单位，做好日常进出港航班及临时公务包机保障工作。2018年完成国际（地区）进出港航班保障任务3 540架次。其中，圆满完成2018年14架朝觐包机保障任务，安全运送朝觐人员2 695人次。

【建设完善航空基础设施】 银川河东国际机场T2航站楼国际厅改造完成并投入使用。2018年2月8日，银川河东国际机场T2航站楼国际厅改造工程投入使用。改建后的国际厅共设置值机柜台10个、安检通道7条、出境边防通道10条、入境边防通道12条、中转边防通道8条、检验检疫通道和海关出入境通道各4条；增设落地签业务流程、入境行李预检等服务，乘客检验检疫通道具有红外体温检测、电子门控、社会识别、人脸识别等功能，可自动识别乘客体温并进行拦截，疫情防控水平和通关服务水平均有效提高。

银川国际航空港综合交通枢纽工程持续推进。截至2018年12月31日，银川国际航空港综合交通枢纽工程主体基本完工，形成集航空、高铁、城铁、轨道、城际巴士、城市公共交通、私人交通于一体，高度集约的交通换乘方式。

【推动完善国内外航线网络】 会同宁夏发展改革委、财政厅、民航宁夏监管局、西部机场集团宁夏机场有限公司联合制定出台了银川河东国际机场航线网络建设方案，联合财政厅修订了宁夏航空运输发展专项资金管理暂行办法。截至2018年12月31日，银川河东国际机场通航城市70个，航线88条，其中国际（地区）航线8条，分别为至阿联酋迪拜、泰国甲米、日本大阪、越南芽庄、马来西亚吉隆坡、新加坡、中国台北。国内城市直航比率达90.7%，省会城市直航比率达96.5%（除拉萨未开通），初步形成连接全国大中城市和部分国际都市的航空网络。

【积极拓展与国内外航空公司合作】 围绕完善银川河东国际机场航线布局、加大运力投放、提升旅客运量、开展航空食品领域合作等方面，成功推动宁夏回族自治区政府与东方航空、南方航空签署《战略合作协议》，与东航在新开航线、枸杞供应、机载旅游宣传方面取得阶段性合作成果。

【继续开展国内外重点航线宣传推介】 联合有关部门和旅行社在武汉、沈阳、重庆、汉中举办了银川—迪拜航线系列宣传推介会和3场大型路演活动，扩大了银川国际航线的影响力，提高了银川河东国际机场中转型客源。

【有序推进铁路口岸始发到达场站建设】 按照《国家口岸发展“十三五”规划》部署，提请宁夏回族自治区政府印发了《关于加快口岸发展的实施意见》，明确提出依托银川公铁物流园申报中欧班列铁路场站对外开放项目，建设银川国际公铁物流港，以银川国际公铁物流港为核心，以惠农和中卫陆港为支撑，申建银川铁路口岸，布局建设粮食、冰鲜、木材、整车进口口岸。截至2018 年 12 月 31 日，银川国际公铁物流港项目一期海关监管场所联检办公楼、监管区卡口、熏蒸房、药品库主体已建设完成；石嘴山保税物流中心（B 型）项目建设已获得海关总署批复同意验收；中卫陆港正在积极寻找适合当地发展的运营主体。

【稳定运行宁夏国际货运班列】 截至 2018 年 12 月 31 日，宁夏国际货运班列共发运 122 列 4 950 车，带动进出口货重约 21.3 万吨，进出口货值约 1.4 亿美元。2018 年，宁夏回族自治区人民政府口岸办主动与班列沿线铁路部门对接洽谈、努力拓展班列运行线路，在境内外开展品牌化宣传推介，推动成立班列运营公司，稳定运行国际货运班列 37 列 1 322 车，带动进出口货重约 7.6 万吨，进出口货值约 6 940.8 万美元。其中，出口班列发运 33 列 1 215 车，宁夏本地货物出口 15 车，目的地为乌兹别克斯坦、哈萨克斯坦，出口货品为赖氨酸、马铃薯、瓷砖、轮胎；进口班列发运 4 列 107 车，始发站为哈萨克斯坦阿克苏，目的地为银川南站，进口货物全部为高碳铬铁。

【逐步优化口岸营商环境】 会同宁夏发展改革委、财政厅、交通厅、市场监督管理厅、保监局，银川海关、宁夏公安边防总队，银川市、石嘴山市，银川综合保税区、西部机场集团宁夏机场公司 11 个部门共同制订了出台了《关于优化口岸营商环境促进跨境贸易便利化工作实施方案》。会同银川海关开展压缩整体通关时间专项行动，全面推广应用国际贸易“单一窗口”标准版，在推广应用的 11 项主要业务中，除内陆地区没有涉及的相关业务外，其他功能业务量已实现全覆盖，开通了 95198 服务热线。

口岸监管与服务

【宁夏出入境边防检查总站全面推动部队体制改革，严格落实口岸管控措施，确保口岸安全有序】 口岸管控工作成绩突出。2018 年，宁夏出入境边防检查总站共检查出入境航班 898 架次，出入境人员 189 168 人次，查获重点关注人员 7 名，有关经验被国家反恐办在全国边检机关中总结推广。

边防安保工作成果显著。召开专题会议，全面总结历次重大活动边防安保成功经验，分析研判面临的形势和存在的不足，拟定具体工作方案，成立领导小组，圆满完成了“春节”“两会”和宁夏回族自治区成立 60 周年庆祝活动等边防安保工作。

边检服务水平实现跨越式发展。细化出台 40 余条口岸发展的具体措施，确保服务保障能力与口岸建设发展同频共振。加设专网摄像头 70 个，接入机场安防系统，实现航站楼全覆盖实时监控；新增查验通道 14 条，简化通关流程，提高通关效率；部署应用外国人生物信息采集系统，防范“三非”打击“在逃”。通过国家移民管理局验收的 8 条新边检自助查验通道可实现出入境旅客最快 6 秒通关，群众满意度显著提升。

队伍专业化建设不断加强。一是举办边检业务技能知识竞赛、开展“边检业务全员学”活动，通过理论授课、上机操作、跟班践学等形式，全面检测前期学习培训工作成果。二是邀请新疆出入境边防检查总队、宁夏公安厅等安全领域专家帮扶指导，选派业务骨干分赴乌鲁木齐、成都、青岛等边检站，重点学习推广重大活动边防安保、执勤现场硬件设置、专业队伍建设、自助通道应用等方面的先进经验。三是充实 5 名机关人员到各科开展执勤工作，使一线执勤人员比率超过全站干部人数的 75%。

【银川海关坚持严密监管，把关履责能力进一步提升】 切实加强正面监管。加大对出入境涉暴涉恐物品、非法影像制品、散发性宗教宣传品查缉力度。加强和改进危化品及其包装检验监管工作。基本构建覆盖关区所有海关作业场所的实时监控、应急处置指挥体系。配齐配全人防、技防、物防设施设备，提高口岸应对突发事件的应急防控能力，妥善处理疑似涉爆事件 1 起。健全完善各监管渠道的风险分析和防控机制，2018 年查获违禁印刷品 8 本、濒危动植物制品 5 批，查获胎儿性别鉴定试剂 2 件。强化对旅客携带物的查验工作，全年共截获旅客携带禁止进境物

1 306批次，检出14批有害生物，首次截获纳塔尔实蝇等多种检疫性有害生物，截获泥土、三文鱼等多种携带物。2018年，银川海关全年监管货运总值10.1亿美元，监管货运量227.8万吨，征收税款6.3亿元，审批减免税货值8 019万美元。全年检验检疫货物6 660批，货值4.58亿美元，共检出不合格货物44批，货值889.26万美元，批次和货值不合格率分别为0.67%、1.94%。

严格防控非洲猪瘟疫情。加大非洲猪瘟防控经费投入。强化入境旅客携带物品和快件查验力度，提高较高风险区域航班查验率，集中销毁截获的猪肉制品。通过第三方检疫处理公司每周对口岸货物查验区域进行预防性消毒，全年未发生非洲猪瘟疫情传入情事。

有效防范各类疫病疫情。全力做好疫情疫病公告、警示通报，严格落实海关总署关于登革热、尼帕病毒病和埃博拉等疫情疫病的防控要求，明确重点防控航线，加强重点旅客检疫；严格监测体温、口岸医学媒介生物种群，加强医学巡查力度。在银川空港口岸开展大规模灭蚊综合治理行动，降低口岸爆发医学媒介生物传播传染性疾病疫情风险。2018年，银川空运口岸共排查和处置出入境体温异常有症状旅客24例，确诊病例6例。

有力维护口岸食品安全。做好平罗进境大型活动物隔离场的验收考核工作。持续开展国门生物安全公众教育活动和“绿蕾”专项行动，提高口岸现场快速筛查能力。加强国外官方通报退运、连续不合格企业等重点备案企业事中事后监管。实施枸杞、蜂蜜、蔬菜、葡萄酒等出口产品风险排查专项行动。开展口岸餐饮企业食品安全等级提升行动，健全口岸食品生产经营企业分级管理工作机制。强化技术中心检验检测技术研究，提升食品安全检测能力。

坚决打击濒危物种和“洋垃圾”走私。制订银川海关打击“洋垃圾”走私“蓝天2018”专项行动方案，组织开展打击濒危物种和“洋垃圾”走私专项行动。成立联合调研组，实地摸排宁夏17家再生资源企业固体废物加工生产等情况，查发洋垃圾走私线索1条，案值500余万元；排查关区2家国内收货人，发现1家企业违法违规线索并移交相关部门处理。

精准强化后续监管。强化关区走私动态分析、信息研判能力和案件查办力度，重点打击资源性产品和重点涉税商品走私违法犯罪活动。2018年，共立刑事案件2起，案值1 921.03万元，涉嫌偷逃税款14.71万元，查扣违法所得10万元，依法对1名犯罪嫌疑人采取强制措施；执行行政处罚9起，累计罚没入库253.19万元，较2017年度增长239万元。积极推进“智慧缉私”建设，搭建“四个中心”。加强敏感商品监管，做到“全覆盖、零容忍”。开展宁夏地区进出口产品质量安全风险监测，严格落实法检目录外商品抽查制度，规范检验后续工作。加强快件业务监管风险防控，有效遏制偷逃税款风险。及时调整布控指令与布控频率，全年累计查发安全准入情事35起，风险防控成效显著。

【银川海关坚持改革创新，服务宁夏外向型经济成效显著】 整体通关时间大幅压缩。通过走访企业、发放调查问卷、分析进出口数据等方式，找准找实影响整体通关时间的关键环节。积极推动口岸单位齐抓共管，圆满完成整体通关时间压缩三分之一的目标。2018年12月，银川海关进口整体通关时间为11.75小时，与2017年全年127.7小时相比压缩90.8%；出口整体通关时间为6.66小时，与2017年全年19.61小时相比压缩66.01%。

质量帮扶水平进一步提升。研究制订宁夏本地主打出口产品质量问题解决方案。创新原产地签证举措，将签证工作时限由原来半个工作日缩短为即办即取。投放5台自助申报机，有效降低企业通关时间和交易成本。免费帮扶32家中小企业建立起食品防护计划，实现了食品防护计划全覆盖。开展出口企业受国外技术性贸易措施影响调查，完成宁夏73家出口企业受国外技术性贸易措施影响调查工作；初步完成技术性贸易措施信息服务平台及手机App建设，累计发布资讯2 000条。组织“质量月”“中国品牌日”等活动，开展“宁夏名牌产品”“宁夏名牌服务企业”“政府质量奖”“质量贡献奖”等评选活动，有效提升宁夏本地品牌的知名度和美誉度。

监管方式全面优化。构建“风险分析+抽批检验+审单放行”检验检疫监管方式，实现精准监管、快速通关放行。基于产品风险和企业诚信确定抽批查验和实验室检测比例，并根据风险的变化实行动态调整。对抽批抽中的实施现场查验或抽样检测，抽批未抽中的审单放行。全面优化中国电子检验检疫（e-CIQ）主干系统，推进报检、施检、通关全流程无纸化作业，切实提高通关效率。将对外贸易经营者备案和原产地企业备案“两证合一”，继续实施“原产地申报无纸化”“原产地签证一体化”和“原产地宣传全覆盖”等便利化措施。2018年共签发原产地证书6 582份；为企业减免关税约1 325.9万美元，同比增长40.5%。安装“银川海关检验检疫自助终端”，有效降低企业经营成本。

服务对外开放各项政策落地见效。制定了《银川海关关于深入推进“放管服”改革支持服务宁夏内陆开放型经济试验区建设的实施意见》，支持河东机场区域性航空枢纽相关功能建设。大力支持贸易新业态发展，2018年监管进口快件80.5万件，总重1 300.5吨，总金额1.2亿元，分别为2017年的12.9倍、9.8倍、10.2倍。牵头4个部门对石嘴山保税物流中心（B型）进行联合验收。2018年提供各类统计监测预警信息报告167篇。大力推进“互联网+海关”建设，搭建关企微信群等即时通信平台，畅通关企沟通渠道。

【重大活动通关保障】 2018年7月24日~9月8日，银川空运口岸圆满完成朝觐包机通关保障工作。这期间，共保障朝觐包机14架次，运送朝觐人员2 695人次、行李5 559余件。2018年9月19日~21日，宁夏机场公司圆满完成自治区60周年大庆活动保障。这期间，宁夏3个机场累计保障重要航班14架次、代表团嘉宾768人次、行李366件。

开放口岸

【银川空运口岸（银川河东国际机场）】 银川空运口岸于2005年4月1日经批准设立，位于宁夏回族自治区银川市下辖的灵武市临河镇黄河东岸，即银川河东国际机场，占地面积5.05平方千米，其中飞行区2.28平方千米，航站区2.77平方千米。现有航站楼3座，共12.9万平方米，其中新建T3航站楼8.2万平方米；停机坪总面积39.42万平方米；停机位共47个，包括近机位22个，远机位25个，E类机位5个；飞行区等级为4E级，跑道长3 600米、宽45米；三期新建货运库9 205平方米。银川河东国际机场可满足除空客A380外所有机型起降，以及年旅客吞吐量1 600万人次、货邮10万吨的保障需求。

2018年，银川河东国际机场驻场运力达到15架，比2017年新增3架；全年航线航班最高达到104条，比2017年净增11条；通航点最高达到75个，比2017年净增3个；银川至广州、上海、成都、厦门、海口等城市准快线初具规模，通航城市直航比率达到82.8%，同比提高6个百分点，通航省会城市直航比率达到100%；银川—西安全货运航班持续稳定运营，货邮吞吐量突破5万吨，增速超过20%。四川航空成都—银川—迪拜航班稳定运营，800千米内通航的支线机场超过一半。

2018年，银川河东国际机场实现运输起降7.52万架次、旅客吞吐量894.48万人次、货邮吞吐量5.07万吨，同比分别增长13.34%、12.71%和20.25%；开通银川至迪拜、大阪、曼谷、芭提雅、新加坡、吉隆坡、芽庄、甲米等11个国际和地区城市的12条航线的12个航班，出入境旅客17.71万人次，同比下降7.1%。

2018年宁夏回族自治区口岸大事记

2月8日

银川河东国际机场T2航站楼国际厅正式投入运行。

3月13日

宁夏公安边防总队召开“两会”边防安保庆功授奖大会。

3月29日

银川河东国际机场获评“2017年度中国民用机场服务质量评价优秀机场”。

4月3日

宁夏回族自治区主席咸辉调研银川河东国际机场综合交通枢纽建设，对工程推进情况给予充分肯定，要求抢抓施工黄金期，始终将质量安全放在首位，把综合交通枢纽打造成人民满意的民心工程、经得起历史检验的精品工程。

4月4日

银川海关顺利完成原宁夏出入境检验检疫局划入人员首次评定授予海关关衔测算工作。

4月28日

宁夏机场建设指挥部航站楼工程项目管理部获“全国工人先锋号”荣誉称号。

7月3日

宁夏回族自治区主席咸辉调研内陆开放型经济试验区工作，实地察看了旅客进出港查验中心、航空货站，要求加快推动关检深度融合，充分用好航权开放政策，引进更多国际物流企业，建设低成本空中通道。

7月4日

国家移民管理局工作组对银川口岸边检执勤现场已建成的8条自助查验通道进行验收测试，整体通过。

7月9日

宁夏回族自治区党委书记、人大常委会主任石泰峰调研银川国际航空港综合交通枢纽建设，充分肯定了工程进展和推进成效，提出要在保证质量和安全的前提下，加强协调配合，加快建设进度，确保按期建成。

7月16日

银川河东国际机场新监管库正式投入使用，提高了银川关区海关监管作用场所的智能化水平，实现了进出口货物实时查询监管，对快件转关效率起到极大提升效应。

8月2日

宁夏机场公司“自治区文明单位”荣誉称号顺利通过复审。

8月3日

银川河东国际机场获得IATA（国际航空运输协会）“白金机场”认证，成为全国千万量级以下、西北地区首家获此殊荣的机场。

石嘴山保税物流中心（B型）宁夏回族自治区联合验收组完成验收。

8月11日

银川河东国际机场单日实现旅客吞吐量31 308人次，创历史新高。

8月18日

银川河东国际机场举行边检服务品牌推介活动暨自助查验通道启用仪式。

8月28日

银川河东国际机场顺利承办2018年“贺兰山之盾”国防交通专业队伍应急救援演练，为银川河东国际机场近年来举办的规模最大、规格最高、参演单位最多的一次大型综合演练。

9月8日

银川河东国际机场圆满完成朝觐包机进港航班保障，共计进港航班7架次、旅客2 694人、行李5 559件。

11月18日

银川河东国际机场年旅客吞吐量首次突破800万人次。

12月18日

银川河东国际机场运行管理委员会成立，民航宁夏空管分局党委书记王世刚成为第一届银川机场运管委主席。

12月26日

民航西北地区管理局局长王长益调研银川机场，充分肯定了宁夏民航取得的成绩，并对安全运行和高质量发展提出要求。

12月27日

银川河东国际机场年货邮吞吐量首次突破5万吨，提前两年完成“十三五”发展目标。

（撰稿人：王茜、吴文涛、关天龙、张茜）

2018年宁夏回族自治区口岸出入境主要数据表

<table>
<tr><th colspan="3">项　目</th><th>2018年</th><th>2017年</th><th>同比（%）</th></tr>
<tr><td rowspan="14">出入境人员（人次）</td><td colspan="2">出入境人员总数</td><td>189 168</td><td>202 891</td><td>-6.68</td></tr>
<tr><td colspan="2">入境人员</td><td>94 975</td><td>102 007</td><td>-6.89</td></tr>
<tr><td colspan="2">出境人员</td><td>94 193</td><td>100 884</td><td>-6.63</td></tr>
<tr><td colspan="2">出入境旅客</td><td>177 102</td><td>189 734</td><td>-6.65</td></tr>
<tr><td colspan="2">出入境员工</td><td>12 066</td><td>13 157</td><td>-8.29</td></tr>
<tr><td rowspan="5">中国公民</td><td>小　计</td><td>179 161</td><td>191 212</td><td>-6.30</td></tr>
<tr><td>内地居民（因公）</td><td>4 822</td><td>5 694</td><td>-15.31</td></tr>
<tr><td>内地居民（因私）</td><td>150 754</td><td>168 378</td><td>-10.46</td></tr>
<tr><td>港澳居民</td><td>108</td><td>108</td><td>持平</td></tr>
<tr><td>台湾同胞</td><td>23 477</td><td>17 032</td><td>37.84</td></tr>
<tr><td colspan="2">外籍人员</td><td>10 007</td><td>11 679</td><td>-14.31</td></tr>
<tr><td colspan="2">从海港出入境人数</td><td></td><td></td><td></td></tr>
<tr><td colspan="2">从陆港出入境人数</td><td></td><td></td><td></td></tr>
<tr><td colspan="2">从空港出入境人数</td><td>189 168</td><td>202 891</td><td>-6.68</td></tr>
<tr><td rowspan="5">交通运输工具（辆、艘、架、列次）</td><td colspan="2">总　计</td><td>898</td><td>979</td><td>-8.27</td></tr>
<tr><td colspan="2">船　舶</td><td></td><td></td><td></td></tr>
<tr><td colspan="2">飞　机</td><td>898</td><td>979</td><td>-8.27</td></tr>
<tr><td colspan="2">火　车</td><td></td><td></td><td></td></tr>
<tr><td colspan="2">机动车辆</td><td></td><td></td><td></td></tr>
</table>

（宁夏出入境边防检查总站提供）

2018 年银川海关主要数据统计表

项 目		2018 年	同比（%）
进出口货运量（万吨）	合计	227.80	33.12
	进口	221.70	33.52
	出口	6.10	19.85
进出口贸易总值（万美元）	合计	101 207	-32.83
	进口	66 439	-35.61
	其中：江、海运输	42 556	-24.19
	铁路运输	1 088	-87.36
	汽车运输	46	—
	航空运输	22 514	-41.43
	邮件运输	0	—
	其他运输	235	—
	出口	34 768	-26.77
	其中：江、海运输	13 551	63.19
	铁路运输	0	-100.00
	汽车运输	1	-99.66
	航空运输	21 215	-45.31
	邮件运输	0	—
	其他运输	0	—
税收（万元）	两税合计	63 370	-28.17
	关税入库	8 742	-9.04
	进口环节税入库	54 628	-30.50
货物检验检疫（批次）	本年累计	6 660.00	-15.35
	其中：出境	6 289.00	-10.14
	入境	371.00	-57.31
货物检验检疫金额（万美元）	本年累计	45 844.77	-51.06
	其中：出境	39 831.82	-27.24
	入境	6 012.95	-84.55

（银川海关提供）

2018 年宁夏回族自治区指定口岸/查验场统计表

省、自治区、直辖市	序号	指定口岸/指定查验场名称	口岸类别	类别	批复时间	备注
宁夏回族自治区	1	银川航空口岸	空运	进境肉类	2014 年 6 月 13 日	在建
	2	银川航空口岸	空运	进境水果、种苗	2014 年 12 月 29 日	在建
	3	银川航空口岸	空运	汽车整车进口	2017 年 5 月 28 日	在建

（宁夏回族自治区口岸办提供）

新 疆 维 吾 尔 自 治 区

口岸数量及分布

截至2018年年底，新疆维吾尔自治区有经国务院批准的对外开放口岸19个。空运口岸3个，分别是乌鲁木齐空运口岸（乌鲁木齐地窝堡国际机场）、喀什空运口岸（喀什国际机场）和伊宁空运口岸（伊宁国际机场）。陆路（公路、铁路）口岸16个，其中中蒙（蒙古）边境口岸4个，分别是老爷庙、乌拉斯台、塔克什肯和红山嘴公路口岸；中哈（哈萨克斯坦）边境口岸8个，分别是霍尔果斯、阿黑土别克、吉木乃、巴克图、都拉塔和木扎尔特公路口岸，阿拉山口铁路口岸、霍尔果斯铁路口岸；中吉（吉尔吉斯斯坦）边境口岸2个，分别是吐尔尕特和伊尔克什坦公路口岸；中巴（巴基斯坦）边境口岸1个，即红其拉甫公路口岸；中塔（塔吉克斯坦）边境口岸1个，即卡拉苏公路口岸。对外开放的19个口岸中，阿黑土别克公路口岸和木扎尔特公路口岸未开通使用。

口岸运行数据

2018年，新疆维吾尔自治区口岸进出口货运量为5 941万吨，同比增长19.8%。其中，进口货运量5 463.41万吨，同比增长21.1%；出口货运量477.59万吨，同比增长6.6%。进出口贸易额为464.15亿美元，同比增加14.2%。其中，进口贸易额213.8亿美元，同比增长32.9%；出口贸易额250.35亿美元，同比增长1.9%。出入境人员1 297 663人次，同比减少19.86%。其中，入境人员647 812人次，同比减少19.69%；出境人员649 851人次，同比减少20.03%。出入境旅客892 362人次，同比减少27.76%；出入境员工405 301人次，同比增长5.59%。出入境交通工具306 109辆（列、架）次，同比增长9.59%。其中，机动车辆279 665辆次，同比增长8.45%；火车18 860列次，同比增长39%；飞机7 584架次，同比减少4.65%。

口岸综合管理

【持续做好口岸对外开放工作】 一是中方霍尔果斯南部联检区与哈萨克斯坦努尔饶尔口岸于2018年9月27日同步开通，新疆维吾尔自治区主席雪克来提·扎克尔出席开通仪式。二是根据中蒙两国调整口岸开关时间的通知，及时公告调整对蒙边境口岸开放时间，老爷庙公路口岸4月~10月开关，乌拉斯台公路口岸每年5、7、9月的16~30日开关，红山嘴公路口岸［每年6月1日~6月20日、6月26日~7月10日、7月16日~8月9日、8月15日~9月25日（含周六、周日）］11：00~18：00开关，红其拉甫公路口岸每年4月1日~11月30日开关。三是保障乌鲁木齐铁路西站（集装箱场站）继续临时开放，有效期为2018年9月12日至2019年9月12日。四是都拉塔公路口岸扩大开放为国际性开放口岸，于2018年12月27日通过国家验收。

【口岸增加临时开关时间】 一是老爷庙公路口岸增加7月1日至7日、11月11日至30日、12月11日至31日为临时开关时间。二是红其拉甫公路口岸增加9月15日至16日、10月27日、12月17日至19日、12月29日至31日为临时开关时间。

【口岸基础设施、配套设施建设】 一是霍尔果斯南部联检区（第六代国门）内的联检大厅、海关边检联合查验办公用房及查验设施、限定区的围网、照明、供排水和待检停车场地面硬化等项目于2018年9月上旬全部完工。二是吐尔尕特公路口岸6 500平方米的新联检大厅建成并启用。三是老爷庙公路口岸出入境车辆检查通道查验用房于2018年11月建成。

【推进新疆国际贸易“单一窗口”标准版推广应用】 一是参与国家国际贸易“单一窗口”业务功能需求的编写工作；二是组织国际贸易“单一窗口”应用培训和服务；三是组织空运舱单申报试点工作，保证首趟包机通过“单一窗口”空运舱单申报成功；四是按应用地区建立了

9个国际贸易“单一窗口”工作微信联系群，入群企业人数达1 000人，通过提供微信、电话、远程协助方式的服务，解决国际贸易“单一窗口”标准版应用普及过程中企业所提出的问题，记录企业对国际贸易“单一窗口”应用的反馈建议，累计处理问题300余条，提交故障、建议80条；五是进出口企业、代理企业全部通过国际贸易“单一窗口”标准版“货物申报”功能一次申报报关、报检。截至2018年年底，通过国际贸易“单一窗口”标准版报关申报总量达593 964票。

【推进口岸通关顺畅便利】 一是协调塔吉克斯坦2018年国际纳乌鲁兹节烟花经卡拉苏公路口岸顺利出境。二是稳妥处理吉木乃口岸因哈方道路被洪水冲毁，哈方单方面紧急闭关的问题。三是及时了解蒙方反映的塔克什肯公路口岸通关速度缓慢、车辆滞留等问题，采取措施改善通关条件。四是简化全区涉外车辆临时出入境审批手续，在保证查控到位的前提下，下发有关通知，按照新疆维吾尔自治区政府的要求取消自治区口岸办对涉外车辆临时出入境审批非行政许可事项。

【优化口岸营商环境】 制定并印发了《自治区优化口岸营商环境促进跨境贸易便利化工作的实施意见》，明确了优化口岸营商环境的总体要求和工作任务，并组织实施。会同财政等相关部门共同印发了自治区清理口岸收费工作方案，2018年10月底向全社会公布了全区口岸收费目录清单。

口岸监管与服务

【乌鲁木齐海关推动口岸通关改革】 一是关检机构转隶期间，借力关检融合加快国际贸易“单一窗口”推广应用，推动联检单位执法信息、监管设施资源的共建共享共用。二是开展通关流程“去繁就简”。乌鲁木齐海关制定了21项工作措施，综合运用整合优化现场报关、查验施检作业流程和精简随附单证、检验检疫单证电子化、取样送检本地化、“先放行、后改单”等措施，每周开展关区整体通关时间业务监控，进口报关单整体通关时间压缩三分之一。三是开发中欧班列“E物流”系统，乌鲁木齐海关与成都海关合作，先后进行集拼集运业务去、返程实单测试，海关总署将乌鲁木齐海关“铁路物流智能辅助管理系统”纳入智慧监管体系，促成铁路总公司批复在“渝新欧”“蓉新欧”班列开展中欧班列回程捎货试点；与杭州、郑州海关签订协作办法，在“渝新欧”“义新欧”“郑新欧”中欧班列组织开展铁路运邮工作。四是优化霍尔果斯国际边境合作中心中哈联网监管，开发应用联网监管平台，推动区内商户与分流集运中心内销售终端联网，实施差异化管理，提升分流集运业务规模。五是建立三级应急保障机制，12360热线、95198热线给予24小时全方位保障，实时接听、解答企业提出的问题。

【乌鲁木齐海关加强信息化、智能化监管服务模式】 一是监管防控坚持3个100%机检查验模式，提高进境运输工具人工登临检查比率至10%，率先在全国陆路口岸实现智能审图应用。推进“智慧卫生检疫系统”上线运行、税收电子支付改革、财关库银横向联网系统上线运用、综合保税区新业态发展，激活新疆“保税+”产业活力，推动海关特殊监管区域信息化管理系统的推广应用。二是乌鲁木齐海关作为金关工程（二期）海关特殊监管区域系统推广工作试点海关，在所有特殊监管区域及保税场所均启用了金关工程（二期）两系统。三是推广应用物流链可视化管理系统、物流底账数据应用系统，加强监管作业场所卡口、电子地磅设施建设，实现对物流链关键节点的可视化监管、智能化监控。加大出口货物仓储、换装作业的监控巡查，严格安全智能锁管理、运抵申报等工作制度，加强在途监管。

【乌鲁木齐海关服务口岸通关】 落实全国通关一体化关检业务全面融合框架方案，将检验检疫作业全面融入全国通关一体化整体框架和流程中，推进通关监管领域关检业务全面融合。2018年5月起完成“公路车辆IC卡”整合优化，公路车辆统一使用海关运通卡一次刷卡验核放行；制定关区《“查检合一”推进指引》，在货物、运输工具、人员及行邮物品、跨境电商及快件、辐射探测等监管领域推动查检业务融合，推进检验检疫作业场所（场地）78个摄像头与海关监控指挥中心视频联网；配合推动关检融合整合申报改革，2018年8月1日正式切换；有序推进关检作业场所整合，摸排关检作业场所（场地）134个，整合海关集中作业场地22个，前置拦截作业场地14个，申请设立/合并纳入海关监管作业场所5个，清理去除23个；结合铁路线性铺设、场站散布特点，分区设置前端先期机检区和检查/检疫作业区，在霍尔果斯铁路口岸推进海关总署铁路类前置拦截作业场地示范点建设；开展货物监管“查检合一”过渡期间联合作业，实现现场查验“一支队伍、共同作业”；在塔城、都拉塔海关上线试点新一代查验管理系统，协同新一代风险管理系统，实现统一“作业系统、风险研判、指令下达和现场执法”。

【乌鲁木齐海关支持地方外经贸发展】 一是优化口岸营商环境，整合优化作业流程；试点开展关税保证保险改革，对5类进口矿产品开展“先放后检”，有效降低了企业成本；“互联网+海关”网上办事平台顺利落地。二是助力乌鲁木齐国际陆港区建设，乌鲁木齐综合保税区正式封关运营。完成3个进口肉类和1个进口冰鲜水产品指定口岸的考核验收。开展加贸及保税监管领域风险大排查，复制推广11项自贸区海关监管创新制度，新疆海关特殊监管区域进出口货运量、货值同比分别增长27.2%、33.9%。三是实施“一地一策、一厂一策、一品一策”行动，精准帮扶食品、农产品生产企业，促进产品扩大出口。

【乌鲁木齐海关深入开展打击走私工作】 乌鲁木齐海关以“四中心”建设“智慧缉私”核心体系，缉私部门深入开展“国门利剑2018”联合专项行动，侦办毒品走私案件4起、电子烟弹走私案件369起。成功破获了“10·12”特大走私蓝湿牛皮案件，案值达到2.7亿元，被海关总署缉私局列为一级挂牌督办案件，2名警员被评为“全国海关缉私先锋”。

【乌鲁木齐海关加强对外合作工作】 乌鲁木齐海关加强双边、多边协调协作，全年与周边国家海关开展会谈11次，完成合作中心哈方区域联网监管平台软硬件建设；推动“中国标准”走出去，输出适用于中亚国家进出口贸易的国家标准241份、行业标准137份。巩固“三国四口岸”农产品快速通关“绿色通道”布局，成功建立中哈进出口农产品定期会晤机制，中吉农产品“绿色通道”扩大范围达成共识，实现了乌兹别克斯坦樱桃、绿豆进口，推动签署哈萨克斯坦输华牛肉、吉尔吉斯斯坦输华甜瓜议定书。

【乌鲁木齐海关提高口岸规范化管理工作】 乌鲁木齐海关制发机构改革业务制度清理工作方案，共清理业务制度176份（海关99份、检验检疫局77份），其中失效2份，废止20份，修改9份。

开放口岸

【乌鲁木齐空运口岸（乌鲁木齐地窝堡国际机场）】 乌鲁木齐空运口岸位于新疆维吾尔自治区首府乌鲁木齐市郊地窝堡，距市区16千米。乌鲁木齐机场原为中苏民用航空机场，1970年7月经国务院批准进行扩建，1973年建成并对外开放。乌鲁木齐地窝堡国际机场开通国际（地区）客运航线29条。2018年5月3日，乌鲁木齐至法兰克福全货机首航成功；6月新增至巴基斯坦拉合尔、俄罗斯伊尔库茨克2条国际客运航线，航线总数达到264条；8月24日，乌鲁木齐至比利时列日全货机首航成功。出入境人员主要以旅游、购物、中转为主。进出口货物主要为百货、精密仪器、旅客随身物品等。

2018年，乌鲁木齐空运口岸进出口货运量为0.67万吨，同比增长45.3%。其中，进口货运量0.09万吨，同比减少26.3%；出口货运量0.58万吨，同比增长71.1%。进出口贸易额为70.47亿元，同比增长45.3%。其中，进口贸易额7.36

亿元，出口贸易额63.11亿元。出入境人员750 904人次，同比减少8.71%。其中，出入境旅客677 425人次，同比减少8.86%；出入境员工73 479人次，同比减少7.28%。出入境交通工具7 519架次，同比减少4.16%。

【喀什空运口岸（喀什国际机场）】 喀什空运口岸位于新疆维吾尔自治区喀什地区喀什市北郊，距市中心8.8千米。1993年4月23日国务院批准喀什空运口岸对外开放，2004年4月批准喀什机场临时对外开放，2006年1月正式对外开放。2010年12月，开通伊斯兰堡至喀什货运包机；2013年8月14日，实现喀什至伊斯兰堡直航；2016年9月19日，开通喀什至比什凯克航线，并于同日开办口岸签证业务。2013年国务院批复同意在喀什机场开办口岸签证业务。

2018年，喀什空运口岸出入境人员为1 658人次，同比减少44.36%。其中，出入境旅客1 037人次，同比减少55.70%；出入境员工621人次，同比减少2.82%。出入境交通工具65架次。

【伊宁空运口岸（伊宁机场）】 伊宁空运口岸位于新疆维吾尔自治区伊宁市，距伊宁市中心5千米。伊宁机场始建于1936年，随着航空业务量不断增长，多次对机场进行改扩建。伊宁机场站坪总面积89 824平方米，跑道长2 400米，消防等级为6级，可停放4架D类和10架C类客机。拥有3座现代化廊桥，航站楼建筑面积约16 000平方米，停车场面积11 000平方米，货运区建筑面积约810平方米。2016年8月3日，国务院批复同意伊宁机场对外开放。

【老爷庙陆路（公路）口岸】 老爷庙公路口岸位于新疆维吾尔自治区哈密市巴里坤哈萨克自治县境内，与蒙古国戈壁阿尔泰省毗邻。从老爷庙公路口岸入境距巴里坤县城172千米，距哈密市308千米，距乌鲁木齐市773千米。出境距蒙古国布尔嘎斯台口岸57千米，距布格特县280千米，距戈壁阿尔泰省阿尔泰市484千米。1991年6月24日，中蒙两国政府达成协议同意开放老爷庙公路口岸；1991年12月，国务院批准老爷庙公路口岸为双边季节开放口岸；1992年3月口岸正式开放，每年3月、6月、8月、11月15日至30日开关；2005年每年双月11日至30日开放；2018年改为4～10月连续开关，增加11月11日至30日、12月11日至31日为开关时间。2012年2月2日，新疆维吾尔自治区人民政府批复老爷庙公路口岸向北迁移14千米，与三塘湖工业园区互为依托，规划总占地面积612.31万平方米，口岸作业区和综合服务区面积194.01万平方米。2015年8月，查验新区正式启用。2014年8月10日，国务院批准老爷庙公路口岸扩大为国际性常年开放口岸；2016年8月9日口岸扩大开放通过自治区预验收，2017年9月通过国家验收。

2018年，老爷庙陆路（公路）口岸进出口货运量为168.95万吨，同比增长46.87%。其中，进口货运量168.84万吨（铁矿砂），同比增长46.89%；出口货运量0.11万吨，同比增长37.50%。进出口贸易额7.23亿元，同比增长72.5%。入出境人员35 118人次。其中，入境人员17 565人次，出境人员17 553人次；出入境旅客848人次，出入境员工34 270人次。入出境交通工具34 456辆次。

【乌拉斯台陆路（公路）口岸】 位于新疆维吾尔自治区昌吉回族自治州奇台县北塔山地区，地处中蒙边界73号界标正西方4.3千米处。口岸距边防会谈会晤站通道界线4.8千米，距奇台县城248千米，距乌鲁木齐市450千米，距昌吉市485千米，距蒙古国北塔格口岸6.5千米。1991年6月24日，中蒙两国政府达成协议同意开放乌拉斯台口岸为双边季节开放口岸。1995年3月，随着中蒙两国边境贸易的发展和口岸开放的需要，开放时间调整为每年3月、6月、9月、12月1日至20日。2004年9月，开关次数由4次减为3次，开关45天，即每年3月、5月、9月的16日至30日。2012年5月，开放时间调整为每年5月、7月、9月的16日至30日，开关45天。口岸开关时间为：10：00～19：00。

2018年，乌拉斯台陆路（公路）口岸出入境人员为1 204人次。其中，入境人员477人次，出境人员727人次；出入境旅客701人次，出入境员工503人次。出入境交通工具76辆次。

【塔克什肯陆路（公路）口岸】 塔克什肯公路口岸位于新疆维吾尔自治区阿勒泰地区青河县境内，与蒙古国科布多省布尔干县毗邻。距青河县城90千米，距阿勒泰市380千米，距乌鲁木齐市510千米，距中蒙边界线15.5千米，距蒙古国布尔干口岸25千米，距布尔干县城65千米，距科布多省会265千米。20世纪60年代初，塔克什肯与布尔干之间贸易中断，1989年7月20日，塔克什肯口岸经国务院批准对外开放，属双边季节开放口岸。2011年1月正式成为国际性常年开放口岸。口岸进口货物主要为焦煤、木材、铅锌精粉、铁矿石、畜产品等，出口货物主要为成品油、建材、机电设备、日用百货、蔬菜瓜果、服装等。口岸开关时间为：每周5天，10：00~19：00（双方法定节假日除外）。

2018年，塔克什肯陆路（公路）口岸进出口货运量为77.57万吨，同比增长23%。其中，进口货运量75.75万吨，同比增长25%；出口货运量1.82万吨，同比减少19%。进出口贸易额为5.59亿元，同比增长28%。其中，进口贸易额4.68亿元，同比增长4%；出口贸易额0.91亿元，同比减少22%。出入境人员71 853人次。其中：入境人员35 859人次，出境人员35 994人次。出入境交通工具26 678辆次。

【红山嘴陆路（公路）口岸】 红山嘴公路口岸位于新疆维吾尔自治区阿勒泰地区福海县境内，与蒙古国巴彦乌列盖省萨格赛县毗邻。距福海县城240千米，距阿勒泰市192千米，距乌鲁木齐市896千米，距中蒙边界线2千米。从红山嘴口岸出境距蒙古国大洋口岸12千米，距巴彦乌列盖省乌列盖市180千米、萨格赛县城160千米。1991年6月24日，中蒙两国政府达成协议同意开放红山嘴公路口岸；1992年2月经国务院批准对外开放，属双边季节开放口岸；1992年7月口岸正式开放，每年开关50天，即6月21日至7月5日、8月1日至20日、9月1日至15日。2014年红山嘴口岸延长开放时间，每年开关100天，即6月1日至6月20日、6月26日至7月10日、7月16日至8月9日、8月15日至9月25日不间断开放。口岸开关时间为：11：00~18：00。

2018年，红山嘴陆路（公路）口岸全年出入境人员220人次。其中，出境人员102人次，入境人员118人次。出入境交通工具60辆次。

【吉木乃陆路（公路）口岸】 吉木乃公路口岸位于新疆维吾尔自治区阿勒泰地区吉木乃县境内，地处阿尔泰山南麓，与哈萨克斯坦东哈州毗邻。吉木乃公路口岸距吉木乃县城24千米，距阿勒泰市198千米，距乌鲁木齐市650千米；距哈方迈哈布奇盖口岸0.5千米，距斋桑60千米，距东哈州首府乌斯季缅约500千米。1991年，中哈两国政府达成协议同意吉木乃公路口岸开通临时过货；1992年8月，中哈两国政府签署协定同意吉木乃公路口岸对外开放，为双边常年开放口岸；1994年3月经国务院批准对外开放；1997年11月正式通过国家验收对外开放；2002年3月1日批准扩大为国际性开放口岸。2013年6月，外交部批准吉木乃公路口岸对哈萨克斯坦公民进入边民互市贸易区实行“三日免签”政策，2014年8月12日通过公安部验收正式实施。口岸进口货物主要为广汇天然气、冻鱼、葵花子；出口货物为机械设备、客车、汽车配件、鞋靴、日用百货。口岸开关时间为：每周6天，10：00~14：00、15：00~19：00（双方法定节假日除外）。

2018年，吉木乃陆路（公路）口岸进出口货运量为41.07万吨，同比增长8%。其中，进口货运量37.22万吨，同比增长9%；出口货运量3.85万吨，同比增长2.12%。进出口贸易额为18.83亿元，同比减少23%。其中，进口贸易额4.43亿元，同比减少1%；出口贸易额14.4亿元，同比减少28%。出入境人员23 256人次。其中，入境旅客11 531人次，出境旅客11 725人次。入出境交通工具4 666辆次。

【巴克图陆路（公路）口岸】 巴克图公路口岸位于新疆维吾尔自治区伊犁哈萨克自治州塔城

地区境内，与哈萨克斯坦东哈州毗邻。巴克图口岸距塔城市 17 千米；距乌鲁木齐市 621 千米，距哈方巴克特口岸 800 米，距马坎赤市 60 千米，距东哈州首府乌斯季缅市 800 千米。巴克图口岸已有 200 年通商历史，是中国西部通往中亚及欧洲的交通要道，1962 年以后口岸关闭。1990 年 10 月，巴克图口岸恢复开放为临时过货口岸。1992 年 8 月，中哈两国政府达成协议同意巴克图口岸扩大为国际性开放口岸；1994 年 3 月经国务院批准对外开放；1995 年 5 月口岸通过国家正式验收，1995 年 7 月 1 日正式扩大为国际性开放口岸。2010 年 12 月 28 日，外交部同意巴克图边民互市贸易区对哈公民由“一日免签”延长至“三日免签”。口岸开关时间为：每周 6 天，10：00 ~ 14：00、15：00 ~ 19：00（双方法定节假日除外）。

2018 年，巴克图陆路（公路）口岸进出口货运量为 17.27 万吨，同比减少 4.27%。其中，进口货运量 7.6 万吨，同比增长 28.81%；出口货运量 9.67 万吨，同比减少 20.35%。进出口贸易额为 27.16 亿元，同比减少 34.1%。其中，进口贸易额 1.86 亿元，同比增加 13.98%；出口贸易额 25.3 亿元，同比减少 36.1%。出入境人员 36 149 人次。其中，出入境旅客 21 820 人次，出入境员工 14 329 人次。出入境交通工具 14 329 辆次。

【阿拉山口陆路（公路、铁路）口岸】 阿拉山口公路、铁路口岸位于新疆维吾尔自治区博尔塔拉蒙古自治州阿拉山口市境内，集铁路、公路、管道三种运输方式于一体，与哈萨克斯坦阿拉木图州毗邻。口岸距博乐市 79 千米，铁路、公路分别距乌鲁木齐市 477 千米和 500 千米；距哈萨克斯坦多斯特克口岸 12 千米，距中哈两国边防会晤点即接轨点 4.4 千米，距阿拉木图 580 千米。1990 年 6 月 27 日经国务院批准对外开放；1991 年 7 月铁路口岸临时过货运营；1992 年 12 月 1 日正式向第三国开放；1995 年 12 月公路口岸正式对外开放。2006 年 7 月，中哈原油管道一期工程建成运营。2012 年 12 月国务院批准设立阿拉山口市。2011 年 5 月经国务院批准设立阿拉山口综合保税区，2014 年 6 月正式封关运营。口岸已建成集铁路口岸区［铁路站场为二级三场混合式，设有准轨场 2 个、宽轨场 1 个，共有站线 66 条（准轨 41 条、宽轨 25 条），换装线 20 组，年换装能力为 20 万标箱］、公路口岸区、边境互市贸易区、商业区、仓储区、行政办公区、生活服务区、绿化环保区和综合保税区九大功能区，已发展成集通关、贸易、物流、加工、仓储、金融、旅游等多功能于一体的沿边新兴口岸。经口岸出境的中欧、中亚班列共有 31 种。出口的主要商品有服装百货、建材等；进口的主要商品是矿产品、有色金属和农产品，其中增幅较大的是铁矿砂、小麦和锌锭。公路口岸开关时间为：每周 6 天，10：00 ~ 14：00、15：00 ~ 19：00（法定节假日除外）。铁路口岸常年全天开关。

2018 年，阿拉山口陆路（铁路、公路）口岸进出口货运量为 1 803.4 万吨，同比减少 14.63。进出口贸易额为 779 亿元，同比增长 7.3%。出入境人员 69 453 人次。其中，入境人员 34 745 人次，出境人员 34 708 人次；出入境旅客 10 350 人次，出入境员工 59 103 人次。出入境交通工具 35 811 辆（列）次。其中，火车 12 709 列次，机动车辆 23 102 辆次。

【霍尔果斯陆路（公路）口岸】 霍尔果斯公路位于新疆维吾尔自治区伊犁哈萨克自治州霍尔果斯市境内，与哈萨克斯坦阿拉木图州毗邻。口岸距伊宁市 90 千米，距乌鲁木齐市 670 千米；距阿拉木图 378 千米。自 1881 年起，霍尔果斯口岸是中俄两国间的正式通商口岸；1950 ~ 1962 年中苏贸易进入兴盛时期，1962 年后，口岸除保持通邮外，停止进出口贸易。1983 年 11 月 16 日经国务院批准口岸恢复开放，1986 年起开通地方和边境贸易，1992 年 8 月中哈两国政府同意霍尔果斯口岸扩大为国际性开放口岸，1992 年 11 月正式对外开放。在中哈两国“双西公路”对接点的霍尔果斯南部联检区（第六代公路口岸），占地面积 58.77 万平方米，总建筑面积 5.56 万平方米，与哈方“阳光大道计划”“东大门经济特区”战略相呼应。2018 年 9 月 27 日，霍尔果斯南部联检区与哈方努尔饶尔口岸同步开通。出口货物中高新技术、纺织服装、机电产品和农产品增速较快，主要出口地为中亚五国和俄罗斯。同时，进口天然气、甘草、葵花子、毛皮等商品数量逐步增长。2018 年霍尔果斯区域果蔬出口共计 13.58 万吨。货运量、贸易额分别占乌鲁木齐关区的 60.2% 和 45.6%。口岸开关时间为：每周试行 7 天 12 小时工作制（双方法定节假日除外）。

2018 年，霍尔果斯陆路（公路）口岸出入境人员 179 372 人次，其中入境 88 968 人次，出境 90 404 人次。出入境交通工具 71 569 辆次。进出口货物量为 78.04 万吨，同比增长 26%。贸易额为 279.45 亿元，同比增长 22.22%。

【霍尔果斯陆路（铁路）口岸】 霍尔果斯铁路位于新疆维吾尔自治区伊犁哈萨克自治州霍尔果斯市境内，与哈萨克斯坦阿拉木图州毗邻。2011 年 12 月 2 日，中哈霍尔果斯—阿腾科里口岸站接轨；2012 年 12 月 22 日实现临时开放并通车过货。2014 年 2 月 21 日国务院批准霍尔果斯铁路口岸为国际性常年开放客货运输口岸。口岸批准建设用地总面积 377.78 万平方米。2016 年 6 月 7 日，口岸通过国家验收正式对外开放。口岸出口货物主要为汽车配件、百货、机械产品、纺织品、建材、家具、钢材、化工材料及电子产品等，抵达霍尔果斯铁路站列车始发点主要来自连云港、青岛、郑州、胶州等地；进口货物主要为返程空集装箱、尿素、红花子、铁矿石、棉花、红酒等。口岸开关时间为常年开放。

2018 年，霍尔果斯陆路（铁路）口岸入出境交通工具 6 151 列次。进出口货物量为 270.74 万吨，同比增长 668.93%。进出口贸易额为 67.64 亿元。此外，管道进口天然气 3 225.48 万吨。

【都拉塔陆路（公路）口岸】 都拉塔公路口岸位于新疆维吾尔自治区省道 313 线伊犁河谷最西端，南倚乌孙山，北邻伊犁河，西与哈萨克斯坦阿拉木图州春贾区接壤。口岸距伊宁市 70 千米；距哈萨克斯坦阿拉木图 247 千米，距哈方科里扎特口岸 3.8 千米。1992 年 8 月中哈两国政府签署协议同意都拉塔口岸为双边常年开放口岸；2006 年 2 月 15 日经批准对外开放，并于 12 月底实现旅客通关；2014 年 8 月 31 日，中哈两国政府同意都拉塔口岸扩大为国际性开放口岸；2015 年 7 月 15 日，都拉塔口岸扩大为国际性开放口岸通过自治区预验收，2018 年 12 月 27 日通过国家验收。口岸主要出口货物以百货为主，电器设备、汽配、鞋子等为辅。口岸开关时间为：每周 6 天，10：00～14：00、15：00～19：00（双方法定节假日除外）。

2018 年，都拉塔陆路（公路）口岸出口货运量为 27.3 万吨，同比减少 20.6%。出口贸易额为 159.5 亿元，同比减少 29.6%。出入境人员 23 268 人次。其中，出入境旅客 3 350 人次，出入境员工 19 918 人次。入出境交通工具19 921 辆次。

【木扎尔特陆路（公路）口岸】 木扎尔特公路口岸位于新疆维吾尔自治区伊犁哈萨克自治州昭苏县西南 109 千米处，地处天山北麓、特克斯河上游，与哈萨克斯坦阿拉木图州纳林果勒区毗邻。口岸距伊宁市 296 千米，距阿拉木图 320 千米。对方口岸为纳林果勒口岸，两口岸相距 4 千米。1953 年口岸曾作为中苏两国临时过货点，一度是边民易货贸易进出口货物集散地。1962 年以后中断贸易和人员往来，口岸关闭。1992 年 8 月中哈两国政府签订协议同意开放木扎尔特口岸，1994 年 3 月经国务院批准对外开放。截至 2018 年年底，该口岸尚未开通。

【阿黑土别克陆路（公路）口岸】 阿里土别克公路口岸位于新疆维吾尔自治区阿勒泰地区哈巴河县西部，与哈萨克斯坦东哈州毗邻。口岸距哈巴河县城 117 千米，距阿勒泰市 284 千米，距乌鲁木齐市 829 千米。1992 年 8 月，中哈两国政府签订协议同意开放阿黑土别克口岸，允许中哈两国人员、交通工具和货物通行；1994 年 3 月经国务院批准对外开放。截至 2018 年年底，该口岸尚未开通。

【吐尔尕特陆路（公路）口岸】 吐尔尕特公

路位于新疆维吾尔自治区克孜勒苏柯尔克孜自治州乌恰县境内，地处图噜噶尔特山口，海拔3 795米，与吉尔吉斯斯坦纳伦州毗邻。早在汉代，吐尔尕特即是“丝绸之路”上的一个重要驿站，1881 年起正式与沙俄通商。新中国成立后，根据中苏两国签订的贸易协定和换货合同，1950 年 4 月正式对苏联开放；1958 年 5 月中苏两国间开展边境贸易，1969 年通商贸易停止。1983 年 12 月 23 日口岸重新恢复通关；1995 年 11 月经国务院批准口岸下迁至现址托帕（下迁后仍沿用吐尔尕特口岸原名称），口岸海拔 2 010 米，北距吐尔尕特前沿国境线 109 千米，东距阿图什市 62 千米，南距喀什市 57 千米，西至乌恰县及伊尔克什坦口岸 42 千米；距吉尔吉斯首都比什凯克 620 多千米，距奥什 440 千米。口岸出口货物主要为百货、机械设备和轮胎、布匹及服装、肉类、建材、果蔬等，进口货物主要为皮毛、蚕茧、甘草等。口岸开关时间为：每周 5 天。

2018 年，吐尔尕特陆路（公路）口岸进出口货运量为 32.9 万吨，同比增长 9.4%。其中，进口货运量 2.2 万吨，同比减少 29.9%；出口货运量 30.7 万吨，同比增长 13.9%。进出口贸易额为 190.11 亿元，同比增长 22.5%。其中，进口贸易额 1.72 亿元，同比减少 47.4%；出口贸易额 188.39 亿元，同比增长 24%。出入境人员 45 925人次。其中，出入境旅客 2 981 人次，出入境员工 42 944 人次。入出境交通工具 43 085 辆次。

【伊尔克什坦陆路（公路）口岸】 伊尔克什坦公路位于新疆维吾尔自治区克孜勒苏柯尔克孜自治州乌恰县境内，与吉尔吉斯斯坦奥什州毗邻。距阿图什市 250 千米，距吉尔吉斯斯坦奥什州 210 千米。伊尔克什坦公路口岸是古“丝绸之路”上的重要通道和驿站。1996 年江泽民同志访问中亚五国期间，与吉尔吉斯斯坦总统达成协议同意开放伊尔克什坦公路口岸；1997 年 7 月 21 日临时开通；1998 年 1 月 26 日国务院批准开放伊尔克什坦公路口岸；2001 年 7 月 1 日口岸通过国家验收；2002 年 5 月 20 日口岸正式对外开放。2011 年 12 月 9 日，口岸下迁 146 千米至乌恰县新址运行，设计年过货量 200 万吨，年客流量 50 万人次。2011 年 9 月，国务院出台《关于支持喀什、霍尔果斯经济开发区建设的若干意见》，2013 年 5 月国家发展改革委印发《喀什经济开发区总体发展规划》，批准喀什特殊经济开发区规划面积 50 平方千米，其中口岸园区面积 10 平方千米。产业布局规划四大功能区：通关区、进出口产品加工区、进出口商品物流仓储集散中心、金融商贸综合服务区。出口货物主要包括服装鞋帽、日用百货、纺织坯布、汽车及配件、机械设备、家用电器等；进口货物主要以煤炭为主，包括干果、羊牛皮、矿石等。口岸开关时间为：每周 5 天。

2018 年，伊尔克什坦陆路（公路）口岸进出口货运量为 30.4 万吨，同比减少 28.27。其中，进口货运量 13.6 万吨，同比增长 13.1%；出口货运量 16.8 万吨，同比减少 3%。进出口贸易额为 79.76 亿元，同比减少 22.2%。其中，进口贸易额 3.44 亿元，同比增长 36.1%；出口贸易额 76.32 亿元，同比减少 23.7%。出入境人员 29 365 人次。其中，入境人员 14 658 人次，出境人员 14 707 人次；出入境旅客 4 041 人次，出入境员工 25 324 人次。出入境交通工具 25 335 辆次。

【红其拉甫陆路（公路）口岸】 红其拉甫公路口岸位于新疆维吾尔自治区喀什地区塔什库尔干塔吉克自治县境内，口岸海拔 4 500 米，与巴基斯坦北部地区吉尔吉特毗邻。口岸距塔什库尔干县城 130 千米，距喀什市 420 千米，距乌鲁木齐市 1 890 千米；距巴基斯坦首都伊斯兰堡 870 千米，距苏斯特 125 千米，距吉尔吉特市 270 千米。1981 年 9 月，中巴两国政府达成协议同意红其拉甫口岸为双边季节开放口岸；1982 年 8 月 27 日口岸正式开放；1986 年 5 月 1 日口岸正式扩大为国际性开放口岸。由于红其拉甫口岸海拔较高，严重缺氧，气候恶劣，1993 年口岸检查检验机构下迁至塔什库尔干县城办公，新联检区 2011 年 10 月建成启用，联检区占地面积 12.67 万平方米。口岸开关时间为每年4月1日至11月30日开放，工作时间为11：00～19：00（双方法定节假日除外）。

2018年，红其拉甫陆路（公路）口岸进出口货运量为3.97万吨，同比减少48%。其中，进口货运量0.15万吨，同比减少77%；出口货运量3.82万吨，同比减少46%。进出口贸易额为21.25亿元，同比减少42%。其中，进口贸易额0.41亿元，同比减少83%；出口贸易额20.84亿元，同比减少39%。出入境人员15 698人次。其中，入境人员7 713人次，出境人员7 985人次。出入境交通工具4 909辆次。

【卡拉苏陆路（公路）口岸】 卡拉苏公路位于新疆维吾尔自治区喀什地区塔什库尔干塔吉克自治县境内，在西昆仑山和萨雷阔勒岭之间，海拔4 050米，与塔吉克斯坦戈尔诺—巴达赫尚自治州毗邻。口岸距塔什库尔干县城62千米，距喀什市225千米；距塔吉克斯坦首都杜尚别850千米，距穆尔加布市89千米。2004年5月25日口岸临时对外开放；2007年9月12日，国务院批准卡拉苏公路口岸为国际性公路客货运输口岸；2014年5月30日，口岸通过国家验收并对外开放。2011年12月29日，中塔两国政府签署《关于边境口岸及其管理制度的协定》，确定卡拉苏公路口岸为国际性常年开放口岸。2012年以来，每年4月20日至11月30日对外开放，12月1日至4月19日实行预约通关，每月开关2次，每次3～4天。2016年11月，中塔双边地方政府签订《中塔卡拉苏—阔勒买口岸冬季开放运行协议》，同意卡拉苏公路口岸从2016年12月1日试行常年开放。口岸开关时间为：每周5天（双方法定节假日除外）。

2018年，卡拉苏陆路（公路）口岸进出口货运量为19.29万吨，同比减少4.27%。其中，进口货运量0.34万吨，同比增长142.86%；出口货运量18.95万吨，同比减少5.30%。进出口贸易额为67.72亿元，同比减少23%。其中，进口贸易额0.34亿元，同比增长160%；出口贸易额67.38亿元，同比减少24%。出入境人员14 161人次。其中，入境人员7 133人次，出境人员7 028人次。入出境交通工具11 479辆次。

2018年新疆维吾尔自治区口岸大事记

1月4日

新疆维吾尔自治区召开自治区口岸工作领导小组“推进通关一体化”全体会议。

3月12日～14日

新疆维吾尔自治区口岸办及时妥善处置吉木乃陆路（公路）口岸因哈方道路被洪水冲毁，哈方单方面紧急闭关事宜。

4月4日

伊尔克什坦边检站被公安部授予集体三等功。

4月15日

中国电子口岸数据中心乌鲁木齐分中心暂停QP系统“一次申报”功能，进出口企业、代理企业全部通过国际贸易“单一窗口”标准版“货物申报”功能进行报关、报检一次申报。

5月14～18日

国家口岸办组织内蒙古、辽宁、吉林、黑龙江、广西、云南、西藏、二连浩特、满洲里、河口、友谊关、绥芬河等地口岸办的负责人赴巴克图陆路（公路）口岸实地调研，总结推广新疆农产品快速通关“绿色通道”建设经验。

5月23日

新疆维吾尔自治区党委副书记、兵团党委书记、政委孙金龙，自治区党委副书记、教育工委书记李鹏新一行对巴克图陆路（公路）口岸联检单位监管设施资源使用和边境管控等工作进行实地调研。

6月6日

新疆维吾尔自治区人民政府组成调研组赴霍尔果斯口岸召开南部联检区（第六代国门）建设协调会，明确了各相关单位任务职责并提出解决思路。

6月13日

公安部部长赵克智、新疆维吾尔自治区党委

副书记（政法委书记）朱海仑对伊尔克什坦口岸原址的边境管控等工作进行实地调研。

6 月 25 日

国家口岸办同意乌鲁木齐铁路西站（集装箱场站）自 2018 年 9 月 13 日至 2019 年 9 月 12 日临时对外开放。

6 月 28 日 ~29 日

新疆维吾尔自治区口岸办在乌鲁木齐举办新疆口岸干部培训班，特邀国家口岸办及国家发展改革委综合运输研究所专家对《口岸验收管理办法》等规定进行现场解读培训授课。

8 月 8 日

根据蒙古国向中国驻蒙古国使馆反映中蒙边境口岸通关速度缓慢、车辆滞留等问题，新疆维吾尔自治区口岸办认真研究梳理对蒙的塔克什肯、红山嘴、乌拉斯台和老爷庙陆路（公路）口岸物流通关查验各环节，统计车辆日通关量，查找通关缓慢的原因。

8 月 22 日

新疆维吾尔自治区口岸办会同乌鲁木齐海关、新疆公安边防总队赴霍尔果斯口岸推动落实南部联检区启用开通和口岸移址验收工作事宜。

9 月 20 日

为帮助企业完成年度铁矿砂进口任务，经征询查验单位意见，新疆维吾尔自治区口岸办向国家口岸办上报《关于老爷庙口岸增加临时开放时间的请示》；11 月 9 日，国家口岸办同意老爷庙口岸于 2018 年 11 月 11 日至 30 日、12 月 11 日至 31 日临时开放。

根据国家口岸办《关于确认正式开通中哈霍尔果斯—努尔饶尔公路口岸事的函》通知，附哈驻华使馆致海关总署照会就 9 月 27 日霍尔果斯南部联检区与哈方努尔饶尔口岸同步开通上报自治区人民政府。

9 月 25 日

新疆维吾尔自治区口岸办会同乌鲁木齐海关、新疆公安边防总队、伊犁州口岸办对霍尔果斯南部联检区建设进行开通前验收。

9 月 27 日

霍尔果斯南部联检区与哈方努尔饶尔口岸同步开通。自治区主席雪克来提·扎克尔出席开通仪式。

10 月 10 日

新疆维吾尔自治区口岸办向国家口岸办报送《关于中蒙口岸合作委员会第三次会议补充材料的函》，建议将落实塔克什肯新建货运专用通道、推进老爷庙常年开放、红山嘴口岸扩大为国际性开放口岸列入第三次会议议题。

11 月 27 日 ~12 月 1 日

新疆维吾尔自治区口岸办派员赴哈萨克斯坦阿斯塔纳参加中哈口岸和海关合作分委会第十次会议。

12 月 5 日

将霍尔果斯陆路（铁路、公路）口岸、阿拉山口陆路（铁路、公路）口岸、乌鲁木齐空运口岸等全区已开通口岸收费清单在中国（新疆）国际贸易“单一窗口”网站公示。

12 月 14 日

经国家口岸办同意红其拉甫陆路（公路）口岸紧急增加临时开关时间，保障滞留在巴基斯坦的中方车辆和驾驶人员安全返回，截至 12 月 15 日 19：00 滞留巴方的 139 辆车和 4 名旅客全部安全入境。

12 月 27 日

都拉塔陆路（公路）口岸扩大为国际性对外开放口岸通过国家验收组验收。

12 月 28 日

为深入贯彻落实国务院《关于印发优化口岸营商环境促进跨境贸易便利化工作方案的通知》，结合新疆实际，新疆维吾尔自治区口岸办会同自治区发展改革委、商务厅、乌鲁木齐海关等 9 个部门研究制定的《自治区关于优化口岸营商环境促进跨境贸易便利化工作实施意见》经自治区第十三届人民政府第 43 次常务会通过，下发实施。

（撰稿人：吴玲军）

2018 年新疆维吾尔自治区口岸流量统计表

口岸类型		口岸名称	货运量（万吨）				集装箱量（万标箱）				人员（万人次）				交通工具（辆、艘、架、列次）			
			出口	进口	合计	同比（%）	出口	进口	合计	同比（%）	出境	入境	合计	同比（%）	出境	入境	合计	同比（%）
空运口岸		乌鲁木齐	0.58	0.09	0.67	45.30					37.58	37.51	75.09	-8.71			7 519.00	-4.16
		喀什	0.00	0.00	0.00	0.00					0.06	0.11	0.17	-43.33			65.00	
		分 计	0.58	0.09	0.67	45.30					37.64	37.62	75.26	-8.68			7 584.00	-4.65
陆路口岸	公路口岸	老爷庙	0.11	168.84	168.95	46.87					1.76	1.76	3.51				34 456.00	78.81
		乌拉斯台	0.00	0.00	0.00	0.00					0.07	0.05	0.12				76.00	
		塔克什肯	1.82	75.75	77.57	23.00					3.60	3.59	7.19	-40.00			26 678.00	21.79
		红山嘴	0.00	0.00	0.00	0.00					0.01	0.01	0.02				60.00	
		吉木乃	3.85	37.22	41.07	8.00					1.17	1.15	2.33	-64.57			4 666.00	-12.23
		巴克图	9.67	7.60	17.27	-4.27					1.80	1.82	3.61	-51.20			14 329.00	-19.60
		阿拉山口	8.90	667.40	676.30	-10.60					1.61	1.62	3.23	-7.70			23 102.00	3.90
		霍尔果斯	72.93	3 230.59	3 303.52	15.36							16.18				71 569.00	
		都拉塔	27.30	0.00	27.30	-20.60					1.16	1.17	2.33	-30.20			19 921.00	-21.90
		吐尔尕特	30.70	2.20	32.90	9.40					2.30	2.29	4.59	18.40			43 085.00	23.42
		伊尔克什坦	16.80	13.60	30.40	-28.27					1.47	1.47	2.94	-5.00			25 335.00	-2.10
		红其拉甫	3.82	0.15	3.97	-48.00					0.80	0.77	1.57	2.80			4 909.00	-18.90
		卡拉苏	18.95	0.34	19.29	-4.27					0.70	0.71	1.42	29.25			11 479.00	22.70
		分 计	194.85	4 203.69	4 398.54						16.45	16.41	49.03	-1.68			279 665.00	3.06
	铁路口岸	阿拉山口	314.75	812.35	1 127.10	32.20					1.86	1.86	3.71	16.10			12 709.00	23.33
		霍尔果斯	233.10	37.60	270.74	668.93							1.76				6 151.00	88.51
		分 计	547.85	849.95	1 397.84						1.86	1.86	5.48	14.68			18 860.00	39.00
水运口岸	海港口岸				—								—				—	
		分 计			—								—				—	
	河港口岸				—								—				—	
		分 计			—								—				—	
合 计			743.28	5 053.73	5 797.05						64.9851	64.7812	129.77				306 109.00	
同比（%）			65.93	12.03	16.90						-20.03	-19.69	-19.85				9.59	

（新疆维吾尔自治区外事办公室提供）

2018 年新疆维吾尔自治区口岸出入境主要数据表

项目			2018 年	2017 年	同比（%）
出入境人员（人次）	出入境人员总数		1 297 663	1 619 177	-19.86
	入境人员		647 812	806 587	-19.68
	出境人员		649 851	812 590	-20.03
	出入境旅客		892 362	1 235 321	-27.76
	出入境员工		405 301	383 856	5.59
	中国公民	小计	661 943	869 913	-23.91
		内地居民（因公）	166 935	164 948	1.20
		内地居民（因私）	461 181	664 725	-30.62
		港澳居民	1 579	1 383	14.17
		台湾同胞	31 145	37 102	-16.06
	外籍人员		603 369	687 912	-12.29
	从海港出入境人数				
	从陆港出入境人数		543 819	793 668	-31.48
	从空港出入境人数		753 844	825 509	-8.68
交通运输工具（辆、艘、架、列次）	总计		306 109	279 327	9.59
	船舶				
	飞机		7 584	7 954	-4.65
	火车		18 860	13 568	39.00
	机动车辆		279 665	257 805	8.48

（新疆出入境边防检查总站提供）

2018年乌鲁木齐海关主要数据统计表

项目		2018年	同比（%）
进出口货运量（万吨）	合计	5 941	19.80
	进口	5 463.41	21.10
	出口	477.59	6.60
进出口贸易总值（万美元）	合计	4 641 548.85	20.61
	进口	2 138 038.48	33.75
	其中：江、海运输		
	铁路运输		
	汽车运输		
	航空运输		
	邮件运输		
	其他运输		
	出口	2 503 510.37	13.32
	其中：江、海运输		
	铁路运输		
	汽车运输		
	航空运输		
	邮件运输		
	其他运输		
税收（万元）	两税合计	163.86	13.79
	关税入库	5.87	17.40
	进口环节税入库	157.99	13.60
货物检验检疫（万批次）	本年累计	6.39	40.50
	其中：出境	2.18	10.90
	入境	4.21	63.00
货物检验检疫金额（万美元）	本年累计	200.56	40.40
	其中：出境	13.88	14.24
	入境	186.68	42.70

（乌鲁木齐海关提供）

2018 年新疆维吾尔自治区指定口岸/查验场统计表

序号	指定口岸/指定查验场名称	口岸类别	类别	批复时间	备注
1	乌鲁木齐国际机场	空运	水果	2017 年 1 月 17 日	
2	乌鲁木齐国际机场	空运	冰鲜水产品	2017 年 12 月 17 日	
3	喀什国际机场	空运	水果	2014 年 2 月	
4	喀什国际机场	空运	冰鲜水产品	2015 年 10 月	
5	老爷庙口岸	公路	肉类	2018 年 1 月	
6	塔克什肯口岸	公路	肉类	2016 年	
7	巴克图口岸	公路	农产品“绿色通道”	2013 年 12 月 23 日	
8	巴克图口岸	公路	进境粮食	2014 年 10 月	
9	巴克图口岸	公路	肉类	2016 年	
10	吉木乃口岸	公路	肉类	2016 年	
11	阿拉山口口岸	公路、铁路	整车进口	2014 年 7 月	
12	阿拉山口口岸	公路、铁路	进境粮食	2014 年 10 月	
13	阿拉山口口岸	公路、铁路	国际邮件交换站	2015 年 6 月	
14	阿拉山口口岸	公路、铁路	肉类	2015 年 11 月 17 日	
15	阿拉山口口岸	公路、铁路	进口活畜许可	2016 年 1 月	
16	阿拉山口口岸	公路、铁路	进口植物种苗	2016 年 8 月 2 日	
17	阿拉山口口岸	公路、铁路	进境水果	2017 年 9 月	
18	霍尔果斯口岸	公路、铁路	整车进口	2015 年 9 月 7 日	
19	霍尔果斯口岸	公路、铁路	进境粮食	2015 年 8 月 20 日	
20	霍尔果斯口岸	公路、铁路	进口活畜	2015 年 12 月	
21	霍尔果斯口岸	公路、铁路	肉类	2016 年 7 月 8 日	
22	霍尔果斯口岸	公路、铁路	农产品“绿色通道”	2018 年 5 月 24 日	
23	吐尔尕特口岸	公路	农产品“绿色通道”	2015 年 12 月 16 日	
24	伊尔克什坦口岸	公路	农产品“绿色通道”	2015 年 12 月 16 日	
25	卡拉苏口岸	公路	农产品“绿色通道”	2015 年 11 月 25 日	

（新疆维吾尔自治区外事办公室提供）

香 港 地 区

2018 年香港地区口岸工作综述

说明：香港地区对外贸易包括香港地区的对外商品贸易及服务贸易。香港地区的对外商品贸易统计是根据进出口报关单上的资料编制。《中华人民共和国香港特别行政区基本法》说明，香港特别行政区为单独的关税地区。香港地区与内地之间的贸易，亦须办理进出口报关，有关的统计资料包括在香港地区的对外商品贸易统计数字内。香港地区与内地之间的服务贸易视作对外交易，并包括在香港地区服务贸易统计数字内。

总体商品贸易

单位：百万港元

贸易种类	2016 年	2017 年	2018 年
整体出口	3 588 247	3 875 898	4 158 106
同比（%）	-0.5	8.0	7.3
进口	4 008 384	4 357 004	4 721 399
同比（%）	-0.9	8.7	8.4
贸易总额	7 596 631	8 232 902	8 879 505
同比（%）	-0.7	8.4	7.9
商品贸易差额	-420 137	-481 106	-563 292

港口货物吞吐量

单位：千公吨

项　目		2016 年	同比（%）	2017 年	同比（%）	2018 年	同比（%）
港口货物总吞吐量	合计	256 730	0.1	281 545	9.7	258 541	-8.2
	卸下	150 774	-1.3	174 578	15.8	159 509	-8.6
	装上	105 956	2.1	106 967	1.0	99 032	-7.4
海运货物吞吐量	合计	164 084	-2.7	176 889	7.8	164 550	-7.0
	卸下	110 291	-1.7	118 873	7.8	109 878	-7.6
	装上	53 794	-4.6	58 017	7.9	54 672	-5.8
河运货物吞吐量	合计	92 646	5.3	104 656	13.0	93 991	-10.2
	卸下	40 483	-0.4	55 705	37.6	49 631	-10.9
	装上	52 163	10.2	48 951	-6.2	44 361	-9.4

按主要国家（地区）划分的商品贸易

单位：百万港元

贸易种类/主要国家/地区		2016 年	2017 年	2018 年
进口	总量	4 008 384	4 357 004	4 721 399
	同比（%）	-0.9	8.7	8.4
中国内地		1 916 831	2 030 145	2 186 267
日本		246 698	253 394	259 964

续表

贸易种类/主要国家/地区		2016年	2017年	2018年
中国台湾		292 072	329 678	338 445
新加坡		261 694	288 107	314 126
美国		206 645	213 737	231 128
韩国		196 228	252 056	278 314
马来西亚		90 584	114 877	189 090
印度		92 773	107 412	92 397
泰国		82 586	89 641	92 108
菲律宾		59 768	76 275	77 129
整体出口	总量	3 588 247	3 875 898	4 158 106
	同比（%）	-0.5	8.0	7.3
中国内地		1 943 469	2 105 829	2 287 303
美国		324 040	330 198	356 797
日本		116 746	128 474	129 318
印度		116 702	158 636	134 339
中国台湾		74 516	89 371	86 172
德国		66 717	73 912	76 104
泰国		47 949	54 135	60 582
越南		72 173	79 632	83 225
新加坡		61 285	61 023	69 150
荷兰		57 378	63 982	71 312
贸易总额	总量	7 596 631	8 232 902	8 879 505
	同比（%）	-0.7	8.4	7.9
中国内地		3 860 300	4 135 974	4 473 570
美国		530 684	543 935	587 924
日本		363 444	381 868	389 282
中国台湾		366 587	419 050	424 617
新加坡		322 979	349 130	383 277
韩国		250 267	308 728	336 181
印度		209 474	266 047	226 735
马来西亚		117 857	143 539	224 156
泰国		130 535	143 777	152 690
越南		126 437	141 277	149 354

商品贸易指数

2017 年 = 100

指数类别	贸易种类	2016 年	2017 年	2018 年
货值	进口	92	100	108.4
	同比（%）	0.9	8.7	8.4
	整体出口	92.6	100	107.3
	同比（%）	-0.5	8	7.3
单位价格	进口	98.1	100	102.6
	同比（%）	-1.7	1.9	2.6
	整体出口	98.2	100	102.4
	同比（%）	-1.7	1.8	2.4
货量	进口	93.7	100	105.9
	同比（%）	1.0	6.7	5.9
	整体出口	94.2	100	104.9
	同比（%）	1.4	6.2	4.9
贸易价格比率		100.1	100	99.9
	同比（%）	0	-0.1	-0.1

按交通模式划分的抵港及离港旅客

单位：千人次

交通模式		2018 年
抵港		
空		27 112
海[(1)]		11 792
陆		118 517
总计		157 421
离港		
空		26 266
海[(1)]		13 862
陆		117 138
总计		157 266

注释：（1）包括来往澳门的直升机旅客。

澳 门 地 区

2018 年澳门地区口岸工作综述

2018 年澳门经济实质增长 4.7%，增长步伐明显放慢；经济动力源自服务出口及私人消费上升，上半年增长 7.6%，下半年则收窄至 2.0%。综观 2018 年，内部需求表现欠佳，按年收缩 1.7%，同时由于私人建筑投资大幅减少，拖累固定资本形成总额按年跌幅为 12.5%；另外，总就业人数与工作收入上升，以及政府支出增加，推动私人消费、政府最终消费支出及货物进口分别上升 4.5%、3.8% 及 4.7%，抵消了投资减少的影响。外部需求温和增长，入境旅客及消费上升，支持服务出口按年增加 9.4%，其中博彩服务出口及其他旅游服务出口分别上升 10.3% 及 9.4%；货物出口增加 11.0%。

2018 年澳门本地生产总值为 4 403 亿澳门元，人均本地生产总值为 666 893 澳门元（约 82 609美元）。此外，2018 年衡量整体价格变动的本地生产总值内含平减物价指数上升 3.6%。

本地生产总值主要指标

年份	2014	2015	2016	2017	2018
本地生产总值——当年价格（亿澳门元）	4 421	3 622	3 624	4 058	4 403
本地生产总值实质增长率（%）	-1.2	-21.6	-0.9	9.7	4.7
人均本地生产总值——当年价格（澳门元）	710 895	564 635	561 053	625 254	666 893
人均本地生产总值实质增长率（%）	-5.5	-24.0	-1.5	9.2	2.9

2018 年，澳门地区货物及服务净出口占本地生产总值的比重上升至 50.5%，较 2017 年的 46.9%增加 3.5 个百分点。相反，内部需求所占比重则减少 3.5 个百分点至 49.5%，主要是投资的比重减少 3.2 个百分点，私人消费支出及政府最终消费支出的比重也分别微降 0.3 个及 0.1 个百分点。

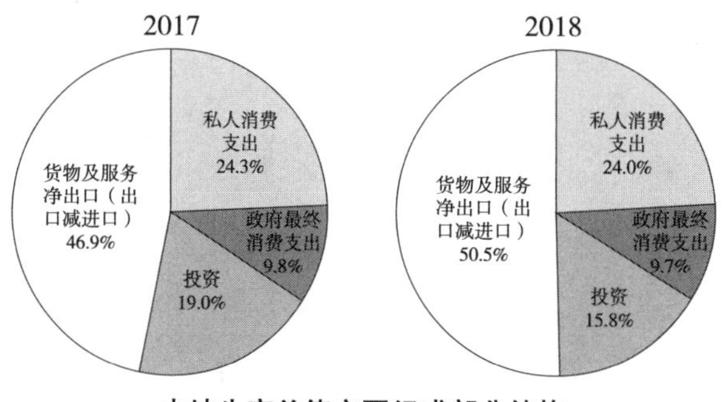

本地生产总值主要组成部分结构

2018 年，全年车流量上升 2.3% 至 4 927 368 车次，其中经路氹城边境站出入境的车次（占 30.5%）增加 16.5%，经关闸边境站的（占 68.2%）则下跌 3.6%；另外，经港珠澳大桥边境站出入境的有 23 574 车次。

澳门往来内地及香港的客轮全年共 131 740 班次，同比下跌 5.1%；往来香港的（111 186 班次）减少 1.9%。

经国际机场进出的商业班机 2018 年上升 13.1% 至 62 048 班次；其中往来内地及泰国的班次同比分别增加 20.9% 及 20.8%，往来韩国及越南的则分别减少 15.5% 及 8.8%。澳门往来内地及香港的直升机航班增长 2.7%，共 13 089 班次。

2018 年，经陆路进出的货柜货物毛重按年上升 15.5% 至 16 043 公吨，其中经路氹城边境站进出的（14 856 公吨）占 92.6%；海路进出的货柜货物毛重也上升 6.6% 至 171 026 公吨，经内港进出的（89 535 公吨）占 52.4%。2018 年海路货柜总吞吐量为 138 639 标准货柜单位，共 94 254 柜次，同比分别上升 6.8% 及 4.4%。

2018 年，澳门国际机场空运货物上升 10.6% 至 41 481 公吨，其中进口（7 083 公吨）及出口货物（27 521 公吨）同比分别增加 6.6% 及

17.8%，转口货物（6 877 公吨）则减少 8.2%。

2018 年，对外商品贸易总额为 1 023.0 亿元，较 2017 年的 871.3 亿元增加 17.4%。总出口货值为 121.9 亿元，按年增加 8.1%；再出口（106.6 亿元）增加 12.3%，本地产品出口（15.3 亿元）则减少 14.3%。总进口货值按年上升 18.8% 至 901.0 亿元，其中手提电话、美容化妆/护肤品及手表的升幅分别达 52.4%、51.5% 和 25.6%。货物贸易逆差达 779.1 亿元。

按出口目的地分析，2018 年输往泛珠三角九省的货值（19.6 亿元）同比增加 2.7%，而往上海的（2 701 万元）减少 84.7%，令出口至内地的货值（20.1 亿元）下跌 5.1%。此外，出口至香港（75.7 亿元）及欧盟（2.1 亿元）分别增加 14.7% 及 10.0%，出口至美国（1.3 亿元）则减少 30.4%。按货物种类分析，非纺织品出口为 115.0 亿元，按年增加 10.3%；机器设备与零件（25.6 亿元）增加 93.1%，电子元器件（4.9 亿元）则下跌 33.8%；纺织品及成衣出口为 6.9 亿元，下跌 19.3%。

按货物原产地统计，2018 年由内地（315.2 亿元）与欧盟（225.3 亿元）进口的货值按年分别上升 22.7% 及 18.1%。按货物来源地统计，来自内地的（136.7 亿元）上升 12.9%，其中泛珠三角九省（132.5 亿元）增加 14.9%。按货物种类分析，消费品进口上升 17.9% 至 583.8 亿元，其中美容化妆/护肤品（48.7 亿元）与手表（65.4 亿元）分别增加 51.5% 及 25.6%；手提电话（73.0 亿元）、燃料及润滑油（72.8 亿元）与建筑材料（20.0 亿元）的进口货值也分别增长 52.4%、13.3% 及 7.8%。

2018 年，入境旅客达到 35 803 663 人次的新高，同比增加 9.8%；留宿旅客（18 492 951 人次）及不过夜旅客（17 310 712 人次）分别上升 7.2% 及 12.7%。旅客平均逗留 1.2 日，与 2017 年相同；留宿旅客上升 0.1 日至 2.2 日，不过夜旅客则维持在 0.2 日。按国家/地区统计，内地（25 260 556 人次）、香港（6 327 925 人次）及台湾地区旅客（1 060 968 人次）分别增加 13.8%、2.6% 及 0.1%，韩国旅客（812 842 人次）则减少 7.0%。来自美国（201 810 人次）、澳大利亚（90 914 人次）及英国的旅客（58 319 人次）均增长，加拿大旅客（74 268 人次）则与 2017 年持平。

按入境方式统计，2018 年经陆路入境的旅客同比上升 18.9% 至 22 152 467 人次，其中 1 052 838 人次从港珠澳大桥入境，由关闸入境的旅客（18 224 963 人次）增加 13.2%。取道空路入境的旅客有 3 295 800 人次，按年增加 20.1%，经机场入境的（3 276 220 人次）上升 19.9%。经海路入境的旅客同比减少 7.8% 至 10 355 396 人次，其中从外港客运码头（6 109 199 人次）及氹仔客运码头入境的（4 246 197 人次）分别下跌 11.3% 及 2.3%。

对外商品贸易主要指标

单位：百万澳门元

年份	货物进口	按年变动（%）	货物出口	按年变动（%）	本地产品出口	按年变动（%）	再出口	按年变动（%）
2016	71 351.6	-16	10 046.6	-6	1 962.9	8	8 083.8	-9
2017	75 851.1	6	11 283.1	12	1 785.6	-9	9 497.6	17
2018	90 102.6	19	12 192.6	8	1 530.6	-14	10 661.9	12

对外商品贸易指数

2016 = 100

年份	出口			本地产品出口			再出口			进口			贸易价格比率
	价值	单位价格	数量	价值	单位价格	数量	价值	单位价格	数量	价值	单位价格	数量	
2014	98.7	101.5	97.3	103.1	99.6	103.5	97.6	101.4	96.2	126.1	102.8	122.6	98.7
2015	106.4	100.8	105.6	92.8	99.5	93.3	109.7	100.9	108.8	118.7	101.4	117.1	99.5
2016	100.0	100.0	100.0	100.0	100.0	100.0	100.0	100.0	100.0	100.0	100.0	100.0	100.0
2017	112.3	100.0	112.3	91.0	100.1	90.8	117.5	99.9	117.6	106.3	99.8	106.6	100.2
2018	121.4	100.5	120.7	78.0	100.6	77.5	131.9	100.5	131.2	126.3	100.5	125.6	100.0

货柜流量

单位：柜次

年份	总数	进口			出口		
		小计	海路	陆路	小计	海路	陆路
2016	92 867	56 954	54 884	2 070	34 906	34 106	800
2017	93 047	57 781	56 064	1 717	34 585	34 131	454
2018	96 755	59 529	57 859	1 670	36 469	36 067	402
年份	转口小计	转口入境			转口出境		
		小计	海路	陆路	小计	海路	陆路
2016	1 007	688	30	658	319	16	303
2017	681	460	68	392	221	55	166
2018	757	535	295	240	222	33	189

货柜货物毛重

单位：公吨

年份	总数	进口						出口					
		小计	内港	关闸边境站	九澳港	路氹城边境站	跨境工业区边境站	小计	内港	关闸边境站	九澳港	路氹城边境站	跨境工业区边境站
2016	200 306	170 792	83 732	—	72 856	13 969	235	21 109	9 405	17	9 361	2 180	146
2017	174 375	145 516	78 188	—	59 252	8 011	65	22 912	6 920	5	13 350	2 545	93
2018	187 069	144 563	81 966	—	52 910	9 486	202	33 258	5 818	—	25 579	1 775	85
年份	转口小计	转口入境						转口出境					
		小计	内港	关闸边境站	九澳港	路氹城边境站	跨境工业区边境站	小计	内港	关闸边境站	九澳港	路氹城边境站	跨境工业区边境站
2016	8 405	4 469	1 041	—	1 361	749	1 318	3 936	161	716	1 639	1 353	66
2017	5 947	3 234	883	—	1 239	1 079	33	2 712	149	697	502	1 283	81
2018	9 248	6 141	1 590	—	2 432	2 112	6	3 107	161	890	569	1 483	4

海路货柜总吞吐量

单位：标准货柜单位

年份	总数	进口			出口		
		小计	内港	九澳港	小计	内港	九澳港
2016	129 416	80 922	63 369	17 553	48 413	29 850	18 563
2017	129 798	81 958	63 717	18 241	47 631	29 617	18 014
2018	138 639	86 943	68 229	18 714	51 119	30 928	20 192
年份	转口小计	转口入境			转口出境		
		小计	内港	九澳港	小计	内港	九澳港
2016	82	52	15	37	30	3	27
2017	209	117	15	102	92	2	90
2018	577	526	6	520	51	—	51

按贸易类别及运输方式统计的货值及毛重

单位：百万澳门元、公吨

贸易类别	2017				2018			
	总数	海运	陆运	空运	总数	海运	陆运	空运
出口	11 283.1	7 795.7	1 791.6	96.3	12 192.6	8 379.8	1 913.4	103.5
	692 839	459 083	36 373	224	580 192	327 061	32 022	410
本地产品出口	1 785.6	1 482.8	279.4	6.9	1 530.6	1 221.5	290.0	4.7
	426 600	421 287	5 238	73	298 260	292 837	5 378	43

续表

贸易类别	2017				2018			
	总数	海运	陆运	空运	总数	海运	陆运	空运
再出口	9 497.6	6 312.9	1 512.2	89.4	10 661.9	7 158.3	1 623.4	98.8
	266 239	37 796	31 135	151	281 933	34 224	26 644	366
进口	75 851.1	64 488.2	5 753.7	1 841.2	90 102.6	76 993.7	6 154.3	2 619.6
	102 756 308	3 482 865	1 461 282	5 248	106 128 373	3 525 495	1 333 431	6 227
暂时出口	1 110.2	245.9	741.8	122.5	812.1	211.5	528.0	72.6
	1 055	310	729	16	663	213	428	22
再进口	721.4	110.7	577.5	33.1	676.8	112.7	560.0	4.1
	502	158	341	3	484	146	337	1
转运（进入）	13 006.7	6 184.6	5 551.4	1 270.7	13 667.5	6 272.0	6 202.2	1 193.3
	27 241	3 273	22 812	1 156	35 473	5 773	28 745	954
转运（离开）	13 006.7	2 329.8	8 843.3	1 833.6	13 667.5	2 519.0	6 667.0	4 481.5
	27 241	2 041	10 381	14 820	35 473	1 895	14 219	19 359

表注：贸易类别各项中上一行为货值，下一行为毛重。

按证件签发地统计的出境旅客

证件签发地	2018		2017		变动（%）
	人次	结构（%）	人次	结构（%）	
总数	35 708 935	100.0	32 528 051	100.0	9.8
中国内地	25 205 697	70.6	22 148 597	68.1	13.8
个人游	12 256 363	34.3	10 607 236	32.6	15.5
中国香港	6 320 643	17.7	6 157 491	18.9	2.6
中国台湾	1 056 015	3.0	1 056 983	3.2	－0.1
菲律宾	299 443	0.8	296 562	0.9	1.0
印度	147 503	0.4	147 641	0.5	－0.1
印度尼西亚	171 483	0.5	195 153	0.6	－12.1
日本	325 181	0.9	328 946	1.0	－1.1
马来西亚	227 214	0.6	217 386	0.7	4.5
韩国	811 530	2.3	872 713	2.7	－7.0
新加坡	134 749	0.4	142 895	0.4	－5.7
泰国	180 517	0.5	197 599	0.6	－8.6
越南	4 258	0	4 741	0	－10.2
亚洲其他	103 623	0.3	71 492	0.2	44.9
巴西	11 411	0	10 832	0	5.3

续表

证件签发地	2018		2017		变动（%）
	人次	结构（%）	人次	结构（%）	
加拿大	74 064	0.2	74 049	0.2	0
美国	201 100	0.6	185 748	0.6	8.3
美洲其他	27 080	0.1	24 292	0.1	11.5
德国	29 432	0.1	28 645	0.1	2.7
西班牙	10 505	0	9 276	0	13.2
俄罗斯	30 453	0.1	26 784	0.1	13.7
法国	38 749	0.1	40 220	0.1	-3.7
荷兰	11 634	0	10 734	0	8.4
意大利	14 526	0	13 767	0	5.5
葡萄牙	15 190	0	15 927	0	-4.6
英国	57 933	0.2	56 766	0.2	2.1
瑞士	6 843	0	7 428	0	-7.9
欧洲其他	60 267	0.2	56 653	0.2	6.4
澳大利亚	90 648	0.3	88 776	0.3	2.1
新西兰	14 334	0	13 676	0	4.8
大洋洲其他	1 558	0	1 380	0	12.9
南非	6 381	0	5 287	0	20.7
其他	18 971	0.1	19 612	0.1	-3.3

第五篇

口岸相关法规

中华人民共和国国务院

中华人民共和国国务院令
第 698 号

现公布《国务院关于修改和废止部分行政法规的决定》，自公布之日起施行。

总理　李克强

2018 年 3 月 19 日

国务院关于修改和废止部分行政法规的决定

为了依法推进简政放权、放管结合、优化服务改革，国务院对取消行政许可项目及制约新产业、新业态、新模式发展涉及的行政法规进行了清理。经过清理，国务院决定：

一、对 18 部行政法规的部分条款予以修改。（附件 1）

二、对 5 部行政法规予以废止。（附件 2）

本决定自公布之日起施行。

附件：1. 国务院决定修改的行政法规

2. 国务院决定废止的行政法规

附件 1

国务院决定修改的行政法规

一、将《中华人民共和国计量法实施细则》第二条修改为：“国家实行法定计量单位制度。法定计量单位的名称、符号按照国务院关于在我国统一实行法定计量单位的有关规定执行。”

删去第十四条、第十五条。

第十六条改为第十四条，修改为：“制造、修理计量器具的企业、事业单位和个体工商户须在固定的场所从事经营，具有符合国家规定的生产设施、检验条件、技术人员等，并满足安全要求。”

删去第十七条。

第二十三条改为第二十条，将其中的“凡没有产品合格印、证和《制造计量器具许可证》标志的计量器具不得销售”修改为“凡没有产品合格印、证标志的计量器具不得销售”。

第四十条改为第三十七条，删去其中的“制造、修理计量器具申请许可证”。

第四十四条改为第四十一条，修改为：“违反《中华人民共和国计量法》第十四条规定，制造、销售和进口非法定计量单位的计量器具的，责令其停止制造、销售和进口，没收计量器具和全部违法所得，可并处相当其违法所得 10% 至 50% 的罚款。”

删去第四十七条。

二、将《中华人民共和国河道管理条例》第十五条中的“上级河道主管机关”修改为“县级以上地方人民政府河道主管机关”。

三、删去《中华人民共和国防治海岸工程建设项目污染损害海洋环境管理条例》第十一条。

第十二条改为第十一条，修改为：“海岸工程建设项目竣工验收时，建设项目的环境保护设施经验收合格后，该建设项目方可正式投入生产或者使用。”

四、将《水库大坝安全管理条例》第十六条修改为：“大坝坝顶确需兼做公路的，须经科学论证和县级以上地方人民政府大坝主管部门批准，并采取相应的安全维护措施。”

五、将《城市供水条例》第十九条修改为：“城市自来水供水企业和自建设施对外供水的企业，经工商行政管理机关登记注册后，方可从事经营活动。”

删去第三十二条第一款中的“报城市供水行政主管部门和卫生行政主管部门批准”。

六、将《城市房地产开发经营管理条例》第十七条修改为：“房地产开发项目竣工，依照《建设工程质量管理条例》的规定验收合格后，方可交付使用。”

删去第十八条、第三十六条、第三十七条。

七、删去《中华人民共和国森林法实施条例》第三十四条第一款。

第四十条修改为：“违反本条例规定，收购没有林木采伐许可证或者其他合法来源证明的木材的，由县级以上人民政府林业主管部门没收非法经营的木材和违法所得，并处违法所得 2 倍以下的罚款。”

八、删去《中华人民共和国人民币管理条例》第二十六条。

第四十四条改为第四十三条，将第一款中的“违反本条例第二十五条、第二十六条、第二十七条第一款第二项和第四项规定的”修改为“违反本条例第二十五条、第二十六条第一款第二项和第四项规定的”。

九、删去《物业管理条例》第二十四条中的“具有相应资质的”。

第三十二条第二款修改为：“国务院建设行政主管部门应当会同有关部门建立守信联合激励和失信联合惩戒机制，加强行业诚信管理。”

删去第五十九条。

第六十条改为第五十九条，删去其中的“情节严重的，由颁发资质证书的部门吊销资质证书”。

第六十一条改为第六十条，删去其中的“物业服务企业挪用专项维修资金，情节严重的，并由颁发资质证书的部门吊销资质证书”。

十、删去《中华人民共和国知识产权海关保护条例》第三十二条。

十一、删去《病原微生物实验室生物安全管理条例》第二十一条第二款。

第二十二条第一款中的“取得从事高致病性病原微生物实验活动资格证书的实验室，”修改为“三级、四级实验室”。

第二十三条第一款中的“取得相应资格证书的实验室”修改为“具备相应条件的实验室”。

第二十六条修改为：“国务院卫生主管部门和兽医主管部门应当定期汇总并互相通报实验室数量和实验室设立、分布情况，以及三级、四级实验室从事高致病性病原微生物实验活动的情况。”

第五十六条修改为：“三级、四级实验室未经批准从事某种高致病性病原微生物或者疑似高致病性病原微生物实验活动的，由县级以上地方人民政府卫生主管部门、兽医主管部门依照各自职责，责令停止有关活动，监督其将用于实验活动的病原微生物销毁或者送交保藏机构，并给予警告；造成传染病传播、流行或者其他严重后果的，由实验室的设立单位对主要负责人、直接负责的主管人员和其他直接责任人员，依法给予撤职、开除的处分；构成犯罪的，依法追究刑事责任。”

第五十八条中的“卫生主管部门或者兽医主管部门对符合法定条件的实验室不颁发从事高致病性病原微生物实验活动的资格证书，或者对出入境检验检疫机构为了检验检疫工作的紧急需要”修改为“卫生主管部门或者兽医主管部门对出入境检验检疫机构为了检验检疫工作的紧急需要”。

第六十一条中的“由原发证部门吊销该实验室从事高致病性病原微生物相关实验活动的资格证书”修改为“责令停止该项实验活动，该实验室 2 年内不得申请从事高致病性病原微生物实验活动”。

十二、将《中华人民共和国濒危野生动植物进出口管理条例》第十条修改为：“进口或者出口濒危野生动植物及其产品的，申请人应当按照管理权限，向其所在地的省、自治区、直辖市人民政府农业（渔业）主管部门提出申请，或者向国务院林业主管部门提出申请，并提交下列材料：

（一）进口或者出口合同；

（二）濒危野生动植物及其产品的名称、种类、数量和用途；

（三）活体濒危野生动物装运设施的说明资料；

（四）国务院野生动植物主管部门公示的其他应当提交的材料。

省、自治区、直辖市人民政府农业（渔业）主管部门应当自收到申请之日起10个工作日内签署意见，并将全部申请材料转报国务院农业（渔业）主管部门。”

十三、删去《防治海洋工程建设项目污染损害海洋环境管理条例》第十条第一款、第十三条中的“委托具有相应环境影响评价资质的单位”。

删去第十五条。

第二十九条改为第二十八条，第一款修改为：“海洋工程需要拆除或者改作他用的，应当在作业前报原核准该工程环境影响报告书的海洋主管部门备案。拆除或者改变用途后可能产生重大环境影响的，应当进行环境影响评价。”

第四十七条改为第四十六条，将第三项中的“批准”修改为“备案”。

十四、删去《土地调查条例》第十三条第二款第二项中的“资质和”。第三款修改为：“国务院国土资源主管部门应当会同国务院有关部门加强对承担土地调查任务单位的监管和服务。”

十五、将《防治船舶污染海洋环境管理条例》第十四条第一款中的“批准”修改为“备案”。

十六、删去《消耗臭氧层物质管理条例》第十一条第一款第三项中的“环境保护主管部门”。

十七、将《中华人民共和国海关事务担保条例》第十条修改为：“按照海关总署的规定经海关认定的高级认证企业可以申请免除担保，并按照海关规定办理有关手续。”

十八、删去《中华人民共和国招标投标法实施条例》第十一条第一款。

删去第十三条第一款中的“其资格许可和”，删去第三款。

此外，对相关行政法规中的条文序号作相应调整。

附件2

国务院决定废止的行政法规

一、中华人民共和国私营企业暂行条例（1988年6月25日国务院发布）

二、中华人民共和国水污染防治法实施细则（2000年3月20日国务院发布）

三、地质勘查资质管理条例（2008年3月3日国务院公布）

四、种畜禽管理条例（1994年4月15日国务院发布，根据2011年1月8日《国务院关于废止和修改部分行政法规的决定》修订）

五、劳动教养试行办法（1982年1月21日国务院批准）

国务院关于做好自由贸易试验区第四批改革试点经验复制推广工作的通知

国发〔2018〕12号

各省、自治区、直辖市人民政府，国务院各部委、各直属机构：

建设自由贸易试验区（以下简称自贸试验区）是党中央、国务院在新形势下全面深化改革和扩大开放的战略举措。按照党中央、国务院部署，11个自贸试验区所在省市和有关部门结合各自贸试验区功能定位和特色特点，全力推进制度创新实践，形成了自贸试验区第四批改革试点经验，将在全国范围内复制推广。现将有关事项通知如下：

一、复制推广的主要内容

（一）在全国范围内复制推广的改革事项。

1. 服务业开放领域："扩大内地与港澳合伙型联营律师事务所设立范围"、"国际船舶运输领域扩大开放"、"国际船舶管理领域扩大开放"、"国际船舶代理领域扩大开放"、"国际海运货物装卸、国际海运集装箱场站和堆场业务扩大开放"等 5 项。

2. 投资管理领域："船舶证书'三合一'并联办理"、"国际船舶登记制度创新"、"对外贸易经营者备案和原产地企业备案'两证合一'"、"低风险生物医药特殊物品行政许可审批改革"、"一般纳税人登记网上办理"、"工业产品生产许可证'一企一证'改革"等 6 项。

3. 贸易便利化领域："跨部门一次性联合检查"、"保税燃料油供应服务船舶准入管理新模式"、"先放行、后改单作业模式"、"铁路运输方式舱单归并新模式"、"海运进境集装箱空箱检验检疫便利化措施"、"入境大宗工业品联动检验检疫新模式"、"国际航行船舶供水'开放式申报+验证式监管'"、"进境保税金属矿产品检验监管制度"、"外锚地保税燃料油受油船舶'申报无疫放行'制度"等 9 项。

4. 事中事后监管措施："企业送达信息共享机制"、"边检服务掌上直通车"、"简化外锚地保税燃料油加注船舶入出境手续"、"国内航行内河船舶进出港管理新模式"、"外锚地保税燃料油受油船舶便利化海事监管模式"、"保税燃料油供油企业信用监管新模式"、"海关企业注册及电子口岸入网全程无纸化"等 7 项。

（二）在特定区域复制推广的改革事项。

1. 在海关特殊监管区域复制推广："海关特殊监管区域'四自一简'监管创新"、"'保税混矿'监管创新"等 2 项。

2. 在海关特殊监管区域及保税物流中心（B 型）复制推广："先出区、后报关"。

二、高度重视复制推广工作

各地区、各部门要以习近平新时代中国特色社会主义思想为指导，全面贯彻党的十九大精神，深刻认识复制推广自贸试验区改革试点经验的重大意义，将复制推广工作作为贯彻新发展理念、推动高质量发展、建设现代化经济体系的重要举措，更大力度转变政府职能，全面提升治理能力现代化水平，着力推动制度创新，进一步优化营商环境，激发市场活力，逐步构建与我国开放型经济发展要求相适应的新体制、新模式，推动形成全面开放新格局，不断增强经济创新力和竞争力。

三、切实做好组织实施

各省（自治区、直辖市）人民政府要将自贸试验区改革试点经验复制推广工作列为本地区重点工作，加强组织领导，加大实施力度，强化督促检查，确保复制推广工作顺利推进，改革试点经验落地生根、取得实效。国务院各有关部门要主动作为，做好细化分解，完成复制推广工作。需报国务院批准的事项要按程序报批，需调整有关行政法规、国务院文件和部门规章规定的，要按法定程序办理。国务院自由贸易试验区工作部际联席会议办公室要适时督查复制推广工作进展和成效，协调解决复制推广工作中的重点和难点问题。复制推广工作中遇到的重大问题，要及时报告国务院。

附件：自由贸易试验区第四批改革试点经验复制推广工作任务分工表

国务院

2018 年 5 月 3 日

（此件公开发布）

附件

自由贸易试验区第四批改革试点经验复制推广工作任务分工表

序号	改革事项	负责单位	推广范围
1	企业送达信息共享机制	最高人民法院、国家市场监督管理总局	全国
2	边检服务掌上直通车	公安部	全国
3	简化外锚地保税燃料油加注船舶入出境手续	公安部	全国
4	扩大内地与港澳合伙型联营律师事务所设立范围	司法部	全国
5	船舶证书“三合一”并联办理	交通运输部	全国
6	国内航行内河船舶进出港管理新模式	交通运输部	全国
7	外锚地保税燃料油受油船舶便利化海事监管模式	交通运输部	全国
8	保税燃料油供油企业信用监管新模式	交通运输部	全国
9	保税燃料油供应服务船舶准入管理新模式	交通运输部	全国
10	国际船舶运输领域扩大开放	交通运输部	全国
11	国际船舶管理领域扩大开放	交通运输部	全国
12	国际船舶代理领域扩大开放	交通运输部	全国
13	国际海运货物装卸、国际海运集装箱场站和堆场业务扩大开放	交通运输部	全国
14	国际船舶登记制度创新	交通运输部	全国
15	对外贸易经营者备案和原产地企业备案“两证合一”	商务部、海关总署、中国贸促会	全国
16	跨部门一次性联合检查	海关总署	全国
17	海关企业注册及电子口岸入网全程无纸化	海关总署	全国
18	先放行、后改单作业模式	海关总署	全国
19	铁路运输方式舱单归并新模式	海关总署	全国
20	低风险生物医药特殊物品行政许可审批改革	海关总署	全国
21	海运进境集装箱空箱检验检疫便利化措施	海关总署	全国
22	入境大宗工业品联动检验检疫新模式	海关总署	全国
23	国际航行船舶供水“开放式申报＋验证式监管”	海关总署	全国
24	进境保税金属矿产品检验监管制度	海关总署	全国
25	外锚地保税燃料油受油船舶“申报无疫放行”制度	海关总署	全国
26	海关特殊监管区域“四自一简”监管创新	海关总署	全国海关特殊监管区域
27	先出区、后报关	海关总署	全国海关特殊监管区域及保税物流中心（B型）

续表

序号	改革事项	负责单位	推广范围
28	“保税混矿”监管创新	海关总署	全国海关特殊监管区域
29	一般纳税人登记网上办理	税务总局	全国
30	工业产品生产许可证“一企一证”改革	国家市场监督管理总局	全国

国务院关于印发优化口岸营商环境促进跨境贸易便利化工作方案的通知

国发〔2018〕37 号

各省、自治区、直辖市人民政府，国务院各部委、各直属机构：

现将《优化口岸营商环境促进跨境贸易便利化工作方案》印发给你们，请认真贯彻执行。

国务院

2018 年 10 月 13 日

（此件公开发布）

优化口岸营商环境促进跨境贸易便利化工作方案

为贯彻落实党中央、国务院决策部署，深化“放管服”改革，进一步优化口岸营商环境，实施更高水平跨境贸易便利化措施，促进外贸稳定健康发展，制定本工作方案。

一、总体要求

（一）指导思想。

全面贯彻党的十九大和十九届二中、三中全会精神，以习近平新时代中国特色社会主义思想为指导，统筹推进“五位一体”总体布局和协调推进“四个全面”战略布局，按照党中央、国务院决策部署，坚持稳中求进工作总基调，坚持新发展理念，深入推进“放管服”改革，对标国际先进水平，创新监管方式，优化通关流程，提高通关效率，降低通关成本，营造稳定、公平、透明、可预期的口岸营商环境。

（二）基本原则。

简政放权，改革创新。进一步削减进出口环节审批事项，规范审批行为，优化简化通关流程，取消不必要的监管要求，清理不合理收费，加快完善与我国经济社会发展要求相适应的跨境贸易管理体系。

对标国际，高效便利。充分利用信息化、智能化手段，提高口岸监管执法和物流作业效率。借鉴国际经验，建立符合我国口岸管理实际、与国际通行做法对接并可比的口岸营商环境评价机制。

目标导向，协同治理。充分发挥国务院口岸工作部际联席会议制度作用，加强各有关部门、各地方协作配合，找准制约口岸营商环境持续优化的短板，从企业和社会实际需要出发，着力压缩整体通关时间，降低进出口环节合规成本。

（三）工作目标。

到 2018 年底，需在进出口环节验核的监管证件数量比 2017 年减少三分之一以上，除安全保密需要等特殊情况外，全部实现联网核查，整体通关时间压缩三分之一。到 2020 年底，相比 2017 年集装箱进出口环节合规成本降低一半。到 2021 年底，整体通关时间比 2017 年压缩一半，世界银行跨境贸易便利化指标排名提升 30 位，初步实现口岸治理体系和治理能力现代化，形成更有活力、更富效率、更加开放、更具便利的口岸营商环境。

二、工作任务

（一）简政放权，减少进出口环节审批监管事项。

1. 精简进出口环节监管证件。取消一批进出口环节监管证件，能退出口岸验核的全部退出。2018 年 11 月 1 日前需在进出口环节验核的监管证件减至 48 种；除安全保密需要等特殊情况外，通过多种形式全部实现联网、在通关环节比对核查。（相关部门按职责分工负责）

2. 优化监管证件办理程序。除安全保密需要等特殊情况外，2020 年底前，监管证件全部实现网上申报、网上办理。（相关部门按职责分工负责）

（二）加大改革力度，优化口岸通关流程和作业方式。

3. 深化全国通关一体化改革。推进海关、边检、海事一次性联合检查。海关直接使用市场监管、商务等部门数据办理进出口货物收发货人注册登记。加强关铁信息共享，推进铁路运输货物无纸化通关。2018 年底前，海关与检验检疫业务全面融合，实现“五统一”：统一申报单证、统一作业系统、统一风险研判、统一指令下达、统一现场执法。（海关总署牵头，商务部、市场监管总局、移民局、交通运输部、民航局、中国铁路总公司按职责分工负责）

4. 全面推广“双随机、一公开”监管。从进出口货物一般监管拓展到常规稽查、保税核查和保税货物监管等全部执法领域。推进全链条监管“选、查、处”分离，提升“双随机”监管效能。（海关总署牵头，相关部门按职责分工负责）

5. 推广应用“提前申报”模式。提高进口货物“提前申报”比例，鼓励企业采用“提前申报”，提前办理单证审核和货物运输作业，非布控查验货物抵达口岸后即可放行提离。（海关总署牵头，民航局、中国铁路总公司按职责分工负责）

6. 创新海关税收征管模式。全面创新多元化税收担保方式，推进关税保证保险改革，探索实施企业集团财务公司、融资担保公司担保改革试点。全面推广财关库银横向联网，加快推进税单无纸化改革。（海关总署、银保监会、财政部、人民银行、税务总局按职责分工负责）

7. 优化检验检疫作业。减少双边协议出口商品装运前的检验数量。推行进口矿产品等大宗资源性商品“先验放后检测”检验监管方式。创新检验检疫方法，应用现场快速检测技术，进一步缩短检验检疫周期。（海关总署负责）

8. 推广第三方采信制度。引入市场竞争机制，发挥社会检验检测机构作用，在进出口环节推广第三方检验检测结果采信制度。（海关总署牵头，相关部门按职责分工负责）

（三）提升通关效率，提高口岸物流服务效能。

9. 提高查验准备工作效率。通过“单一窗口”、港口电子数据交换（EDI）中心等信息平台向进出口企业、口岸作业场站推送查验通知，增强通关时效的可预期性。进境运输工具到港前，口岸查验单位对申报的电子数据实施在线审核并及时向车站、码头及船舶代理反馈。（交通运输部、海关总署、移民局、中国铁路总公司按职责分工负责）

10. 加快发展多式联运。研究制定多式联运服务规则。加快建设多式联运公共信息平台，加强交通运输、海关、市场监管等部门间信息开放共享，为企业提供资质资格、认证认可、检验检疫、通关查验、信用评价等一站式综合信息服务。推动外贸集装箱货物在途、舱单、运单、装卸等铁水联运物流信息交换共享，提供全程追踪、实时查询等服务。2019 年底前，沿海及长江干线主要港口实现铁水联运信息交换和共享。2020 年底前，基本建成多式联运公共信息平台。（交通运输部、发展改革委、商务部、中国铁路总公司牵头，海关总署、市场监管总局、民航局等相关部门按职责分工负责）

11. 创新边境口岸通关管理模式。推进与毗邻国家和地区共同监管设施的建设和共用，推动工作制度和通关模式的协调，支持陆路边境口岸创新通关管理模式。在毗邻港澳口岸实施更便利的通关措施，在有条件的口岸推广粤港澳“客、货车一站式通关”模式。（相关省、自治区人民政府牵头，交通运输部、海关总署、移民局按职责分工负责）

12. 加快鲜活商品通关速度。在风险可控的前提下优化鲜活产品检验检疫流程，加快通关放行。总结推广合作经验，与毗邻国家确定鲜活农副产品目录清单，加快开通农副产品快速通关“绿色通道”。（海关总署、交通运输部、移民局及各省、自治区、直辖市人民政府按职责分工负责）

（四）加强科技应用，提升口岸管理信息化智能化水平。

13. 加强国际贸易“单一窗口”建设。将“单一窗口”功能覆盖至海关特殊监管区域和跨境电子商务综合试验区等相关区域，对接全国版跨境电商线上综合服务平台。加强“单一窗口”与银行、保险、民航、铁路、港口等相关行业机构合作对接，共同建设跨境贸易大数据平台。推广国际航行船舶“一单多报”，实现进出境通关全流程无纸化。2018年底前，主要业务（货物、舱单、运输工具申报）应用率达到80%；2020年底前，达到100%；2021年底前，除安全保密需要等特殊情况外，“单一窗口”功能覆盖国际贸易管理全链条，打造“一站式”贸易服务平台。（海关总署牵头，相关部门按职责分工负责，各省、自治区、直辖市人民政府配合）

14. 推进口岸物流信息电子化。制定完善不同运输方式集装箱、整车货物运输电子数据交换报文标准，推动在口岸查验单位与运输企业中应用。实现口岸作业场站货物装卸、仓储理货、报关、物流运输、费用结算等环节无纸化和电子化。推动海运提单换提货单电子化，企业在报关环节不再提交纸质提单或提货单。2019年6月底前，实现内外贸集装箱堆场的电子化海关监管。2019年底前，在主要远洋航线实现海关与企业间的海运提单、提货单、装箱单等信息电子化流转。（海关总署、交通运输部、民航局、中国铁路总公司按职责分工负责，各省、自治区、直辖市人民政府配合）

15. 提升口岸查验智能化水平。加大集装箱空箱检测仪、高清车底探测系统、安全智能锁等设备的应用力度，提高单兵作业设备配备率。扩大“先期机检”、“智能识别”作业试点，提高机检后直接放行比例。2021年底前，全部实现大型集装箱检查设备联网集中审像。（海关总署、移民局按职责分工负责）

（五）完善管理制度，促进口岸营商环境更加公开透明。

16. 加强口岸通关和运输国际合作。加快制修订国际运输双边、多边协定，推动与相关国家在技术标准、单证规则、数据交换等方面开展合作。扩大海关“经认证的经营者”（AEO）国际互认范围，支持指导企业取得认证，2020年底前，与所有已建立AEO制度且有意愿的“一带一路”国家海关实现AEO互认。加快实施检验检疫证书国际联网核查，重点推进与欧盟签署电子证书合作协议，2021年底前，与所有已签署电子证书合作协议且建有信息系统的国家实现联网核查。（交通运输部、海关总署、市场监管总局按职责分工负责）

17. 降低进出口环节合规成本。严格执行行政事业性收费清单管理制度，未经国务院批准，一律不得新设涉及进出口环节的收费项目。清理规范口岸经营服务性收费，对实行政府定价的，严格执行规定标准；对实行市场调节价的，督促收费企业执行有关规定，不得违规加收其他费用。鼓励竞争，破除垄断，推动降低报关、货代、船代、物流、仓储、港口服务等环节经营服务性收费。加强检查，依法查处各类违法违规收费行为。2018年底前，单个集装箱进出口环节合规成本比2017年减少100美元以上。（财政部牵头，交通运输部、发展改革委、海关总署、市场监管总局、商务部、工业和信息化部等相关部门按职责分工负责，各省、自治区、直辖市人民政府配合）

18. 实行口岸收费目录清单制度。建立价格、市场监管、商务、交通、口岸管理、查验等单位共同参加的口岸收费监督管理协作机制。2018 年 10 月底前，对外公示口岸收费目录清单，清单之外不得收费。加强行业管理和行业自律，引导口岸经营服务企业诚信经营、合理定价。（各省、自治区、直辖市人民政府负责）

19. 公开通关流程及物流作业时限。制定并公开通关流程及口岸经营服务企业场内转运、吊箱移位、掏箱和货方提箱等作业时限标准，便利企业合理安排生产、制定运输计划。公布口岸查验单位通关服务热线，畅通意见投诉反馈渠道。（各省、自治区、直辖市人民政府牵头，交通运输部、海关总署、移民局配合）

20. 建立口岸通关时效评估机制。加强对整体通关时间的统计分析，每月通报各省（自治区、直辖市）整体通关时间。开展口岸整体通关时效第三方评估，适时向社会公布评估结果。将各省（自治区、直辖市）整体通关时间和成本纳入全国营商环境评价体系，科学设定评价指标和方法，初步建立常态化评价机制。（海关总署、发展改革委、发展研究中心按职责分工负责）

三、组织实施

（一）加强组织领导。

充分发挥国务院口岸工作部际联席会议制度作用，明确各项任务的实施步骤和完成时限，统筹推进落实，协调解决推进过程中的重大问题。联席会议办公室要加强政策研究和协调，重大情况及时向国务院报告。优化口岸营商环境工作情况纳入国务院督查范围，督查考核结果向社会公布，对推进不力的地区和部门进行问责。

（二）强化责任落实。

各有关部门要认真落实任务牵头和配合责任，加强协作配合，合理安排进度，确保各项任务有措施、能落实、可量化，并加快改革措施所涉法律法规的修改修订工作。各省（自治区、直辖市）人民政府要强化对本地区优化口岸营商环境工作的领导和统筹协调，研究制定配套措施，加大政策宣传力度，建立健全督导考核机制，确保各项任务落实到位。

国务院关于支持自由贸易试验区深化改革创新若干措施的通知

国发〔2018〕38 号

各省、自治区、直辖市人民政府，国务院各部委、各直属机构：

建设自由贸易试验区（以下简称自贸试验区）是党中央、国务院在新形势下全面深化改革和扩大开放的战略举措。党的十九大报告强调要赋予自贸试验区更大改革自主权，为新时代自贸试验区建设指明了新方向、提出了新要求。为贯彻落实党中央、国务院决策部署，支持自贸试验区深化改革创新，进一步提高建设质量，现将有关事项通知如下：

一、营造优良投资环境

（一）借鉴北京市服务业扩大开放综合试点经验，放宽外商投资建设工程设计企业外籍技术人员的比例要求、放宽人才中介机构限制。（负责部门：人力资源社会保障部、住房城乡建设部、商务部；适用范围：所有自贸试验区，以下除标注适用于特定自贸试验区的措施外，适用范围均为所有自贸试验区）

（二）编制下达全国土地利用计划时，考虑自贸试验区的实际情况，合理安排有关省（市）的用地计划；有关地方应优先支持自贸试验区建设，促进其健康有序发展。（负责部门：自然资源部）

（三）将建筑工程施工许可、建筑施工企业安全生产许可等工程审批类权限下放至自贸试验区。（负责部门：住房城乡建设部）

（四）授权自贸试验区开展试点工作，将省级及以下机关实施的建筑企业资质申请、升级、增项许可改为实行告知承诺制。（负责部门：住房城乡建设部）

（五）将外商投资设立建筑业（包括设计、

施工、监理、检测、造价咨询等所有工程建设相关主体）资质许可的省级及以下审批权限下放至自贸试验区。（负责部门：住房城乡建设部）

（六）自贸试验区内的外商独资建筑业企业承揽本省（市）的中外联合建设项目时，不受建设项目的中外方投资比例限制。（负责部门：住房城乡建设部）

（七）在《内地与香港关于建立更紧密经贸关系的安排》、《内地与澳门关于建立更紧密经贸关系的安排》、《海峡两岸经济合作框架协议》下，对自贸试验区内的港澳台资建筑业企业，不再执行《外商投资建筑业企业管理规定》中关于工程承包范围的限制性规定。（负责部门：住房城乡建设部）

（八）对于自贸试验区内为本省（市）服务的外商投资工程设计（工程勘察除外）企业，取消首次申请资质时对投资者的工程设计业绩要求。（负责部门：住房城乡建设部）

（九）卫生健康行政部门对自贸试验区内的社会办医疗机构配置乙类大型医用设备实行告知承诺制。（负责部门：卫生健康委）

（十）自贸试验区内医疗机构可根据自身的技术能力，按照有关规定开展干细胞临床前沿医疗技术研究项目。（负责部门：卫生健康委）

（十一）允许自贸试验区创新推出与国际接轨的税收服务举措。（负责部门：税务总局）

（十二）省级市场监管部门可以将外国（地区）企业常驻代表机构登记注册初审权限下放至自贸试验区有外资登记管理权限的市场监管部门。（负责部门：市场监管总局）

（十三）支持在自贸试验区设置商标受理窗口。（负责部门：知识产权局）

（十四）在自贸试验区设立受理点，受理商标权质押登记。（负责部门：知识产权局）

（十五）进一步放宽对专利代理机构股东的条件限制，新设立有限责任制专利代理机构的，允许不超过五分之一不具有专利代理人资格、年满 18 周岁、能够在专利代理机构专职工作的中国公民担任股东。（负责部门：知识产权局）

（十六）加强顶层设计，在自贸试验区探索创新政府储备与企业储备相结合的石油储备模式。（负责部门：发展改革委、粮食和储备局，适用范围：浙江自贸试验区）

二、提升贸易便利化水平

（十七）研究支持对海关特殊监管区域外的“两头在外”航空维修业态实行保税监管。（负责部门：商务部、海关总署、财政部、税务总局）

（十八）支持有条件的自贸试验区研究和探索赋予国际铁路运单物权凭证功能，将铁路运单作为信用证议付票据，提高国际铁路货运联运水平。（负责部门：商务部、银保监会、铁路局、中国铁路总公司）

（十九）支持符合条件的自贸试验区开展汽车平行进口试点。（负责部门：商务部）

（二十）授予自贸试验区自由进出口技术合同登记管理权限。（负责部门：商务部）

（二十一）支持在自贸试验区依法合规建设能源、工业原材料、大宗农产品等国际贸易平台和现货交易市场。（负责部门：商务部）

（二十二）开展艺术品保税仓储，在自贸试验区内海关特殊监管区域之间以及海关特殊监管区域与境外之间进出货物的备案环节，省级文化部门不再核发批准文件。支持开展艺术品进出口经营活动，凭省级文化部门核发的准予进出口批准文件办理海关验放手续；省级文化部门核发的批准文件在有效期内可一证多批使用，但最多不超过六批。（负责部门：文化和旅游部、海关总署）

（二十三）支持自贸试验区开展海关税款保证保险试点。（负责部门：海关总署、银保监会）

（二十四）国际贸易“单一窗口”标准版增加航空、铁路舱单申报功能。（负责部门：海关总署、民航局、中国铁路总公司）

（二十五）支持自贸试验区试点汽车平行进口保税仓储业务。（负责部门：海关总署）

（二十六）积极探索通过国际贸易“单一窗口”与“一带一路”重点国家和地区开展互联互通和信息共享，推动国际贸易“单一窗口”标准

版新项目率先在自贸试验区开展试点，促进贸易便利化。(负责部门：海关总署)

（二十七）在符合国家口岸管理规定的前提下，优先审理自贸试验区内口岸开放项目。（负责部门：海关总署）

（二十八）在自贸试验区试点实施进口非特殊用途化妆品备案管理。(负责部门：药监局)

（二十九）支持平潭口岸建设进境种苗、水果、食用水生动物等监管作业场所。(负责部门：海关总署，适用范围：福建自贸试验区)

（三十）在对外航权谈判中支持郑州机场利用第五航权，在平等互利的基础上允许外国航空公司承载经郑州至第三国的客货业务，积极向国外航空公司推荐并引导申请进入中国市场的国外航空公司执飞郑州机场。（负责部门：民航局，适用范围：河南自贸试验区)

（三十一）在对外航权谈判中支持西安机场利用第五航权，在平等互利的基础上允许外国航空公司承载经西安至第三国的客货业务，积极向国外航空公司推荐并引导申请进入中国市场的国外航空公司执飞西安机场。(负责部门：民航局，适用范围：陕西自贸试验区)

（三十二）进一步加大对西安航空物流发展的支持力度。（负责部门：民航局，适用范围：陕西自贸试验区)

（三十三）支持利用中欧班列开展邮件快件进出口常态化运输。（负责部门：邮政局、中国铁路总公司，适用范围：重庆自贸试验区)

（三十四）支持设立首次进口药品和生物制品口岸。(负责部门：药监局、海关总署，适用范围：重庆自贸试验区)

（三十五）将台湾地区生产且经平潭口岸进口的第一类医疗器械的备案管理权限下放至福建省药品监督管理部门。（负责部门：药监局，适用范围：福建自贸试验区)

三、推动金融创新服务实体经济

（三十六）进一步简化保险分支机构行政审批，建立完善自贸试验区企业保险需求信息共享平台。(负责部门：银保监会)

（三十七）允许自贸试验区内银行业金融机构在依法合规、风险可控的前提下按相关规定为境外机构办理人民币衍生产品等业务。（负责部门：人民银行、银保监会、外汇局)

（三十八）支持坚持市场定位、满足监管要求、符合行政许可相关业务资格条件的地方法人银行在依法合规、风险可控的前提下开展人民币与外汇衍生产品业务，或申请与具备资格的银行业金融机构合作开展远期结售汇业务等。（负责部门：人民银行、银保监会、外汇局)

（三十九）支持自贸试验区依托适合自身特点的账户体系开展人民币跨境业务。(负责部门：人民银行)

（四十）鼓励、支持自贸试验区内银行业金融机构基于真实需求和审慎原则向境外机构和境外项目发放人民币贷款，满足“走出去”企业的海外投资、项目建设、工程承包、大型设备出口等融资需求。自贸试验区内银行业金融机构发放境外人民币贷款，应严格审查借款人资信和项目背景，确保资金使用符合要求。(负责部门：人民银行、外交部、发展改革委、商务部、国资委、银保监会)

（四十一）允许银行将自贸试验区交易所出具的纸质交易凭证（须经交易双方确认）替代双方贸易合同，作为贸易真实性审核依据。(负责部门：银保监会)

（四十二）支持自贸试验区内符合条件的个人按照规定开展境外证券投资。(负责部门：证监会、人民银行)

（四十三）支持在有条件的自贸试验区开展知识产权证券化试点。(负责部门：证监会、知识产权局)

（四十四）允许平潭各金融机构试点人民币与新台币直接清算，允许境外机构境内外汇账户办理定期存款业务。(负责部门：人民银行、外汇局，适用范围：福建自贸试验区)

（四十五）推动与大宗商品出口国、“一带一路”国家和地区在油品等大宗商品贸易中使用人民币计价、结算，引导银行业金融机构根据“谁进口、谁付汇”原则办理油品贸易的跨境支付业务，支持自贸试验区保税燃料油供应以人民币计价、结算。（负责部门：人民银行等部门，适用范围：浙江自贸试验区）

（四十六）允许自贸试验区内银行业金融机构按相关规定向台湾地区金融同业跨境拆出短期人民币资金。（负责部门：人民银行，适用范围：福建自贸试验区）

（四十七）支持“海峡基金业综合服务平台”根据规定向中国证券投资基金业协会申请登记，开展私募投资基金服务业务。支持符合条件的台资保险机构在自贸试验区内设立保险营业机构。（负责部门：银保监会、证监会，适用范围：福建自贸试验区）

四、推进人力资源领域先行先试

（四十八）增强企业用工灵活性，支持自贸试验区内制造企业生产高峰时节与劳动者签订以完成一定工作任务为期限的劳动合同、短期固定期限劳动合同；允许劳务派遣员工从事企业研发中心研发岗位临时性工作。（负责部门：人力资源社会保障部）

（四十九）将在自贸试验区内设立中外合资和外商独资人才中介机构审批权限下放至自贸试验区，由自贸试验区相关职能部门审批并报省（市）人力资源社会保障部门备案。（负责部门：人力资源社会保障部）

（五十）研究制定外国留学生在我国境内勤工助学管理制度，由自贸试验区制定有关实施细则，实现规范管理。（负责部门：教育部）

（五十一）鼓励在吸纳非卫生技术人员在医疗机构提供中医治未病服务、医疗机构中医治未病专职医师职称晋升、中医治未病服务项目收费等方面先行试点。（负责部门：中医药局）

（五十二）授权自贸试验区制定相关港澳专业人才执业管理办法（国家法律法规暂不允许的除外），允许具有港澳执业资格的金融、建筑、规划、专利代理等领域专业人才，经相关部门或机构备案后，按规定范围为自贸试验区内企业提供专业服务。（负责部门：人力资源社会保障部、住房城乡建设部、银保监会、证监会、知识产权局，适用范围：广东自贸试验区）

（五十三）支持自贸试验区开展非标准就业形式下劳动用工管理和服务试点。（负责部门：人力资源社会保障部，适用范围：上海自贸试验区）

五、切实做好组织实施

坚持党的领导。坚持和加强党对改革开放的领导，把党的领导贯穿于自贸试验区建设全过程。要以习近平新时代中国特色社会主义思想为指导，全面贯彻党的十九大和十九届二中、三中全会精神，深刻认识支持自贸试验区深化改革创新的重大意义，贯彻新发展理念，鼓励地方大胆试、大胆闯、自主改，进一步发挥自贸试验区全面深化改革和扩大开放试验田作用。

维护国家安全。各有关地区和部门、各自贸试验区要牢固树立总体国家安全观，在中央国家安全领导机构统筹领导下，贯彻执行国家安全方针政策和法律法规，强化底线思维和风险意识，维护国家核心利益和政治安全，主动服务大局。各有关省（市）人民政府依法管理本行政区域内自贸试验区的国家安全工作。各有关部门依职责管理指导本系统、本领域国家安全工作，可根据维护国家安全和核心利益需要按程序调整有关措施。

强化组织管理。各有关地区和部门要高度重视、密切协作，不断提高自贸试验区建设和管理水平。国务院自由贸易试验区工作部际联席会议办公室要切实发挥统筹协调作用，加强横向协作、纵向联动，进行差别化指导。各有关部门要加强指导和服务，积极协调指导自贸试验区解决发展中遇到的问题。各有关省（市）人民政府要承担起主体责任，完善工作机制，构建精简高效、权责明晰的自贸试验区管理体制，加强人才培养，打造高素质管理队伍。

狠抓工作落实。各有关地区和部门要以钉钉子精神抓好深化改革创新措施落实工作。国务院自由贸易试验区工作部际联席会议办公室要加强督促检查，对督查中发现的问题要明确责任、限时整改，及时总结评估，对效果好、风险可控的成果，复制推广至全国其他地区。各有关部门要依职责做好改革措施的细化分解，全程过问、一抓到底。各有关省（市）要将落实支持措施作为本地区重点工作，加强监督评估、压实工作责任，推进措施落地生效，同时研究出台本省（市）进一步支持自贸试验区深化改革创新的措施。需调整有关行政法规、国务院文件和部门规章规定的，要按法定程序办理。重大事项及时向党中央、国务院请示报告。

国务院

2018 年 11 月 7 日

（此件公开发布）

中华人民共和国海关总署

中华人民共和国海关总署令 第 238 号

《海关总署关于修改部分规章的决定》已于 2018 年 4 月 27 日经海关总署署务会议审议通过，现予公布，自 2018 年 5 月 1 日起施行。

署　长　倪岳峰

2018 年 4 月 28 日

海关总署关于修改部分规章的决定

为贯彻落实中共中央《深化党和国家机构改革方案》和十三届全国人大一次会议审议通过的《关于国务院机构改革方案的决定》，对因改革影响机构合法性和执法合法性的规章尽快予以修订，海关总署决定对《中华人民共和国海关关于超期未报关进口货物、误卸或者溢卸的进境货物和放弃进口货物的处理办法》等 71 部规章进行修改，具体内容如下：

一、对《中华人民共和国海关关于超期未报关进口货物、误卸或者溢卸的进境货物和放弃进口货物的处理办法》（海关总署令第 91 号公布，根据海关总署令第 198 号和第 218 号修改）作如下修改：

将第六条中的“《出入境检验检疫机构实施检验检疫的进出境商品目录》”修改为“海关实施检验检疫的进出境商品目录”，“由海关在变卖前提请出入境检验检疫机构进行检验、检疫”修改为“海关应当在变卖前进行检验、检疫”。

二、对《中华人民共和国海关计核涉嫌走私的货物、物品偷逃税款暂行办法》（海关总署令第 97 号公布，根据海关总署令第 198 号修改）作如下修改：

将第十八条中的“国家质量监督检验检疫机构”修改为“具备资质的机构”。

三、对《中华人民共和国海关进出口货物申报管理规定》（海关总署令第 103 号公布，根据海关总署令第 198 号、第 218 号和第 235 号修改）作如下修改：

将第十三条第二款中的“提取货样的货物涉及动植物及产品以及其他须依法提供检疫证明的，应当按照国家的有关法律规定，在取得主管部门签发的书面批准证明后提取”修改为“提取货样的货物涉及动植物及产品以及其他须依法提供检疫证明的，应当在依法取得有关批准证明后提取”。

四、对《中华人民共和国海关关于加工贸易边角料、剩余料件、残次品、副产品和受灾保税货物的管理办法》（海关总署令第 111 号公布，根据海关总署令第 198 号、第 218 号和第 235 号修改）作如下修改：

将第九条第（一）项、第（二）项中的“保险公司出具的保险赔款通知书或者检验检疫部门出具的有关检验检疫证明文件”修改为“有关检验检疫证明文件或者保险公司出具的保险赔款通知书”。

五、对《关于非优惠原产地规则中实质性改变标准的规定》（海关总署令第 122 号公布）作如下修改：

删去第八条中的“国家质量监督检验检疫总局”。

六、对《中华人民共和国海关进口货物直接退运管理办法》（海关总署令第 217 号公布）作如下修改：

（一）将第三条第（五）项修改为“货物残损或者国家检验检疫不合格，能够提供相关检验证明文书的”。

（二）将第六条第（二）项修改为“违反国家检验检疫政策法规，已经海关依法处理的”。

七、对《中华人民共和国海关进出口货物报关单修改和撤销管理办法》（海关总署令第 220 号公布）作如下修改：

将第六条第（二）项修改为“符合第五条第（二）项情形的，应当提交相关部门出具的证明材料”。

八、对《进口汽车检验管理办法》（国家出入境检验检疫局令第 1 号公布）作如下修改：

（一）将第二条、第八条、第十五条、第十八条、第十九条中的“国家出入境检验检疫局（以下简称国家检验检疫局）”“国家检验检疫局”修改为“海关总署”。

（二）将第二条至第五条、第九条至第十四条、第十六条、第十七条中的“检验检疫机构”修改为“海关”。

（三）删去第四条中的“口岸检验检疫机构审核后签发‘入境货物通关单’”。

（四）将第八条中的“检验检疫机构”修改为“主管海关”。

（五）将第十五条、第十八条中的“直属检验检疫局”“直属检验检疫机构”修改为“直属海关”。

九、对《供港澳活羊检验检疫管理办法》（国家出入境检验检疫局令第 3 号公布）作如下修改：

（一）将第三条、第四条、第七条至第十二条、第十四条、第十六条、第十九条、第二十一条至第三十二条、第三十六条中的“国家出入境检验检疫局（以下简称国家检验检疫局）”“国家检验检疫局”修改为“海关总署”，“国家检验检疫局设在各地的直属出入境检验检疫机构（以下简称直属检验检疫机构）”“直属检验检疫机构”修改为“直属海关”，“检验检疫机构”修改为“海关”。

（二）删去第五条中的“（见附件 1）”、第六条中的“（见附件 2）”、第七条中的“（见附件 3）”、第十四条中的“（见附件 4）”、第三十条中的“（见附件 5）”、第三十四条中的“（见附件 6）”。

（三）删去第十八条中的“国家检验检疫局”。

（四）删去第二十七条中的“出具《出境货物通关单》”。

（五）将第三十四条第二款中的“深圳、珠海、宁波、厦门检验检疫局”修改为“深圳、拱北、宁波、厦门海关”。

（六）增加一条，作为第三十六条“本办法所规定的文书由海关总署另行制定并且发布”。

（七）对条文顺序作相应调整。

（八）删去附件。

十、对《供港澳活牛检验检疫管理办法》（国家出入境检验检疫局令第 4 号公布）作如下修改：

（一）将第四条、第五条、第九条至第十二条、第十五条、第十九条、第二十一条、第二十三条、第二十五条至第三十九条、第四十三条中的“国家出入境检验检疫局（以下简称国家检验检疫局）”“国家检验检疫局”修改为“海关总署”，“国家检验检疫局设在各地的直属出入境检验检疫机构（以下简称直属检验检疫机构）”“直属检验检疫机构”修改为“直属海关”，“检验检疫机构”修改为“海关”。

（二）删去第六条中的“（见附件 1）”、第七条中的“（见附件 2）”、第八条中的“（见附件 3）”、第九条中的“（见附件 4）”、第十四条中的“（见附件 5）”、第十五条中的“（见附件 6）”、第三十六条中的“（见附件 7）”和“（见附件 8）”、第四十一条中的“（见附件 9）”。

（三）删去第二十二条中的“国家检验检疫局”。

（四）删去第三十三条中的“出具《出境货

物通关单》”。

（五）将第四十一条第二款中的“深圳、珠海、宁波、厦门检验检疫局”修改为“深圳、拱北、宁波、厦门海关”。

（六）增加一条，作为第四十三条“本办法所规定的文书由海关总署另行制定并且发布”。

（七）对条文顺序作相应调整。

（八）删去附件。

十一、对《出口烟花爆竹检验管理办法》（国家出入境检验检疫局令第9号公布）作如下修改：

（一）将第二条、第四条、第十二条、第十四条、第十五条中的“国家出入境检验检疫局（以下简称国家检验检疫局）”“国家检验检疫局”修改为“海关总署”，“国家检验检疫局设在各地的出入境检验检疫机构（以下简称各地检验检疫机构）”“各地检验检疫机构”修改为“主管海关”。

（二）删去第四条中的“（见附件1）”和“（见附件2）”、第六条中的“（见附件3）”。

（三）将第六条、第八条至第十一条中的“检验检疫机构”“各地检验检疫机构”修改为“海关”。

（四）将第十二条中的“各局”修改为“各关”。

（五）增加一条，作为第十四条“本办法所规定的文书由海关总署另行制定并且发布”。

（六）对条文顺序作相应调整。

（七）删去附件。

十二、对《进境植物繁殖材料检疫管理办法》（国家出入境检验检疫局令第10号公布）作如下修改：

（一）将第三条、第五条至第九条、第十七条、第二十八条中的“国家出入境检验检疫局（以下简称国家检验检疫局）”“国家检验检疫局”修改为“海关总署”，“国家检验检疫局设在各地的出入境检验检疫机构（以下简称检验检疫机构）”修改为“主管海关”，“直属检验检疫机构”修改为“直属海关”。

（二）将第十条、第十四条至第十六条、第十八条至第二十六条中的“直属检验检疫机构”修改为“直属海关”，“检验检疫机构”修改为“海关”。

（三）将第十二条中的“国家检验检疫局的规定”修改为“相关规定”。

（四）删去第十六条中的“国家检验检疫局制定的”。

十三、对《进境植物繁殖材料隔离检疫圃管理办法》（国家出入境检验检疫局令第11号公布）作如下修改：

（一）将第二条、第六条第（一）项和第（二）项、第十五条中的“国家出入境检验检疫局（以下简称国家检验检疫局）”“国家检验检疫局”修改为“海关总署”，“国家检验检疫局直属的出入境检验检疫局（以下简称直属检验检疫机构）”“直属检验检疫机构”修改为“直属海关”。

（二）将第三条、第六条第（三）项、第七条、第九条、第十条、第十二条中的“出入境检验检疫机构（以下简称检验检疫机构）”“检验检疫机构”修改为“海关”。

（三）删去第四条第二款。

十四、对《进境栽培介质检疫管理办法》（国家出入境检验检疫局令第13号公布，根据国家质量监督检验检疫总局令第196号修改）作如下修改：

（一）将第三条、第六条、第七条、第九条、第十二条至第十四条、第十七条中的“国家出入境检验检疫局（以下简称国家检验检疫局）”“国家检验检疫局”修改为“海关总署”，“国家检验检疫局设在各地的出入境检验检疫机构（以下简称检验检疫机构）”“检验检疫机构”修改为“主管海关”。

（二）将第六条中的“《中华人民共和国国家出入境检验检疫局进境动植物检疫许可证申请表》”修改为“海关进境动植物检疫许可证申请表”。

（三）将第七条中的“《中华人民共和国国家

出入境检验检疫局进境动植物检疫许可证》”修改为“海关进境动植物检疫许可证”。

（四）将第八条、第十五条中的“检验检疫机构”修改为“海关”。

十五、对《出入境检验检疫报检规定》（国家出入境检验检疫局令第16号公布，根据国家质量监督检验检疫总局令第196号修改）作如下修改：

（一）将第一条中的“《中华人民共和国食品卫生法》”修改为“《中华人民共和国食品安全法》”。

（二）将第三条第（一）项修改为“国家法律法规规定须经检验检疫的”，第（二）项修改为“输入国家或地区规定必须凭检验检疫证书方准入境的”。

（三）将第五条、第六条、第七条、第十条、第十二条、第十七条、第十八条、第二十三条、第二十六条中的“检验检疫机构”修改为“海关”。

（四）将第十条第（三）项中的“检验检疫机构”修改为“主管海关”，第（九）项、第（十二）项中的“国家检验检疫局”修改为“海关总署”。

（五）将第二十八条中的“国家出入境检验检疫局”修改为“海关总署”。

十六、对《进出境集装箱检验检疫管理办法》（国家出入境检验检疫局令第17号公布）作如下修改：

（一）将第一条中的“《中华人民共和国食品卫生法》”修改为“《中华人民共和国食品安全法》”。

（二）将第三条、第二十条、第二十六条中的“国家出入境检验检疫局（以下简称国家检验检疫局）”“国家检验检疫局”修改为“海关总署”，“国家检验检疫局设在各地的出入境检验检疫机构（以下简称检验检疫机构）”修改为“主管海关”。

（三）将第四条、第五条、第七条、第九条至第十一条、第十三条、第十五条至第十七条、第二十一条、第二十二条、第二十四条中的“检验检疫机构”修改为“海关”。

（四）删去第七条中的“在办理海关手续前”。

（五）删去第十一条中的“当地海关”。

十七、对《出口蜂蜜检验检疫管理办法》（国家出入境检验检疫局令第20号公布）作如下修改：

（一）将第一条中的“《中华人民共和国食品卫生法》”修改为“《中华人民共和国食品安全法》”。

（二）将第三条、第二十一条、第二十四条中的“国家出入境检验检疫局（以下简称国家检验检疫局）”“国家检验检疫局”修改为“海关总署”，“国家检验检疫局设在各地的出入境检验检疫机构（以下简称检验检疫机构）”“检验检疫机构”修改为“主管海关”。

（三）将第六条至第十条、第十三条至第十五条中的“检验检疫机构”修改为“海关”。

（四）删去第七条、第八条、第十七条中的“国家检验检疫局规定的”。

（五）将第十一条修改为“离境口岸海关进行查验，经查验合格的予以放行。未经产地海关检验的出口蜂蜜不得放行”。

（六）删去第十四条中的“生产批次的编号方法见附件1”和第二十五条中的“（见附件2）”。

（七）删去附件。

十八、对《出入境检验检疫封识管理办法》（国家出入境检验检疫局令第22号公布）作如下修改：

（一）将第一条中的“中华人民共和国食品卫生法”修改为“中华人民共和国食品安全法”。

（二）将第三条、第八条至第十三条中的“出入境检验检疫机构”“检验检疫机构”修改为“海关”。

（三）将第四条、第五条、第十六条、第十七条中的“国家出入境检验检疫局（以下简称国家检验检疫局）”“国家检验检疫局”修改为“海关总署”，“国家检验检疫局设在各地的出入境检验检疫机构（以下简称检验检疫机构）”“各地检验检疫机构”修改为“主管海关”。

（四）将第六条修改为“封识应当标有各直属海关的简称字样”。

（五）将第十一条中的“《中华人民共和国出入境检验检疫施封通知书》（附件2）”修改为“施封通知书”。

（六）将第十三条中的“《中华人民共和国出入境检验检疫启封通知书》（附件3）”修改为“启封通知书”。

（七）增加一条，作为第十六条“本办法所规定的文书由海关总署另行制定并且发布”。

（八）对条文顺序作相应调整。

（九）删去附件。

十九、对《出入境检验检疫标志管理办法》（国家出入境检验检疫局令第23号公布）作如下修改：

（一）将第三条、第十条、第十二条至第十八条、第二十一条、第二十二条中的“出入境检验检疫机构”“检验检疫机构”修改为“海关”。

（二）将第四条、第六条至第九条、第十一条、第二十三条、第二十五条中的“国家出入境检验检疫局（以下简称国家检验检疫局）”“国家检验检疫局”修改为“海关总署”，“国家检验检疫局设在各地的出入境检验检疫机构（以下简称检验检疫机构）”修改为“主管海关”。

（三）将第七条第一款中的“‘中国检验检疫’及其英文缩写‘CIQ’”修改为“中国海关”。

（四）将第九条修改为“海关总署授权国际检验检疫标准与技术法规研究中心（简称标准法规中心）负责标志的监制、保管、分发、登记等工作”。

二十、对《供港澳活禽检验检疫管理办法》（国家出入境检验检疫局令第26号公布）作如下修改：

（一）将第三条、第四条、第六条、第九条、第十一条至十三条、第十七条、第十八条第二十三条、第二十七条至第三十九条中的“国家出入境检验检疫局（以下简称国家检验检疫局）”“国家检验检疫局”修改为“海关总署”，“国家检验检疫局设在各地的直属出入境检验检疫机构（以下简称直属检验检疫机构）”“直属检验检疫机构”修改为“直属海关”，“检验检疫机构”修改为“海关”。

（二）删去第六条中的“（编号格式见附件5）”、第七条中的“（附件二）”、第八条中的“（附件1）”、第九条中的“附件3”、第十三条中的“附件4”。

（三）将第十九条中的“检验检疫机构”修改为“主管海关”。

（四）删去第三十六条中的“并出具《出境货物通关单》”。

（五）增加一条，作为第三十八条“本办法所规定的文书由海关总署另行制定并且发布”。

（六）对条文顺序作相应调整。

（七）删去附件。

二十一、对《供港澳活猪检验检疫管理办法》（国家出入境检验检疫局令第27号公布）作如下修改：

（一）将第三条、第四条、第七条、第十条至第十四条、第十八条、第二十一条至第二十七条、第二十九条至第四十一条中的“国家出入境检验检疫局（以下简称国家检验检疫局）”“国家检验检疫局”修改为“海关总署”，“国家检验检疫局设在各地的直属出入境检验检疫机构（以下简称直属检验检疫机构）”“直属检验检疫机构”修改为“直属海关”，“检验检疫机构”修改为“海关”。

（二）删去第七条中的“（编号格式见附件1）”、第八条中的“（附件2）”、第九条中的“（附件3）”、第十条中的“附件4”、第十四条中的“附件5”。

（三）删去第三十六条第（一）项中的“并出具《出境货物通关单》”和第（二）项中的“出具《出境货物通关单》”。

（四）增加一条，作为第四十条“本办法所规定的文书由海关总署另行制定并且发布”。

（五）对条文顺序作相应调整。

（六）删去附件。

二十二、对《出入境检验检疫风险预警及快速反应管理规定》（国家质量监督检验检疫总局令第 1 号公布）作如下修改：

（一）将第三条、第四条、第七条、第八条、第十条、第十三条、第十四条、第十七条中的“国家质量监督检验检疫总局（以下简称国家质检总局）”“国家质检总局”修改为“海关总署”。

（二）将第九条、第十五条中的“各地出入境检验检疫机构（以下简称检验检疫机构）”“检验检疫机构”修改为“海关”。

二十三、对《出入境快件检验检疫管理办法》（国家质量监督检验检疫总局令第 3 号公布）作如下修改：

（一）将第三条中的“《出入境检验检疫机构实施检验检疫的进出境商品目录》”修改为“海关实施检验检疫的进出境商品目录”。

（二）将第四条、第十四条、第三十一条中的“国家质量监督检验检疫总局（以下简称国家质检总局）”“国家质检总局”修改为“海关总署”，“国家质检总局设在各地的出入境检验检疫机构（以下简称检验检疫机构）”修改为“主管海关”。

（三）删去第五条、第六条、第九条至第十二条。

（四）将第十三条修改为“快件运营人应按有关规定向海关办理报检手续”。

（五）将第十四条至第十八条、第二十一条、第二十二条、第二十四条、第二十六条至第二十八条中的“检验检疫机构”修改为“海关”。

（六）将第十九条中的“国家质检总局规定的”修改为“相关”。

（七）对章节、条文顺序作相应调整。

二十四、对《进口许可制度民用商品入境验证管理办法》（国家质量监督检验检疫总局令第 6 号公布）作如下修改：

（一）将第三条、第六条至第八条、第十条中的“出入境检验检疫机构（以下简称检验检疫机构）”“检验检疫机构”修改为“海关”。

（二）将第四条、第五条、第九条、第十一条中的“国家质量监督检验检疫总局（以下简称国家质检总局）”“国家质检总局”修改为“海关总署”，“国家质检总局设在各地的检验检疫机构”“检验检疫机构”修改为“主管海关”。

（三）将第五条中的“《出入境检验检疫机构实施入境验证的进口许可制度民用商品目录》”修改为“海关实施入境验证的进口许可制度民用商品目录”。

（四）删去第七条中的“对经查实证明文件符合规定的，签发《入境货物通关单》，不符合规定的，不予签发《入境货物通关单》”。

二十五、对《进口涂料检验监督管理办法》（国家质量监督检验检疫总局令第 18 号公布）作如下修改：

（一）删去第二条中的“（具体商品名称及编码见附件 1）”、第七条中的“（附件 2）”、第八条中的“（附件 3）”、第十条中的“（报告包含内容见附件 4）”、第十一条中的“（附件 5）”。

（二）将第三条、第五条、第十四条、第十八条至第二十条中的“国家质量监督检验检疫总局（以下简称国家质检总局）”“国家质检总局”修改为“海关总署”，“国家质检总局设在口岸的出入境检验检疫机构（以下简称检验检疫机构）”“检验检疫机构”修改为“主管海关”。

（三）将第十三条、第十五条至第十七条中的“检验检疫机构”修改为“海关”。

（四）将第十四条中的“http：//www. aqsiq. gov. cn”修改为“www. customs. gov. cn”。

（五）增加一条，作为第十九条“本办法所规定的文书由海关总署另行制定并且发布”。

（六）对条文顺序作相应调整。

（七）删去附件。

二十六、对《进出口商品免验办法》（国家质量监督检验检疫总局令第 23 号公布）作如下修改：

（一）将第二条中的“国家质量监督检验检疫总局（以下简称国家质检总局）”修改为“海关总署”。

（二）将第三条、第七条至第十条、第十二

条、第十六条、第二十八条中的“国家质检总局”修改为“海关总署”，“国家质检总局设在口岸的出入境检验检疫机构（以下简称检验检疫机构）”“检验检疫机构”修改为“主管海关”。

（三）将第五条、第十三条、第十五条、第十八条至第二十一条、第二十五条中的“检验检疫机构”修改为“海关”。

（四）删去第五条第（五）项中的“（见附一）”。

（五）将第七条、第二十二条、第二十三条中的“国家质检总局”修改为“海关总署”，“直属检验检疫局”修改为“直属海关”。

（六）删去第七条第（二）项中的“（见附二）”。

（七）将第十一条第（二）项中的“检验检疫机构”修改为“直属海关”，第（六）项中的“国家质检总局”修改为“海关总署”，删去第（六）项中的“（见附三）”。

（八）将第二十七条中的“检验检疫工作人员”修改为“海关工作人员”。

（九）增加一条，作为第二十八条“本办法所规定的文书由海关总署另行制定并且发布”。

（十）对条文顺序作相应调整。

（十一）删去附件。

二十七、对《进境动植物检疫审批管理办法》（国家质量监督检验检疫总局令第25号公布，国家质量监督检验检疫总局令第170号修改）作如下修改：

（一）将第二条、第三条、第五条、第六条、第八条、第十条至第十二条、第十六条、第十九条、第二十一条中的“国家质量监督检验检疫总局（以下简称国家质检总局）”“国家质检总局”修改为“海关总署”。

（二）将第三条、第十九条中的“直属出入境检验检疫机构”修改为“直属海关”。

（三）将第十四条、第十七条、第十八条、第二十条中的“检验检疫机构”修改为“海关”。

二十八、对《国际航行船舶出入境检验检疫管理办法》（国家质量监督检验检疫总局令第38号公布，根据国家质量监督检验检疫总局令第196号修改）作如下修改：

（一）将第三条、第二十二条、第三十四条、第三十七条中的“国家质量监督检验检疫总局（以下简称国家质检总局）”“国家质检总局”修改为“海关总署”，“国家质检总局设在各地的出入境检验检疫机构（以下简称检验检疫机构）”修改为“主管海关”。

（二）将第六条至第十六条、第十八条、第二十条、第二十一条、第二十七条至第三十条、第三十二条、第三十三条中的“检验检疫机构”修改为“海关”。

二十九、对《进出口商品抽查检验管理办法》（国家质量监督检验检疫总局令第39号公布）作如下修改：

（一）将第四条至第六条、第十条、第三十一条中的“国家质量监督检验检疫总局（以下简称国家质检总局）”“国家质检总局”修改为“海关总署”，“国家质检总局设在各地的出入境检验检疫机构（以下简称检验检疫机构）”修改为“主管海关”。

（二）将第七条、第八条、第十四条、第十六条、第十八条、第二十一条、第二十二条、第二十五条、第二十六条、第二十八条、第二十九条中的“检验检疫机构”修改为“海关”。

（三）将第九条中的“检验检疫有关人员”修改为“海关有关人员”。

（四）将第十一条修改为“主管海关根据抽查检验计划，经过必要调查，结合本地区相关进出口商品实际情况，确定被抽查检验单位，制订具体实施方案，并报海关总署备案”。

（五）将第十二条修改为“主管海关应当按照对抽查检验工作的统一部署和要求，认真组织实施本地区的抽查检验”。

（六）将第二十三条修改为“主管海关在完成抽查检验任务后，应当在规定的时间内上报抽查结果，并将抽查情况及结果等有关资料进行立卷归档，未经同意，不得擅自将抽查结果及有关材料对外泄露”。

（七）将第二十四条中的“检验检疫机构应当将国家质检总局公布的抽查检验结果、预警通告等及时通报给当地有关部门和企业”修改为“主管海关应当将公布的抽查检验结果、预警通告等及时通报给当地有关部门和企业”。

（八）将第二十七条中的“根据国家质检总局规定对拒绝接受抽查检验的企业予以公开曝光”修改为“根据相关规定对拒绝接受抽查检验的企业予以公开曝光”。

三十、对《进境动物和动物产品风险分析管理规定》（国家质量监督检验检疫总局令第40号公布）作如下修改：

将第三条、第五条、第十九条、第二十六条中的“国家质量监督检验检疫总局（以下简称国家质检总局）”“国家质检总局”修改为“海关总署”。

三十一、对《进境植物和植物产品风险分析管理规定》（国家质量监督检验检疫总局令第41号公布）作如下修改：

将第三条、第五条、第八条至第十条、第十二条、第十四条、第十九条、第二十条、第二十二条至第二十四条、第二十七条中的“国家质量监督检验检疫总局（以下简称国家质检总局）”“国家质检总局”修改为“海关总署”，“检验检疫机构”修改为“海关”。

三十二、对《中华人民共和国实施金伯利进程国际证书制度管理规定》（国家质量监督检验检疫总局令第42号公布，根据国家质量监督检验检疫总局令第184号和第196号修改）作如下修改：

（一）将第三条、第十六条、第二十二条中的“中华人民共和国国家质量监督检验检疫总局（以下简称国家质检总局）”“国家质检总局”修改为“海关总署”，“出入境检验检疫机构（以下简称检验检疫机构）”修改为“主管海关”。

（二）将第五条、第七条至第十五条、第十八条、第十九条中的“检验检疫机构”修改为“海关”。

（三）将第六条修改为“进出口毛坯钻石的受理申报、核查检验，由主管海关办理”。

（四）删去第九条第二款。

（五）将第十三条第一款修改为“海关受理申报后，应当在指定地点及申报人在场的情况下，对毛坯钻石原产地的真实性等进行核实，对毛坯钻石的克拉重量（数量）进行检验，并对申报金额进行核定。在确认申报人所申报的内容正确无误后，对符合金伯利进程国际证书制度要求的毛坯钻石及其包装容器进行封识，加施原产地注册标记，并签发《金伯利进程国际证书》”。

（六）删去第七条中的“（附件3）”、第十二条中的“（附件4）”、第二十一条中的“附件5”。

（七）增加一条，作为第二十二条“本办法所规定的文书由海关总署另行制定并且发布”。

（八）对条文顺序作相应调整。

（九）删去附件。

三十三、对《出境竹木草制品检疫管理办法》（国家质量监督检验检疫总局令第45号公布）作如下修改：

（一）将第三条、第四条、第二十六条中的“国家质量监督检验检疫总局（以下简称国家质检总局）”“国家质检总局”修改为“海关总署”，“国家质检总局设在各地的出入境检验检疫机构（以下简称检验检疫机构）”修改为“主管海关”。

（二）将第六条至第八条、第十条至第十二条、第十七条、第十九条至第二十二条、第二十四条、第二十五条中的“检验检疫机构”“出入境检验检疫局”修改为“海关”。

（三）删去第十条中的“（附件1）”、第十五条中的“（附件2）”、第二十条中的“（附件3）”。

（四）将第十二条中的“直属检验检疫局”修改为“直属海关”。

（五）增加一条，作为第二十六条“本办法所规定的文书由海关总署另行制定并且发布”。

（六）对条文顺序作相应调整。

（七）删去附件。

三十四、对《进境动物遗传物质检疫管理办法》（国家质量监督检验检疫总局令第47号公布）作如下修改：

（一）将第四条、第五条、第八条至第十条、第二十一条、第二十五条中的“国家质量监督检验检疫总局（以下简称国家质检总局）”“国家质检总局”修改为“海关总署”，“国家质检总局设在各地的出入境检验检疫机构（以下简称检验检疫机构）”修改为“主管海关”。

（二）将第七条、第八条、第十九条、第二十一条中的“直属检验检疫局”修改为“直属海关”。

（三）将第十二条、第十三条、第十七条、第十八条、第二十二条至第二十四条中的“检验检疫机构”修改为“海关”。

（四）将第十五条修改为“现场检疫合格的，调往《检疫许可证》指定的地点实施检疫”。

（五）将第十六条修改为“动物遗传物质需调离进境口岸的，货主或其代理人应当向目的地海关申报，并提供本办法第十二条规定的单证复印件”。

（六）删去第二十条中的“（附件1）”、第二十二条中的“（附件2）”。

（七）增加一条，作为第二十五条“本办法所规定的文书由海关总署另行制定并且发布”。

（八）对条文顺序作相应调整。

（九）删去附件。

三十五、对《沙头角边境特别管理区进出物品检验检疫管理规定》（国家质量监督检验检疫总局令第55号公布）作如下修改：

（一）将第三条至第十二条、第十四条至第二十一条中的“检验检疫机构”修改为“海关”。

（二）将第二十三条、第二十五条中的“国家质量监督检验检疫总局”“国家质检总局”修改为“海关总署”，“深圳出入境检验检疫局”修改为“深圳海关”。

三十六、对《国境口岸突发公共卫生事件出入境检验检疫应急处理规定》（国家质量监督检验检疫总局令第57号公布）作如下修改：

（一）将第五条、第十一条至第十三条中的“各级检验检疫机构”修改为“海关”。

（二）将第六条修改为“海关建立国境口岸突发事件出入境检验检疫应急指挥体系”。

（三）将第七条中的“国家质检总局”修改为“海关总署”，“检验检疫机构”“各级检验检疫机构”修改为“全国海关”。

（四）将第八条、第十四条、第二十四条、第二十五条中的“国家质检总局”修改为“海关总署”，“直属检验检疫局”修改为“直属海关”，“所辖检验检疫机构”修改为“所辖关区”，删去第八条第一款第（四）项中的“海关”。

（五）将第九条、第十五条中的“直属检验检疫局”修改为“直属海关”，“分支机构”修改为“隶属海关”。

（六）将第十条、第十六条、第二十条、第二十一条、第二十三条、第三十五条中的“国家质检总局”修改为“海关总署”，“各级检验检疫机构”修改为“主管海关”，“上一级机构”修改为“上一级海关”。

（七）将第十七条、第十八条、第二十一条、第二十二条、第二十七条至第三十四条中的“检验检疫机构”修改为“海关”。

（八）将第十九条中的“国家质检总局”修改为“海关总署”，“直属检验检疫局”修改为“直属海关”，“分支机构”修改为“隶属海关”，“本局辖区”修改为“本关区”。

（九）将第二十五条中的“出入境检验检疫人员”修改为“海关工作人员”。

三十七、对《进出境转基因产品检验检疫管理办法》（国家质量监督检验检疫总局令第62号公布，根据国家质量监督检验检疫总局令第196号修改）作如下修改：

（一）将第四条至第六条、第十五条、第十八条中的“国家质量监督检验检疫总局（以下简称国家质检总局）”“国家质检总局”修改为“海关总署”，“国家质检总局设在各地的出入境检验检疫机构（以下简称检验检疫机构）”修改为“主管海关”。

（二）将第八条至第十四条中的“检验检疫机构”修改为“海关”。

三十八、对《进境水果检验检疫监督管理办法》（国家质量监督检验检疫总局令第 68 号公布）作如下修改：

（一）将第三条、第五条、第八条、第十三条至第十五条、第十七条、第十八条中的“国家质量监督检验检疫总局（以下简称国家质检总局）”“国家质检总局”修改为“海关总署”，“国家质检总局设在各地的出入境检验检疫机构（以下简称检验检疫机构）”修改为“主管海关”。

（二）将第六条、第八条、第十条至第十二条、第十四条、第十六条至十八条中的“检验检疫机构”修改为“海关”。

（三）将第十五条中的“检验检疫人员”修改为“海关工作人员”。

三十九、对《出境货物木质包装检疫处理管理办法》（国家质量监督检验检疫总局令第 69 号公布）作如下修改：

（一）将第三条、第六条、第十七条中的“国家质量监督检验检疫总局（以下简称国家质检总局）”“国家质检总局”修改为“海关总署”，“直属检验检疫局”修改为“直属海关”，“国家质检总局设在各地的出入境检验检疫机构（以下简称检验检疫机构）”修改为“主管海关”。

（二）将第四条修改为“出境货物木质包装应当按照本办法《出境货物木质包装除害处理方法》列明的检疫除害处理方法实施处理，并按照《出境货物木质包装除害处理标识要求》的要求加施专用标识”。

（三）将第五条至第十四条中的“检验检疫机构”修改为“海关”。

（四）将第六条修改为“直属海关对标识加施企业的热处理或者熏蒸处理设施、人员及相关质量管理体系等进行考核，符合《出境货物木质包装除害处理标识加施企业考核要求》的颁发除害处理标识加施资格证书，并公布标识加施企业名单，同时报海关总署备案，标识加施资格有效期为三年；不符合要求的，不予颁发资格证书，并连同不予颁发的理由一并书面告知申请企业。未取得资格证书的，不得擅自加施除害处理标识”。

（五）删去第九条中的“（见附件 7、附件 8）”、第十一条中的“（附件 9）”。

（六）增加一条，作为第十七条“本办法所规定的文书由海关总署另行制定并且发布”。

（七）对条文顺序作相应调整。

（八）删去附件。

四十、对《保税区检验检疫监督管理办法》（国家质量监督检验检疫总局令第 71 号公布）作如下修改：

（一）将第三条、第二十条、第三十三条中的“国家质量监督检验检疫总局（以下简称国家质检总局）”“国家质检总局”修改为“海关总署”，“国家质检总局设在保税区的出入境检验检疫机构（以下简称检验检疫机构）”修改为“主管海关”。

（二）将第五条修改为“应检物进出保税区时，收发货人（货主）或者其代理人应当按照有关规定向主管海关办理报检手续，主管海关按照国家有关法律、法规、规章以及相关规定实施检验检疫”。

（三）将第六条修改为“海关按照简便、有效的原则对进出保税区的应检物实施检验检疫”。

（四）将第七条修改为“从境外进入保税区的应检物，属于卫生检疫范围的，由海关实施卫生检疫；应当实施卫生处理的，在海关的监督下，依法进行卫生处理”。

（五）将第八条、第十二条、第十四条、第十九条、第二十二条、第二十三条、第二十六条、第二十八条、第三十二条中的“检验检疫机构”修改为“海关”。

（六）将第九条修改为“海关对从境外进入保税区的可以用作原料的固体废物、旧机电产品、成套设备实施检验和监管，对在保税区内存放的货物不实施检验”。

（七）删去第十一条、第十七条、第二十四条。

（八）将第十八条修改为“从非保税区进入保税区后不经加工直接出境的，应当向保税区海关提交产地海关签发的检验检疫合格证明，保税区海关不再实施检验检疫。超过检验检疫有效期、变更输入国家或地区并又有不同检验检疫要求、改换包装或重新拼装、已撤销报检的，应当按规定重新报检”。

（九）删去第二十条中的“转口转基因产品应同时提供国家质检总局签发的《转基因产品过境转移许可证》”。

（十）对条文顺序作相应调整。

四十一、对《进出口商品复验办法》（国家质量监督检验检疫总局令第77号公布）作如下修改：

（一）将第二条、第六条、第八条、第十三条、第十九条中的“出入境检验检疫机构（以下简称检验检疫机构）”“检验检疫机构”修改为“海关”。

（二）将第三条修改为“海关总署统一管理全国的进出口商品的复验工作，进出口商品复验工作由受理的海关负责组织实施”。

（三）将第五条第一款修改为“报检人对主管海关作出的检验结果有异议的，可以向作出检验结果的主管海关或者其上一级海关申请复验，也可以向海关总署申请复验”，第二款修改为“报检人对同一检验结果只能向同一海关申请一次复验”。

（四）删去第八条中的“（见附件）”。

（五）将第九条、第十一条、第十二条中的“检验检疫机构或者国家质检总局”修改为“海关”。

（六）将第十条第二款修改为“复验结论认定属原检验的海关责任的，复验费用由原海关负担”。

（七）将第十五条中的“检验检疫机构或者国家质检总局”修改为“海关”，“经本机构负责人批准”修改为“经本机关负责人批准”。

（八）删去第十七条中的“国家质检总局”。

（九）将第十八条中的“国家质检总局和检验检疫机构”修改为“海关”。

（十）将第二十条中的“国家质检总局”修改为“海关总署”。

（十一）增加一条，作为第二十条“本办法所规定的文书由海关总署另行制定并且发布”。

（十二）对条文顺序作相应调整。

（十三）删去附件。

四十二、对《进境货物木质包装检疫监督管理办法》（国家质量监督检验检疫总局令第84号公布）作如下修改：

（一）将第三条、第七条、第十二条、第十四条、第十五条、第十九条、第二十一条中的“国家质量监督检验检疫总局（以下简称国家质检总局）”“国家质检总局”修改为“海关总署”，“国家质检总局设在各地的出入境检验检疫机构（以下简称检验检疫机构）”“检验检疫机构”修改为“主管海关”。

（二）将第四条中的“国家质检总局公布的检疫除害处理方法和标识要求”修改为“相关规定”。

（三）将第五条、第六条、第九条、第十条、第十七条、第十八条中的“检验检疫机构”修改为“海关”。

（四）将第十一条修改为“海关应当加强与港务、运输、货物代理等部门的信息沟通，通过联网、电子监管及审核货物载货清单等方式获得货物及包装信息，根据情况作出是否抽查的决定。”

（五）将第九条、第二十条中的“检验检疫人员”修改为“海关人员”。

四十三、对《国境口岸食品卫生监督管理规定》（国家质量监督检验检疫总局令第88号公布，根据国家质量监督检验检疫总局令第174号修改）作如下修改：

（一）将第三条、第五条、第十条、第二十七条、第三十二条中的“国家质量监督检验检疫总局（以下简称国家质检总局）”“国家质检总局”修改为“海关总署”，“国家质检总局设在各地的出入境检验检疫机构（以下简称检验检疫机构）”“检验检疫机构”修改为“主管海关”。

（二）将第四条、第六条、第七条、第九条、第十一条至第十三条、第十五条、第十七条至第二十一条、第二十三条至第二十六条、第二十八条至第三十一条中的“检验检疫机构”修改为“海关”。

（三）删除第五条中的“国家质检总局指定的”。

四十四、对《进出口煤炭检验管理办法》（国家质量监督检验检疫总局令第90号公布）作如下修改：

（一）将第三条、第六条、第八条、第三十四条、第四十条中的“国家质量监督检验检疫总局（以下简称国家质检总局）”“国家质检总局”修改为“海关总署”，“国家质检总局设在各地的出入境检验检疫机构（以下简称检验检疫机构）”“检验检疫机构”修改为“主管海关”。

（二）将第四条修改为“海关对进口煤炭实施口岸检验监管的方式”。

（三）将第五条、第七条、第三十条、第三十五条、第三十六条中的“检验检疫机构”修改为“海关”。

（四）删去第九条至第二十九条、第三十二条、第三十三条、第三十八条、第三十九条。

（五）将第三十一条中的“国家质检总局、检验检疫机构”修改为“海关”。

（六）将第三十六条、第三十七条中的“检验检疫工作人员”修改为“海关工作人员”。

（七）对条文顺序作相应调整。

四十五、对《出境水果检验检疫监督管理办法》（国家质量监督检验检疫总局令第91号公布）作如下修改：

（一）将第三条、第十条、第十四条、第三十二条中的“国家质量监督检验检疫总局（以下简称国家质检总局）”“国家质检总局”修改为“海关总署”，“国家质检总局设在各地的出入境检验检疫机构（以下简称检验检疫机构）”修改为“主管海关”。

（二）将第四条、第七条至第十三条、第十五条、第十七条至第二十七条、第二十九条、第三十条中的“检验检疫机构”修改为“海关”。

（三）将第十条中的“分支检验检疫机构”修改为“隶属海关”，“直属出入境检验检疫局（以下简称直属检验检疫局）”“直属检验检疫局”修改为“直属海关”。

（四）删去第二十七条中的“出境货物通关单或者”。

（五）将第三十一条中的“检验检疫人员”修改为“海关人员”。

四十六、对《口岸艾滋病预防控制管理办法》（国家质量监督检验检疫总局令第96号公布，国家质量监督检验检疫总局令第139号修改）作如下修改：

（一）将第三条、第十一条、第十二条、第二十条、第二十六条中的“国家质量监督检验检疫总局（以下简称国家质检总局）”“国家质检总局”修改为“海关总署”。

（二）将第四条、第十一条中的“国家质检总局设在各地的出入境检验检疫机构（以下简称检验检疫机构）”“检验检疫机构”修改为“主管海关”。

（三）将第五条至第十条、第十二条至第二十一条、第二十三条至第二十五条中的“检验检疫机构”修改为“海关”。

（四）将第十一条第二款中的“检验检疫机构按照国务院卫生行政主管部门和国家质检总局制定的艾滋病监测工作规范，开展艾滋病的监测工作”修改为“直属海关按照艾滋病监测工作规范开展艾滋病的监测工作”。

四十七、对《进口商品残损检验鉴定管理办法》（国家质量监督检验检疫总局令第97号公布）作如下修改：

（一）将第一条、第四条第二款、第五条、第七条至第九条、第十一条至第十三条、第十六条至第二十条、第二十五条、第二十七条中的“检验检疫机构”修改为“海关”。

（二）将第三条、第四条第一款、第六条、第二十二条至第二十四条、第二十九条中的“国家质量监督检验检疫总局（以下简称国家质检总局）”“国家质检总局”修改为“海关总署”。

（三）将第三条、第四条第一款、第六条、第二十三条、第二十四条中的“国家质检总局设在各地的出入境检验检疫机构（以下简称检验检疫机构）”“检验检疫机构”修改为“主管海关”。

（四）删去第七条中的“经检验检疫机构注册登记的代理报检企业”。

（五）将第二十一条中的“国家质检总局及各地检验检疫机构”修改为“海关”。

（六）删去第二十三条第一款中的“其现场检验人员应当随身带有国家质检总局对其机构、人员资格许可的有关证件并接受检验检疫机构的检查。对无证从事检验鉴定活动的人员，检验检疫机构可责令其离开现场并作相应的处理”，将第二款中的“国家质检总局及各地检验检疫机构”修改为“海关”。

（七）将第二十四条第一款中的“上级检验检疫机构”修改为“上一级海关”，“检验检疫机构或国家质检总局”修改为“海关”；将第二款中的“检验检疫机构、国家质检总局”修改为“海关”。

（八）将第二十六条中的“各地检验检疫机构”修改为“主管海关”，“国家质检总局和各地检验检疫机构”修改为“海关”。

四十八、对《出境水生动物检验检疫监督管理办法》（国家质量监督检验检疫总局令第 99 号公布，根据国家质量监督检验检疫总局令第 196 号修改）作如下修改：

（一）将第三条、第四条、第十四条、第十五条、第十九条、第二十九条、第三十一条、第三十五条、第四十八条中的“国家质量监督检验检疫总局（以下简称国家质检总局）”“国家质检总局”修改为“海关总署”，“国家质检总局设在各地的出入境检验检疫机构（以下简称检验检疫机构）”修改为“主管海关”。

（二）将第五条、第九条、第十七条、第二十条至第二十二条、第二十四条、第二十五条、第二十八条至第三十条、第三十五条、第三十六条、第三十八条至四十五条中的“检验检疫机构”修改为“海关”。

（三）将第九条、第十条、第十二条至第十五条、第十七条、第十九条、第三十一条中的“直属检验检疫局”修改为“直属海关”。

（四）将第二十五条第一款修改为“经检验检疫合格的，海关对装载容器或者运输工具加施封识，出具《出境货物换证凭单》，按照进口国家或者地区的要求出具《动物卫生证书》”。

四十九、对《进出口商品数量重量检验鉴定管理办法》（国家质量监督检验检疫总局令第 103 号公布，国家质量监督检验检疫总局令第 172 号修改）作如下修改：

（一）将第一条、第四条至第六条、第八条、第十一条、第十三条、第十六条至第十八条、第二十条、第二十三条、第二十四条、第二十七条、第二十八条、第三十条、第三十一条、第三十四条中的“出入境检验检疫机构（以下简称检验检疫机构）”“检验检疫机构”修改为“海关”。

（二）将第三条、第二十六条、第二十七条、第二十九条、第三十二条、第三十三条、第三十五条中的“国家质量监督检验检疫总局（以下简称国家质检总局）”“国家质检总局”修改为“海关总署”。

（三）将第三条、第十五条、第二十九条、第三十二条、第三十三条中的“国家质检总局设在各地的出入境检验检疫机构（以下简称检验检疫机构）”“检验检疫机构”修改为“主管海关”。

（四）删去第七条中的“报关地的检验检疫机构”。

（五）删去第八条第二款中的“经查验合格的，由口岸检验检疫机构签发包括数量、重量在内的货物通关单或者证书”。

（六）删除第十五条中的“国家质检总局”。

（七）将第二十五条中的“国家质检总局及各地检验检疫机构”修改为“海关”。

（八）将第二十九条中的“国家质检总局或者检验检疫机构”修改为海关。

（九）将第三十二条中的“上级检验检疫机

构”修改为“上一级海关”，“检验检疫机构或者国家质检总局”“检验检疫机构、国家质检总局”修改为“海关”。

五十、对《出入境检验检疫查封、扣押管理规定》（国家质量监督检验检疫总局令第 108 号公布）作如下修改：

（一）将第一条中的“检验检疫机构”修改为“海关”，“《中华人民共和国食品卫生法》”修改为“《中华人民共和国食品安全法》”。

（二）将第二条修改为“本规定所称的查封、扣押是指海关为履行检验检疫职责依法实施的核查、封存或者留置等行政强制措施”。

（三）将第三条、第二十六条、第二十七条、第二十九条中的“国家质量监督检验检疫总局（以下简称国家质检总局）”“国家质检总局”修改为“海关总署”，“国家质检总局设在各地的出入境检验检疫机构（以下简称检验检疫机构）”修改为“主管海关”。

（四）将第四条至第七条、第十一条、第十二条、第十六条至第二十五条、第二十八条中的“出入境检验检疫机构”“检验检疫机构”修改为“海关”。

（五）将第六条第二款修改为“海关认为应当实施查封、扣押，但已被其他行政机关查封、扣押的，海关暂不实施查封、扣押，并应当及时书面告知实施查封、扣押的其他机关予以必要的协助”。

（六）将第十三条中的“检验检疫执法人员”修改为“海关工作人员”。

五十一、对《进出口玩具检验监督管理办法》（国家质量监督检验检疫总局令第 111 号公布，国家质量监督检验检疫总局令第 173 号修改）作如下修改：

（一）将第二条、第十七条中的“国家质量监督检验检疫总局（以下简称国家质检总局）”修改为“海关总署”，“国家质检总局设在各地的出入境检验检疫机构（以下简称检验检疫机构）”修改为“主管海关”。

（二）将第三条、第五条、第七条至第九条、第十一条至第十三条、第十五条、第十六条、第十八条至第三十条、第三十二条、第三十三条中的“检验检疫机构”修改为“海关”，“国家质检总局”修改为“海关总署”。

（三）删去第十二条中的“在口岸检验检疫机构进行检验的，口岸检验检疫机构直接出具出境货物通关单”。

（四）将第十三条第一款修改为“出口玩具经产地海关检验合格后，发货人应当在规定的期限内向口岸海关申请查验”。

（五）删除第十五条中的“按照出口工业品生产企业分类管理办法”。

（六）将第二十一条中的“直属检验检疫局”修改为“直属海关”。

五十二、对《中华人民共和国非优惠原产地证书签证管理办法》（国家质量监督检验检疫总局令第 114 号公布）作如下修改：

（一）将第三条、第五条、第六条、第十一条、第二十七条、第二十八条、第三十二条至第三十八条、第四十条、第四十一条、第四十三条中的“国家质量监督检验检疫总局（以下简称国家质检总局）”“国家质检总局”修改为“海关总署”，“国家质检总局设在各地的出入境检验检疫机构（以下简称检验检疫机构）”修改为“主管海关”，“检验检疫机构”修改为“海关”。

（二）将第三十二条第三款中的“各直属检验检疫局”修改为“各直属海关”。

五十三、对《进出口饲料和饲料添加剂检验检疫监督管理办法》（国家质量监督检验检疫总局令第 118 号公布）作如下修改：

（一）将第三条、第四条、第七条至第十四条、第十七条、第二十二条、第三十条、第三十一条、第四十条至第四十二条、第四十八条、第五十六条、第六十二条、第七十条中的“国家质量监督检验检疫总局（以下简称国家质检总局）”“国家质检总局”修改为“海关总署”，“国家质检总局设在各地的出入境检验检疫机构（以下简称检验检疫机构）”修改为“主管海关”。

（二）将第五条、第六条、第十六条至第十

九条、第二十一条至第二十六条、第二十八条、第二十九条、第四十二条至第五十六条、第六十条、第六十一条、第六十三条至第六十八条中的“检验检疫机构”修改为“海关”。

（三）将第八条、第三十二条至第三十六条、第三十八条、第四十条、第四十一条、第五十七条至第五十九条中的“直属检验检疫局”修改为“直属海关”。

（四）将第四十六条中的“经检验检疫合格的，检验检疫机构出具《出境货物通关单》或者《出境货物换证凭单》、检验检疫证书等相关证书”修改为“经检验检疫合格的，海关出具《出境货物换证凭单》、检验检疫证书等相关证书”。

（五）删去第四十七条中的“查验合格的，凭产地检验检疫机构出具的《出境货物换证凭单》或者电子转单换发《出境货物通关单》”。

（六）删去第五十三条中的“《出境货物通关单》”。

五十四、对《供港澳蔬菜检验检疫监督管理办法》（国家质量监督检验检疫总局令第 120 号公布）作如下修改：

（一）将第三条、第八条、第三十九条、第四十条、第四十八条中的“国家质量监督检验检疫总局（以下简称国家质检总局）”“国家质检总局”修改为“海关总署”，“国家质检总局设在各地的出入境检验检疫机构（以下简称检验检疫机构）”修改为“主管海关”。

（二）将第四条、第六条、第九条至第十三条、第十七条、第十九条至第二十一条、第二十五条至第二十九条、第三十一条至第四十二条、第四十四条至第四十六条中的“检验检疫机构”修改为“海关”。

（三）将第七条中的“国家质检总局和检验检疫机构”修改为“海关”。

（四）将第二十六条第二款修改为“海关根据监管和抽检结果，签发《出境货物换证凭单》等有关检验检疫证单”。

（五）将第二十七条第三款修改为“海关将封识号和铅封单位记录在《出境货物换证凭单》或者其他单证上”。

（六）将第二十九条修改为“供港澳蔬菜出货清单或者《出境货物换证凭单》实行一车/柜一单制度”。

五十五、对《进境动物隔离检疫场使用监督管理办法》（国家质量监督检验检疫总局令第 122 号公布）作如下修改：

（一）将第二条、第四条至第八条、第十条、第十一条、第三十条、第三十七条中的“国家质量监督检验检疫总局（以下简称国家质检总局）”“国家质检总局”修改为“海关总署”。

（二）将第二条、第六条、第九条至第十二条、第三十条中的“直属检验检疫局”修改为“直属海关”。

（三）将第四条中的“国家质检总局设在各地的出入境检验检疫机构（以下简称检验检疫机构）”修改为“主管海关”。

（四）将第九条、第十六条、第十八条至第二十六条、第二十八条至第三十五条中的“检验检疫机构”修改为“海关”。

（五）删去第二十四条中的“国家质检总局的”和第二十五条中的“国家质检总局”。

五十六、对《进出口化妆品检验检疫监督管理办法》（国家质量监督检验检疫总局令第 143 号公布）作如下修改：

（一）将第二条中的“《出入境检验检疫机构实施检验检疫的进出境商品目录》”修改为“海关实施检验检疫的进出境商品目录”。

（二）将第三条、第五条、第六条、第八条、第十七条至第十九条、第二十三条、第三十七条至第四十条、第四十九条中的“国家质量监督检验检疫总局（以下简称国家质检总局）”“国家质检总局”修改为“海关总署”，“国家质检总局设在各地的出入境检验检疫机构（以下简称检验检疫机构）”“检验检疫机构”修改为“主管海关”。

（三）将第六条、第七条、第九条、第十条、第十二条至第十六条、第二十条、第二十一条、第二十四条、第二十六条至第二十八条、第三十

条、第三十一条、第三十三条、第三十五条、第三十六条、第四十条至第四十七条中的“检验检疫机构”修改为“海关”。

（四）将第二十八条第一款修改为“出口化妆品经检验检疫合格，进口国家（地区）对检验检疫证书有要求的，应当按照要求出具有关检验检疫证书”。

（五）将第四十一条修改为“进口化妆品存在安全问题，可能或者已经对人体健康和生命安全造成损害的，收货人应当主动召回并立即向所在地海关报告。收货人应当向社会公布有关信息，通知销售者停止销售，告知消费者停止使用，做好召回记录。收货人不主动召回的，主管海关可以责令召回。必要时，由海关总署责令其召回。

出口化妆品存在安全问题，可能或者已经对人体健康和生命安全造成损害的，出口化妆品生产企业应当采取有效措施并立即向所在地海关报告。

主管海关应当将辖区内召回情况及时向海关总署报告”。

五十七、对《出入境人员携带物检疫管理办法》（国家质量监督检验检疫总局令第 146 号公布）作如下修改：

（一）将第三条、第七条、第九条、第十六条、第四十六条中的“国家质量监督检验检疫总局（以下简称国家质检总局）”“国家质检总局”修改为“海关总署”，“国家质检总局设在各地的出入境检验检疫机构（以下简称检验检疫机构）”“检验检疫机构”修改为“主管海关”。

（二）将第四条中的“应当申报并接受检验检疫机构检疫”修改为“应当向海关申报并接受检疫”，第（七）项修改为“其他应当向海关申报并接受检疫的携带物”。

（三）将第六条、第十二条至第十五条、第十七条至第三十条、第三十二条至第四十二条、第四十四条中的“检验检疫机构”修改为“海关”。

（四）将第十一条中的“直属检验检疫局”修改为“直属海关”。

五十八、对《进口棉花检验监督管理办法》（国家质量监督检验检疫总局令第 151 号公布）作如下修改：

（一）将第三条、第六条、第八条、第十条至第十三条、第十五条至第十九条、第二十四条、第二十六条、第三十三条、第三十五条、第三十六条、第四十三条中的“国家质量监督检验检疫总局（以下简称国家质检总局）”“国家质检总局”修改为“海关总署”，“国家质检总局设在各地的出入境检验检疫机构（以下简称检验检疫机构）”“检验检疫机构”修改为“主管海关”。

（二）将第五条、第二十条、第二十七条、第二十八条、第三十条至第三十二条、第三十四条、第三十七条至第三十九条中的“检验检疫机构”修改为“海关”。

（三）将第十八条、第二十一条至第二十三条、第二十六条中的“国家质检总局”修改为“海关总署”，“直属检验检疫局”修改为“直属海关”。

（四）删去第二十八条、第三十一条中的“国家质检总局制定的”“国家质检总局的”。

五十九、对《海南出入境游艇检疫管理办法》（国家质量监督检验检疫总局令第 153 号公布）作如下修改：

（一）将第三条、第三十九条、第四十条中的“国家质量监督检验检疫总局（以下简称国家质检总局）”“国家质检总局”修改为“海关总署”。

（二）将第三条第二款修改为“海口海关负责海南出入境游艇检疫和监督管理工作”。

（三）将第五条至第十三条、第十五条至第十七条、第十九条至第三十八条中的“检验检疫机构”修改为“海关”。

六十、对《进出境非食用动物产品检验检疫监督管理办法》（国家质量监督检验检疫总局令第 159 号公布）作如下修改：

（一）将第三条、第五条、第六条、第八条至第十一条、第十三条至第十七条、第三十一条、第三十三条、第三十五条、第四十条、第四十一条、第四十八条、第五十六条、第六十二条、第六十七条、第七十条、第八十六条中的“国家质量监督检验检疫总局（以下简称国家质检总局）”“国家质检总局”修改为“海关总署”，“国家质检总局设在各地的出入境检验检疫部门（以下简称检验检疫部门）”修改为“主管海关”。

（二）将第七条、第十九条至第二十八条、第三十条、第三十一条、第三十五条至第三十七条、第三十九条、第五十二条、第五十六条至第六十九条、第七十一条至第八十三条中的“检验检疫部门”修改为“海关”。

（三）删去第二十六条中的“国家质检总局”。

（四）将第二十七条第三款修改为“进境非食用动物产品检验检疫不合格信息应当上报海关总署”。

（五）将第三十二条中的“国家质检总局和检验检疫部门”修改为“海关”。

（六）将第三十三条、第三十五条、第三十八条、第四十条、第四十三条至第四十八条、第五十条、第五十三条至第五十五条中的“直属检验检疫局”修改为“直属海关”。

（七）将第六十条中的“检验检疫部门出具《出境货物通关单》或者《出境货物换证凭单》、检验检疫证书等相关证书”修改为“海关出具《出境货物换证凭单》、检验检疫证书等相关证书”。

（八）将第六十一条修改为“出境口岸海关按照相关规定查验，重点核查货证是否相符。查验不合格的，不予放行”。

（九）删去第七十六条中的“货物通关单”。

六十一、对《出入境特殊物品卫生检疫管理规定》（国家质量监督检验检疫总局令第160号公布）作如下修改：

（一）将第三条、第四条、第二十三条、第二十六条、第三十六条中的“国家质量监督检验检疫总局（以下简称国家质检总局）”“国家质检总局”修改为“海关总署”，“国家质检总局设在各地的出入境检验检疫部门（以下简称检验检疫部门）”修改为“主管海关”。

（二）将第六条、第八条、第十一条至第十三条、第二十六条中的“直属检验检疫局”修改为“直属海关”。

（三）将第十五条至第二十一条、第二十三条至第三十一条中的“检验检疫部门”修改为“海关”。

六十二、对《出入境检验检疫报检企业管理办法》（国家质量监督检验检疫总局令第161号公布）作如下修改：

（一）将第二条、第二十八条中的“国家质量监督检验检疫总局（以下简称国家质检总局）”“国家质检总局”修改为“海关总署”，“国家质检总局设在各地的出入境检验检疫部门（以下简称检验检疫部门）”修改为“主管海关”。

（二）将第三条至第十二条、第十五条至第十八条、第二十一条至第二十五条中的“检验检疫部门”修改为“海关”。

六十三、对《进出境中药材检疫监督管理办法》（国家质量监督检验检疫总局令第169号公布）作如下修改：

（一）将第三条至第六条、第八条至第十条、第十二条至第十四条、第十六条、第十七条、第三十八条、第四十一条、第四十三条、第四十五条至第四十七条、第五十七条中的“国家质量监督检验检疫总局（以下简称国家质检总局）”“国家质检总局”修改为“海关总署”。

（二）将第四条、第五条、第四十三条、第四十五条中的“国家质检总局设在各地的出入境检验检疫部门（以下简称检验检疫部门）”“检验检疫部门”修改为“主管海关”。

（三）将第十七条至第二十六条、第三十一条、第三十九条至第四十二条、第四十四条、第四十八条至第五十三条中的“检验检疫部门”修改为“海关”。

（四）将第三十三条至第三十八条中的“直属检验检疫局（以下简称直属检验检疫局）”“直属检验检疫局”修改为“直属海关”。

六十四、对《进口旧机电产品检验监督管理办法》（国家质量监督检验检疫总局令第171号公布，国家质量监督检验检疫总局令第 187 号修改）作如下修改：

（一）将第三条、第七条中的“国家质量监督检验检疫总局（以下简称国家质检总局）”修改为“海关总署”，“国家质检总局设在各地的出入境检验检疫部门（以下简称检验检疫部门）”修改为“主管海关”。

（二）将第五条、第八条、第十条至第十七条、第二十条、第二十三条至第二十九条、第三十三条中的“国家质检总局”修改为“海关总署”，“检验检疫部门”修改为“海关”。

（三）将第十七条中的“或者出具退货处理通知单并书面告知海关”修改为“退运”。

（四）将第十八条、第十九条、第二十一条、第二十二条中的“国家质检总局及检验检疫部门”“国家质检总局或者检验检疫部门”“国家质检总局和检验检疫部门”修改为“海关”。

六十五、对《进出境粮食检验检疫监督管理办法》（国家质量监督检验检疫总局令第 177 号公布）作如下修改：

（一）将第三条、第四条、第六条至第十二条、第十八条、第二十一条、第二十二条、第二十四条、第二十五条、第二十九条、第三十条、第三十三条至第三十九条、第四十二条、第四十三条、第五十八条至第六十条中的“国家质量监督检验检疫总局（以下简称国家质检总局）”“国家质检总局”修改为“海关总署”。

（二）将第三条、第四条、第二十四条、第三十五条至第三十九条、第四十三条中的“国家质检总局设在各地的出入境检验检疫部门（以下简称检验检疫部门）”“检验检疫部门”修改为“主管海关”。

（三）将第十一条至第十七条、第十九条、第二十条、第二十三条、第二十七条至第三十条、第三十二条、第三十三条、第三十五条第（三）项、第四十条、第四十二条、第四十四条至第五十七条中的“检验检疫部门”修改为“海关”。

（四）删去第二十二条中的“国家质检总局”。

（五）将第二十五条、第四十二条中的“直属检验检疫局”修改为“直属海关”。

（六）删去第三十条第一款中的“《出境货物通关单》或者”。

（七）将第三十二条第二款修改为“出境粮食经产地检验检疫合格后，出境口岸海关按照相关规定查验，重点检查货证是否相符、是否感染有害生物等。查验不合格的，不予放行”。

（八）删去第五十条中的“货物通关单”。

六十六、对《出入境检疫处理单位和人员管理办法》（国家质量监督检验检疫总局令第 181 号公布）作如下修改：

（一）将第三条、第七条、第十五条至第十九条、第二十二条、第二十四条、第二十五条、第二十七条、第三十三条至第三十八条、第四十条、第四十一条中的“直属出入境检验检疫局（以下简称直属检验检疫局）”“直属检验检疫局”修改为“直属海关”。

（二）将第四条、第十七条、第二十二条、第四十九条、第五十条中的“国家质检总局”修改为“海关总署”，“国家质检总局设在各地的出入境检验检疫部门（以下简称检验检疫部门）”修改为“主管海关”。

（三）将第六条、第二十七条至第三十条、第三十九条至第四十二条中的“检验检疫部门”修改为“海关”。

（四）将第三十六条、第四十三条中的“检验检疫部门人员”“检验检疫人员”修改为“海关工作人员”。

六十七、对《国境口岸卫生许可管理办法》（国家质量监督检验检疫总局令第 182 号公布）作如下修改：

（一）将第三条、第四十条中的“国家质量监督检验检疫总局（以下简称国家质检总局）”“国家质检总局”修改为“海关总署”，“国家质检总局设在各地的出入境检验检疫机构（以下简称检验检疫部门）”修改为“主管海关”。

（二）将第五条至第八条、第十九条至第二十三条、第二十五条至第三十条、第三十六条至第三十九条、第四十四条至第四十九条中的“检验检疫部门”修改为“海关”。

（三）删去第二十条、第二十五条中的“质量监督检验检疫”。

六十八、对《出入境邮轮检疫管理办法》（国家质量监督检验检疫总局令第 185 号公布）作如下修改：

（一）将第三条、第五条、第九条、第十五条第（二）项和第（三）项、第二十四条第（一）项、第三十三条、第四十四条中的“国家质量监督检验检疫总局（以下简称国家质检总局）”“国家质检总局”修改为“海关总署”，“国家质检总局设在各地的出入境检验检疫部门（以下简称检验检疫部门）”“检验检疫部门”修改为“主管海关”。

（二）将第四条、第八条、第十条至第十八条、第二十条至第二十七条、第二十九条至第三十二条、第三十五条、第三十七条至第四十二条中的“国家质检总局及检验检疫部门”“检验检疫部门”修改为“海关”。

（三）将第三十七条第（一）项中的“直属检验检疫局”修改为“直属海关”。

六十九、对《进出口工业品风险管理办法》（国家质量监督检验检疫总局令第 188 号公布）作如下修改：

将第四条至第六条、第九条至第十二条、第十四条至第十六条、第十八条至第二十七条、第三十条、第三十一条中的“国家质量监督检验检疫总局（以下简称国家质检总局）”“国家质检总局”修改为“海关总署”，“国家质检总局设在各地的出入境检验检疫部门（以下简称检验检疫部门）”修改为“主管海关”，“检验检疫部门”修改为“海关”。

七十、对《出入境尸体骸骨卫生检疫管理办法》（国家质量监督检验检疫总局令第 189 号公布）作如下修改：

（一）将第二条、第二十三条中的“国家质量监督检验检疫总局（以下简称国家质检总局）”“国家质检总局”修改为“海关总署”，“国家质检总局设在各地的出入境检验检疫部门（以下简称检验检疫部门）”修改为“主管海关”。

（二）将第四条、第五条、第七条至第九条、第十一条、第十三条至第二十一条中的“检验检疫部门”修改为“海关”。

七十一、对《进口可用作原料的固体废物检验检疫监督管理办法》（国家质量监督检验检疫总局令第 194 号公布）作如下修改：

（一）将第三条、第四十五条、第四十七条、第四十九条、第五十一条至第六十一条中的“国家质量监督检验检疫总局（以下简称质检总局）”“质检总局”修改为“海关总署”，“质检总局设在各地的出入境检验检疫部门（以下简称检验检疫部门）”“检验检疫部门”修改为“主管海关”。

（二）将第五条至第九条、第十一条至第十八条、第二十二条、第二十九条至第三十四条、第三十六条至第四十三条、第四十六条、第四十八条、第五十条、第五十四条第（八）项、第五十八条第（七）项、第六十二条、第六十四条至第六十六条、第七十条、第七十一条、第七十五条至第七十七条中的“检验检疫部门”“检验检疫机构”修改为“海关”，“质检总局”修改为“海关总署”。

（三）将第十九条、第二十一条至第二十八条、第四十八条、第五十六条、第五十八条、第六十二条中的“直属检验检疫局”修改为“直属海关”。

（四）将第四十三条中的“出具通关证明并放行”修改为“予以放行”，“出具退货处理通知单并书面告知海关”修改为“责令退运”。

（五）删去第六十九条第二款中的“依据有关规定签发通关证明”。

（六）将第七十四条中的“质检总局或者检验检疫部门”修改为“海关”。

本决定自 2018 年 5 月 1 日起施行。

《中华人民共和国海关关于超期未报关进口货物、误卸或者溢卸的进境货物和放弃进口货物的处理办法》《中华人民共和国海关计核涉嫌走私的货物、物品偷逃税款暂行办法》《中华人民共和国海关进出口货物申报管理规定》《中华人民共和国海关关于加工贸易边角料、剩余料件、残次品、副产品和受灾保税货物的管理办法》《关于非优惠原产地规则中实质性改变标准的规定》《中华人民共和国海关进口货物直接退运管理办法》《中华人民共和国海关进出口货物报关单修改和撤销管理办法》《进口汽车检验管理办法》《供港澳活羊检验检疫管理办法》《供港澳活牛检验检疫管理办法》《出口烟花爆竹检验管理办法》《进境植物繁殖材料检疫管理办法》《进境植物繁殖材料隔离检疫圃管理办法》《进境栽培介质检疫管理办法》《出入境检验检疫报检规定》《进出境集装箱检验检疫管理办法》《出口蜂蜜检验检疫管理办法》《出入境检验检疫封识管理办法》《出入境检验检疫标志管理办法》《供港澳活禽检验检疫管理办法》《供港澳活猪检验检疫管理办法》《出入境检验检疫风险预警及快速反应管理规定》《出入境快件检验检疫管理办法》《进口许可制度民用商品入境验证管理办法》《进口涂料检验监督管理办法》《进出口商品免验办法》《进境动植物检疫审批管理办法》《国际航行船舶出入境检验检疫管理办法》《进出口商品抽查检验管理办法》《进境动物和动物产品风险分析管理规定》《进境植物和植物产品风险分析管理规定》《中华人民共和国实施金伯利进程国际证书制度管理规定》《出境竹木草制品检疫管理办法》《进境动物遗传物质检疫管理办法》《沙头角边境特别管理区进出物品检验检疫管理规定》《国境口岸突发公共卫生事件出入境检验检疫应急处理规定》《进出境转基因产品检验检疫管理办法》《进境水果检验检疫监督管理办法》《出境货物木质包装检疫处理管理办法》《保税区检验检疫监督管理办法》《进出口商品复验办法》《进境货物木质包装检疫监督管理办法》《出入境口岸食品卫生监督管理规定》《进出口煤炭检验管理办法》《出境水果检验检疫监督管理办法》《口岸艾滋病预防控制管理办法》《进口商品残损检验鉴定管理办法》《出境水生动物检验检疫监督管理办法》《进出口商品数量重量检验鉴定管理办法》《出入境检验检疫查封、扣押管理规定》《进出口玩具检验监督管理办法》《中华人民共和国非优惠原产地证书签证管理办法》《进出口饲料和饲料添加剂检验检疫监督管理办法》《供港澳蔬菜检验检疫监督管理办法》《进境动物隔离检疫场使用监督管理办法》《进出口化妆品检验检疫监督管理办法》《出入境人员携带物检疫管理办法》《进口棉花检验监督管理办法》《海南出入境游艇检疫管理办法》《进出境非食用动物产品检验检疫监督管理办法》《出入境特殊物品卫生检疫管理规定》《出入境检验检疫报检企业管理办法》《进出境中药材检疫监督管理办法》《进出境粮食检验检疫监督管理办法》《进口旧机电产品检验监督管理办法》《出入境检疫处理单位和人员管理办法》《国境口岸卫生许可管理办法》《出入境邮轮检疫管理办法》《进出口工业品风险管理办法》《出入境尸体骸骨卫生检疫管理办法》《进口可用作原料的固体废物检验检疫监督管理办法》，根据本决定作相应修改，重新公布。

附件：	1. 中华人民共和国海关关于超期未报关进口货物、误卸或者溢卸的进境货物和放弃进口货物的处理办法 2. 中华人民共和国海关计核涉嫌走私的货物、物品偷逃税款暂行办法 3. 中华人民共和国海关进出口货物申报管理规定 4. 中华人民共和国海关关于加工贸易边角料、剩余料件、残次品、副产品和受灾保税货物的管理办法 5. 关于非优惠原产地规则中实质性改变标准的规定 6. 中华人民共和国海关进口货物直接退运管理办法 7. 中华人民共和国海关进出口货物报关单修改和撤销管理办法

续表

	8. 进口汽车检验管理办法 9. 供港澳活羊检验检疫管理办法 10. 供港澳活牛检验检疫管理办法 11. 出口烟花爆竹检验管理办法 12. 进境植物繁殖材料检疫管理办法 13. 进境植物繁殖材料隔离检疫圃管理办法 14. 进境栽培介质检疫管理办法 15. 出入境检验检疫报检规定 16. 进出境集装箱检验检疫管理办法 17. 出口蜂蜜检验检疫管理办法 18. 出入境检验检疫封识管理办法 19. 出入境检验检疫标志管理办法 20. 供港澳活禽检验检疫管理办法 21. 供港澳活猪检验检疫管理办法 22. 出入境检验检疫风险预警及快速反应管理规定 23. 出入境快件检验检疫管理办法 24. 进口许可制度民用商品入境验证管理办法 25. 进口涂料检验监督管理办法 26. 进出口商品免验办法 27. 进境动植物检疫审批管理办法 28. 国际航行船舶出入境检验检疫管理办法 29. 进出口商品抽查检验管理办法 30. 进境动物和动物产品风险分析管理规定 31. 进境植物和植物产品风险分析管理规定 32. 中华人民共和国实施金伯利进程国际证书制度管理规定 33. 出境竹木草制品检疫管理办法 34. 进境动物遗传物质检疫管理办法 35. 沙头角边境特别管理区进出物品检验检疫管理规定 36. 国境口岸突发公共卫生事件出入境检验检疫应急处理规定 37. 进出境转基因产品检验检疫管理办法 38. 进境水果检验检疫监督管理办法 39. 出境货物木质包装检疫处理管理办法 40. 保税区检验检疫监督管理办法 41. 进出口商品复验办法 42. 进境货物木质包装检疫监督管理办法 43. 国境口岸食品卫生监督管理规定 44. 进出口煤炭检验管理办法 45. 出境水果检验检疫监督管理办法 46. 口岸艾滋病预防控制管理办法 47. 进口商品残损检验鉴定管理办法 48. 出境水生动物检验检疫监督管理办法 49. 进出口商品数量重量检验鉴定管理办法 50. 出入境检验检疫查封、扣押管理规定 51. 进出口玩具检验监督管理办法

续表

	52. 中华人民共和国非优惠原产地证书签证管理办法 53. 进出口饲料和饲料添加剂检验检疫监督管理办法 54. 供港澳蔬菜检验检疫监督管理办法 55. 进境动物隔离检疫场使用监督管理办法 56. 进出口化妆品检验检疫监督管理办法 57. 出入境人员携带物检疫管理办法 58. 进口棉花检验监督管理办法 59. 海南出入境游艇检疫管理办法 60. 进出境非食用动物产品检验检疫监督管理办法 61. 出入境特殊物品卫生检疫管理规定 62. 出入境检验检疫报检企业管理办法 63. 进出境中药材检疫监督管理办法 64. 进口旧机电产品检验监督管理办法 65. 进出境粮食检验检疫监督管理办法 66. 出入境检疫处理单位和人员管理办法 67. 国境口岸卫生许可管理办法 68. 出入境邮轮检疫管理办法 69. 进出口工业品风险管理办法 70. 出入境尸体骸骨卫生检疫管理办法 71. 进口可用作原料的固体废物检验检疫监督管理办法

中华人民共和国海关总署令
第 239 号

《海关总署关于废止部分规章的决定》已于2018年4月27日经海关总署署务会议审议通过，现予公布，自公布之日起生效。

署　长　倪岳峰

2018年4月28日

海关总署关于废止部分规章的决定

为贯彻落实中共中央《深化党和国家机构改革方案》和十三届全国人大一次会议审议通过的《关于国务院机构改革方案的决定》，对因改革影响机构合法性和执法合法性的规章尽快予以清理，现决定废止1999年11月23日以原国家出入境检验检疫局令第7号公布的《出入境检验检疫行政复议办法》和2006年1月28日以原国家质量监督检验检疫总局令第85号公布的《出入境检验检疫行政处罚程序规定》。

本决定自公布之日起生效。

中华人民共和国海关总署令
第 240 号

《海关总署关于修改部分规章的决定》已于2018年5月28日经海关总署署务会议审议通过，现予公布，自2018年7月1日起施行。

署　长　倪岳峰

2018年5月29日

海关总署关于修改部分规章的决定

根据国务院进一步深化“放管服”改革的决策部署，为进一步简化海关手续，减轻企业负担，降低制度性交易成本，海关总署决定对《中华人民共和国海关关于境外登山团体和个人进出境物品管理规定》等82部规章进行修改，具体内容如下：

一、对《中华人民共和国海关关于境外登山团体和个人进出境物品管理规定》（海关总署令第30号公布，根据海关总署令第198号修改）作如下修改：

将第二条中的“持有关主管部门的批件向海关办理物品报关、担保、核销、结案等手续”修改为“凭有关主管部门的批件向海关办理物品报关、担保、核销、结案等手续”。

二、对《中华人民共和国海关对过境货物监管办法》（海关总署令第38号公布，根据海关总署令第198号修改）作如下修改：

（一）将第六条修改为：“经营人应当凭主管部门的批准文件，向海关申请办理报关注册登记手续。经海关核准后，才能负责办理报关事宜。”

（二）删去第八条第（一）项中的“（一式四份）”，将第（三）项修改为“海关需要的发票、装箱清单等其他单证”。

三、对《中华人民共和国海关关于境内公路承运海关监管货物的运输企业及其车辆、驾驶员的管理办法》（海关总署令第88号公布，根据海关总署令第121号、第227号、第235号修改）作如下修改：

（一）将规章名称修改为“中华人民共和国海关关于境内公路承运海关监管货物的运输企业及其车辆的管理办法”。

（二）删去第一条、第十三条、第十九条、第二十三条、第三十条中的“驾驶员”和第二十九条中的“及其驾驶员”。

（三）删去第二条中的“驾驶员”“或者备案登记”。

（四）删去第三条中的“驾驶员应当办理备案登记手续”。

（五）将第四条修改为：“海关对运输企业、车辆的注册登记资料实行计算机联网管理。”

（六）将第六条修改为：“运输企业办理注册登记时，应当向海关提交《承运海关监管货物境内运输企业注册登记申请表》。”

（七）第七条增加一款，作为第二款：“注册登记证书有效期为其营业执照上注明的营业期限。”

（八）删去第九条第一款第（三）项中的“2张”“4×3寸”。

（九）第十条增加一款，作为第二款：“车辆注册有效期为其机动车行驶证上注明的强制报废期。”

（十）删去第十一条。

（十一）将第十五条修改为：“运输企业在从事海关监管货物运输时，应如实填报交验汽车载货登记簿；货物运抵目的地后，必须向目的地海关办理汽车载货登记簿的核销手续。”

（十二）将第十六条中的“驾驶员”修改为“运输企业”。

（十三）删去第二十四条中的“驾驶员”“驾驶员或其所属企业”。

（十四）删去第二十五条中的“驾驶员”“或者执业”。

（十五）删去第二十六条中的“驾驶员”，删去第（三）项，删去第（四）项中的“或者执业”。

（十六）删去第二十七条中的“车辆”。

（十七）对条文顺序作相应调整。

四、对《中华人民共和国海关关于转关货物监管办法》（海关总署令第89号公布，根据海关总署令第218号、第235号修改）作如下修改：

（一）删去第十五条第（一）项。

增加一款，作为第二款：“广东省内公路运输的，还应当交验《进境汽车载货清单》。”

（二）删去第二十条第一款第（二）项，删去第（三）项中的“电子或者纸质”。

（三）将第二十七条第一款修改为：“出口中转货物，其发货人或者代理人向启运地海关办理出口通关手续后，运输工具代理人应当凭以下单证向启运地海关办理转关手续：

（一）《出口转关货物申报单》；

（二）按出境运输工具分列的舱单；

（三）《汽车载货登记簿》或者《船舶监管簿》。”

五、对《中华人民共和国海关进出口货物申报管理规定》（海关总署令第103号公布，根据海关总署令第198号、第218号、第235号、第238号修改）作如下修改：

（一）将第二条中的“采用电子数据报关单和纸质报关单形式”修改为“采用电子数据报关单或者纸质报关单形式”。

（二）将第五条第一款中的“采用电子数据报关单申报形式和纸质报关单申报形式”修改为“采用电子数据报关单申报形式或者纸质报关单申报形式”。

（三）将第十二条第二款第（四）项、第二十七条第一款第（八）项修改为“海关总署规定的其他进出口单证”。

（四）删去第二十六条第二款、第三款。

（五）删去第二十九条第一款第（一）项。

（六）删去第三十条中的“并且按规定收取工本费”。

六、对《中华人民共和国海关对进出境快件监管办法》（海关总署令第104号公布，根据海关总署令第147号、第198号修改）作如下修改：

（一）删去第十六条。

（二）删去第二十一条中的“（见附件1）”、第二十二条中的“（见附件2）”、第二十三条中的“（见附件3）”“（见附件4）”、第二十七条中的“（见附件5）”。

（三）增加一条，作为第三十条：“本办法所规定的文书由海关总署另行制定并且发布。”

（四）对条文顺序作相应调整。

（五）删去附件。

七、对《中华人民共和国海关对保税仓库及所存货物的管理规定》（海关总署令第105号公布，根据海关总署令第198号、第227号、第235号修改）作如下修改：

（一）删去第八条第（三）项。

（二）删去第九条第（八）项。

（三）将第十条第一款修改为：“企业申请设立保税仓库的，应当向仓库所在地主管海关提交以下书面材料：

（一）《保税仓库申请书》；

（二）申请设立的保税仓库位置图及平面图；

（三）对申请设立寄售维修型保税仓库的，还应当提交经营企业与外商的维修协议。”

（四）删去第十六条中的“和年度财务会计报告”。

八、对《中华人民共和国海关对用于装载海关监管货物的集装箱和集装箱式货车车厢的监管办法》（海关总署令第110号公布，根据海关总署令第198号修改）作如下修改：

（一）将第二条、第四条、第十三条、第十七条、第三十二条中的“本办法规定”修改为“海关总署规定”。

（二）删去第二条中的“（见附件1）”、第十三条中的“（见附件4）”“（见附件5）”、第十四条中的“（式样见附件6）”、第十七条中的“（附件9）”、第十八条中的“（式样见附件10）”、第二十五条中的“（见附件7、附件8）”。

（三）将第六条修改为：“营运人或者其代理人应当按照海关规定向海关传输相关载货清单（舱单）的电子数据。”

（四）删去第八条、第二十六条中的“驾驶员”。

（五）删去第十条。

（六）删去第十六条。

（七）删去第十九条。

（八）增加一条，作为第三十一条：“本办法所规定的文书由海关总署另行制定并且发布。”

（九）对条文顺序作相应调整。

（十）删去附件。

九、对《中华人民共和国海关关于来往香港、澳门小型船舶及所载货物、物品管理办法》（海关总署令第 112 号公布，根据海关总署令第 235 号修改）作如下修改：

（一）删去第七条第一款第（四）项中的“各一式三张”和第二款。

（二）删去第九条第一款第（三）项。

十、对《中华人民共和国海关对常驻机构进出境公用物品监管办法》（海关总署令第 115 号公布，根据海关总署令第 193 号、第 198 号、第 235 号修改）作如下修改：

（一）删去第四条第一款中的“正本和”、第二款中的“见附件 1”。

（二）删去第五条、第十二条中的“《海关备案证》”。

（三）删去第八条中的“见附件 2”“见附件 3”、第十四条中的“见附件 4”。

（四）删去第十条第一款中的“并提交《海关备案证》、提（运）单、发票和装箱单等相关单证”。

（五）删去第十五条中的“（见附件 5）”“和《海关备案证》”“（见附件 6）”。

（六）增加一条，作为第二十一条：“本办法所规定的文书由海关总署另行制定并且发布。”

（七）对条文顺序作相应调整。

（八）删去附件 1 至附件 6。

十一、对《中华人民共和国海关对非居民长期旅客进出境自用物品监管办法》（海关总署令第 116 号公布，根据海关总署令第 194 号、第 198 号、第 235 号修改）作如下修改：

（一）删去第四条第一款中的“见附件 1”。

删去第二款中的“专家以外的常驻人员还应当提交所在常驻机构的《中华人民共和国海关常驻机构备案证》或者所在外商投资企业的《中华人民共和国海关报关单位注册登记证书》”。

（二）删去第六条中的“见附件 2”“见附件 3”、第十一条中的“见附件 4”、第十二条中的“（见附件 5）、本人身份证件、长期居留证件、《监管车辆登记证》”“（见附件 6）”。

（三）增加一条，作为第十八条：“本办法所规定的文书由海关总署另行制定并且发布。”

（四）对条文顺序作相应调整。

（五）删去附件 1 至附件 6。

十二、对《中华人民共和国海关关于来往香港、澳门公路货运企业及其车辆和驾驶员的管理办法》（海关总署令第 118 号公布，根据海关总署令第 198 号修改）作如下修改：

（一）将规章名称修改为：“中华人民共和国海关关于来往香港、澳门公路货运企业及其车辆的管理办法”。

（二）删去第一条、第二十九条中的“和驾驶员”，删去第三条、第十五条、第十六条、第二十四条中的“驾驶员”，删去第十八条中的“或者驾驶员”，删去第二十七条中的“驾驶员或者”。

（三）删去第二条第（三）项。

（四）删去第四条第一款第（一）项中的“（见附件 1）”、第（三）项至第（六）项和第二款。

（五）删去第五条第一款第（一）项中的“及驾驶员”“（见附件 2）”、第（二）项中的“见附件 3”“海关认可的”，将第（五）项修改为“符合海关要求的车辆彩色照片（包括车辆左前侧面 45 度角拍摄并可明显看见油箱和粤港/澳两地车牌以及后侧面 45 度角拍摄并可明显看见粤港/澳两地车牌）”。

删去第三款，删去第四款中的“见附件 4”，删去第五款、第六款。

（六）将第六条第（二）项修改为“集装箱式货车的车厢监管标准应当按照海关总署的有关规定执行；如有特殊需要加开侧门的，应当经海关批准，并符合海关监管要求”，删去第（三）项，将第（四）项修改为“车辆的油箱和备用轮胎等装备以原车出厂时的标准配置为准，不得擅自改装或者加装”。

（七）删去第八条。

（八）删去第九条中的“见附件5”“驾驶员”“见附件6”“驾驶员和”。

（九）将第十一条修改为：“海关对货运企业、车辆实行年审制度。年审时，海关应当重点审核企业当年度的守法状况。”

（十）删去第十二条中的“（见附件7）”“原件正本”。

（十一）删去第十三条中的“驾驶员”“及驾驶员”“（见附件8）”“原件正本”，删去第（三）项、第（五）项。

（十二）将第十七条修改为：“货运车辆应当按照海关指定的路线和规定的时限，将所承运的货物完整地运抵指定的监管场所，并确保承运车辆、海关封志、海关监控设备及装载货物的箱（厢）体完好无损。”

（十三）删去第二十条第一款。

（十四）将第二十五条修改为：“集装箱牵引车承运的集装箱应当符合海关总署规定的标准要求。”

（十五）将第二十六条修改为：“因特殊原因，车辆在境内运输海关监管货物途中需要更换的，货运企业应当立即报告附近海关，在海关监管下更换。附近海关应当及时将更换情况通知货物进境地和指运地海关或者启运地和出境地海关。”

（十六）增加一条，作为第三十条：“本办法所规定的文书由海关总署另行制定并且发布。”

（十七）对条文顺序作相应调整。

（十八）删去附件。

十三、对《中华人民共和国海关进出口货物征税管理办法》（海关总署令第124号公布，根据海关总署令第198号、第218号、第235号修改）作如下修改：

（一）将第二十九条第一款修改为：“纳税义务人申报进口无代价抵偿货物，应当提交买卖双方签订的索赔协议。”

删去第二款。

（二）将第三十条第一款修改为：“纳税义务人申报出口无代价抵偿货物，应当提交买卖双方签订的索赔协议。”

删去第二款。

（三）将第四十五条第二款修改为：“进境修理货物需要进口原材料、零部件的，纳税义务人在办理原材料、零部件进口申报手续时，应当向海关提供进口税款担保或者由海关按照保税货物实施管理。进口原材料、零部件只限用于进境修理货物的修理，修理剩余的原材料、零部件应当随进境修理货物一同复运出境。”

（四）将第四十六条第一款修改为：“进境修理货物及剩余进境原材料、零部件复运出境的，海关应当办理修理货物及原材料、零部件进境时纳税义务人提供的税款担保的退还手续；海关按照保税货物实施管理的，按照有关保税货物的管理规定办理。”

（五）将第四十九条第一款修改为：“纳税义务人在办理出境修理货物复运进境的进口申报手续时，应当向海关提交该货物的维修发票等相关单证。”

（六）将第五十二条第一款修改为：“纳税义务人在办理出境加工货物复运进境的进口申报手续时，应当向海关提交该货物的加工发票等相关单证。”

（七）删去第五十八条第二款第（二）项中的“原税款缴款书和”。

（八）删去第五十九条第二款第（二）项、第（三）项。

（九）删去第六十条第二款第（二）项、第（三）项。

（十）将第六十一条修改为：“已缴纳出口关税的货物，因故未装运出口申报退关的，纳税义务人自缴纳税款之日起1年内，可以向海关申请退税，并提交《退税申请书》。”

（十一）删去第六十二条第二款第（二）项。

（十二）删去第六十三条第二款第（二）项。

十四、对《中华人民共和国海关出口加工区货物出区深加工结转管理办法》（海关总署令第126号公布）作如下修改：

（一）删去第六条第一款中的“凭出口加工区管委会的批复”。

将第二款修改为："对转入其他出口加工区、保税区等海关特殊监管区域的，和转入出口加工区、保税区等海关特殊监管区域外加工贸易企业的，转入企业按照前款规定办理结转手续。"

（二）删去第十条第一款中的"见附件 1"。

将第二款中的"多本《加工贸易手册》"修改为"多份《加工贸易手册》"。

（三）删去第十二条中的"一式三联的""见附件 2"。

（四）增加一条，作为第十九条："本办法所规定的文书由海关总署另行制定并且发布。"

（五）对条文顺序作相应调整。

（六）删去附件。

十五、对《中华人民共和国海关征收进口货物滞报金办法》（海关总署令第 128 号公布，根据海关总署令第 218 号修改）作如下修改：

（一）将第六条中的"未在规定期限或者核准的期限内递交纸质报关单及随附单证"修改为"未按照海关总署规定递交报关单及随附单证"。

（二）将第十八条修改为："本办法所规定的文书由海关总署另行制定并且发布。"

（三）删去附件。

十六、对《中华人民共和国海关对保税物流中心（A 型）的暂行管理办法》（海关总署令第 129 号公布，根据海关总署令第 227 号、第 235 号修改）作如下修改：

（一）删去第六条第（二）项中的"拥有营业场所的土地使用权。租赁他人土地、场所经营的，租期不得少于 3 年"。

（二）删去第八条第（二）项至第（四）项，删去第（五）项中的"所用土地、场所的产权证明或者剩余租赁期限不少于 3 年的租赁协议及"、第（六）项。

（三）将第十八条第三款修改为："物流中心经营企业办理延期手续应当提交《保税物流中心（A 型）注册登记证书》。"

十七、对《中华人民共和国海关对保税物流中心（B 型）的暂行管理办法》（海关总署令第 130 号公布，根据海关总署令第 227 号、第 235 号修改）作如下修改：

（一）删去第七条第（三）项至第（五）项。

（二）删去第十二条第（二）项、第（三）项，删去第（四）项中的"及承租协议"、第（五）项。

（三）将第二十条第三款修改为："物流中心经营企业办理延期手续应当提交《保税物流中心（B 型）注册登记证书》。"

十八、对《中华人民共和国海关对免税商店及免税品监管办法》（海关总署令第 132 号公布）作如下修改：

（一）删去第十一条第一款第（一）项至第（三）项、第（六）项和第二款。

（二）删去第十五条中的"（式样见附件 1）"、第十七条中的"（式样见附件 2）"、第二十条中的"（式样见附件 3）"、第二十三条中的"（式样见附件 4）"、第二十五条中的"（式样见附件 5）"。

（三）删去第二十七条中的"（式样见附件 6）""（式样见附件 7）""《货物出口报关单》"。

（四）增加一条，作为第三十一条："本办法所规定的文书由海关总署另行制定并且发布。"

（五）对条文顺序作相应调整。

（六）删去附件 1 至附件 7。

十九、对《中华人民共和国海关对出口监管仓库及所存货物的管理办法》（海关总署令第 133 号公布，根据海关总署令第 227 号、第 235 号修改）作如下修改：

（一）删去第十条中的"和证件"，删去第（二）项至第（六）项。

（二）删去第十二条第二款第（五）项。

（三）删去第十八条中的"和年度财务会计报告"。

二十、对《中华人民共和国海关对保税物流园区的管理办法》（海关总署令第 134 号公布，根据海关总署令第 190 号、第 235 号修改）作如下修改：

删去第十六条第二款中的"和年度财务会计报告"。

二十一、对《中华人民共和国海关行政许可听证办法》（海关总署令第136号公布）作如下修改：

（一）删去第十三条第一款第（一）项中的“（见附件1）”、第（四）项和第二款。

（二）删去第十七条中的“见附件2”、第十八条中的“见附件3”、第二十一条中的“（见附件4）”、第二十三条中的“（见附件5）”。

（三）增加一条，作为第四十一条：“本办法所规定的文书由海关总署另行制定并且发布。”

（四）对条文顺序作相应调整。

（五）删去附件。

二十二、对《中华人民共和国海关对上海钻石交易所监管办法》（海关总署令第152号公布）作如下修改：

（一）将第四条第三款修改为：“以一般贸易方式进出口工业用钻，即税号71022100、71022900、71049011、71051020项下钻石的，不集中在交易所海关办理报关手续，依法征收关税和进口环节增值税。”

（二）删去第五条中的“（格式文本见附件）”。

（三）将第二十四条中的“加工贸易企业凭外经贸主管部门批件，到交易所海关办理内销报关手续”修改为“加工贸易企业应当向交易所海关办理内销报关手续”。

（四）增加一条，作为第二十八条：“本办法所规定的文书由海关总署另行制定并且发布。”

（五）对条文顺序作相应调整。

（六）删去附件。

二十三、对《中华人民共和国海关加工贸易单耗管理办法》（海关总署令第155号公布，根据海关总署令第218号修改）作如下修改：

（一）删去第十七条。

（二）对条文顺序作相应调整。

二十四、对《中华人民共和国海关珠澳跨境工业区珠海园区管理办法》（海关总署令第160号公布，根据海关总署令第189号、第235号修改）作如下修改：

删去第二十条中的“承揽企业营业执照复印件和”。

二十五、对《中华人民共和国海关进出境印刷品及音像制品监管办法》（海关总署令第161号公布）作如下修改：

将第十二条修改为：“除国家另有规定外，进口报纸、期刊、图书类印刷品，经营单位应当凭国家新闻出版主管部门的进口批准文件、目录清单、有关报关单证以及其他需要提供的文件向海关办理进口手续。”

二十六、对《中华人民共和国海关保税港区管理暂行办法》（海关总署令第164号公布，根据海关总署令第191号、第235号修改）作如下修改：

删去第二十九条中的“承揽企业营业执照复印件和”。

二十七、对《中华人民共和国海关进出境运输工具舱单管理办法》（海关总署令第172号公布，根据海关总署令第235号修改）作如下修改：

（一）将第六条第一款修改为：“舱单传输人、海关监管作业场所经营人、理货部门、出口货物发货人应当向其经营业务所在地直属海关或者经授权的隶属海关备案，并提交《备案登记表》。”

删去第二款至第四款。

（二）将第三十三条修改为：“舱单传输人向海关申请变更货物、物品舱单或者旅客舱单时，应当提交《舱单变更申请表》和加盖有舱单传输人公章的正确舱单。”

二十八、对《中华人民共和国海关保税核查办法》（海关总署令第173号公布）作如下修改：

（一）将第七条中的“纸质单证和报送的电子数据”修改为“有关单证材料”。

（二）将第十九条修改为：“被核查人提供具备相关资质和能力的专业机构出具的审计报告，并经海关审核认定的，海关可以对被核查人免于实施保税核查；海关认为必要时，可以委托专业机构作出专业结论。”

（三）删去第二十一条中的“纸质资料和电子数据”。

（四）删去第二十三条中的“（见附件1）”、第二十六条中的“（见附件2）”。

（五）增加一条，作为第二十九条：“本办法所规定的文书由海关总署另行制定并且发布。”

（六）对条文顺序作相应调整。

（七）删去附件。

二十九、对《中华人民共和国海关对外国驻中国使馆和使馆人员进出境物品监管办法》（海关总署令第174号公布）作如下修改：

（一）将第五条第一款中的“应当持下列资料到主管海关办理备案手续”修改为“应当凭下列资料向主管海关办理备案手续”，删去第（一）项中的“原件及其”，将第（二）项中的“样本一式五份”修改为“样式”，第（三）项中的“样本一式五份”“样本”修改为“样式”，删去第（四）项中的“原件及其”。

（二）删去第十条中的“（见附件1）”、第十一条中的“（见附件2）”、第十三条中的“见附件3”“身份证复印件”“副本”、第十六条中的“见附件4”。

（三）将第二十二条修改为：“外交信使携带（含附载于同一运输工具的）外交邮袋进出境时，必须凭派遣国主管机关出具的载明其身份和所携外交邮袋件数的信使证明书向海关办理有关手续。海关验核信使证明书无误后予以免验放行。”

（四）将第二十七条第二款修改为：“申请解除监管时，应当出具照会，并凭《中华人民共和国海关公/自用车辆解除监管申请表》《机动车辆行驶证》向主管海关申请办理解除监管手续。”

删去第三款中的“见附件6”。

（五）增加一条，作为第三十三条：“本办法所规定的文书由海关总署另行制定并且发布。”

（六）对条文顺序作相应调整。

（七）删去附件。

三十、对《中华人民共和国海关进出口货物减免税管理办法》（海关总署令第179号公布，根据海关总署令第235号修改）作如下修改：

（一）删去第六条第一款第（二）项中的“企业营业执照或者”、第（四）项和第二款。

（二）删去第十一条第一款第（二）项中的“企业营业执照或者”、第（五）项和第二款。

三十一、对《中华人民共和国海关关于〈中华人民共和国知识产权海关保护条例〉的实施办法》（海关总署令第183号公布）作如下修改：

将第七条第一款第（一）项修改为“知识产权权利人的身份证明文件”，删去第（二）项中的“商标局”、第（六）项。

三十二、对《中华人民共和国海关进出境运输工具监管办法》（海关总署令第196号公布）作如下修改：

（一）删去第六条中的“电子数据和纸质”。

（二）将第十条第一款中的“持《备案变更表》和有关文件到备案海关办理备案变更手续”修改为“凭《备案变更表》和有关文件向备案海关办理备案变更手续”。

（三）删去第十五条第一款中的“电子数据和纸质”。

（四）将第三十条第一款第（二）项修改为“添加、起卸物料明细单以及合同、发票等相关单证”，删去第（三）项。

三十三、对《中华人民共和国海关管道运输进口能源监管办法》（海关总署令第204号公布）作如下修改：

（一）将第四条第一款修改为：“管道经营单位应当依照本办法规定向计量站所在地直属海关办理备案手续，并提交管道经营单位备案登记表。”

（二）删去第八条中的“纸质”。

（三）增加一条，作为第二十条：“本办法所规定的文书由海关总署另行制定并且发布。”

（四）对条文顺序作相应调整。

（五）删去附件。

三十四、对《中华人民共和国海关进口货物直接退运管理办法》（海关总署令第217号公布，根据海关总署令第238号修改）作如下修改：

（一）将第三条第（五）项修改为“货物残损或者检验检疫不合格，能够提供相关检验证明文书的”。

（二）删去第五条第一款中的“原报关单或者转关单以及证明进口实际情况的合同、发票、装箱清单、提运单或者载货清单等相关单证、证明文书”。

三十五、对《中华人民共和国海关加工贸易货物监管办法》（海关总署令第219号公布，根据海关总署令第235号修改）作如下修改：

（一）删去第九条。

（二）删去第十二条第（四）项。

（三）删去第二十一条。

（四）删去第四十三条。

（五）删去第四十四条。

（六）对条文顺序作相应调整。

三十六、对《中华人民共和国海关进出口货物报关单修改和撤销管理办法》（海关总署令第220号公布，根据海关总署令第238号修改）作如下修改：

（一）删去第三条第二款。

（二）删去第六条第一款第（四）项中的“和电子数据”，将第（五）项修改为“符合第五条第（五）项情形，当事人将全部或者部分货物直接退运境外的，应当提交《进口货物直接退运表》”，删去第（七）项。

（三）将第七条第一款第（一）项修改为“可以反映进出口货物实际情况的合同、发票、装箱单、提运单或者载货清单等相关单证”，第（二）项修改为“详细情况说明以及相关证明材料”，删去第（三）项。

三十七、对《中华人民共和国海关报关单位注册登记管理规定》（海关总署令第221号公布，根据海关总署令第235号修改）作如下修改：

（一）将第九条修改为：“申请报关企业注册登记许可，应当提交《报关单位情况登记表》。”

（二）将第十六条第一款修改为：“报关企业设立分支机构应当向其分支机构所在地海关提交《报关单位情况登记表》。”

删去第二款。

（三）将第十八条第一款中的“变更后的工商营业执照或者其他批准文件及复印件”修改为“以及变更证明文件等相关材料”。

删去第二款中的“凭变更后的营业执照副本或者其他批准文件及复印件”、第三款中的“凭变更证明文件等相关材料”。

（四）删去第二十条第一款中的“同时提交本规定第九条第一款第（一）项至第（四）项规定的文件材料。依照海关规定提交复印件的，还应当同时交验原件”。

（五）将第二十四条修改为：“进出口货物收发货人申请办理注册登记，应当提交《报关单位情况登记表》。”

（六）将第三十一条第一款中的“变更后的营业执照副本或者其他批准文件以及复印件”修改为“变更证明文件等相关材料”。

删去第二款中的“凭变更证明文件等相关材料”。

（七）删去第三十五条第一款中的“纸质”。

三十八、对《中华人民共和国海关监管区管理暂行办法》（海关总署令第232号公布）作如下修改：

（一）删去第十五条第一款第（二）项。

（二）删去第十九条中的“电子”“或者纸质放行凭证”。

（三）删去第二十七条第一款第（一）项中的“电子”“或者纸质放行凭证”。

三十九、对《进口汽车检验管理办法》（国家出入境检验检疫局令第1号公布，根据海关总署令第238号修改）作如下修改：

将第四条中的“应持合同、发票、提（运）单、装箱单等单证及有关技术资料”修改为“应当凭合同、发票、提（运）单、装箱单等单证以及有关技术资料”。

四十、对《供港澳活羊检验检疫管理办法》（国家出入境检验检疫局令第3号公布，根据海关总署令第238号修改）作如下修改：

（一）将第五条第（五）项修改为“建立动物卫生防疫制度、饲养管理制度，并符合《供港澳活羊中转场动物卫生防疫要求》”。

（二）将第六条修改为：“申请注册的中转场应当填写《供港澳活羊中转场检验检疫注册申请表》，并提供中转场平面图，同时提供重点区域的照片或者视频资料。”

四十一、对《供港澳活牛检验检疫管理办法》（国家出入境检验检疫局令第 4 号公布，根据海关总署令第 238 号修改）作如下修改：

（一）将第六条第（四）项修改为“建立动物卫生防疫制度、饲养管理制度，并符合《供港澳活牛育肥场动物卫生防疫要求》”。

（二）将第七条第（四）项修改为“建立动物卫生防疫制度、饲养管理制度，并符合《供港澳活牛中转仓动物卫生防疫要求》”。

（三）将第八条修改为：“申请注册的育肥场、中转仓应当填写《供港澳活牛育肥场、中转仓检验检疫注册申请表》，并提供育肥场、中转仓平面图，同时提供重点区域的照片或者视频资料。”

（四）删去第二十五条第一款中的“经海关培训考核合格的”“铁路运输的押运员还须持有外经贸部门颁发的押运员证书”。

四十二、对《进境植物繁殖材料检疫管理办法》（国家出入境检验检疫局令第 10 号公布，根据海关总署令第 238 号修改）作如下修改：

（一）将第八条第一款修改为：“引种单位、个人或者其代理人应当在植物繁殖材料进境前取得《进境动植物检疫许可证》或者《引进种子、苗木检疫审批单》，并在进境前 10 ~ 15 日向入境口岸直属海关办理备案手续。”

（二）将第十条第一款修改为：“引种单位、个人或者其代理人在《进境动植物检疫许可证》或者《引进种子、苗木检疫审批单》核查备案后，应当在植物繁殖材料进境前 7 日凭输出国家（或地区）官方植物检疫部门出具的植物检疫证书、产地证书、贸易合同、发票以及其他必要的单证向指定的海关报检。”

（三）删去第十四条第二款中的“经海关核准的”。

四十三、对《进境栽培介质检疫管理办法》（国家出入境检验检疫局令第 13 号公布，根据国家质量监督检验检疫总局令第 196 号、海关总署令第 238 号修改）作如下修改：

将第八条修改为：“输入栽培介质的货主或者其代理人，应当在进境前取得检疫审批单，向进境口岸海关报检时应当提供输出国官方植物检疫证书、贸易合同和发票等单证。检疫证书上必须注明栽培介质经检疫符合中国的检疫要求。”

四十四、对《出入境检验检疫报检规定》（国家出入境检验检疫局令第 16 号公布，根据国家质量监督检验检疫总局令第 196 号、海关总署令第 238 号修改）作如下修改：

（一）将第十条中的“下列情况报检时除按第九条规定办理外，还应按要求提供有关文件”修改为“入境报检时除按第九条规定办理外，还应当符合下列要求”，第（三）项中的“应提供主管海关或者其他检验机构签发的”修改为“应当取得”，第（七）项修改为“入境的国际旅行者，国内外发生重大传染病疫情时，应当填写《出入境检疫健康申明卡》”，第（八）项中的“还应提供入境动植物检疫许可证”修改为“还应当取得入境动植物检疫许可证”，第（九）项中的“还应提交海关总署签发的动植物过境许可证”修改为“还应当取得海关总署签发的动植物过境许可证”，第（十二）项中的“必须提供海关总署签发的特许审批证明”修改为“应当取得海关总署签发的特许审批证明”。

（二）删去第十一条中的“信用证”。

（三）将第十二条中的“下列情况报检时除按第十一条规定办理外，还应按要求提供有关文件”修改为“出境报检时除按第十一条规定办理外，还应当符合下列要求”，第（七）项修改为“报检出境危险货物时，应当取得危险货物包装容器性能鉴定结果单和使用鉴定结果单”。

四十五、对《供港澳活禽检验检疫管理办法》（国家出入境检验检疫局令第 26 号公布，根据海关总署令第 238 号修改）作如下修改：

（一）将第七条第（二）项修改为“建立饲养场动物防疫制度、饲养管理制度或者全面质量保证（管理）体系，并符合供港澳活禽饲养场动物卫生基本要求”。

（二）将第八条修改为：“申请注册的活禽饲养场应当填写《供港澳活禽检验检疫注册申请表》，同时提供饲养场平面图，并提供重点区域的照片或者视频资料。”

四十六、对《供港澳活猪检验检疫管理办法》（国家出入境检验检疫局令第 27 号公布，根据海关总署令第 238 号修改）作如下修改：

（一）将第八条修改为：“申请注册的饲养场应当填写《供港澳活猪饲养场检验检疫注册申请表》，同时提供饲养场平面图，并提供重点区域的照片或者视频资料。”

（二）将第九条修改为：“申请注册的饲养场应当建立饲养场饲养管理制度以及动物卫生防疫制度，并符合《供港澳活猪注册饲养场的条件和动物卫生基本要求》。”

四十七、对《出入境快件检验检疫管理办法》（国家质量监督检验检疫总局令第 3 号公布，根据海关总署令第 238 号修改）作如下修改：

（一）将第一条中的“中华人民共和国食品卫生法”修改为“中华人民共和国食品安全法”。

（二）将第八条中的“属于下列情形之一的，还应向海关提供有关文件”修改为“并应当符合下列要求”，第（一）项中的“应提供相应的检疫审批许可证和检疫证明”修改为“应当取得相应的检疫审批许可证和检疫证明”，第（二）项中的“应提供海关总署签发的特许审批证明”修改为“应当取得海关总署签发的特许审批证明”，删去第（五）项。

四十八、对《进口涂料检验监督管理办法》（国家质量监督检验检疫总局令第 18 号公布，根据海关总署令第 238 号修改）作如下修改：

（一）删去第七条第（二）项、第（五）项。

（二）删去第十五条第一款，将第二款中的“海关按照以下规定实施检验”修改为“对已经备案的涂料，海关接受报检后，按照以下规定实施检验”。

四十九、对《进出口商品免验办法》（国家质量监督检验检疫总局令第 23 号公布，根据海关总署令第 238 号修改）作如下修改：

（一）删去第七条第（二）项中的“一式三份”“质量管理体系文件”“主管海关出具的合格率证明和初审报告”。

（二）删去第十八条中的“有效的免验证书”“信用证”。

五十、对《进境动植物检疫审批管理办法》（国家质量监督检验检疫总局令第 25 号公布，根据国家质量监督检验检疫总局令第 170 号、海关总署令第 238 号修改）作如下修改：

删去第六条第二款第（四）项、第（七）项。

五十一、对《国际航行船舶出入境检验检疫管理办法》（国家质量监督检验检疫总局令第 38 号公布，根据国家质量监督检验检疫总局令第 196 号、海关总署令第 238 号修改）作如下修改：

删去第二十条中的“有第十九条所列情况的，应当提交相关检验检疫证书”。

五十二、对《中华人民共和国实施金伯利进程国际证书制度管理规定》（国家质量监督检验检疫总局令第 42 号公布，根据国家质量监督检验检疫总局令第 196 号、海关总署令第 238 号修改）作如下修改：

（一）删去第二十一条。

（二）对条文顺序作相应调整。

五十三、对《出境竹木草制品检疫管理办法》（国家质量监督检验检疫总局令第 45 号公布，根据海关总署令第 238 号修改）作如下修改：

删去第十条中的“（一式两份）”、第（二）项、第（五）项、第（六）项。

五十四、对《进境动物遗传物质检疫管理办法》（国家质量监督检验检疫总局令第 47 号公布，根据海关总署令第 238 号修改）作如下修改：

（一）将第十二条中的“应当持《检疫许可证》、贸易合同或协议、信用证、发票等有效单证，在动物遗传物质进境前向进境口岸海关报检”修改为“应当在动物遗传物质进境前，凭贸易合同或者协议、发票等有效单证向进境口岸海关报检”。

（二）将第十五条修改为：“经进境口岸海关现场检疫合格的，调往《检疫许可证》指定的地点实施检疫。”

（三）删去第十六条中的“并提供本办法第十二条规定的单证复印件和进境口岸海关签发的《入境货物通关单》”。

（四）删去第二十条第（四）项。

（五）将第二十二条中的“使用单位应当填写《进境动物遗传物质检疫监管档案》”修改为“使用单位应当建立进境动物遗传物质使用的管理制度，填写《进境动物遗传物质检疫监管档案》”。

五十五、对《沙头角边境特别管理区进出物品检验检疫管理规定》（国家质量监督检验检疫总局令第 55 号公布，根据海关总署令第 238 号修改）作如下修改：

（一）将第一条中的“中华人民共和国食品卫生法”修改为“中华人民共和国食品安全法”。

（二）将第九条修改为：“进出管理区的货物属于实行检疫许可制度或者卫生注册登记制度管理的，应当取得检疫许可证明或者卫生注册登记证明。”

五十六、对《出境货物木质包装检疫处理管理办法》（国家质量监督检验检疫总局令第 69 号公布，根据海关总署令第 238 号修改）作如下修改：

（一）删去第四条中的“本办法”。

增加一款，作为第一款：“对木质包装实施除害处理并加施标识的企业（以下简称标识加施企业）应当建立木质包装生产防疫制度和质量控制体系。”

（二）将第五条中的“对木质包装实施除害处理并加施标识的企业（以下简称标识加施企业）”修改为“标识加施企业”，删去第（二）项、第（五）项、第（六）项。

五十七、对《保税区检验检疫监督管理办法》（国家质量监督检验检疫总局令第 71 号公布，根据海关总署令第 238 号修改）作如下修改：

（一）将第一条中的“中华人民共和国食品卫生法”修改为“中华人民共和国食品安全法”。

（二）将第十六条中的“应当向保税区海关提交产地海关签发的检验检疫合格证明”修改为“已取得产地海关签发的检验检疫合格证明的”。

（三）将第十八条中的“转口动物应同时提供海关总署签发的《动物过境许可证》和输入国家或地区政府部门签发的允许进境的证明”修改为“转口动物的，还应当取得海关总署签发的《动物过境许可证》，并在入境报检时提供输入国家或者地区政府部门签发的允许进境的证明”。

五十八、对《进出口商品复验办法》（国家质量监督检验检疫总局令第 77 号公布，根据海关总署令第 238 号修改）作如下修改：

将第八条修改为：“报检人申请复验，应当按照规定如实填写复验申请表。”

五十九、对《国境口岸食品卫生监督管理规定》（国家质量监督检验检疫总局令第 88 号公布，根据国家质量监督检验检疫总局令第 174 号、海关总署令第 238 号修改）作如下修改：

（一）删去第九条第（二）项、第（三）项、第（八）项。

（二）删去第十条第三款中的“（现场考核时间除外，现场考核时间最长不超过 1 个月）”。

（三）将第十三条修改为：“取得《卫生许可证》的食品生产经营单位在向异地食品生产经营单位提供食品及食品用产品时，可到该地的海关备案。”

六十、对《出境水果检验检疫监督管理办法》（国家质量监督检验检疫总局令第 91 号公布，根据海关总署令第 238 号修改）作如下修改：

（一）将第一条、第二十九条中的“中华人民共和国食品卫生法”修改为“中华人民共和国食品安全法”。

（二）删去第七条中的“（一式两份）”，将第（二）项修改为“果园示意图、平面图”，删去第（三）项，将第（四）项修改为“植保专业技术人员的资格证明或者相应技术学历证书复印件”。

（三）删去第八条中的“（一式两份）”、第（二）项、第（五）项。

（四）删去第十条第一款中的“（现场考核时间不计算在内）”。

（五）将第二十二条第二款中的“注册登记果园对运往所在地海关辖区以外的包装厂的出境水果，应当向所在地海关申请产地供货证明”修改为“注册登记果园向包装厂提供出境水果时，应当随附产地供货证明”。

（六）将第二十三条修改为：“出境水果应当向包装厂所在地海关报检，按报检规定提供有关单证及产地供货证明；出境水果来源不清楚的，不予受理报检。”

六十一、对《出境水生动物检验检疫监督管理办法》（国家质量监督检验检疫总局令第 99 号公布，根据国家质量监督检验检疫总局令第 196 号、海关总署令第 238 号修改）作如下修改：

（一）将第一条中的“中华人民共和国食品卫生法”修改为“中华人民共和国食品安全法”。

（二）将第五条第（四）项修改为“具有符合检验检疫要求的养殖、包装、防疫、疫情报告、饲料和药物存放及使用、废弃物和废水处理、人员管理、引进水生动物等专项管理制度”。

（三）删去第九条中的“（一式 3 份）”、第（二）项，将第（四）项修改为“场区平面示意图，并提供重点区域的照片或者视频资料”，删去第（五）项至第（七）项，将第（八）项修改为“水质检测报告”。

（四）将第十二条修改为：“直属海关应当在受理申请后组成评审组，对申请注册登记的养殖场或者中转场进行现场评审。评审组应当在现场评审结束后向直属海关提交评审报告。”

（五）删去第十三条。

（六）将第十四条修改为：“直属海关应当自受理申请之日起 20 日内对申请人的申请事项作出是否准予注册登记的决定；准予注册登记的，颁发《出境水生动物养殖场/中转场检验检疫注册登记证》（以下简称《注册登记证》），并上报海关总署。

直属海关自受理申请之日起 20 日内不能作出决定的，经直属海关负责人批准，可以延长 10 日，并应当将延长期限的理由告知申请人。”

（七）删去第十七条第一款中的“（一式 3 份）”。

（八）删去第二十一条第一款第（三）项。

（九）删去第二十二条第一款中的“报检时应当提供《注册登记证》（复印件）等单证，并按照检验检疫报检规定提交相关材料”、第二款。

（十）将第二十五条修改为：“经检验检疫合格的，海关对装载容器或者运输工具加施封识，并按照进口国家或者地区的要求出具《动物卫生证书》。”

（十一）对条文顺序作相应调整。

六十二、对《进出口商品数量重量检验鉴定管理办法》（国家质量监督检验检疫总局令第 103 号公布，根据国家质量监督检验检疫总局令第 172 号、海关总署令第 238 号修改）作如下修改：

将第八条第二款修改为：“包（件）装出口商品数量、重量检验的报检手续，应当在规定的期限内向商品生产地海关办理。需要在口岸换证出口的，发货人应当在规定的期限内向出口口岸海关申请查验。”

六十三、对《进出口玩具检验监督管理办法》（国家质量监督检验检疫总局令第 111 号公布，根据国家质量监督检验检疫总局令第 173 号、海关总署令第 238 号修改）作如下修改：

删去第二十六条中的“标志”“货物通关单”。

六十四、对《中华人民共和国非优惠原产地证书签证管理办法》（国家质量监督检验检疫总局令第 114 号公布，根据国家质量监督检验检疫总局令第 184 号、海关总署令第 238 号修改）作如下修改：

（一）将第七条第一款第（一）项中的“登记表”修改为“备案表”，删去第（二）项、第（三）项。

（二）将第八条修改为：“签证机构根据第七条第一款前四项的规定对申请人及其申报产品、

原产地申报人员相关信息、原产地标记等信息进行核对无误后，向申请人发放《原产地证书申请企业备案证》。”

（三）将第九条修改为：“第七条第一款前四项备案内容发生变更时，申请人应当及时到签证机构办理变更手续。”

（四）将第十条修改为：“申请人取得《原产地证书申请企业备案证》再次申请办理原产地证书时，可免予提供第七条第一款前四项的材料。”

（五）将第十七条、第三十条、第三十八条中的“登记”修改为“备案”。

（六）删去第二十三条第二款第（四）项。

（七）将第三十五条中的“《中华人民共和国进出口商品检验法实施条例》第四十九条”修改为“《中华人民共和国进出口商品检验法实施条例》第四十七条”。

六十五、对《进出口饲料和饲料添加剂检验检疫监督管理办法》（国家质量监督检验检疫总局令第118号公布，根据国家质量监督检验检疫总局令第184号、海关总署令第238号修改）作如下修改：

（一）删去第十六条中的“信用证”“进境动植物检疫许可证”，将“《进口饲料和饲料添加剂产品登记证》（复印件）”修改为“饲料和饲料添加剂进口登记证”。

（二）删去第二十六条中的“提供营业执照复印件”。

（三）删去第三十二条中的“（一式3份）”、第（二）项、第（四）项、第（五）项，将第（七）项修改为“厂区平面图，并提供重点区域的照片或者视频资料”。

（四）将第三十四条修改为：“直属海关应当在受理申请后组成评审组，对申请注册登记的出口生产企业进行现场评审。评审组应当在现场评审结束后向直属海关提交评审报告。”

（五）删去第三十五条。

（六）将第三十六条修改为：“直属海关应当自受理申请之日起20日内对申请人的申请事项作出是否准予注册登记的决定；准予注册登记的，颁发《出口饲料生产、加工、存放企业检验检疫注册登记证》（以下简称《注册登记证》）。

直属海关自受理申请之日起20日内不能作出决定的，经直属海关负责人批准，可以延长10日，并应当将延长期限的理由告知申请人。”

（七）删去第三十八条中的“（一式三份）”。

（八）将第四十三条修改为：“饲料出口前，货主或者代理人应当凭贸易合同、出厂合格证明等单证向产地海关报检。海关对所提供的单证进行审核，符合要求的受理报检。”

（九）删去第五十二条中的“提供营业执照复印件”。

（十）对条文顺序作相应调整。

六十六、对《供港澳蔬菜检验检疫监督管理办法》（国家质量监督检验检疫总局令第120号公布，根据国家质量监督检验检疫总局令第196号、海关总署令第238号修改）作如下修改：

（一）删去第十一条中的“一式二份”、第（二）项，将第（三）项修改为“种植基地示意图、平面图”，删去第（五）项。

（二）删去第十九条中的“一式二份”、第（二）项、第（四）项、第（五）项。

六十七、对《进境动物隔离检疫场使用监督管理办法》（国家质量监督检验检疫总局令第122号公布，根据海关总署令第238号修改）作如下修改：

（一）删去第八条第（三）项、第（五）项。

（二）将第九条中的“申请使用指定隔离场的，使用人应当在办理《中华人民共和国进境动植物检疫许可证》前，向所在地直属海关提交如下材料”修改为“申请使用指定隔离场的，应当建立隔离场动物防疫、饲养管理等制度。使用人应当在办理《中华人民共和国进境动植物检疫许可证》前，向所在地直属海关提交如下材料”。

删去第（三）项，将第（四）项修改为“隔离场整体平面图及显示隔离场主要设施和环境的照片或者视频资料”，删去第（五）项、第（九）项。

（三）删去第十一条第一款中的“（现场考核评审时间不计入20个工作日内）”。

六十八、对《进出口化妆品检验检疫监督管理办法》（国家质量监督检验检疫总局令第143号公布，根据海关总署令第238号修改）作如下修改：

（一）删去第八条第二款第（七）项和第三款。

（二）将第二十三条第一款第（一）项修改为“出口化妆品企业生产许可证以及生产企业备案材料”，删去第二款。

六十九、对《出入境人员携带物检疫管理办法》（国家质量监督检验检疫总局令第146号公布，根据海关总署令第238号修改）作如下修改：

（一）将第十六条第二款中的“向主管海关提供”修改为“取得”。

（二）删去第十九条第一款中的“向海关提供《入/出境特殊物品审批单》并”、第二款。

（三）将第二十三条第一款第（四）项修改为“应当取得检疫许可证以及其他相关单证，未取得的”。

（四）将第三十条第一款修改为：“因应当取得而未取得检疫许可证以及其他相关单证被截留的携带物，携带人应当在截留期限内取得单证，海关对单证核查合格，无须作进一步实验室检疫、隔离检疫或者其他检疫处理的，予以放行；未能取得有效单证的，作限期退回或者销毁处理。”

七十、对《进口棉花检验监督管理办法》（国家质量监督检验检疫总局令第151号公布，根据海关总署令第238号修改）作如下修改：

（一）删去第二十七条中的“报检时，除提供规定的报检单证外，已登记境外供货企业应当提供《进口棉花境外供货企业登记证书》（复印件）”。

（二）将第三十九条中的“《中华人民共和国进出口商品检验法实施条例》第五十九条”修改为“《中华人民共和国进出口商品检验法实施条例》第五十六条”。

七十一、对《海南出入境游艇检疫管理办法》（国家质量监督检验检疫总局令第153号公布，根据海关总署令第238号修改）作如下修改：

将第八条第一款修改为：“无重大疫病疫情时，已取得《交通工具卫生证书》《船舶免予卫生控制措施证书/船舶卫生控制措施证书》的，艇方或者其代理人可以向海关申请电讯检疫。”

七十二、对《进出境非食用动物产品检验检疫监督管理办法》（国家质量监督检验检疫总局令第159号公布，根据国家质量监督检验检疫总局令第184号、海关总署令第238号修改）作如下修改：

（一）将第十九条中的“须办理检疫审批的应当提供检疫许可证”修改为“须办理检疫审批的应当取得检疫许可证”。

（二）删去第二十五条第一款中的“有效检疫许可证和”。

（三）删去第四十三条中的“（一式三份）”、第（二）项至第（四）项，将第（五）项修改为“厂区平面图，并提供重点区域的照片或者视频资料”，删去第（七）项。

（四）将第四十五条修改为：“直属海关应当在受理申请后组成评审组，对申请注册登记的出境生产加工企业进行现场评审。评审组应当在现场评审结束后及时向直属海关提交评审报告。”

（五）删去第四十六条。

（六）将第四十七条修改为：“直属海关应当自受理申请之日起20日内对申请人的申请事项作出是否准予注册登记的决定；准予注册登记的，颁发《出境非食用动物产品生产、加工、存放企业检验检疫注册登记证》（以下简称《注册登记证》）。

直属海关自受理申请之日起20日内不能作出决定的，经直属海关负责人批准，可以延长10日，并应当将延长期限的理由告知申请人。”

（七）删去第五十条第一款中的“（一式三份）”。

（八）删去第五十七条中的“信用证、《注册登记证》（复印件）”。

（九）删去第六十条中的“《出境货物换证凭

单》”“等相关证书”。

（十）对条文顺序作相应调整。

七十三、对《出入境特殊物品卫生检疫管理规定》（国家质量监督检验检疫总局令第160号公布，根据国家质量监督检验检疫总局令第184号、海关总署令第238号修改）作如下修改：

（一）删去第九条第（三）项、第（四）项。

（二）删去第十条第一款第（一）项，将第（三）项修改为“实验室生物安全资质证明文件”，删去第二款中的“同时交验原件”。

（三）删去第十三条第四款。

（四）将第十八条第一款中的“不能提供《特殊物品审批单》”修改为“未取得《特殊物品审批单》”，第二款中的“补交《特殊物品审批单》”修改为“取得《特殊物品审批单》”。

（五）删去第二十条。

（六）将第二十一条第一款第（五）项中的“未补交《特殊物品审批单》”修改为“未取得《特殊物品审批单》”。

（七）删去第二十四条中的“未经海关同意，不得擅自使用”。

（八）删去第二十九条第（六）项。

（九）对条文顺序作相应调整。

七十四、对《出入境检验检疫报检企业管理办法》（国家质量监督检验检疫总局令第161号公布，根据国家质量监督检验检疫总局令第184号、海关总署令第238号修改）作如下修改：

（一）删去第五条第一款第（二）项、第（四）项、第（五）项，删去第二款中的“提交复印件的应当同时交验原件”。

（二）将第十七条中的“持变更证明文件”修改为“凭变更证明文件”。

七十五、对《进出境中药材检疫监督管理办法》（国家质量监督检验检疫总局令第169号公布，根据海关总署令第238号修改）作如下修改：

（一）删去第十二条第（六）项。

（二）将第十七条中的“持下列材料”修改为“凭下列材料”，删去第（一）项中的“原件”、第（二）项，删去第（四）项中的“及其他有关单证”。

（三）删去第三十二条第（一）项中的“（一式2份）”、第（二）项至第（四）项，将第（五）项修改为“厂区平面图，并提供重点区域的照片或者视频资料”，删去第（七）项。

（四）将第三十四条修改为：“直属海关应当在受理申请后组成评审组，对提出申请的出境生产企业进行现场评审。评审组应当在现场评审结束后及时向直属海关提交评审报告。”

（五）删去第三十五条。

（六）将第三十六条修改为：“直属海关应当自受理申请之日起20日内对申请人的申请事项作出是否准予注册登记的决定；准予注册登记的，颁发注册登记证。

直属海关自受理申请之日起20日内不能作出决定的，经直属海关负责人批准，可以延长10日，并应当将延长期限的理由告知申请人。”

（七）删去第三十七条第一款中的“（一式2份）。”

（八）删去第三十九条第（三）项中的“原件”。

（九）对条文顺序作相应调整。

七十六、对《进口旧机电产品检验监督管理办法》（国家质量监督检验检疫总局令第171号公布，根据国家质量监督检验检疫总局令第187号、海关总署令第238号修改）作如下修改：

（一）将第十二条中的“持下列资料”修改为“凭下列资料”，删去第（二）项中的“海关或者检验机构出具的”。

（二）删去第十三条。

（三）对条文顺序作相应调整。

七十七、对《进出境粮食检验检疫监督管理办法》（国家质量监督检验检疫总局令第177号公布，根据海关总署令第238号修改）作如下修改：

（一）删去第十二条第一款第（三）项中的“信用证”、第（四）项。

（二）删去第二十八条第一款中的“信用证”。

七十八、对《出入境检疫处理单位和人员管

理办法》（国家质量监督检验检疫总局令第 181 号公布，根据海关总署令第 238 号修改）作如下修改：

（一）删去第十五条第（二）项至第（四）项，将第（五）项修改为“申请单位所属检疫处理人员名单”。

（二）将第十七条修改为：“直属海关应当在受理申请后组成评审专家组，对提出申请的检疫处理单位进行现场考核评审并提交书面评审报告。”

七十九、对《国境口岸卫生许可管理办法》（国家质量监督检验检疫总局令第 182 号公布，根据国家质量监督检验检疫总局令第 196 号、海关总署令第 238 号修改）作如下修改：

（一）将第九条第（五）项修改为“具有经过食品安全培训、符合相关条件的食品安全管理人员”。

增加一项，作为第（六）项“建立与本单位实际相适应的保证食品安全的规章制度，包括环境清洁卫生管理制度、食品安全自查管理制度、食品进货查验记录制度、从业人员健康管理制度。从事食品生产的，还应当建立生产加工过程食品安全管理制度、出厂检验记录制度、不合格产品管理制度；从事餐饮服务的，还应当建立设施设备卫生管理制度、清洗消毒制度、加工操作规程、食品添加剂的管理制度”。

（二）将第十条第（一）项修改为“建立生活饮用水卫生管理制度，包括从业人员卫生培训、专（兼）职卫生管理人员、供水设备设施维护、卫生管理档案等有关内容”。

（三）将第十一条第（二）项修改为“设立卫生管理人员，具体负责本公共场所的卫生工作”。

增加一项，作为第（三）项“建立卫生管理制度，包括从业人员卫生培训、卫生设施设备维护、公共场所危害健康事故应急、卫生管理档案等内容”。

（四）删去第十四条第（二）项，将第（三）项修改为“有关负责人或者经营者的身份证明（委托他人代为办理的，应当同时提交委托书及受委托人身份证明）”，删去第（四）项，删去第（五）项中的“生产加工过程食品安全管理制度、出厂检验记录制度、不合格产品管理制度”“设施设备卫生管理制度、清洗消毒制度、加工操作规程、食品添加剂的管理制度”“集中用餐的非盈利性食堂可免予提供营业执照，但应当提供场所合法使用证明”。

（五）删去第十五条第（二）项，将第（三）项修改为“有关负责人或者经营者的身份证明（委托他人代为办理的，应当同时提交委托书及受委托人身份证明）”，删去第（四）项。

（六）删去第十六条第（二）项，将第（三）项修改为“有关负责人或者经营者的身份证明（委托他人代为办理的，应当同时提交委托书及受委托人身份证明）”，删去第（四）项。

（七）将第二十三条中的“对企业的卫生状况、设备设施以及质量安全控制能力等进行现场审查”修改为“对企业的卫生状况、设备设施、质量安全控制能力以及相关条件进行现场审查”。

（八）将第二十四条第二款修改为：“对食品生产经营单位的现场审查不计入行政许可时限，但最长不超过 1 个月，且应当告知申请人。”

（九）删去第二十八条中的“（现场审查和整改时间不计在内）”。

（十）删去第三十二条第（二）项。

八十、对《出入境邮轮检疫管理办法》（国家质量监督检验检疫总局令第 185 号公布，根据海关总署令第 238 号修改）作如下修改：

删去第八条第（二）项，删去第（三）项中的“以及其他相关资料”。

八十一、对《出入境尸体骸骨卫生检疫管理办法》（国家质量监督检验检疫总局令第 189 号公布，根据海关总署令第 238 号修改）作如下修改：

（一）将第八条第二款中的“托运人或者其代理人应当向出境口岸海关申报，申报时应当提交下列材料”修改为“托运人或者其代理人应当凭下列材料向出境口岸海关申报”，删去第

（一）项。

（二）删去第十条第三款中的“或者工商营业执照”。

八十二、对《进口可用作原料的固体废物检验检疫监督管理办法》（国家质量监督检验检疫总局令第 194 号公布，根据海关总署令第 238 号修改）作如下修改：

（一）删去第十三条第一款中的“专家评审所需时间不计算在审查与决定期限内，但应当书面告知申请人”。

（二）删去第二十一条第（二）项至第（四）项。

（三）删去第二十三条第一款中的“专家评审所需时间不计算在审查与决定期限内，但应当书面告知申请人”。

（四）删去第三十一条第二款第（六）项。

（五）删去第三十八条中的“纸质或者电子”、第（一）项、第（二）项。

本决定自 2018 年 7 月 1 日起施行。

《中华人民共和国海关关于境外登山团体和个人进出境物品管理规定》《中华人民共和国海关对过境货物监管办法》《中华人民共和国海关关于境内公路承运海关监管货物的运输企业及其车辆、驾驶员的管理办法》《中华人民共和国海关关于转关货物监管办法》《中华人民共和国海关进出口货物申报管理规定》《中华人民共和国海关对进出境快件监管办法》《中华人民共和国海关对保税仓库及所存货物的管理规定》《中华人民共和国海关对用于装载海关监管货物的集装箱和集装箱式货车车厢的监管办法》《中华人民共和国海关关于来往香港、澳门小型船舶及所载货物、物品管理办法》《中华人民共和国海关对常驻机构进出境公用物品监管办法》《中华人民共和国海关对非居民长期旅客进出境自用物品监管办法》《中华人民共和国海关关于来往香港、澳门公路货运企业及其车辆和驾驶员的管理办法》《中华人民共和国海关进出口货物征税管理办法》《中华人民共和国海关出口加工区货物出区深加工结转管理办法》《中华人民共和国海关征收进口货物滞报金办法》《中华人民共和国海关对保税物流中心（A 型）的暂行管理办法》《中华人民共和国海关对保税物流中心（B 型）的暂行管理办法》《中华人民共和国海关对免税商店及免税品监管办法》《中华人民共和国海关对出口监管仓库及所存货物的管理办法》《中华人民共和国海关对保税物流园区的管理办法》《中华人民共和国海关行政许可听证办法》《中华人民共和国海关对上海钻石交易所监管办法》《中华人民共和国海关加工贸易单耗管理办法》《中华人民共和国海关珠澳跨境工业区珠海园区管理办法》《中华人民共和国海关进出境印刷品及音像制品监管办法》《中华人民共和国海关保税港区管理暂行办法》《中华人民共和国海关进出境运输工具舱单管理办法》《中华人民共和国海关保税核查办法》《中华人民共和国海关对外国驻中国使馆和使馆人员进出境物品监管办法》《中华人民共和国海关进出口货物减免税管理办法》《中华人民共和国海关关于〈中华人民共和国知识产权海关保护条例〉的实施办法》《中华人民共和国海关进出境运输工具监管办法》《中华人民共和国海关管道运输进口能源监管办法》《中华人民共和国海关进口货物直接退运管理办法》《中华人民共和国海关加工贸易货物监管办法》《中华人民共和国海关进出口货物报关单修改和撤销管理办法》《中华人民共和国海关报关单位注册登记管理规定》《中华人民共和国海关监管区管理暂行办法》《进口汽车检验管理办法》《供港澳活羊检验检疫管理办法》《供港澳活牛检验检疫管理办法》《进境植物繁殖材料检疫管理办法》《进境栽培介质检疫管理办法》《出入境检验检疫报检规定》《供港澳活禽检验检疫管理办法》《供港澳活猪检验检疫管理办法》《出入境快件检验检疫管理办法》《进口涂料检验监督管理办法》《进出口商品免验办法》《进境动植物检疫审批管理办法》《国际航行船舶出入境检验检疫管理办法》《中华人民共和国实施金伯利进程国际证书制度管理规定》《出境竹木草制品检疫管理办法》《进境动物遗传物质检疫管理办法》《沙头角边境特别管理区进出物品检验检疫管理规定》《出境货物木质包装检疫处理管理办法》《保税区检验检疫监督管理办法》《进出口商品复验办法》《国境口岸食品卫生监督管理规定》《出境水果检验检疫监督管理办法》《出境水生动物检验检疫监督管理办法》《进出口商品数量重量检验鉴定管理办法》《进出口玩具检验监督管理办法》《中华人民共和国非优惠原产地证书签证管理办法》《进出口饲料和饲料添加剂检验检疫监督管理办法》《供港澳蔬菜检验检疫监督管理办法》《进境动物隔离检疫场使用监督管理办法》《进出口化妆品检验检疫监督管理办法》《出入境人员携带物检疫管理办法》《进口棉花检验监督管理办法》《海南出入境游艇检疫管理办法》《进出境非食用动物产品检验检疫监督管理办法》《出入境特殊物品卫生检疫管理规定》《出入境检验检疫报检企业管理办法》《进出境中药材检疫监督管理办法》《进口旧机电产品检验监督管理办法》《进出境粮食检验检疫监督管理办法》《出入境检疫处理单位和人员管理办法》《国境口岸卫生许可管理办法》《出入境邮轮检疫管理办法》《出入境尸体骸骨卫生检疫管理办法》《进口可用作原料的固体废物检验检疫监督管理办法》，根据本决定作相应修改，重新公布。

附件：	1. 中华人民共和国海关关于境外登山团体和个人进出境物品管理规定 2. 中华人民共和国海关对过境货物监管办法 3. 中华人民共和国海关关于境内公路承运海关监管货物的运输企业及其车辆的管理办法 4. 中华人民共和国海关关于转关货物监管办法 5. 中华人民共和国海关进出口货物申报管理规定 6. 中华人民共和国海关对进出境快件监管办法 7. 中华人民共和国海关对保税仓库及所存货物的管理规定 8. 中华人民共和国海关对用于装载海关监管货物的集装箱和集装箱式货车车厢的监管办法 9. 中华人民共和国海关关于来往香港、澳门小型船舶及所载货物、物品管理办法 10. 中华人民共和国海关对常驻机构进出境公用物品监管办法 11. 中华人民共和国海关对非居民长期旅客进出境自用物品监管办法 12. 中华人民共和国海关关于来往香港、澳门公路货运企业及其车辆的管理办法 13. 中华人民共和国海关进出口货物征税管理办法 14. 中华人民共和国海关出口加工区货物出区深加工结转管理办法 15. 中华人民共和国海关征收进口货物滞报金办法 16. 中华人民共和国海关对保税物流中心（A 型）的暂行管理办法 17. 中华人民共和国海关对保税物流中心（B 型）的暂行管理办法 18. 中华人民共和国海关对免税商店及免税品监管办法 19. 中华人民共和国海关对出口监管仓库及所存货物的管理办法 20. 中华人民共和国海关对保税物流园区的管理办法 21. 中华人民共和国海关行政许可听证办法 22. 中华人民共和国海关对上海钻石交易所监管办法 23. 中华人民共和国海关加工贸易单耗管理办法 24. 中华人民共和国海关珠澳跨境工业区珠海园区管理办法 25. 中华人民共和国海关进出境印刷品及音像制品监管办法 26. 中华人民共和国海关保税港区管理暂行办法 27. 中华人民共和国海关进出境运输工具舱单管理办法 28. 中华人民共和国海关保税核查办法 29. 中华人民共和国海关对外国驻中国使馆和使馆人员进出境物品监管办法

续表

	30. 中华人民共和国海关进出口货物减免税管理办法 31. 中华人民共和国海关关于《中华人民共和国知识产权海关保护条例》的实施办法 32. 中华人民共和国海关进出境运输工具监管办法 33. 中华人民共和国海关管道运输进口能源监管办法 34. 中华人民共和国海关进口货物直接退运管理办法 35. 中华人民共和国海关加工贸易货物监管办法 36. 中华人民共和国海关进出口货物报关单修改和撤销管理办法 37. 中华人民共和国海关报关单位注册登记管理规定 38. 中华人民共和国海关监管区管理暂行办法 39. 进口汽车检验管理办法 40. 供港澳活羊检验检疫管理办法 41. 供港澳活牛检验检疫管理办法 42. 进境植物繁殖材料检疫管理办法 43. 进境栽培介质检疫管理办法 44. 出入境检验检疫报检规定 45. 供港澳活禽检验检疫管理办法 46. 供港澳活猪检验检疫管理办法 47. 出入境快件检验检疫管理办法 48. 进口涂料检验监督管理办法 49. 进出口商品免验办法 50. 进境动植物检疫审批管理办法 51. 国际航行船舶出入境检验检疫管理办法 52. 中华人民共和国实施金伯利进程国际证书制度管理规定 53. 出境竹木草制品检疫管理办法 54. 进境动物遗传物质检疫管理办法 55. 沙头角边境特别管理区进出物品检验检疫管理规定 56. 出境货物木质包装检疫处理管理办法 57. 保税区检验检疫监督管理办法 58. 进出口商品复验办法 59. 国境口岸食品卫生监督管理规定 60. 出境水果检验检疫监督管理办法 61. 出境水生动物检验检疫监督管理办法 62. 进出口商品数量重量检验鉴定管理办法 63. 进出口玩具检验监督管理办法 64. 中华人民共和国非优惠原产地证书签证管理办法 65. 进出口饲料和饲料添加剂检验检疫监督管理办法 66. 供港澳蔬菜检验检疫监督管理办法 67. 进境动物隔离检疫场使用监督管理办法 68. 进出口化妆品检验检疫监督管理办法 69. 出入境人员携带物检疫管理办法 70. 进口棉花检验监督管理办法 71. 海南出入境游艇检疫管理办法 72. 进出境非食用动物产品检验检疫监督管理办法 73. 出入境特殊物品卫生检疫管理规定 74. 出入境检验检疫报检企业管理办法

续表

	75. 进出境中药材检疫监督管理办法 76. 进口旧机电产品检验监督管理办法 77. 进出境粮食检验检疫监督管理办法 78. 出入境检疫处理单位和人员管理办法 79. 国境口岸卫生许可管理办法 80. 出入境邮轮检疫管理办法 81. 出入境尸体骸骨卫生检疫管理办法 82. 进口可用作原料的固体废物检验检疫监督管理办法

中华人民共和国海关总署令 第241号

《海关总署关于废止部分规章的决定》已于2018年5月28日经海关总署署务会议审议通过，现予公布，自公布之日起生效。

署　长　倪岳峰

2018年5月29日

海关总署关于废止部分规章的决定

根据国务院进一步深化“放管服”改革的决策部署，为进一步简化海关手续，减轻企业负担，降低制度性交易成本，现决定废止1991年3月6日以海关总署令第16号公布的《海关对出口退税报关单管理办法》和2000年5月31日以国家出入境检验检疫局令第23号公布的《出入境检验检疫标志管理办法》。

本决定自公布之日起生效。

中华人民共和国海关总署令 第243号

《海关总署关于修改部分规章的决定》已于2018年11月21日经海关总署署务会议审议通过，现予公布，自公布之日起施行。

署　长　倪岳峰

2018年11月23日

海关总署关于修改部分规章的决定

为贯彻落实党中央、国务院关于优化口岸营商环境的决策部署，进一步降低制度性交易成本，压缩通关时间，巩固和提升精简进出口环节监管证件改革成效，海关总署决定对《中华人民共和国海关关于超期未报关进口货物、误卸或者溢卸的进境货物和放弃进口货物的处理办法》等45部规章进行修改，具体内容如下：

一、对《中华人民共和国海关关于超期未报关进口货物、误卸或者溢卸的进境货物和放弃进口货物的处理办法》（海关总署令第91号公布，根据海关总署令第198号、第218号修改）作如下修改：

将第九条修改为：“按照本办法第七条规定申请发还余款的，申请人应当提供证明其为该进口货物收货人的相关资料。经海关审核同意后，申请人应当按照海关对进口货物的申报规定，取得有关进口许可证件，凭有关单证补办进口申报手续。海关对有关进口许可证件电子数据进行系统自动比对验核。申报时没有有效进口许可证件的，由海关按照《中华人民共和国海关行政处罚实施条例》的规定处理。”

二、对《中华人民共和国海关进出口货物申报管理规定》（海关总署令第 103 号公布，根据海关总署令第 198 号、第 218 号、第 235 号、第 238 号、第 240 号修改）作如下修改：

（一）将第二十五条修改为：“进出口货物的收发货人、受委托的报关企业应当取得国家实行进出口管理的许可证件，凭海关要求的有关单证办理报关纳税手续。海关对有关进出口许可证件电子数据进行系统自动比对验核。

前款规定的许可证件，海关与证件主管部门未实现联网核查，无法自动比对验核的，进出口货物收发货人、受委托的报关企业应当持有关许可证件办理海关手续。”

（二）删去第二十七条第二款。

三、对《中华人民共和国海关关于加工贸易边角料、剩余料件、残次品、副产品和受灾保税货物的管理办法》（海关总署令第 111 号公布，根据海关总署令第 198 号、第 218 号、第 235 号、第 238 号修改）作如下修改：

（一）将第四条第（二）项、第六条第（一）项、第九条第（一）项中的“环保总局”修改为“生态环境部”。

（二）将第六条第（二）项中的“企业还应当按照规定向海关提交有关进口许可证件”修改为“企业还应当按照规定取得有关进口许可证件。海关对有关进口许可证件电子数据进行系统自动比对验核”。

（三）将第八条第三款中的“如果属于进口许可证件管理的，企业还应当按照规定向海关提交有关进口许可证件”修改为“属于进口许可证件管理的，企业还应当按照规定取得有关进口许可证件。海关对有关进口许可证件电子数据进行系统自动比对验核”。

（四）将第九条第（一）项中的“企业在规定的核销期内报核时，应当提供下列证明材料：

1. 商务主管部门的签注意见；

2. 有关检验检疫证明文件或者保险公司出具的保险赔款通知书；

3. 海关认可的其他有效证明文件”修改为“企业在规定的核销期内报核时，应当提供保险公司出具的保险赔款通知书和海关认可的其他有效证明文件”。

删去第（二）项中的“商务主管部门的签注意见”“有关检验检疫证明文件或者”，将“如果属于进口许可证件管理范围的，企业应当按照规定向海关提交有关进口许可证件”修改为“属于进口许可证件管理范围的，企业应当按照规定取得有关进口许可证件。海关对有关进口许可证件电子数据进行系统自动比对验核”。

四、对《中华人民共和国海关出口加工区货物出区深加工结转管理办法》（海关总署令第 126 号公布，根据海关总署令第 240 号修改）作如下修改：

将第七条中的“结转产品如果属于加工贸易项下进口许可证件管理商品的，企业应当向海关提供相应的有效进口许可证件”修改为“结转产品属于加工贸易项下进口许可证件管理商品的，企业应当取得相应的有效进口许可证件。海关对相应进口许可证件电子数据进行系统自动比对验核”。

五、对《中华人民共和国海关对保税物流中心（A 型）的暂行管理办法》（海关总署令第 129 号公布，根据海关总署令第 227 号、第 235 号、第 240 号修改）作如下修改：

（一）将第二十七条中的“企业还应当向海关出具有效的许可证件”修改为“企业还应当取得有效的许可证件，海关对有关许可证件电子数据进行系统自动比对验核”。

（二）将第二十八条第一款中的“还应当向海关出具有效的出口许可证件”修改为“还应当取得有效的出口许可证件。海关对有关出口许可证件电子数据进行系统自动比对验核”。

六、对《中华人民共和国海关对保税物流中心（B 型）的暂行管理办法》（海关总署令第 130 号公布，根据海关总署令第 227 号、第 235 号、第 240 号修改）作如下修改：

（一）将第三十条中的“企业还应当向海关出具有效的许可证件”修改为“企业还应当取得有效的许可证件，海关对有关许可证件电子数据进行系统自动比对验核”。

（二）将第三十一条第一款中的“还应当向海关出具有效的出口许可证件”修改为“还应当取得有效的出口许可证件。海关对有关出口许可证件电子数据进行系统自动比对验核”。

七、对《中华人民共和国海关对出口监管仓库及所存货物的管理办法》（海关总署令第133号公布，根据海关总署令第227号、第235号、第240号修改）作如下修改：

将第二十五条中的“发货人或者其代理人应当提交许可证件或者缴纳税款”修改为“发货人或者其代理人应当取得许可证件或者缴纳税款。海关对有关许可证件电子数据进行系统自动比对验核”。

八、对《中华人民共和国海关对保税物流园区的管理办法》（海关总署令第134号公布，根据海关总署令第190号、第235号、第240号修改）作如下修改：

将第二十九条第一款中的“应当同时向海关出具有效的出口许可证件，但法律、行政法规、规章另有规定在出境申报环节提交出口许可证件的除外”修改为“应当取得有效的出口许可证件，海关对有关出口许可证件电子数据进行系统自动比对验核，但法律、行政法规、规章另有规定在出境申报环节验核出口许可证件的除外”。

九、对《中华人民共和国海关加工贸易单耗管理办法》（海关总署令第155号公布，根据海关总署令第218号、第240号修改）作如下修改：

删去第二十五条中的“加工贸易企业实行银行保证金台账实转，且台账实转金额不低于应缴税款金额的，可以免予提供担保”。

十、对《中华人民共和国海关珠澳跨境工业区珠海园区管理办法》（海关总署令第160号公布，根据海关总署令第189号、第235号、第240号修改）作如下修改：

（一）将第十五条第二款、第十六条第一款中的“区内企业或者区外收货人还应当向海关出具进口配额、许可证件”修改为“区内企业或者区外收货人还应当取得进口配额、许可证件。海关对有关进口许可证件电子数据进行系统自动比对验核”。

（二）将第十七条第二款中的“企业应当向海关出具进口配额、许可证件”修改为“企业应当取得进口配额、许可证件。海关对有关进口许可证件电子数据进行系统自动比对验核”。

十一、对《中华人民共和国海关进出境印刷品及音像制品监管办法》（海关总署令第161号公布，根据海关总署令第240号修改）作如下修改：

将第十六条第二款中的“还应当提交国务院有关行政主管部门的批准文件”修改为“还应当取得有关行政主管部门的批准文件。海关对有关行政主管部门的批准文件电子数据进行系统自动比对验核”。

十二、对《中华人民共和国海关保税港区管理暂行办法》（海关总署令第164号公布，根据海关总署令第191号、第235号、第240号修改）作如下修改：

（一）将第二十条第二款中的“在出境环节不再要求企业出具配额、许可证件原件”修改为“在出境环节不再验核配额、许可证件”。

（二）将第二十一条中的“区内企业或者区外收货人还应当向海关出具配额、许可证件”修改为“区内企业或者区外收货人还应当取得配额、许可证件。海关对有关许可证件电子数据进行系统自动比对验核”，将“在出区环节不再要求企业出具配额、许可证件原件”修改为“在出区环节不再验核配额、许可证件”。

（三）将第二十三条第二款中的“企业应当向海关出具进口配额、许可证件”修改为“企业应当取得进口配额、许可证件。海关对有关进口许可证件电子数据进行系统自动比对验核”。

十三、对《中华人民共和国海关进出口货物集中申报管理办法》（海关总署令第169号公布，根据海关总署令第 218 号修改）作如下修改：

（一）将第十一条第一款中的“收发货人还应当提交相应的许可证件”修改为“收发货人还应当取得相应的许可证件”。

（二）将第十五条中的“应当提交海关批注过的相应许可证件”修改为“应当取得相应许可证件。海关对相应许可证件电子数据进行系统自动比对验核”。

十四、对《中华人民共和国海关管道运输进口能源监管办法》（海关总署令第 204 号公布，根据海关总署令第 240 号修改）作如下修改：

将第十一条第三款修改为：“收货人应当取得相应许可证件，凭进口货物报关单、管道经营单位出具的入境计量报告以及海关要求的其他单证办理申报手续。海关对相应许可证件电子数据进行系统自动比对验核。”

十五、对《中华人民共和国海关对平潭综合实验区监管办法（试行）》（海关总署令第 208 号公布）作如下修改：

将第二十七条第（一）项、第（二）项中的“应当交验相关进口配额、许可证件”修改为“应当取得相关进口配额、许可证件，海关对相关进口许可证件电子数据进行系统自动比对验核”。

十六、对《中华人民共和国海关对横琴新区监管办法（试行）》（海关总署令第 209 号公布）作如下修改：

将第二十六条第（一）项、第（二）项中的“应当交验相关进口配额、许可证件”修改为“应当取得相关进口配额、许可证件，海关对相关进口许可证件电子数据进行系统自动比对验核”。

十七、对《中华人民共和国海关加工贸易货物监管办法》（海关总署令第 219 号公布，根据海关总署令第 235 号、第 240 号修改）作如下修改：

（一）将第四条第二款中的“经营企业应当向海关提交出口许可证件”修改为“经营企业应当取得出口许可证件。海关对有关出口许可证件电子数据进行系统自动比对验核”。

（二）将第十一条修改为：“除另有规定外，经营企业办理加工贸易货物的手册设立，应当向海关如实申报贸易方式、单耗、进出口口岸，以及进口料件和出口成品的商品名称、商品编号、规格型号、价格和原产地等情况，并且提交经营企业对外签订的合同。经营企业委托加工的，还应当提交与加工企业签订的委托加工合同。

经营企业自身有加工能力的，应当取得主管部门签发的《加工贸易加工企业生产能力证明》；经营企业委托加工的，应当取得主管部门签发的加工企业《加工贸易加工企业生产能力证明》。”

十八、对《中华人民共和国海关进出口货物报关单修改和撤销管理办法》（海关总署令第 220 号公布，根据海关总署令第 238 号、第 240 号修改）作如下修改：

将第十二条中的“当事人应当向海关提交相应的进出口许可证件”修改为“当事人应当取得相应的进出口许可证件。海关对相应进出口许可证件电子数据进行系统自动比对验核”。

十九、对《〈海关对长江驳运船舶转运进出口货物的管理规定〉实施细则》（海关总署〔1985〕署货字第 1097 号）作如下修改：

（一）将第七条、第十六条中的“入出境地”修改为“进出境地”。

（二）将第十一条、第十三条中的“入境地”修改为“进境地”。

（三）将第十二条修改为：“转运货物属于国家限制进口商品的，货主应当取得进口许可证件。海关对有关进口许可证件电子数据进行系统自动比对验核。没有取得进口许可证件的，不得转运，由进境地海关依法进行处理。”

二十、对《进境栽培介质检疫管理办法》（国家出入境检验检疫局令第 13 号公布，根据国家质量监督检验检疫总局令第 196 号、海关总署令第 238 号、第 240 号修改）作如下修改：

将第八条中的“应当在进境前取得检疫审批单”修改为“应当在进境前取得检疫审批”。

二十一、对《出入境检验检疫报检规定》（国家出入境检验检疫局令第 16 号公布，根据国家质量监督检验检疫总局令第 196 号、海关总署令第238号、第240号修改）作如下修改：

将第十条第（三）项中的“应当提供进口许可证明”修改为“应当取得进口许可证明。海关对有关进口许可证明电子数据进行系统自动比对验核”。

二十二、对《出入境快件检验检疫管理办法》（国家质量监督检验检疫总局令第3号公布，根据海关总署令第238号、第240号修改）作如下修改：

将第八条第（三）项中的“应提供有关部门的审批文件”修改为“应当取得相关审批”。

二十三、对《中华人民共和国实施金伯利进程国际证书制度管理规定》（国家质量监督检验检疫总局令第42号公布，根据海关总署令第238号、第240号修改）作如下修改：

删去第十二条中的“及价值证明文件”。

二十四、对《进出境转基因产品检验检疫管理办法》（国家质量监督检验检疫总局令第62号公布，根据海关总署令第238号修改）作如下修改：

（一）将第一条中的“《中华人民共和国食品卫生法》”修改为“《中华人民共和国食品安全法》”。

（二）将第七条中的“还应当提供法律法规规定的主管部门签发的《农业转基因生物安全证书》（或者相关批准文件，以下简称批准文件）和《农业转基因生物标识审查认可批准文件》”修改为“还应当取得法律法规规定的主管部门签发的《农业转基因生物安全证书》或者相关批准文件。海关对《农业转基因生物安全证书》电子数据进行系统自动比对验核”。

（三）删去第八条。

（四）将第十条第（一）项中的“批准文件”修改为“《农业转基因生物安全证书》”。

（五）将第十一条中的“须获得法律法规规定的主管部门签发的有关批准文件后方可入境”修改为“须凭法律法规规定的主管部门签发的有关批准文件进境”。

（六）对条文顺序作相应调整。

二十五、对《进境水果检验检疫监督管理办法》（国家质量监督检验检疫总局令第68号公布，根据海关总署令第238号修改）作如下修改：

（一）将第一条中的“《中华人民共和国食品卫生法》”修改为“《中华人民共和国食品安全法》”。

（二）删去第六条中的“《检疫许可证》（正本）”。

（三）删去第十四条第二款。

二十六、对《保税区检验检疫监督管理办法》（国家质量监督检验检疫总局令第71号公布，根据海关总署令第238号、第240号修改）作如下修改：

将第十五条中的“应当提供相应的认证证书，其产品上应当加贴强制性产品认证标志”修改为“应当取得相应的认证证书，其产品上应当加贴强制性产品认证标志。海关对相应认证证书电子数据进行系统自动比对验核”。

二十七、对《出境水果检验检疫监督管理办法》（国家质量监督检验检疫总局令第91号公布，根据海关总署令第238号、第240号修改）作如下修改：

删去第七条第（三）项。

二十八、对《出境水生动物检验检疫监督管理办法》（国家质量监督检验检疫总局令第99号公布，根据国家质量监督检验检疫总局令第196号、海关总署令第238号、第240号修改）作如下修改：

（一）删去第九条第（五）项。

（二）删去第二十条第一款中的“下列资料”和第（一）项。

二十九、对《进出口玩具检验监督管理办法》（国家质量监督检验检疫总局令第111号公布，根据国家质量监督检验检疫总局令第173号、海关总署令第238号、第240号修改）作如下修改：

将第六条中的“对列入强制性产品认证目录的进口玩具还应当提供强制性产品认证证书复印件”修改为“对列入强制性产品认证目录

的进口玩具还应当取得强制性产品认证证书。海关对强制性产品认证证书电子数据进行系统自动比对验核”。

三十、对《进出口饲料和饲料添加剂检验检疫监督管理办法》（国家质量监督检验检疫总局令第 118 号公布，根据国家质量监督检验检疫总局令第 184 号、海关总署令第 238 号、第 240 号修改）作如下修改：

删去第十六条中的“饲料和饲料添加剂进口登记证”。

三十一、对《进境动物隔离检疫场使用监督管理办法》（国家质量监督检验检疫总局令第 122 号公布，根据海关总署令第 238 号、第 240 号修改）作如下修改：

删去第九条第（四）项。

三十二、对《进出口水产品检验检疫监督管理办法》（国家质量监督检验检疫总局令第 135 号公布）作如下修改：

（一）将第四条修改为：“海关总署主管全国进出口水产品检验检疫及监督管理工作。

主管海关负责所辖区域进出口水产品检验检疫及监督管理工作。”

（二）将第五条、第七条、第九条、第十条、第十三条、第十四条第二款、第二十四条、第三十一条第二款、第三十六条第一款、第四十二条、第四十七条第三款、第五十二条中的“国家质检总局”修改为“海关总署”。

（三）将第五条、第十一条、第十五条至第二十一条、第二十三条至第二十七条、第三十条、第三十一条第一款、第三十六条至第三十八条、第四十条、第四十四条、第四十六条、第四十七条第一款、第四十七条第二款、第四十八条、第四十九条、第五十一条中的“检验检疫机构”修改为“海关”。

（四）删去第七条中的“检验检疫机构”。

（五）将第八条第二款中的“收货人应当向检验检疫机构提交国务院卫生行政部门出具的许可证明文件”修改为“海关应当按照国务院卫生行政部门决定暂予适用的标准进行检验”。

（六）将第九条中的“根据中国法律、行政法规规定”修改为“根据法律、行政法规规定”。

（七）将第十四条第一款修改为：“水产品进口前或者进口时，收货人或者其代理人应当凭输出国家或者地区官方签发的检验检疫证书正本、原产地证书、贸易合同、提单、装箱单、发票等单证，向进口口岸海关报检。”

（八）删去第十五条中的“出具入境货物通关证明”。

（九）删去第二十三条中的“海关凭检验检疫机构签发的通关证明放行”。

（十）将第二十七条第（二）项中的“直属检验检疫局”修改为“直属海关”。

（十一）将第四十条中的“口岸检验检疫机构在口岸查验时发现单证不符的”修改为“口岸海关发现单证不符的”。

（十二）将第四十二条中的“检验检疫机构”修改为“主管海关”。

（十三）删去第四十三条中的“具体措施，按照有关规定执行”。

（十四）将第四十三条、第四十五条中的“国家质检总局和检验检疫机构”修改为“海关”。

（十五）将第四十七条第三款中的“检验检疫机构”修改为“收货人所在地直属海关”。

三十三、对《进出口肉类产品检验检疫监督管理办法》（国家质量监督检验检疫总局令第 136 号公布）作如下修改：

（一）将第四条修改为：“海关总署主管全国进出口肉类产品检验检疫及监督管理工作。

主管海关负责所辖区域进出口肉类产品检验检疫及监督管理工作。”

（二）将第五条、第十条、第十三条第三款、第十六条至第二十六条、第三十一条、第三十三条、第三十四条、第三十六至第三十八条、第四十一条至第四十三条、第四十八条、第四十九条第一款、第四十九条第二款、第五十条、第五十二条中的“检验检疫机构”修改为“海关”。

（三）将第七条第二款中的“收货人应当向检验检疫机构提交国务院卫生行政部门出具的许

可证明文件”修改为“海关应当按照国务院卫生行政部门决定暂予适用的标准进行检验”。

（四）将第八条、第九条、第十二条、第十三条、第十五条、第二十二条、第二十四条、第二十五条、第三十四条、第四十一条、第四十五条、第四十九条、第五十三条中的“国家质检总局”修改为“海关总署”。

（五）将第十三条第二款、第四十五条中的“检验检疫机构”修改为“主管海关”。

（六）将第十五条第一款修改为：“肉类产品进口前或者进口时，收货人或者其代理人应当凭进口动植物检疫许可证、输出国家或者地区官方出具的相关证书、贸易合同、提单、装箱单、发票等单证，向进口口岸海关报检。”

（七）将第十六条中的“提交”修改为“报检”，删去“出具入境货物通关证明”。

（八）将第二十二条第二款中的“入境”修改为“进境”，“查验”修改为“验核”。

（九）删去第二十三条中的“海关凭检验检疫机构签发的通关证明放行”。

（十）将第四十一条中的“承运人或者押运人应当持货运单和输出国家或者地区出具的证书”修改为“承运人或者押运人应当凭货运单和输出国家或者地区出具的证书”，“查验”修改为“验核”。

（十一）删去第四十六条中的“具体措施，按照有关规定执行”。

（十二）将第四十六条、第四十七条中的“国家质检总局和检验检疫机构”修改为“海关”。

（十三）将第四十九条第三款中的“检验检疫机构”修改为“有关企业所在地直属海关”。

三十四、对《进出口化妆品检验检疫监督管理办法》（国家质量监督检验检疫总局令第143号公布，根据海关总署令第238号、第240号修改）作如下修改：

（一）将第八条第二款修改为：“其中首次进口化妆品的，应当符合下列要求：

1. 国家实施卫生许可的化妆品，应当取得国家相关主管部门批准的进口化妆品卫生许可批件，海关对进口化妆品卫生许可批件电子数据进行系统自动比对验核。

2. 国家实施备案的化妆品，应当凭备案凭证办理报检手续。

3. 国家没有实施卫生许可或者备案的化妆品，应当提供下列材料：

（1）具有相关资质的机构出具的可能存在安全性风险物质的有关安全性评估资料；

（2）在生产国家（地区）允许生产、销售的证明文件或者原产地证明。

4. 销售包装化妆品成品除前三项外，还应当提交中文标签样张和外文标签及翻译件。

5. 非销售包装的化妆品成品还应当提供包括产品的名称、数/重量、规格、产地、生产批号和限期使用日期（生产日期和保质期）、加施包装的目的地名称、加施包装的工厂名称、地址、联系方式。”

（二）将第二十三条第（一）项修改为“出口化妆品生产企业备案材料”，将第（二）项中的“声明化妆品符合进口国家（地区）相关法规和标准的要求”修改为“声明企业已经取得化妆品生产许可证，且化妆品符合进口国家（地区）相关法规和标准的要求”，删去第（三）项、第（五）项。

三十五、对《进出口食品安全管理办法》（国家质量监督检验检疫总局令第144号公布，根据国家质量监督检验检疫总局令第184号修改）作如下修改：

（一）将第三条修改为：“海关总署主管全国进出口食品安全监督管理工作。

主管海关负责所辖区域进出口食品安全监督管理工作。”

（二）将第四条、第七条、第九条、第十一条、第十二条、第二十一条、第二十六条、第二十八条、第三十一条、第三十七条、第四十一条第一款、第四十三条、第四十六条、第四十八条、第五十一条、第五十九条、第六十条、第六十三条的“国家质检总局”修改为“海关总署”。

（三）将第六条、第十三条、第十六条至第

十九条、第二十一条第三款、第二十二条、第二十三条、第二十八条、第二十九条、第三十一条第三款、第三十三条、第三十四条第二款、第三十六条至第四十条、第四十二条第（一）项、第四十三条、第四十五条、第四十八条至第五十六条中的“检验检疫机构”修改为“海关”。

（四）删去第六条中的“（以下简称检验检疫人员）”。

（五）将第七条中的“中国法律法规规定”修改为“法律法规规定”。

（六）将第八条第二款修改为：“首次进口尚无食品安全国家标准的食品，海关应当按照国务院卫生行政部门决定暂予适用的标准进行检验。”

（七）将第九条第三款中的“总局”修改为“海关总署”。

（八）将第十二条中的“海关报关地的检验检疫机构”修改为“海关”，删去第（五）项、第（六）项。

（九）将第十七条中的“认可的监管场所”修改为“认可的场所”。

（十）删去第十九条第（二）项、第（三）项、第（七）项。

（十一）将第二十条、第二十一条第二款、第二十七条、第三十一条第二款中的“检验检疫机构”修改为“主管海关”。

（十二）将第三十二条中的“持合同、发票、装箱单、出厂合格证明、出口食品加工原料供货证明文件等必要的凭证和相关批准文件向出口食品生产企业所在地检验检疫机构报检”修改为“凭合同、发票、装箱单、出厂合格证明、出口食品加工原料供货证明文件等必要的凭证和相关批准文件向出口食品生产企业所在地海关报检”。

（十三）将第三十三条、第三十七条、第四十八条中的“直属检验检疫局”修改为“直属海关”。

（十四）将第三十四条第一款修改为：“出口食品符合出口要求的，由海关根据需要出具证书。出口食品进口国家（地区）对证书形式和内容有新要求的，经海关总署批准后，海关方可对证书进行变更。”

（十五）将第四十一条、第四十二条中的“国家质检总局和检验检疫机构”修改为“海关”。

（十六）将第四十四条中的“国家质检总局和直属检验检疫局”修改为“海关”。

（十七）将第四十五条中的“国家质检总局和直属检验检疫局应当根据食品安全风险信息的级别发布风险预警通报。国家质检总局视情况可以发布风险预警通告，并决定采取以下控制措施”修改为“海关应当根据食品安全风险信息的级别发布风险预警通报。海关总署视情况可以发布风险预警通告，并决定采取以下控制措施”。

（十八）将第五十三条、第五十六条中的“食品安全法第八十九条、第八十五条”修改为“食品安全法第一百二十九条、第一百二十四条”。

（十九）将第五十四条中的“食品安全法第八十九条、八十七条”修改为“食品安全法第一百二十九条、第一百二十六条”。

（二十）将第五十七条中的“检验检疫机构及检验检疫人员”修改为“海关及其工作人员”。

三十六、对《进口食品境外生产企业注册管理规定》（国家质量监督检验检疫总局令第 145 号公布）作如下修改：

（一）将第三条修改为：“海关总署统一负责进口食品境外生产企业的注册及其监督管理工作。”

（二）将第四条第一款修改为：“《进口食品境外生产企业注册实施目录》（以下简称《目录》）由海关总署负责制定、调整并公布。”

（三）将第四条第二款、第七条至第十一条、第十三条至第十五条、第十九条中的“国家认监委”修改为“海关总署”。

（四）删去第九条第三款、第十一条、第十五条中的“并报国家质检总局”。

（五）删去第十四条中的“报国家质检总局”。

（六）将第十六条修改为：“列入《目录》内的进口食品入境时，海关应当验核其是否由获得注册的企业生产，注册编号是否真实、准确，经验核发现不符合法定要求的，依照《中华人民共和国进出口商品检验法》等相关法律、行政法规予以处理。”

（七）将第十七条中的“《中华人民共和国进出口商品检验法实施条例》第五十二条”修改为“《中华人民共和国进出口商品检验法实施条例》第四十九条”，将“出入境检验检疫机构”修改为“海关”。

（八）将第十八条中的“国家质检总局”修改为“海关总署”，删去“国家认监委”。

（九）将第二十二条中的“国家质量监督检验检疫总局”修改为“海关总署”。

三十七、对《出入境人员携带物检疫管理办法》（国家质量监督检验检疫局令第 146 号公布，根据海关总署令第 238 号、第 240 号修改）作如下修改：

（一）将第十六条第一款修改为：“携带植物种子、种苗及其他繁殖材料进境的，携带人应当取得《引进种子、苗木检疫审批单》或者《引进林木种子、苗木和其他繁殖材料检疫审批单》。海关对上述检疫审批单电子数据进行系统自动比对验核。”

将第三款修改为：“主管海关按照检疫审批要求以及有关规定对本条第一、二款规定的动植物和动植物产品及其他检疫物实施现场检疫。”

（二）将第十八条修改为：“携带农业转基因生物入境的，携带人应当取得《农业转基因生物安全证书》，凭输出国家或者地区官方机构出具的检疫证书办理相关手续。海关对《农业转基因生物安全证书》电子数据进行系统自动比对验核。列入农业转基因生物标识目录的进境转基因生物，应当按照规定进行标识。”

（三）将第二十一条中的“携带人应当向海关提供进出口证明书”修改为“携带人应当取得进出口证明书。海关对进出口证明书电子数据进行系统自动比对验核”。

（四）删去第二十二条第一款中的“提供”、第二款中的“提交的”。

三十八、对《进出口乳品检验检疫监督管理办法》（国家质量监督检验检疫总局令第 152 号公布）作如下修改：

（一）将第三条修改为：“海关总署主管全国进出口乳品检验检疫监督管理工作。

主管海关负责所辖地区进出口乳品检验检疫监督管理工作。”

（二）将第五条至第十一条、第二十二条、第三十条、第三十九条至第四十一条、第四十三条、第四十六条、第五十六条中的“国家质检总局”修改为“海关总署”。

（三）将第十条、第十五条至第十八条、第二十条、第二十一条、第二十九条至第三十一条、第三十三条、第三十六条、第三十八条至第四十条、第四十三条至第四十六条、第四十九条、第五十一条至第五十三条中的“检验检疫机构”修改为“海关”。

（四）将第十一条中的“应当持下列材料向海关报关地的检验检疫机构报检”修改为“应当凭下列材料向海关报检”，将第（七）项中的“应当提供进境动植检疫许可证”修改为“应当取得进境动植物检疫许可证”，删去第（八）项，将第（九）项中的“应当提供有关部门出具的许可证明文件”修改为“应当取得有关部门出具的许可证明文件。海关对有关许可证明文件电子数据进行系统自动比对验核”。

（五）将第十五条中的“认可的监管场所”修改为“认可的场所”。

（六）将第十九条第二款中的“检验检疫机构”修改为“主管海关”。

（七）将第三十二条修改为：“出口乳品经检验检疫符合相关要求的，海关出具检验检疫证书；经检验检疫不合格的，出具《出境货物不合格通知单》，不得出口。”

（八）删去第三十三条第一款中的“查验合格的，凭产地检验检疫机构出具的《出境货物换证凭单》换发《出境货物通关单》”。

（九）将第三十七条中的“国家质检总局和检验检疫机构”修改为“海关”。

（十）将第四十条、第四十三条中的“直属检验检疫局”修改为“直属海关”。

（十一）将第四十七条修改为："进口乳品经检验检疫不符合食品安全国家标准，擅自销售、使用的，由海关按照食品安全法第一百二十四条、第一百二十九条的规定，没收违法所得、违法生产经营的乳品和用于违法生产经营的工具、设备、原料等物品；违法生产经营的乳品货值金额不足 1 万元的，并处 5 万元以上 10 万元以下罚款；货值金额 1 万元以上的，并处货值金额 10 倍以上 20 倍以下罚款；情节严重的，吊销许可证。"

（十二）将第四十八条中的"由检验检疫机构依照食品安全法第八十七条、第八十九条的规定，责令改正，给予警告；拒不改正的，处 2000 元以上 2 万元以下罚款"修改为"由海关依照食品安全法第一百二十六条、第一百二十九条的规定，责令改正，给予警告；拒不改正的，处 5000 元以上 5 万元以下罚款"。

（十三）将第五十条修改为："出口乳品出口商有下列情形之一，未遵守食品安全法规定出口乳品的，由海关按照食品安全法第一百二十四条、第一百二十九条的规定，没收违法所得、违法生产经营的乳品和用于违法生产经营的工具、设备、原料等物品；违法生产经营的乳品货值金额不足 1 万元的，并处 5 万元以上 10 万元以下罚款；货值金额 1 万元以上的，并处货值金额 10 倍以上 20 倍以下罚款；情节严重的，取消出口乳品生产企业备案：

1. 未报检或者未经监督、检验合格擅自出口的；

2. 出口乳品经检验不合格，擅自出口的；

3. 擅自调换经海关监督、抽检并已出具检验检疫证明的出口乳品的；

4. 出口乳品来自未经海关备案的出口乳品生产企业的。"

三十九、对《出入境特殊物品卫生检疫管理规定》（国家质量监督检验检疫总局令第 160 号公布，根据国家质量监督检验检疫总局令第 184 号、海关总署令第 238 号、第 240 号修改）作如下修改：

（一）将第九条第（六）项中的"应当提供人类遗传资源管理部门出具的批准文件"修改为"应当取得人类遗传资源管理部门出具的批准文件，海关对有关批准文件电子数据进行系统自动比对验核"。

（二）将第二十条第一款第（五）项中的"提交"修改为"取得"。

四十、对《进出境中药材检疫监督管理办法》（国家质量监督检验检疫总局令第 169 号公布，根据海关总署令第 238 号、第 240 号修改）作如下修改：

删去第十七条第（二）项。

四十一、对《进口旧机电产品检验监督管理办法》（国家质量监督检验检疫总局令第 171 号公布，根据国家质量监督检验检疫总局令第 187 号、海关总署令第 238 号、第 240 号修改）作如下修改：

将第十二条修改为："进口旧机电产品运抵口岸后，收货人或者其代理人应当凭合同、发票、装箱单、提单等资料向海关办理报检手续。需实施装运前检验的，报检前还应当取得装运前检验证书。"

四十二、对《进出境粮食检验检疫监督管理办法》（国家质量监督检验检疫总局令第 177 号公布，根据海关总署令第 238 号、第 240 号修改）作如下修改：

（一）将第十二条第二款修改为："进境转基因粮食的，还应当取得《农业转基因生物安全证书》。海关对《农业转基因生物安全证书》电子数据进行系统自动比对验核。"

（二）将第十八条第（三）项修改为"检出转基因成分，无《农业转基因生物安全证书》，或者与证书不符的"。

四十三、对《进境水生动物检验检疫监督管理办法》（国家质量监督检验检疫总局令第 183 号公布）作如下修改：

（一）将第三条修改为："海关总署主管全国进境水生动物检验检疫和监督管理工作。

主管海关负责所辖地区进境水生动物的检验检疫和监督管理工作。"

（二）将第四条中的“国家质检总局和检验检疫部门”修改为“海关”。

（三）将第六条至第十六条、第二十一条至第二十三条、第二十七条、第三十四条、第三十八条至第四十一条、第五十七条的“国家质检总局”修改为“海关总署”。

（四）将第二十四条、第二十六条至第三十二条、第三十四条、第三十五条、第三十七条、第四十三条、第四十五条至第五十四条中的“检验检疫部门”修改为“海关”。

（五）将第二十五条第一款修改为：“水生动物进境前或者进境时，收货人或者其代理人应当凭检疫许可证、输出国家或者地区官方主管部门出具的检验检疫证书正本、贸易合同、提单、装箱单、发票等单证，向进境口岸海关报检。”

（六）将第三十六条修改为：“运输水生动物过境的，承运人或者押运人应当按照规定办理检疫审批手续，并凭货运单、检疫许可证和输出国家或者地区官方主管部门出具的证书，向进境口岸海关报检。”

（七）将第三十九条中的“直属检验检疫局”修改为“直属海关”。

（八）将第四十条中的“检验检疫部门”修改为“直属海关”。

（九）将第四十二条修改为：“海关对进境水生动物收货人实施信用管理。”

四十四、对《出口食品生产企业备案管理规定》（国家质量监督检验检疫总局令第192号公布）作如下修改：

（一）将第四条修改为：“海关总署负责统一组织实施全国出口食品生产企业备案管理工作。

主管海关具体实施所辖区域内出口食品生产企业备案和监督检查工作。”

（二）将第七条、第八条、第十二条至第十四条、第十六条、第十八条至第二十条、第二十二条、第二十四条至第二十八条、第三十一条、第三十二条的“检验检验部门”修改为“海关”。

（三）删去第七条第（一）项、第（四）项、第（五）项，删去第（二）项中的“和自查报告”。

（四）将第九条第一款中的“检验检疫部门应当自受理备案申请之日起20日内，组织专家完成评审工作”修改为“海关应当在受理备案申请后组织专家评审”，删去第二款。

（五）将第十一条中的“检验检疫部门应当自收到专家评审报告之日起20日内进行审查，并作出是否准予备案的决定”修改为“海关应当对备案申请进行审查，并自受理备案申请之日起20日内作出是否准予备案的决定。20日内不能作出决定的，经本海关负责人批准，可以延长10日，并应当将延长期限的理由告知申请人”。

（六）将第十二条、第十七条、第二十六条、第二十七条、第三十一条中的“国家认监委”修改为“海关总署”。

（七）将第十七条中的“检验检疫部门”修改为“主管海关”。

（八）将第二十一条修改为：“主管海关应当公布本辖区出口食品生产企业备案名录。海关总署统一公布全国出口食品生产企业备案名录。

海关在监管中获悉食品安全风险信息，根据工作职责需要向地方农业、市场监管等监管部门通报的，应当及时通报。”

（九）将第三十条中的“国家认监委和检验检疫部门的工作人员”修改为“海关工作人员”。

（十）将第三十四条、第三十五条中的“国家质检总局”修改为“海关总署”。

四十五、对《进口可用作原料的固体废物检验检疫监督管理办法》（国家质量监督检验检疫总局令第194号公布，根据海关总署令第238号、第240号修改）作如下修改：

（一）将第六条第二款修改为：“收货人应当在进口废物原料入境口岸向海关报检，报检前应当取得本办法第五条规定的装运前检验证书。”

（二）将第十一条第一款中的“申请人应当通过进境货物检验检疫监管系统提交注册登记申请，并在网络提交注册登记申请成功后的30天内向海关总署提交以下书面材料”修改为“申请人应当凭以下材料办理进口废物原料供应商注册登记”。

（三）将第十四条第一款修改为：“海关总署应当自受理注册登记申请之日起20日内，作出是否准予注册登记的决定。”

（四）将第二十一条修改为：“申请人应当凭以下材料办理进口废物原料供应商注册登记：

1. 注册登记申请书；

2. 环保部门批准从事进口固体废物加工利用的证明文件。”

（五）将第二十四条第一款修改为：“直属海关应当自受理注册登记申请之日起20日内，作出是否准予注册登记的决定。”

（六）将三十八条修改为：“废物原料运抵口岸后，收货人或者其代理人应当凭合同、发票、装箱单、提/运单等单证向入境口岸海关报检，接受检验检疫监管。进口废物原料应当取得装运前检验证书。

属于限制类废物原料的，收货人或者其代理人还应当取得进口许可证明。海关对进口许可证明电子数据进行系统自动比对验核。”

本决定自公布之日起施行。

《中华人民共和国海关关于超期未报关进口货物、误卸或者溢卸的进境货物和放弃进口货物的处理办法》《中华人民共和国海关进出口货物申报管理规定》《中华人民共和国海关关于加工贸易边角料、剩余料件、残次品、副产品和受灾保税货物的管理办法》《中华人民共和国海关出口加工区货物出区深加工结转管理办法》《中华人民共和国海关对保税物流中心（A型）的暂行管理办法》《中华人民共和国海关对保税物流中心（B型）的暂行管理办法》《中华人民共和国海关对出口监管仓库及所存货物的管理办法》《中华人民共和国海关对保税物流园区的管理办法》《中华人民共和国海关加工贸易单耗管理办法》《中华人民共和国海关珠澳跨境工业区珠海园区管理办法》《中华人民共和国海关进出境印刷品及音像制品监管办法》《中华人民共和国海关保税港区管理暂行办法》《中华人民共和国海关进出口货物集中申报管理办法》《中华人民共和国海关管道运输进口能源监管办法》《中华人民共和国海关对平潭综合实验区监管办法（试行)》《中华人民共和国海关对横琴新区监管办法(试行)》《中华人民共和国海关加工贸易货物监管办法》《中华人民共和国海关进出口货物报关单修改和撤销管理办法》《〈海关对长江驳运船舶转运进出口货物的管理规定〉实施细则》《进境栽培介质检疫管理办法》《出入境检验检疫报检规定》《出入境快件检验检疫管理办法》《中华人民共和国实施金伯利进程国际证书制度管理规定》《进出境转基因产品检验检疫管理办法》《进境水果检验检疫监督管理办法》《保税区检验检疫监督管理办法》《出境水果检验检疫监督管理办法》《出境水生动物检验检疫监督管理办法》《进出口玩具检验监督管理办法》《进出口饲料和饲料添加剂检验检疫监督管理办法》《进境动物隔离检疫场使用监督管理办法》《进出口水产品检验检疫监督管理办法》《进出口肉类产品检验检疫监督管理办法》《进出口化妆品检验检疫监督管理办法》《进出口食品安全管理办法》《进口食品境外生产企业注册管理规定》《出入境人员携带物检疫管理办法》《进出口乳品检验检疫监督管理办法》《出入境特殊物品卫生检疫管理规定》《进出境中药材检疫监督管理办法》《进口旧机电产品检验监督管理办法》《进出境粮食检验检疫监督管理办法》《进境水生动物检验检疫监督管理办法》《出口食品生产企业备案管理规定》《进口可用作原料的固体废物检验检疫监督管理办法》，根据本决定作相应修改，重新公布。

附件：	1. 中华人民共和国海关关于超期未报关进口货物、误卸或者溢卸的进境货物和放弃进口货物的处理办法 2. 中华人民共和国海关进出口货物申报管理规定

续表

	3. 中华人民共和国海关关于加工贸易边角料、剩余料件、残次品、副产品和受灾保税货物的管理办法 4. 中华人民共和国海关出口加工区货物出区深加工结转管理办法 5. 中华人民共和国海关对保税物流中心（A 型）的暂行管理办法 6. 中华人民共和国海关对保税物流中心（B 型）的暂行管理办法 7. 中华人民共和国海关对出口监管仓库及所存货物的管理办法 8. 中华人民共和国海关对保税物流园区的管理办法 9. 中华人民共和国海关加工贸易单耗管理办法 10. 中华人民共和国海关珠澳跨境工业区珠海园区管理办法 11. 中华人民共和国海关进出境印刷品及音像制品监管办法 12. 中华人民共和国海关保税港区管理暂行办法 13. 中华人民共和国海关进出口货物集中申报管理办法 14. 中华人民共和国海关管道运输进口能源监管办法 15. 中华人民共和国海关对平潭综合实验区监管办法 16. 中华人民共和国海关对横琴新区监管办法 17. 中华人民共和国海关加工贸易货物监管办法 18. 中华人民共和国海关进出口货物报关单修改和撤销管理办法 19.《海关对长江驳运船舶转运进出口货物的管理规定》实施细则 20. 进境栽培介质检疫管理办法 21. 出入境检验检疫报检规定 22. 出入境快件检验检疫管理办法 23. 中华人民共和国实施金伯利进程国际证书制度管理规定 24. 进出境转基因产品检验检疫管理办法 25. 进境水果检验检疫监督管理办法 26. 保税区检验检疫监督管理办法 27. 出境水果检验检疫监督管理办法 28. 出境水生动物检验检疫监督管理办法 29. 进出口玩具检验监督管理办法 30. 进出口饲料和饲料添加剂检验检疫监督管理办法 31. 进境动物隔离检疫场使用监督管理办法 32. 进出口水产品检验检疫监督管理办法 33. 进出口肉类产品检验检疫监督管理办法 34. 进出口化妆品检验检疫监督管理办法 35. 进出口食品安全管理办法 36. 进口食品境外生产企业注册管理规定 37. 出入境人员携带物检疫管理办法 38. 进出口乳品检验检疫监督管理办法 39. 出入境特殊物品卫生检疫管理规定 40. 进出境中药材检疫监督管理办法 41. 进口旧机电产品检验监督管理办法 42. 进出境粮食检验检疫监督管理办法 43. 进境水生动物检验检疫监督管理办法 44. 出口食品生产企业备案管理规定 45. 进口可用作原料的固体废物检验检疫监督管理办法

中华人民共和国公安部

中华人民共和国公安部令
第 147 号

为了规范出境入境航空器载运人员信息预报预检工作，根据《中华人民共和国出境入境管理法》、《中华人民共和国反恐怖主义法》、《中华人民共和国出境入境边防检查条例》等法律法规，公安部会同交通运输部制定了《出境入境航空器载运人员信息预报预检实施办法》。现予发布，自 2018 年 8 月 1 日起施行。

公安部部长　赵克志
交通运输部部长　李小鹏
2018 年 2 月 12 日

出境入境航空器载运人员信息预报预检实施办法

第一条　为了规范出境入境航空器载运人员信息预报预检工作，维护国家安全、公共安全，便利航空器及其载运人员出境入境，根据《中华人民共和国出境入境管理法》《中华人民共和国反恐怖主义法》《中华人民共和国出境入境边防检查条例》等法律法规，制定本办法。

第二条　出境入境航空器负责人或者其出境入境业务代理单位（以下简称航空器负责人或者代理单位），应当按照本办法完整、准确、及时地预报出境入境航空器拟载运的旅客、机组人员信息，包括旅客订座记录、登机旅客信息和登机机组人员信息。

第三条　航空器负责人或者代理单位应当按照公安部出入境管理机构和国务院民用航空主管部门商定的格式，通过专用网络将预报信息发送至指定的地址。

预报信息由出入境边防检查机关和国务院民用航空主管部门共享。

第四条　航空器负责人或者代理单位应当在航空器起飞前 72 小时、24 小时、2 小时、1 小时和起飞后 30 分钟内分别报送旅客订座记录。

旅客订座记录采用国际标准电子报文格式，内容包括旅客姓名、国籍、性别、出生日期、出境入境证件号码、出境入境证件有效期截止日期、航段、团体情况、联系地址、出票情况等。

第五条　航空器负责人或者代理单位应当在办理旅客值机手续时，逐一报送拟登机的旅客信息，并在飞机关闭舱门准备起飞前报送所有已登机旅客和机组人员信息。

登机旅客和机组人员信息的内容包括：姓名、国籍、性别、出生日期、出境入境证件号码、出境入境证件有效期截止日期、人员类别。

第六条　出入境边防检查机关负责对航空器负责人或者代理单位报送的登机旅客信息进行预先核查，即时向航空器负责人或者代理单位反馈预检指令。

对于出入境边防检查机关反馈不准登机的旅客，航空器负责人或者代理单位应当不准其登机。

第七条　航空器负责人或者代理单位按照规定预报信息的，出入境边防检查机关和国务院民用航空主管部门应当对该航空器及其载运的旅客、机组人员出境入境提供便利。

第八条　航空器负责人或者代理单位未按本办法第四条、第五条规定预报信息的，出入境边防检查机关依据《中华人民共和国出境入境管理法》第八十三条第一款第二项的规定，对航空器负责人按以下标准罚款，对单个航班罚款总额不超过五万元：

（一）未按规定时限报送旅客订座记录的，按每漏报一次处五千元罚款；

（二）未按规定时限报送登机人员信息的，处一万元以上三万元以下罚款；

（三）报送登机人员信息不准确的，单个航班不准确数量不超过十人的，处一万元罚款；单个航班不准确数量超过十人的，每多错报一人，增处一千元罚款；

（四）漏报或多报登机人员信息的，每漏报或多报一人处五千元罚款；

（五）未报送登机人员信息的，处五万元罚款。

航空器负责人或者代理单位未能按规定预报信息，有证据证明因网络故障等客观原因造成的，不予处罚；情节特别轻微的，可以不予处罚，但应当责令其改正。

第九条 违反本办法第六条第二款规定，对出入境边防检查机关反馈不准登机的旅客，航空器负责人或者代理单位仍允许其登机并载运其出境入境的，出入境边防检查机关根据《中华人民共和国出境入境管理法》第八十三条第二款的规定，处每载运一人一万元罚款。

第十条 航空器负责人或者代理单位未按照本办法规定报送出境入境航空器载运的旅客、机组人员信息的，出入境边防检查机关可以推迟或者阻止该航空器负责人或者代理单位运营管理的航空器出境入境；国务院民用航空主管部门可将有关情况记入守法信用信息记录，并按照有关规定进行公示。

第十一条 本办法下列用语的含义：

航空器负责人，是指出境入境航空器运营人、所有人、机长等对航空器出境入境活动负责的单位、人员。

出境入境证件号码，是指旅客或机组人员持用的有效护照或者中华人民共和国法律、行政法规规定的有效出入境证件号码。

人员类别，是指旅客或者机组人员。

第十二条 本办法自 2018 年 8 月 1 日起施行。《国际航班载运人员信息预报实施办法》（公安部、民用航空总局令第 99 号）同时废止。

中华人民共和国交通运输部

中华人民共和国交通运输部令 2018年第5号

《关于修改〈港口岸线使用审批管理办法〉的决定》已于2018年4月11日经交通运输部第5次部务会议通过，并经国家发展改革委同意，现予以发布，自2018年7月1日起施行。

交通运输部部长　李小鹏
国家发展和改革委员会主任　何立峰
2018年5月3日

交通运输部 国家发展改革委关于修改《港口岸线使用审批管理办法》的决定

交通运输部、国家发展改革委决定对《港口岸线使用审批管理办法》（交通运输部 国家发展改革委令2012年第6号）作如下修改：

一、删去第十四条、第十九条。

二、将第十三条中的“施工许可”修改为“水上水下活动许可”。

三、将第十六条第一款修改为“批准使用港口岸线的建设项目，应当在取得岸线批准文件之日起两年内开工建设。需要延期的，应当在有效期届满六十日前，按照本办法规定的程序报原批准机关审批。延期申请只能申请一次，延期时间不超过两年。逾期未开工建设，批准文件失效”。

四、将第十七条中的“港口岸线使用证的有效期不超过五十年”修改为“港口岸线使用有效期不超过五十年”。

五、删去第十八条中的“或者取得港口岸线使用证”。

六、增加一条，作为第十八条：“港口行政管理部门应当加强港口岸线使用情况的事中事后监管，并按照规定将有关信用信息纳入相关信用信息共享平台。”

条文序号作相应调整。

本决定自2018年7月1日起施行。

《港口岸线使用审批管理办法》根据本决定作相应修改，重新公布。

港口岸线使用审批管理办法

（2012年5月22日交通运输部 国家发展改革委令2012年第6号公布，根据2018年5月3日《交通运输部 国家发展改革委关于修改〈港口岸线使用审批管理办法〉的决定》修订）

第一条　为了规范港口岸线使用审批管理，保障港口岸线资源的合理开发与利用，保护当事人的合法权益，根据《中华人民共和国港口法》和有关法律、法规，制定本办法。

第二条　在港口总体规划区内建设码头等港口设施使用港口岸线，应当按照本办法开展岸线使用审批。

第三条　港口岸线的开发利用应当符合港口规划，坚持深水深用、节约高效、合理利用、有序开发的原则。

第四条　交通运输部主管全国的港口岸线工作，会同国家发展改革委具体实施对港口深水岸线的使用审批工作。

县级以上地方人民政府港口行政管理部门按照本办法和省级人民政府规定的职责，具体实施港口岸线使用审批的相关工作。

第五条 本办法所称港口岸线，含维持港口设施正常运营所需的相关水域和陆域。

港口岸线分为港口深水岸线和非深水岸线。港口深水岸线和非深水岸线划分标准及范围由交通运输部另行制定并公布。

第六条 需要使用港口岸线的建设项目，应当在报送项目申请报告或者可行性研究报告前，向港口所在地港口行政管理部门提出港口岸线使用申请，申请材料包括：

（一）港口岸线使用申请表；

（二）申请人情况及相关证明材料；

（三）建设项目工程可行性研究报告或者项目申请报告；

（四）海事、航道部门关于建设项目的意见；

（五）法律、法规规定的其他材料。

前款规定的港口岸线使用申请表样式，由交通运输部统一规定。

第七条 港口所在地港口行政管理部门收到申请材料后，对申请材料符合法定形式的，应当当场受理；对申请材料不齐全或者不符合法定形式的，应当当场或者在五个工作日内一次告知申请人需要补正的全部内容。

第八条 使用港口深水岸线的，港口所在地港口行政管理部门收到申请后，应当对申请使用的岸线进行现场核查，核实申请材料，转报至省级港口行政管理部门。

省级港口行政管理部门收到港口岸线使用申请材料后，应当组织专家评审，并征求省级发展改革部门意见后，提出初审意见，连同申请材料报交通运输部。

交通运输部收到申请材料和初审意见后，进行审查，会同国家发展改革委作出批准或者不予批准的决定。

第九条 申请使用港口深水岸线的，港口所在地港口行政管理部门和省级人民政府港口行政管理部门应当在收到港口岸线使用申请材料后二十个工作日内完成现场核查、初审和转报工作。

交通运输部应当在收到港口岸线使用申请材料后二十个工作日内完成审查，并会同国家发展改革委作出审批决定。二十个工作日内不能办结的，经负责人批准，可以延长十个工作日。

岸线使用专家评审所需时间不计算在期限内。

第十条 港口岸线使用申请审查、专家评审的主要内容包括：

（一）建设项目是否符合产业政策和港口规划；

（二）建设项目的必要性分析；

（三）工程可行性研究报告或者项目申请报告提出的岸线使用方案是否符合国家技术标准和规范；

（四）岸线使用方案的合理性分析；

（五）岸线使用方案是否满足航道、通航安全的相关要求；

（六）法律、法规和国家规定的其他要求。

第十一条 由国务院或者国家发展改革委审批、核准的港口建设项目，向国家发展改革委报送可行性研究报告或者项目申请报告时，应当同时抄报交通运输部。交通运输部对港口建设项目提出行业意见时，一并提出岸线使用意见。

由国务院或者国家发展改革委审批、核准的其他建设项目，在港口总体规划区内建设港口设施，使用港口深水岸线的，国家发展改革委在审批、核准之前，征求交通运输部关于建设项目使用港口岸线的意见。

本条第一款、第二款所指建设项目，不再另行办理使用港口岸线的审批手续。

第十二条 港口岸线使用审批机关审查决定批准港口岸线使用申请的，应当出具港口岸线使用批准文件。

审批机关决定不予批准使用港口岸线的，应当书面告知申请人，并且说明理由。

第十三条 使用港口岸线的港口设施项目未取得港口岸线使用批准文件或者交通运输部关于使用港口岸线的意见，不予批准港口设施项目初步设计和水上水下活动许可。

第十四条 港口行政管理部门应当及时在相关政府网站发布港口岸线使用批准情况的信息。

第十五条 批准使用港口岸线的建设项目，应当在取得岸线批准文件之日起两年内开工建设。需要延期的，应当在有效期届满六十日前，按照本办法规定的程序报原批准机关审批。延期申请只能申请一次，延期时间不超过两年。逾期未开工建设，批准文件失效。

批准文件失效后，如继续建设该项目需要使用港口岸线，应当重新办理港口岸线使用审批手续。

第十六条 港口岸线使用有效期不超过五十年。超过期限继续使用的，港口岸线使用人应当在期限届满三个月前向原批准机关提出申请。

第十七条 批准使用港口岸线后，如因企业更名或者控股权转移导致岸线实际使用人发生改变，或者改变批准的岸线用途，应当按照本办法规定的程序报原批准机关审批。

第十八条 港口行政管理部门应当加强港口岸线使用情况的事中事后监管，并按照规定将有关信用信息纳入相关信用信息共享平台。

第十九条 港口岸线使用审批机关及其工作人员滥用职权、玩忽职守、徇私舞弊的，由有关行政主管部门予以行政处分；构成犯罪的，由司法机关依法追究刑事责任。

第二十条 港口岸线使用申请人隐瞒有关情况或者提供虚假材料申请岸线使用许可的，不予受理或者不予许可。港口岸线申请人以欺骗、贿赂等不正当手段取得港口岸线使用许可的，应当予以撤销。

第二十一条 未按本办法规定取得使用港口岸线的批准，擅自使用岸线的，由县级以上地方人民政府或者港口行政管理部门依照《中华人民共和国港口法》第四十五条的规定予以处罚。

第二十二条 本办法自 2012 年 7 月 1 日起施行。

中华人民共和国交通运输部令
2018 年第 10 号

《关于修改〈港口经营管理规定〉的决定》已于 2018 年 7 月 20 日经交通运输部第 12 次部务会议通过，现予以发布，自 2018 年 9 月 1 日起施行。

交通运输部部长 李小鹏

2018 年 7 月 31 日

关于修改《港口经营管理规定》的决定

交通运输部决定对《港口经营管理规定》（交通运输部令 2016 年第 43 号）作如下修改：

一、将第三条第（一）项第 3 目修改为“从事货物装卸（含过驳）、仓储、港区内驳运”，并删除第 6 目、第 7 目。

二、将第四条第一款中的“负责”修改为“主管”。

三、将第七条中的“船舶污染物接收”修改为“港口拖轮经营”；将第（二）项第 2 目修改为“为旅客提供上、下船服务的，应当具备至少能遮蔽风、雨、雪的候船和上、下船设施，并按相关规定配备无障碍设施”，删除第（二）项第 3 目，并调整至第二十条，作为第三款；在第（四）项最后增加“依法设置安全生产管理机构或者配备专职安全管理人员。”

四、将第九条修改为：“从事港口拖轮经营，应当具备下列条件：

（一）在申请经营的港口所在地注册并具备企业法人资格；

（二）有满足拖轮停靠的自有泊位或者租用泊位；

（三）在沿海港口从事拖轮经营的，应当至少自有并经营 2 艘沿海拖轮；在内河港口从事拖轮经营的，应当至少自有并经营 1 艘内河拖轮；

（四）海务、机务管理人员数量满足附件的要求，海务、机务管理人员具有不低于大副、大管轮的从业资历且在申请经营的港口从事拖轮服务满 1 年以上；

（五）有健全的经营管理制度和符合有关规定的安全与防污染管理制度。”

五、将第十条第（二）项第 2 目修改为：“2. 为旅客提供上、下船服务的，应当具备至少能遮蔽风、雨、雪的候船和上、下船设施，并按相关规定配备无障碍设施”，在第（四）项“有健全的经营管理制度和安全管理制度”后增加“依法设置安全生产管理机构或者配备专职安全管理人员”。

六、删除第十条第（二）项第 3 目。

七、删除第十一条的“从事港口装卸和仓储业务的经营人不得兼营理货业务。”

八、将第十二条第一款第（五）项修改为“（五）提供拖轮服务的，拖轮的有效船舶证书及停靠泊位的相关证明材料”，第（六）项修改为“（六）依法设置安全生产管理机构或者配备安全生产管理人员的相关证明材料，其中从事拖轮经营的，提供海务、机务管理人员的相关证明材料”，将第三款修改为“从事港口拖轮经营的，应当提供上述（一）（二）（五）（六）项规定的材料和证明符合第九条规定条件的其他文件和材料”。

九、增加一条，作为第二十条，内容为：“为船舶提供岸电、燃物料、生活品供应、水上船员接送及船舶污染物（含油污水、残油、洗舱水、生活污水及垃圾）接收、围油栏供应服务等船舶港口服务的单位，以及港口设施设备和机械租赁维修业务的单位，应当向港口行政管理部门办理备案手续。港口行政管理部门应当建立备案情况档案和经营者诚信管理制度，并及时向社会公布情况。

从事船舶港口服务、港口设施设备和机械租赁维修的经营者名称、固定经营场所、法定代表人、经营范围等事项发生变更或者终止经营的，应当在变更或者终止经营之日起 15 个工作日内办理变更备案。”

十、在第二十二条增加一款，作为第二款：“在港区内从事水上船员接送服务的，应当使用符合相关要求的船舶。”

十一、将第二十五条第二款修改为：“港口行政管理部门按照前款规定制定的各项预案应当予以公布，并报送省级交通运输（港口）主管部门备案。”

十二、将第二十六条中的“建立健全安全生产责任制等规章制度，确保安全生产”修改为“建立健全安全生产责任制等规章制度，加强落实，确保安全生产。”

十三、增加一条，作为第三十一条，内容为：“从事港口拖轮业务的经营人，应当公布所经营拖轮的实时状态，供船舶运输经营人自主选择。”

十四、将第四十七条中的“交通运输部令 2012 年第 9 号”修改为“交通运输部令 2017 年第 27 号”。

十五、增加附件：

海务、机务管理人员最低配额表（人）

<table>
<tr><th>拖轮艘数</th><th>1～10 艘</th><th>11～20 艘</th><th>21～30 艘</th><th>31～50 艘</th><th>51 艘及以上</th></tr>
<tr><td>沿海拖轮</td><td>1</td><td>2</td><td>3</td><td>4</td><td>每增加 20 艘按 1 人计，不足 20 艘按 20 艘计</td></tr>
<tr><td>内河拖轮</td><td>1</td><td colspan="3">2</td><td>每增加 50 艘按 1 人计，不足 50 艘按 50 艘计</td></tr>
</table>

条文序号作相应调整。

本决定自 2018 年 9 月 1 日起施行。

《港口经营管理规定》根据本决定作相应修正，重新发布。

港口经营管理规定

（2009 年 11 月 6 日交通运输部发布，根据 2014 年 12 月 23 日交通运输部《关于修改〈港口经营管理规定〉的决定》第一次修正，根据2016年4月19日交通运输部《关于修改〈港口经营管理规定〉的决定》第二次修正，根据2018年7月31日交通运输部《关于修改〈港口经营管理规定〉的决定》第三次修正）

第一章　总　则

第一条　为规范港口经营行为，维护港口经营秩序，依据《中华人民共和国港口法》和其他有关法律、法规，制定本规定。

第二条　本规定适用于港口经营及相关活动。

第三条　本规定下列用语的含义是：

（一）港口经营，是指港口经营人在港口区域内为船舶、旅客和货物提供港口设施或者服务的活动，主要包括下列各项：

1. 为船舶提供码头、过驳锚地、浮筒等设施；

2. 为旅客提供候船和上下船舶设施和服务；

3. 从事货物装卸（含过驳）、仓储、港区内驳运；

4. 为船舶进出港、靠离码头、移泊提供顶推、拖带等服务；

5. 为委托人提供货物交接过程中的点数和检查货物表面状况的理货服务。

（二）港口经营人，是指依法取得经营资格从事港口经营活动的组织和个人。

（三）港口设施，是指为从事港口经营而建造和设置的建（构）筑物。

第四条　交通运输部主管全国港口经营行政管理工作。

省、自治区、直辖市人民政府交通运输（港口）主管部门负责本行政区域内的港口经营行政管理工作。

省、自治区、直辖市人民政府、港口所在地设区的市（地）、县人民政府确定的具体实施港口行政管理的部门负责该港口的港口经营行政管理工作。本款上述部门统称港口行政管理部门。

第五条　国家鼓励港口经营性业务实行多家经营、公平竞争。港口经营人不得实施垄断行为。任何组织和部门不得以任何形式实施地区保护和部门保护。

第二章　资质管理

第六条　从事港口经营，应当申请取得港口经营许可。

实施港口经营许可，应当遵循公平、公正和公开透明的原则，不得收取费用，并应当接受社会监督。

第七条　从事港口经营（港口理货、港口拖轮经营除外），应当具备下列条件：

（一）有固定的经营场所。

（二）有与经营范围、规模相适应的港口设施、设备，其中：

1. 码头、客运站、库场、储罐、污水处理设施等固定设施应当符合港口总体规划和法律、法规及有关技术标准的要求；

2. 为旅客提供上、下船服务的，应当具备至少能遮蔽风、雨、雪的候船和上、下船设施，并按相关规定配备无障碍设施；

3. 为船舶提供码头、过驳锚地、浮筒等设施的，应当有相应的船舶污染物、废弃物接收能力和相应污染应急处理能力，包括必要的设施、设备和器材。

（三）有与经营规模、范围相适应的专业技术人员、管理人员。

（四）有健全的经营管理制度和安全管理制度以及生产安全事故应急预案，应急预案经专家审查通过；依法设置安全生产管理机构或者配备专职安全管理人员。

第八条　从事港口理货，应当具备下列条件：

（一）申请人是依法在国内登记注册的企业法人；

（二）港口理货经营地域为申请人所在地的行政区域；

（三）有与经营范围、规模相适应的组织机

构和管理人员、理货人员，有固定的办公场所和经营设施，有业务章程、理货规程和管理制度；

（四）具有符合相关通用要求的质量管理体系；

（五）具备与港口理货业务相适应的，能与港航电子数据交换中心和电子口岸顺利进行数据传输的理货信息系统和技术装备。

第九条 从事港口拖轮经营，应当具备下列条件：

（一）在申请经营的港口所在地注册并具备企业法人资格；

（二）有满足拖轮停靠的自有泊位或者租用泊位；

（三）在沿海港口从事拖轮经营的，应当至少自有并经营2艘沿海拖轮；在内河港口从事拖轮经营的，应当至少自有并经营1艘内河拖轮；

（四）海务、机务管理人员数量满足附件的要求，海务、机务管理人员具有不低于大副、大管轮的从业资历且在申请经营的港口从事拖轮服务满1年以上；

（五）有健全的经营管理制度和符合有关规定的安全与防污染管理制度。

第十条 港口工程试运行期间从事经营的，应当具备以下条件：

（一）有固定的经营场所。

（二）有与经营范围、规模相适应的港口设施、设备，其中：

1. 码头、客运站等固定设施应当符合港口总体规划；

2. 为旅客提供上、下船服务的，应当具备至少能遮蔽风、雨、雪的候船和上、下船设施，并按相关规定配备无障碍设施；

3. 为船舶提供码头、过驳锚地、浮筒等设施的，应当有相应的船舶污染物、废弃物接收能力和相应污染应急处理能力，包括必要的设施、设备和器材；

4. 码头、装卸设备、港池、航道、导助航设施及其他配套设施等港口设施主体工程已按批准的初步设计文件建成，并经交工验收合格，具有交工验收报告；主要装卸设备空载联动调试合格；

5. 港口工程的环境保护设施、安全设施、职业病防护设施、消防设施等已按要求与港口主体工程同时建设完成，且已通过安全设施验收和消防设施验收或者备案，环境保护设施和职业病防护设施符合国家有关法律、法规、规章、标准规定的试运行要求。

（三）有与经营规模、范围相适应的专业技术人员、管理人员。

（四）有健全的经营管理制度和安全管理制度，依法设置安全生产管理机构或者配备专职安全管理人员；已制定试运行方案和应急预案，并经专家审查通过。

第十一条 理货业务经营人不得兼营港口货物装卸经营业务和仓储经营业务。

第十二条 申请从事港口经营，应当提交下列相应文件和资料：

（一）港口经营业务申请书；

（二）经营管理机构的组成及其办公用房的所有权或者使用权证明；

（三）港口码头、库场、储罐、污水处理等固定设施符合国家有关规定的竣工验收合格证明；

（四）使用港口岸线的，港口岸线的使用批准文件；

（五）提供拖轮服务的，拖轮的有效船舶证书及停靠泊位的相关证明材料；

（六）依法设置安全生产管理机构或者配备安全生产管理人员的相关证明材料，其中从事拖轮经营的，提供海务、机务管理人员的相关证明材料；

（七）证明符合第七条规定条件的其他文件和资料。

从事港口理货业务的，应当提供上述（一）（二）项规定的材料和证明符合第八条规定条件的其他文件和材料。

从事港口拖轮经营的，应当提供上述（一）（二）（五）（六）项规定的材料和证明符合第九条规定条件的其他文件和材料。

港口工程试运行期间从事经营的，应当提供上述第（一）（二）（四）（六）项规定的材料和证明符合第十条规定条件的其他文件和材料。

第十三条 申请从事港口经营（申请从事港口理货除外），申请人应当向港口行政管理部门提出书面申请和第十二条第一款、第三款规定的相关文件资料。港口行政管理部门应当自受理申请之日起 30 个工作日内作出许可或者不许可的决定。符合资质条件的，由港口行政管理部门发给《港口经营许可证》，并通过信息网络或者报刊公布；不符合条件的，不予行政许可，并应当将不予许可的决定及理由书面通知申请人。《港口经营许可证》应当明确港口经营人的名称与办公地址、法定代表人、经营项目、经营地域、主要设施设备、发证日期、许可证有效期和证书编号。

《港口经营许可证》的有效期为 3 年。港口设施需要试运行经营的，所持有的《港口经营许可证》的有效期为试运行经营期，并在证书上注明。试运行经营期原则上不超过 6 个月；确需延期的，试运行经营期累计不得超过 1 年。

第十四条 申请从事港口理货，应当向港口所在地的省级交通运输主管部门提出书面申请并提交第十二条第二款规定的相关文件资料。省级交通运输主管部门在收到申请和相关材料后，可根据需要征求相关港口行政管理部门意见。相关港口行政管理部门应当在 7 个工作日内提出反馈意见。省级交通运输主管部门应当在受理申请人的申请之日起 20 个工作日内作出许可或者不许可的决定。予以许可的，核发《港口经营许可证》，并通过信息网络或者报刊公布；不予许可的应当将不予许可的决定及理由书面通知申请人。省级交通运输主管部门在作出许可决定的同时，应当将许可情况通知相关港口行政管理部门。

第十五条 省级交通运输主管部门和港口行政管理部门对申请人提出的港口经营许可申请，应当根据下列情况分别做出处理：

（一）申请事项依法不需要取得行政许可的，应当即时告知申请人不受理；

（二）申请事项依法不属于省级交通运输主管部门或者港口行政管理部门职权范围的，应当即时告知申请人向有关行政机关申请；

（三）申请材料存在可以当场更正的错误的，应当允许申请人当场更正；

（四）申请材料不齐全或者不符合法定形式的，应当当场或者在 5 日内一次告知申请人需要补正的全部内容，逾期不告知的，自收到申请材料之日起即为受理；

（五）申请事项属于省级交通运输主管部门或者港口行政管理部门职权范围，申请材料齐全、符合法定形式，或者申请人按照要求提交全部补正申请材料的，应当受理经营业务许可申请。

受理或者不受理经营业务许可申请，应当出具加盖许可机关专用印章和注明日期的书面凭证。

第十六条 港口经营人应当按照港口行政管理部门许可的经营范围从事港口经营活动。

第十七条 港口经营人变更经营范围的，应当就变更事项按照本规定第十三条或者第十四条规定办理许可手续，并到工商部门办理相应的变更登记手续。

港口经营人变更企业法定代表人或者办公地址的，应当向港口行政管理部门备案并换发《港口经营许可证》。

第十八条 港口经营人应当在《港口经营许可证》有效期届满之日 30 日以前，向《港口经营许可证》发证机关申请办理延续手续。

申请办理《港口经营许可证》延续手续，应当提交下列材料：

（一）《港口经营许可证》延续申请；

（二）除本规定第十二条第一款第（一）（二）项之外的其他证明材料。

第十九条 港口经营人停业或者歇业，应当提前 30 个工作日告知原许可机关。原许可机关应当收回并注销其《港口经营许可证》，并以适当方式向社会公布。

第二十条 为船舶提供岸电、燃物料、生活品供应、水上船员接送及船舶污染物（含油污水、残油、洗舱水、生活污水及垃圾）接收、围油栏供应服务等船舶港口服务的单位，以及港口设施设备和机械租赁维修业务的单位，应当向港口行政管理部门办理备案手续。港口行政管理部门应当建立备案情况档案和经营者诚信管理制度，并及时向社会公布情况。

从事船舶港口服务、港口设施设备和机械租赁维修的经营者名称、固定经营场所、法定代表人、经营范围等事项发生变更或者终止经营的，应当在变更或者终止经营之日起 15 个工作日内办理变更备案。

第三章　经营管理

第二十一条 港口行政管理部门及相关部门应当保证港口公用基础设施的完好、畅通。

港口经营人应当按照核定的功能使用和维护港口经营设施、设备，并使其保持正常状态。

为国际航线船舶服务的码头（包括过驳锚地、浮筒），应当具备对外开放资格。

第二十二条 港口经营人变更或者改造码头、堆场、仓库、储罐和污水垃圾处理设施等固定经营设施，应当依照有关法律、法规和规章的规定履行相应手续。依照有关规定无须经港口行政管理部门审批的，港口经营人应当向港口行政管理部门备案。

第二十三条 从事港口旅客运输服务的经营人，应当采取必要措施保证旅客运输的安全、快捷、便利，保证旅客基本生活用品的供应，保持良好的候船条件和环境。

在港区内从事水上船员接送服务的，应当使用符合相关要求的船舶。

第二十四条 港口经营人应当优先安排抢险、救灾和国防建设急需物资的港口作业。

政府在紧急情况下征用港口设施，港口经营人应当服从指挥。港口经营人因此而产生费用或者遭受损失的，下达征用任务的机关应当依法给予相应的经济补偿。

第二十五条 在旅客严重滞留或者货物严重积压阻塞港口的紧急情况下，港口行政管理部门应当采取措施进行疏港。港口所在地的市、县人民政府认为必要时，可以直接采取措施，进行疏港。港口内的单位、个人及船舶、车辆应当服从疏港指挥。

第二十六条 港口行政管理部门应当依法制定可能危及社会公共利益的港口危险货物事故应急预案、重大生产安全事故的旅客紧急疏散和救援预案以及预防自然灾害预案，建立健全港口重大生产安全事故的应急救援体系。

港口行政管理部门按照前款规定制定的各项预案应当予以公布，并报送省级交通运输（港口）主管部门备案。

第二十七条 港口经营人应当依照有关法律、法规和交通运输部有关港口安全作业的规定，加强安全生产管理，完善安全生产条件，建立健全安全生产责任制等规章制度，加强落实，确保安全生产。

港口经营人应当依法制定本单位的危险货物事故应急预案、重大生产安全事故的旅客紧急疏散和救援预案以及预防自然灾害预案，并保障组织实施。

港口经营人按照前款规定制定的各项预案应当报送港口行政管理部门和港口所在地海事管理机构备案。

第二十八条 港口经营人从事港口经营业务，应当遵守有关法律、法规和规章的规定，依法履行合同约定的义务，为客户提供公平、良好的服务。

第二十九条 港口经营人应当遵守国家有关港口经营价格和收费的规定，应当在其经营场所公布经营服务收费项目和收费标准，使用国家规定的港口经营票据。

第三十条 港口经营人不得采取不正当手段，排挤竞争对手，限制或者妨碍公平竞争；不得对具有同等条件的服务对象实行歧视；不得以任何手段强迫他人接受其提供的港口服务。

第三十一条 从事港口拖轮业务的经营人，应当公布所经营拖轮的实时状态，供船舶运输经营人自主选择。

第三十二条 港口经营人应当按照有关规定及时足额交纳港口行政性收费。

港口经营人的合法权益受法律保护。任何单位和个人不得向港口经营人摊派或者违法收取费用。

港口经营人有权拒绝违反规定收取或者摊派的各种费用。

第三十三条 港口行政管理部门应当依法做好港口行政性收费的征管工作，保证港口行政性收费征收到位，并及时足额解缴。

港口行政性收费实行专户管理，专款专用。

第三十四条 港口经营人应当按照国家有关规定，及时向港口行政管理部门如实提供港口统计资料及有关信息。

各级交通运输（港口）主管部门和港口行政管理部门应当按照有关规定向交通运输部和上级交通运输（港口）主管部门报送港口统计资料和相关信息，并结合本地区的实际建设港口管理信息系统。

上述部门的工作人员应当为港口经营人保守商业秘密。

第四章 监督检查

第三十五条 港口行政管理部门应当依法对港口安全生产情况和本规定执行情况实施监督检查，并将检查的结果向社会公布。港口行政管理部门应当对旅客集中、货物装卸量较大或者特殊用途的码头进行重点巡查。检查中发现安全隐患的，应当责令被检查人立即排除或者限期排除。

各级交通运输（港口）主管部门应当加强对港口行政管理部门实施《中华人民共和国港口法》和本规定的监督管理，切实落实法律规定的各项制度，及时纠正行政执法中的违法行为。

第三十六条 港口行政管理部门的监督检查人员依法实施监督检查时，有权向被检查单位和有关人员了解情况，并可查阅、复制有关资料。

监督检查人员应当对检查中知悉的商业秘密保密。

监督检查人员实施监督检查，应当两个人以上，并出示执法证件。

第三十七条 监督检查人员应当将监督检查的时间、地点、内容、发现的问题及处理情况作出书面记录，并由监督检查人员和被检查单位的负责人签字；被检查单位的负责人拒绝签字的，监督检查人员应当将情况记录在案，并向港口行政管理部门报告。

第三十八条 被检查单位和有关人员应当接受港口行政管理部门依法实施的监督检查，如实提供有关情况和资料，不得拒绝检查或者隐匿、谎报有关情况和资料。

第五章 法律责任

第三十九条 有下列行为之一的，由港口行政管理部门责令停止违法经营，没收违法所得；违法所得 10 万元以上的，并处违法所得 2 倍以上 5 倍以下罚款；违法所得不足 10 万元的，处 5 万元以上 20 万元以下罚款：

（一）未依法取得港口经营许可证，从事港口经营的；

（二）未经依法许可，经营港口理货业务的；

（三）港口理货业务经营人兼营货物装卸经营业务、仓储经营业务的。

有前款第（三）项行为，情节严重的，由港口所在地的省级交通运输主管部门吊销港口理货业务经营许可证，并以适当方式向社会公布。

第四十条 经检查或者调查证实，港口经营人在取得经营许可后又不符合本规定第七、八、九、十条规定一项或者几项条件的，由港口行政管理部门责令其停止经营，限期改正；逾期不改正的，由作出行政许可决定的行政机关吊销《港口经营许可证》，并以适当方式向社会公布。

第四十一条 港口经营人不优先安排抢险物

资、救灾物资、国防建设急需物资的作业的，由港口行政管理部门责令改正；造成严重后果的，吊销《港口经营许可证》，并以适当方式向社会公布。

第四十二条 港口经营人违反本规定第二十七条关于安全生产规定的，由港口行政管理部门或者其他依法负有安全生产监督管理职责的部门依法给予处罚；情节严重的，由港口行政管理部门吊销《港口经营许可证》；构成犯罪的，依法追究刑事责任。

第四十三条 港口经营人违反本规定第二十九条、第三十条规定，港口行政管理部门应当进行调查，并协助相关部门进行处理。

第四十四条 港口经营人违反本规定第三十四条规定不及时和不如实向港口行政管理部门提供港口统计资料及有关信息的，由港口行政管理部门按照有关法律、法规的规定予以处罚。

第四十五条 港口行政管理部门不依法履行职责，有下列行为之一的，对直接负责的主管人员和其他直接责任人员依法给予行政处分；构成犯罪的，依法追究刑事责任：

（一）对不符合法定条件的申请人给予港口经营许可的；

（二）发现取得经营许可的港口经营人不再具备法定许可条件而不及时吊销许可证的；

（三）不依法履行监督检查职责，对未经依法许可从事港口经营的行为，不遵守安全生产管理规定的行为，危及港口作业安全的行为，以及其他违反本法规定的行为，不依法予以查处的。

第四十六条 港口行政管理部门违法干预港口经营人的经营自主权的，由其上级行政机关或者监察机关责令改正。向港口经营人摊派财物或者违法收取费用的，责令退回；情节严重的，对直接负责的主管人员和其他直接责任人员依法给予行政处分。

第六章　附　则

第四十七条 《港口经营许可证》的式样由交通运输部统一规定，由省级交通运输（港口）主管部门负责印制。

第四十八条 港口行政管理部门按照《中华人民共和国港口法》制定的港口章程应当在公布的同时送上级交通运输（港口）主管部门和交通运输部备案。

第四十九条 港口引航适用《船舶引航管理规定》（交通部令 2001 年第 10 号）。从事危险货物港口作业的，应当同时遵守《港口危险货物安全管理规定》（交通运输部令 2017 年第 27 号）。

第五十条 本规定自 2010 年 3 月 1 日起施行。2003 年 12 月 26 日交通部发布的《港口经营管理规定》（交通部令 2004 年第 4 号）同时废止。

中华人民共和国交通运输部令
2018 年第 11 号

《船舶载运危险货物安全监督管理规定》已于 2018 年 7 月 20 日经交通运输部第 12 次部务会议通过，现予以发布，自 2018 年 9 月 15 日起施行。

交通运输部部长 李小鹏

2018 年 7 月 31 日

船舶载运危险货物安全
监督管理规定

第一章　总　则

第一条 为加强船舶载运危险货物监督管理，保障水上人命、财产安全，防治船舶污染环境，依据《中华人民共和国海上交通安全法》《中华人民共和国港口法》《中华人民共和国内河交通安全管理条例》《中华人民共和国危险化学品安全管理条例》等法律、行政法规，制定本规定。

第二条 船舶在中华人民共和国管辖水域载运危险货物的活动，适用本规定。

第三条 交通运输部主管全国船舶载运危险货物的安全管理工作。

国家海事管理机构负责全国船舶载运危险货物的安全监督管理工作。

各级海事管理机构按照职责权限具体负责船舶载运危险货物的安全监督管理工作。

第二章 船舶和人员管理

第四条 从事危险货物运输的船舶所有人、经营人或者管理人，应当按照交通运输部有关船舶安全营运和防污染管理体系的要求建立和实施相应的体系或者制度。

从事危险货物运输的船舶经营人或者管理人，应当配备专职安全管理人员。

第五条 载运危险货物的船舶应当编制安全和防污染应急预案，配备相应的应急救护、消防和人员防护等设备及器材。

第六条 载运危险货物的船舶应当经国家海事管理机构认可的船舶检验机构检验合格，取得相应的检验证书和文书，并保持良好状态。

载运危险货物的船舶，其船体、构造、设备、性能和布置等方面应当符合国家船舶检验的法规、技术规范的规定；载运危险货物的国际航行船舶还应当符合有关国际公约的规定，具备相应的适航、适装条件。

第七条 载运危险货物的船舶应当按照规定安装和使用船舶自动识别系统等船载设备。船舶经营人、管理人应当加强对船舶的动态管理。

第八条 禁止通过内河封闭水域运输剧毒化学品以及国家规定禁止通过内河运输的其他危险化学品。其他内河水域禁止运输国家规定禁止通过内河运输的剧毒化学品以及其他危险化学品。

禁止托运人在普通货物中夹带危险货物，或者将危险货物谎报、匿报为普通货物托运。

取得相应资质的客货船或者滚装客船载运危险货物时，不得载运旅客，但按照相关规定随车押运人员和滚装车辆的司机除外。其他客船禁止载运危险货物。

第九条 船舶载运危险货物应当符合有关危险货物积载、隔离和运输的安全技术规范，并符合相应的适装证书或者证明文件的要求。船舶不得受载、承运不符合包装、积载和隔离安全技术规范的危险货物。

船舶载运包装危险货物，还应当符合《国际海运危险货物规则》的要求；船舶载运 B 组固体散装货物，还应当符合《国际海运固体散装货物规则》的要求。

第十条 从事危险货物运输船舶的船员，应当按照规定持有特殊培训合格证，熟悉所在船舶载运危险货物安全知识和操作规程，了解所运危险货物的性质和安全预防及应急处置措施。

第十一条 按照本规定办理危险货物申报或者报告手续的人员和集装箱装箱现场检查的人员，应当熟悉相关法规、技术规范和申报程序。

海事管理机构对危险货物申报或者报告人员以及集装箱装箱现场检查员日常从业情况实施监督抽查，并实行诚信管理制度。

第三章 包装和集装箱管理

第十二条 拟交付船舶载运的危险货物包装，其性能应当符合相关法规、技术规范以及国际公约规定，并依法取得相应的检验合格证明。

第十三条 拟交付船舶载运的危险货物使用新型或者改进的包装类型，应当符合《国际海运危险货物规则》有关等效包装的规定，并向海事管理机构提交该包装的性能检验报告、检验证书或者文书等资料。

第十四条 载运危险货物的船用集装箱、船用可移动罐柜等货物运输组件和船用刚性中型散装容器，应当经国家海事管理机构认可的船舶检验机构检验合格，方可用于船舶运输。

第十五条 拟交付船舶载运的危险货物包件、中型散装容器、大宗包装、货物运输组件，应当按照规定显示所装危险货物特性的标志、标记和标牌。

第十六条 拟载运危险货物的船用集装箱应当无损坏，箱内应当清洁、干燥、无污损，满足所装载货物要求。处于熏蒸状态下的船用集装箱等货物运输组件，应当符合相关积载要求，并显示熏蒸警告标牌。

第十七条 装入船用集装箱的危险货物及其包装应当保持完好，无破损、撒漏或者渗漏，并按照规定进行衬垫和加固，其积载、隔离应当符合相关安全要求。性质不相容的危险货物不得同箱装运。

第十八条 集装箱装箱现场检查员应当对船舶载运危险货物集装箱的装箱活动进行现场检查，在装箱完毕后，对符合《海运危险货物集装箱装箱安全技术要求》（JT672—2006）的签署《集装箱装箱证明书》。

第十九条 曾载运过危险货物的空包装或者空容器，未经清洁或者采取其他措施消除危险性的，应当视作盛装危险货物的包装或者容器。

第四章　申报和报告管理

第二十条 船舶载运危险货物进出港口，应当在进出港口 24 小时前（航程不足 24 小时的，在驶离上一港口前），向海事管理机构办理船舶载运危险货物申报手续，提交申请书和交通运输部有关规章要求的证明材料，经海事管理机构批准后，方可进出港口。

船舶在运输途中发生危险货物泄漏、燃烧或者爆炸等情况的，应当在办理船舶载运危险货物申报手续时说明原因、已采取的控制措施和目前状况等有关情况，并于抵港后送交详细报告。

定船舶、定航线、定货种的船舶可以办理定期申报手续。定期申报期限不超过 30 天。

第二十一条 海事管理机构应当在受理船舶载运危险货物进出港口申报后 24 小时内做出批准或者不批准的决定；属于定期申报的，应当在 7 日内做出批准或者不批准的决定。不予批准的，应当告知申请人不予批准的原因。海事管理机构应当将有关申报信息通报所在地港口行政管理部门。

第二十二条 拟交付船舶载运的危险货物托运人应当在交付载运前向承运人说明所托运的危险货物种类、数量、危险特性以及发生危险情况的应急处置措施，提交以下货物信息，并报告海事管理机构：

（一）危险货物安全适运声明书。

（二）危险货物安全技术说明书。

（三）按照规定需要进出口国家有关部门同意后方可载运的，应当提交有效的批准文件。

（四）危险货物中添加抑制剂或者稳定剂的，应当提交抑制剂或者稳定剂添加证明书。

（五）载运危险性质不明的货物，应当提交具有相应资质的评估机构出具的危险货物运输条件鉴定材料。

（六）交付载运包装危险货物的，还应当提交下列材料：

1. 包装、货物运输组件、船用刚性中型散装容器的检验合格证明；

2. 使用船用集装箱载运危险货物的，应当提交《集装箱装箱证明书》；

3. 载运放射性危险货物的，应当提交放射性剂量证明；

4. 载运限量或者可免除量危险货物的，应当提交限量或者可免除量危险货物证明。

（七）交付载运具有易流态化特性的 B 组固体散装货物通过海上运输的，还应当提交具有相应资质的检验机构出具的货物适运水分极限和货物水分含量证明。

承运人应当对上述货物信息进行审核，对不符合船舶适装要求的，不得受载、承运。

第二十三条 船舶载运包装危险货物或者 B 组固体散装货物离港前，应当将列有所载危险货物的装载位置清单、舱单或者详细配载图向海事管理机构报告。

第二十四条 船用集装箱拟拼装运输有隔离要求的两种或者两种以上危险货物，应当符合

《国际海运危险货物规则》的规定。危险货物托运人应当事先向海事管理机构报告。

第五章　作业安全管理

第二十五条　载运危险货物的船舶在装货前，应当检查货物的运输资料和适运状况。发现有违反本规定情形的不得装运。

第二十六条　从事散装危险货物装卸作业的船舶和码头，应当遵守安全和防污染操作规程，建立并落实船岸安全检查表制度，并严格按照船岸安全检查表的内容要求进行检查和填写。

载运散装液体危险货物的船舶装卸作业期间，禁止其他无关船舶并靠。使用的货物软管应当符合相关法规、技术规范的要求，并定期进行检验。

第二十七条　从事散装液化气体装卸作业的船舶和码头、装卸站应当建立作业前会商制度，并就货物操作、压载操作、应急等事项达成书面协议。

从事散装液化天然气装卸作业的船舶和码头、装卸站还应当采取装货作业期间在船上设置岸方应急切断装置控制点和卸货作业期间在岸上设置船方应急切断装置控制点等措施，确保在发生紧急情况时及时停止货物输送作业。

协助散装液化气船舶靠泊的船舶应当设置烟火熄灭装置及实施烟火管制。

禁止其他无关船舶在作业期间靠泊液化气码头、装卸站。

第二十八条　船舶进行危险货物水上过驳作业或者载运危险货物的船舶进行洗（清）舱、驱气、置换，应当符合国家水上交通安全和防治船舶污染环境的管理规定及技术规范，尽量远离船舶定线制区、饮用水地表水源取水口、渡口、客轮码头、通航建筑物、大型桥梁、水下通道以及内河等级航道和沿海设标航道，制定安全和防污染的措施和应急计划并保证有效实施。

第二十九条　载运危险货物的船舶进行洗（清）舱、驱气或者置换活动期间，不得检修和使用雷达、无线电发报机、卫星船站；不得进行明火、拷铲及其他易产生火花的作业；不得使用供应船、车进行加油、加水作业。

第三十条　载运危险货物的船舶在港口水域内从事危险货物过驳作业，应当由负责过驳作业的港口经营人依法向港口行政管理部门提出申请。港口行政管理部门在审批时，应当就船舶过驳作业的水域征得海事管理机构的同意，并将审批情况通报海事管理机构。

船舶在港口水域外从事内河危险货物过驳作业或者海上散装液体污染危害性货物过驳作业，应当依法向海事管理机构申请批准。

船舶进行水上危险货物和散装液体污染危害性货物过驳作业的水域，由海事管理机构发布航行警告或者航行通告。

第三十一条　船舶在港口水域外申请从事内河危险货物过驳作业或者海上散装液体污染危害性货物过驳作业的，申请人应当在作业前向海事管理机构提出申请，告知作业地点，并提交作业方案、作业程序、防治污染措施等材料。

海事管理机构自受理申请之日起，对单航次作业的船舶，应当在 24 小时内做出批准或者不批准的决定；对在特定水域多航次作业的船舶，应当在 7 日内做出批准或者不批准的决定。

第三十二条　船舶从事加注液化天然气及其他具有低闪点特性的气态燃料作业活动，应当遵守有关法规、标准和相关操作规程，落实安全措施，并在作业前将作业的种类、时间、地点、单位和船舶名称等信息向海事管理机构报告；作业信息变更的，应当及时补报。

通过船舶为液化天然气及其他具有低闪点特性的气态燃料水上加注船、趸船补给货物燃料的，应当执行本规定水上过驳的要求。

第三十三条　载运危险货物的船舶应当遵守海事管理机构关于航路、航道等区域性的特殊规定。

载运爆炸品、放射性物品、有机过氧化物、闪点 28℃以下易燃液体和散装液化气的船舶，不得与其他驳船混合编队拖带。

第三十四条 散装液化天然气船舶应当在抵港72小时前（航程不足72小时的，在驶离上一港口时）向抵达港海事管理机构报告预计抵港时间。预计抵港时间有变化的，还应当在抵港24小时前（航程不足24小时的，在驶离上一港口时）报告抵港时间。

第三十五条 散装液化气船舶进出港口和在港停泊、作业，应当按照相关标准和规范的要求落实安全保障措施。在通航水域进行试气试验的，试气作业单位应当制定试验方案并组织开展安全风险论证，落实安全管理措施。

载运散装液化天然气船舶及载运其他具有低闪点特性的气态燃料的船舶，进出沿海港口和在港停泊、作业，应当通过开展专题论证，确定护航、安全距离、应急锚地、安全警示标志等安全保障措施。

载运散装液化天然气船舶及载运其他具有低闪点特性的气态燃料的船舶，在内河航行、停泊、作业时，应当落实海事管理机构公布的安全保障措施。海事管理机构根据当地实际情况评估论证，确定护航、合理安全距离、声光警示标志等安全保障措施，征求相关港航管理部门意见后向社会公布。在船舶吨位、载运货物种类、航行区域、航线相同，且周边通航安全条件没有发生重大变化的情况下，不再重新进行评估论证。

第三十六条 载运危险货物的船舶发生水上险情、交通事故、非法排放、危险货物落水等事件，应当按照规定向海事管理机构报告，并及时启动应急预案，防止损害、危害的扩大。

海事管理机构接到报告后，应当立即核实有关情况，按照相关应急预案要求向上级海事管理机构和县级以上地方人民政府报告，并采取相应的应急措施。

第三十七条 载运散装液体危险货物的内河船舶卸货完毕后，应当在具备洗舱条件的码头、专用锚地、洗舱站点等对货物处所进行清洗，洗舱水应当交付港口接收设施、船舶污染物接收单位或者专业接收单位接收处理。

载运散装液体危险货物的内河船舶，有以下情形之一的，可以免于前款规定的清洗：

（一）船舶拟装载的货物与卸载的货物一致；

（二）船舶拟装载的货物与卸载的货物相容，经拟装载货物的所有人同意；

（三）已经实施海事管理机构确认的可替代清洗的通风程序。

卸货港口没有接收能力，船舶取得下一港口的接收洗舱水书面同意，可以在下一港口清洗，并及时报告海事管理机构。

第三十八条 载运危险货物的船舶航行、装卸或者停泊，应当悬挂专用的警示标志，按照规定显示专用信号。

载运散装液化天然气的船舶在内河航行，应当事先确定航行计划和航线。

载运散装液化天然气的船舶由沿海进入内河水域的，应当向途经的第一个内河港口的海事管理机构报告航行计划和航线；始发地为内河港口的，船舶应当将航行计划和航线向始发地海事管理机构报告。

第六章　监督管理

第三十九条 海事管理机构依法对船舶载运危险货物实施监督检查。

海事管理机构发现船舶载运危险货物存在安全隐患的，应当责令立即消除或者限期消除隐患；有关单位和个人不立即消除或者逾期不消除的，海事管理机构可以依据法律、行政法规的规定，采取禁止其进港、离港，或者责令其停航、改航、停止作业等措施。

第四十条 船舶载运危险货物有下列情形之一的，海事管理机构应当责令当事船舶立即纠正或者限期改正：

（一）经核实申报或者报告内容与实际情况不符的；

（二）擅自在不具备作业条件的码头、泊位或者非指定水域装卸危险货物的；

（三）船舶或者其设备不符合安全、防污染要求的；

（四）危险货物的积载和隔离不符合规定的；

（五）船舶的安全、防污染措施和应急计划不符合规定的。

第七章　法律责任

第四十一条　载运危险货物的船舶和相关单位违反本规定以及国家水上交通安全的规定，应当予以行政处罚的，由海事管理机构按照有关法规执行。

涉嫌构成犯罪的，由海事管理机构依法移送国家司法机关。

第四十二条　违反本规定，危险货物水路运输企业的船员未取得特殊培训合格证的，由海事管理机构责令改正，属于危险化学品的处 5 万元以上 10 万元以下的罚款，属于危险化学品以外的危险货物的处 2000 元以上 2 万元以下的罚款；拒不改正的，责令整顿。

第四十三条　违反本规定，载运危险货物的船舶及船用集装箱、船用刚性中型散装容器和船用可移动罐柜等配载的容器未经检验合格而投入使用的，由海事管理机构责令改正，属于危险化学品的处 10 万元以上 20 万元以下的罚款，有违法所得的，没收违法所得，属于危险化学品以外的危险货物的处 1000 元以上 3 万元以下的罚款；拒不改正的，责令整顿。

第四十四条　违反本规定，有下列情形之一的，由海事管理机构责令改正，属于危险化学品的处 5 万元以上 10 万元以下的罚款，属于危险化学品以外的危险货物的处 500 元以上 3 万元以下的罚款；拒不改正的，责令整顿：

（一）船舶载运的危险货物，未按照规定进行积载和隔离的；

（二）托运人不向承运人说明所托运的危险货物种类、数量、危险特性以及发生危险情况的应急处置措施的；

（三）未按照国家有关规定对所托运的危险货物妥善包装并在外包装上设置相应标志的。

第四十五条　违反本规定，载运危险货物的船舶进出港口，未依法向海事管理机构办理申报手续的，在内河通航水域运输危险货物的，对负有责任的主管人员或者其他直接责任人员处 2 万元以上 10 万元以下的罚款；在我国管辖海域运输危险货物的，对船舶所有人或者经营人处 1 万元以上 3 万元以下的罚款。

第四十六条　违反本规定，在托运的普通货物中夹带危险货物，或者将危险货物谎报或者匿报为普通货物托运的，由海事管理机构责令改正，属于危险化学品的处 10 万元以上 20 万元以下的罚款，有违法所得的，没收违法所得，属于危险化学品以外的危险货物的处 1000 元以上 3 万元以下的罚款；拒不改正的，责令整顿。

第四十七条　违反本规定，对不符合《海运危险货物集装箱装箱安全技术要求》的危险货物集装箱签署《集装箱装箱证明书》的，由海事管理机构责令改正，对聘用该集装箱装箱现场检查员的单位处 1000 元以上 3 万元以下的罚款。

第四十八条　违反本规定，有下列情形之一的，由海事管理机构责令改正，处 500 元以上 3 万元以下的罚款：

（一）交付船舶载运的危险货物托运人未向海事管理机构报告的；

（二）船舶载运包装危险货物或者 B 组固体散装货物离港前，未按照规定将清单、舱单或者详细配载图报海事管理机构的；

（三）散装液化天然气船舶未按照规定向海事管理机构报告预计抵港时间的；

（四）散装液化天然气船舶在内河航行，未按照规定向海事管理机构报告航行计划和航线的。

第四十九条　海事管理机构的工作人员有滥用职权、徇私舞弊、玩忽职守等严重失职行为的，由其所在单位或者上级机关依法处理；情节严重构成犯罪的，由司法机关依法追究刑事责任。

第八章　附　则

第五十条　本规定所称船舶载运的危险货

物，包括：

（一）《国际海运危险货物规则》（IMDG code）第3部分危险货物一览表中列明的包装危险货物，以及未列明但经评估具有安全危险的其他包装货物；

（二）《国际海运固体散装货物规则》（IMSBC code）附录1中B组固体散装货物，以及经评估具有化学危险的其他固体散装货物；

（三）《国际防止船舶造成污染公约》（MARPOL公约）附则Ⅰ附录1中列明的散装油类；

（四）《国际散装危险化学品船舶构造和设备规则》（IBC code）第17章中列明的散装液体化学品，以及未列明但经评估具有安全危险的其他散装液体化学品；

（五）《国际散装液化气体船舶构造和设备规则》（IGC code）第19章列明的散装液化气体，以及未列明但经评估具有安全危险的其他散装液化气体；

（六）我国加入或者缔结的国际条约、国家标准规定的其他危险货物。

《危险化学品目录》中所列物质，不属于前款规定的危险货物的，应当按照《危险化学品安全管理条例》的有关规定执行。

第五十一条 本规定所称B组固体散装货物，是指在《国际海运固体散装货物规则》附录1“组别”栏中列为B组货物或者同时列入A和B组货物。

第五十二条 本规定自2018年9月15日起施行。2003年11月30日以交通部令2003年第10号发布的《船舶载运危险货物安全监督管理规定》、2012年3月14日以交通运输部令2012年第4号发布的《关于修改〈船舶载运危险货物安全监督管理规定〉的决定》、1996年11月4日以交通部令1996年第10号发布的《水路危险货物运输规则（第一部分 水路包装危险货物运输规则）》同时废止。

中华人民共和国交通运输部令
2018年第42号

《交通运输部关于修改〈港口工程建设管理规定〉的决定》已于2018年11月21日经第19次部务会议通过，现予公布，自公布之日起施行。

交通运输部部长　李小鹏

2018年11月28日

交通运输部关于修改《港口工程建设管理规定》的决定

交通运输部决定对《港口工程建设管理规定》（交通运输部令2018年第2号）作如下修改：

一、将第十四条第（一）项“申请文件原件1份”修改为“申请文件”，第（二）项“初步设计文件1份及其电子版本”修改为“初步设计文件”，第（三）项中的“备案证明1份”修改为“备案证明”。

二、将第十七条第一款第（一）项“申请文件原件1份”修改为“申请文件”，第（二）项“施工图设计文件1份及其电子版本”修改为“施工图设计文件”，第（三）项“经批准的初步设计文件1份”修改为“经批准的初步设计文件”。

三、将第三十六条第（一）项“申请文件1份”修改为“申请文件”，第（二）项中的“设计变更文件1份”修改为“设计变更文件”。

四、将第四十八条第（一）项“申请文件1份”修改为“申请文件”，第（二）项“竣工验收报告1份”修改为“竣工验收报告”。

五、增加一条，作为第七十五条：“本规定第十四条、第十七条、第三十六条、第四十八条要求提供的材料，可以是纸质文本或者电子文本。”

条文序号作相应调整。

本决定自公布之日起施行。

《港口工程建设管理规定》根据本决定作相应修改，重新公布。

港口工程建设管理规定

（2018年1月15日交通运输部发布，根据2018年11月28日《交通运输部关于修改〈港口工程建设管理规定〉的决定》修正）

第一章　总　则

第一条　为了加强港口工程建设管理，规范港口工程建设活动，保证港口工程质量，根据《中华人民共和国港口法》《建设工程质量管理条例》《建设工程勘察设计管理条例》《企业投资项目核准和备案管理条例》等法律、行政法规，制定本规定。

第二条　在中华人民共和国境内从事港口工程建设活动，适用本规定。

本规定所称港口工程建设，是指在港口规划范围内，为实现港口功能进行新建、改建和扩建的码头工程（含舾装码头工程）及其同时立项的配套设施、防波堤、锚地、护岸等工程建设。

第三条　交通运输部主管全国港口工程建设的行业管理工作。

省级交通运输主管部门负责本行政区域内港口工程建设的监督管理工作。

所在地港口行政管理部门按照地方人民政府的规定具体实施本行政区域内港口工程建设的监督管理工作。

第四条　港口工程建设应当符合法规、技术标准和港口规划。

第五条　港口工程安全设施应当与主体工程同时设计、同时施工、同时投入使用。

新建、改建、扩建的码头工程应当规划、设计和建设岸基供电设施。已建成的码头应当逐步实施岸基供电设施改造。

港口工程应当按照法规和技术标准要求同时建设船舶污染物接收设施，并做好与城市公共转运、处置设施的衔接。

客运码头工程应当按照法规和技术标准要求建设客运设施，满足旅客安全、便捷出行需要。

第六条　鼓励港口工程建设采用新技术、新设备、新工艺、新材料，推行施工质量和安全标准化管理，加强施工安全风险管控，科学组织建设。

第七条　港口工程建设的项目单位（以下简称项目单位）应当通过登录国家建立的项目在线监管平台（以下简称在线平台）进行项目申报，并按照要求填写开工建设、建设进度、竣工等信息。

省级交通运输主管部门、所在地港口行政管理部门应当利用在线平台进行在线审批、在线监测、协同监管等，提高信息化管理水平。

第二章　建设程序管理

第八条　港口工程建设项目应当按照国家规定的建设程序进行。除国家另有规定外，不得擅自简化基本建设程序。

第九条　政府投资的港口工程建设项目应当执行以下建设程序：

（一）开展工程预可行性研究，编制项目建议书；

（二）根据批准的项目建议书，进行工程可行性研究，编制可行性研究报告；

（三）根据批准的可行性研究报告，编制初步设计文件；

（四）根据批准的初步设计文件，编制施工图设计文件；

（五）办理施工图设计审批手续；

（六）根据国家有关规定，依法办理开工前相关手续，具备条件后开工建设；

（七）组织工程实施；

（八）工程完工后，编制竣工材料，进行工程竣工验收的各项准备工作；

（九）组织竣工验收。

第十条 企业投资的港口工程建设项目应当执行以下建设程序：

（一）编制项目申请书或者填写备案信息，履行核准或者备案手续；

（二）根据核准的项目申请书或者备案信息，编制初步设计文件；

（三）根据批准的初步设计文件，编制施工图设计文件；

（四）办理施工图设计审批手续；

（五）根据国家有关规定，依法办理开工前相关手续，具备条件后开工建设；

（六）组织工程实施；

（七）工程完工后，编制竣工材料，进行工程竣工验收的各项准备工作；

（八）组织竣工验收。

第十一条 储存、装卸危险货物的港口工程建设项目，项目单位除执行本规定第九条、第十条的规定外，还应当按照《中华人民共和国安全生产法》《危险化学品安全管理条例》《港口危险货物安全管理规定》等要求，办理安全条件审查、安全设施设计审查手续，组织安全设施验收。

第十二条 港口工程建设项目需要使用港口岸线的，项目单位应当按照港口岸线使用的管理规定办理港口岸线使用手续。未取得岸线使用批准文件或者交通运输部关于岸线使用的意见，不得开工建设。

第十三条 交通运输部负责国家重点水运工程建设项目初步设计审批。

省级交通运输主管部门负责经省级人民政府及其投资主管部门审批、核准或者备案的港口工程建设项目初步设计审批。

所在地港口行政管理部门负责其余港口工程建设项目初步设计审批。

第十四条 项目单位应当向有审批权限的交通运输主管部门或者所在地港口行政管理部门申请初步设计审批，并提供以下材料：

（一）申请文件；

（二）初步设计文件；

（三）经批准的可行性研究报告，或者经核准的项目申请书，或者备案证明。

第十五条 编制港口工程建设项目初步设计文件，应当符合以下要求：

（一）建设方案符合港口总体规划；

（二）建设规模、标准及主要建设内容等符合项目审批、核准文件或者备案信息；

（三）设计符合有关技术标准，编制格式和内容符合水运工程设计文件编制要求。

第十六条 所在地港口行政管理部门负责港口工程建设项目施工图设计审批，对施工图设计文件中涉及公共利益、公众安全、工程建设强制性标准的内容进行审查。

第十七条 项目单位应当向所在地港口行政管理部门申请施工图设计审批，并提供以下材料：

（一）申请文件；

（二）施工图设计文件；

（三）经批准的初步设计文件。

施工图设计文件应当集中报批。对于工期长、涉及专业多的项目，可以分批报批。项目单位在首次申请施工图设计文件审批时，应当将分批安排报所在地港口行政管理部门。

第十八条 编制港口工程建设项目施工图设计文件，应当符合以下要求：

（一）建设规模、标准及主要建设内容符合经批准的初步设计文件；

（二）设计符合有关技术标准，编制格式和内容符合水运工程设计文件编制要求。

第十九条 对于技术复杂、难度较大、风险较大的港口工程建设项目，交通运输主管部门或者所在地港口行政管理部门在审批初步设计前应当委托另一设计单位进行技术审查咨询。受委托的设计单位资质等级应当不低于原初步设计文件编制单位资质等级。

所在地港口行政管理部门在审批施工图设计

前可以委托另一设计单位进行技术审查咨询。受委托的设计单位资质等级应当不低于原施工图设计文件编制单位资质等级。

第二十条 技术审查咨询主要核查以下内容，并对工程设计方案和概（预）算编制提出合理化建议：

（一）工程建设规模和主要建设内容与项目审批、核准文件或者备案信息的符合性；

（二）工程设计与强制性标准的符合性；

（三）总平面布置、主要工艺流程、主要设备配置的合理性；

（四）地基基础、主体结构的合理性、安全性、稳定性、耐久性；

（五）环境保护、安全、职业病防护、消防、节能等涉及公共安全、公众利益的工程措施与强制性标准的符合性；

（六）工程概（预）算的编制依据和方法的合理性。

第二十一条 交通运输主管部门、所在地港口行政管理部门应当在法定期限内对受理的设计审批申请作出书面决定，并告知项目单位；需要延长审批时限的，应当依法按照程序办理。

第二十二条 港口工程建设项目设计文件经批准后方可使用。

第二十三条 对于建设内容简单、投资规模较小的按照备案管理的港口工程建设项目，初步设计和施工图设计可以合并设计，深度应当达到施工图设计要求。

第三章 建设实施管理

第二十四条 项目单位应当在立项审批、核准文件及其他文件规定的有效期内开工建设。在有效期内不能开工建设的，应当按照规定在有效期届满前申请延期。

第二十五条 港口工程建设项目在条件具备后方可开工建设。项目单位在开工建设前，应当完成法规规定的各项手续，登录在线平台填写项目开工基本信息，并接受省级交通运输主管部门、所在地港口行政管理部门等对项目依法负有监督管理职责的相关部门的监管。

所在地港口行政管理部门应当通过在线监测、现场核查等方式加强对项目开工建设的监管。

第二十六条 项目单位依据国家有关规定对港口工程建设项目实行全过程管理，对工程质量和安全管理负总责。

项目单位应当符合《水运建设市场监督管理办法》规定的管理能力；不具备管理能力的，应当按照规定委托符合条件的代建单位进行项目建设管理。

第二十七条 经核准的企业投资港口工程建设项目建设地点发生变更，或者建设规模、内容发生较大变更的，项目单位应当向项目核准机关提出变更申请。已备案的企业投资港口工程建设项目信息发生较大变更的，企业应当及时告知备案机关。

政府投资的港口工程建设项目投资概算超过项目批准的投资估算10%的，或者项目建设地点、建设内容及规模发生重大变化的，项目单位应当按照项目审批机关的要求重新报送可行性研究报告。

第二十八条 港口工程建设项目出现批准机关调整审批、核准文件或者重新办理备案的，项目单位应当向初步设计审批部门申请调整初步设计审批内容。

第二十九条 港口工程建设项目设计文件一经批准，应当严格遵照执行，不得擅自变更。确需对设计文件内容进行变更的，应当履行相关手续后方可实施。

第三十条 港口工程建设项目设计变更应当符合强制性标准和技术规范，满足工程安全、质量、使用功能和环境保护等要求。

第三十一条 设计变更发生下列情形之一的，由原初步设计审批部门审批：

（一）对工程总平面布置进行重大调整，主要包括水域设计水深、码头或者防波堤顶高程、陆域生产区主要布置形式、防波堤轴向或者口门尺度等；

（二）改变主要水工建筑物结构型式；

（三）改变主要装卸工艺方案；

（四）政府投资港口工程建设项目超出初步设计批准总概算但在项目批准的投资估算10%以内。

前款规定的设计变更涉及施工图设计重大修改的，还应当由原施工图设计审批部门审批。

第三十二条 设计变更发生下列情形之一的，由原施工图设计审批部门审批：

（一）对工程总平面布置进行较大调整，主要包括水域主要布置形式、陆域辅助生产区主要布置形式等；

（二）调整主要生产建筑物结构型式；

（三）调整主要装卸工艺设备配置规模。

第三十三条 审批部门在批准设计变更时，可以委托另一设计单位进行技术审查咨询。受委托的设计单位资质等级应当不低于原设计文件编制单位资质等级。

第三十四条 本规定第三十一条、第三十二条以外的设计变更，项目单位应当加强管理，制定设计变更内部管理程序，不得随意变更设计内容，或者采取肢解设计变更内容等方式规避设计变更审批手续。

第三十五条 港口工程建设项目设计变更文件应当由原设计单位编制，或者经原设计单位书面同意，也可以由其他具有相应资质的设计单位编制。编制单位对设计变更文件承担相应责任。

第三十六条 申请港口工程建设项目设计变更，应当提交以下材料：

（一）申请文件；

（二）设计变更文件，内容包括港口工程建设项目的基本情况、拟变更的主要内容以及设计变更的合理性论证；设计变更前后相应的勘察、设计图纸；工程量、概算变化对照清单和分项投资等。

第三十七条 因应急抢险等紧急情况引起本规定第三十一条、第三十二条规定的设计变更情形的，项目单位可以先行组织实施，但应当在10个工作日内书面报告设计变更审批部门，并按照要求及时履行相应的设计变更手续。

第四章 验收管理

第三十八条 港口工程建设项目应当按照法规和国家有关规定及时组织竣工验收，经竣工验收合格后方可正式投入使用。

本规定所称竣工验收，是指港口工程建设项目完工后、正式投入使用前，对工程交工验收、执行强制性标准、投资使用等情况进行全面检查验收，以及对工程建设、设计、施工、监理等工作进行综合评价。

第三十九条 港口工程建设项目合同段完工后，由项目单位组织设计、施工、监理、试验检测等单位进行交工验收，并邀请所在地港口行政管理部门参加。

第四十条 交工验收应当具备以下条件：

（一）合同约定的各项内容已建设完成，未遗留有碍船舶航行和港口作业安全的隐患；

（二）项目单位组织对工程质量的检测结果合格；

（三）监理单位对工程质量的评定（评估）合格；

（四）质量监督机构对工程交工质量核验合格；

（五）设计单位、施工单位、监理单位已完成工作总结报告。

第四十一条 交工验收的主要工作内容：

（一）检查合同执行情况，核验工程建设内容与批复的设计内容是否一致；

（二）检查施工自检报告、施工总结报告及施工资料；

（三）检查监理单位独立抽检资料、监理总结报告及质量评定资料；

（四）检查设计单位对工程设计符合性评价意见和设计总结报告；

（五）检查工程实体质量；

（六）对合同是否全面执行、工程质量是否合格作出结论，出具交工验收意见。

第四十二条 港口工程建设项目建成后，按照设计要求需要进行试运行经营的，应当按照《港口经营管理规定》取得港口经营许可后，方可进行试运行经营。

第四十三条 试运行经营期内符合竣工验收条件的港口工程建设项目，项目单位应当及时办理港口工程竣工验收手续。

试运行期间达不到设计要求的，项目单位应当立即停止试运行并进行整改。整改完成后再次申请试运行的，试运行时间应当累计计算。

第四十四条 国家重点水运工程建设项目由项目单位向省级交通运输主管部门申请竣工验收。

前款规定以外的港口工程建设项目，属于政府投资的，由项目单位向所在地港口行政管理部门申请竣工验收；属于企业投资的，由项目单位组织竣工验收。

所在地港口行政管理部门应当加强对项目单位验收活动和验收结果的监督核查。

第四十五条 省级交通运输主管部门或者所在地港口行政管理部门应当按照国家规定的程序和时限完成港口工程竣工验收。竣工验收合格的，应当签发《港口工程竣工验收证书》。

第四十六条 港口工程建设项目竣工验收的主要依据是：

（一）法规及相关技术标准、规范；

（二）项目审批、核准文件或者备案证明；

（三）项目初步设计、施工图设计、设计变更等批准文件；

（四）主要设备技术规格或者说明书；

（五）合同文件。

第四十七条 港口工程建设项目竣工验收应当具备以下条件：

（一）已按照批准的工程设计和有关合同约定的各项内容建设完成，各合同段交工验收合格；建设项目有尾留工程的，尾留工程不得影响建设项目的投产使用，尾留工程投资额可以根据实际测算投资额或者按照工程概算所列的投资额列入竣工决算报告，但不超过工程总投资的 5%；

（二）主要工艺设备或者设施通过调试具备生产条件；

（三）需要试运行的，经试运行符合设计要求；

（四）环境保护设施、安全设施、职业病防护设施、消防设施已按照有关规定通过验收或者备案；航标设施以及其他辅助性设施已按照《中华人民共和国港口法》的规定，与港口工程同时建设，并保证按期投入使用；

（五）竣工档案资料齐全，并通过专项验收；

（六）竣工决算报告编制完成，按照国家有关规定需要审计的，已完成审计；

（七）廉政建设合同已履行。

第四十八条 项目单位向所在地港口行政管理部门申请竣工验收，应当提交以下材料：

（一）申请文件；

（二）竣工验收报告。

第四十九条 申请或者组织竣工验收前，项目单位应当组织编制竣工验收报告，竣工验收报告应当包括以下内容：

（一）项目单位工作报告；

（二）设计、施工、监理等单位的工作报告；

（三）质量监督机构出具的交工质量核验意见；

（四）试运行报告；

（五）竣工决算报告（按照国家有关规定需要审计的，应当包括竣工决算审计报告）；

（六）环境保护设施、安全设施、职业病防护设施、消防设施已按照有关部门规定通过验收或者备案的相关文件；

（七）有关批准文件。

第五十条 港口工程建设项目竣工验收的主要内容：

（一）检查工程执行有关部门批准文件情况；

（二）检查工程实体建设情况，核查质量监督机构出具的交工质量核验意见；

（三）检查工程合同履约情况；

（四）检查工程执行强制性标准情况；

（五）检查环境保护设施、安全设施、职业病防护设施、消防设施、档案等验收或者备案情况；

（六）检查竣工验收报告编制情况；

（七）检查廉政建设合同执行情况；

（八）对存在问题和尾留工程提出处理意见；

（九）对港口工程建设、设计、施工、监理等单位的工作作出综合评价；

（十）对工程竣工验收是否合格作出结论，出具竣工验收现场核查报告。

第五十一条 港口工程建设项目竣工验收应当成立竣工验收现场核查组对工程进行现场核查。

竣工验收现场核查组应当由验收组织部门或者单位、所在地港口行政管理部门、质量监督机构、项目单位人员和专家等组成，并应当邀请海事管理机构等其他依法对项目负有监督管理职责的相关部门参加。

工程设计、施工、监理、试验检测等单位人员应当参加现场核查。

第五十二条 竣工验收现场核查组成员应当为9人以上单数，其中专家不少于5人；竣工验收现场核查组组长由负责组织竣工验收的部门或者单位人员担任。

对于建设内容简单、投资规模较小的备案项目，竣工验收现场核查组可以由7人以上单数组成，其中专家不少于4人。

第五十三条 竣工验收专家应当具有一定的水运工程建设和管理经验，具备良好的职业道德，具有高级专业技术职称，且不得与项目单位以及勘察、设计、施工、监理、试验检测等单位有直接利害关系。

第五十四条 竣工验收现场核查组应当对照港口工程竣工验收主要内容，客观公正、实事求是地对工程进行现场核查，形成竣工验收现场核查报告。

第五十五条 竣工验收现场核查报告应当全面反映竣工验收现场核查工作开展情况和工程建设实际情况，并明确作出竣工验收合格或者不合格的核查结论。

第五十六条 竣工验收现场核查报告由竣工验收现场核查组全体成员签字。

竣工验收现场核查组成员对核查结论有不同意见的，应当以书面形式说明其不同意见和理由，竣工验收现场核查报告应当注明不同意见。竣工验收现场核查组组长应当组织全体成员对不同意见进行研究，提出竣工验收是否合格的核查结论。

竣工验收现场核查组成员拒绝在核查报告上签字，又不书面说明其不同意见和理由的，视为同意核查结论。

第五十七条 竣工验收现场核查报告明确竣工验收合格但提出整改要求的，项目单位应当进行整改，将整改情况形成书面材料存档；竣工验收现场核查报告明确竣工验收不合格的，项目单位整改后应当重新申请或者组织竣工验收。

第五十八条 港口工程建设项目竣工验收合格后15日内，由项目单位负责组织竣工验收的，项目单位应当将修改完善的竣工验收报告和竣工验收现场核查报告报所在地港口行政管理部门。由省级交通运输主管部门或者所在地港口行政管理部门负责组织竣工验收的，省级交通运输主管部门或者所在地港口行政管理部门应当按照要求将竣工验收报告和竣工验收现场核查报告报上一级交通运输主管部门。

省级交通运输主管部门、所在地港口行政管理部门应当在港口工程建设项目竣工验收后30日内向海事管理机构通报通航技术尺度等信息。

第五十九条 港口工程建设项目竣工验收合格后，项目单位应当按照要求及时登录在线平台填报竣工基本信息。

第六十条 交通运输主管部门、所在地港口行政管理部门应当通过市场检查、专项督查等方式对项目单位组织的竣工验收工作进行监督检查。上级交通运输主管部门应当对省级交通运输主管部门或者所在地港口行政管理部门组织的竣工验收工作进行监督检查。

第六十一条 对于一次设计、分期建成的港口工程建设项目，可以对已建成具有独立使用功能并符合竣工验收条件的部分港口工程建设项目进行分期竣工验收。企业投资的港口工程建设项目的分期竣工验收方案应当报所在地港口行政管理部门。

第六十二条 港口工程建设项目有尾留工程的，项目单位应当落实竣工验收现场核查报告对尾留工程的处理意见。尾留工程完工并符合交工验收条件后，项目单位应当组织尾留工程验收，验收通过后将相关资料报所在地港口行政管理部门。

第六十三条 港口工程建设项目竣工验收合格后，项目单位应当按照国家有关规定办理档案、固定资产交付使用等相关手续；需要进行港口经营的，应当按照《港口经营管理规定》的要求办理相关手续。

第五章 工程信息及档案管理

第六十四条 港口工程建设项目实行信息报送制度。

第六十五条 省级交通运输主管部门、所在地港口行政管理部门应当按照政府信息公开和报送的要求，做好工程建设项目信息的公开和报送工作。

第六十六条 项目单位应当自工程开工建设之日起按照统计制度规定每月报送工程建设信息，并登录在线平台填报项目建设动态进度基本信息。

项目单位应当指定信息员及时进行信息的收集、整理、统计和报送工作，确保信息真实、准确和完整，不得谎报、瞒报、漏报。

第六十七条 项目单位应当建立健全工程档案管理制度，保证档案资料真实、准确和完整，督促勘察、设计、施工、监理、试验检测等单位加强建设项目档案管理，按照有关规定办理工程竣工档案专项验收。

第六十八条 项目单位应当按照国家有关规定负责港口工程建设项目档案的收集、整理和归档，包括纸质技术档案资料、电子技术档案资料、影像及图片资料等。

第六十九条 港口工程建设项目勘察、设计、施工、监理、试验检测等单位应当加强资料档案的管理，按照国家有关规定建立健全工程项目档案，对各环节的文件、图片、影像等资料进行立卷归档。

第六章 法律责任

第七十条 项目单位有下列行为之一的，由所在地港口行政管理部门责令改正，处 20 万元以上 50 万元以下的罚款：

（一）施工图设计未经批准，擅自开工建设的；

（二）施工图设计经批准后，对本规定第三十一条、第三十二条规定的情形擅自作出变更或者采取肢解变更内容等方式规避审批并开工建设的。

第七十一条 项目单位有下列行为之一的，由所在地港口行政管理部门责令停止使用，处工程合同价款 2% 以上 4% 以下的罚款：

（一）未组织竣工验收或者验收不合格，擅自交付使用的；

（二）对不符合竣工验收条件和要求的项目按照合格项目验收的。

第七十二条 项目单位违反本规定未按时报送项目建设信息的，由所在地港口行政管理部门责令限期整改；省级交通运输主管部门或者所在地港口行政管理部门违反本规定未按时报送相关信息的，由其上级交通运输主管部门责令限期整改。

第七十三条 交通运输主管部门、所在地港口行政管理部门在办理设计审批、设计变更、竣工验收等手续中存在滥用职权、玩忽职守、徇私舞弊等行为的，由有关行政主管部门对直接责任人给予行政处分；构成犯罪的，由司法机关依法追究刑事责任。

第七章　附　则

第七十四条　本规定所称国家重点水运工程建设项目，是指国务院投资主管部门审批、核准或者交通运输部审批的港口工程建设项目。

第七十五条　本规定第十四条、第十七条、第三十六条、第四十八条要求提供的材料，可以是纸质文本或者电子文本。

第七十六条　港口公用航道工程按照交通运输部关于航道工程建设管理的有关规定执行。

第七十七条　本规定自2018年3月1日起施行。2007年4月24日以交通部令2007年第5号发布的《港口建设管理规定》、2005年4月12日以交通部令2005年第2号发布的《港口工程竣工验收办法》、2014年9月5日以交通运输部令2014年第12号发布的《关于修改〈港口工程竣工验收办法〉的决定》、2016年4月19日以交通运输部令2016年第44号发布的《关于修改〈港口工程竣工验收办法〉的决定》同时废止。

第六篇

全国口岸运行主要数据

2018 年全国海关出入境人员统计表

序号	海关名称	出入境人员（人次）	比重（%）	比去年同期（%）	入境人员（人次）	比去年同期（%）	出境人员（人次）	比去年同期（%）
0	合计	649 173 278	100.0	7.1	324 825 512	6.9	324 347 766	7.2
1	深圳关区	251 256 556	38.7	4.6	124 551 733	5.1	126 704 823	4.2
2	拱北关区	153 865 972	23.7	8.1	78 063 142	7.8	75 802 830	8.4
3	上海关区	46 719 468	7.2	3.6	23 456 782	0.9	23 262 686	6.6
4	昆明关区	42 244 438	6.5	8.3	21 282 392	8.4	20 962 046	8.1
5	北京关区	28 541 513	4.4	9.3	14 516 836	8.1	14 024 677	10.5
6	广州关区	24 106 873	3.7	5.4	11 990 189	5.2	12 116 684	5.5
7	南宁关区	18 117 783	2.8	19.6	9 054 210	19.5	9 063 573	19.8
8	厦门关区	7 668 528	1.2	12.0	3 815 903	11.8	3 852 625	12.1
9	青岛关区	7 305 865	1.1	13.6	3 642 148	13.7	3 663 717	13.5
10	南京关区	7 043 369	1.1	19.2	3 492 714	18.9	3 550 655	19.5
11	杭州关区	6 354 251	1.0	12.7	3 165 227	13.5	3 189 024	11.9
12	成都关区	5 998 208	0.9	11.1	2 978 930	10.6	3 019 278	11.6
13	天津关区	4 302 420	0.7	2.1	2 168 960	3.6	2 133 460	0.7
14	呼和浩特关区	3 842 310	0.6	2.0	1 927 891	2.3	1 914 419	1.8
15	哈尔滨关区	3 568 757	0.5	1.9	1 773 305	2.1	1 795 452	1.8
16	重庆关区	3 254 594	0.5	13.4	1 614 093	12.5	1 640 501	14.3
17	大连关区	3 110 739	0.5	12.6	1 550 659	14.3	1 560 080	11.0
18	武汉关区	2 966 571	0.5	5.7	1 474 136	6.0	1 492 435	5.3
19	长沙关区	2 806 201	0.4	11.4	1 393 837	10.8	1 412 364	12.1
20	福州关区	2 747 656	0.4	17.5	1 342 279	17.2	1 405 377	17.8
21	西安关区	2 711 263	0.4	28.3	1 349 490	28.5	1 361 773	28.2
22	海口关区	2 363 357	0.4	18.1	1 167 127	18.3	1 196 230	18.0
23	长春关区	2 238 613	0.3	-2.3	1 121 457	-2.0	1 117 156	-2.7
24	满洲里关区	2 107 958	0.3	6.2	1 053 858	5.8	1 054 100	6.6
25	宁波关区	1 938 023	0.3	11.6	968 831	10.8	969 192	12.5
26	郑州关区	1 887 389	0.3	34.3	937 025	34.2	950 364	34.4

续表

序号	海关名称	出入境人员（人次）	比重（%）	比去年同期（%）	入境人员（人次）	比去年同期（%）	出境人员（人次）	比去年同期（%）
27	沈阳关区	1 801 119	0.3	18.0	887 457	18.0	913 662	17.9
28	乌鲁木齐关区	1 310 831	0.2	-21.7	651 002	-21.3	659 829	-22.0
29	济南关区	1 275 495	0.2	46.1	630 274	43.6	645 221	48.7
30	黄埔关区	1 003 287	0.2	5.1	461 893	7.9	541 394	2.8
31	南昌关区	800 007	0.1	21.5	398 928	21.8	401 079	21.2
32	汕头关区	747 078	0.1	52.5	371 725	51.0	375 353	53.9
33	贵阳关区	676 415	0.1	27.2	339 460	28.0	336 955	26.4
34	合肥关区	634 769	0.1	13.2	318 647	12.4	316 122	13.9
35	石家庄关区	576 719	0.1	18.8	287 051	21.5	289 668	16.3
36	太原关区	398 668	0.1	5.1	196 624	4.3	202 044	5.8
37	银川关区	226 500	0.0	-8.1	112 678	-8.8	113 822	-7.3
38	兰州关区	177 834	0.0	-3.8	88 839	-3.0	88 995	-4.5
39	拉萨关区	153 189	0.0	17.7	69 761	27.4	83 428	10.7
40	湛江关区	149 957	0.0	1.9	75 338	1.7	74 619	2.1
41	江门关区	147 172	0.0	-31.8	69 872	-36.3	77 300	-27.2
42	西宁关区	25 563	0.0	-25.4	12 809	-26.4	12 754	-24.3

2018 年全国海关监管进出口邮递物品、印刷品和音像制品、快递物品统计表

序号	海关名称	邮递物品		印刷品和音像制品		快递物品	
		数量（件）	同比（%）	数量（件）	同比（%）	数量（件/票）	同比（%）
0	合计	845 337 205	3.0	54 409 406	5.9	589 980 746	16.7
1	广州关区	181 096 902	-18.5	4 989 016	-9.0	93 359 887	23.4
2	深圳关区	123 575 383	-20.3	1 030 955	-4.1	102 445 066	15.5
3	杭州关区	116 601 517	43.2	2 415 937	27.7	44 076 642	11.0
4	黄埔关区	73 941 441	388.0	0	—	662 676	-76.8
5	南京关区	67 932 673	-32.3	2 304 841	5.1	38 579 835	-5.2
6	北京关区	63 176 780	-4.9	15 627 630	-11.2	36 895 513	-8.0
7	厦门关区	42 622 071	25.3	1 187 931	123.5	21 880 428	22.6
8	郑州关区	32 394 605	66.2	1 258 488	26.1	21 673 617	48.1
9	上海关区	30 763 033	19.7	6 468 479	4.4	131 145 731	26.2
10	武汉关区	18 125 571	99.8	980 708	-24.6	3 020 875	4.6
11	长沙关区	17 501 784	33.0	340 766	-4.8	2 192 267	43.1
12	福州关区	12 001 769	-47.7	586 687	2.4	21 561 377	31.3
13	合肥关区	10 162 362	26.8	251 271	-48.5	0	—
14	宁波关区	10 038 397	16.7	873 281	13.1	8 823 043	-0.5
15	哈尔滨关区	9 481 599	-31.9	559 589	-10.1	1 123 661	-59.8
16	大连关区	8 629 199	263.2	284791	-10.1	2 287 757	16.9
17	乌鲁木齐关区	7 503 757	-12.6	48176	8.8	1 729 603	122.8
18	南宁关区	6 442 877	342.4	106 246	23.5	1 636 267	336.1
19	青岛关区	5 293 626	70.4	2 252 334	170.0	12 375 637	61.3
20	成都关区	2 492 397	100.8	1 842 563	47.7	8 051 769	37.1
21	天津关区	1 493 457	-62.4	5 201 504	72.8	8 061 392	-7.3
22	西安关区	1 148 284	50.8	2 801 164	-3.4	7 162 320	74.2
23	济南关区	1 014 693	1.0	724 991	15.5	2 147 681	69.1
24	重庆关区	694 937	-50.8	503 271	-25.6	5 448 157	20.5

续表

序号	海关名称	邮递物品		印刷品和音像制品		快递物品	
		数量（件）	同比（%）	数量（件）	同比（%）	数量（件/票）	同比（%）
25	沈阳关区	552 380	-16.2	298 360	-11.1	2 739 164	43.3
26	长春关区	223 809	39.5	635 843	17.0	2 070 801	84.5
27	昆明关区	161 101	65.1	139 071	-20.0	2 377 923	-14.8
28	拱北关区	84 465	1.2	63 761	-5.5	6 460	3.0
29	汕头关区	83 705	-41.0	25 215	-8.0	76 739	-6.2
30	呼和浩特关区	53 957	-20.3	571 410	54.8	825 463	-42.1
31	海口关区	34 173	-4.6	21 367	-3.2	311 452	190.5
32	江门关区	10 247	40.7	8 329	-22.7	2 948 595	-29.6
33	拉萨关区	4 254	5.0	5 280	-47.9	9 966	0.7
34	石家庄关区	0	—	0	—	3 536	-76.6
35	太原关区	0	—	1	—	0	—
36	满洲里关区	0	—	0	—	0	—
37	南昌关区	0	—	24	-97.2	0	—
38	湛江关区	0	—	0	—	1 428 061	-23.1
39	贵阳关区	0	—	0	—	36 728	-81.7
40	兰州关区	0	—	0	—	0	—
41	银川关区	0	—	0	—	804 657	1 192.1
42	西宁关区	0	—	126	—	0	—

2018年全国海关进出口货运量统计表

指　标	单位	进出口		进口		出口	
		累计	同比（%）	累计	同比（%）	累计	同比（%）
合计（货运量）	吨	4 453 051 999	4.2	2 876 568 139	3.7	1 576 483 860	5.2
海运	吨	3 370 504 578	2.4	2 683 250 644	2.9	687 253 934	0.6
其中：转关运输	吨	560 967 242	10.0	473 293 337	11.2	87 673 905	4.1
集装箱数量	箱次	112 182 291	4.1	54 820 684	2.4	57 361 607	5.8
重箱数量	箱次	73 058 671	1.8	20 763 526	-7.6	52 295 145	6.1
集装箱载货量	吨	665 645 311	0.5	247 292 661	-5.7	418 352 650	4.6
监管转关货运量	吨	77 023 078	-16.3	31 111 334	-28.4	45 911 744	-5.4
接受转关申报单	份	1 205 665	-2.4	172 530	-10.6	1 033 135	-0.9
核销转关申报单	份	1 197 501	-3.6	173 903	-9.6	1 023 598	-2.5
铁路运输	吨	54 430 849	10.6	47 239 872	11.1	7 190 977	7.4
其中：转关运输	吨	6 216 769	18.7	3 033 359	20.8	3 183 410	16.8
集装箱数量	箱次	814 477	35.4	347 453	56.9	467 024	22.9
重箱数量	箱次	671 347	34.7	208 703	74.9	462 644	22.1
集装箱载货量	吨	5 758 361	40.0	2 167 749	93.7	3 590 612	19.9
监管转关货运量	吨	5 042 983	-17.2	2 236 082	-26.3	2 806 901	-8.1
接受转关申报单	份	254 088	3.1	78 377	14.5	175 711	-1.3
核销转关申报单	份	253 119	2.6	78 609	16.2	174 510	-2.5
公路运输	吨	88 992 864	-0.3	58 117 634	-0.3	30 875 230	-0.4
其中：转关运输	吨	6 908 868	-3.8	2 625 843	-11.2	4 283 025	1.5
集装箱数量	箱次	3 369 978	2.5	1 740 378	3.4	1 629 600	1.5
重箱数量	箱次	2 022 751	9.3	788 955	14.7	1 233 796	6.1
集装箱载货量	吨	12 437 881	8.9	6 340 357	14.3	6 097 524	3.8
监管转关货运量	吨	4 953 231	-78.7	1 239 257	-84.1	3 713 974	-76.0
接受转关申报单	份	695 503	-82.0	308 836	-73.4	386 667	-85.7
核销转关申报单	份	696 922	-82.0	309 364	-73.4	387 558	-85.7
空运	吨	11 408 307	2.0	2 493 601	5.6	8 914 706	1.0
其中：转关运输	吨	1 361 358	5.1	536 156	-6.8	825 202	14.5

续表

指　标	单位	进出口		进口		出口	
		累计	同比（%）	累计	同比（%）	累计	同比（%）
集装箱数量	箱次	0	—	0	—	0	—
重箱数量	箱次	0	—	0	—	0	—
集装箱载货量	吨	0	—	0	—	0	—
监管转关货运量	吨	268 415	-33.8	97 897	-58.2	170 518	-0.2
接受转关申报单	份	452 052	-23.9	174 133	-38.2	277 919	-11.1
核销转关申报单	份	453 088	-23.7	175 441	-37.6	277 647	-11.3
邮运	吨	62 288	17.4	961	-2.7	61 327	17.8
其中：转关运输	吨	15 280	-55.5	45	-8.2	15 235	-55.5
集装箱数量	箱次	0	—	0	—	0	—
重箱数量	箱次	0	—	0	—	0	—
集装箱载货量	吨	0	—	0	—	0	—
监管转关货运量	吨	4 269	25 011.8	3	200.0	4 266	26 562.5
接受转关申报单	份	4 841	20.1	107	-10.1	4 734	21.0
核销转关申报单	份	4 829	19.9	107	-8.5	4 722	20.7
其他	吨	927 653 113	11.6	85 465 427	36.3	842 187 686	9.5
其中：转关运输	吨	356 723	-63.0	353 118	-63.2	3 605	28.9
集装箱数量	箱次	9	—	0	—	9	—
重箱数量	箱次	9	—	0	—	9	—
集装箱载货量	吨	63	—	0	—	63	—
监管转关货运量	吨	267 715	-95.9	267 569	-95.9	146	4 766.7
接受转关申报单	份	946	22.2	926	37.4	20	-80.0
核销转关申报单	份	942	23.8	924	39.8	18	-82.0

进出口商品总值表

单位：百万美元

年　份	进出口总值	出口总值	进口总值	差额（＋出超、－入超）	同比（%）	
					出口	进口
1981 年	44 022	22 007	22 015	－8	－	－
1982 年	41 606	22 321	19 285	3 036	1.4	－12.4
1983 年	43 616	22 226	21 390	836	－0.4	10.9
1984 年	53 549	26 139	27 410	－1 271	17.6	28.1
1985 年	69 602	27 350	42 252	－14 902	4.6	54.1
1986 年	73 846	30 942	42 904	－11 962	13.1	1.5
1987 年	82 653	39 437	43 216	－3 779	27.5	0.7
1988 年	102 784	47 516	55 268	－7 752	20.5	27.9
1989 年	111 678	52 538	59 140	－6 602	10.6	7.0
1990 年	115 436	62 091	53 345	8 746	18.2	－9.8
1991 年	135 634	71 843	63 791	8 052	15.7	19.6
1992 年	165 525	84 940	80 585	4 355	18.2	26.3
1993 年	195 703	91 744	103 959	－12 215	8.0	29.0
1994 年	236 621	121 006	115 615	5 391	31.9	11.2
1995 年	280 864	148 780	132 084	16 696	23.0	14.2
1996 年	289 881	151 048	138 833	12 215	1.5	5.1
1997 年	325 162	182 792	142 370	40 422	21.0	2.5
1998 年	323 949	183 712	140 237	43 475	0.5	－1.5
1999 年	360 630	194 931	165 699	29 232	6.1	18.2
2000 年	474 297	249 203	225 094	24 109	27.8	35.8
2001 年	509 651	266 098	243 553	22 545	6.8	8.2
2002 年	620 766	325 596	295 170	30 426	22.4	21.2
2003 年	850 988	438 228	412 760	25 468	34.6	39.8
2004 年	1 154 554	593 326	561 229	32 097	35.4	36.0
2005 年	1 421 906	761 953	659 953	102 001	28.4	17.6
2006 年	1 760 438	968 978	791 461	177 517	27.2	19.9
2007 年	2 176 175	1 220 060	956 115	263 944	25.9	20.8
2008 年	2 563 255	1 430 693	1 132 562	298 131	17.3	18.5

续表

年　份	进出口总值	出口总值	进口总值	差额 （+出超、−入超）	同比（%）	
					出口	进口
2009年	2 207 535	1 201 612	1 005 923	195 689	−16.0	−11.2
2010年	2 974 001	1 577 754	1 396 247	181 507	31.3	38.8
2011年	3 641 864	1 898 381	1 743 484	154 897	20.3	24.9
2012年	3 867 119	2 048 714	1 818 405	230 309	7.9	4.3
2013年	4 158 993	2 209 004	1 949 989	259 015	7.8	7.2
2014年	4 301 527	2 342 293	1 959 235	383 058	6.0	0.4
2015年	3 953 033	2 273 468	1 679 564	593 904	−2.9	−14.1
2016年	3 685 557	2 097 631	1 587 926	509 705	−7.7	−5.5
2017年	4 107 138	2 263 345	1 843 793	419 552	7.9	16.1
2018年	4 622 415	2 486 682	2 135 734	350 948	9.9	15.8

2018年进出口商品国别（地区）总值表

单位：千美元

进口原产国（地） 出口最终目的国（地）	2018年			2017年		
	出口	进口	出入超	出口	进口	出入超
总　值	2 486 681 510	2 135 733 883	350 947 627	2 263 344 924	1 843 792 941	419 551 983
亚　洲	1 187 598 691	1 192 984 291	－5 385 600	1 096 329 849	1 030 184 407	66 145 441
阿富汗	667 590	24 079	643 511	541 206	3 428	537 778
巴林	1 135 522	150 125	985 397	902 319	123 946	778 373
孟加拉国	17 753 059	984 423	16 768 636	15 169 020	875 145	14 293 876
不丹	12 833	8	12 825	6 238	177	6 061
文莱	1 591 948	247 510	1 344 437	637 592	351 810	285 783
缅甸	10 547 771	4 684 338	5 863 433	8 948 464	4 526 348	4 422 116
柬埔寨	6 007 523	1 376 655	4 630 868	4 783 198	1 007 582	3 775 616
塞浦路斯	738 124	53 988	684 136	524 306	53 342	470 963
朝鲜	2 217 062	213 152	2 003 910	3 245 098	1 730 987	1 514 111
中国香港	302 021 601	8 502 367	293 519 234	279 211 371	7 317 184	271 894 187
印度	76 675 656	18 833 347	57 842 308	68 040 460	16 345 371	51 695 090
印度尼西亚	43 191 405	34 149 776	9 041 630	34 757 183	28 574 306	6 182 878
伊朗	13 939 733	21 102 280	－7 162 547	18 584 616	18 553 693	30 923
伊拉克	7 903 324	22 495 274	－14 591 950	8 330 415	13 814 112	－5 483 698
以色列	9 274 416	4 641 157	4 633 259	8 918 241	4 206 236	4 712 005
日本	147 048 676	180 660 537	－33 611 861	137 258 711	165 794 006	－28 535 294
约旦	2 969 485	214 182	2 755 304	2 803 608	279 185	2 524 423
科威特	3 312 648	15 343 866	－12 031 218	3 112 773	8 934 950	－5 822 177
老挝	1 453 995	2 018 153	－564 158	1 419 351	1 604 997	－185 646
黎巴嫩	1 969 284	48 984	1 920 300	2 010 607	23 040	1 987 567
中国澳门	3 089 185	64 087	3 025 097	3 168 949	104 000	3 064 949
马来西亚	45 375 987	63 205 046	－17 829 059	41 709 924	54 426 139	－12 716 216
马尔代夫	396 173	1 033	395 140	295 625	621	295 004
蒙古	1 644 889	6 344 112	－4 699 223	1 235 612	5 167 313	－3 931 702
尼泊尔联邦民主共和国	1 077 368	22 000	1 055 368	966 954	17 854	949 101

续表 1

进口原产国（地） 出口最终目的国（地）	2018 年			2017 年		
	出口	进口	出入超	出口	进口	出入超
阿曼	2 864 611	18 898 511	-16 033 901	2 316 449	13 383 278	-11 066 829
巴基斯坦	16 933 317	2 172 086	14 761 231	18 250 590	1 833 219	16 417 371
巴勒斯坦	73 361	444	72 917	69 058	118	68 941
菲律宾	35 036 642	20 611 600	14 425 042	32 065 534	19 239 177	12 826 357
卡塔尔	2 482 414	9 146 390	-6 663 976	1 682 328	6 400 274	-4 717 946
沙特阿拉伯	17 428 036	45 854 380	-28 426 344	18 374 251	31 761 873	-13 387 622
新加坡	49 036 625	33 727 772	15 308 854	45 019 098	34 249 624	10 769 474
韩国	108 756 144	204 643 401	-95 887 257	102 703 567	177 553 154	-74 849 587
斯里兰卡	4 255 049	321 745	3 933 304	4 087 994	310 030	3 777 964
叙利亚	1 272 772	869	1 271 902	1 102 814	1 334	1 101 480
泰国	42 878 717	44 629 637	-1 750 919	38 540 868	41 596 083	-3 055 215
土耳其	17 788 595	3 756 860	14 031 735	18 120 883	3 783 430	14 337 453
阿拉伯联合酋长国	29 651 248	16 237 767	13 413 482	28 722 974	12 311 158	16 411 816
也门共和国	1 874 608	719 933	1 154 675	1 643 038	659 962	983 076
越南	83 876 688	63 956 349	19 920 339	71 616 489	50 374 617	21 241 872
中华人民共和国	-	146 221 570	-146 221 570	-	132 369 372	-132 369 372
中国台湾	48 643 055	177 599 869	-128 956 814	43 978 533	155 960 591	-111 982 058
东帝汶	132 390	3 014	129 375	132 597	1 573	131 023
哈萨克斯坦	11 351 528	8 526 609	2 824 919	11 564 431	6 378 691	5 185 740
吉尔吉斯斯坦	5 556 793	54 327	5 502 465	5 336 808	87 055	5 249 752
塔吉克斯坦	1 429 082	76 844	1 352 237	1 301 375	46 737	1 254 638
土库曼斯坦	316 925	8 119 370	-7 802 445	368 116	6 575 126	-6 207 009
乌兹别克斯坦	3 944 731	2 324 460	1 620 271	2 749 422	1 471 449	1 277 974
亚洲其他国家（地区）	105	3	102	789	712	77
非　洲	104 893 864	99 264 928	5 628 936	94 715 133	75 927 150	18 787 983
阿尔及利亚	7 926 454	1 177 701	6 748 753	6 784 448	448 324	6 336 124
安哥拉	2 253 137	25 826 510	-23 573 373	2 257 453	20 698 709	-18 441 256
贝宁	2 149 948	48 325	2 101 623	1 926 509	91 590	1 834 918
博茨瓦纳	281 603	14 230	267 373	232 700	33 548	199 151
布隆迪	37 324	11 928	25 396	45 253	6 929	38 324
喀麦隆	1 694 220	1 095 350	598 870	1 388 611	508 503	880 108
加那利群岛	2 916	14	2 902	3 336	273	3 064

续表 2

进口原产国（地） 出口最终目的国（地）	2018 年			2017 年		
	出口	进口	出入超	出口	进口	出入超
佛得角	78 266	290	77 975	69 240	8	69 232
中非	18 937	54 250	-35 313	12 962	28 108	-15 145
塞卜泰（休达）	299	456	-157	304	0	304
乍得	184 585	95 945	88 640	115 364	279 914	-164 550
科摩罗	79 196	28	79 168	67 758	38	67 721
刚果（布）	445 961	6 813 001	-6 367 040	497 836	3 962 065	-3 464 230
吉布提	1 863 779	204	1 863 575	2 175 410	15	2 175 394
埃及	11 987 208	1 842 524	10 144 683	9 485 643	1 341 934	8 143 709
赤道几内亚	145 146	2 139 372	-1 994 226	166 218	1 483 835	-1 317 617
埃塞俄比亚	2 530 872	345 302	2 185 570	2 664 555	357 583	2 306 972
加蓬	385 858	2 976 723	-2 590 865	446 191	2 293 611	-1 847 420
冈比亚	426 191	20 062	406 128	398 653	99 052	299 600
加纳	4 813 948	2 442 012	2 371 937	4 824 796	1 852 939	2 971 857
几内亚	1 353 497	2 187 616	-834 119	1 239 957	1 466 753	-226 797
几内亚比绍	29 832	7 639	22 193	33 724	402	33 322
科特迪瓦共和国	1 891 789	252 306	1 639 483	1 692 545	157 910	1 534 635
肯尼亚	5 197 201	173 758	5 023 443	5 034 650	166 820	4 867 830
利比里亚	1 954 482	89 270	1 865 212	2 103 671	28 857	2 074 813
利比亚	1 428 233	4 779 181	-3 350 949	1 027 970	1 362 658	-334 688
马达加斯加	1 010 077	200 056	810 020	1 007 487	227 093	780 394
马拉维	221 602	27 356	194 246	261 944	27 326	234 618
马里	345 506	88 509	256 997	337 248	67 877	269 370
毛里塔尼亚	1 036 858	861 505	175 352	859 154	786 505	72 649
毛里求斯	804 176	37 444	766 732	762 148	22 435	739 713
摩洛哥	3 680 913	706 900	2 974 012	3 176 225	650 597	2 525 628
莫桑比克	1 861 781	633 534	1 228 247	1 306 746	528 715	778 031
纳米比亚	323 711	502 923	-179 212	272 141	297 541	-25 400
尼日尔	116 257	171 113	-54 856	97 876	99 079	-1 203
尼日利亚	13 404 782	1 853 092	11 551 690	12 153 160	1 624 050	10 529 110
留尼汪	163 657	105	163 552	153 515	33	153 482
卢旺达	165 590	39 327	126 262	128 669	28 879	99 789
圣多美和普林西比	7 255	49	7 206	6 902	1	6 901
塞内加尔	2 142 851	128 598	2 014 252	2 040 713	149 699	1 891 015

续表3

进口原产国（地） 出口最终目的国（地）	2018年			2017年		
	出口	进口	出入超	出口	进口	出入超
塞舌尔	61 327	25	61 302	48 824	1 474	47 350
塞拉利昂	253 022	177 144	75 878	242 431	338 018	-95 587
索马里	635 452	16 552	618 900	473 500	11 803	461 697
南非	16 248 381	27 287 489	-11 039 108	14 806 581	24 388 596	-9 582 015
西撒哈拉	44	4	39	1 785	0	1 785
苏丹	1 880 402	665 166	1 215 236	2 221 760	590 798	1 630 962
坦桑尼亚	3 583 140	391 255	3 191 885	3 119 554	335 859	2 783 695
多哥	1 989 245	145 762	1 843 483	1 886 346	73 187	1 813 159
突尼斯	1 414 600	195 077	1 219 524	1 327 987	198 163	1 129 824
乌干达	706 396	46 224	660 172	777 367	33 413	743 955
布基纳法索	222 996	95 118	127 877	183 049	20 436	162 613
刚果（金）	1 773 248	5 655 537	-3 882 289	969 983	3 289 989	-2 320 006
赞比亚	969 491	4 082 850	-3 113 359	709 468	3 122 754	-2 413 287
津巴布韦	445 676	889 626	-443 951	443 819	872 030	-428 210
莱索托	64 139	30 089	34 050	61 301	24 847	36 454
梅利利亚	5 595	7	5 588	10 319	1	10 319
斯威士兰	36 402	27 460	8 942	34 228	4 337	29 891
厄立特里亚	42 845	310 858	-268 013	42 947	170 690	-127 743
马约特	36 560	14	36 546	41 508	14	41 494
南苏丹共和国	77 165	1 604 136	-1 526 970	51 942	1 270 050	-1 218 108
非洲其他国家（地区）	1 841	24	1 816	746	479	267
欧　洲	474 597 720	379 432 762	95 164 958	428 970 681	327 131 359	101 839 321
比利时	17 055 065	6 967 715	10 087 350	15 737 905	7 549 895	8 188 010
丹麦	7 291 749	4 389 666	2 902 083	6 510 815	4 211 781	2 299 034
英国	56 542 977	23 870 590	32 672 388	56 713 275	22 328 956	34 384 319
德国	77 489 342	106 324 821	-28 835 479	71 133 729	96 940 109	-25 806 380
法国	30 672 911	32 202 218	-1 529 307	27 665 044	26 797 342	867 702
爱尔兰	3 649 885	10 859 576	-7 209 691	2 912 625	8 117 925	-5 205 300
意大利	33 171 610	21 062 194	12 109 417	29 199 652	20 497 942	8 701 710
卢森堡	805 572	312 043	493 529	700 940	308 036	392 904
荷兰	72 834 694	12 332 690	60 502 005	67 130 338	11 272 043	55 858 295
希腊	6 498 320	562 508	5 935 812	4 751 180	430 040	4 321 140

续表 4

进口原产国（地）出口最终目的国（地）	2018 年			2017 年		
	出口	进口	出入超	出口	进口	出入超
葡萄牙	3 750 198	2 249 056	1 501 142	3 445 206	2 139 179	1 306 028
西班牙	24 952 249	8 751 000	16 201 249	22 914 731	8 027 770	14 886 961
阿尔巴尼亚	539 905	108 036	431 870	454 033	196 222	257 810
安道尔	1 867	145	1 722	1 271	103	1 168
奥地利	2 827 537	6 923 284	-4 095 747	2 527 127	5 865 911	-3 338 784
保加利亚	1 440 253	1 146 431	293 822	1 169 042	969 183	199 859
芬兰	3 085 764	4 781 025	-1 695 260	2 845 697	4 259 328	-1 413 631
直布罗陀	2 757	2	2 755	3 969	40	3 929
匈牙利	6 540 214	4 342 074	2 198 140	6 049 332	4 077 224	1 972 108
冰岛	255 577	165 756	89 821	111 825	110 090	1 736
列支敦士登	51 825	124 000	-72 175	46 231	126 590	-80 359
马耳他	1 431 998	349 203	1 082 794	2 095 941	410 914	1 685 027
摩纳哥	120 176	10 700	109 475	13 256	7 540	5 716
挪威	2 650 995	3 421 521	-770 526	2 488 984	3 129 257	-640 273
波兰	20 876 212	3 645 368	17 230 845	17 872 832	3 353 508	14 519 324
罗马尼亚	4 507 106	2 167 852	2 339 254	3 777 953	1 824 318	1 953 635
圣马力诺	3 704	4 563	-858	5 552	3 136	2 417
瑞典	8 190 859	8 954 753	-763 894	7 025 719	7 883 817	-858 099
瑞士	4 015 774	38 515 840	-34 500 066	3 160 491	32 892 423	-29 731 932
爱沙尼亚	1 031 507	245 191	786 317	1 006 346	260 339	746 007
拉脱维亚	1 166 088	213 051	953 037	1 148 232	177 240	970 991
立陶宛	1 762 955	330 039	1 432 915	1 600 263	255 151	1 345 112
格鲁吉亚	1 095 540	53 887	1 041 652	912 617	67 591	845 026
亚美尼亚	213 184	302 143	-88 960	143 849	302 677	-158 828
阿塞拜疆	515 928	382 018	133 910	386 970	577 454	-190 484
白俄罗斯	1 141 589	571 054	570 535	933 355	515 384	417 971
摩尔多瓦	108 695	38 388	70 306	97 913	33 964	63 949
俄罗斯联邦	47 965 273	59 142 176	-11 176 903	42 830 080	41 390 293	1 439 787
乌克兰	7 018 502	2 645 030	4 373 471	5 040 632	2 339 642	2 700 990
斯洛文尼亚	4 424 234	591 022	3 833 212	2 886 531	495 352	2 391 179
克罗地亚	1 327 162	211 997	1 115 165	1 159 638	183 084	976 555
捷克	11 909 583	4 399 047	7 510 535	8 792 967	3 695 706	5 097 262
斯洛伐克	2 535 850	5 245 625	-2 709 775	2 729 478	2 584 963	144 515

续表 5

进口原产国（地） 出口最终目的国（地）	2018 年			2017 年		
	出口	进口	出入超	出口	进口	出入超
北马其顿共和国	105 744	48 343	57 401	78 040	86 689	–8 648
波黑	109 718	77 402	32 316	78 817	57 254	21 562
梵蒂冈城国	7	1	6	84	0	83
法罗群岛	2 667	125 938	–123 271	2 070	99 803	–97 733
塞尔维亚	728 301	223 872	504 428	545 639	211 585	334 054
黑山	178 097	41 736	136 361	132 456	66 401	66 055
欧洲其他国家（地区）	3	171	–168	8	166	–158
拉丁美洲	148 777 579	158 394 123	–9 616 544	130 815 502	127 773 944	3 041 558
安提瓜和巴布达	55 360	45	55 316	44 870	8	44 861
阿根廷	8 418 071	3 517 154	4 900 916	9 067 210	4 754 227	4 312 983
阿鲁巴	32 370	34	32 335	24 302	7	24 295
巴哈马	480 030	12 877	467 154	278 493	21 009	257 484
巴巴多斯	136 731	21 275	115 456	107 798	24 771	83 027
伯利兹	92 666	256	92 410	87 247	413	86 834
玻利维亚	836 169	329 704	506 465	729 173	354 577	374 596
博内尔	636	0	635	1 117	1	1 117
巴西	33 664 872	77 569 518	–43 904 646	28 950 506	58 857 155	–29 906 649
开曼群岛	101 161	121	101 039	256 972	6	256 966
智利	15 873 631	26 730 709	–10 857 078	14 409 837	21 175 532	–6 765 695
哥伦比亚	8 717 650	5 887 948	2 829 702	7 439 746	3 885 439	3 554 307
多米尼克	34 497	119	34 378	49 128	710	48 418
哥斯达黎加	1 662 734	777 220	885 514	1 495 083	791 621	703 462
古巴	1 075 538	480 383	595 155	1 357 042	397 990	959 053
库腊索岛	41 049	19	41 030	29 687	7	29 680
多米尼加共和国	2 108 383	180 125	1 928 258	1 702 948	167 587	1 535 361
厄瓜多尔	3 717 831	1 988 696	1 729 135	2 963 207	1 127 738	1 835 469
法属圭亚那	13 859	142	13 717	15 813	209	15 604
格林纳达	13 146	3	13 143	10 700	12	10 687
瓜德罗普	42 609	12	42 596	37 599	14	37 585
危地马拉	2 332 892	86 572	2 246 319	1 959 400	106 841	1 852 559
圭亚那	222 034	43 083	178 951	188 638	38 391	150 247
海地	615 901	7 501	608 400	532 574	7 610	524 963

续表 6

进口原产国（地） 出口最终目的国（地）	2018 年			2017 年		
	出口	进口	出入超	出口	进口	出入超
洪都拉斯	987 731	48 268	939 462	844 820	23 938	820 882
牙买加	583 319	76 321	506 999	516 574	48 089	468 485
马提尼克	22 289	24	22 266	27 159	58	27 101
墨西哥	44 009 918	14 008 910	30 001 008	35 904 979	11 803 239	24 101 740
蒙特塞拉特	335	3	333	221	53	168
尼加拉瓜	473 995	105 719	368 276	624 142	28 400	595 742
巴拿马	6 940 132	81 763	6 858 369	6 626 769	62 027	6 564 742
巴拉圭	1 671 047	40 167	1 630 880	1 560 564	33 021	1 527 543
秘鲁	8 064 692	14 914 302	-6 849 610	6 958 856	13 367 374	-6 408 518
波多黎各	882 931	893 167	-10 236	597 767	496 335	101 432
萨巴	7	-	7	5	0	5
圣卢西亚	18 859	59	18 800	15 917	55	15 862
圣马丁岛	13 207	1	13 206	9 547	0	9 546
圣文森特和格林纳丁斯	36 963	233	36 730	42 090	442	41 649
萨尔瓦多	927 224	164 389	762 835	772 552	116 371	656 181
苏里南	214 860	53 032	161 828	177 549	26 238	151 311
特立尼达和多巴哥	347 128	385 431	-38 303	429 891	182 332	247 559
特克斯和凯科斯群岛	3 007	0	3 006	2 715	3	2 712
乌拉圭	2 064 425	2 556 226	-491 801	2 151 523	2 650 217	-498 694
委内瑞拉	1 145 790	7 431 396	-6 285 606	1 746 405	7 219 922	-5 473 517
英属维尔京群岛	36 816	26	36 790	11 844	107	11 737
圣基茨和尼维斯	11 539	1 017	10 521	8 689	702	7 987
圣皮埃尔和密克隆	16	0	16	40	32	8
荷属安的列斯	28 642	122	28 521	44 326	45	44 281
拉丁美洲其他国家（地区）	2 889	31	2 858	1 469	3 066	-1 597
北美洲	513 722 921	183 714 583	330 008 338	461 232 657	174 501 919	286 730 738
加拿大	35 153 243	28 359 401	6 793 842	31 375 075	20 423 007	10 952 068
美国	478 395 813	155 123 186	323 272 627	429 722 594	153 945 522	275 777 072

续表 7

进口原产国（地） 出口最终目的国（地）	2018 年			2017 年		
	出口	进口	出入超	出口	进口	出入超
格陵兰	3 974	231 912	-227 938	2 493	133 380	-130 887
百慕大	169 298	84	169 214	132 024	11	132 014
北美洲其他国家（地区）	593	0	593	471	-	471
大洋洲	57 090 734	121 549 525	-64 458 791	51 263 929	107 894 697	-56 630 768
澳大利亚	47 330 059	105 810 673	-58 480 614	41 438 095	95 009 121	-53 571 026
库克群岛	5 187	2 502	2 684	7 419	5 766	1 653
斐济	456 670	25 310	431 360	365 495	17 522	347 973
盖比群岛	54	41	13	30	0	29
马克萨斯群岛	-	0	0	-	-	-
瑙鲁	1 911	121	1 790	423	276	147
新喀里多尼亚	134 094	1 093 709	-959 616	85 330	794 668	-709 338
瓦努阿图	63 418	15 683	47 735	65 585	14 239	51 346
新西兰	5 774 696	11 083 332	-5 308 636	5 100 093	9 391 098	-4 291 006
诺福克岛	1 974	11	1 963	2 230	1	2 230
巴布亚新几内亚	785 575	2 825 846	-2 040 270	774 994	2 070 332	-1 295 338
社会群岛	2 222	1	2 221	3 050	-	3 050
所罗门群岛	118 241	629 316	-511 074	92 582	554 819	-462 237
汤加	24 947	119	24 828	27 942	584	27 358
土阿莫土群岛	4	9	-5	0	-	0
土布艾群岛	-	2	-2	-	0	0
萨摩亚	70 609	510	70 099	63 881	527	63 354
基里巴斯	17 836	103	17 733	15 398	406	14 993
图瓦卢	12 425	9	12 415	18 347	7	18 340
密克罗尼西亚联邦	18 541	21 775	-3 233	26 287	11 656	14 631
马绍尔群岛	2 165 449	33 160	2 132 289	3 096 408	18 269	3 078 139
帕劳	13 726	40	13 686	16 834	1	16 833
法属波利尼西亚	75 319	6 982	68 337	59 318	5 405	53 913
瓦利斯和浮图纳	294	4	290	304	0	304
大洋洲其他国家（地区）	17 483	268	17 215	3 884	-	3 884

续表 8

进口原产国（地） 出口最终目的国（地）	2018 年			2017 年		
	出口	进口	出入超	出口	进口	出入超
国别（地区）不详	1	393 672	-393 670	17 173	379 464	-362 290
东南亚国家联盟	318 997 301	268 606 835	50 390 466	279 497 702	235 950 682	43 547 019
欧洲联盟	408 510 019	273 484 026	135 025 992	372 026 844	244 970 399	127 056 445
亚太经济合作组织	1 590 810 390	1 396 153 969	194 656 421	1 436 013 475	1 236 381 582	199 631 893

表注：1. 东南亚国家联盟包括：文莱、缅甸、柬埔寨、印度尼西亚、老挝、马来西亚、菲律宾、新加坡、泰国、越南。

2. 欧洲联盟包括：比利时、丹麦、英国、德国、法国、爱尔兰、意大利、卢森堡、荷兰、希腊、葡萄牙、西班牙、奥地利、芬兰、瑞典、塞浦路斯、匈牙利、马耳他、波兰、爱沙尼亚、拉脱维亚、立陶宛、斯洛文尼亚、捷克、斯洛伐克、保加利亚、罗马尼亚、克罗地亚。

3. 亚太经济合作组织包括：文莱、中国香港、印度尼西亚、日本、马来西亚、菲律宾、新加坡、韩国、泰国、越南、中华人民共和国、中国台湾、俄罗斯、智利、墨西哥、秘鲁、加拿大、美国、澳大利亚、新西兰、巴布亚新几内亚。

2018年进出口商品构成表

单位：千美元

商　品	出　口		进　口	
	金额	比重（%）	金额	比重（%）
总　值	2 486 681 510	100.0	2 135 733 883	100.0
一、初级产品	134 992 829	5.4	701 744 100	32.9
0类　食品及活动物	65 471 187	2.6	64 800 884	3.0
00章　活动物	544 086	0.0	411 710	0.0
01章　肉及肉制品	2 829 559	0.1	11 090 303	0.5
02章　乳品及蛋品	295 436	0.0	5 382 891	0.3
03章　鱼、甲壳及软体类动物及其制品	21 543 868	0.9	11 912 788	0.6
04章　谷物及其制品	2 039 180	0.1	7 035 533	0.3
05章　蔬菜及水果	24 039 094	1.0	12 259 470	0.6
06章　糖、糖制品及蜂蜜	2 347 867	0.1	1 513 574	0.1
07章　咖啡、茶、可可、调味料及其制品	3 919 751	0.2	1 626 064	0.1
08章　饲料（不包括未碾磨谷物）	3 119 734	0.1	4 345 943	0.2
09章　杂项食品	4 792 614	0.2	9 222 607	0.4
1类　饮料及烟类	3 713 236	0.1	7 664 959	0.4
11章　饮料	2 304 627	0.1	5 906 176	0.3
12章　烟草及其制品	1 408 609	0.1	1 758 782	0.1
2类　非食用原料（燃料除外）	18 021 011	0.7	272 143 650	12.7
21章　生皮及生毛皮	24 713	0.0	2 133 194	0.1
22章　油籽及含油果实	1 251 451	0.1	41 793 710	2.0
23章　生橡胶（包括合成橡胶及再生橡胶）	849 649	0.0	11 300 103	0.5
24章　软木及木材	683 483	0.0	23 525 611	1.1
25章　纸浆及废纸	131 247	0.0	24 010 356	1.1
26章　纺织纤维及其废料	3 969 132	0.2	9 199 773	0.4
27章　天然肥料及矿物（煤、石油及宝石除外）	3 559 408	0.1	7 417 916	0.3
28章　金属矿砂及金属废料	1 958 285	0.1	150 414 863	7.0
29章　其他动、植物原料	5 593 643	0.2	2 348 126	0.1
3类　矿物燃料、润滑油及有关原料	46 722 217	1.9	349 356 167	16.4
32章　煤、焦炭及煤砖	3 764 240	0.2	24 831 283	1.2

续表 1

商　品	出　口		进　口	
	金额	比重（%）	金额	比重（%）
33 章　石油、石油产品及有关原料	39 642 167	1.6	274 197 520	12.8
34 章　天然气及人造气	1 807 074	0.1	50 072 810	2.3
35 章　电流	1 508 736	0.1	254 554	0.0
4 类　动植物油、脂及蜡	1 065 178	0.0	7 778 441	0.4
41 章　动物油、脂	176 063	0.0	289 318	0.0
42 章　植物油、脂	405 921	0.0	7 268 062	0.3
43 章　已加工的动植物油、脂及动植物蜡	483 194	0.0	221 061	0.0
二、工业制品	2 351 688 681	94.6	1 433 989 783	67.1
5 类　化学成品及有关产品	167 465 649	6.7	223 636 110	10.5
51 章　有机化学品	51 666 212	2.1	68 056 033	3.2
52 章　无机化学品	19 305 392	0.8	10 515 423	0.5
53 章　染料、鞣料及着色料	7 624 920	0.3	4 920 450	0.2
54 章　医药品	17 429 981	0.7	29 607 012	1.4
55 章　精油、香料及盥洗、光洁制品	8 503 376	0.3	14 669 365	0.7
56 章　制成肥料	6 985 630	0.3	2 727 007	0.1
57 章　初级形状的塑料	18 286 093	0.7	56 447 980	2.6
58 章　非初级形状的塑料	15 302 454	0.6	12 923 401	0.6
59 章　其他化学原料及产品	22 361 593	0.9	23 769 440	1.1
6 类　按原料分类的制成品	404 659 166	16.3	151 350 691	7.1
61 章　皮革、皮革制品及已鞣毛皮	1 836 128	0.1	3 745 661	0.2
62 章　橡胶制品	20 724 778	0.8	5 360 784	0.3
63 章　软木及木制品（家具除外）	14 186 464	0.6	1 449 845	0.1
64 章　纸及纸板；纸浆、纸及纸板制品	18 365 534	0.7	6 007 886	0.3
65 章　纺纱、织物、制成品及有关产品	118 521 521	4.8	17 879 969	0.8
66 章　非金属矿物制品	45 909 666	1.8	20 341 896	1.0
67 章　钢铁	62 603 585	2.5	24 166 324	1.1
68 章　有色金属	27 491 284	1.1	55 891 048	2.6
69 章　金属制品	95 020 205	3.8	16 507 278	0.8
7 类　机械及运输设备	1 207 787 541	48.6	839 656 461	39.3
71 章　动力机械及设备	40 671 166	1.6	25 132 946	1.2
72 章　特种工业专用机械	47 219 915	1.9	60 473 295	2.8
73 章　金工机械	8 634 645	0.3	13 380 060	0.6
74 章　通用工业机械设备及零件	119 885 928	4.8	53 121 517	2.5

续表2

商品	出口		进口	
	金额	比重（%）	金额	比重（%）
75章　办公用机械及自动数据处理设备	219 209 377	8.8	57 159 979	2.7
76章　电信及声音的录制及重放装置设备	325 693 869	13.1	72 490 527	3.4
77章　电力机械、器具及其电气零件	330 521 705	13.3	443 141 122	20.7
78章　陆路车辆（包括气垫式）	83 454 334	3.4	81 389 159	3.8
79章　其他运输设备	32 496 601	1.3	33 367 856	1.6
8类　杂项制品	565 605 763	22.7	143 739 665	6.7
81章　活动房屋；卫生、水道、供热及照明装置	38 345 823	1.5	1 094 074	0.1
82章　家具及其零件；褥垫及类似填充制品	63 136 397	2.5	3 261 859	0.2
83章　旅行用品、手提包及类似品	27 283 371	1.1	2 917 785	0.1
84章　服装及衣着附件	157 841 295	6.3	8 266 372	0.4
85章　鞋靴	46 894 170	1.9	4 660 965	0.2
87章　专业、科学及控制用仪器和装置	55 110 490	2.2	80 084 549	3.7
88章　摄影器材、光学物品及钟表	17 684 213	0.7	19 111 500	0.9
89章　杂项制品	159 310 004	6.4	24 342 560	1.1
9类　未分类的商品	6 170 562	0.2	75 606 855	3.5

2018 年进出口商品类章总值表

单位：千美元

类　章	出　口		进　口	
	金额	比重（%）	金额	比重（%）
总　值	2 486 681 510	100.0	2 135 733 883	100.0
第一类　活动物；动物产品	17 789 251	0.7	29 360 035	1.4
01 章　活动物	544 086	0.0	411 710	0.0
02 章　肉及食用杂碎	866 026	0.0	11 018 385	0.5
03 章　鱼、甲壳动物、软体动物及其他水生无脊椎动物	13 256 011	0.5	11 599 018	0.5
04 章　乳品；蛋品；天然蜂蜜；其他食用动物产品	589 650	0.0	5 601 287	0.3
05 章　其他动物产品	2 533 478	0.1	729 635	0.0
第二类　植物产品	25 572 331	1.0	62 454 703	2.9
06 章　活树及其他活植物；鳞茎、根及类似品；插花及装饰用簇叶	379 420	0.0	292 744	0.0
07 章　食用蔬菜、根及块茎	10 516 928	0.4	2 037 929	0.1
08 章　食用水果及坚果；甜瓜或柑桔属水果的果皮	5 284 606	0.2	8 682 012	0.4
09 章　咖啡、茶、马黛茶及调味香料	3 278 051	0.1	633 850	0.0
10 章　谷物	950 074	0.0	5 793 591	0.3
11 章　制粉工业产品；麦芽；淀粉；菊粉；面筋	791 894	0.0	1 178 936	0.1
12 章　含油子仁及果实；杂项子仁及果实；工业用或药用植物；稻草、秸秆及饲料	2 714 831	0.1	43 379 521	2.0
13 章　虫胶；树胶、树脂及其他植物液、汁	1 528 754	0.1	313 727	0.0
14 章　编结用植物材料；其他植物产品	127 772	0.0	142 393	0.0
第三类　动、植物油、脂及其分解产品；精制的食用油脂；动、植物蜡	1 092 690	0.0	8 608 587	0.4
15 章　动、植物油、脂及其分解产品；精制的食用油脂；动、植物蜡	1 092 690	0.0	8 608 587	0.4

续表 1

类　章	出　口		进　口	
	金额	比重（%）	金额	比重（%）
第四类　食品；饮料、酒及醋；烟草、烟草及烟草代用品的制品	33 104 915	1. 3	25 924 737	1. 2
16 章　肉、鱼、甲壳动物、软体动物及其他水生无脊椎动物的制品	10 252 065	0. 4	394 333	0. 0
17 章　糖及糖食	1 828 874	0. 1	1 421 410	0. 1
18 章　可可及可可制	407 222	0. 0	787 907	0. 0
19 章　谷物、粮食粉、淀粉或乳的制品；糕饼点	1 993 220	0. 1	6 665 804	0. 3
20 章　蔬菜、水果、坚果或植物其他部分的制品	8 050 432	0. 3	1 401 763	0. 1
21 章　杂项食品	3 679 384	0. 1	3 256 096	0. 2
22 章　饮料、酒及醋	2 368 514	0. 1	6 434 464	0. 3
23 章　食品工业的残渣及废料；配制的动物饲料	3 116 594	0. 1	3 804 178	0. 2
24 章　烟草、烟草及烟草代用品的制品	1 408 609	0. 1	1 758 782	0. 1
第五类　矿产品	51 606 219	2. 1	493 260 077	23. 1
25 章　盐；硫磺；泥土及石料；石膏料、石灰及水泥	3 717 433	0. 1	8 024 739	0. 4
26 章　矿砂、矿渣及矿灰	1 164 443	0. 0	135 868 187	6. 4
27 章　矿物燃料、矿物油及其蒸馏产品；沥青物质；矿物蜡	46 724 343	1. 9	349 367 150	16. 4
第六类　化学工业及其相关工业的产品	136 538 653	5. 5	155 552 061	7. 3
28 章　无机化学品；贵金属、稀土金属、放射性元素及其同位素的有机及无机化合物	20 089 087	0. 8	10 835 892	0. 5
29 章　有机化学品	59 761 679	2. 4	67 304 605	3. 2
30 章　药品	8 870 205	0. 4	27 931 121	1. 3
31 章　肥料	7 021 817	0. 3	2 731 899	0. 1
32 章　鞣料浸膏及染料浸膏；鞣酸及其衍生物；染料、颜料及其他着色料；油漆及清漆；油灰及其他类似胶粘剂；墨水、油墨	7 766 162	0. 3	5 036 286	0. 2
33 章　精油及香膏；芳香料制品及化妆盥洗品	5 618 558	0. 2	12 383 030	0. 6
34 章　肥皂、有机表面活性剂、洗涤剂、润滑剂、人造蜡、调制蜡、光洁剂、蜡烛及类似品、塑型用膏、“牙科用蜡”及牙科用熟石膏制剂	4 115 920	0. 2	4 914 417	0. 2

续表 2

类 章	出 口		进 口	
	金额	比重（%）	金额	比重（%）
35 章 蛋白类物质；改性淀粉；胶；酶	3 052 246	0.1	3 600 474	0.2
36 章 炸药；烟火制品；火柴；引火合金；易燃材料制品	996 935	0.0	139 938	0.0
37 章 照相及电影用品	1 129 551	0.0	2 603 470	0.1
38 章 杂项化学产品	18 116 493	0.7	18 070 929	0.8
第七类 塑料及其制品；橡胶及其制品	101 867 886	4.1	91 795 702	4.3
39 章 塑料及其制品	79 620 225	3.2	74 885 267	3.5
40 章 橡胶及其制品	22 247 661	0.9	16 910 435	0.8
第八类 生皮、皮革、毛皮及其制品；鞍具及挽具；旅行用品、手提包及类似品；动物肠线（蚕胶丝除外）制品	34 331 157	1.4	9 131 255	0.4
41 章 生皮（毛皮除外）及皮革	635 409	0.0	4 778 566	0.2
42 章 皮革制品；鞍具及挽具；旅行用品、手提包及类似容器；动物肠线（蚕胶丝除外）制	29 386 150	1.2	3 314 303	0.2
43 章 毛皮、人造毛皮及其制品	4 309 598	0.2	1 038 386	0.0
第九类 木及木制品；木炭；软木及软木制品；稻草、秸秆、针茅或其他编结材料制品；篮筐及柳条编结品	16 472 290	0.7	24 991 235	1.2
44 章 木及木制品；木炭	14 844 410	0.6	24 919 349	1.2
45 章 软木及软木制品	25 537	0.0	56 107	0.0
46 章 稻草、秸秆、针茅或其他编结材料制品；篮筐及柳条编结品	1 602 344	0.1	15 780	0.0
第十类 木浆及其他纤维状纤维素浆；纸及纸板的废碎品；纸、纸板及其制品	23 074 527	0.9	32 287 482	1.5
47 章 木浆及其他纤维状纤维素浆；纸及纸板的废碎品	131 247	0.0	24 010 356	1.1
48 章 纸及纸板；纸浆、纸或纸板制品	19 130 339	0.8	6 203 231	0.3
49 章 书籍、报纸、印刷图画及其他印刷品；手稿、打字稿及设计图纸	3 812 941	0.2	2 073 896	0.1
第十一类 纺织原料及纺织制品	266 007 398	10.7	34 137 799	1.6
50 章 蚕丝	1 140 472	0.0	53 310	0.0
51 章 羊毛、动物细毛或粗毛；马毛纱线及其机织物	2 476 030	0.1	4 197 662	0.2

续表 3

类 章	出 口		进 口	
	金额	比重（%）	金额	比重（%）
52 章 棉花	15 446 611	0.6	9 889 821	0.5
53 章 其他植物纺织纤维；纸纱线及其机织物	1 398 523	0.1	916 946	0.0
54 章 化学纤维长丝	20 491 538	0.8	3 153 497	0.1
55 章 化学纤维短纤	12 685 495	0.5	2 477 356	0.1
56 章 絮胎、毡呢及无纺织物；特种纱线；线、绳、索、缆及其制品	5 731 614	0.2	1 325 885	0.1
57 章 地毯及纺织材料的其他铺地制品	2 974 552	0.1	136 619	0.0
58 章 特种机织物；簇绒织物；花边；装饰毯；装饰带；刺绣品	5 062 985	0.2	512 879	0.0
59 章 浸渍、涂布、包覆或层压的纺织物；工业用纺织制品	8 027 609	0.3	1 809 507	0.1
60 章 针织物及钩编织物	18 154 341	0.7	1 638 452	0.1
61 章 针织或钩编的服装及衣着附	73 326 739	2.9	3 380 713	0.2
62 章 非针织或非钩编的服装及衣着附件	71 293 420	2.9	4 158 572	0.2
63 章 其他纺织制成品；成套物品；旧衣着及旧纺织品；碎织物	27 797 470	1.1	486 579	0.0
第十二类 鞋、帽、伞、杖、鞭及其零件；已加工的羽毛及其制品；人造花；人发制品	61 118 462	2.5	5 024 752	0.2
64 章 鞋靴、护腿和类似品及其零件	46 894 170	1.9	4 660 965	0.2
65 章 帽类及其零	4 668 789	0.2	99 585	0.0
66 章 雨伞、阳伞、手杖、鞭子、马鞭及其零件	2 707 981	0.1	33 285	0.0
67 章 已加工羽毛、羽绒及其制品；人造花；人发制品	6 847 522	0.3	230 916	0.0
第十三类 石料、石膏、水泥、石棉、云母及类似材料的制品；陶瓷产品；玻璃及其制品	50 201 646	2.0	10 849 415	0.5
68 章 石料、石膏、水泥、石棉、云母及类似材料的制品	11 906 501	0.5	1 842 697	0.1
69 章 陶瓷产品	21 564 932	0.9	1 222 357	0.1
70 章 玻璃及其制品	16 730 213	0.7	7 784 361	0.4
第十四类 天然或养殖珍珠、宝石或半宝石、贵金属、包贵金属及其制品；仿首饰；硬币	19 709 934	0.8	78 020 099	3.7

续表 4

类　章	出　口		进　口	
	金额	比重（%）	金额	比重（%）
71 章　天然或养殖珍珠、宝石或半宝石、贵金属、包贵金属及其制品；仿首饰；硬币	19 709 934	0.8	78 020 099	3.7
第十五类　贱金属及其制品	185 435 061	7.5	106 523 736	5.0
72 章　钢铁	46 860 241	1.9	22 369 895	1.0
73 章　钢铁制品	65 127 852	2.6	10 760 593	0.5
74 章　铜及其制品	6 941 832	0.3	47 536 738	2.2
75 章　镍及其制品	450 605	0.0	5 486 754	0.3
76 章　铝及其制品	27 023 354	1.1	6 643 371	0.3
78 章　铅及其制品	132 007	0.0	401 899	0.0
79 章　锌及其制品	248 634	0.0	2 573 363	0.1
80 章　锡及其制品	74 564	0.0	178 854	0.0
81 章　其他贱金属、金属陶瓷及其制品	3 864 993	0.2	4 780 278	0.2
82 章　贱金属工具、器具、利口器、餐匙、餐叉及其零件	16 295 977	0.7	3 851 791	0.2
83 章　贱金属杂项制品	18 415 001	0.7	1 940 201	0.1
第十六类　机器、机械器具、电气设备及其零件；录音机及放声机、电视图像、声音的录制和重放设备及其零件、附件	1 093 335 646	44.0	723 809 920	33.9
84 章　核反应堆、锅炉、机械器具及零件	429 306 044	17.3	202 192 315	9.5
85 章　电机、电气设备及其零件；录音机及放声机、电视图像、声音的录制和重放设备及其零件、附件	664 029 602	26.7	521 617 605	24.4
第十七类　车辆、航空器、船舶及有关运输设备	118 005 846	4.7	114 910 676	5.4
86 章　铁道及电车道机车、车辆及其零件；铁道及电车道轨道固定装置及其零件、附件；各种机械（包括电动机械）交通信号设备	13 272 503	0.5	792 959	0.0
87 章　车辆及其零件、附件 但铁道及电车道车辆除外	75 071 083	3.0	81 519 615	3.8
88 章　航空器、航天器及其零件	4 526 277	0.2	30 541 059	1.4
89 章　船舶及浮动结构体	25 135 983	1.0	2 057 043	0.1
第十八类　光学、照相、电影、计量、检验、医疗或外科用仪器及设备、精密仪器及设备；钟表；乐器；上述物品的零件、附件	77 745 231	3.1	106 905 010	5.0

续表 5

类　章	出　口		进　口	
	金额	比重（%）	金额	比重（%）
90 章　光学、照相、电影、计量、检验、医疗或外科用仪器及设备、精密仪器及设备；上述物品的零件、附件	71 465 944	2.9	102 626 058	4.8
91 章　钟表及其零件	4 649 606	0.2	3 790 747	0.2
92 章　乐器及其零件、附件	1 629 681	0.1	488 204	0.0
第十九类　武器、弹药及其零件、附件	164 860	0.0	8 203	0.0
93 章　武器、弹药及其零件、附件	164 860	0.0	8 203	0.0
第二十类　杂项制品	167 944 891	6.8	8 669 314	0.4
94 章　家具；寝具、褥垫、弹簧床垫、软坐垫及类似的填充制品；未列名灯具及照明装置；发光标志、发光名牌及类似品；活动房屋	95 443 314	3.8	3 968 843	0.2
95 章　玩具、游戏品、运动用品及其零件、附件	56 063 811	2.3	2 108 906	0.1
96 章　杂项制品	16 437 766	0.7	2 591 564	0.1
第二十一类　艺术品、收藏品及古物	187 952	0.0	173 437	0.0
97 章　艺术品、收藏品及古物	187 952	0.0	173 437	0.0
第二十二类　特殊交易品及未分类商品	5 374 662	0.2	13 335 649	0.6
98 章　特殊交易品及未分类商品	5 374 662	0.2	13 335 649	0.6

2018 年进出口商品贸易方式总值表

单位：千美元

贸易方式	进出口		出口		进口	
	金额	比重（%）	金额	比重（%）	金额	比重（%）
总　值	4 622 415 393	100.0	2 486 681 510	100.0	2 135 733 883	100.0
一般贸易	2 674 531 960	57.9	1 400 409 747	56.3	1 274 122 213	59.7
国家间、国际组织无偿援助和赠送的物资	721 485	0.0	716 677	0.0	4 807	0.0
其他捐赠物资	75 895	0.0	6 572	0.0	69 323	0.0
补偿贸易	101	0.0	101	0.0	–	–
来料加工贸易	179 527 124	3.9	87 813 769	3.5	91 713 355	4.3
进料加工贸易	1 087 599 209	23.5	709 228 769	28.5	378 370 440	17.7
寄售、代销贸易	258	0.0	258	0.0	–	–
边境小额贸易	40 342 663	0.9	31 115 833	1.3	9 226 830	0.4
加工贸易进口设备	1 062 188	0.0	–	–	1 062 188	0.0
对外承包工程出口货物	17 000 053	0.4	17 000 053	0.7	–	–
租赁贸易	4 318 563	0.1	150 509	0.0	4 168 054	0.2
外商投资企业作为投资进口的设备、物品	3 515 076	0.1	–	–	3 515 076	0.2
出料加工贸易	525 580	0.0	225 160	0.0	300 421	0.0
易货贸易	469	0.0	137	0.0	333	0.0
免税外汇商品	25 240	0.0	–	–	25 240	0.0
保税监管场所进出境货物	192 737 107	4.2	42 688 157	1.7	150 048 950	7.0
海关特殊监管区域物流货物	317 350 579	6.9	121 064 013	4.9	196 286 566	9.2
海关特殊监管区域进口设备	8 510 260	0.2	–	–	8 510 260	0.4
其他	92 091 167	2.0	76 261 753	3.1	15 829 414	0.7
免税品	2 480 414	0.1	–	–	2 480 414	0.1

2018 年出口商品贸易方式企业性质总值表

单位：千美元

企业性质 贸易方式	合　计	国有企业	中外合作	中外合资	外商独资	集体企业	私营企业	其　他
	金额/同比（%）	金额/同比（%）	金额/同比（%）	金额/同比（%）	金额/同比（%）	金额/同比（%）	金额/同比（%）	金额/同比（%）
总　值	2 486 681 510	257 154 275	9 836 760	277 292 417	748 714 977	50 229 769	1 140 114 014	3 339 298
	(9.9)	(11.0)	(5.4)	(5.2)	(6.3)	(6.3)	(13.5)	(7.4)
一般贸易	1 400 409 747	155 779 563	4 799 940	111 915 224	199 551 106	44 134 098	882 177 131	2 052 686
	(13.9)	(17.5)	(−1.2)	(9.0)	(12.5)	(8.3)	(14.6)	(10.6)
国家间、国际组织无偿援助和赠送的物资	716 677	558 105	–	131	–	40 926	98 907	18 610
	(145.5)	(33.2)	(23.3)	–	(−97.6)	–	(155.5)	(74.8)
其他捐赠物资	6 572	962	–	–	–	–	1 361	4 249
	(198.1)	(−3.2)	–	–	–	–	(1395.9)	(279.6)
补偿贸易	101	38	–	–	–	–	64	–
	–	–	–	–	–	–	–	–
来料加工贸易	87 813 769	4 275 077	1 102 887	11 941 998	57 834 580	728 100	11 910 125	21 003
	(9.9)	(−65.5)	(−1.0)	(1.3)	(35.9)	(−25.3)	(7.7)	(−20.4)
进料加工贸易	709 228 769	29 692 332	3 727 721	135 517 974	443 624 300	3 749 552	92 751 412	165 479
	(4.5)	(−2.7)	(20.6)	(3.0)	(0.3)	(1.6)	(36.7)	(981.1)
寄售、代销贸易	258	258	–	–	–	–	–	–
	–	–	–	–	–	–	–	–
边境小额贸易	31 115 833	829 257	–	–	–	78 435	30 207 812	329
	(2.9)	(−15.9)	–	–	–	(−67.0)	(4.1)	(95.8)

续表

企业性质 贸易方式	合　计	国有企业	中外合作	中外合资	外商独资	集体企业	私营企业	其　他
	金额/同比（%）	金额/同比（%）	金额/同比（%）	金额/同比（%）	金额/同比（%）	金额/同比（%）	金额/同比（%）	金额/同比（%）
对外承包工程出口货物	17 000 053	14 609 774	4 642	126 233	101 356	155 929	1 980 898	21 220
	(10.4)	(5.7)	(−44.0)	(−15.5)	(−27.0)	(132.3)	(64.2)	(3387.3)
租赁贸易	150 509	72 136	17	25 668	10 028	−	42 660	−
	(−2.8)	(−3.3)	−	(287.6)	(77.2)	−	(−37.2)	−
出料加工贸易	225 160	32 515	−	34 564	65 656	26	92 399	−
	(9.1)	(−2.9)	−	(−47.0)	(239.5)	(−98.8)	(7.2)	−
易货贸易	137	−	−	−	−	−	137	−
	(−99.1)	−	−	−	−	−	(−99.1)	−
保税监管场所进出境货物	42 688 157	20 496 430	188 318	7 663 922	3 864 835	1 319 170	9 064 648	90 835
	(3.9)	(13.1)	(−25.1)	(−4.0)	(−0.9)	(2.0)	(−4.1)	(−8.3)
海关特殊监管区域物流货物	121 064 013	29 993 905	10 592	9 915 933	43 444 035	2 239	37 697 275	33
	(21.4)	(37.0)	(−2.7)	(9.4)	(14.1)	(−43.4)	(22.9)	(39.9)
其他	76 261 753	813 924	2 642	150 770	219 081	21 296	74 089 186	964 855
	(−12.6)	(7.1)	(80.1)	(−27.0)	(−6.2)	(−89.4)	(−12.5)	(−12.5)

2018 年进口商品贸易方式企业性质总值表

单位：千美元

企业性质 / 贸易方式	合计	国有企业	中外合作	中外合资	外商独资	集体企业	私营企业	其他
	金额/同比（%）	金额/同比（%）	金额/同比（%）	金额/同比（%）	金额/同比（%）	金额/同比（%）	金额/同比（%）	金额/同比（%）
总值	2 135 733 883	547 587 393	4 418 384	260 778 537	666 622 628	28 540 693	611 575 423	16 210 824
	(15.8)	(25.0)	(-1.9)	(6.2)	(8.9)	(9.9)	(21.6)	(10.0)
一般贸易	1 274 122 213	441 475 479	2 587 536	130 445 943	282 814 363	25 432 434	387 000 900	4 365 558
	(17.4)	(27.6)	(-4.5)	(3.0)	(9.9)	(11.0)	(18.4)	(48.0)
国家间、国际组织无偿援助和赠送的物资	4 807	4 110	-	-	-	-	601	96
	(86.6)	(74.3)	-	-	-	-	(288.7)	(51.0)
其他捐赠物资	69 323	20 211	-	9 311	-	-	18 300	21 501
	(1201.7)	(705.9)	-	-	-	-	(2096.2)	(983.0)
补偿贸易	-	-	-	-	-	-	-	-
	-	-	-	-	-	-	-	-
来料加工贸易	91 713 355	17 493 501	897 203	14 968 956	47 993 272	330 109	10 018 037	12 278
	(8.3)	(-21.7)	(7.1)	(30.6)	(17.5)	(-28.5)	(14.6)	(11.0)
进料加工贸易	378 370 440	10 441 031	898 866	73 491 122	238 556 037	1 070 790	53 863 974	48 620
	(9.2)	(-0.8)	(-1.5)	(-2.9)	(7.9)	(1.4)	(44.6)	(527.0)
寄售、代销贸易	-	-	-	-	-	-	-	-
	-	-	-	-	-	-	-	-
边境小额贸易	9 226 830	365 231	-	-	-	65 023	8 785 163	11 412
	(3.7)	(51.1)	-	-	-	(-43.8)	(2.9)	(4731.0)

续表

企业性质 贸易方式	合　计	国有企业	中外合作	中外合资	外商独资	集体企业	私营企业	其　他
	金额/同比（%）	金额/同比（%）	金额/同比（%）	金额/同比（%）	金额/同比（%）	金额/同比（%）	金额/同比（%）	金额/同比（%）
加工贸易进口设备	1 062 188	10 248	153	120 639	865 324	370	65 453	-
	(41.7)	(-12.8)	(-72.6)	(-2.3)	(71.9)	(-25.8)	(-40.4)	-
租赁贸易	4 168 054	988 291	4 967	2 196 277	9 211	48 231	921 076	-
	(111.6)	(59.7)	-	(170.3)	(-73.7)	(-56.7)	(134.7)	-
外商投资企业作为投资进口的设备、物品	3 515 076	-	4 462	1 140 512	2 370 102	-	-	-
		(-21.2)	-	(-65.2)	(6.2)	(-29.7)	-	-
出料加工贸易	300 421	56 147	-	49 750	91 701	42	102 780	-
	(-8.0)	(-2.5)	-	(-64.5)	(237.0)	(-98.4)	(3.7)	-
易货贸易	333	-	-	-	-	-	333	-
	(-99.7)	-	-	-	-	-	(-99.7)	-
免税外汇商品	25 240	25 240	-	-	-	-	-	-
	(18.6)	(18.6)	-	-	-	-	-	-
保税监管场所进出境货物	150 048 950	56 924 402	4 369	18 982 664	7 264 149	1 289 064	65 425 598	158 704
	(30.0)	(40.2)	(-42.3)	(32.8)	(8.1)	(21.0)	(24.3)	(43.0)
海关特殊监管区域物流货物	196 286 566	17 522 468	14 191	15 951 484	79 626 112	253 896	82 918 416	-
	(14.5)	(8.5)	(-22.5)	(23.6)	(4.3)	(25.5)	(26.1)	-
海关特殊监管区域进口设备	8 510 260	83 980	165	2 553 857	5 294 535	160	577 563	-
	(32.2)	(88.7)	(-69.8)	(59.3)	(25.9)	(-57.1)	(-1.1)	-
其他	15 829 414	283 105	6 471	302 059	1 720 214	50 576	1 874 333	11 592 656
	(3.0)	(33.6)	(29.3)	(-2.1)	(21.8)	(30.1)	(3.9)	(0.0)
免税品	2 480 414	1 893 949	-	565 963	17 608	-	2 895	-
	(28.1)	(29.7)	-	(32.5)	(-60.6)	-	(-42.5)	-

2018 年进出口商品收发货人所在地总值表

单位：千美元

收发货人所在地	进出口		出口		进口	
	金额	比重（%）	金额	比重（%）	金额	比重（%）
总值	4 622 415 393	100.0	2 486 681 510	100.0	2 135 733 883	100.0
北京市	412 487 938	8.9	74 079 276	3.0	338 408 661	15.8
中关村国家自主创新示范区	5 855 535	0.1	2 017 911	0.1	3 837 623	0.2
北京经济技术开发区	19 664 356	0.4	6 351 343	0.3	13 313 013	0.6
天津市	122 557 291	2.7	48 809 159	2.0	73 748 132	3.5
天津滨海新区	84 072 423	1.8	27 506 480	1.1	56 565 943	2.6
天津经济技术开发区	36 867 662	0.8	17 767 120	0.7	19 100 542	0.9
河北省	53 900 873	1.2	33 976 043	1.4	19 924 830	0.9
石家庄市	13 917 945	0.3	8 672 210	0.3	5 245 735	0.2
石家庄高新技术产业开发区	17 041	0.0	8 572	0.0	8 469	0.0
唐山市	9 105 472	0.2	4 853 862	0.2	4 251 610	0.2
秦皇岛市	5 361 200	0.1	3 592 737	0.1	1 768 463	0.1
秦皇岛经济技术开发区	3 483 655	0.1	2 044 609	0.1	1 439 046	0.1
保定市	5 026 932	0.1	4 223 155	0.2	803 777	0.0
保定高新技术产业开发区	230 466	0.0	212 813	0.0	17 653	0.0
山西省	20 762 372	0.4	12 270 849	0.5	8 491 523	0.4
太原市	16 468 842	0.4	10 039 774	0.4	6 429 068	0.3
太原经济技术开发区	11 480 284	0.2	7 276 444	0.3	4 203 841	0.2
太原高新技术产业开发区	68 427	0.0	43 706	0.0	24 721	0.0

续表 1

收发货人所在地	进出口		出口		进口	
	金额	比重（%）	金额	比重（%）	金额	比重（%）
大同市	572 398	0.0	333 044	0.0	239 354	0.0
大同经济技术开发区	320 123	0.0	246 271	0.0	73 852	0.0
晋中市	333 334	0.0	287 769	0.0	45 565	0.0
内蒙古自治区	15 690 267	0.3	5 746 596	0.2	9 943 671	0.5
呼和浩特市	1 773 243	0.0	848 795	0.0	924 448	0.0
包头市	2 543 065	0.1	1 503 514	0.1	1 039 551	0.0
包头高新技术产业开发区	16 741	0.0	16 732	0.0	9	0.0
二连浩特市	1 113 242	0.0	242 169	0.0	871 074	0.0
满洲里市	2 496 636	0.1	359 718	0.0	2 136 918	0.1
辽宁省	114 601 136	2.5	48 790 463	2.0	65 810 674	3.1
沈阳市	14 949 373	0.3	5 195 814	0.2	9 753 559	0.5
沈阳经济技术开发区	3 153 767	0.1	1 604 113	0.1	1 549 654	0.1
沈阳高新技术产业开发区	1 573 853	0.0	1 064 864	0.0	508 988	0.0
大连市	72 248 645	1.6	29 063 324	1.2	43 185 321	2.0
大连经济技术开发区	16 131 834	0.3	5 486 590	0.2	10 645 244	0.5
大连市高新技术产业园区	753 897	0.0	477 995	0.0	275 901	0.0
鞍山市	4 473 330	0.1	2 376 650	0.1	2 096 680	0.1
鞍山高新技术产业开发区	85 646	0.0	77 344	0.0	8 303	0.0
丹东市	2 253 044	0.0	1 927 226	0.1	325 818	0.0
吉林省	20 679 164	0.4	4 944 365	0.2	15 734 799	0.7
长春市	15 995 105	0.3	2 301 004	0.1	13 694 101	0.6
长春经济技术开发区	1 203 610	0.0	222 942	0.0	980 668	0.0
长春高新技术产业开发区	1 150 654	0.0	372 390	0.0	778 264	0.0

续表 2

收发货人所在地	进出口		出　口		进　口	
	金额	比重（%）	金额	比重（%）	金额	比重（%）
吉林市	1 182 374	0. 0	857 528	0. 0	324 846	0. 0
吉林高新技术产业开发区	67 641	0. 0	42 815	0. 0	24 826	0. 0
珲春市	1 409 869	0. 0	367 903	0. 0	1 041 966	0. 0
黑龙江省	26 437 359	0. 6	4 449 492	0. 2	21 987 867	1. 0
哈尔滨市	3 128 988	0. 1	1 559 180	0. 1	1 569 808	0. 1
哈尔滨经济技术开发区	809 177	0. 0	375 784	0. 0	433 392	0. 0
哈尔滨高新技术开发区	314 506	0. 0	185 754	0. 0	128 752	0. 0
大庆市	14 729 256	0. 3	594 214	0. 0	14 135 043	0. 7
大庆高新技术产业开发区	934 109	0. 0	483 446	0. 0	450 664	0. 0
黑河市	675 096	0. 0	174 998	0. 0	500 098	0. 0
绥芬河市	2 197 379	0. 0	307 996	0. 0	1 889 383	0. 1
上海市	515 679 700	11. 2	207 144 615	8. 3	308 535 084	14. 4
上海漕河泾浦江高科技园	10 695 826	0. 2	6 241 381	0. 3	4 454 445	0. 2
上海漕河泾浦江高科技园区	10 695 826	0. 2	6 241 381	0. 3	4 454 445	0. 2
上海经济技术开发区	7 756	0. 0	2 459	0. 0	5 297	0. 0
上海闵行经济技术开发区	2 530 956	0. 1	1 378 168	0. 1	1 152 789	0. 1
上海浦东新区	263 875 326	5. 7	80 751 622	3. 2	183 123 704	8. 6
江苏省	663 913 736	14. 4	403 974 812	16. 2	259 938 924	12. 2
南京市	65 506 020	1. 4	37 873 647	1. 5	27 632 373	1. 3
南京高新技术外向型开发区	900 400	0. 0	727 224	0. 0	173 176	0. 0
无锡市	64 946 222	1. 4	39 082 985	1. 6	25 863 237	1. 2
无锡高新技术产业开发区	50 789 893	1. 1	27 579 507	1. 1	23 210 386	1. 1
常州市	32 812 828	0. 7	24 063 430	1. 0	8 749 398	0. 4

续表3

收发货人所在地	进出口		出口		进口	
	金额	比重（%）	金额	比重（%）	金额	比重（%）
常州高新技术产业开发区	1 009 452	0.0	656 941	0.0	352 511	0.0
苏州市	354 032 889	7.7	206 786 265	8.3	147 246 625	6.9
苏州工业园	73 949 707	1.6	25 526 916	1.0	48 422 790	2.3
苏州高新技术产业开发区	23 975 522	0.5	15 136 418	0.6	8 839 104	0.4
南通市	38 579 212	0.8	25 451 110	1.0	13 128 102	0.6
南通经济技术开发区	7 352 040	0.2	4 420 743	0.2	2 931 297	0.1
连云港市	9 524 770	0.2	4 150 980	0.2	5 373 790	0.3
连云港经济技术开发区	3 619 341	0.1	1 438 281	0.1	2 181 060	0.1
浙江省	432 360 099	9.4	321 038 849	12.9	111 321 250	5.2
杭州市	79 573 686	1.7	51 821 399	2.1	27 752 288	1.3
杭州经济技术开发区	8 815 382	0.2	4 395 821	0.2	4 419 561	0.2
杭州高新技术产业开发区	1 383 434	0.0	714 335	0.0	669 099	0.0
宁波市	130 078 182	2.8	84 150 183	3.4	45 928 000	2.2
宁波经济技术开发区	20 109 227	0.4	9 381 272	0.4	10 727 955	0.5
宁波高新技术产业开发区	2 089 102	0.0	1 514 094	0.1	575 007	0.0
温州市	22 814 630	0.5	19 717 717	0.8	3 096 913	0.1
温州经济技术开发区	1 381 394	0.0	1 334 633	0.1	46 761	0.0
金华市	57 160 431	1.2	55 495 063	2.2	1 665 368	0.1
金华经济技术开发区	480 868	0.0	463 681	0.0	17 187	0.0
安徽省	62 840 317	1.4	36 196 609	1.5	26 643 708	1.2
合肥市	30 787 731	0.7	18 246 166	0.7	12 541 565	0.6
合肥经济技术开发区	11 816 193	0.3	7 458 510	0.3	4 357 683	0.2
合肥高新技术产业开发区	4 026 859	0.1	2 802 305	0.1	1 224 554	0.1

续表 4

收发货人所在地	进出口		出口		进口	
	金额	比重（%）	金额	比重（%）	金额	比重（%）
芜湖市	6 877 269	0.1	4 415 212	0.2	2 462 057	0.1
芜湖经济技术开发区	3 065 287	0.1	2 127 301	0.1	937 986	0.0
芜湖高新技术产业开发区	134 278	0.0	95 109	0.0	39 169	0.0
蚌埠市	1 475 826	0.0	709 052	0.0	766 774	0.0
蚌埠高新技术产业开发区	154 110	0.0	111 446	0.0	42 663	0.0
淮南市	483 032	0.0	437 397	0.0	45 635	0.0
淮南经济技术开发区	69 242	0.0	67 999	0.0	1 244	0.0
马鞍山市	4 479 265	0.1	1 946 324	0.1	2 532 941	0.1
马鞍山经济技术开发区	113 180	0.0	62 850	0.0	50 330	0.0
马鞍山慈湖高新技术产业开发区	18 521	0.0	17 869	0.0	652	0.0
铜陵市	6 140 245	0.1	459 320	0.0	5 680 925	0.3
铜陵经济技术开发区	247 383	0.0	130 779	0.0	116 604	0.0
安庆市	1 447 396	0.0	1 063 554	0.0	383 842	0.0
安庆经济技术开发区	42 705	0.0	35 340	0.0	7 366	0.0
滁州市	3 099 820	0.1	2 308 985	0.1	790 836	0.0
滁州经济技术开发区	1 415 090	0.0	932 211	0.0	482 879	0.0
六安市	812 982	0.0	720 060	0.0	92 922	0.0
六安经济技术开发区	179 802	0.0	151 854	0.0	27 948	0.0
宣城市	1 851 093	0.0	1 702 279	0.1	148 814	0.0
宁国经济技术开发区	377 194	0.0	339 506	0.0	37 688	0.0
池州市	761 130	0.0	208 324	0.0	552 806	0.0
池州经济技术开发区	154 368	0.0	19 620	0.0	134 748	0.0
福建省	187 407 290	4.1	115 526 413	4.6	71 880 877	3.4

续表 5

收发货人所在地	进出口		出口		进口	
	金额	比重（%）	金额	比重（%）	金额	比重（%）
福州市	37 251 829	0.8	25 167 562	1.0	12 084 267	0.6
福州经济技术开发区	4 326 408	0.1	2 841 808	0.1	1 484 600	0.1
福州高新技术产业开发区	37 617	0.0	37 536	0.0	81	0.0
厦门市	91 034 105	2.0	50 578 608	2.0	40 455 497	1.9
厦门火炬高新技术产业开发区	3 767 175	0.1	1 384 086	0.1	2 383 090	0.1
平潭	893 555	0.0	230 258	0.0	663 298	0.0
平潭综合实验区	893 555	0.0	230 258	0.0	663 298	0.0
江西省	48 187 584	1.0	33 942 689	1.4	14 244 896	0.7
南昌市	11 956 871	0.3	6 862 723	0.3	5 094 149	0.2
南昌经济技术开发区	2 447 183	0.1	777 057	0.0	1 670 125	0.1
南昌高新技术产业开发区	3 051 960	0.1	1 245 384	0.1	1 806 576	0.1
景德镇市	1 043 235	0.0	1 019 595	0.0	23 640	0.0
景德镇高新技术产业开发区	8 249	0.0	3 971	0.0	4 278	0.0
萍乡市	1 733 442	0.0	1 710 732	0.1	22 710	0.0
九江市	5 251 460	0.1	4 343 270	0.2	908 190	0.0
九江经济技术开发区	326 371	0.0	233 368	0.0	93 003	0.0
新余市	2 474 429	0.1	1 309 454	0.1	1 164 975	0.1
新余高新技术产业开发区	343 737	0.0	310 222	0.0	33 516	0.0
鹰潭市	4 856 083	0.1	1 057 357	0.0	3 798 726	0.2
鹰潭高新技术产业开发区	9 109	0.0	3 252	0.0	5 857	0.0
赣州市	5 315 907	0.1	4 342 463	0.2	973 444	0.0
赣州经济技术开发区	548 147	0.0	516 685	0.0	31 462	0.0
宜春市	2 959 254	0.1	2 508 865	0.1	450 389	0.0

续表 6

收发货人所在地	进出口		出口		进口	
	金额	比重（%）	金额	比重（%）	金额	比重（%）
宜春经济技术开发区	472 669	0.0	468 438	0.0	4 230	0.0
上饶市	4 342 151	0.1	3 914 805	0.2	427 346	0.0
吉安市	5 887 765	0.1	4 725 443	0.2	1 162 322	0.1
井冈山经济技术开发区	562 946	0.0	532 988	0.0	29 959	0.0
山东省	292 397 074	6.3	160 115 821	6.4	132 281 253	6.2
济南市	13 182 087	0.3	8 550 901	0.3	4 631 186	0.2
济南市高新技术产业开发区	5 804 222	0.1	2 932 925	0.1	2 871 297	0.1
青岛市	80 463 798	1.7	47 943 071	1.9	32 520 727	1.5
青岛经济技术开发区	9 210 634	0.2	5 008 332	0.2	4 202 302	0.2
青岛高新技术产业开发区	294 991	0.0	149 764	0.0	145 227	0.0
烟台市	46 170 721	1.0	26 750 409	1.1	19 420 312	0.9
烟台经济技术开发区	13 614 562	0.3	7 064 855	0.3	6 549 707	0.3
潍坊市	24 531 593	0.5	15 699 662	0.6	8 831 931	0.4
潍坊高新技术产业开发区	1 247 121	0.0	819 291	0.0	427 830	0.0
威海市	21 059 750	0.5	13 820 539	0.6	7 239 211	0.3
威海火炬高技术产业开发区	2 037 592	0.0	1 577 144	0.1	460 448	0.0
河南省	82 813 633	1.8	53 775 586	2.2	29 038 047	1.4
郑州市	61 520 029	1.3	38 611 422	1.6	22 908 607	1.1
郑州航空港经济综合实验区	54 189 569	1.2	33 140 017	1.3	21 049 553	1.0
郑州高新技术产业开发区	796 674	0.0	716 622	0.0	80 053	0.0
洛阳市	2 175 606	0.0	2 020 395	0.1	155 211	0.0
洛阳高新技术产业开发区	88 570	0.0	71 683	0.0	16 887	0.0
湖北省	52 781 547	1.1	34 071 501	1.4	18 710 046	0.9

续表 7

收发货人所在地	进出口		出口		进口	
	金额	比重（%）	金额	比重（%）	金额	比重（%）
武汉市	32 098 533	0.7	19 208 724	0.8	12 889 809	0.6
武汉经济技术开发区	3 704 219	0.1	1 828 155	0.1	1 876 064	0.1
武汉吴家山经济技术开发区	0	0.0	0	0.0	0	0.0
武汉东湖新技术开发区	19 372 455	0.4	11 139 187	0.4	8 233 269	0.4
黄石市	3 778 663	0.1	1 845 006	0.1	1 933 658	0.1
黄石经济技术开发区	89 998	0.0	52 720	0.0	37 278	0.0
襄阳市	2 810 656	0.1	2 369 607	0.1	441 049	0.0
襄阳经济技术开发区	52 485	0.0	37 020	0.0	15 464	0.0
襄阳高新技术产业开发区	544 189	0.0	330 490	0.0	213 699	0.0
荆州市	3 241 952	0.1	2 389 721	0.1	852 231	0.0
荆州经济技术开发区	529 091	0.0	454 682	0.0	74 410	0.0
湖南省	46 474 201	1.0	30 542 617	1.2	15 931 584	0.7
长沙市	18 776 036	0.4	11 853 671	0.5	6 922 365	0.3
长沙经济技术开发区	1 792 919	0.0	924 835	0.0	868 084	0.0
长沙高新技术产业开发区	3 350 617	0.1	2 242 462	0.1	1 108 155	0.1
株洲市	2 240 935	0.0	1 531 880	0.1	709 055	0.0
株洲高新技术产业开发区	597 096	0.0	546 573	0.0	50 523	0.0
湘潭市	3 300 152	0.1	2 374 080	0.1	926 071	0.0
湘潭经济技术开发区	1 334 910	0.0	1 304 870	0.1	30 039	0.0
湘潭高新技术产业开发区	140 887	0.0	138 889	0.0	1 998	0.0
衡阳市	4 201 044	0.1	2 252 230	0.1	1 948 815	0.1
衡阳高新技术产业开发区	56 649	0.0	56 621	0.0	28	0.0
岳阳市	3 104 613	0.1	1 529 313	0.1	1 575 300	0.1

续表 8

收发货人所在地	进出口		出口		进口	
	金额	比重（%）	金额	比重（%）	金额	比重（%）
常德市	1 515 026	0.0	1 245 332	0.1	269 695	0.0
常德经济技术开发区	223 104	0.0	195 080	0.0	28 024	0.0
益阳市	1 182 568	0.0	1 033 190	0.0	149 378	0.0
益阳高新技术产业开发区	110 802	0.0	108 443	0.0	2 360	0.0
浏阳市	555 825	0.0	532 107	0.0	23 718	0.0
浏阳经济技术开发区	41 621	0.0	30 986	0.0	10 635	0.0
广东省	1 084 464 573	23.5	646 500 791	26.0	437 963 782	20.5
广州市	148 505 294	3.2	84 850 222	3.4	63 655 072	3.0
广州经济技术开发区	18 025 801	0.4	7 832 790	0.3	10 193 011	0.5
广州高新技术产业开发区	16 078 519	0.3	7 337 423	0.3	8 741 096	0.4
广州南沙新区	31 206 755	0.7	16 545 868	0.7	14 660 887	0.7
深圳市	453 318 424	9.8	245 825 279	9.9	207 493 145	9.7
深圳科技工业园	81 849	0.0	30 105	0.0	51 744	0.0
珠海市	49 352 560	1.1	28 651 330	1.2	20 701 230	1.0
珠海横琴新区	1 208 515	0.0	426 380	0.0	782 135	0.0
汕头市	8 427 789	0.2	6 195 498	0.2	2 232 290	0.1
佛山市	69 713 598	1.5	53 548 697	2.2	16 164 902	0.8
江门市	22 318 924	0.5	17 034 758	0.7	5 284 167	0.2
湛江市	5 657 104	0.1	3 082 405	0.1	2 574 699	0.1
湛江经济技术开发区	1 717 203	0.0	750 252	0.0	966 951	0.0
惠州市	50 558 075	1.1	33 462 188	1.3	17 095 887	0.8
惠州高新技术产业开发区	29 895 506	0.6	18 990 005	0.8	10 905 501	0.5
阳江市	2 086 519	0.0	1 622 396	0.1	464 123	0.0

续表9

收发货人所在地	进出口		出口		进口	
	金额	比重（%）	金额	比重（%）	金额	比重（%）
东莞市	203 212 265	4.4	120 371 223	4.8	82 841 042	3.9
东莞松山湖高新技术产业开发区	868 666	0.0	672 660	0.0	196 006	0.0
中山市	35 508 751	0.8	27 322 099	1.1	8 186 652	0.4
中山火炬高技术产业开发区	8 615	0.0	3 601	0.0	5 014	0.0
广西壮族自治区	62 302 266	1.3	32 789 905	1.3	29 512 361	1.4
南宁市	11 168 435	0.2	5 351 861	0.2	5 816 574	0.3
南宁高新技术产业开发区	51 065	0.0	29 776	0.0	21 289	0.0
桂林市	1 102 640	0.0	947 084	0.0	155 556	0.0
桂林新技术产业开发区	484 831	0.0	439 064	0.0	45 767	0.0
北海市	4 861 019	0.1	2 514 134	0.1	2 346 885	0.1
崇左市	22 354 676	0.5	16 422 265	0.7	5 932 412	0.3
防城港市	11 003 049	0.2	1 784 025	0.1	9 219 024	0.4
海南省	12 733 530	0.3	4 488 487	0.2	8 245 043	0.4
海口市	5 088 177	0.1	1 013 229	0.0	4 074 947	0.2
海南国际科技工业园	89 080	0.0	12 305	0.0	76 776	0.0
海南洋浦经济开发区	5 457 332	0.1	2 998 448	0.1	2 458 884	0.1
重庆市	79 016 913	1.7	51 354 473	2.1	27 662 440	1.3
重庆高新技术产业开发区	214 481	0.0	123 795	0.0	90 686	0.0
重庆两江新区	27 725 977	0.6	14 799 009	0.6	12 926 967	0.6
万州经济技术开发区	64 857	0.0	40 566	0.0	24 291	0.0
长寿经济技术开发区	6 423	0.0	6 373	0.0	50	0.0
四川省	89 921 137	1.9	50 367 690	2.0	39 553 447	1.9
成都市	74 653 806	1.6	40 972 084	1.6	33 681 722	1.6

续表 10

收发货人所在地	进出口		出口		进口	
	金额	比重（%）	金额	比重（%）	金额	比重（%）
成都经济技术开发区	2 961 985	0.1	1 441 663	0.1	1 520 323	0.1
成都高新技术产业开发区	60 769 149	1.3	32 977 420	1.3	27 791 729	1.3
泸州市	2 763 048	0.1	2 548 134	0.1	214 915	0.0
泸州高新技术产业开发区	104 602	0.0	103 743	0.0	859	0.0
绵阳市	3 895 933	0.1	982 475	0.0	2 913 458	0.1
绵阳经济技术开发区	265 273	0.0	252 073	0.0	13 200	0.0
绵阳高新技术产业开发区	2 487 758	0.1	342 337	0.0	2 145 421	0.1
广元市	76 202	0.0	50 489	0.0	25 712	0.0
广元经济技术开发区	5 143	0.0	4 293	0.0	850	0.0
乐山市	1 025 033	0.0	791 150	0.0	233 883	0.0
乐山高新技术产业开发区	474	0.0	150	0.0	324	0.0
宜宾市	1 425 961	0.0	909 641	0.0	516 320	0.0
宜宾临港经济技术开发区	446 401	0.0	358 782	0.0	87 619	0.0
贵州省	7 602 857	0.2	5 123 389	0.2	2 479 467	0.1
贵阳市	3 495 492	0.1	2 516 983	0.1	978 509	0.0
贵阳高新技术产业开发区	219 714	0.0	105 083	0.0	114 631	0.0
云南省	29 857 965	0.6	12 810 498	0.5	17 047 467	0.8
昆明市	13 085 355	0.3	3 762 779	0.2	9 322 576	0.4
昆明经济技术开发区	266 421	0.0	174 820	0.0	91 601	0.0
昆明嵩明杨林经济技术开发区	266 421	0.0	174 820	0.0	91 601	0.0
昆明高新技术产业开发区	2 358 072	0.1	338 436	0.0	2 019 636	0.1
红河州	2 198 074	0.0	953 907	0.0	1 244 167	0.1
蒙自经济技术开发区	604	0.0	283	0.0	321	0.0

续表 11

收发货人所在地	进出口		出口		进口	
	金额	比重（%）	金额	比重（%）	金额	比重（%）
畹町市	235 625	0.0	23 840	0.0	211 785	0.0
瑞丽县	4 194 541	0.1	2 376 932	0.1	1 817 609	0.1
河口县	1 445 065	0.0	369 008	0.0	1 076 057	0.1
曲靖市	1 152 602	0.0	1 148 544	0.0	4 058	0.0
曲靖经济技术开发区	173 769	0.0	173 546	0.0	223	0.0
西藏自治区	723 178	0.0	428 423	0.0	294 755	0.0
拉萨市	623 854	0.0	408 687	0.0	215 166	0.0
拉萨经济技术开发区	199 780	0.0	1 026	0.0	198 754	0.0
陕西省	53 304 882	1.2	31 595 233	1.3	21 709 649	1.0
西安市	50 128 537	1.1	29 763 652	1.2	20 364 885	1.0
陕西航天经济技术开发区	1 069 149	0.0	721 311	0.0	347 838	0.0
西安新技术产业开发区	4 573 159	0.1	2 836 423	0.1	1 736 736	0.1
宝鸡市	957 788	0.0	511 013	0.0	446 776	0.0
宝鸡高新技术产业开发区	406	0.0	244	0.0	162	0.0
汉中市	166 163	0.0	106 076	0.0	60 087	0.0
甘肃省	6 013 027	0.1	2 210 801	0.1	3 802 225	0.2
兰州市	2 031 612	0.0	1 149 217	0.0	882 395	0.0
兰州新技术产业开发区	15 099	0.0	13 243	0.0	1 856	0.0
青海省	727 175	0.0	470 106	0.0	257 069	0.0
西宁市	473 980	0.0	306 837	0.0	167 143	0.0
西宁经济技术开发区	37 642	0.0	33 373	0.0	4 269	0.0
宁夏回族自治区	3 776 564	0.1	2 733 663	0.1	1 042 901	0.0
银川市	2 558 625	0.1	1 932 014	0.1	626 611	0.0

续表 12

收发货人所在地	进出口		出　口		进　口	
	金额	比重（%）	金额	比重（%）	金额	比重（%）
银川经济技术开发区	88 689	0. 0	17 199	0. 0	71 490	0. 0
新疆维吾尔自治区	19 999 747	0. 4	16 412 297	0. 7	3 587 449	0. 2
乌鲁木齐市	7 754 670	0. 2	5 447 671	0. 2	2 306 999	0. 1
乌鲁木齐经济技术开发区	2 760 182	0. 1	2 348 442	0. 1	411 739	0. 0
乌鲁木齐高新技术产业开发区	1 211 573	0. 0	1 040 539	0. 0	171 034	0. 0
博乐市	1 365 993	0. 0	845 837	0. 0	520 157	0. 0
伊宁市	4 572 336	0. 1	4 446 086	0. 2	126 249	0. 0
石河子市	464 022	0. 0	432 192	0. 0	31 830	0. 0
石河子经济技术开发区	324 017	0. 0	303 636	0. 0	20 382	0. 0

2018年进出口商品境内目的地/货源地总值表

单位：千美元

境内目的地/货源地	进出口		出口		进口	
	金额	比重（%）	金额	比重（%）	金额	比重（%）
总　值	4 622 415 393	100.0	2 486 681 510	100.0	2 135 733 883	100.0
北京市	127 418 597	2.8	28 307 691	1.1	99 110 906	4.6
中关村国家自主创新示范区	2 072 963	0.0	665 934	0.0	1 407 029	0.1
北京经济技术开发区	17 368 518	0.4	5 528 460	0.2	11 840 058	0.6
天津市	141 741 153	3.1	46 051 984	1.9	95 689 169	4.5
天津滨海新区	88 225 624	1.9	23 126 039	0.9	65 099 586	3.0
天津经济技术开发区	32 844 583	0.7	16 179 602	0.7	16 664 982	0.8
河北省	87 470 745	1.9	49 495 297	2.0	37 975 448	1.8
石家庄市	12 479 757	0.3	7 251 652	0.3	5 228 105	0.2
石家庄高新技术产业开发区	17 355	0.0	8 173	0.0	9 182	0.0
唐山市	26 676 404	0.6	6 953 466	0.3	19 722 938	0.9
曹妃甸经济技术开发区	128 457	0.0	43 700	0.0	84 756	0.0
秦皇岛市	6 604 229	0.1	4 250 848	0.2	2 353 381	0.1
秦皇岛经济技术开发区	2 821 342	0.1	1 321 822	0.1	1 499 520	0.1
保定市	6 183 956	0.1	5 286 039	0.2	897 917	0.0
保定高新技术产业开发区	229 360	0.0	204 076	0.0	25 284	0.0
山西省	24 650 256	0.5	16 503 838	0.7	8 146 419	0.4
太原市	15 970 791	0.3	9 611 581	0.4	6 359 211	0.3
太原经济技术开发区	11 412 787	0.2	7 208 623	0.3	4 204 164	0.2

续表1

境内目的地/货源地	进出口		出口		进口	
	金额	比重（%）	金额	比重（%）	金额	比重（%）
太原高新技术产业开发区	22 993	0.0	9 568	0.0	13 425	0.0
大同市	571 692	0.0	412 615	0.0	159 077	0.0
晋中市	418 098	0.0	369 431	0.0	48 668	0.0
内蒙古自治区	19 834 851	0.4	7 480 546	0.3	12 354 305	0.6
呼和浩特市	1 574 316	0.0	705 118	0.0	869 198	0.0
包头市	3 311 646	0.1	1 880 730	0.1	1 430 916	0.1
包头高新技术产业开发区	167 724	0.0	22 096	0.0	145 628	0.0
二连浩特市	1 186 878	0.0	214 127	0.0	972 750	0.0
满洲里市	2 340 433	0.1	52 749	0.0	2 287 685	0.1
辽宁省	134 075 576	2.9	57 989 756	2.3	76 085 821	3.6
沈阳市	15 551 289	0.3	5 832 445	0.2	9 718 844	0.5
沈阳经济技术开发区	2 948 433	0.1	1 359 424	0.1	1 589 009	0.1
沈阳高新技术产业开发区	1 242 102	0.0	824 169	0.0	417 934	0.0
大连市	74 177 189	1.6	32 661 189	1.3	41 516 000	1.9
大连经济技术开发区	22 405 243	0.5	7 475 416	0.3	14 929 827	0.7
大连市高新技术产业园区	904 150	0.0	624 890	0.0	279 260	0.0
鞍山市	3 393 387	0.1	2 753 880	0.1	639 507	0.0
鞍山高新技术产业开发区	124 547	0.0	116 469	0.0	8 078	0.0
丹东市	3 015 674	0.1	2 408 181	0.1	607 492	0.0
吉林省	21 541 666	0.5	5 586 849	0.2	15 954 817	0.7
长春市	15 454 233	0.3	2 094 773	0.1	13 359 460	0.6
长春经济技术开发区	1 459 798	0.0	183 991	0.0	1 275 807	0.1
长春高新技术产业开发区	958 417	0.0	275 954	0.0	682 463	0.0

续表 2

境内目的地/货源地	进出口		出口		进口	
	金额	比重（%）	金额	比重（%）	金额	比重（%）
吉林市	1 827 952	0.0	1 167 934	0.0	660 018	0.0
吉林高新技术产业开发区	58 714	0.0	29 449	0.0	29 266	0.0
珲春市	1 622 991	0.0	532 175	0.0	1 090 816	0.1
黑龙江省	23 736 077	0.5	4 816 218	0.2	18 919 858	0.9
哈尔滨市	2 808 540	0.1	1 753 677	0.1	1 054 864	0.0
哈尔滨经济技术开发区	346 404	0.0	210 222	0.0	136 182	0.0
哈尔滨高新技术开发区	254 697	0.0	146 501	0.0	108 196	0.0
大庆市	15 220 221	0.3	713 889	0.0	14 506 332	0.7
大庆高新技术产业开发区	847 736	0.0	424 496	0.0	423 240	0.0
黑河市	503 046	0.0	78 324	0.0	424 722	0.0
绥芬河市	1 517 223	0.0	25 748	0.0	1 491 475	0.1
上海市	485 863 759	10.5	181 023 164	7.3	304 840 596	14.3
上海漕河泾浦江高科技园区	9 436 602	0.2	5 271 283	0.2	4 165 319	0.2
上海经济技术开发区	16 622	0.0	5 748	0.0	10 874	0.0
上海闵行经济技术开发区	2 349 223	0.1	1 177 655	0.0	1 171 568	0.1
上海浦东新区	210 514 026	4.6	58 127 305	2.3	152 386 721	7.1
江苏省	717 129 543	15.5	417 161 583	16.8	299 967 960	14.0
南京市	57 416 048	1.2	26 814 251	1.1	30 601 797	1.4
南京高新技术外向型开发区	3 383 636	0.1	1 439 369	0.1	1 944 267	0.1
无锡市	66 046 463	1.4	39 886 989	1.6	26 159 474	1.2
无锡高新技术产业开发区	48 646 988	1.1	25 594 395	1.0	23 052 593	1.1
常州市	35 784 606	0.8	26 597 285	1.1	9 187 321	0.4
常州高新技术产业开发区	886 246	0.0	541 690	0.0	344 556	0.0

续表 3

境内目的地/货源地	进出口		出口		进口	
	金额	比重（%）	金额	比重（%）	金额	比重（%）
苏州市	368 643 235	8.0	208 869 544	8.4	159 773 691	7.5
南通市	46 821 216	1.0	29 111 537	1.2	17 709 679	0.8
南通经济技术开发区	6 001 399	0.1	2 737 083	0.1	3 264 315	0.2
连云港市	14 048 091	0.3	4 093 134	0.2	9 954 958	0.5
连云港经济技术开发区	1 085 190	0.0	829 078	0.0	256 112	0.0
浙江省	441 449 406	9.6	327 935 809	13.2	113 513 597	5.3
杭州市	60 089 298	1.3	40 929 421	1.6	19 159 876	0.9
杭州经济技术开发区	8 210 749	0.2	3 837 784	0.2	4 372 965	0.2
杭州高新技术产业开发区	1 532 178	0.0	858 943	0.0	673 235	0.0
宁波市	128 036 746	2.8	72 756 414	2.9	55 280 332	2.6
宁波经济技术开发区	12 171 219	0.3	2 959 077	0.1	9 212 142	0.4
宁波高新技术产业开发区	610	0.0	562	0.0	48	0.0
温州市	20 689 377	0.4	19 025 376	0.8	1 664 001	0.1
温州经济技术开发区	481 567	0.0	436 305	0.0	45 262	0.0
金华市	62 647 722	1.4	60 636 657	2.4	2 011 065	0.1
金华经济技术开发区	51 020	0.0	35 916	0.0	15 104	0.0
安徽省	59 401 247	1.3	36 485 337	1.5	22 915 911	1.1
合肥市	24 271 968	0.5	14 343 009	0.6	9 928 959	0.5
合肥经济技术开发区	11 371 329	0.2	7 049 589	0.3	4 321 740	0.2
合肥高新技术产业开发区	1 963 570	0.0	1 200 862	0.0	762 708	0.0
芜湖市	7 044 833	0.2	4 802 478	0.2	2 242 354	0.1
芜湖经济技术开发区	2 864 793	0.1	1 972 736	0.1	892 057	0.0
芜湖高新技术产业开发区	113 673	0.0	66 121	0.0	47 552	0.0

续表 4

境内目的地/货源地	进出口		出口		进口	
	金额	比重（%）	金额	比重（%）	金额	比重（%）
蚌埠市	1 161 552	0.0	889 454	0.0	272 098	0.0
蚌埠高新技术产业开发区	86 023	0.0	46 414	0.0	39 609	0.0
淮南市	205 612	0.0	177 844	0.0	27 767	0.0
马鞍山市	4 197 599	0.1	2 053 686	0.1	2 143 913	0.1
马鞍山经济技术开发区	56 315	0.0	9 576	0.0	46 739	0.0
铜陵市	5 687 993	0.1	665 611	0.0	5 022 382	0.2
铜陵经济技术开发区	125 589	0.0	37 049	0.0	88 540	0.0
安庆市	1 532 303	0.0	1 160 616	0.0	371 687	0.0
安庆经济技术开发区	20 868	0.0	20 026	0.0	842	0.0
滁州市	3 170 417	0.1	2 341 211	0.1	829 207	0.0
滁州经济技术开发区	801 797	0.0	314 979	0.0	486 818	0.0
六安市	1 109 404	0.0	902 527	0.0	206 877	0.0
六安经济技术开发区	2	0.0	1	0.0	2	0.0
宣城市	2 141 508	0.0	1 981 239	0.1	160 269	0.0
宁国经济技术开发区	13	0.0	8	0.0	4	0.0
池州市	1 271 958	0.0	409 515	0.0	862 443	0.0
池州经济技术开发区	75 541	0.0	6 539	0.0	69 002	0.0
福建省	172 830 265	3.7	104 993 851	4.2	67 836 414	3.2
福州市	26 062 926	0.6	17 223 089	0.7	8 839 837	0.4
福州经济技术开发区	1 866 528	0.0	1 193 138	0.0	673 390	0.0
福州高新技术产业开发区	37 901	0.0	37 867	0.0	34	0.0
厦门市	61 506 009	1.3	34 580 614	1.4	26 925 395	1.3
厦门火炬高技术产业开发区	3 520 038	0.1	1 265 599	0.1	2 254 439	0.1

续表 5

境内目的地/货源地	进出口		出口		进口	
	金额	比重（%）	金额	比重（%）	金额	比重（%）
平潭	314 892	0.0	69 740	0.0	245 152	0.0
平潭综合实验区	312 655	0.0	68 563	0.0	244 092	0.0
江西省	41 168 590	0.9	26 940 844	1.1	14 227 746	0.7
南昌市	9 044 463	0.2	4 508 877	0.2	4 535 586	0.2
南昌经济技术开发区	2 394 579	0.1	695 713	0.0	1 698 866	0.1
南昌高新技术产业开发区	1 736 260	0.0	438 008	0.0	1 298 252	0.1
景德镇市	1 038 169	0.0	984 917	0.0	53 252	0.0
景德镇高新技术产业开发区	21 068	0.0	16 723	0.0	4 345	0.0
萍乡市	523 780	0.0	477 756	0.0	46 024	0.0
萍乡经济技术开发区	33 445	0.0	22 600	0.0	10 846	0.0
九江市	3 433 954	0.1	2 396 479	0.1	1 037 475	0.0
九江经济技术开发区	312 651	0.0	247 976	0.0	64 675	0.0
新余市	2 144 147	0.0	1 028 640	0.0	1 115 508	0.1
新余高新技术产业开发区	188 489	0.0	165 469	0.0	23 021	0.0
鹰潭市	5 024 385	0.1	1 226 089	0.0	3 798 295	0.2
鹰潭高新技术产业开发区	20 533	0.0	457	0.0	20 076	0.0
赣州市	5 225 605	0.1	3 984 994	0.2	1 240 610	0.1
赣州经济技术开发区	140 520	0.0	106 200	0.0	34 321	0.0
宜春市	2 584 067	0.1	2 068 696	0.1	515 371	0.0
宜春经济技术开发区	52 369	0.0	44 256	0.0	8 112	0.0
上饶市	3 347 408	0.1	2 986 172	0.1	361 236	0.0
上饶经济技术开发区	10 057	0.0	8 421	0.0	1 636	0.0
吉安市	3 387 908	0.1	2 227 221	0.1	1 160 687	0.1

续表6

境内目的地/货源地	进出口		出口		进口	
	金额	比重（%）	金额	比重（%）	金额	比重（%）
井冈山经济技术开发区	230 165	0.0	198 806	0.0	31 359	0.0
山东省	364 113 945	7.9	173 449 241	7.0	190 664 704	8.9
济南市	11 321 605	0.2	7 308 314	0.3	4 013 291	0.2
济南市高新技术产业开发区	4 702 257	0.1	2 229 847	0.1	2 472 411	0.1
青岛市	96 398 779	2.1	44 188 369	1.8	52 210 410	2.4
青岛经济技术开发区	21 467 749	0.5	7 069 010	0.3	14 398 739	0.7
青岛高新技术产业开发区	204 723	0.0	90 668	0.0	114 055	0.0
烟台市	46 381 087	1.0	24 581 776	1.0	21 799 311	1.0
烟台经济技术开发区	14 706 240	0.3	7 059 370	0.3	7 646 870	0.4
潍坊市	28 496 998	0.6	15 332 435	0.6	13 164 563	0.6
潍坊高新技术产业开发区	1 147 391	0.0	736 863	0.0	410 528	0.0
威海市	12 930 359	0.3	9 485 444	0.4	3 444 916	0.2
威海火炬高技术产业开发区	1 789 971	0.0	1 392 126	0.1	397 844	0.0
河南省	87 489 895	1.9	57 855 072	2.3	29 634 823	1.4
郑州市	59 981 802	1.3	37 278 618	1.5	22 703 184	1.1
郑州航空港经济综合实验区	53 110 427	1.1	32 522 331	1.3	20 588 095	1.0
郑州高新技术产业开发区	572 314	0.0	501 541	0.0	70 773	0.0
洛阳市	2 473 685	0.1	2 283 427	0.1	190 258	0.0
洛阳高新技术产业开发区	116 140	0.0	103 867	0.0	12 273	0.0
湖北省	51 296 470	1.1	31 657 586	1.3	19 638 884	0.9
武汉市	28 721 335	0.6	16 142 815	0.6	12 578 520	0.6
武汉经济技术开发区	3 374 507	0.1	1 431 535	0.1	1 942 972	0.1
武汉东湖新技术开发区	17 239 755	0.4	9 692 090	0.4	7 547 665	0.4

续表 7

境内目的地/货源地	进出口		出口		进口	
	金额	比重（%）	金额	比重（%）	金额	比重（%）
黄石市	3 776 288	0.1	1 642 996	0.1	2 133 292	0.1
黄石经济技术开发区	159 149	0.0	62 896	0.0	96 254	0.0
襄阳市	2 359 729	0.1	1 483 470	0.1	876 259	0.0
襄阳经济技术开发区	17 673	0.0	2 845	0.0	14 827	0.0
襄阳高新技术产业开发区	693 704	0.0	380 651	0.0	313 053	0.0
荆州市	3 178 560	0.1	2 496 483	0.1	682 077	0.0
荆州经济技术开发区	317 665	0.0	240 346	0.0	77 319	0.0
湖南省	35 457 492	0.8	21 027 497	0.8	14 429 995	0.7
长沙市	11 093 163	0.2	5 706 004	0.2	5 387 159	0.3
长沙经济技术开发区	1 212 520	0.0	233 923	0.0	978 597	0.0
长沙高新技术产业开发区	413 313	0.0	273 874	0.0	139 439	0.0
株洲市	2 081 930	0.0	1 311 707	0.1	770 223	0.0
株洲高新技术产业开发区	322 574	0.0	270 582	0.0	51 992	0.0
湘潭市	1 533 322	0.0	634 206	0.0	899 115	0.0
湘潭经济技术开发区	19 006	0.0	16 314	0.0	2 692	0.0
湘潭高新技术产业开发区	5 055	0.0	4 103	0.0	952	0.0
衡阳市	3 922 063	0.1	2 319 533	0.1	1 602 530	0.1
衡阳高新技术产业开发区	750	0.0	598	0.0	152	0.0
岳阳市	3 153 181	0.1	1 200 387	0.0	1 952 794	0.1
常德市	1 198 161	0.0	920 353	0.0	277 808	0.0
常德经济技术开发区	113 335	0.0	31 167	0.0	82 168	0.0
益阳市	661 418	0.0	589 672	0.0	71 746	0.0
益阳高新技术产业开发区	14 848	0.0	14 507	0.0	341	0.0

续表 8

境内目的地/货源地	进出口		出　口		进　口	
	金额	比重（%）	金额	比重（%）	金额	比重（%）
浏阳市	419 668	0.0	395 332	0.0	24 335	0.0
浏阳经济技术开发区	19 797	0.0	11 588	0.0	8 209	0.0
广东省	1 211 248 119	26.2	707 722 635	28.5	503 525 484	23.6
广州市	181 988 729	3.9	107 427 510	4.3	74 561 219	3.5
广州经济技术开发区	17 407 509	0.4	7 548 912	0.3	9 858 597	0.5
广州高新技术产业开发区	13 780 686	0.3	5 968 308	0.2	7 812 378	0.4
广州南沙新区	20 071 103	0.4	8 018 518	0.3	12 052 585	0.6
深圳市	501 359 291	10.8	270 096 337	10.9	231 262 954	10.8
深圳科技工业园	14 187	0.0	5 861	0.0	8 325	0.0
珠海市	43 029 956	0.9	24 855 524	1.0	18 174 431	0.9
珠海横琴新区	239 277	0.0	111 071	0.0	128 206	0.0
汕头市	12 496 435	0.3	9 878 212	0.4	2 618 223	0.1
佛山市	63 351 019	1.4	44 849 638	1.8	18 501 381	0.9
湛江市	11 781 418	0.3	3 217 890	0.1	8 563 528	0.4
湛江经济技术开发区	767 660	0.0	537 881	0.0	229 779	0.0
惠州市	68 884 459	1.5	40 126 762	1.6	28 757 697	1.3
惠州高新技术产业开发区	30 597 996	0.7	19 421 383	0.8	11 176 612	0.5
东莞市	206 933 056	4.5	125 125 758	5.0	81 807 297	3.8
东莞松山湖高新技术产业开发区	179 687	0.0	27 960	0.0	151 727	0.0
中山市	37 396 954	0.8	29 197 846	1.2	8 199 108	0.4
中山火炬高技术产业开发区	325 071	0.0	245 497	0.0	79 573	0.0
广西壮族自治区	60 733 956	1.3	17 713 858	0.7	43 020 098	2.0
南宁市	10 120 446	0.2	5 527 500	0.2	4 592 946	0.2

续表 9

境内目的地/货源地	进出口		出口		进口	
	金额	比重（%）	金额	比重（%）	金额	比重（%）
南宁高新技术产业开发区	96 797	0.0	42 996	0.0	53 801	0.0
桂林市	1 604 228	0.0	1 400 014	0.1	204 214	0.0
桂林新技术产业开发区	270 397	0.0	237 892	0.0	32 505	0.0
北海市	9 782 252	0.2	2 512 738	0.1	7 269 514	0.3
崇左市	5 999 804	0.1	1 154 707	0.0	4 845 097	0.2
防城港市	12 479 744	0.3	679 872	0.0	11 799 872	0.6
海南省	18 094 613	0.4	4 645 913	0.2	13 448 700	0.6
海口市	4 910 649	0.1	951 523	0.0	3 959 126	0.2
海南国际科技工业园	77 830	0.0	11 374	0.0	66 457	0.0
海南洋浦经济开发区	10 828 510	0.2	3 067 329	0.1	7 761 181	0.4
重庆市	68 192 954	1.5	45 972 395	1.8	22 220 559	1.0
重庆高新技术产业开发区	153 460	0.0	96 852	0.0	56 609	0.0
重庆两江新区	22 411 960	0.5	13 329 230	0.5	9 082 730	0.4
万州经济技术开发区	32 880	0.0	15 220	0.0	17 660	0.0
长寿经济技术开发区	0	0.0	0	0.0	–	–
四川省	93 226 695	2.0	47 776 512	1.9	45 450 183	2.1
成都市	76 855 365	1.7	37 881 300	1.5	38 974 064	1.8
成都经济技术开发区	3 274 018	0.1	1 514 080	0.1	1 759 938	0.1
成都高新技术产业开发区	58 380 361	1.3	31 916 073	1.3	26 464 288	1.2
绵阳市	3 799 612	0.1	964 677	0.0	2 834 935	0.1
绵阳高新技术产业开发区	2 388 070	0.1	226 173	0.0	2 161 897	0.1
广元市	113 265	0.0	74 525	0.0	38 741	0.0
宜宾市	1 569 755	0.0	960 026	0.0	609 729	0.0

续表 10

境内目的地/货源地	进出口		出口		进口	
	金额	比重（%）	金额	比重（%）	金额	比重（%）
贵州省	8 357 487	0.2	5 744 218	0.2	2 613 269	0.1
贵阳市	3 117 437	0.1	2 292 447	0.1	824 990	0.0
贵阳高新技术产业开发区	8 259	0.0	4 432	0.0	3 827	0.0
云南省	27 177 428	0.6	10 528 677	0.4	16 648 750	0.8
昆明市	13 901 939	0.3	3 915 008	0.2	9 986 930	0.5
红河州	3 629 546	0.1	1 569 177	0.1	2 060 369	0.1
蒙自经济技术开发区	2 189	0.0	1 354	0.0	835	0.0
畹町市	202 692	0.0	5 334	0.0	197 358	0.0
瑞丽县	740 771	0.0	428 686	0.0	312 085	0.0
河口县	1 014 994	0.0	2 762	0.0	1 012 232	0.0
曲靖市	1 141 439	0.0	990 981	0.0	150 457	0.0
曲靖经济技术开发区	17 148	0.0	16 113	0.0	1 035	0.0
西藏自治区	635 525	0.0	401 422	0.0	234 104	0.0
拉萨市	593 464	0.0	386 931	0.0	206 533	0.0
拉萨经济技术开发区	2 694	0.0	1 177	0.0	1 516	0.0
陕西省	52 254 788	1.1	30 362 204	1.2	21 892 584	1.0
西安市	46 775 090	1.0	27 732 794	1.1	19 042 296	0.9
陕西航天经济技术开发区	82 465	0.0	68 116	0.0	14 349	0.0
西安新技术产业开发区	2 704 545	0.1	1 439 926	0.1	1 264 619	0.1
宝鸡市	1 005 553	0.0	637 763	0.0	367 789	0.0
宝鸡高新技术产业开发区	78 635	0.0	56 593	0.0	22 042	0.0
汉中市	266 796	0.0	173 072	0.0	93 725	0.0
甘肃省	6 489 777	0.1	2 588 754	0.1	3 901 023	0.2

续表 11

境内目的地/货源地	进出口		出　口		进　口	
	金额	比重（%）	金额	比重（%）	金额	比重（%）
兰州市	1 704 109	0.0	1 183 150	0.0	520 959	0.0
兰州新技术产业开发区	6 800	0.0	6 243	0.0	557	0.0
青海省	583 645	0.0	329 183	0.0	254 462	0.0
西宁市	324 942	0.0	178 678	0.0	146 264	0.0
西宁经济技术开发区	8 697	0.0	4 198	0.0	4 499	0.0
青海高新技术产业开发区	43	0.0	22	0.0	21	0.0
宁夏回族自治区	4 046 286	0.1	2 752 028	0.1	1 294 258	0.1
银川市	1 561 521	0.0	812 577	0.0	748 943	0.0
银川经济技术开发区	72 470	0.0	5 115	0.0	67 355	0.0
新疆维吾尔族自治区	34 704 586	0.8	15 381 549	0.6	19 323 037	0.9
乌鲁木齐市	20 733 738	0.4	5 953 561	0.2	14 780 177	0.7
乌鲁木齐经济技术开发区	550 413	0.0	311 179	0.0	239 233	0.0
乌鲁木齐高新技术产业开发区	13 927 699	0.3	562 064	0.0	13 365 635	0.6
博乐市	1 457 818	0.0	307 078	0.0	1 150 740	0.1
伊宁市	4 522 344	0.1	4 237 729	0.2	284 616	0.0
石河子市	476 745	0.0	434 854	0.0	41 891	0.0
石河子经济技术开发区	178 289	0.0	165 480	0.0	12 809	0.0

2018 年进出口商品关别总值表

单位：千美元

关 别	进出口		出 口		进 口	
	金额	比重（%）	金额	比重（%）	金额	比重（%）
总 值	4 622 415 393	100.0	2 486 681 510	100.0	2 135 733 883	100.0
北京海关	77 620 386	1.7	22 586 535	0.9	55 033 850	2.6
天津海关	209 763 572	4.5	100 477 596	4.0	109 285 976	5.1
石家庄海关	46 079 385	1.0	7 844 017	0.3	38 235 368	1.8
太原海关	2 861 035	0.1	121 989	0.0	2 739 046	0.1
满洲里海关	5 986 220	0.1	2 300 800	0.1	3 685 420	0.2
呼和浩特海关	9 519 539	0.2	1 665 235	0.1	7 854 304	0.4
沈阳海关	16 336 666	0.4	3 236 121	0.1	13 100 545	0.6
大连海关	126 819 946	2.7	59 700 455	2.4	67 119 491	3.1
长春海关	10 176 264	0.2	1 569 945	0.1	8 606 319	0.4
哈尔滨海关	19 443 376	0.4	1 846 342	0.1	17 597 034	0.8
上海海关	971 464 378	21.0	562 360 562	22.6	409 103 816	19.2
南京海关	400 223 213	8.7	196 212 639	7.9	204 010 573	9.6
杭州海关	112 661 369	2.4	59 962 270	2.4	52 699 099	2.5
宁波海关	242 750 137	5.3	167 549 966	6.7	75 200 171	3.5
合肥海关	32 582 941	0.7	12 883 587	0.5	19 699 354	0.9
福州海关	34 156 687	0.7	17 771 834	0.7	16 384 853	0.8
厦门海关	136 428 333	3.0	89 492 422	3.6	46 935 911	2.2
南昌海关	15 197 942	0.3	5 400 288	0.2	9 797 654	0.5
青岛海关	329 477 444	7.1	160 156 616	6.4	169 320 828	7.9
济南海关	53 516 647	1.2	21 622 774	0.9	31 893 873	1.5
郑州海关	71 111 265	1.5	42 915 344	1.7	28 195 921	1.3
武汉海关	29 821 896	0.6	13 787 820	0.6	16 034 075	0.8
长沙海关	21 394 165	0.5	9 332 492	0.4	12 061 673	0.6
广州海关	180 048 338	3.9	111 514 548	4.5	68 533 790	3.2
黄埔海关	231 832 210	5.0	107 749 478	4.3	124 082 732	5.8
深圳海关	745 075 305	16.1	453 459 367	18.2	291 615 937	13.7
拱北海关	64 405 305	1.4	39 692 170	1.6	24 713 135	1.2

续表

关别	进出口		出口		进口	
	金额	比重（%）	金额	比重（%）	金额	比重（%）
汕头海关	16 914 683	0.4	11 321 650	0.5	5 593 033	0.3
海口海关	17 312 484	0.4	4 125 161	0.2	13 187 323	0.6
湛江海关	28 643 460	0.6	4 746 489	0.2	23 896 970	1.1
江门海关	19 162 828	0.4	13 848 755	0.6	5 314 073	0.2
南宁海关	75 754 205	1.6	35 785 225	1.4	39 968 980	1.9
成都海关	80 041 944	1.7	37 442 398	1.5	42 599 546	2.0
重庆海关	63 967 639	1.4	42 985 896	1.7	20 981 743	1.0
贵阳海关	4 353 689	0.1	2 496 362	0.1	1 857 326	0.1
昆明海关	24 405 200	0.5	10 484 689	0.4	13 920 512	0.7
拉萨海关	724 929	0.0	508 613	0.0	216 316	0.0
西安海关	45 296 125	1.0	25 326 608	1.0	19 969 517	0.9
乌鲁木齐海关	45 074 650	1.0	23 791 908	1.0	21 282 742	1.0
兰州海关	2 923 558	0.1	277 566	0.0	2 645 992	0.1
银川海关	961 742	0.0	323 002	0.0	638 740	0.0
西宁海关	124 295	0.0	3 974	0.0	120 321	0.0

2018年进出口商品运输方式总值表

单位：千美元

运输方式	进出口		出口		进口	
	金额	比重（%）	金额	比重（%）	金额	比重（%）
总　值	4 622 415 393	100.0	2 486 681 510	100.0	2 135 733 883	100.0
水路运输	2 846 751 404	61.6	1 655 367 584	66.6	1 191 383 820	55.8
铁路运输	49 902 291	1.1	29 618 126	1.2	20 284 164	0.9
公路运输	741 232 885	16.0	376 464 624	15.1	364 768 261	17.1
航空运输	904 805 932	19.6	402 435 563	16.2	502 370 369	23.5
邮件运输	2 497 700	0.1	1 878 463	0.1	619 237	0.0
其他运输	77 225 182	1.7	20 917 150	0.8	56 308 032	2.6

2018年进出口商品前40位国别（地区）总值表

单位：千美元

最终目的国（地区）	出口	名次	原产国（地区）	进口	名次
总值	2 486 681 510	–	总值	2 135 733 883	–
美国	478 395 813	1	韩国	204 643 401	1
中国香港	302 021 601	2	日本	180 660 537	2
日本	147 048 676	3	中国台湾	177 599 869	3
韩国	108 756 144	4	美国	155 123 186	4
越南	83 876 688	5	中华人民共和国	146 221 570	5
德国	77 489 342	6	德国	106 324 821	6
印度	76 675 656	7	澳大利亚	105 810 673	7
荷兰	72 834 694	8	巴西	77 569 518	8
英国	56 542 977	9	越南	63 956 349	9
新加坡	49 036 625	10	马来西亚	63 205 046	10
中国台湾	48 643 055	11	俄罗斯联邦	59 142 176	11
俄罗斯联邦	47 965 273	12	沙特阿拉伯	45 854 380	12
澳大利亚	47 330 059	13	泰国	44 629 637	13
马来西亚	45 375 987	14	瑞士	38 515 840	14
墨西哥	44 009 918	15	印度尼西亚	34 149 776	15
印度尼西亚	43 191 405	16	新加坡	33 727 772	16
泰国	42 878 717	17	法国	32 202 218	17
加拿大	35 153 243	18	加拿大	28 359 401	18
菲律宾	35 036 642	19	南非	27 287 489	19
巴西	33 664 872	20	智利	26 730 709	20
意大利	33 171 610	21	安哥拉	25 826 510	21
法国	30 672 911	22	英国	23 870 590	22
阿拉伯联合酋长国	29 651 248	23	伊拉克	22 495 274	23
西班牙	24 952 249	24	伊朗	21 102 280	24
波兰	20 876 212	25	意大利	21 062 194	25
土耳其	17 788 595	26	菲律宾	20 611 600	26
孟加拉国	17 753 059	27	阿曼	18 898 511	27
沙特阿拉伯	17 428 036	28	印度	18 833 347	28

续表

最终目的国（地区）	出　口	名　次	原产国（地区）	进　口	名　次
比利时	17 055 065	29	阿拉伯联合酋长国	16 237 767	29
巴基斯坦	16 933 317	30	科威特	15 343 866	30
南非	16 248 381	31	秘鲁	14 914 302	31
智利	15 873 631	32	墨西哥	14 008 910	32
伊朗	13 939 733	33	荷兰	12 332 690	33
尼日利亚	13 404 782	34	新西兰	11 083 332	34
埃及	11 987 208	35	爱尔兰	10 859 576	35
捷克	11 909 583	36	卡塔尔	9 146 390	36
哈萨克斯坦	11 351 528	37	瑞典	8 954 753	37
缅甸	10 547 771	38	西班牙	8 751 000	38
以色列	9 274 416	39	哈萨克斯坦	8 526 609	39
哥伦比亚	8 717 650	40	中国香港	8 502 367	40

2018 年出口商品排序表（前 100 位）

单位：千美元

商品编号	商品名称	计量单位	数 量	金 额
	总 值		–	2 486 681 510
85171210	手持（包括车载）式无线电话机	台	1 118 884 584	140 636 403
84713090	其他重量不超过 10 千克的便携式自动数据处理设备	台	141 437 715	74 515 529
84733090	品目 8471 所列其他机器的零件、附件	千克	478 893 137	42 428 855
85423290	其他用作存储器的集成电路	个	19 893 915 388	42 008 279
		千克	3 766 308	–
85177030	手持式无线电话机的零件（天线除外）	千克	121 274 813	34 965 124
85423190	其他用作处理器及控制器的集成电路	个	81 587 258 925	27 616 341
		千克	15 632 325	–
90138030	液晶显示板	个	1 757 587 273	23 184 467
		千克	473 296 066	–
84713010	平板电脑	台	108 767 542	21 352 304
84715040	微型机的处理部件	台	35 410 919	17 176 670
84717010	硬盘驱动器	台	190 832 423	16 290 729
85176299	其他接收、转换并且发送或再生声音、图像或其他数据用的设备	台	525 377 197	15 976 812
85414020	太阳能电池	个	1 113 634 015	13 564 086
		千克	2 832 792 376	–
94054090	未列名电灯及照明装置	千克	1 365 369 140	13 400 194
64029929	未列名塑料制鞋面的鞋靴	千克	1 464 561 138	13 188 529
		双	3 328 452 410	–
95030089	未列名玩具及模型	个	32 527 695 634	12 938 626
		千克	1 839 561 538	–
85177090	品目 8517 所列设备用其他零件	千克	256 145 590	11 789 983
64041990	橡胶或塑料制外底，纺织材料制鞋面的其他鞋靴	千克	1 019 978 771	11 755 288
		双	2 115 071 449	–
27101923	柴油，不含生物柴油	千克	18 532 443 041	11 571 534
		升	21 799 190 028	–
39269090	未列名塑料制品	千克	2 190 860 848	11 383 889

续表 1

商品编号	商品名称	计量单位	数　量	金　额
85076000	锂离子蓄电池	个	1 938 587 623	10 825 473
61103000	化纤制针织钩编套头衫、开襟衫、外穿背心等	件	1 784 140 056	10 270 221
		千克	597 514 826	–
27101911	航空煤油，不含有生物柴油	千克	14 670 018 020	10 153 522
		升	18 284 650 703	–
85287222	液晶显示器彩色数字电视接收机	台	63 501 638	9 712 452
85437099	未列名具有独立功能的电气设备及装置	台	2 167 827 090	9 646 323
42021290	以塑料或纺织材料作面的提箱、小手袋、公文箱、公文包、书包及类似容器	千克	1 319 310 635	9 172 576
		个	1 929 209 044	–
73089000	其他钢铁结构体；钢结构体用部件及加工钢材	千克	5 637 698 763	8 939 938
85340090	四层及以下的印刷电路	块	29 813 746 982	8 695 488
		千克	222 137 691	–
27101210	车用汽油和航空汽油 不含有生物柴油	千克	12 879 350 781	8 432 459
		升	17 876 512 096	–
85423990	其他集成电路	个	103 904 816 021	8 371 703
		千克	12 009 571	–
94051000	枝形吊灯及天花板或墙壁上的电气照明装置	个	1 036 426 585	7 953 500
		千克	793 271 281	–
94032000	其他金属家具	件	358 687 540	7 826 078
		千克	2 991 355 024	–
40112000	客车或货运机动车辆用新的充气橡胶轮胎	千克	3 402 447 349	7 808 093
		条	91 305 313	–
85285212	其他可直接连接品目 8471 的自动数据处理设备的彩色液晶监视器	台	67 339 221	7 411 290
		千克	361 423 387	–
94036099	未列名木家具	件	179 767 091	7 261 089
		千克	2 571 281 670	–
62046200	棉制女裤	条	1 218 993 256	6 966 095
		千克	478 159 817	–
85371090	其他电气控制或电力分配盘板台等 电压≤1000 伏	个	394 818 443	6 805 276
		千克	178 443 726	–
71131919	其他黄金制首饰及其零件	克	161 041 863	6 735 239
95045019	与电视接收机配套使用的视频游戏控制器及设备	台	42 874 711	6 667 264
		千克	89 006 227	–

续表 2

商品编号	商品名称	计量单位	数　量	金　额
85340010	四层以上的印刷电路	块	3 136 098 077	6 579 900
		千克	73 554 024	–
84439990	品目 8443 所列设备用其他零件及附件	千克	413 699 572	6 499 144
84718000	自动数据处理设备的其他部件	台	106 530 472	6 166 548
42022200	以塑料片或纺织材料作面的手提包	千克	662 296 680	6 157 957
		个	2 306 445 004	–
85044099	未列名静止式变流器	个	1 831 145 854	6 153 050
84818040	其他阀门	套	1 616 762 724	6 149 328
		千克	824 011 586	–
94016190	其他带软垫的木框架坐具	个	71 441 517	5 988 635
		千克	1 440 451 577	–
42029200	以塑料片或纺织材料作面的其他类似容器	千克	700 789 419	5 984 694
		个	4 306 072 014	–
61102000	棉制针织钩编的套头衫、开襟衫、外穿背心等	件	909 985 239	5 893 520
		千克	316 715 911	–
64039900	其他橡、塑或再生皮革外底，皮革鞋面的鞋靴	千克	317 302 116	5 802 977
		双	454 287 281	–
54075200	聚酯变形长丝≥85%染色布	米	5 722 430 925	5 795 451
		千克	1 104 081 759	–
85395000	发光二极管（LED）灯泡（管）	只	6 972 027 491	5 676 955
		千克	352 804 411	–
84433110	有打复印及传真两种及以上功能静电感光机器	台	10 193 969	5 653 093
		千克	328 644 176	–
72104900	其他镀或涂锌普通钢铁板材	千克	7 927 716 277	5 640 445
73269090	未列名非工业用钢铁制品	千克	1 980 482 955	5 636 009
39241000	塑料制餐具及厨房用具	千克	1 392 358 385	5 584 190
85176294	无线耳机、无线耳塞	个	236 936 180	5 509 015
40111000	机动小客车用新的充气橡胶轮胎	千克	1 990 095 633	5 429 699
		条	209 580 741	–
69101000	瓷制固定卫生设备	千克	1 494 324 332	5 425 939
		件	83 626 768	–
85258013	非特种用途的其他类型电视摄像机	台	545 724 866	5 425 555
71131911	镶嵌钻石的黄金制首饰及其零件	克	33 367 506	5 396 632
98040000	低值简易通关商品	千克	757 359 699 942	5 341 248

续表 3

商品编号	商品名称	计量单位	数 量	金 额
27101922	5~7 号燃料油，不含有生物柴油	千克	12 129 064 876	5 290 932
		升	12 310 980 591	–
72253000	其他合金钢热轧卷材 宽≥600 毫米	千克	8 772 487 995	5 193 010
63079000	品目 6301 至 6307 的未列名制成品，包括服装裁剪样	千克	859 695 101	5 115 694
69111019	其他瓷制餐具	千克	1 827 276 784	4 989 306
62034290	棉制其他男裤	条	932 056 508	4 949 221
		千克	428 092 846	–
85176232	以太网络交换机	台	42 188 257	4 868 072
86090029	其他 40 英尺集装箱	个	1 270 938	4 803 192
87087091	铝合金制的未列名机动车辆用车轮及其零件、附件	千克	1 005 515 623	4 790 672
84314999	品目 8426、8429 及 8430 所列机械的未列名零件	千克	2 000 078 526	4 628 305
85285910	其他彩色监视器	台	18 896 507	4 626 601
87082990	车身（包括驾驶室）的未列名零件、附件	千克	491 044 511	4 616 107
94049040	化纤棉填充的其他寝具及类似用品	千克	816 491 486	4 614 010
39181090	氯乙烯聚合物制铺地制品	千克	3 541 219 788	4 597 911
85369011	工作电压不超过 36 伏的接插件	千克	64 408 553	4 482 674
84818090	龙头、旋塞及类似装置	套	719 191 715	4 447 977
		千克	392 135 320	–
60063200	合成纤维制染色其他针织或钩编织物	米	3 362 428 823	4 383 734
		千克	849 384 033	–
94017190	其他带软垫的金属框架坐具	个	145 818 419	4 359 103
		千克	1 019 224 058	–
85081100	电动真空吸尘器功率≤1500 瓦，集尘器容积≤20 升	台	117 607 345	4 306 923
		千克	467 394 831	–
84714940	系统形式的微型机	台	4 585 790	4 261 110
84151021	制冷量≤4000 大卡/时的分体窗式、壁式、置于天花板或地板上的空气调节器	台	23 133 323	4 125 416
		千克	780 900 959	–
72107010	厚度小于 1.5 毫米的涂漆或涂塑的铁或非合金钢平板轧材，宽≥600 毫米	千克	4 888 137 110	4 118 206
61099090	未列名纺材制针织或钩编 T 恤衫、汗衫、背心	件	1 526 550 656	4 114 609
		千克	253 984 182	–
95051000	圣诞节用品	千克	484 232 740	4 096 611
85287221	液晶显示器彩色模拟电视接收机	台	26 990 899	4 004 372

续表 4

商品编号	商品名称	计量单位	数　量	金　额
62029390	未列名化纤女式带风帽防寒短上衣、防风衣等	件	280 848 746	3 986 648
		千克	196 881 330	-
85414010	发光二极管	个	223 878 175 170	3 959 352
		千克	12 351 541	-
85182200	多喇叭音箱	个	112 000 425	3 890 007
61091000	棉制针织或钩编的 T 恤衫、汗衫、背心	件	1 319 922 401	3 862 707
		千克	209 334 399	-
87089999	品目 8701 至 8704 所列其他车辆用未列名零、附件	千克	623 433 321	3 811 967
85176239	未列名有线数字通讯设备	台	66 910 469	3 799 252
72283090	其他条、杆，除热轧、热拉拔或热挤压外未经进一步加工	千克	5 857 100 796	3 757 690
73239300	不锈钢制餐桌、厨房或其他家用器具及其零件	千克	553 110 574	3 734 574
85389000	品目 8535、8536 或 8537 所列装置的其他零件	千克	255 876 838	3 728 648
85044014	其他功率 <1 千瓦直流稳压电源 精度 <1/10000	个	754 776 387	3 714 998
89019022	可载标准集装箱 >6000 箱的机动集装箱船	艘	33	3 691 683
87083099	未列名机动车辆用其他制动器及其零件	千克	1 629 967 400	3 573 279
		个	1 489 782 043	-
84151022	制冷量 >4000 大卡/时的分体窗式、壁式、置于天花板或地板上的空气调节器	台	11 329 282	
		千克	699 294 565	
94039000	家具的零件	千克	1 230 647 900	3 550 379
43031010	毛皮衣服	千克	7 286 406	3 536 579
		件	5 882 844	-
85412900	耗散功率≥1 瓦的晶体管	个	33 308 615 139	3 535 912
		千克	21 623 183	-

2018 年进口商品排序表（前 100 位）

单位：千美元

商品编号	商品名称	计量单位	数量	金额
	总　值		-	2 135 733 883
27090000	石油原油及从沥青矿物提取的原油	千克	461 885 462 839	240 380 261
85423290	其他用作存储器的集成电路	个	38 463 981 559	121 527 385
		千克	8 615 176	-
85423190	其他用作处理器及控制器的集成电路	个	115 651 878 126	110 473 492
		千克	21 811 204	-
71081200	其他未锻造金，非货币用	克	1 426 726 552	59 036 213
26011120	0.8 毫米≤平均粘度<6.3 毫米的未烧结铁矿砂及精矿	千克	771 799 049 101	50 849 059
85423990	其他集成电路	个	222 740 419 023	49 156 265
		千克	24 624 809	-
12019010	黄大豆，种用除外	千克	88 035 498 961	38 086 428
85177030	手持式无线电话机的零件（天线除外）	千克	34 734 377	35 151 825
26030000	铜矿砂及其精矿	千克	19 703 553 701	31 935 146
27111100	液化天然气	千克	53 707 588 975	26 804 860
90138030	液晶显示板	个	2 166 265 370	26 142 289
		千克	329 765 672	-
74031111	未锻轧铜含量>99.9935%的精炼铜阴极	千克	3 320 607 012	22 269 649
84717010	硬盘驱动器	台	302 441 250	21 217 712
29024300	对二甲苯	千克	15 908 210 588	16 913 035
85423119	其他用作处理器及控制器的多元件集成电路	个	2 718 560 907	15 594 304
		千克	601 903	-
84733090	品目 8471 所列其他机器的零件、附件	千克	60 649 606	15 316 678
26011190	平均粒度≥6.3 毫米未烧结铁矿砂及其精矿	千克	186 327 427 698	14 990 337
88024010	15000 千克<空载重量≤45000 千克的飞机等航空器	架	277	13 612 621
87032362	仅装有点燃往复式活塞内燃发动机的越野车（4 轮驱动）2500 毫升<排量≤3000 毫升	辆	208 542	13 541 574
98040000	低值简易通关商品	千克	80 222 744 077	13 325 724
88024020	空载重量>45000 千克的飞机等航空器	架	137	13 266 155
27112100	天然气	千克	36 608 982 292	11 642 233

续表 1

商品编号	商品名称	计量单位	数 量	金 额
30049090	未列名混合或非混合产品构成的药品，已配定，千克剂量或制成零售包装	千克	39 769 491	10 873 917
27011210	炼焦煤	千克	65 365 919 785	9 599 867
74040000	铜废碎料	千克	2 412 550 369	9 337 719
85322410	片式多层瓷介电容器	千克	21 153 062	9 166 418
		千个	2 599 691 866	–
29053100	1，2 – 乙二醇	千克	9 799 915 552	9 005 704
33049900	其他美容品或化妆品及护肤品	千克	199 945 249	8 834 244
		件	3 581 879 939	–
39012000	初级形状的聚乙烯，比重≥0. 94	千克	6 730 302 197	8 830 309
47032900	半漂白或漂白非针叶木烧碱木浆或硫酸盐木浆	千克	11 276 544 749	8 297 396
71023900	其他非工业用钻石	克拉	8 669 757	8 084 119
27111200	液化丙烷	千克	13 458 355 896	7 900 090
87032341	仅装有点燃往复式活塞内燃发动机的小轿车 1500 毫升 < 排量≤2000 毫升	辆	250 988	7 760 642
26011110	平均粒度 <0. 8 毫米的未烧结铁矿砂及其精矿	千克	87 332 537 500	7 722 853
85369011	工作电压不超过 36 伏的接插件	千克	79 971 997	7 672 842
27101922	5 ~ 7 号燃料油 不含有生物柴油	千克	16 603 889 547	7 540 312
		升	16 852 947 912	–
87084091	小轿车用自动换挡变速箱及其零件	个	388 039 304	7 281 971
		千克	366 503 143	–
85299042	非特种用途的取像模块	千克	943 322	7 245 873
84798999	未列名具有独立功能的机器及机械器具	台	132 649 623	6 956 674
85423390	其他用作放大器的集成电路	个	27 684 383 378	6 914 296
		千克	3 205 027	–
47032100	半漂白或漂白的针叶木烧碱木浆或硫酸盐木浆	千克	7 945 982 158	6 789 172
27011290	其他烟煤	千克	76 460 393 417	6 706 374
85414010	发光二极管	个	168 603 846 471	6 498 872
		千克	6 085 766	–
85340010	四层以上的印刷电路	块	4 410 578 298	6 386 750
		千克	32 713 987	–
38249999	未列名化学工业及其相关工业的化学产品及配制品	千克	1 292 475 758	6 188 430
85340090	四层及以下的印刷电路	块	41 081 055 114	5 998 741
		千克	51 969 587	–

续表 2

商品编号	商品名称	计量单位	数　量	金　额
26020000	锰矿砂及其精矿	千克	27 603 656 533	5 811 253
74020000	未精炼铜；电解精炼用的铜阳极	千克	895 543 694	5 781 049
87032361	仅装有点燃往复式活塞内燃发动机的小轿车 2500 毫升 < 排量≤3000 毫升	辆	74 879	5 743 244
85412900	耗散功率≥1 瓦的晶体管	个	43 522 670 108	5 602 125
		千克	20 489 508	-
87084099	未列名机动车辆用变速箱及其零件	个	289 575 156	5 590 126
		千克	287 403 588	-
85177090	品目 8517 所列设备用其他零件	千克	32 862 195	5 581 634
90318090	未列名测量或检验仪器、器具及机器	台	891 593 882	5 293 641
27079990	其他蒸馏高温煤焦油所得油类等产品及类似品	千克	7 971 069 856	5 233 547
39014020	初级形状的线型低密度聚乙烯，比重 < 0. 94	千克	4 366 989 736	5 179 547
27021000	褐煤，不论是否粉化，但未制成型	千克	94 405 485 609	4 951 853
27101220	石脑油，不含有生物柴油	千克	7 472 087 607	4 799 120
		升	10 348 841 346	-
19011010	供婴幼儿食用的零售包装配方奶粉，全脱脂可可含量低于 5% 的乳品制	千克	324 461 273	4 768 984
30021500	免疫制品，已配定剂量或制成零售包装	千克	3 681 261	4 766 313
39074000	初级形状的聚碳酸酯	千克	1 417 431 243	4 552 841
87032342	仅装有点燃往复式活塞内燃发动机的越野车（4 轮驱动）1500 毫升 < 排量≤2000 毫升	辆	103 676	4 416 498
85389000	品目 8535、8536 或 8537 所列装置的其他零件	千克	87 403 292	4 405 886
90328990	其他自动调节或控制仪器及装置	台	47 061 695	4 396 514
26060000	铝矿砂及其精矿	千克	82 569 742 363	4 373 037
90012000	偏振材料制的片及板	千克	71 983 545	4 311 619
40028000	品目 4001 所列产品与本编号所列产品的混合物	千克	2 950 077 170	4 251 260
02023000	冻去骨牛肉	千克	859 161 023	4 239 723
87082990	车身（包括驾驶室）的未列名零件、附件	千克	361 600 078	4 204 606
39021000	初级形状的聚丙烯	千克	3 279 534 340	4 193 775
84439990	品目 8443 所列设备用其他零件及附件	千克	135 486 615	4 148 857
87032343	仅装有点燃往复式活塞内燃发动机的小客车（9 座及以下）1500 毫升 < 排量≤2000 毫升	辆	122 859	4 066 265
90314990	其他测量或检验用光学仪器及器具	台	176 360 730	4 027 405
29025000	苯乙烯	千克	2 913 540 281	3 957 034

续表 3

商品编号	商品名称	计量单位	数　量	金　额
85076000	锂离子蓄电池	个	1 645 049 356	3 886 914
85371090	其他电气控制或电力分配盘板台等，电压≤1000 伏	个	125 563 385	3 831 737
		千克	34 384 158	-
87032412	仅装有点燃往复式活塞内燃发动机的越野车（4 轮驱动）3000 毫升<排量≤4000 毫升	辆	102 103	3 718 088
90139020	编号 9013.8030（液晶显示板）所列货品的零件、附件	千克	15 566 517	3 589 194
85411000	二极管，但光敏二极管或发光二极管除外	个	190 882 129 265	3 586 797
		千克	14 930 134	-
27075000	其他芳烃混合物 根据 ISO 3405 方法温度在 250℃时的馏出量以体积计（包括损耗）≥65%	千克	4 877 005 638	3 546 480
85437099	未列名具有独立功能的电气设备及装置	台	529 970 351	3 530 526
81052010	钴湿法冶炼中间产品	千克	225 012 368	3 508 304
39011000	初级形状的聚乙烯，比重<0.94	千克	2 927 488 060	3 503 820
85419000	品目 8541 所列货品的零件	千克	8 474 253	3 498 768
84863090	其他制造平板显示器用的机器及装置	台	3 266	3 450 710
39033090	其他初级形状的丙烯腈-丁二烯-苯乙烯（ABS）共聚物	千克	1 750 048 803	3 407 875
90132000	激光器，激光二极管除外	个	126 157 288	3 363 546
85416000	已装配的压电晶体	个	34 757 048 088	3 356 626
		千克	1 735 839	-
29012100	乙烯	千克	2 575 853 296	3 301 566
84869099	品目 8486 所列设备用未列名零件及附件	千克	31 148 222	3 298 385
47071000	回收（废碎）的未漂白牛皮纸或瓦楞纸及纸板	千克	12 930 744 711	3 251 393
84733010	大、中、小型计算机及其部件的零件、附件	千克	14 873 315	3 242 112
26080000	锌矿砂及其精矿	千克	2 963 832 189	3 226 193
71081300	其他半制的金，非货币用	克	78 956 654	3 224 013
52010000	未梳的棉花	千克	1 572 632 668	3 165 571
27111390	其他液化丁烷	千克	5 363 492 365	3 138 237
29012200	丙烯	千克	2 844 125 386	3 138 153
84119100	涡轮喷气发动机或涡轮螺桨发动机的零件	千克	3 227 961	3 046 804
26040000	镍矿砂及其精矿	千克	46 992 268 740	2 983 243
51011100	未梳含脂剪羊毛	千克	267 636 804	2 943 782
29051100	甲醇	千克	7 428 558 819	2 916 496

第七篇

附　录

全国对外开放口岸分地区一览表

截至2018年12月31日

序号	省别	数量	水运口岸	航空口岸		铁路口岸	公路口岸	
				对中外飞机全开放	限制性		（国际）	（双边）
1	北京	2		北京		北京		
2	天津	3	天津、渤中	天津				
3	河北	4	秦皇岛、唐山、黄骅	石家庄				
4	山西	1		太原				
5	内蒙古	18		呼和浩特、海拉尔、满洲里、鄂尔多斯		二连浩特、满洲里	珠恩嘎达布其、满洲里、二连浩特、阿尔山	阿日哈沙特、额布都格、甘其毛都、满都拉、策克、黑山头、室韦、乌力吉
6	辽宁	13	大连、营口、丹东、庄河、葫芦岛、旅顺新港、锦州、长兴岛、盘锦	沈阳、大连		丹东	丹东	
7	吉林	15		长春、延吉		集安、图们、珲春	珲春、集安、圈河	临江、开山屯、三合、南坪、长白、古城里、沙坨子
8	黑龙江	25	（哈尔滨、富锦、佳木斯、桦川、绥滨、同江、黑河、漠河、呼玛、逊克、抚远、孙吴、萝北、嘉荫、饶河）	哈尔滨、佳木斯、齐齐哈尔、牡丹江		绥芬河、哈尔滨	绥芬河	东宁、密山、虎林
9	上海	3	上海	上海		上海		
10	江苏	26	连云港（张家港、南通、南京、镇江、江阴、扬州、泰州、常熟、太仓、常州、如皋、靖江）大丰、如东、启东、盐城	南京、盐城、徐州、常州、淮安、无锡、扬泰、南通	连云港#			

续表1

序号	省别	数量	水运口岸	航空口岸		铁路口岸	公路口岸	
				对中外飞机全开放	限制性		（国际）	（双边）
11	浙江	10	温州、宁波、舟山、台州、嘉兴	杭州、宁波、温州、义乌、舟山				
12	安徽	7	（芜湖、铜陵、安庆、池州、马鞍山）	合肥、黄山				
13	福建	11	福州、厦门、泉州、漳州、宁德、莆田、平潭	厦门、福州、泉州	武夷山#			
14	江西	2	（九江）	南昌				
15	山东	18	青岛、烟台、威海、龙口、石臼、石岛、岚山、东营、蓬莱、莱州、龙眼、潍坊、董家口、滨州	青岛、济南、烟台、威海				
16	河南	3		郑州	洛阳#	郑州		
17	湖北	4	（武汉、黄石）	武汉	宜昌#			
18	湖南	3	（城陵矶）	长沙、张家界				
19	广东	59	广州、湛江、汕头、汕尾、九州、广海、蛇口、莲花山、赤湾、惠州、妈湾、盐田、水东、阳江、大亚湾、珠海、潮州、万山、南沙、潮阳（虎门、新会）深圳大铲、揭阳、湾仔#、梅沙#、西冲#（三埠#、江门#、肇庆#、南海#、斗门#、鹤山#、中山、容奇#、高明#、新塘#）	广州、深圳、揭阳	湛江#、梅州#	深圳、广州、佛山、肇庆、东莞、广深港	文锦渡、拱北、沙头角、皇岗、罗湖、横琴、深圳湾、珠澳工业园、福田、港珠澳	青茂
20	海南	7	海口、三亚、八所、洋浦、清澜	三亚、海口				
21	广西	20	防城、北海、钦州、江山、企沙（梧州#、柳州#、贵港#）	南宁、桂林	北海#	凭祥	友谊关、东兴、水口	龙邦、平孟、爱店、峒中、硕龙
22	四川	1		成都				
23	重庆	2	（重庆#）	重庆				
24	贵州	1		贵阳				

续表2

序号	省别	数量	水运口岸	航空口岸		铁路口岸	公路口岸	
				对中外飞机全开放	限制性		（国际）	（双边）
25	云　南	19	（思茅、景洪）	昆明、西双版纳丽江、芒市		河口	瑞丽、磨憨、打洛、河口、天保、都龙	金水河、畹町、腾冲、孟定、勐康、田蓬
26	西　藏	4		拉萨			吉隆	普兰、樟木
27	陕　西	1		西安				
28	甘　肃	3		兰州、敦煌				马鬃山
29	新　疆	19		乌鲁木齐、喀什、伊宁		阿拉山口霍尔果斯	红其拉甫、霍尔果斯、巴克图、伊尔克什坦、吉木乃、卡拉苏、都拉塔、吐尔尕特、塔克什肯、老爷庙	红山嘴、乌拉斯台、木扎尔特、阿黑土别克
30	宁　夏	1		银川				
31	青　海	1		西宁				
合计		306	135（其中内河54）	67	7	21	39	37

表注：1. 口岸名称后带“#”的为限中国籍（飞机、船舶）出入境口岸；
2. 水运口岸中带括号的为内河口岸。